毕节市七星关区

BIJIESHIQIXINGGUANQU

2018 YEARBOOK 年鉴

七星关区人民政府 主办

中共毕节市七星关区委党史研究室
毕节市七星关区地方志编纂委员会办公室 编

方志出版社
Publishing House of Local Records

图书在版编目（CIP）数据

毕节市七星关区年鉴．2018／毕节市七星关区地方志编纂委员会办公室编．—北京：方志出版社，2018.12

ISBN 978-7-5144-3430-9

Ⅰ．①毕…　Ⅱ．①毕…　Ⅲ．①区（城市）—毕节—2018—年鉴　Ⅳ．①Z527.34

中国版本图书馆 CIP 数据核字（2018）第 267013 号

毕节市七星关区年鉴（2018）

编　　者：毕节市七星关区地方志编纂委员会办公室
责任编辑：高孟君

出 版 人：冀祥德
出 版 者：方 志 出 版 社
地址　北京市朝阳区潘家园东里 9 号（国家方志馆四层）
邮编　100021
网址　http://www.fzph.org
发　　行：方志出版社图书经销中心
电话（010）67110500
经　　销：各地新华书店
印　　刷：成都市标点制版印务有限责任公司

开　　本：889×1194mm　1/16
印　　张：31.75
字　　数：812 千字
版　　次：2018 年 12 月第 1 版　　2018 年 12 月第 1 次印刷
印　　数：001～500 册

ISBN 978-7-5144-3430-9　　　　定价：360.00 元

编辑说明

一、《毕节市七星关区年鉴2018》是经毕节市七星关区委、区人民政府研究决定，由七星关区年鉴编辑部编纂出版，系统记述本行政区域2017年度自然、政治、经济、文化、社会等方面情况的年度资料性文献，是具有公报性、权威性、资料性的大型工具书。其功能是“存史、资政、信息、教化”，其宗旨是“为建设有中国特色社会主义服务，为建设毕节试验区、振兴七星关区服务”。

二、《毕节市七星关区年鉴》从2012年起，每年一卷，本卷为第七卷，总属（含县级毕节市）第十六卷，内容主要是记述2017年七星关区的基本情况、最新成就、重大事件、发展趋势等。本年鉴将为社会各界了解七星关、建设七星关、开发七星关和研究七星关提供全面、详实的区情资料。

三、本卷分为18个部分，即《大事记》、《文件选编》、《区概况》、《领导名录》、《政治》、《军事 国防教育》、《法制》、《经济管理与监督》、《财政 税务》、《金融 保险》、《农业》、《工业 能源》、《城乡建设 环境保护》、《交通 通讯》、《教育 文化 科技》、《医疗卫生 食品药品监督 红十字会》、《社会生活》、《镇乡办事处概况》。各类目由分目和条目组成，分目在概述后，按“一事一条”的原则记述条目。

四、本卷按年度时限，客观、准确地记载全区各部门和各镇、乡、办事处贯彻落实党的方针、政策，实现国民经济持续、健康发展和社会全面进步的业绩。着重反映深化体制改革，扩大对外开放，加强三个文明建设的新举措、新发展、新成果、新经验以及出现的新问题，全方位、多角度、客观真实地反映七星关区的新面貌。

五、年鉴编辑力求资料收集、甄别、考证与资料的整理、利用、编辑同步进行。本卷所用稿件，均由区直各工作部门，各镇、乡、办事处及有关单位提供，并经主要领导审阅，单位签章。主要数据由统计部门提供，由于口径与资料来源不同，使用时请以统计部门为准。

六、本卷《七星关区年鉴》因资料报送时限要求和特殊原因限制，个别类目略有缺省。

七、编纂出版《七星关年鉴》是一项复杂的文字工程，涉及面广，工作量大，时效性强。工作中，区委、区政府高度重视，各部门和各镇、乡、办事处全力配合。在此，谨向支持和关心《七星关区年鉴》工作的各级领导及社会各界人士表示衷心的感谢！

《毕节市七星关区年鉴编辑部》

区领导工作

2017年2月7日，中共毕节市委常委、七星关区委书记崔英魁（中）调研城区易地扶贫搬迁安置点建设

2017年1月24日，中共七星关区委副书记、区长胡敬斌（左一）到八寨镇调研指导农业产业结构调整工作

2017 年 3 月 18 日，七星关区人大常委会主任周延（左一）观看警示教育展板

2017 年 10 月 31 日，中共七星关区政协党组书记葛传彦（中）到小吉场镇调研

2017 年 11 月 20 日，中共七星关区委常委、区政法委书记何万学（右一）到普宜木窝村开展脱贫攻坚讲习活动

2017 年 11 月 13 日，中共七星关区委常委、统战部部长袁媛（左二）到清水浦镇民族村调研农业产业发展工作

2017 年 7 月 30 日，中共七星关区委常委、常务副区长严琪（右一）在市东街道调研城市建设工作

2017年7月5日，中共七星关区委常委、组织部部长王晓园（左一）到生机慰问贫困党员

2017年12月18日，中共七星关区委常委、纪委书记易晓华（中）到放珠镇暗查脱贫攻坚工作

2017年7月3日，中共七星关区委常委、区委办主任张铭（左一）到撒拉溪镇西方村调度农村基层组织建设“回头看”专题会议筹备工作

2017 年 8 月 19 日，中共七星关区委常委、宣传部部长叶荣（左二）到水箐镇梨树村为水箐镇脱贫攻坚讲习所揭牌并开展脱贫攻坚宣讲

2017 年 4 月 27 日，七星关区人大常委会副主任张媛（后排左一）调研石料加工厂

2017 年 4 月 27 日，七星关区人大常委会副主任胡家敬（右一）认真记录干部提出的工作建议

2017 年 3 月 20 日，七星关区人大常委会副主任张骅（前排左一）到大河乡调研产业结构调整

2017 年 3 月 30 日，七星关区人大常委会副主任肖世华（右二）看警示教育展板

2017 年 4 月 27 日，七星关区人大常委会副主任胡卫国（左一）调研恒大异地扶贫搬迁项目

2017 年 6 月 9 日，七星关区人大常委会副主任吕艺华（左三）到何官屯调研

2017 年 11 月 10 日，七星关区副区长王大庆（左二）在阿市乡实地调研中药材产业种植情况

2017 年 12 月 6 日，七星关区副区长刘鑫（前排左二）到鸡鸣三省调研景区建设

2017 年 12 月 23 日，七星关区副区长李萍（左三）在大新桥调研民政项目

2017 年 10 月 11 日，七星关区副区长陈俊（右二）调研撒拉溪天赐玫瑰基地

2017 年 11 月 8 日，七星关区副区长肖玉明（右一）到生机镇擦耳岩地质灾害点踏勘

2017 年 11 月 23 日，七星关区政协副主席燕金祥（右一）陪同青岛市政协考察朱昌双堰长春干堰民盟扶贫点

2017 年 5 月 19 日，七星关区政协副主席王林中主持区政协民主评议区工能局动员大会

2017 年 5 月 16 日，七星关区政协副主席江晓燕（前排左一）到朱昌镇开展环保督察工作

2017年8月1日，七星关区政协副主席周遵林（左一）在伟豪门窗生产车间调研

2017年3月4日，七星关区政协副主席熊雄（前排右二）陪同新疆昌吉州政协到七星关区周驿茶场考察康养产业发展情况

2017年3月5日，七星关区政协副主席邓庆（右二）到海子街镇访问慰问贫困户、查看村级阵地建设

中共七星关区委

中共毕节市委常委
区委书记
崔英魁

区委副书记、区长
胡敬斌

区委常委
区政府常务副区长
安旺*

区委常委、政法委书记
公安分局党委书记、局长
何万学

区委常委
区委统战部部长
袁媛

区委常委、常务副区长
严琪

区委常委
区委组织部部长
王晓园

区委常委、区纪委书记
易晓华

区委常委、区委办主任
张铭

区委常委
区委宣传部部长
叶荣

七星关区人大常委会

主任
周延

副主任
张媛

副主任
胡家敬

副主任
张骅

副主任
肖世华

副主任
胡卫国

副主任
吕艺华

七星关区人民政府

区委副书记、区长
胡敬斌

区委常委、常务副区长
安旺*

区委常委、常务副区长
严琪

副区长
周祖华*

副区长
王大庆

副区长
刘鑫

副区长
李萍

副区长
陈俊

副区长
肖玉明

七星关区政协

党组书记、主席
吴贤耀*

党组书记、主席提名人选
葛传彦

党组副书记、副主席
燕金祥

副主席
王林中

党组成员、副主席
江晓燕

党组成员、副主席
周遵林

副主席
熊雄

副主席
邓庆

区委办

区委常委
区委办主任
张铭

区委办副主任
信访局局长
赵敏

区委办常务副主任
龙明元 *

区委办副主任
林勇 *

区委办副主任
小康办主任
徐明

区委办副主任
区委政研室主任
支昕

区委办副主任
胡海

区委办副主任
唐玉江

区委办副主任
陈永立

区委办副主任
扶贫办主任
钟华

机关党委书记
胡洪芝

区委政研室副主任
改革办专职副主任
单正胜

机要局局长
陈跃

保密局局长
聂登远

区纪委

区委常委、区纪委书记
易晓华

副书记、区监察局局长
刘贵

副书记
王驰

纪委常委
雷朝举*

纪委常委
马兴江

纪委常委
刘敏

纪委常委
李光路

组织部

区委常委、组织部部长
王晓园

副部长
熊宁 *

副部长
区离退休干局局长
徐庆

副部长、区人社局局长
胡大为

副部长
黄常坤

副部长
区实绩考核办主任
薛朝端

部务委员
张林涛 *

纪检组长
张蕊

机关党委书记
夏艳

部务委员
孙站

部务委员
沈吉

宣传部

部长（区委常委）
叶荣

常务副部长
季善旭

副部长、文联主席
吴晓曦

副部长
汤志刚

社科联主席
陈家贵

文明办主任
杨艳

新闻中心主任
黎秀禹

新闻中心副主任
徐渠

新闻中心副主任
燕军

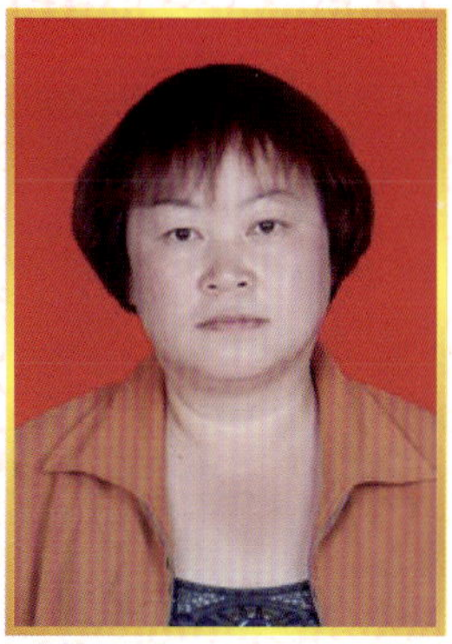

整治创建办主任
张健

新闻宣传中心

主任
黎秀禹

副主任
徐渠

副主任
燕军

统战部

区委常委、部长
袁媛

常务副部长
申开科

副部长、台办主任
雷珊

副部长
商联党组书记
戴沛颜

副部长、民宗局局长
姜勇

副部长
刘晓玲*

台办副主任
王富

毕节试验区七星关区工作联络联系办公室主任　陈畅

毕节试验区七星关区工作联络联系办公室副主任　胡丹

七星关区中华职教社专职副主任
靳燕

民盟七星关区工委专职副主委
刘洪松

致公党七星关区工委专职副主委
石寅

离退干局

组织部副部长、局长
徐庆

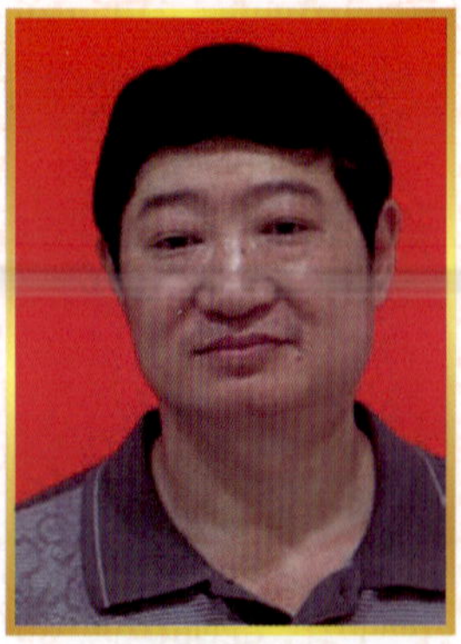

副局长
老年大学常务副校长
陈祖卫

副局长
张凤春

区委群工部（信访局）

区委办副主任、区委群工部常务副部长、局长
赵敏

区委群工部常务副部长、常务副局长
郑琴 *

区委群工部副部长、副局长（分管常务工作）
刘拥政

区委群工部副部长、副局长、区接访中心主任
张玉超

区委群工部副部长
副局长
顾艳华

区委群工部副部长
副局长
周玉静

区接访中心副主任
李兴会

区接访中心副主任
李德亮

编委办

主任
丁润

副主任
梁祖敏

副主任
罗祥

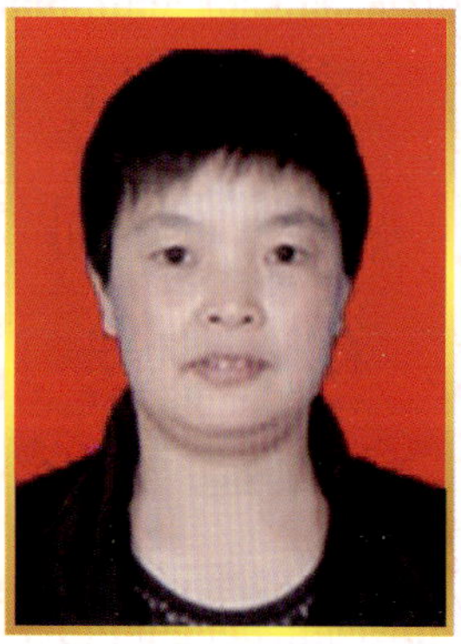
区事业单位登记管理局局长
胡欣

区直机关工委（国教办）

书记（主任）
雷燕

副书记（副主任）
潘发顺

副书记（副主任）
潘云重

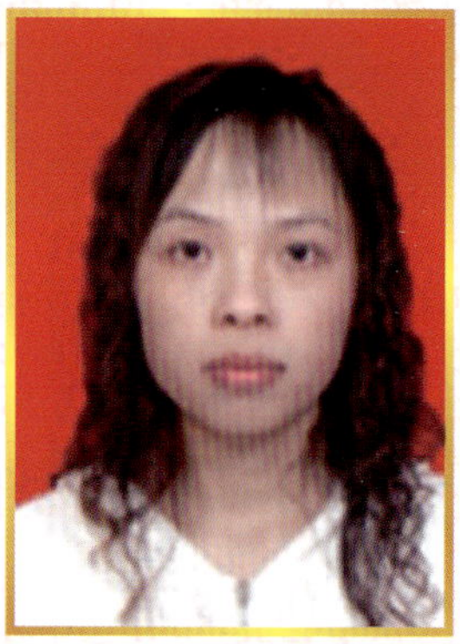
工委委员、纪工委书记
赵红平

党校

党校校长
王晓园

行政学校

党委书记
常务副校长
熊宁

党委委员、副校长
蔡慧芳

党委委员、副校长
朱凯

党委委员
办公室主任
王洪

史志办

党组书记、主任
唐光启

党组成员、副主任
张正禄

党组成员、副主任
周遵鹏

人大内设机构

法制委主任委员
徐永

财经委主任委员
孔维平

常委会党组成员
办公室主任
顾堃

办公室副主任
周奎礼

农业农村委主任
李启念

农业农村委副主任
张治国

教工委主任
罗亚东

教工委副主任
刘红

选任联委主任
罗良雁

选任联委副主任
吴传著

法制委主任
吴让

法制委副主任
罗启林

财经委主任
王茂

财经委副主任
靳如忠

信访办主任
董群荣

政府办

党组书记、政府办主任
陈翔宇

常务副主任
姜维

副主任
陈秋平 *

副主任
周兴

副主任
雷珊 *

副主任
史开骆

副主任
夏旭

副主任
彭大宇

副主任
冷付春

机关党委书记
聂赟

民政局

党组成员、局长
司静频

党组成员、常务副局长
张政权

党组成员、老龄办主任
张炯

党组成员、机关党委书记
李静

党组成员
社会救助局局长
潘永忠

党组成员、副局长
王查

党组成员、副局长
杨孝雄

残联

理事长
张达宇

副理事长
吴端

副理事长
刘娅

投资促进局

七星关区经开区副主任、党组书记、局长
李永红

党组成员、副局长
陈垚邑

党组成员
副局长
路华 *

党组成员、副局长
余永富

党组成员、副局长
吴长远

人社局

党组书记、局长
胡大为

党组成员、常务副局长
王占勇

党组成员、副局长
丁润 *

党组成员、副局长
胡祥松 *

党组成员、副局长
李吉

党组成员、副局长
社保局长
张华

党组成员、机关党委书记
阳鹤

党组成员、纪检组长
施容

民宗局

党组书记、局长
姜勇

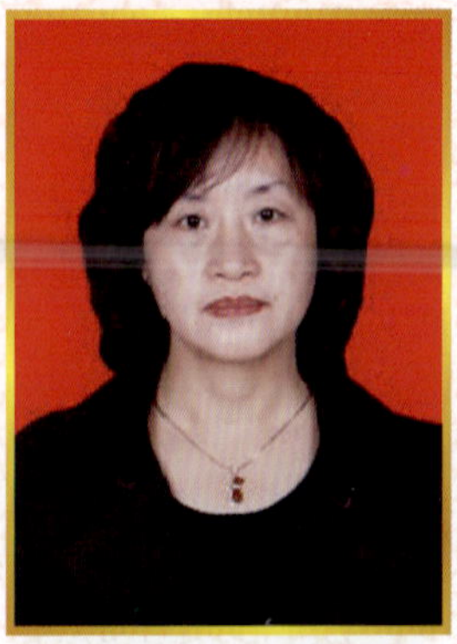

党组成员、副局长
张在琴

党组成员、副局长
杨明学

党组成员、副局长
李晓军

副局长
杨刚

党组成员
赵高寿

档案局

局长
沈成林

副局长
周珍云

副局长
熊琳

政协内设机构

党组成员、秘书长
徐永东

副秘书长、办公室主任
吴建平

副秘书长
路朋

提案法制委主任
张贵春

提案法制委副主任
吴迢

经科委主任
罗晓娟

民宗委主任
李俊莲

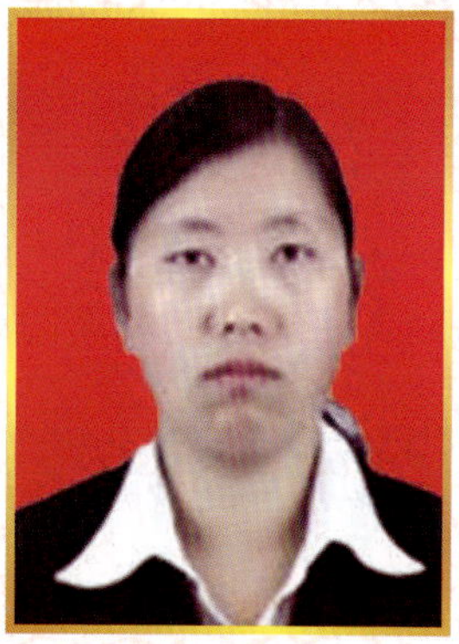

民宗委副主任
杨秋菊

人资环委主任
李蒸荣

文教委主任
杨兴全

文教委副主任
杨旭东

智力支边办主任
邓平举

工商联

党组书记
戴沛颜

副主席（副会长）
周镔瑜

党组成员
副主席（副会长）
李元发

党组成员
副主席（副会长）
聂祥瑞

党组成员、秘书长
王亚芬

团区委

党组书记
林露青

副书记
赵芳应 *

副书记
孙剑

副书记
黄丽娟

妇联

党组书记、主席
张静梅

党组成员、副主席
孙涌权

党组成员、副主席
刘洪琼

总工会

主席
张媛

党组书记、副主席
胡永继

副主席
王师伦

副主席
刘荣

党组成员
梅怀品

人武部

部长
柏松

政委
王华国

消防大队

教导员
全宏奎*

教导员
欧智

大队长
邓光松

人防办

主任
史大学

副主任
吴传应

法制办

主任
崔国庆

副主任
张源

法律顾问室专职副主任
肖仕龙

政法委

区委常委
政法委书记
何万学

常务副书记
维稳办主任
沈成林＊

副书记、国安办主任
安茂华

副书记
禁毒办主任
蒋家龙＊

副书记 、综治办主
任
李兵

副书记、维稳办主任
郑琴

副书记、禁毒办主任
路华

委员、 纪检组长
李杰

委员 、政工科长
王国牛

维稳办副主任
聂宗益

综治办副主任
田兴中

禁毒办专职副主任
杨正中

办公室（研究室）主任
段彪

执法监督科科长
王湘黔

信访科科长
杨琴

维稳（反邪）科科长
朱世红

综治科科长
罗振民

阳光办主任
聂婷

风险评估中心主任
吴学勇

公安局

区委常委、区委政法委书记、公安局党委书记、局长　何万学

党委副书记、政委
尹平

党委委员、常务副局长
沈承刚

党委委员、副局长
马顺尧

党委委员、副局长
孔德兴*

党委委员、副局长
刘歆

党委委员、消防大队党委书记、教导员
全宏奎

党委委员、交警大队长
郭正顶

党委委员、纪委书记
杨孝勇

党委委员
戒毒所所长
吉学俊

党委委员、刑侦大队长
王扬波

党委委员
特巡警大队大队长
秦健

党委委员
机关党委书记
明凡

检察院

党组书记、检察长
刘永

党组成员、副检察长
梁道义

党组成员、副检察长
王鑫

党组成员、副检察长
金必思

党组成员、纪检组组长
杨大富

党组成员
检察委员会专职委员
杨时忠

党组成员、公诉科科长
徐仁礼

党组成员、政工科科长
刘伟

法院

党组书记、院长
禄智华

党组成员、常务副院长
赵乾

党组成员、副院长
靳忠

党组成员、执行局长
周璟

党组成员、政工科长
裴干明

党组成员、副院长
聂健

党组成员、机关党委书记
胡强

党组成员、纪检组长
聂宗映

司法局

党组书记、局长
董玉祥

党组成员
副局长
吴迢 *

党组成员、副局长
郑朝祖

党组成员、副局长
徐菊

党组成员
法宣办专职副主任
王亭

党组成员
政工科长
聂雨红

发改局

党组书记、局长
毛家兴

党组成员、副局长
高君伦

党组成员、副局长
段国红

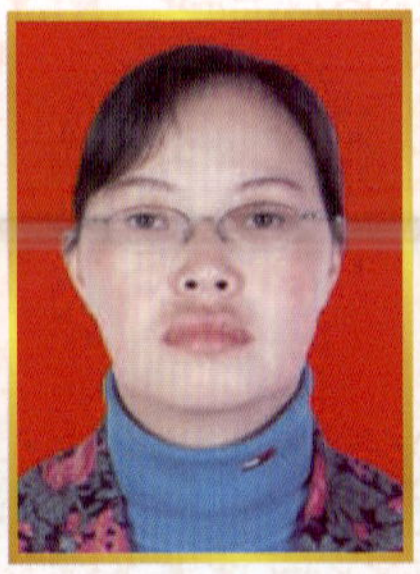
党组成员
纪检组长
王琴

党组成员
吉章文

节能减排大队队长
张伟

国土局

党组书记、局长
张仕江

党组成员、副局长
周遵俊

党组成员、机关党委书记
李晓英

党组成员、副局长
顾卫华

党组成员
武谦

不动产登记中心主任
阎静

地灾办主任
邓成坤

执法大队大队长
袁忠杰

市场监管局

党组书记、局长
成名伟

党组成员、副局长
梁义

党组成员、副局长
葛勇

党组成员、机关党委书记
曾建波

党组成员、纪检组长
胡江

党组成员
食品药品稽查局局长
黄亚维

党组成员
经济检查大队大队长
陈卫红

党组成员、质量技术监督
稽查大队大队长
谌贻玲

安监局

党组书记、局长
邓涛

党组成员
纪检组长
陈大进

党组成员、副局长
聂焰

党组成员、副局长
张成述

党组成员、副局长
洪文贤

区煤安局局长
蒙映

审计局

党组书记、局长
桂亚男

党组成员、副局长
夏文

党组成员、副局长
孙忠学

党组成员、副局长
欧阳慕兰

党组成员
冯兵

统计局

党组书记、局长
潘登*

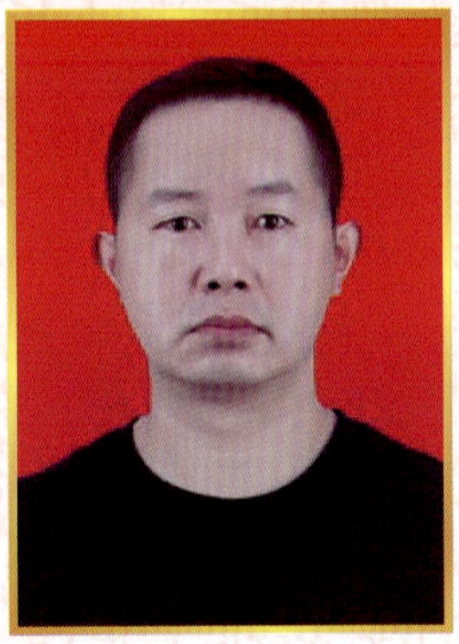
党组成员
副局长（主持工作）
王磊

党组成员
常务副局长
洪文贤*

党组成员、副局长
丁晓蓬

副局长
刘国虹

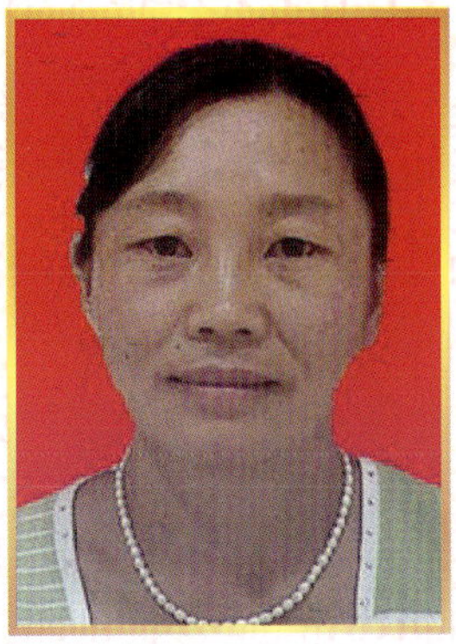
党组成员
刘天津

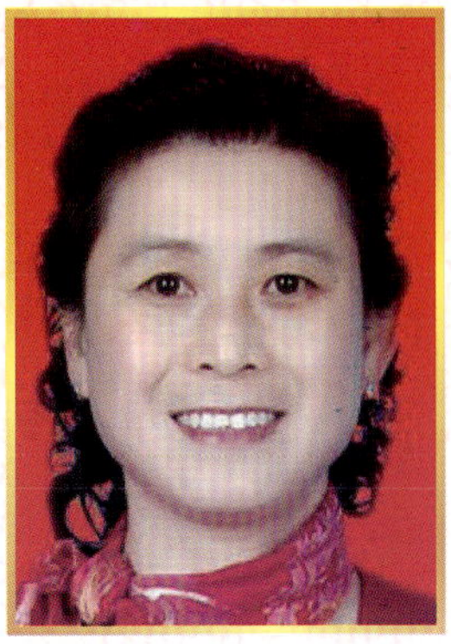
党组成员
袁锦碧

财政局

党组书记、局长
肖荣华

党组成员、副局长
核算中心主任
桂亚男

党组成员、副局长
王剑克

党组成员、副局长
秦楠

党组成员、机关党委书记
蔡娟

党组成员、纪检组长
高敏

核算中心副主任
武荣

核算中心副主任
侯军

核算中心副主任
卢敦举

国税局

党组书记、局长
雷春

党组成员、副局长
魏宗明

党组成员、副局长
盖家魁

党组成员、副局长
田径 *

党组成员
副局长
张灿 *

党组成员
纪检组长
王良钦 *

党组成员、纪检组长
刘虎

党组成员、副局长
徐文祥

党组成员、副局长
许炎磊

地税局

党组书记、局长
张守伟

党组成员
机关党委书记
陈莉

党组成员、副局长
陈祥波

党组成员、副局长
李小伟

党组成员、纪检组长
张洪

小康办

主任（区委办副主任）
徐明

副主任
梁俊

副主任
甘祖昌

副主任
王平

扶贫办

党组书记、主任
钟华

党组成员、副主任
袁平

党组成员、副主任
李兴学

党组成员、副主任
付将

党组成员、核桃办副主任
廖世穆

外资中心主任
郑朝勇

农牧局

党组书记、局长
张珍龙

党组成员、常务副局长
王磊

党组成员、副局长
冷付春*

党组成员、副局长
朱启刚

党组成员
纪检组组长
王方义

党组成员
机关党委书记
王洪运

党组成员、烟办主任
龚丹

党组成员
杨军

党组成员、动物疫病
预防控制中心主任
邱声邦*

党组成员、动物卫
生监督所所长
张品*

党组成员、动物卫
生监督所所长
吉庆文

农牧综合执法大队
大队长　舒銮斌

草地畜牧业发展中
心主任　许定尧

茶产业发展局局长
吴馨

农业机械事业局

党组书记、局长
胡锦怀

党组成员、副局长
赵仁祥

党组成员、副局长
吴刚

党组成员、副局长
李作勇

水务局

党组书记、局长
吕碧生*

党组书记、局长
林勇

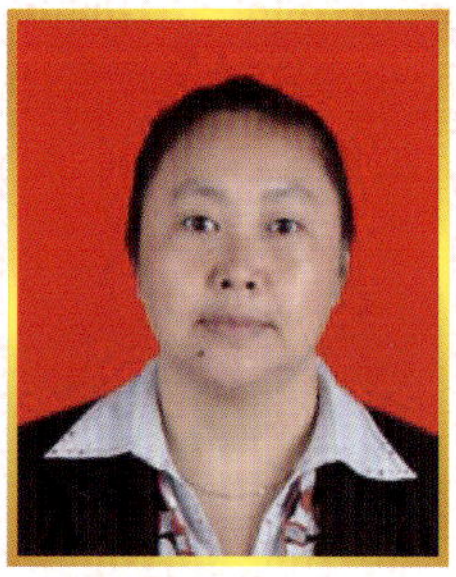

党组成员
副局长
罗志琴*

党组成员
副局长
陈章忠*

党组成员、副局长
邓时启

党组成员、副局长
石淼

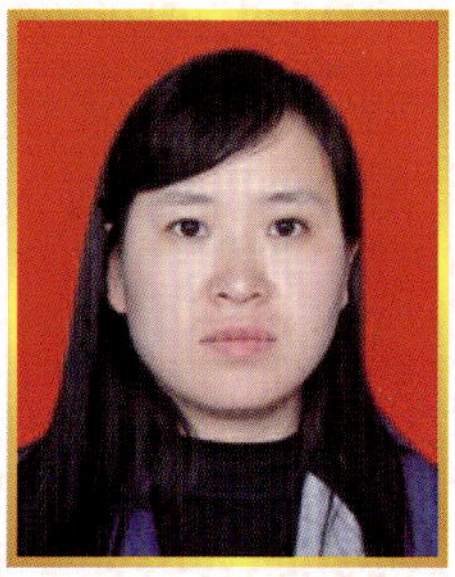

党组成员
机关党委书记
陈春兰

党组成员
张杰

党组成员、倒天河
水库管理所所长
吴道军

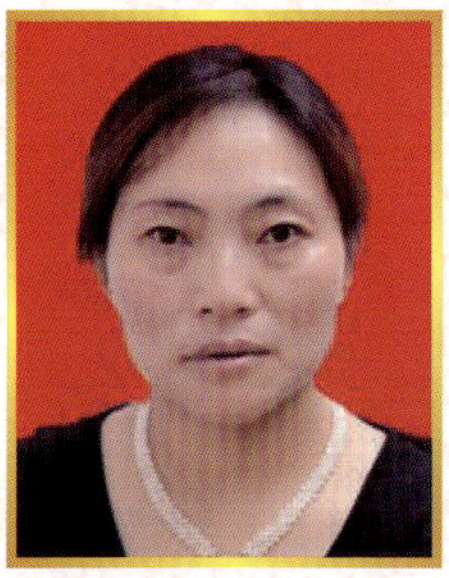

党组成员
毛军舰*

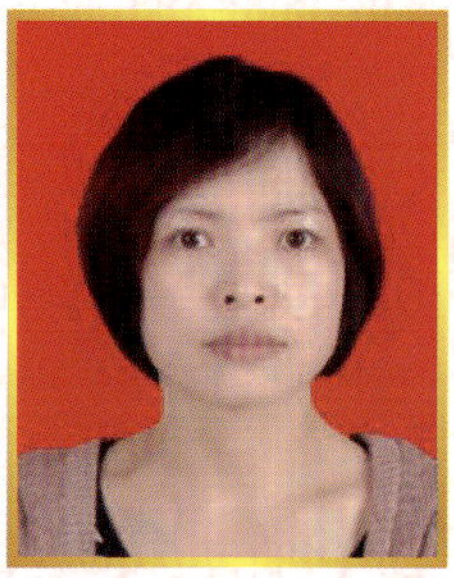

党组成员、水保办主
任
杨琼

党组成员
纪检组组长
许锦

林业局

党组书记、局长
吴道国

党组成员、副局长
潘定华

党组成员
森林公园管理处处长
周训军

党组成员、副局长
金玉竹

党组成员、纪检组长
罗敏

党组成员
机关党委书记
武健

党组成员
薛占军

防治石漠化管理中心
主任
张庆

森林公安局局长
吴学爱

森林公安局政委
王勇

烟草办

主任
龚丹

副主任
彭永贵

开 发 区

书记
崔英魁

主任
胡敬斌

副主任（区政府党组成员） 陈俊 *

副书记
张和国

副主任
李永红

副主任
米良

党政办主任
柏侠

党政办副主任
徐毅

党政办副主任
谭政贵

规划建设与管理局局长
高斌

规划建设与管理局副局长
孙忠

规划建设与管理局副局长
吕拥护

房屋征收与补偿局局长
张鲁周

房屋征收与补偿局副局长
黄虎林

投资促进局副局长
杨奎

投资促进局副局长
吴瑞环

安监局局长
孙超

安监局副局长
吴湘

利用外资与招商引资项目代办服务中心主任 樊衍

财政局局长
陈丽梅

财政局副局长
赵祖亮

工能局（商务局）

党组书记、局长
廖康富

党组成员、纪检组长
苏传平

党组成员、副局长
张蜀贵

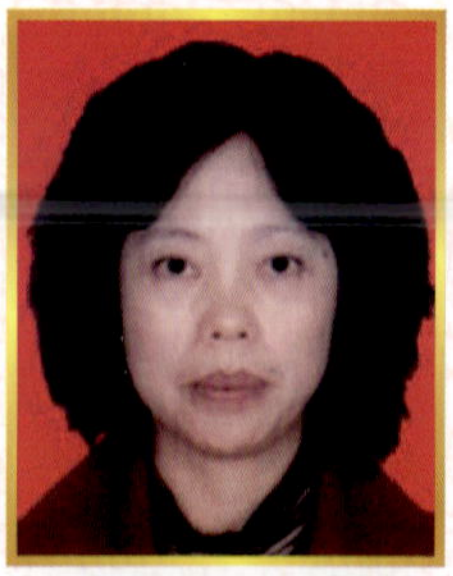
党组成员、副局长
廖秋灵

党组成员、副局长
张琦

党组成员
机关党委书记
王开禄

党组成员
傅绍友 *

中小微企业创业园管
理办主任
张建波

民营经济（中小企业）
发展局局长
徐善权

综合执法大队长
唐锦

市郊供电局

党委副书记、局长
李顺林

党委书记、工会主席
罗勇

副局长
朱勤

副局长
王廷智

副局长
李发亮

住房和城乡建设局

党组书记、局长
陈亮欢

党组成员、常务副局长
陈兴明

党组成员、副局长
周德

党组成员、副局长
陈永

党组成员、纪检组长
王思源

党组成员、机关党委书记
支亚琴

房产局

局长
梁鸿

副局长
叶宗乾

副局长
宋璟

副局长
汤继学

城乡规划局

局长
宋尚万

副局长
张珍勇

副局长
王虎

房屋征收局

局长
张正伦

副局长
付煜

副局长
陈俊杰

副局长
蒋卫

环保局

党组书记、局长
孙浩

党组成员、副局长
安逸

党组成员、副局长
崔艳丽

党组成员、副局长
刘勇

天河风景管理处

党委书记
吴荣勇*

处长
丁世远

副处长
罗挺

副处长
王义文

党政办主任
吕庆华

景区管理科科长
顾光伦

景区执法大队大队长
陈鹏

城区河道管理处

处长
孟天贵

副处长
裴良泉

副处长
林文港

交通运输局

党组书记、局长
肖玉明

党组成员、常务副局长
张在翔

党组成员、副局长
海事处处长
孙良德

党组成员、副局长
安晋蓉

党组成员、机关党委书记
申才

党组成员、纪检组组长
曾邦顺

党组成员
王有平

党组成员
岳顶全 *

党组成员
运管所所长
吴刚 *

党组成员、路管所所长
孙天刚

供销社

党组书记、主任
张雷

党组成员、副主任
张万军

党组成员、副主任
翟培祥

党组成员
机关党委书记
颜燕

党组成员
纪检组组长
马蓁

烟草局

局长（经理）
王兴泉

副经理
王邦

副局长
徐法家

纪检组长
宋波

教育局

党组书记、局长
张万泽

党组成员
常务副局长
陈勇

党组成员、副局长
卢启霞

党组成员
区营养办主任
葛芝洪

党组成员
机关党委书记
赵秀梅

党组成员
曹廷栋

党组成员、纪检组长
赵碧

党组成员、毕节二中
党支部书记、校长
徐武

文化体育广播电视旅游局

党组书记、局长
卯洪

党组成员、常务副局长
宋智祥

党组成员、电视台台长
朱光伦

党组成员、纪检组长
周方石

副局长
李琼

副局长
李章淑

党组成员、机关党委书记
樊国成

党组成员
孙武

科技办

主任
王正莲

副主任
王玉远

科协

主席
李和

副主席
张在进

副主席
周晓鸿

卫计局

党组书记、局长
夏冬

党组成员
常务副局长
张永忠*

党组成员
协会专职副会长
周遵林

党组成员、副局长
汪涛

党组成员
副局长
喻茂红*

党组成员、副局长
区卫监所所长
王明祥

党组成员
机关党委书记
张怀蓝

党组成员、流管局局长
石国平

党组成员
妇幼保健院院长
李亚国

党组成员
纪检组长
张启学

党组成员、纪检组长
徐德友

党组成员
谢才敬

副局长
苏方龙

党组成员、副局长
周雪

红十字会

专职副会长
钟玉莲

政务中心

主任
吴长敏*

副主任
余鑫

副主任
吴玉萍

气象局

局长
王安林

机关事务局

局长
胡莎

副局长
黄启刚

副局长
陈珊珊

副局长
徐帅

公产管理中心主任
罗亚华

移民局

副区长、局长
王大庆

党组负责人
常务副局长
穆元兴

党组副书记、副局长
谢勇

党组成员、副局长
杨泽军

党组成员、副局长
李华

城市综合执法大队

党组书记、大队长、市城管局七星关分局局长
张治国

党组成员、副大队长
李吉

党组成员、副大队长
史远英

党组成员、副大队长
沈兴

党组成员、纪检组长
毛仕新

党组成员
园林绿化局局长
邵波

党组成员、机关党委书记
支明彦

党组成员、市城管局七星关分局副局长
刘熙杰

城管大队教导员
唐寿钢

环卫局局长
葛传远

市政管理局局长
张普

乡镇领导

市西街道

党工委书记
王安民

人大工委主任
高鹏程 *

人大工委主任
周峰

党工委副书记、主任
高伟

党工委副书记
岳顶全

党工委委员
纪工委书记
孙天珍

党工委委员
组织委员
卢鹏

党工委委员、宣传委员
武孔珍

党工委委员
政法委书记
胡鸿

党工委委员
吉庆才

党工委委员
刘渊

副主任
张宁

何沛东
副主任

副主任
高虹

计生协会专职副会长
潘利华

市东街道

党工委书记
聂祥春

人大工委主任
田应碧

党工委副书记、主任
谢永贵

党工委副书记
樊舡

党工委委员
纪工委书记
龙秀琼

党工委委员 、组织委员
王娟

党工委委员 、宣传委员
郑勇

党工委委员
政法委书记
张云 *

党工委委员
政法委书记
席宏

党工委委员、副主任 武装部长
顾怀乾

党工委委员 、副主任
张艳

党工委委员
谢明全

副主任
廖凯

麻园街道

党工委书记
黄远森

党工委副书记、主任
向胜利

人大工委主任
糜永珍

党工委副书记
陈丽萍

党工委委员
纪工委书记
袁野

党工委委员
组织委员
刘海

党工委委员
政法委书记
罗杰

党工委委员
宣传委员
曹富勇

党工委委员
龙秀学

党工委委员
罗明光

党工委委员
何学伟

武装部部长、副主任
孙兆

副主任
陈顺军

副主任
周云

碧海街道

党工委书记
李光俊★

人大工委主任
张鹏

党工委副书记、主任
陆军

党工委副书记
龚毅龙

党工委委员
纪工委书记
张周平

党工委委员
组织委员
高曼*

党工委委员
政法委书记
刘世佳

党工委委员
宣传委员
潘永发

党工委委员
武装部长、副主任
夏旭*

党工委委员
喻永伦

党工委委员
张竞

党工委委员
朱鸿

副主任
周炜杰

副主任
王玥

碧阳街道

党工委书记
戴德润

党工委副书记、主任
胡祥松

人大工委主任
龙天发

党工委委员、纪工委书记
卯蕾

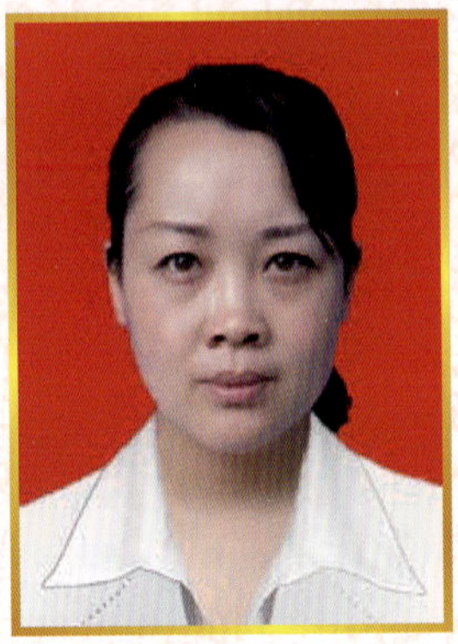
党工委委员、组织委员
全登梅

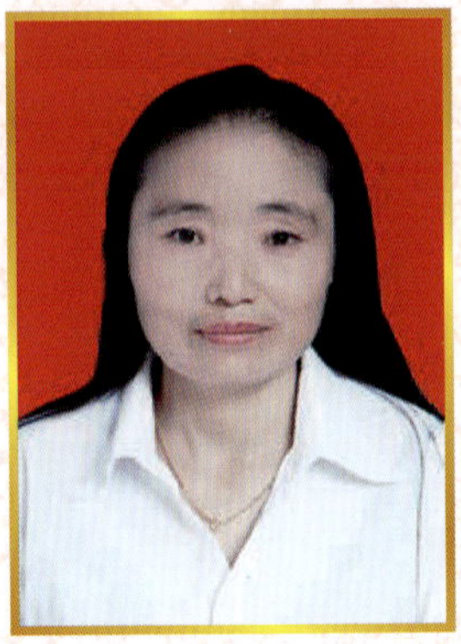
党工委委员、政法委书记
刘敏

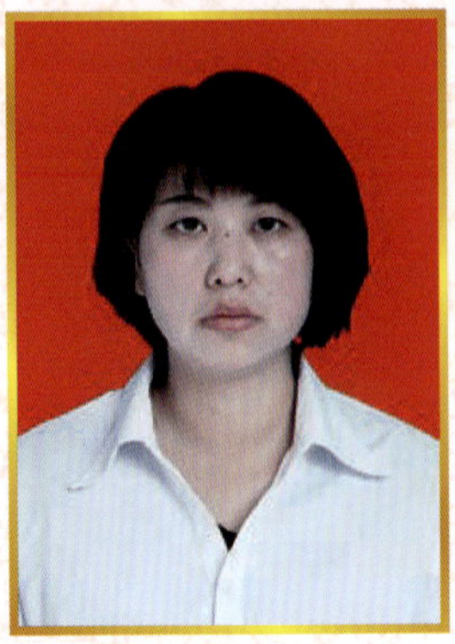
党工委委员、副主任
雷娟

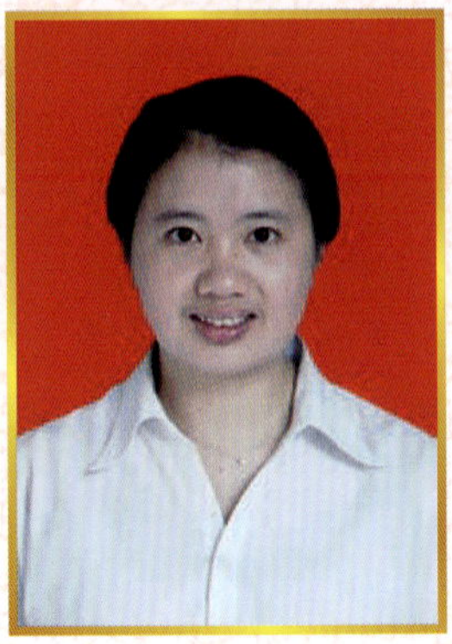
党工委委员、宣传委员
吴道琼

党工委委员
靳玉环

党工委委员
黄龙

党工委委员
龚吉

武装部长、副主任
陶永忠

副主任
陈庆乔

大新桥街道

党工委书记
王万松

人大工委主任
许琴＊

党工委副书记、主任
石林

党工委副书记
张晓玲

党工委委员
纪工委书记
阮鹏程

党工委委员、
组织委员
王志鑫

党工委委员
政法委书记
李焱

党工委委员
宣传委员
陈莉

党工委委员
陈耀

党工委委员
武装部长、副主任
聂祥剑

党工委委员、副主任
蔡湛

副主任
张兴万

党工委委员
朱丽娟

计生协会专职副会长
陈俊

德溪街道

党工委书记
王驰 *

党工委书记
陈云峰

党工委副书记
主任
丁淞江 *

党工委副书记、主
任
李廷新

人大工委主任
周维香

党工委副书记
郭光全

党工委委员
纪工委书记
魏平

党工委委员、组织委
员
彭春鸿

党工委委员
政法书记
杨顶江

党工委委员
宣传委员
胡汉中

党工委委员
副主任、武装部长
邵继革

党工委委员
祝云

党工委委员
王方琼

党工委委员
杨霞

副主任
赵文

副主任
严春林

观音桥街道

党工委书记
宋勇

党工委副书记
主任
付立武*

党工委副书记、主任
刘晓玲

人大工委主任
赵洪

党工委副书记
雷洋

党工委委员
纪工委书记
邱艳霞

党工委委员
武装部长、副主任
吉庆文*

党工委委员
政法委书记
邓诚

党工委委员
路杰

党工委委员、副主任
吴成

党工委委员
宣传委员
周永来

党工委委员
武装部长、副主任
张学贵

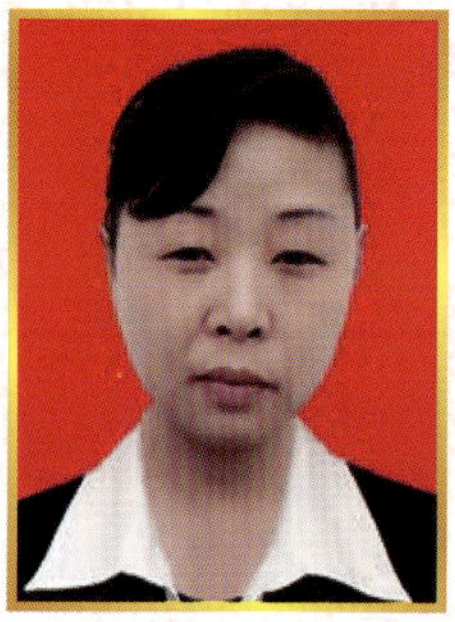

党工委委员
刘芳

科技副主任
唐丽霞

计生协会专职副会长
廖常英

洪山街道

党工委书记
张和国

党工委书记
黄明显

党工委副书记、主任
葛龙

人大工委主任
彭吉显

党工委副书记
蔡慧芳*

党工委副书记
王军

党工委委员
纪工委书记
阮顺

党工委委员、政法书记
薛爱东

党工委委员
组织委员
李梅

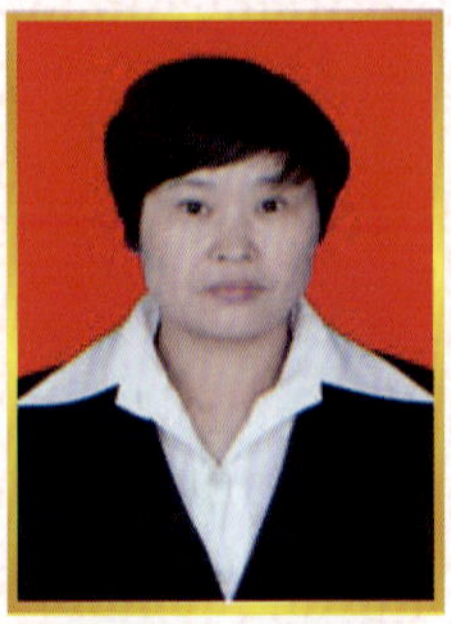
党工委委员
宣传委员
薛占琴

党工委委员
武装部长、副主任
阮春

副主任
邓庭国

副主任
聂琴

党工委委员
韩盛甲

党工委委员
吴承之

三板桥街道

党工委书记
石明殿

党工委副书记、主任
刘青云

人大工委主任
吴传杰

党工委副书记
曾万年

党工委委员
纪工委书记
张梅

党工委委员
卯莉

党工委委员
吴正发

党工委委员
张光伟

党工委委员
吴梅

党工委委员
王云

党工委委员
秦兵

党工委委员
邓漠

副主任
支莹

副主任
胡华

海子街镇

党委书记
吴锦煜

党委副书记、镇长
史记

人大主席
高鹏程

党委副书记
政法委书记
郑勇 *

党委副书记
政法委书记
赵芳应

党委委员
纪委书记
陈华阶 *

党委委员、纪委书记
刘洪发

党委委员、组织委员
人大副主席
刘菊香

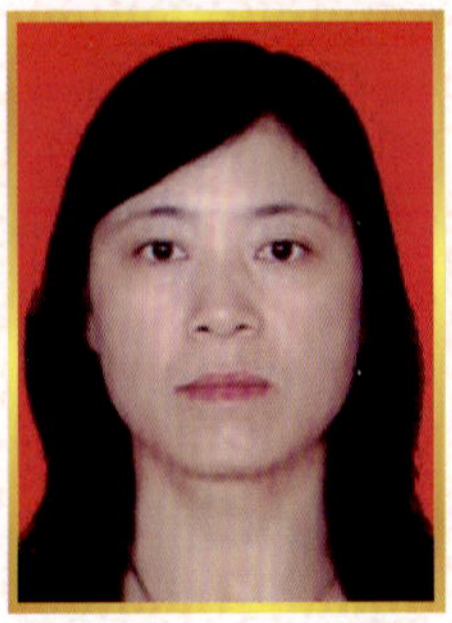
党委委员
唐遇杰

党委委员
周威

党委委员
吴道洪

党委委员、武装部长
副镇长
罗昌欢

副镇长
赵青

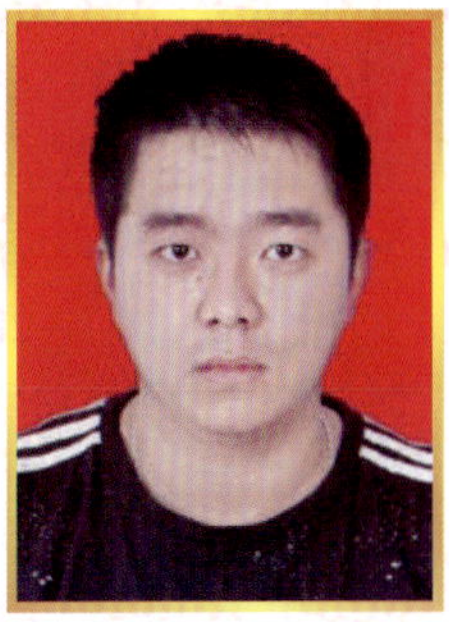
副镇长
黄剑

田坝桥镇

党委书记
肖庆团

人大主席
刘江

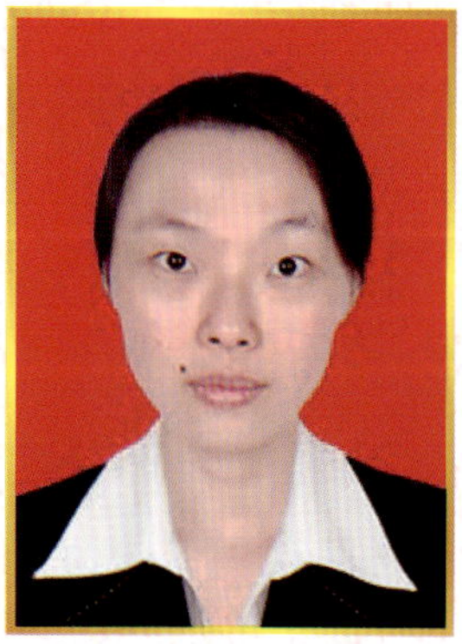

党委副书记、镇长
郭璇

党委副书记
邓洁

党委委员、纪委书记
胡旭

党委委员、组织委员
谢春燕

党委委员
李发莉

党委委员
尹毕天

党委委员
成贞诗

党委委员
李强

武装部长、副镇长
王尹

副镇长
付堃

副镇长
高俊宝

八寨镇

党委书记
王涛

人大主席
李兴成

党委副书记、镇长
邹堃

党委副书记、政法委书记
郝永坤

党委委员、纪委书记
杨其贵

党委委员、组织委员
张杨彬

党委委员、副镇长
武装部长
罗云

党委委员
赵启志

党委委员
杨大成

党委委员
路涛

副镇长
卢令

副镇长
聂伊妮

层台镇

党委书记
张合远

党委副书记、镇长
张讯

人大主席
罗才平

党委副书记、政法委书记
赵艳

党委委员、纪委书记
陈宗堉

党委委员、组织委员
张烈

党委委员
张楠

党委委员
彭正富

党委委员
张平

武装部长、副镇长
康圣鸿

副镇长
翟俊

计生协会副会长
刘国勇

小吉场镇

党委书记
赵耀

党委副书记、镇长
刘晓

人大主席
彭永贵*

人大主席
陈波

党委副书记、政法委书记
朱然

党委委员、纪委书记
李麒

党委委员、组织委员
人大副主席
付善宇

副镇长
王国军

副镇长
陈艳

副镇长
孔伟亚

党委委员
向伟

党委委员
翁继宗

党委委员
刘昌涯

阿市苗族彝族乡

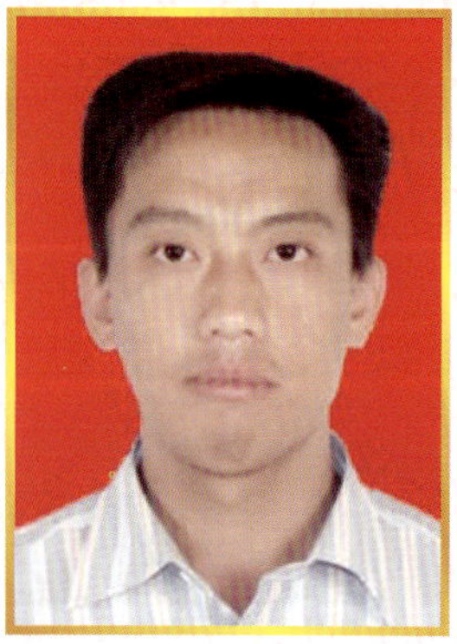
党委书记
周波

党委副书记、乡长
杨佳昌

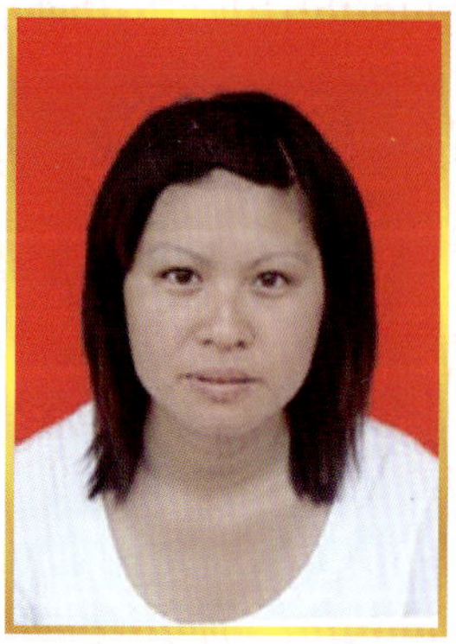
乡长
熊秀★

人大主席
刘智林

党委副书记
孙奇

纪委书记
张万科

纪委书记
陈章琴

党委委员、组织委员
刘踊

副乡长、武装部长
党委委员
谢云

副乡长
范厚武

党委委员
李编

党委委员
何平

党委委员
丁龙清

党委委员、副乡长
田孟祥

普宜镇

党委书记
沈颖

党委副书记、镇长
王铮

人大主席
李昌相

党委副书记、政法委书记
罗云忠

党委委员、纪委书记
夏天

党委委员
组织委员
叶章玲*

党委委员
陈忠义

党委委员
沈杰

党委委员、武装部长
副镇长
郑元中

党委委员
赵鹏

副镇长
吕爱

副镇长
何大龙

计生协会专职副会长
蒙志洪

大屯彝族乡

党委书记
王武

人大主
程斗文 *

人大主席
陈章琴

党委副书记、乡长
陆军

党委副书记、政法委书记
王吉凤

党委委员、纪委书记
漆俊峰

党委委员、组织委员
人大副主席
高昆

党委委员、副乡长
武装部长
张培

副乡长
牟泰来★

党委委员
范云

党委委员
王文才 *

龙场营镇

党委书记
熊林

党委副书记、镇长
朱勇

人大主席
吴树斌

党委副书记政法委书记
赵旭

党委委员纪委书记
翟洪

党委委员、组织委员
人大副主席
陈家伟

党委委员、副镇长
武装部长
刘绍森

党委委员
黄柯

党委委员
陈塑

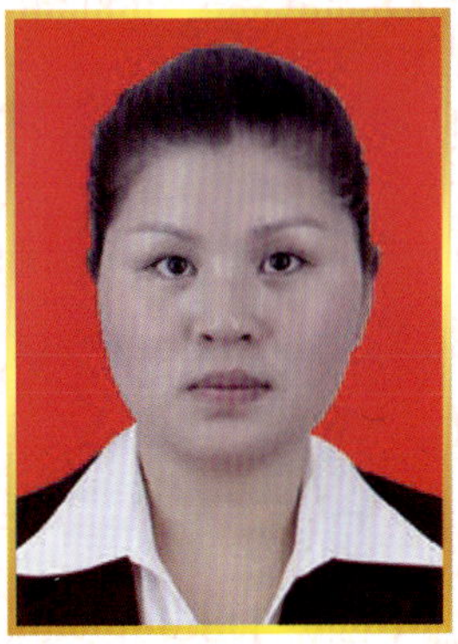

党委委员
杨娜

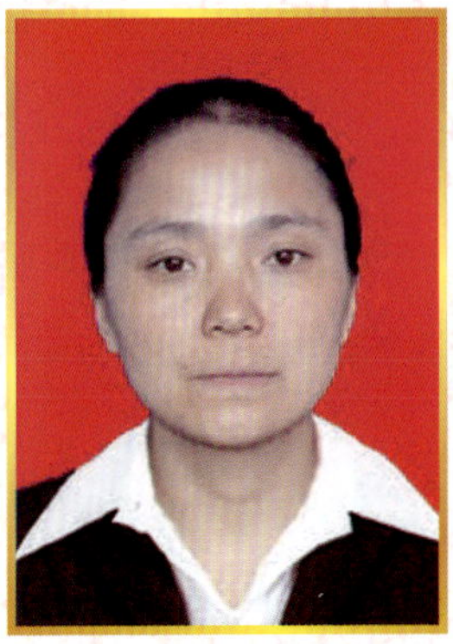

副镇长
何平

副镇长
吕重

田坎彝族乡

党委书记
梁曙

人大主席
陈洺

党委副书记、乡长
赵耀

党委副书记、政法书记
刘曦

党委委员、纪委书记
温世宏

党委委员、组织委员
曾义

党委委员
薛廷猛

党委委员
李旭东

党委委员
吴孺华

副乡长、武装部长
李靖

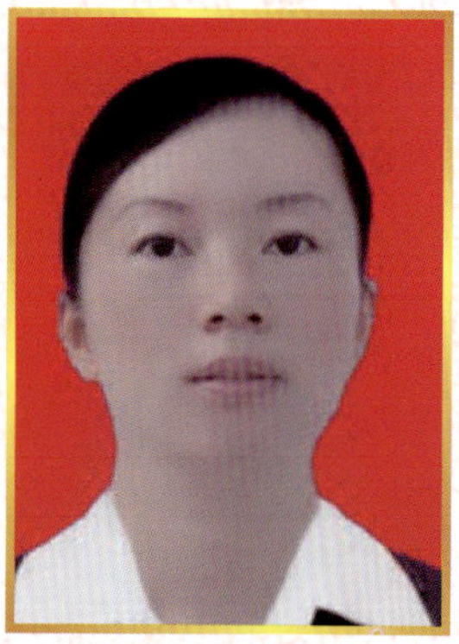
副乡长
白梅

何官屯镇

党委书记
张道奇

党委副书记、镇长
刘礼贵

人大主席
周遵玉

党委副书记
政法委书记
孙斌

党委委员、纪委书
记
余彪

党委委员
组织委员、人大副主席
孙剑 *

党委委员、组织委员
人大副主席
杨旭

党委委员、副镇长
武装部长
朱启迅

党委委员
林文祥

党委委员
张成刚

党委委员
赵桂

副镇长
郎潇潇

副镇长
徐荣

副镇长
周鑫

党委委员
聂玉琴 *

计生协会专职副会长
聂淑春

对坡镇

党委书记
路绍丹

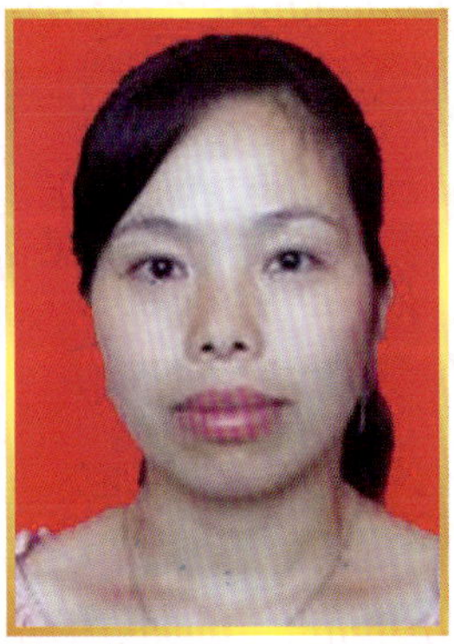
党委副书记、镇长
范禹

人大主席
李昕

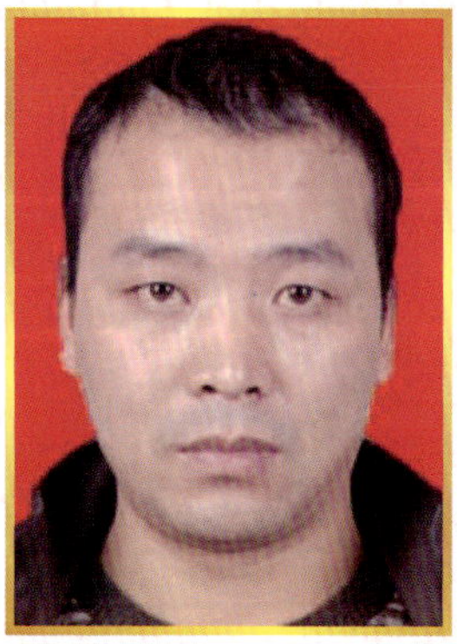
党委副书记
阮孝军

党委委员
纪委书记
徐滔 *

党委委员、纪委书记
王祥畔

党委委员、组织委员
肖洋

党委委员、副镇长
张道利

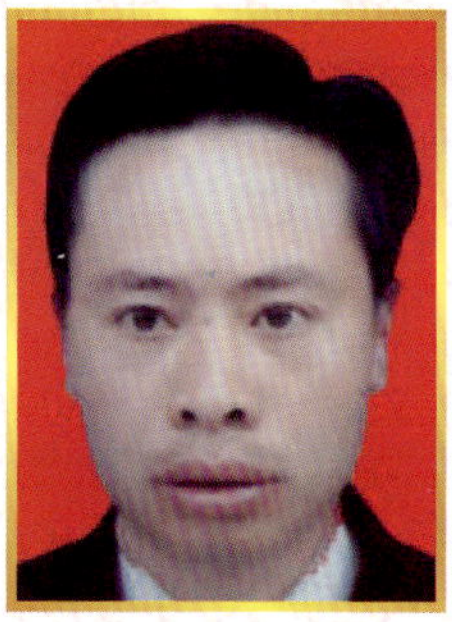
党委委员
史学斌

党委委员
杨敏

党委委员
陈廷兵

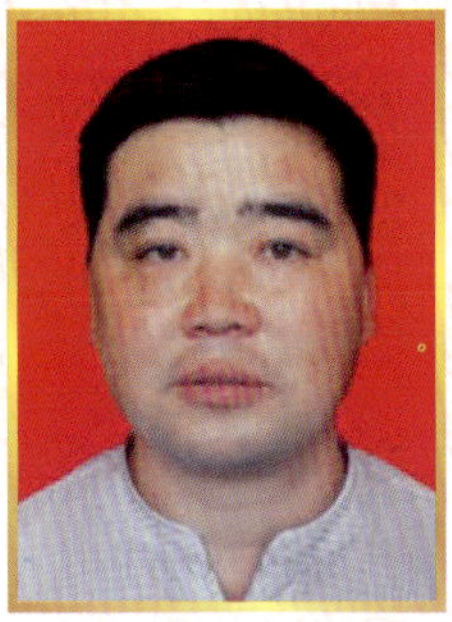
副镇长
刘君

副镇长
叶燊

计生协会专职副会长
陈孝文

水箐镇

党委书记
彭华铭

党委副书记、镇长
赵明顺

人大主席
张健

党委副书记
政法书记
葛玮＊

党委副书记
政法委书记
汪寿军

党委委员、纪委书记
武丽平★

人大副主席、组织委员
赵扩

党委委员、武装部长
副镇长
靳丽朋

党委委员
周文贤

党委委员
舒銮琴

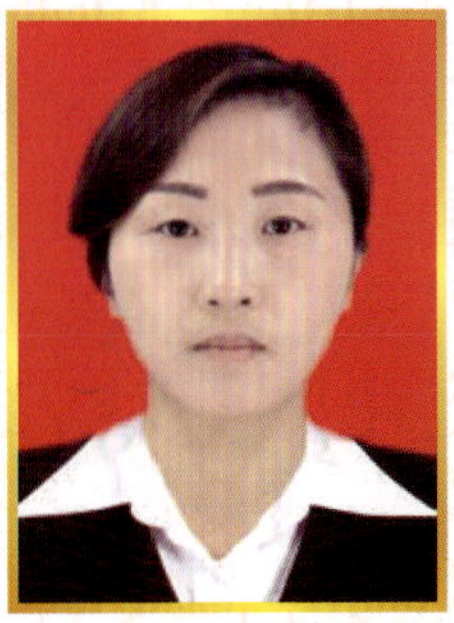

党委委员
张玲琴

副镇长
胡鹏

副镇长
陶俊

大银镇

党委书记
万益寿

党委副书记、镇长
聂开龙

人大主席
蒲先富

党委副书记
政法委书记
漆自勇

党委委员、纪委书记
许明友

党委委员、组织委员
谢静

党委委员、宣传委员
张志祥

党委委员
孙颖

党委委员
张和奎

武装部长
樊勇

副镇长
张和江

燕子口镇

党委书记
宋家义

人大主席
严勇

党委副书记、镇长
彭义

党委副书记
向曼丽

党委委员、纪委书记
郭超

党委委员、组织委员
邓江

党委委员、副镇长
武装部长
杨德才

党委委员
吴翀

党委委员
向云呈

（原）党委委员
李建军

党委委员
金杰

党委委员
石龙

副镇长
何学伟★

副镇长
王春华

副镇长
宋敏

副镇长
孙天志

亮岩镇

党委书记
林学文*

人大主席
成群

党委副书记、镇长
吴传义

党委副书记、政法书记
郑江

党委副书记（挂职）
佘平

党委委员、纪委书记
陈大江

党委委员、组织委员
聂艳艳

党委委员、武装部长
副镇长
闫超

党委委员
陈梦雨

党委委员
杨江

副镇长
张俊

林口镇

党委书记
黄明显 *

党委书记
曾铸

党委副书记、镇长
张玉荣

人大主席
龙刚

党委副书记
王顺福

党委委员、纪委书记
刘学

党委委员、组织委员
朱勇

党委委员
周璇

党委委员
王娟智

党委委员
赵江

党委委员
朱仁政

武装部长、副镇长
孔银

副镇长
吴涛

清水铺镇

党委书记
周华

人大主席
施明泽

党委副书记、镇长
刘睿

党委副书记、政法书记
周颖

党委委员、纪委书记
徐帅

党委委员、组织委员
人大副主席
吕少学

党委委员、武装部长
副镇长
罗询

党委委员
叶均平

党委委员
葛松

党委委员
黄远华

副镇长
孟令权

副镇长
许惇译

副镇长
林露云

生机镇

党委书记
赵仁祥 *

党委书记
付立武

人大主席
谢曰学

党委副书记、镇长
吴世渊

副书记
政法委书记
金杰 *

党委副书记
政法委书记
吴鑫

党委委员
纪委书记
张勇 *

党委委员、纪委书记
王文才

党委委员
组织委员、人大副主席
李元发 *

党委委员、组织委员
人大副主席
李璐

党委委员
副镇长、武装部长
刘发勇 *

党委委员
吴言纲

党委委员
杨旭

党委委员
武装部长
曾波

副镇长
詹会勇

副镇长
陈华进

团结彝族苗族乡

党委书记
闵若梦*

党委书记
丁淞江

党委副书记、乡长
龙中举*

党委副书记、乡长
范杰

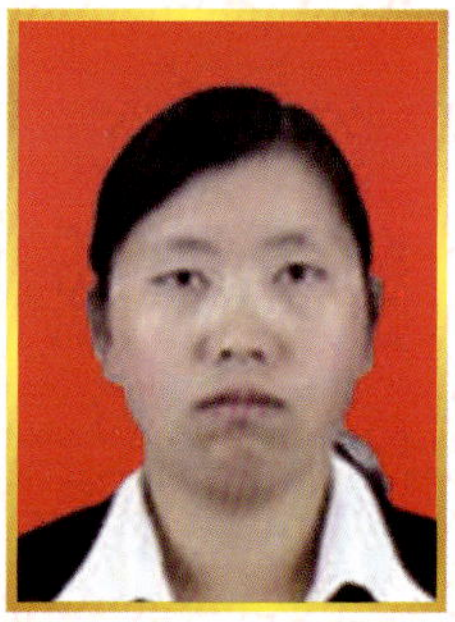
人大主席
杨秋菊*

人大主席
曹恒

党委副书记
政法委书记
刘发勇

党委委员、纪委书记
陈荣军

党委委员
组织委员
汪国华*

党委委员、组织委员
人大副主席（兼）
彭艳

党委委员
刘琼

党委委员
颜斌

党委委员
曾剑

副乡长
杨杰

鸭池镇

党委副书记（主持工作）
高兆勇

党委副书记、镇长
葛传友

人大主席
孟祥瑞

党委副书记、政法书记
人大副主席
邵兵

党委委员、纪委书记
韩明

党委委员、组织委员
张和奎

党委委员、副镇长
武装部长
翟强

党委委员、副镇长
陈铁

党委委员
梁达

党委委员
李春虎

党委委员
申莹滢

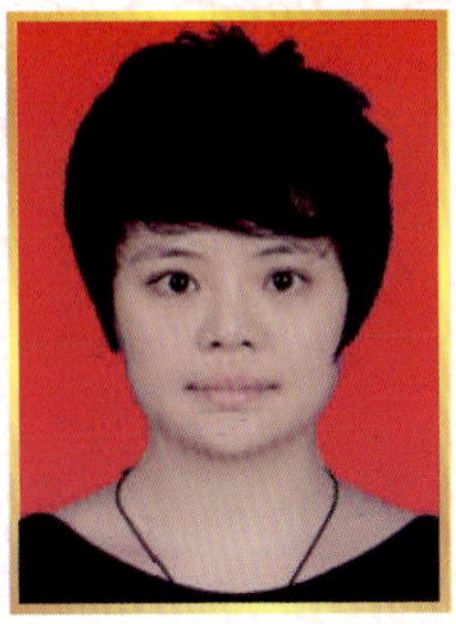

副镇长
周雪

副镇长
王万贵

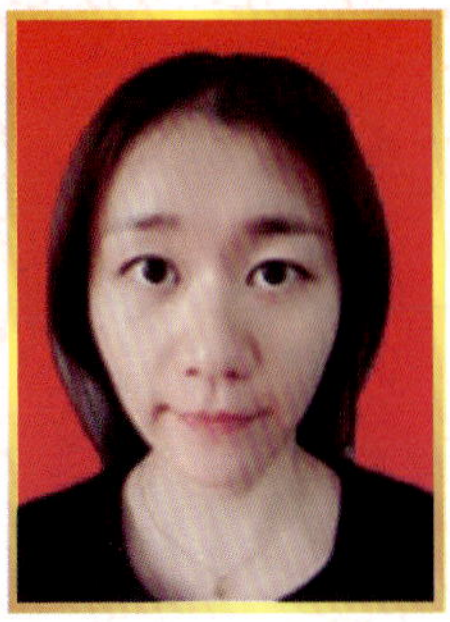

副镇长
徐婧菡

朱昌镇

党委书记
崔庆鼎

党委副书记、镇长
罗福

人大主席
顾登勇

党委副书记、政法书记
张斌

党委委员、纪委书记
胡辉

党委委员、组织委员
胡继元

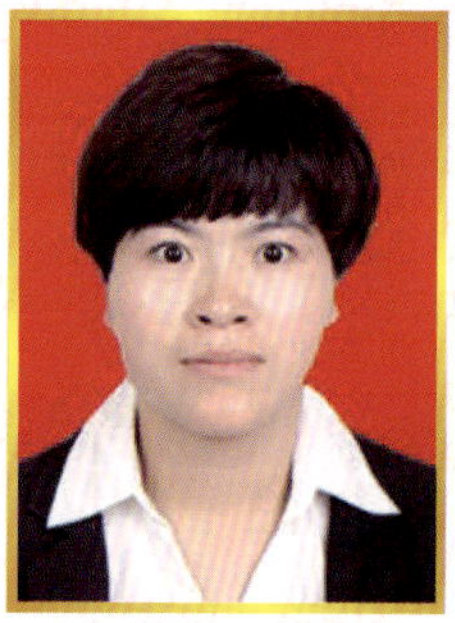

党委委员
陈琳

党委委员
刘敬华

党委委员
聂挺

党委委员
潘驰

副镇长
罗勇

副镇长
黎冬华

副镇长
唐薇

党委委员
武装部长、副镇长
罗龙*

田坝镇

党委书记
周进学

党委副书记、镇长
龙升

人大主席
武声录

党委副书记
周卫华

党委委员、纪委书记
曾剑弢 *

党委委员、纪委书记
史薇薇

党委委员、组织委员
王应

武装部长、副镇长
赵坦

党委委员
韦英

党委委员
聂祥雷

党委委员
邓建华

党委委员
尹秀娟

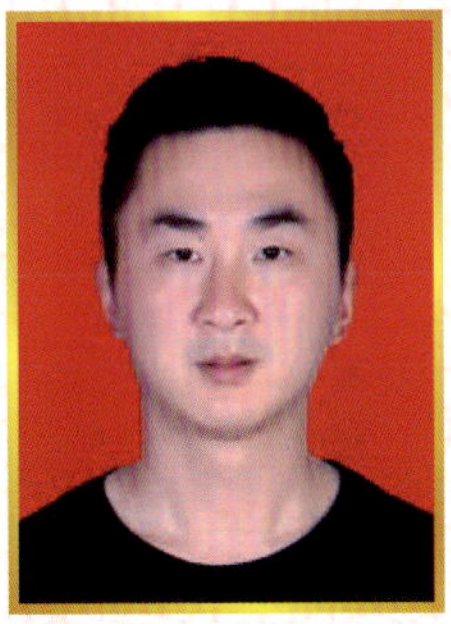
副镇长
肖亮

副镇长
徐毅凯

阴底彝族苗族白族乡

党委书记
赵科

人大主席
邓永

党委副书记、乡长
清成松

党委副书记
汪寿军 *

党委副书记、政法委书记
葛玮

党委委员、纪委书记
龙秀红

党委委员、组织委员
人大副主席
杨靖

党委委员、副乡长
武装部长
刘韬

党委委员
胡荣兵

党委委员
陈春雨

党委委员
陈龙海

副乡长
黄先志

副乡长
黎梅

千溪彝族苗族白族乡

党委书记
毛静

党委副书记、乡长
杨刚 *

党委副书记、乡长
李晓军

人大主席
施华

党委副书记
政法委书记
张源 *

党委副书记
政法书记
杨凯

党委委员、纪委书记
樊晓林

党委委员、组织委员
人大副主席
周婷

党委委员
陈健

党委委员
胡鸿 *

党委委员
周银

党委委员
朱晓彦 *

党委委员
王国顶

武装部长
王成祥 *

副乡长
周珍贵

副乡长
吕权

长春堡镇

党委书记
彭春霞

党委副书记、镇长
李鸿俊

人大主席
陈余

党委副书记
政法书记
刘泉位

党委委员
纪委书记
吕进萍*

党委委员
纪委书记
尹孝如

党委委员
组织委员
胡思恬怡

党委委员
武装部长、副镇长
张虎

党委委员
吴勇志

党委委员
吴龚

党委委员
刘承*

党委委员
杨烊

党委委员
熊鹏

副镇长
陈晨

副镇长
王江

副镇长
张万科*

副镇长
丁军

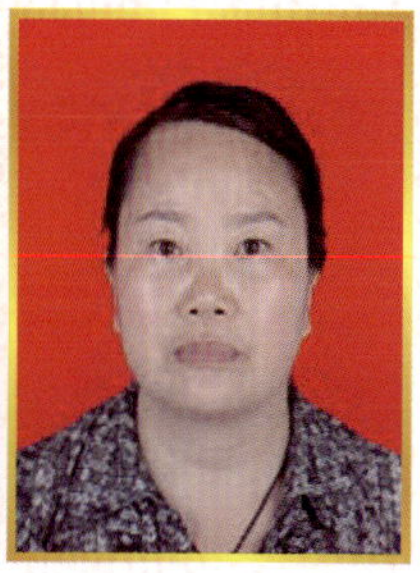
计生副会长
吴琴

撒拉溪镇

党委书记
阮世祥

党委副书记、镇长
聂志祥

人大主席
郭太贤

党委副书记
政法委书记
彭大宇 *

党委副书记
政法委书记
樊贵章

党委委员、纪委书记
支从国

党委委员
组织委员
王亚芬 *

党委委员、组织委员
吴应环

党委委员
全登梅 *

党委委员
徐腾

党委委员
付红梅

党委委员、副镇长
丁军 *

党委委员、武装部长
副镇长
陈伟

副镇长
孟鹏

杨家湾镇

党委书记
陈云峰 *

党委书记
吴学海

党委副书记、镇长
张林涛

人大主席
刘世军

党委副书记
政法书记
刘烤熔

党委委员、纪委书记
张华

党委委员、组织委员
胡洋

党委委员、武装部长
副镇长
顾健

党委委员
张同亮

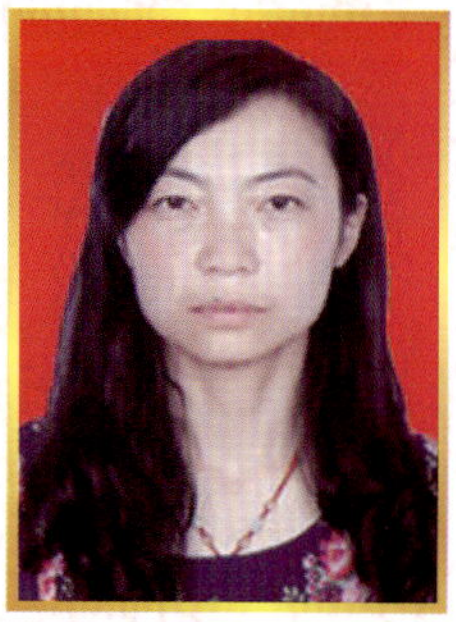
党委委员
邓群

党委委员
李勇斌

党委委员
张权

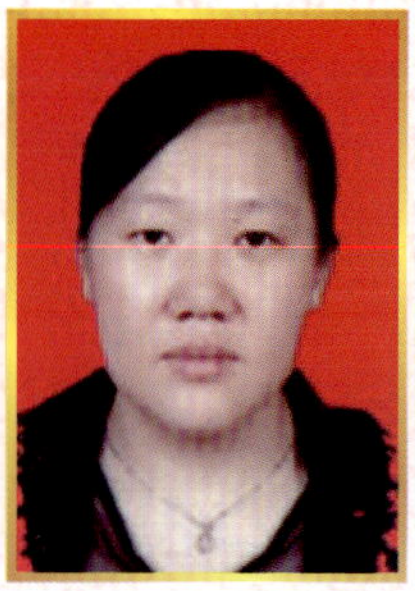
副镇长
聂祥丽

副镇长
周林 *

副镇长
金光雄

副镇长
陈虎

放珠镇

党委书记
张金春

人大主席
周礼俊

党委副书记、镇长
朱江

党委副书记
邓肸

党委委员、纪委书记
苏勇

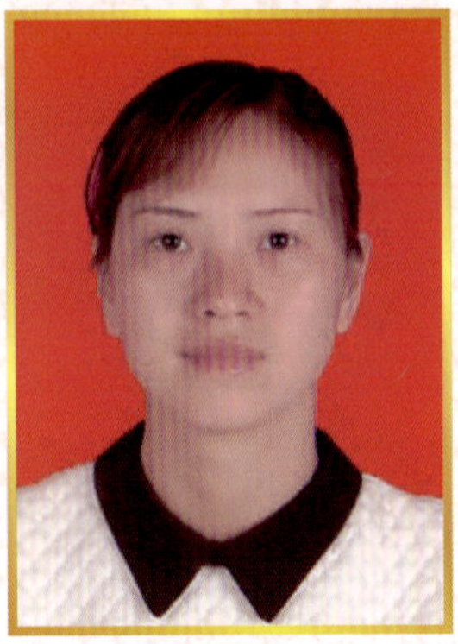

党委委员、组织委员
阮艳

党委委员、副镇长
武装部长
宋刚

党委委员
王军

党委委员
吴传友

党委委员
张达华

副镇长
许维书

副镇长
徐峰

野角乡

党委书记
胡荣华

人大主席
宋家友

党委副书记、乡长
杨秋菊

党委副书记、政法委书记
樊贵章

党委委员、纪委书记
金开健

党委委员、组织委员
李朝智

党委委员、宣传委员
李俊白

党委委员
葛昆

党委委员、武装部长
副乡长
关才明

副乡长
徐宁

青 场 镇

党委书记
陈文贵

党委副书记、镇长
吴付祥

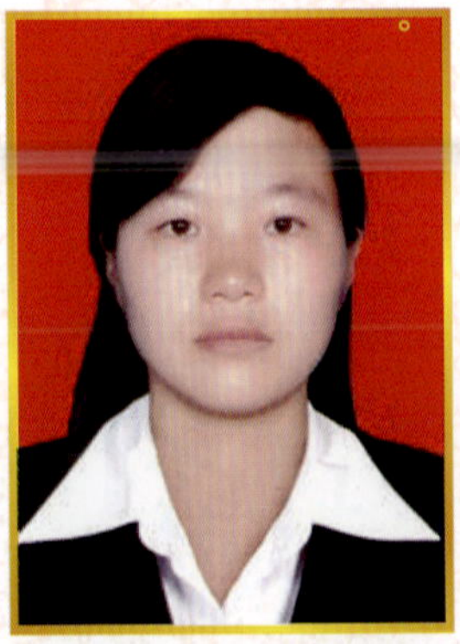

人大主席
吴春梅

党委副书记、政法委书记
李烈

党委委员、纪委书记
谢雨奇

党委委员、组织委员
人大副主席
吴江涛

党委委员、武装部长
副镇长
罗恽

党委委员
葛东杰

党委委员
吴旭

党委委员
常丽佳 *

副镇长
徐谞

副镇长
徐虎

大河乡

党委书记
路亮

党委副书记、乡长
何怀新

人大主席
石淼*

党委副书记
吴奥

党委委员、纪委书记
吕芳乾

武装部长、副乡长
吴长义

副乡长
张义书

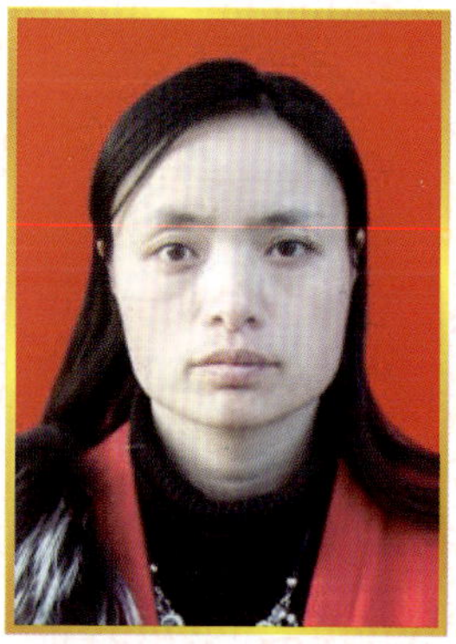
党委委员、组织委员
付世琴

党委委员
王坤

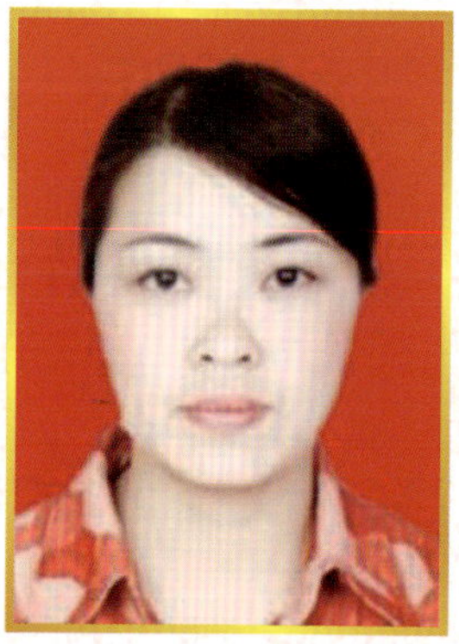
党委委员
郑前飞

党委委员
王耀

特色亮点工作

区纪委

一是构建民生监督网络平台。充分运用现代信息技术手段，投入资金80余万元，采取“机制＋科技”模式，建成“三大公开平台”。即：“民生建设公开公示网络监管平台”暨“七星关区阳光党务政务网”，民生建设短信告知平台、民生建设电话查询平台”，发布民生信息，有效地对民生政策落实情况进行监督，维护群众利益定期发布民生信息，群众可以随时通过上网、手机短信、电话进行查询民生资金、惠民政策、扶贫和救灾物资的发放情况。使民生资金、政策全面接受社会监督，民生监督“大数据”逐步形成。截至目前，公开发布民生信息10万多条，接受网友访问230万多次，公开惠民项目资金信息46000多条，公开党务政务村务信息32800多条，备案民生项目2500个，通报违纪违规典

在七星关区政务服务中心安置“七星关区民生建设公开公示查询系统”

型59例。向群众发送民生补贴补助告知短信38万多人次，接待群众来电咨询1400多人次，受理群投诉举报400多人次，处理142件，电话随机抽查民生资金落实政策情况1200多次，接受举报投诉660件次，成功受理101件，转立案28件。《中国纪检监察报》、

在七星关区政务服务中心安置“七星关区民生建设公开公示查询系统”

中国党风廉政网、国家监察部网站等媒体对这一做法进行了报道。

二是创建作风“扫码评价”平台。利用智能手机已全面普及这一特点，收录了区直部门和各乡镇街道（窗口、中心、站、所等）以及各村、社区等信息制作二维码，于2017年8月份创新开发“毕节市七星关区干部纪律作风在线评价平台”并投入使用，开创“扫码”+“评价”作风整治新模式。群众到相关单位、窗口接受服务，可以通过手机微信、手机QQ等“扫一扫”功能，通过扫描二维码，即可对相关单位科室干部纪律作风作出“满意（100分）、较满意（80分）、一般（60分）、不满意（0分）”的评价，同时，若发现干部职工存在庸、懒、散、慢、浮、贪、不作为、乱作为等作风问题，群众也可以通过平台对相关单位科室干部进行在线举报或投诉。区纪委每月对各单位干部接受评价情况进行一次的统计，对具有行政审批服务职能的单位或科室接受服务对象扫码评价率达不到80%的，作风评价中得到“一般（60分）”评价3次以上、“不满意（0分）”评价1次以上，以及在作风评价中弄虚

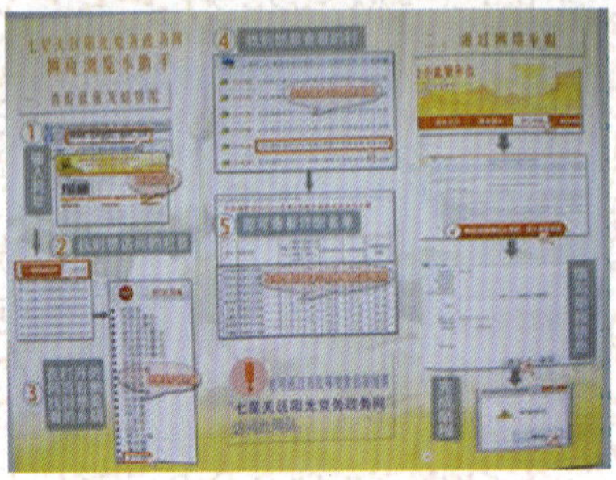

制作“七星关区阳光党务政务网（民生建设公开公示监管平台）”使用宣传册

作假的，区纪委将责令作出说明，对相关单位进行通报批评，情节严重的，对相关人员进行严肃问责。

2017年启动扫码评价工作以来，共有67个单位128个窗口科室被评价为“不满意”，投诉问题72个，11个单位在媒体上公开发布整改落实情况，免职1人，立案查处1人。

区检察院

2017年7月27日，最高人民检察院政治部公布拟授予第九届全国检察机关“文明接待室”称号名单，七星关区检察院院名列其中。这是该院至2007年起，连续第三次获此殊荣。

近年来，该院牢固树立宗旨意识、群众观念，不断提高检察机关服务群众工作的水平能力，促进文明规范司法，在信访接待、案件办理等方面取得了可喜的成绩。

一、加强信访接待场所建设和制度创新，提升信访工作成效

该院按照“文明接待室”的标准，在硬件上配齐专用信访接待室、检察长接待室、远程视频接访室、集体访接待室、信访听证室、律师接待室、心理咨询室，实现来访接待场所与办公区域分开；为保障信访安全、维护信访秩序，在信访接待大厅安装安检系统、监控系统，配备专职司法警察和安保人员；配备饮水设备及用具、应急药品、书写台等便民利民设施，致力于为群众提供洁净优雅、便利关怀的信访环境；同时，在接访大厅安装检务公开触摸屏，设置案件信息查询终端，张贴来访须知、受案范围、检察人员纪律、投诉指南以及院领导及控申接待人员情况等，打造“一站式”司法便民服务。

制度上，严格按照涉法涉诉信访工作改革的精神，不断规范案件受理工作。对接收的控告、申诉、举报案件，根据其性质和管辖规定，依照“属地管辖、分级负责，谁主管、谁负责”的原则及时审查分流，对属于本院管辖的信访案件，一律导入法律程序办理；对无法通过司法程序解决的普通信访事项，告知信访人向主管机关反映，或者将信访材料转送主管机关并告知信访人，实现诉讼与普通信访的分离。同时，为提升信访工作成效，在坚持原有的检察长接待日的基础上，不断进行巩固深化和制度创新。一方面，实行“谁接待、谁督办”的原则，对接访领导交办职能部门落实的事，接访领导亲自过问，重大问题亲自处理，并要求职能部门限时反馈办理信息，切实抓好督促落实，杜绝从前安排后就不了了之的现象，将制度优势落到实处，顺应群众期待；另一方面，针对群众登门上访，接访领导“坐堂”接待的单一形式，引入灵活多样的接待形式，便民利民。必要时变群众上访为接访领导下访；定期或不定期地走向农村、街道社区，通过法律咨询等形式，使法治宣传窗口前移，并及时发现上访苗头，做好上访群众的工作，把矛盾消除在基层，切实发挥检察机关维护社会和谐稳定的职能作用。

二、把握新形势新要求，进一步加强和改进刑事申诉检察工作

该院不断增强权利救济、法律监督、程序公正意识，扎实抓好刑事申诉检察办案工作，坚决维护和促进司法公正，成功办理了一批提出抗诉和提出再审检察建议的刑事申诉案件，取得了良好的法律效果和社会效果。一是切实转变司法理念，牢固树立敢于监督、敢于纠错的思想观念。随着依法治国进程的推进，面对开展刑事申诉检察工作的新形势新任务，我院刑事申诉检察队伍对过去思想观念上的偏差进行了深刻的自省和整改，牢固树立起了人权意识、程序意识、证据意识、规范意识，将敢于监督、善于监督、依法监督、规范监督的要求真正融入办案实际中。二是灵活运用再审检察建议和检察建议监督手段，填补监督“真空”，提升监督能力。在办理刑事申诉案件的过程中，采取再审检察建议与抗

诉相互配合、相互补充的模式，对于提抗风险较大的案件，或者不适宜抗诉监督的“瑕疵案”，灵活运用提出再审检察建议或者发出检察建议的手段进行监督，弥补单一抗诉手段的不足，创造条件依法维护申诉人合法权益。三是开展案件质量评查，实现反向审视工作常态化、制度化，促进刑事申诉检察工作不断完善进步。通过定期开展案件质量评查，并将评查结果纳入年终目标考评体系，逐步形成反向审视工作的长效机制。通过案件评查，杜绝从前执法办案不规范的现象，使严格执行办案规定，及时受理、及时办理、及时答复，努力实现“办理一件、息诉一件”成为刑事申诉检察工作新常态。

三、加大司法救助力度，切实保障刑事被害人合法权益

该院积极建立健全司法救助制度，不断加大工作力度，采取多种方式，对符合条件的刑事被害人及其近亲属实施救助，较好地践行了“突出救急、重在救困、帮扶无助”的工作原则，取得了良好的法律效果和社会效果。一是吃透文件精神，增强意识观念。在司法救助工作推进过程中，把强化能动意识放在首要位置，认真转发、组织学习有关救助工作的贯彻指导意见、工作细则，准确把握检察机关国家司法救助工作辅助性的功能定位，妥善处理监督职能与国家司法救助的关系，防止将其诉讼化和信访化，背离司法救助的初衷，切实做到不缺位、不越位，公平救助、及时救助。二是多措并举，落实救助资金，形成四种资金保障模式：（1）积极协调政府财政部门将国家司法救助资金列入预算；（2）对专项经费不足以支持的个案，积极向党委、政府进行个案汇报，争取财政的特殊支持；（3）特殊的急危案件先从检察业务经费中解决；（4）鼓励社会组织和个人捐助。三是理顺机制，畅通救助渠道。对内控申部门认真履职，与相关业务部门密切协作，及时将救助人群纳入视线范围，积极主动开展救助或帮助被害人或其近亲属申请救助，实现被动救助变为主动救助；对外从保证审批质量、缩短审批时间等环节入手，加大与财政部门的沟通协调力度，便捷报批审核模式，使救助工作效率得到提高。四是因案施策，力求最佳救助效果。恪守真诚救助精神，采取书面审查与实地走访相结合的方法，在全面了解被救助人面临的实际困难的基础上，坚持从实际出发，根据案件的具体情况和被救助人的实际需求，因案施策，实施多元化救助，力求最佳救助效果。对费用缺口大、检察机关一级救助难以缓解实际困难的被救助人，积极联动上下级检察机关共同救助；对实施司法救助后仍需要给予社会救助的，积极协调有关部门多措并举解决当事人的实际困难。

四、积极推行律师参与化解和代理涉法涉诉信访案件工作，及时化解矛盾纠纷

一是主动与区司法局、律师协会进行沟通协调，就律师参与化解和代理的运行模式、管理机制、后勤保障等具体问题达成共识，推动形成高效合理的律师接访机制，

毕节市七星关区人民检察院集体访接待室、信访听证室

于每周三选派一名律师到我院信访接待场所值班，向信访群众提供现场咨询等服务；二是实行律师预约接访制度，公示告知律师每周坐班接访的时间、律师基本信息等，引导信访人有序、有针对性来访，必要时检察机关帮助信访人预约律师接访；三是以引入律师参与化解为切入点，推动搭建公开透明的律师参与化解平台，针对集体访、长期缠访、闹访的信访案件，积极邀请律师参与化解工作，借助律师的专业能力，为信访人提供法律咨询，进行答疑解惑，帮助信访人正确理解法律规定及司法机关处理决定，消除信访人与检察机关的对立情绪，提升案件办理的法律效果和社会效果。四是探索建立服务精准的律师代理申诉制度，提升信访群众信任度。以律师代理申诉制度为着力点，对不服人民检察院诉讼终结处理决定，不服人民法院生效判决、裁定、调解书，向人民检察院申诉或者依法申请监督的情形，探索建立律师代理申诉告知制度，凡是属于检察机关管辖、可能导入申诉程序的案件，检察人员都应告知申诉人委托律师代理申诉的义务，以此引导申诉人通过委托律师代理来维护自身合法权益，保障信访人的权利救济，提升信访群众对司法决定的信任度。

区城乡规划局

七星关区城乡规划局办公室副主任张世先，从事规划管理工作30余年，通过多年探索，总结提炼出建设项目档案管理“4244”工作法，即四个围绕、两个整理、四个查找、四个注意，具体内涵如下：

一、“四个围绕”收集“一书三证”各阶段资料

一是围绕建设项目选址意见书阶段收集资料。按照项目选址规划申报资料清单逐一收集所需资料和核发的选址意见书及送达回执等；符合不用办理选址意见书情形的，不收集该阶段资料。**二是围绕建设用地规划许可证阶段收集资料。**按照项目建设用地规划许可申报资料清单逐一收集所需资料和核发的建设用地规划许可证及送达回执等。**三是围绕建设工程规划许可证阶段收集资料。**按照项目建设工程规划许可申报资料清单逐一收集所需资料和核发的建设工程规划许可证及送达回执等。四是围绕建设工程竣工规划认可证阶段收集资料。按照项目竣工规划认可申报资料清单逐一收集所需资料和核发的竣工规划认可证及送达回执等。

以上各阶段资料收齐后，按建设项目编号做好台账登记（电子档/纸质档），纸质档案资料整理装入与台账编号一致的档案盒，存入已编号档案柜。

二、“两个整理”理顺“一书三证”档案资料

一是整理折叠工程图。（一）建设项目选址、建设用地规划许可、建设工程规划许可等资料收集在一起；（二）纸质资料同类文件胶粘整理成A4纸式样；（三）方案图、施工图等图件拆散折叠成A4纸式样；（四）规范档案盒内纸质资料放置顺序。**二是整理建设项目档案资料入柜。**“一书三证”资料收齐后，编排整个建设项目档案页码，以建设工程规划许可证编号录入电子档台账，纸质资料装入以建设工程规划许可证编号标注的城建档案盒，存入连续编号的档案柜。

整理纸质档案资料

三、“四个查找”核准建设项目档案资料装入柜号

一是查找建设项目选址意见书资料。打开台账电子档，通过“查找”功能，输入建设项目选址意见书编号，核准存入的柜号。二是查找建设用地规划许可资料。打开台账电子档，通过“查找”功能，输入建设用地规划许可编号，核准存入的柜号。三是查找建设工程规划许可档案。打开台账电子档，通过“查

找”功能，输入建设工程规划许可编号，核准存入的柜号。四是查找建设工程竣工规划认可资料。打开台账电子档，通过“查找”功能，输入建设工程规划许可编号，核准存入的柜号。

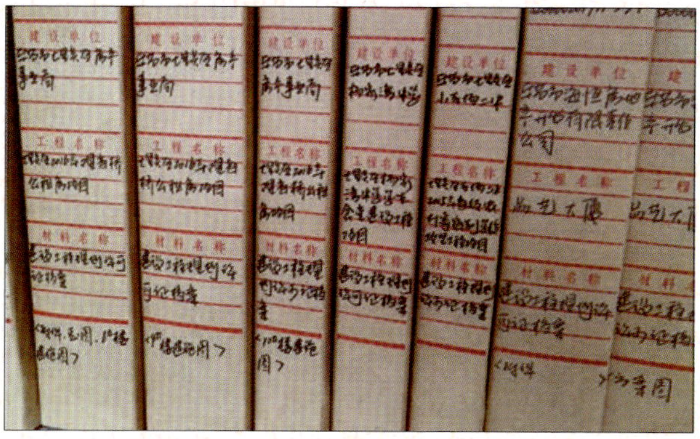

档案盒编号

四、“四个注意”处理好管理档案过程中遇到的问题

一是在日常工作中，注意及时归档对经办公会议研究同意后的图纸更改、图纸补充、相关附件等资料；二是在借阅和复制档案时，注意看是否有批准手续；三是在保管档案的专用库房，注意库房内保持适当的温度和湿度，并有防盗、防火、防晒、防虫、防尘等安全设施；四是发现有破损的档案时，注意及时修补。

该方法“城建档案资料齐全、整理规范、查找方便、实用高效”，2017 年 11 月 9 日在铜仁市召开的全省城乡规划实施监管大会上得到交流，省住房与城乡建设厅于 2018 年 1 月 29 日发文在全省推广。

档案盒装柜

规范档案室管理

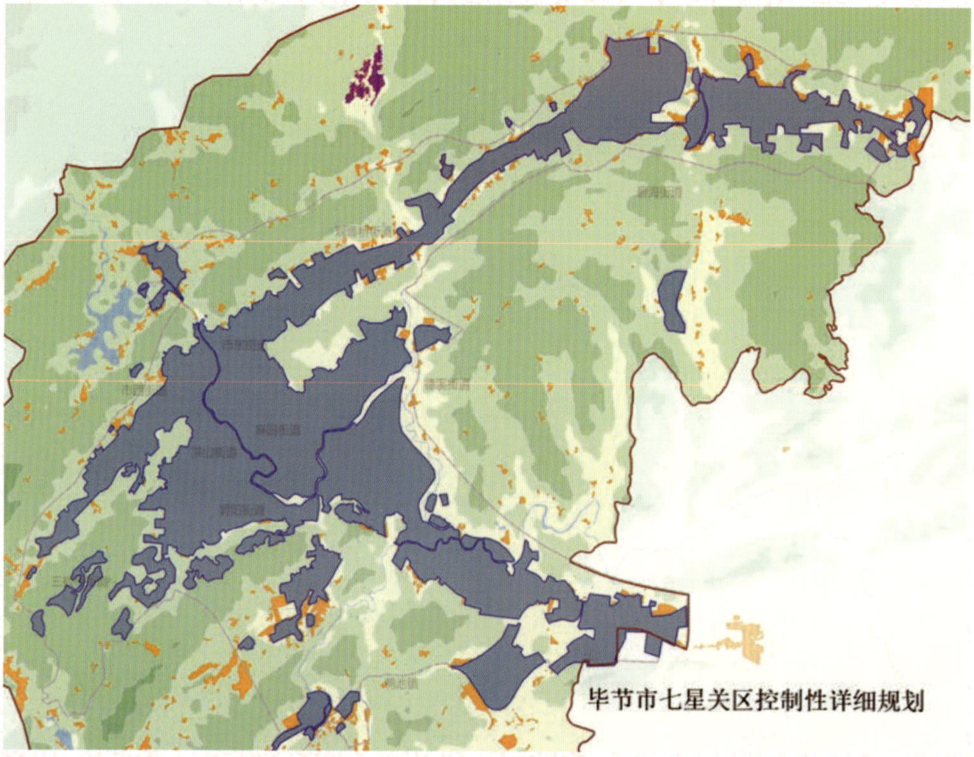

七星关区控制性详细规划图

区科协

9月23日至24日，以“创新.体验.成长”为主题的第12届七星关区青少年科技创新大赛在毕节梁才学校举办。

七星关区人民政府副区长李萍在开幕式上作了讲话，七星关区科协主席李和致辞，七星关区委常委、区委宣传部部长叶荣主持开幕式，区人大常委会副主任张骅、区政协副主席王林中出席开幕式。市科协主席谢平贵，市科协党组成员、毕节科技馆馆长陈岚，市科协科普部部长孙超应邀到会，市科协主席谢平贵作指导讲话。区科协、区教育局、区科技办、区环保局、文广局、团区委、区妇联、区文明办、区史志办等有关负责人出席开幕式。

李萍在开幕式上讲话时说，青少年科技创新大赛是青少年科技教育和科普工作的重要手段，是增强青少年创新意识、提高青少年科技素养的有效途径。有力的促进了广大青少年“爱科学、学科学、用科学”的良好风尚，增强了青少年的创新能力和实践能力。各单位要高度重视青少年科技创新工作，在政策、经费、场所、人员等方面给予大力支持，努力夯实开展青少年科技创新工作机制，加强中小学校专兼职科技辅导员队伍建设，提升青少年科技创新辅导能力水平。希望广大青少年持之以恒、锐意探索，切实提高自身科学素质和创新能力，在科技创新的海洋中有所发现、有所创造、有所进步。

在开幕式上颁发了第12届七星关区青少年科技创新区长奖6个项目7名学生，表彰了2017年七星关区科技创新优秀辅导教师10名。

本届大赛作品由各乡镇街道教管中心、中学、区直各学校和部分民办学校推荐上报，共收到各类项目作品375件，经评审组初评，遴选出216件作品入围参与展示、交流。其中青少年科技创新作品62件、辅导员科创新作品33件、科技创意作品55件、优秀少年儿童科学幻想绘画作品66件。

经大赛评审，评选出第12届七星关区青少年科技创新大赛青少年科技创新项目一等奖6件、二等奖19件、三等奖37件，辅导员科教创新项目一等奖4件、二等奖9件、三等奖20件，科技创意项目一等奖7件、二等奖15件、三等奖33件，优秀少年儿童科学幻想绘画项目一等奖8件、二等奖18件、三等奖40件。大赛还表彰了12名优秀辅导老师、8名优秀组织奖。

本届大赛全体参赛选手，部分科普志愿者和青少年科技辅导员；区青少年科技创新大赛成员单位主要负责人、各乡镇街道教管中心主任、中学校长；区直各学校和部分民办学校负责人，部分学生和教师代表共有1000多名人参加本次活动。

第十二届七星关区青少年科技创新大赛现场

大新桥街道办事处

为贯彻落实习近平总书记关于长江经济带“共抓大保护，不搞大开发“的重要指示精神，我街道坚决贯彻落实《长江经济带发展规划纲要》，积极开展倒天河水库饮用水水源地环境综合整治工作，拿出“咬定青山不放松”的精神，明确责任、抓住重点，确保倒天河环境综合整治工作有条不紊地推进。

大新桥街道干部职工在倒天河水库周边植树复绿

倒天河水库位于毕节市七星关城区西北大新桥街道境内，距离毕节城区3.5公里，总库容为1880余万立方米，有效库容1800余万立方米，现日供水能力为7.5万立方米。是毕节城区约45万人的“大水缸”，为毕节人民提供了甘甜的“乳汁”。为使倒天河水库“净”、“清”、“绿”，我街道聚力同心，献言献策，共同为毕节人民的“大水缸”护航。

一、抓住整治问题重点难点，全面消除生活面源污染，大力推进倒天河水库一级保护区住户整体搬迁。我办在区委，区政府主要领导多次召开的专题会议的精神指导下，细化任务、明确分工，组建三个工作组与房征局共同推进征拆工作的有序开展。对于征拆农户的房屋主要采取货币补偿与产权调换相结合的方式。2016年，投入1.23亿元完成倒天河水库环湖路以下936户房屋征收、拆除、建筑垃圾清运及土地履绿工作，共征收土地1248亩并完成植树复绿。2017年又完成了一级保护区内20100户房屋征收、拆除，建筑垃圾清运及土地履绿工作。投资约6000万元，新建大新桥污水处理厂，处理规模5000吨/天，建成倒天河水库水质自动监测站并运行。

二、坚定不移地保证倒天河水库周边绿色发展，大力实施生态覆绿工程，全面消除农业面源污染。制定倒天河水库一保护区土地覆绿方案，对土地进行流转，对房屋征收区域覆土，按有序推进的原则，统筹推进覆绿工程。2017年，投资约640万元，完成倒天河水库保护区1500余亩覆绿工程，种植绿化苗木30多万株，其中香樟3900多株、火棘21万多株、竹子12万多株：完成种草200余亩。2018年，拟投资2459余万元，对倒天河水库一级保护区实施造林绿化，面积约为

2992.2亩。大力深入推进水库周边土地覆土植绿宣传，积极发放宣传资料。从而提高广大群众环境保护意识，引导群众推广使用农业面源污染防治方案，广泛开展农作物病虫害绿色防控技术、测土配方施肥技术、优良生态农业模式的示范推广。

倒天河水库周边房屋已拆除

经营门店的监管力度，禁止高毒、高残留农药和激素类药物流入保护区。投入20多万元，购置太阳能杀虫灯安装到水库周边，病虫害物理防治面积达6000多亩，制定生猪养殖污染防治工作方案、倒天河水库库区周边畜禽养殖控制方案，采取以补促治的方式，对二级保护区内5头以上养殖场(户)进行引导转产、共取缔养殖大户28户，集中处理生猪1500余头，家禽800余只。有效预防牲畜养殖粪污排放进倒天河水库。

总之，该办将不遗余力，积极继续推进倒天河环境综合整治工作，集众人智慧，确保倒天河水库真正的能山青、水秀、绿波荡漾。为毕节人民提供干净、清凉、可口的饮用水。

倒天河水库周边设置护栏情况

田坝桥镇

油用牡丹产业是田坝桥镇产业发展的重头戏。油用牡丹全身是宝，花瓣是观赏性单层花，可以食用、也可以做茶；籽可以榨油；叶、梗可以提取牡丹多酚；根丹皮是名贵药材，被称为“人体脑黄金”；果是一种油料作物，果仁含油量达66%，除加工食用油外，还可制作润滑油、油漆、化妆品等工业原料，经济价值比较高。栽植油用牡丹每亩用种苗2000–3000株，预计农药、肥料、锄地、锄草、种子采收等用工每年每亩需要800元，油料牡丹第三年起开始结籽；结籽高产期为5–30年；产籽寿命可达60年以上；高产期每亩可产牡丹籽400公斤左右，按每公斤20元的市场收购价，每年每亩收入可达8000元左右，与种植传统农作物相比，种植油用牡丹的效益是其5倍左右。

种植油用牡丹，助力精准扶贫。田坝桥镇建立精准扶贫工作机制，并对精准扶贫项目进行了集中探索和推动，邀请油用牡丹种植专家到场调研指导工作，优选最适宜该作物生长的土壤和

田坝桥油用牡丹

环境，按照“试点先行、逐步推进、全面铺开”的原则，经多方调研和反复论证，最终确定将条件相对成熟的田坝桥村、弯腰树村、硝灰洞村、螃蟹村部分土地作为示范园区予以打造。油牡丹花全身是宝，花瓣是观赏性单层花，可以食用、也可以做茶，籽可以榨油，叶、梗可以提取牡丹多酚，根丹皮是名贵药材，被称为“人体脑黄金”。果是一种油料作物，果仁含油量达66%，果仁除加工食用油外，还可制作润滑油、油漆、化妆品等工业原料，经济价值比较高。牡丹籽每亩预计收入可达8000元，二亩地就可让一个贫困的三口之家脱贫致富，且油用牡丹有一次种植、可连续收获30年以上的特点，从而使贫困农民不至于来年返贫。

牡丹园区基本情况：土地流转3000亩，共4个村，涉及农户632户，2976人，其中贫困户67户，274人，种植株552万株，套种核桃5万余株。田坝桥镇采取产业带动贫困就业，就近优选精准扶贫建档立卡贫困户优先进入园区务工，推进产业发展与脱贫攻坚相互融合。目前，长期在牡丹园区务工的建档立卡户有60户150人，人均工资80元/日，人均工资2000元/月。牡丹园区每年需要劳动力约50000万人次，除建档立卡贫困户以外，还带动农村剩余劳动力就业、农民工返乡就业。自2016年10月种植油用牡丹以来，一年一次的花季是基地里最忙的时候，修枝、锄草、施肥……每一步都离不开人工的管护。而这，恰恰成为了农户们参与务工，在家门口就业的好方向。由于油用牡丹收获周期较长，能使脱贫农民来年不再返贫。

田坝桥油用牡丹

目 录

大事记

文件选编

七星关区概况

领导名录

政　治

军　事

法　治

经济管理与监督

财政 税务

金融　保险

农　业

工 业

城乡建设 环保

交通 通信 贸易

教育 文化 科技

卫生食药监督 人口计生

社会生活

镇乡办事处概况

七星关区村（社区）干部名录

大事记

1 月

3 日 七星关区委副书记、区长胡敬斌就易地扶贫搬迁城区集中安置点建设情况进行调研。他强调，要充分认识易地扶贫搬迁工作的重要性、艰巨性和紧迫性，把易地扶贫搬迁作为当前的一项重大政治任务、重大发展任务和重大民生任务来抓，用求真务实的态度，坚忍不拔的干劲，撸起袖子加油干，以“开局就是决战、起步就是冲刺”的状态打赢易地扶贫搬迁这场输不起的硬仗。

是日 叙毕铁路征地拆迁工作启动会召开，副区长周祖华出席会议并作重要讲话，各涉建乡镇街道、区直各有关部门相关负责人参加会议。周祖华指出，叙毕铁路和成贵铁路的建设，将大大缩短七星关区与周边城市的距离，七星关区客运、货运综合运输服务能力将得到显著提高，川滇黔渝四省市结合部中心城市的区位优势将进一步凸显，对推动整个毕节试验区建设具有十分重要的意义。

4 日 七星关区2017年脱贫攻坚工作推进会在区行政办公中心九楼大会议室召开，区委副书记颜岭出席会议并讲话，副区长王大庆主持会议，区直部门、各乡镇街道相关负责人参加会议。颜岭指出，为确保全区在国家扶贫开发工作成效考核中取得较好成绩，各乡镇街道、区直各相关部门务必高度重视，统一思想，围绕全区2个贫困乡镇摘帽、75个贫困村出列、3.72万名贫困人口脱贫的2016年度省级脱贫攻坚任务，根据《贵州省市、县两级党委和政府扶贫开发工作成效考核办法》，对照考核指标逐项核查，建好台账，避免漏项，认真做好迎接国家考核各项准备工作。

是日 毕节市第二届人民代表大会第一次会议七星关区代表团在区行政办公中心九楼会议室召开组团会议，市委常委、区委书记崔英魁出席并讲话，区人大常委会主任周延主持会议。

经过与会代表反复酝酿，一致推选崔英魁为代表团团长，胡敬斌、周延为副团长；并组建了临时党支部，崔英魁为党支部书记，周延、胡敬斌、颜岭为党支部委员。会议还酝酿了大会议程草案、主席团成员和秘书长名单草案、财政经济审查委员会名单草案、议案审查委员会名单草案，宣读了会议期间有关纪律及注意事项。

是日 市委常委、区委书记崔英魁，区委副书记、区长胡敬斌到城区主干道、背街小巷及楼群院落督导检查环境卫生整治情况。崔英魁、胡敬斌强调，要进一步提高广大市民环境意识和卫生意识，迅速掀起全区城乡环境卫生大整治活动高潮，切实营造人人关心、人人支持、人人参与环境卫生整治的良好氛围。

6 日 市委书记周建琨到市二届人大一次会议七星关区代表团，与代表们一同审议《政府工作报告》。他强调，要围绕《政府工作报告》提出的奋斗目标，摸着良心、出以公心、不忘初心，大家撸起袖子加油干，夯实城市的共性，张扬城市的个性，做大做强做美七星关中心城区。市委常委、七星关区区委书记崔英魁参加审议。

是日 毕节市二届人大一次会议七星关区代表团在驻地审议《政府工作报告》。李建、崔英魁、冉霞、胡敬斌、周延、颜岭等代表参加审议。与会代表一致认为，报告总结成绩实事求是，剖析问题清晰深刻，谋划未来与时俱进，安全符合中共十八大和十八届历次全会精神、习近平系列重要讲话精神和对毕节试验区的重要批示精神，符合省委十一届八次全会精神，充分体现了“四个意识”和责任担当，集中体现了毕节人民的所思所想，为毕节未来发展指明了方向。

7日 毕节市二届人大一次会议七星关区代表团组团会议在区行政办公中心九楼大会议室召开。市委常委、区委书记崔英魁强调，各位代表要本着对党忠诚、个人干净、敢于担当的精神，带头守纪律、讲规矩、作表率，确保选出忠诚、干净、担当的好干部，配出结构优、功能强的好班子，换出气正、心齐、事成的好面貌。

是日 七星关区委常委、组织部部长王晓园到生机镇开展遍访回访贫困村贫困户工作，为贫困户送去米、食用油等慰问品。

9日 毕节市第二届人民代表大会第一次会议圆满完成各项议程，在毕节胜利闭幕。会议号召，全市各族人民紧密团结在以习近平为核心的党中央周围，在省委、省政府的坚强领导下，以更加饱满的热情、更加务实的作风、更加扎实的工作，深化改革、锐意创新、埋头苦干、同心攻坚，全力打造试验区改革发展升级版，奋力谱写毕节全面小康新篇章。

大会选举产生新一届市人大常委会主任、副主任、秘书长，新一届市人民政府市长、副市长，毕节市中级人民法院院长、市人民检察院检察长，听取议案审查报告，批准政府工作报告、市人大常委会工作报告等6个报告。

是日 贵州省残联副理事长龙月祥率检查组到七星关区检查指导残疾人工作，重点对2016年全区残疾人“六项重点工作”开展情况进行检查。副区长周祖华及市、区残联相关负责人陪同检查。交流会上，副区长周祖华对七星关区2016年残疾人开展工作情况进行汇报，并就存在的问题和下步打算与检查组进行讨论。他指出，七星关区2016年的残疾人工作坚持“夯实基础、加大宣传、扩大影响、多办实事、不断创新”的工作思路，着力解决残疾人最关心、最直接、最现实的康复、教育、就业、扶贫等问题，残疾人工作取得明显成效。

是日 毕节市人代会刚刚闭幕，七星关区委就召开常委会，落实市“两会”的精神。会上，确定成立脱贫攻坚指挥体系，成立五大“战区”，并立即启动新一轮全区领导干部遍访贫困村贫困户活动。会议结束后，崔英魁、胡敬斌、周延、吴贤耀、颜岭作为五大“战区”的指挥长立即奔赴脱贫攻坚的最前线。

11日 七星关领导干部大会在区行政办公中心九楼大会议室召开，会议的主要任务是传达学习贯彻市“两会”精神，研究部署全区学习贯彻工作，全面安排当前各项工作。市委常委、区委书记崔英魁作重要讲话。区委副书记、区长胡敬斌主持会议并讲话。区人大常委会主任周延，区政协主席吴贤耀，区委副书记颜岭及区委、区人大、区政府、区政协相关领导出席会议。各乡镇街道、区直各部门主要负责人参加会议。

是日 七星关区党建工作述职评议会议在区行政办公中心九楼大会议室召开。市委常委、区委书记崔英魁作重要讲话。区委副书记、区长胡敬斌主持会议并讲话。区人大常委会主任周延，区政协主席吴贤耀，区委副书记颜岭及区委、区人大、区政府、区政协相关领导出席会议。市委组织部副部长王荣猛到会指导，各乡镇街道党委（党工委）书记、区直机关党委（党组）书记参加会议。

12日 市委常委、区委书记崔英魁到区纪委调研全区纪检监察工作时强调，全区纪检监察干部要贯彻落实好中央、省委、市委、区委和上级纪委的决策部署，进一步增强使命感、责任感和荣誉感，坚持全面从严治党，勇于担当作为，以贯彻落实省纪委十一届六次全会精神为契机，加强学习教育，打造一支素质过硬的纪检铁军，围绕“大扶贫”把纪检监察工作抓得更好、更实，进一步增强政治意识、大局意识、核心意识和看齐意识，构建不敢腐、不能腐、不想腐机制，为护航七星关跨越发展再立新功、再创佳绩，坚决打赢党风廉政建设和脱贫攻坚两个攻坚战。

13 日 市委常委、区委书记崔英魁到区委组织部调研全区组织工作时强调，全体组工干部要加强政治理论学习，提高思想道德素质，摸着良心、出以公心、不忘初心、满怀信心、让组织放心，做到讲政治、顾大局，切实提高敏锐性和责任感，准确把握新形势、新常态、新机遇，为打赢市委提出的“113 攻坚战”和推进区委提出的“1136”战略而努力奋斗，为全区决胜贫困、同步小康贡献力量。

是日 七星关区第二届人大常委会第一次会议在区人大五楼会议室召开。本次会议应到会组成人员共45 名，出席会议的有 41 名，符合法定人数。区人大常委会主任周延出席会议并讲话。会议由区人大常委会副主任张媛主持。副区长周祖华，区人民法院院长禄智华，区人民检察院检察长刘永，区政府办、区委组织部、区直相关部门有关负责人，有关乡镇街道人大主席（人大工委主任）、区人大常委会办公室相关负责人、区人大常委会教科文卫工委相关负责人列席会议。

14 日 七星关区委常委、宣传部部长叶荣，副区长李萍到杨家湾镇调研七星古城项目建设情况，并举行七星古城项目建设现场调度会，各相关单位负责人参加会议。

16 日 毕节市第二次党代会精神宣讲报告会在七星关区行政办公中心九楼大会议室召开。区委副书记颜岭，区委常委、组织部部长王晓园，区委常委、宣传部部长叶荣，区委常委、副区长卜令冲及区人大、区政协部分领导出席会议。各乡镇街道相关负责人、区直各部门分管领导、教师代表、社区干部代表、群众代表等参加会议。

17 日 市委常委、区委书记崔英魁到区三级联动视频接访大厅接访来访群众。区委副书记颜岭，市信访局副调研员、区委办副主任、区信访局局长赵敏，区人民检察院检察长刘永及区直相关部门主要负责人陪同接访。当日共接访来访群众 3 批 9 人次。

是日 市委常委、区委书记崔英魁到野角乡走访慰问贫困老党员和生活困难群众，为他们送去了区委、区政府的新春祝福和诚挚问候，让他们在党委政府的关怀中温暖过冬、祥和过节。

是日 七星关区在区行政办公中心五楼区委统战部会议室召开社会各界代表人士新春座谈会。区委常委、统战部部长袁媛主持座谈会并讲话。袁媛指出，过去一年是统一战线和多党合作成果丰硕的一年。各界人士团结一心、奋力拼搏，积极参与精准扶贫、精准脱贫工作，为推动全区经济社会发展作出了重要贡献。新的一年，希望各界人士在道路、方向、目标上形成统一意志和步调，继续为全区经济发展作出新的更大贡献。

18 日 市委常委、区委书记崔英魁到清水浦镇、生机镇、团结乡调研精准脱贫工作时强调，全区上下要提高思想认识，全面走访贫困村贫困户，带着感情走、带着责任走，查摆问题，调查研究，精准帮扶，实现扶贫“扶”到点子上，确保如期实现减贫摘帽；要充分发挥党员、驻村干部的领路带动、示范引导作用，让广大群众愿意干、跟着干，加快脱贫攻坚步伐；要加快农业园区建设，夯实产业支撑基础，抓住易地扶贫搬迁契机，完善基础设施配套，持续壮大集体经济；要用好用活“一市五金多套餐”“特惠贷”等精准脱贫举措，建立健全脱贫工作长效机制；要扎实做好春节期间各项工作，确保人民群众欢乐祥和过节，为全区经济社会和谐有序健康发展做出新的更大贡献。

是日 市委常委、区委书记崔英魁第四次调研督导鸡鸣三省红色文化旅游景区建设时强调，相关单位要本着把好事办实、实事办好的原则，严格按照规划设计标准，真抓实干，善作善成，从大处着眼，从小处入手，倒排工期、保质保量，细化责任、狠抓落实，树立精品意识，打造精品文化，大力推进征地拆迁、景点打造等工作，进一步抓好项目建设管理，完善基础设施配套；要心往一处想，劲往一处使，拧成一股绳，全区一盘棋，全力以赴，献计献策，将景区建设与精准脱贫有机结合，力争把鸡鸣三省红色文化旅游景区建设成为生态环境美、红色文化浓、地方特色优、服务功能强的旅游景区，把精准脱贫工作做精做细做实，以优异成绩和良好面貌迎接全市旅游产业发展大会召开。

是日 七星关区委常委、区委组织部部长王晓园到麻园街道、市东街道调研社区治理工作。区委组织部相关负责人陪同调研。

是日 七星关区委常委、统战部部长袁媛到长春堡镇走访慰问留守儿童、贫困户和老党员，为他们送去党和政府的关怀与温暖，并提前向他们致以新春祝福。

19日 七星关区委副书记颜岭到燕子口镇慰问敬老院孤寡老人、困难群众、贫困党员及百岁老人，为他们送去党和政府的深切关怀。

是日 七星关区人大常委会副主任胡家敬、副区长周祖华一行到中铁十九集团高坡隧道、成贵铁路项目二分部、叙毕铁路项目部看望慰问铁路建设者，为大家送上节日问候和大米、菜油等慰问品。

是日 七星关区委副书记、区同步小康驻村工作队队长杨伟一行到市西街道慰问贫困党员、留守儿童及困境儿童。

20日 市委常委、区委书记崔英魁，区委副书记颜岭，区委常委、常务副区长安旺，区政协副主席燕金祥等领导带着深切关怀，慰问了七星关区部分离退休老干部，为他们送去了区委、区政府的新春祝福和诚挚问候。

是日 七星关区委常委、宣传部部长叶荣到水箐镇贫困户、困难党员家中以及敬老院，为他们送去春节慰问物资。

是日 七星关区人大常委会副主任胡家敬一行到八寨镇，看望慰问困难老党员、敬老院老人，并为老人们送去诚挚的问候和新春的祝福。

21日 七星关区召开全区领导干部大会，传达学习贯彻省“两会”精神，研究部署当前各项重点工作。会议强调，全区各级领导干部要以贯彻省“两会”精神为契机，进一步坚定信心、振奋精神、攻坚克难，努力在适应和引领新常态中，推动全区经济持续健康发展和社会和谐稳定，为打赢脱贫攻坚战和高水平全面建成小康社会奠定更加坚实的基础。

是日 市委常委、区委书记崔英魁，区委常委、区政法委书记、区公安分局局长何万学，区政协副主席江晓燕一行先后到区消防大队、区消防大队开行路中队、毕节军分区进行慰问，同时还看望慰问了一级残疾军人张保军，为他们送去慰问金和慰问品，向他们致以新春的慰问和节日的美好祝福。

22日 七星关区政协党组召开2016年度民主生活会。区政协党组书记、主席吴贤耀主持会议，党组副书记、副主席燕金祥，党组成员、副主席江晓燕、周遵林，党组成员、秘书长徐永东出席会议。区政协副主席王林中、熊雄及相关委室负责人列席会议。

是日 七星关区召开2017年春节及全国“两会”期间安全工作会议，贯彻落实全省、全市安全生产工作电视电话会议精神，分析当前七星关区安全生产工作情况，对全区安全生产工作进行再安排、再部署、再落实。区委副书记、区长胡敬斌出席会议并讲话，副区长周祖华主持会议。区直各部门、各乡镇街道、区安委会成员单位主要负责人、安全生产重点企业负责人参加会议。

是日 七星关区委常委、宣传部部长叶荣，副区长李萍赴碧海街道沙锅寨社区调研指导七星芳香谷景区建设工作。区文体广电旅游局、碧海街道主要负责人陪同调研。

是日 七星关区副区长王大庆到清水铺镇走访慰问贫困户及困难老党员，为他们送去区委、区政府的关爱。

23日 七星关区离退休干部经济社会发展情况通报会在区行政办公中心八楼中间会议室召开。市委常委、区委书记崔英魁出席会议并通报了2016年全区经济社会发展情况。区委副书记、区长胡敬斌主持会议。区人大常委会主任周延，区政协主席吴贤耀，区委副书记颜岭，区委常委、区委组织部部长王晓园，区委常委、区委办主任张铭出席会议。区直相关部门主要负责人及50名区离退休干部参加会议。

是日 七星关区党风廉政建设“两个责任”情况评议会在区行政办公中心九楼大会议室召开。市委常委、市纪委书记蒋兴勇，市委常委、区委书记崔英魁，区委副书记、区长胡敬斌，区政协主席吴贤耀，区委副书记颜岭及区委、区人大、区政府、区政协相关领导出席会议。会议由市纪委副书记胡良华主持。区直各部门主要负责人、各乡镇街道党政负责人、纪委（纪工委）委员、派出纪工委书记、纪检监察机关部分特邀监督员、近三年退休的正科级及以上干部参加会议。

24日　七星关区委常委、区委办主任张铭到鸭池镇庙山脚村、营中岩村走访慰问贫困户、困难党员、困境儿童及敬老院老人，为他们送去春节慰问物资。区民政局、鸭池镇相关负责人陪同慰问。

25日　七星关区委副书记、区长胡敬斌主持召开区第二届人民政府第五次常务会议。他强调，各级领导干部要有强烈的实干意识，切实把脱贫职责扛在肩上，把脱贫任务抓在手上，拿出“敢叫日月换新天”的气概，鼓起“不破楼兰终不还”的劲头，做到沿着正确方向干、领导带头干、联系实际干、围绕脱贫干、抓住关键干，与时俱进地干、清正廉洁地干、发动群众一起干，满腔热情、充满智慧地做好脱贫攻坚工作。

是日　在新春佳节到来之际，七星关区人大常委会主任周延，区人大常委会副主任肖世华，区政协副主席周遵林一行先后到倒天河水库管理所、大新桥派出所、城区供电局、燃气公司、第二污水处理厂等单位进行慰问，向单位工作人员致以新春的慰问和节日的美好祝福。

26日　贵州省政协副主席、毕节市委书记、市人大常委会主任周建琨，市委副书记、市长桑维亮看望慰问七星关区环卫工人，为他们送去节日的问候和祝福，并送上慰问金。

是日　七星关区政协主席吴贤耀，区委常委、区委宣传部部长叶荣，区人大常委会副主任吕艺华，区政协副主席江晓燕一行先后到区机要局、区委办综合信息值班室、区检察院、区法院等单位慰问坚守一线的工作人员，为他们送上新春佳节的问候。

2月

4日　市委常委、区委书记、区委深化改革领导小组组长崔英魁在区行政办公中心八楼中间会议室主持召开2017年区委全面深化改革领导小组第一次会议。他要求，全区上下要认真贯彻落实中央、省委、市委全面深化改革领导小组近期会议精神，聚焦民生期盼，破解改革难点，锲而不舍抓改革，坚定不移抓落实，造势而上、乘势而为，勇于变革、主动作为，以改革的动力、务实的举措、钉钉子的精神推动全面深化改革各项工作纵深发展，力争使七星关区全面深化改革工作取得新突破、迈上新台阶，为全区决胜贫困、同步小康注入更强劲的内生动力。

5日　贵州省政协副主席、毕节市委书记、市人大常委会主任周建琨在毕节市委常委、七星关区委书记崔英魁的陪同下，到七星关区林口镇、清水铺镇、亮岩镇、燕子口镇、碧海街道办事处等地调研。区委副书记、区长胡敬斌，区委常委、区委办主任张铭，副区长李萍及区直有关部门负责人参加调研。

6日　七星关区行政办公中心大礼堂内红花焕彩、激情涌动，2017年七星关区“113攻坚战”推进大会在这里隆重召开。此次会议的主要任务是，以中共十八大和十八届历次全会精神为指导，深入学习贯彻习近平系列重要讲话和中央、省、市有关会议精神，动员激励全区上下以奋发有为、只争朝夕的姿态，聚焦“创新发展、同步小康”，以“大党建”为统领，推进“大扶贫、大安全、大发展”工作，为全面打赢脱贫攻坚战而努力奋斗！

7日　市委常委、区委书记崔英魁到七星关经济开发区调研指导工业园区建设管理工作时强调，要合理规划布局，发挥区位优势，探索发展思路，加强技术培训，整合物流资源，降低生产成本，形成产业链条，加快完善园区建设管理工作；要进一步加大招商引资力度，撸起袖子加油干，挽起裤脚加快赶，重点引进一批高新技术型和劳动密集型企业，形成新的经济增量，始终保持聚精会神搞建设、一心一意谋发展的良好势头；要深入企业，深入一线，沉下去、接地气，切实掌握企业存在的困难和问题，制定一企一策服务方案，推动企业健康发展，做到精准服务；要努力把资源优势转化为经济优势，扎实抓好企业上规入统工作，实现建设管理制度化、规范化，全力推进七星关经济开发区跨越发展。

是日 七星关区委副书记、区长胡敬斌组织召开消防工作专题会议。他强调，各级各部门要全面强化安全生产责任落实，切实加强安全生产教育、管理和隐患大排查大治理工作，按照“党政同责、一岗双责、齐抓共管”的要求，逐级抓好责任落实，确保人民群众生命财产安全。副区长周祖华，区消防大队、区安监局、区林业局等区直相关部门及10个街道主要负责人参加会议。

是日 市委常委、区委书记崔英魁专题调研城区易地扶贫搬迁安置点项目建设时强调，推进易地扶贫搬迁与脱贫攻坚科学高效紧密结合，全区上下要充分认识实施易地扶贫搬迁的重要性和艰巨性，齐心协力，克难攻坚，确保移民贫困群众搬得出、稳得住、融得进、能发展，真正把新家建在搬迁群众的心坎上，让党的阳光照耀在每位困难群众心中；要强化政策宣传，加快项目建设，落实配套措施，将移民人口向城区集中安置，确保圆满完成年度任务；要严明工作纪律，公开项目清单和资金预算，以铁的纪律切实管好用好项目资金；要按照项目建成时限列出时间表、挂出作战图，以对党和人民高度负责的态度，抢抓工程进度，科学组织施工，确保按时保质保量完成建设任务。

是日 区委常委、区委组织部部长王晓园带领区扶贫办有关负责人，到生机镇调研精准扶贫工作并召开座谈会。

8日 七星关区委副书记、区长胡敬斌在龙场营镇蹲点遍访贫困村贫困户期间调研了龙场营镇小城镇建设和农业园区建设情况。他强调，龙场营镇要科学规划合理布局小城镇，着力完善基础设施，提升公共服务能力，形成产业定位清晰、文化内涵丰富、功能配套齐全、布局合理得当、环境优美宜人、宜居宜业的特色小城镇，引领带动城乡一体化发展。要着力调整农业结构，用好全省脱贫攻坚产业扶持基金，重点支持农业产业化龙头企业和新型农业经营主体发展，带动贫困群众增收致富。

10日 七星关区委副书记、区长胡敬斌主持召开区政府2017年人大代表建议政协委员提案现场交办工作会。他强调，各级各部门一定要主动作为、狠抓落实，用真心赢得人民群众的理解与认同，用实干实绩取得代表委员的支持和信任，切实让代表委员建议提案转化为行动自觉和工作实效，确保代表委员建议提案件件有着落事事有回应。区人大常委会主任周延，区政协主席吴贤耀应邀出席会议。区委常委、常务副区长安旺，七星关经济开发区管委会副主任、投资促进局局长李永红出席会议。人大代表建议、政协委员提案承办单位主要负责人参加会议，区委办、人大办、政协办有关负责人和部分人大代表、政协委员列席会议。

是日 七星关区2017年农村电网建设启动会在区行政办公中心九楼多媒体会议室召开。副区长周祖华出席会议并讲话。市郊供电局、区应急办、各乡镇及相关街道主要负责人参加会议。

14日至15日 市委常委、区委书记崔英魁到野角乡蹲点调研脱贫攻坚工作时强调，全区上下要更加深入贯彻落实习近平扶贫战略思想，更加扎实推进省委、市委大扶贫战略行动，以精准为基本攻略，以问题和项目为导向，进一步提高脱贫攻坚精准度，吹响年内如期实现减贫摘帽目标冲锋号，迅速掀起全区脱贫攻坚春季攻势高潮。区委常委、区委办主任张铭陪同蹲点调研。

14日 七星关区政协主席吴贤耀到包靠联系的大屯乡蹲点调研贫困村贫困户，该乡主要负责人及区政协办相关负责人陪同调研。

是日 七星关区人大常委会副主任张媛到三板桥街道开展贫困户大走访活动，并在该街道精准扶贫交叉走访部署会和反馈会上作指导讲话。张媛指出，交叉走访是内部自查问题的重要途径和有效措施，要认真比对“一户一档”和实际走访情况，梳理存在问题，提出建议整改方案，推动贫困户档案规范化建设。要强化“特惠贷”“一市五金多套餐”等政策宣传，引导贫困户树立精准脱贫信心。

是日 七星关区委副书记颜岭一行到燕子口镇调研指导精准扶贫工作。此次调研共分为三个工作组深入该镇7个社区、17个行政村。

是日 七星关区委常委、组织部部长王晓园到生机镇蹲点调研。他强调，要全面贯彻2月3日省扶贫开发领导小组会议精神，按照市委、区委的部署，全力以赴，坚决打赢脱贫攻坚这场输不起的硬仗。

15 日　脱贫攻坚第二片区指挥部组织辖区内各攻坚大队赴小吉场镇开展大遍访活动。区委常委、政法委书记、区公安分局局长何万学，区政协副主席王林中、熊雄、邓庆及区政府办、区财政局、区交通局等 18 家单位 200 余人参加遍访。此次遍访，脱贫攻坚第二片区指挥部共组织 6 个攻坚大队、56 个小分队对小吉场镇 26 村（社区）的 1370 户贫困户进行了遍访。

是日　七星关区委常委、统战部部长袁媛一行到长春堡镇遍访贫困村贫困户。

18 日　区委副书记、区长胡敬斌前往南部新区、德溪新区、碧海新区调研全区教育重点项目推进情况时强调，加大教育重点项目建设是提高人民群众生活质量和水平的重要举措，既关系当前，又关系未来。各相关部门要坚定信心、真抓实干，更加注重谋发展惠民生，全力推进全区教育重点项目建设，力争教育项目早日完工并投入使用。

是日　副区长严琪到对坡镇法泥村遍访贫困户。他强调，进村走访是一项务实而不是务虚的活动，是一项长期而不是短期的活动，是一项全局而不是局部的活动，干部职工务必警惕前紧后松、虎头蛇尾、一阵风现象，要进一步加强组织领导，推动责任再落实、督查再严格、宣传再升温，确保走访活动有序开展、取得实效。

21 日　区委副书记、区同步小康驻村工作队队长杨伟到清水铺镇调研同步小康驻村、精准扶贫等工作。清水铺镇相关负责人陪同调研。

是日　七星关区政协主席吴贤耀、副主席燕金祥到阴底乡调研。

23 日　七星关区 2017 年市场监管工作会议在区政协五楼大会议室召开。副区长周祖华出席会议并讲话。各乡镇街道分管负责人、区直有关部门分管负责人、区市场监督管理局班子成员及各市场监督管理分局局长参加会议。

是日　七星关区副区长刘鑫到区工业经济和能源局调研指导工作。政府办、区工业经济和能源局相关负责人陪同调研。

24 日　七星关区第二届人大常委会第二次会议在区人大常委会五楼会议室召开。区人大常委会主任周延出席会议。区人大常委会副主任张媛、张骅、肖世华、胡卫国、吕艺华出席会议。区人大常委会副主任胡家敬主持会议。副区长王大庆、区人民检察院检察长徐永及相关部门负责人列席会议。

25 日　区委副书记、区长胡敬斌主持召开区第二届人民政府第七次常务会议。他强调，各有关部门要统一思想，提高认识，强化责任，切实把思想和行动统一到市委、市政府和区委、区政府的决策部署上来，以城市建设项目为抓手，全力推进“五城同创”各项工作，不断改善城市面貌和人居环境，提升城市品位，统筹城乡一体化发展。

区委常委、常务副区长安旺，区委常委、副区长赖平，区人大常委会副主任胡卫国，副区长周祖华、王大庆、严琪、唐希戈，区政协副主席燕金祥，七星关经开区管委会副主任陈俊出席会议。区直部门相关负责人列席会议。

27 日　全区“五城同创”工作推进大会在区行政办公中心九楼大会议室召开。市委常委、区委书记崔英魁出席会议并作重要讲话。他强调，全区上下要深入贯彻落实全市“五城同创”启动工作会议精神，群策群力，对焦目标，把握时间节点，集中力量主攻重点领域，突出示范，发动广泛参与，撸起袖子加油干，扎实做好“五城同创”工作。区委副书记、区长胡敬斌作工作安排。区政协主席吴贤耀，区委常委安旺、何万学、袁媛、王晓园、易晓华、张铭、叶荣及区人大、区政府、区政协相关领导出席会议。区直部门党委（党工委）负责人，各乡镇街道党委（党工委）书记参加会议。

是日　全区“五城同创”工作推进大会在区行政办公中心九楼大会议室召开。市委常委、区委书记崔英魁出席会议并作重要讲话。他强调，全区上下要深入贯彻落实全市“五城同创”启动工作会议精神，群策群力，对焦目标，把握时间节点，集中力量主攻重点领域，突出示范，发动广泛参与，撸起袖子加油干，扎实做好“五城同创”工作。

28 日　中国共产党毕节市七星关区第二届纪律

检查委员会第二次全体会议第一次大会在区行政办公中心九楼大会议室召开。市委常委、区委书记崔英魁出席会议并作重要讲话，他强调，全区上下要更加紧密地团结在以习近平为核心的党中央周围，深入学习贯彻中共十八届六中全会、中纪委七次全会、省纪委六次全会以及二届市纪委二次全会精神，在中央、省委、市委的坚强领导下，保持定力、精准发力、持续用力，不断开创全区党风廉政建设和反腐败斗争新局面，为七星关区全面打赢脱贫攻坚战提供坚强的纪律保障，以优异的成绩迎接中共十九大和省第十二次党代会胜利召开。

是日 全区“五城同创”工作指挥部第一次会议召开。区委副书记、区长胡敬斌出席会议并讲话。他强调，“五城同创”是全区上下共同的任务，各牵头单位要准确把握“同创”的实质和内涵，把握“同创”的任务与重点，对照创建标准和考核体系，吃透标准，明确目标，突出重点，扎实推进“五城同创”各项工作。

是日 2017年乡镇街道及区直部门党政主要负责人向区纪委全会述责述廉述德会议在区行政办公中心九楼大会议室召开。区委常委、组织部部长王晓园，区委常委、纪委书记易晓华出席会议。二届区纪委委员，各乡镇街道党政主要负责人、纪委（纪工委）书记，区直各部门主要负责人，各派出纪工委（监察分局）主要负责人参加会议。

3 月

1日 七星关区2017年烟叶工作会议在区烟草局六楼会议室召开。区委常委、常务副区长安旺出席会议并讲话，副区长王大庆主持会议。区直有关部门负责人、各涉烟乡镇行政主要负责人和分管负责人、区烟草局领导班子成员参加会议。

2日 区委副书记、区同步小康驻村工作队队长杨伟到层台镇调研。该镇主要负责人及区委组织部相关负责人陪同调研。

是日 全区小康路建设指挥部工作会议召开。区委常委、区委组织部部长王晓园出席会议并讲话，区人大常委会副主任张骅、胡卫国，区政协副主席王林中出席会议，区小康路建设指挥部成员单位负责人参加会议。会议由副区长周祖华主持。

是日 七星关区全国两会消防安保工作暨第一次消防联席会议在区行政办公中心九楼大会议室召开，会议对2017年以来火灾情况进行通报，并结合近期全国火灾形势，就做好下一步消防工作做安排。长赵科出席会议并讲话，区消防大队负责人、各乡镇人民政府（街道办事处）分管负责人、区消防安全委员会各成员单位分管负责人及区内多家消防安全重点单位负责人参加会议。

6日 七星关区人大常委会主任、区脱贫攻坚第三片区指挥长周延率片区内各攻坚大队，组成49个工作小组赴八寨镇走访606户贫困户。他强调，走访的出发点和落脚点都是为了解决贫困问题，各工作组在走访过程中，一定要以求真务实的态度、实事求是的作风对贫困户进行实地走访，深入了解贫困户致贫原因，为打赢脱贫攻坚这场硬仗制定出切实可行的措施。

区委常委、区委宣传部部长叶荣，区人大常委会副主任胡家敬、吕艺华及区直有关部门、涉及乡镇街道主要负责人参加此次走访。

6日至7日 市委常委、区委书记崔英魁率队到荔湾区考察学习，对接扶贫协作和对口帮扶有关事宜。区委常委、常务副区长安旺，区委常委、统战部部长袁媛，区委常委、区委办主任张铭及区扶贫办、文体广电旅游局、教育局、卫计局等单位负责人参加考察学习。考察学习组一行与荔湾区党政主要领导、部分班子领导及相关单位负责人举行了座谈，民盟广东省委、致公党广东省委相关领导应邀出席会议。

9日 七星关区2017年创建文明城市工作调度会在区行政办公中心八楼中间会议室召开，区委常委、宣传部部长叶荣出席会议并讲话，区人大副主任胡卫国、吕艺华出席会议，七星关区创建文明城市牵头单位、相关责任单位负责人参加会议。

是日 七星关区召开大安全工作调度会议，贯彻落实全省安全生产工作视频会议精神，分析当前七星关区安全生产工作情况，对全区安全生产、信访维稳和精准扶贫工作进行再安排、再部署、再落实。区委副书记、区长胡敬斌出席会议并讲话。他强调，要提高认识，统一思想，抓好落实，坚持以人民为中心的发展思想，切实做到胸怀大局抓大安全，胸怀担当抓大安全，胸怀责任抓大安全，胸怀民生抓大安全，胸怀畏惧抓大安全，坚定不移地抓实大安全。

10日　贵州省水库和生态移民局局长王应政到七星关区调研易地扶贫搬迁工作。市委副书记、市长桑维亮，副市长李玉平，区委副书记、区长胡敬斌及市、区相关部门负责人陪同调研。王应政一行先后到碧海街道店子村、蚂蟥箐，市西街道翠西社区等易地扶贫搬迁安置点，实地了解易地扶贫搬迁项目建设情况，认真听取七星关区2016年易地扶贫搬迁工作开展情况和政策落实情况汇报。

是日　毕节市委常委、市委宣传部部长、市"五城同创"指挥部办公室主任何云江在市委宣传部副部长、市文明办主任李丽的陪同下，到七星关区洪山街道洪山社区、市西街道松山社区实地调研"五城同创"工作。何云江对洪山街道、市西街道在"五城同创"工作中取得的成绩给予充分肯定，并就如何开展好下一步工作提出了具体要求。

12日　区委副书记、区长胡敬斌调研城区易地扶贫搬迁安置点选址工作时强调，要把易地扶贫搬迁作为当前的一项重大政治任务、重大发展任务和重大民生任务来抓，要以对人民负责、对历史负责的态度，抓实、抓牢、抓好易地扶贫搬迁工作，努力把易地扶贫搬迁安置点建设成为规划设计一流、区位优势明显、功能配套完善的样板工程、亮点工程。

是日　区委副书记、区长胡敬斌主持召开全区城镇棚户区改造工作推进会议时强调，棚户区改造是重大的民生工程和发展工程，各乡镇街道和相关部门在实施棚户区改造工程中要牢固树立以人为本的理念，全面加快棚户区改造步伐，力争2017年全区棚改任务早落实、早完成，确保老百姓住有所居、居有所安。要进一步加大工作力度，强化措施，落实责任，保障好资金等各项条件，带动扩大有效投资，不断提升新型城镇化水平，为保障和改善民生、促进经济社会发展作出更大贡献。

13日　区委常委、宣传部部长叶荣先后到市东街道龙山社区、灵峰社区调研"五城同创"工作，区人大副主任胡卫国及相关部门负责人陪同调研。

14日　市委常委、区委书记崔英魁到区三级联动视频接访中心接访来访群众。区委常委、区委办主任张铭，区人大常委会副主任胡家敬及区直相关部门主要负责人陪同接访。当日共接访来访群众4批11人次。

是日　区委常委、统战部部长袁媛带领统战部干部职工深入长春堡镇裸依村、合桩村、沈家屯村开展新一轮脱贫攻坚"春季攻势"走访行动。该镇主要负责人陪同走访。

16日至17日　区政协主席吴贤耀、副主席邓庆带领区直相关部门分管负责人及七星关区部分政协委员、企业家到浙江省杭州市萧山区考察萝卜制品的生产加工。

20日　毕节市现代高效农业示范园区建设专题培训在七星关区正式启动。副区长王大庆主持培训会。全区各乡镇街道、区直相关部门、农业园区办相关负责人及园区经营主体153人参加培训。

是日　副区长李萍到区档案局（馆）调研并召开座谈会。

李萍一行参观了爱国主义教育基地展厅，实地察看了办公室、保管利用股、查阅室、中心机房和库房等场所，边看边询问局（馆）基本情况，档案收集管理、查阅利用以及数字档案馆的建设等情况。

21日　市委常委、区委书记崔英魁主持召开区委二届2017年第四次常委办公会议，会议传达学习了全国两会和省委法治毕节创建工作调度推进会精神。区委副书记、区长胡敬斌，区人大常委会主任周延，区政协主席吴贤耀，区委副书记杨伟，区委常委安旺、何万学、袁媛、王晓园、易晓华、张铭、叶荣，区人大常委会、区政府、区政协领导班子成员，区人民法院院长、区人民检察院检察长、区人武部政委及相关职能部门主要负责人参加会议。

是日　为贯彻落实全市城乡规划建设管理工作会议精神，七星关区在区政协五楼会议室召开2017

年城乡规划建设管理工作会议，副区长严琪出席会议并讲话，各相关部门负责人参加会议。

22日 全区民政（老龄）工作会议在区行政办公中心九楼大会议室召开。副区长李萍出席会议并讲话，区直相关部门、各乡镇街道相关负责人参加会议。

是日 贵州省大地公益基金会对口帮扶毕节市七星关区阿市乡精准扶贫精准脱贫座谈会在洪山酒店毕节厅召开。会上，与会领导围绕贵州省大地公益基金会对口帮扶阿市乡的模式、机制、架构等提出了相关意见和建议。座谈会后，贵州省大地公益基金会和相关企业领导到阿市乡13个村进行走访调研，期间还参观了阿市乡中药材示范园区、中寨村易地扶贫搬迁安置点。

是日 市督查组赴七星关区检查指导公共安全维护行动暨全国“两会”期间安全生产工作，并在区政府七二会议室召开督查工作反馈会。副区长周祖华出席会议并讲话，区直相关单位负责人参加会议。

是日 全区2017年殡葬改革工作推进会议在区行政办公中心八楼中间会议室召开，副区长李萍出席会议并讲话，区直相关部门、各乡镇街道相关负责人参加会议。

23日 全区2017年环境保护工作暨创建国家环境保护模范城市工作会议在区行政办公中心九楼大会议室召开。副区长刘鑫，区政协副主席周遵林出席会议，区直各有关部门及各乡镇街道、林业环保站负责人参加会议。

是日 区委常委、区委组织部部长王晓园到星城农贸市场调研农特产品直销工作。区市场监管局主要负责人陪同调研。

是日 副区长李萍在区委宣传部、区卫计局、区市场监督管理局相关负责人的陪同下，先后到区人民医院和星城农贸市场实地查看H7N9禽流感防控工作情况。

24日 市委常委、区委书记崔英魁通过实地调研、听取汇报、组织座谈、召开会议等方式调度全区“五城同创”工作。他强调，“五城同创”是市委、市政府确定的重点工作和重要目标，是强市利民的大事，有利于提高毕节人民的幸福指数，有利于提高毕节经济社会发展的竞争力，有利于提高毕节对外的知名度和影响力，各级各部门一定要集中精力、凝聚力量、强化措施，把各项工作做精、做实、做稳，确保七星关区“五城同创”工作取得圆满成功。

是日 七星关区城市公共客运交通专项整治启动大会在一院三馆广场举行。区委副书记、区长胡敬斌宣布整治行动正式启动。区委常委、区委统战部部长袁媛，区委常委、区委宣传部部长叶荣，天河风景名胜区管理处处长丁世远及省、市相关部门负责人出席会议。副区长周祖华主持启动大会。区直各部门主要负责人，区交通局、客管局、运管所全体干部职工，区内城市公共客运企业负责人及广大驾驶员参加启动大会。

25日 区委副书记、区长胡敬斌主持召开专题会，研究解决城区重点项目推进情况，并到南部新区瑞丰新城、博宇燃气公司、洪南路延伸段，百花山片区毕节一小、周素园故居、百花路、古道路等地现场踏勘。他强调，要迅速成立专班解决博宇燃气公司遗留问题，要加快推进百花山片区提质改造，着力提升老城建设品质，改善城市综合环境，完善基础设施配套，突出重点单元，明确时间节点，以城市化建设的实效来满足人民对幸福生活的追求，使城市规划更科学、人民群众更满意、宜居城市更美好。

25日至26日 区委常委、常务副区长安旺带领区委组织部人才办和区人力资源和社会保障局抽调的5名工作人员，赴贵阳国际会议展览中心参加第五届中国贵州人才博览会。

26日 全区农特产品平价直销启动仪式在星城农贸市场举行。市委常委、区委书记崔英魁出席仪式并讲话。他强调，七星关区农特产品直销工作已经开始起航，全区上下务必以高度的责任感、紧迫感和使命感，充分认识到做好农特产品直销工作的重要意义，进一步统一思想，提高认识，切实将这项工作抓紧抓实，抓出效果。

是日 民盟河北省委赴七星关区开展“同心助学”活动，并在大新桥街道魏家屯小学举行捐赠仪式。区委常委、区委统战部部长袁媛主持活动。民盟河北省委秘书长张朝军、民盟河北省委社会服务部副部长朱晓健、民盟毕节市委主委刘祖荣、民盟毕节市委专职副主委谢霓、副区长唐希戈出席活动。大新桥街道主要负责人和魏家屯小学全体师生参加活动。

是日　民盟河北省委秘书长张朝军、民盟河北省委社会服务部副部长朱晓健一行到长春堡镇垭关村寒泊羊同心基地考察。民盟毕节市委专职副主委谢霓，副区长唐希戈，区委统战部及长春堡镇相关负责人陪同考察。

是日　全区农特产品平价直销工作调度会在区行政办公中心八楼中间会议室召开。区委常委、组织部部长王晓园，区委常委、区委办主任张铭，副区长王大庆出席会议并就下步全区农特产品平价直销工作进行安排部署。区市场监督管理局、区农牧局、区扶贫办等区直相关部门负责人，各乡镇街道相关负责人参加会议。

27 日　区政协主席吴贤耀到大屯乡雅木村调研后进村党组织整顿工作。调研中，吴贤耀查看了雅木村文化广场和村级办公阵地选址，听取大屯乡党委和雅木村党组织负责人关于该村村情及党组织建设情况汇报，仔细询问党员构成、班子建设、村级集体经济发展、易地扶贫搬迁等情况及面临的困难和问题。

是日　全区 2017 年清明期间森林防火工作会议在区行政办公中心九楼大会议召开，副区长周祖华出席并讲话，区直有关部门及各乡镇街道相关负责人参加。副区长王大庆主持会议。

28 日　毕节市人大常委会调查组赴七星关区检查指导“一气三表”专项整治工作，并召开座谈会。区人大常委会副主任胡卫国及市、区相关部门负责人陪同。

29 日　2017 年区委农业农村工作暨全区扶贫开发工作会议在区行政办公中心九楼大会议室召开。区委常委、区委办主任张铭主持会议，区人大常委会副主任胡卫国，副区长王大庆，区政协副主席王林中出席会议。

是日　七星关区“五城同创”指挥部办公室主任办公会议在区“五城同创”指挥部会议室召开。区政协副主席、区创建国家卫生城市指挥部办公室主任江晓燕，区政协副主席、区创建国家环境保护模范城市指挥部办公室主任周遵林，区政协副主席、区创建全国“双拥”模范城指挥部办公室主任熊雄，区政协副主席、区创建国家园林城市指挥部办公室主任邓庆，七星关经开区管委会副主任、区“五城同创”指挥部办公室常务副主任陈俊出席会议，各指挥部办公室人员参加会议。

30 日　区委常委、区委办主任张铭到鸭池镇就脱贫攻坚、社区服务阵地建设、易地扶贫搬迁和教育项目建设等工作进行走访调研。

是日　七星关区在区行政办公中心九楼会议室召开 2017 年教育工作会议，区委常委、宣传部部长叶荣，区人大常委会副主任张骅，副区长李萍参加会议。各乡镇街道、区直有关部门、区直学校及部分民办学校负责人参加会议。

是日　七星关区创建全国“双拥”模范城工作推进会议在区行政办公中心八楼中间会议室召开。副区长、区创建全国“双拥”模范城指挥部指挥长李萍，区政协副主席熊雄，区人武部政委王华国、部长柏松出席会议。区直相关部门负责人参加会议。

31 日　在清明节来临之际，毕节军分区与七星关区人武部组织部队官兵开展缅怀革命先烈活动。市军分区政委张平、政治部主任王犁田、后勤部长杨建军，区人武部政委王华国、部长柏松出席活动。

是日　七星关区政协二届二次常委会议在政协 206 会议室召开。区政协主席吴贤耀主持会议并讲话，区政协副主席燕金祥、王林中、江晓燕、熊雄、邓庆，区政协秘书长徐永东及二届区政协常委会其他组成人员出席会议，区政协机关各委室负责人及机关干部列席会议。

是日　七星关区 2017 年“12331”食品药品投诉举报宣传日活动在人民公园举行。区人大常委会副主任张骅、胡卫国，副区长、区食安委副主任周祖华，区政协副主席王林中及市食品药品监督管理局有关领导出席活动。市食药监局、区食品安全委员会成员单位，食品药品生产、经营企业代表，餐饮服务企业代表，药品和医疗器械经营代表，区市场监管系统干部职工参加活动。

4 月

1 日　七星关区政协主席吴贤耀到团结乡检查指导精准扶贫工作。

是日　七星关区干部考察员初步人选专题培训会议在区行政办公中心九楼大会议室召开。区委常委、区委组织部部长王晓园出席会议并讲话。区委组织部全体在职干部、区纪委（监察局）部分领导干部、部分区直部门从事党务（政工）工作的领导干部、由组织推荐的部分乡镇街道组织委员和组织员共 170 名干部考察员参加培训会。

6 日　市委常委、区委书记、区委全面深化改革领导小组组长崔英魁主持召开区委全面深化改革领导小组 2017 年第二次会议，传达学习中央、省委、市委全面深化改革领导小组近期会议精神，听取有关工作情况汇报，审议有关改革事项。区人大常委会主任周延，区领导安旺、袁媛、王晓园、易晓华、张铭、张媛、严琪、燕金祥及区委全面深化改革领导小组，各专项小组组长、联络员，各专题组组长、牵头单位负责人、参与单位负责人，改革办主任、副主任、专兼职副主任等参加会议。

是日　全区扶持微型企业发展工作领导小组会议在区行政办公中心八楼中间会议室召开。副区长周祖华出席会议，区直相关部门负责人参加会议。周祖华指出，七星关区扶持微型企业发展工作启动时间较晚，却克服了许多困难，严格按照实施方案，做到了方案不变、数量不减、门槛不降，圆满完成了全区扶持 350 户微型企业的目标任务。

是日　副区长刘鑫作为招工队队长带领华耀服装公司工作人员到林口镇进行招工宣传，林口镇党委副书记、分管负责人及 16 个村支书、主任参与招工宣传动员大会。

是日　七星关区在区行政办公中心八楼中间会议室召开创建省级电梯安全管理示范区部署会。副区长周祖华出席会议，区直相关部门和涉及乡镇街道有关负责人参加会议。

7 日　市委常委、区委书记崔英魁带队到安顺市平坝区考察学习“塘约经验”。平坝区委书记芦忠于，区委副书记、区长唐友波陪同考察。区委常委、区委办主任张铭，七星关经济开发区党工委副书记张和国，区直有关部门、各乡镇街道主要负责人及全区 101 名村支部书记参加考察学习。

是日　致公党天津市委赴七星关区开展精准扶贫工作座谈会在区委统战部会议室召开。区委常委、区委统战部部长袁媛主持会议，区联络联系办、区扶贫办、致公党七星关区工委相关负责人参加会议。

8 日　七星关区“三权”促“三变”农村改革暨脱贫攻坚推进大会召开。市委常委、区委书记崔英魁出席会议并作重要讲话。他强调，决胜贫困是七星关区 2017 年的政治任务，“三权”促“三变”农村改革是决胜贫困的有力抓手。全区各级各部门要紧密团结在以习近平为核心的党中央周围，认真贯彻落实中央、省、市的决策部署，围绕市委“113”攻坚战总体布局和区委“1136”发展规划，全力抓好大党建、大扶贫、大安全、大发展，借鉴学习“塘约经验”，聚改革之气、蓄攻坚之势，不断发展壮大集体经济，千方百计增加群众收入，坚决发起脱贫攻坚全面总攻，确保脱贫攻坚全线告捷。

是日　全区迎接中央环境保护督察工作调度会议在区行政办公中心九楼大会议室召开。市委常委、区委书记崔英魁出席会议并作重要讲话。他强调，全区上下要从实从严抓好迎接中央环保督察准备工作，形成齐抓共管氛围，做好情况汇报、资料提供、条件保障、督察整改等各项工作；要以昂扬的斗志攻城拔寨，以百倍的努力决战决胜，稳扎稳打，充分准备，确保按时完成各项迎接督察准备工作。

9 日　市委常委、区委书记崔英魁到林口镇鸡鸣三省红色文化旅游景区、砂锅寨美丽乡村调研指导全市旅发大会观摩点打造时强调，全区上下要把握好全市旅游产业发展大会这一展现七星关区良好面貌的机遇，本着把好事办实、实事办好的原则，严格按照规划设计标准，真抓实干，善作善成，从大处着眼，从小处入手，坚持高标准、严要求，千方百计抢时间、抓进度，抓重点、突难点，以等不起、慢不得的责任感，全面细化责任、倒排工期，加大工作力度，加快工作进度，把景区建设相关工作做精做细做实，进一步抓好鸡鸣三省红色文化旅游景区和砂锅寨美丽乡村观摩点的项目建设和管理，大力完善基础设施配套；要心往一处想，劲往一处使，拧成一股绳，全区一盘棋，全力以赴，献计献策，把各项工作做到细致、极致、精致，形成工作合力，全力推进旅游产业转型升级，以优异成绩和良好面貌迎接全市旅游产业发展大会在七星关区召开。

10 日 全区“百企帮千户”助力脱贫攻坚动员大会在区行政办公中心大礼堂召开。市委常委、区委书记崔英魁出席会议并作重要讲话，他强调，决胜贫困是同步小康的最关键一环，全区脱贫形势仍然严峻，要实现全区在年内脱贫任重道远。脱贫事业光荣而艰巨，有了各位企业家的参与，进一步加注了七星关区的脱贫砝码。我们坚信，在省委、省政府和市委、市政府的坚强领导下，在各位企业家朋友的鼎力支持下，在各方的精诚合作和共同努力下，七星关区一定能克服脱贫攻坚道路上的种种困难，在2017年顺利完成脱贫任务，全区人民的生活也一定会越来越美好。

是日 2017年全区干部专题调研工作启动会在区委组织部第一会议室召开，区委常委、区委组织部部长王晓园出席会议并讲话。

是日 七星关区在区财政局二楼会议室召开财政扶贫资金专项检查汇报会。市财政扶贫资金专项检查第一检查组组长主持会议。副区长王大庆出席会议，区直相关部门负责人参加会议。

11 日 副区长严琪到对坡镇石板村回访贫困户。在贫困户家中，严琪仔细询问他们的家庭和经济收入情况，详细了解他们的发展意愿，认真倾听他们在脱贫中遇到的新问题、新困难。

是日 区委常委、区纪委书记易晓华到长春堡镇长春社区走访贫困户。园区纪工委、长春堡镇主要负责人陪同走访。

13 日 七星关区在区行政办公中心九楼会议室召开留守儿童关爱救助保护工作推进会。副区长李萍出席会议。各乡镇街道留守儿童关爱工作分管领导、教管中心主任、中学校长，区直有关部门分管领导，区民政局、区教育局主要领导，区直学校、部分民办学校负责人，区督导组组长参加会议。

14 日 七星关区委副书记、区长胡敬斌到永安救护队、区安监局、区煤安局调研安全生产工作并主持召开全区贯彻省市安全生产工作会议精神暨区安委会2017年第1次会议。他强调，要认真贯彻落实好全省、全市安全生产工作电视电话会议精神，坚决防范和遏制各类事故发生，确保全区安全生产持续好转，以更加坚定的态度、更加扎实的作风、更加有力的措施抓好当前安全生产各项工作，扎实做到安全生产“九个抓细抓落实”，严格落实安全生产“三个主体责任”，深入推进安全生产“三查三问三到位”，确保实现安全生产“五个百分之百”，为省第十二次党代会营造良好的安全生产环境。

是日 七星关区委常委、区纪委书记易晓华在有关人员的陪同下，到龙场营镇、大屯乡调研脱贫攻坚和“两个责任”落实情况等工作。

16 日 七星关区委中心组（扩大）集中学习专题报告会在区行政办公中心大礼堂举行。著名学者、当代文学家、中国作家协会报告文学委员会副主任、中国报告文学学会副会长王宏甲，安顺市平坝区乐平镇塘约村党总支书记左文学应邀分别作了题为“中国文化里的人民观”和农村改革“三权”促“三变”塘约道路的专题报告。区委副书记、区长胡敬斌主持报告会。

17 日 区委副书记、区长胡敬斌调研指导全市城市建设项目观摩会观摩点打造时强调，全区上下要把握好全市城市建设项目观摩会这一展现七星关区良好面貌的机遇，本着把好事办实、实事办好的原则，严格按照规划设计标准，真抓实干，善作善成，坚持高标准、严要求，千方百计抢时间、抓进度，抓重点、突难点，以等不起、慢不得的责任感，全面细化责任、倒排工期，加大工作力度，加快工作进度，进一步抓好抓细抓实观摩点项目建设和管理，充分展现项目亮点和特色；要心往一处想，劲往一处使，拧成一股绳，把各项工作做深做细做精，全力推进城乡一体化发展，以优异成绩和良好面貌迎接全市城市建设项目观摩会在七星关区召开。

20日 区委副书记、区长胡敬斌主持召开区第二届人民政府第十一次常务会议，安排部署七星关区迎接环保督政工作，审议有关环境保护治理方案。他强调，要坚决贯彻落实中央、省、市关于环境保护的系列要求，全面落实党委、政府环境保护“党政同责”“一岗双责”主体责任，严格按照省、市环保督察组的反馈意见，全面抓好问题整改，解决环境突出问题，严格环境执法和督查问责，进一步完善细化七星关区环境保护治理方案，全力以赴打好生态建设“攻坚战”、污染治理“突围战”、环境监管“持久战”，牢牢守住发展和生态两条底线，确保七星关区环保督政顺利过关，为广大人民群众打造一个天蓝气清宜居宜业的生态环境。

21日 市委常委、区委书记崔英魁率队赴七星关经济开发区华耀服装厂实地调研七星关“服装城”项目建设。调研中，崔英魁向相关负责人详细了解项目建设、生产经营、带动就业、园区管理等情况，认真听取有关负责人工作汇报，并与企业员工亲切交谈，对园区建设管理、招商引资、服装城建设等方面的工作提出指导性意见和建议。

是日 七星关区第二届人大常委会第三次会议在区人大常委会五楼会议室召开。区人大常委会主任周延出席会议并讲话，区人大常委会副主任张媛、胡家敬、张骅、肖世华、胡卫国、吕艺华出席会议。副区长刘鑫，区人民检察院、区人民法院、区政府等部门相关负责人列席会议。

是日 全区民族宗教工作会议在区行政办公中心九楼大会议室召开，传达省、市民族宗教会议精神，安排部署2017年民族宗教工作。区委常委、统战部部长袁媛，副区长周祖华出席会议。各乡镇街道分管领导、社事办主任，相关单位负责人以及宗教界代表参加会议。

23日 市委常委、区委书记崔英魁在区行政办公中心九楼大会议室主持召开区委常委（扩大）会议，传达学习贯彻省第十二次党代会精神，动员全区上下进一步统一思想、深化认识、抢抓机遇、扎实工作，努力推动全区经济社会发展实现新跨越。他强调，学习贯彻省第十二次党代会精神，是当前摆在七星关区面前的一项重要政治任务。全区上下要把学习贯彻省第十二次党代会精神转化为推动全区发展的巨大动力，坚定信念不动摇、扭住目标不放松、恪尽职守不懈怠，坚定信心、奋发进取、扎实工作，以优异的成绩向中共十九大和毕节试验区成立三十周年献礼。

是日 市委常委、区委书记、区委全面深化改革领导小组组长崔英魁在区行政办公中心八楼中间会议室主持召开区委全面深化改革领导小组2017年第三次会议，传达学习中央、省委、市委全面深化改革领导小组近期会议精神，听取有关工作情况汇报，审议有关改革事项。

24日 市委常委、区委书记崔英魁到林口镇鸡鸣三省红色文化旅游景区、碧海街道砂锅寨社区调度2017年毕节市旅游项目现场观摩会筹备工作。副市长李玉平，区委常委、宣传部部长叶荣，副区长李萍、朱雅亮及市、区相关部门负责人参加调度。

25日 全区2017年第一轮巡察动员部署暨培训工作会议在区行政办公中心九楼大会议室召开。区委常委、区委组织部部长王晓园，区委常委、区纪委书记易晓华出席会议，区纪委监察局相关成员及区委巡察工作小组全体成员、区直相关部门负责人、各乡镇（街道）纪（工）委书记参加会议。

26日 七星关区迎接中央环境保护督察工作动员会议在区行政办公中心九楼大会议室召开。市委常委、区委书记崔英魁出席会议并讲话。他强调，本次迎接督察工作任务繁重、责任重大，事关七星关区发展未来、事关群众切身利益，是各级各部门义不容辞的政治责任。各级各部门要高度重视环保问题的排查整改工作，全面制定整改方案，积极完善资料，快速反应、高效落实、严厉追责，坚决做到问题不处理不放过、不整改不放过，以更大的决心、更大的气力、更严的措施，不断提升环境保护督察问题整改工作成效，为全区经济社会发展提供坚实的生态环境保障。

27 日　全市旅游项目建设推进会在七星关区召开。省政协副主席、市委书记、市人大常委会主任周建琨出席会议并讲话。他强调，全市上下要牢牢守住发展和生态两条底线，按照省第十二次党代会提出的“开创百姓富生态美的多彩贵州新未来”要求，深刻把握“十三五”规划时期毕节旅游发展的形势和任务，构建全域化格局，推动井喷式增长，全力打造旅游发展升级版，把毕节建设成为国内一流、世界知名的旅游目的地。

28 日　贵州省2017地质灾害防治工作视频会议召开。会议贯彻了省第十二次党代会精神，落实省委、省人民政府关于地质灾害防治工作的决策部署。副省长钟勉出席会议并作重要讲话。七星关区在区行政办公中心视频会议室设分会场，副区长周祖华，各有关部门相关负责人参加会议。

是日　区人大常委会副主任张媛主持召开区人大常委会机关离退休支部组织生活会。当天，张媛带领区人大常委会机关离退休支部的老同志们共同前往区经济开发区调研建设情况，区人大常委会相关部门负责人陪同调研。

29 日　市委常委、区委书记崔英魁，区委副书记、区长胡敬斌率七星关区党政考察团赴大方县考察恒大集团对口帮扶工作。区委常委、区委办主任张铭，副区长王大庆及区直有关部门负责人、部分乡镇街道主要负责人、部分国有公司负责人参加考察。大方县委书记张瀚时，大方县委常委、统战部部长樊博，恒大集团扶贫办公室副主任杨慧明陪同考察。

5 月

1 日　毕节市委副书记、市长桑维亮到七星关区调研环境保护工作时强调，要深入贯彻习近平系列重要讲话精神特别是关于环境保护工作的重要指示精神，认真落实党中央、国务院决策部署，按照中央第七环境保护督察组和市委、市政府要求，采取更加有力有效措施，加大环境保护治理整改力度，狠抓考核问责落实，不断提升生态环境建设水平；要坚持问题导向，突出整改落实，认真履行职责，全力做好保障工作，做到件件有人管、事事有人抓、层层有压力、人人有责任，要把发展和生态这两条底线记在心上、挂在嘴边、抓在手头、落到实处，全力保护好七星关区的绿水青山。

2 日　区委副书记、区长胡敬斌主持召开区二届人民政府第12次常务会议，研究环保督政有关问题时强调，生态环境保护是功在当代、利在千秋的事业，全区上下要清醒认识保护生态环境、治理环境污染的紧迫性和艰巨性，清醒认识加强生态文明建设的重要性和必要性，以对人民群众、对子孙后代高度负责的态度，压实环保责任，狠抓问题整改，进一步把环保工作抓细、抓实、抓出成效，真正下决心把环境污染治理好、把生态环境建设好，努力走向生态文明新时代，为全区人民群众创造良好的生产生活环境。

是日　七星关区召开水库建设工作调度会。区人大常委会主任周延，区人大常委会副主任张骅、肖世华、吕艺华，副区长王大庆出席会议。

3 日　区委常委、区委统战部部长袁媛到德溪街道甲秀社区调研指导工作，该街道相关负责人陪同调研。

是日　全区脱贫攻坚调度会召开，区委副书记、区长胡敬斌出席会议并讲话。他强调，全区上下要深入贯彻落实中央、省、市关于精准脱贫的决策部署，以强烈的政治责任感和历史使命感，理清思路，创新举措，强化责任意识，坚守责任担当，用心用情用力推进脱贫攻坚工作，把扶贫工作向纵深推进，做到精准脱贫有重点、有载体、有抓手，把精准脱贫项目化、政策化、事项化分解落实。要坚持“输血”和“造血”相结合，强化精准负责，建立健全脱贫攻坚工作责任制，坚持一把手亲自抓，抓住关键处和“牛鼻子”，用绣花的功夫实施精准扶贫精准脱贫，确保七星关区如期完成脱贫攻坚任务。

是日　为学习借鉴金沙县在农业园区建设和新型农业经营主体培育等方面的成功经验，区委常委、区委办主任张铭率部分区直部门及各乡镇街道负责人赴金沙县考察学习，金沙县委副书记马祥宏陪同考察。

4 日 全区纪念建团95周年暨“脱贫攻坚·青春建功”主题座谈会召开。市委常委、区委书记崔英魁出席座谈会并与全区青年代表畅谈实践和奉献，分享青春的激昂与热情。他代表区四大班子向全区共青团系统干部职工和广大青年朋友致以节日的问候，向长期以来关心、重视、支持青年事业发展的社会各界人士表示衷心的感谢。希望全区广大青年不断继承和弘扬“五四”精神，树立远大理想、勇挑时代重担，与祖国共命运、与人民齐奋斗、与七星关同发展，用自己的青春、勇气和担当，在七星关区决胜贫困、同步小康新征程中谱写更加辉煌的人生篇章。

5 日 贵州省政协副主席、毕节市委书记、市人大常委会主任周建琨到七星关区调研倒天河水库环境保护工作。市委常委、区委书记崔英魁及市、区有关负责人陪同。

是日 区人大常委会主任周延在区人大常委会主任会议室主持召开阿市乡脱贫攻坚工作专题会议，区人大常委会副主任吕艺华出席会议，区人大机关、区扶贫办、阿市乡有关负责人参加会议。

是日 全区基层党建工作片区现场观摩会在撒拉溪镇召开。区委常委、区委组织部部长王晓园出席会议并讲话，杨长青片区党委书记及组织委员、其余乡镇组织委员参加会议。市委党建办相关负责人到会指导。

7 日 市委常委、区委书记崔英魁到洪山社区、杨家塘社区、望城社区调研指导城市社区社会治理工作时强调，城市社区社会治理涉及方方面面，事关社会稳定和群众切身利益，七星关区作为市委、市政府所在地和全市中心城区，在转型接轨的过程中更要加强城市社区社会治理创新。全区上下要认真贯彻落实市委“大党建”部署要求，牢固树立大抓党建、抓好党建的鲜明导向，结合脱贫攻坚、“三变”改革及“五城同创”等工作，加强社区服务设施建设，提高社区工作者服务能力，打造社区社会组织服务品牌；要全力开展和谐社区智慧升级，筑牢社会稳定的第一道防线；要把创新作为引领发展的第一动力，全力参与社会治理创新；要推动多元参与，规范社区民主自治，着力构建党委领导、政府主导、社会协同、公众参与、法治保障的基层社会治理新格局；要全力筹备好全市社区治理专题现场会，推动城市社区社会治理取得新进展、迈上新台阶，为全市城市社区社会治理作贡献、出经验。

8 日 省政协副主席、市委书记、市人大常委会主任周建琨到七星关区调研社区建设管理工作。市委常委、区委书记崔英魁，区委常委、区委办主任张铭及市、区相关部门负责人陪同调研。

是日 区委副书记、区长胡敬斌主持召开会议，对中央环保督察组交办案件专项核查及全区突出环保问题整改工作进行再安排、再部署、再调度。他强调，全区上下特别是一把手要强化责任担当，牢记职责使命，把环保督察作为一项严肃的政治任务，边督边改、立说立行、亲力亲为。对中央环保督察组交办的案件，务必照单全收、主动认领，实行领导包案制，明确责任单位和责任人，交办的案件要提出具体整改措施逐项整改，及时反馈，定期回头看，确保环保突出问题整改落细落小落实。

是日 七星关区博爱助力脱贫攻坚爱心募捐活动启动仪式在人民公园召开。区人大副主任张骅，区直各部门、各乡镇街道、区属各公司、爱心企业相关负责人参加启动仪式。

9 日 市委常委、区委书记崔英魁主持召开区委常委（扩大）会议，传达学习省委常委、省纪委书记夏红民和省政协副主席、市委书记、市人大常委会主任周建琨在七星关区调研时的重要指示精神，通报了中央环保督察组交办案件处理情况，省环保督察组督察七星关区环境保护整改情况，并对全区环境保护工作进行了再安排、再部署，再动员。

是日 区委副书记、区长胡敬斌率鸭池镇、千溪乡及区环保、安监、国土、规划、住建、林业、工能、公安、水务等相关部门负责人深入鸭池镇煤冲村，现场调度中央环保督察组转办的群众信访举报问题整改工作，并召开现场办公会议。

10 日 市委常委、区委书记崔英魁在区行政办公中心九楼大会议室主持召开全区领导干部大会，传达学习省委常委、省纪委书记夏红民的重要讲话及全市环境保护督察工作调度会议精神，深入查找七星关区在整改省迎接中央环保督察工作领导小组办公室向七星关区反馈的环境突出问题、环境信访案件方面存在的问题，对全区迎接中央环境保护督察工作进行再安排、再部署，层层压实责任，确保所有反馈问题和转办、交办信访案件如期整改完毕。

11日 区人大常委会主任周延在区人大二楼会议室与贵州大地公益基金会副秘书长赵祥雷及贵州商贸流通企业联合会副会长冯定增、曾爱民、杨周能座谈，共同商榷帮扶阿市乡贫困户脱贫有关事宜。区人大常委会副主任吕艺华，区人大办、区扶贫办、区农牧局、阿市乡有关负责人参加座谈会。

是日 为期5天的第十三届中国（深圳）国际文化产业博览交易会在深圳会展中心开幕。七星关区由区委常委、宣传部部长叶荣，副区长朱雅亮率队参加此次文博会。

12日 市委常委、区委书记崔英魁主持召开全区迎接中央环保督察专题调度会，对全区环境保护工作进行再安排、再部署。市人大常委会副主任、市委组织部常务副部长罗昌琪，区政协主席吴贤耀，区委常委安旺、何万学、袁媛及其他包靠乡镇街道的县级领导出席会议，区直有关部门主要负责人及部分乡镇主要负责人参加会议。

是日 开封市委常委、兰考县委书记蔡松涛一行赴七星关区考察城市建设、城市管理和党的建设等工作。区人大常委会主任周延，副区长赵科，区政协副主席江晓燕陪同考察。

13日 区委常委、区委统战部部长袁媛到长春堡镇开展环境督查工作。该镇主要负责人陪同。

14日 区委副书记、区长胡敬斌率清水铺镇、亮岩镇、八寨镇及区环保、安监、国土、水务等相关部门负责人深入清水铺镇清水社区、亮岩镇合光村、八寨镇岩口村，现场调度中央环保督察组转办的群众信访举报问题整改工作，并召开现场办公会议。

是日 区委常委、区委组织部部长王晓园到燕子口镇督查指导环境保护、留守儿童关爱、信访维稳等工作。他强调，镇党委要组织干部深入学习陈敏尔书记重要指示精神，充分认识“做好环境保护督察边督边改工作，是贯彻习近平关于守住发展和生态两条底线、既要绿水青山也要金山银山重要指示的必然要求，是配合中央环保督察的实际行动，是落实省第十二次党代会精神的具体举措”的深刻内涵。

15日 市委常委、区委书记崔英魁到区环保局调研全区环境保护工作，对全区环境保护工作进行再安排、再部署、再动员。

是日 区委副书记、区长胡敬斌率鸭池镇及区工能、住建、规划、城市综合执法大队等相关部门负责人深入鸭池镇贵州华电毕节热电有限公司，现场调度中央环保督察组转办的群众信访举报问题整改工作，并召开现场办公会议。

16日 省政协副主席、市委书记、市人大常委会主任周建琨到七星关区调研督察环境保护工作。他强调，要深入贯彻习近平对贵州省生态文明建设和环境保护工作的重要指示精神，以中央环保督察为契机，深入实施大生态战略行动，立足当前补短板，着眼长远谋发展，牢牢守住发展和生态两条底线，努力实现百姓富生态美有机统一。

17日 区委副书记、区长胡敬斌专题调研中心城区学校大班额问题时强调，随着城市化进程的加快，城区学校教育资源配置滞后，“大班额”现象普遍存在，人民群众反映强烈，破解城区学校“大班额”问题已成为全区亟待解决的教育热点、难点问题。

是日 贵州省委督查组赴七星关区督查“五好”县级工商联建设工作，并在区行政办公中心八楼中间会议室召开座谈会。区委常委、区委统战部部长袁媛，副区长王大庆及市、区工商联相关负责人陪同。

18日 市委常委、区委书记崔英魁在区行政办公中心九楼大会议室宣讲省第十二次党代会精神。他强调，全区上下要更加紧密地团结在以习近平为核心的中共中央周围，振奋精神、砥砺前行，撸起袖子加油干，迈开步子加快赶，为实现省第十二次党代会确定的目标任务而努力奋斗，以优异成绩迎接中共十九大胜利召开。

是日 七星关区与贵州工程应用技术学院举行校地合作发展座谈会，重点就学校环境打造、人才培养与城市发展进行交流探讨。市委常委、区委书记崔英魁主持座谈会。贵州工程应用技术学院党委书记陈永祥，党委副书记、校长李奇勇，区委副书记、区长胡敬斌，区委常委、区委办主任张铭，副区长李萍出席座谈会。贵州工程应用技术学院相关负责人及区文体广电旅游局主要负责人参加座谈会。

是日 毕节市政协主席宫晓农到七星关区视察教育扶贫工作时强调，要充分认识教育扶贫的艰巨性和长久性，集中解决教育扶贫工作中的实际问题和难题，确保每一位贫困学生不因家庭经济困难而失学。市委常委、区委书记崔英魁，市政协副主席、民建毕节工委主委秦天志，区委副书记、区长胡敬斌，区政协主席吴贤耀，副区长李萍，区政协副主席燕金祥等陪同视察或参加座谈会。

19日 区政协召开民主评议区工能局动员大会。副区长刘鑫出席会议并讲话，区政协副主席燕金祥、王林中、周遵林出席会议。区政协民主评议工作组、区工能局相关负责人及部分企业代表参加会议。

22日 全区未成年人关爱保护工作调度会在区行政办公中心九楼大会议室召开。市委常委、区委书记崔英魁出席并作重要讲话，他强调，比认识更重要的是决心，比方法更重要的是担当，全区各级各部门要针对未成年人关爱保护工作中存在的突出问题，进一步分析原因，找准症结，层层压实责任，确保全区未成年人关爱保护各项工作真正落到实处、取得实效；要绷紧未成年人关爱保护这根弦，以对区委、区政府，对自身职能职责，对全区人民高度负责的态度，勇于担当、警钟长鸣，不折不扣地抓好全区未成年人关爱保护、精准脱贫等各项工作，助推全区经济社会健康发展。

23日 市委常委、区委书记崔英魁到龙场营镇、大屯乡调研脱贫攻坚、农业产业发展、环境保护、“百企帮千户”等工作时强调，脱贫攻坚工作已经进入最后的冲刺阶段，党员领导干部要坚定信念，提高认识，勤于实践，勇于创新，甘于奉献，坚决打赢脱贫攻坚这场硬仗。

是日 区委常委、组织部部长王晓园先后到层台镇青春村、小吉场镇大吉社区、阿市乡头庄村、普宜镇新街社区等15个村（社区）调研村级服务阵地建设情况，细心指导建设工作。

24日 市委常委、区委书记崔英魁在调研七星关区城市规划建设管理工作时强调，城市建设要坚持规划先行，高标准、严要求推进，建设与管理并重，发挥规划引领作用，逐步完善城市功能，全面提升城市品质，努力树立良好形象，塑造七星关城市名片，让市民生活更方便更舒心更美好，进一步提高城市品位，全力打造宜居宜业七星关，全面提升中心城区城市品质。副区长严琪，区直有关部门及各施工单位负责人陪同调研。

是日 区委副书记、区长胡敬斌主持召开全区安全生产暨“安全生产月”和“安全生产毕节行”动员部署会议。他强调，全区上下要把思想和行动统一到省政府、市政府主要领导关于安全生产月、安全生产万里行、安全生产毕节行的讲话精神上来，牢固树立安全发展理念，始终把安全生产放在首要位置，坚持人民利益至上，深刻认识和把握安全生产工作规律，切实维护人民群众生命财产安全。

是日 市督查组赴七星关区督查国家公共文化服务体系示范区创建工作，并在七星关区五城同创办公室召开汇报会。区政协副主席燕金祥出席会议，区直相关部门负责人参加会议。

25日 贵州省人大常委会副主任袁周率队赴七星关区开展《贵州省生态文明建设促进条例》专题调研。毕节市人大常委会副主任王炳荣，副市长蒋从跃，区人大常委会主任周延、副主任胡卫国，副区长刘鑫及区直有关部门主要负责人陪同调研。

26日 市委常委、区委书记崔英魁带队到燕子口镇开展社会力量助推脱贫攻坚时强调，全区上下要深入学习贯彻习近平关于脱贫攻坚重要讲话精神，全面落实全省第三次大扶贫战略行动推进大会和全市大扶贫战略行动推进会议的工作部署，在精准脱贫上下大力气、花真功夫，迅速掀起脱贫攻坚

“大比武”高潮，全力以赴打好“113攻坚战”，确保脱贫攻坚全线告捷。

是日 古蔺县人大常委会主任孙克刚率队赴七星关区考察。区人大常委会副主任张媛、吕艺华陪同考察。

27日 市委常委、区委书记崔英魁带队调研月亮湖公园项目建设、恒大集团帮扶七星关区2017年易地扶贫搬迁安置点建设和灵峰寺风光及宗教庙宇文化建设。

是日 市委常委、区委书记崔英魁主持召开区委2017年第七次常委办公会，传达贯彻省委书记陈敏尔在省委十二届一次全会上的讲话精神及全省第一次项目建设现场观摩会、全省第三次大扶贫战略行动推进大会精神，听取1—4月全区经济运行情况及财税金融工作汇报，研究全区经济运行等工作。

是日 副区长周祖华率领区司法局、区市场监督局、区消防大队等相关单位负责人及企业代表到亮岩镇指导“百企帮千村”精准扶贫工作。

是日 副区长周祖华到亮岩镇恒兴煤矿、燕子口镇黄泥煤矿进行实地勘查。

31日 区政协主席吴贤耀到大屯乡督导脱贫攻坚和村级服务阵地建设工作。

6月

1日 在“六·一”儿童节到来之际，市委常委、区委书记崔英魁到毕节一小，与同学们欢度儿童节。崔英魁强调，儿童是国家的希望、民族的未来，加强儿童教育责任重大，意义深远，儿童教育要结合实际，以学生为本，不断完善教学设施，加强师资队伍建设，提升教学管理水平，全面提高教学质量，努力创办学生满意、家长放心的优质学校，为七星关区经济社会发展培养更多、更优秀、更全面的后备生力军。

2日 七星关区省级文明城市复评工作推进会在区行政办公中心九楼大会议室召开，市委常委、区委书记、区五城同创指挥部第一指挥长崔英魁作重要讲话。他强调，要凝心聚力，突出重点，扎实推进文明城市创建工作，强化城市管理，全力打造城市环境新面貌，各级、各部门要高度重视迎评工作，明确责任，主动作为，真抓实干，进一步激发创建活力，确保省级文明城市复核评估圆满成功。

3日 区委全面深化改革领导小组第三十二次会议暨学习借鉴塘约经验现场推进会露天会议在水箐镇梨树村召开，市委常委、区委书记、区委深化改革领导小组组长崔英魁在会上强调，要深刻领会塘约经验的丰富内涵，准确把握学习借鉴塘约经验、推进农村改革的工作要求，加快农村改革向纵深发展，全面加强对农村改革工作的领导，坚定信心，主动作为，撸起袖子加油干，不断开创七星关区农村改革工作新局面，为全区决胜贫困、同步小康作出新的贡献。

6日 全区召开推进“两学一做”学习教育常态化制度化暨国有企业党的建设工作部署会，贯彻落实中央、省委、市委推进“两学一做”学习教育常态化制度化工作会议精神和全国、全省、全市国有企业党的建设工作会议精神。市委常委、区委书记崔英魁出席会议并强调，推进“两学一做”学习教育常态化制度化，抓好国有企业党建工作，意义深远，责任重大。全区上下要更加紧密地团结在以习近平为核心的党中央周围，勇于担当、开拓进取、攻坚克难，坚定不移地推进全面从严治党，以推进“两学一做”学习教育常态化制度化和国有企业党的建设的新成效，迎接中共十九大胜利召开。区人大常委会主任周延，区委常委何万学、袁媛、王晓园、易晓华、张铭、赖平，区人大、区政府、区政协党员领导出席会议。区直各部门、各乡镇街道、部分国有企业及民办学校有关负责人参加会议。

7日 省政协副主席、毕节市委书记、市人大常委会主任周建琨到七星关区大河、放珠、杨家湾等乡镇调研脱贫攻坚工作时强调，必须认真贯彻落实习近平关于脱贫攻坚的重要讲话精神，全面贯彻全省第三次大扶贫战略行动推进大会精神，充分学习借鉴“塘约经验”，厚植党建基础，围绕农业现代化做大做强规模农业和设施农业，创新工作思路，改进工作方法，完善工作机制，做到不断出新出彩出实效，坚决打赢脱贫攻坚这场输不起的硬仗。

11 日　区委副书记、区长胡敬斌主持召开区第二届人民政府第十五次常务会议，研究有关脱贫攻坚问题。他强调，要深入贯彻落实中央、省、市脱贫攻坚的决策部署，坚持把脱贫攻坚作为头等大事和第一民生工程，坚定信心，创新思路，转变作风，精准落实，强力推进大扶贫战略行动，深入开展脱贫攻坚“大比武”，要善于运用认识论和方法论，要在精准上下功夫，在创新上下功夫，在落实上下功夫，抢抓恒大帮扶重大机遇，积极调整农业产业结构，大力发展现代农业，在脱贫攻坚“大比武”中走前列、作示范，努力闯出一条决胜脱贫攻坚的新路子。

13 日　全区 2017 年城镇棚户区改造工作推进大会在区行政办公中心九楼大会议室召开。区委副书记、区长胡敬斌出席会议并讲话。他强调，棚户区改造是重大的民生工程和发展工程，全区上下要把思想和行动统一到区委、区政府的决策部署上来，充分认识棚户区改造工作的重要性和紧迫性，坚决克服畏难心理，立即行动起来，以更加坚定的决心、更加有力的举措，凝心聚力、合力攻坚，全力推进全区棚户区改造工作，要进一步完善棚户区改造规划，优化布局，加快项目前期工作，加快配套建设，要切实做到“三个明确，六个到位”，以保障和改善民生的新成绩为促进经济持续健康发展作出新贡献。

是日　区委常委、区委办主任张铭到鸭池镇调研农村“三变”改革示范点、村级服务阵地建设及脱贫攻坚等工作。区直相关部门和鸭池镇相关负责人陪同调研。

14 日　七星关区艾滋病综合防治工作推进会在区行政办公中心八楼中间会议室召开。副区长李萍出席会议并讲话。区直有关部门负责人，区人民医院、区妇幼保健院、区疾控中心主要负责人参加会议。

是日　全区慢性病综合防控示范区建设工作启动会在区行政办公中心八楼中间会议室召开，区委常委、区委办主任张铭，副区长李萍，区政协副主席江晓燕出席会议，区直相关部门、城区街道主要负责人参加会议。

15 日　市委常委、区委书记崔英魁调研棚户区改造房屋征收工作时强调，要统一思想、提高认识，齐心协力、齐抓共管，严格按照政策标准，做到“一把尺子量到底”，坚持公平、公开、公正，打消群众的思想顾虑，加大征迁政策及相关法律法规宣传力度，向群众讲明政策，说清道理，引导群众支持征收工作。

是日　区人大常委会副主任张骅到区档案局调研指导工作。

是日　毕节市委副书记尹志华到长春堡镇清塘社区调研农村基层组织建设工作。七星关区委常委、组织部部长王晓园，区民政局、长春堡镇主要负责人陪同调研。

17 日　七星关区组织召开 2017 年汛期地质灾害防治工作推进会议，对全区地质灾害防治工作进行再安排、再部署，确保各项措施落实到位。副区长严琪出席会议并讲话，区直相关部门和各乡镇街道分管领导参加会议。

19 日　区委常委、区委组织部部长王晓园到生机镇镰刀湾村指导农村改革工作。

20 日　七星关区“行政执法三项制度”试点改革工作启动会召开，区委常委、常务副区长安旺出席会议并讲话，区直相关部门负责人参会。

21 日　区第二届人民政府第一次全体会议暨 2017 年廉政工作会议在区行政办公中心九楼大会议室召开。区委副书记、区长胡敬斌出席会议并作重要讲话，他强调，要认真学习贯彻习近平系列重要讲话精神和治国理政新理念新思想新战略，严格按照中央、省、市的决策部署，统一思想、认清使命、脚踏实地、积极作为。要以待人民重如山，怀着对群众的真挚感情去工作；要以党心为心，怀着对党的忠诚去工作；要把法治政府、廉政政府作为政府建设的目标，怀着对法律和纪律的敬畏去工作；要满载干净担当的正能量，怀着对事业的执着去工作；要从“带”字上下功夫，怀着对同志的责任和友情去工作。全力推动政府系统党风廉政建设和发腐败工作，把政府系统党风廉政建设和反腐败工作不断引向深入，为决战脱贫攻坚决胜同步小康提供坚强保障，以良好精神状态和优异工作成绩迎接中共十九大。

是日　七星关区在长春堡镇清塘村召开全区农村思想政治教育工作现场观摩会。区委常委、区委宣传部部长叶荣出席并作重要讲话，区直相关部门、各乡镇街道相关负责人参加观摩会。

是日　全区卫生与健康和医药卫生体制改革暨人口与计划生育工作会议在区行政办公中心九楼大会议室召开。区委副书记、区长胡敬斌出席会议并讲话。他强调，要把人民健康放在优先发展的战略地位，以人民健康为中心推进大健康大卫生大计生工作，以普及健康生活、优化健康服务、完善健康保障、建设健康环境、发展健康产业为重点，加快推进健康七星关建设，努力全方位、全周期保障人民健康。

是日　全区2017年招商引资工作会议在区行政办公中心九楼大会议室召开。区委副书记、区长胡敬斌出席会议并讲话。

22日　七星关区“保护母亲河　河长大巡河”白甫河巡河启动仪式在贵州竞亿公司项目部举行。市委常委、区委书记崔英魁出席并宣布活动启动，区人大常委会主任周延主持仪式，区水务局、区环保局、区住建局、区规划局、区城市综合执法大队、城区河道管理处、生态公司主要负责人，大新桥街道、市东街道、市西街道、洪山街道、麻园街道党政主要负责人及巡河点涉及的社区支书主任、群众代表参加此次启动仪式。

是日　七星关区“保护母亲河　河长大巡河”赤水河巡河启动仪式在清水铺镇赤水河大桥广场举行。区委副书记、区长、赤水河七星关区段河长胡敬斌出席仪式并讲话。

23日　区委副书记、区长胡敬斌主持召开全区防汛减灾工作紧急调度会。他强调，全区上下要切实增强防汛减灾工作的责任感和紧迫感，进一步抓好重点区域和部位管控、加强基层基础工作、提升应急反应和处置能力，以对党和人民高度负责的态度抓好当前防汛减灾各项工作，切实做好防大汛、抗大灾的准备，抓实抓牢防减灾洪各项工作，确保安全度汛，保障人民群众生命财产安全。

24日　市委常委、区委书记崔英魁，区委副书记、区长胡敬斌在调研指导全市城市建设项目观摩会观摩点打造时强调，全区上下要把握好全市城市建设项目观摩会这一展现七星关区良好面貌的机遇，严格按照规划设计标准，坚持高标准、严要求，全面细化责任、加大工作力度，抓进度，抓重点、突难点，进一步抓好抓实抓细观摩点项目建设和管理，充分展现七星关区亮点和特色，以优异成绩和良好面貌迎接全市城市建设项目观摩会在七星关区召开。

26日　贵州省委常委、常务副省长秦如培到七星关区八寨镇冷水河村检查指导防汛救灾工作，看望慰问奋战在一线的广大干部群众。他强调，各地各部门要深入学习贯彻习近平和李克强对四川阿坝州叠溪镇新磨村山体高位垮塌抢险救援工作作出的重要指示批示精神，认真落实省委书记陈敏尔和省委副书记、省长孙志刚对全省防汛救灾工作的批示精神，把人民生命安全放在首位，把防范山体滑坡等地质灾害作为重中之重，坚守岗位、尽职尽责做好防汛救灾工作，迅速组织力量加快灾后重建，确保尽快恢复生产生活正常秩序。

是日　向吴贤耀学习大会在区行政办公中心九楼大会议室召开，市委常委、区委书记崔英魁强调，要大兴严讲政治之风，围绕核心服务大局；要大兴服务群众之风，全心全意为民谋福；要大兴艰苦奋斗之风，勇挑重担砥砺前行；要大兴敬业奉献之风，廉洁自律恪尽职守。

27日　七星关区宣传文化系统向“全区优秀共产党员”吴贤耀同志学习大会召开。区委常委、宣传部部长叶荣出席会议并讲话。区委宣传部、区新闻宣传中心、区广播电视台、区“五城同创”办公室等单位相关负责人和干部职工参加会议。

是日　区委副书记、区长、区禁毒委主任胡敬斌主持召开全区禁毒工作调度会，分析全区当前毒情形势及工作短板，安排部署下阶段禁毒工作。

是日　毕节市七星关区第二届人民代表大会常务委员会第四次会议在区人大五楼会议室召开。区人大常委会主任周延，区人大常委会副主任张媛、张骅、肖世华、胡卫国及人大常委会各组成人员出席会议。区人大常委会副主任胡家敬、吕艺华分别主持会议。副区长王大庆、区人民法院院长禄智华、区人民检察院检察长刘永及部分乡镇人大主席和区人大常委会机关不是常委会组成人员的委室副主任等列席会议。

28日 七星关区政协副主席燕金祥到阴底乡调研受灾情况，阴底乡主要负责人陪同调研。

29日 七星关区创建省级园林城市业务培训会召开。区政协副主席、区创园办主任邓庆主持会议。市创园办相关负责人，区城市综合执法大队、环保局、规划局、河道管理处等41家单位分管领导及联络员参加培训会。

是日 七星关经济开发区召开向吴贤耀学习大会，开发区党工委副书记张和国出席会议，开发区党工委委员、管委会副主任李永红主持会议，全体干部职工、工业公司中层以上干部、部分企业负责人参加会议。

7月

1日 七星关区农村土地承包经营权确权登记颁证工作现场观摩暨推进培训会在区委党校召开。副区长王大庆出席会议并讲话，区农牧局有关负责人，区档案局工作人员及各乡镇街道（市西、市东、洪山、碧阳、麻园街道除外）土地确权工作分管负责人、负责土地确权工作的业务人员、负责乡镇街道档案管理人员、作业公司项目经理和技术骨干参加会议。

是日 全区2017年严打整治斗争动员大会暨禁毒工作会议召开。区委副书记、区长胡敬斌出席会议并讲话，他强调，开展严打整治斗争和禁毒工作，意义重大、影响深远、使命光荣，要坚定信心，聚精会神，集中力量，重拳打击各类违法犯罪活动，以最坚定的决心、最坚决的措施，全面整治各类社会治安痛点乱点，全力打好禁毒人民战争，用实际行动、用工作成效迎接中共十九大胜利召开。

3日 七星关区2017年脱贫攻坚“大比武”首轮督导启动会在区扶贫办会议室召开，市委常委、区委书记崔英魁在会上强调，信任代替不了监督，开展好脱贫攻坚专项督导工作，对七星关区打赢脱贫攻坚这场硬仗至关重要，各督导组要秉持敢于负责、敢于亮剑、积极作为的工作态度，坚决做到纪律严明，不讲人情，不走过场，认真负责，为七星关区2017年顺利减贫摘帽、退出贫困行列做出应有贡献。

是日 七星关区委常委、区委组织部部长王晓园到三板桥街道茶亭社区调研棚户区改造工作。该街道党政负责人及棚户区改造项目指挥部相关负责人陪同调研。

4日 七星关区召开对外宣传工作第二次联席会议，就当前对外宣传工作报道进行安排部署。区委常委、宣传部部长叶荣出席会议并讲话。区委宣传部、区政府办、区扶贫办、区财政局，区新闻宣传中心、广播电视台、外宣办、网络办等相关单位负责人参加会议。

是日 毕节市委副书记、市长桑维亮到七星关经济开发区调研园区建设管理和产业发展工作。他强调，要坚定不移实施工业强市主战略，加快园区建设步伐，做大做强实体经济，奋力推动工业经济转型升级和提质增效，与时俱进打造工业改革发展升级版。

是日 区委常委、组织部长王晓园到长春堡镇清塘社区调研基层党建工作及“春苗乐园”建设工作。在听取该镇主要负责人相关工作情况介绍后，王晓园对该镇及清塘村工作给予充分肯定，并到清塘村“春苗家园”建设点实地查看建设情况。

是日 百里杜鹃管理区管委会考察团赴七星关区考察交流城棚改工作。区委常委、区委办主任张铭，区委常委、宣传部部长叶荣，七星关经济开发区管委会副主任陈俊，区直有关部门负责人陪同考察。

5日 贵州省住建厅巡视员宋丽丽、省建设厅工会主席孟日光一行赴七星关区调研城市基础设施建设，毕节市委常委、区委书记崔英魁，副区长刘鑫及市、区相关部门负责人陪同调研。

是日 区委常委、区委组织部部长王晓园到林口镇调研村级服务阵地建设工作。

是日　在建党96周年之际，区人大常委会主任周延到阿市乡走访慰问贫困党员，为他们送去党组织的关怀和温暖。

是日　毕节市2017年第二季度“五城同创”督察考核七星关区反馈会召开。区委常委、宣传部部长叶荣，区政协副主席周遵林、邓庆，七星关经济开发区管委会副主任陈俊出席会议。

6日　区人大常委会副主任张媛走访慰问三板桥街道六合社区、大坡坪社区贫困党员龙兴华、胡景云。

是日　区委常委、区纪委书记易晓华在区纪委相关负责人的陪同下，到麻园街道检查指导纪律审查、民生监督、信访举报、作风建设、廉政文化建设等工作，并慰问老党员、贫困党员。

是日　区委常委、区委宣传部部长叶荣到水箐镇看望慰问老党员和生活困难党员，给他们送去党的关怀和组织的温暖。

是日　民革中央脱贫攻坚调研组赴七星关区考察调研。市政协副主席、民革毕节市工委主委肖远福，区委常委、区委统战部部长袁媛，市、区统战部相关工作人员陪同调研。

7日　省政协副主席、市委书记、市人大常委会主任周建琨到七星关区田坝、阴底、长春堡等乡镇调研时强调，要贯彻落实中央和省扶贫工作决策部署，主动作为，大胆探索，抓点做样，坚持知行合一，积极冲锋陷阵，巧借“塘约经验”抓典型，确保2017年脱贫攻坚再战告捷。

是日　全区迎接国家2017年脱贫攻坚督查工作安排部署会议召开。区委副书记、区长胡敬斌出席会议并讲话，他强调，脱贫攻坚贵在精准、重在精准，成败之举在于精准。要牢牢把握住精准扶贫这个大方略，把精准二字落实到扶持谁、谁来扶、怎么扶、如何退全过程，善于运用认识论和方法论，强化脱贫攻坚的组织领导，在精准上下功夫，在创新上下功夫，在落实上下功夫，用绣花的功夫实施精准扶贫，以迎接国家2017年脱贫攻坚督查工作为契机，全面深入推进自查自纠，坚持问题导向和目标导向，确保科学、有效、如期地打赢脱贫攻坚这场硬仗。

是日　七星关区创建宗教关系和谐示范区推进会在区行政办公中心九楼大会议室召开。区委常委、区委统战部部长袁媛出席会议并讲话，区直有关部门主要负责人、各乡镇（街道）党委（党工委）副书记、区宗教工作领导小组成员单位分管负责人及12位宗教界代表人士参加会议。

是日　七星关区组织召开全区贯彻落实全省全市脱贫攻坚组组通公路大决战专题会议精神部署会，贯彻落实全省全市脱贫攻坚组组通公路大决战专题会议精神。区委副书记、区长胡敬斌出席会议并讲话。他强调，要牢牢抓住这次全省、全市组组通公路大决战的机遇，摸着良心、出以公心、不忘初心，解决好思想上、工作上的问题，加快推进通村路、通组路建设，要拿出决战的态度，深刻把握时间进度要求，全面推进工程建设，确保实现决战决胜，全面打通农村道路系统“毛细血管”，为群众发展提供基础条件，改善老百姓生产生活环境，打通致富路。

8日　区人大常委会副主任张媛到清水铺镇、林口镇调度省人大赴毕开展《贵州省赤水河流域保护条例》立法后评估调研活动准备工作，区人大办、区政府办、区公安分局及有关乡镇负责人陪同调度。

是日　七星关区易地扶贫搬迁督察分析推进会召开。市委、市政府督查专员、市易地扶贫搬迁工作督察组组长魏善延反馈了对七星关区易地扶贫搬迁工作专项督察情况。区委副书记、区长胡敬斌，区委常委、区委组织部部长王晓园，区委常委、区纪委书记易晓华出席会议，副区长王大庆主持会议。区直相关单位主要负责人、各乡镇主要负责人及分管负责人参加会议。

8日至9日　区委副书记、区长胡敬斌深入普宜镇、田坎乡易地扶贫搬迁集中安置点督导调研易地扶贫搬迁工作。他强调，易地扶贫搬迁作为脱贫攻坚的“当头炮”和重中之重，各乡镇街道要认真总结经验教训，进一步强化问题意识，坚持问题导向，加强薄弱环节，抓实抓好易地扶贫搬迁工作。要始终不忘扶贫这个初心，不偏脱贫这个目标，资金和项目安排要聚焦建档立卡贫困人口，各项工作要紧盯促进贫困人口脱贫。

9日 宣讲省第十二次党代会精神暨田坎乡“脱贫攻坚讲习所”成立仪式在田坎乡元山村举行。区委副书记、区长胡敬斌作宣讲并出席“脱贫攻坚讲习所”成立仪式。他强调，全区上下务必要把思想和行动统一到省党代会报告精神和市委、区委的决策部署上来，振奋精神、砥砺前行，扎实工作、开拓进取，摸着良心、出以公心、不忘初心，撸起袖子加油干，迈开步子加快赶，走好新的长征路，坚决打赢“113 攻坚战”，奋力谱写开创百姓富、生态美多彩贵州新未来的七星关新篇章。

是日 区委副书记、区长胡敬斌深入田坎乡元山村、大元村、田坝村，看望慰问老党员和困难群众，代表区委、区政府向他们表示亲切慰问。

9日至10日 区委常委、区委组织部部长王晓园率督导组到团结乡、生机镇、清水铺镇就扶贫生态移民工程和易地扶贫搬迁工程进行督查指导。每到一处，王晓园都前往项目建设点进行实地了解和查看，并全面详细询问工程建设过程中存在的问题和困难。

10日 区委常委、区委宣传部部长叶荣主持召开全区村级综合文化服务中心示范点建设推进会。区委宣传部、区社科联、区文明办及相关乡镇负责人参加会议。

是日 贵州省人大常委会党组副书记、副主任傅传耀率省调研组、特邀评估专家、省级主流媒体一行赴七星关区开展《贵州省赤水河流域保护条例》立法后评估调研。市委副书记、市长桑维亮，市委常委、副市长杨小强，市人大常委会党组副书记、副主任王炳荣，市人大常委会副主任罗昌琪；区委副书记、区长胡敬斌，区人大常委会主任周延，区人大常委会副主任胡卫国，副区长刘鑫及市、区相关部门负责人陪同调研或参加座谈会。

11日 为深入贯彻落实习近平系列重要讲话特别是关于深度贫困地区脱贫攻坚的重要讲话和省市关于开展脱贫攻坚农村公路“组组通”大决战的要求，七星关区脱贫攻坚农村公路建设大决战市区联席会议召开。区委副书记、区长胡敬斌主持会议，市交通运输局局长林松，市公路管理局局长黄正华，市公路管理局副局长杨青海，市交建集团副总经理肖远勋，市高速公路建设指挥部办公室副主任何一清，区人大常委会副主任张媛，七星关经济开发区管委会副主任陈俊，融达路桥有限公司董事长、总经理程永出席会议。

是日 区委常委、宣传部部长叶荣到市西街道百花社区看望慰问困难群众，为他们送去党和政府的关怀。

是日 致公党中央赴七星关区开展“致富足球”教练培训活动并在思源实验学校举行开班典礼。致公党中央社会服务部副部长李曼、致公党贵州省委副巡视员史武钢、致公党大连市委专职副主委崔岩、致公党无锡市委会办公室主任李俊波出席典礼。区委常委、统战部部长袁媛参加典礼并致辞。

12日 由七星关区联手贵州工程应用技术学院打造的大型红色舞剧《林青的远方》在毕节大剧院进行带妆彩排。区委副书记、区长胡敬斌，副区长李萍，区政协副主席燕金祥观看了此次彩排，并亲切慰问了参演演员。舞剧《林青的远方》编剧汤宇华，区直各单位、各乡镇街道干部职工，贵工程学院师生观看了彩排。

是日 受市委常委、区委书记崔英魁委托，区人大常委会副主任张媛、区政协副主席邓庆到吴贤耀同志家中对其家属进行慰问，区人大、区政协、区总工会相关负责人陪同慰问。

是日 区委常委、组织部部长王晓园到千溪乡调研基层组织建设工作。千溪乡党政主要负责人陪同调研。

13日 区委中心组集中专题学习研讨省第十二次党代会精神会议在区行政办公中心8楼会议室召开。市委常委、区委书记崔英魁在会上强调，要进一步学习好、宣传好、贯彻好省第十二次党代会精神，要继续加强学习，不断加深对省第十二次党代会精神实质的理解和把握，要紧密联系实际，不断深化对省第十二次党代会精神的运用与实践，要不断改进作风，为深入学习贯彻省第十二次党代会精神营造风清气正的政治生态，确保会议精神在七星关落地生根、开花结果。

是日 全区脱贫攻坚推进会暨恒大集团帮扶产业扶贫和吸纳就业培训动员部署会议召开。区委副书记、区长胡敬斌出席会议并讲话。他强调，抓好脱贫攻坚和恒大集团帮扶任务艰巨、责任重大、意义深远、使命光荣，要准确认识和深刻把握恒大集团的重要意义，摸着良心、出以公心、不忘初心、坚定信心，以更加务实的工作作风和更加有效的举措，巧借恒大集团结对帮扶七星关区的东风，珍惜机遇、把握机遇、用好机遇，坚决打赢脱贫攻坚这场硬仗。

是日 由七星关区委、区政府联合贵州工程应用技术学院打造的大型题材舞剧《林青的远方》在毕节市乌蒙文化节·第五届文化艺术系列（精品剧目）大赛上首次亮相。一场弘扬主旋律，体现毕节儿女为革命甘洒热血的大型红色舞剧首次展现在观众眼前。省文联党组书记、副主席汪信山，省音协副主席、秘书长柴永兴，市委常委、区委书记崔英魁，贵州工程应用技术学院党委副书记、院长李奇勇和党委副书记、舞剧《林青的远方》编剧汤宇华及区委班子部分领导观看了演出。

是日 市政协副主席肖远福率市政协提案与法制委员会调研组到七星关区调研社区建设工作，并召开座谈会。副区长唐希戈、区政协副主席周遵林，区委组织部、区民政局、区政协提案与法制委员会相关负责人陪同调研或座谈。

是日 市委常委、区委书记崔英魁主持召开区委二届2017年第十次常委会办公会。传达学习中央、省、市有关领导同志的指示批示精神和有关通报精神，就全区脱贫攻坚、党风廉政、县级领导到信访大厅接访等有关工作作了安排部署。

14日 中国共产党毕节市七星关区第二届委员会第四次全体会议在七星关举行。区委委员31人、候补委员7人出席会议，区纪委委员和有关方面负责同志列席会议。全会由区委常委会主持。受区委常委会委托，毕节市委常委、七星关区委书记崔英魁向全会作了题为《学塘约、促改革、战脱贫，奋力开创七星关农业农村发展新局面》的讲话。

是日 全区脱贫攻坚国省县乡村组六级公路建设大会战启动大会召开。市委常委、区委书记崔英魁出席会议并讲话。会议强调，启动部署七星关区脱贫攻坚国省县乡村组六级公路建设大会战工作，目的就是要趁热打铁，把补齐七星关区农村交通基础设施短板作为深入贯彻落实区委二届四次全会精神的第一步，并以此为切入点，拉开全区脱贫攻坚大决战的序幕。交通建设永远在路上，我们的建设任务很重。

是日 区委二届四次全会隆重召开，市委常委、区委书记崔英魁在参与第六讨论组讨论时强调，要认真学习借鉴“塘约经验”，加强基层党组织建设力度，全力组织群众、发动群众，加快基础设施建设进度，全力补齐基础设施短板，积极借助恒大集团帮扶契机，加快脱贫攻坚步伐，以冲刺的拼劲确保脱贫攻坚再战告捷。

16日 七星关区召开安全生产工作专题调度会，贯彻落实全市安全生产工作紧急电视电话会议精神，分析当前七星关区安全生产工作情况，对全区安全生产工作进行再安排、再部署、再落实。区委副书记、区长胡敬斌主持会议并讲话。他强调，要认清形势，紧盯重点，落实责任，坚持以人民为中心的发展思想，切实增强红线意识，坚决落实安全生产的“一、二、三、五”工作要求，严格执行信访维稳“五访、五查、五到位”工作方法，以更坚决的态度、更过硬的作风、更有力的举措，把安全生产、信访维稳各项工作抓紧抓实抓具体，切实维护人民群众生命财产安全和全区社会和谐稳定。

17日 市委常委、区委书记崔英魁主持召开区委常委会（扩大）会议，传达贯彻全省领导干部会议特别是省委书记、省长孙志刚重要讲话精神和市委常委会（扩大）会议精神。会议强调，要旗帜鲜明讲政治，坚持知行合一，保持政治定力、纪律定力、道德定力、抵腐定力、实干定力，以实际行动坚决拥护中央决定，认真贯彻落实省委省政府、市委市政府决策部署，坚决打好打赢“113攻坚战”，以优异成绩迎接中共十九大胜利召开。

是日 市委常委、市委宣传部部长何云江深入七星关区调研“五城同创”工作。何云江先后来到市东街道龙山社区、大新桥街道大新桥社区、市西街道百花社区实地查看环境整治、文化服务、社区管理、社会主义核心价值观宣传等工作。每到一处，何云江都认真听取了街道、社区负责人的汇报，并就下一步工作提出明确要求。

是日 区人大常委会召开2017年评议教育工作动员会。区人大常委会主任周延、区人大常委会副主任胡家敬、副区长李萍出席会议，区教育局各班子成员参加会议。

19日 市委常委、市纪委书记蒋兴勇到七星关区麻园街道双城社区、七星关经济开发区调研。区委常委、区纪委书记易晓华陪同调研。

是日 中共毕节市七星关区委二届2017年第11次常委办公会议召开，市委常委、区委书记崔英魁强调，全区各相关部门办公室要深入学习传达全省办公厅（室）系统工作会议精神，要深学笃用习近平关于做好新形势下办公厅（室）工作的重要讲话精神，牢记“五个坚持”，强化“四个意识”，不断提高工作的质量、水平和效果。

是日 中交广州航道局有限公司赴七星关区洽谈公路升级改造项目座谈会召开。会上，区委副书记、区长胡敬斌和中交广航局总经济师、投资事业部总经理梁鉴亮就中交广州航道局有限公司参与七星关区公路升级改造项目的合作思路、合作内容、合作模式、合作机制等问题，深入交换了意见。

是日 七星关区与中冶赛迪集团有限公司、中信信托有限责任公司、贵州省贵信基金管理公司在区行政办公中心八楼中间会议室签订了《PPP基金战略合作框架协议》和《PPP基金项目合作协议》。区委常委、常务副区长严琪出席签约仪式，区财政局、城乡规划局以及毕节市开源建设投资（集团）有限公司等相关单位负责人参加签约仪式。

20日 市委常委、区委书记崔英魁在长春堡镇区委全面深化改革领导小组第三十三次会议暨加强基层组织建设创新社会治理现场推进会上强调，要从战略和全局的高度切实增强做好社会治理创新和留守儿童关爱全覆盖的责任感和紧迫感。

20日 广州市荔湾区区委副书记、区长毕锐明率考察团赴七星关区考察。广东省第一扶贫协作工作组毕节组长、毕节市政府党组成员、副秘书长陈震，区委副书记、区长胡敬斌，广东省第一扶贫协作工作组毕节项目部部长贾文召，区委常委、区委统战部部长袁媛，区委常委、副区长沈仕青，副区长王大庆，区政协副主席邓庆，经开区领导张和国、李永红，以及市、区相关部门主要负责人陪同考察。

是日 市委常委、区委书记崔英魁在全区未成年人思想道德建设暨乡村学校少年宫建设工作推进会上强调，加强和改进未成年人思想道德建设是希望工程、民心工程，使命光荣、责任重大，全区上下要深入贯彻落实中央、省、市关于未成年人思想道德建设工作的安排部署和全省乡村学校少年宫建设工作推进会议精神，提振精神、统一思想、迅速行动，以饱满的热情、踏实的作风，解决好为何抓、怎么抓、谁来抓的问题，奋力开创七星关区未成年人思想道德建设工作新局面，争创全国未成年人思想道德建设工作先进城市，为全区未成年人健康成长营造良好环境。

21日 区委常委、区委组织部部长王晓园到联系点生机镇进行脱贫攻坚讲习。在生机镇镰刀湾村，来自该镇的80余名镇、村干部和群众齐聚一堂，认真听取和学习讲习内容。

是日 全区易地扶贫搬迁工作推进会暨业务培训会在区行政办公中心九楼大会议室召开。副区长王大庆出席会议并讲话。区政府办、区移民局、各乡镇街道易地扶贫搬迁分管负责人及业务人员参加会议。

是日 广州市荔湾区考察团赴七星关区开展东西部扶贫协作及对口帮扶工作座谈会举行。广州市荔湾区区委副书记、区长毕锐明，荔湾区人大常委会副主任李智强、荔湾区副区长安建国、荔湾区政协副主席陈铮衡；区委副书记、区长胡敬斌，广东省第一扶贫协作工作组毕节组长、毕节市政府党组成员、副秘书长陈震，广东省第一扶贫协作工作组毕节项目部部长贾文召，区委常委、区委统战部部长袁媛，区委常委、副区长沈仕青，区人大常委会副主任吕艺华，区政协副主席邓庆，区政府党组成员、经开区管委会副主任陈俊，经开区管委会副主任李永红，区政府办、区委统战部、民盟七星关区工委等相关部门负责同志及部分企业代表参加座谈会。会议由区委常委、常务副区长严琪主持。

22日　区委副书记、区长胡敬斌主持召开全区教育、卫计、文体广旅项目调度会，听取教育、卫计、文体广旅项目进展情况汇报，安排部署下一阶段项目建设推进工作。

24日　毕节市城乡规划局赴七星关区调研座谈会召开。市委常委、区委书记崔英魁出席会议并讲话。市城乡规划局局长孙小井、常务副局长肖景全、副局长周杰；区委副书记、区长胡敬斌，区委常委、常务副区长严琪出席座谈会。区直有关部门和区属各国有公司主要负责人参加座谈会。

是日　区委常委、区纪委书记易晓华带领区纪委监察局班子成员、各纪工委书记或监察分局局长、各室（中心）主任、各支部委员共30余人前往遵义市播州区枫香镇苟坝会议会址参观学习，重温党的光辉历史，重温入党誓词，增强党性意识，坚定理想信念。

是日　区委常委、区委宣传部部长叶荣到海子街镇调研乡村少年宫建设工作。叶荣首先实地查看海子街小学乡村少年宫挂牌情况及书画室、多媒体教室、阳光少年之家整合布置情况，并提出指导性意见。

是日　区人大常委会副主任张媛在区人大办和三板桥街道相关负责人的陪同下，到三板桥街道官大村走访诉求群众付修明户，并调度东清高速房屋征收工作。

25日　市委常委、区委书记崔英魁到毕节同心阁、区博物馆调研指导城市文化旅游项目建设时强调，要高起点规划，大手笔改造，大力度推进，丰富内涵，提升外延，精准招商、择优招商，从大处着眼、从细处入手，进一步抓好抓实抓细同心步行街区项目建设和管理，充分展现七星关特色和亮点，争取早日将同心步行街区打造成为高端的休闲、文化艺术作品集中地，为市民和游客提供更加优质的服务，以优异成绩和良好面貌迎接毕节试验区成立30周年。

是日　区委副书记、区长胡敬斌到区扶贫办、农牧局、水库和生态移民局调研并组织召开座谈会。在听取相关情况汇报后，胡敬斌对区扶贫办、区农牧局、区水库和生态移民局工作给予了充分肯定，同时，指出七星关区脱贫攻坚、农业发展、水库和生态移民等方面还存在许多短板和不足，脱贫攻坚的任务还非常繁重，需要大家摸着良心、出以公心、不忘初心，严格落实中央、省、市的决策部署，把脱贫攻坚的重任扛在肩上、抓在手上、落实在行动上，保持定力迎难而上，下定决心、坚定信心，把脱贫攻坚作为检验每一位党员干部的主战场，咬定目标、苦干实干，为七星关发展做出更大贡献，努力开创百姓富、生态美多彩贵州新未来的七星关新篇章。

26日　区人大常委会副主任吕艺华到何官屯镇走访张廷光、聂宗福等六名诉求群众，区人大办、何官屯镇相关负责人陪同走访。

是日　毕节市通乡干线公路建设启动仪式在七星关区碧海街道蚂蝗社区举行。贵州省政协副主席、毕节市委书记、市人大常委会主任周建琨宣布全市通乡干线公路建设正式启动。市委副书记、市长桑维亮讲话。市政协主席宫晓农，市委常委、七星关区委书记崔英魁，市人大常委会副主任王炳荣，市政协副主席、威宁自治县县长陈波，市政府秘书长黄家忠出席。启动仪式由副市长、市公安局局长彭容江主持。

是日　东清高速公路建设项目调度会在区行政办公中心八楼中间会议室召开。区委副书记、区长胡敬斌出席会议并讲话，他强调，要进一步聚焦目标、强化责任、主攻重点，精准对标对表、持续发力攻坚，提高工作效率，继续做好征地拆迁工作，保证道路施工顺利进行，努力把东清高速公路建成优质工程、品牌工程和廉政工程，确保东清高速公路如期建成通车。

是日　区委副书记、区长胡敬斌到区林业局调研并组织召开座谈会。胡敬斌强调，林业既是国家生态环境建设的主体，又是国民经济发展的基础产业，也是山区群众赖以生存和发展的重要基础。区林业局全体干部职工要更新观念，开拓发展、创新发展、协调发展，牢牢守住发展和生态两条底线，抓好森林资源保护工作，坚决守住、守好已形成规模的林地，大力发展林业经济，建设生态七星关，提升城市品位，提高林业综合效益，把七星关区的绿色资源优势和生态本底充分挖掘和利用好。

27日 区委副书记、区长胡敬斌到区环保局调研并组织召开座谈会，现场督导鸭池镇煤冲村中央环保督查案件整改落实工作。

是日 全区2017年征兵工作会在区政协五楼会议室召开，会议总结2016年七星关区征兵工作，安排部署2017年征兵工作，签订了2017年度征兵工作责任书。区委常委、常务副区长、区征兵工作领导小组副组长严琪，金海湖新区党工委委员、政法群工部部长、区征兵工作领导小组副组长谭学明，区政府党组成员、区人武部部长、区征兵工作领导小组副组长柏松出席会议。

是日 区委副书记、区长胡敬斌到区卫计局、人社局调研并召开座谈会。他强调，要坚持以人民为中心的发展思想，把增进人民福祉作为发展的出发点和落脚点，统一思想，认清使命，积极作为，扎实做好卫生计生、人力资源和社会保障工作，紧紧围绕市委“113攻坚战”战略部署和区委“1136”发展规划，进一步理清思路，增强信心，以更加昂扬的斗志和更加务实的作风，为七星关区决胜贫困、同步小康提供动力支撑。

是日 全区2017年脱贫攻坚推进大会在区行政办公中心九楼大会议室召开。区委常委、区委办主任张铭主持会议，区人大常委会副主任胡卫国、副区长王大庆、区政协副主席江晓燕及各乡镇街道、区直各有关部门相关负责人参加会议。

是日 全区高层建筑消防安全治理动员部署会议暨第三次消防安全联席会议召开，区委常委、常务副区长严琪出席会议，区直各有关部门、各乡镇街道相关负责人参加会议。

28日 市委常委、区委书记崔英魁主持召开区委二届2017年第十二次常委办公会，传达学习中央、省、市有关会议精神，就全区经济工作、司法体制改革、信访维稳、巡视工作、农业工作等有关工作作了安排部署。

是日 在“八一”建军节即将来临之际，区人大常委会主任周延率队组成四个慰问组带着全区人民的深情厚谊和节日问候，冒着高温酷暑，来到驻七星关区各部队，看望慰问部队官兵，为他们送去慰问金和慰问品，向全体官兵致以节日祝贺和崇高敬意，并与驻地官兵开展座谈，共话军地鱼水情深，感谢官兵们为维护地方社会稳定和经济社会发展作出的重大贡献，与官兵们共同庆祝中国人民解放军建军90周年。

是日 区委副书记、区长胡敬斌到贵州华电毕节热电有限公司开展“服务企业、服务群众”活动。

是日 全区2017年组织工作调度会在区政协五楼会议室召开。区委常委、区委组织部部长王晓园出席会议并讲话，各乡镇街道组织委员、组织员及区直部门分管负责人参加会议。

28日至29日 “扯勒大歌”首届扯勒文化艺术节暨七星关区2017年彝族火把节隆重开幕，此次活动的主题为“点燃七月火把，重现扯勒彝风，助力旅游扶贫”。贵州省人大常委会原副主任、省彝学会原会长、滇川黔桂彝文古籍整理出版协作组组长禄文斌，省人大常委会原副主任禄智明，原毕节地区人大工委主任、毕节市彝学会会长禄绍康，省民宗委副主任张和平，副市长李玉平，省农业厅原常务副厅长、贵州省旅游资源保护与促进会副会长彭远森等领导和专家学者，区委副书记、区长胡敬斌，区委常委、宣传部部长叶荣，副区长李萍等参加活动。

31日 区委副书记、区长胡敬斌主持召开区第二届人民政府第二十二次常务会议。他强调，当前，全区正处于决胜脱贫攻坚、同步小康的关键阶段，开展“组组通”大决战意义重大、使命光荣，全区上下要进一步增强抓好农村公路“组组通”大决战的责任感，心往一处想，劲往一处使，用铁的作风、铁的纪律、铁的执行力，加快改善全区交通运输和出行条件，严格执行“组组通”公路“四个不能报”原则，落实“四个一事一议”制度，强化“四大保障”，全力以赴推动脱贫攻坚农村道路建设，坚决打赢这场破除交通瓶颈的硬仗。

8月

1日 全区环保问题整改督办会议召开。区委副书记、区长胡敬斌出席会议并讲话，强调全区上下务必按照中央环保督察反馈的意见和孙志刚书记、省长的重要讲话精神以及全市环保问题整改督办会议的要求，认真履行“党政同责、一岗双责”，坚决抓好中央环保督察组反馈意见的整改落实，奋力建设“生态保护、绿色发展”高地，举一反三、探索创新，用体制机制保障环境治理常态，回应群众的热切期盼，为全区经济社会发展和人民群众生产生活创造更好的生态环境。

2日　区委副书记、区长胡敬斌到区工能局、市场监督管理局调研并召开座谈会。

是日　副区长王大庆先后到大银镇、林口镇调研烤烟种植、采收和烘烤等情况，区烟草局、农牧局相关负责人陪同调研。

3日　区委副书记、区长胡敬斌到麻园街道、碧阳街道实地踏勘贵州工程技术应用学院重点项目建设场地，详细了解工程进度，协调推进项目建设。贵州工程应用技术学院党委副书记、校长李奇勇，校党委副书记汤宇华，副校长杨保华参加调研。

是日　致公党山东省聊城市支部考察组赴七星关区考察调研。区委常委、区委统战部部长袁媛陪同考察。

是日　七星关区人大常委会专题询问农村环境整治工作动员会召开，区人大常委会副主任胡卫国参加会议。

4日　区委副书记、区长胡敬斌到毕节九小调研并主持召开座谈会。

是日　全区村级服务阵地建设现场观摩会在何官屯镇召开。区委常委、区委组织部部长王晓园出席会议并讲话，部分乡镇街道党委（党工委）书记、组织委员或分管组织工作负责人参加会议。

是日　市委组织、市民政局调研组到七星关区调研社区服务阵地建设工作。区委常委、组织部部长王晓园及相关单位负责人陪同调研。

8日至10日　区人大常委会组建了以常委会副主任张媛为组长、部分区人大代表和区直相关部门负责人为成员的调研组，先后深入到千溪、阴底、杨家湾、撒拉溪、青场、水箐等乡镇，以召开座谈会听取情况汇报、实地查看、走访交流等方式，就七星关区农村公路建设情况进行专题调研。

9日　全区领导干部大会在区行政办公中心召开。市委常委、区委书记崔英魁出席会议并强调，全区上下要深入学习习近平在省部级主要领导干部专题研讨班上的重要讲话和庆祝中国人民解放军建军90周年大会讲话精神，认真贯彻中央经济工作会议和全省经济工作会议、深度贫困地区脱贫攻坚工作推进大会以及全市领导干部会议精神，紧密团结在以习近平为核心的党中央周围，以更加坚定的信心、更加清晰的思路、更加精准的举措、更加严实的作风，撸起袖子加油干，坚决如期打赢脱贫攻坚这场硬仗，以经济社会发展的新气象、新作为、新成就，迎接中共十九大胜利召开。

是日　全区安全稳定工作大会暨“平安毕节”建设、“七五”普法、禁毒戒毒工作推进会在区行政办公中心召开。市委常委、区委书记崔英魁出席会议并强调，全区上下要深入学习贯彻全省维护稳定工作电视电话会议和全市领导干部会议精神，站在讲政治、保稳定、促发展的高度，充分发挥主观能动性，借鉴以往的好经验、好做法，进一步坚定信心、振奋精神、攻坚克难、狠抓落实，切实把安全稳定各项工作抓实抓好、抓出成效，为迎接中共十九大胜利召开营造和谐稳定的社会环境。

10日　区委副书记、区长胡敬斌主持召开区第二届人民政府第二十四次常务会议，区委常委、常务副区长严琪，区委常委、副区长沈仕青，副区长李萍、唐希戈，区政协副主席燕金祥，七星关经济开发区党工委副书记张和国，七星关经济开发区管委会副主任李永红出席会议。

是日　七星关区在区行政办公中心九楼大会议室举行“贵州人的文化自信暨省第十二次党代会精神宣讲”专题讲座，省委党校副校长、贵州行政学院副院长汪建初教授应邀主讲。市委常委、区委书记崔英魁，市委党校党委书记王向东，区委常委、区委统战部部长袁媛，区委常委、区委宣传部部长叶荣等区四大班子领导及其他副县级领导出席讲座。区委常委、区委组织部部长王晓园主持讲座。

11日　区委副书记、区长胡敬斌到区民政局调研并组织召开座谈会。

是日 全区文化产业统计工作调度会议在区委宣传部会议室召开。区委常委、区委宣传部部长叶荣出席会议，区委宣传部、区统计局、区文体广电旅游局等相关单位主要负责人参加会议。

是日 区纪委监察局开展纪检监察干部“当好党内政治生态‘护林员’”主题党日活动，对纪检监察干部进行“党性体检”。区委常委、区纪委书记易晓华以普通党员身份参加活动，委局机关支部及各纪工委支部全体党员、部分群众参加活动。

14 日 区委副书记、区长胡敬斌就中心城区城市环境整治工程建设项目推进情况进行调研，区委常委、常务副区长严琪及区政府办、区住建局、区规划局、区国土局等相关部门主要负责人参加调研。

是日 七星关区宣传文化系统召开会议，专题学习习近平在省部级主要领导干部专题研讨班上的重要讲话精神，研究部署相关工作。区委常委、区委宣传部部长叶荣出席会议并讲话。

是日 毕节市委副书记、市委政法委书记尹志华到七星关区市西街道翠西社区调研社区建设工作并组织召开座谈会。区委副书记、区长胡敬斌，区委常委、区委政法委书记、区公安分局局长何万学，区委常委，组织部部长王晓园，副区长李萍及市、区相关部门负责人陪同调研并参加座谈。

15 日 市委常委、区委书记崔英魁主持召开区委二届 2017 年第十三次常委会办公会。会议传达学习有关文件精神，听取有关工作情况汇报，就全区巡视工作、国省县乡村组六级公路建设等有关工作作安排部署。区委副书记、区长胡敬斌，区人大常委会主任周延，区委常委袁媛、严琪、王晓园、易晓华、张铭、叶荣，副区长李萍，区政协副主席燕金祥，区政府党组成员、七星关经济开发区管委会副主任陈俊出席会议。区直相关部门主要负责人参加会议。

是日 市委常委、区委书记崔英魁到碧海街道白马山林场看望慰问《极度危机》剧组，为剧组送去了区委、区政府的关心和慰问。区委常委、宣传部长叶荣及相关部门负责人陪同慰问。

15 日至 17 日 区人大常委会副主任张媛率部分市、区人大代表到杭州市桐庐县、滨江区、绍兴市上虞区对代表票决民生事项工作进行实地调研和考察。区人大常委会副主任吕艺华出席考察活动，区人大办相关负责人陪同考察。

16 日 七星关区未成年人心理健康辅导站揭牌仪式在青少年宫举行。区委常委、区委宣传部部长叶荣出席仪式并讲话，区人大常委会副主任张骅出席，副区长李萍主持仪式，区直相关部门、城区街道教管中心及区直学校相关负责人参加揭牌仪式。

19 日 区委常委、区委宣传部部长叶荣到水箐镇梨树村调研脱贫攻坚工作，为水箐镇脱贫攻坚讲习所揭牌，并在讲习所为群众宣讲脱贫攻坚政策。

20 日 七星关区邀请武汉大学经济与管理学院教授、博士生导师伍新木作“适应经济新常态，深化供给侧改革，创新引领发展”专题讲座。市委常委、区委书记崔英魁主持讲座。区委副书记、区长胡敬斌，区人大常委会主任周延，区四大班子在家领导及其他在职副县级以上领导干部，各乡镇街道及区直各部门主要负责人聆听讲座。

21 日 七星关区森林保护“六个严禁”执法专项行动推进会在区行政办公中心九楼大会议室召开。副区长王大庆出席会议并讲话，各乡镇街道及区直部门相关负责人参加会议。

是日 区委常委、区纪委书记易晓华到麻园街道双城社区、碧海街道邵关社区实地走访慰问结对帮扶困难群众，区纪委相关人员陪同。

是日 武汉大学经济与管理学院教授、博士生导师伍新木到七星关区调研。市委常委、区委书记崔英魁，区委常委、区委组织部部长王晓园，区委常委、区委办主任张铭，七星关经济开发区党工委副书记张和国陪同调研，区委办、区委政研室等相关部门负责人参加调研。

24 日、25 日 区政协主席提名人选葛传彦到大屯、龙场营、田坎、普宜等乡镇调研。

25 日 区委常委、组织部部长王晓园率队到野角乡，对深度贫困村基层组织建设情况进行调研摸底。

26 日 全区脱贫攻坚专题讲习班开班，区委副书记、区长胡敬斌出席开班仪式并作动员讲话。区委常委、区委统战部部长袁媛，区委常委、常务副区长严琪，区委常委、区委组织部部长王晓园，区委常委、区委办主任张铭，区委常委、区委宣传部部长叶荣，副区长李萍，区政府党组成员陈俊，副县级领导肖玉明出席开班仪式。区直各部门、区政府直属机构、区属公司主要负责人，各乡镇街道主要负责人、分管负责人、扶贫站负责人参加培训。

27 日 为期 2 天的全区脱贫攻坚专题讲习班圆满结束。区委副书记、区长胡敬斌出席会议并讲话。

是日 毕节市人大常委会副主任吴学军到七星关区就精准扶贫、精准脱贫工作作专题讲座。区委副书记、区长胡敬斌主持讲座。区直各部门、区政府直属机构、区属公司主要负责人，各乡镇街道主要负责人、分管负责人、扶贫站负责人参加培训。

28 日 区委副书记、区长胡敬斌到区信访局接待来访群众。他强调，发展是永恒的主题，发展的目的是为了让人民群众过上更加幸福的生活。要摸着良心、出以公心、不忘初心，坚持以人民为中心，坚定不移地抓实“大安全”。

是日 大二路征地工作调度会议在区人大二楼主任会议室召开。区人大常委会副主任张媛主持会议并讲话，大二路项目指挥部、区交通局等涉建单位相关负责人及撒拉溪、长春堡、青场、野角等项目涉及乡镇主要负责人参加会议。

是日 市委督查组赴七星关区检查指导意识形态工作，并召开工作座谈会。区委常委、区委宣传部部长叶荣及七星关区意识形态工作相关成员单位负责人参加会议。

29 日 市委常委、区委书记、七星关经济开发区党工委书记崔英魁在七星关经开区服装行业就业暨教育培训座谈会上强调，要坚定不移发展劳动密集型产业，切实发挥培训主阵地作用，建立健全服装纺织人才培训交流培养机制，充分发挥部门优势，全力做好服装纺织人才招聘、培训、就业和管理工作，全力做好、做大、做强七星关区服装产业，助推七星关区全面打赢脱贫攻坚这场硬仗。区委常委、区委办主任张铭，副区长刘鑫、李萍，七星关经济开发区党工委副书记张和国，七星关经济开发区管委会副主任、区投资促进局局长李永红，区委办、区纪委、区发改局等部门负责人和开发区企业代表参加会议。

是日 全区地质灾害防治工作会议在区行政办公中心九楼大会议室召开。区委副书记、区长胡敬斌出席会议并讲话。

30 日 区委副书记、区长胡敬斌到田坝镇调度夹岩水利枢纽工程“1238”水位线移民搬迁安置工作。区人大常委会主任周延，区委常委、政法委书记、公安分局局长何万学，区人大常委会副主任肖世华，副区长王大庆，区政协副主席燕金祥出席会议。区政府办、区移民局、田坝镇等部门和乡镇主要负责人参加会议。

31 日 全区扶贫产业子基金工作调度会议在区行政办公中心八楼中间会议室召开。区委副书记、区长胡敬斌出席会议并讲话，区委常委、常务副区长严琪出席会议。

是日 区委副书记、区长胡敬斌到市东街道清毕社区调研社区建设工作。区委常委、组织部部长王晓园及区民政局、区城市综合执法大队、区机关事务管理局、市东街道主要负责人参加调研。

是日 七星关区第二届人大常委会第五次会议召开。区人大常委会主任周延出席会议。区人大常委会副主任张媛、张骅、肖世华、胡卫国、吕艺华出席会议。副区长李萍、区人民检察院检察长刘永及区发改局、区财政局和区审计局等部门相关负责人列席会议。

9 月

1 日 区委副书记、区长胡敬斌调研城市建设并主持召开城市建设项目调度会。区委常委、常务副区长严琪参加调研。

2 日 区委副书记、区长胡敬斌深入田坝、阴底、长春堡等乡镇查看灾情并指导防汛救灾工作。他强调，要把人民生命财产安全放在首位，在落实防汛防灾措施中要下真功夫，在压实责任、考核问责上要动真格，在维护群众生命财产安全中要见真效，乡镇党政一把手要真正负起责任，靠前指挥，深入一线，及时发现和解决问题。

3日　区委常委、区委统战部部长袁媛到长春堡镇指导地质灾害隐患排查和防范工作。

4日　区委常委、区纪委书记易晓华到放珠镇督导党风廉政建设和精准扶贫工作。

是日　区委常委、区委组织部部长王晓园分别到青场镇、大河乡的鲍家村、新沟村、柯乐村等8个村调研村社合一和村级服务阵地建设工作。青场镇、大河乡相关负责人陪同调研。

是日　七星关区对外宣传工作第四次联席会议在区新闻中心528会议室召开。区委常委、区委宣传部部长叶荣出席会议并讲话。

5日　七星关区召开困难职工解困脱困工作培训会。区人大常委会副主任张媛、副区长李萍出席会议，区直各部门和各乡镇街道分管负责人参加会议。

6日　区委副书记、区长胡敬斌深入城区各大学校、医院、重大教育卫计项目建设点进行调研，并主持召开区二届人民政府第二十八次常务会议，安排部署全区教育、卫计等有关工作。区委常委、副区长赖平，区委常委、副区长沈仕青，副区长李萍出席会议或参加调研。区直相关部门主要负责人和部分街道主要负责人参加调研或列席会议。

是日　七星关区在区行政办公中心5楼人大会议室举行2017年统一战线“泛海助学行动”助学金捐助暨发放仪式，区委常委、区委统战部部长袁媛出席会议并讲话，副区长唐希戈主持会议。区直各部门、各乡镇街道相关负责人和获得资助学生及学生家长参加会议。

是日　区委常委、区委统战部部长袁媛率区委统战部、区卫计局、区房产局抽派干部到长春堡镇蹲点调研脱贫攻坚工作，掀起了脱贫攻坚秋季攻势行动高潮。

是日　区政协副主席周遵林带队到大河乡蹲点调研脱贫攻坚工作，并深入基层，实地查看贫困户生产生活状况，了解群众所思所想以及干部帮扶、农业产业发展情况。

6日至7日　区政协主席提名人选葛传彦带队到燕子口镇、大屯乡蹲点调研脱贫攻坚工作。区政协办、区发改局干部职工参加调研。

6日至8日　区人大常委会副主任吕艺华率区教育局、区移民局等相关部门负责人到何官屯镇蹲点调研脱贫攻坚工作，并召开动员会议。

7日　在区人大常委会二楼会议室，区人大常委会主任周延与郑州市管城区人大常委会副主任刘同杰带队的管城区人大考察团座谈，区人大常委会副主任张媛出席座谈会。

是日　区委常委、区委宣传部部长叶荣率区委宣传部、区新闻中心、区电视台、区城市综合执法大队等单位干部职工到水箐镇蹲点调研脱贫攻坚工作，对精准扶贫建档立卡、扶贫项目实施推进、扶贫措施落实到位等情况进行拉网式走访排查。

是日　七星关区迎接国务院安全生产大检查督查工作部署会议在区行政办公心九楼大会议室召开。副区长肖玉明出席会议并讲话。

8日　七星关区在区委宣传部会议室召开毕节试验区建立30周年系列活动安排部署会议。区委常委、区委统战部部长袁媛传达毕节试验区建立30周年系列活动启动大会精神，并对七星关区做好相关工作作安排部署。区委常委、区委宣传部部长叶荣主持会议。

是日　中央纪委在北京召开全国纪检监察系统表彰大会。会上，七星关区纪委被授予“全国纪检监察系统先进集体”荣誉称号。

9日　全区教育改革发展暨第33个教师节表彰大会在区行政办公中心大礼堂召开。受市委常委、区委书记崔英魁委托，区委副书记、区长胡敬斌作重要讲话。区人大常委会主任周延，区政协主席提名候选人葛传彦，区委常委、宣传部部长叶荣，区人大常委会副主任张骅，副区长李萍，区政协副主席燕金祥出席会议。

10日　区委副书记、区长胡敬斌主持召开全区2017年脱贫攻坚秋季攻势四场硬仗专题调度会议。区人大常委会主任周延，区政协主席提名人选葛传彦，区委常委、区委办主任张铭，区人大常委会副主任胡卫国出席会议。

9日至10日　由全国政协副主席卢展工率队，

全国政协教科文卫体委员会组织部分委员和专家到毕节开展教师节慰问及考察活动，并到七星关区林口小学看望师生并捐赠教学设备及学习用品。全国政协常委、教科文卫体委员会主任张玉台，全国政协委员、教科文卫体委员会副主任李卫红、马德秀，省政协副主席、市委书记、市人大常委会主任周建琨，省政协秘书长李月成，市政协主席宫晓农等陪同。

12 日 市委常委、区委书记崔英魁再次到倒天河水库、毕节市第一垃圾填埋场、鸭池镇煤冲村等地调研督导环境保护工作，对中央环保督察组反馈的问题进行再安排、再部署、再落实。

是日 区政协主席提名人选葛传彦到阿市乡、小吉场镇、层台镇调研产业结构调整项目。区政协秘书长、农牧局主要负责人陪同调研。

13 日 崔英魁来到长春堡、撒拉溪、杨家湾等乡镇煤矿、非煤矿山、道路建设现场就全区安全生产工作进行调研。

是日 全区农业专家服务团“集中会诊”贫困村动员大会暨授旗仪式在区行政办公中心九楼大会议室举行。区委常委、区委组织部部长王晓园出席并讲话，区委组织部、区林业局、区农牧局主要负责人参加会议。

是日 全市天网及附属工程建设推进电视电话会议召开。区委常委、区委政法委书记、区公安分局局长何万学及区直有关单位负责人在七星关区分会场参加会议。

14 日 广州市人大常委会副主任于邵文携考察组赴七星关区调研考察朱昌镇家乡美农业综合开发有限公司、碧海街道砂锅寨美丽乡村、毕节市农业大数据中心、市精准扶贫云大数据平台中心建设情况。区委常委、统战部部长袁媛，区人大常委会副主任胡卫国陪同调研。

15 日 全区 2017 年脱贫攻坚秋季攻势四场硬仗推进大会在区行政办公中心九楼大会议室召开。市委常委、区委书记崔英魁出席会议并作重要讲话。区委副书记、区长胡敬斌就脱贫攻坚秋季攻势四场硬仗有关工作进行安排部署。区人大常委会主任周延、区政协主席提名人选葛传彦及区四大班子在家领导出席会议。各乡镇街道主要负责人参加会议。

16 日至 17 日 区委副书记、区长胡敬斌深入层台、小吉场、阿市、普宜、田坎、龙场营、大屯蹲点调研，同基层干部群众一起算扶贫账、谋脱贫计，为乡镇打好打赢脱贫攻坚秋季攻势和“四场硬仗”把脉问诊精准开方。

16—18 日 区委副书记、区长胡敬斌到田坎、清水铺、生机等赤水河沿线乡镇调研产业脱贫工作时强调，发展产业是实现脱贫的根本之策，培育产业是推动脱贫的根本出路。

18 日 市委常委、区委书记崔英魁赴北京，向民盟中央、致公党中央汇报工作。全国人大常委、致公党中央副主席闫小培，民盟中央副主席龙庄伟分别亲切接见了崔英魁一行，并听取了七星关区工作汇报。

19 日 七星关区举办安全、质量及扬尘治理观摩活动，副区长沈仕青，区住建局、质量安全监督站主要负责人，以及全区在建工程项目负责人等近 200 余人参加观摩会。

20 日 贵州省环境保护厅党组成员、副厅长姜平率督查组赴七星关区，对倒天河水库和利民水库重点治污项目工程环境保护问题整改落实情况进行督查。毕节市政协副主席秦天志，副区长刘鑫，以及市、区环保局、水务局、林业局、大新桥街道等部门主要负责人陪同督查。

是日 七星关区“心晴家园”爱心图书集中发放仪式举行。区人大常委会副主任张骅出席仪式，区直相关部门、受捐赠的 17 个乡镇及 20 余家爱心书店企业负责人参加仪式。

21 日 区委副书记、区长胡敬斌到长春堡镇、撒拉溪镇、杨家湾镇调研产业脱贫工作时强调，发展产业是实现脱贫的根本之策，要因地制宜，把培育产业作为推动脱贫攻坚的根本出路，要按照“突出主导产业，特色多元发展”的思路，进一步明确产业主攻方向，提升产业发展规划，确立龙头企业，完善配套设施，促进集中集聚，筑牢利益联结机制，做大做强主导产业，形成“一乡一特”“一村一品”的良好发展态势。

22 日　吴贤耀先进事迹展厅开展仪式在区委党校举行。区政协党组书记葛传彦出席开展仪式并宣布开展，区委常委、区委统战部部长袁媛致词，区委常委、区委组织部部长王晓园讲话，区委常委、区委宣传部部长叶荣主持。

是日　七星关区2017年全民参保登记暨城镇新增就业工作调度会在区行政办公中心九楼大会议室召开。区委常委、常务副区长严琪出席会议并讲话，区直各相关单位、各乡镇街道分管负责人和区人力资源和社会保障服务中心主要责任人、贵州银海公司相关负责人参加会议。

是日　区委副书记、区长胡敬斌到倒天河水库调研并组织召开座谈会，就倒天河水库环境综合整治工作进行再安排、再部署、再调度。区委常委、常务副区长严琪，副区长陈俊及区政府办、环保局、住建局、农牧局、房征局、规划局主要负责人参加调研和座谈。

是日　区委常委、区委组织部部长王晓园率区文体广电旅游局、民政局、住建局、扶贫办、小康办等15家区直单位及部门主要负责人专程到生机镇实地考察镰刀湾村自然环境和生态资源，并在镰刀湾村组织召开生机镇脱贫攻坚部门协调座谈会，达成了先期集中打造镰刀湾村乡村旅游，创建生机镇赤水河畔“一带、五片”乡村旅游示范点，从而辐射带动周边经济发展的脱贫攻坚战略定位。

是日　区委副书记、区长胡敬斌到区信访局接待来访群众，面对面倾听来访群众诉求，实打实接访调处信访案件。

是日　毕节市2017年第三季度“五城同创”工作督察考核七星关区反馈会召开，区委常委、宣传部部长叶荣，区政协副主席江晓燕、熊雄出席会议。市督察组，区直部门、区“五城同创”工作各创建办、各有关乡镇街道负责人参加会议。

23 日　夹岩水库1238米水位线下移民搬迁安置工作总结暨1265米水位线下移民搬迁安置启动会召开。区委副书记、区长胡敬斌出席会议并讲话。区人大常委会副主任张骅、肖世华，副区长王大庆出席会议。

是日　民盟广州市委专职副主委黄雪萍率帮扶调研考察团赴七星关区调研。区委常委、区委统战部部长袁媛，民盟毕节市委专职副主委谢霓，区委统战部、区联络联系办、区民政局相关人员陪同调研。

23 日—24 日　第12届七星关区青少年科技创新大赛在区梁才学校举行。区委常委、区委宣传部部长叶荣主持大赛开幕式、闭幕式。市科协党组书记、主席谢平贵，区人大常委会副主任张骅，副区长李萍，区政协副主席王林中出席活动，区直各相关单位、学校相关负责人及学生参加活动。

24 日　全区2017年脱贫攻坚秋季攻势茶产业座谈会召开。区委副书记、区长胡敬斌出席会议并讲话。他强调，发展产业是实现脱贫攻坚的根本之策，培育产业是推动脱贫的根本出路，要紧紧咬住秋季攻势产业脱贫目标，确保脱贫攻坚再战告捷。要围绕“一县一业、一乡一特、一村一品”目标选准做强主导产业，一个环节一个环节地研究打造全产业链，把各级干部培训好，把贫困群众组织好发动好，把扶贫产业子基金使用好，动真碰硬大规模调整种植结构，创新产销对接和利益联结机制，带动更多贫困群众稳定增收脱贫。

25 日　市委常委、区委书记崔英魁到海子街镇温泉度假小镇旅游项目建设点，德溪街道后河社区、碧玉社区，洪山街道洪山社区调研有关项目和社区建设工作。

是日　区委副书记、区长胡敬斌到区统计局调研并组织召开座谈会。他强调，统计数据是一个地区经济社会发展和党委、政府研判经济形势、进行宏观决策的主要依据。要认真分析研判第三季度经济运行情况，狠抓企业上规入统。

26 日　区委副书记、区长胡敬斌在区行政办公中心政府第一会议室接待来访群众，面对面倾听来访群众诉求，实打实接访调处信访案件。区委常委、组织部部长王晓园，区委常委、纪委书记易晓华及区政府办、区人民法院、区信访局、区监察局、亮岩镇等部门和乡镇负责人参加接访。

是日　贵州省政协副主席、毕节市委书记、市人大常委会主任周建琨率领市委副书记尹志华，市人大常委会副主任、市委秘书长黄光江，副市长蒋从跃及市环保局、国土局等15家市直单位主要负责同志赴七星关区调研环保督察问题整改工作，实地察看了倒天河水库和利民水库污染问题的整改落实情况，并召开了工作汇报会，指出了七星关区环保督察问题整改的问题和不足，对下一步工作提出了具体要求，为七星关区进一步抓好环境保护整改工作指明了方向。

是日 区政协党组书记葛传彦到林口镇调研鸡鸣三省旅游景区项目推进情况。区政协秘书长、区文体广电旅游局主要负责人陪同调研。

是日 全区调查住户样本轮换工作部署暨培训会在区行政办公中心5楼政协会议室召开，区委副书记杨伟、副区长陈俊出席会议。

27日 区委副书记、区长胡敬斌到区三级联动视频接访大厅接待上访群众。当天，胡敬斌用了近10个小时，把所有上访的23批群众共159人请到接访大厅，面对面听取上访群众诉求，与上访群众共同分析问题产生的根源，认真研究解决问题的途径和方案。

是日 区委常委、组织部部长王晓园到朱昌镇调研基层组织建设。在实地参观宋伍村和朱昌社区的村级服务阵地建设后，王晓园对朱昌镇村级服务阵地建设工作给予肯定。他表示，要充分发挥好基层组织服务阵地对老百姓的服务作用，不断提升群众的满意度、获得感和幸福感。

29日 区政协党组书记葛传彦到青场镇调研。葛传彦在听取青场镇主要负责人关于全镇近期重点工作情况的汇报后，对青场镇的工作和近年来的变化发展表示肯定，并重点了解该镇当前脱贫攻坚中产业扶贫、信访维稳及恒大帮扶项目对接实施等情况。

是日 由区委组织部主办，区人民医院协办的“喜迎十九大·共筑中国梦”主题文艺演出活动在区人民医院多功能会议厅举行。区委常委、组织部长王晓园及相关领导出席活动，全区各片区乡镇街道组织系统干部职工及区人民医院代表参加文艺汇演。

29—30日 贵州省就业局考核组就七星关区省级农村劳动力转移就业工作示范县进行为期2天的实地考核。区委常委、常务副区长严琪，副区长陈俊及市、区人社局相关负责人陪同。

30日 省政协副主席、市委书记、市人大常委会主任周建琨到七星关经济开发区调研。市委常委、七星关区委书记崔英魁，市人大常委会副主任、市委秘书长黄光江陪同调研。

10月

1日 省政协副主席、市委书记、市人大常委会主任周建琨到七星关区调研项目建设，代表市委、市政府向节日期间坚守一线的广大建设者致以节日问候。

是日 副区长刘鑫到拱拢坪景区检查指导旅游安全工作，调度景区建设工作。

3日 副区长肖玉明带队深入七星关区人员活动密集场所开展消防安全生产检查。区安监局、市场监管局、公安分局、文广局、消防大队等有关单位相关负责人陪同检查。

4日 市政府拟任副市长王泉松带领市工能委、市安监局、市煤安局等部门负责人赴七星关区检查指导“两节”期间安全生产工作。副区长肖玉明、七星关经济开发区管委会副主任李永红及区工能局、区安监局、区交通运输局等部门负责人陪同。

5日 区委副书记、区长胡敬斌到林口镇调研鸡鸣三省红色旅游景区建设时强调，要紧紧抓住全市打造“国际知名山地康养度假旅游目的地”的重大机遇，以“磅礴乌蒙·三省红都”“避暑养生地·长寿七星关”为形象品牌，以“鸡鸣三省红色旅游景区”为龙头，连金线、带亮点，辐射带动各景区景点快速发展。

6日 区委副书记、区长胡敬斌到百花山片区调研城市建设时强调，要加快完善城市基础功能，改善人居环境提升城市品位，本着对城市负责、对人民负责、对历史负责的态度，夯实城市共性，张扬城市个性，严管城市规划建设，努力为广大人民群众创建优美、舒适、健康的人居环境，力争将七星关区打造成为和谐宜居、富有活力、各具特色的现代化城市。

是日 区委副书记、区长胡敬斌到倒天河流域调研环境综合整治工作时强调，要坚决贯彻落实中央环境保护督察组督察贵州省情况反馈会议精神，旗帜鲜明讲政治，过硬措施抓整改，举一反三强作风，牢牢守住发展和生态两条底线，坚决打好打赢环境保护攻坚战持久战，真正把倒天河水源地保护工作作为重大政治任务来抓，作为重大政治责任来落实，坚决把省、市、区对倒天河水源地环境综合整治工作的决策部署落到实处，精准聚焦“搬迁”与“安置”两个关键环节，力争让倒天河流起来、清起来、美起来，努力实现百姓富和生态美的有机统一。

7 日 区委副书记、区长胡敬斌到七星古城和拱拢坪景区调研时强调，要坚持把旅游产业作为“活一方经济、富一方百姓”的朝阳产业来抓，狠抓景区基础设施建设，强化旅游宣传推介，围绕“当代精品、后代遗产、创一流精品、传千年经典”的理念，按照“全域旅游、产城互动、景城一体、城乡统筹”的思路，全力以赴推动旅游业实现井喷式增长，努力实现百姓富和生态美的有机统一。

9 日 市委常委、区委书记崔英魁在区三级联动视频接访大厅接待来访群众时强调，群众利益无小事，再小的事都是大事，各乡镇街道和区直各部门要高度重视群众反映的合理诉求，及时有效帮助群众妥善解决合理诉求，坚决杜绝“推”和“拖”等不作为现象，积极主动作为，规范办事流程，要全力支持群众工作，推动七星关区群众工作高效开展，为七星关区经济社会和谐稳定、持续快速发展做出积极贡献。区委常委何万学、严琪、张铭，区人大常委会副主任张媛，副区长李萍，区纪委、区法院等单位负责人及相关乡镇街道主要负责人参与接访。

10 日 区委副书记、区长胡敬斌到碧海阳光城调研易地扶贫搬迁集中安置项目并组织召开座谈会。区人大常委会副主任胡卫国及区政府办、移民局、住建局、教育局、海子街镇、碧海街道、恒大专班等部门和乡镇负责人参加调研和座谈。

是日 区委副书记、区长胡敬斌主持召开区二届人民政府第三十二次常务会议暨迎接毕节试验区成立三十周年重大项目推进会，对“19456”等重大项目建设工作进行再安排、再部署、再落实。区委常委、副区长沈仕青，区人大常委会副主任吕艺华，副区长王大庆、刘鑫、李萍、陈俊、唐希戈，区政协副主席周遵林，七星关经济开发区党工委副书记张和国出席会议。

10 日 全国人大常委、致公党中央副主席闫小培率队赴七星关区调研考察工作。致公党贵州省委秘书长薛承梦，致公党贵州省委副巡视员史武钢，毕节市政协副主席、致公党毕节市工委主委安南，七星关区委常委、区委统战部部长袁媛，区委统战部、区联络联系办、致公党七星关区工委等部门相关负责人陪同考察。

11 日 全国人大常委、致公党中央副主席闫小培，致公党中央社会服务部部长李万通一行到七星关区杨家湾镇三合小学开展“致公爱心妈妈”捐赠活动，市委常委、区委书记崔英魁陪同。

是日 区委常委、区委组织部部长王晓园到普宜镇、大屯乡、田坎乡调研指导党建示范点建设工作。

是日 市委常委、常务副市长丁雄军率队赴七星关区调研旅游工作。区委常委、区委宣传部部长叶荣，区政府办、区文体广电旅游局等相关部门负责人陪同调研。

12 日 中国致公党精准扶贫工作交流会在七星关区召开，全国人大常委、致公党中央副主席闫小培，致公党中央社会服务部部长李万通，致公党贵州省委主委孙诚谊，致公党广东省委机关副巡视员许国强，致公党贵州省委秘书长薛承梦，致公党安徽省委秘书长周毅，致公党贵州省委副巡视员史武钢；市委常委、区委书记崔英魁，市政协副主席、致公党毕节市工委主委安南，区委常委、统战部部长袁媛，副区长刘鑫以及相关单位负责人参加会议。

13 日 市委常委、区委书记崔英魁调研倒天河水库综合环境治理房屋征收和安置工作时强调，实行库区群众整体搬迁对保护倒天河周边环境意义重大，各相关部门要全面提高认识，进一步增强担当意识和责任意识，严格做到“一把尺子量到底”，坚持执行标准不走样，注重群众工作的方式和方法，按照好事办实、实事办好的要求，全力推进倒天河水库周边环境综合整治工作快速、高效落实，确保“19456”工作不断取得新突破。

是日 由省煤矿安监局副局长陈富庆率队的省综合督查组赴七星关区督查考核安全生产大检查工作。市政府党组成员王泉松，副区长刘鑫及市、区有关部门负责人陪同。

是日 省委统战部宣传处处长王东到长春堡镇调研统战工作。市中华职教社专职副主任夏青，区委常委、区委统战部部长袁媛及长春堡镇有关负责人陪同。

14 日 七星关区举行绿色贵州建设三年行动计划 2017 年考核工作座谈会。省林业厅检查组，副区长王大庆，市绿化办及相关单位成员参加会议。

16 日 区委副书记、区长胡敬斌到区三级联动视频接访大厅接待来访群众时强调，要始终牢记全心全意为人民服务的宗旨，全力维护群众利益和社会稳定，带着感情做好信访工作，把群众当成自己的亲人，以解决群众反映最强烈、老百姓最关心的切身利益问题为着力点和切入点，用心、用情、依纪、依法做好接访和答复工作，把问题消灭在萌芽状态。

是日 区人大常委会副主任张媛到三板桥街道开展脱贫攻坚宣讲会，帮助群众了解脱贫政策、理清发展思路、增强发展信心，鼓励大家奋力开创百姓富、生态美的新未来。

17 日 全国人大常委、全国人大农业与农村委员会副主任、民盟中央副主席龙庄伟一行赴七星关区开展“同心助学”捐赠仪式并对七星关区进行考察。民盟中央社会服务部部长刘圣宇，民盟中央社会服务部副部长段海溪，民盟中央社会服务部扶贫处处长高育红，民盟中央社会服务部教育处处长王强，民盟贵州省委副主委李龙，民盟北京市委秘书长严为，民盟浙江省委秘书长何志芬，市委常委、组织部部长、统战部部长张欣，市委常委、区委书记崔英魁，市委统战部常务副部长廖碧江，区委常委、统战部部长袁媛，副区长唐希戈等出席仪式，市委统战部、市教育局、民盟毕节市委及区直有关单位负责人参加捐赠仪式。

是日 区委副书记、区长胡敬斌主持召开区二届人民政府第三十三次常务会议，研究部署中共十九大期间全区安全稳定、经济运行工作，听取 2017 年度森林保护“六个严禁”执法专项行动工作情况汇报。区委常委、常务副区长严琪，区委常委、纪委书记易晓华，区人大常委会副主任吕艺华，副区长王大庆、刘鑫，区政协副主席燕金祥，七星关经济开发区党工委副书记张和国、七星关经济开发区管委会副主任李永红出席会议。

是日 台湾公教军警联合总会台中市分会会长、台中小区报社长、前台湾省公务人员协会理事长陈耀宗率台湾省中部乡镇和村里代表团赴七星关区考察交流。市委副书记、市政法委书记尹志华，省台办副主任代玲，市委常委、市委组织部部长、市委统战部部长张欣，市委常委、副市长王光友，市委统战部副部长、市台办主任张玉杰，区政协副主席江晓燕出席座谈会或陪同考察。

是日 毕节市人民政府赴七星关区开展金融服务建设县区行活动座谈会在区行政办公中心八楼中间会议室召开。市委常委、常务副市长丁雄军出席座谈会并讲话。区委副书记、区长胡敬斌，区委常委、常务副区长严琪，市、区相关部门及各银行业金融机构相关负责人参加会议。

是日 区人大常委会副主任张骅率区人大机关干部职工到威宁县石门、迤那等乡镇调研脱贫攻坚工作，威宁县人大常委会副主任王义国陪同调研。

18 日 备受瞩目的中国共产党第十九次全国代表大会隆重开幕，这次大会是在全面建成小康社会决胜阶段、中国特色社会主义进入新时代的关键时期召开的一次十分重要的大会。七星关区各级各部门及社会各界怀着无比激动的心情，集中收看十九大开幕会盛况。市委常委、区委书记崔英魁，区委副书记、区长胡敬斌，区委常委何万学、严琪、王晓园、易晓华、沈仕青等区四大班子在家领导参加集中收看。

是日 贵州省环保厅厅长熊德威一行到七星关区调研中央环保督察问题整改工作，实地察看倒天河水库和利民水库环境突出问题整改情况。毕节市委常委、常务副市长丁雄军，区委副书记、区长胡敬斌，副区长陈俊及市、区相关部门主要负责人陪同调研。

19日　民盟中央赴七星关区考察调研座谈会在区行政办公中心九楼常委会议室召开。全国人大常委、全国人大农业与农村委员会副主任、民盟中央副主席龙庄伟，民盟中央社会服务部副部长段海溪，民盟中央社会服务部扶贫处处长高育红，民盟中央社会服务部教育处处长王强，民盟浙江省委秘书长何志芬；市委常委、区委书记崔英魁，区委常委、区委统战部部长袁媛，副区长刘鑫、唐希戈，七星关经济开发区党工委副书记张和国，七星关经济开发区管委会副主任李永红参加会议。

是日　全区脱贫攻坚秋季攻势暨秋冬种工作推进会在区行政办公中心九楼大会议室召开。市委常委、区委书记崔英魁出席会议并作重要讲话，他强调，农事催人紧，节令不等人，秋冬种工作任务十分艰巨和繁重。区委副书记、区长胡敬斌主持会议。区委常委何万学、王晓园、张铭、叶荣及区人大、区政府、区政协相关领导出席会议。

是日　织金县委常委、县纪委书记雷文军率该县纪委考察团一行20人到七星关区考察交流。区委常委、纪委书记易晓华及区纪委监察局相关负责人陪同。

19日　贵州省人社厅检查组赴七星关区开展就业补助资金等专项资金管理使用情况专项调查。副区长李萍，七星关经济开发区党工委副书记张和国及市、区有关单位负责人陪同。

20日　全区文化产业专题调度会召开，传达学习全区文明城市创建工作调度会议精神并就相关工作进行安排部署。区委常委、宣传部部长叶荣出席会议并讲话。

是日　市委常委、区委书记崔英魁在区三级联动视频接访大厅接待来访群众时强调，群众工作涉及党和政府工作的方方面面，相关部门在解决群众反映的问题时，要本着以人为本的原则，带着对人民群众的深厚感情，为群众解决生产、生活方面的实际困难，认真倾听群众呼声，及时化解矛盾纠纷，畅通群众诉求渠道，充分注重工作的方式和方法，不断改进工作思路，完善工作方案，全面提高群众工作的针对性和有效性。

是日　区委副书记、区长胡敬斌到七星关经济开发区、观音桥街道、碧海街道调研项目建设选址工作时强调，要统筹安排、科学论证、谋细谋实，始终坚持科学规划、合理布局；要主动靠前，协作配合，精细化搞好服务、集约化配置资源，确保项目早落地、早开工、早见效。

21日　贵州省人大常委会原副主任杨序顺率督查组到七星关区开展脱贫攻坚第二次督导暨脱贫攻坚秋季攻势和产业结构调整工作。区委副书记、区长胡敬斌，市扶贫办主任颜岭，区人大常委会副主任胡卫国，副区长王大庆，七星关经济开发区党工委副书记张和国陪同督导调研。

21日至22日　贵州省人民检察院党组书记、检察长袁本朴到七星关区人民检察院调研大数据工作。市委常委、区委书记崔英魁，市人民检察院党组书记、检察长石子友，区委常委、区委政法委书记、区公安分局局长何万学，区人民检察院党组书记、检察长刘永陪同调研。

23日　在中共十九大隆重召开之际，市委常委、区委书记崔英魁再次带队前往野角乡开展脱贫攻坚蹲点调研，并与大水村党员、干部、群众代表围坐一堂，开展了一场热烈的讲习。

是日　区人大常委会副主任吕艺华到何官屯镇调研并召开座谈会，详细了解该镇学习贯彻落实中共十九大精神、脱贫攻坚秋季攻势、秋冬种和水库移民安置工作相关情况。

24日　市委常委、区委书记崔英魁在全区脱贫攻坚讲习工作暨基层党组织设置改革现场推进会议上强调，全区各级各部门务必提高政治站位，强化责任担当，以抓铁有痕、踏石留印的力度，真正把脱贫攻坚讲习工作抓出成效、抓出亮点。区委常委、组织部部长王晓园，区委常委、宣传部部长叶荣，各乡镇及相关部门负责人参加会议。

是日　副区长李萍到长春堡镇清塘社区指导“春苗乐园”“心晴家园”留守儿童关爱工作。区民政局、长春堡镇主要负责人陪同。

25日　市委常委、区委书记崔英魁在主持召开区委常委（扩大）会议时强调，学习好、贯彻好、落实好中共十九大精神、习近平参加贵州省代表团讨论时的重要讲话精神及省政协副主席、市委书记、市人大常委会主任周建琨在中共十九大期间看望七星关区在京工作组时的重要讲话精神。要深刻领会，准确把握，找准工作着力点、找准创新突破口，知行合一，学以致用，全力以赴推进当前各项重点工作取得新成效。区委副书记、区长胡敬斌，区委常委何万学、严琪、王晓园、易晓华、张铭、叶荣、赖平、沈仕青，区四大班子在家领导及各部门主要负责同志参加会议。

是日 全区2018年城乡居民基本医疗保险筹资启动会暨冬春季传染病防控工作会议召开。区委常委、宣传部部长叶荣，区人大常委会副主任张骅，副区长李萍，区政协副主席熊雄出席会议。各乡镇街道、区直各有关部门相关负责人，区人民医院、卫生监督所、妇幼保健院、合管中心、疾控中心负责人参加会议。贵州工程应用技术学院、毕节监狱、市直相关医疗机构的有关负责人受邀参加会议。

是日 七星关区召开创建国家公共文化服务体系示范区、多彩贵州“广电云”户户用工程及乡村两级农民体育健身工程建设调度会，区委常委、宣传部部长叶荣，副区长李萍出席会议并讲话，各乡镇街道和区直相关部门负责人参加会议。

是日 市委常委、市委组织部部长、市委统战部部长张欣到七星关区开展“老年节”走访慰问活动。区委常委、区委组织部部长王晓园陪同。

26日 致公党上海市委专职副主委、上海市经信委副主任邵志清率考察组赴七星关区开展教育帮扶活动，并在毕节一小召开教育帮扶座谈会，致公党贵州省委副巡视员史武钢，致公党毕节市工委副主委吴灵，副区长李萍及区委统战部、区联络联系办、区教育局、致公党七星关区工委相关负责人参加座谈。

是日 全区整治车窗抛物不文明交通行为专题会议召开，会议对整治车窗抛物不文明交通行为进行安排部署。区委常委、区委宣传部部长叶荣出席会议并讲话，区政协副主席江晓燕主持会议。

是日 七星关区第二届人民代表大会常务委员会第六次会议在区人大五楼常委会议室召开。区人大常委会主任周延，区人大常委会副主任张媛、胡家敬、张骅、肖世华、胡卫国、吕艺华出席会议。副区长刘鑫，区人民法院院长禄智华，区人民检察院检察长刘永及区委组织部、区财政局、区发改局、区审计局等部门相关负责人列席会议。

是日 区政协党组书记葛传彦到普宜镇、大屯乡、田坎乡调研督导脱贫攻坚秋季攻势农业产业结构调整工作和脱贫攻坚讲习所落实情况。

28日 受市委常委、区委书记崔英魁委托，区人大常委会主任周延，区委常委、区委组织部部长王晓园代表区委、区政府到八寨镇、碧海街道开展七星关区2017年“老年节”走访慰问活动。

是日 区委常委、区委宣传部部长叶荣赴水箐镇梨树村“脱贫攻坚讲习所”开展宣讲活动。

是日 区委常委、常务副区长严琪到对坡镇新时代农民脱贫攻坚讲习所讲习脱贫攻坚工作，该镇干部职工到场聆听。

29日 区委副书记、区长胡敬斌在田坎乡主持召开脱贫攻坚第二战区秋季攻势暨秋冬种工作推进座谈会。他强调，要不忘初心、牢记使命、夙夜在公、勤勉工作，深入学习贯彻中共十九大精神坚决打赢脱贫攻坚大决战。围绕产业结构调整这个核心，精准算好时间账、任务账、收支账、脱贫账，抢抓今冬明春革命性时间节点，抓点做样，以点带面，培植典型，带动发展，推动结构调整实现革命性突破。

30日 区人大常委会副主任张媛到三板桥街道大坡坪社区宣讲中共十九大精神，社区“两委”班子成员及社区居民代表到场聆听。

31日 区政协党组书记葛传彦到大屯乡宣讲中共十九大精神，大屯乡党政负责人及村民代表参加宣讲会。

是日 副区长肖玉明到亮岩镇开展中共十九大精神宣讲。该镇全体干部职工参加宣讲会。

11月

1日 市委常委、区委书记崔英魁到大银镇尖山村开展中共十九大精神宣讲暨脱贫攻坚秋季攻势农业结构调整讲习。他强调，要牢记嘱托、感恩奋进，深刻领会习近平新时代中国特色社会主义思想，切实学懂弄通做实，把对习近平的感恩之心转化为决战脱贫攻坚决胜同步小康的强大动力，决战脱贫攻坚，决胜同步小康，续写新时代七星关发展新篇章。

是日 区人大常委会主任周延到阿市乡宣讲中共十九大会议精神，并对如何加强农业农村工作，夯实农村基层基础，决战脱贫攻坚，探索村社合一，促进农村经济社会协调、快速、健康发展，共建富裕、和谐、美丽新农村提出要求和希望。

是日 区人大常委会副主任胡家敬到麻园街道杨家塘社区新时代农民脱贫攻坚讲习所宣讲中共十九大精神。

2日 广州市荔湾区花地街道办事处人大工委专职副主任嵇永春带领企业家赴七星关区大屯乡开展精准帮扶系列活动。区委常委、区委统战部部长袁媛，区委常委、副区长沈仕青出席活动。区联络联系办、大屯乡相关人员参加活动。

3日 全区中共十九大维稳安保工作总结暨全区安全感满意度测评推进会议在区行政办公中心九楼大会议室召开。区委副书记、区长胡敬斌出席会议并讲话。区人大常委会副主任张骅，副区长肖玉明，区政协副主席周遵林，各乡镇街道、区直各部门主要负责人参加会议。

是日 周建琨先后深入七星关区三板桥、市西、市东3个街道进行调研，并在市东街道龙山社区对中共十九大和习近平在参加贵州省代表团讨论时的重要讲话精神作了一次生动而精彩的宣讲，同时对七星关区的新时代农民脱贫攻坚讲习所、城市社区建设等工作作出了指示要求。

是日 全区2017年度脱贫攻坚暨退耕还林还草森林防火等工作推进会在区行政办公中心九楼大会议室召开。区委副书记、区长胡敬斌出席会议并讲话。

是日 全区土地确权颁证暨烟叶生产工作推进会召开。区委副书记、区长胡敬斌，区政府党组成员、七星关经济开发区管委会副主任、区投资促进局局长李永红出席会议。各乡镇街道主要负责人，有关分管负责人参加会议。

是日 区人大常委会副主任肖世华到田坝镇新时代农民脱贫攻坚讲习所开展中共十九大精神宣讲。该镇全体干部职工参加宣讲会。

4日 市委常委、区委书记崔英魁，区委副书记、区长胡敬斌，区委副书记李昱，区委常委袁媛、严琪、王晓园、易晓华、张铭、叶荣、赖平前往鸡鸣三省红色景区温故历史，重温入党誓词。崔英魁在宣誓后强调，要不忘初心，感恩奋进，认真学习好、贯彻好、落实好中共十九大精神和习近平在参加贵州省代表团讨论时的重要讲话精神，增强新时代意识和感恩意识，抢抓新时代机遇，为七星关区各项事业发展作出新的更大贡献。

6日 区委副书记、区长胡敬斌带领区政府党组成员严琪、刘鑫、李萍、肖玉明、张和国、李永红、陈翔宇前往中华苏维埃人民共和国川滇黔省革命委员会旧址，追寻烈士足迹，重温入党誓词，宣示坚定的政治信念。胡敬斌在发表即席讲话时强调，要把学习贯彻落实中共十九大精神和习近平重要讲话精神作为首要政治任务，牢固树立“四个意识”，在思想上政治上行动上同以习近平为核心的党中央保持高度一致，把习近平新时代中国特色社会主义思想和中央大政方针，不折不扣、全面准确落实到政府工作中，使中共十九大精神在七星关区落地生根，形成生动实践。

是日 市委第二巡察组巡察七星关区纪委监察局工作动员会召开，市委第二巡查组组长安永红就开展的巡察工作作动员讲话，区委常委、区纪委书记易晓华主持会议并就配合做好巡察工作作表态发言。市委第二巡察组副组长黄莉，巡察专员袁知时、吕贵友、施善杰，区纪委监察局领导班子成员出席会议。

是日 区人大常委会党组书记、主任周延带领区人大常委会党组成员张媛、胡家敬、肖世华、吕艺华、顾堃前往中华苏维埃人民共和国川滇黔省革命委员会旧址重温入党誓词。

是日 副市长冉霞到七星关区调研学校营养餐工作。区委常委、宣传部部长叶荣，区教育局相关负责人陪同调研。

是日 区委副书记、区长胡敬斌主持召开区二届人民政府第三十五次常务会议，听取区长督办项目落实、“五城同创”、脱贫攻坚减贫摘帽、“十件民生实事”和“十大重点工程”推进情况汇报。区委常委、常务副区长严琪，区人大常委会副主任吕艺华，副区长刘鑫、李萍、肖玉明、唐希戈，区政协副主席江晓燕，区政府党组成员、七星关经济开发区党工委副书记张和国，区政府党组成员、七星关经济开发区管委会副主任李永红出席会议。

7日 区委副书记李昱到区司法局调研指导司法工作并召开调研座谈会，区司法局相关负责人参加会议。

是日 市委常委、组织部部长、统战部部长张欣分别到桂花社区、毕节酒厂宣讲中共十九大精神。区委常委、区委组织部部长王晓园主持宣讲会。

是日 水城县县委副书记王鸣明率考察团到七星关区考察交流新时代农民脱贫攻坚讲习所工作并召开座谈会。区委副书记李昱，区委常委、组织部部长王晓园，市委组织部和朱昌镇相关负责人陪同考察。

8日 电影《吴贤耀》在七星关区开机拍摄。市委常委、区委书记崔英魁，贵州日报报业集团副社长王健明等出席开机仪式，区委常委、宣传部部长叶荣主持。

是日 市人大常委会副主任王炳荣一行赴七星关区调研“五城同创”工作开展情况。区人大常委会主任周延，区委常委、副区长赖平，区人大常委会副主任张媛、胡卫国及市区相关部门负责人陪同调研。

是日 区委常委、组织部部长王晓园到生机镇宣讲中共十九大精神，生机镇党政班子、党员干部参加宣讲会。

是日 区政协党组书记葛传彦到长春堡镇指导农业产业结构调整工作，长春堡镇党政主要负责人陪同。

9日 副市长李玉平到长春堡镇裸依社区指导农业产业结构调整工作。市政府办副秘书长游新建，区委常委、区委办主任张铭，区政府办、科技局、农牧局、林业局以及长春堡镇相关负责人陪同。

是日 区委常委、组织部部长王晓园到龙场营镇调研基层党建工作，该镇主要负责人陪同。

是日 市人大常委会秘书长杨亚军到七星关区调研《贵州省生态文明建设促进条例》贯彻实施情况，区人大常委会副主任张媛、胡卫国，副区长陈俊及市区相关部门负责人陪同调研。

是日 区人大常委会副主任胡家敬到麻园街道宣讲中共十九大精神，该街道全体干部职工参加宣讲会。

10日 区委常委、宣传部部长叶荣到田坝桥镇调研时强调，要学深悟透、认真践行中共十九大精神，动员和号召广大干部群众积极投身脱贫攻坚战中，进一步统一思想、理清思路，围绕种植、养殖推动产业结构调整，围绕交通、水利加快基础设施建设，把握好今冬明春时间节点，加快推动农业产业结构调整实现革命性突破。

是日 区纪委召开“严守党的纪律规矩做政治上的明白人”专题预防提醒谈话会，区委常委、区纪委书记易晓华出席会议并进行专题预防提醒谈话。

是日 区人大常委会副主任吕艺华到小吉场镇开展中共十九大精神宣讲暨农业产业结构调整讲习，小吉场镇党委班子成员、驻村书记、村“两委”班子参加宣讲会。

是日 区人大常委会副主任胡卫国、区政协副主席王林中到小吉场镇督导恒大扶贫项目建设，就恒大帮扶小吉场镇蔬菜大棚建设在项目规划、路网建设、给排水工程等方面与恒大集团项目施工方进行交流，就项目实施存在的问题进行现场指导。

11日 区委常委、区委组织部部长王晓园带领区委组织部党员干部前往“鸡鸣三省”红色景区开展重温入党誓词活动。

12日 区委常委、区委宣传部部长叶荣到长春堡镇清塘社区、裸依社区指导新时代农民讲习所推进工作，该镇主要负责人陪同。

13日 区政协党组书记葛传彦到田坝桥镇调研

新时代农民讲习所工作。

是日 区政协副主席周遵林到市东街道教管中心新时代市民讲习所宣讲中共十九大精神，市东辖区370余名教师参加宣讲。

14日 重庆市綦江区区委常委、区委统战部部长钟远平带队赴七星关区考察调研。区委常委、区委统战部部长袁媛陪同调研。

是日 区政协党组书记葛传彦带领党组副书记、副主席燕金祥，党组成员、副主席王林中、江晓燕、周遵林及机关党员干部，到中华苏维埃人民共和国川滇黔省革命委员会旧址重温入党誓词。

是日 区委副书记李昱到层台镇调研指导脱贫攻坚和农业产业结构调整工作。

15日 区委副书记、区长胡敬斌主持召开全区高速公路建设暨六级公路建设大会战调度会。他强调，各有关部门要高度重视，主动作为，积极协调解决国省干线公路建设项目进展中出现的问题和困难，要密切配合，增强协作意识，形成建设合力，加快工程项目建设。

是日 区委副书记、区长胡敬斌在全区创建国家卫生城市工作推进会上强调，创卫工作是增强人民福祉的重大民生工程之一，意义重大，使命光荣。区委常委、区委宣传部部长叶荣主持会议。副区长李萍，区政协副主席江晓燕出席会议。

是日 省政协副主席、市委书记、市人大常委会主任周建琨到七星关区水箐镇、野角乡、青场镇调研。他强调，要把中共十九大精神和习近平在贵州省代表团重要讲话精神转化为决战脱贫攻坚、决胜同步小康的强大动力，全力以赴建设新时代毕节首善之区，努力在全市走前列、作表率、树标杆。

是日 省政协副主席、市委书记、市人大常委会主任周建琨率市委常委、区委书记崔英魁，市人大常委会副主任、市委秘书长黄光江到云南省镇雄县考察城市建设工作。云南省镇雄县委书记翟玉龙陪同考察。

16日 区委副书记、区长胡敬斌在杨家湾镇开林村田间地头宣讲中共十九大精神。区政协党组书记葛传彦，区委常委、区委办主任张铭，区政府党组成员、七星关经济开发区管委会副主任李永红出席宣讲会。

是日 七星关区第五实验学校（毕节市宗琳小学）揭牌仪式举行。区委常委、区委统战部部长袁媛，区委常委、区委宣传部部长叶荣，区政协原副主席邹芝桦出席会议。

17日 贵州日报记者团赴七星关区采访座谈会召开。贵州日报社（集团）党委委员、副社长王健明，贵州日报社（集团）党委委员、副总编辑冉斌；市委常委、区委书记崔英魁，区委常委、宣传部部长叶荣，副区长李萍，区政府党组成员、七星关经济开发区管委会副主任李永红出席会议。

是日 民盟西部省（市、区）第十六次盟务工作会参会代表组成考察团到长春堡镇干堰村和朱昌镇双堰村考察。区委常委、统战部部长袁媛，副区长唐希戈，区委统战部、区联络办、民盟七星关区工委、长春堡镇、朱昌镇等相关单位有关负责人陪同。

20日 区政协党组书记葛传彦到麻园街道调研“五城同创”网格化包保管理工作，区政协副主席、区创建国家卫生城市指挥部常务副指挥长江晓燕及区政协秘书长陪同调研。

21日 省委常委、省委宣传部部长慕德贵，副省长卢雍政，省政协副主席谢晓尧率全省2017年第二次项目建设现场观摩组到七星关区观摩。观摩组实地观摩了经济开发区劳动密集型服装企业生产基地贵州华耀服装项目，详细了解了七星关区“千企改造”“千企引进”工程项目的建设情况，以项目为触点感受七星关区跨越赶超的最新脉动。市委副书记、市委政法委书记尹志华，市委常委、常务副市长丁雄军，市委常委、区委书记崔英魁参加观摩。

22日 毕节市政协副主席马培译一行到区政协调研。区政协党组书记葛传彦，副主席燕金祥、王林中、江晓燕、周遵林、邓庆，区政协委室负责人及七星关区部分市政协委员参加调研座谈。

23日 中国共产党毕节市七星关区第二届委员会第五次全体会议在七星关区举行。出席全会的有区委委员35人、候补委员7人。区纪委委员和有关方面负责同志、七星关区出席省第十二次党代会代表、市第二次党代会部分基层代表和区第二次党代会部分基层党代表列席会议。全会由区委常委会主持。市委常委、区委书记崔英魁作了讲话。

25日 区委副书记、区长胡敬斌主持召开区二届人民政府第三十七次常务会议暨脱贫攻坚推进会议。他强调，全区上下要紧紧盯住2018年顺利实现片区县脱贫并成功通过第三方验收的目标，优化指挥体系，按照条块结合、协同作战，兵团化组织、地毯式覆盖的要求，大战400天，奋力拔穷根，深入实施“1+20+5”计划，坚决打赢脱贫攻坚战。区委常委、常务副区长严琪，区委常委、副区长沈仕青，区人大常委会副主任张骅，副区长李萍、陈俊、肖玉明，区政协副主席王林中，区政府党组成员、七星关经济开发区党工委副书记张和国，区政府党组成员、七星关经济开发区管委会副主任李永红出席会议。

26日 区委副书记、区长胡敬斌到毕节酒厂金银山厂区和环北路厂区调研。他强调，全区上下要深入学习领会中共十九大报告对经济工作提出的要求，把发展经济的着力点放在实体经济上，更好地推动全区经济持续健康较快发展。毕节酒厂要继续在培育品牌、强化营销、提高效益上下功夫，不断提升白酒品质，深入挖掘和传承白酒文化，提升企业形象，延伸产业链，提升价值链，推进产业接二连三，全面提升“毕节大曲”的知名度和美誉度。区委常委、常务副区长严琪，区政府党组成员、七星关经济开发区党工委副书记张和国，区政府办、工能局、规划局、发改局、国土局等相关部门主要负责人陪同调研。

27日 贵州省调研组到七星关区调研督查非公企业和社会组织党建工作。区委常委、区委组织部部长王晓园及市委党建办相关负责人陪同调研。

28日 市委常委、区委书记崔英魁到毕节二十二小宣讲中共十九大精神时强调，全区广大教职工队伍一定要认真学习宣传贯彻中共十九大精神，牢记习近平对贵州、对毕节的嘱托，切实增强自豪感和自信心，常怀感恩之心、永立奋斗之志，按照中央、省、市的决策部署，以更加饱满的精神状态投身到工作中，和区委、区政府一道，奋力开创决胜贫困、同步小康新未来。

是日 广州市荔湾区政协党组书记、主席樊伯欢，党组副书记、副主席麦韶光率考察团赴七星关区开展对口帮扶考察活动。区委常委、副区长沈仕青，区政协副主席燕金祥、江晓燕陪同。

是日 贵州省机场集团相关负责人组织慰问组赴七星关区碧海街道和海子街镇开展慰问活动，并召开座谈会。区委副书记杨伟出席会议，区委组织部相关工作人员参加活动。

29日 省政协副主席、市委书记、市人大常委会主任周建琨到七星关区部分乡镇调研。市委常委、区委书记崔英魁，市人大常委会副主任、市委秘书长黄光江参加调研。

是日 广州市荔湾区政协主席樊伯欢、副主席麦韶光率考察团赴七星关区开展对口帮扶考察活动，并召开座谈会。区委常委、区委统战部部长袁媛，区委常委、副区长沈仕青，区政协副主席王林中、江晓燕陪同考察并出席座谈会，区直有关部门相关负责人参加会议。

30日 全市脱贫攻坚推进会议召开。省政协副主席、市委书记、市人大常委会主任周建琨强调，要把脱贫攻坚作为最大政治、最大任务、最大责任，以猛虎下山的气势，把群众武装起来打一场人民战争，实实在在地推动脱贫攻坚工作，确保圆满完成各项目标任务。

是日 区委常委、区委政法委书记、区公安分局局长何万学到市西街道翠西社区指导“五城同创”工作。

12月

4日 市委常委、区委书记崔英魁主持召开区委常委办公会议，传达学习全省深化国家监察体制改革试点工作动员部署电视电话会议精神。会议强调，全区各级各部门要提高政治站位，严格对标对表，精心组织实施，以高度的思想自觉、政治自觉和行动自觉推动改革部署在七星关落地生根。

是日 为深入学习贯彻中共十九大精神和习近平在贵州代表团讨论重要讲话精神，七星关区邀请中共贵州省委讲师团马列主义理论教研室主任陆开友教授，为全区广大党员干部作题为“党的声音进万家、新时代思想上讲堂、总书记话儿记心上”中共十九大精神宣讲报告。

5日 由环保部环境监察局副局长夏祖义，环保部环境监察局副调研员赵越、肖静等一行组成的环保部督导组赴七星关区倒天河水库和利民水库督导检查饮用水水源地问题整改情况，并对七星关区水源地问题整改工作提出了宝贵的建议和意见。市委常委、区委书记崔英魁，副市长蒋从跃，市政府副秘书长黄海刚，副区长陈俊及省、市相关部门负责人陪同督导检查。

是日 七星关区召开迎接省对市全国文明城市提名资格考评调度会。市委常委、区委书记崔英魁在会上强调，创建全国文明城市意义重大，影响深远，各级各部门必须高度重视，把创文工作摆在更加突出的位置，全力以赴抓好迎检工作。要进一步坚定信心、鼓足干劲、加压紧逼，全力以赴投入创文工作，坚决打赢夺取全国文明城市提名资格的攻坚战、决胜战。各级各部门一定要从讲政治的高度，把创文迎检工作作为当前的政治大事来抓，充分认识到创文工作的极端重要性和紧迫性，进一步坚定信心、凝聚共识，以战则必胜的信心，志在必得的决心，抓实抓细抓好各项迎检工作。区委副书记李昱，区委常委何万学、袁媛、严琪、王晓园、张铭、叶荣出席会议。

5日至6日 贵州省住房城乡建设厅总工程师毛方益率省政府考核组赴七星关区开展2017年消防工作目标检查考核暨冬春火灾防控工作检查督导。副区长肖玉明，市消防支队、区消防大队、区住建局等相关单位负责人陪同。

6日 贵州省委组织部组织二处副处长高峰率省委督查组一行赴七星关区督查深度贫困村党组织书记选配工作，并召开座谈会。市委常委、区委书记崔英魁，市委组织部副部长王荣猛，区委常委、组织部部长王晓园及市、区相关部门领导和乡镇负责人参加座谈会。

7日 中国梦·七星大讲堂举行学习贯彻中共十九大精神专题讲座。省委政研室副主任胡吉宏出席讲座并对中共十九大精神作解读。市委常委、区委书记崔英魁主持讲座。区政协党组书记葛传彦，区委副书记李昱，区委常委、宣传部部长叶荣等区四大班子领导及其他副县级以上领导，区直各单位班子成员及科级干部，各乡镇街道班子成员参加讲座。

是日 贵州省审计厅副厅长李凌率考核组赴七星关区开展2017年度依法行政考核工作，并召开会议。区委常委、常务副区长严琪汇报了2017年度全区依法行政工作开展情况，并现场回答考核组提出的相关问题，区直各相关单位有关负责人参加会议。

是日 七星关区召开创建全国文明城市现场考核第三次调度会，区委常委、宣传部部长叶荣主持会议，区政协副主席江晓燕、区人大常委会副主任张骅、区直各部门相关负责人参加会议。

9日 全区迎接2017年度国家和省扶贫开发工作成效考核部署暨年底工作调度会在区行政办公中心九楼大会议室召开。区委副书记、区长胡敬斌出席会议并讲话。他强调，年底的国家考核、省际间交叉考核以及省、市的考核是全区脱贫攻坚的必答题，是对工作执行力和落实力的全面检验。全区上下要高度重视，迅速将思想和行动统一到迎接考核的准备工作上来，坚决贯彻落实好市委、市政府的安排部署，切实做到全民动员，全体行动，全面覆盖，全力以赴，盯住关键环节，注重工作细节，牢牢把握主动权，加强组织领导，加大工作力度，坚决把考核任务完成好，确保打好打赢这次迎检攻坚战。区委常委、区委办主任张铭，区人大常委会副主任胡卫国，区政府党组成员、七星关经济开发区管委会副主任李永红出席会议。

11日 市委常委、区委书记崔英魁主持召开区委常委（扩大）会议时强调，脱贫攻坚是最大的政治任务，督查组在督查过程中要做到铁面无私，要发现问题、抓出典型。各乡镇要坚持把脱贫攻坚作为头等大事和第一民生工程，严格落实区委的相关要求，认真汲取在脱贫攻坚中弄虚作假的相关教训，迅速进行自查自纠，要把脱贫攻坚工作牢牢抓在手里，扛在肩上，确保脱贫工作经得起历史和人民的检验。

12日　副市长王泉松到长春堡镇检查指导安全生产、民政等工作。副区长肖玉明，区政府办、区安监局、区消防支队等部门负责人陪同。

是日　省政协副主席、市委书记、市人大常委会主任周建琨到七星关区八寨、田坝桥、德溪、鸭池、碧海、海子街等乡镇和街道调研。市委常委、区委书记崔英魁，市人大常委会副主任、市委秘书长黄光江参加调研。

是日　区政协党组书记葛传彦，党组副书记、副主席燕金祥，到杨家湾镇、放珠镇督导茶叶产业基地建设。

13日　市委常委、区委书记崔英魁在脱贫攻坚工作大排查大调研动员大会上强调，全区脱贫攻坚已经到了攻克最后堡垒、背水一战的关键时刻，各督查组务必要高度重视，执行最严格的标准，保持最严谨的作风，以强烈的政治责任感和工作紧迫感抓好排查调研，全面提高排查调研的覆盖面和精准度，确保排查调研高效推进、取得实效，为明年全面打赢脱贫攻坚战奠定坚实基础。区人大常委会主任周延，区政协党组书记葛传彦，区委常委何万学、袁媛、严琪、王晓园、易晓华、张铭、叶荣、赖平，区四大班子在家领导和各部门抽调至督查组成员参加会议。

14日　区委副书记、区长胡敬斌主持召开调度会，对倒天河水库利民水库环境综合整治工作进行再安排、再部署、再调度。他强调，要把环保督察整改作为当前一项重大政治任务摆上重要位置，切实增强抓好生态文明建设和环境保护的责任感和使命感，牢牢守住发展和生态两条底线，趁势而上、一鼓作气，一抓到底，精准聚焦“拆迁”与“建设”两个关键环节，细化工作措施，紧盯时间节点，全力以赴打赢倒天河水源地保护攻坚战。

是日　区委副书记、区长胡敬斌主持召开全区安全生产工作调度会，传达贯彻落实省、市有关会议精神和领导批示精神，分析全区当前安全生产工作情况，对全区岁末年终安全生产工作进行再安排、再部署、再落实。他强调，要认清形势，紧盯重点，落实责任，坚持以人民为中心的发展思想，以更坚决的态度、更过硬的作风、更有力的举措，把安全生产工作抓紧抓实抓具体，坚决防范遏制事故发生，切实做到“四个”到位，确保全区人民群众生命财产安全社会和谐稳定。

是日　市委常委、区委书记崔英魁率区委常委、统战部部长袁媛，七星关经济开发区党工委副书记、区政府党组成员张和国及七星关经济开发区、区委办、区联络联系办、致公党毕节市七星关区工委、区投资促进局相关负责人到广东省广州市、佛山市宣传推介七星关招商引资优惠政策，开展招商引资活动。

15日　广州市与七星关区东西部扶贫协作工作座谈会召开。广州市协作办公室对口支援处处长张海蓉，区委副书记、区长胡敬斌，区委常委、副区长沈仕青，副区长、区水库和生态移民局局长王大庆，广州市协作办公室综合调研处副调研员刘建国，毕节市社会扶贫办、毕节市对广办及区委办、区委统战部、区财政局、区审计局、区扶贫办等相关部门负责人参加会议。

16日　区委副书记、区长胡敬斌主持召开区二届人民政府第三十九次常务会议，传达学习习近平关于进一步纠正“四风”、加强作风建设的重要批示精神，并部署落实工作。他强调，要深刻认识加强作风建设的极端重要性，不断提高政治站位和政治觉悟，政府系统党员领导干部要身体力行，带头贯彻落实习近平重要批示精神，自觉对标对表，带头查摆“四风”问题，不忘初心、摸着良心、出以公心，锲而不舍抓好作风建设。区委常委、常务副区长严琪，区委常委、副区长沈仕青，区人大常委会副主任张骅，副区长陈俊、肖玉明，区政府党组成员、七星关经济开发区党工委副书记张和国，区政府党组成员、七星关区经济开发区管委会副主任李永红出席会议。

18日　二届市委全面深化改革领导小组第十八次会议暨全市城市社区建设改革“回头看”会议在七星关区召开。省政协副主席、市委书记、市人大常委会主任、市委全面深化改革领导小组组长周建琨主持会议并讲话。他强调，全市上下要深入贯彻落实中央和省委关于城市社区建设的有关精神，坚持共建、共治、共享的工作理念，健全自治、法治、德治的治理体系，不断完善社区服务功能，以社区群众满意度提升城市文明度。

市委副书记、代市长张集智，市政协主席宫晓农，市委副书记、市委政法委书记、市委全面深化改革领导小组副组长尹志华，市领导张欣、何云江、崔英魁、黄光江、冉霞、李玉平、王泉松出席会议。

19 日 市委常委、区委书记崔英魁到长春堡镇督导大排查大调研时强调，各级各部门要以政策宣传、产业指导、基础设施完善为重点，采取院坝会、座谈会、拉家常等形式，情景式、组团式、打包式推动精准脱贫知识进村入户，确保农户政策能知晓、群众能满意、收入能达标、群众能算账，让老百姓清清楚楚进来、真真实实算账、明明白白脱贫，全心全意为群众做好事、办实事、解难事，着力解决群众“最后一公里”问题。

20 日 市委常委、区委书记崔英魁到天河广场、同心林、南山公园等“19456”工程建设现场，实地查看项目推进情况。区委常委、常务副区长严琪，区规划局、住建局、城市综合执法大队，市西街道、碧阳街道，城投公司等部门、街道和公司主要负责人参加调研。

22 日 七星关区召开全面从严治党“两个责任”落实情况报告会。受省政协副主席、市委书记、市人大常委会主任周建琨委托，市委常委、市纪委书记吴东来出席报告会并讲话。受市委常委、区委书记崔英魁委托，区委副书记、区长胡敬斌就推进党风廉政建设情况作汇报。市委第一检查考核组成员；区人大常委会主任周延，区委常委王晓园、易晓华、张铭、叶荣及区人大、区政府、区政协领导班子成员出席会议。区直相关部门主要负责人；各乡镇街道党委（党工委）主要负责人；区纪委（纪工委）委员和派驻纪工委书记、纪检监察机关部门特邀监督员；近三年退休的正科级及以上干部参加会议。

23 日 区委副书记、区长胡敬斌主持召开全区六级公路建设大会战调度会。他强调，交通建设对精准扶贫、精准脱贫意义重大，是打赢脱贫攻坚这场硬仗的基础性工作。各有关部门和乡镇要转变作风、主动作为、勇于担当，以打硬仗的勇气、打胜仗的决心，切实做到“六个强化”，确保脱贫攻坚国省县乡村组六级公路建设大会战建设任务如期完成，奋力打好交通跨越大会战，早日打通服务群众“最后一公里”，全力构建安全便捷高效绿色经济的新时代七星关区交通体系，为全区经济社会又好又快发展提供良好环境和更大的交通动力。

是日 区委副书记、区长胡敬斌主持召开调度会，就倒天河水库和利民水库环境综合整治工作进行再安排、再部署、再调度。他强调，生态文明建设功在当代、利在千秋。全区上下要深入学习贯彻落实中共十九大关于加快生态文明体制改革的新理念、新观点、新论述，牢固树立社会主义生态文明观，秉承“创新、协调、绿色、开放、共享”五大发展理念，坚守发展和生态两条底线，坚决打赢倒天河水库利民水库环境综合整治这场攻坚战，推动形成人与自然和谐发展的现代化建设新格局。

区委常委、常务副区长严琪，副区长陈俊出席会议。区政府办、环保局、房征局、国土局，大新桥街道、何官屯镇等有关部门和乡镇街道、部分区属国有公司主要负责人参加会议。

24 日 区委副书记、区长胡敬斌主持召开全区大安全工作暨公安三所建设调度会时强调，加快公安“三所”项目建设是保障人民群众生活质量和水平，维护社会稳定和谐的重要举措，既关系当前，又关系未来。全区上下必须坚守责任担当，切实增强抓好“大安全”工作的责任感、紧迫感、危机感，明确目标任务，把握时间节点，细化工作要求，创新工作形式，强化要素保障，坚持厉行节俭节约，反对铺张浪费，从严从紧、用情用力加快推进项目建设进度，力争早日完工投入使用。区委常委、区委政法委书记、区公安分局局长何万学，副区长肖玉明出席会议。区政府办、规划局、国土局、德溪公司等相关部门和区属国有公司主要负责人参加会议。

27 日 区委副书记、区长胡敬斌主持召开区二届人民政府第四十次常务会议，传达学习省政府党组（扩大）会议精神、《贵州省外来投资服务和保障条例》和《毕节市招商引资优惠政策》，并部署落实工作。他强调，政府党组和政府系统要坚决贯彻落实省政府党组（扩大）会议精神，强化“四个意识”，不断提高政治站位和政治自觉，牢记作风建设永远在路上，拿出过硬措施，锲而不舍推进政府系统全面从严治党向纵深发展，大兴调查研究之风、真抓实干之风、勤俭节约之风，强化经济运行调度，加大招商引资力度，确保全面完成2017年各项目标任务，为明年工作开好局、起好步打下良好基础。区委常委、常务副区长严琪，区委常委、副区长沈仕青，区人大常委会副主任肖世华，副区长王大庆、刘鑫、李萍、陈俊、肖玉明、唐希戈，区政协副主席燕金祥，区政府党组成员、七星关经济开发区党工委副书记张和国，区政府党组成员、七星关经济开发区管委会副主任李永红参加会议。区直相关部门主要负责人列席会议。

是日　市委常委、区委书记崔英魁在区委二届2017年第二十次常委办公会议上强调，脱贫攻坚是七星关区当前最大的政治任务，各级各部门要加大力度，全力推进农村基础设施建设和农业产业结构调整，大兴“三风”，纠正“四风”，统筹推进全区脱贫攻坚工作，确保七星关区脱贫攻坚工作节奏不变、力度不减。区委副书记、区长胡敬斌，区人大常委会主任周延，区政协党组书记葛传彦，区委副书记李昱，区委常委何万学、袁媛、严琪、王晓园、易晓华、张铭、叶荣及相关领导参加会议。

28日　七星关区深化监察体制改革试点工作转隶大会在区行政办公中心9楼大会议室召开。受市委常委、区委书记、区深化监察体制改革试点工作小组组长崔英魁委托，区委常委、组织部部长、区深化监察体制改革试点工作小组副组长王晓园出席会议并讲话。区委常委、区纪委书记、区深化监察体制改革试点工作小组副组长易晓华主持会议。区人大常委会副主任、区深化监察体制改革试点工作小组副组长吕艺华宣布23名转隶人员名单。区人民检察院党组书记、检察长、区深化监察体制改革试点工作小组副组长刘永出席会议并讲话。区深化监察体制改革试点工作小组成员，区纪委监察局、纪工委监察分局全体干部职工和区人民检察院全体转隶人员参加会议。

（撰稿：新闻中心）

文件选编

中共毕节市七星关区委办公室
毕节市七星关区人民政府办公室
关于印发《毕节市七星关区全面小康创建短板指标攻坚方案》的通知

七星党办字〔2017〕120号

各乡、民族乡、镇党委和人民政府，各街道党工委和街道办事处，区委各工作部门，区级国家机关各单位，各垂管部门，人武部党委，各人民团体：

《毕节市七星关区全面小康创建短板指标攻坚方案》经区委、区政府有关领导同意，现印发给你们，请按责任分工，认真抓好落实。

中共毕节市七星关区委办公室
毕节市七星关区人民政府办公室
2017年9月29日

（此件发至乡、镇、街道、部、办、委、局）

毕节市七星关区全面小康创建短板指标攻坚方案

根据《毕节市全面小康建设办公室关于印发〈毕节市全面小康指标完成情况半年督查报告〉的通知》（毕康办字〔2017〕12号）文件精神，为建成“一项指标都不能少”“一块区域都不能丢”的全面小康社会，确保实现与全国全省全市同步建成小康社会奋斗目标，结合七星关区实际，特制定本方案。

一、发展现状

2017年以来，在各乡镇（街道）、区直相关部门的共同努力下，七星关区全面小康创建各项工作取得了显著成效，经济发展保持在中高速增长区间运行。但从目前监测情况看，还存在基础较弱、总量偏低、增速趋缓、人均均量偏小等问题，短板指标达 11 项，形势较为严峻。

（一）工业和服务业增加值占 GDP 比重低。七星关区 2017 年工业和服务业增加值占 GDP 比重预计实现值为≥74.5，而 2020 年目标值为≥85。

（二）有效灌溉面积率低。七星关区 2017 年有效灌溉面积率预计实现值为 24.34%，而 2020 年目标值为≥40%。

（三）城乡居民收入比值大。七星关区 2017 年城乡居民收入比预计实现值为 3.3，而 2020 年目标区间值为 1 到 3 之间。

（四）基本社会保险覆盖率低。七星关区 2020 年基本社会保险覆盖率的目标值为 90，而 2017 年预计实现值为 88。

（五）人均住房建筑面积少。七星关区 2017 年人均住房建筑面积预计实现值为 27.8 平方米，而 2020 年目标值为 30 平方米。

（六）城镇低收入和中等偏低收入人口人均拥有各类城镇保障性住房面积少。2017 年城镇低收入和中等偏低收入人口人均拥有各类城镇保障性住房面积预计实现值是 11 平方米，而 2020 年目标值为 15 平方米。

（七）县级政府行政服务群众满意度低。七星关区 2017 年县级政府行政服务群众满意度预计实现值为 92.8，而 2020 年的目标值为 100。

（八）文化支出占一般公共预算支出比重低。2017 年文化支出占一般公共预算支出比重预计完成目标值是 0.75%，而 2020 年目标值为≥1。

（九）文化产业增加值占 GDP 比重低。七星关区 2017 年文化产业增加值占 GDP 比重预计实现值为 2.07，而 2020 年目标值为≥4。

（十）单位 GDP 建设用地占用面积指数过高。七星关区 2017 年单位 GDP 建设用地占用面积指数完成值 712.73，仅占实现程度的 2.44%，而 2020 年的目标值为≤80。

（十一）城市建成区绿化覆盖率低。七星关区 2017 年城市建成区绿化覆盖率完成值仅 29.56，而 2020 年目标值为≥35。

二、攻坚目标

紧紧围绕《关于调整完善〈贵州省以县为单位全面建成小康社会监测指标体系〉的方案》（贵康发〔2016〕1 号）文件精神和 11 个短板指标，强化争比进位意识，加强横纵对比，找准问题，对症下药，实现经济社会持续发展向好，社会和谐指数不断上升，居民生活质量大幅提升，民主法制逐步健全完善，文化教育水平稳步提高，生态环境持续改善，各项监测指标发展持续向好，确保在 2020 年达到创建要求。

三、攻坚原则

（一）坚持进位争先与转型升级有机统一。加快转变经济发展方式，大力推进产业结构调整，进一步提高经济增长质量和可持续发展能力；强化进位争先意识，把各项工作放在西部和全省全市的发展大局中去比较、去衡量，努力做到“速度指标确保争先，总量指标奋力进位，结构指标有力提升”。

（二）坚持攻克短板与整体推进有机统一。着力攻克实现程度较低的指标，切实找准薄弱环节，着力攻坚短板差距，加强“补缺补短补软”，迅速突破所有实现程度低的指标，同时兼顾其他指标发展情况，确保所有指标稳步提升、全面达标。

（三）坚持改善民生与加快发展有机统一。全面落实各项民生政策，深入推进创业富民、就业惠民、社保安民，切实抓好为民办实事项目，让改革发展成果更多普惠于民，巩固和发展和谐稳定的社会局面，实现全区社会经济健康持续发展。

四、攻坚重点

（一）大力发展壮大新型工业和繁荣现代服务业。一是加快推进工业化进程，以发展生产型企业为重点和突破口，不断做大经济总量。充分发挥工业园区规模化、集约化、功能化的优势，引进一批高新技术、高附加值的工业生产企业，形成结构优化的产业集群，增强经济的核心竞争力；加大对优势产业和龙头企业的服务力度，协助贵州中烟工业公司毕节卷烟厂争取高端卷烟产品生产配额，继续谋划一批符合产业、环保、土地和节能政策的规模以上工业项目，增强工业发展后劲。二是推进第三产业的新一轮发展，积极推进城乡一体化，引导生产要素集聚发展，以现代服务业和新兴服务业为主，不断优化产业结构，加快信息、金融、房地产开发、生态旅游、餐饮、现代物流、文化等行业发展，提高三产在国民经济中的比重。（责任单位：区工能局、统计局、七星关经济开发区）

（二）加强农田水利建设，提升耕地灌溉效益。积极争取中央及省级项目和资金，加快小农水工程立项，加大对各农业园区浇灌工程的实施指导，扩大七星关区耕地灌溉有效面积，提高有效灌溉率。（责任单位：区水务局）

（三）统筹发展，逐步缩小城乡收入差距。一是抢抓恒大集团、贵州省大地公益基金帮扶七星关区的机遇，促进更多扶贫产业项目落地落实；进一步深化“百企帮千户”助力脱贫攻坚活动，撬动更多社会力量投身到脱贫事业中来。二是大力推进乡乡镇镇建农业园区工作，不断完善园区功能，有效发挥示范带富作用。三是推进学习借鉴“塘约经验”助推“大扶贫”战略改革试点工作，完善机制体制，搭建土地交易平台，吸纳更多农户以土地、资金、技术等参与入股分红，促进农民增收。（责任单位：区发改局、调查队、农牧局、市场监管局、扶贫办、“三变”办）

（四）加强宣传，切实提升保险覆盖率。一是推进社会保险扩面工作。及时开展调研，找准问题，制定工作方案，适时召开社会保险扩面征缴工作会，分析形势，部门联动，确保征缴扩面工作有的放矢、取得实效。二是加大社会保险宣传力度。以“大宣传、大调研”为契机，抓实社保政策宣传短板，突出多方位、多角度、立体化的宣传方式，积极宣传社会保险、劳动维权、人事人才、干部建设、就业创业等政策。（责任单位：区人社局）

（五）综合调控，保障居民住房面积。一是认真贯彻执行中央关于房地产业的相关政策，努力实现房地产市场总量基本平衡，结构基本合理，价格基本稳定，确保七星关区房地产业平稳健康发展。二是配合相关部门或企事业单位加快新区公共服务设施配套建设步伐，新建一批学校、医院，逐步使城区人口合理分布，缓解交通压力，提升城市综合承载能力。三是及时提供房地产业市场信息，为房开企业投资建设提供有益参考，避免企业盲目投资建设或因资金不足出现烂尾楼盘。四是加大税收支持力度。在执行《财政部、国家税务总局关于调整个人住房转让营业税收政策的通知》（财税〔2015〕39 号）的同时，对信誉好、为政府提供税收多的房开企业进行返还本级税收收入的 3 ~ 5%，以减轻企业负担。五是加强政府安置。在政府棚户区改造等地段，鼓励房开企业根据安置对象的要求建设合理户型的安置房，由政府回购作安置房。（责任单位：区住建局、房产局、国税局、地税局、房征局）

（六）强化投入保障，加强保障性住房建设。合理调整财政支出结构，增加用于保障房建设的资金投入，引导社会资本积极参与，拓宽融资渠道，壮大融资源头。结合七星关区棚户区改造、易地扶贫搬迁、农村危房改造等工作，进一步加快七星关区保障性住房建设进度。增大商品房回购库存，用于市场调控和应急。（责任单位：区财政局、住建局、移民局、房征局、小康办）

（七）完善机制建设，提高政府行政效能和服务质量。科学运用监测报告指导各项工作，认真分析和查找工作中存在的突出问题和薄弱短板。将提高政府行政服务群众满意度工作与开展“五城同创”、基层党建、“平安七星关”等工作结合起来，大力构建和完善“社会管理创新、领导干部服务基层、民情信息研判、基层民主监督”等四个工作机制，推进政府行政效能提高和服务质量改善，切实增强政府公信力，确保群众满意度得到明显提高。（责任单位：区小康办）

（八）加大文化领域投入，加快发展步伐。增加区级财政文化领域投入，进一步拓宽文化领域投入来源渠道，努力增加政府非税收入用于文化领域投入，加强重点文化领域经费保障，重点支持加快公共文化服务体系建设和城乡文化一体化发展。（责任单位：区财政局）

（九）打造地方文化品牌，培育新兴文化业态。利用文化产业综合性、渗透性、关联性比较突出的特点，在农业调整、工业转型、商业搞活、城市建设、管理服务等方面，力促产业融合、产城融合、

文科融合、区域融合。大力将符合要求的文化企业纳入规模以上文化企业，做到应统尽统。（责任单位：区委宣传部、文体广旅局）

（十）推进土地节约集约利用，提高土地使用效益。一是全面清理处置闲置空闲土地。对批而未供、供而未用情况进行全面梳理排查，重点摸清闲置空闲和征而未供土地底数，按照“以用为先、集约高效”的原则，分类处置盘活闲置空闲土地，提高土地供地率。二是深入推进土地节约集约利用。以国土资源节约集约模范县（市）创建活动试点为契机，认真贯彻上级的统一部署和要求，精心组织，周密安排，全面推进土地节约集约利用，有效整合国土资源规划、管理、保护和合理利用等工作，逐步形成“外延发展有效控制、内涵发展深度挖潜”双轮驱动的土地节约集约利用新格局。三是大力推进城乡建设用地增减挂钩。加大资金投入，稳妥有序地开展城乡建设用地增减挂钩工作，提高建设用地利用效益。（责任单位：区国土局）

（十一）科学规划，切实提高城市绿化覆盖率。探索市场化养护模式，充分利用社会资源，解决人员不足、专业素养不高等问题，提高养护效率。与建设部门加强沟通协调，合理增设天桥、通道等人行设施，加大管理力度，及时整改管理工作中发现的各类问题。（责任单位：区城市综合执法大队）

五、保障措施

（一）加强组织领导。成立由区委分管领导任组长，区直有关单位为成员的全面小康创建短板指标攻坚工作领导小组，其人员组成如下：

组　长：张　铭　区委常委、区委办主任
副组长：王大庆　区人民政府副区长
成　员：张和国　七星关经济开发区党工委委员、专职副书记
龙明元　区委办常务副主任
陈翔宇　区政府办主任、区政府应急办主任
徐　明　区委办副主任、区小康办主任
季善旭　区委宣传部常务副部长
胡大为　区委组织部副部长、区人社局局长
黄常坤　区委组织部副部长
张珍龙　区农牧局局长
林　勇　区水务局局长
陈亮欢　区住建局局长
肖荣华　区财政局局长
成名伟　区市场监管局局长
梁　鸿　区房产局局长
钟　华　区扶贫办主任
毛家兴　区发改局局长
张正伦　区房征局局长
雷　春　区国税局局长
张守伟　区地税局局长
卯　洪　区文体广旅局局长
张治国　区城市综合执法大队队长
谢　洪　区移民局局长
张仕江　区国土局常务副局长
王　磊　区统计局副局长（主持工作）

领导小组下设办公室在区小康办，由徐明同志兼任办公室主任，办公室负责短板指标攻坚日常工作。

（二）强化跟踪调度。各成员单位每季度向领导小组办公室报送短板指标数据监测情况及攻坚工作进展情况。领导小组组长每季度召集短板指标责任单位主要领导、分管领导、业务人员召开1次调度会，对相关单位进行表扬或批评，分析全面小康创建短板指标攻坚过程中存在的问题，提出应对措施，加强调度。

（三）注重宣传发动。通过在毕节晚报、区电视台、七星关综合广播FM91.2、微七星关等媒体开展多形式、全方位的舆论宣传工作，营造人人参与、人人受益的浓厚氛围。

（四）严格责任追究。将全面小康创建短板指标攻坚工作纳入各相关单位督查考核内容，对重视不够、措施不实、落实不力、工作滞后的单位进行通报批评，严肃问责。

中共毕节市七星关区委办公室
毕节市七星关区人民政府办公室
关于印发《毕节市七星关区脱贫攻坚大决战行动方案》的通知

七星党办字〔2017〕130号

各乡、民族乡、镇党委和人民政府，各街道党工委和街道办事处，区委各工作部门，区级国家机关各单位，各垂管部门，人武部党委，各人民团体：

《毕节市七星关区脱贫攻坚大决战行动方案》已经二届区委2017年第14次常委办公会议审议通过，现印发给你们，请结合实际，认真抓好落实。

中共毕节市七星关区委办公室
毕节市七星关区人民政府办公室
2017年10月24日

（此件发至乡、镇、街道、部、办、委、局）

毕节市七星关区脱贫攻坚大决战行动方案

为贯彻全省深度贫困地区脱贫攻坚推进大会精神，集中人力物力决战决胜脱贫攻坚，确保如期完成脱贫攻坚任务，根据《中共毕节市委办公室　毕节市人民政府办公室关于印发〈毕节市深度贫困地区脱贫攻坚行动方案〉的通知》（毕委办字〔2017〕74号）要求，结合七星关区实际，制定本行动方案。

一、指导思想

认真贯彻落实中央、省、市、区脱贫攻坚相关会议精神，围绕脱贫攻坚总体目标，以贫困村为焦点，以解决突出制约问题为重点，以脱贫攻坚重大工程和到村到户帮扶措施为抓手，深度整合专项扶贫、行动扶贫、社会扶贫等多方力量，向脱贫攻坚发起全面总攻，确保深度贫困地区和贫困群众如期实现同步小康。

二、目标任务

突出剩余5个贫困乡镇、183个贫困村和10.6406万贫困人口，重点聚焦24个深度贫困村，力争到2018年底，现有建档立卡贫困人口稳定实现“一达标、两不愁、三保障”，农民人均可支配收入增长幅度高于全省平均水平，基本公共服务主要指标接近全省平均水平，确保现行标准下所有贫困村全部出列或达到出列标准。

三、工作重点

按照全面改善基础设施、补齐民生短板、抓实产业扶贫、抓牢易地扶贫搬迁、筑牢就业平台的工作原则，在全区有贫困任务的乡镇、村全面实施“四大决战”。

（一）打好脱贫攻坚农村公路“组组通”硬仗

充分发挥交通在脱贫攻坚中的先导作用，按照“不搬迁的村寨要通公路、不能通公路的村寨要搬迁”的要求，从2017年8月起，在全区开展脱贫攻坚农村公路“组组通”三年大决战，力争到2018年，24个深度贫困村实现“组组通”，其他贫困村在2019年实现通组硬化公路建设任务全覆盖，优先支持深度贫困村率先实现“组组通”公路硬化。科学编制项目发展规划，因地制宜确定建设标准，探索创新项目实施模式，精准落实长效管养责任，建立完善布局合理、标准适宜、出行便捷的通组公路体系，全面提高农村贫困群众出行质量和安全保障。

（二）打好产业扶贫硬仗

把产业扶贫作为脱贫攻坚的“第一硬仗”，围绕“户户有增收项目、人人有脱贫门路”的目标，由区发改局、财政局、扶贫办、农牧局、林业局、开源（集团）公司等单位牵头，争取脱贫攻坚产业扶贫子基金、浦发银行基金，用活中央财政专项扶贫资金，统筹整合财政涉农资金，全力支持乡镇建设农业园区，保障建档立卡贫困户产业扶贫全覆盖，鼓励贫困户发展产业脱贫奖励扶持项目。由区工能局、农牧局、市场监管局、盛丰公司等单位牵头负责，以恒大集团帮扶为契机，培育引进产业扶贫龙头企业，加快解决冷链物流短板，优化调整农业空间布局结构和产品结构，重点发展优势蔬菜主导产业，因地制宜发展食用菌、生态畜禽、中药材、茶叶、精品水果、优质烟叶等产业，争取到2019年，所有贫困人口实现产业全覆盖。加快“三品一标”农产品认证推广，提高中高端农产品比重。加快创新农产品产销对接机制，大力开拓农产品市场，尤其是开拓区外市场，巩固扩展区内市场。

（三）打好易地扶贫搬迁硬仗

由区移民局牵头，在实施“十三五”易地扶贫搬迁计划任务的基础上，以深度贫困村组（寨）、基础设施建设成本高的村组（寨）整体搬迁为重点，按照深度贫困地区易地扶贫搬迁工作既定政策，以及省委、省政府提出“通不了就搬，搬不了就通”的农村组组通公路三年大决战要求，全面排查筛选需要通过搬迁脱贫的人口，坚持城区集中安置，对新增易地扶贫搬迁人口整体化、规范化进行安置。由区人社局、教育局、卫生计生局、国土局、林业局、农牧局、民政局等单位牵头，落实好“五个三”工作措施，切实解决好搬迁群众生计保障和后续发展问题。力争到2018年底，全区居住在“一方水土养不起一方人”的地方应搬迁人口全部搬迁入住，实现易地搬迁脱贫、易地发展致富。

（四）打好教育医疗住房就业“四保障”硬仗

围绕实现“教育培训和教育资助全覆盖”目标，由区教育局牵头，做好全区建档立卡贫困对象就读省外大专院校以上学生教育资助工作；由区人社局牵头，做好全区建档立卡贫困对象就读省外技工学校学生教育资助工作，组织实施建档立卡贫困户子女进入职业学校就读工作。由区卫生计生局牵头，全面落实“四重医疗保障”，确保建档立卡贫困人口100%参合，家庭医生签约服务率达100%；不断提高医疗补偿比例，确保建档立卡贫困人口医疗费用实际补偿比达90%以上，大病贫困患者100%报销医疗费用。由区小康办牵头，全面推进四类重点对象（建档立卡贫困户、非建档立卡低保户、非建档立卡五保户、非建档立卡贫困残疾人家庭）农村危房改造工作，严格落实“一户一宅”制度，确保2018年底实现四类重点对象安全住房有保障；统筹推进“其它危房户”危房改造工作，确保2019年底前全面完成现有库存危房改造，同步推进改厨、改厕、改圈“三改”。通过创新电商扶贫平台有效保障就业、搭建用工帮扶平台推动转移就业、打造农业园区平台推进稳定就业、搭建技能实训平台促进技能就业、发展能人创业平台鼓励带动就业等有效方式，确保农村建档立卡贫困户家庭至少有1人以上实现就业。

四、保障措施

（一）强化组织领导

建立脱贫攻坚大决战指挥体系，由区委、区政府主要领导任双组长，区委、区政府有关分管领导任副组长，区直各有关单位主要负责人为成员，下设基础设施、产业扶贫、易地扶贫搬迁、教育医疗住房和就业“四大决战指挥部”，区政府分管副区长任指挥长，指挥部办公室设在各牵头单位，由牵头单位统筹推进各大决战行动工作。

（二）夯实基层基础

由区委组织部牵头，加大选派优秀年轻干部特别是后备干部到贫困村工作的力度，选好基层党组织带头人，配强领导班子，整顿软弱涣散基层党组织，对不能胜任的基层党组织书记，坚决调整更换，必要时可从区、乡镇下派能力强的党员干部担任，充分发挥基层党组织在脱贫攻坚中的战斗堡垒作用。集中选配一批熟悉产业发展、懂项目管理的优秀干部充实到乡镇领导班子，全区各级各部门派驻乡镇工作的人员，由乡镇党委统一领导、统一管理、统一考核。加大对脱贫攻坚一线干部关心关爱力度，建立鼓励奖励机制，确保关爱工作落到实处。建立鼓励改革、支持创新的容错机制，每年表彰一批脱贫攻坚先进集体和优秀个人。

（三）落实资金保障

由区财政局、开源（集团）公司牵头，加快财政涉农资金整合力度，科学、合理分配财政涉农资金；积极争取上级资金支持，捆绑打包项目加大贷款融资力度，协调争取恒大集团、广州市荔湾区等社会资金帮扶，全力筹集和保障所需资金。充分利用脱贫攻坚产业扶贫子基金和“一市五金多套餐”贴息和担保资金，对带动建档立卡贫困人口脱贫成效明显的企业，给予低息贷款或贷款贴息支持。完善融资担保机构和工作机制，充分利用农业担保公司和天翼担保公司，为全区农业产业主体发展扶贫产业提供融资担保支持；充分利用农业保险政策，有效解决建档立卡贫困群众人身意外保险问题。

（四）注重改革创新

鼓励大胆改革创新，通过改革不断释放脱贫攻坚活力。全面推行“三变”改革和“塘约经验”，不断探索资产收益扶贫新路子。建立健全农民专业合作社和扶贫龙头企业与贫困人口的利益联结机制，完善贫困人口参与方式、用工酬劳、收益分配等办法，采用生产奖补、劳务补助、以工代赈等机制，激发脱贫群众内生动力。通过政府购买服务等方式，支持经营性服务组织从事脱贫攻坚公益性服务。

（五）加强执纪监督

由区纪委（监察局）牵头，开展扶贫领域“护民生、促脱贫”监督执纪问责专项行动，拓宽扶贫领域问题线索来源渠道，持续精准开展专项监察，常态化开展“访村寨”工作，加大扶贫领域问责力度，及时通报扶贫领域典型案例，强化对脱贫攻坚决策部署贯彻执行情况的监督检查，推进扶贫领域作风建设，严肃查处扶贫领域违纪违法行为，强化监督执纪问责，推动落实“两个责任”，以铁的纪律服务保障脱贫攻坚。

（六）加强督查考核

由区直各牵头部门会同区扶贫办、督办督查局和实绩考核办组成督查组随机进行明察暗访，重点督查工作开展情况和成效，通过督查考核、问责倒逼工作推进，发挥好考核指挥棒作用，从严从实考核各乡镇（街道）脱贫攻坚实绩，用好通报、奖励、约谈、问责等举措，切实开展大决战工作，确保深度贫困地区和贫困群众如期实现同步小康。

附件：1. 毕节市七星关区关于打赢交通基础设施建设硬仗的实施方案

2. 毕节市七星关区关于打赢产业扶贫硬仗的实施方案

3. 毕节市七星关区关于打赢易地扶贫搬迁硬仗的实施方案

4. 毕节市七星关区关于打赢教育医疗住房就业“四保障”硬仗的实施方案

附件 1

毕节市七星关区
关于打赢交通基础设施建设硬仗的实施方案

为提高七星关区农村道路基础设施水平，切实方便群众出行，全面落实区委、区政府关于决定开展脱贫攻坚国省县乡村组六级公路建设大会战的决策部署，为决战决胜脱贫攻坚、全面同步实现小康奠定坚实基础，按照加快推进交通基础设施建设，现结合七星关区实际，特制定本方案。

一、总体思路

围绕“搬不了就通”的总体思路，在全区开展脱贫攻坚农村公路“组组通”大决战，优先支持全区深度贫困村率先实现“组组通”公路硬化，确保所有通村路、通组路实现全硬化。

二、目标任务

（一）总体目标

坚决打赢脱贫攻坚国省县乡村组六级公路建设大会战。力争用两年左右的时间，突破长期以来制约七星关区经济社会发展的道路交通瓶颈，基本实现乡乡通二级公路，结合省、市实施脱贫攻坚组组通公路大决战的政策机遇，按照“应修尽修”的原则，完成所有通村通组路建设，实现组组通公路的目标。

（二）年度目标

2018年3月前：建成省计划七星关区2017年农村“组组通”公路计划147.8公里，预计投资6002.3万元。

2018年6月前：建成G246草堤至总溪河和猫场至阴底公路，共51.066公里，预计投资54787.87万元；启动“组组通”公路规划第二批900公里，预计投资36000万元。

2018年12月前：建成吉场至海子街、花牌坊至赤水河、大箐至二龙关等12条公路，共259.927公里，预计投资269923.81万元。

2019年6月前：启动“组组通”公路剩余规划924.6公里，预计投资36984万元。

2019年12月前：建成赤水河环线公路、普宜至卧牛河、杨家湾至阴底等14条公路，共366.672公里，预计投资365773.98万元。

三、工作重点

（一）全力推动一批

对已纳入上级项目计划的国省干道、县乡公路建设项目，按照一个项目一个专班、一个乡镇一个工作组的原则，倒排工期，强力推进征地拆迁、三电迁改、施工环境保障等工作，确保如期完工。

（二）克难攻坚一批

对群众反映强烈、区域经济发展拉动效应明显的项目，按照“应修尽修”的原则，克难攻坚，采取自筹自建方式，全力推动。

（三）积极争取一批

以省市脱贫攻坚组组通公路大决战为契机，仔细全面摸底排查，努力争取获得上级项目支持，按照群众投工投劳“一事一议”的方式组织实施。充分利用民主党派对口支援帮扶、集团帮扶等有利战略机遇，大力向上争取项目落地七星关区。

（四）科学谋划一批

对群众反映强烈可方便群众出行的项目（含省道提级改造和县乡公路提级改造），按照先急后缓、先易后难的原则，通过立项建设、融资建设等方式，成熟一个、启动一个、实施一个，逐步完善公路路网体系。

四、保障措施

（一）强化组织保障

各乡镇街道、区直各有关部门要深刻认识脱贫攻坚国省县乡村组六级公路建设大会战的重要意义，乡镇街道要参照成立相应的指挥部，统筹推动大会战工作；区直各有关部门要专门明确1名副科级干部专门负责对接联络公路建设相关事宜，确保权责明确、运转协调、监管有力，形成合力。

（二）强化部门协作

区交通局负责提供组组通公路建设设计资料，区林业局负责调查占用林地现状，办理征占用林地手续，涉及的乡镇组织相关村、组、农户提供申请办理征占用林地的相关资料，配合做好组组通公路建设中林地使用手续的办理。

（三）强化资金保障

全区国省县乡村组六级公路建设大会战所需资金，由区财政统筹解决。其中，可研编制、环评、设计等前期费用，由区财政统筹先行垫付；建设资金和征拆费用，由区交通局牵头，开源公司具体负责，通过融资或引进社会资本合作等方式解决。鼓励和引导广大群众和社会各界支持、参与脱贫攻坚国省县乡村组六级公路建设大会战工作。

（四）强化宣传引导

各乡镇街道、区直各有关部门要加大全区脱贫攻坚国省县乡村组六级公路建设大会战的宣传力度，分阶段、有重点地宣传公路建设取得的成绩，让广大人民群众了解政策，扩大群众的知情权、监督权，引导群众支持、配合和参与公路建设工作，营造全社会关心支持公路建设的良好氛围。

（五）强化制度保障

以完善市场机制、创新管理模式和政府监管方式、落实建设管理责任为重点，改革完善建设管理制度，进一步建立和完善项目法人（出资人和建设管理人）管理、工程质量和安全管理、工程变更管理、问题清单管理、考核和信用评价等与现代工程管理相适应的公路建设管理体制机制，实现对建设工程管理重要环节的全覆盖，保证项目管理工作程序化、规范化、法制化和科学化，为促进公路建设科学发展、安全发展提供制度保障。

附表：1－1. 毕节市七星关区脱贫攻坚国省县公路建设项目实施计划表

1－2. 毕节市七星关区脱贫攻坚通乡公路项目实施计划表

1－3. 毕节市七星关区 2017 年农村“组组通”公路计划表

附表 1－1

毕节市七星关区脱贫攻坚国省县公路建设项目实施计划表

序号	项目名称	等级	规模（公里）	投资估算（万元）	项目地址	开工时间	竣工时限
1	小吉场至海子街	二级	29.454	31645.39	小吉场镇、海子街镇	2017 年 7 月	2018 年 12 月
2	花牌坊至燕子口	二级	45.86	44110	海子街镇、八寨镇、燕子口镇	2017 年 7 月	2018 年 12 月
3	燕子口至赤水河	二级	37.59	36327	燕子口镇、亮岩镇、清水铺镇	2017 年 7 月	2018 年 12 月
4	草堤至总溪河	二级	40.6	52780	鸭池镇、朱昌镇、田坝镇	2017 年 3 月	2018 年 6 月
5	大箐至二龙关	二级	35.341	42311	长春堡镇、撒拉溪镇、野角乡、青场镇	2017 年 9 月	2018 年 12 月
6	普宜至卧牛河	二级	30.3	40423	普宜镇、大屯乡、龙场营镇	2018 年 6 月	2019 年 12 月
7	小吉场至普宜	二级	25.4	30129	小吉场镇、阿市乡、普宜镇	2018 年 6 月	2019 年 12 月
8	红卫桥至林口	二级	47.9	57365	田坝桥镇、对坡镇、林口镇	2018 年 6 月	2019 年 12 月
9	青场至大河	二级	27.6	39665	青场镇、大河乡	2017 年 12 月	2018 年 12 月
10	草堤至千溪	二级	14.2	17349	鸭池镇、千溪乡	2017 年 12 月	2018 年 12 月
11	放牛场至层台	二级	7.91	9683	层台镇	2017 年 12 月	2018 年 12 月
12	大新桥至何官屯	二级	8.5	10946	大新桥街道、何官屯镇	2017 年 12 月	2018 年 12 月
13	大屯至田坎	二级	14	16100	大屯乡、田坎乡	2017 年 12 月	2018 年 12 月
14	大新桥至小河	二级	4.7	5170	大新桥街道	2017 年 12 月	2018 年 12 月
15	播扎至中寨	二级	9.6	10560	阿市乡	2017 年 12 月	2018 年 12 月
16	放珠至大河	三级	15	11250	放珠镇、大河乡	2018 年 12 月	2019 年 12 月
17	杨家湾至阴底	三级	30	22500	杨家湾镇、阴底乡	2018 年 12 月	2019 年 12 月
18	千溪至路朗	三级	12	9000	千溪乡、阴底乡	2018 年 12 月	2019 年 12 月
19	清丰至阴底	三级	33	24750	长春堡镇、阴底乡	2018 年 12 月	2019 年 12 月
20	关口至水箐	三级	11	8250	何官屯镇、水箐镇	2018 年 12 月	2019 年 12 月

序号	项目名称	等级	规模（公里）	投资估算（万元）	项目地址	开工时间	竣工时限
21	水箐至野角	三级	10	7500	水箐镇、野角乡	2018 年 12 月	2019 年 12 月
22	对坡至层台	三级	20	15000	对坡镇、层台镇	2018 年 12 月	2019 年 12 月
23	亮岩至层台	三级	27	20250	亮岩镇、层台镇	2018 年 12 月	2019 年 12 月
24	燕子口至核桃	三级	12	9000	燕子口镇、林口镇	2018 年 12 月	2019 年 12 月
25	清水至普宜	三级	22	16500	清水铺镇、普宜镇	2018 年 12 月	2019 年 12 月

附表 1－2

毕节市七星关区脱贫攻坚通乡公路项目实施计划表

序号	项目名称	等级	规模（公里）	投资估算（万元）	项目地址	开工时间	竣工时限
1	赤水河环线公路	三级	71.072	93856.98	林口镇、团结乡、生机镇、普宜镇、清水铺镇	2017 年 10 月	2019 年 12 月
2	猫场至阴底	四级	10.466	2007.87	阴底乡、田坝镇	2017 年 6 月	2018 年 6 月
3	对坡至林口	四级	25.172	6057.42	对坡镇、大银镇、林口镇	2017 年 9 月	2018 年 12 月

附表 1－3

毕节市七星关区 2017 年农村“组组通”公路计划表

序号	路线名称	起点桩号	讫点桩号	拟建规模（公里）	总投资（万元）			按 2016 年底民政部门统计口径		
					合计	拟申请上级补助资金	地方自筹	村名组名称	所在乡镇名称	所在行政村民称
				147.802	6002.3	5912.3	90.0			
1	中队组至坡上组	0.000	1.599	1.599	64.0	64.0	0.0	坡上组	阿市乡	阿市乡木拉村委会
2	五组通组公路	0.000	1.500	1.500	60.0	60.0	0.0	五组	八寨镇	八寨镇罗汉山村委会
3	打磨沟组	0.000	0.910	0.910	36.4	36.4	0.0	打磨沟组	层台镇	层台镇向阳村委会
4	煤洞组通组路	0.000	3.050	3.050	122.0	122.0	0.0	煤洞组	对坡镇	对坡镇新门村委会
5	河中牌至许绍国户通组路	0.000	3.800	3.800	152.0	152.0	0.0	幸福组	大河乡	大河乡拉乐村委会
6	烤烟地至罗应杰通组路	0.000	2.600	2.600	104.0	104.0	0.0	光明组	大河乡	大河乡拉乐村委会

序号	路线名称	起点桩号	讫点桩号	拟建规模（公里）	总投资（万元）			按2016年底民政部门统计口径		
					合计	拟申请上级补助资金	地方自筹	村名组名称	所在乡镇名称	所在行政村民称
7	廖正银至中寨公路	0.000	1.500	1.500	60.0	60.0	0.0	下寨组	大河乡	大河乡官房村委会
8	官房村公所至杨梅山公路	0.000	2.300	2.300	92.0	92.0	0.0	官房组	大河乡	大河乡官房村委会
9	八组通组路	0.000	0.950	0.950	38.0	38.0	0.0	八组	大河乡	大河乡下沟村委会
10	四七组通组路	0.000	3.600	3.600	144.0	144.0	0.0	四组	大河乡	大河乡下沟村委会
11	刘家寨至涵洞临时倒土场	0.000	1.300	1.300	52.0	52.0	0.0	刘家寨组	海子街镇	海子街镇平桥村委会
12	孔家沟组至张兴美家	0.000	1.250	1.250	50.0	50.0	0.0	孔家沟组	海子街镇	海子街镇平桥村委会
13	吴寨组通组公路	0.000	4.500	4.500	180.0	180.0	0.0	吴家寨组	八寨镇	八寨镇新艾村委会
14	公路至坡头组	0.000	0.894	0.894	35.8	35.8	0.0	坡头组	大屯乡	大屯乡大屯村委会
15	迎丰组至红山组	0.000	1.880	1.880	75.2	75.2	0.0	红山组	大屯乡	大屯乡烙烘村委会
16	左垠小公路至堰沟组	0.000	0.630	0.630	25.2	25.2	0.0	堰沟组	大屯乡	大屯乡大河村委会
17	三官公路至田中组	0.000	0.120	0.120	4.8	4.8	0.0	田中组	大屯乡	大屯乡三官村委会
18	三官公路至蚂蝗组	0.000	0.080	0.080	3.2	3.2	0.0	蚂蝗井组	大屯乡	大屯乡三官村委会
19	宋家寨至养马厂通组路	0.000	0.900	0.900	36.0	36.0	0.0	宋家寨组	大银镇	大银镇新峰村委会
20	鸭罩沟至村公路	0.000	2.600	2.600	104.0	104.0	0.0	鸭罩沟组	大银镇	大银镇新峰村委会
21	小尖角	0.000	7.300	7.300	292.0	292.0	0.0	白泥5组	放珠镇	放珠镇白泥村委会
22	白泥塘	0.000	8.500	8.500	340.0	340.0	0.0	白泥1组	放珠镇	放珠镇白泥村委会
23	新大桥至吴常顺	0.000	1.200	1.200	48.0	48.0	0.0	小河边	放珠镇	放珠镇天桥村委会
24	通村路至四组	0.000	2.599	2.599	104.0	104.0	0.0	永安村4组	放珠镇	放珠镇永安村委会
25	通村路至一组	0.000	0.539	0.539	21.6	21.6	0.0	永安村1组	放珠镇	放珠镇永安村委会

序号	路线名称	起点桩号	讫点桩号	拟建规模（公里）	总投资（万元）			按2016年底民政部门统计口径		
					合计	拟申请上级补助资金	地方自筹	村名组名称	所在乡镇名称	所在行政村民称
26	凉水沟通组路	0.000	1.500	1.500	60.0	60.0	0.0	凉水沟	何官屯镇	何官屯镇利民村委会
27	熊家坟通组路	0.000	2.000	2.000	80.0	80.0	0.0	熊家坟	何官屯镇	何官屯镇利民村委会
28	小沟通组路	0.000	3.000	3.000	120.0	120.0	0.0	小沟	何官屯镇	何官屯镇利民村委会
29	裕民村青松组	0.000	3.800	3.800	152.0	152.0	0.0	裕民村青松组	亮岩镇	亮岩镇裕民村委会
30	裕民村锅厂组	0.000	0.380	0.380	15.2	15.2	0.0	裕民村锅厂组	亮岩镇	亮岩镇裕民村委会
31	裕民村易冒沟组	0.000	0.230	0.230	9.2	9.2	0.0	裕民村易冒沟组	亮岩镇	亮岩镇裕民村委会
32	裕民村坡上组	0.000	1.300	1.300	52.0	52.0	0.0	裕民村坡上组	亮岩镇	亮岩镇裕民村委会
33	裕民村中沟组	0.000	0.500	0.500	20.0	20.0	0.0	裕民村中沟组	亮岩镇	亮岩镇裕民村委会
34	裕民村上沟组	0.000	0.240	0.240	9.6	9.6	0.0	裕民村上沟组	亮岩镇	亮岩镇裕民村委会
35	太极村田坝至大岭	0.000	3.400	3.400	136.0	136.0	0.0	太极村田坝	亮岩镇	亮岩镇太极村委会
36	太极村许家坡至高田咀	0.000	3.000	3.000	120.0	120.0	0.0	太极村许家坡	亮岩镇	亮岩镇太极村委会
37	太极村高架组	0.000	0.200	0.200	8.0	8.0	0.0	太极村高架组	亮岩镇	亮岩镇太极村委会
38	余扬武户至张显贵户通组路	0.000	1.500	1.500	60.0	60.0	0.0	水井组	林口镇	林口镇年丰村委会
39	王兴祥户至李昌银户通组路	0.000	0.600	0.600	24.0	24.0	0.0	高营组	林口镇	林口镇年丰村委会
40	龙场营镇上黄村小湾组通组公路	0.000	0.340	0.340	13.6	13.6	0.0	小湾组	龙场营镇	龙场营镇上黄村委会
41	龙场营镇上黄村水井组通组公路	0.000	1.100	1.100	44.0	44.0	0.0	水井湾组	龙场营镇	龙场营镇上黄村委会
42	龙场营镇上黄村水淹组通组公路	0.000	2.270	2.270	90.8	90.8	0.0	水淹组	龙场营镇	龙场营镇上黄村委会
43	七组至四组	0.000	2.000	2.000	80.0	80.0	0.0	四组	普宜镇	普宜镇乐都村委会
44	法朗村新建组通组路	0.000	0.142	0.142	5.7	5.7	0.0	法朗村新建组	千溪乡	千溪乡法朗村委会

序号	路线名称	起点桩号	讫点桩号	拟建规模（公里）	总投资（万元）			按2016年底民政部门统计口径		
					合计	拟申请上级补助资金	地方自筹	村名组名称	所在乡镇名称	所在行政村民称
45	法朗村包包组通组路	0.000	0.400	0.400	16.0	16.0	0.0	法朗村包包组	千溪乡	千溪乡法朗村委会
46	法朗村营上组通组路	0.000	0.189	0.189	7.6	7.6	0.0	法朗村营上组	千溪乡	千溪乡法朗村委会
47	法朗村麻窝组通组路	0.000	0.297	0.297	11.9	11.9	0.0	法朗村麻窝组	千溪乡	千溪乡法朗村委会
48	法朗村小寨组通组路	0.000	0.320	0.320	12.8	12.8	0.0	法朗村小寨组	千溪乡	千溪乡法朗村委会
49	大华至瓦厂	0.000	1.600	1.600	64.0	64.0	0.0	大华组	青场镇	青场镇火冲村委会
50	通村路至火龙洞老寨子	0.000	2.300	2.300	92.0	92.0	0.0	火龙洞组	撒拉溪镇	撒拉溪镇龙凤村委会
51	新桥至老虎登	0.000	1.800	1.800	72.0	72.0	0.0	坪子组	撒拉溪镇	撒拉溪镇龙凤村委会
52	庙岭组——宋家湾组	0.000	2.500	2.500	125.0	100.0	25.0	峨峰村汪家寨组	生机镇	生机镇峨峰沟村委会
53	峨峰村陆家湾组至榜上组	0.000	1.000	1.000	40.0	40.0	0.0	陆家湾组	生机镇	生机镇峨峰沟村委会
54	瓦房至梨树坪组	0.000	6.500	6.500	325.0	260.0	65.0	梨树坪组	生机镇	生机镇庆坪村委会
55	通村路到上大湾组	0.000	1.100	1.100	44.0	44.0	0.0	上大湾组	水箐镇	水箐镇大湾村委会
56	苏嘎六组至罗昌庆家	0.000	0.543	0.543	21.7	21.7	0.0	六组	田坝镇	田坝镇苏嘎村委会
57	苏嘎通村油路至四组苗寨	0.000	0.300	0.300	12.0	12.0	0.0	四组	田坝镇	田坝镇苏嘎村委会
58	后山组－两合岩组	0.000	1.700	1.700	68.0	68.0	0.0	两合岩组	小吉场镇	小吉场镇红旗村委会
59	天生桥－火石湾	0.000	3.800	3.800	152.0	152.0	0.0	火石湾组	小吉场镇	小吉场镇新建村委会
60	公路－青杠林	0.000	0.280	0.280	11.2	11.2	0.0	青杠林组	小吉场镇	小吉场镇新建村委会
61	学校－天生桥	0.000	1.620	1.620	64.8	64.8	0.0	天生桥组	小吉场镇	小吉场镇新建村委会
62	村公所至青杠村大木组	0.000	8.500	8.500	340.0	340.0	0.0	坟湾组	田坎乡	田坎乡大元村委会
63	茶林组通组路	0.000	0.850	0.850	34.0	34.0	0.0	茶林组	燕子口镇	燕子口镇阳光村委会

序号	路线名称	起点桩号	讫点桩号	拟建规模（公里）	总投资（万元）			按2016年底民政部门统计口径		
					合计	拟申请上级补助资金	地方自筹	村名组名称	所在乡镇名称	所在行政村民称
64	小坝沟至茶园组	0.000	0.680	0.680	27.2	27.2	0.0	小坝沟组	燕子口镇	燕子口镇阳光村委会
65	郑家山通组路	0.000	0.530	0.530	21.2	21.2	0.0	郑家山	燕子口镇	燕子口镇庆祝村委会
66	寒婆岭至凉水井	0.000	2.000	2.000	80.0	80.0	0.0	寒婆岭组	燕子口镇	燕子口镇雄峰村委会
67	廖家山通组路	0.000	1.500	1.500	60.0	60.0	0.0	廖家山组	燕子口镇	燕子口镇雄峰村委会
68	何家沟组通组路	0.000	4.500	4.500	180.0	180.0	0.0	何家沟组	燕子口镇	燕子口镇雄峰村委会
69	包包上组通组路	0.000	2.100	2.100	84.0	84.0	0.0	包包上组	燕子口镇	燕子口镇雄峰村委会
70	瓦房组通组路	0.000	0.490	0.490	19.6	19.6	0.0	瓦房组	燕子口镇	燕子口镇雄峰村委会
71	杨家湾镇站坡村杉树林至李卫星家	0.000	0.600	0.600	24.0	24.0	0.0	8组	杨家湾镇	杨家湾镇站坡村委会
72	照壁村黄家湾至小大山	0.000	0.900	0.900	36.0	36.0	0.0	1组	杨家湾镇	杨家湾镇照壁村委会
73	公路至魏忠国家	0.000	0.150	0.150	6.0	6.0	0.0	2组	阴底乡	阴底乡路朗村委会
74	公路至西冲丫口	0.000	1.200	1.200	48.0	48.0	0.0	10组	阴底乡	阴底乡路朗村委会
75	治中村比支河至治中村李家湾子	0.000	3.500	3.500	140.0	140.0	0.0	李家湾子	阴底乡	阴底乡治中村委会
76	路朗村垮善湾子至治中路朗徐家垭口	0.000	2.100	2.100	84.0	84.0	0.0	徐家垭口	阴底乡	阴底乡治中村委会
77	一组—五组	0.000	2.100	2.100	84.0	84.0	0.0	五组	朱昌镇	朱昌镇青杠村委会
78	四组塘垭口—刘华户	0.000	1.000	1.000	40.0	40.0	0.0	四组	朱昌镇	朱昌镇青杠村委会
79	朱岔路—二组	0.000	0.800	0.800	32.0	32.0	0.0	二组	朱昌镇	朱昌镇青杠村委会
80	沙地组通组路	0.000	0.900	0.900	36.0	36.0	0.0	沙地组	长春堡镇	长春堡镇滑石村委会
81	猪场组通组路	0.000	1.500	1.500	60.0	60.0	0.0	猪场组	长春堡镇	长春堡镇滑石村委会
82	坛罐窑通组路	0.000	0.400	0.400	16.0	16.0	0.0	坛罐组	长春堡镇	长春堡镇滑石村委会

序号	路线名称	起点桩号	讫点桩号	拟建规模（公里）	总投资（万元）			按2016年底民政部门统计口径		
					合计	拟申请上级补助资金	地方自筹	村名组名称	所在乡镇名称	所在行政村民称
83	中寨组通组路	0.000	1.050	1.050	42.0	42.0	0.0	中寨组	长春堡镇	长春堡镇滑石村委会
84	岩头上至王家院通组路	0.000	0.600	0.600	24.0	24.0	0.0	下滑石组	长春堡镇	长春堡镇滑石村委会

附件2

毕节市七星关区
关于打赢产业扶贫硬仗的实施方案

为贯彻落实省委、省政府脱贫攻坚产业扶贫工作部署，进一步巩固产业基础，提升产业素质，实现产业提质增效，带动贫困人口增收致富，特制定本方案。

一、总体思路

围绕“户户有增收项目、人人有脱贫门路”的目标，争取脱贫攻坚产业扶贫子基金、浦发银行基金，用好用活用足中央财政专项扶贫资金，统筹整合财政涉农资金，全力支持乡镇建设农业园区，全力保障建档立卡贫困户产业扶贫全覆盖。以恒大集团帮扶为契机，培育引进产业扶贫龙头企业，加快解决冷链物流短板，做实“公司＋合作社＋贫困户”模式，推进农业供给侧结构性改革，推动实施绿色农产品“泉涌工程”，畅通农产品产销渠道，建立健全贫困户利益联结机制，带动贫困户稳定增收、脱贫致富。

二、目标任务

集中力量，突出重点，全力推动优势蔬菜、生态畜禽、食用菌、中药材、茶叶、精品水果等产业发展。2017—2019年，实现户户有增收项目、人人有脱贫门路。

三、工作重点

（一）抓优势蔬菜增产增效

充分发挥气候、生态环境、劳动力等资源优势，以建设万亩设施蔬菜基地为引领，示范带动蔬菜产业标准化、规模化、商品化发展。计划在厦蓉、毕威、毕镇高速和赤水河沿线适宜区域发展优势蔬菜种植，2017年种植25万亩，2018年种植30万亩，2019年种植40万亩。

（二）抓生态畜禽适度规模发展

采取“龙头企业＋政府平台公司＋合作社＋贫困户”的运行模式，龙头企业提供全程技术指导等服务，按照市场价格回购畜禽；政府平台公司负责畜禽养殖产业与龙头企业对接，对合作社经营管理进行指导监督及资金扶持；合作社负责对养殖场进行日常经营管理，并与贫困户建立利益联结机制。2017年新增肉牛存栏3000头、生态禽存栏20万羽；2018—2019年实现稳步增长，新增肉牛存栏达到20000头、生态禽存栏35万羽。

（三）积极培育食用菌产业

发挥区内野生菌资源丰富、菌材来源广泛、土地和劳动力资源充足、城镇保供需求大的优势，借鉴和推广安龙食用菌产业“1210”扶贫模式，大力引进菌业生产企业尤其是龙头企业，促进食用菌种植基地化、标准化、规模化发展。2017年，计划种植食用菌1亿棒，2018—2019年，在已有规模的基础上实现稳步增加。

（四）稳步发展中药材产业

大力推进阿市乡中药材产业基地建设，因地制宜，在海子街镇、野角乡等适宜乡镇重点种植皂角、苦参、丹参、党参、天麻等优势中药材品种。抢抓恒大帮扶的机遇，集中打造标准化、规模化中药材种植示范基地。积极培育中药材产业龙头企业，依靠科技支撑推动中药材产业发展。2017 年，全区种植中药材 2 万亩，2018—2019 年力争达到 10 万亩。

（五）加快茶产业发展步伐

依托“中国古茶树之乡”和“太极古茶”的品牌优势，着力打造高标准茶叶种植示范基地，采取点、面同步推进的方式，在亮岩镇、青场镇、杨家湾镇、朱昌镇、八寨镇等宜茶乡镇种植茶叶。积极培育和引进中药材龙头企业，加大中药饮片、中成药和天然健康产品的开发力度，带动全区茶叶种植和茶产业发展。2017 年，茶叶种植面积达到 5 万亩，2018 年达到 15 万亩，2019 年达到 30 万亩。

（六）打造精品水果产业带

打造沿 306 省道、703 县道、环赤水河公路周边特色经果林产业带，重点培育一批采摘体验式果园、基地，为推进农旅结合创造条件。2017 年，重点在团结乡、生机镇、清水铺镇等 15 个乡镇发展以柑橘为主导的精品水果产业，通过改良提升，实现柑橘种植总面积 3 万亩以上，新增种植李子等精品水果 4.9 万亩；2018 年在阿市乡等乡镇新增种植精品水果 15000 亩；2019 年在普宜镇、田坎乡等 2 个乡镇新增种植精品水果 23000 亩。

（七）抓优质烟叶提质增效

提升烟叶生产规模化和集约化水平，实现烟叶计划资源分配最优化。2018—2019 年，优质烟叶种植面积稳定在 5 万亩，轮作烟地 5 万亩，年收购烟叶 10 万担以上；烟草农用机械服务非烟区作业面积达到 100%，育苗设施、烘烤设施闲置期间综合利用率达到 100%；着力打造万担乡镇 3 个、千亩村 12 个，1000 亩以上示范区 20 个，100 亩以上集中连片种植比例达到 100%。

四、工作重点

（一）科学摸底调研，做好宣传引导

各乡镇街道、区直相关部门要组织专业人员，对辖区内贫困户劳动力、发展意愿及龙头企业、合作社、大户的利益联结方式进行摸底调查，根据现有的产业基础及资源优势，量身定制扶贫产业及利益联结机制，引导贫困户因地制宜联合发展“六大”产业。

（二）因地制宜布局，调整产业结构

综合考虑各乡镇街道资源禀赋条件、经济发展水平、产业发展现状、农业发展基础等因素，着力优化农业产业空间布局，在 15°以下的坝地、缓坡耕地选择灌溉条件好的区域建设设施蔬菜基地，在水源不够丰富的区域种植食用菌；在 15°～25°坡耕地中选择交通条件较好的区域种植饲草饲料，为发展肉牛产业夯实原料基础。通过降低传统低产、低效的粮食作物种植规模，提高草食畜牧业和经济作物占比，打造绿色、高产、高效的扶贫产业体系。

（三）加强质量监管，提升产品品质

支持经营主体申请农产品“三品一标”认证，制定推广一批易懂的生产技术操作规程，扶持经营主体率先开展标准化生产，提高产品质量，不断提升产品市场影响力和知名度。坚持化肥减量提效、农药减量控害，在产业连片生产区杜绝使用除草剂、高毒高残留农药，鼓励发展种养结合循环农业。探索建立产地质量证明和质量安全追溯制度，构建农产品质量安全监管全程可追溯信息体系，促进各类追溯平台互联互通和监管信息共享。

（四）完善市场体系，拓宽营销渠道

加快完善批零市场体系，不断推进区域性农产品批发市场、社区生鲜平价超市建设，根据产品供应量在城区农贸市场适度增设乡镇农产品直销窗口，减少供销环节。实现深度贫困乡镇冷链车、冷库、冷柜等冷链物流设施全覆盖，其他乡镇具备省内产品销售的冷链物流条件，提高鲜活农产品预冷保鲜能力，有效满足农产品省内外销售需要。发展田园直购、产品认筹、网络定制等新兴业态，推广“生产基地＋中央厨房＋渠道分销”运营模式，启动实施“学生菜篮子工程”，推行集中供应和直销配送。

五、保障措施

（一）加强组织领导

成立由区人民政府分管副区长任组长，区农牧局、扶贫办、财政局主要负责人任副组长，区林业局、科技办、水务局、盛丰农业公司等单位主要负责人和各乡镇街道行政主要负责人为成员的领导小组，具体负责推进产业扶贫工作。各乡镇街道负责因地制宜选准主导产业、主打产品，成立专班、明确专人、制定专案，整合资源全力推进相关工作。

（二）强化部门协作

各乡镇街道落实好主体责任，做好产业扶贫组织、宣传、发动、管理、筹备工作。区农牧局负责做好产业发展规划，组织农技人员蹲点包片，做好技术培训和指导；区工能局负责销售渠道构建，组织销售人员开展市场摸排，定期采集市场信息；区交通局、水务局负责申报协调项目为大面积种养基地配套道路和灌溉设施；区直有关部门要各司其职，密切配合，形成推进工作的整体合力。

（三）拓宽投融资渠道

由区发改局、财政局牵头，区扶贫办、农牧局、林业局等单位积极配合选择产业项目，申报脱贫攻坚扶贫产业子基金、浦发银行基金，用活中央财政专项扶贫资金，统筹整合财政涉农资金，重点用于贫困户产业扶贫基础设施、生产配套设施建设和鼓励贫困户发展特色脱贫产业奖励扶持。充分发挥财政资金和信贷资金的引导作用，拉动社会资金、金融资金投入，高标准推动蔬菜、生态畜禽、食用菌等产业区域化、规模化、品牌化发展，带动贫困户增收脱贫。

（四）加强督查考核

区督办督查局、实绩考核办要把贯彻执行本工作方案的情况纳入督查内容，适时会同区农牧局开展督促检查。区实绩考核办将各乡镇街道、区直有关部门落实本工作方案责任纳入目标绩效管理。区农牧局要会同区统计局健全统计制度，强化运行监测。

附件 3

毕节市七星关区
关于打赢易地扶贫搬迁硬仗的实施方案

为贯彻落实习近平 6. 23 重要讲话精神和全省深度贫困地区脱贫攻坚推进大会精神，根据省、市有关易地扶贫搬迁工作的相关要求，为扎实推进七星关区易地扶贫搬迁工作，结合实际，制定本行动方案。

一、指导思想

以根本改善生存环境和发展条件为主线，以“一方水土养不起一方人”为重点，牢牢把握“搬迁是手段，脱贫是目的”的根本要求，着力改善贫困群众的生产生活条件，努力提高搬迁群众收入水平和生活质量，实现“搬得出、稳得住、有事做、能致富”，如期同步实现全面小康。

二、目标任务

完成 2016 年 829 户 3370 人的旧房拆除及复垦复绿工作；完成 2017—2018 年 5670 户 25739 人的搬迁安置工作；统筹做好 2017 年组组通公路难以覆盖地区及深度贫困村新增加易地扶贫搬迁人口的搬迁安置工作；落实“五个三”工作，做好搬迁对象的后续扶持和生计保障工作。

三、工作重点

（一）2016 年收尾工作

1. 进一步提高搬迁对象信息录入精准度。对已经搬迁的，要逐户逐人和扶贫信息系统台帐进行比对，符合搬迁条件而未录入台帐的要抓紧补录建立台帐，不符合搬迁条件的要妥善处置，做到该搬迁的一个不漏，不该搬迁的坚决不搬，切实提高搬迁精准度。

2. 进一步规范项目建设管理。对尚未完成的项目，有关乡镇街道要按照规范的建设管理程序，倒排工期，落实责任，抓紧工程收官，完善项目验收手续，确保全部搬迁入住。

3. 严格资金使用管理。各乡镇及相关街道要按照在2017年10月中旬完善全部手续、完成全部竣工验收的要求，倒排工期，抓紧完善竣工验收资料，凭竣工验收结果向省扶贫开发投资公司申报办理资金结算。

4. 加快推进旧房拆除。要加强对群众的政策宣传和解释疏导工作，根据已签订的旧房拆除协议，及时拆除旧房进行复垦复绿。

5. 加强对搬迁群众安全教育培训，提高生活质量。对搬迁对象开展安全知识、家政服务、党的政策宣讲等工作。

（二）2017—2018年项目建设及组组通公路难以覆盖区域新增搬迁对象的搬迁工作

1. 进一步提高搬迁精准度。各有关乡镇街道要严格按照《贵州省易地扶贫搬迁对象识别登记办法》规定的识别登记程序，对2017—2018年易地扶贫搬迁项目，组织干部进村入户，认真清查筛选搬迁对象，把“一方水土养不起一方人”地方的困难群众选准搬准，完善一户一档资料；根据“通不了就搬”的原则，组织干部进村入户，认真清查筛选搬迁对象，完成2168名新增人口精准识别和“一户一档”工作，把真正属于深度贫困村和组组通公路难以覆盖区域新增搬迁对象选准搬准。

2. 严格执行既定政策标准。一是严格执行补助奖励政策标准，即安置房建设补助建档立卡贫困人口2万元、同步搬迁人口1.2万元、签订旧房拆除协议并拆除旧房的每人奖励1.5万元、安置点配套基础设施建设人均2万元安排。二是是严格控制安置房面积标准，在城区集中安置的安置房人均面积20平方米是一条红线，严禁超面积安置，同时也不得过度少面积安置。安置房建造成本要控制在每平方米1500元左右，贫困人口人均承担搬迁费用要严格控制在2000元以内，不得因建房让贫困户发生新的债务。

3. 进一步规范项目建设管理。对2017—2018年易地扶贫搬迁项目，要在2018年3月底完成主体工程以及装饰工程，2018年6月底前全部搬迁入住。严格执行工程建设“四制”管理规定，切实把项目建设管理的“防盗门”和“安全锁”装牢锁紧，严禁再出现“三边”工程。

4. 严格资金使用管理。务必不折不扣执行易地扶贫搬迁资金封闭运行管理办法，区审计局和有关行业监督管理部门要严格进行跟踪监督，出现违规管理使用资金的，要严肃追责问责。

5. 统筹做好安置房简装修配套。统筹设计安排好安置房主体工程和简装修工程，将简装修纳入安置房工程统一招标建设，包括内墙面刮瓷、铺地砖、安装吸顶照明灯，配置厨房和卫生间基本设施等，简装修综合成本控制在每平方米300元左右，列入安置房建设成本。结合安置房建设成本执行情况，帮助搬迁困难群众配置简单家具，满足搬迁困难群众基本居家生活需要。

6. 开展搬迁对象就业意愿、搬迁家庭适龄儿童、初中、高中子女就学情况调查。

7. 结合恒大帮扶开展搬迁对象就业培训工作。

8. 加快推进规划、国土、住建、环保、水保等手续办理和规划设计、实施方案编制工作等。

9. 编制深度贫困村及组组通公路难以覆盖区域新增加的搬迁对象的易地扶贫搬迁工程实施方案，确保在11月底前完成安置点选址、规划设计等前期工作，12月底具备开工条件，2018年1月全面开工建设，2019年6月底前全部搬迁入住。

（三）加快推广落实“五个三”经验，切实解决好搬迁群众的生计保障和后续发展

各相关乡镇（街道）、区直各有关部门要认真落实好《中共毕节市七星关区委　毕节市七星关区人民政府关于印发〈毕节市七星关区易地扶贫搬迁生计保障和后续发展工作实施方案（试行）〉的通知》（七星委〔2017〕4号）精神，一是在落实就业方面，各相关乡镇街道务必逐户逐人核实登记搬迁人口劳动力状况、技能特长、就业意愿等基本情况，积极对接落实稳定的就业岗位，确保每个搬迁家庭至少有1人实现稳定就业；二是在落实低保、医保和养老保险方面，要在城乡两种标准中就高对接落实，保障老弱病残和搬迁后一时有困难人员安稳生活；三是盘活“三块地”，各乡镇及相关街道要加大力度引进市场主体开发利用“三块地”，为搬迁群众增加稳定的土地开发收益。“就医就学、三个场所建设、三种机制”建立也要同步安排落

实，逐户逐人建立管理台帐，实行动态跟踪管理。

四、保障措施

（一）加强组织领导，强化工作专抓

按照《毕节市七星关区人民政府关于自主多元易地扶贫搬迁工程的实施意见》（七星府发〔2016〕1号）文件精神，区政府成立指挥部，负责组织领导、统筹指挥和协调督促，研究制定有关政策，解决工程建设中遇到的困难和问题，确保工程顺利实施。各相关乡镇街道成立相应的指挥部或工作领导小组，具体专抓易地扶贫搬迁工作，确保工作有组织、能落实。

（二）保障资金投入，加强资金监管

严格落实易地扶贫搬迁资金使用政策，将中央、省、市配套资金不折不扣兑现到搬迁对象；区直相关部门要加强资金的筹措，整合用好各类扶贫、移民资金及相关支持政策，加强资金监管，实行专款专用、专账管理，严禁易地扶贫搬迁资金挪作他用，区监察局、审计局、财政局等部门要切实加强资金使用管理监督检查，确保资金安全，正常发挥效益。

（三）强化调度检查，严肃责任追究

区易地扶贫搬迁工程指挥部要实行月督查、月调度、月通报，掌握工作进展，督促整改存在问题。围绕重要时序节点，由区督办督查局牵头，组织区实绩考核办、移民局、扶贫办、发改局等单位，突出进度情况、建设质量、资金使用和工作效能重点，实行易地扶贫搬迁专项督查。对工程进度缓慢、工作推进不力、责任不落实、组织不力的，严肃追究相关责任人的责任。

附件4

毕节市七星关区关于打赢教育医疗住房就业“四保障”硬仗的实施方案

为贯彻落实省、市关于教育医疗住房就业“四保障”、助推脱贫攻坚有关文件精神，切实保障建档立卡贫困户教育、医疗、安全住房和就业，确保全区现有建档立卡贫困对象同步实现小康。结合七星关区实际，制定本方案。

一、目标任务

（一）教育扶贫方面

加快实施教育三年行动计划，进一步优化教育资源布局，不断改善办学条件，配齐设施设备，强化师资队伍建设，健全教育管理机制，全面提升教学质量。按照定人定向的原则，对全区建档立卡贫困家庭学生构建到户、精准到人教育扶贫工作体系，从入幼儿园全程追踪到完成高中、中职教育，实行减免学费、补生活费和培训费等政策。对考取和就读高等教育学院的贫困家庭子女，按奖、贷、助、减、补等政策给予多元资助，确保贫困家庭学生不因贫失学、因学致贫。

（二）医疗扶贫方面

力争到2018年，全区贫困人口人人享有基本医疗卫生服务，农村贫困人口大病得到及时有效救治保障，个人就医费用负担大幅减轻，全面落实“四重医疗保障”；农村建档立卡贫困人口和11类特殊人群100%参合，家庭医生签约服务率达100%；不断提高医疗补偿比例，确保建档立卡贫困人口和11类特殊人群经基本医疗保险、大病保险、医疗救助、医疗扶助“四重保障”后，医疗费用实际补偿比在90%以上。

（三）安全住房保障方面

全面推进4类重点对象（建档立卡贫困户、非建档立卡低保户、非建档立卡五保户、非建档立卡贫困残疾人家庭）农村危房改造工作，严格落实“一户一宅”制度，新建房屋的坚决拆除危旧房，确保到2018年底前实现4类重点对象安全住房有保障。兼顾“其它危房户”危房改造工作，确保2019

年前全面完成现有库存危房改造，同步实施改厨、改厕、改圈“三改”工程。

（四）就业保障方面

对现建档立卡贫困户家庭有劳动能力的对象实行技能培训全覆盖，并落实好培训就业工作，确保每户贫困家庭有1个以上人员稳定就业；全力落实好在建档立卡贫困户大专以上毕业生中招募脱贫攻坚志愿者的工作。

二、工作重点

（一）实施教育帮扶工程

1. 实施学生精准资助惠民计划。建立健全学前教育资助制度，为家庭经济困难幼儿、孤儿和残疾幼儿入园提供保育费和生活费资助，帮助贫困家庭幼儿接受学前教育；全面落实“两免一补”政策。保障义务教育家庭经济困难寄宿生及校外租住民房家庭困难学生获得生活费补助，确保贫困家庭子女安心就学。全面实施农村建档立卡贫困高中（中职）学生“两助三免（补）”、本专科（高职）学生“两助一免（补）”政策，保障每名学生不因家庭经济困难而失学。深入落实农村义务教育阶段学生免费教科书政策，有序抓好教材订购工作，确保教材到位。大力推进学校食堂监督量化分级管理，确保学校食堂食品安全。按照“精准资助、应助尽助”的原则，完善全区学生资助政策体系，严格执行各项资助项目标准，保障贫困家庭子女受教育权利。积极争取联系各类群团组织，社会各界热心人士，广泛吸纳社会资金，扩大学生资助面，加大对各类困难学生的爱心救助。

2. 实施职业教育脱贫富民计划。加大职业技能提升计划和贫困户教育培训工程实施力度，确保能够顺利就业或至少掌握一门致富技能，实现靠技能脱贫。坚持把中等职业教育作为普及高中阶段教育的重点，让未升入普通高中的初中毕业生和未升学的高中毕业生都能接受中等职业教育。

3. 实施办学条件扩容改善计划。全面铺开山村幼儿园提质升级工作，按标准配备幼儿教师，配备玩教具、保教和生活设施设备，基本满足适龄农村幼儿入园需求，有效解决贫困家庭幼儿的入园问题。

4. 实施教师队伍素质提升计划。加强新教师培训、农村紧缺学科教师培训等专项培训；完善城镇中小学教师到农村学校交流制度，鼓励骨干教师、名师到农村学校和薄弱学校任教或支教，逐步缩小城镇学校与农村学校之间的差距；建立健全强校向农村学校和薄弱学校定期选派骨干教师制度，推行农村学校或薄弱学校干部、教师到城区学校或强校跟班学习；扎实推进教师保障性住房建设工程，向农村特别是乡村学校倾斜，建设农村艰苦边远地区学校教师宿舍，优先保障寄宿制学校教师、特岗教师、交流和支教教师等的住宿基本需求。建立或鼓励社会力量建立专项基金，对在乡村学校长期任教的优秀教师予以物质奖励。

5. 实施教育对口帮扶计划。深入推进集团化办学（园），坚持以强带弱和资源共享，以优质学校（幼儿园）教育资源促进薄弱学校（幼儿园）发展。加强“一对一”对口帮扶，充分利用区域外和区域内优质教育资源对口帮扶薄弱学校及幼儿园。充分利用深圳市罗湖区、广州市荔湾区与七星关区之间教育帮扶合作，推进两地学校姊妹结对关系建立，实现罗湖区、荔湾区优质教育资源及先进教育经验与七星关区共享。

6. 实施特殊困难群体关爱计划。以“全面改薄计划”为契机，到2018年全面建成一批标准化农村寄宿制学校，加快推进标准化农村阳光少年之家建设，到2019年基本实现完全小学、中学、九年一贯制学校全覆盖。进一步完善谈心室，强化心理健康教育，将心理健康教育课纳入地方课程和综合实践课程，列为常规检查范畴，深入推进心理教育、情感教育、孝亲感恩教育等。用活用好关爱留守儿童专项资金，扎实开展阳光少年走访慰问活动。继续推进教师帮扶阳光少年“一对一”“多对一”对口帮扶，鼓励社会团体对口帮扶阳光少年。深入推进关爱阳光少年会商会议制度，深入实施优先保障家庭经济困难留守少年儿童享受学生资助政策，对义务教育阶段寄宿在校的家庭经济困难留守少年儿童优先给予生活补助，强化“控辍保学”“双线”目标责任制、“七长”负责制和“控辍保学”三项工作制度，深入开展“万民教师大家访”活动；加快推进七星关区特殊教育学校标准化建设，在村级学校设置三类残疾儿童随班就读点；进一步完善进城务工随迁子女入学制度，保障其平等接受义务教育的权利。

（二）实施医疗帮扶工程

1. 加大资助参保力度，确保农村建档立卡贫困人口和11类特殊人群（以下简称特殊人群）参合率达到100%。按《毕节市农村最低生活保障制度与扶贫开发政策有效衔接实施方案》（毕府办发〔2017〕54号）文件规定，由民政部门对特困人员、孤儿参加基本医疗保险个人缴费部分给予全额资助，对纳入低保范围的建档立卡贫困人口参加基本医疗保险个人缴纳部分按每人每年不低于50%的标准给予资助；由区卫生计生局对农村计生"两户"个人缴费给予全额资助；其他农村建档立卡贫困人口参加基本医疗保险，由区人民政府按照脱贫攻坚规划整合相关资金，个人缴费部分按每人每年不低于50%的标准给予资助。

2. 免费提供健康管理和签约服务。为每位特殊人群免费建立规范化电子健康档案，实现家庭医生对农村建档立卡贫困人口重点对象签约服务覆盖率达100%。

3. 落实基本医疗倾斜政策。

（1）扩大特殊人群住院及门诊报销范围。一是将"康复综合评定、吞咽功能障碍检查、手功能评定、平衡实验、平衡功能训练、手功能训练、表面肌电图检查、轮椅功能训练、耐力训练、大关节松动训练、截肢肢体综合训练、小儿行为听力测试、孤独诊断访谈量表（ADI）测评、日常生活动作训练、精神障碍作业疗法训练、减重支持系统训练、电动起立床训练、儿童听力障碍语言训练、言语能力筛查"共19项残疾人医疗康复项目和远程医疗收费纳入城乡居民基本医疗保障范围，提高农村建档立卡贫困残疾人医疗保障水平。二是将儿童两病（儿童急性白血病：急性淋巴细胞白血病、急性早幼粒细胞白血病；儿童先天性心脏病：先天性室间隔缺损、先天性房间隔缺损、动脉导管为未闭、肺动脉瓣狭窄、法式四联症以及合并两种或以上的复杂性先心病）、食管癌、胃癌、结肠癌、直肠癌、终末期肾病等13种大病纳入大病专项救治病种，救治费用实施按病种付费，由基本医保、大病保险、医疗救助全额支付。三是将慢性病及大病保障病种扩大到36种（脑血管病、风湿〈类风湿〉性关节炎、关节病（髋、膝）、精神病、慢性阻塞性肺气肿、肺心病、糖尿病、活动性结核病、风湿性心脏病、老年性痴呆、心肌病、慢性支气管炎、哮喘、肾病综合征、慢性肾炎、强直性脊柱炎、癫痫、肝硬化、慢性活动性肝炎、尘肺、高血压、心脏病并发心功能不全、冠心病、系统性红斑狼疮、除外新农合按病种重大疾病规定治疗周期内的乳腺癌，宫颈癌，肺癌、神经系统肿瘤、淋巴瘤、肝癌、除外慢性粒细胞白血病规范药物治疗的白血病、再生障碍性贫血、慢性血小板减少、甲状腺功能减退、帕金森氏病、重症肌无力）。

（2）减免特殊人群住院及门诊起付线。一是特殊人群住院治疗的，在市内定点医疗机构及经转诊到市外定点医疗机构不设起付线，未经转诊到市外定点医疗机构的起付线统一为500元。二是普通门诊、大病及慢性病门诊不设起付线。

（3）提高特殊人群住院及门诊报销比例。一是将特殊人群普通门诊报销比例由原80%提高到90%，封顶线由400元提高到500元/人/年；住院政策范围内报销比例统一提高5个百分点（即在乡镇一级定点医疗机构按95%报销，县级二级以上定点医疗机构按85%报销，市级三级定点医疗机构按75%报销，市外定点医疗机构按65%报销）。其中特困供养人员、农村计生"两户"家庭成员、80岁以上低保老人、艾滋病人和艾滋病机会性感染者、麻风病人在县区内定点医疗机构住院合规费用100%报销，县区外提高10个百分点报销。二是大病门诊封顶线提高到5万元，对特殊人群大病门诊诊疗比照同级医院住院报销比例提高15个百分点报销（即在乡镇一级定点医疗机构100%报销，县级二级定点医疗机构按95%比例报销。三级医疗机构按85%报销）。三是将36种慢性病及大病保障病种封顶线提高到5000元。对特殊人群慢性病门诊诊疗比照同级医院住院报销比例提高10个百分点报销（即在乡镇一级定点医疗机构100%报销，县级二级

定点医疗机构按 90% 比例报销，三级医疗机构按 80% 比例报销）

4. 落实大病保险倾斜政策。一是将特殊人群慢性病及大病门诊和住院费用一并纳入大病保险补偿范围，取消起付线。二是将特殊人群大病医保报销比例提高 11 个百分点（即对合规自付费用小于等于 10000 的部分报销 70%，大于 1 万元，小于等于 2 万元的部分报销 75%，大于 2 万元，小于等于 3 万元的部分报销 80%，大于 3 万元，小于等于 4 万元的部分报销 85%，大于 4 万元，小于等于 5 万元的部分报销 90%，大于 5 万元，小于等于 6 万元的部分报销 95%，超过 6 万元的部分 100% 报销）。

5. 落实医疗救助。一是将特殊人群全部纳入医疗救助范围，经过基本医保、大病医保报销后合规费用个人自付部分，在年度最高救助限额内给予全额救助，经医疗救助后仍有个人自付费用的，再通过实施医疗扶助、临时救助以及慈善援助帮助解决。二是对特困人员的医疗费用，经基本医保、大病医保、医疗救助和医疗扶助等支付后仍有自付费用的，由救助供养经费予以解决。

6. 落实医疗扶助制度。一是特殊人群通过城乡居民基本医疗保险、大病保险、民政医疗救助“三重保障”政策补偿后，自付费用仍然过高影响其家庭基本生活的，由区人民政府按照脱贫攻坚规划，整合相关资金，对其进行专项扶助；二是慢性病患者在公立医院使用目录外有国家食品药品监督管理部门批准文号药品所产生的费用，经批准后方可纳入扶助范围。购买目录外药品一次处方量应在 15 日用量内或最小包装计量。目录外药品扶助不设起付线，封顶线每人每年 2 万元。三是通过对慢病患者实行“四重保障”，确保实际报销比例在 90% 以上，且年度自付区级以下、市级、省级分别不超过 1000 元、3000 元、5000 元。四是对突发重大疾病暂时无法获得家庭支持、基本生活陷入困境的患者，加大疾病应急救助、临时救助和慈善救助等帮扶力度。

7. 全面实行农村建档立卡贫困人口县域内先诊疗后付费。在县域内定点医疗机构住院的参合农村贫困人口，持医保卡（证）、有效身份证件和扶贫部门出具的贫困证明或民政部门出具的低保特困证明办理住院手续，医疗机构审核参合患者参合救助身份并与其签订先诊疗后付费协议后，患者无需交纳住院押金，直接住院治疗。

8. 全面实行农村建档立卡贫困人口一站式即时结报。农村建档立卡贫困人口结算医疗费用时，定点医疗机构通过信息系统计算出基本医保、大病保险、医疗救助、医疗扶助报销补偿金额后，按照相关规定实行一站式即时结报，患者只需缴清个人自付费用。

（三）实施住房保障工程

切实解决建档立卡贫困户住房安全有保障问题，为不让贫困户因建房增加负债、脱贫户因建房返贫，结合上级有关政策补助标准，全区拟实施“四类重点对象”农村危房改造补助标准为：1 人户、2 人户贫困户户均补助 3.5 万元；3 人及 3 人以上贫困户人均补助面积为 16 平方米，每平方米补助 800 元，即：补助资金（元）＝家庭人口（人）×16 平方米/人×800 元，以 3 人户为例，总补助资金（元）＝3 人×16 平方米/人×800 元/平方米＝38400 元，全区所需资金在上级补助资金外，由区财政统筹解决。

（四）实施就业保障工程

充分利用恒大集团帮扶契机，对建档立卡贫困对象中有劳动能力的人员开展技能培训，通过恒大集团吸纳就业或就地就近在七星关经济开发区安排就业。由区人社局负责对接劳务输出，结合荔湾区对口帮扶开展就业劳务输出。充分发挥就业创业扶持政策的作用，通过创新电商扶贫平台有效保障就业、搭建用工帮扶平台推动转移就业、打造农业园区平台推进稳定就业、搭建技能实训平台促进技能就业、发展能人创业平台鼓励带动就业等有效方式，确保农村建档立卡贫困户家庭至少有 1 人以上实现就业。

三、保障措施

（一）加强组织领导

成立由区政府分管副区长任组长、区教育局、卫生计生局、房产局、扶贫办、人社局、小康办、民政局、财政局等单位主要负责人为成员的教育医疗住房就业“四保障”大决战行动指挥部，指导各单位抓好教育医疗住房就业扶贫工作。

（二）建立信息台帐

区直各有关牵头部门要在对各乡镇（街道）开展调研、摸清底数的基础上，建立贫困村学校基本办学条件缺口台帐、建档立卡贫困家庭医疗需求台帐、家庭劳动力数据库和住房信息台帐，并根据实际情况进行动态管理，最大程度地发挥各种扶贫资源的作用，确保教育医疗住房就业“四保障”工作稳步实施。

（三）加强政策宣传

各乡镇（街道）、区直各有关部门要整合宣传资源，充分利用电视、广播、报刊、手机短信、微信、宣传画、宣传横幅、板报等各种载体，依托“送政策、送温暖、送服务”工作平台，宣传好教育医疗住房就业精准扶贫的有关政策措施，让每个贫困村、贫困户、贫困生了解帮扶政策，掌握帮扶措施。

（四）强化督促指导

区直各牵头部门要积极会同区督办督查局、实绩考核办对各项工作落实开展情况进行督查，列入年度目标考核内容，区直各有关部门要结合职责要求，加强督查指导，建立调度、通报制度。

中共毕节市七星关区委办公室
毕节市七星关区人民政府办公室
关于建立毕节市七星关区新时代
农民（市民）讲习所联席会议制度的通知

七星党办字〔2017〕149号

各乡、民族乡、镇党委和人民政府，各街道党工委和街道办事处，区委各工作部门，区级国家机关各单位，各垂管部门，人武部党委，各人民团体：

为加强对新时代农民（市民）讲习所（以下简称：讲习所）工作的组织领导，建立健全工作协调机制，发挥讲习所开启民智、凝聚民心、发挥民力、推动民富的功能效应，根据《中共毕节市七星关区委办公室关于印发〈毕节市七星关区关于进一步深化脱贫攻坚讲习工作的实施方案〉的通知》（七星党办字〔2017〕134号）文件精神，特建立毕节市七星关区新时代农民（市民）讲习所联席会议制度。现将有关事宜通知如下：

一、主要职能

以中共十九大精神为指导，深入贯彻落实习近平重要讲话精神特别是在参加贵州省代表团讨论时的重要讲话精神，通过建立联席会议制度，凝聚共识、集聚智慧、推动发展，全面提高讲习所工作水平。

二、组织领导

为确保新时代农民（市民）讲习所各项工作顺利开展，成立毕节市七星关区新时代农民（市民）讲习所工作联席会议工作领导小组，其人员组成如下：

第一组长：崔英魁　市委常委、区委书记
组　　长：胡敬斌　区委副书记、区政府区长
副 组 长：区委副书记
严　琪　区委常委、区政府常务副区长
王晓园　区委常委、区委组织部部长
叶　荣　区委常委、区委宣传部部长
成　　员：熊　宁　区委党校常务副校长
龙明元　区委办常务副主任
钟　华　区委办副主任、区扶贫办主任
顾　堃　区人大办主任
陈翔宇　区政府党组成员、区政府办主任、区政府应急办主任
徐永东　区政协秘书长
李　兵　区委政法委副书记、区综治办主任
刘　贵　区纪委副书记、区监察局局长
胡大为　区委组织部副部长、区人社局局长
薛朝端　区委组织部副部长、区实绩考核办主任
吴晓曦　区委宣传部副部长、区文联主席
吴道国　区林业局局长
毛家兴　区发改局局长
夏　冬　区卫生计生局局长
张万泽　区教育局局长
肖荣华　区财政局局长
张珍龙　区农牧局局长
卯　洪　区文体广旅局局长
黎秀禹　区新闻中心主任
李　和　区科协主席

王正莲　区科技办主任

陈家贵　区社科联主席

沈雪莲　区政府金融办副主任

向昆鹏　区电视台副台长

各乡镇（街道）党政主要负责人

领导小组下设办公室在区委宣传部，叶荣同志兼任办公室主任，负责讲习所日常工作。

三、联席会议成员单位

区委办、区人大办、区政府办、区政协办、区委组织部、区纪委、区委政法委、区委宣传部、区委党校、区发改局、区扶贫办、区教育局、区卫生计生局、区人社局、区财政局、区文体广旅局、区林业局、区农牧局、区社科联、区科技办、区科协、区政府金融办、区新闻中心、区电视台。

四、职责分工

（一）联席会议领导小组主要职责

1. 根据上级关于讲习所建设的相关政策、文件精神，研究提出相应的贯彻落实意见；

2. 研究制定深化讲习工作的具体措施和办法；

3. 制定讲习所中长期规划和年度工作计划，并组织实施；对各级讲习工作进行督促、检查和指导；

4. 总结、推广讲习工作中涌现的先进做法和典型经验，针对工作中存在的突出问题提出对策；

5. 协调解决其他有关问题。

（二）联席会议领导小组办公室主要职责

1. 负责协调确定联席会议的会议议题；

2. 负责起草联席会议通知、会议纪要及工作报告；

3. 协调督促有关部门落实联席会议的议定事项；

4. 承担与成员单位的日常联络工作；

5. 承办联席会议领导小组交办的其他工作。

（三）联席会议成员单位主要职责

1. 区委办、政府办：负责联席会议的筹备、会务等工作；负责组织力量督查全区讲习所阵地建设及开展讲习工作，并在联席会议中进行通报。

2. 区人大办：负责组织人大代表到讲习所讲解相关政策。

3. 区政协办：负责组织政协委员到讲习所讲解相关政策。

4. 区纪委：负责对开展讲习所工作敷衍塞责、开展不力的单位和个人进行问责。

5. 区督办督查局、实绩考核办：负责对全区开展讲习工作的情况进行日常督查。

6. 区委宣传部：负责全区讲习所推进过程中的组织协调工作，根据上级决策部署，牵头召开联席会议共同研究制定全区讲习所发展规划，提出阶段性工作目标和任务；负责指导全区讲习所阵地建设工作；研究确定对讲习所先进做法、讲习员先进事迹进行宣传报道的主题。会同区委组织部、区党校做好讲习员培训等相关工作。

7. 区新闻中心、电视台：负责组织对讲习所及讲习员先进典型事迹进行采访、宣传，完成重大题材、重要典型电视专题片的制作。

8. 区委党校：发挥区级讲习所主阵地作用，把讲习工作及讲习员培训纳入教学培训计划并抓好落实，充分发挥党校人才优势，加强理论研究和宣传，特别要对当前讲习所推进过程中出现的新情况、新问题，加强调查研究，提出对策意见，总结推广典型经验。

9. 区扶贫办：负责及时传达中央、省、市、区各级扶贫政策及七星关区在脱贫攻坚工作中的战略部署。

10. 区财政局：负责为全区讲习所工作开展提供必要的经费保障。

11. 区农牧局：负责组织农业、畜牧业方面的专家到各讲习所讲课。

12. 区林业局：负责组织林业专家（主要是经果林方面）到各讲习所讲课。

13. 区社科联：负责组织区社科理论爱好者到各讲习所讲课。

14. 区发改局：将七星关经济社会发展情况、落实重大项目情况，通过讲习所让广大群众及时知晓。

15. 区卫生计生局、文体广旅局、教育局：负责组织卫生、文化、教育工作者到讲习所讲课。

16. 区金融办：负责组织金融工作者到讲习所

讲解特惠贷等知识。

17. 区科协、科技办：负责组织科普工作人员到讲习所讲课。

18. 区人社局：以讲习所为依托，大力拓展就业平台。

19. 各乡镇（街道）：负责贯彻落实上级关于讲习所的有关指示精神；负责贯彻落实联席会议提出的措施及举措；配合联席会议各相关部门开展工作；负责依照本制度制定相应的乡级联席会议制度。

五、会议召开

1. 联席会议由领导小组办公室负责召集，一般情况由领导小组办公室主任主持，若因工作需要，可请第一组长或组长主持。

2. 联席会议原则上每两周召开 1 次，也可根据工作需要适时召开。

毕节市七星关区人民政府办公室关于印发毕节市七星关区2017年农村道路交通安全管理工作方案的通知

七星府办通〔2017〕82号

各乡镇人民政府、街道办事处，区道路交通安全联席会议各成员单位：

《毕节市七星关区2017年农村道路交通安全管理工作方案》已经区人民政府同意，现印发给你们，请抓好落实。

毕节市七星关区人民政府办公室

2017年4月20日

毕节市七星关区2017年农村道路交通安全管理工作方案

为切实抓好全区农村道路交通安全管理工作，有效预防和减少农村道路交通事故发生，根据《毕节市人民政府办公室关于印发毕节市2016年道路交通安全管理工作实施方案的通知》(毕府办通〔2016〕7号）要求，结合七星关区实际，特制定本方案。

一、指导思想

全面学习贯彻中共十八大和十八届三中、四中、五中、六中全会精神，以解决影响农村道路交通安全畅通的突出问题为切入点，动员社会各界和人民群众广泛参与，科学管理，规范执法，努力为七星关区经济社会发展和人民群众生产生活创造安全、畅通、文明和谐的道路交通环境。

二、工作目标

紧紧围绕“人、车、路、企、管”等要素，强化农村道路交通安全关键环节管控，建立常态化农村道路交通安全管理机制，进一步完善农村道路交通安全设施、普及道路交通安全常识、增强道路交通安全法治意识，实现各类交通违法行为明显减少，农村道路交通事故数量明显下降，不发生较大以上交通安全事故，确保全区农村道路交通安全形势稳定向好。

三、组织领导

为确保全区农村道路交通安全管理工作的取得实效，成立区农村道路交通安全管理工作领导小组，区人民政府分管领导任组长，区交警大队大队长任副组长，区道路交通安全联席会议各成员单位负责人为成员。领导小组下设办公室在区交警大队，郭正顶兼任办公室主任，负责管理办公室日常事务。

四、重点工作

（一）强化农村道路交通安全日常监管监察。及时掌握、通报全区道路交通安全工作开展情况；定期组织召开例会或临时工作会议，研究、部署全区道路安全工作；常态化开展交通安全检查和道路隐患排查整治，督促落实整改措施；强化全区的道路交通安全工作半年、年终总结；做好日常资料收集和统计工作。

（二）人力、财力、物力保障到位。各乡镇街道要把农村道路交通安全管理工作纳入重要议事日程，加大对交通安全管理工作投入力度。充分发挥乡镇交通协管员作用，为乡镇街道交通协管员配备工作服装、反光背心等执勤装备，按规定落实好农村交通协管员工资福利待遇。督促各村（居）委会干部做好辖区机动车驾驶人的交通安全教育、提醒和劝导，并根据实际配备交通安全劝导员。

（三）强化云平台数据维护。加强“农村道路交通综合监管云平台”管理维护，在民俗节日、赶场天、“红白事”等重要时段，在学校、企业及娱乐场所等重点地方组织开展经常性的交通安全宣传教育活动，适时进行路面管控，做好检查劝导；摸底排查辖区内的机动车及驾驶人，随时完善机动车及驾驶人台帐，做到底数清、情况明；不定期对区内的营运企业进行检查，确保客运车辆安全运营；督促辖区内机动车入户办理车辆登记手续和查验已入户车辆检、保手续，对无牌、无证、脱检、脱保及不符合安全运行条件车辆一律不允许上路行驶。及时录入道路交通安全管理信息，确保云平台信息精准有效。

（四）加快推进“交通安全文明村寨”创建。每个乡镇街道至少要创建一个“交通安全文明村寨”，认真拟定创建工作方案，做好档案管理，全面落实“五在乡镇”（管理主体在乡镇、隐患治理在乡镇、矛盾化解在乡镇、便民利民在乡镇），并充分发挥好文明村寨模范带头作用，区道路交通安全联席会议办公室不定期抽查各乡镇街道创建工作开展情况。

（五）建立公路隐患排查治理长效机制。各乡镇街道要建立并落实定期巡查制度，每月组织力量对临水临崖、坡陡湾急、塌方垮石等隐患路段、事故多发路段开展巡查排查，做好警示标牌标识，并及时消除隐患，防范到位；健全农村公路建设、管理、养护的长效工作机制，将农村公路生命安全防护工程建、管、养纳入“乡镇监管、村居自治”的主要内容。区直各有关部门要严格落实执行安全生产“三同时”制度（新、改扩建公路安全设施必须同时施工、同时验收、同时投入使用）、农村公路“六个同步”要求（农村公路建设必须同步实施混凝土路肩、排防工程、安保、绿化、错车道、招呼站建设），有效提升农村公路安全通行能力。

（六）强化农村道路交通安全警示教育。各乡镇街道要切实落实农村道路交通安全宣传“六个一”的要求，以农村面包车、农用车、摩托车驾驶人为主要群体，实施手机短信的点对点宣传，将发生在农村道路、群众身边的典型交通违法和事故案例，推送到位，增强教育警示的实效性。

五、工作要求

（一）统筹农村道路交通安全与城乡经济社会发展。区直有关部门要将农村道路交通安全建设与经济发展指标同部署、同落实、同考核，将农村道路交通安全作为“五在农家·美丽乡村”建设评价体系的重要内容，统筹推进农村道路交通安全环境。

（二）强化各职能部门的协调联动。由区交警大队负责，各乡镇街道、区道路交通安全联席会议各成员单位配合，积极探索农村道路交通安全治理长效机制，完善道路交通安全联席会议工作制度，进一步明确各部门职责，充分整合管理资源和职能，实现人、车、路协调发展，认真对照《毕节市七星关区道路交通安全工作考核标准》（见附件）督导督促各项工作积极有序开展。

（三）严格问责问效。各单位要严格按照方案认真抓好落实，领导小组将适时组成督导检查组对各单位的工作开展情况进行督查检查，严格落实考核。对措施落实不力，隐患整改落实不到位，造成道路交通安全事故的，将严肃追究有关人员责任。

毕节市七星关区人民政府办公室关于印发毕节市七星关区统筹整合涉农资金管理办法的通知

七星府办通〔2017〕125号

各乡镇人民政府、街道办事处，区政府各工作部门、各直属机构：

《毕节市七星关区统筹整合涉农资金管理办法》已经区人民政府同意，现印发给你们，请认真贯彻执行。

毕节市七星关区人民政府办公室

2017年5月25日

毕节市七星关区统筹整合涉农资金管理办法

第一章　总　则

第一条　为贯彻落实中央、省、市打赢脱贫攻坚战的有关要求，实现2020年整体脱贫目标，进一步优化财政涉农资金管理机制，提高资金使用效益，集中财力打赢脱贫攻坚战。根据《中华人民共和国预算法》《国务院关于印发推进财政资金统筹使用方案的通知》（国发〔2015〕35号）《国务院办公厅关于支持贫困县统筹整合使用财政涉农资金试点的意见》（国办发〔2016〕22号）和《中共贵州省委、贵州省人民政府关于落实大扶贫战略行动计划坚决打赢脱贫攻坚战的意见》（黔党发〔2015〕27号）《贵州省人民政府办公厅关于印发支持贫困县开展统筹整合使用财政涉农资金试点工作方案的通知》（黔府办发〔2016〕24号）文件精神，为进一步适应财政体制改革新常态，规范资金使用程序，提高财政资金使用效益，促进全区经济社会快速发展，结合七星关区实际，制订本办法。

第二条　涉农资金整合指导思想。以中共十八大、十八届三中、四中、五中、六中全会精神和习近平在考察贵州扶贫开发工作的系列重要指示精神为指导。以农业增效，农民增收，改善农业、农村、农民生产生活条件为目标，围绕“决战全面小康、全力精准扶贫”的主旨，以预算编制、项目申报、优势产业、重点区域为平台，通过政府主导、财政协调、部门配合，建立健全涉农资金整合长效机制，强力推进以贫困村、建档立卡贫困户为重点的扶贫开发攻坚工作。

第三条　资金整合范围。统筹整合的资金范围包括：财政专项扶贫资金、农田水利设施建设和水土保持补助资金、农业技术推广与服务补助资金、林业补助资金、农业综合开发补助资金、农村综合改革转移支付、新增建设用地土地有偿使用费安排的高标准基本农田建设补助资金、农村环境连片整治示范资金、车辆购置收入补助地方用于一般公路建设项目资金（支持农村公路部分）、农村危房改造补助资金、中央专项彩票公益金支持扶贫资金、农业资源及生态保护补助资金（对农民的直接补贴除外）、服务业发展专项资金（支持新农村现代流通服务网络工程部分）、江河湖库水系统综合整治资金、全国山洪灾害防治经费、旅游发展基金，以及中央预算内投资用于“三农”建设部分（不包括重大引调水工程、重点水源工程、江河湖泊治理重大工程、跨界河流开发治理工程、新建大型灌区、大中型灌区续建配套和节水改造、大中型病险水库水闸除险加固、生态建设方面的支出），以前年度可以盘活的存量资金及2017年区级涉农资金。教育、医疗、卫生等社会事业方面资金，要结合脱贫攻坚任务和贫困人口变化情况，完善资金安排使用机制，精准有效使用资金。

具体为除救灾救济资金、特殊用途资金以及国家规定补贴到农民个人资金之外的涉农和扶贫资金，均可纳入整合范围，包括农业、林业、扶贫、水利、交通、国土、住建、教育、卫生、民政、农机、民宗、残联、生态移民、以工代赈、少数民族发展资金、支援不发达地区发展资金、新农村建设、农业综合开发、土地整理、农村公路、农业基本建设、村级公益事业“一事一议”财政奖补等涉农项目资金和区人民政府根据当年实际纳入整合的资金。

第四条　涉农资金整合原则。一是坚持集中财力综合推进的原则。整合各类涉农资金，统筹安排使用，根据扶贫所需，分批次，按规划综合推进项目建设。二是坚持规划先行项目引领的原则。整合后的资金要以规划为依据，以项目为依托，精准落实到具体项目。三是坚持统筹兼顾突出重点的原则，在综合推进、连片治理的前提下，统筹兼顾科学发展、持续发展的要求，突出重点项目建设，着力标本兼治，固本强基，提升持续增收能力。四是坚持效益优先整体脱贫的原则。围绕脱贫目标和任务，以贫困片区为主战场，以村为主阵地，立足实际，精准发力，突出效益，实现整体脱贫。五是坚持严格管理规范运行的原则。整合后的资金高度集中，数额较大，用途精细，对管理工作提出许多新的要求，要健全制度，强化管理，完善流程，规范运行，做到程序严谨，环环相扣，责任明确，安全高效。

（一）规划引领、整体推进。坚持规划引领，以《七星关区脱贫攻坚“十三五”规划》《乌蒙山片区县项目规划》和全面小康建设需要制定分年度实施计划，量力而行，分步实施，整体推进。

（二）渠道不乱，归口管理。资金来源渠道不变、项目归口管理，项目单位、主管部门协调配合，统筹安排项目，集中投放使用资金，各口资金仍按原管理办法进行管理。

第五条　涉农资金整合方式

（一）统一建立项目库。各涉农部门要根据《七星关区脱贫攻坚“十三五”规划》《乌蒙山片区县项目规划》和全面小康建设需要编制年度项目实施计划，建立整合资金项目库，提交区涉农资金整合领导小组决定实施，项目年度实施计划应包括以下内容：项目具体名称和实施部门（责任部门）；项目实施地点和项目建设起止时间；项目建设内容、规模和预期效益（惠及多少个贫困村、覆盖多少贫困户、带动多少农户致富）；项目投资计划，包括需整合的财政涉农资金、其他资金。年度实施计划实行每年一编，每年10月编制下年度项目实施计划。各涉农部门既是年度实施计划的编制部门，又是项目实施的责任部门，编制的年度实施计划要有合理性和可操作性。

（二）统一下达涉农资金指标。本年度整合的财政涉农资金，由区财政局统一将资金划拨到毕节市开源建设投资（集团）有限公司（以下简称“开源公司”）在金融机构开设的专户，作为撬动银行贷款的资本金；项目主管部门负责选定实施项目、项目批复、监管、验收；开源公司负责对涉农整合资金和放大贷款进行管理。项目启动实施后，各项目主管部门提供《项目安排明细表》给财政局和开源公司，开源公司根据《项目安排明细表》、项目进度和《涉农资金整合用款申请表》将整合资金和放大资金拨付到项目实施单位。

（三）整合后资金使用、管理、归还。开源公司负责对整合资金和放大资金的拨付、管理以及与金融机构等相关部门的往来协调工作，严格按照财政专项扶贫资金管理模式，实行“专户管理、专账核算”，财政、涉及整合资金部门要加强对开源公司的监督，制定和完善资金管理办法，梳理报账程序，优化报账流程，确保报账程序的合规性和可操作性。整合的财政涉农资金和撬动的金融资本主要用于实施“十三五”期间的涉农项目和乌蒙山片区县项目省级以下财政投入及全面小康建设项目，整合2026年以后的涉农资金作为还款来源。

（四）统一项目实施。涉农整合项目及资金计划下达后，项目主管单位及有关部门按“原渠道实施、归口管理”原则，负责项目管理与协调。

（五）统一竣工验收。整合项目建成竣工后，由施工单位向项目所在乡镇街道或项目主管单位申请验收。项目所在乡镇街道或项目主管单位按照行业管理规定对项目建设计划执行情况、建设任务、资金使用、质量标准等方面进行竣工验收，出具相关验收报告或意见。

第六条　资金使用范围。整合后的资金主要用于农村基础设施建设和农业产业发展，重点投向以下几个方面：

（一）农业产业发展项目。重点投入优势产业和“短、平、快”产业，主要包括现代农业生产发展、高效农业示范园区建设、扶贫开发、畜牧标准化建设、农业技术推广与服务补助、农民专业合作组织、集体经济组织建设、新型职业农民培育等方面。

（二）农村基础设施建设。重点投入农业基础设施建设，主要包括通乡通村通组公路建设、“一事一议”财政奖补、农业综合开发、农村土地连片治理、“四在农家·美丽乡村”建设、脱贫攻坚六项行动、农村文化、体育、卫生和社会保障、农村危房改造、村庄整治、农村安全饮水、河道治理、山洪灾害防治、病险水库治理及小型农田水利基础设施建设等方面。

第二章　项目实施与监督

第七条　项目主管部门要建立项目库，指导项目实施单位编制项目实施方案和分年度实施计划报区整合办审核批复后组织实施。

第八条　项目实施单位按批复文件，将项目建设内容、投资规模、建设地点、补助标准等予以公示，接受群众监督。项目要严格遵守政府采购、公示公告、项目评审等相关制度。

第九条　在项目建设中，项目实施单位、项目主管部门要做好项目的定期检查和专项检查工作，确保完成项目建设任务。

第十条　项目主管部门负责督促项目实施单位做好工程、财务档案的收集、整理、报账、归档。

第三章　项目竣工验收

第十一条　项目竣工验收由项目实施单位自查验收合格后，申请项目主管部门或项目所在乡镇街道组织验收。

第十二条　项目验收按照以下程序进行：听取被验收单位有关项目完成情况汇报；查阅有关文档资料，了解项目情况；实地查看项目工程建设情况；归纳、反馈验收意见，完成验收报告。

第十三条　项目竣工验收后，要及时报账，及时办理移交手续。明确项目管护主体，制定管护措施，落实管护责任，确保持续发挥效益。

第四章　资金管理及报账

第十四条　加强整合资金拨付管理，纳入整合的涉农资金，由区财政局请示区政府后与主管部门会签行文拨到开源公司在金融机构开设专户管理使用，区级报账的项目，由项目主管部门填写《七星关区涉农资金整合用款申请表（区级）》并附有效原始凭据，经财政局审核后送开源公司签章拨款，项目主管部门对资金安全负责；乡级报账的项目，由乡镇街道根据项目进度填写《七星关区涉农资金整合用款申请表（乡级）》，经乡镇街道各归口部门负责人及分管领导、财政所负责人及分管领导、乡镇长或主任签章审核通过后报开源公司，开源公司根据签章完毕的《七星关区涉农资金整合用款申请表》拨付资金，乡镇街道对资金安全负责。整合后的资金实行专户管理、专账核算，不得挤占、挪用、截留。

第十五条　涉农整合资金实行乡级和区级报账制相结合，资金安排、核算到项目，项目实施单位根据项目启动情况和实施进度，收集、整理报账资料，填写《七星关区涉农资金整合用款申请表》，签批完毕后向开源公司请款。项目启动资金原则上控制在30%～50%，项目竣工拨付资金不超过80%，20%作为竣工审计结算资金，工程竣工决算审计后结算，如有需要可扣5%～10%的质量保证金，待质保期满未出现质量问题再拨付。

第十六条　需要采购大宗物资、设备和服务的，应按照有关规定实行政府采购，采购资金实行直接支付。

第十七条　项目实施单位如实提供以下有效文件、资料和凭证：项目立项书（或批复文件）；项目实施计划书（或实施方案）；工程概（预）算、建设合同、竣工决算书；政府采购合同或协议；项目公示公告；支付原材料、技工工资原始凭证；现金补助兑现表；物化补助兑现表；项目竣工验收报告；工程款税务发票；“一事一议”相关资料；其他需要提供的资料。区级报账由主管部门收集归档，乡级报账由乡镇街道归口部门收集归档。

第十八条 对在涉农资金整合过程中存在违规违纪的，依照《财政违法行为处罚处分条例》（国务院令第427号）处理。

第五章 组织保障

第十九条 加强组织领导。为加强统筹整合使用财政涉农资金工作领导，区政府要成立七星关区涉农资金整合工作领导小组，由区政府区长任组长，区委、区政府、区人大、区政协联系分管领导任副组长，区委办、政府办、扶贫办、发改局、财政局、交通局、水务局、农牧局、林业局、移民局、农机局、民宗局、民政局、住建局、国土局、环保局、卫计局、教育局、监察局、审计局、金融办、小康办、督查局、实绩考核办、有关金融机构、开源公司等部门主要负责人为成员，下设区涉农资金整合工作领导小组办公室在财政局。区财政局局长、发改局局长、扶贫办主任、金融办主任、小康办主任、开源公司负责人根据职责具体负责日常事务，强力推进资金整合各项工作。领导小组办公室负责审定项目建设总体规划及年度计划，统筹做好综合协调、资金统筹等工作，建立联席会议制度和沟通协商机制。监察、审计、财政等部门负责项目资金监管。

第二十条 加强协调衔接。乡镇街道作为项目实施单位，要与项目主管部门做好衔接，区发改局、扶贫办、财政局、住建局、交通局、水利局、教育局、国土局、农牧局、林业局、移民局等项目主管部门要主动深入乡镇街道、村（社区）开展指导督促工作，做好资金监管工作，要加强沟通与协作，建立联席会议制度，每年年初召开一次涉农资金整合联席会，确定当年项目实施计划和资金整合方案并提交区政府常务会议讨论通过后执行；每年6月召开一次涉农资金整合及项目实施调度会，了解涉农资金整合及项目实施情况，作适当调整；每年12月召开一次涉农资金整合及项目实施总结会，对当年涉农资金整合工作进行总结，对下年度的涉农资金整合工作进行安排部署。

第二十一条 强化部门职责。统筹整合使用财政涉农资金工作由区政府统一领导，财政局牵头，区扶贫办和各涉农部门共同参与。要强化部门职责，建立“管资金与管项目分离”的工作运行机制，做到各负其责、各尽其职。每年10月各乡镇街道要结合当地实际，建立符合地方实际又切实可行的项目库，编制年度项目实施计划，制定具体的项目实施方案，报区级主管部门汇总；区级主管部门汇总建立区级项目库和编制年度实施计划，报区整合办审核批复，并对各乡镇街道的实施方案进行批复，制定项目管理办法，日常资金审核报账、项目监督检查、工程竣工验收等；财政部门主要负责制定资金管理办法、整合资金、拨付资金、开展监督检查等；主管部门和各乡镇街道按照各自职能开展项目管、建等工作；财政、审计、纪检、监察等部门及时开展联合专项检查及专项审计工作，并对违规违纪问题及时查处；督办督查局会同考核办组织开展目标考核。

第二十二条 实行严格监督。要把统筹整合使用财政涉农资金作为监管重点，政府区长为第一监管责任人，乡镇街道党委书记、乡镇长（主任）、各部门负责人、贫困村第一书记、驻村工作队、村委会要深度参与涉农资金和项目的管理监督。区审计、财政等部门要加大对整合资金的审计和监督检查力度，并对监管职责落实情况进行跟踪问效。

第六章 附 则

第二十三条 各单位涉农资金整合工作完成情况纳入区委、区政府对单位、部门的年度目标考核，考核办法细则由区实绩考核办制定。

第二十四条 本办法由区涉农资金整合办公室负责解释。

第二十五条 本办法自发布之日起施行。

毕节市七星关区人民政府办公室关于印发毕节市七星关区开展创建省市区乡四级精准扶贫档案示范乡镇示范村活动实施方案的通知

七星府办通〔2017〕161号

各乡镇人民政府、街道办事处，区扶贫办、档案局：

《毕节市七星关区开展创建省市区乡四级精准扶贫档案示范乡镇示范村活动实施方案》已经区人民政府研究同意，现印发给你们，请认真贯彻落实。

毕节市七星关区人民政府办公室

2017年7月3日

毕节市七星关区开展创建省市区乡四级精准扶贫档案示范乡镇示范村活动实施方案

为促进精准扶贫档案工作与脱贫攻坚工作同步发展，实现精准扶贫档案规范化、标准化，充分发挥精准扶贫档案典型示范引领作用，结合七星关区实际，特制订本方案。

一、目标任务

全区2017年开展创建省、市、区、乡四级精准扶贫档案示范乡镇示范村活动，确定34个乡镇、75个示范村为创建目标。

（一）省级示范点。放珠镇辖区内15个村（社区）为省级精准扶贫档案示范村（社区）。

（二）市级示范点。长春堡镇、朱昌镇、海子街镇2017年出列的15个村为市级精准扶贫档案示范村（社区）。

（三）区级示范点。对2017年全区出列的野角乡、田坎乡、阿市乡、大屯乡、燕子口镇5个乡镇的20个村，列为区级精准扶贫档案示范村（社区）。

（四）乡级示范点。对全区涉及脱贫攻坚工作的乡镇街道，2017年各选定一个出列村（社区）为乡级示范村（社区）创建，并将选定名单报区档案局办公室。

二、创建要求

全区省、市、区、乡四级示范点创建，在区委政府和各乡镇街道党委政府的统一领导下开展，实行统一领导、分级负责、层层抓创建工作的格局。

（一）明确责任，健全机制。各乡镇街道要把精准扶贫档案示范乡镇示范村（社区）创建工作纳入精准扶贫整体工作部署，落实精准扶贫档案工作责任主体。建立健全党委政府统一领导、乡村两级组织实施、档案部门监督指导、驻村干部各负其责的精准扶贫档案示范创建工作机制，统筹协调，精心部署，切实抓好精准扶贫档案示范创建工作。

（二）加强领导，齐抓共建。2017年全区精准扶贫档案示范创建，以乡镇街道为主体，区扶贫办、区档案局全力指导配合，各乡镇街道组织实施。乡镇街道要成立创建工作领导小组，由行政主要负责人任组长，分管扶贫工作和档案工作的分管负责人任副组长，抽派责任心强、精通业务、工作细心的业务人员、驻村干部组成创建工作领导小组，负责精准扶贫档案示范创建工作。并明确业务人员、驻村干部和村干部的工作职责，做好创建工作的安排部署、督促检查和业务指导，全方位加强对精准扶贫档案的收集、整理、录入和数字化加工处理。

（三）树立示范，典型引领。精准扶贫档案示范村（社区）的创建，要按照贵州省档案局、贵州省扶贫开发办公室联合下发的《关于做好精准扶贫档案工作的意见》《精准扶贫档案管理办法》通知（黔档（志）通〔2016〕53号）以及《贵州省精准扶贫档案实施细则》的规定，严格区分文书档案、精准扶贫（业务）档案、项目（科技）档案、照片（光碟）档案、实物档案、电子档案。按各门类收集范围和整理标准进行划分和整理，打造出一批高水平的省、市、区、乡示范点，发挥示范效应，为全区脱贫攻坚工作的评估验收提供有据可查的档案依据。

（四）加强督查，精心指导。区扶贫办、区档案局要成立创建工作督查考核组，深入精准扶贫档案示范点进行督促检查，定期调度、定期通报，并将创建工作纳入精准扶贫工作年度目标考核和责任追究，确保创建工作按时间、按进度、按质量完成。

区档案局要成立创建工作业务指导组，由局领导班子带队，深入各精准扶贫档案示范点进行业务指导，帮助解决创建工作中遇到的业务难题，统一标准、统一格式，确保规范，在省、市、区级示范点的乡镇范围内，创建出一批高标准精准扶贫档案示范点，以点带面，全面推广。

三、创建步骤

全区省、市、区、乡四级精准扶贫档案示范创建活动分四个阶段进行：

第一阶段：收集阶段。2017年5月，各乡镇街道对精准扶贫示范点产生的扶贫资料进行收集，严格按各门类资料、图片、电子文件等进行收集，确保收集齐全、完整。在业务资料收集中，重点收集综合管理类、精准识别类、精准施策类（含项目类、帮扶类、兜底类）、精准脱贫类相关资料。

第二阶段：整理阶段。2017年6月至8月，各乡镇街道业务人员、档案员、驻村干部、村干部对已收集的业务档案进行分类整理、录入、盖章、打码、编档号、装盒，形成实体档案。

第三阶段：数字化加工阶段。2017年9月至10月，对已整理归档的档案，各镇乡街道抽熟悉计算机、扫描仪的业务人员或驻村干部，进行数字化加工，确保扫描质量达标，然后向区档案局上传、上交精准扶贫档案示范村档案条目、扫描件和光盘，实体档案由各镇乡街道保管备查。

第四阶段：验收阶段。2017年11月，区档案局根据各镇乡街道上报的示范村档案数据，逐门类、逐条目、逐幅扫描件实行“三对应”核查验收。

四、保障措施

开展全区精准扶贫档案示范点创建活动，按省、市、区、乡四级联创进行部署，以镇乡街道创建为主体，创建结束经验收合格，并上交、上传相关条目和扫描件后，每个精准扶贫档案示范村给予1至2万元创建经费（含档案装具经费），由区档案局下拨到各镇乡街道，列入乡镇街道财政资金安排使用。

毕节市七星关区人民政府办公室关于印发毕节市七星关区全面推进城乡生活污水治理工作实施方案的通知

七星府办通〔2017〕397 号

各乡镇人民政府、街道办事处，区政府各工作部门，各直属机构：

《毕节市七星关区全面推进城乡生活污水治理工作实施方案》已经区人民政府二届（34）次常务会议同意，现印发给你们，请认真抓好落实。

毕节市七星关区人民政府办公室

2017 年 11 月 24 日

毕节市七星关区全面推进城乡生活污水治理工作实施方案

为全面推进“十三五”期间城乡生活污水治理工作，结合七星关区实际，制定本方案。

一、总体要求

（一）指导思想。坚决贯彻落实习近平视察贵州时的重要指示精神，坚守发展和生态底线，牢固树立“创新、协调、绿色、开放、共享”发展理念，围绕保障全区经济发展、生态安全、提升城乡人民生活品质的目标，将城乡生活污水治理作为改善全区城乡水生态环境的关键环节，通过统筹规划、有序实施、科学运营、强力监管，做到城乡生活污水治理设施建设与经济社会发展相协调、与城乡发展总体规划相衔接、与环境改善需求相适应，不断提高水环境质量，加快形成满足全区生产生活、生态持续发展需要的城乡生活污水治理设施体系，为坚决打赢“113”攻坚战，开创百姓富、生态美的多彩贵州毕节新篇章提供更加坚实的生态保障。

（二）基本原则

规划引领，城乡统筹。按照“城乡一体化、供排一体化、运营一体化、价格一体化”的要求，优化城乡生活污水治理设施布局，科学确定污水治理技术路线，坚持统一规划、统一建设、统一运营、统一监管的原则，按照先地下、后地上，先规划、后建设的顺序分步实施、统筹推进城乡生活供水、污水治理设施建设。

政府主导，市场运作。严格执行财政部、住房城乡建设部、农业部、环境保护部《关于政府参与的污水、垃圾处理项目全面实施 PPP 模式的通知》（财建〔2017〕455 号），全区新建污水治理项目全面实施 PPP 模式，有序推进存量项目转型为 PPP 模式。政府和社会资本双方按照市场机制原则协商确定 PPP 模式实现方式，明确权益分配和风险分担机制，有效实施绩效考核和按效付费，规范项目发起、识别、准备、采购、执行、移交各环节操作流程，严格执行《国务院办公厅转发财政部发展改革委人民银行关于在公共服务领域推广政府和社会资本合作模式指导意见的通知》（国办发〔2015〕42 号）等相关规定，通过 PPP 模式提升城乡污水治理公共服务质量和效率。

厂网并举，全面推进。对城乡生活污水收集、处理各环节进行系统整合，实现污水处理厂网一体。重点对已建成的城乡生活污水处理厂管网不配套和老旧污水管网进行改造，对尾水不能达标排放的污水处理厂进行提标改造。新建城乡生活污水处理厂的配套管网必须同步设计、同步建设、同步投运、全面推进。

（三）主要目标。到2020年，实现全区城乡污水处理设施全覆盖，较2016年新增城乡生活污水处理能力3.91万吨/日，总处理规模达到16.57万吨/日。全区城乡基本实现雨污分流和生活污水全收集，城乡污水处理率达到91%，城区污水处理排放达到一级A标以上，乡镇污水处理排放达到一级B标以上，农村50户以上的集中居住地生活污水得到有效治理。分年度建设目标如下：

2017年：新开工建设龙场营镇、林口镇及大新桥等7个生活污水处理厂，新增生活污水处理3.29万吨/日，新建生活污水管网49.4公里，改造老旧管网23公里，实现全区城乡污水处理设施覆盖率达53%。建成鸭池镇生活污水处理厂及管网配套工程并投运；启动七星关区第一、第二污水处理厂提标改造，处理规模10.5万吨/日（第二污水处理厂尾水提升至七星关区中水处理工程一期经处理后回用，不用再提标改造，第二污水处理厂处理规模为2.5万吨/日），完成七星关区污水再生利用设施建设，处理规模3.0万吨/日。

2018年：新开工建设田坝镇、放珠镇等16个生活污水处理厂，新增生活污水处理0.62万吨/日，新建生活污水管网171.44公里，改造雨污合流制管网20公里，实现全区城乡污水处理设施覆盖率达100%。完成七星关区第一、第二污水处理厂提标改造。

2019年：改造雨污合流制管网25公里。

2020年：改造雨污合流制管网25公里。

二、组织领导及部门职责

为加快城乡污水处理设施建设与改造，提高城乡污水收集处理能力，切实推进七星关区城乡生活污水治理工作，特成立毕节市七星关区城乡生活污水治理工作领导小组，组成人员如下：

组　长：严　琪　区委常委、常务副区长
副组长：王大庆　区人民政府副区长
　　　　陈　俊　区人民政府副区长
成　员：周　兴　区人民政府办公室副主任
　　　　史开铬　区人民政府办公室副主任
　　　　聂　赟　区人民政府办公室机关党委书记
　　　　林　勇　区水务局局长
　　　　毛家兴　区发展和改革局局长
　　　　孙　浩　区环境保护局局长
　　　　张治国　区城市综合执法大队大队长
　　　　肖荣华　区财政局局长
　　　　陈亮欢　区住房和城乡建设局局长
　　　　宋尚万　区城乡规划局局长
　　　　张仕江　区国土资源局常务副局长
　　　　雷朝举　区督办督查局局长
　　　　薛朝端　区委组织部副部长、实绩考核办主任
各乡镇街道行政主要负责人

领导小组下设办公室在区水务局，林勇同志兼任办公室主任，负责制定全区城乡生活污水治理规划和方案，对全区城乡生活污水治理项目的建设和运营、污水收集管网的建设及日常管理进行监管，指导、检查、调度、督办、考核相关部门和乡镇生活污水治理工作；明确部门、乡镇生活污水治理工作的职责，落实监管人员；落实城乡生活污水治理工作的建设及运营经费，建立和完善工作机制，确保城乡生活污水治理的建设及正常运行。

水务部门负责牵头编制城乡生活污水处理相关规划，统筹协调指导全区开展城乡生活污水治理工作和项目的建设及运行。

发展和改革部门负责城乡生活污水治理项目前期工作的审批及申报，污水处理项目的节能审查，开展项目督查，积极争取上级资金和项目支持。

环境保护部门负责指导开展城乡生活污水治理工作，落实建设项目环境保护工作责任，城乡生活污水处理设施的运行日常监管。

城市综合执法部门负责城区雨污管道的日常维护及管理。

财政部门负责加强财政资金监督检查，绩效评价等工作，会同主管部门争取中央和省级财政部门有关奖补资金。

住房和城乡建设部门负责城乡生活污水处理设施建设中工程质量、施工安全的监督管理及相关技术指导。

城乡规划部门负责指导城镇排（污）水管网规划设计，监督指导排（污）水管网按规划实施。

国土资源部门负责协调解决城乡生活污水处理项目用地指标，保障合理用地。

督查考核部门负责对全区城乡生活污水治理项目建设的有关部门和乡镇进行督查督办和考核。

各乡镇街道负责辖区内污水处理设施项目建设征地、房屋征收补偿和矛盾纠纷化解；维护辖区内污水设施及收集管网不被恶意破坏，严厉打击辖区内破坏污水收集管网的违法行为；对辖区内新建或改建道路、住房等项目，按要求向区住房和城乡建设部门申请审核，确保项目按要求进行雨污分流设计、施工，并接入城镇污水收集管网。

其他有关部门根据工作职责共同做好城乡生活污水治理相关建设、运营、管理等工作。

村级污水治理管理职责按照省级的相关规定执行。

三、建设管理

（一）强化规划指导。以建制镇、深度贫困乡镇、重要水源保护地、高速公路沿线、交通便利及其它急需治理城乡生活污水的地区为优先，全面推进全区规划的23个城乡生活污水处理厂和污水管网的新建及已建成的污水处理厂和雨污管网的改造。其中，城区新建1个、扩建1个，乡镇新建21个，规划新增生活污水管网209.34公里，维修改造老旧污水管网23公里，改造雨污合流管网70公里。规划对城区2个生活污水处理厂进行提标改造，排放标准由一级B标提高到一级A标。

（二）强化设施建设。按照“城乡一体化、供排水一体化”原则，以乡镇为单元，将城乡自来水厂、雨污管网和污水处理厂等供排水设施全部打捆，采用PPP模式分类分级实施城乡污水处理设施项目建设。

1. 城区污水治理。城区污水治理设施结合城市规划设置污水收集管网和污水处理厂，按照污水全收集全处理的要求和污水处理厂出水水质达到《城镇污水排放标准》一级A标的目标，综合考虑建设及运营成本、占地规模、脱氮除磷效果，尽量采用先进处理技术和管理技术，选择采用A2/O工艺、氧化沟工艺、SBR工艺等污水处理工艺。

2. 乡镇污水治理。乡镇污水治理设施按照城镇规模和规划设置污水收集管网和污水处理厂，污水处理工艺按针对性强、技术成熟、投资合理、运行安全可靠、能耗低、维护管理简单、运行费用省的要求，可选择A2/0工艺、氧化沟工艺、SBR工艺、活性污泥法、生物接触氧化工艺、生物滤池工艺。污水处理厂出水水质在《地表水环境质量标准》地表水Ⅲ类以上功能水域（包括集中式饮用水源保护区、游泳区和湖、库等功能水域）达到一级A标，其他水域达到一级B标。

3. 村寨污水治理。村寨生活污水治理根据所处地域、人口规模、聚集程度、地形地貌、排水特点及排放要求，采用适宜的污水收集和处理模式进行处理。靠近城市的村寨生活污水可以并入城市集中式污水处理厂，远离城市的村庄，可以灵活运用生物+生态处理技术，如“化粪池+人工湿地”工艺的庭院式污水处理技术或“化粪池+生物处理A/O（A2/0）十人工湿地”工艺的分散式处理技术等。污水处理后出水排放标准在地表水Ⅱ类以上功能水域（包括集中式饮用水源保护区、游泳区）达到一级A标，其他区域一般执行一级B标，地表水v类功能水域可扰行二级标准。

4. 污泥无害化处置。全区所有城乡生活污水处理厂产生的污泥进行集中收集后运到污泥处置中心处置后，运入垃圾填埋场作填埋处理或其他无害化处理。

5. 再生水利用。建设污水治理设施同时要积极利用再生水，选择成熟合理的再生水生产工艺，推进再生水生产设施及配套管网建设。

（三）强化运营管理。按照“运营一体化、价格一体化”原则，全区供排水设立一个运营机构并按照城乡给排水总量进行成本测算，合理确定城乡污水处理价格，以乡村统一水价和污水处理费，给水污水合并收费的方式，实现以城带乡、以给水保障排水的目的，实现城乡污水处理设施可持续正常运行。运营机构按照“厂网一体”“泥水一体化”模式运作，加强管理，确保收集的污水水质水量稳定，处理工艺先进、排放达标。通过绩效考核，按照水环境质量改善情况给运营机构付费，提升污水处理服务效能。要充分应用现代化信息技术，强化城乡生活污水处理设施运营监管能力建设，增强利用信息化手段的监管、预警与应急能力。要采取购买服务、委托第三方检测机构等方式满足日常监管需求，强化日常监管，促使污水处理厂规范化运营。

四、保障措施

（一）层层压实责任。各级各有关部门要统一思想认识，建立主要领导亲自抓、分管领导具体抓、相关部门共同抓的工作机制，细化量化工作任务，层层签订目标责任书，强力推进城乡生活污水治理工作，确保区政府明确的各项工作任务按期完成。

（二）优化财政政策。尽快编制城乡污水 PPP 项目“一方案、两评价”，发展和改革部门要安排城乡污水处理项目前期工作经费，统筹水务、城市综合执法、扶贫、住房和城乡建设、环境保护、财政等部门用于城乡污水处理的资企作为政府投入，充分发挥国有公司和水利基金的作用，积极吸纳其他投资，按照 PPP 模式共同推动城乡生活污水治理项目。

（三）严格考核问责。将城乡生活污水治理工作纳入政府责任目标考核内容，全面实施跟踪督查和目标考核，对城乡生活污水治理工作滞后、工作推进不力、建成后设施运行不正常的，按照干部管理权限分别对乡镇街道行政主要负责人、分管负责人和相关部门负责人进行行政问责，对造成重大环境污染或责任事故的，依法严肃追究相责任人的责任。

毕节市七星关区人民政府办公室关于印发《毕节市七星关区社区教育工作实施方案》的通知

七星府办通〔2017〕413号

各乡镇人民政府、街道办事处，区政府各工作部门、各直属机构：

《毕节市七星关区社区教育工作实施方案》已经区人民政府同意，现印发给你们，请抓好落实。

毕节市七星关区人民政府办公室

2017年12月12日

七星关区社区教育工作实施方案

为提高社区居民的素质和文化水平，满足社区居民对各种学习教育的迫切需求，大力提高社区居民的整体素质和生活质量，构建终身教育体系，按照《省教育厅关于开展社区教育试点工作的通知》（黔教职成发〔2016〕276号）和《省教育厅等九部门转发教育部等九部门关于进一步推进社区教育发展的意见的通知》（黔教职成发〔2016〕303号）文件要求，结合七星关区实际，特拟定本方案。

一、指导思想

全面贯彻落实中共十九大精神，认真实施科教兴区和可持续发展战略，充分利用和开发各类教育资源，努力实现学校、社会、家庭的协调发展，立足社区，辐射周边，不断提高社区成员的整体素质和生活质量，努力促进全区经济社会各项事业协调发展。

二、工作目标

今后一个时期，七星关区社区教育的总体目标是：广泛开展社区教育，倡导全民参与，推动全民学习，逐步建立完善的社区教育网络，使社区各类教育资源得到有效整合，创建终身教育体系和学习型社会，提高社区居民的整体素质以及自我发展的本领和能力。力争在2—3年内，初步形成便民惠民的社区教育体系，为建设人人皆学、处处可学、时时能学的学习型社会奠定坚实基础。

三、工作任务

从2018年1月起，全区各乡镇街道所辖社区全面开展社区教育工作，形成社区教育全覆盖。

（一）建立健全领导管理体制。

各乡镇街道成立社区教育工作领导机构，全面统筹和协调推进辖区内的社区教育工作。下设办公室，安排专人负责社区教育工作，确保每个社区至少有一名社区教育志愿者，志愿者实行注册制，报区社区教育工作领导小组办公室（区教育局职成教股）备案。

（二）打造社区教育基地。

有效结合新时代农（市）民讲习所，充分利用辖区内公共设施，设立社区教育基地，基地名称由各乡镇街道收集报区教育局。

（三）开展内容丰富、灵活多样的教育培训。

每个社区每月至少开展一次社区教育活动。以社会主义核心价值体系为重点，广泛开展思想道德、文化艺术、知识技能、新型农民、生活常识等方面的教育培训活动，努力提高社区居民的综合素质。要加强国家政策讲习，加强社会主义民主和法制教育、社会公德和社会诚信教育，努力打造社区人员全面发展的良好环境。面向社区老年人群开展丰富多彩的文化艺术以及地方特色民俗活动，丰富社区文化生活，促进社区和谐，提高社区整体发展水平。

四、工作步骤

（一）准备阶段（2018年1月前）。

各乡镇街道结合实际制定实施方案，组建领导机构，选定教育基地，建立工作制度，梳理工作任务，拟定工作计划，开展前期准备工作。

（二）组织实施阶段（2018年2月至9月）。

严格按照工作计划全面开展社区教育工作，及时整改实施过程中的问题，确保社区教育顺利实施。

（三）考核验收阶段（2018年10月至12月）。

区社区教育领导小组办公室对社区教育工作进行专项验收，经验收不合格的限期整改到位，今后形成常态。

五、工作要求

（一）加强组织领导。区级成立由分管副区长任组长，区直各有关部门和乡镇街道负责人为成员的社区教育工作领导小组（见附件）。各乡镇街道要成立相应的工作领导小组，积极开展社区教育工作。各单位主要领导要亲自过问，分管领导具体抓，确保硬件建设和软件资料同步实施，达到标准，建立工作台账，形成工作机制。

（二）切实履行责任。区社区教育工作领导小组办公室负责指导、督促、检查各社区教育工作；各乡镇街道负责指导辖区内社区开展社区教育工作，协调各有关单位公共设施设备用于社区教育；区直各部门要结合部门工作职责，给予社区支持和帮助。

（三）强化监督考核

区社区教育工作领导小组办公室、区督办督查局、区实绩考核办要将社区教育工作纳入年度考核重要内容，适时对社区教育工作进行动态督查考核，加强过程指导，及时发现和解决问题。对工作不力的要列出整改清单，限时整改，确保社区教育工作顺利进行，对验收不合格的要在全区进行通报批评，实行责任倒查，严肃问责。

七星关区概况

【概述】 毕节市七星关区位于贵州省西北部，是云贵川三省地区区域中心城市和黔西北政治、经济、文化中心及交通枢纽，地处北纬27°03′~27°46′，东与大方县相邻，南与纳雍县接壤，西与赫章县和云南省镇雄县毗邻，北与四川省叙永、古蔺县隔赤水河相望。全区总面积3412平方公里，辖42个镇乡办事处，全区人口165万人。最高海拔2217米，最低海拔470.1米，平均海拔1511米。全区气候冬无严寒，夏无酷暑，全区年平均气温13.9℃。七星关区属中山地貌类型，东北部山地与沟壑交错，地势陡峭；中部属中山山地和河谷平地；西部属中山和高中山及谷地。主要农作物为玉米、水稻、马铃薯、油菜、烤烟。盛产生漆、大蒜和天麻、杜仲、半夏、党参等名贵中药材。有得天独厚的自然条件、种类繁多的矿产资源，物种多样的生物资源，蓄势待发的旅游资源。矿产资源主要有煤、煤层气、泥炭、地热、铁、铜、铅锌、铝土矿、硫铁矿、水泥用灰岩、建筑用灰岩、饰面用灰岩、化肥用白云岩、水泥用砂岩和页岩、耐火粘土、高岭土、矿泉水、砖瓦用页岩矿产等19种，其中煤初步查明资源储量的有37个矿区（井田），累计查明的资源储量11.4931亿吨，硫铁矿在全市境内分布面积约2000平方公里，预测资源储量19.2亿吨，查明9个硫铁矿矿区资源储量1791.65万吨。七星关区历史厚重、资源富集、区位优势明显。

【主要经济指标】 2017年，全区预计实现生产总值382亿元，同比增长13%；500万元以上固定资产投资271.2亿元，同比增长23%；一般公共财政预算收入完成25.5亿元，同比增长5.3%；实现规模工业增加值69亿元，同比增长12%；社会消费品零售总额137.33亿元，同比增长13%；招商引资到位资金185亿元，同比增长7.8%。农村常住居民人均可支配收入8838元，同比增长12.5%；城镇常住居民人均可支配收入29485元，同比增长10%。

【脱贫攻坚】 严格贯彻落实省委、省政府和市委、市政府安排部署，着力补齐脱贫短板，以产业扶贫、易地扶贫搬迁、教育医疗扶贫、基础设施建设和基层组织建设五个重点领域为抓手，全力助推脱贫攻坚。一是组织开展全区进村入户“大遍访”活动。组织上千名干部，进村入户，户户见面，分别对2016年标注已脱贫和2017年拟脱贫贫困户进行全面回访走访，有序推进精准识别“回头看”，进一步精准建档立卡信息。二是落实2017年第一批中央财政专项扶贫资金7972万元；落实“特惠贷”金融扶贫贷款4203户，贷款金额18506.8万元，累计贷款16941户53212.115万元；成功申报省脱贫攻坚产业子基金1600万元，开展乡乡镇镇建农业园区工作，辐射带动了2400户8300名贫困人口发展产业。三是2016年易地扶贫搬迁项目入住743户2978人；教育资助贫困家庭学生4312人876万元；城乡居民医疗保险11类精准扶贫特殊人群及建档立卡贫困户住院治疗受益1.26万人次。

四是围绕实现村村有办公场地的目标，投入2.5亿元用于农村基层阵地建设。五是全力推进农村“三变”改革，探索“村支部+合作社+公司+贫困户”的利益联结机制，带动村集体经济发展和贫困户脱贫，辐射带动了6300户2.39万贫困人口发展产业或通过就业增收。六是拨付剩余5个未减贫摘帽乡镇各500万元作为农村基础设施建设启动经费。七是完成通村路804公里、通组路928.6公里。

【城乡一体化建设】 始终坚持“一手抓城市，一手抓农村”，统筹推进城乡一体化发展。城市建设方面。按照市委、市政府打造山水园林型、绿色生态型、开放创新型、宜居宜业型、历史文化型“五型城市”的决策部署，以“五城同创”为抓手，以倒天河综合治理整治为切入点，全面提升城市生态功能、服务功能，打造魅力七星关。2017年，完成棚户区改造签订房屋征收补偿协议27600户（原为28899户，根据市政府安排，为支持百里杜鹃管理委员会棚户区改造工作，将七星关区2017年28899户棚户区改造任务调整出1299户到百里杜鹃管理委员会实施），共实施城市基础建设项目90个，总投资约150亿元，完成投资34亿元；投资规模约300亿元的78个“一河一城四园十路”城市建设项目，共开工建设20余个。其中，总投资4000万元倒天河补水工程已于6月建成投入使用。保障房源项目19个，拟建面积约250万平方米，总投资约77亿元，2017年，观湖居、青龙花园等7个项目已启动实施，其余项目正在推进前期手续办理和规划设计方案的报批工作；冷水洞体育公园总投资2.1亿元，现已启动建设，本年度预计完成投资1.23亿元；月亮湖公园预计投资9.5亿元，现前期PPP项目包装工作已完成，施工工单位已进场施工；阳山山体公园、龙蟠山公园等山体公园正在推进规划方案编制。“十路”中的深圳路延伸段、洪南路南段、东心路等7条已经启动建设。全区城镇化率达48.8%。水利工程建设方面。2017年，双河口水库工程完成工程形象进度约57%，龙官桥水库完成工程形象进度27%，野角水库完成工程形象进度18%，前所河柏杨林汇口段河道治理工程完成工程进度70%，毕节市洒鱼河龙洞段治理工程已完成施工招投标。2017年，农村安全饮水工程有序推进，总投资28802.05万元，共解决26.09万人饮水不安全问题。公路建设方面。毕龙高速完工，东清高速（环城快速通道）快速推进；成贵铁路已全线贯通，叙毕铁路全面铺开建设。246国道草堤至总溪河建设有序推进，246国道大箐至二龙关、106省道花牌坊至赤水河、306省道海子街至小吉场开工建设；猫场至阴底，对坡至林口县乡道建设有序推进，大银至月亮山旅游公路建设完成。电网方面。完成生机35千伏输变电土石方开挖，中心村电网改造工程有序推进。

【生态建设】 严格执行“党政同责、一岗双责”，全面落实环境保护主体责任和监管责任，切实推动问题整改和转办案件办理工作，制定详细整改台账，逐一办结销号，实现边督边改、立行立改。一是全面加强整改。制定中央环保督察组转办案件和突出环境问题限期整改工作方案，确保整改工作有序、按时完成。二是强化督促指导。组建专项督察组，针对已上报审核办结和未办结案件，遵循“五个一”和“三个不放过”的原则，以办理是否到位、处理是否依法依规、当地群众是否满意为核查重点，全面开展“回头看”。三是突出问题整改。以环保设施建设和环保能力建设为重点，切实细化整改方案和建立整改台账，持续抓好具体问题整改，推动解决面上问题。开展常态化督查，对已整改完成的问题，切实防止反复和反弹。四是从严实施追责。实行清单管理，逐条督办落实，跟踪问效，办结销号。对行动迟缓、工作不力或未按要求完成整改任务，甚至弄虚作假、欺上瞒下的，一经发现，严格按照“三个三”问责机制实施问责。2017年，中央环保督察组交办、转办给七星关区的信访投诉案件共96件，已办结74件，整改完成率为77.08%，尚未彻底整改完成22件；全市65个生态环境突出问题，涉及七星关区的共有18个，已完成8个，整改率为44.44%。

【工业化建设】 不断完善园区功能和产业布

局，进一步增强产业集聚。一是不断夯实园区基础设施。经开区全年预计完成固定资产投资18.53亿元，其中，基础设施投资1.53亿元，产业项目投资17亿元，实现产值33亿元，工业增加值9.2亿元。完成金银山安置房、金银山互通、公租房二期等工程建设；标准厂房三期、葛家咀安置房、兴园安置房、秀岭湾安置房等项目加快推进。二是积极发展延伸产业链。依托现有产业，围绕实现上下游产业聚集和产业链延伸，新引进德帮能源科技、海德威服饰、杭萧钢构等7个项目；华耀服装项目建成投产，完成投资1.5亿元，解决就业1300余人。2017年，园区共计入驻20个项目，标准厂房入住率达97%，其中8个项目建成投产，投产率40%，拥有规模以上企业26家，解决就业6360余人。长春堡、朱昌中小微企业创业园加速推进，完成投资0.46亿元。三是扶持传统优势产业。以“千企改造”和“工业百千万”为抓手，积极支持烟厂争取优质香烟生产指标，电厂热电联产项目建设稳步推进，毕节大曲和碧春酒业产能逐步提升。四是创新引领劳动密集型产业。积极谋划以华耀服饰为示范带动的劳动密集型产业发展新格局，加大就业培训力度，吸纳本地劳动力在家门口实现就业，倾力助推精准扶贫，全年共计提供3000余个就业岗位，其中815人为精准贫困户，实现培训一人、输转一人、就业一人、脱贫一户。

【农业经济】 一是加快推进产业结构调整。2017年，全区预计完成种植蔬菜35.1万亩、刺梨1.77万亩、油用牡丹1.15万亩、茶叶2000亩、食用玫瑰0.7万亩；生猪存栏76万头、牛存栏16.45万头、羊存栏6.8万只、家禽存栏100万羽。二是大力发展农产品加工业。全区农产品加工企业达44家，规模农产品加工企业产值预计达2.13亿元，销售收入1.71亿元。三是加快推进农业品牌创建。无公害农产品产地认定面积17.60646万亩；累计申报无公害农产品认证56个，已获证40个；绿色食品认证2个、有机食品认证3个，“毕节椪柑”农产品地理标志登记认证已通过农业部专家评审，毕节白萝卜和毕节白蒜成功注册国家地理标志证明商标。四是加快农业园区建设。大力实施农村“三权促三变”改革，全力推进49个农业园区建设，形成乡乡镇镇有主导产业。

【现代服务业】 精心打造景区景点和现代服务设施，按照“一城六区一走廊”旅游规划布局，有序推进七星古城、鸡鸣三省景区等景区景点建设，2017年，全区实现旅游总收入75亿元，增幅20%，接待游客950万人次，增幅20%。以大数据为支撑，打造众创、众扶、众筹平台，引进阿里巴巴农村淘宝、浙江颐高、申通、中通、顺丰、菜鸟等70家电商企业入驻电商产业园，网上交易额突破8.6亿元，位居全省前列。物流、交通运输、邮政快递、物业管理、信息咨询等现代服务业快速发展。

【社会民生事业】 立足现有教育资源和生源结构，进一步促进教育事业均衡发展。一是进一步加快教育卫生基础设施建设。按照“小学相对集中、初中建在集镇”的原则，逐步整合百人以下的校点，优化乡镇学校布局，整合教育资源。建成区第二、第四、第五实验学校；完成11所幼儿园附属工程建设；完成334所农村中小学校提质升级和维修改造和166所校园文化建设，完成290所山村幼儿园的提质改造；毕节二中，毕节四中迁建项目有序推进中。教育质量稳中提质，高考实现新突破。启动新建区二医、区中医院医康养综合体，新增医疗床位900张；支持市一医、中医院扩建和市二医新建。高度关注乡镇卫生院、村卫生室建设发展，安排2200万元专项资金完善乡镇卫生院、村卫生室设备、业务建设等项目。二是巩固完善城乡医保救助制度。全区城乡医保参保人数达1133697人，免费为城乡居民建立电子健康档案73.1万份；拨付2000万元设立疾病应急救治资金，专项用于身份不明确或无支付能力患者急救，深入实施特困群众大病医疗底垫周转基金机制，切实推动救急难机制落到实处；调剂资金3000万元，全面实施医疗扶助，健全医疗扶贫“四重保障”，切实减轻贫困人口自付费用压力。三是不断加强社会保障。全区纳入保障范围的城市低保对象 7649 户、16389 人，支出城市低保资金 6954.4 万元；纳入保障范围的农村低保对象 37260 户、76155 人，支出农村低保资金 21456.03 万元。支出城乡医疗救助资金 3500 万元（其中急难医疗救助资金 100 万元），救助了 106935 人次（其中急难救助对象 35 人），支出临时救助资金 1208.4 万元（其中急难临时救助资金 476.6），救助了 5296 人次（其中急难救助对象 322 人）；“七长双线九平台”进一步落实，2680 名困境儿童每月发放 26.8 万元基本生活费。完成全区小学阶段留守儿童电话手表采购工作，发放工作有序开展。

【安全生产和维护社会稳定】 抓源头管理和风险防控，抓依法治理和重点整治，全力夯实基础，重点加大对道路交通、煤矿、非煤矿山、建筑施工、冶金等行业领域的监督检查力度。2017 年，全区共计发生 20 起安全生产事故，死亡 22 人，其中道路运输事故 19 起，死亡 21 人，高处坠落 1 起，死亡 1 人。上半年，省、市共交办七星关区化解的信访积案 117 件，已化解办结 117 件，化解办结率 100%，其中办结（息诉息访）63 件，办结（息诉息访）率 53.85%。加大治安管控力度，梳理排查命案积案 25 起，命案逃犯 7 人，破获涉爆刑事案件 2 起，刑事拘留 3 人，收缴炸药 17.8 公斤，雷管 1392 枚。收戒吸毒人员 809 人，阳光企业累计安置戒毒康复人员 624 人。

【党风廉政建设】 认真学习贯彻落实省第十二次党代会精神，坚定不移推进全面从严治党，深入开展“三个建设年”活动，围绕大局、突出重点，坚持“两手抓、两不误”，进一步统一思想、凝聚合力，切实增强政治意识、大局意识、核心意识、看齐意识。严格按照党风廉政“一岗双责”的要求，始终把党风廉政建设工作当作分内之事、应尽之责，做到从严从实、知行合一。加大对违纪违法案件的查办力度，以零容忍态度惩治腐败。坚持认真履职、主动担当，着力推动中央和省委、市委重大决策在七星关区落地生根，确保区委各项决策部署及时不折不扣得到贯彻落实，有力地推动了全区经济社会持续健康发展，稳步向同步小康目标迈进。

（政府办文书科）

领导名录

七星关区领导名录

区几大班子

中国共产党毕节市七星关区委员会

书　记　崔英魁（2017.01－2017.12）
副书记　胡敬斌（2017.01－2017.12）
常　委　安　旺（2017.01－2017.07，彝）
何万学（2017.01－2017.12）
袁　媛（2017.01－2017.12，女，彝）
严　琪（2017.07－2017.12）
王晓园（2017.01－2017.12，穿青人）
易晓华（2017.01－2017.12）
张　铭（2017.01－2017.12，苗）
叶　荣（2017.01－2017.12）

毕节市七星关区人民代表大会常务委员会

主　任　周　延（2017.01－2017.12）
副主任　张　媛（2017.01－2017.12，女）
胡家敬（2017.01－2017.12）
张　骅（2017.01－2017.12）
肖世华（2017.01－2017.12）
胡卫国（2017.01－2017.12）
吕艺华（2017.01－2017.12）

毕节市七星关区人民政府

区　长　胡敬斌（2017.01－2017.12）
常务副区长　安　旺（2017.01－2017.08，彝）
严　琪（2017.08－2017.12）
副区长　周祖华（2017.01－2017.06）
王大庆（2017.01－2017.12，苗）
刘　鑫（2017.01－2017.12）
严　琪（2017.01－2017.08）
李　萍（2017.01－2017.12，女，彝）
陈　俊（2017.08－2017.12，彝）
肖玉明（2017.08－2017.12）
赖　平（2017.01－2017.12，挂职）
顾长华（2017.01－2017.12，挂职）

沈仕青（2017.04－2017.12，挂职）
赵　科（2017.01－2017.08，挂职）
朱雅亮（2017.01－2017.06，挂职）
唐希戈（2017.01－2017.12，女，挂职）

中国人民政治协商会议七星关区委员会

主　席　吴贤耀（2017.01－2017.06，彝）
主席提名人选　葛传彦（2017.09－2017.12）
副主席　燕金祥（2017.01－2017.12）
王林中（2017.01－2017.12）
江晓燕（2017.01－2017.12，女）
周遵林（2017.01－2017.12）
熊　雄（2017.01－2017.12）
邓　庆（2017.01－2017.12，白）

七星关区乡镇（街道）领导名录

市西街道

党工委书记　王安民（2017.01－2017.12）
人大工委主任　高鹏程（2017.01－2017.03）
周　峰（2017.07－2017.12）
党工委副书记、主任　高　伟（2017.01－2017.12）
党工委副书记　岳顶全（2017.03－2017.12）
党工委委员、纪工委书记
孙天珍（2017.01－2017.12，女）
党工委委员、组织委员
卢　鹏（2017.01－2017.12）
党工委委员、宣传委员
武孔珍（2017.01－2017.12，女）
党工委委员、政法委书记
胡　鸿（2017.07－2017.12）
党工委委员　吉庆才（2017.01－2017.12）
党工委委员、武装部长、副主任
周　峰（2017.01－2017.07）
党工委委员　刘　渊（2017.03－2017.12）
副主任　张　宁（2017.01－2017.12，女）
高　虹（2017.01－2017.12，女，壮族）
计生专职副会长　潘利华（2017.01－2017.12）

市东街道

党工委书记　聂祥春（2017.01－2017.12）
人大工委主任　田应碧（2017.01－2017.12）
党工委副书记、主任
谢永贵（2017.01－2017.12，白族）
党工委副书记　樊　舡（2017.01－2017.12）
党工委委员、纪工委书记
龙秀琼（2017.03－2017.12，女）
党工委委员、组织委员
王　娟（2017.01－2017.12，女）
党工委委员、宣传委员
郑　勇（2017.09－2017.12）
党工委委员、政法委书记
张　云（2017.01－2017.08）
席　宏（2017.08－2017.12）
武装部长、副主任　顾怀乾（2017.01－2017.12）
党工委委员、武装部长、副主任
顾怀乾（2017.06－2017.12）
党工委委员　张　艳（2017.01－2017.12，女）
党工委委员、副主任　张　艳（2017.01－2017.12，女）
党工委委员　谢明全（2017.01－2017.12）

副主任 廖　凯（2017.01－2017.12）
计生专职副会长 席　宏（2017.01－2017.08）

麻园街道

党工委书记 黄远森（2017.01－2017.12）
党工委副书记、主任
向胜利（2017.01－2017.12）
人大工委主任 糜永珍（2017.01－2017.12，女）
党工委副书记 陈丽萍（2017.01－2017.12，女、彝）
党工委委员、纪工委书记
袁　野（2017.01－2017.12）
党工委委员、组织委员
刘　海（2017.01－2017.12）
党工委委员、政法委书记
罗　杰（2017.01－2017.12）
党工委委员、宣传委员
曹富勇（2017.01－2017.12）
党工委委员 龙秀学（2017.01－2017.12，彝）
罗明光（2017.01－2017.12）
何学伟（2017.07－2017.12）
武装部长、副主任 孙　兆（2017.01－2017.12）
副主任 陈顺军（2017.08－2017.12）
周　云（2017.03－2017.12）

碧海街道

党工委书记 李光俊（2017.01－2017.08，彝）
人大工委主任 张　鹏（2017.01－2017.12）
党工委副书记、主任 陆　军（2017.01－2017.12）
党工委副书记 龚毅龙（2017.01－2017.12）
党工委委员、纪工委书记
张周平（2017.01－2017.12，女）
党工委委员、组织委员
高　曼（2017.01－2017.06，女，彝）
党工委委员、政法委书记
刘世佳（2017.01－2017.12）
党工委委员、宣传委员
潘永发（2017.01－2017.12）
党工委委员、副主任、武装部长
夏　旭（2017.01－2017.03）
党工委委员 喻永伦（2017.01－2017.12）
张　竞（2017.01－2017.12）
朱　鸿（2017.01－2017.12）
副主任 周炜杰（2017.01－2017.12）
王　玥（2017.01－2017.12，女）

碧阳街道

党工委书记 戴德润（2017.1－2017.12）
党工委副书记、主任 胡祥松（2017.4－2017.12，彝）
人大工委主任 龙天发（2017.1－2017.12，彝）
党工委委员、纪工委书记
卯　蕾（2017.3－2017.12，女）
党工委委员、组织委员
全登梅（2017.8－2017.12，女）
党工委委员、政法委书记
刘　敏（2017.1－2017.12，女，白）
党工委委员、副主任
雷　娟（2017.1－2017.12，女，白）
党工委委员、宣传委员
吴道琼（2017.1－2017.12，女）
党工委委员 靳玉环（2017.1－2017.12）
党工委委员、流仓社区支书
黄　龙（2017.1－2017.12）
党工委委员 龚　吉（2017.1－2017.12）
武装部长、副主任
陶永忠（2017.1－2017.12，苗）
副主任 陈庆乔（2017.1－2017.12）

大新桥街道

党工委书记 王万松（2017.01－2017.12）
人大工委主任 许　琴（2017.01－2017.06，女）
党工委副书记、主任 石　林（2017.01－2017.12）

党工委副书记　张晓玲（2017.01－2017.12，女）
党工委委员、纪工委书记
阮鹏程（2017.01－2017.12）
党工委委员、组织委员
王志鑫（2017.01－2017.12）
党工委委员、政法委书记
李　焱（2017.01－2017.12，彝）
党工委委员、宣传委员
陈　莉（2017.01－2017.12，女）
党工委委员　陈　耀（2017.01－2017.12）
张兴万（2017.06－2017.07）
朱丽娟（2017.08－2017.12，女）
党工委委员、武装部长、副主任
聂祥剑（2017.01－2017.12）
党工委委员、副主任
蔡　湛（2017.06－2017.12）
副主任　张兴万（2017.08－2017.12）
朱丽娟（2017.01－2017.07，女）
计生专职副会长　陈　俊（2017.01－2017.12，女）

德溪街道

党工委书记　王　驰（2017.01－2017.03）
陈云峰（2017.04－2017.12）
党工委副书记、主任
丁淞江（2017.01－2017.07，白）
李廷新（2017.08－2017.12）
人大工委主任　周维香（2017.01－2017.12）
党工委副书记　郭光全（2017.01－2017.12）
党工委委员、纪工委书记
魏　平（2017.01－2017.12）
党工委委员、组织委员
彭春鸿（2017.01－2017.12）
党工委委员、政法委书记
杨顶江（2017.01－2017.12）
党工委委员、宣传委员
胡汉中（2017.01－2017.12）
党工委委员、武装部长、副主任
邵继革（2017.01－2017.12）
党工委委员　祝　云（2017.01－2017.12，女，彝）
王方琼（2017.01－2017.12）
杨　霞（2017.01－2017.12，女，彝）
副主任　赵　文（2017.08－2017.12）
严春林（2017.03－2017.12）

观音桥街道

党工委书记　宋　勇（2017.01－2017.12）
党工委副书记、主任
付立武（2017.01－2017.08）
刘晓玲（2017.08－2017.12，女）
人大工委主任　赵　洪（2017.01－2017.12，白）
党工委副书记　雷　洋（2017.01－2017.12）
党工委委员、纪工委书记
邱艳霞（2017.02－2017.12，女）
党工委委员、武装部长、副主任
吉庆文（2017.01－2017.07）
张学贵（2017.07－2017.12）
党工委委员、副主任
吴　成（2017.01－2017.12）
党工委委员、组织委员
邓　诚（2017.01－2017.12）
党工委委员、宣传委员
周永来（2017.01－2017.12）
党工委委员　路　杰（2017.01－2017.12）
刘　芳（2017.01－2017.12，女）
科技副主任　唐丽霞（2017.01－2017.12，女）
计生专职副会长　廖常英（2017.01－2017.12，女）

洪山街道

党工委书记　张和国（2017.01－2017.04）
黄明显（2017.04－2017.12）
党工委副书记、主任　葛　龙（2017.01－2017.12）
人大工委主任　彭吉显（2017.01－2017.12）

党工委副书记　蔡慧芳（2017.01－2017.03，女）
王　军（2017.08－217.12）
党工委委员、纪工委书记
阮　顺（2017.01－2017.12）
党工委委员、组织委员
李　梅（2017.01－2017.12，女）
党工委委员、政法书记
薛爱东（2017.01－2017.12）
党工委委员、宣传委员
薛占琴（2017.01－2017.12，女）
党工委委员、武装部长、副主任
阮　春（2017.01－2017.12）
副主任　邓庭国（2017.01－2017.12）
聂　琴（2017.01－2017.12，女）
党工委委员　韩盛甲（2017.01－2017.12）
吴承之（2017.01－2017.12）

三板桥街道

党工委书记　石明殿（2017.01－2017.12）
党工委副书记、主任
刘青云（2017.01－2017.12）
人大工委主任　吴传杰（2017.01－2017.12）
党工委副书记　曾万年（2017.01－2017.12）
党工委委员、纪工委书记
张　梅（2017.01－2017.12，女，彝）
党工委委员　卯　莉（2017.03－2017.12）
吴正发（2017.01－2017.12）
张光伟（2017.01－2017.12）
吴　梅（2017.03－2017.12）
王　云（2017.01－2017.12）
秦　兵（2017.01－2017.12）
邓　漠（2017.01－2017.12）
副主任　支　莹（2017.01－2017.12）
胡　华（2017.01－2017.12）

海子街镇

党委书记　吴锦煜（2017.01－2017.12）
党委副书记、镇长　史　记（2017.01－2017.12）
人大主席　高鹏程（2017.01－2017.12）
党委副书记、政法委书记
郑　勇（2017.01－2017.07）
赵芳应（2017.08－2017.12）
党委委员、纪委书记
陈华阶（2017.01－2017.07，彝）
刘洪发（2017.08－2017.12）
党委委员、组织委员、人大副主席
刘菊香（2017.01－2017.12，女）
党委委员　唐遇杰（2017.01－2017.12，女）
周　威（2017.01－2017.12）
吴道洪（2017.01－2017.12）
党委委员、武装部长、副镇长
罗昌欢（2017.01－2017.12）
副镇长　赵　青（2017.01－2017.12，女）
黄　剑（2017.10－2017.12）

田坝桥镇

党委书记　肖庆团（2017.01—2017.12）
人大主席　刘　江（2017.01—2017.12）
党委副书记、镇长
郭　璇（2017.01—2017.12，女，穿青人）
党委副书记、政法书记
邓　洁（2017.01—2017.12）
党委委员、纪委书记
胡　旭（2017.01—2017.12）
党委委员、组织委员
谢春燕（2017.01—2017.12，女）
党委委员　李发莉（2017.01—2017.12，女）
尹毕天（2017.01—2017.12）
成贞诗（2017.01—2017.12）
李　强（2017.01—2017.12）
武装部长、副镇长　王　尹（2017.01—2017.12）
副镇长　付　堃（2017.01—2017.12，女）
高俊宝（2017.01—2017.12）
计生专职副会长　罗　琴（2017.01—2017.12）

八寨镇

党委书记　王　涛（2017.01－2017.12）

人大主席　李兴成（2017.01－2017.12）

党委副书记、镇长　邹　堃（2017.01－2017.12）

党委副书记、政法委书记

郝永坤（2017.01－2017.12）

党委委员、纪委书记

杨其贵（2017.01－2017.12，彝）

党委委员、组织委员

张杨彬（2017.01－2017.12）

党委委员、武装部长、副镇长

罗　云（2017.01－2017.12）

党委委员　赵启志（2017.01－2017.12，白）

杨大成（2017.01－2017.12）

路　涛（2017.01－2017.12）

副镇长　卢　令（2017.01－2017.12）

聂伊妮（2017.01－2017.12，女）

层台镇

党委书记　张合远（2017.01－2017.12）

党委副书记、镇长　张　讯（2017.01－2017.12）

人大主席　罗才平（2017.01－2017.12）

党委副书记、政法委书记

赵　艳（2017.01－2017.12，女）

党委委员、纪委书记

陈宗堉（2017.01－2017.12，彝）

党委委员、组织委员　张　烈（2017.01－2017.12）

党委委员　张　楠（2017.01－2017.12）

彭正富（2017.01－2017.12）

张　平（2017.01－2017.12）

武装部长、副镇长　康圣鸿（2017.01－2017.12）

副镇长　翟　俊（2017.01－2017.12）

计生专职副会长　刘国勇（2017.01－2017.12）

小吉场镇

党委书记　赵　耀（2017.01－2017.12，白）

党委副书记、镇长　刘　晓（2017.01－2017.12）

人大主席　彭永贵（2017.01－2017.07）

陈　波（2017.08－2017.12）

党委副书记、政法委书记

陈　波（2017.01－2017.07）

朱　然（2017.08－2017.12）

党委委员、纪委书记

李　麒（2017.01－2017.12）

党委委员、组织委员、人大副主席

付善宇（2017.01－2017.12）

党委委员　蒲　兴（2017.01－2017.12）

向　伟（2017.01－2017.12）

翁继宗（2017.01－2017.12）

刘昌涯（2017.01－2017.12）

武装部长、副镇长　王国军（2017.01－2017.12）

副镇长　陈　艳（2017.01－2017.12，女）

孔伟亚（2017.01－2017.12）

廖洪玲（2017.01－2017.12）

阿市乡

党委书记　周　波（2017.01－2017.12，苗）

人大主席　刘智林（2017.01－2017.06）

乡　长　熊　秀（2017.01－2017.04，彝）

杨佳昌（2017.04－2017.12，彝）

党委副书记　孙　奇（2017.01－2017.12）

党委委员、纪委书记

陈章琴（2017.01－2017.07，女）

张万科（2017.08－2017.12）

党委委员、政法委书记

孙　奇（2017.01－2017.12）

党委委员、组织委员、人大副主席

刘　踊（2017.01－2017.12）

党委委员、武装部长、副乡长
谢　云（2017.01－2017.12，白）
副乡长　范厚武（2017.01－2017.12）
党委委员　李　编（2017.01－2017.12，苗）
何　平（2017.01－2017.12）
丁龙清（2017.01－2017.12）
党委委员、副乡长
田孟祥（2017.01－2017.12，畲族）

普宜镇

党委书记　沈　颖（2017.01－2017.12，女，白）
人大主席　李昌相（2017.01－2017.12）
党委副书记、镇长　王　铮（2017.01－2017.12）
党委副书记、政法委书记
罗云忠（2017.01－2017.12）
党委委员、纪委书记
夏　天（2017.01－2017.12）
党委委员、组织委员
叶章玲（2017.01－2017.08，彝）
党委委员、武装部长、副镇长
郑元中（2017.01－2017.12）
党委委员　沈　杰（2017.01－2017.12）
陈忠义（2017.12－2017.12）
赵　鹏（2017.01－2017.12）
副镇长　何大龙（2017.01－2017.12）
吕　爱（2017.01－2017.12）
计生专职副会长　蒙志洪（2017.01－2017.12）

大屯乡

党委书记　王　武（2017.01－2017.12，白）
人大主席　程斗文（2017.01－2017.08）
陈章琴（2017.10－2017.12，女）
党委副书记、乡长
陆　军（2017.01－2017.12，彝）
党委副书记、政法委书记
王吉凤（2017.01－2017.12，女，彝）
党委副书记　吉章文（2017.09－2017.12，挂职）
党委委员、纪委书记
漆俊峰（2017.01－2017.12）
党委委员、组织委员、人大副主席
高　昆（2017.01－2017.12，彝）
党委委员、武装部长、副乡长
张　培（2017.01－2017.12）
副乡长　牟泰来（2017.01－2017.07）
党委委员　范　云（2017.01－2017.12，彝）
王文才（2017.01－2017.05）

龙场营镇

党委书记　熊　林（2017.01－2017.12）
党委副书记、镇长　朱　勇（2017.01－2017.12）
人大主席　吴树斌（2017.01－2017.12）
党委副书记、政法委书记
赵　旭（2017.01－2017.12）
党委委员、纪委书记
翟　洪（2017.01－2017.12）
党委委员、组织委员
陈家伟（2017.01－2017.12）
党委委员　杨　娜（2017.01－2017.12，女）
党委委员、武装部长、副镇长
刘绍森（2017.01－2017.12）
党委委员　黄　柯（2017.01－2017.12）
党委委员　陈　塑（2017.01－2017.12，彝）
副镇长　吕　重（2017.01－2017.12）
副镇长　何　平（2017.01－2017.12，女）

田坎乡

党委书记　梁　曙（2017.1－2017.12）
人大主席　陈　洺（2017.1－2017.12，彝）
党委副书记、乡长　赵　耀（2017.1－2017.12，彝）
党委副书记、政法书记
刘　曦（2017.1－2017.12）
党委委员、纪委书记　温世宏（2017.1－2017.12）

党委委员、组织委员　曾　义（2017.1－2017.12，彝）
党委委员　薛廷猛（2017.1－2017.12）
李旭东（2017.1－2017.12）
吴孺华（2017.1－2017.12）
政府副乡长、武装部长
李　靖（2017.1－2017.12，白）
政府副乡长　白　梅（2017.1－2017.12，彝）

何官屯镇

党委书记　张道奇（2017.01－2017.12）
党委副书记、镇长　刘礼贵（2017.01－2017.12）
人大主席　周遵玉（2017.01－2017.12）
党委副书记、政法委书记
孙　斌（2017.01－2017.12）
党委委员、纪委书记
余　彪（2017.01－2017.12，蒙古族）
党委委员、组织委员、人大副主席
孙　剑（2017.01－2017.07）
杨　旭（2017.08－2017.12）
党委委员、武装部长、副镇长
朱启迅（2017.01－2017.12）
党委委员　聂玉琴（2017.01－2017.06，女）
张成刚（2017.01－2017.12）
林文祥（2017.01－2017.12）
赵　桂（2017.01－2017.12，彝）
副镇长　周　鑫（2017.01－2017.12）
郎潇潇（2017.01－2017.12，女）
徐　荣（2017.01－2017.12，女）
计生专职副会长　聂淑春（2017.01－2017.12，女）

对坡镇

党委书记　路绍丹（2017.01－2017.12）
党委副书记、镇长　范　禹（2017.01－2017.12，女）
人大主席　李　昕（2017.01－2017.12）
党委副书记　阮孝军（2017.01－2017.12）
党委委员、纪委书记
徐　滔（2017.01－2017.08）
王祥畔（2017.08－2017.12）
党委委员、组织委员
肖　洋（2017.01－2017.12）
党委委员、副镇长　张道利（2017.01－2017.12）
党委委员　史学斌（2017.01－2017.12）
杨　敏（2017.01－2017.12，女）
陈廷兵（2017.01－2017.12）
副镇长　刘　君（2017.01－2017.12）
叶　燊（2017.01－2017.12）
计生专职副会长　陈孝文（2017.01－2017.12）

水箐镇

党委书记　彭华铭（2017.01－2017.12）
党委副书记、镇长　赵明顺（2017.01－2017.12）
人大主席　张　健（2017.01－2017.12，白）
党委副书记、政法委书记
葛　玮（2017.01－2017.09）
汪寿军（2017.09－2017.12）
党委委员、纪委书记
武丽平（2017.01－2017.06，女）
人大副主席、组织委员
赵　扩（2017.01－2017.12，彝）
党委委员、武装部长、副镇长
靳丽朋（2017.01－2017.12）
党委委员　周文贤（2017.01－2017.12）
舒銮琴（2017.01－2017.12，女）
张玲琴（2017.01－2017.12，女）
副镇长　胡　鹏（2017.01－2017.12）
陶　俊（2017.01－2017.12，苗）

大银镇

党委书记　万益寿（2017.01－2017.12）
党委副书记、镇长　聂开龙（2017.01－2017.12）
人大主席　蒲先富（2017.01－2017.12）

党委副书记、政法委书记

漆自勇（2017.01－2017.12）

党委委员、纪委书记

许明友（2017.01－2017.12）

党委委员、组织委员

谢　静（2017.01－2017.12）

党委委员、宣传委员

张志祥（2017.01－2017.12，穿青人）

党委委员　孙　颖（2017.01－2017.12）

张合奎（2017.01－2017.12）

武装部长、副镇长　樊　永（2017.01－2017.12）

副镇长　张合江（2017.01－2017.12）

燕子口镇

党委书记　宋家义（2017.01－2017.12）

人大主席　严　勇（2017.01－2017.12）

党委副书记、镇长　彭　义（2017.05－2017.12）

党委副书记　向曼丽（2017.07－2017.12，女）

党委委员、纪委书记

黎建涛（2017.01－2017.08）

郭　超（2017.08－2017.12）

党委委员、组织委员

邓　江（2017.01－2017.12）

党委委员、副镇长、武装部长

杨德才（2017.01－2017.12，苗）

党委委员　吴　翀（2017.01－2017.12）

党委委员　徐德友（2017.01－2017.08）

党委委员　向云呈（2017.01－2017.12）

党委委员　李建军（2017.01－2017.08）

党委委员　金　杰（2017.08－2017.12）

党委委员　石　龙（2017.08－2017.12）

副镇长　何学伟（2017.01－2017.06）

王春华（2017.01－2017.12）

宋　敏（2017.01－2017.12）

孙天志（2017.09－2017.12）

亮岩镇

党委书记　林学文（2017.05－2017.09）

人大主席　成　群（2017.07－2017.12）

党委副书记、镇长　吴传义（2017.01－2017.12）

党委副书记、政法委书记

郑　江（2017.04－2017.12）

党委副书记（挂职）

余　平（2017.09－2017.12）

党委委员、纪委书记

陈大江（2017.01－2017.12，彝）

党委委员、组织委员

聂艳艳（2017.01－2017.12，女）

党委委员、副镇长、武装部长

闫　超（2017.05－2017.12）

党委委员　陈梦雨（2017.01－2017.12，彝）

杨　江（2017.01－2017.12）

副镇长　张　俊（2017.11－2017.12）

林口镇

党委书记　黄明显（2017.01－2017.04）

曾　铸（2017.04－2017.12）

党委副书记、镇长　张玉荣（2017.01－2017.12，女）

人大主席　龙　刚（2017.01－2017.12，彝）

党委副书记　王顺福（2017.01－2017.12）

党委委员、纪委书记

刘　学（2017.01－2017.12）

党委委员、组织委员

朱　勇（2017.01－2017.12）

党委委员　赵　江（2017.01－2017.12）

朱仁政（2017.01－2017.12）

王娟智（2017.01－2017.12，女）

武装部长、副镇长　孔　银（2017.01－2017.12）

党委委员、宣传委员　周　璇（2017.01－2017.12，女）

副镇长　吴　涛（2017.01－2017.12）

清水铺镇

党委书记　周　华（2017.01－2017.12）
人大主席　施明泽（2017.01－2017.12）
党委副书记、镇长　刘　睿（2017.01－2017.12）
党委副书记、政法委书记
　周　颖（2017.01－2017.12）
党委委员、纪委书记
　徐　帅（2017.01－2017.12）
党委委员、组织委员、人大副主席
　吕绍学（2017.01－2017.12）
党委委员　叶均平（2017.01－2017.12）
　葛　松（2017.01－2017.12）
　黄远华（2017.07－2017.12）
党委委员、武装部长、副镇长
　罗　询（2017.01－2017.12）
副镇长　孟令权（2017.01－2017.12）
　许惇译（2017.01－2017.12）
　林露云（2017.01－2017.12，女）

生机镇

党委书记　赵仁祥（2017.01－2017.08，白）
　付立武（2017.08－2017.12）
人大主席　谢曰学（2017.01－2017.12）
党委副书记、镇长　吴世渊（2017.01－2017.12）
党委副书记、政法委书记
　金　杰（2017.01－2017.08）
　吴　鑫（2017.08－2017.12）
党委委员、纪委书记
　张　勇（2017.01－2017.07）
　王文才（2017.07－2017.12）
党委委员、组织委员、人大副主席
　李元发（2017.01－2017.07，彝）
党委委员、组织委员
　李　璐（2017.08－2017.12）
人大副主席　李　璐（2017.11－2017.12）
党委委员、副镇长、武装部长
　刘发勇（2017.01－2017.08）
武装部长　曾　波（2017.08－2017.12）
党委委员　曾　波（2017.01－2017.12）
　吴言纲（2017.01－2017.12）
　杨　旭（2017.01－2017.12）
副镇长　詹会勇（2017.01－2017.12）
　陈华进（2017.01－2017.12，女，彝）

团结乡

党委书记　闵若梦（2017.01－2017.06）
　丁淞江（2017.08－2017.12，白）
党委副书记、乡长
　龙中举（2017.01－2016.6，彝）
　范　杰（2017.12－2017.12，彝）
人大主席　杨秋菊（2017.01－2017.02，女，苗）
　曹　恒（2017.12－2017.12）
党委副书记、政法书记
　范　杰（2017.01－2017.08，彝）
　刘发勇（2017.08－2017.12）
党委委员、纪委书记
　陈荣军（2017.01－2017.12）
党委委员、组织委员
　汪国华（2017.0－2017.08）
　彭　艳（2017.08－2017.12，女）
党委委员　刘　琼（2017.01－2017.12，女）
　颜　斌（2017.01－2017.12）
　曾　剑（2017.01－2017.12）
副乡长、武装部长　曹　恒（2017.01－2017.11）
副乡长　杨　杰（2017.01－2017.12，苗）

鸭池镇

党委书记　周剑云（2017.01－2017.05）
党委副书记（主持党委工作）
　高兆勇（2017.05－2017.12）
党委副书记、镇长　葛传友（2017.01－2017.12）

人大主席　向　琨（2017.01－2017.04）
孟祥瑞（2017.04－2017.12）
党委副书记、政法委书记
周　兴（2017.01－2017.09）
党委副书记、政法委书记、人大副主席
邵　兵（2017.09－2017.12）
党委委员、纪委书记
韩　明（2017.01－2017.12）
党委委员、组织委员、人大副主席
邵　兵（2017.01－2017.09）
党委委员、组织委员
张和奎（2017.09－2017.12）
党委委员、副镇长、武装部长
翟　强（2017.01－2017.12）
党委委员、副镇长　刘　钊（2017.01－2017.05）
党委委员　陈　铁（2017.08－2017.09）
党委委员、副镇长　陈　铁（2017.09－2017.12）
党委委员　梁　达（2017.01－2017.12）
季春虎（2017.01－2017.12）
申莹滢（2017.01－2017.12，女，白）
副镇长　周　雪（2017.01－2017.12，女，苗）
王万贵（2017.01－2017.12）
徐婧菡（2017.01－2017.12，女，挂职）

朱昌镇

党委书记　崔庆鼎（2017.01－2017.12）
党委副书记、镇长　罗　福（2017.01－2017.12）
人大主席　顾登勇（2017.01－2017.12）
党委副书记、政法委书记
张　斌（2017.01－2017.12）
党委委员、纪委书记
胡　辉（2017.01－2017.12）
党委委员、组织委员
胡继元（2017.01－2017.12，女）
党委委员　陈　琳（2017.01－2017.12，女）
潘　驰（2017.01－2017.12）
刘敬华（2017.01－2017.12）
聂　挺（2017.01－2017.12）
副镇长　黎冬华（2017.01－2017.12）
罗　勇（2017.01－2017.12，苗族）
唐　薇（2017.01－2017.12，女）
党委委员、副镇长、武装部长
罗　龙（2017.01－2017.01，穿青人）

田坝镇

党委书记　周进学（2017.01－2017.12，穿青人）
党委副书记、镇长　龙　升（2017.01－2017.12，彝）
人大主席　武声录（2017.01－2017.12）
党委副书记　周卫华（2017.01－2017.12）
党委委员、纪委书记
曾剑骎（2017.01－2017.08）
史薇薇（2017.08－2017.12，女，彝）
党委委员、组织委员
王　应（2017.01－2017.12）
武装部长、副镇长　赵　坦（2017.01－2017.12）
党委委员　韦　英（2017.01－2017.12，女）
聂祥雷（2017.01－2017.12）
邓建华（2017.01－2017.12）
尹秀娟（2017.01－2017.12，女）
副镇长　肖　亮（2017.01－2017.12）
徐毅凯（2017.08－2017.12）

阴底乡

党委书记　赵　科（2017.01－2017.12，白）
人大主席　邓　永（2017.01－2017.12）
党委副书记、乡长　清成松（2017.01－2017.12，白）
党委副书记　汪寿军（2017.01－2017.09）
葛　玮（2017.09－2017.12）
党委委员、纪委书记
龙秀红（2017.01－2017.12，彝）
人大副主席、党委委员、组织委员
杨　靖（2017.01－2017.12，彝）

党委委员、武装部长、副乡长

刘　韬（2017.01－2017.12）

党委委员　胡荣兵（2017.01－2017.12）

陈春雨（2017.01－2017.12，彝）

陈龙海（2017.01－2017.12，彝）

副乡长　黄先志（2017.01－2017.12）

黎　梅（2017.01－2017.12，女）

千溪乡

党委书记　毛　静（2017.01－2017.12）

党委副书记、乡长

杨　刚（2017.01－2017.04，苗）

李晓军（2017.04－2017.12，苗）

人大主席　施　华（2017.01－2017.12）

党委副书记、政法委书记

张　源（2017.01－2017.04，彝）

杨　凯（2017.04－2017.12，彝）

党委委员、纪委书记

樊晓林（2017.01－2017.12，彝）

党委委员、组织委员、人大副主席

周　婷（2017.01－2017.12，女）

党委委员　陈　健（2017.01－2017.12）

胡　鸿（2017.01－2017.07）

周　银（2017.07－2017.12）

朱晓彦（2017.01－2017.07）

王国顶（2017.01－2017.12，白）

武装部长　王成祥（2017.01－2017.07）

副乡长　周珍贵（2017.11－2017.12）

吕　权（2017.01－2017.12）

长春堡镇

党委书记　彭春霞（2017.01－2017.12，女）

党委副书记、镇长　李鸿俊（2017.01－2017.12）

人大主席　陈　余（2017.01－2017.12）

党委副书记、政法委书记

刘泉位（2017.01－2017.12）

党委委员、纪委书记

吕进萍（2017.01－2017.08，女）

尹孝如（2017.08－2017.12）

党委委员、组织委员

胡思恬怡（2017.01－2017.12，女）

党委委员、武装部长、副镇长

张　虎（2017.01－2017.12）

党委委员　吴勇志（2017.01－2017.12）

吴　龑（2017.01－2017.12）

刘　承（2017.01－2017.08）

杨　烊（2017.08－2017.12）

熊　鹏（2017.01－2017.12）

副镇长　陈　晨（2017.01－2017.12，女）

王　江（2017.01－2017.12，彝）

张万科（2017.01－2017.08）

丁　军（2017.10－2017.12）

计生专职副会长　吴　琴（2017.01－2017.12，女）

撒拉溪镇

党委书记　阮世祥（2017.01－2017.12）

党委副书记、镇长　聂志祥（2017.01－2017.12）

人大主席　郭太贤（2017.01－2017.12）

党委副书记、政法委书记

彭大宇（2017.01－2017.04）

樊贵章（2017.09－2017.12）

党委委员、纪委书记

支从国（2017.01－2017.12）

党委委员、组织委员

王亚芬（2017.01－2017.03）

吴映环（2017.09－2017.12，苗）

党委委员　全登梅（2017.01－2017.08，女）

徐　腾（2017.01－2017.12）

付红梅（2017.01－2017.12，女）

党委委员、副镇长　丁　军（2017.01－2017.09）

党委委员、武装部长、副镇长

陈　伟（2017.01－2017.12）

副镇长 吴映环（2017.01－2017.09 苗）

孟　鹏（2017.01－2017.12）

杨家湾镇

党委书记 陈云峰（2017.01－2017.04）

吴学海（2017.04－2017.12，穿青人）

党委副书记、镇长

吴学海（2017.01－2017.04，穿青人）

张林涛（2017.04－2017.12）

人大主席 刘世军（2017.01－2017.12）

党委副书记、政法书记 刘烤熔（2017.01－2017.12）

党委委员、纪委书记 张　华（2017.01－2017.12）

党委委员、组织委员 胡　洋（2017.1－2017.12）

党委委员、武装部长、副镇长

顾　健（2017.01－2017.12）

党委委员 张同亮（2017.01－2017.12）

邓　群（2017.07－2017.12，女）

李勇斌（2017.07－2017.12）

张　权（2017.07－2017.12）

副镇长 聂祥丽（2017.01－2017.12，女）

周　林（2017.01－2017.4）

金光雄（2017.01－2017.12）

陈　虎（2017.10－2017.12）

放珠镇

党委书记 张金春（2017.01－2017.12）

人大主席 周礼俊（2017.01－2017.12）

党委副书记、镇长 朱　江（2017.01－2017.12）

党委副书记 邓　肸（2017.01－2017.12）

党委委员、纪委书记 苏　勇（2017.01－2017.12）

党委委员、组织委员

阮　艳（2017.01－2017.12，女）

党委委员、武装部长、副镇长

宋　刚（2017.01－2017.12）

党委委员 王　军（2017.01－2017.12）

吴传友（2017.01－2017.12）

张达华（2017.01－2017.12）

副镇长 许维书（2017.01－2017.12）

徐　峰（2017.01－2017.12）

野角乡

党委书记 胡荣华（2017.01－2017.12）

人大主席 宋家友（2017.01－2017.12，穿青人）

党委副书记、乡长

杨秋菊（2017.01－2017.12，女，彝）

党委副书记、政法委书记

樊贵章（2017.01－2017.9）

党委委员、纪委书记

金开健（2017.01－2017.12）

党委委员、组织委员

李朝智（2017.01－2017.12）

党委委员、宣传委员

李俊白（2017.01－2017.12）

党委委员 葛　昆（2017.01－2017.12）

党委委员、武装部长、副乡长

关才明（2016.07－2016.12）

副乡长 徐　宁（2017.01－2017.12）

青场镇

党委书记 陈文贵（2017.01－2017.12）

党委副书记、镇长 吴付祥（2017.01－2017.12）

人大主席 吴春梅（2017.01－2017.12，女）

党委副书记、政法委书记

李　烈（2017.01－2017.12）

党委委员、纪委书记

谢雨奇（2017.01－2017.12）

党委委员、组织委员

吴江涛（2017.01－2017.12）

党委委员 葛东杰（2017.01－2017.12）

吴　旭（2017.01－2017.12）

常丽佳（2017.01－2017.07 女）

党委委员、武装部长、副镇长

罗　恽（2017.01－2017.12）

副镇长　徐　虎（2017.01－2017.12）

徐　谞（2017.01－2017.12）

大河乡

党委书记　路　亮（2017.01－2017.12）

党委副书记、乡长　何怀新（2017.01－2017.12）

人大主席　石　淼（2017.01－2017.07）

党委副书记　吴　奥（2017.01－2017.12）

党委委员、纪委书记　吕芳乾（2017.01－2017.12）

武装部长、副乡长　吴长义（2017.01－2017.12）

副乡长　张义书（2017.01－2017.12）

党委委员、组织委员

付仕琴（女 2017.01－2017.12）

党委委员　王　坤（2017.01－2017.12）

郑前飞（女 2017.07－2017.12）

王　耀（2017.01－2017.12）

区直单位

区委办公室

区委常委、主任　张　铭（2017.01－2017.12，苗）

副主任、信访局局长

赵　敏（2017.01－2017.12，女）

常务副主任　龙明元

副主任　林　勇（2017.01－2017.07）

副主任、小康办主任

徐　明（2017.01－2017.12）

副主任、扶贫办主任

钟　华（2017.10－2017.12）

副主任、区委政研室主任

支　昕（2017.01－2017.12）

副主任　胡　海（2017.01－2017.12）

唐玉江（2017.01－2017.12）

陈永立（2017.07－2017.12）

机关党委书记　胡洪芝（2017.07－2017.12，女）

区城乡统筹办主任　赵　丽（2017.01－2017.12）

保密局局长　聂登远（2017.01－2017.12）

机要局局长　陈　跃（2017.01－2017.12）

区委政研室副主任、改革办专职副主任

单正胜（2017.01－2017.12）

中国共产党七星关区纪律检查委员会

区委常委、纪委书记

易晓华（2017.01－2017.12）

副书记、监察局局长

刘　贵（2017.01－2017.12）

副书记　王　驰（2017.01－2017.12）

常　委　雷朝举（2017.01－2017.02）

马兴江（2017.01－2017.12，回）

刘　敏（2017.01－2017.12，女）

李光路（2017.02－2017.12）

副局长　李　海（2017.01－2017.12）

机关党委书记　吴贤卫（2017.01－2017.12，彝）

办公室主任　孙　站（2017.01－2017.7）

曾剑弢（2017.8－2017.12）

案件管理室主任　李　勇（2017.01－2017.12）

第三纪检监察室主任
徐　滔（2017.08－2017.12）
第四纪检监察室主任
丁昱杰（2017.01－2017.12）
信访室主任　彭　洁（2017.01－2017.09）
党风政风监督室主任
黎建涛（2017.08－2017.12）
举报中心（非公有制经济发展侵权投诉中心）主任
陈颖琦（2017.02－2017.12，女）
民生建设公开公示监管中心主任
刘勇军（2017.01－2017.12）
干部室主任　高占武（2017.01－2017.12）
案件审理室主任
雷　蕾（2017.01－2017.12，女，彝）
调研法规室主任
阮履云（2017.01－2017.12，女，白）
宣传教育室主任　刘天云（2017.01－2017.12）

区委组织部

区委常委、组织部部长
王晓园（2017.01－2017.12，穿青人）
副部长　熊　宁（2017.01－2017.10）
徐　庆（2016.01－2016.12，女）
胡大为（2016.01－2016.12，女）
黄常坤（2017.01－2017.12）
薛朝端（2017.07－2017.12）
副部长、党建办主任　空　缺
副部长、实绩考核办主任
薛朝端（2017.01－2017.12）
部务委员　张林涛（2017.01－2017.04）
沈　吉（2017.01－2017.12）
孙　站（2017.07－2017.12）
纪检组长　张　蕊（2017.01－2017.12，女，彝）
机关党委书记　夏　艳（2017.01－2017.12）
党建办副主任、远教办主任
陈　阳（2017.01－2017.12）
党建办副主任　杨春考（2017.01－2017.12）
人才办主任　王献金（2017.01－2017.09）
石河梦（2017.09－2017.12）
实绩考核办副主任　石河梦（2017.01－2017.09）
孙彦贵（2017.09－2017.12）
刘　健（2017.07－2017.12）
党员创业带富工程指导中心主任
王　军（2017.01－2017.08）
孔德福（2017.08－2017.12）

区委宣传部

区委常委、宣传部部长
叶　荣（2017.01－2017.12）
常务副部长　季善旭（2017.01－2017.12）
副部长、文联主席　吴晓曦（2017.01－2017.12）
副部长　汤志刚（2017.01－2017.12）
社科联主席　陈家贵（2017.01－2017.12）
文明办主任　杨　艳（2017.01－2017.12，女）
新闻中心主任　黎秀禹（2017.01－2017.12）
新闻中心副主任　徐　渠（2017.01－2017.12）
燕　军（2017.01－2017.12）
整治创建办主任
张　健（2017.01－2017.12，女、白）

区委统战部

区委常委、部长
袁　媛（2017.01－2017.12，女、彝）
常务副部长　申开科（2017.09－2017.12）
副部长、台办主任　申开科（2017.01－2017.09）
雷　珊（2017.09－2017.12，女）
副部长、工商联党组书记
戴沛颜（2017.01－2017.12，彝）
副部长、民宗局局长
姜　勇（2017.01－2017.12，彝）
副部长　刘晓玲（2017.01－2017.08，女）
台办副主任　王　富（2017.01－2017.12）
毕节试验区七星关区工作联络联系办公室主任

陈　畅（2017.01－2017.12）

毕节试验区七星关区工作联络联系办公室副主任

胡　丹（2017.01－2017.12，女）

七星关区中华职教社专职副主任

靳　燕（2017.01－2017.12，女）

民盟七星关区工委专职副主委

刘洪松（2017.10－2017.12，彝）

致公党七星关区工委专职副主委

石　寅（2017.01－2017.12，女）

区委政法委

区委常委、书记　何万学（2017.01－2017.12）

常务副书记、维稳办主任

沈成林（2017.01－2017.03）

副书记、国安办主任

安茂华（2017.01－2017.12，彝）

副书记、禁毒办主任

蒋家龙（2017.01－2017.03）

副书记、综治办主任

李　兵（2017.01－2017.12）

副书记、维稳办主任

郑　琴（2017.04－2017.12）

副书记、禁毒办主任

路　华（2017.07－2017.12）

政法委委员、区纪委派驻政法部门纪工委委员、纪检组组长　李　杰（2017.01－2017.12）

政法委委员、政工科科长

王国牛（2017.01－2017.12）

维稳办专职副主任　聂宗益（2017.01－2017.12）

综治办专职副主任　田兴中（2017.01－2017.12）

禁毒办专职副主任　杨正中（2017.01－2017.12）

办公室（研究室）主任

段　彪（2017.01－2017.12）

执法监督科科长　王湘黔（2017.01－2017.12）

信访科科长　杨　琴（2017.01－2017.12，女）

维护稳定科（犯邪）科长

朱世红（2017.01－2017.12）

社会治安综合治理科科长

罗振民（2017.01－2017.12，彝）

阳光工程管理办主任

聂　婷（2017.01－2017.12，女）

社会稳定风险评估中心主任

吴学勇（2017.01－2017.12）

区纪委（监察局）派驻部门纪工委（监察分局）

一、党群部门

派驻党群部门纪工委书记、民生项目监督燕子口镇、亮岩镇、生机镇、清水铺镇组组长

孙　瑞（2017.01－2017.12）

派驻党群部门纪工委副书记、监察分局局长

熊　秀（2017.04－2017.12，女）

派驻党群部门纪律检查工作委员会副书记

赵红平（2017.02－2017.12）

派驻党群部门监察分局副局长

张　蕊（2017.03－2017.12，女，彝）

派驻党群部门纪工委委员、驻信访局纪检监察专员

龙纯会（2017.01－2017.12，女，穿青人）

派驻党群部门纪工委委员、区直机关工委纪委书记

赵红平（2017.01－2017.12，女，白）

派驻党群部门纪工委委员、区委组织部纪检组组长

张　蕊（2017.01－2017.12，女，彝）

派驻党群部门纪工委预防室主任、区政府办党组成员、纪检组长　张自葳（2017.01－2017.12，女）

派驻党群部门纪工委督查室主任

吴　鑫（2017.01－2017.08）

派驻党群部门纪工委委员、办公室主任、区总工会党组成员、副科级纪检监察专员

孙　震（2017.01－2017.12）

二、涉农部门

派驻涉农部门纪工委书记、民生项目监督水箐镇、何官屯镇、对坡镇、田坝桥镇特派组组长

吕东华（2017.01－2017.12）

派驻涉农部门纪工委副书记、监察分局局长
赵举远（2017.02－2017.12）
涉农部门监察分局副局长
许　静（2017.03－2017.12）
派驻涉农部门纪工委委员、区林业局党组成员、纪检组组长　罗　敏（2017.01－2017.12，女，彝）
派驻涉农部门纪工委委员、区水利局党组成员、纪检组组长　许　锦（2017.01－2017.12）
派驻涉农部门纪工委委员、区扶贫办党组成员、纪检组组长　许　静（2017.01－2017.12）
派驻涉农部门纪工委委员、办公室主任、区供销社党组成员、纪检组组长
马　蓁（2017.08－2017.12）
派驻涉农部门纪工委委员、区农牧局党组成员、纪检组组长　王方义（2017.09－2017.12）
派驻涉农部门纪工委监察分局办公室主任
朱平秀（2017.02－2017.12，女）

三、科教文卫部门
派驻科教文卫部门纪工委书记、民生项目监督杨家湾镇、放珠镇、撒拉溪镇特派组组长
王仁庆（2017.01－2017.12，女、彝）
派驻科教文卫部门纪工委副书记、监察分局局长、民生项目监督大银镇、林口镇、团结乡特派组组长
阮开府（2017.09－2017.12）
派驻科教文卫部门纪律检查工作委员会副书记
赵　碧（2017.02－2017.12）
派驻科教文卫部门监察分局副局长
周方石（2017.03－2017.12）
派驻毕节市七星关区人民医院副科级纪检监察专员
吕　刚（2017.09－2017.12）
派驻科教文卫部门纪工委办公室主任
肖星洁（2017.01－2017.12）
派驻科教文卫部门纪工委督查室主任
孙维仲（2017.01－2017.12）
派驻科教文卫部门纪工委预防室主任
黄　琪（2017.01－2017.12）
派驻科教文卫部门纪工委委员、派驻文体广电旅游局（新闻出版局、版权局）党组成员、纪检组组长
张启学（2017.01－2017.03）
周方石（2017.03－2017.12）
派驻科教文卫部门纪工委委员、派驻教育局党组成员、纪检组组长
赵　碧（2017.01－2017.12，女，白）
派驻科教文卫部门纪工委委员、区卫计局党组成员、纪检组组长　张启学（2017.01－2017.08）
徐德友（2017.08－2017.12）

四、政法部门
派驻政法部门纪工委副书记、监察分局局长、检察院党组成员、纪检组组长
杨大富（2017.01－2017.12）
派驻政法部门纪工委委员、副书记、正科级纪检员
谢仲林（2017.01－2017.12）
派驻政法部门纪工委委员、区委政法委委员、纪检组组长　李　杰（2017.01－2017.12）
派驻政法部门纪工委委员、区法院党组成员、纪检组组长　聂宗映（2017.01－2017.12）

五、经济发展部门
派驻经济发展部门纪工委书记、民生项目监督普宜镇、大屯乡、龙场营镇、田坎乡特派组组长
雷朝贵（2017.01－2017.12）
派驻经济发展部门纪工委副书记、监察分局局长
陈　昕（2017.01－2017.12，女，彝）
派驻经济发展部门纪律检查工作委员会副书记
苏传平（2017.02－2017.12）
派驻经济发展部门监察分局副局长
高　敏（2017.03－2017.12）
派驻经济发展部门纪工委委员、预防室主任、统计局党组成员、基建组组长
王祥平（2017.01－2017.12）
派驻经济发展部门纪工委委员、督查室主任、财政局党组成员、纪检组组长
高　敏（2017.01－2017.12）
派驻经济发展部门纪工委委员、工能局党组成员、

纪检组组长　苏传平（2017.01－2017.12）

派驻经济发展部门纪工委委员、办公室主任、发改局党组成员、纪检组组长

王　琴（2017.01－2017.12，女，穿青人）

派驻经济发展部门纪工委委员、环保局党组成员、纪检组组长　王　擎（2017.01－2017.12，女）

派驻经济发展部门纪工委委员、交通运输局党组成员、纪检组组长　曾帮顺（2017.01－2017.12）

派驻经济发展部门纪工委委员、市场监督管理局党组成员、纪检组组长　胡　江（2017.01－2017.12）

六、社会发展部门

派驻社会发展部门纪工委书记、民生项目监督朱昌镇、田坝镇、千溪乡、阴底乡特派组组长

黄国萍（2017.01－2017.12，女，白）

派驻社会发展部门纪工委副书记、监察分局局长

汪永立（2017.01－2017.08）

派驻社会发展部门纪律检查工作委员会副书记

施　容（2017.02－2017.12）

派驻社会发展部门监察分局副局长

王思源（2017.03－2017.12）

派驻社会发展部门纪工委督查室主任

赵　坤（2017.01－2017.12，白）

派驻社会发展部门纪工委办公室主任

王　俊（2017.01－2017.12，女）

派驻社会发展部门纪工委委员、民族和宗教事务局党组成员、纪检组组长

洪世群（2017.01－2017.12，女）

派驻社会发展部门纪工委委员、城市综合执法大队党组成员、纪检组组长

毛仕新（2017.01－2017.12）

派驻社会发展部门纪工委委员、住房和城乡建设局党组成员、纪检组组长

王　毅（2017.01－2017.05）

派驻社会发展部门纪工委委员、区民政局党组成员、纪检组长　何能文（2017.01－2017.12）

派驻社会发展部门纪工委委员、预防室主任、安全生产监督管理局党组成员、纪检组组长

陈大进（2017.01－2017.12）

派驻社会发展部门纪律检查工作委员会、派驻毕节市七星关区规划局副科级纪检监察专员

梅吉祥（2017.08－2017.12）

七、政府直属园区（公司）

派驻政府直属园区（公司）纪工委书记、民生项目监督海子街镇、八寨镇、鸭池镇、长春堡镇特派组组长　王　瑛（2017.01－2017.12，女）

派驻政府直属园区（公司）纪工委副书记、监察分局局长　何　平（2017.01－2017.12）

派驻政府直属园区（公司）纪工委委员、驻黔西北工业园区管委会纪检监察专员

李秉德（2017.01－2017.12）

派驻政府直属园区（公司）纪律检查工作委员会（监察分局）办公室主任

李　杏（2017.08－2017.12）

派驻政府直属园区（公司）纪律检查工作委员会（监察分局）督查室主任

葛　建（2017.08－2017.12）

派驻政府直属园区（公司）纪律检查工作委员会、派驻毕节市七星关区天河风景名胜管理处副科级纪检监察专员　王　旭（2017.08－2017.12）

派驻政府直属园区（公司）纪工委办公室主任

邱艳霞（2017.01－2017.02，女）

八、市东片区

派驻市东片区办事处纪工委书记

刘　敏（2017.11－2017.12，女）

派驻市东片区办事处纪工委副书记、委员、监察分局局长　葛永胜（2017.01－2017.12）

民生项目监督市东街道办事处、德溪街道办事处、碧阳街道办事处、麻园街道办事处、观音桥街道办事处、碧海街道办事处特派组组长

彭　洁（2017.01－2017.09）

派驻市东片区办事处纪工委委员、麻园街道办党工委委员、纪工委书记、民生项目监督麻园街道办特派组副组长　袁　野（2017.01－2017.12）

派驻市东片区办事处纪工委委员、碧阳街道办党工委委员、纪工委书记、民生项目监督碧阳街道办特派组副组长　卯　蕾（2017.02－2017.12，女）

德溪街道办党工委委员、纪工委书记、民生项目监督德溪街道办特派组副组长

魏　平（2017.01－2017.12）

碧海街道办党工委委员、纪工委书记、民生项目监督碧海街道办特派组副组长

张周平（2017.01－2017.12，女）

九、市西片区

派驻市西片区办事处纪工委书记、民生项目监督市西办事处、三板桥办事处、大新桥办事处、洪山办事处特派组组长　张启学（2017.08－2017.12）

派驻市西片区办事处纪工委副书记、监察分局局长

张　梅（2017.01－2017.12，女、彝族）

派驻市西片区办事处纪工委办公室主任

朱平秀（2017.01－2017.02）

派驻市西片区办事处委员、大新桥街道党工委委员、纪工委书记、民生项目监督大新桥街道办特派组副组长　阮鹏程（2017.01－2017.12）

派驻市西片区办事处纪工委副书记、监察分局局长、三板桥街道党工委委员、纪工委书记，三板桥民生监督组副组长

张　梅（2017.01－2017.12，女、彝族）

派驻市西片区办事处委员、市西街道党工委委员、纪工委书记、民生项目监督市西（社区）特派组副组长　孙天珍（2017.01－2017.12，女）

派驻市西片区办事处委员、洪山街道党工委委员、纪工委书记、民生项目监督洪山（社区）特派组副组长　阮　顺（2017.01－2017.12）

政务服务中心

主　任　吴长敏（2017.01－2017.08）

副主任　余　鑫（2017.01－2017.12）

　　　　吴玉萍（2017.01－2017.12，女）

机关党工委（国教办）

书　记（主任）　雷　燕（2017.01－2017.12，女，彝）

副书记（副主任）　潘发顺（2017.01－2017.12）

　　　　潘云重（2017.01－2017.12）

委员、纪委书记　赵红平（2017.01－2017.12，女，白）

小康办

主　任（区委办副主任）

徐　明（2017.01－2017.12）

副主任　梁　俊（2017.01－2017.12）

　　　　甘祖昌（2017.01－2017.12）

　　　　王　平（2017.03－2017.12）

离退干局

组织部副部长、局长

徐　庆（2017.01－2017.12，女）

副局长、老年大学常务副校长

陈祖卫（2017.01－2017.12,）

副局长　张凤春（2017.01－2017.12,）

机构编制委员会办公室（事业单位登记管理局）

主　任　丁　润（2017.09－2017.12）

副主任　梁祖敏（2017.01－2017.12）

　　　　罗　祥（2017.01－2017.12）

事业单位登记管理局局长

胡　欣（2017.01－2017.12，女）

团区委

书　记　林露青（2017.01－2017.12，女，满族）

副书记　赵芳应（2017.01－2017.08，女）

　　　　孙　剑（2017.08－2017.12）

黄丽娟（2017.08－2017.12，女）

新闻中心

主　任　黎秀禹（2017.01－2017.12）
副主任　徐　渠（2017.01－2017.12）
燕　军（2017.01－2017.12）

妇　联

党组书记、主席
张静梅（2017.01－2017.12，女）
党组成员、副主席
孙涌权（2017.01－2017.12，女）
刘洪琼（2017.01－2017.12，女）

科　协

主　席　李　和（2017.01－2017.12）
副主席　张在进（2017.01－2017.12，彝）
周晓鸿（2017.01－2017.12，女，彝）

科技办

主　任　王正莲（2017.01－2017.12，女，彝）
副主任　王玉远（2017.01－2017.12）

总工会

区人大常委会副主任、主席（兼职）
张　媛（2017.01－2017.12，女）
党组书记、副主席　胡永继（2017.01－2017.12）
党组成员、副主席　王师伦（2017.01－2017.12）
刘　荣（2017.01－2017.12，女）
党组成员　梅怀品（2017.01－2017.12）

市郊供电局

党委副书记、局长　李顺林（2017.01－2017.12）
党委书记、工会主席
罗　勇（2017.01－2017.12）
副局长　李发亮（2017.01－2017.12）
朱　勤（2017.01－2017.12）
王廷智（2017.01－2017.12）

投资促进局

党组书记、局长　李永红（2017.01－2017.12）
党组成员、副局长
陈垚邑（2017.01－2017.12，女、白）
路　华（2017.01－2017.08）
余永富（2017.01－2017.12，蒙古）
吴长远（2017.08－2017.12）

城乡规划局

局　长　宋尚万（2017.01－2017.12）
副局长　张珍勇（2017.01－2017.12）
王　虎（2017.09－2017.12）

人民防空办公室（交通战备办公室）

主　任　史大学（2017.01－2017.12）
副主任　吴传应（2017.01－2017.12）

工商联（商会）

党组书记　戴沛颜（2017.01－2017.12，彝）
副主席（副会长）
周镔瑜（2017.01－2017.12，女）
党组成员、副主席（副会长）
李元发（2017.01－2017.12，彝）
聂祥瑞（2017.01－2017.12）
党组成员、秘书长
王亚芬（2017.01－2017.12，女）
不驻会副主席（副会长）
王泽方（2017.01－2017.12）

胡　磊（2017.01－2017.12）
王　华（2017.01－2017.12）
熊　亮（2017.01－2017.12，女）
周连生（2017.01－2017.12）
王　炉（2017.01－2017.12）
周云德（2017.01－2017.12）
吴　平（2017.01－2017.12）
郭兴磊（2017.01－2017.12）
李守黔（2017.01－2017.12）

不驻会副会长　张万登（2017.01－2017.12）
李玉环（2017.01－2017.12）
冯情菊（2017.01－2017.12）
路　英（2017.01－2017.12）
陈智健（2017.01－2017.12）
顾光辉（2017.01－2017.12）
张兴伟（2017.01－2017.12）
陈　柯（2017.01－2017.12）

残　联

理事长　张达宇（2017.01－2017.12）
副理事长　吴　端（2017.01－2017.12）
刘　娅（2017.01－2017.12，女）

红十字会

常务副会长　钟玉莲（2017.01－2017.12，女）

区委党校

校　长　王晓园（2017.01－2017.12，穿青人）

区行政学校

校　长　安　旺（2017.01－2017.08，彝）
严　琪（2017.08－2017.12）
党校（行政学校）党委书记、常务副校长
熊　宁（2017.09－2017.12）
党委委员、副校长
蔡慧芳（2017.04－2017.12，女）
朱　凯（2017.01－2017.12）
党校党委委员、办公室主任
王　洪（2017.01－2017.12，彝）

党史研究室
（地方志编纂委员会办公室）

党组书记、主任　唐光启（2017.01－2017.12）
党组成员、副主任　张正禄（2017.01－2017.12，彝）
周遵鹏（2017.01－2017.12）

政府办

党组书记、政府办主任
陈翔宇（2017.01－2017.12）
常务副主任　姜　维（2017.01－2017.12）
副主任　陈秋平（2017.01－2017.08）
周　兴（2017.08－2017.12）
谢　洪（2017.01－2017.03）
雷　珊（2017.01－2017.10，女）
杨佳昌（2017.01－2017.04）
史开铬（2017.01－2017.12）
夏　旭（2017.03－2017.12）
彭大宇（2017.04－2017.12）
冷付春（2017.10－2017.12）
机关党委书记　聂　赟（2017.01－2017.12）

人大内设机构

法制委员会主任委员
徐　永（2017.01－2017.12，白）
财政经济委员会主任委员
孔维平（2017.01－2017.12）
人大常委会党组成员、办公室主任
顾　堃（2017.01－2017.12）
办公室副主任　周奎礼（2017.01－2017.12）

农业农村工作委员会主任

李启念（2017.01－2017.12）

农业农村工作委员会副主任

张志国（2017.01－2017.12）

教育科学文化卫生工作委员会主任

罗亚东（2017.01－2017.12）

教育科学文化卫生工作委员会副主任

刘　红（2017.01－2017.12，女）

选举任免联络工作委员会主任

罗良雁（2017.01－2017.12，女）

选举任免联络工作委员会副主任

吴传著（2017.01－2017.12）

法治工作委员会主任

吴　让（2017.01－2017.12）

法治工作委员会副主任

罗启林（2017.01－2017.12，苗）

财经委主任　王　茂（2017.01－2017.12）

财经委副主任　靳如忠（2017.01－2017.12）

信访办主任　董群荣（2017.01－2017.12）

政协内设机构

党组成员、秘书长　徐永东（2017.01－2017.12）

副秘书长、办公室主任　吴建平（2017.01－2017.12）

副秘书长　路　朋（2017.01－2017.12）

提案法制委主任　张贵春（2017.01－2017.12）

提案法制委副主任　吴　迢（2017.12－2017.12）

经科委主任　罗晓娟（2017.01－2017.12，女）

民宗委主任　李俊莲（2017.01－2017.12，苗）

民宗委副主任　杨秋菊（2017.03－2017.12，女，苗）

人资环委主任　李燕荣（2017.01－2017.12）

文教委主任　杨兴全（2017.01－2017.12）

文教委副主任　杨旭东（2017.12－2017.12，苗）

智力支边办主任　邓平举（2017.01－2017.12）

智力支边办副主任　杨旭东（2017.01－2017.12，苗）

发展和改革局

党组书记、局长　毛家兴（2017.01－2017.12）

党组成员、副局长　高君伦（2017.01－2017.12）

段国红（2017.01－2017.12，女）

党组成员、纪检组长

王　琴（2017.01－2017.12，女，穿青人）

党组成员　吉章文（2017.01－2017.12）

节能减排大队队长　张　伟（2017.01－2017.12）

工业经济贸易和能源局

党组书记、局长　廖康富（2017.01－2017.12）

党组成员、纪检组长

苏传平（2017.01－2017.12）

党组成员、副局长

张蜀贵（2017.01－2017.12，白）

廖秋灵（2017.01－2017.12，女、彝）

张　琦（2017.01－2017.12）

党组成员、机关党委书记

王开禄（2017.01－2017.12）

党组成员　傅绍友（2017.01－2017.02）

中小微企业创业园管理办公室主任

张建波（2017.01－2017.12）

民营经济（中小企业）发展局局长

徐善权（2017.01－2017.12）

综合执法大队大队长

唐　锦（2017.01－2017.12）

民族和宗教事务局

党组书记、局长

姜　勇（2017.01－2017.12，彝）

党组成员、副局长

张在琴（2017.01－2017.12，女，彝）

杨明学（2017.01－2017.12，苗）

李晓军（2017.01－2017.12，苗）

副局长　杨　刚（2017.01－2017.12）

党组成员　赵高寿（2017.01－2017.12）

机关事务管理局

局　长　胡　莎（2017.02－2017.12，女）
副局长　黄启刚（2017.03－2017.12）
　　　　陈珊珊（2017.02－2017.12，女）
　　　　徐　帅（2017.02－2017.12）
公产管理中心主任　罗亚华（2017.07－2017.12）

民政局

党组书记、局长
　司静频（2017.01－2017.12，女）
党组成员、常务副局长
　张政权（2017.01－2017.12）
党组成员、老龄办主任
　张　炯（2017.01－2017.12，女）
党组成员、机关党委书记
　李　静（2017.01－2017.12，女）
党组成员、社会救助局局长
　潘永忠（2017.01－2017.12）
党组成员、副局长　王　查（2017.01－2017.12）
党组成员、副局长　杨孝雄（2017.01－2017.12）

财政局

党组书记、局长　肖荣华（2017.01－2017.12）
党组成员、副局长、会计核算中心主任
　桂亚男（2017.01－2017.06，女）
党组成员、副局长　王剑克（2017.01－2017.12）
　　　　　　秦　楠（2017.01－2017.12，女）
党组成员、机关党委书记
　蔡　娟（2017.01－2017.12，女）
党组成员、纪检组长
　高　敏（2017.01－2017.12）
会计核算中心（国库支付中心）副主任
　武　荣（2017.01－2017.12）
　候　军（2017.01－2017.12）
　卢敦举（2017.01－2017.12）

人力资源和社会保障局

党组书记、局长
　胡大为（2017.01－2017.12，女）
党组成员、副局长
　王占勇（2017.01－2017.12）
　丁　润（2017.01－2017.10）
　李　吉（2017.12.1－2017.12.31，彝族）
　胡祥松（2017.01－2017.4，彝族）
党组成员、副局长、社保局局长
　张　华（2017.01－2017.12）
党组成员、机关党委书记
　阳　鹤（2017.09－2017.12，女）
党组成员、纪检组长
　施　容（2017.01－2017.12，女）

国土资源局

党组书记、局长　张仕江（2017.12－2017.12）
党组成员、副局长　周遵俊（2017.01－2017.12）
党组成员、机关党委书记
　李晓英（2017.01－2017.12）
党组成员、副局长　顾卫华（2017.01－2017.12）
党组成员　武　谦（2017.04－2017.12）
不动产登记中心主任　阎　静（2017.01－2017.12）
地灾办主任　邓成坤（2017.01－2017.12）
执法大队大队长　袁忠杰（2017.04－2017.12）

环保局

党组书记、局长　孙　浩（2017.01－2017.12）
党组成员、副局长
　安　逸（2017.01－2017.12，彝）
　崔艳丽（2017.01－2017.12，女）
　刘　勇（2017.01－2017.12）

住房和城乡建设局

党组书记、局长　陈亮欢（2017.01－2017.12）
党组成员、常务副局长
陈兴明（2017.01－2017.12）
党组成员、副局长　周　德（2017.01－2017.12）
陈　永（2017.01－2017.12）
党组成员、纪检组长（区纪委派驻社会发展部门纪工委委员）　王思源（2017.01－2017.12）
党组成员、机关党委书记
支亚琴（2017.01－2017.12，女）

房产事业局

党组副书记、局长　梁　鸿（2017.01－2017.12）
副局长　叶宗乾（2017.01－2017.12）
宋　璟（2017.01－2017.12）
汤继学（2017.01－2017.12）

交通运输局

党组书记、局长　肖玉明（2017.01－2017.12）
党组成员、常务副局长
张在翔（2017.01－2017.12，彝）
党组成员、副局长（海事处处长）
孙良德（2017.01－2017.12）
党组成员、副局长
安晋蓉（2017.01－2017.12，女、彝）
邓　洁（2017.12－2017.12）
党组成员、机关党委书记
申　才（2017.01－2017.12）
党组成员、纪检组组长
曾邦顺（2017.01－2017.12）
党组成员　王有平（2017.01－2017.12）
岳顶全（2017.01－2017.03）
党组成员、公路运输管理所所长
吴　刚（2017.01－2017.04）
党组成员、地方公路管理所所长
孙天刚（2017.01－2017.12）

群众工作部（信访局）

群工部部长（兼）　何万学（2017.01－2017.12）
市信访局副调研员、区委办副主任、群工部常务副部长、信访局局长
赵　敏（2017.01－2017.12，女）
群工部副部长（兼）
沈成林（2017.01－2017.03）
群工部副部长、信访局常务副局长
郑　琴（2017.01－2017.03，女）
群工部副部长、信访局副局长、接访［调处］中心主任　刘拥政（2017.01－2017.09）
张玉超（2017.09－2017.12）
群工部副部长、信访局副局长（分管常务工作）
刘拥政（2017.09－2017.12）
群工部副部长、信访局副局长
张玉超（2017.01－2017.09）
顾艳华（2017.01－2017.12，女）
周玉静（2017.04－2017.12，女）
接访［调处］中心副主任
李兴会（2017.01－2017.12，女、彝）
李德亮（2017.01－2017.12）

烟草局

局　长（经理）　王兴泉（2017.01－2017.12）
副经理　王　邦（2017.01－2017.12）
副局长　徐法家（2017.01－2017.12）
纪检组长　宋　波（2017.01－2017.12）

人武部

部　长　柏　松（2017.01－2017.12）
政　委　王华国（2017.01－2017.07）

农牧局

党组书记、局长　张珍龙（2017.01－2017.12）
党组成员、常务副局长　王　磊（2017.10－2017.12）
党组成员、副局长　朱启刚（2017.01－2017.12）
冷付春（2017.01－2017.10）
党组成员、纪检组组长
王方义（2017.01－2017.12）
党组成员、机关党委书记
王洪运（2017.04－2017.12）
党组成员　龚　丹（2017.01－2017.12）
杨　军（2017.01－2017.12，侗）
党组成员、动物疫病预防控制中心主任、高级兽医师　邱声邦（2017.01－2017.06）
党组成员、动物卫生监督所所长
张　品（2017.01－2017.07）
吉庆文（2017.07－2017.12）
农牧综合执法大队大队长
舒銮斌（2017.01－2017.12）
草地畜牧业发展中心主任
许定尧（2017.01－2017.12）
茶产业发展局局长　吴　馨（2017.01－2017.12）

农业机械事业局

党组书记、局长　胡锦怀（2017.01－2017.12）
党组成员、副局长
赵仁祥（2017.08－2017.12，白）
吴　刚（2017.09－2017.12）
李作勇（2017.01－2017.12）
副科级纪检监察专员
沈和平（2017.01－2017.12）

烟草办

主　任　龚　丹（2017.04－2017.12）
副主任　彭永贵（2017.08－2016.12）

法制办

主　任　崔国庆（2017.01－2017.12）
副主任　张　源（2017.04－2017.12，彝）
法律顾问室专职副主任
肖仕龙（2017.01－2017.12，苗）

水务局

党组书记、局长　吕碧生（2017.01－2017.07）
林　勇（2017.07－207.12）
党组成员、副局长　罗志琴（2017.01－2017.02，女）
陈章忠（2017.01－2017.06）
邓时启（2017.01－2017.12）
石　淼（2017.07－2017.12）
党组成员、机关党委书记
陈春兰（2017.01－2017.12，女）
党组成员　张　杰（2017.01－2017.12）
吴道军（2017.01－2017.12）
毛军舰（2017.01－2017.06，女，蒙古）
党组成员、水保办主任
杨　琼（2017.01－2017.12，女）
党组成员、纪检组组长（区纪委派驻涉农部门纪工委委员）　许　锦（2017.01－2017.12，女）

文化体育广播电视旅游局（区新闻出版局、区版权局）

党组书记、局长　卯　洪（2017.01－2017.12）
党组成员、常务副局长
宋智祥（2017.01－2017.12）
党组成员、区广播电视台台长
朱光伦（2017.01－2017.12）
党组成员、纪检组组长
周方石（2017.01－2017.12）
副局长　李　琼（2017.01－2017.12，女、苗）
李章淑（2017.01－2017.12）

党组成员、机关党委书记
樊国成（2017.01－2017.12）
党组成员　孙　武（2017.01－2017.12）

卫生和计划生育局

党组书记、局长　夏　冬（2017.01－2017.12）
党组成员、常务副局长
张永忠（2017.01－2017.10）
党组成员、协会专职副会长
周遵林（2017.01－2017.12）
党组成员、副局长
汪　涛（2017.01－2017.12，白）
喻茂红（2017.01－2017.10，女，穿青人）
党组成员、副局长、区卫生监督所所长
王明祥（2017.10－2017.12）
党组成员、机关党委书记
张怀蓝（2017.01－2017.12）
党组成员、流动人口计划生育管理局局长
石国平（2017.01－2017.12）
党组成员、区妇幼保健院院长
李亚国（2017.01－2017.12）
党组成员、纪检组长
张启学（2017.01－2017.08）
徐德友（2017.08－2017.12）
党组成员、副局长　周　雪（2017.10－2017.12）
党组成员　谢才敬（2017.01－2017.12）
副局长　苏方龙（2017.01－2017.12）

教育局

党组书记、局长　张万泽（2017.01－2017.12）
党组成员、常务副局长
陈　勇（2017.01－2017.12）
党组成员、副局长
卢启霞（2017.01－2017.12，女，穿青人）
党组成员、区营养办主任
葛芝洪（2017.01－2017.12）
党组成员、机关党委书记
赵秀梅（2017.01－2017.12，女，白）
党组成员　曹廷栋（2017.01－2017.12）
党组成员、纪检组长
赵　碧（2017.01－2017.12）
党组成员、毕节二中党支部书记、校长
徐　武（2017.01－2017.12）
毕节二中党支部副书记
吴道元（2017.01－2017.12）
毕节二中副校长　张学辉（2017.01－2017.12）
宋贵春（2017.01－2017.12）
何文君（2017.04－2017.12）
七星关区中等职业学校党支部书记、校长
穆元春（2017.01－2017.12）
七星关区中等职业学校党支部副书记
江　平（2017.01－2017.12）
七星关区中等职业学校副校长
周定富（2017.01－2017.12）
田茂兴（2017.01－2017.12）
许　旭（2017.01－2017.12）
毕节四中党支部书记、校长
张　丽（2017.01－2017.12）
毕节六中党支部书记、校长
李大元（2017.01－2017.12）
毕节七中党支部书记
龚　霖（2017.01－2017.09）
毕节七中校长　向云蔚（2016.04－2016.12）
毕节八中党支部书记、学校负责人
阮　鹏（2017.01－2017.03）
毕节八中党支部书记、校长
阮　鹏（2017.04－2017.12）
七星关区第一实验学校党支部书记、校长
钱　瑾（2017.01－2017.12）
海子街中学党支部负责人、副校长（主持工作）
陈丽丽（2017.01－2017.03）
海子街中学党支部负责人、校长
陈丽丽（2017.04－2017.12）
朱昌中学党支部负责人、副校长（主持工作）

王　勇（2017.01－2017.03）

朱昌中学党支部负责人、校长

王　勇（2017.04－2017.12）

龙场营中学党支部书记

杨茂春（2017.01－2017.12）

龙场营中学校长　赵启科（2017.01－2016.04）

龙场营中学负责人　马兴国（2017.05－2017.12）

燕子口中学党支部副书记（主持工作）

陈扬松（2017.01－2017.12）

燕子口中学副校长（主持工作）

李　鹏（2017.01－2017.03）

燕子口中学校长

李　鹏（2017.04－2017.12）

杨家湾中学党支部负责人、副校长（主持工作）

黄佑彬（2017.01－2017.12）

扶贫开发办

党组书记、主任　钟　华（2017.01－2017.12）

党组成员、副主任　李兴学（2017.01－2017.12，苗）

袁　平（2017.01－2017.12）

付　将（2017.01－2017.12）

党组成员、副核桃产业发展办副主任

廖世穆（2017.01－2017.12）

党组成员　许　静（2017.01－2017.12，女）

外资项目管理中心主任

郑朝勇（2017.01－2017.12）

审计局

党组书记、局长

桂亚男（2017.06－2017.12，女）

党组成员、副局长

夏　文（2017.01－2017.12）

党组成员、副局长

孙忠学（2017.01－2017.12，穿青人）

党组成员、副局长

欧阳慕兰（2017.01－2017.12，女）

党组成员　冯　兵（2017.01－2017.12，女）

气象局

局　长　王安林（2017.01－2017.12）

副局长　杨念华（2017.01－2017.12）

林业局

党组书记、局长　吴道国（2017.01－2017.12）

党组成员、副局长　潘定华（2017.01－2017.12）

党组成员、森林公园管理处处长

周训军（2017.01－2017.12）

党组成员、副局长

金玉竹（2017.01－2017.12，女）

党组成员、纪检组长

罗　敏（2017.01－2017.12，女，彝）

党组成员、机关党委书记

武　健（2017.01－2017.12，女）

党组成员　薛占军（2017.01－2017.12）

区防治石漠化管理中心主任

张　庆（2017.01－2017.12）

森林公安局局长　吴学爱（2017.01－2017.12）

森林公安局政委

王　勇（2017.01－2017.12，彝）

安全生产监督管理局

党组书记、局长　邓　涛（2017.01－2017.12）

党组成员、纪检组组长

陈大进（2017.01－2017.12）

党组成员、副局长　聂　焰（2017.01－2017.12）

张成述（2017.01－2017.12）

洪文贤（2017.08－2017.12）

区煤安局局长　蒙　映（2017.01－2017.12）

统计局

党组书记、局长　潘　登（2017.01－2017.07）

党组成员、副局长（主持工作）

王　磊（2017.09－2017.12）

党组成员、常务副局长

洪文贤（2017.01－2017.07）

党组成员、副局长　丁晓蓬（2017.01－2017.12）

副局长　刘国虹（2017.01－2017.12）

党组成员、纪检组组长

王祥平（2017.01－2017.12）

党组成员　袁锦碧（2017.01－2017.12，女）

刘天津（2016.01－2016.12，女）

国税局

党组书记、局长　雷　春（2017.01－2017.12）

党组成员、副局长　魏宗明（2017.01－2017.12）

盖家魁（2017.01－2017.12）

党组成员、纪检组长　刘　虎（2017.11－2017.12）

王良钦（2017.01－2017.11）

党组成员、副局长　徐文祥（2017.11－2017.12）

许炎磊（2017.11－2017.12）

田　径（2017.01－2017.07）

张　灿（2017.01－2017.11，女）

地税局

党组书记、局长　张守伟（2017.01－2017.12）

党组成员、机关党委书记

陈　莉（2017.01－2017.12，女）

党组成员、副局长　陈祥波（2017.01－2017.12）

党组成员、副局长　李小伟（2017.02－2017.12）

党组成员、纪检组长

张　洪（2017.02－2017.12）

党组成员、纪检组长

王　华（2017.01－2017.02）

城市综合执法大队

党组书记、大队长、市城管局七星关区分局局长

张治国（2017.01－2017.12）

党组成员、副大队长

李　吉（2017.01－2017.11，彝）

史远英（2017.01－2017.12，女）

沈　兴（2017.01－2017.12）

党组成员、纪检组长

毛仕新（2017.01－2017.12）

党组成员、园林绿化局局长

邵　波（2017.01－2017.12）

党组成员、机关党委书记

支明彦（2017.01－2017.12）

党组成员、市城管局七星关分局副局长

刘熙杰（2017.01－2017.12）

城管大队教导员　唐寿钢（2017.01－2017.12）

环卫局局长　葛传远（2017.01－2017.12）

市政管理局局长　张　普（2017.01－2017.12）

城区河道管理处

处　长　孟天贵（2017.01－2017.12）

副处长　裴良泉（2017.01－2017.12）

林文港（2017.01－2017.12）

天河风景名胜区管理处

党委书记　吴荣勇（2017.01－2017.03）

处　长　丁世远（2017.01－2017.12）

副处长　王义文（2017.01－2017.12）

罗　挺（2017.10－2017.12）

党政办主任　吕庆华（2017.01－2017.12）

景区管理科科长　黄常富（2017.01－2017.08）

顾光伦（2017.08－2017.12）

规划建设科科长　罗　挺（2017.01－2017.10）

风景资源监察大队大队长

陈　鹏（2017.01－2017.12，彝）

水库和生态移民局

党组书记、局长　谢　洪（2017.3－2017.10）

副区长、局长　王大庆（苗）（2017.11－2017.12）
党组负责人、常务副局长
穆元兴（2017.9－2017.12）
党组副书记、副局长
谢　勇（2017.01－2017.12，白）
党组成员、副局长
杨泽军（2017.01－2017.12，苗）
李　华（2017.01－2017.12）
党组成员、纪检组组长
赵举远（2017.1－2017.3）

档案局

局　长　沈成林（2017.04－2017.12）
副局长　周珍云（2017.01－2017.12，女）
熊　琳（2017.01－2017.12，女）

供销社

党组书记、主任　张　雷（2017.01－2017.12）
党组成员、副主任　张万军（2017.01－2017.12）
翟培祥（2017.01－2017.12）
党组成员、机关党委书记
颜　燕（2017.01－2017.12，女）
党组成员、纪检组组长
马　蓁（2017.08－2017.12，女）

公安局

区委常委、区委政法委书记、公安局党委书记、局长　何万学（2017.01－2017.12）
党委副书记、政委
尹　平（2017.01－2017.12，彝）
党委委员、常务副局长
沈承刚（2017.01－2017.12）
党委委员、副局长
马顺尧（2017.01－2017.12，彝）
党委委员、副局长　刘　歆（2017.01－2017.12）
党委委员、消防大队党委书记、教导员
全宏奎（2017.01－2017.12）
党委委员、交警大队大队长
郭正顶（2017.01－2017.12，穿青人）
党委委员、纪委书记
杨孝勇（2017.01－2017.12）
党委委员、戒毒所（行政拘留所）所长
吉学俊（2017.01－2017.12）
党委委员、刑事侦查大队大队长
王扬波（2017.01－2017.12）
党委委员、特（巡）警大队大队长
秦　健（2017.01－2017.12）
党委委员、机关党委书记
明　凡（2017.01－2017.12）
党委委员、副局长
刘春健（2017.01－2017.12，挂任）

司法局

党组书记、局长　董玉祥（2017.01－2017.12）
党组成员、副局长
吴　迢（2017.01－2017.10）
郑朝祖（2017.01－2017.12）
徐　菊（2017.01－2017.12，女）
党组成员、政工科长
聂雨红（2017.01－2017.12，女）
党组成员、依法治理办公室副主任
王　亭（2017.01－2017.12，女）

检察院

党组书记、检察长　刘　永（2017.01－2017.12）
党组成员、副检察长
梁道义（2017.01－2017.12）
王　鑫（2017.01－2017.12）
金必思（2017.01－2017.12）
党组成员、纪检组组长
杨大富（2017.01－2017.12）

党组成员、检察委员会专职委员
杨时忠（2017.01－2017.12）
党组成员、公诉科科长
徐仁礼（2017.01－2017.12，女）
党组成员、政工科科长
刘　伟（2017.01－2017.12）

法　院

党组书记、审判委员会委员、院长
禄智华（2017.01－2017.12，彝）
党组成员、审判委员会委员、副院长（分管常务工作）　赵　乾（2017.01－2017.12）
党组成员、审判委员会委员、副院长
靳　忠（2017.01－2017.12）
聂　健（2017.01－2017.12）
党组成员、审判委员会委员、执行局局长
周　璟（2017.01－2017.12）
党组成员、审判委员会委员、政工科长
裴干明（2017.01－2017.12）
党组成员、审判委员会委员、纪检组组长
聂忠映（2017.01－2017.12）
党组成员、审判委员会委员、机关党委书记
胡　强（2017.01－2017.12）
审判委员会委员、民一庭庭长
赵驭欧（2017.01－2017.12）
审判委员会委员、民二庭庭长
简泽智（2017.01－2017.12）
审判委员会委员、民三庭庭长
魏雪松（2017.01－2017.12，女，穿青）
审判委员会委员、刑事审判庭一庭庭长
冯军良（2017.01－2017.12）
审判委员会委员、刑事审判庭二庭庭长
刘　霞（2017.01－2017.12，女）
审判委员会委员、立案庭庭长
陈玉仙（2017.01－2017.12，女）
审判委员会委员、行政审判庭庭长
杨丽琴（2017.01－2017.12，女，彝）
研究室主任　黎景春（2017.01－2017.12）
审监庭庭长　潘健禾（2017.01－2017.12）
审管办主任　徐逸杰（2017.01－2017.12）
信息宣传中心主任　彭　纪（2017.01－2017.12）
执行局执行一庭庭长
聂　品（2017.01－2017.12）
执行局执行二庭庭长
陈延华（2017.01－2017.12，穿青人）
执行局执行三庭庭长
王　勇（2017.01－2017.12）
司法警察大队队长　周　珂（2017.01－2017.12）
司法警察大队政委　胡高仁（2017.01－2017.12）
第一人民法庭庭长　朱　江（2017.01－2017.12）
第二人民法庭庭长　陈　凯（2017.01－2017.12）
第三人民法庭庭长　宋亚林（2017.01－2017.12）
第四人民法庭庭长　李华忠（2017.01－2017.12）
第五人民法庭庭长　罗修华（2017.01－2017.12）
第六人民法庭庭长　吴秀华（2017.01－2017.12）
第七人民法庭庭长　李忠熠（2017.01－2017.12）
第八人民法庭庭长
邱丽娅（2017.01－2017.12，女，彝）
第九人民法庭庭长　邓　坤（2017.01－2017.12）

市场监督管理局

党组书记、局长　成名伟（2017.01－2017.12）
党组成员、副局长
梁　义（2017.01－2017.12，女）
葛　勇（2017.01－2017.12）
党组成员、机关党委书记
曾建波（2017.01－2017.12）
党组成员、纪检组长
胡　江（2017.01－2017.12）
党组成员、食品药品稽查局局长
黄亚维（2017.01－2017.12）
党组成员、经检大队大队长
陈卫红（2017.01－2017.12）
党组成员、质量技术监督稽查大队大队长

谌贻玲（2017.01－2017.12，女）

房屋征收管理局

局　长　张正伦（2017.01－2017.12）
副局长　付　煜（2017.01－2017.12）
　　　　　陈俊杰（2017.01－2017.12）
　　　　　蒋　卫（2017.01－2017.12）

消防大队

教导员　全宏奎（2017.01－2017.09）
　　　　　欧　智（2017.09－2017.12）
大队长　欧　智（2017.01－2017.09）
　　　　　邓光松（2017.09－2017.12）

贵州七星关区经济开发区党的工作委员会

贵州七星关经济开发区管理委员会

书　记　崔英魁（2017.01－2017.12）
主　任　胡敬斌（2017.01－2017.12）
副主任（区政府党组成员）
　　陈　俊（2017.01－2017.08，彝族）
副书记（区政府党组成员）
　　张和国（2017.01－2017.12）
副主任（区政府党组成员）
　　李永红（2017.01－2017.12）
党工委委员、副主任
　　米　良（2017.12－2017.12）
党政办主任　柏　侠（2017.01－2017.12，苗）
党政办副主任　谭政贵（2017.01－2017.12）
　　　　　　　徐　毅（2017.01－2017.12）
规划建设与管理局局长
　　高　斌（2017.01－2017.12）
规划建设与管理局副局长
　　孙　忠（2017.01－2017.12）
　　吕拥护（2017.01－2017.12）
财政局局长　陈丽梅（2017.02－2017.12，女）
财政局副局长　赵祖亮（2017.01－2017.12）
安监局局长　孙　超（2017.01－2017.12）
安监局副局长　吴　湘（2017.01－2017.12，女）
投资促进局局长　黄进东（2017.01－2017.09）
投资促进局副局长
　　杨　奎（2017.01－2017.12，彝）
投资促进局副局长
　　吴瑞环（2017.02－2017.12，女）
房屋征收与补偿局局长
　　张鲁周（2017.01－2017.12.）
房屋征收与补偿局副局长
　　黄虎林（2017.01－2017.12.）
利用外资和招商引资项目代办服务中心主任
　　樊　衍（2017.01－2017.12）

（撰稿：区委组织部干部科）

政　治

中国共产党毕节市七星关区委员会

【概述】 2017年，在省委、省政府，市委、市政府的坚强领导下，在上级各部门的大力支持下，七星关区深入贯彻落实中共十八大、十九大精神，积极主动适应新常态，群策群力、砥砺奋进、同心攻坚，经济社会发展持续向好，各项事业取得长足进步。

【坚持提质扩容，综合实力持续增强】 实现地区生产总值372.11亿元，同比增长12.2%，持续保持全市第一大经济体地位，连续14年保持两位数以上的增速；完成500万元以上固定资产投资253.5亿元，同比增长21.3%；财政总收入96.02亿元，同比增长8.9%；一般公共财政预算收入25.5亿元，同比增长5.26%；社会消费品零售总额116.3亿元，同比增长12.3%；城镇常住居民人均可支配收入29029元，同比增长8.8%；农村常住居民人均可支配收入8611元，同比增长10.1%。

【坚持转型升级，产业发展持续提速】 一是工业经济提质增效。实现全区规模工业总产值134.7亿元、增长11.62%，增加值68.3亿元、增长6.8%。经济开发区累计完成投资30亿元，实现产值35亿元，解决就业8000余人；长春堡清丰产业园和朱昌、青场等10个乡镇中小企业创业园实现产值1.7亿元，解决就业1000余人，“一区多园”工业架构基本形成。二是农业产业多元发展。全力推进农业结构调整，大力发展蔬菜、食用菌、茶叶、中药材等高效经济作物。新建农业园区45个，入驻经营主体173家；成功培育3家市级龙头企业，完成“三品一标”认证18个、无公害农产品认证23.06万亩，“毕节椪柑”获农业部地理标志登记认证，农产品质量进一步提升。三是现代服务业加速发展。拱拢坪森林公园景区被评为国家AAAA级旅游景区，鸡鸣三省景区、七星古城旅游项目建设全面推进。全区共接待游客1136.39万人次、增长43.32%，旅游总收入实现93.97亿元、增长46.18%，限额以上商贸企业达74家。新桂花市场、黔西北农产品批发市场等9个市场建成运营，石桥边物流园建设有序推进。电商产业园入驻企业69家，被评为“省级扶持微型企业成长示范基地”；村级电商服务站达183个，荣获“省级农商联动示范县”称号。

【坚持突破瓶颈，基础设施持续完善】 大力实施六级公路大会战，毕镇高速七星关段、厦蓉高速金银山互通全面建成，东清高速建设顺利推进，高速公路通车里程达179.2公里；启动海子街至小吉场、草堤至总溪河等4条国省干道提级改造；建成杨家湾至放珠、团结至椅子房等4条县乡公路；硬化通村路740公里、通组路782公里，全区交通“主动脉”进一步打通，“毛细血管”进一步疏通，群众出行条件得到有力改善。双河口水库基本建成，龙官桥水库、野角水库建设有序推进，112个农村饮水安全巩固提升工程启动建设，工程性缺水问题逐步缓解。建成35千伏输变电工程4个，完成10千伏及以下配电网项目157个，新建4G通讯基站687个，电力、通讯设施进一步提升完善。

【坚持统筹协调，城乡面貌持续改善】 “多规合一”全面推进，“七星捧月”七个卫星城镇总规修订和控规编制基本完成，东心路、百里杜鹃大道东段等10条城市道路建成通车，青龙山二号隧道基本建成，白虎山隧道、阳山隧道等城市交通节点有序推进，完成棚户区改造2.76万户，城市建成区面积达52平方公里，常住人口城镇化率提高到48.1%。启动“19456”工程，全面推进倒天河两岸畅通整治工程，快速推进南山公园、月亮湖公园建设；新增绿化面积15万平方米，城市建成区绿化覆盖率提升到33.15%，顺利通过省级文明城市复评验收。全面推进农村环境综合整治，成功创建396个美丽乡村示范点，完成7724栋贵州民居改造，农村面貌进一步提升靓化。

【坚持绿色发展，生态建设持续推进】 全面落实环境保护主体责任和监督责任，持续做好中央环保督察组交办、转办的环保问题整改工作；全面推行“河长制”，逐级压实“河长”责任。强化中心城区水源地保护，大力整治倒天河水库、利民水库周边环境，征拆一级保护区房屋3262户，一、二级保护区农业面源和生活面源污染得到有效控制。大力推进生活污水和垃圾收集治理工程建设，完成第一、第二污水处理厂提标改造，建成32个乡镇垃圾中转站、3个乡镇垃圾焚烧站、8个乡镇污水处理厂，城乡生活垃圾无害化处理率提高到85%，获全省“整县推进农村生活污水和垃圾收集治理试点区”称号。深入推进“绿色七星关”建设，森林保护“六个严禁”执法专项行动深入开展，完成人工造林33.95万亩，全区森林覆盖率达55%，环境空气质量优良天数比达96.1%。

【坚持以人为本，脱贫攻坚持续发力】 围绕“三率一度”“四场硬仗”出实招，先后组织开展三次“千名干部大走访”活动，组建脱贫攻坚“五大战区”指挥体系，高位推进脱贫攻坚工作。创办633个新时代农民（市民）讲习所，常态化对贫困户进行技能培训和政策宣传。创新开展“百企帮千户”活动，动员区内企业结对帮扶贫困户。协调贵州省大地公益基金会整乡帮扶阿市乡，协调恒大集团帮扶投资14亿元在碧海街道柏秧林建设易地扶贫搬迁集中安置点，并同步在安置点周边配套建设占地478亩的产业园区。投入财政专项扶贫资金5.07亿元，实施1400个产业扶贫项目，3.6万户14.79万人贫困群众受益。实现5个贫困乡镇减贫摘帽、69个贫困村出列、3.47万人脱贫。

【坚持共享发展，社会事业持续进步】 大力发展教育事业，建成学生宿舍197栋，新建幼儿园7所，提升改造农村薄弱学校23所、山村幼儿园290所，维修改造农村中小学校舍168所。新建、改建、扩建城区学校9所，新增学位1.1万个。毕节二中、毕节四中和城区义务教育阶段学校“迁改扩建”工程有序推进。深入推进“健康七星关”建设，区妇幼保健院基本建成，区肿瘤微创中心、区第二人民医院主体工程基本完工；建成中医馆12个，35个乡镇卫生院“五室”建设全部完工；每千名常住人口拥有医疗床位数达到5.8张、拥有执业（助理）医师数达到2.14人。大力发展文化事业，国家公共文化服务体系示范区创建工作全面推进，建成乡镇综合文化站42个，新建和改造村（社区）文化服务中心512个。不断完善社会保障体系，城乡居民社会养老保险参保任务完成率102.8%，城镇职工基本医保参保任务完成率104.12%；新增就业1.14万人，城镇登记失业率控制在3.45%以内，获省级“农村劳动力转移就业示范区”称号。

【坚持创新驱动，改革发展持续推进】 深入推进农村综合改革，采取“改理念、破合力不强难题，改制度、破土地碎化困局，改模式、破资金瓶颈制约，改方式、破农业发展症结，改体系、破乡村治理盲点”的“五改五破”工作法深度推进农村改革。探索出留守儿童关爱管理“四个三”新机制，建立完善留守儿童关爱跟踪服务、结对帮扶、清单管理三项制度保运行，统筹聚合部门力量、社会力量、邻里力量三种力量促帮扶，招募青年志愿者、妇女工作者、党员联系者三类人员助陪伴，推行“联动式”负责、“等级式”关爱、“组团式”参与的三种模式强管理，实现留守儿童关爱全覆盖。建成春苗乐园514个、心晴家园1874个、农村互助幸福院10个。探索推行审判组织联动化，立案程序便捷化，调处机制多元化、审判方式人性化的家事审判改革“四化”新模式。积极推进信访工作机制创新，深入推进领导干部轮流排班接访制度和“包案督访”工作，推进信访疑难积案化解。扎实开展“法治毕节”创建，完成“天网三期”建设；积极开展“交巡合一”巡逻防控新模式，优化调整“扁平化”指挥体系建设，加大巡逻防范的力度和密度，有效降低案件发生率。

【坚持从严治党，管党治党持续深化】 坚持以“大党建”为统领，加大意识形态工作力度，推进“两学一做”学习教育常态化、制度化。全面推进基层党组织标准化建设工程，加强村级服务的阵地建设，按照“一厅、多室、两阵地、一超市、一场所”的功能要求，新建村级服务阵地314个，改扩建35个，利用公产解决26个，村级组织形象面貌大幅提升。推进基层党组织设置改革，设立村级党委和党总支，将党组织建在自然村寨、合作组织、产业基地上，实现党的组织和党的工作全面覆盖。全年新建立村级党委19个、党总支228个、党支部1051个。以“注重过程跟踪管理，强化问题及时整改”为主要目的，探索推进干部考核体系改革。持之以恒深化作风建设，重拳整治群众反映强烈的作风突出问题；充分发挥巡察利剑作用，加强监督执纪问责，推动“四风”问题立行立改，扎实推进党风廉政建设和反腐败斗争，促进管党治党标本兼治，全面从严治党纵深推进。

（撰稿人：办公室）

纪检监察

【概述】 七星关区是贵州省毕节市的市辖区，地处川、滇、黔三省结合部，是1988年时任贵州省委书记胡锦涛亲自倡导，并报经国务院批准建立“开发扶贫、生态建设”试验区的主战场。全区总面积3412平方公里，辖42乡（镇、街道）、506个村（社区）、4772个村民组。中共十八大以来，中共毕节市七星关区纪委始终坚持聚焦主业主责，坚守责任担当，强化监督执纪，扎实推进全区党风廉政建设和反腐败斗争。近3年来，全区纪检监察战线上有19人获得省市表彰，社会发展纪工委监察分局局长邹堃同志荣获全省“纪检监察系统先进个人”荣誉称号。

【聚焦脱贫攻坚，立体构建民生监督新机制】 为推进扶贫项目资金精准落地，强化对民生领域的立体监督，创新监督机制，织牢监督“网底”，确保民生项目资金安全运行。一是构建民生监督网络平台。采取“机制+科技”模式，设立“民生建设公开公示监管中心”，配套建立民生建设公开公示网络监管平台、民生建设短信告知平台、民生建设电话查询平台”，定期发布民生信息，方便群众查询，接受社会监督，民生监督“大数据”逐步形成。截至目前，公开发布民生信息10万多条，接受网友访问230万多次，公开惠民项目资金信息46000多条，公开党务政务村务信息32800多条，备案民生项目2500个，通报违纪违规典型59例。向群众发送民生补贴补助告知短信38万多人次，接待群众来电咨询1400多人次，受理群投诉举报400多人次，处理142件，电话随机抽查民生资金落实政策情况1200多次，接受举报投诉660件次，成功受理101件，转立案28件。《中国纪检监察报》、中国党风廉政网、国家监察部网站等媒体对这一做法进行了报道。二是健全完善民生监督机构。以乡镇（街道）为单位成立42个民生监督组，以村（社区）为网格成立

506个村级民生监督委员会，推选2530名民生监督员，构建多维监督体系，实现民生监督全域覆盖。发现问题2339个，立案393件，党政纪处分353人，移送司法机关依法处理9人，涉案金额2200万余元。2013年12月26日，参与承办全省民生监督组工作现场摩会，并得到省市纪委领导的充分肯定。省内外纪检监察系统先后有58批次前来考察学习。三是狠抓民生资金专项监察。突出问题导向，创新“三查三问”监督机制，实行“一年一主题、一季一整治”“地毯式”对中职和普高学生资助金、微企补助资金、信贷扶贫资金和农村危房改造项目资金等重点专项监察，发现各类问题1901个，立案76件，党政纪处分76人，涉案金额110多万元。

【聚焦预防警示，构建宣传教育新格局】 按照惩防并举、注重预防和实践“四种形态”要求，充分发挥“全媒体”资源优势，着力构建全方位反腐倡廉宣传教育“大格局”。一是率先设立反腐网络舆情监督哨。率先在全省纪检监察建设系统建成反腐网络舆情监测系统，有效拓宽社情民意反映渠道，提高收集、分析、处置以及应对网络舆情的能力，推动反腐倡廉舆情工作实现由人工搜索向自动搜索转变、由被动应付向主动处置转变、由无人负责向齐抓共管转变。系统成立运行以来，通过分析、研判，梳理涉及党员干部违纪问题线索56件，转立案12件，及时稀释舆情炒作焦点，维护了社会稳定。二是全媒体营造纪检监察大宣教氛围。开通微信公众平台“七星关纪检监察”，在全市建成首家县级廉政警示教育基地，创办《七星关纪检监察》，加大曝光典型案例力度，提高廉政警示教育实效性。相继组织开展“‘乌蒙腹地·清廉七星’迎‘七一’廉政书画展”和社区党员、群众谈家风家规等系列活动，积极营造崇廉尚洁养德的良好氛围。通过市区主流媒体和区级纪检监察网曝光典型案例89起。组织廉政警示教育活动1100余场次。组织1.6万多名党员干部参加《准则》《条例》知识竞赛。多次面向群众开展清退违纪款现场警示教育活动，进一步增强群众获得感，用好腐败案件“活教材”。

【聚焦监督执纪，适应从严治党新常态】 着力压实责任，突出严抓细管，持续问责，坚持“亮剑”，推动正风反腐工作实现一年一个新深入、一年一个新台阶。一是层层压紧责任，形成实实在在的工作支撑。认真落实党风廉政建设“两个责任”清单制度，层层督促签字背书、抓好落实。采取委局领导牵头、相关室指导、纪工委监察分局与民生监督组四级协同督导的方式，分片区督导区直部门、各乡镇街道办事处，推动打通“最后一公里”。认真开展常态化精准约谈，共性、个性约谈党委（党组）书记120人次，约谈纪委书记（纪检组长）84人次。坚持“一案双查”，严肃对68名落实主体责任不力，7名落实监督责任不力的领导干部进行问责。二是持续加压发力，坚持不懈推进正风肃纪。坚持“常态+动态”作风督查机制，紧盯重要节点，持续加大对“四风”突出问题的查处。在抓好常态化督查的基础上，结合实际制定《作风强化年正风肃纪专项整治行动方案》，把违规滥办大办酒席、国家工作人员公共场所打麻将、国有资产管理混乱、干部“为官不为”、违规公款消费和滥发奖金津补贴等“四风”突出问题列为阶段性专项整治重点。查处违反中央八项规定精神问题党员干部321人，诫勉谈话、提醒谈话、批评教育和通报批评260人，立案查处61人，党政纪处分和组织处理61人，通报曝光69起发生在群众身边的“四风”典型问题。三是高压惩腐肃贪，零容忍推进纪律审查。坚持有案必查，有腐必惩。立案551件，党政纪处分570人，其中乡科级干部116人，村干部354人；移送司法机关依法处理66人，涉案金额2800万余元，纪律审查工作近年来一直处于全市前列。四是坚持纪挺法前，用好监督执纪“四种形态”。对存在问题的党员干部，根据时间节点、问题性质、本人态度和一贯表现及群众中口碑等，依规依纪作出恰当处理。共谈话函询642人，其中2015年以来，约谈280人，约谈对象主动上交违纪所得

25.65万元。注重纪律处分与组织处理贯通使用，2016年以来，给予党纪轻处分和组织处理109人，党纪重处分和作出重大职务调整19人，党纪轻处分和组织处理人数占党政纪处分和组织处理人数的85.15%。

（撰稿人：办公室）

组 织

【概述】 2017年，七星关区委组织部以习近平新时代中国特色社会主义思想为指引，深入贯彻落实中共十八大、十九大精神，紧扣市委“113攻坚战”战略部署和区委“1136”工作规划，聚焦“大党建”，统领“大扶贫”“大安全”“大发展”，围绕中心，服务大局，实现了组织工作和经济社会发展同频共振、深度融合，为全区决战脱贫攻坚、决胜全面小康提供了坚强的组织保障。

【深化“两学一做”，凝聚脱贫攻坚的工作动力】 一是推进“两学一做”学习教育常态化制度化，树立党员先锋形象。开展党员“党性体检”。按照“常规体检”和“差别化体检”的要求，采取自我查找病症、党员相互把脉、群众代表会诊、班子集中会诊等方式，对各级党员党性修养逐一进行体检。全区共3万余名党员参加了“党性体检”，查找问题1347条，体检出“亚健康”党员171人，“不健康”党员8人，正在积极整改。开展“主题党日+”活动。以每月10日为固定党日，开展“主题党日+四个合格大讨论”“主题党日+关爱贫困党员”“主题党日+整脏治乱”等活动，充分发挥党员先锋模范作用，树立党员新形象。2017年，全区开展“主题党日”890余场次，开展整脏治乱、文明劝导和在职党员到社区报到服务等党员志愿服务400余场，开展“四个合格”大讨论360余场，涉及党员12000余人。开展“三亮三显”主题活动。在全体党员中深入开展亮身份、显形象，亮承诺、显作风，亮业绩、显担当“三亮三显活动”，不断强化党员意识教育，培树党员先锋形象，激发党员内生动力。截至2017年年底，全区开展“三亮三显”活动480余次，建立各类党员志愿服务队100余支，2879名在职党员参与服务，党员干部作出服务群众承诺1400余条，晒出业绩2500余条，帮助群众解决困难和问题30000余个。二是开展党员干部“大培训”，干部素能不断提升。强化专业能力建设。开展“岗位实践大练兵·学习比武大讲堂”活动，促进各级干部勤学业务、苦练技能、赶超业绩、争做贡献，全面提高学习力、创造力和贡献力，全面提升党员干部理论素养、业务技能和实践能力。注重开展专题培训。邀请贵州省委党校副校长汪建初，武汉大学经济与管理学院教授、博士生导师伍新木作专题讲座，培训科级以上领导干部近500人；在复旦大学、浙江大学、井冈山、山东寿光等地建立了域外培训基地，举办了“传承红色基因，坚定理想信念”为主题的组工干部党性修养与作风养成专题培训班4期，培训组工干部160人。突出培训全方位覆盖。先后组织开展换届后的支书、主任集中轮训，贫困村党组织书记、党员致富能人集中培训，深度贫困村支书、主任专题培训等共23期，共培训2144人次；开展百名支书、千名讲习师、万名无职党员“百千万大培训”，举办区级示范培训班6期，培训党组织书记和无职党员678人，42个乡镇（街道）同时开展镇级培训，培训无职党员15000余名，实现的党组织书记和无职党员培训全覆盖，进一步提升了基层党组织书记、广大党员的政治理论水平和能力素质，为农村脱贫攻坚注入了强劲动力。三是开展部机关“三化建设”，自身建设得到加强。在“两学一做”中开展部机关规范化、专业化、信息化“三化建设”，促进组织部门自身建设有了新提升。以“规范化”建设为基础，推动部机关工作有章可循、有据可依。通过完善规章制度、规范工作流程、严格管理服务，建立完善了作风建设、服务群众、议事决策、请示报告、公文处理、保密管理、考勤管理、信访接待等10多项工作制度，并将科室工作内容、流程和机关制度逐一汇编成册，全面规范了部机关各项事务的流程，促进干部更加严谨、细致、务实地开展工作。以“专业化”建设为支撑，促进组工干部专业高效、业务精通。通过“组工讲坛”、域外培训学习、演讲比赛等形式，积极搭建常态化、开放式学习教育平台，不断提升组工干部的政治素质和业务能力。2017 年以来，开展了 1 次域外培训，1 次演讲比赛，党性修养与作风养成专题培训班 4 期，举办“组工讲坛”32 期 64 人次。以“信息化”建设为平台，加快组织工作无缝对接、提质增效。建立“七星微党建”微信公众号平台，发布党建资讯，及时为组工干部传达各级重要会议精神，解读政策法规、时事热点。建立组织工作QQ 群、微信群，开设“微会议、微课堂”，促进了组工干部之间的学习交流，让工作更加高效便捷。

【突出固本强基，夯实脱贫攻坚的基础保障】 一是优化组织设置，推动基层党建标准化。实施基层党组织“标准化建设”。围绕党组织设置、领导班子建设、党员教育管理、党内政治生活、基层工作载体、基层活动阵地、基层制度机制、基层基础保障等 8 个方面内容，让基层组织在设置、管理、服务保障有了统一的标准，推动基层党组织全面规范提质。截至 2017 年年底，全区已打造基层党建示范点 51 个。推进基层党组织设置改革。将党组织建在自然村寨（村民小组）、易地扶贫搬迁安置点及产业基地上。2017 年底，全区新建立村级党委 19 个、党总支 228 个、党支部 1051 个，新建立的党支部中，在村民组和自然村寨建立的有 974 个，在网格上建立的有 44 个，在产业链上建立的有 28 个，在易地扶贫搬迁安置点上建立的有 5 个。通过创新基层党组织设置，有效解决了以往不管村（社区）面积多大、人数多少，都只设立一个党组织，导致党组织出现服务区域过大、服务对象过多、服务半径过长、服务发展难深入等弊端，进一步优化了农村基层党组织，实现了党的组织和党的工作全面覆盖。开展非公企业和社会组织党组织集中组建“百日攻坚”行动，44 家非公有制企业单独建立了党组织，806 个非公有制企业联合建立党组织 580 个，党组织覆盖率达到 82.9%；18 个社会组织单独建立了党组织，139 个社会组织联合建立党组织 16 个，党组织覆盖率为 92.9%。依托基层组织建设“两园一所”。在每个自然村寨建立党组织的基础上，建立 508 个“春苗乐园”和 1874 个“心晴家园”，给无人看管的留守儿童提供学习、娱乐场所。依托农村基层党组织建立新时代农民（市民）讲习所，建立完善了区、乡、村三级讲习师资库。2017 年底，全区已成立讲习所 633 个，建立了拥有 6700 余名讲习员的师资库，开展讲习 12000 余场次，参与群众 46 万余人次，进一步增强了基层党组织服务脱贫攻坚的效能。二是强化基层保障，实现动力激情最大化。强化阵地保障。按照新建一批、改扩建一批和利用公产解决一批的方式，投资 3.5 亿元，新建村级服务阵地 314 个，改扩建 35 个，利用公产解决 26 个，每个新建村级服务阵地按照“一厅、多室、两阵地、一超市、一场所”的要求统一规划设计，且面积达到 500 平方米左右。目前，新建服务阵地相继竣工并投入使用，大幅提升了村级组织的形象面貌。强化待遇保障。为村（社区）干部每月提高 800 元待遇报酬，将村级干部待遇报酬从原来每月最低 1000 元提高到 1800 元，最高达 3000 元以上。同时，明确从 2018 年起，再为村（社区）干部每月增加 1000 元待遇报酬。强化激励保障。以“组织强、环境美、乡风纯、产业兴”为总标准，大力推进“规范·示范·典范”村（社区）创建，对评审为规范、示范、典范的村（社区），分别为村级组织和村（社区）干部发放激励资金。2017 年底，全区已评比表彰了 50 个“范本村（社区）”，发放奖励资金 442 万元，大大激发了广大村（社区）干部的干事创业热情。三是细化党建责任，突出工作落实精准化。精准识别整顿后进党组织。按照超前部署、落实求“早”，严格督导、工作求“真”，联合会诊、识别求“准”的思路，精准识别出 26 个后进村党组织；对排查出的后进村党组织分别落实县级、组织部和乡镇联系包保领导，并按“一村一策”的要求逐村落实整改措施，实施集中整顿，目前所有后进村党组织全部实现晋位升级。实施基层党组织“亮单行动”。精心设计基层党组织党建、服务、发展、安全四张“责任清单”，通过党组织年初“亮单”、年中“对单”、年末“评单”的方式，切实发挥农村基层党组织作用，不断提升党建工作效能。目前，全区农村基层组织共开展“亮单”“对单”活动1000余次，共亮出各类清单5000余条。加大党员发展力度。进一步拓宽吸纳党员的视野，优化党员队伍结构。截至2017年，全区共发展党员543人，其中女性党员136人，占总数的25%；35岁以下党员441人，占总数的81.2%；大专及大专以上文化程度的307人，占总数的56.5%，农民党员233人，占总数的43%。

【激活党员干部，强化脱贫攻坚的力量支撑】 一是选优配强领导班子。强化干部队伍建设。牢固树立重视基层、关心基层的用人导向，选优配强各级领导班子。择优精选100名干部组建了一支专业化考察团队，做到以优秀团队识别优秀干部，切实选好脱贫攻坚的精兵强将。2017年以来，全区调整了362名领导干部，其中提拔103名、重用30名。强化干部专项调研。组建10个调研组对全区42个乡镇街道和67个区直单位进行干部调研，发现和储备优秀干部，确定了598名科级后备干部（其中正科级225名，副科级373名）。强化基层工作力量。圆满完成第十届村（社区）“两委”换届选举工作，选出“两委”班子成员3573人，其中支书、主任994人，进一步推进“能人治村”；为贫困村、后进村选派182名第一书记、1460名驻村干部，帮助协调资金1074万元，解决困难问题1413个，协调项目264个；调整深度贫困村党组织书记11人、第一书记20人，从区直部门选派16名优秀科级干部到24个深度贫困村所在的16个乡镇挂任扶贫党委副书记，进一步强化了脱贫攻坚一线的基层干部力量。二是激活人才扶贫力量。大力实施人才扶贫“七项行动”。实施党政人才引领、科技人才支撑、专家服务团扶智等“七项行动”，创建“1+1+1”人才团队，不断将人才专业优势转化为推动脱贫攻坚的资源优势。目前，全区选派了608名科技人员开展科技包村工作，选派了389名专家到乡镇开展小康圆梦行动；开展“情系家乡”活动，组织1320名在外人才参加了“情系七星·人才回归计划”系列活动，召开座谈会60余场，吸引249人回乡创业，吸引回流资金37853万元。大力开展农民技能大培训。建立并依托新时代农民（市民）讲习所，推动党政人才、农民讲师等深入乡村讲习扶贫政策、脱贫方法和发展思路，着力培育出一批懂技术、善经营、会管理、能带富的新型职业农民。2017年以来，全区通过区直部门示范培训、乡镇（街道）集中培训、村（社区）“手把手”培训模式，培训农民7.5万人。大力推进急需紧缺人才引进。聚焦发展短板，开展人才需求摸底，引进适合七星关区各项事业发展急需紧缺人才156名。同时，分赴11所高校开展人才现场宣传推介，发放宣传手册3000余份；主动融入“贵研会”“贵研人才中心”等贵州省高层次学子微信交流平台，宣传受众近千人；在贵阳市举行的人才博览会期间，累计签约各类急需紧缺人才140人。三是精准考核干部实绩。创新考核机制。实行“一季度一考评”，变年终“算总账”为平时“常算账”，科学化推进考精、考实、考准。实施差别化考核，根据资源禀赋、特色优势，将42个乡镇街道划分为棚改主战区、城镇建设区、脱贫攻坚区三个类别进行考核；突出职能差异，将63家区直部门划分为“党群政务、执法监督、社会发展、经济管理、垂直管理”五个类别进行考核，差别化制定目标考核体系。同时，精简考核指标体系，考核指标由原来的256项精简为42项。强化动态考评。取消年终考核，实施“100+N”日常考核模式，全程盯紧区委、区政府各项决策部署的执行落实，把目标体系得分与动态跟踪考核得分深度融合。注重结果运用。将考核结果与干部奖惩、选拔使用等合理衔接，做到按贡献论干部、凭实绩用干部。2017年以来，全区召回管理14名科级领导干部，约谈领导干部5000余人次，发放季度目标考核奖5000余万元，80名科级领导干部被取消目标考核奖，8名科级干部因违纪违法被开除党籍。

【培育示范典型，打造脱贫攻坚的组织品牌】 一是着力打造“一圈·一带·一廊”党建品牌。构建“城市社区党建品牌圈”。按照“1+N”（1个中心社区和N个特色服务社区）模式，集中力量，整合资源，将10个基础条件好、地理位置适中的城市街道社区，集中打造成功能齐全、服务到位、辐射周边的“中心社区”，其他社区按照“一社区一特色，一社区一主题”的方式进行培育打造。2017年，全区10个城市街道都分别培育了1个以上的中心社区和特色服务社区，形成了一个特色鲜明、立体覆盖的城市社区党建品牌圈。构建“农村范本村（社区）党建示范带”。抓住全区实施美丽乡村建设、发展全域旅游、建设农业产业园区以及发展壮大村级集体经济等契机，大力开展“规范·示范·典范”村（社区）创建工作，培育打造了碧海街道砂锅寨社区、长春堡镇清塘社区、朱昌镇双堰社区、撒拉溪镇龙凤村等组织有力、环境优美、乡风和谐、产业发展的村级组织范本。构建“新兴领域党建精品长廊”。紧扣“党建+”理念，不断拓展基层党建新视野，扩大党建工作影响面，在医院、学校、国有企业、非公企业和社会组织等新兴领域培育一批党建示范点，涌现出碧兴保安公司、燃气公司、远大集团、明钧玻璃、华远卫士物业管理有限公司等5个非公典型；培育了毕节梁才学校、北大附校、黔信律师事务所等3个社会组织典型。二是着力打造“党建引领，村社合一”的发展品牌。科学引导，成立“村社一体”合作社。围绕“大党建”统领，在村级党组织的指导下，成立“村社一体”合作社，鼓励村民以土地、资产、资金、技术、劳动力等与合作社联营，建立了村集体、农民与经营主体紧密、有效的利益联结机制，促进农民成为股东，参与分红，实现增收。目前，全区建立了“村社一体”合作社516个。组织群众，抱团发展共同致富。从每个农户家庭选出1至2人参与组建工程队、运输队、老年协会、妇女协会等群众组织机构，将农民重新集中起来，实现强弱联合、抱团发展、共同致富。如，野角乡大水村成立了建筑施工队和种植养殖专业合作组织，新建食用菌生产大棚22个，连片种植脆红李4000亩，吸纳238户贫困户、869名贫困人口参与其中，既解决了就业，又促进了增收。创新举措，发展壮大集体经济。在积极运用“五型模式”“六个一批”方式发展集体经济的基础上，形成了“巧用众筹、破解要素投入难题，博采众议、破解机制运行障碍，推进众创、破解产业发展困局，突出众享、破解服务群众瓶颈”发展壮大村级集体经济的“四众四破”成功经验，加快了全区消除“空壳村”的进程。2017年，全区508个村（社区）都有了集体经济积累，其中，3万元以上的村（社区）281个，100万元以上的22个。三是着力打造“共享专家服务团”人才品牌。充分整合区内农业技术人员，开启“共享专家”模式，广泛开展农村实用技术培训，最大限度发挥农业专家作用。目前，全区从农牧、林业、水务等涉农部门选派具有中级以上职称、技术经验丰富的78名农业专家，组成5个共享专家团，集中对贫困村进行了会诊和帮扶，梳理会诊问题3100余条、技术需求32项，帮助创建了一批人才扶贫示范基地。依托新时代农民（市民）讲习所，开展了49个类别500余场农业技术培训，受益农民群众10000余人，开展技术帮扶与指导400余次，惠及90个农民专业合作社。

（撰稿人：办公室）

宣传思想

【概述】 2017年，区委宣传部认真贯彻落实中共十八届历次全会精神、中共十九大精神、中央、省宣传会议精神、省十二次党代会精神，以习近平新时代中国特色社会主义思想为指导，紧紧围绕“抓理论武装人 抓精神塑造人 抓舆论引导人 抓宣传激励人 抓文明育新人 抓文化感染人”的目标，为全区经济社会跨越发展提供思想保证、精神力量、道德滋养和文化条件。

【理论武装工作扎实有序】 以中共十九大精神和习近平新时代中国特色社会主义思想为主线，深入开展学习讨论；紧紧围绕“四个全面”战略部局，“113”攻坚战、“三权促三变”、新时代农民讲习所等主题认真开展理论文章组稿，形成一批有价值的研究成果；创新宣讲形式，以副县级及以上领导组成的领导宣讲团、区委宣讲团、农民讲师为基础，以“道德讲堂”、新时代农民（市民）讲习所、网络媒体等为平台，开展各类宣讲14000余场次；认真组织党委（党组）中心组学习。区委理论学习中心组率先示范，集中研讨学习5次，各级中心组紧跟区委中心组步调，扎实开展理论学习，全区各级中心组学习累计达到1100余场次。

【文明创建成效明显】 继续深化“明礼知耻·崇德向善”主题实践活动，认真组织开展“身边好人”“道德模范”选树工作；充分利用“最美贵州人”“我推荐·我评议身边好人”等活动平台，七星关区在全省推出吴贤耀、杜映竹、糜功武、龚定军等4名“最美贵州人”，王泽盼被评为全国最美孝心少年，罗应科被评为贵州省第五届见义勇为先进人物，刘娅婷被评为贵州省美德少年。糜功武、龚定军荣登中国好人榜。广泛培育和践行社会主义核心价值观，打造了人民公园、望城社区等一批社会主义核心价值观主题公园、主题社区、主题街道、主题村寨；不断加强未成年人思想道德建设，逐步形成学校、家庭、社会“三结合”教育网络，进一步完善“学校育人”“家庭育人”“社区育人”“社会关爱”四个体系，深入推进社会主义核心价值观进校园、进教材、进课堂、进学生头脑工作；以“十星级”文明户创评和七个起来为抓手，扎实推进农村思想政治教育活动，建立各类村级综合文化服务中心457个，安装喇叭876套，建全完善“村规民约”505个，培育业余文艺团队600余支，授牌挂牌星级文明户51000户；以春节、元宵、清明、端午等传统节日为节点，继续深化“我们节日”主题活动；建立了党员志愿服务分队、巾帼志愿服务分队、文化志愿服务分队等6个志愿服务分队，深入开展各类志愿服务活动89场次；以开展市容市貌攻坚行动、市民文明素养攻坚行动等为主要内容的八大攻坚行动为抓手，深入开展文明城市创建，全力配合市创建办开展全国文明城市提名城市推荐现场考评工作，顺利通过省级文明城市复评验收，获得全国文明城市提名城市资格。紧紧围绕“吃、住、行、游、购、娱”六大领域，深入开展“文明在行动·满意七星关”暨整脏治乱专项行动，年度考评获全省第七，全市第一。深化文明村镇、文明单位创建，共获市级文明乡镇3个、文明村12个、文明单位（社区、景区）6个。同时，积极组织申报省级文明乡镇8个、文明村12个、文明单位16个。

【网络舆情总体平稳】 建立网络舆情宣传引导联席会议制度，不断强化风险意识，定期分析舆情态势，排查舆情隐患，有针对性地对舆情风险高的工作或部门进行安排调度，从源头上进行防控。采用“网络舆情监测平台+舆情信息微信工作群”的模式，对各类互联网信息载体进行24小时监控巡查，形成了多维度舆情分析研判，线上线下有机配合，对上、对外争取支持的网络舆情应急联动处置机制。进一步加强网评队伍建设，建立了一支80余人的网评队伍，初步形成战斗力。不断加强网络管理，完成属地网站清查和域内政务微信号以及影响力较大的个人微信公众号排查统计工作。

【内外宣传多点开花】 紧紧围绕中共十九大、试验区成立30周年等主题，精心组织“砥砺奋进的五年　喜迎中共十九大”和毕节试验区成立30周年高端访谈“同心圆梦”“匠心筑梦”主题宣传报道，认真组织吴贤耀同志先进事迹宣传报道；完成吴贤耀同志先进事迹展厅的布展工作，与贵州日报报业（集团）联合拍摄电影《吴贤耀》，教育党员干部坚定理想信念、增强公仆意识，激发干部群众干事创业的热情。认真抓好融媒体宣传。进一步做大做强“微七星关”微信公众平台。2017年，在官方微信公众平台的阅读量全市排名第一，全省宣传类微信官方公众平台排名第一，进入全国政务宣传类微信公众平台前20强。建立七星关区外宣联席会议制度，定期统筹部署外宣工作任务。精心策划开展重大主题宣传活动，邀请贵州日报社记者团一行赴七星关，对七星关区经济社会发展的典型经验和工作成效进行采访报道，先后在《贵州日报》头版刊发《七星关区：讲习所催生职业农民》《七星关区：三红支部为什么这么红》等稿件3条，其他版面稿件20余条；邀请中央电视台、《人民日报》、新华网、《贵州日报》、中新网等20余家各级主流媒体赴七星关区围绕旅游、脱贫攻坚等内容广泛开展宣传报道，推出《这个年，咱能过好（新春走基层）》《茨朗的孩子》等作品以及报道30余篇次。

【文化事业有序推进】 不断培育壮大文化产业，以打造“鸡鸣三省”景区为核心，大力开发红色文化产业；以推进七星古镇项目建设为抓手，激活地方历史文化产业；以提质改造燕子口镇大南山、大屯乡三官寨、长春堡镇干堰村等地方民族村寨，大力发展民族文化产业；启动涵盖民族、民俗、书画、茶艺、奇石古玩等内容的同心文化产业园项目，与杨家塘花鸟市场形成环碧阳湖文化产业链。针对上规企业少、个转企无增加、新增市场主体占比低、整改情况不明显等问题，采取积极措施，狠抓文化产业统计工作。完成上规入统15家，个转企16家，新增文化市场主体占比11.2%。预计文化产业占GDP比重3%。积极贯彻落实文艺“双百”方针，组织为群众义务书写春联五万余幅，拍“全家福”2000余幅，广泛开展文艺慰问演出活动，举办了2017年迎春摄影和书画展，展出摄影作品120幅、书画作品130幅，提升人民群众精神生活。

（撰稿人：办公室）

新闻中心

【概述】 在新旧媒体交融的时代，推进传统媒体和新兴媒体融合发展，是壮大主流思想舆论阵地的重要途径和手段。为做好新形势下的宣传工作，区新闻宣传中心积极顺应时代发展趋势和潮流，不断丰富和创新传播渠道，2017年提出打造媒体中央厨房的理念，打通媒体与受众之间的沟通渠道，进一步提高宣传速度和质量，为全区经济社会发展传递好声音、凝聚正能量。一、基本情况

【传统媒体】 2017年，《毕节晚报》始终以内容建设为根本，将党性原则放在第一位，始终牢记“党媒永远姓党”原则，坚持正确的舆论导向，在宣传内容上进行提质扩容和重大创新。作为党媒，《毕节晚报》始终结合区委、区政府的重大政策，《毕节晚报》结合实际，开设专栏进行宣传。在《毕节晚报》上开设聚焦脱贫攻坚、五城同创、中央环保督察进行时、认真学习贯彻省第十二次党代会精神、学习宣传贯彻落实中共十九大精神、牢记嘱托 感恩奋进等栏目，对好经验、好做法、民生问题等进行宣传报道。针对重大节日，《毕节晚报》精心策划相关专题进行宣传报道。在注重形式改变的同时，并对各类稿件内容进行严格把关，稿件内容多以市委、市政府和区委、区政府的相关政策，广大群众关心的重大民生时事为主，力求迎合广大群众的阅读兴趣，做到“想群众之所想、急群众之所急”，力争将《毕节晚报》做成广大群众喜闻乐见的报刊。2017年，《毕节晚报》共出版345期。

【新媒体】 作为七星关区官方微信公众平台的“微七星关”，始终坚持党性原则，坚持正确的舆论导向，定期推出有思想、有人文精神、有品质的作品及广大群众喜闻乐见的稿件，深入基层倾听群众声音，发布重大民生项目及好政策，结合区委、区政府的重大工作，进行策划，并推出一系列稿件。2017年，微七星关进入全国官方政务宣传类微信公众号排名前20强，在全省官方公众号排名中位居第一。每条稿件平均阅读量达1.4万次。截至目前，微七星关共发送700余期、2000余条，总阅读量达3100余万。10月12日，“微七星关”的子号“七星关发布”

正式上线，该公众号由“微七星关”原班人马打造，专门提供本地最新、最热的视频和直播。“七星关发布”以每天都是新生活，记录别人的生活为目的，旨在为大家提供最新、最精彩的新闻故事，积极分享七星关区的正能量、好故事。截至2017年底，七星关发布共发送20期。七星关手机报定期向七星关区副科级及以上领导干部发送全区最新动态，让领导干部及时了解七星关区重大会议精神及民生实事，第一时间将政策重点推送到领导干部手中，保证政策落实不断层。截至目前，七星关手机报共发送269期。晚报头条号作为《毕节晚报》的延伸，及时将各类最新消息进行发布，让受众随时了解。截至目前，晚报头条号共发布192期。为了让宣传更加立体，《毕节晚报》构建了“视频直播+动新闻”的立体宣传格局，通过视频直播+动新闻的宣传方式，使宣传内容更加丰富具体。在2017年全区两会期间的直播，得到广大群众的一致好评，直播观看人数达10000余人。

【日常工作】 新闻宣传中心组织开展全区第三届通讯员培训工作，积极开展帮扶工作，多次走访联系帮扶点，采取相应帮扶措施。为了提升单位采编人员业务水平，由通联部联系单位业务骨干定期对新进人员开展业务知识培训。2017年，开展了《特稿的文本之美（上、中、下）、《房地产新闻写作培训》《经济新闻写作培训》《摄影知识培训》等10余次业务培训。2017年，区新闻宣传中心为扩大新闻宣传队伍，打造有品质的新闻，增加16名采编人员，同时增加新媒体运营部、新媒体专题部两个科室，并明确部门分工，细化责任，有效推动各项工作顺利开展。另外，为使管理更加规范，还制定《七星关区新闻宣传中心工作人员管理办法》《七星关区新闻宣传中心聘用人员管理办法》及《七星关区新闻宣传中心综合考核细则》。为做好宣传工作，新闻宣传中心建立图片库，搜集整理七星关区经济社会发展图片资料。

（撰稿人：办公室）

统一战线

【概述】 2017年，七星关区统一战线深入学习贯彻中共十八届历次全会和习近平系列重要讲话精神，全面落实省委十一届八次全会、省第十二次党代会、市、区第二次党代会精神和全国、全省、全市统战工作会议精神，以试验区建立30周年为契机，以“落实年、创新年、管理年”为总抓手，按照“组织化运行、基地化推进、项目化落实、品牌化提升”要求，围绕中心、服务大局，着力强化“对上争取、对外联引、对内激活”，同心攻坚、凝心聚力，为七星关区打赢脱贫攻坚战提供广泛力量支持。

【及时召开全区统战工作会议】 2月27日，2017年全区统战工作会议在七星关区行政办公中心五楼人大会议室召开，会议总结了2016年工作并就2017年工作进行安排部署。区委常委、统战部部长袁媛出席会议并作重要讲话，要求全区统一战线务必要围绕深化理论学提升统战干部的综合素质，扎实抓好毕节试验区建立30周年系列活动、扎实抓好探索多党合作新经验，建设“多党合作”新高地工作、扎实抓好联络联系广泛凝聚力量参与七星关区建设工作、扎实抓好经济统战、民族宗教、港澳台侨海外统战及新的社会阶层人士工作，紧密团结在以习近平为核心的党中央周围，在市委统战部和区委及各级领导的指导下，扎实工作、积极进取、勇于创新，努力开创全区统一战线工作新局面，在全区“决胜贫困、同步小康”的征程中再立新功。

【联络联系工作】 一是做好对接联系。一年来，已经与对口帮扶民主党派联系12次，与对口支持的统战部门（企业）联系10次，做好统一战线各级各界来七星关区考察、调研的接待服务工作以及外出回访工作。其中，区委常委、区委统战部部长袁媛亲自赴对口帮扶党派中央汇报工作3次，赴东部十省市回访4次；举办致公党中央精准扶贫全国性会议1次，接待民盟中央全国性考察调研1次；接待民盟中央及各级组织、致公党中央及各级组织、各级统一战线组织赴七星关区帮扶考察共53次891人次。二是抓好项目落实。全年共争取到同心项目资金486.25万元，分别为：1. 统一战线泛海助学行动项目合计50万元。（由中国泛海控股集团出资50万元资助七星关区2017年优秀贫困大学新生，每人5000元）；2. 致公“同心助学”项目共计60万元。（协调致公党中央为七星关区捐赠20万元建设42支“致福足球队”，捐赠价值40万元的毕节一小和思源实验学校“致公科普中心”2个）；3. 农工党明日之星基金会“班班通——同心助学”项目共计70万元。（协调农工党山东省委、农工党贵州省委及明日之星公益基金会为七星关区第三实验学校捐赠价值70万元的学生平板电脑和教学软件）；4. 民盟“同心助学”项目共计53万元。（协调民盟江苏省委为七星关区教师捐赠奖教金10万元；协调民盟浙江省委为撒拉溪中学捐增30万元建设1个录播教室，3万元贫困学生资助金；协调民盟河北省委捐赠魏家屯小学5万元教学设备，协调民盟上海市委捐赠王官小学5万元校服）；5. 民盟光华图书项目共计200万元。（协调民盟中央和中华光华基金会向毕节市捐赠800万码洋的图书，其中七星关区受赠200万）；6. 同心民生改善项目共计53.25万元。（协调致公党中央为七星关区捐赠20万元精准扶贫经费，协调民盟河北省委为七星关区捐赠20万元肝病抗病毒药物；协调民盟北京市委为七星关区毕节二中捐赠4万元，毕节六中捐赠9.25万元）。开展“致福送诊”活动5次，诊查患者572人，教学查房147人次，手术示教12例，科内讲座35次，培训医务人员662人；争取到致公党贵州省委将七星关区野角乡茅坪村实行定点帮扶打造，拟计划在茅坪村开展“致美茅坪、致惠养殖、致教扶智、致康助医、因策致福、致聚慧识”六大板块共12个具体项目，目前帮扶项目正稳步推进。

【经济统战工作】 一是圆满完成七星关区工商业联合会（商会）换届工作，选举产生了七星关区工商业联合会第二届执行委员会主席（会长）1名、副主席（副会长）22名、秘书长1名、常委10名、委员52名。二是顺利迎接省级检查验收“五好”工商联示范创建工作。按照县级工商联“五好”建设要求，发展会员共3113家，并认真总结提炼三年来的工作，做到分类收集，资料齐全，规范装档。三是深入开展“百企帮千户”助力脱贫攻坚行动，动员非公企业履职担当。联引215家企业结对帮扶大屯乡、野角乡、燕子口、阿市乡、田坎乡五个出列乡镇共2283户贫困户，开展了21次“百企帮千户”助力脱贫攻坚行动专项工作，累计捐资292万元。带动千溪乡旅游扶贫项目一个，第一期投资7000万元；提供了692个就业帮扶岗位，已解决66个贫困人口就业；协调毕节市天骄教育投资有限公司、毕节三联学校为野角乡和燕子口镇提供70个贫困户子女小学至高中就读费用全免费。四是开展“廉政文化进商会”活动，打造示范商会2个，在区、乡两级商会共组织召开廉政文化进商会活动5次，参加活动企业274家，企业员工人数达468余人次，签订七星关区“廉政文化进商会”活动责任书178份，廉洁自律承诺书360份，联合区纪委、检察院、国税局到基层商会开展廉政文化建设专题宣讲3场共9次。

【多党合作示范工作】 一是完成民盟七星关区工委人员调整工作，明确了主委、专职副主委并正式行文，实现了全区7个民主党派全覆盖。二是成立七星关区党外知识分子联谊会，建立民主党派、新社会阶层人士代表、党外副科级以上干部、党外副高级职称以上代表、党外后备干部和中长期培养对象等人物数据库800多名。三是积极推动完善党外代表人士培养选拔使用机制，完善党委统一领导、统战部门牵头负责的党外人士发现、储备、教育、培养、使用、管理机制，组织党外人士参加各类培训班，切实提高政治理论素养和业务工作水平，增强新时期核心意识。四是深入开展多党合作“1+4”改革工作，确定长春镇为统战联盟试点乡镇，千溪乡为特邀民主监督组试点乡镇，五里坪、龙山、同心、望城、双树、金桂、水西田7个社区为统战“五员”进社区试点社区，并指导试点乡镇、村（社区）按要求推进各项工作。

【民族宗教工作】 一是扎实做好民族工作。统筹安排2017年中央少数民族发展资金141万元主要用于民族乡、民族村寨、民族文化广场建设及节能路灯亮化工程。深入六个民族乡，开展贫困村贫困户的遍访和回访工作，共遍访贫困户180户。推荐上报省级第二批命名民族特色村寨2个。积极开展民族古籍普查工作，登录了有价值的彝族古籍文献54条，录制了彝族口传古籍视频15个、苗族口传古籍视频30个，编写和审核条目共74条，其中彝族古籍文献40条，彝族口传条目10条，苗族口传古籍条目24条。二是扎实做好宗教工作。加大对宗教领域不稳定因素和危旧宗教活动场所的排查力度，对全区17处危旧场所纳入管理，并积极争取维修补助经费。依法查处了1名假冒宗教教职人员；成功调解了麻园天主教堂、层台基督教堂、宋伍基督教堂内部3起矛盾纠纷。

【海外统战工作】 一是成立了七星关区侨联，设两个正式编制，高度重视和切实加强港澳侨台工作。二是通过节日慰问、走访探望等形式，积极加强与台胞、台属、台商的联络联系，认真做好涉台宣传和台胞台属涉台婚姻的调查、登记，处理好涉台事务，推进涉台招商引资、项目推介等工作。三是圆满举办“2017台湾美食文化嘉年华—走进七星关”活动，通过美食文化交流促进海峡两岸的了解。四是依托“亲情中华－多彩贵州－魅力毕节”海外宣传品牌，邀请台湾媒体录制七星关区宣传片，让入岛宣传工作起到实效。五是在七星关区居住的华侨、归侨和侨眷约250余人，区外事侨务办公室每年组织华侨、归侨和侨眷召开座谈会，让他们学习国家方针政策，同时进一步了解华侨、归侨和侨眷的生活、工作情况，对需要帮助的华侨、归侨和侨眷给予力所能及帮助，并组织慰问困难侨眷，大力开展联络联谊活动，有力推动了七星关区对外交流和项目引进工作。

【统战宣传工作】 一是建立宣传联动机制。统战部与区委宣传部联合印发了《关于认真做好统一战线参与毕节试验区建设宣传报道方案》（七星统通〔2017〕5号）文件，组织区直各相关部门及时召开七星关区开展毕节试验区建立30周年系列活动工作安排部署会议，理清工作思路，明确工作任务，提出工作要求，抽派精干力量组建工作专班，起草了《毕节试验区建立30周年七星关区工作总结》大型文稿；二是从统战部、宣传部、新闻中心、档案局、电视台等单位抽派专人组建工作组，收集整理为制作一本画册、一本书、一部宣传记录片做好前期准备工作。三是区委常委会上通过了毕节市蔬菜博览园示范项目、“19456工程”七星关区实施项目、“易地扶贫搬迁项目柏秧林安置点”示范项目、华耀服装厂等劳动密集型产业企业群作为试验区30周年观摩点，由统战部督促工程进度，确保在明年为试验区30周年献礼。四是我部联合区委宣传部以献礼毕节试验区成立30周年“同心圆梦”为主题打造了高端访谈栏目，深入挖掘宣传统一战线代表人士30周年来参与毕节试验区建设的感人事迹或对试验区建设做出的积极贡献，分别专访了贵州省人民政府副省长、民盟贵州省委主委何力，河北省政协副主席、民盟河北省委主委边发吉，中国农业大学教授、毕节试验区专家顾问组组长常近石及贵州省政协副主席、致公党贵州省委原主委谢晓尧等为试验区建设做出积极贡献的统一战线人士，栏目以直播的方式进行，在社会上引起了强烈反响，获得了广大网民的一致好评。截至目前，栏目共采访播出5期，累计近10万人观看，为试验区建立30周年营造了良好氛围。五是拓宽宣传渠道，展示统战风采。在统一战线宣传工作中，我部始终把握“反映统一战线工作中的新动态、新做法和新经验”这个中心，以进一步扩大统一战线影响力为目的，以传统媒体＋新媒体为方向，借力宣传部门优势，着力与省、市、区各大主流媒体对接联络，与《贵州日报》《毕节晚报》、“微七星关”微信公众号、“云上七星”微信公众号、FM91.2交通广播等媒体深度合作。截至2017年底，共编辑一月一期的《联络联系工作动态》11期，一季度一期的《统战工作动态》4期，选编信息近100条，累计报送各类动态信息90余条。被中央省市区各级媒体登载报道共93篇，其中“台湾美食嘉年华走进七星关活动”在中央电视台4套《海峡两岸》栏目报道，中共中央统战部门户网站登载3篇，人民政协网2篇，《贵州日报》8篇，贵州省委统战部门户网站7篇，《贵州政协报》1篇，毕节市人民政府门户网站2篇，《毕节日报》1篇，毕节试验区统一战线门户网站22篇，《毕节晚报》26篇，统一战线活动信息在区电视台播出30余次。展示了七星关统一战线的风采。

【统一战线参与毕节试验区建立30周年活动成效】 一是围绕展示好一批项目、举办好一批活动、总结好一批成果、营造好一种氛围“四个一”项目，统筹推进毕节试验区建立30周年系列活动。按照市、区活动方案，结合七星关区实际，迅速召开专题部署会，从各相关部门抽派精干力量组建专班，为推进试验区建立30周年提供了人力保障。二是持续推进《同心圆梦·高端访谈》栏目，截至2017年底已成功开展五期直播，分别采访了贵州省人民政府副省长、民盟贵州省委主委何力，河北省政协副主席、民盟河北省委主委边发吉，中国农业大学教授、毕节试验区专家顾问组组长常近时等。五期直播节目累计有近10万人观看，直播评论累计达1600条，没有一条负面评论。三是遵循“应收尽收、能收必收”的原则全力做好资料收集，各相关单位有条不紊进行资料收集，一些重大活动举办、对口帮扶工作开展资料已收集归档，资料收集有序进行中。

【党委自身建设】 一是深化理论学习，提升统一战线干部的综合素质。结合当前建设学习型机关工作的开展，通过开办统战知识专题培训班，认真组织统战干部和统一战线成员深入学习中共十八届历次全会、十九大和习近平系列重要讲话精神，学习全国、全省、全市统战工作会议精神。通过集体学习与个人自学相结合，理论知识学习与专业知识学习相结合，科级领导撰写理论文章，普通干部撰写心得体会等方式，不断提高干部职工统战理论水平和业务工作能力。二是争取党委支持，形成大统战工作格局。七星关区委高度重视，将统战工作纳入党委重要议事日程，明确区委常委担任统战部长抓实抓细统战工作，搭建党委统一领导，统战部门牵头协调，各相关单位为成员的工作联席机制。将习近平对毕节试验区作出的重要批示精神以及中央、省、市统战工作会议精神等纳入各级党委中心组学习，区委书记亲自带头做学习发言，定期不定期研究统战工作。并于3月3日召开了全区“大党建”工作会议安排部署2018年全区统战工作，并专门组织各乡镇（街道）党委（党工委）副书记、民盟和致公党七星关区工委、民进、民建、农工党区支部及九三学社支社相关负责人参加了全区统战工作会议，安排了2018年统战重点工作任务。

【特色亮点工作】 一是为精准推进毕节试验区建立30周年系列活动稳步开展，展现七星关区在试验区建立30周年来取得的辉煌成就，共同回顾七星关区艰辛探索和改革发展历程，打造以“同心圆梦·献礼毕节试验区30周年”为主题的高端访谈栏目，成功录播《服务毕节30多年，他值得每个毕节人点赞》《微七星关第一次进京》《视频直播丨微七星关专访贵州副省长何力》《明天，微七星关将迎来一位神秘人物》等六期直播节目，分别专访了贵州省人民政府副省长、民盟贵州省委主委何力，河北省政协副主席、民盟河北省委主委边发吉，中国农业大学教授、毕节试验区专家顾问组组长常近石及贵州省政协副主席、致公党贵州省委原主委谢晓尧等为试验区建设做出积极贡献的统一战线人士，在社会上引起了强烈反响，为试验区建立30周年营造了良好氛围。二是联合国台办九州文化传播中心、毕节市人民政府台湾事务办公室和七星关区人民政府、九洲音像出版公司，成功举办以“两岸一家亲·浓浓毕台情”为主题的大型美食展销活动，通过中央电视台、台湾26家媒体、毕节市各大媒体和七星关媒体全方位的跟踪报道，向外推荐了七星关区，进一步提升了七星关区的影响力和吸引力，有力促进了毕台两地的饮食文化交流。三是争取到中国致公党精准扶贫工作交流会在七星关区召开，会议由致公党中央社会服务部部长李万通主持，全国人大常委、致公党中央副主席闫小培出席会议并作了重要讲话。会议总结了致公党中央和各级组织帮扶七星关区的成效，提炼了经验，明确了帮扶计划，形成了致公合力。会议的召开，充分体现了致公党中央对毕节试验区人民的深厚情谊和对贫困地区精准扶贫工作的高度关注。

（撰稿人：郭 茜）

机 要（密码）

【概述】 2017年，七星关区机要工作在区委、区委密码工作领导小组和区委办公室的正确领导下，在上级业务部门的领导和悉心指导下，深入学习贯彻习近平系列重要讲话和对机要密码工作的重要批示精神，切实贯彻执行中央《决定》《条例》、以及省、市关于密码工作的纲领性文件精神，进一步加强对密码工作的领导和管理，全力做好密码通信、密码管理、信息化密码保障、密码安全保密及党委系统信息化建设等工作，紧紧围绕建设富裕、幸福、文明、和谐的七星关的总体要求，不断加强密码干部队伍建设，求真务实，扎实工作，较好地完成了各项工作任务。

【认真贯彻落实密码工作的路线、方针、政策、条例和有关会议精神】 一是继续贯彻落实中央《决定》《条例》和省委《实施意见》等文件精神。建立健全了领导和管理体制，并结合实际，制定和完善各项规章制度，切实做到有章可循，按章管理。二是认真传达和学习省、市有关密码工作会议精神。组织密码干部认真学习省市党委系统密码工作会议、全市密码通信工作会议及有关文件精神。要求全体密码干部认真领会并吃透会议精神，把领导的讲话和会议的主要精神作为当前密码工作的指导思想，行为准则，努力做好新时期的密码工作。三是按省市有关要求，认真制定《七星关区2017年密码工作要点》。要求全体密码干部必须严格执行并努力按照《要点》的标准完成各项任务。

【深化优质服务，确保各级党政机关指示政令安全畅通】 一是严格工作程序，完善工作措施，确保密码通信绝对安全、绝对畅通，优质高效地完成密码通信任务。二是进一步规范密码电报的管理使用流程，做好电报译、传、办理工作，努力提高办报质量和时效。三是牢固树立“第一时间”观念，保证做到紧急重要电报“零差错”“零停留”，坚决杜绝压误、丢失、漏发、漏收、错办电报等工作责任事故发生。努力提高了办报质量和实效，确保了各级党政机关指示政令安全畅通。

【增强责任意识，认真抓好信息化密码保障工作】 一是优选技术人才，增强电子政务内网管理中心人员力量，加大电子政务内网管理力度；二是对接入电子政务内网单位进行业务培训和技术指导，建立高效服务机制，确保电子政务内网安全畅通。

【积极创新、不断推进党委系统信息化建设】 一是认真抓好党政综合信息保密网和党办综合信息保密网的管理和维护，明确网站管理人员，及时更新网页内容，使网站更新管理工作更加规范化、科学化、制度化、优质高效地为党政领导提供服务。二是认真抓好区委办、政府办、组织部、纪委办、信息科、改革办、督察局、编委办、信访局等部门计算机接入党政电子政务内网网的维护和管理工作。

【不断加强机要干部队伍建设，增强新形势下机要工作活力】 一是以“政治坚定，业务精湛，作风过硬”为目标，积极组织密码干部参加“两学一做”活动、深入学习贯彻习近平系列重要讲话精神和治国理政新理念新思想新战略，对机要密码工作的重要指示批示精神，广泛开展革命传统教育，教育激励广大机要密码干部弘扬机要精神。二是开展了迎接中共十九大召开系列活动。为积极保障十九大、服务中共十九大、学习中共十九大、贯彻中共十九大浓厚氛围，以优异成绩保障中共十九大胜利召开。三是按照选调机要干部的政审要求，对2名拟调干部进行认真细致的政审，确保忠诚可靠、万无一失，能够胜任本职工作需要。四是编发《七星关区机要工作》四期，进一步提高了机要干部文字写作能力。五是认真完成区委及区委办安排的其他工作任务。

（撰稿人：邓书必）

老干部管理

【概述】 2017年，七星关区老干部工作的总体要求是：以中共十八大精神为主线，全面学习贯彻十八届四中、五中、六中全会精神和习近平系列重要讲话精神，在市老干局的指导下、在区委、区政府的坚强领导下，推动七星关区老干部工作健康有序的开展。认真抓好《关于进一步加强和改进离退休干部工作的意见》（中办发〔2016〕3号）（以下简称意见）贯彻落实。不断改进工作方式，不断提高服务管理水平，全心全意为老干部服务，竭力满足老干部精神文化生活需求，为老同志办实事做好事，让老同志感受到老有所教、老有所学、老有所乐、老有所为，安度晚年。全面开展正能量活动，切实加强离退休干部思想政治工作和党组织建设，完善和创新服务管理工作，按照“两学一做”要求加强自身建设，着重抓好老干部“两项待遇”的落实，加强离退休干部“两项建设”、开展系列活动，充分利用离退休老同志的经验优势、威望优势、时空优势，组织动员部分老同志积极参与关心下一代工作，发挥老同志在青少年健康成长中的积极作用，让老同志在“决战贫困、提速赶超、同步小康”建设中释放正能量。

【老干部政治待遇落实情况】 一是按要求学习相关文件会议精神，坚持做到快传快学，第一时间组织老干部学习中共十九大精神和习近平在参加贵州代表团讨论时的重要讲话精神。选购了《中共十九大报告辅导读本》《十九大文件汇编》《新党章》三本书，送到离退休干部和副县级以上退休干部手中，便于老干部全面系统学习。二是请专人给老干部作专题报告，先后邀请了市老干局局长关凤晶；副局长杨丽萍；退休老干部潘军伟；区委党校副校长朱凯；组织部副部长、人事局局长胡大为；区纪委常委马兴江做相关专题报告。专题报告内容有：十九大精神、中办发〔2016〕3号、黔党办发〔2017〕30号文件、党建及党风廉政建设等。三是走出去学，组织身体健康的离休干部和副县级以上退休干部到革命圣地延安、西柏坡参观学习，进一步增强了老同志信党、爱党、护党，不忘初心、永远跟党走的情怀。四是在全区离退休党员中开展“两学一做”。28个区直部门、18个乡镇组织老干部党员开展“两学一做”，172名老干部党员在争做“四讲四有”（讲政治、有信念；讲规矩、有纪律；讲道德、有品行；讲奉献、有作为）党员志愿承诺书上签名。

【老干部生活待遇落实情况】 一是开展走访慰问活动。2017年春节期间，区四大班子领导分组分别对离退休干部及遗孀进行走访慰问；二是区委、区政府专门召开了离退休干部代表会议，向老同志通报了全区经济社会发展情况；三是认真落实离休干部“两费”保障机制和医疗费报销管理办法，确保离休费按时足额发放；四是组织离退休老同志到延安、西柏坡革命老区参观学习，旨在不忘初心，牢记使命，永远跟党走；五是按照规定由单位领导带队，分两个组分别到山东烟台、深圳贵阳等地看望慰问易安离休干部及遗孀；六是每年的“七一”建党节、国庆节等节日，组织离退休老同志在区老干活动中心开展有益于老干部身心健康的文体娱乐活动；七是做好老干部丧葬事宜，无论节假日，只要医院或者离休干部家属通知有离休干部离世，立即向组织部门汇报，并请干部科撰写老干部生平简介，同时与老干部离退休时所在单位联系，指导办理丧葬事宜；八是在离休干部和副县级退休干部生日当天送上祝福和慰问品；九是组织离退休干部健康体检，更好地了解离退休干部的身体情况。十是加大对特困离退休干部及离休干部遗孀的帮扶力度，帮扶慰问特困老干部和特困老干部遗孀65人，发放帮扶资金78000元；为8名企业退休人员发放困难补助金17904元。

【做好离退休干部来信来访工作】 在离退休干部信访维稳工作中，采取接访与走访相结合，为老干部解惑释疑，解决实际问题，从思想上稳定老干部。对离退休干部的来访，始终坚持做到笑脸相迎、热情接待，耐心倾听、具体落实。认真办理信访案件。对来信来访诉求，在符合规定和政策范围内，能办理的及时办理，不能解决的耐心细致做好政策宣传和疏导工解释工作。至今妥善解决离休干部毛显俊2014年以来工资调整错误问题、沈玲房屋拆迁问题；处理了林峰、张吉怀遗孀、刘俊文、刘保安、张昌华等31人反映的问题。

【聚焦载体、集中发力，深化为党和人民事业增添正能量活动】 一是按照省、市委老干部局的统一安排部署，为扎实开展好七星关区“畅谈十八大以来变化、展望十九大胜利召开”“建言十九大”活动，组织引导广大离退休干部发挥独特优势，畅谈发展变化、积极建言献策。2017年，围绕“畅谈十八大发展变化、喜迎十九大胜利召开”“建言十九大胜利召开”主题，组织老同志开展集中座谈、个别访谈调研活动，在“畅谈十八大以来变化、建言十九大”征文活动中，七星关区离休干部李拥斌的《畅谈十八大以来人民法院司法改革所取得的成效》的征文作品被省老干局选用并刊登。二是围绕市委“113攻坚战”目标，在继续深化离退休干部“百千万”帮扶行动的基础上，引导七星关区离退休干部在创新开展“助力脱贫攻坚、参与五城同创”正能量活动中积极助力脱贫攻坚。探索出“老专家＋合作社＋贫困户、离退休支部＋大党建＋主题教育＋大扶贫、退休干部＋支部＋合作社＋特殊群体＋技术人员”等工作模式，到目前为止，全区老专家创建“产业发展示范点”5个、离退休干部党支部创建“党建扶贫示范村”2个、离退休干部创建“脱贫攻坚示范户”116户。三是开展“展示老干部风采，喜迎十九大召开”暨庆祝毕节市老干部活动中心建立30周年图片展和诗词朗诵会。2017年，在全市“夕阳展风采、喜迎十九大”系列文化活动中，七星关区选送老年大学退休干部曾德英演唱歌曲《祝福祖国》、农牧局退休干部黄建先演唱《毕节我可爱的家乡》参加比赛。在“图说新变化”和“书写新变化”大赛中，七星关区选送了2人的摄影作品和5名老同志的诗词作品。在这一系列文化活动中，表现了七星关区广大离退休干部为迎接中共十九大胜利召开的喜悦之情。

【以关工委为依托，充分发离退休干部的积极作用】 一是明确目标，精心安排部署。2017年，全市关工委工作会议召开后，于2017年3月24日召开全区关心下一代工作会议，并根据市关工委2017年的目标考核任务和工作要点，结合七星关区实际，拟定《七星关区关工委2017年工作要点》，下发乡镇街道，安排部署2017年工作。按照城市组、农村组、法制组、教育组的职责任务，区关工委各位副主任分别深入到42个乡镇街道指导具体工作，为全年工作的有序开展提供有力保障。积极开展关工委系统干部培训工作，一年来参加市、区两级关工委系统干部培训300余人次，为推进关工委工作奠定了坚实基础。二是立足实际，抓实主题教育。1. 围绕主题广泛宣讲。围绕“两史两情”“三爱一践行”主题，组织“五老”宣讲结合实际和青少年特点，用青少年看得见、摸得着的身边故事、身边典型和接地气的语言进行宣讲，使宣讲接地气、有效果。全年区关工委共组织宣讲8场，受教育学生7000余人；乡镇街道关工委共组织宣讲245场次，受教育学生13万余人次。2. 助力“五城同创”活动深入宣讲。“五城同创”创建活动开展以来，区关工委积极响应，主动作为，深入宣讲，全年全区各级关工委共开展“五城同创”宣讲8场次，6000余人次干部、居民、中学生受教育。3. 主抓“一评三管好”活动成效明显。借全市推广七星关区“一评三管好”活动的契机，全面开展“一评三管好”活动，在原打造“一评三管好”活动榜样学校7所的基础上，另打造5所小学“一评三管好”示范学校，仅2017年就对5所学校授牌为活动示范学校。三是源头遏制，抓牢法制教育。1. 法制教育宣讲专业化。创新工作方法，以“阳光守护、为爱护航、送法入校”为主题，联合区人民检察院、司法局等，通过组建宣讲组集中时间段深入学校宣讲、举办法制图片展、制作法制标语等方式，就《中华人民共和国道路交通安全法》《中华人民共和国禁毒法》《中华人民共和国治安管理处罚法》《中华人民共和国未成年人保护法》《中华人民共和国预防未成年人犯罪法》《中华人民共和国义务教育法》等法律法规，深入学校宣讲。全年共组织开展法制教育4场，受教育学生近5000人次，在各中小学校营造了浓厚的法制氛围。2. “阳光关爱，高墙帮教”活动有成效。为进一步推动“阳光关爱，高墙帮教”活动，区关工委结合实际，成立帮教小组。利用6月26日禁毒日请老同志到戒毒所对915名失足青少年进行帮教；本着亲人之心、朋友之情、老人之爱到毕节监狱为151名七星关区籍在押人员进行帮教慰问，为151名在押人员送去价值1.6万余元的生活用品；切实搞好失足青少年的帮教工作，为失足青少年的成长及社会的和谐稳定做出了积极的贡献。3. 积极参与社会治理创新。各级关工委发挥“五老”网吧监督员、人民陪审员、矛盾纠纷调解员的作用，积极参与社会治理创新，在校园周边文化环境净化、网吧监督、未成年人案件陪审、城乡建设项目实施中群众思想疏导等方面发挥了积极作用，全区100多名“五老”网吧监督员共开展网吧监督1000余次。参与公安、检察院对未成年犯罪嫌疑人的提审、讯问、代理5件，涉及未成年人5人次，对未成年犯罪嫌疑人进行法律和亲情教育，维护了他们的合法权益。四是助力脱贫攻坚、做实科技培训。区关工委把青年农民科技培训作为助力脱贫攻坚的重要抓手，在区农办、区农牧局等部门的大力支持下，以培养新型农民为目标，着力培养返乡农民工懂技术、会经营、善管理的技能。区关工委联合农牧局建立科技培训专家组，采取集中授课和实地授课相结合的方式，举办了1期养殖技术培训班，协助举办了1期种植技术培训班，对全区115名种养殖大户、种养殖专业合作社负责人进行培训。一年来，全区各级关工委已完成农业科技培训50余场，培训青年农民共1000余人，为全区决战脱贫攻坚、决胜全面小康作出了积极贡献。五是有的放矢、做真调查研究。为进一步加强和改进新形势下的关心下一代工作，区关工委对各位老同志联系的片区进行适当的调整，同时要求各位老同志按照各自联系的片于6月底前对各乡镇街道关工委工作开展情况进行全面调研。在调研过程中，既肯定各乡镇街道的工作成绩，又指出各乡镇街道工作中存在的不足，并提出指导意见和建议，为各乡镇街道顺利推进下步工作起到了积极的促进作用。一年来，区关工委为了各项工作全面、有效的开展，定期或不定期召开主任办公会，研究安排部署近期工作，在有关部门、乡镇街道的积极支持配合下，对上级关工委安排的宣讲、座谈会、调研等活动和各类材料、表册、信息等的报送都按时完成，常规工作正常有序地开展。六是有条不紊、做好关爱帮扶。2017年，区关工委把关爱留守儿童作为关心下一代工作的主要责任和任务，紧紧围绕留守儿童这个重点，做了大量工作。1. 开展留守儿童家长（监护人）培训，提升家庭教育水平。充分利用春节期间外出务工人员集中返乡的时间节点，由省关工委支持3万元，区关工委出资2万元，分别在8个乡镇街道组织举办了留守儿童家长（监护人）培训，培训留守儿童家长（监护人）2000人次，发放宣传资料3000余份。对减少留守儿童数量，提高监护人的关爱责任和家庭教育水平起到了很好的作用。2. 做好贫困留守儿童的关爱帮扶，促进留守儿童健康成长。积极探索各种帮扶机制，继续抓好“爱．西行”帮扶工作，各级关工委充分发动“五老”与留守儿童、困境儿童开展结对帮扶，通过日常走访，结对帮扶，对留守儿童、困境儿童进行心理疏导，了解他们的学习和生活情况，及时反映和帮助解决存在的困难，使留守儿童感受到党政的温暖和社会的关爱。2017年，区关工委自筹帮扶资金1.8万元，共帮扶特困留守儿童60人，给对坡小学、水箐镇大湾小学、团结乡小学、何官屯柳家小学、八寨镇中学、清水铺中学、野角中学、田坝中学、普宜镇火马小学赠送价值27361.62的各类图书，给学生增加了精神食粮。着力帮助解决农村特困留守儿童在学习生活中的困难，为他们真正解决后顾之忧，让他们在学校能够安心学习。3. 协助开展“四在学校，幸福校园”活动，推动活动健康发展。区关工委积极配合教育局、文明办、妇联，充分发挥“五老”作用，推动“四在学校，幸福校园”活动有序开展。

【驻村帮扶见成效】 竭力为村民办好事实事。紧紧围绕群众利益无小事，积极想方设法帮助群众解决他们生产和生活上的实际困难。一是为联系点碧海办沙地社区帮扶2万元社区基层党组织建设经费；二是沙地社区李道德之子李吉伟因患尿毒症去世，资助1000元的困难帮扶资金帮助其解决了一些实际困难；三是局领导班子走访了大新桥街道大桥社区3名留守儿童、2名困境儿童；四是“七一”前夕，局领导走访慰问了碧海街道沙地社区2名贫困老党员，为她们每人送去慰问金500元。五是到联系点沙地社区看望慰问贫困户18户，其中精准扶贫户10户；五保老人2人；百岁老人3户；留守儿童3户，为他们送去菜油和大米共计资金5000多元。六是春节期间，看望慰问脱贫攻坚驻村帮扶点亮岩镇太极村、桥头村、裕民村、关沟村、飞轮村贫困群众24人，为他们每人送上慰问金300元，共计7200元。

（撰稿人：办公室）

信 访

【概述】 部门基本情况：领导班子配备情况：中共七星关区委群众工作部（信访局）领导班子配备部长1名（区委政法委书记、公安分局局长兼任），常务副部长（区委办副主任、信访局局长）1名，副部长5名（区维稳办主任、信访局常务副局长、信访局副局长），常务副部长（信访局局长）主持群工部（信访局）全面工作；七星关区群众工作中心（七星关区三级联动视频接访（调处）中心）配备主任1名（信访局副局长兼任），副主任2名；七星关区信访督查专员办公室配备正科级信访督查专员2名，副科级信访督查副专员2名。科室设置情况：区委群工部（信访局）内设办公室（综合科）、群团工作室（维权服务科）、效能监察室（督查科）、职能服务室（复查科）、政策法规室（宣传教育科）、调查研究室（调研科）共6个室（科）；区群众工作中心（接访（调处）中心）内设交流谈心（接访）股、咨询服务（心理疏导）股、排查调解（调处）股、人民建议征集（办信）股、网上信访（热线投诉）股、信访信息投诉受理股、民生服务中心共7个股室；设立区信访工作联席会议办公室；区委群工部（信访局）、区群众工作中心（接访（调处）中心）各股室（科）分别明确负责人1名。队伍建设情况：至2017年年底，配备信访干部40人（编制46人，已配置40人），借用工作人员7名（中心4名、贵阳群工室3名），聘用驾驶员2名、热线员2名、保洁员1名，抽派驻中心工作人员17名（公安干警3名，特巡警11名，驻中心公安、法院、民政窗口各1名），工作人员共计69名。

年初驻中心工作部门3家，分别是区公安分局、区法院、区民政局。后因办公场地限制，撤回区法院。

【工作指导方针】 2017年，七星关区群众（信访）工作指导方针是：深入学习贯彻中共十八大、十八届三中、四中、五中、六中全会，中共十九大和习近平在贵州代表团重要讲话精神，全国、全省信访相关工作会议精神。以深入推进县域信访管理新模式工作为契机，以抓好重要敏感时期信访维稳工作、深入推进疑难信访积案化解为重点，大力开展矛盾纠纷和信访问题排查化解工作，积极探索实施依法分类处理信访问题，及时就地解决群众合理合法诉求，把大量矛盾纠纷化解在萌芽状态，消化在基层，维护社会和谐稳定。

【主要工作完成情况】 一是接访机制进一步健全和完善。接待和处理群众来访2458批11209人次。其中，初访1823批7129人次，重访635批4080人次；个访1992批3692人次，集体访466批7517人次；常规接访1746批5759人次，县级领导接访712批5450人次。二是案件化解有效推进。各级转交办案件986件，化解765件，办结221件。区自排查交办案件437件，时限到2018年6月底，现已办结67件。省信访综合业务系统交办案件1386件，化解682件，办结336件，办理中368件。收到申请复查191件，受理复查80件，已答复78件，办理中2件；不予受理94件，已告知82件，时限内办理中12件。三是排查工作效果明显。全区排查矛盾纠纷和信访问题1889件（矛盾纠纷465件，信访问题1424件）。排查出的矛盾纠纷和信访问题全部录入“三个四级个案台账”，做到情况清、底数明。四是周密部署，措施到位，圆满完成57次重要、敏感节点期间信访维稳工作任务。五是创新机制，探索实施新形势下做好群众（信访）工作的新思路、新举措、新方法。深入推进县域信访管理新模式工作，实施好“12349”县域信访管理新模式，即“一个机构、两项职能、三大制度、四个平台、九项制度”。开展“公道评说”19次，助推9件信访疑难老案息诉息访。1. 强化源头防控。一是完善区、乡、村、组四级防控网络，从源头减少新信访问题产生。进一步完善群众（信访）工作机构和制度，推动关口前移、重心下移，将信访工作触头延伸到组一级，加强信息收集报送和矛盾化解工作，将矛盾纠纷排查、化解在基层，消化在萌芽状态，减少新的信访问题产生。“零报告”累计登记3000余条（次），暗线信息收集利用200余条（次），为领导决策提供了大量及时有效信息。二是强化矛盾纠纷和信访问题排查化解工作。按照“横到边、纵到底”的原则进行地毯式、拉网式排查，不漏一单位、不漏一村、不漏一组、不漏一户、不漏一项、不漏一人，排查既突出排查重大矛盾纠纷，也不放过“鸡毛蒜皮”的隐患。2. 强化领导接访及包案督访。一是深入推进领导干部轮流排班接访制度。县级领导接访712批5450人次。乡镇办事处科级领导干部在视频接访中心接待来访群众近2000余批次，群众反映问题均通过各种措施及时予以化解。二是深入推进领导干部包案督访工作。县级领导干部带头包案督访“百日攻坚战”“四项行动”等交办案件342件，全部分解落实给县级领导包案督访，推动信访事项有效化解。其中，化解类199件，息诉息访117件，息诉息访率58.79%。3. 强化越级访治理。2017年4月，印发了《毕节市七星关区治理进京越级访非访工作方案》，全面治理赴省进京越级访、非访，并取得初步成效，本季度末，七星关区成功摘掉全省各县区赴省进京越级访总量排名第一帽子。4. 强化重大活动信访维稳。细化工作措施，周密安排部署，圆满完成了57次活动和敏感节点期间的信访维稳工作任务。

（撰稿人：莫仕鹏）

机构编制管理

【深入学习贯彻十八届六中全会和习近平系列重要讲话精神，统筹谋划“十三五”规划时期机构编制工作】 将深入学习中共十八届六中全会和习近平系列重要讲话精神、省委十一届六次全会精神和市委一届八次全会精神作为贯穿全年的重大政治任务抓实抓好。在学、议、行上下功夫，把学习成果运用到推动工作上来，紧紧围绕区委、区政府中心工作，加强对工作跟踪及服务，以认真、严谨、负责的态度做好每一项工作，不断提高工作效率，提高服务水平，尽最大可能做到让单位和群众放心、满意，自觉接受群众监督，形成作风扎实、办事高效的良好风尚。研究谋划“十三五”时期机构编制工作，明确总体思路、重点任务和实施步骤。

【进一步深化行政体制改革 创新行政管理方式】 及时修订完善区政府工作部门及区直相关单位责任清单目录；加强对区直相关单位及乡（镇、街道）责任清单动态调整工作的指导；督促乡（镇、街道）全面完成权力清单和责任清单的动态调整工作。制定并审核全区政府部门以及乡镇、街道行政权力运行流程图，推动全区行政许可标准化建设，配合推进城市管理领域综合执法改革工作。按省、市编办的安排，推进扩权强镇试点，积极探索符合七星关区乡镇发展特点的行政管理体制。配合做好区法院、区检察院机构编制统一管理试点相关工作。

【深入推进事业单位改革 创新公益服务体制机制】 继续推进事业单位分类改革工作。积极配合区财政局做好区属生产经营性事业单位改革试点工作，完善相关配套政策。配合推进机关后勤服务社会化、行业协会脱钩等相关行业体制改革。推进事业单位体制机制创新。深入推进事业单位法人治理结构试点，推动试点单位按照法人治理结构运行，完善内部管理制度，落实法人自主权。对试点工作中存在的问题加强调查研究，提出对策。按照省、市编办的安排部署规范优化事业单位登记管理服务。组织实施法人和其他组织统一社会信用代码工作；贯彻落实国家关于建立各类事业单位统一登记管理制度的意见。按照省、市创新事业单位机构编制管理的意见，推进七星关区事业单位机构编制管理改革，探索和创新事业单位编制动态调整和管理办法，建立事业单位机构编制动态调整机制，破解编制资源供需难题。

【加强机构编制管理 严控机构编制增长】 采取切实措施进一步控编减编。严格按照省、市审核下达的各类编制控制总量，加大控编力度，做到增减平衡，确保全区各类编制不突破总量。抓好党政群机关消化超编人员工作。继续做好全区贯彻落实控编减编方案执行情况的专项督查工作，加大对存在问题的跟踪检查力度，确保问题整改到位。加大盘活机构编制资源力度。做到向深化改革要编制、向创新管理要编制、向信息技术要编制。继续坚持“减”编的办法，根据经济社会发展需要，有减有增，增减平衡。对各单位提出的增设机构、增加编制和领导职数事项，加强调查研究和定性定量分析，按照“内部调剂”的思路和做法，在不增加编制的情况下，积极盘活存量、优化配置。结合相关领域体制改革，对相关部门提出控减机构编制方案。强化机构编制监督检查。积极配合做好机构编制纳入审计、巡视和干部选人用人检查等工作，对机构编制核查以及巡视、审计中发现的问题进行整改。充分利用实名制管理系统开展动态监测，加强对机构编制违规违纪问题的查处和典型案件的通报。配合区委组织部做好对领导干部职数配备情况的审核工作。

【落实从严治党各项要求 大力抓好机关自身建设】 全面落实从严治党要求。以习近平视察贵州时的重要讲话精神为指针，巩固“三严三实”专题教育成果，持续深入抓好整改落实。按照区委要求在党员中扎实开展“两学一做”学习教育活动，加强党性锻炼，引导党员同志在践行五大发展理念、决胜脱贫攻坚中发挥先锋模范作用。认真落实党风廉政建设主体责任和监督责任，从严从实抓好党建工作。进一步加强领导班子和干部队伍建设。加强干部能力培养锻炼，努力建设团结务实勤奋廉洁的领导班子和政治坚定、业务精通、作风过硬、纪律严明的干部队伍。通过在全体干部职工中开展“毕节大讲堂”活动，大力提升干部职工整体素质、工作水平和服务能力，促进本单位思想政治建设上新台阶。提高协调运转效率和水平。加大工作督办力度，明确牵头科室责任，以责促行、经责促效。

【大力推进“云上编制”平台建设】 按照市编办的安排部署，大力推进七星关区“云上编制”平台建设。共录入机构三定方案信息971条，权力清单8886条，责任清单8886条，占应录入数据的100%，为全区探索“互联网＋机构编制”工作新模式奠定坚实基础。

（撰稿人：办公室）

区直机关工委

【概述】 2017年，区直机关工委全面落实中共十九大和省第十二次党代会精神，坚持党要管党、从严治党，坚持服务中心、建设队伍，以全面从严治党为主线，进一步严明党的政治纪律和政治规矩，严肃党内政治生活、加强党内监督，充分发挥机关党组织战斗堡垒作用和党员先锋模范作用，不断提高机关党建工作科学化水平，为七星关区决战脱贫攻坚、决胜同步小康提供了坚强的政治动力和思想组织保证。

【机关党的思想政治建设进一步加强】 坚持党组（党委）中心组、机关干部集中学习、党支部学习“三级联动”学习机制，持续推进机关学习型党组织建设。各级党组织把学习中共十九大精神作为重大政治任务，组织机关党员干部深入学习贯彻中共十九大精神，引导机关广大党员干部牢固树立政治意识、大局意识、核心意识、看齐意识，坚定不移维护以习近平为核心的党中央权威和中央集中统一领导；把深入学习贯彻习近平系列重要讲话精神特别是对贵州工作的重要指示精神贯穿机关党建工作始终，认真抓好省十二次和市、区党代会精神的学习贯彻，在区直机关凝聚起推进全区决胜贫困、同步小康的强大力量。强化机关党员干部理想信念教育，以“主题党日”活动为载体，进一步发挥市、区党员教育活动基地作用，推进机关党员干部党史和党性党风党纪教育、理想信念教育，教育引导党员自觉成为共产主义远大理想和中国特色社会主义共同理想的坚定信仰者和忠实实践者。加强政治纪律和政治规矩教育。把遵守政治纪律和政治规矩教育贯穿到思想建设的全过程，组织机关党员干部认真学习党章、党的纪律、国家法律，教育引导机关党员干部增强政治意识和规矩意识，争当守纪律、讲规矩的表率，确保机关党员干部在思想上政治上行动上始终与中央和区委保持高度一致。

【深入推进“两学一做”学习教育常态化制度化】 把推进“两学一做”学习教育常态化制度化作为全面从严治党的战略性、基础性工程，结合机关实际，工委制定下发了《中共毕节市七星关区直机关工委推进“两学一做”学习教育常态化制度化工作方案》《区直机关推进“两学一做”学习教育常态化制度化实施方案》，指导机关各级党组织深入把握目标任务和基本要求，认真制定年度学习计划，突出重点内容抓学习，注重分类指导抓学习，运用信息化方式抓学习，建立健全制度抓学习，扎实抓好党委（党组）中心组学习，落实好党支部“三会一课”等基本制度，扎实推进“学”的常态化制度化。强化党员日常管理，树立党员形象标尺，推行党员积分制管理，加强发展党员和党费管理工作。引导党员争当敬业服务先锋、修德育人先锋、攻坚克难先锋、献计出力先锋，紧密联系思想工作实际经常查找解决问题，不断深化学做结合的有效实践载体，持续推动“学”“做”结合常态长效。牢固树立党的一切工作到支部的鲜明导向，切实建强党支部班子，严格落实“三会一课”制度，严格落实组织生活会和民主评议党员制度，全面推广党支部主题党日制度，有效加强党支部基础保障。坚持领导机关领导干部示范带动，加强组织领导和督促指导，层层落实责任，强化分类指导，从严从实督导，坚持统筹协调，把推进“两学一做”学习教育与全区中心工作有机结合起来，与完成本部门本单位重点工作任务结合起来，有力地确保了学习教育与中心工作两手抓、两促进。

【压实机关党建责任，机关党的组织建设进一步规范】 各级党组织认真落实“三会一课”等基本制度，全面推行支部主题党日活动，使基层组织生活更加严格、规范。加强对基层党组织换届的督促指导，规范换届流程，批复政府办等22家机关党委、党支部换届选举结果。全面落实部门党组（党委）抓机关党建主体责任和党组（党委）书记第一责任人责任、机关党委书记直接责任、党支部书记具体责任，深化党组（党委）书记履行机关党建工作责任述职制度，组织3个区直单位党组（党委）书记、3个部门机关党委书记开展会议述职评议，37个部门党组（党委）20个机关党委、16个直属机关党支部书记开展了抓党建工作书面述职，各部门机关党委分别召开了所属机关党支部书记党建工作述职评议会，进一步强化抓党建第一责任人职责，传导了全面从严治党的责任和压力，形成了抓严抓实基层党建的鲜明导向。举办2017年度党务干部和入党积极分子培训班各一期，共培训党务干部95人，积极分子136人，有效提升了机关党务干部抓党建的专业能力和入党积极分子整体素质。认真落实《中国共产党发展党员工作细则》《贵州省发展党员工作规程（试行)》，科学制定党员发展计划，坚持标准，严把“入口关”，做好发展党员工作，及时处置不合格党员，2017年，共审批预备党员90人，转正党员42人。利用“七一”“春节”等节点，开展走访慰问老党员和困党员活动，切实加强党内关怀帮扶工作。指导各党组织做好党费基数核定，规范党费管理使用，严格党费收缴、管理和使用工作。

【着力改进机关作风，机关党的作风建设进一步加强】 各级党组织认真抓好中央八项规定和省、市、区委十项规定精神的贯彻落实，推进机关作风建设长效化。深入推进政务公开，重点解决机关工作人员不作为、慢作为、乱作为的问题。区政务中心等部门设立“党员示范窗口”“党员示范岗”，方便群众办事，提升工作效率。认真抓好同步小康驻村工作，继续实施“党建1+1”“321”结对帮扶等活动，不断深化“机关服务基层、党员服务群众，合力推动发展”工作，引导机关党员干部深入基层、深入群众，切实帮助解决问题，密切党群干群关系，进一步转变了机关作风，提升了机关党组织推动发展、服务基层、凝聚人心、促进和谐的能力和水平。

【认真落实“两个责任”，机关党风廉政建设进一步推进】 加强党风廉政建设宣传教育，认真抓好《关于新形势下党内政治生活的若干准则》《中国共产党党内监督条例》等党内法规的学习贯彻，引导党员干部牢记党纪党规，养成纪律自觉，严明党的政治纪律和政治规矩，着力营造风清气正的政治生态。坚持拓展教育载体、创新教育方式，组织机关96名新党员到烈士陵园开展集体宣誓，组织机关100名党务干部到区廉政教育警示基地接收警示教育，以身边事教育身边人，扎实开展警示教育，强化党员干部的纪律和规矩意识，进一步厚植党员干部不想腐的思想基础。把机关廉政文化与毕节红色文化、民族文化和历史文化紧密结合起来，进一步拓展机关廉政文化内涵，探索与法制教育、道德讲堂等有机融合，深入推进廉政文化进机关活动。强化党风廉政建设责任落实，制定和细化党风廉政建设责任清单，严格“两个责任”落实，层层有责、层层负责，抓好党风廉政建设的各项工作，确保了党风廉政建设的部署和要求落地生效。

【营造和谐机关环境，机关精神文明建设进一步加强】 坚持用中国特色社会主义理论和社会主义核心价值观教育党员干部，重点加强社会公德、职业道德、家庭美德、个人品德教育，推进机关精神文明建设。组织党员干部广泛学习经济、政治、文化、社会、生态文明等知识，全面推进机关文化建设。持续开展以“明礼知耻·崇德向善”主题实践活动，继续深入开展“领导干部上讲堂”“道德讲堂”等活动。围绕“五城同创”，深入开展“文明在行动．满意七星关”活动，认真做好区直机关文明单位、文明窗口（科室）、文明标兵创建和推荐上报。开展最美七星关人、道德模范等先进典型推荐申报工作，进一步做好典型推选和宣传，营造浓厚氛围。认真做好机关党员志愿者注册登记工作，加强机关党员志愿者服务队伍建设，组织机关各级党组织积极开展在职党员进社区开展志愿服务，建立常态化志愿服务制度，形成有效运行保障机制。针对机关特点，开展形式多样、内容丰富、职工欢迎的文体活动，进一步丰富了机关党员文化生活。

【认真落实党建工作责任制，机关党建工作水平进一步提高】 工委年初制定下发了《区直机关2017年党的建设工作要点》，召开了区直机关党的建设和机关党组织书记抓党建工作述职会议，进一步加强对机关党建工作的领导，强化部门党委（党组）主要负责人抓机关党建工作责任，较好地推动了机关党建工作各项目标任务的贯彻落实。按照全面落实从严治党要求，进一步明确部门党组（党委）、机关党委、基层党组织抓机关党建工作的职责和要求，推进机关党建工作责任的进一步落实。机关各级党组织不断创新党的建设理念、功能、制度、工作内容和方式方法，不断提升工作目标、工作能力、工作标准，较好地推动了区直机关党建工作不断上层次上水平。

【主动作为，服务大局成效进一步凸显】 机关各级党组织紧紧围绕“1136”战略，“五城同创”等区委、区政府重点工作，组织机关党员干部立足岗位，争作贡献，积极投入急难险重任务的完成。把推进扶贫攻坚作为机关党建的重要内容，动员各级党组织和广大党员干部参与脱贫攻坚工作，积极开展党建1+1，321结对帮扶等活动，充分发挥基层党组织的战斗堡垒作用和党员先锋模范作用，较好地助推了全区脱贫攻坚工作的开展。

（撰稿人：办公室）

党校、行政学校

【概述】 七星关区委党校是在区委直接领导下培养党员领导干部和理论干部的学校，是轮训和培训党员领导干部、培养党的理论队伍，学习研究马列主义、毛泽东思想、邓小平理论的重要阵地，是干部增强党性锻炼的熔炉。2017年，区委党校全面贯彻落实中共十八大、十九大、省十二次党代会精神及习近平系列讲话精神，以科学发展观和习近平新时代中国特色社会主义思想为指导，认真贯彻执行《中国共产党党校工作条例》和习近平在全国党校工作会议上的讲话精神，紧紧围绕区委区政府工作的总体思路及工作部署，以区委政府下达党校的年度工作目标为导向，充分利用校内外资源，以改革创新精神推进新一轮大规模干部培训。全校干部职工共同努力，保持认识不落伍、工作不松劲、标准不降低的良好工作作风，牢固占领理论阵地，解放思想、求真务实、与时俱进、开拓创新，为促进七星关区经济社会的全面发展，构建社会主义和谐社会和全面建设小康社会作出应有的贡献。

【培训工作】 2017年，党校干部教育培训工作在区委、区政府的正确领导下，在区委组织部等部门大力支持下，坚持党校姓党的根本原则，以坚定信念、提升工作能力和转变工作作风为重点，创新培训内容，改进培训方法，整合培训资源，提高培训质量，为实现全区“1136”发展战略和脱贫攻坚提供有力的思想政治保证、人力保证和智力支持。紧紧围绕区委、区政府工作重点，在抓好主体班次培训的基础上，与区委组织部、区人大办等单位通力合作，狠抓村（社区）支部书记、主任业务能力提升培训、脱贫攻坚专题培训、无职党员示范培训、党政办公室系统培训等专题培训班，全年共完成各级各类党员干部培训班32期2827人次；宣讲场次达23次，受众人数达3953人次。一是举办了三期主体班，培训274人次。分别是：“2017年区直机关党务干部培训班”1期，培训学员93人次；“2017年区委党校秋季学期主体培训班”1期，培训学员45人次；“2017年度入党积极分子培训班”1期，培训学员136人次。二是举办了二十期专题培训班，培训1625人次。分别是：“全区村（社区）党支部书记业务能力提升专题培训班”6期，培训学员509人次；“全区村（社区）主任业务能力提升专题培训班”6期，培训学员482人次；“素能提升专题培训班”1期，培训学员14人；“全区贫困村党组织书记和党员致富能手脱贫攻坚专题培训班”6期，培训学员548人次；“全区深度贫困村脱贫攻坚专题培训班”1期，培训学员72人次。三是举办了六期“百名村级党组织书记、千名脱贫攻坚讲习师、万名无职党员大培训”系列示范培训班，培训党组织书记303人、无职党员340人，合计643人次。四是举办了三期外联班，培训285人。分别是：与区人大联合举办了“区二届人大代表培训班”1期，培训学员101人次；与区委办联合举办了“全区党政办公室系统培训班”1期，培训学员100人次；与区安监局联合举办了“全区安全生产监管业务培训班”1期，培训学员84人次。五是深入开展理论宣讲。2017年，组织学校领导及教师深入机关、深入学校、深入乡镇及村（社区）等基层开展中共十九大、中共十八届六中、七中全会、省第十二次党代会精神等社科理论宣讲及师风师德讲座，第一时间将党的政策方针传达到了基层，全面完成了区委安排的宣讲任务，宣讲场次达23次，受众人数达3953人次。

为增强干部培训的针对性和实效性，提高教学质量，区委党校综合采取了案例式教学、体验式教学、专题辅导，警示教育、研讨式教学、学员论坛、现场观摩、视频教学等多种教学方式，在教学内容精细化、教学方式多样化、教学手段现代化上下功夫。一是根据组织需求，岗位需求和个人需求，科学设置课程，力求使教育培训更加贴近现实需要。坚持理论教育是根本，党性教育是关键，知识教育是基础的原则，坚持干部素质教育和能力提升相结合。备课上实行教师先备课，教研组内集体备，教研会上说课，经试教后再上课堂的方式，保证教学质量。由于我们近邻市委党校，每位教师都可以选择性地参与市委党校主体班的跟班听课学习。为解决教师授课“接地气”的问题，我们还以和政协联合调研做课题、选派教师驻村锻炼、安排到镇乡专题调研等方式，让教师把教学和科研结合起来，加深教师对区情实际的了解。教学出题目，科研促教学，教师素质得到逐步提升，一定程度上提高了教学质量。二是教学方式的多样化。一改过去只由教师讲学员听的传统模式，趣味性和实效性达到有机统一。三是教学手段现代化。教师100%的多媒体教学。

培训体现创新。在培训上体现“三个创新”：学习内容创新。根据区情和干部实际，增强教学内容的针对性和实效性，在教学内容设置上创新性地实行六大模块，即基础理论与中共十八大、十九大精神、经济社会发展问题研究、基本素质与能力提升、相关政策解读、清华大学远程视频教学、部门实际工作专题。教学方式创新。实行互动式辅导教学，教师精心设置问题及案例穿插在课堂教学中，学员就教师所提问题分成小组进行讨论，紧密联系工作实际提出解决问题的观点、对策和建议；开展军事训练与拓展训练，培养学员团队合作的精神；实行情景模拟与角色配对教学，深化教学效果。学风管理创新。认真执行中组部《九项规定》和省纪委、省委组织部、省委党校联合颁布的《十五项规定》，从严治校，从严管理，强化学风建设的执行力度。

【师资队伍建设】 党校在加强师资队伍建设方面，采取各种切实可行的措施，着力提高教学质量和教学水平。认真组织公开课，组织教师上课、评课，让授课教师取长补短，相互帮助，共同提高；充分利用和合理整合学校教学资源，发挥清华大学教学扶贫站和中央党校远程教学站的功能和作用，努力提高教学培训质量；开展教研活动，推行集体备课制度，总结经验教训，对教学情况进行评估，扬长避短，提高教学水平；选送教师到省委党校和国家行政学校学习，增长知识扩大视野；鼓励支持教师参加在职学习，提高教师的知识水平和业务能力；安排教师进行社会调研，增加社会知识和实践知识；安排教师到乡镇驻村锻炼，着力培养教师的社会实践知识和能力；选派骨干教师配合相关部门开展中共十九大、中共十八届六中、七中全会、省第十二次党代会精神宣讲。

【科研工作】 科研工作成效明显。2017年以来，完成了《齐心论坛》2016年第四期和2017年第一、二、三期的编发。组织教师积极申报省委党校校级科研课题两个，申报市委党校校级科研课题成功一个。完成区直有关部门的理论征文任务：完成区督办督查局督查理论研究征文一篇，《督查工作“八诀”》一文被区督办督查局作为督查征文推送到省督查室；完成市委统战部和市委党校“多党合作服务改革发展新经验”理论研讨征文两篇。教师在《齐心论坛》发表文章七篇。

【党建工作】 一是“双考双评双挂钩”工作。根据《中华人民共和国公务员法》《党政领导干部选拔任用工作条例》和“双考双评双挂钩”动态跟踪考核管理办法有关文件精神，切实抓好“双考双评双挂钩”动态跟踪考核工作，为贯彻落实科学发展观，切实加强和改进干部职工考核工作，促使干部职工“想干事、能干事、干成事”，引导干部职工服务科学发展、促进科学发展，推动党校又好又快发展奠定坚实的基础。二是扎实抓好反腐倡廉及党风廉政建设工作。认真贯彻落实“一岗双责、两公开制度”；严格执行权力运行清单备案制度；严格执行中央、省、市、区的各项纪律规定，对照纪律要求严肃查处和改进本单位作风方面存在的突出问题；进一步落实党风廉政建设职责、提升机关效能；组织全校教职工积极参加党规党纪学习及测试，参与率、及格率均达100%；深入推进反腐倡廉及党风廉政建设工作与廉政文化进机关工作，制作了标牌20余块。全年未出现违反中央“八项规定”等相关纪律规定的情况。三是扎实抓好机关党建、党支部和机关组织建设工作。2017年，校党委高度重视机关党建工作，按照区委安排，成立了党建工作领导小组，制定党建工作意见，制定党建工作目标责任书、党员目标管理责任书并层层签订，完善相关学习制度，有记录，有半年、年终总结，按月完成组织部的信息报送工作。机关党支部在校党委的领导下，认真落实区委党建目标责任制的各项要求，着力加强支部各项制度建设，严格坚持“三会一课”等制度，认真做好党员的管理、发展工作及党费的搜集上缴工作，充分发挥党员先锋模范作用，保证了党的组织活动正常化；深入扎实开展“两学一做”学习教育，使学习教育制度化、常态化。足额完成了全年党费收缴，全年共收缴党费13452.00元，编送各类信息简报28期。同时认真抓好统战、计生、妇委会等工作。四是思想政治和精神文明建设工作。认真开展主题活动。2017年，党校按照区委要求，认真开展了“明理知耻、崇德向善”、我们的节日、“我推荐、我评议身边好人”及道德模范评选推荐、德师讲堂、宣传部长上讲堂、“干部上讲堂”、微七星关等活动，及时掀起宣传思想相关学习热潮，落实各阶段工作任务。全年共上报信息简报26期，学习专刊2期，被毕节日报、晚报、七星关电视台等媒体采用10条。五是脱贫攻坚、党建扶贫、集团帮扶及驻村工作。成立脱贫攻坚工作领导小组，制订脱贫攻坚工作方案，主要领导及班子成员、中层干部、党员经常深入联系点，了解社情民意，多方出主意、想办法尽自己最大的力量帮助联系村。按照有关文件精神，抽派了3名干部对田坝镇田坝村、鸭池镇石桥村、石格村的驻村干部进行了轮换，严格执行对驻村干部补助的相关规定，驻村干部认真开展驻村工作，并做到每月按时向学校汇报驻村工作的开展情况。深入联系点，积极开展访贫问苦工作。组织干部职工分期到大屯、千溪、田坝、鸭池等四个乡镇开展了领导干部遍访贫困村贫困户活动，积极开展访贫问苦活动，春节和“六·一”儿童节期间，分别看望慰问联系点困难群众30户和留守儿童77名，投入经费1.2万余元，为田坝村、石格村、石桥村解决基层组织建设及精准扶贫工作经费近10万余元。六是党务政务公开工作。按照有关文件精神，以文件、简报、党务政务公开栏、阳光政务网等形式，将长期的、程序性的公开内容与动态的、阶段性的公开内容有机结合起来，注重实效，方便党员群众及时查询和监督。通过党务政务公开工作，加强党组织的自身建设，提高干部领导水平，优化党校发展环境，强化党内和群众监督，有效预防腐败的产生。七是积极做好离退休干部职工管理工作。4月中旬召开了一次向老员工汇报工作情况汇报会，向老员工们介绍了近期党校工作开展情况，也听取了老同志们对党校工作的意见和建议。春节期间，学校领导看望慰问了22名离退休老员工，发放慰问金6600元。

【后勤服务工作】 后勤管理工作是党校做好教育教学工作和其他工作的前提和保障。后勤工作主要是在加强和完善基础设施建设和后勤管理上下功夫，不断营造良好的办学条件和培训环境。建立健全各项工作制度，合理使用学校资金，购买和添置部分教学设备和办公用品，着力提高后勤服务工作的质量，完善监督机制和服务功能：一是为学员服务，做到态度好，效率高，质量优，把学员对服务的满意度提升到一个新的高度。二是为教职工服务，创造更好的教学、生活条件，让教师以更充沛的体力和更旺盛的精力投入到教学中去，投入到各项工作中去。三是加强学校基础设施建设，努力创造和改善办学条件。进一步搞好校园绿化，加强对水电管网的维修和管理。加强对多媒体教室，图书室、电子阅览室、微机设备的管理，合理利用各项设备和资源，充分发挥其功能和作用。四是创新学员楼及食堂运行机制，充分保障主体班、各类外联培训班的后勤服务。五是认真做好校产管理，落实管护措施，对现有的校产及办公用具用品进行登记造册，落实管护责任，做到责任到人，加强对食堂、学员楼的管理，完善监督机制和服务功能，对坏损课桌椅、门窗等进行修理和维护，保证各项工作正常运转。六是建立健全各种规章制度。推行指纹打卡考勤制度，每月通报一次考勤，年终按年初制定的考勤制度执行奖惩。

【其他工作】 办公室工作和档案管理工作：规范公文处理，按要求报送相关文件资料和信息；按照档案管理要求，对各类档案进行清理和整理，确保相关资料规范、齐全，实现档案规范化管理。综治工作（含禁毒工作）：加强各种工作措施，夯实内部管理，认真落实综治工作责任，加强职工的遵纪守法教育，预防违法犯罪，全校未发生任何安全事故和违法案件。信访工作：严格按照省、市、区有关安排部署，坚持矛盾纠纷和不稳定因素排查调处，及时处置重大稳定隐患，全年无群体性事件和重大安全事故发生。应急管理：制定应急管理预案，明确责任到人。节假日，国家、省、市、区党代会、人大会、政协会议期间，均安排工作人员值班，无突发公共事件发生。保密工作：统一认识，强化管理，突出重点，完善措施，不断提高保密工作法制化、规范化水平。“法治毕节”工作：积极推动“法治毕节”创建，促进全市经济社会全面健康发展。“五城同创”工作：彻底整治校内的环境卫生，对校园进行绿化，美化、亮化，积极参加全区开展的一系列专项活动。

（撰稿人：杨建平）

党史地方志

【概述】 七星关区史志办在区委、区政府的正确领导和上级业务部门的指导下，以邓小平理论、“三个代表”重要思想和科学发展观为指导，深入贯彻学习习近平一系列重要讲话精神和新时期党的各项方针政策，切实贯彻落实中央、省、市史志工作会议精神，紧紧围绕区委、区政府的中心工作，凝心聚力，埋头苦干，确保该办各项工作整体推进

【以开展“群众路线教育”“三严三实”“两学一做”专题教育活动为契机，全面加强史志干部队伍作风建设】 该办将“群众路线教育”“三严三实”“两学一做”教育与深入贯彻习近平关于党史和党史工作的重要论述结合起来，开展一系列学习活动，完善各种工作制度，加强班子作风建设，提高了党史工作水平，有力地推动了全区党史工作健康发展。一是狠抓政治理论和业务知识学习。将中共十八大、十八届三中、四中、五中、六中全会精神及中共十九大精神，和习近平系列重要讲话精神，特别是关于党史和党史工作的重要论述以及全国、全省党史工作会议精神、《全国地方志事业发展规划纲要（2015－2020）》作为政治理论学习的重点，坚持每月集中学习不少于一次，充分

认识党史是“必修课”“营养剂”“教科书”和“清醒剂”，以及地方志工作在经济社会发展和社会主义文化强国建设中的重要作用，进一步明确工作思路和工作职责，促进史志工作的有力开展。同时，还要求工作人员认真学习编纂业务知识和地方党史，提高自身史志工作能力。二是加强领导班子作风建设。认真开展“群众路线教育”“三严三实”“两学一做”教育，“四型”机关创建、机关党建和精神文明创建、群众工作组、走基层转作风解难题、精准扶贫等一系列活动，进一步强化班子作风建设，做到班子团结有力、制度健全落实，努力打造一支“政治坚定、业务精通、纪律严明、作风优良”的党史工作干部队伍；三是突出三省红都主题，紧扣党史工作开展党史全民教育活动。

【围绕新时期史志工作要求，扎实推进史志工作上台阶】 1. 认真全面收集、整理资料完成《年鉴2017年卷》的编纂出版工作；2. 积极组织考证并完成了鸡鸣三省会议会址、七星关三国蜀汉文化、毕节古城、翰林山庄等红色文化和历史文化遗址遗迹的考证工作；3. 完成了林青纪念馆的建设及陈列布展工作；4. 收集整理和点校清代《毕节县志》（乾隆志、同治稿、光绪志），并公开出版；5. 影印线装《毕节县志》（乾隆志、同治稿、光绪志），并公开出版；6. 组织编纂《七星关区史志人物志》，并编辑公开出版；7. 完成了全区范围内红色资源普查工作；8. 组织编纂《中共毕节市七星关区组织史资料》（第三辑）；9. 参与省委党研室组织的长征系列丛书的编写工作，并按时完成了《责任担当——寻路途中的鸡鸣三省会议》一书的编写任务；10. 指导有关部门单位完成《民政志》《档案志》《建设志》《农机志》等部门志的编纂工作；11. 先后公开出版了《七星关蜀汉简史》《鸡鸣三省文史资料辑》等书籍；12. 切实完成了区委区政府安排的其他多项工作任务。

（撰稿人：徐延娇）

人民代表大会毕节市七星关区常务委员会

【概述】 一年来，先后召开常委会会议7次，主任会议12次，听取审议“一府两院”专项工作报告30项，提出审议意见和决定132条。任免国家机关工作人员53人次，任命人民陪审员5人，开展专项工作评议和专题询问各1项，组织市、区人大代表213人次开展专题调研和集中视察22次，配合省市人大开展集中视察和专项工作调研12次，圆满完成了区二届人大一次会议以来的工作任务。

【牢固树立政治意识，确保服从党的领导成为新常态】 一年来，常委会始终坚持党委总揽全局、协调各方的领导核心作用，自觉把党的领导贯穿于人大工作的全过程，落实到依法履职的各个方面。牢固树立政治意识和大局观念，恪守政治纪律和政治规矩，深入学习中共十九大精神和习近平在贵州省代表团重要讲话精神，准确把握新形势下人大工作的新任务、新要求，确保人大工作坚决服从党的领导成为新常态。——不忘初心、牢记使命，深入学习贯彻中共十九大精神。中共十九大胜利召开后，常委会迅速掀起学习宣传贯彻会议精神热潮，分别以党组会议、常委会会议、主任会议、机关干部职工会议、离退休老同志座谈会、新时代农民讲习等方式，深入学习中共十九大精神实质，准确把握、深刻领会中共十九大重要意义，习近平新时代中国特色社会主义思想内涵，实现中华民族伟大复兴的战略部署以及坚定不移推进全面从严治党的新要求。突出运用习近平新时代中国特色社会主义思想武装头脑、指导实践、推动工作。深学笃用、扎实践行“团结奋进、拼搏创新、苦干实干、后发赶超”新时代贵州精神，时刻牢记、时时感恩习近平对毕节工作的肯定与嘱托。通过学习，提高了思想认识和政治觉悟，强化了执行力和落实力；对中央、省委、市委和区委的决定，积极响应、坚决贯彻；真正做到学以致用、用以促学、学用相长，各项工作部署充分体现十九大新思想、新任务、新要求，使学习真正达到改进作风、提高本领、推动发展的效果。——同心同向、服从领导，坚持在区委的领导下开展工作。

常委会始终把工作置于区委的坚强领导之下，认真落实区委的决策部署，既充分发扬民主，又严格依法办事。重大决策和重要监督事项及时向区委请示报告，重要人事任免及人事安排始终坚持在区委的领导下依法按程序开展，重大创新工作事项事先向区委报告；确保党的主张通过法定程序成为全区人民的共同意志，确保党组织推荐的人选通过法定程序成为国家机关领导人员，确保“一府两院”依法行政、公正司法。发展好、实现好、维护好人民群众的根本利益，更好地实现党的领导、人民当家作主和依法治国的有机统一。一年来，区人大常委会党组先后6次向区委作专题汇报。区委高度重视人大工作，及时传达学习全国、全省、全市人代会精神，专题研究部署人大工作，印发《关于推行区政府民生实事项目人大代表票决制工作的实施意见》（七星党发〔2017〕21号），全力推进人大工作的创新发展，为人大及其常委会行使重大事项决定权提供了坚强的组织保障。及时调整充实乡镇人大主席及街道人大工委主任，优化人大干部结构，进一步加强和改进党对人大工作的领导，支持和保证人大及其常委会依法行使职权。

【牢固树立大局意识，确保依法履行职权取得新成效】　一年来，常委会始终围绕全区经济社会发展重点和人民群众关注焦点，科学确定监督议题，合理安排工作内容，适时调整监督重点，综合运用视察调研、执法检查、专项审议、专题询问等多种手段，切实加强对脱贫攻坚、产业发展、基础建设、乡村振兴、农村环境综合整治、依法行政等工作的监督，及时研究并督促解决发展中面临的新情况、新问题，确保在依法行使职权中取得新成效。——着眼持续稳定科学发展大局，集中审议报告，助推全区经济社会持续向好。根据常委会关于《国民经济和社会发展计划审查及计划执行监督暂行办法》和《听取审议“一府两院”专项工作报告办法》的要求，常委会始终紧盯全区经济社会发展大局，以集中审议报告等履职形式，助推全区经济社会持续向好。一是紧盯经济指标集中审议。充分发挥人大常委会集中审议的优势，听取和审议区人民政府经济社会发展情况报告及计划、财政等有关工作报告。围绕经济下行压力较大等实际，提出区人民政府要坚持稳中求进工作总基调，全面做好稳增长、调结构、促改革、惠民生、防风险各项工作，树立“大扶贫”“大安全”“大发展”理念，始终坚守发展和生态两条底线，紧紧围绕“决战贫困、提速赶超、同步小康”目标，积极应对经济发展新常态下财政发展的趋势和变化，坚持实事求是、量力而行，充分发挥财政的基础和重要支柱作用，促进七星关区经济社会健康发展等建议。二是紧盯重点项目集中审议。在听取审议区人民政府政府性投资重点项目建设工作情况时，针对存在项目融资困难，建设资金缺口大，建设规模大，债务风险增加，部分项目启动推进缓慢等问题，提出积极稳妥、求真务实、重中选优，以大扶贫为重点，充分发挥重点项目辐射带动作用，以财政增收为目的，大力发展实体经济，做大财政蛋糕，增强财政实力等建议。三是紧盯安全稳定集中审议。在听取审议区人民政府“大安全”工作开展情况报告之前，组织部分区人大代表围绕道路交通安全、非煤矿山安全、留守儿童关爱等工作开展情况，深入部门、企业、乡镇街道及村居学校进行调研，了解各项工作开展情况、分析存在问题，提出工作建议，有力推进“大党建”引领下的“大安全”工作取得实实在在的效果。——着眼社会事务健康发展大局，深入调查调研，助推全区社会事业全面进步。

紧紧抓住群众普遍关心的热点难点问题，坚持深入基层、深入群众、深入实际开展专题调研。一是关注城乡医保深入调研。常委会在2016年专项评议城乡居民基本医疗保险工作提出评议意见的基础上，在区二届人大常委会第3次会议期间，专门组织部分区人大代表，到区卫计局及部分乡镇街道卫生院、村卫生室走访调研、跟踪问效，了解掌握工作评议意见的整改落实情况。二是关注教育发展深入调研。在开展乡村学校工程建设管理工作情况专题调研时，围绕项目前期手续审批程序复杂、施工单位管理不善、建设项目责任不清、专项资金使用不够规范、烂尾工程尚未全面扫除等问题，提出落实工作责任、强化监督检查、整合教育资源、加大资金投入等建议。三是关注群众出行深入调研。在乡村公路建设工作专题调研中，针对存在建设资金短缺、担当意识不强、管护力度不够、建设标准不统一等问题，提出多措并举确保资金到位、主动作为形成建设合力、探索建立长效机制、整合资源推进项目建设等建议，促进2017年全区硬化通村公路740公里、通组公路782公里，实现100%建制村通水泥路。四是关注市场建设深入调研。农改超市场是一项涉及面广、群众关注度高、需要投入资金量大的民生工程，是城区居民普遍关注的焦点。常委会组织市区人大代表深入调研后，针对项目实施推进慢、公益性职能缺失、市场入驻率不高、消费观念未改变、市场竞争力不足等问题，提出结合实际推进建设、合理加大资金投入、充分盘活现有市场、创造良好外部环境、转变群众消费理念等工作建议。——着眼法治社会建设发展大局，强化司法监督，助推全区法治创建持续推进。

常委会始终把推进法治毕节建设放在突出位置，加强法律监督，维护公平正义。一是强化执法检查，开展了民族区域自治“一法两条例”、《中华人民共和国食品安全法》等法律法规实施情况的检查，提出审议意见，督促区人民政府整改落实，促进了相关法律法规在七星关区的实施。二是强化司法监督，先后听取审议区人民检察院、人民法院诉讼权利保障和监督工作、审判权力运行改革、执行工作情况等专项工作报告，提出加强司法队伍建设、全面推进司法改革、促进司法公正、提高司法公信力等审议意见，督促“两院”在公正司法中不断整改落实。三是强化普法进程，听取审议区人民政府“六五”普法规划实施情况及“七五”普法规划编制情况的报告，提出加快普法推进步伐，确保以宪法为核心的法律法规知识得到普及等审议意见，决定批准《毕节市七星关区法治宣传教育工作第七个五年规划（2016—2020年）》，充分发挥法治宣传教育在服务经济社会发展、维护社会和谐稳定、推进法治创建进程中的重要作用。四是强化信访工作，结合七星关区人大信访工作的特点，专题听取《人大信访工作制度落实情况报告》，加强横向联系，积极协调、督促有关部门及时妥善处理信访事项。一年来，常委会主任、各位副主任先后深入区信访大厅接访100余场次，受理群众来信来访986件次；深入夹岩水利枢纽工程项目现场等矛盾集中地区化解矛盾纠纷186次。人大信访办先后受理群众来信来访86件198人次，督促有关部门解决了一些群众反映强烈的涉法涉诉、土地征收、房屋拆迁等问题，为保障群众合法权益、化解社会矛盾、维护社会和谐稳定发挥应有作用。五是强化依法任免。区二届人大常委会换届后，立即对区一届人大常委会17次会议审议通过的《七星关区人大常委会人事任免工作暂行办法》进行修订，为常委会依法做好人事任免工作提供了遵循。一年来，常委会坚持党管干部与人大依法行使任免权相统一的原则，共任命国家机关工作人员40人次，免去国家机关工作人员职务13人次，任命人民陪审员5人，补选市人大代表1名、区人大代表2名，接受3名区人大代表辞去代表职务申请。——着眼脱贫攻坚决胜小康大局，勇于担当履职，助推全区精准脱贫攻坚拔寨。一是审议监督助推脱贫攻坚。常委会在组织代表深入调研的基础上，结合七星关区基础条件薄弱、贫困面大、贫困程度深、脱贫攻坚工作越到后面工作难度越大的实际，专题听取审议全区农业专业合作社服务农业产业发展情况报告、“一市五金多套餐”扶贫政策落实情况报告、贫困乡镇摘帽及脱贫攻坚后续产业培育工作情况报告，针对政策利用不够活、资金投入不到位、扶贫带动不够好、产业结构不够合理、内生动力不够足等问题，提出压实责任、用活政策、加大投入、调整产业、示范带动、激发内生动力等审议意见。二是担当履职参与脱贫攻坚。根据区委的安排，区人大常委会主任、各位副主任分别在全区脱贫攻坚指挥体系中包靠乡镇街道，致力于脱贫攻坚及产业发展的指导，积极投身到坚决打赢脱贫攻坚这场输不起的硬仗中。常委会领导定期不定期深入包靠乡镇走访群众、检查督导、谋划产业、开展讲习，在全区脱贫攻坚中充分担当履职。同时，抽调机关工作人员100余人次深入阿市、海子街、田坝桥、水箐等乡镇开展入户大走访、大排查、大调研，了解村情民意，研究制定帮扶计划和帮扶措施，尽力帮扶解决群众生产生活困难，发展产业增收脱贫。——着眼民情民生民意关注大局，专题评议询问，助推全区民生事业和谐发展。

一是专项评议敢碰硬。在综合区二届人大一次会议代表意见建议的基础上，常委会决定将教育工作作为2017年工作评议议题。经过宣传发动、走访调研、会议评议等程序后，常委会主任会议专题审议通过评议意见，指出全区教育事业发展中存在的资源配置不平衡、布局不合理、投入不足、管理水平有待提高、素质教育质量还不尽如人意等问题，开出问题清单，直指教育发展“硬伤”，提出建议意见，提交区人民政府及教育行政主管部门认真研究整改。二是专题询问敢较真。农村环境综合整治长期以来一直是政府、群众普遍感到棘手的问题，常委会在广泛征集意见的基础上，将农村环境综合整治工作列为2017年专题询问议题。常委会组织部分人大代表深入乡镇街道及村寨实地调研、广泛征集询问议题后，针对农村环境综合整治工作中的长远规划、政府投入、部门联动、基础建设、群众观念转变等问题，分别向区人民政府及住建、规划、农牧等部门负责人直接发问，并将询问实录向社会公开，形成专题询问意见，提交区人民政府及相关职能部门整改落实。三是重大事项代表定。2017年，常委会把推行政府民生实事项目人大代表票决工作作为创新载体，在组织部分区人大代表赴省内外考察学习的基础上，专题向区委常委会作了汇报，区委下发实施意见，常委会作出《关于区人大代表对区政府民生实事项目实施票决的决定》。区人民政府在广泛征集社会各界意见的基础上，坚决按照项目设置可票决、进展可监督、结果可评议、调整可动议、成效可检验的要求，经过初选项目、候选项目，提交人代会由代表进行票决。此举全力推进人大工作的创新发展，为地方人大及其常委会行使重大事项决定权作出了有益探索。

【牢固树立主体意识，确保代表作用发挥突显新作为】 代表工作是人大常委会工作的重要内容。常委会牢固树立人大代表主体意识，完善服务保障机制，构建联系代表平台，创新工作载体，发挥代表作用，代表履行职能成效明显。——强化学习培训，努力提高代表履行职务能力。区乡两级人大换届选举后，新任代表占比较大，强化代表培训、提高代表履职能力就显得十分必要。区二届人大常委会第1次会议，认真组织常委会组成人员学习《常委会组成人员守则》《常委会议事规则》等规章制度。专门制定下发人大代表培训方案，通过集中培训与分散培训的方式，对城区街道办事处及区直机关的区人大代表、各乡镇人大主席进行履职能力集中培训。以此推进全区乡镇区乡人大代表的全员培训。同时，组织部分区人大代表参加省市人大举办的履职能力培训。通过人大代表思想道德、人大业务知识及履职能力的学习，使区乡两级人大代表了解和掌握人民代表大会制度和人大工作基本知识，进一步提高依法履行代表职务的综合素质和能力水平。一年来，全区先后组织近百场次的人大代表专题培训，使350余名区人大代表和2300余名乡镇人大代表培训全覆盖。——强化跟踪督办，努力增强代表建议办理实效。

人大代表所提的建议是人民群众的心声和期盼，所关注的是事关全区经济社会发展大局的民生问题，是政府工作应着力解决的事项。在办理人大代表建议工作中，常委会紧紧围绕《关于办理区人大代表建议、批评和意见的规定》，建立人大领导领头督办、政府领导领头领办、相关部门配合承办的人大代表建议意见办理制度，组织部分代表视察代表建议办理工作，选择一些涉及面宽的民生建议实行重点督办、现场督办，不断加大代表建议的督办力度。区二届人大一次会议期间，代表提出的136件意见建议全部办理结束，并分别答复代表，办复率和代表满意率逐年提升。——强化平台搭建，努力拓宽代表依法履职途径。开展各类主题实践活动，是区人大常委会围绕中心、服务大局的职责所系，是进一步密切人大代表与人民群众联系、为民办实事办好事的生动实践，也是保障代表依法履行职责、参与国家事务管理、推进基层民主政治建设的有效载体。为了让城区街道办事处各级人大代表更好地履行职能，常委会专门下发《关于在城区街道办事处开展人大代表主题实践活动的实施方案》，要求城区10个街道办事处分别于每年的5月和10月轮流组织开展主题实践活动，积极组织各街道办事处区人大代表，邀请居住在城区的省、市人大代表以集中视察、专项调研等方式开展主题实践活动，努力做到履职能力有新提高、服务群众有新举措、建言献策有新成效、推动发展有新业绩。2017年，先后在麻园街道、洪山街道开展了人大代表主题实践活动。活动围绕街道中心工作和社区建设发展、群众普遍关心的热点难点问题组织代表进行视察调查，听取人民群众的呼声和要求，了解群众所期所盼，为社区建设发展，解决群众反映的实际问题建议献策。同时，常委会还先后结合农产品直销市场建设、农畜产品销售及检疫检验、政府民生实事及重点项目实施、“19456”工程项目建设、“五城同创”等工作，组织各级人大代表213人次开展专题调研和集中视察22次，配合省市人大开展集中视察和专项工作调研12次，努力拓宽人大代表依法履职的途径。

【牢固树立有为意识，确保机关自身建设展现新风貌】“打铁还须自身硬”。常委会积极顺应经济社会发展的新常态和社会主义民主政治建设的新目标，按照习近平提出的“信念坚定、为民服务、勤政务实、敢于担当、清正廉洁”的要求，不断加强常委会机关自身建设，深入推进“两学一做”学习教育常态化制度化，让人大常委会机关有为有位，确保在机关自身建设中展现新风貌，机关工作呈现新气象。——深入推进“两学一做”学习教育。换届以来，常委会始终把思想政治教育列入机关建设的重要议事日程。坚持党组集中学习、常委会组成人员和机关干部职工定期学习制度，学习与人大相关的法律知识，不断提升履职能力，用心、用情、用力做好人大工作。深入推进“两学一做”学习教育常态化制度化，坚持用党章党规规范党组织和党员行为，用习近平系列重要讲话精神武装头脑、指导实践、推动工作。突出思想政治建设、党性锻炼，不断增强政治意识、大局意识、核心意识、看齐意识，不断增强党内政治生活的政治性、时代性、原则性、战斗性。坚持领导干部带头，以上率下、层层示范，推动“两学一做”融入日常、抓在经常，形成常态、发挥长效，确保常委会党组和机关党支部充分履行职责、发挥核心作用。——深入推进机关作风建设。坚持把夯实基层基础、党风廉政建设和反腐败工作与人大依法履行职责各项工作同部署、同落实、同检查，以高度的政治责任感带头落实好党风廉政建设主体责任。及时组织学习《中国共产党廉洁自律准则》《中国共产党纪律处分条例》，强化班子成员对分管工作的主体责任。严格执行民主集中制，带头执行公务消费、财务公开等制度规范。不搞特殊，没有例外，清正廉洁的干事环境进一步加强。切实加强作风建设，时刻牢记作风建设永远在路上，结合“党性体检”，着力问题整改。认真践行“对党忠诚、个人干净、敢于担当”的根本要求，依法有效行使各项职权，深入选民、深入代表，营造民主团结、履职为民、求真务实的良好风气。——深入推进机关效能建设。切实把抓工作落实作为推进机关效能建设和提高执行力的主要手段，进一步增强责任意识、敬业意识、进取意识，严格工作标准、狠抓工作落实，努力提高执行的自觉性和实效性，切实解决工作执行不到位、落实不给力等问题。一年来，人大机关作风进一步好转，对区委和人大常委会党组安排的工作，不折不扣，认真执行落实，做到接受任务不讲条件、执行任务不找借口，确保令行禁止、政令畅通，努力打造一支党委和人民群众信任的人大干部队伍。2017年，成功承办全市人大办公室工作暨信访工作座谈会议，充分展现人大机关办文、办会、办事的良好风貌。

（撰稿人：办公室）

七星关区政府办

【概述】 一年来，在区委、区政府的正确领导下，区政府办公室坚持深入学习贯彻习近平关于办公室工作重要讲话精神，坚持运用创新理念，紧扣“三个服务”，牢固树立立党为公、执政为民的根本宗旨，努力践行“五个坚持”，紧紧围绕全区中心工作，积极服务经济社会大局，认真履行“参谋助手、协调服务、高效督办”的工作职责，不断解放思想、开拓创新、务实奋进，圆满完成了各项工作任务，开创了办公室工作新局面，树立了务实高效的新形象。

【不断增强学习主动性夯实学习型机关建设】 办公室领导班子始终坚持把建设务实学习型组织作为内强素质、外树形象的根本途径，作为提高服务效能、促进全面履职的重要手段，坚持做到常学不怠、学以致用，扎实推进各项工作高效开展。一是坚持政策理论学习。办公室领导班子始终根据新任务、新形势的发展需要，重点学习中共十八届历次全会与中共十九大精神及习近平系列重要讲话精神，深刻领会讲话的思想精髓和精神实质，进一步提高班子成员的政治觉悟、政策理论水平和业务能力，顾全大局、服务全局的意识明显提高，班子凝聚力和战斗力不断增强。二是坚持做到学用相长。坚持理论联系实际的原则，注重学以致用、学用相长，不断在实践中完善和提高办公室人员的综合素质和工作水平，办公室参谋协调能力和服务水平全面提高，创新解决问题和科学摆布工作能力得到进一步加强。

【制度建设切实推进，规范化水平不断提高】 按照“以制度管人、用机制激励人、靠岗位锻炼人”的思路，根据上级有关文件精神，结合办公室实际，制定年初工作计划，分解落实年度目标责任。修订完善《加班管理制度》《目标考核管理办法》《办公室内部责任追究制度》等制度。按照及时办理、按时办妥、限时办结的工作要求，不断规范办文、办会、值班、车辆、财务、印章管理等工作，做到收文有规范、办会有制度、办事有纪律，办公室服务工作高效运转。

【办文办会和“三服务”水平不断提高】 为使工作规范有序、优质高效，办公室严格按照“严细化管理、精细化服务”的标准，在办文、办会上下功夫。一是公文办理流程不断规范。按照上级有关精简文件、厉行节约的会议和文件精神，认真执行《党政机关公文处理规定》，严格履行收文登记、拟办、批转及发文审核、签批、印发等公文处理程序，做到急件急办、特件特办、密件专办。2017年，共转办国家、省、市文件2300余件，各类传真、电报700余件，同级部门文件3200余件，信访来件766件；印发各类公文900余件。二是公文指导不断深化。2017年以来，不断加强对乡镇街道和区直各部门公文处理的格式和程序进行规范，对格式或内容出现错误的进行现场指导，并要求更正后上报。三是组织举办新时代文秘服务讲习所，提升全区政府系统办公室“三服务”工作水平。文秘服务讲习所于11月正式开班，2017年，共举办4期，参训人员达200人次，在区政府工作部门、乡镇街道有很好的反响。四是会议办理程序进一步规范。本着节俭、高效、务实的原则承办各类会议，会前将任务分解到科室，责任明确到干部，严格执行会前登记、材料准备、会场布置、会后跟踪等程序，对会议全程做出周密细致的安排部署。2017年以来，办公室为以政府名义召开的全区各类大、中、小型会议及区政府常务会议、党组会等重要会议提供了优质高效的服务，共筹备各类会议700余场，较好地完成了上级交办的各类办会任务，保障了政府各项工作的顺利开展。五是干部职工服务发展、服务决策、服务落实的“三服务”思想意识不断提高，办公室文秘人员业务水平和综合技能，整体素质得到全面提升。

【应急处理能力不断提升】

年初以来，办公室不断完善应急管理机构体系、预案体系、应急保障体系、监测预警体系、应急值班值守体系建设，不断探索提升应急综合协调、综合管理、高效服务能力，切实发挥了政府办公室运转枢纽作用，为全区经济社会安全稳定健康发展作出积极贡献。一是应急预案不断修订完善。2017 年，根据实际情况，积极督促指导各个镇乡办、各部门、中小学校、幼儿园及规模以上企业修订完善区级有关专项应急预案，并修订下发了 12 个专项应急预案。二是积极开展应急网站建设。2017 年，积极开展区政府应急网站建设，通过应急网站及时公布应急预案 6 个，预警信息 14 则，应急小常识 11 篇。不断提高市民应急意识和丰富市民应急常识，增强市民遇险时自救互救能力。三是应急运行机制进一步规范。根据突发公共事件总体应急预案要求，进一步明确了应对突发公共事件组织体系、预测预警、处置程序机制，规范了突发公共事件应急工作流程，逐步完善预测预警体系。四是值守应急和信息报告能力不断强化。应急办公室专门落实专兼职值班员，坚持 24 小时值班制度和无缝交接班。认真做好日常值守应急和信息汇总工作，积极畅通信息渠道，严格信息报送制度，做到在第一时间内准确核实和掌握各类突发公共事件信息，确保了突发公共事件发现得早、处置得及时，有效保障了人民群众的生命和财产安全。五是防范处置重特大突发事件的能力不断提升。2017 年，应急办共接报并处理各类突发事件 350 余起，积极调度抗凝冻、森林防火和防汛抗旱工作，积极有效处理了长春堡镇 200 余人非法聚集事件，严格贯彻执行区委、区政府关于应对和处置各类紧急情况的有关规定和要求，及时协调区直各部门和乡镇街道，科学高效地妥善处理各类突发情况。2017 年指导相关部门开展应急演练。6 月 15 日 10 时，在毕节明均玻璃厂组织开展 2017 年“安全生产月”安全应急演练活动。6 月 21 日 15 时，在毕节市水泥厂开展烧成车间脱硝氨水站氨水泄漏事故应急救援演练。6 月 29 日 15 时 30 分，在毕节市万象烟花爆竹有限公司开展“火灾事故应急救援演练”。6 月 30 日 14 时 30 分，在毕节市永安救护队组织开展“煤矿顶板事故应急演练”。11 月 14 日，在市应急办、市卫生计生委的指导下，在毕节市七星关区三板桥奥体中心开展“毕节市七星关区 2017 年人感染 H7N9 禽流感综合防控应急演练”，演练成效显著，得到了市、区有关领导的充分肯定。

【电子政务和信息工作稳步推进】 认真贯彻落实省、市关于电子政务建设、政府信息公开及安全等工作的各项规定，不断传播“好声音”，为政府工作聚集更多正能量。2017 以来，办公室严格按照各年《全省人民政府门户网站建设绩效评估指标体系》对区政府网站栏目进行及时优化调整，对栏目内容进行保障。坚持以公开为常态、不公开为例外的原则做好信息公开工作，2017 年，门户网站共编辑、审核、发布应急管理、规划计划、政府采购、监督检查、重大项目、全区工业经济运行情况、社会公益、城乡建设、财政资金、安全生产、质量监督、行政权力、住房保障等政府重点工作信息 32336 条；发布政务微博信息 263 条。门户网站设立回应关切栏目，其中包含热点回应、新闻发布会、政策解读三个栏目，内容包括政府工作报告、民生事实、重点工程、脱贫攻坚、惠民政策等。2017 年，全区在回应社会关注方面共发布信息 384 条，新闻发布信息 196 条，政策解读共发布信息 164 条。同时，在门户网站专门设立依申请公开窗口、区长信箱专栏，目前，已办理依申请公开共 28 件，区长信箱共办理 1000 余件，办结率为 100%。新增悬挂网上投诉信访平台，增加群众反映问题的渠道，分流区长信箱投件量。开设“喜迎十九大”专题专栏，对七星关区过去五年工作成果进行宣传。信息工作成绩喜人，共编辑政务信息 12 期，上报省市信息 237 条，其中政务信息 115 条，约稿 98 篇，调研文章 24 篇，编辑出版政府公报 8 期。前三季度获国办采用 3 条、省政府办公厅采用或综合上报 10 条、市政府办公室采用 12 条。全省排名第七，全市排名第二。

【督促推进，注重落实，督办工作深入开展】 2017年来，围绕区政府重要会议议定事项、领导批示事项、提案议案办理、重点项目建设等进行了经常性督查，较好地完成了区政府及区政府领导交办的各项工作任务。督促办理领导批示件1137件，督促办理区政府全体会议、常务会议、专题会议、领导现场办公会纪要156期，办结率、及时反馈率均达到100%；督办市、区提案议案322件。督查结果与建议得到了领导的信任与认可，为领导决策提供了依据。

【电子商务工作全面铺开】 一是电子商务进农村项目全面铺开，区级农村电子商务公共服务中心已建成营运；积极开展农村电子商务人才培训和农村电商经营主体培育，进一步健全农村电商营销服务体系，全区新增网商800余个，农村电子商务经营主体发展到1000余个；完善了区、乡、村三级农村物流配送体系，七星关区主要依托易田电商的安能物流、申通快递等企业，实现乡镇及村级电商服务站点快递物流全覆盖，解决“农村物流配送最后一公里”和“农特产品进城最初一公里”的问题；加强农村电子商务服务站点建设，在原有农村淘宝村级服务站的基础上，2017年新增农村淘宝服务站20个，规划建设乡、村级农村电子商务综合服务站183个，现已投入运营100余个，为农村居民提供农产品网络销售服务、农村基础生活用品网上购买、水电缴费、手机充值、票务代购等便民服务。二是完成电商产业园一期建设。已建成占地128亩的毕节电子商务产业园，并给予免租扶持等政策，成功引进阿里巴巴农村淘宝、浙江颐高、申通、中通、顺丰、菜鸟等知名电商及快递物流企业入驻，建成毕节农业大数据中心、毕节O2O特色体验馆、“乌蒙山宝·毕节珍好”农特产品展示中心、阿里巴巴农村淘宝运营中心、毕节颐高电子商务运营中心、中小电商孵化中心、快递物流分拨中心，已入驻电商相关企业69家，直接解决就业1000余人。三是推进大数据应用基地建设。毕节电商产业园3号楼775培训坐席已投入使用，相继启动了ITO和BPO相关培训和业务，已经完成ITO培训1114人；与七星关区职业学校合作定制班招生509人，包括客户服务、电子商务等专业，分别进行BPO业务培训以及专业理论课学习。

【金融服务、外事侨务、国防教育、人防等工作有序推进】 一是金融服务水平不断提高。积极搭建政银企合作平台。组织召开企业项目对接会，深化区政府与各银行的合作伙伴关系。小额贷款公司和融资担保机构健康发展，拥有审核通过的小额贷款公司21家（已批准解散3家），其注册资本共计27200万元。融资性担保机构有8家。引导七星关区金融机构强化对“三农”事业、小微企业的服务功能。以精准扶贫“一市五金多套餐”帮扶机制为契机，全面推进金融业发展，加大信贷产品的投放。进一步规范民间借贷行为，推动民间借贷合法化，严厉打击非法集资。积极配合有关部门处理已发生的可能涉嫌非法集资案件，切实保护人民群众的合法利益，维护七星关区经济金融秩序稳定。二是外事侨务工作长足进步。2017年，外事侨务办紧紧围绕区委、区政府中心工作，深入开展学习党的各项方针政策，抓住地方外事为“中央整体外交服务，地方经济建设服务”的根本宗旨，发挥优势、锐意进取。认真学习中央、省、市、区各类重要文件和会议精神，进一步做好各项侨务工作，促进侨界和谐稳定，更好地为社会和谐和发展大局服务。三是人防建设与经济社会不断融合发展，平时服务、交通战备、战时防空保障能力不断提高。2017年以来，拟批结建人防工程建设9个，结建人防工程面积30107.25平方米。验收合格人防工程4个，面积为20037.79平方米。办理人防工程易地建设项目26个。着眼新形势，把握主题，积极创新，灵活运用广播电视、报刊、网络、微信等大众传媒载体，将国防教育有机地融入到学习、工作及社会生活中，多形式、多角度、多渠道开展国防教育，实现了思想教育与行为教育相结合，传统手段与新兴传媒相结合，深入扎实推动了国防教育工作经常化、制度化、规范化。全年共发放宣传资料5000余份，发放印制有人防宣传知识的围裙500余个；抓好“9·18”防空纪念日纪念活动，在人民公园内对人防知识进行宣传。推进人防知识进机关、进社区、进学校等活动，组织学生进行防空疏散演习1次，发放宣传资料2000余份，要求学校利用主题班会、队会等形式对人防知识进行宣传。

【党建工作不断深化】 2016年以来，全办党员干部政治理论水平进一步提高，党组织凝聚力、战斗力不断增强。一是认真学习贯彻中共十八届历次全会与中共十九大精神及习近平系列重要讲话精神，扎实开展“创先争优”、群众路线教育实践活动，认真践行“三严三实”要求和社会主义核心价值观，按照“认真、高效、协调、服务”的工作思路，紧紧围绕工作实际，突出“抓好党建促业务，抓好业务促服务”，干部队伍理论水平不断提升，党员服务意识不断提高、干部工作作风进一步转变，党组织的战斗堡垒作用和党员的先锋模范作用充分发挥。二是党员队伍不断强大，教育管理持续开展。始终坚持“三会一课”制度，采取集中学习与个人自学相结合的形式，注重理论知识学习，共组织中心组学习12次以上，全体党员干部集中学习20次以上。根据党章和发展党员规程，优化党员队伍。严格审批按期转正党员1名，吸收培养考察预备党员2名，吸纳入党积极分子3名。三是党员干部为民服务意识不断增强。充分发挥综合协调联动作用，为群众办实事、好事。从群众路线实践教育活动到遍访贫困村贫困户，通过干部下基层调研，以严的精神和实的作风，为群众解决生产生活中遇到的热点难点问题，干部的宗旨意识进一步增强，融洽了党群干群关系，树立了良好的干部队伍形象。

【驻村工作成效明显】 2017年，共下派驻村干部和第一书记共4人，驻村工作人员严格按照省、市、区有关纪律要求，及时到岗到位，每月驻村20天以上。并在总结以往驻村工作经验的基础上，进一步统一思想，明确责任，切实加大驻村帮扶工作力度，取得了良好成效。一是配合推进元山村“三权促三变”和农业产业结构调整工作；向区政府办申请1万元资金解决筲箕湾组电杆移栽问题，并协调区文广局解决筲箕湾组广场体育设施；为贫困户邓真秀户刚考上大学的大女儿讲述如何融入大学生活，并为其解决学习计算机专业必备的电脑问题；为在毕节一中读高一的贫困户丁世艳联系到一位广州商人对其进行帮扶。二是充分借助全市农业产业结构调整的东风，综合考虑田坎村海拔低，气温高优势，发动群众种植早熟蔬菜500亩；积极争取区级农业奖补同时发动贫困户利用特惠贷资金入股，解决群众缺少发展资金问题；和区属国有公司签订协议，在部低于市场价基础上保底收购我村早熟蔬菜，解决以往蔬菜种植有种无收问题。同时引进有实力农业公司，通过公司+农户合作模式，在田坎村岩角，齐心等四个村民组规划种植柑橘，在25度以上坡耕地上种植清脆李，完成全村退耕还林任务同时增加群众收入。

（撰稿人：办公室）

民　政

【概述】 2017年，七星关区民政工作在区委、区政府的精心领导下，在上级部门的细心指导下，七星关区民政局紧紧围绕贯彻落实中共十八大及十九大精神，以全面深化改革为主线，以提高基本民生保障水平、加强和创新社会管理、增强基层民政能力为重点，切实发挥民政工作在社会建设中的兜底保障作用。一年来，通过努力，民政工作取得了突出成绩。

【社会救助工作】 2017年，按照要求，七星关区城市低保标准由2016年的545元每人每月提高到2017年的600元每人每月，提标幅度10.09%；农村低保标准由2016年的3132元每人每年提高到2017年的3612元每人每年，提标幅度15.33%。纳入城市居民最低生活保障范围的对象共7098户、14628人，全年支出城市低保资金6770.8984万元。纳入农村居民最低生活保障范围的对象共36663户、75068人，全年支出农村低保资金21215.777万元。全区农村低保对象季节性缺粮户13914户、32520人，发放农村低保季节性缺粮户救助粮95万公斤（价值467.4万元）。2017年，下拨城乡医疗救助资金3193.3万元，救助了95762人次。下拨临时救助资金1447.8万元，救助7185人次。2017年7月起，全面建立实施特困人员救助供养制度，全区特困供养对象3054人，其中集中供养特困人员1375人，集中供养率为45.02%，分散供养特困人员1678人，按照城市低保标准的1.3倍确定特困人员救助供养标准为780元每人每月，全年下拨特困人员救助供养资金1873.7186万元。全区建有农村敬老院34所，床位1520张，床位利用率90.46%，法人登记率达97.06%。建成贵州省“二星级”建设标准敬老院20所，“三星级”建设标准敬老院6所，“星级”敬老院占全区敬老院总数的76.47%。认真开展城市低收入家庭认定工作，认定城市低收入家庭659户。

【救灾救济工作】 2017年5月12日，毕节市民政局、七星关区减灾委员会在七星关区人民公园联合举办了以“减轻社区灾害风险，提升基层减灾能力”为主题的全国第九个“防灾减灾日”宣传活动。10月13日，开展“国际减灾日”宣传活动，两次活动共发放各类宣传资料6600余份，解答群众咨询600余人次，切实增强了群众的防灾减灾意识，提高了社区居民的避灾自救互救能力。2017年，七星关区遭受了风雹灾害7起，洪涝灾害1起，造成了七星关区直接经济损失7224万元（其中，农业经济损失4529万元，工矿业经济损失122万元，基础设施损失1736万元，公益设施损失19万元，个人家庭财产损失818万元）。全区受灾人口108764人，需紧急转移安置3775人，需紧急生活救助1044人。因灾死亡人口2人，因灾倒损房屋共135户461间，其中：倒塌房屋需重建对象为10户33间、严重损坏房屋需重建对象为7户21间、严重损坏房屋需修复对象40户136间、一般损坏房屋需修复对象为78户271间。农作物受灾面积4363公顷（其中，成灾面积3293公顷，减产面积640公顷，绝收面积430公顷）。2017年，已下拨因灾倒损民房恢复重建补助资金37.75万元（七星财总〔2017〕16号财社219号、七星财总〔2017〕406号财社242号、七星财总〔2017〕433号财社243号）。且135户因灾倒损民房农户已全面完成灾后恢复重建工作并迁入新居。全年发放因灾生活困难救助金164.45万元，确保受灾困难群众基本生活稳定。2017年，七星关区政策性农房灾害保险参保农户为20.0059万户78.1432万人，占全区农业人口总户数比例的62%。共有130户受灾参保农户获得人保财险毕节分公司的农户灾害赔付，赔付金额为47.7万元。

2017年，七星关区林口镇林前村被国家减灾委员会、民政部命名为全国综合减灾示范社区。

【老龄工作】 保证农村幸福院项目建设工作的顺利进行。积极向各级争取项目和资金，并根据经费缺口情况及时将区级配套的农村幸福院项目建设补助经费20万元下拨到各相关乡镇街道，保证项目顺利推进，2017年，共完成3个农村幸福院项目建设。及时审核发放2017年高龄补贴。我办会同区财政部门，下拨了2017年度高龄生活补贴款13152100元（其中，发放80～89周岁老年人高龄生活补助资金10530950元，90～99岁老年人高龄生活补助资金2437550元，100岁以上老年人高龄生活补助资金183600元）建立经济困难高龄失能老年人生活补贴制度。及时审核发放2017年经济困高龄失能老年人补贴。（全年共发放经济困难高龄失能老年人补贴3731600元，其中经济困难高龄老年人补贴1748600元，经济困难高龄失能老年人补贴1983000元，已下拨到各乡镇街道。）。

【基层公共服务体系建设】 深入推进城乡社区建设。认真按照省、市要求，区委组织部与区民政局联合下发《关于开展城乡社区协商试点工作的实施意见》，一是在城区10个街道办事处选择5个社区开展城乡社区协商试点工作，积极开展社区治理新模式，逐步推进社区协商民主工作更加制度化、规范化和程序化；充分发挥多元主体在社区治理中的积极作用。二是在城区洪山社区、双城社区、天河社区、北门社区、百花社区开展启动社区减负增效，规范社区准入事务试点推进工作。三是积极开展七星关区小康指标创建达标工作。近年来七星关区通过夯实基础，真抓实干和重点开展卓有成效工作，2016年经省民政厅评估验收七星关区小康指标创建达标工作四项指标均达标，村务公开民主管理完善率达100%、居务公开民主管理完善率100%、和谐社区建设达标率达到100%。五是强化农村基层民主自治工作，2016年10月全区各乡镇街道依法全面启动并开展第十届村（居）民换届选举工作。认真贯彻落实《贵州省村民代表会议议事规则（暂行）》，积极开展民主监督，不断夯实民主决策机制，不断完善村规民约和居民公约等工作。不断加强村（居）务公开监督委员会工作，全面加强村务监督委员会组织建设和制度建设工作，推进村级民主监督法制化程序化。六是不断夯实基层基础。区财政投入3.5亿元，完成348个村（居）社区服务阵地建设任务。七是积极推进廉政文化进社区，把“明礼知耻　崇德向善”活动推向深入。八是全面完成七星关区第二次全国地名普查工作，继续抓好地名普查成果转化工作。全面完成七星关区与毕节市接边县的边界联合检查工作和创建平安边界工作。

【社会组织促进工作】
2017年，按照散居孤儿每人每月600元、集中养育孤儿每人每月1000元的标准发放孤儿基本生活资金，全年发放352名孤儿基本生活费262.82万元。2017年1—12月，发放2650名困境儿童生活补助（不含低保资金）319.12万元。2017年度，全区共办理民办非企业登记14家，社会团体登记11家，目前七星关区民间组织达到225家（其中，民办非企业164家，社会团体61家）。2017年社会组织年检正在进行（2017年年检时间2018年3月1日至5月31日）。

【社会福利事业和社会事务工作】　2017年，救助流浪乞讨人员570人次。其中未成年人126人次，危重病人6人次，精神病人137人次。进一步做好弃婴相关工作，积极开展“流浪孩子回校园”专项行动工作。2017年，七星关区完成结婚登记3223对，补发结婚登记666对，离婚登记1223对，补发离婚登记90对。严格按照《中华人民共和国收养法》和《中国公民收养子女登记管理办法》开展收养登记工作，全年办理收养登记2例。

【双拥优抚安置工作】
“春节”“八·一”期间对驻毕部队进行走访慰问，送去慰问金33.15万元和慰问物资折款63.9万元，慰问重点优抚对象14144人次，送去慰问金282.88万元。发放6691名优抚对象2017年各类抚恤补助资金5431.1万元。将30名重点优抚对象送到毕节市光荣院进行短期疗养，完成2691名享受抚恤补助的优抚对象免费体检，审核上报4名国家机关工作人员评残资料，为6227名重点优抚对象全额缴纳2018年度参合金74.724万元。接待2017年退役士兵及转业士官427名，其中转业士官50名。发放346名退役士兵的自主就业一次性经济补助金444.87万元。推荐95名退役士兵到六盘水退役士兵培训学校进行挖机驾驶培训，完成66名退役士兵培训工作，投入资金31.68万元。

【基础设施建设】　七星关区流浪未成年人员救助保护中心建设项目：2016年3月开工建设，占地面积16亩，建筑面积4950平方米，投资1133.9万元，全面完工，正在购置设施设备，准备投入使用。七星关区碧海街道办事处敬老院建设项目：2016年3月开工建设，占地面积8亩，建筑面积2200平方米，床位100张，投资439.5万元，全面完工，正在购置设施设备，准备投入使用。七星关区碧海街道办事处老年人日间照料中心建设项目：2016年3月开工建设，占地面积6亩，建筑面积1600平方米，投资311.9万元，全面完工，待验收后投入使用。七星关区儿童福利院建设项目：占地面积12亩，建筑面积6150平方米，总投资1230万元，场平工作已结束，正在办理土地扩增手续；七星关区老年养护楼建设项目：占地面积17亩，建筑面积9300平方米，总投资1800万元，场平工作已结束，正在编制可行性研究报告。

（撰稿人：杨阳）

残疾人事业

【创业就业工作】 一是加强培训，开展农村残疾人创业就业培训工作，在长春堡镇、生机镇残联开展为期5天的农村残疾人实用技术培训工作，总培训341人。二是加大残疾人就业安排力度，制定了残疾人创业就业工作实施方案，区残联、经济开发区组织10家单位在七星关区政府广场和七星关区人民公园共开展了3次现场招聘会，解决社区基层公益性岗位就业8人，按就业比例新增就业人员25人。三是继续加大巩固和扶持全区残疾人就业创业示范点工作的力度，有6个乡镇办各完成了1个残疾人就业创示范点。四是加大残保金征收力度，2017年残疾人就业保障金征收10000万元。

【精准扶贫工作开展情况】 1.4月21日七星关区政府召开了残工委会，安排部署了残疾人精准扶贫等工作。一是制定了七星关区残联领导干部回访贫困村贫困户工作实施方案。走访回访贫困村4个，贫困户24户。二是根据区委的安排到青场镇走访调研，共走访了4个村，分别是鲍家屯村、木山村、渔洞村和新沟村，通过两天的努力，共走访贫困户311户1300余人，其中2016年脱贫116户544人，2017年未脱贫152户556人，2017年计划脱贫43户203人。2. 根按照省残联、省扶贫办《关于做好贫困残疾人精准核查工作的通知》的通知（黔残联发〔2017〕32号）以及市残联的要求，结合全省残疾人基本服务状况和需求信息数据动态更新工作，认真做好贫困残疾人精准核查工作，完成系统录入。

【残疾人社会保障】 一是发放中央专项彩票公益金给七星关区贫困智力、精神和重度残疾人评定补助150人，按每人150元标准补助，共计补助资金为2.25万元。二是继续落实残疾人困难生活补贴和重度残疾人护理补贴工作，2017年发放1－7月一、二级重度残疾人护理补贴9198人，发放资金254.397万元。三是深入开展残疾人“阳光家园计划”工作，由指定的服务机构根据精神、智力和重度残疾人服务所需列出服务清单，对150名残疾人按照1500元/人/年的标准派人上门跟踪服务，还给残疾人送去生活用品及床上用品，为他们解决了实际困难。

【残疾人权益保障】 一是2017年申报残疾人燃油补贴154人，资金已发放；2018年上报172人，已录入系统。二是2017年完成无障碍改造任务14户，已实施14户，已改造完成，发放资金9100元。三是从2017年5月开始实施残疾人免费乘坐城市公交车，为盲人免费办理公交车“爱心卡”，盲人的一名陪护人员凭爱心卡可免费乘坐，其他残疾人凭残疾人证免费乘坐公交车，解决了残疾人的出行难的问题。

【残疾人公共服务】 一是在第18次“全国爱耳日”，为听障人士发放了爱护听力、防止耳病的宣传单和提供咨询服务，发放宣传材料1200余份，接受咨询250多人次；二是开展残疾人辅助器具适配工作，为927名残疾人适配相应的辅助器具；三是完成残疾儿童学前教育补助16名，平均每人3000元，共计48000元，完成新入学残疾大学生补贴22人，平均每人2000元，共计44000元。

【基层组织建设】 一是残疾人证有序办理，并做好残疾人证档案管理等工作。二是继续与42个乡镇（街道）残疾人专职委员签订聘用合同，且制定了《残疾人专职委员管理办法（暂定）》，对专职委员实行制度化、规范化管理。

【其他工作执行情况】 一是

走访和慰问贫困残疾人，为他们送去党和政府的温暖；1月16日，区残联携手毕节市土老哥食品有限公司有关人员到青场镇开展走访慰问活动，为该镇的39户贫困残疾人、困境儿童、贫困老党员送去了新年的祝福和3900元的慰问金。1月23日，区残联协同卫计局部门到何官屯镇走访麻风病患者及家属。5月21日，区残联与市残联联合举办了第二七次全国助残日活动暨2017年残疾人文化周活动，活动期间联合有关单位慰问毕节市、七星关区特殊教育学校，发放慰问金各1万元；同时还慰问了5名困难及重度残疾人，为他们共送去了每户1000元慰问金。走访慰问老党员、麻风病人、困难残疾人，9月26日，市残联副理事长王思华、区残联副理事长刘娅协同七星关区华夏血海中医研究院专家组成人员及毕节美都国际美容美发会所2家爱心企业及北京、黑龙江的理疗专家到杨家湾镇营盘村贫困户进行走访慰问暨捐赠活动，现场为两户困难残疾人家庭送去共计10000元的慰问金。二是加强信息报送工作。完成信息简报共30期以上，在省残联网站公布16期、毕节晚报8期、区政府网10期、阳光党务政府网11期、其他网络媒体5期。三是加强信访维稳管理制度建设。完成上级转办件3件、来信4件、来访8件，已全部办结。12385热线电话咨询120人次已全部回复。四是残疾人事业基础设施建设，积极加快省发改委立项批准七星关区建设残疾人托养中心工程项目，完成地勘设计、编制可研报告，设计阶段已完成，完成图纸评审阶段，7月进入主体开工阶段，预计年底完成主体修建，争取加大投入使用。五是2017年6月14日在区政府召开了残疾人基础信息数据动态更新工作启动大会，全区需调查的残疾人共有98440人，其中持证残疾人27251人，未持证51853人，要求镇不漏村，村不漏户，户不漏人，人不漏项，并和各乡镇街道签订目标责任书，7月底已保质保量完成，并录入了系统。

（撰稿人：办公室）

商务与投资促进

【基本情况】 （一）招商引资到位情况。截至11月底，七星关区纳入调度续建和新建项目共117个，投产项目98个，完成到位资金209.18亿元，同比增长22.01%，完成年度目标任务185亿元的113.07%。新增项目81个，总投资224.11亿元，到位资金151.27亿元，同比增长71.16%。（二）领导干部带头招商情况。截至11月，领导干部先后到北京、江苏、浙江、山东、河南、广东、福建、重庆、成都等地开展招商活动近80次。2017年对接洽谈的企业有60余家，其中：中国企业500强一家。（四）项目代办开展情况。截至11月，代办服务中心共跟踪服务项目110个，服务代办事项430件，办结事项426件，其中，平台项目81个，代办事项328件，办结事项327件，代办率100%，办结率99.69%。数次为项目客商全程代办工商营业执照、机构代码证、刻章、地税等开户手续，通过代办服务，将原本约15个工作日完成的审批手续缩短至2~5个工作日，大大提高了项目审批效率，筑“巢”投资软环境，得到客商的一致好评。（五）项目储备、项目编制和项目精包装工作情况。以国家产业政策为先导，以资源特色和行业特点为基础，结合全区经济社会发展实际和相关产业发展规划，精心编制投资指南和招商引资项目册。项目册含储备项目94个，网络平台项目库完成80个。通过探索与实践，对招商引资的认识不断深化，积累了宝贵经验：一是必须把招商引资放在重中之重的位置来抓。县级领导带头抓招商，把各级各部门主要负责人作为招商引资的第一责任人，把招商引资成效作为考核各级班子和干部政绩的重要内容，保证了招商引资工作的强力推进。二是必须根据形势的发展变化，不断调整招商工作思路，改进招商方式。根据形势变化及经济社会发展实际，大力推进驻点招商、小分队招商、以商招商，提高了招商水平和成效。三是必须把环境建设作为招商引资的生命线，坚持不懈地抓紧抓好。七星关区依托杭瑞、夏蓉等国家级高速公路建设，大力推进城市基础设施建设，改善招商引资的硬环境；切实转变工作作风，不断提高政府行政效能，改善招商引资的软环境，对外竞争力明显增强。四是必须实行目标责任制，动员全民参与招商引资。严格落实招商任务，兑现奖惩措施，建立起了有效的激励约束机制，使广大干部职工有任务、有压力、有动力，保证了招商引资各项工作的落实。这些经验是我们在招商工作中探索出的行之有效的办法措施，必须在今后工作中继续坚持、完善并不断提高。

【主要工作】 （一）调整思路，确定重点。年初以来，按照区政府工作的总体安排，紧紧围绕文化旅游特色产业、外贸物流现代服务业、新能源等战略性新兴产业等主导产业，坚定不移地实施“项目牵动”战略，突出资源区位招商，突出产业招商，突出大项目招商，突出园区招商，增强招商引资针对性，努力探索招商引资新途径、新方法，不断提高招商引资工作的效率和质量。（二）加强项目库建设，努力拓宽渠道。项目库建设有新突破。把建立高标准的项目库作为招商引资工作重点。认真搞好项目可研，做出了一批高质量、潜力大、市场前景好、吸引力强、回报率高、财政贡献率大、支持作用强的符合国际惯例，具有本地特色和优势的招商项目，并对项目进行了精心包装，提高了招商项目册的质量，增加了招商项目的吸引力。（三）完善了招商引资目标监督责任机制。市下达给七星关区2017年招商引资目标185亿元。为保证任务的完成，将目标分解到各部门、乡镇办事处，并与绩效工程有机结合，制定了强力有效的考核措施。将任务层层分解，落实到各乡镇及有关部门，并定期对项目推进情况进行督促检查做到人人身上有指标、人人身上有压力。（四）外出招商，取得成效。年初，七星关区开展了广泛的招商活动，增强项目对接的针对性和实效性，先后参加了省、市、区组织大型招商活动，多次组成由区委、区政府主要领导带队，区直、乡镇各部门分别参与的招商小分队，分别在深圳、广州、中山、东莞、福州、福清、厦门等地开展了招商活动，先后与当地商协会及相关企业进行了对接洽谈。通过积极的洽谈与对接，招商引资工作取得了丰硕成果。

（撰稿人：办公室）

人力资源和社会保障

【概述】 2017年，七星关区人社局在区委、区政府以及毕节市人社局的坚强领导下，全面贯彻中共十九大精神和习近平在贵州省代表团重要讲话精神，以习近平新时代中国特色社会主义思想为指引，认真学习贯彻落实省第十二次党代会和省、市、区经济工作会议及国家、省、市人社工作会议，大力实施“大扶贫、大数据、大生态”三大战略行动，全面推进市委“113攻坚战”战略部署和区委“1136”工作规划。坚持稳中求进工作总基调，坚持新发展理念，紧紧围绕民生为本，人才优先工作主线，促发展和惠民生相结合，聚焦脱贫攻坚工作大局，全力促进就业创业，深化社会保障改革，加快人才队伍建设，推进人事管理创新，完善工资收入分配制度，构建和谐劳动关系，提升公共服务能力，筑牢民生底线，防范化解风险，为七星关区科学发展、推动跨越、同步小康作出应有的贡献。通过努力，获“全省农村转移示范县”称号和“毕节市人社系统2017年度综合目标考核一等奖”“毕节市七星关区2017年度区直部门工作目标管理考核一等奖”。

【社会保障】 在社会保障方面，以民生为基本点，以扩充征缴为拓展面，“念”好民心精品戏。一是城乡居民基本养老保险工作日趋规范。2017年，城乡居民基本养老保险参保47.72万人，完成全年任务46.49万人的102.6%；基金征缴3880.66万元，完成全年任务3530万元的110%；社会保障卡信息成功采集并制卡32.4万张，占全年任务32.4万张的100%。月平均发放养老金13.9万人，月发放养老金1091.5万元。在全市全民参保登记工作中，成绩突出，超额提前完成入户采集登记任务，得到了市人社局的成分肯定，并予以全市通报表扬。二是城镇职工养老保险工作不断提升。参保人数8.0887万人，占年度任务数6.64万人的121.8%，征缴目标为4.49亿元，实际完成5.0887万元，完成率为129%。三是医疗保险工作有序推进。城镇职工基本医疗保险全年参保人数4.9278万人，占年度任务数4.7万人的105%，基金征缴目标为1.32亿元，实际完成1.7393亿元，完成率为132%。四是工伤保险平稳增长。参保4.596万人，完成全年工作任务的108%；征缴目标为1791万元，实际完成2331万元，完成率为130%。2017年来，积极做好建筑业参加工伤保险工作，实现房屋建设、市政设施、道路交通、水利建设等所有新建项目工伤保险100%全覆盖。五是生育保险稳步提升。全年参保人数3.49万人，占年度任务数3.24万人的108%，征缴目标为348万元，实际完成480万元，完成率为138%。六是被征地农民养老保险工作有序推进。被征地养老保险工作累计征收4.6534万人，累计待遇发放2.2499万人，征收被征地农民社会保障项目统筹金9795万元，个人缴纳被征地农民社会保障金1177万元，新增被征地农民1237户，新增参保人员2539人。

【就业创业】 在就业创业方面，以产业发展为基本点，以贫困劳动力培训就业为拓展面，“唱”响民生主旋律。一是扎实推进转移就业助推脱贫攻坚。2017年，全区实现城镇新增就业11450人，转移农业劳动力就业23156人，开展职业培训17985人（其中贫困劳动力16744人），实现贫困劳动力就业6235人；城镇登记失业率控制在3.45%范围内，针对返乡农民工、贫困家庭劳动力、高校毕业生、退役军人等群体举办专场招聘会12场。组织140余家用人单位进场招聘，提供就业岗位2万余个，2.5万余人次进场求职，达成用工意向2367人，其中园区企业提供就业岗位4000余个。二是扎实开展“就业培训脱贫攻坚讲习”。先后深入田坎、阿市、野角、燕子口等贫困乡镇和深度贫困村开展就业创业、社会保障政策讲习宣传服务活动，发放宣传手册10000余份，接受群众政策咨询3000余人次，推送就业岗位3万余个到村村寨寨、到贫困户手中，有效的推进了就业脱贫工作。三是积极创新充分就业社区建设。为扎实推进社区升级晋位，我局把充分就业作为推进脱贫攻坚的有效手段，按照全区“规范·示范·典范”社区和“网络化、智能化、一体化”建设思路，力助建档立卡贫困户、易地扶贫搬迁家庭劳动力实现充分就业。

【劳动维权】 在劳动维权方面，以农民工权益为基本点，以劳动关系和谐发展为拓展面，“做”实民权保障功。全年，劳动监察接到投诉、举报案件87起，结案87起，当期结案率为100%；为1267名劳动者追回工资1453.2402万元；劳动仲裁共受理劳动争议案件175件，结案率100%。通过设立24小时投诉举报电话，建立举报投诉案件统计台账，实行定期销号制度等有效措施，积极处理农民工工资拖欠案件，确保全区农民工工资支付形势平稳。

【人事人才】 在人事人才方面，以人才优先为基本点，以人才发展为拓展面，“打”出调配有力牌。认真贯彻落实《中华人民共和国公务员法》和《事业单位人事管理条例》，依法规范人事管理服务。一是公开、公平、公正做好考录工作。坚持“凡进必考”和“公开、平等、竞争、择优”原则，认真做好机关事业单位人员公开招录（聘）工作。二是稳慎推进相关改革工作。严格按照政策规定，加强宣传指导，基本完成全区事业单位参公申报工作，扎实做好全区参公事业单位人员登记培训工作。三是不断加强人事管理工作。积极推进全区公务员平时绩效考核，严格年度考核的审核备案，强化考核结果运用。全力做好全区党政机关事业单位借用人员、在编不在岗、超编进人以及“吃空饷”专项整治工作。切实加强事业单位岗位管理工作，完善事业单位人员聘用工作，2017年，全年共公开招聘事业单位工作人员385人，人才引进149人，公务员15人。

【创新、亮点工作】 围绕重点工作扎实开展一系列主题活动，努力做到每项工作都有鲜明主题，每个时段都有活动载体，以此作为推动工作的抓手，打造亮点、创造特色、寻求特色。一是作风建设有保障。始终以提高群众满意度为切入点，全面提高便民服务水平，切实加强作风建设并形成长效机制，不断完善干部职工日常考勤考核、评先选优、请销假等内部管理制度。以学习人社、法治人社、创新人社、服务人社、廉洁人社、和谐人社等“六个人社”创建活动为载体，深入推进服务窗口单位作风转变，对待办事群众始终做到一张笑脸相迎，一把椅子请坐，一杯热茶暖心，一腔热情待人，一句好话送行，全力打造效率高、服务优、作风好的服务环境。二是就业培训有依托。开展恒大帮扶吸纳就业培训工作。依托恒大结对帮扶工作，围绕脱贫目标，制定了实施方案，切实落实兑现培训补贴，2017 年底已培训贫困家庭劳动力 10 期 2800 余人。提前收集园区岗位信息，培训中安排专场招聘会，邀请园区缺工较大的企业参加招聘会，同时将岗位信息张贴到各个培训点，已引导 2000 余个贫困劳动力就业。三是岗位推送有实效。拟定培训菜单，开展点单式培训，将所用培训内容做成“菜单”的方式，发到贫困户手中，群众根据自身需求，提出培训意向，建立培训需求台账，组织相关培训机构积极开展培训 3670 人，如为绮丽集团培训 215 人缝纫工，提高就业竞争力和稳定率；为合力超市开展营销师培训 118 人，开展电商创业培训 30 人，养老护理、育婴师培训 220 人等。同时将最新岗位信息和《毕节市七星关区易地扶贫搬迁户就业和社会保障政策服务手册》发到培训学员手中，确保一人一册，积极引导培训后到园区企业就业。四是充分就业进社区。七星关区 2017 年被评为省级农村劳动力转移示范县，获得国家级充分就业社区 2 个，省级充分就业星级社区 6 个，省级返乡农民工创业之星 2 个，省级农民工创业示范点 1 个，省级创业孵化示范基地 1 个。国家级、省级、市级充分就业社区覆盖率达到 46.15%，其余社区全部创建为区级充分就业社区，使社区在劳动年龄内具有劳动能力且有就业愿望的劳动者 96% 以上实现充分就业，并大力推进创业扶持示范工作。五是劳动维权有创新。2017 年，毕节市首个“农民工实名制管理平台”在七星关区正式运行，该平台可以实时记录农民工进出工地、考勤、工资支付等信息，发生劳资纠纷时，上述信息可作为真凭实据提供给监管、劳动、公安等部门依法处理，保障工人、企业双方合法权益。同时，借助于实名制管理平台，建立工资专户，实行银行代发工资制，有效防止拖欠农民工工资情况发生，创新推进和谐关系向纵深发展。六是“大宣传”“大调研”有力度。2017 年年初，按照毕节市人社局“大宣传、大调研”的工作安排，我局立即拟定“大宣传、大调研”工作方案，成立大宣传、大调研工作领导小组，明确了职责。党组成员带队深入基层一线了解社情民意，面对面宣传人社部门惠民政策。通过区广播电台调频 FM91.2、《毕节晚报》、七星关区电视台、微七星关、云上七星等媒体，积极宣传创业就业、小贷政策、用工招聘、人事人才招聘、劳动维权、社会保险等事关群众利益的惠民政策。先后在国家、省、市、区相关媒体上刊登工作信息 30 余篇，编发各类信息简报近 200 余期，其中一篇仲裁案例分析在中国劳动人事争议调解仲裁微信公众号上刊载，并被 8 家媒体转载，2017 年 12 月 20 日《就业讲习暖民心》等四篇就业创业工作信息在贵州日报上刊载。七是“大党建、大扶贫、大发展”共同推进。以“大党建”为引领，围绕中心，形成合力，率先垂范，以“党建 + 1”为抓手，统筹推进各项人社工作的平衡发展。

（撰稿人：办公室）

民族宗教事务

【概述】 为加快民族地方脱贫攻坚和全面建成小康社会步伐，依法管理宗教事务，解决宗教领域突出问题，维护社会和谐稳定。七星关区民族宗教工作全面贯彻落实中央、省、市民族宗教工作会议的精神，牢牢把握稳中求进的总基调，准确认识民族宗教工作面临的新常态、新形势、新任务。大力推动民族团结进步繁荣发展示范区建设，以优异的成绩迎接中共十九大和省第十二次党代会胜利召开。

【全力助推少数民族和民族地区经济发展】 一是统筹安排2017年，中央、省级少数民族发展资金。2017年争取到中央、省级少数民族发展资金241万元，资金指标下达后，深入民族乡、民族村寨调研，根据民族乡、村寨建设的实际情况，将241万元中央少数民族发展资金安排给21个民族村寨，用于村庄环境整治、路灯亮化、基础设施建设及民族传统手艺扶持。二是加强少数民族特色村寨保护发展工作。指导燕子口镇一心村、大屯乡三官村、阿市乡雄跨村做好民族特色村寨的保护和发展工作。在燕子口镇一心村落实经费95万元，安排项目5个；在大屯乡三官村落实经费45万元，安排项目3个；在阿市乡雄跨村落实资金66万元，安排项目3个。建设与保护工作进展顺利。三是做好贫困村贫困户的遍访、回访工作。年初，根据省、市民宗委的安排，深入6个民族乡，详细了解民族乡、民族村寨面临的困难和问题，在项目安排时，重点向基础设施薄弱的贫困村寨倾斜。

【大力加强民族团结进步创建活动】 一是做好“民族团结和睦指数”统计监测工作。在市民宗委的指导下，制定了《七星关区民宗局民族团结和睦指数统计监测工作实施方案》，随时掌握民族团结和睦指数统计监测指标体系各项动态数据并准时上报市民宗委，提高分析运用统计监测数据开展工作的能力。二是认真做好城市民族工作。加强对外来流动人口集中的社区调研，指导各街道开展民族关系调研和矛盾隐患排查工作。选定洪山街道环南社区、市西街道翠西社区、市东街道龙山社区作为城市民族工作试点社区，探索城市民族服务管理工作新思路。三是认真做好公民民族称变更和人事档案民族确认工作。依法依规开展公民民族族称变更27人，民族成份人事档案认定50份。

【积极发展少数民族和民族地区社会事业】 一是积极发展民族教育。在毕节二中、毕节六中投入资金150.22万元举办民族高中班，对按规定录取就读毕节二中、毕节六中民族高中班的少数民族学生实行学费减免政策，并提供部分生活补助。围绕民族文化传承这条主线，投入资金56万元重点打造大屯乡三官小学、普宜镇乐都小学、大新桥街道小河致公万泽小学、燕子口镇大南山小学、长春堡镇干堰小学、三板桥街道灵峰小学为民族文化进校园示范学校，不断丰富民族教育的内涵。二是积极推动民族文化繁荣发展。指导亮岩镇核桃村、海子街镇擦枪岩村、八寨镇茅栗坪村开展好春节、端午节苗族跳花坡活动；指导大屯乡三官村举办好七月火把节。划拨补助经费20万元，以保障好各项民族节庆活动的开展。

【加大民族政策法规的宣传力度】 一是开展好“十月民族团结进步宣传教育活动月”活动。印制民族宗教政策法规宣传手册，宣传品在人民公园及6个民族乡集市进行集中宣传。在宣传活动中通过制作展板、录制播放音频资料等多种形式重点宣传《贵州省民族乡保护和发展条列》。共计发放宣传品、宣传手册32000余份，使党的民族政策法律法规深入人心。二是大力开展“双语”宣讲中共十九大精神。到长春堡镇干堰村雄嘎苗寨、燕子口镇一心村大南山苗寨、大屯乡三官村用苗汉、彝汉双语宣讲十九大精神。宣讲活动采用快板、民歌、现场讲解、知识抢答等形式进行，把中共十九大精神通俗易懂地传播给存在汉语障碍的少数民族同胞，使党声音入脑入心，得到一致好评。

【加大民族矛盾纠纷排查和调处力度】 定期开展民族矛盾纠纷排查工作，截至2017年11月，成功调解民族矛盾纠纷10起，有效促进了民族团结、社会和谐。

【开展民族古籍普查搜集】 在全区物色了优秀的彝族、苗族双语教师、双语专家加入到民族古籍普查队伍。采用分工合作方式，乡镇街道负责提供当地古籍人才和古籍收藏信息；双语老师、专家负责翻译和指导；区民族古籍所负责对全区民族古籍音频、视频、图片、文字等古籍资料的搜集、整理、录入、编目等。一是录制了彝族口传古籍视频35个、彝族口传古籍音频80个，苗族口传古籍视频50个、苗族口传古籍音频65个；二是剪辑音频144个、视频60个；三是编写民族古籍条目278条，其中彝族古籍文献84条、彝族口传古籍韵文体条目60条，彝族口传古籍散文体条目33条，苗族口传古籍韵文体条目71条，苗族口传古籍散文体条目30条；四是翻译整理和录入约两万字的苗族故事4个并核对编辑成《苗族故事集》。

【扎实推进宗教领域重点、难点治理工作】 一是加大对宗教信教群众基本情况的调研。对全区五大宗教中各个教派的信教群众人数、登记在册的信教群众人数、贫困信教人数以及宗教界人士在各级人大、政协任职人数进行了调研和统计，做到底数清、情况明。二是加强对民间信仰管理工作。以“创建宗教关系和谐示范区”为契机，再次对全区民间信仰活动场所和民间信仰活动人员进行全面调研、核实和完善，建立健全信息台账，指导民间信仰活动场所参照宗教活动场所管理的相关政策法规，建立健全民主管理组织。三是严厉打击非法宗教活动，不断净化宗教环境。依法制止燕子口镇、小吉场镇村民自发筹建宗教活动场所2处；成功拆除阴底乡具有安全隐患的基督教堂1处；成功取缔毛纺厂内“夫妻教”地下基督教非法活动1起；教育驱散非法宗教教职人员1人；查获了非法宗教影像制品200余份；查处了众力佳诚超市内非法设立功德箱的行为1起。

【积极引导宗教与社会主义社会相适应】 一是加大宗教政策法规的宣传力度。充分利用“宗教政策法规学习月”、全国第16个“安全生产月”及“民族团结进步活动月”等活动期间，通过设立咨询台、设置宣传专栏、发放宣传物品等方式，在人民公园和六个民族乡镇开展民族宗教法律法规宣传活动，共发放了宣传资料20000余份，宣传物品10000余份，进一步加强对党的“十九大”会议精神和民族宗教政策法规的宣传；二是加大对危旧宗教活动场所的维修补助力度。加强对宗教活动场所安全隐患排查，建立台账，并梳理急需维修的宗教活动场所，争取到省、市维修补助资金共计22万元，并安排和下达了区级经费3万元作为周驿玉皇阁和紫云寺的维修补助经费。当前，除了徐花屯基督堂由于在水库淹没区，暂未实施之外，其他项目均已实施。三是切实做好“三个一批”宗教活动场所的管理工作。根据“三个一批”的原则，该局积极指导未登记开放的宗教活动场所建立健全各项管理制度，根据过渡情况，现已有4处属于“过渡一批”的宗教活动场所获得省、市民宗委的批准筹备设立。四是积极支持宗教界开展“宗教慈善周活动”。8月28日，组织七星关区佛教协会、净心寺、灵峰寺、慧林寺、文笔山基督教堂、周怡玉皇阁、感应寺等捐资4.4万元对团结乡营坪苗族村寨40名贫困学生进行了资助，并慰问了团结乡养老院，截至2017年底，七星关区宗教界已通过助医、助残、助学、助孤等活动向社会捐资捐物折合人民币共计5万余元。

【着力开展创建“宗教关系和谐示范区”工作】 根据省、市创建宗教关系和谐示范区的有关工作要求，成立了创建工作领导小组、召开了工作推进会、印发了创建工作实施方案、制定了考核细则，当前，七星关区各示范乡镇（街道）、示范宗教团体、示范宗教活动场所均制定了实施方案，并按要求稳步推进。

（撰稿人：办公室）

档案管理

【概述】 2017年，七星关区档案局在区委区政府的坚强领导下，不断增强贯彻落实中央和省、市、区委全会精神的政治自觉、思想自觉和行动自觉，深刻领会习近平领导核心地位的重大意义，不断增强政治意识、大局意识、核心意识、看齐意识，做到思想上衷心拥护核心、政治上坚决维护核心、组织上自觉服从核心、行动上主动看齐核心，坚决维护以习近平为核心的党中央权威，始终在政治上思想上行动上同以习近平为核心的党中央保持高度一致。全面贯彻落实《关于新形势下党内政治生活的若干准则》和《中国共产党党内监督条例》精神，严肃认真落实全面从严治党各项任务，积极营造良好的政治生态，为开创全局档案工作新局面提供坚强的政治保障。按照档案工作目标任务和要求，紧密结合档案工作实际，积极探索新形势下档案工作的发展规律，较好地发挥档案事业“守护历史、传承文明、资政育人、服务社会”的重要作用，推动全区档案事业健康发展。

【档案业务工作】 一、档案信息化建设。积极推进七星关区数字档案馆项目建设相关工作。3月20日，区人民政府副区长李萍数字档案馆创建作出指示，4月5日，毕节市档案局局长唐鹏程与副局长周晓茹一行到我局调研指导工作，针对数字档案馆示范点建设相关问题，唐鹏程作了重要批示。数字档案馆项目投资金额748万，建设周期15个月，于2018年10月底接受验收。2. 扎实推进馆藏档案数字化工作。七星关区档案馆馆藏档案共186个全宗78006卷305281件档案和资料16677册，自开展数字化扫描起，认真按照《贵州省档案资料目录中心数据采集标准》《档案著录规则》《纸质档案数字化技术规范》的要求，每年按规划目标，完成目标任务。2017年，我局通过外包的方式，对馆藏纸质档案进行数字化加工，截至目前共计完成馆藏1全宗、4全宗、33全宗、34全宗、47全宗、49全宗、58全宗、64全宗和171全宗档案条目录入121938条，数字化处理827525幅，做到档案实体、档案条目、电子文件三对应，符合档案数字化处理质量标准，为档案信息化建设打好坚实的基础。自2015年起，全面推进镇（乡、街道）和区直机关档案信息化建设，部分单位从1992至2014年永久和30年类文书档案及重要民生档案已全面扫描挂接，截至2017年10月各镇（乡、街道）、区直机关共计扫描挂接90余万幅，为档案信息化建设打响了开门红。二、档案查阅利用。加大电子档案管理系统使用力度，强化档案利用服务工作。2017年，我馆拓展了紫光电子管理系统使用人员，更好发挥档案促发展、惠民生的重要作用，为查阅干部群众提供利用档案4290卷，接待档案利用人数1318人次，出具证明1050张。利用范围涉及人事、土地、房产、林权、婚姻、计生、凭证及其他政策性文件等，真正起到了档案工作服务社会、服务民生的重大作用。三、档案统计工作。1. 认真登记区档案馆各全宗馆藏门类及数量，对馆藏档案做到数量清楚、门类明确，方便了档案抢救及档案数字化加工处理的前期规划。2. 如期完成全区68个区直部门档案年报的报送。2017年3月6日，七星关区档案局对区直单位下发了“关于报送2016年度档案工作统计年报”的通知，档案局业务股人员对前来报送业务统计的档案员现场进行业务讲解、指导、边学边用，合格一家接收一家，确保全区各单位的档案统计年报报送率达到100%。3. 认真检查了2015年至2017年各单位移交的现行文件资料，做到电子目录与文件资料一一对应移交库房，共计文件资料232盒（卷）8819件，归档文件目录72本，72全宗。同时对2016年度接收的现行文件资料按报送单位分开，以“件”为单位进行分类、排列、编号，整理了文件资料2995件，54全宗、104盒（卷），并继续做好2017年度各单位现行文件接收整理工作。四、重大工程和重点项目登记、报送工作。根据《毕节市档案局关于认真做好2017年重大工程和重点项目档案工作的通知》（毕档发〔2017〕37号）文件精神，七星关区档案局下发了《关于认真做好2017年重大工程和重点项目档案工作的通知》（七星档通〔2017〕33号）文件通知，并直接和项目对象沟通联络，对七星关区14个续建项目、15个收尾工程、4个新建项目、1个预备项目、第一批大生态十大工程项目的“重点建设项目档案管理登记表”进行了接收登记并交报毕节市档案局，确保了这些工程项目实施和竣工档案的齐全、完整和安全。五、档案保密安全和应急管理。

每月开展一次安全大检查。按照“八防”（防盗、防火、防潮、防尘、防虫、防鼠、防高温、防强光）的要求，强化安全配套措施，做好库房温湿度记录工作，每月开展一次库房大扫除，及时通风、除尘、更换防虫药，确保档案实体的安全保管。切实加强涉密计算机保密技术防范和管理，变被动防范为主动防范，消除涉密计算机违规连入互联网所造成的失泄密隐患，确保国家秘密的绝对安全。六、档案业务培训及指导。1. 进行档案数字化扫描操作指导。为推广国家关于档案信息化建设的标准和规范，提高文书档案数字化加工水平，该局业务人员对区政府办、区民政局、梨树镇等12家单位进行文书档案数字化操作实务指导。2. 开展“三重一专”档案业务培训。为认真贯彻落实毕节市2017年档案工作会议精神，进一步提高七星关区重大事项、重要活动、重点工程、专项工作（简称“三重一专”）档案规范化、信息化管理水平，充分发挥档案管理在服务脱贫攻坚、见证试验区建设、参与“五城同创”等工作中的积极作用，档案管理局于6月19日至23日对区委宣传部、区委统战部、区民政局等10个单位开展了“三重一专”档案业务培训。3. 开展省市区乡四级精准扶贫档案试点创建工作。该局拟创建省级示范点1个，市级示范点3个，区级示范点5个，乡级示范点25个，将全局业务人员划分为3个组，积极深入涉及精准扶贫的示范乡镇开展“一对一”业务指导，切实提高基层的档案管理水平，并于组织开展示范验收。4. 推进档案执法检查工作。8月1日至9月20日，联合区实绩考核办、区执法办组成督查组，开展档案行政执法检查工作。对全区22家重点单位的档案执法检查情况进行了实地检查、听取工作报告、提出了整改意见。通过执法检查，全面、真实、准确了解掌握七星关区《档案法》的贯彻落实情况，从而找准症结，对症下药，推进全区档案管理工作上新台阶。5. 开展“一二三四五”档案示范创建工作。通过分类指导，重点创建，积极培育各类典型示范，推进七星关区工作再上台阶。2017年9月至10月，深入七星关区经济开发区指导档案工作2次，指导完成2009－2014年永久1814件、30年227件文书档案15253幅的扫描、挂接工作和2016年各类档案的归档整理工作。2017年9月至10月，深入德溪街道碧玉社区、朱昌镇宋伍村等，对各社区2015年前社区档案进行数字化处理和对2016年各类档案进行归档整理进行了指导。完成朱昌镇、燕子口镇、海子街镇的农村土地确权颁证档案管理的监督、业务指导工作。随时掌握情况，认真指导做好农村土地确权颁证合同及有关文件、资料的收集、整理、备案、归档等工作。6. 持之以恒做好档案统计年报工作。3月6日，七星关区档案局对区直单位下发了“关于报送2016年度档案工作统计年报”的通知，档案局业务股人员对前来报送业务统计的档案员现场进行业务讲解、指导、边学边用，合格一家接收一家，为如期完成全区68个区直部门档案年报的报送，起到了指导示范作用，确保全区各单位的档案统计年报报送率达到100%。

（撰稿人：石晓黎）

政协毕节市七星关区委员会

【政治协商】 区政协常委会坚持把促进发展作为履行职能的第一要务，紧紧聚焦全区中心工作，自觉把区委、区政府的各项决策和工作部署作为政协工作的切入点，积极谋大局、议大事、促发展，充分有序开展政治协商。一是就区委、区政府重大事项开展政治协商。区政协领导班子成员通过列席区委常委会议、区委常委办公会议、区政府常务会议等，就全区重大决策部署进行协商，积极为推进相关工作出主意、想办法。二是以重点协商凝聚智慧助力中心工作。在二届一次全会期间，充分调动广大政协委员的积极性，以分组讨论、撰写提案、反映社情民意、大会发言等形式对区“一府两院”工作报告，以及全区经济、政治、文化和社会建设中的热点、难点问题进行集中协商讨论，提出许多有价值的意见或建议。三是在政府工作报告征求意见过程中，政协领导和部分委员与区政府相关领导面对面进行协商，提出自己的意见和建议，对政府工作报告的修改和完善提供了重要的参考。

【参政议政】 紧扣全区改革、发展、稳定重大问题建言献策，切实做到参政参在关键处，议政议在点子上，参政议政增强成效。

会议活动中认真行使“话语权”。区政协班子成员在列席区委常委会议和参加区委、区政府的重要会议及有关活动时，认真负责地提出意见和建议，为区委、区政府科学决策、民主决策提供参考。各专委会负责人及区政协委员，在参加区直有关部门会议或活动时，坦率提出意见和建议，切实反映各界群众意见和关切。大会发言发挥直接建言作用。在区政协二届一次全会期间，委员围绕发挥农产品品牌效应助推七星关区脱贫攻坚、发展农业板块经济、着力“六个精准”切实做好易地扶贫搬迁等主题进行大会发言；委员们就七星关区教育发展、旅游开发、非公经济、棚户区改造等方面提出109条建设性意见和建议，充分发挥了政协委员参政议政的积极性和主动性。牵头做好2017年度建言献策暨社科理论成果申报奖励评选工作。12月28日，召开2017年度建言献策暨社科理论成果评选会，共评出优秀成果25件。区政协党组书记葛传彦主持会议，区政协副主席燕金祥、王林中、熊雄、邓庆出席会议，区委办、区政府办、区纪委、区委组织部等评选小组成员单位相关负责人、相关专业人士参加会议，共评选出优秀成果25件，其中《七星关区推进农村基层党组织建设的探索与实践》《浅谈如何发挥农产品品牌效应　助推七星关区脱贫攻坚》《关于全区中小微企业发展的调研报告》《基层一线扶贫干部考评的思考和探索》4件成果为一等奖，21件优秀奖。深入调查研究积极建言献策。围绕区委、区政府确立的发展战略和工作目标，把开展调查研究作为提高参政议政质量的重要手段，聚焦全区经济社会发展中的热点、难点问题进行专题调研。精心制定实施方案，先后组织调研组深入工作一线，完成本地中小微企业发展、优化毕节白萝卜产业发展、社会养老产业发展、城市棚户区改造及安置房建设等调研课题，提出了推进工作的合理化建议。

【提案工作】 提案督办切实助力民生改善。全委会召开前，通过印发通知、重点联系等形式，明确提出提案的征集重点，引导委员围绕七星关经济社会发展的重要问题和重大事项认真撰写提案。会议期间，对委员提案进行了严格审查和筛选。会后，对涉及重大事项的提案与委员协商交流，并进行充实完善，确保每件提案选题准、建议实。认真抓好提案和提案办理工作。一年来收到提案214件，经审查立案并交办186件，已全部办复，办复率100%。将《关于大力发展蜜蜂养殖业的建议》和《关于加强对城市社区建设的提案》《浅谈技能培训在精准扶贫工作中重要作用》作为主席会议督办提案和重点督办提案。督办中，提案法制委加强与区督办督查局、提案人及承办提案单位的沟通对接，使提案的办理工作落到实处，取得应有的效果。

【民主评议】 民主评议助力部门改进工作。结合区政协二届一次全会期间委员意见及建议，为进一步促进区工能局更好地贯彻落实党和国家关于工业和能源经济发展及运行管理的相关法律法规政策，更好地为全区经济社会健康有序发展服务，根据《政协毕节市七星关区委员会民主评议区直部门工作暂行办法》，本着“肯定成绩、查找不足、提出建议、督促整改、推动工作”的指导思想，对区工能局2016年以来的工作和行风建设进行民主评议，反映群众意见，找出存在问题，提出整改建议。通过民主评议，既促进了社会各界对部门工作的了解、理解和支持，又推动了部门工作的有效改进。

【社情民意】 反映社情民意信息促进和谐。根据《政协章程》和省、市政协反映社情民意信息工作条例的有关规定，修改和完善了《政协毕节市七星关区委员会关于加强和改进反映社情民意信息工作的意见》，进一步推进全区反映社情民意信息工作科学化、规范化和制度化。委员积极撰写反映社情民意，加强民主监督，及时向相关部门反映市民意见强烈的调整行人通行绿灯时长、城市环境整治、非机动车辆管理、学校周边零食摊点卫生管理等社情民意，切实助力“五城同创”，保障人民群众生命安全，促进社会和谐稳定。

【服务发展】 充分发挥政协人才荟萃、智力密集、联系广泛的优势，敢于担当，主动履职，倾心投入，积极参与经济建设、社会管理、文化发展等工作，协调关系、化解矛盾、督促检查；协助区委、区政府做好棚户区改造、“百千万工程”、智力支边、信访维稳、防汛救灾及重大工程项目建设等工作；抓实包靠联系乡镇街道脱贫攻坚、安全生产、环保督查、驻村帮扶、秋冬种产业结构调整等工作。主动作为，树立良好形象。在脱贫攻坚中，区政协班子积极参与区委组织的各项帮扶活动，进村入户对贫困群众基本情况、收入来源、支出情况、致贫原因、获得政策性帮扶措施及乡村干部帮扶到位、档案管理情况等进行大调研大排查，到帮扶联系的乡镇开展区域性或阶段性的组织、协调、指导工作及脱贫攻坚讲习，督导乡镇根据脱贫攻坚春季、秋季攻势行动方案，做好大遍访，打好“四场硬仗”，在产业扶贫结构调整等方面做出实效。被追认为全市、全区优秀共产党员的区政协原党组书记、主席吴贤耀同志，就是在抗洪救灾和脱贫攻坚工作中连续作战突发疾病而牺牲的，用生命诠释了政协委员的责任担当，彰显了政协委员履职尽责的良好形象。知行合一，理论付诸实践。在2016年蜜蜂产业调研的基础上，将理论成果转化为助力脱贫攻坚的实际，进一步对有养蜂意愿的群众和贫困户进行培训，带领部分政协委员、蜜蜂养殖大户、乡镇主要负责人，到大方县考察学习蜂箱改进、蜜源研究以及喂养模式等方面好的经验做法。为提高蜂农的养殖水平，熟练掌握采蜜技术，规范管理以及搞好产品销售，还邀请专家到朱昌、普宜等乡镇蜜蜂养殖基地，现场讲解、演示越冬护理、采蜜及疾病防疫等注意事项，加强技术指导培训。助力五创，提升城市品位。在“五城同创”工作中，区政协班子成员在“创建国家卫生城市”“创建全国文明城市”“创建国家环境保护模范城市”“创建全国‘双拥’模范城市”中担负着指挥任务，督导各级各部门认真按照创建责任分工和指标体系开展工作，确保各项创建工作顺利开展，不断改善城市面貌和人居环境，提升城市品位，统筹城乡一体化发展。

【联谊交流】 以凝聚力量为着力点，切实彰显政协团结民主两大主题，充分发挥政协纽带作用，努力做好联谊交流、协调各方工作，为七星关区改革发展凝聚人心、汇聚力量。内引外联，增进交流合作。充分发挥政协联系面广、包容性强的优势，加强与省内外政协联谊与合作。一年来，共接待了省内外政协同仁30余次，参加了筹建“赤水河流域生态联盟”会议及川滇黔赣冀湘六省22市州政协第41次联系会议等重大会议。组织政协机关干部及部分政协委员外出考察学习，共同探讨履行职能的新方法、服务大局的新举措，密切了对外联系交流，促进了政协工作的创新和发展。充分利用省内外政协来七星关区考察学习的机会，积极推介七星关，促进外界对七星关区的了解，达到了借鉴经验、广交朋友、宣传七星关的目的。凝心聚力，发挥统战优势。重视发挥民主党派、工商联、人民团体、无党派人士和各族各界人士在政协中的作用，积极促进大家团结合作。搭建平台，努力营造既各抒己见、畅所欲言，又理性有度、合法依章的良好协商氛围，支持委员通过政协全委会、常委会、主席会和视察调研等议政平台，充分发表见解和主张，积极参政议政。团结各方力量，组织区工商联（商会）70多名企业家及政协委员到大屯乡开展帮扶活动，助推全区脱贫攻坚工作。倾情公益，组织政协委员携手上海相聚佛缘、毕节圆梦公益协会、贵州博轩文化展览有限公司，发起“‘爱心汇聚·温情暖冬’为千名儿童送温暖公益活动”，为部分乡镇小学学生捐赠羽绒服，关爱留守、困境儿童的身心健康和成长。真诚沟通，合力助推发展。全力做好省政协及市政协赴七星关区开展的全域旅游、教育扶贫、社区建设及政协工作等课题的视察、调研及检查指导活动。年初，在市政协二届一次会议发言大会上，区政协作了《小蜜蜂 大产业》的发言，积极建议大力发展蜜蜂产业助推试验区精准脱贫同步小康，引起市政协的高度关注，进一步到七星关区及其他县区调研，并组织各县区相关委室负责人外出考察学习，召开毕节市蜜蜂养殖发展工作对口协商会，争取出台相关鼓励、扶持政策。

【交流平台】 分享省市政协活动平台。组织政协委员参加省政协安排的"政协委员话贵州"活动，在省广播电视台录制播出了七星关区《激发基层发展动力 创树村级组织范本》《信访事项"公道评说"》访谈节目，进一步宣传了七星关区在推进基层组织建设、化解信访问题方面深化改革、创新发展取得的成就。参加省政协"多彩贵州·大美黔菜"品牌推介活动，以大南山苗族采花宴为主题，展示了"苗王鱼""刺梨红烧肉""七星苗王牛蹄"等10道传统菜、创新特色菜及特色小吃。参加人民政协理论研究活动，在省政协理论研究会2017年学术年会和全市政协工作研讨会上，围绕脱贫攻坚分别作了发挥政协组织优势助推农业产业扶贫和助推乡村旅游发展的交流发言，体现了区政协坚持理论联系实际，紧扣党委政府中心工作实践开展理论研究的显著成效。

【文史成果】 做好政协文史资料工作。注重发挥文史资料"存史资政，团结育人"作用，为纪念中国人民解放军建军90周年、长征胜利81周年及鸡鸣三省旅游景区开园提供红色历史读本，根据区委相关工作部署，牵头推进鸡鸣三省文史资料暨红色历史文化资料搜集整理工作，协调组织相关部门及人员创作（编撰）《红色七星关》等8本红色历史文化丛书。做好庆祝试验区成立三十周年，"统一战线帮扶毕节试验区"帮扶七星关区的相关文史资料征集报送工作。

【宣传展示】 拓宽平台促进交流展示。充分发挥自身优势，在坚持正确舆论导向、创新新闻宣传的基础上，进一步加强阵地建设，强化精品意识，提升宣传层次，切实加强同各级新闻媒体的联系交流，唱响主旋律、传播正能量，通过各级新闻媒体、区政协门户网站、微信"七星关政协"公众号及委员微信群等载体，上传、刊载了有关政协工作动态、委员风采、协商民主、服务民生等内容的100多条新闻稿件，加强了与政协各参加单位、政协委员、各民主党派和工商联成员及无党派人士委员的交流互动。

（撰稿人：办公室）

工商联（商会）

【概述】 七星关区工商业联合会（商会）现有在册职工14人，其中班子成员5人，享受正科级待遇2人，副科级待遇3人，科员级干部0人。工商联（商会）有会员3113人，执委52人，常委10人，非公经济人士兼职副主席（副会长）10人，副会长8人。现有5个直属商会、42个乡镇商会。2017年，区工商联在区委、区政府的领导和市工商联、区委统战部的指导下，以中国特色社会主义理论体系为指导，认真学习中共十八届历次全会及中共十九大会议精神，紧紧围绕区委、区政府的工作大局，紧紧围绕创建"五好"工商联和"四好"商会的目标，按照"千企帮千村、万凤还巢、荣誉村主任"三项重点工作要求，以"百企帮千户"为抓手，以"廉政文化进商会活动"和"守法诚信教育实践活动"为载体，带领广大会员企业大力助推打赢"113"脱贫攻坚战，取得阶段性成效。

【教育引导，持续深入开展非公有制经济人士理想信念学习教育活动】 根据《七星关区民营企业家理想信念学习教育实践活动实施方案》，深入传达学习习近平在全国政协十二届四次会议民建、工商联界委员联组讨论上重要讲话精神，通过走访调研、研讨交流等多种方式，在机关内部、基层商会及会员企业范围内进行学习传达，进一步加深了工商联系统对于“两个毫不动摇”“三个没有变”以及“亲”“清”新型政商关系的科学理解和认识，帮助非公有制经济人士准确把握中央和省委有关重大决策部署，引导广大非公有制经济人士认清形势，提振信心；深入开展以守法诚信、廉洁自律，增强发展信心为重点的理想信念教育实践活动，以“百企帮千户”助力脱贫攻坚为抓手，加强非公有制经济人士的教育培养，培养一批政治觉悟高、发展能力强、社会形象好的民营企业家。

【优化组织，圆满完成换届工作】 选举产生了七星关区工商业联合会第二届执行委员会主席（会长）1 名、副主席（副会长）22 名、秘书长 1 名、常委 10 名、委员 52 名，圆满完成了各项任务。携手新一届班子带领广大非公经济人士，按照“113 攻坚战”总体思路和七星关区“1136”的总体目标要求，结合七星关区实际，凝心聚力，围绕经济形势服务发展，围绕脱贫攻坚补好短板，切实履行职责，充分发挥工商联在七星关区经济社会发展中向上争取、向外借力、汇聚力量、服务大局的重要作用，为决胜贫困、同步小康做出新贡献。

【提升平台，扎实抓好“五好”工商联创建工作】 按照省级检查验收县级“五好”工商联示范创建标准，认真总结提炼三年工作，实现领导班子强，会员发展好，商会建设有特色，桥梁纽带作用大，工作保障评价高，做到各项指标超额完成，分类收集，资料齐全，规范装档，直属商会建设规范，得到省级验收组高度评价认可，顺利验收过关并获得 2017 年全国“五好”县级工商联推荐创建。目前发展会员共 3113 家，其中企业会员 1495 家，占 37.8%，实现同比增长率为 20%；共成立了 42 家乡镇商会和 7 家行业协会，实现了“行政地域全覆盖，主导产业全建立”目标；指导七星关区烟酒副食品行业商会顺利换届；指导筹备成立七星关区电子商务行业商会和七星关区建筑装饰行业商会；积极搭建招商引资平台、企业融资平台和宣传引领平台，落实招商引资项目资金 2 亿元，为 12 家企业协调落实融资贷款 3800 万元；引导会员企业积极参与“兴教助学”“抗灾救灾”“扶贫济困”等“光彩事业”活动，累计捐款捐物达 290 多万元，得到广大群众的高度评价和认可。

【增强意识，积极推进“四好”商会建设】 根据《毕节市工商联关于印发〈贵州省工商联关于开展“四好”商会建设工作的实施意见〉的通知》（市工商联发〔2017〕10 号）的要求，在全区工商联系统广泛开展以“班子建设好、团结教育好、服务发展好、自律规范好”为主要内容的“四好”商会建设工作，引导 26 家基层商会（基层商会的 60%）按照“五有”标准打造，实现有党群组织、有办公场所、有专职人员、有工作经费、有较为丰富的活动开展标准；引导 8 家基层商会（基层商会的 20%）达到“四好”标准建设，实现班子建设好、团结教育好、服务发展好、自律规范好的目标。

【部门联合，广泛开展“廉政文化进商会”活动】 成立专项工作领导小组，制定了工作方案，召开了动员大会，按照“四好”商会建设要求，在全区范围打造三个示范商会。在区、乡两级商会共组织召开廉政文化进商会活动 5 次，参加活动的企业有 274 家，企业员工人数达 468 余人次，制作展板 4 块，悬挂廉政标语 9 条，张贴宣传画 16 块，签订七星关区“廉政文化进商会”活动责任书 178 份，廉洁自律承诺书 360 份，联合区纪委、检察院、国税局到基层商会开展廉政文化建设专题宣讲 3 场共 9 次，稳步推进廉政文化进商会工作，成效显著。

【重点培育，抓好“三项”经济统战扶贫工作】 按照区委、区政府及上级部门工作部署，紧紧围绕全区脱贫攻坚重点任务，按照“政府搭台，自愿参与，因户施策，多元帮扶，完善机制，示范带动”的基本原则，以“决胜贫困、同步小康”为目标，结合“千凤还巢”“千企帮千村”“荣誉村主任”三项重点工作要求和七星关区实际情况，深入开展非公有制企业人士理想信念教育实践活动，重点以“百企帮千户”为抓手，制定《七星关区“百企帮千户”助力脱贫攻坚行动实施方案》《七星关区非公企业助力脱贫攻坚“五比一评”大比武实施方案》，积极动员非公企业发挥作用。在2016年年底联引83家企业结对帮扶86个贫困村的基础上，为使帮扶工作更加深入、精准，2017年由区工商联发起新联引215家企业，在结合帮扶企业产业特点、帮扶意愿及农户需求的基础上，结对帮扶大屯乡、野角乡、燕子口、阿市乡、田坎乡五个出列乡镇2283户贫困户，开展了21次“百企帮千户”助力脱贫攻坚行动专项工作，累计捐资292万余元重点帮扶野角乡、大屯乡和燕子口镇贫困户及其他乡镇深度贫困村，探索出“种、养、销链条”“山下种植”“山上养殖”等产业帮扶模式，实现了多方位多渠道结对帮扶贫困户，帮扶成效显著。全区“千企帮千村”任务数为120家，现完成共183家，全覆盖183个贫困村，占年度任务数的152.5%；“千凤还巢”任务数为515人，完成任务536人，占年度任务数的104%；聘任非公有制经济人士506人担任“荣誉村主任”，实现全区覆盖113个贫困村，包含年度出列村69个和深度贫困村24个。

【落实责任，大力加强干部驻村工作】 扎实推进该会扶贫挂点工作。按照区委的要求，持续安排一名科级干部到驻村联系点层台镇官厢村兼任驻村第一支书及驻村工作组组长职务，切实了解村情民意，及时研究制定帮扶措施。解决驻村工作经费10000元及办公电脑一台；春节期间对该村老党员、贫困党员和贫困农户26户及100个贫困留守儿童进行了慰问，送去大米、粮油慰问物资各26袋、书包文具共100套及每人慰问金200元，折合人民币5万余元。

【党建引领，强化宣传，全面提升干部职工精气神】 一是制定了党组中心组年度学习计划、干部职工集中学习计划，推进“两学一做”学习教育常态化制度化，对照责任清单及时自查整改；定期参加“道德讲堂”“全民诵读价值观”等学习计划以及“光彩杯”好故事讲述等主题实践活动；一年来，开展中心组集中学习10次，干部职工集中学习8次，组织会员开展商会各类活动10次；上报信息18篇，被省级刊物采用3篇，被市级刊物采用13篇，被区级刊物或媒体采用共10篇，微信公众号推送25篇（其中系列专题短片6个），有效提升七星关区工商联形象，提高了各项工作水平；积极开展“五城同创”，大力抓好“双拥”创建工作，助推全区工作再上新台阶。

【廉洁自律，积极营造风清气正的服务和发展氛围】 严格执行中央八项规定和省市区十项规定，认真践行《条例》和《准则》要求，进一步完善各项规章制度建设，按要求落实“三公”经费公开制度，坚持每月权利清单运行报告制度和开展党务、政务公开制度，接受群众监督，助推七星关区经济社会健康发展营造风清气正的良好氛围。

（撰稿人：王亚芬）

共青团七星关区委

【聚合青春力量　助推脱贫攻坚】 （一）希望工程助力教育事业发展。开展希望工程，助力教育事业发展。争取到善启慈善基金会195万元，用于小吉场镇永丰小学、永坪小学、燕子口镇小哨小学、亮岩镇太极村幼儿园建设；组织发放2016年“国酒茅台·国之栋梁”第二批助学金130.5万元；积极争取2017年“国酒茅台·国之栋梁”助学金65万元，民政助学金15万元，同心助学金7.2万元，善启助学金82.5万元，予香泉助学金4.5万元，习酒·我的大学3万元，“拾穗行动”资助金2.04万元，毕节男健医院助学金2万元，共计311.74万元，惠及贫困学生321人。

（二）春晖行动服务民生关切。一是扎实开展春晖助学活动。推荐60名中小学生参加“春晖梁才”计划选拔，着重推选品学兼优、家庭贫困的中小学生参加考试，获录取学生将免费进入梁才学校就读，每人累计减免费用10万元。二是实施“救心”行动。邀请广州军区医院专家到团区委为先天性心脏病患儿义诊，为七星关区150名疑似先天性心脏病患儿义诊，筛查出36名符合手术条件的患儿至广州手术，减免费用115万元，避免患儿家庭因病致贫返贫现象的发生。

（三）围绕热点服务青年有新成效。3—10月，团区委结合广大青年需求，组织开展“青年之声·青微讲堂”助力高考志愿填报和国考、省考、事业单位考试免费培训，邀请中公教育和云择校资深专家赴七星关区开展公益讲座培训，1500位青年、学生和家长现场培训，15000余名青年在“青年之声”“微七星关”平台上同步接受培训，帮助广大青年提高就业、择业和择学竞争力。结合青年关注的热点，以需求为导向，让服务青年工作效果更实在。9月，组织300余名青年参加“青春喜迎十九大·不忘初心跟党走”主题青年运动会。激发七星关区青年爱党、爱国、爱社会主义的热情，丰富全区青年文化生活，展示七星关青年的时代风采，为中共十九大的召开营造浓厚热烈氛围。

（四）“青春关爱”护苗成长。一是常态化开展留守儿童关爱活动。整合社会资金10万元，慰问1000名留守儿童、困难儿童，发放书包1000个、运动鞋1000双、大米1000包，糖果、饼干等。二是开展关爱互助行动。组织全区130名专项志愿者开展“青春同行·幸福童伴”行动，每个志愿者结对5名重点关爱留守儿童。三是重点帮扶特困群体。走访慰问小吉场镇永坪村残疾人家庭叶永成3000元，孤儿高新宇4000元；海子街镇重病患者成连松20000元；市东办极贫户申开福，慰问金36000元。

【开展志愿服务 助推五城同创】 2月11日，组织70个家庭赴碧海街道开展亲子植树活动，带动更多的人共同关心关注植绿护绿。6月8日，开展“文明行动我先行，争做文明小标兵”志愿活动，20名志愿者在公交车、斑马线等地方进行文明宣讲。8月在区委区政府的领导下，招募来之各乡镇（街道）志愿者40余名参加“助力五城同创，展示青春风采”活动，就垃圾清扫、交通劝导、流动宣传等方面开展志愿服务。12月7日至10日，团区委组织300余名志愿者到七星关区主要干道红绿灯路口进行维护秩序、交通劝导等服务，得到区领导好评。

【强化思想引领 青春导航扬时代主题】 （一）是以节假日为契机，开展主题教育活动。春节期间，在步行街开展“迎新春猜灯谜”活动，上千市民参与其中，营造了浓厚的节日氛围。3月集中开展“3·5”学雷锋服务月活动；4月，清明节期间发动各中小学校开展祭英烈活动，毕节四中团委组织1000名中学生在烈士陵园集中开展祭英烈十八岁“成人礼”仪式，引导学生树立正确的价值观。5月，组织召开全区青年座谈会，引导各界青年投身脱贫攻坚战场。6月1日，团区委参加普宜小学庆祝六一儿童节“祖国好·家乡美·童心向党·五城同创”为主题的文艺会演，活动仪式上，团区委向普宜小学30名优秀的贫困学生捐赠了书包30个、文具盒30个、书籍120册，为孩子们送来了六一礼物。

（二）深化新媒体建设，开启思想引领新局面。在“青年之声”平台发布“学习近平讲话，做合格共青团员”、喜迎十九大等话题20余次，发动网友积极参与讨论；通过与FM91.2广播合作，开设青年之声“找到了”，拾到物品2300件，比对成功发放1020件。团区委官方新浪微博发布信息200余条，2017年1、2月在全省政务微博中名列前十。微信公众号关注量持续增加，发布信息260条。通过青年之声、微博、微信等新媒体联合发力，扩大了共青团的影响力，有效增强了思想引领覆盖面，“网上共青团”实现了与青年的实时交流，更好地服务广大青年、服务发展大局。

【以党建为统领 加强自身建设】 （一）坚持党建带团建，团建工作开启新篇章。根据共青团深化改革的要求，紧紧围绕“以党建带团建，抓团建促党建”，全区共青团工作取得新成绩。2017年2月，团区委在全国“青年之声”建设工作推进会上，作为全国唯一一个县级团委作典型发言，并获全团通报表扬。5月，团省委召开全省“网上共青团”推进会上，团区委作为典型代表发言。多项活动获毕节晚报、七星关电视台、《毕节日报》、中国青年网等媒体报道，其中“青微讲堂”助力公考活动获中国青年网首页刊登。2017年，推报了省市区“五四红旗团委”“优秀团干部”“优秀少先队辅导员”“三好学生”“优秀学生干部”等50名，在全区青少年中掀起了学习先进、赶超先进、争当先进的热潮。

（二）坚持团建优势，充分发挥生力军作用。中共十九大胜利闭幕后，团区委紧紧围绕中共十九大精神，以“青春共话十九大”为主题，定期开展“一团一课程”“两会两辅导”和“三进三宣传”等主题团日活动，组织团干部、团员青年、志愿者队伍进村寨、进社区、进学校，开展“我想对党说”“感恩·奋进—青春建功新时代”等的主题活动，面向全区各行各业青年广泛宣传中共十九大精神，为广大青年解读中共十九大的惠民政策并向他们发放宣传手册，既宣传了中共十九大报告的总体精神，又结合了报告中与这些青年群体切身利益相关的内容，进行深入浅出的解读，增强他们对党的认同感。七星关区在乡镇已建立2个脱贫攻坚工作站，在街道办建立了9个脱贫攻坚讲习所。每个点派了两名志愿者参与脱贫攻坚工作，依托讲师团平台及师资资源，发挥老党员、老干部、老教师等作用，全面提升农村群众思想素质。帮助群众用好各项惠民政策，真正从政策中受惠受益，实现增收脱贫致富。

（撰稿人：徐蕊）

妇联

【村级妇联组织】 积极推动村（社区）“妇代会”改建为村（社区）“妇联”，提升妇联组织社会识别度和拓展创新妇联组织覆盖面。采取“试点先行、以点带面、整体推进”的工作模式。2017年，514个村（社区）已全面完成“会改联”工作，从之前每个村只有一个村（社区）妇代会主任变成5008人的基层妇联组织成员队伍，广泛吸纳一批热爱妇女工作、在群众中有影响力和号召力的普通女性、巾帼志愿者、外来创业女性等优秀妇女代表进入基层妇联工作队伍，建齐搭强村（社区）妇联组织架构，使之前妇联工作“单打独头”变为“团队作战”，促进村（社区）妇联工作正常有序开展。

【妇女维权工作】 为有效预防和化解婚姻家庭矛盾纠纷，区妇联成立七星关区婚姻家庭辅导服务站，聘请律师每周三到区妇联坐班开展接访接待服务，现场为广大妇女群众提供婚姻家庭方面法律咨询和服务，推动婚姻家庭成员共同成长，切实维护妇女合法权益，提升美满幸福生活指数。

【开展家庭美德建设】 一是开展慈母、贤妻、孝女及“最美家庭”评选活动，于3月7日开展七星关“十佳女性”暨“最美家庭”颁奖典礼，电视台进行全程直播，获社会高度评价，制作600余份光碟发到全区514个村（社区）进行广泛宣传学习，以身边典型教育引导人，并要求各乡镇（街道）按照《关于开展评选“七星关十佳新女性”和“七星关最美家庭”主题实践活动的实施方案》（七星妇发〔2016〕2号）文件精神，继续在各乡镇街道开展评选活动。其中，区妇联推荐的段锡泽家庭获“全国最美家庭”荣誉称号并到北京领奖。向各级各部门推评最美家庭、文明家庭60余户，区文明委将进行表彰。二是开展巾帼心向党·喜迎十九大主题活动，各级妇联积极参与，目的是通过活动开展引领广大妇女听党话、跟党走，做党的好女儿。三是成立新时代巾帼讲习所。各级妇联紧紧围绕中心，服务大局，做好联系广大妇女群众纽带，引领广大妇女在脱贫攻坚中贡献巾帼之力。按照“四讲四干”内容，发挥巾帼讲习所作用，通过“菜单式”、云上讲习等方式来传播党的好声音，凝聚起广大妇女为决战脱贫攻坚、决胜同步小康的强大动力。2. 加强未成年人思想道德建设。一是联合区教育局在各中小学开展“祖国好·家乡美”——多彩贵州欢迎你·我是文明小导游为主题系列活动。推荐小学组和中学组选手各2名参加市级比赛，获得二等奖2名、获得三等奖1名、获得优秀奖1名。二是组织开展全区中小学生参加全国第二十二届中小学生书画比赛，全区共收作品180幅，其中106幅获表彰。三是开展“绿化七星关·亲子义务植树”活动，培养孩子的环保意识和社会责任感，享受劳动过程。四是为提高家庭教育水平、树立正确的教育观念、掌握科学的教育方法，积极组织区直机关妇委会主任、乡镇（街道）妇联主席、社区妇联主席、城区各中、小学校分管家庭教育的老师以及部分家长代表450余人参加毕节市家庭教育公益讲座。3. 积极开展调查研究工作。一是针对土地确权、留守儿童、基层妇联组织、未成年人保护工作开展调研4场，并形成专题调研报告上报。二是积极推动人大代表、政协委员对妇女儿童重难点问题提出议案和提案。目前，区妇联主席和一名副主席分别参加了人大和政协的会议，针对基层妇联组织和基层妇女参政议政、家庭暴力等方面提出议案和提案，相关部门均给予答复。4. 强化宣传。七星关区妇联2017年共向市妇联报送文章91篇，其中经验总结类3篇，典型事例5篇，理性思考类3篇。调研文章四篇《农村留守妇女现状和问题》《关于推进农村妇女参选参政工作的建议》《浅析贫困地区女性如何脱贫问题》《浅议“不敢腐不能腐不想腐”的机制建设》。舆情信息12篇。刊发文章61篇，国家级6篇（4篇报纸，2篇网文），省级9篇（网文），市级21篇（网文），区级25（1篇报纸，24篇网文）篇，区级电视台采用15篇。

【抓实巾帼脱贫　促进创业就业】　1. 加大宣传力度，转变思想观念。扶贫先扶志，区妇联以“妇女之家”为平台，大力宣传妇女脱贫致富先进典型，力争做自尊、自信、自立、自强新时期女性，引导贫困妇女及时纠正“等、靠、要”的消极思想，激发贫困妇女自主求富裕谋发展，从“要我脱贫”变为“我要脱贫”，实现“他扶”到“自立”的转变。一是开展宣讲活动。到联系点、驻村点、帮扶点等，通过召开会议、进村入户等方式，深入宣传脱贫攻坚各项惠民政策特，宣传精准扶贫、精准脱贫的重点举措和任务要求，使广大妇女正确理解党和政府决策部署和任务要求，坚定改变贫困落后面貌的信心和决心。二是发放倡议书。区妇联为号召全区妇女参与到脱贫攻坚秋季攻势行动中来，在514个村（居）醒目的位置张贴妇女能顶半边天　脱贫路上齐攻坚倡议书，并将倡议书发到贫困妇女手中，引导他们参与脱贫攻坚硬仗中来，共发放倡议书5000余份。2. 强化培训提高，扩宽就业渠道。一是为把“指尖绝技”转化为“指尖经济”，让越来越多心灵手巧的妇女成为家庭的经济支柱，区妇联在燕子口镇大南山苗寨开展一期50人的“锦绣计划”培训，为脱贫攻坚探索一条独特的锦绣之路。二是为进一步提高农村妇女的就业技能、创业能力、增强致富的本领增加家庭收入。区妇联联合区扶贫办开展“雨露计划·三女培育”，共开展“家政女”“持家女”培训11期669人。3. 注重政策引导，助推创业脱贫。一是根据省妇联打造的贵州黔灵女家政服务有限公司政策，区妇联积极申报了一家七星关区“多彩黔灵女”家政服务公司，目前公司已开展两期育婴师培训，120名学员已全部上岗就业。二是用好“妇女小贷”，积极配合扶贫、人社部门，推动贫困妇女争取扶贫小贷支持，增强妇女小额担保贷款财政贴息政策的叠加效应。截至2017年底，全区共发放妇女贷款1691万元。4. 搭建企业招工平台，促进妇女就近就业。为解决因信息不对等造成的企业用工难和务工人员就业难问题。区妇联组织300余名妇女参加2017年“春暖乌蒙”就业服务月大型招聘会、华耀服装有限责任公司、“同建就业桥共筑小康梦”大型招聘会，为其搭建就业招工平台，解决妇女就近就业，助推巾帼脱贫。5. 树立先进典范，激励自主致富。为发挥脱贫先进典型示范带动作用，引导贫困户转变“等、靠、要”思想，进一步树立自强不息、自力更生信心，激励贫困户发展产业，增强内生发展动力，加快致富奔小康步伐。通过评选表彰不等不靠不要的先进典型5名，其中孟性云获得贵州省巾帼脱贫攻坚先进个人荣誉称号。

【维护妇女儿童权益】 1. 推动新“两规”出台。区妇儿工委办积极主动编制“两规”，并通过相关程序已经区人民政府颁布实施。结合七星关区妇女儿童发展中存在的重难点问题和省、市“两规”终期评估中发现的突出问题，区人民政府召开专题会议，建立完善常态化、制度化的监测及评估督导机制，促进相关成员单位落实好主体责任及部门责任，推动惠及全区妇女儿童的实事项目纳入政府及部门的制度安排和民生工程。2. 推进“平安家庭”创建工作。区妇联将“平安家庭”创建与“法治毕节”创建结合起来，以家庭和社区（村居）为着力点，综合开展反家暴、防艾、禁毒、禁赌、防拐卖、反邪教、安全防范等法制教育，巾帼讲习员通过不同形式向广大家庭开展普法宣传，引导群众积极参与“平安家庭”建设活动，推动家庭实现“五防五无”，为为全面建成小康社会提供有力法治保障、创造良好社会环境。3. 开展“建设法治七星关巾帼在行动”。一是“三八”维权周期间，区妇联联合公、检、法、司等单位开展了以“建设法治七星关巾帼在行动——进社区、进家庭、到身边”为主题的“三八维权周”宣传活动法律宣传咨询活动，发放了《中华人民共和国妇女权益保障法》《中华人民共和国反家庭暴力法》、预防艾滋病、儿童防性侵知识、“重视家庭教育”等有关维护妇女儿童权益的法律法规资料25000余份。二是《贵州省未成年人家庭教育促进条例》实施后，区妇儿工委高度重视，专门安排专人与妇儿工委办公室一起研究宣传贯彻条例活动，并向全区各乡镇（街道）、区直各单位下发《关于开展宣传贯彻〈贵州省未成年人家庭教育促进条例〉活动的通知》（七星妇儿工委通〔2017〕1号），在全区上下营造良好的舆论氛围和执法环境。三是做好来电来访工作。2017年以来，共接待来电来访群众90批150人次（其中：政治权利1件，婚姻家庭权益77件，劳动和社会保障权益1件，劳动和社会保障权益1件，人身权益4件，财产权益2件，其他5件），对困难弱势妇女提供法律援助13次，为妇女维权撑起保护伞，信访办结率达到100%。4. 多措并举，切实为妇女儿童办实事。一是继续开展好“两癌”贫困母亲救助项目工作，做好人员培训、资料收集、网上填报等相关工作。二是开展“爱心妈妈”关爱留守儿童活动。在端午、“六一”两节到来之际，区妇联组织爱心妈妈到驻村点海子街镇周家桥村开展关爱留守儿童陪伴阅读活动。三是项目实施好。协调组织实施好中小学性别平等教育进课堂项目，亮岩镇、长春堡镇社区儿童保护项目，海子街镇儿童快乐家园项目等，提升儿童、家长及社区、部门的儿童权益保护意识、男女平等意识，从而推进妇女儿童发展。四是积极争取项目。争取中国妇女发展基金会“母亲健康快车——导乐分娩关爱服务”公益项目。并联合区医院、区妇幼保健院、善益生公司为该项目招聘导乐师5名，帮助孕产妇减轻分娩过程中痛苦。争取“母亲健康快车”两辆，助推两个乡镇卫生院妇幼保健医疗救护水平。

【抓实基层基础　推进妇联改革】 按照《贵州省妇联改革方案》《贵州省妇联关于落实强化基层妇联组织建设三项任务的通知》和《毕节市妇联改革方案》要求，区妇联及时安排部署，全区乡镇妇联组织区域化建设，村会改联工作有序推进。1. 乡镇妇联区域化建设推进工作。乡镇（街道）妇联区域化建设工作在2016年扩大基层妇联组织成员工作的基础上，以传统妇联组织为核心，将妇联组织覆盖到行政事业单位、垂管部门、非公经济和社会组织，提高了乡镇妇联组织的区域统筹能力，提升了妇联组织和妇女工作的影响力、凝聚力。全区42个乡镇（街道）通过召开妇女代表大会，健全执委会，配齐常委，乡镇（街道）副主席由原来26名扩大到118名，执委由原来220名增加到684名，使基层妇女群众工作更加充满活力。2. 村妇代会改建妇联推进情况。村（社区）妇代会改建为村（社区）妇联是采取“试点先行、以点带面、整体推进”的工作模式。观音桥街道红堰社区试点按照“党建带妇建，妇建促党建”的思路，以落实三个阵地、建好三支队伍、抓实五项工作为抓手，深入推动村级妇代会改建村妇联建设。此项工作得到国务院妇儿工委办常务副主任王卫国的点赞。全区514个村（社区）已全面完成“会改联”工作，村（社区）执委数达到5008名，广泛吸纳一批热爱妇女工作、在群众中有影响力和号召力的女性、巾帼志愿者、外来创业女性等优秀妇女代表进入基层妇联工作队伍，使之前妇联工作“单打独头”变为“团队作战”。3. 妇女之家建设。为打造基层妇联组织凝聚妇女、服务妇女的重要阵地，参与社会管理和公共服务的重要平台，提升“妇女之家”服务质量和服务水平。按照省级星级示范妇女之家创建标准，积极开展星级示范妇女之家创建活动，培育和选树一批高标准的示范妇女之家，推动全区妇女之家建设再上新台阶，通过创建活动，获省五星级示范妇女之家2个，市三星级示范妇女之家3个；区级五星级1个、四星级示范妇女之家2个、三星级3个，形成了省、市、区共同培育星级示范妇女之家格局。4. 经费保障。落实妇女人家一元工作经费70万元，为妇女工作提供强有力的经济保障。

（撰稿人：办公室）

总工会

【概述】 2017年来，区总工会在区委、区人民政府的坚强领导和上级工会的指导下，认真学习贯彻中共十九大精神和省第十二次党代会精神、省委十二届二次全会精神，深入推进省总十三届六次、七次、八次全委会安排部署的各项重点任务，紧紧围绕省总工会“五大行动”和第十六次会议精神，切实认真履职，较好地完成了全年的各项目标任务。

【高度重视 抓工作目标绩效落实出成效】 2017年来，该单位严格落实区委“双考双评双挂钩”动态跟踪考核管理的工作要求，经过一年的不懈努力，各项工作逐步开展，并取得了显著的成效。一是通过“双考双评双挂钩”动态跟踪考核管理的工作的开展，我会建立了各项工作任务考核管理目标体系，全面、客观、公正地考准评实领导班子和领导干部的工作实绩，促进了工会工作的创新发展。二是调动了工会领导干部的工作积极性。三是形成单位干部职工上下思想同心、目标同向、行动同步的良好工作格局，达到了考精、考准、考实的要求。四是通过目标绩效的考核，使领导干部深感压力，增强了动力，激发了活力，促进了各项工作的有效落实和顺利完成。

【扎实开展困难职工帮扶工作】 1. 按照市总工会提出的“1234”指导方针，区总工会筹集资金200余万元，着力打造天一绿洁环卫公司服务中心，为困难职工提供有效帮扶，从多方位、多角度向帮扶困难职工提供服务，并针对性地完善了服务中心机制建设、制度建设，年内实现了天一绿洁环卫公司413名困难职工脱贫。2. 扎实开展“两节送温暖”，在2017年元旦及春节期间，区总工会为确保送温暖活动的有效开展。一是为1000余名镇（乡）办事处、区直机关、厂矿企事业的困难职工、农民工每人发放慰问金500元，共计发放慰问金53.5万元。二是为七星关区全国劳模、先进工作者及省部级劳动模范共计30人发放慰问金6.5万元。三是分别走访慰问燃气公司、远航物业公司等20余家企业，为每户企业发放慰问金5000元，共计发放慰问金18.5万元。3. 切实加强对困难职工更大范围的帮助。区总工会2017年5月3日对天一绿洁公司（原环卫局）进行了成立帮扶基金会成立的调研活动；对天一绿洁公司职工结构、困难职工人数，困难职工在生活、医疗、子女教育、住房情况等方面进行了调研，并就天一绿洁公司管理人员就成立基金会相关事宜交流了意见，下一步区总工会将各方积极筹集资金。此次调研旨在加强工会帮扶工作，重点是由节日活动型向长效机制型的转变，由抓典型向全区域覆盖的结构型转变，由单纯办实事向帮促全方位保障转变，实现帮扶工作经常化、社会化、制度化，必须在思路、载体、方法上等进行不懈地探索。4. 认真抓好城镇困难职工解困脱贫工作。该会根据“七个一批”“四项措施”的方法步骤，扎实推进全区困难职工解困脱贫工作，实现了2016年末3232名城镇困难职工脱贫25%的工作计划。5. 实施职工互助医疗。成立了开展职工医疗互助活动领导小组，制定下发《关于收缴2017年度职工医疗互助金申报通知》，区总工会对符合条件的28名患者，解决互助金277376.6元。6. 开展“梦圆金秋”助学活动。资助2017年考入普通高校（二本以上）、已录入全国总工会困难职工帮扶系统的困难职工和农民工子女338人共计507000元。7. 2017年，全区机关事业单位在职干部职工工会会员卡发放工作得到区委区政府的高度重视，共办理22220张工会会员卡，筹措并发放国家法定节假日及干部职工生日慰问品经费4400余万元，确保全区机关事业单位在职干部职工的福利落到实处。

【深入实施精准扶贫　精准脱贫工作】　一是认真做好精准扶贫和扶贫攻坚工作。制订了精准扶贫工作方案和工作安排意见，把精准扶贫和扶贫攻坚工作纳入重要议事日程安排。二是深入帮扶的野角乡开展帮扶调研，工会班子成员多次组织去往区野角乡进行遍访调查，对村民基本生活情况进行了解，做到乡不漏村、村不漏组、组不漏户、户不漏人、人不漏项，掌握精准扶贫的困难群众和留守儿童基本情况，为贫困户出谋划策、对症下药，做到精准帮扶。三是与野角乡教管中心共创野角乡奖学助学基金会；针对野角乡贫困人口多、教育基础薄弱等贫困短板，本着扶贫先扶智，变输血为造血的原则，区总工会积极配合野角乡党委政府成立了“野角乡奖学助学基金会”，并多方筹措基金30万元给野角乡奖学助学基金会，助力教育脱贫。年度内在野角乡进行了两次种养殖业培训，并协调项目资金4000万元修通了野角乡村组连接路，彻底解决了野角乡交通落后面貌，还为野角乡48户贫困户发放种、养殖项目补助金9.6万元。四是在“六一”儿童节期间，区总工会开展“六一”留守儿童慰问活动，向野角乡137名留守儿童送去书包、文具等学习用品。

【切实开展返乡农民工创业示范培育工作】　选树七星关区普宜镇长丰源农业开发有限公司和野角乡盛源种养殖专业合作社2户企业为返乡农民工创业示范点，并分别为2个示范点解决贴息贷款各6万元，共计12万元。对返乡农民工创业进行指导，在资金困难、技术指导方面积极联系专家，为返乡农民工创业提供有效指导。接下来，区工会将有针对性地对返乡农民工创业组织种养殖培训，加强示范点企业培育工作力度及资金帮助贴息贷款。

【乡镇（办）工会规范化组织建设推进有序】　按照“六有”“六好”标准选树阿市乡、普宜镇、龙场营镇、海子街镇、八寨镇、杨家湾镇、撒拉溪镇、千溪乡、亮岩镇、拱拢萍国家森林公园等17家单位为规范化建设示范单位，并对上述17个镇（乡）、街道办事处工会各补助1万元的创建工会经费。截至2017年5月底基本完成了17家镇（乡）、街道办事处工会“六好”“六有”规范化组织建设工作目标，规范了其工会日常工作，组建了规范有序的工会体系，并在2017年10月底完成了对17家创建单位的验收。

【开展形式多样、丰富多彩的文体活动　丰富干部职工文化生活】　举办“五一”职工篮球比赛暨“贵州银行杯”职工周末篮球联赛和“五一职工2017年职工乒乓球比赛”。6月初，开展“崇德向上，明礼知耻”书画展，在进一步丰富职工文化生活的同时也加强了职工公民思想道德建设，取得了良好的宣传作用。

【加强机关自身建设，推进机关组织建设规范化】　一是主要抓好机关自身建设，建立健全了机关制度，建立了干部动态跟踪管理考核档案，抓好干部的平时考核和年终考核，将考核结果与干部选拔民主推荐任用，工资和绩效挂钩，及时报送工作信息，推动了干部管理制度的进一步完善。二是认真按照档案管理及保密等工作的要求，完成现行档案文件的上报工作。并对各股室档案盒近年代档案消化和重大项目档案的收集整理及数字化处理。三是强化了政务服务，提升了工会组织的履职行为，在促进改善民生上有成效，在加强自身建设上有新举措，做亮工会品牌，不断提升工会工作整体效率。四是抓好农民工入会工作创建。为维护农民工参与企业管理和民主监督的权利，加强对困难农民工的帮扶，加大对农民工特别是青年农民工的思想引领和人文关怀，帮助农民工融入市场，区总工会积极宣传，年度内完成了24000名农民工入会。

【抓好工会改革工作】 按照省总和市总工会改革工作要求，单位研究制定了《七星关区总工会改革方案》征求意见稿，征求了区直各单位及各镇、乡、办意见。《方案》就单位改革工作指导思想、基本原则和目标要求方面、改革工会组织体制方面、改革工会运行机制方面、创新工会活动方式方面、加大工会服务保障力度方面、加强党对工会工作领导方面、组织实施等七个方面制定了详实改革计划。待区委深改办讨论后施行。

（撰稿人：办公室）

老年大学

【概述】 2017年，七星关区老年大学在区委、区政府的领导下，在市老年大学的指导下，根据省、市老年教育工作会议精神，按照七星关区《老年教育“十三五”发展规划》的要求，坚持以“增长知识、丰富生活、陶冶情操、促进健康、服务社会”的办学宗旨，进一步加强学校教学管理，规范学校办学方式，扩大学校办学规模，提高学校办学质量，使老年大学成为老年人学习知识、强身健体、美丽温馨的乐园。

【创新办学理念 构建和谐校园】 一是确立“全纳教育”办学理念。面对老年人的特殊群体，根据老年教育的需要，七星关区老年大学办学体现“有教无类”的教育思想。对老年人不论职务高低、资历长短、文化程度、在职、离职以及社会老人都同样接纳，一视同仁，实施平等教育。二是结合“康乐”教育理念。学校尊重老年人的生命特征，坚持一切从老年人的实际出发，在教育教学活动中，大胆探索创新，尽量满足老年学员精神层面的愿望，吸引他们在娱乐、艺术、文化等方面的注意力，用知识、文化、人际交往等社会性活动来改变他们生活方式，体验生命的价值，从而促进身心快乐、健康。三是实施“桥梁”教育。“社会参与”是“积极老龄化”的根本表现，社会参与是情怡志畅、长寿健康的源泉。该校通过基础课程和学会活动，架设老年学员通往家庭、社区和社会的桥梁，发挥其技能、经验与智慧，获得愉快和健康。四是确立“老龄化”的人本理念。实施“成长”教育，学校教育教学活动尽量适应老年学员学习的需求，注入新知识、新技能，以唤醒老年人的内在活动和潜能，使其从新成长，成为积极的老年贡献者。

【完善制度建设 把握教学方法】 一是实行区老年大学管理为主，各班级教师管理为辅，班委会直接管理的三级联动机制，按制度办事，用制度管人，不断提高学校服务水平和教学质量，确保各项工作有序推进。二是在教学管理方面结合普通教育学校的教学方法，讲课力求生动活泼，活动注重通俗易懂。学员有固定的教室，有固定的教学设备，有开展活动的场所，有专用的教学课本，把教学办成老年学员学习知识、增进健康的“银色殿堂”。

【紧扣目标任务 注重责任担当】 一是加强学校科室之间配合，进一步稳定老年大学的办学规模，逐步向规范化办学迈进。二是进一步抓好乡镇老年学校的巩固和提高，加强协调指导督促，力争在有条件的乡镇街道所辖的（村、社区）逐步建立老年学校，实现区、乡镇街道、（村、社区）三级老年教育网络。三是老年学员逐年上升。2017年，区老年大学共开设5个专业、6个班级，聘请教师7名，在校学员694名；乡镇街道老年大学42所，在校学员5786名；村、社区老年大学5所，在校学员472名；全区共有老年学员6952名。四是按照市老年大学要求，积极组织老年（书画）作品32幅，参加省市2017年老年书画联谊（会）展。五是在市东街道龙山社区、洪山街道拥军社区建立老年大学各1所，并支持办学经费5000元。六是以区党员干部远程教育设备为台，在乡镇街道（村、社区）选挂远程老年教育播放点93个，逐步完善城乡远程老年教育三级网络体系。七是配合区老龄办做好应对人口老给龄化工作，抓好老龄事业发展理论研讨征文活动。八是根据上级有关文件精神，我校对80周岁以上的老年人实行全部免费进校学习，并行成长效机制。同时，对该校在校学员和社会老年人，在同等条件下，各项优惠政策都向他们倾夕，学校教室、设施及活动场地除正常上课外，对他们一律免费开放，并提供一切服务。九是教学质量大幅度提升，该校《柔力球》班参加2017第十三届全国运动会群众比赛（柔力球）贵州省选拔赛第三名和毕节市第十一届老年运动会金奖；十是按时完成区委、政府及上级业务部门交办的各项工作任务。

【加强队伍建设　提高服务意识】　一是加强教职工队伍的教育和管理，不断增强教职工人员的使命感、责任感和奉献精神。作重强调教职工的服务意识，积极组织并参与学校的教育教学活动，使教学工作生动活泼。二是学校教师实行能者为师制，自荐和聘请相结合，发挥学员的智慧、经验和一切丰富的教学内容，不断提高教学效果，让他们在学制班和学会活动中发挥优势和作用。

（撰稿人：办公室）

机关事务管理

【概述】　七星关区机关事务局在区委、区政府的正确领导下，学习贯彻中共十九大精神，按照中央八项规定及省市十项规定的要求，提高认识，努力探索，坚持做到令行禁止、勤俭持家、提高效率、降低成本，进一步提高机关事务管理水平。

【公产管理扎实推进】　资产情况：共有门面399间，面积14853.26平方米；房屋369套，面积30563.8平方米；商用楼94个，27626.37平方米，出借38个。车库19个，517.8平方米。库房4个531.37平方米。（注：以上数据不含直管公房，原因为直管公房多数在七星关区棚户区改造范围，边清理边拆除，详细数据待拆迁工作结束后再上报）；运营情况：全年共计收取租金1185.68万元；公房拆迁情况：消化2016年未拆除房产60户；2017年动员搬迁、拆除41户，并开展下一步棚户区改造范围内公房摸底调查105户；公房清理：我中心通过摸底排查，收回在原单位管理期间被占用的门面1间，住房4套；信访工作：2017年共接待群众来访245人次，处理上级转办案件4件；维修维护：全年共维修、维护房屋及门面78户，维修费用38.5万元。

【公务用车保障有序开展】　一是制定《七星关区党政事业单位公务用车保障方案》，二是深入开展公务用车安全隐患排查，三是切实做好接待、督办督查、恒大帮扶、行政执法等重大公务活动的公务用车保障服务，切实保证全区机关公务用车要求。

【后勤保障及时、全面、到位】　1.加强保安队伍管理。切实做好重大会议、节日和活动的安全保卫工作，协助有关部门做好群体性事件、上访人员的秩序维护工作。2.加强水电设施的日常检查，保障区行政办公中心各套设备设施的正常运转和水电的正常供应。3.抓好公共区域卫生工作，精心营造整洁、优美、舒适的办公环境。4.会场管理规范化、服务标准化，圆满完成人大、政协等各大会议的后勤保障及服务工作。5.区行政办公中心的设备设施的维修工作。完成了区行政办公中心68个卫生间的改造、机关文化氛围的营造、整体形象的打造。6. 办公用房方面按照《关于行政办公中心办公用房清理腾退的方案》，对办公用房进行清理，重新调配。7. 做好干部职工食堂工作，对食堂食材供给高标准、严要求，定期与不定期抽查食堂工作，保证食堂清洁卫生、食品安全，确保干部职工吃上卫生安全的食品。8. 恒大集团七星关扶贫公司有序对接，完成了恒大集团办公室的装修、装饰，食宿安排及办公设备设施、食堂设备设施的配备工作。

【接待工作简、细、严】 认真编制接待方案及接待手册，承担区委、区人大、区政府、区政协安排的重要接待及重大招商引资接待工作，接待中根据预算支出定额标准，突出地方特色，参与接待人数等均严格按照接待要求执行，共接待 391 次，11683 人次。

（撰稿人：办公室）

军　事

人民武装部

【概述】　2017年年度，七星关区人武部始终坚持以中共十九大精神为指导，深入学习贯彻习近平系列重要讲话精神，在军分区党委和区委、区政府的正确领导下，紧紧围绕深化国防和军队改革，全方位融入七星关建设，有力推动国防后备力量建设长足发展。

【应急应战能力建设】　结合形势任务需要，民兵应急分队扎实开展维稳执勤、森林灭火、抗洪抢险、地质灾害救援等各类训练演练20余次并全年保持待命状态。全年共出动干部民兵500余人次到夹岩水库、小河风景区、面粉厂、倒天河水库等地参加区政府组织的截流移民搬迁，打击违建等行动。11月初，组织通信、装备维修、医疗救护等基干民兵分队共150余人，在武警毕节支队教导大队开展了为期15天的集训，进一步夯实了民兵队伍履职尽责能力的基础。

【参建“双拥模范城”】人武部结合精准扶贫工作的要求，在对坡镇、鸭池镇、阿市、水箐等扶贫联系点开展遍访贫困村贫困户活动。贯彻教育扶贫理念，投入2万元为对坡镇乐海村兴乐小学新建图书室并增添各类图书600余册，与该校6名贫困学生、留守儿童结成对子，定期提供助学金和学习用品。为对坡镇乐海村新村公所购置2万元的办公用品。利用节日走访慰问对坡镇敬老院和20余户贫困党员、困难群众，送去2万余元慰问金和慰问品。积极参加驻地生态建设，组织干部职工和民兵在倒天河水库附近绿化500余亩，为建设美丽绿色七星关做出应有贡献。坚持在“学雷锋日”便民助民，累计出动110人次开展义务扫街、整治人民公园环境卫生等公益行动。组织教官84人次为毕节二中、六中，区实验一中等9所中学6720名学生进行军训，得到了各学校领导及师生的高度赞誉。接待退役军人、军属来访500余人次，协调民政、人社等部门，积极为化解矛盾，促进社会稳定作贡献。

（撰稿人：办公室）

公安消防

【部队管理和执勤训练】一是深入推进安全“五无”创建、条令条例学暨纪律作风教育整顿活动和“安全隐患百日大排查”整顿等专项行动，定期召开管理教育分析会、安全形势分析会，及时整改上级督导中存在的问题，积极推进士官长试点工作。每月开展士官量化管理和绩效考评。二是贯彻落实支队党委《关于强化全市练兵工作的意见》，严格“531”练兵机制，全面落实普训普考制，将大、中队训练科目纳入周工作计划，每周组织体能、业务技能训练考核，确保全员参训。三是结合辖区灾害事故特点开展实战演练35次，强化执勤中队熟悉演练和专职消防队、微型消防站联勤联训并纳指挥调度体系，推进重点单位数字化预案制作完善。完成了接警室规范化改造工作。四是新建海子街镇、田坝桥镇政府专职消防队营房装备、人员全部到位，并同步纳入到区政府财政预算保障，招收并培训合格专职消防队员16人、驻勤民兵30人。2017年以来大队共接警出动702起，出动车辆887辆次，出动警力5413人次，抢救被困人员123人，疏散被困人员329人，抢救保护财产价值1500万元。圆满完成了“春节”“国庆节”等重要节日和“十九大”消防安保工作。五是强力推进正规化建设。在总队明确环城北路中队作为正规化建设试点单位外，自我加压将大队机关及辖区中队全部纳入到建设中，并已全部完成正规化建设，部队管理水平大步提升。

【思想政治建设】 一是深入学习中共十九大精神，进一步深化“维护核心、听从指挥”和“两学一做”学习主题教育活动。先后集中组织中心组学习12次，民主生活会3次，撰写心得体会50余篇。充分利用营区LED窗口、电视报刊、“两红”行动等载体学习宣贯精神，切实把官兵思想和行动统一到会议精神上，落实到部队的日常管理训练中。二是强化警营文化建设，通过编排曲艺节目、参观红色教育基地等多形式、多阵地、多载体的开展政治教育工作，及时帮助官兵及家属解决实际困难，进一步增强官兵的认同感和归宿感，确保官兵持续保持良好的精神面貌和高昂的士气。三是强化阵地建设，新建中队荣誉室，与毕节市图书馆联合建立3个流动图书室，定期更新更换书籍。改扩建了影视吧、网上俱乐部等，对营区环境进行美化，营造了栓心留人的环境。

【火灾防控】 一是先后召开四次消防工作联席会，对全区消防工作进行安排部署，逐级签订消防工作目标责任书，将乡镇、部门消防工作纳入区政府目标考核。常务副区长严琪，副区长肖玉明等领导先后8次亲自带队开展消防安全检查，确保了全区消防安全形势高度稳定。二是深化夏季消防安全检查专项活动、高层建筑消防安全综合治理、电气火灾隐患综合治理等系列行动，结合专家会诊、部门联合执法等形式，推进重大火灾隐患整治，桂花市场、创美世纪城、毕节面粉厂等重大火灾隐患和区域性火灾隐患整改完毕。2017年以来，共检查单位2144家次，发现火灾隐患3328处，督促整改火灾隐患3313处，下发处罚决定书109份，临时查封48家，责令“三停”单位52家，拘留16人。三是狠抓社会火灾防控。全面推进消防安全“平安社区”创建，建成社区微型消防站25个。推广安装独立式火灾报警器185个，简易喷淋27个。建制镇全部完成消防规划，新增消火栓52个，对辖区消火栓标识牌进行全部更换。督促重点单位落实“六加一”措施，规范运行消防安全“户籍化”系统。派出所消防辅警配备率和微型消防站建设达到100%。四是强化消防宣传教育。先后与毕节日报、乌蒙新报、七星关区广播电视台签订报道协议建立宣传平台。微信平台关注人数已达2.5万人定期向群众推送消防安全知识。建成1个校内消防安全体验室和1条消防安全示范街。结合消防宣传“八进”开展消防宣传600余次，发放消防宣传资料15000余册。组织消防安全明白人培训达2500余人，新增通过特有工种职业鉴定90人。

（撰稿人：办公室）

人民防空·交通战备

【人防工程管理】 2017年，毕节市七星关区人民防空办公室认真落实上级有关人防工程建设的相关规定，创造性地开展人防工程建设工作。一是出台了《七星关区人防工程建设管理办法》；二是加强人防工程安全检查。全年共进行安全检查6次，制作检查记录12份，在检查中发现的问题，要求整改后及时复查销号。三是按照“应建必建”的要求，认真落实批建防空地下室建设手续；四是认真落实“放管服”工作要求，加强管理和服务；五是严格执法，严把质量关。坚持公开、公平、公正的原则，严格按照执法程序办事。六是做好平时使用证核发工作，全年共核发4个，监督指导做好维护保养工作。

【人防宣传教育】 一是抓领导宣传，积极向市、区领导汇报人防工作情况、存在的问题，争取领导支持；二是印制人防宣传资料，搞好对群众的人防知识宣传。全年共发放宣传资料5000余份，发放印制有人防宣传知识的围裙500余个；三是抓好“9·18”防空纪念日纪念活动，在人民公园内对人防知识进行宣传，并按照要求鸣响了防空警报；四是积极联系各部门，深入推进人防知识进机关、进社区、进学校等活动，组织学生进行防空疏散演习1次，发放宣传资料2000余份，要求学校利用主题班会、队会等形式对人防知识进行宣传。

【依法行政】 一是做好“双随机、一公开”抽查工作，每月对辖区内在建人防工程项目随机抽查1次，抽查活动按照相关要求进行；二是切实做好“三项制度”建设工作，录入了相关模块文章，并按照规定开展工作；三是积极配合区纪委搞好“扫一扫、作评价、改进作风靠大家”活动，全年共计评价37次，评价结果“满意”37次。

【交通战备】 按照国家和省交通战备办部署，七星关区主要抓好基础保障工作。一是对全区新增高速公路进行战备勘察，收集有关资料，充实交通战备数据。二是积极推进交通战备保障物资技术的储备，提高交通战备保障能力。三是按照上级命令，做好国防交通和交通应急保障相关业务建设管理工作。

【其他工作】 一是认真开展“五城同创”工作；二是抓好扶贫攻坚帮扶工作。帮助解决了区人防办联系点田坝桥镇高桥村30000元办公经费，用于购买办公设备。三是切实转变工作作风，认真抓好党风廉政建设工作。四是加强机关党的建设和制度建设，推进机关规范化、制度化、精细化。五是扎实推动《防空袭预案》的制定工作，2017年底此项工作已进入定稿前的征求意见阶段。六是于2017年12月26日前完成13台人防音响警报器的安装任务，并在安装的镇乡办培训了安装人员和管理人员，走在全市前列。

（撰稿人：办公室）

法 治

法治政府建设

【概述】 2017年七星关区立足实际，以贯彻中共十九大精神为首要任务、以中共中央国务院《法治政府建设实施纲要（2015—2020年）》、国务院《全面推进依法行政实施纲要》、省委、省政府《贵州省法治政府建设实施方案（2017－2020年）》和《毕节市法治政府建设实施方案（2017－2020年）》为统领、以“法治毕节”创建工作为核心、以服务政府、服务社会为宗旨，按照年度工作思路，以推进依法行政、建设法治政府为目标，以健全工作制度、规范行政行为为载体，紧密结合本区法治工作实际，认真履行职责，为推进依法治区进程和加快建设社会主义法治政府，提高政府及各部门依法行政水平，扎实开展了各项工作。

【规范行政行为　严格遵循行政决策】 根据《毕节市七星关区人民政府重大行政决策程序规定》，对于七星关区拟出台的重大行政决策，均要求充分征求相关部门及利害关系人的意见，对于重大事项，还建议专题向区人大或其常委会报告。政策在正式提交政府有关会议集体讨论审议和决定前，必先经过区政府法制办合法性审查把关。

【加强行政规范性文件事后监管工作　确保法制统一】 2017年，七星关区不断完善规范性文件管理制度。为加强规范性文件制定及监督管理工作，严格执行《毕节市七星关区规范性文件制定程序和监督管理实施办法》（七星府办通〔2016〕130号），制定了《毕节市七星关区人民政府法制办公室关于印发行政规范性文件登记编号格式的通知》（七星府法通〔2017〕3号），进一步解决规范性文件管理不到位、制定程序不规范等问题。一是在2017年代区政府上报备案规范性文件35件。二是对全区涉及创新政策与政府采购优惠挂钩事项的现行有效规范性文件、全区涉及“放管服”相关的规范性文件、涉及环境保护方面的规范性文件及其他规范性文件进行清理。

【规范政府法律顾问工作　确保政府真正实现依法行政】 区成立法律顾问室以来，与北京嘉润律师事务所（原北京亿嘉律师事务所）签订法律服务合同，聘请律师为七星关区政府提供法律服务，并由区政府法制办负责政府法律顾问室日常工作。七星关区通过政府法律顾问工作，对区政府及区直相关部门重要工作和重大项目提供法律咨询论证服务，2017年共审查合同47件、规范性文件48件、处理信访复查事项15件、参与诉讼案件44件，并多次参加区政府及相关部门的各类会议，包括区政府常务会、区政府专题会议、洽谈会等，会前认真分析各类材料，会上积极发言，提出法律分析意见供区政府及相关部门参考。

【加强行政层级监督　全面加强行政复议应诉工作】 2017

年，区政府收到行政复议申请25件，现办结24件，1件正在办理中。办结的案件中，期限内结案率100%。行政复议事项包括行政处罚、土地确权、林地确权、行政强制措施等行政管理行为。办理区政府一审应诉案件40件，案件主要以土地、林地、房产颁证、土地征收补偿、行政复议决定和行政赔偿决定等行政案件为主。七星关区大部分行政诉讼行政机关负责人均按要求出庭。行政机关负责人出庭应诉率达75%，未能出庭应诉的，均按照要求向人民法院出具“未能出庭应诉说明”，取得人民法院的谅解。上述案件均按时提交答辩和证据材料并组织区法律顾问及相关部门参与出庭应诉，积极配合法院判决生效后的执行案件。

【及时开展行政执法培训 积极对接上级办理行政执法证、行政执法监督证】 行政执法人员素质高低，直接决定着行政执法质量。2017年8月对全区执法人员进行了行政执法“三项制度”试点工作的专项执法培训。10月根据省、市政府法制办的安排和部署，区法制办组织全区1350名行政执法人员、26名行政执法监督人员进行了网上学习培训，统一组织进行网上考试，并为1313名行政执法人员办理了行政执法证。

【积极打造“法治政府建设工程”亮点】 开展了法治示范单位创建、“法治政府建设工程”示范点创建等活动，不但创新了工作内容与方式、打造了七星关区碧阳街道隆昌苑法治示范社区和德溪街道烂泥沟法治示范社区等“法治政府建设工程”的亮点，受到上级领导的充分肯定，取得了良好的社会效果。

【积极开展行政执法监督】 从2017年6月开始围绕全区依法行政工作整体部署，一是抽查了城市综合执法大队、市场监管局等重点执法部门，通过监督检查，牢固树立执政为民理念，不断创新执政方式，努力建设法治政府，切实做好依法行政各项工作，及时了解部门行政执法工作情况，总结交流行政执法工作经验，发现和纠正行政执法工作中存在的问题，督促行政执法部门和行政执法人员依法行政、依法办事，切实维护公民、法人和其他组织的合法权益，保障法律、法规、规章的正确实施。二是开展了行政执法案卷评查工作。执法案卷评查工作是落实行政执法责任制的重要内容，也是推进建设法治政府的重要组成部分，对提高七星关区行政效能，保证行政权力透明、公正运行具有积极的作用。2017年5月，区政府法制办印发了《七星关区人民政府法制办公室关于开展2017年行政执法案卷评查活动的通知》（七星府法通〔2017〕6号），目前已对全区35个行政执法部门抽查了18个，通过此次案卷评查工作，可以看出随着行政执法培训和行政执法监督工作的不断强化，行政执法人员的办案水平较以往有了很大提高，绝大多数案卷事实认定清楚、适用法律准确、证据确凿充分、执法程序合法。无论是办案程序、证据调查、办案技术、文书制作、案卷归档、制度建设以及案卷质量等综合评比有所提高。

【积极牵头开展行政执法“三项制度”试点工作】 根据国务院、省、市的安排，七星关区紧紧围绕三项制度试点方案大胆探索，根据毕节市市委、市政府的安排，在行政执法“三项制度”正常推进的前提下，由七星关区在行政执法法制审核制度方面负责精耕细作，创新出可复制经验。七星关区领导高度重视，要求全区所有执法单位、尤其是国税、地税、公安、城管、市场监督、交通、国土、林业、环保等重点领域在完成行政执法公示制度、行政执法全过程记录制度高标准、严要求外、在行政执法法制审核方面必须独立构建起符合自身实际的科学法制审核流程。根据各家单位的法制审核流程示意图，七星关区总结出一套符合七星关区现行执法情况“六位一体”重大行政执法法制审核制度。通过“六位一体”审核制度，确保七星关区重大行政执法合法化、合理化、科学化。

（撰稿人：陈雷）

政法综治

【概述】 2017年，七星关

区政法工作在区委、区政府的坚强领导下，认真贯彻党的中央、省委、市委政法工作会议精神，按照全面建成小康社会、全面深化改革、全面依法治国、全面从严治党的要求，扎实开展平安创建工作，深入推进“法治毕节”创建，忠实履行好维护社会稳定、促进社会公平正义、保障人民安居乐业的神圣使命。通过全区上下各级各部门的共同努力，全区未发生重大政治事件、大型群体性事件、重特大安全事件、恶性刑事治安事件，政治大局平稳，社会秩序井然，为建设“脱贫攻坚、同步小康”创造了安定和谐的社会环境。

【“法治毕节”创建工作】 2017 年，七星关区“法治毕节”创建工作认真落实省委、省政府黔西“2·21”会议的决策部署，以实施“六大工程”为统领，加强组织领导，加大工作力度，强化工作措施，形成了上下联动、齐抓共管的创建工作格局，取得了阶段性成效。“法治毕节”创建六项工程 333 项指标，已完成 328 项，完成率达 98.5%。2017 年，全区刑事发案与 2017 年同期相比下降 28.7%；“两抢一盗”发案与 2016 年同期相比下降 23.7%，新增吸毒人员下降 38.9%。被省委政法委提名为“法治创建示范县区”。

【法治政府建设工程】 区政府、42 个乡镇街道和 26 个区直部门都配备法律顾问，为政府及区直相关部门重要工作和重大项目提供法律咨询论证服务。2017 年，法律顾问共审查合同 47 件、规范性文件 48 件、处理信访复查事项 15 件、参与诉讼案件 44 件，多次区政府常务会、区政府专题会议提出法律分析意见供区政府及相关部门参考。区政府收到行政复议申请 25 件，现办结 24 件，1 件正在办理中。办结的案件中，期限内结案率 100%。办理区政府一审应诉案件 40 件，出庭应诉率达 75%。2017 年 8 月，对全区执法人员进行了行政执法“三项制度”试点工作的专项执法培训。

【公正司法天平工程】 制定控告申诉首问负责制、审判责任追究责任制，落实立案登记制、制定审判流程管理办法、证据裁判规则，严格依法收集、固定、保存、审查、运用证据，完善保障证人、鉴定人出庭机制，狠抓以审判为中心的诉讼制度改革。区法院受理刑事和民商事案件 9623 件，区检察院侦监部门受理 978 件，区公安分局受理刑事案件 2940 件，无应当立案而不予立案的案件和泄露案情的情况。建立健全办案人员司法档案，其中办案人员 45 人，建档 45 人；区检察院办案人员 73 人，建档 73 人；区公安分局现有办案人员 415 人，建档 415 人。落实主审法官、主办检察官、办案民警办案负责制，办案质量终身责任制，错案倒查问责制和重大刑事案件质量等工作机制。区法院庭审同步录音录像 5023 件，区检察院审查起诉同步录音录像 257 件，区公安分局侦查讯问同步录音录像 2940 件。区委政法委组织政法部门评查案件 9 件、区法院自评案件 6354 件、区检察院自评案件 753 件、区公安分局自评案件 3543 件。按照依法、全面、及时、规范、便民的要求，公开院务、检务、警务，自觉接受人大、政协和社会各界的监督。区法院网上公开裁判文书 2984 份，公开失信被执行人 201 人、区检察院不起诉文书网上公开 121 件。一审普通程序审理案件人民陪审员参审 801 件，比例高于 92.92%，人民陪审员数量达 84 人，已达到“人民陪审员倍增计划”数量。

【全民守法宣教工程】 区委政法委牵头，在特殊群体管理园区打造了青少年禁毒宣传教育基地，在朱昌镇现代高效农业园区打造了“法治文化园区”，各乡镇街道打造一个法治文化阵地，与区教育局共同打造毕节一小、海子街中学、毕节二十小、朱昌小学、撒拉溪中学、普宜中学、清水铺中学 6 个青少年法治教育基地。各乡镇街道农民讲习所、市民讲习所开展法治讲习 168 场次，发放各类宣传资料 30000 余份，接受各类咨询 50 余万人次。云上七星、微七星关、91.2 广播电台、区电视台、毕节晚报共刊播法治新闻 1021 条次。特别是“严打整治”期间，依法打击留守儿童、缠访闹访犯罪行为，经过上面媒体看刊播以后，在全区形成强烈反响，起到极大的震慑效果。

【法治惠民服务工程】2017年，七星关区城市低保标准提升了10.9%，将农村低保标准提升了15.33%。全区纳入城市低保对象13770人，支出资金5177万元，纳入农村低保对象76088人，支出资金1.75亿元。建立完善了“救急难”工作机制、“一门受理、协同办理”机制，扩大了救助范围，提高了救助比例和水平。目前已经支出医疗救助资金1902.7万元，救助了3936人次；支出临时救助资金821.9万元，救助了4000人次。共发放困境儿童生活补助资金265.91万元，发放孤儿生活保障金22.14万元，为全区22036名留守儿童发放智能手表，将符合条件的2394名留守儿童家庭纳入城乡低保，接送流浪孩子回家19人次，接送孩子回校园15人次，救助流浪乞讨人员556人次，资助返乡路费共计2975元。

【生态文明法治工程】完成920户环倒天河水库居民搬迁和土地征收工作，完成土地复绿1500亩，剩余2100户年底完成搬迁和土地征收。取缔并清场28户养殖大户，集中处置牲畜1500余头、家禽8000余只，劝解各村散养户72户变卖生猪300余头；取缔养鸡场1个，蛋鸡存栏约8000羽。投入527万元实施倒天河水库防护隔离网工程，完成隔离网安装21公里，实现人类活动与水库水面全隔离，有效防止毕节中心城区百姓饮用水源不受污染。区委、区政府将破坏森林资源等环境违法犯罪纳入“严打整治”范畴，严厉查处各类生态破坏和环境违法违规行为。2017年以来，区检察院移送审查起诉生态领域刑事案件19件24人，提起公诉14件16人，落实“补植复绿”检察建议20件，责令或当事人补植树木11950株，恢复或修复林地79.66亩，发出检察建议48份。区法院共受理生态环境保护刑事案件4件。林业公安办理行政违法案件246件，其中行政案件85件，刑事案件161件。赤水河沿线的15个乡镇将逐步建成集镇生活污水处理厂，已发放赤水河流域水污染防治生态补偿资金1678.82万元，生态公益林补偿资金297.1726万元。四是落实责任追究制度。出台《毕节市生态环境损害党政领导干部问责暂行办法》制定《七星关区生态文明建设考核办法》等管理办法，完成773名干部选拔任用、评先选优等党风廉政审查工作，对中央环保督察组督查期间发现问题对相关人员进行问责，其中党政纪处分25人，诫勉谈话3人。

【法治监督检查工程】区人大召开常委会5次，听取和审议了10个“一府两院”工作报告。会上，代表们都对政府工作报告及法院工作报告进行了满意度测评，满意度都达到100%。审查了规范性文件19件，督办代表联名提出的意见建议136件。收到人大代表意见建议答复114件，办理114件，满意率97.9%。疏理区政协二届一次会议委员意见和建议，确定了调研课题5个，共立案提案186件。侦监部门批准逮捕73件92人，不批准逮捕27件38人；公诉部门受理公诉案件76件102人，其中依法提起公诉69件95人；反贪部门立案2件2人，侦结8件8人，移送起诉8件8人。2017年，全区未出现有案不立、久拖不决、监督不力导致冤假错案发生。健全畅通公、检、法、司、纪委监察等举报网络。公布举报电话和举报网站。受理群众来信来访37件，受理举报线索28件。区纪委全年约谈5119人次，查处违反中央八项规定精神问题27件40人，分7次先后点名道姓通报曝光作风典型问题和案件68起、145人、33个单位。对36名新任纪检监察干部进行任前集中预防提醒谈话，立案371件，结案247件，处分296人，移送司法机关25人，挽回经济损失4061余万元，形成强大震慑。

【创新社会治理】一年来，七星关区在完成“法治毕节”创建的相关指标的同时，在留守儿童关爱保护、信访积案化解、特殊人群服务管理、生态“补植复绿”、家事审判探索、民主法治示范村（社区）创建等方面积极探索了一些行之有效的经验做法，人民网、新华网、光明网等12家国内主流媒体分别作了系列报道。2017年2月，“法治毕节”创建工作调度推进会在毕节市黔西县召开，七星关区在会上作了经验交流发言，一系列创建经验及成果得到了省委、省政府的充分肯定。

【留守儿童关爱保护】 2017年，七星关区在完善“七长双线九平台”工作机制基础上，又建立留守儿童关爱全覆盖工作机制，在每个行政村建立“春苗乐园”，在每个自然村寨建立“心晴家园”，为无人管护的留守儿童提供安全庇护，给留守儿童创造一个自由活动的空间。目前，全区已建立“春苗乐园”508个、“心晴家园”1897个，基本实现行政村和自然村寨全覆盖。同时，以村（社区）党支部为依托，成立少年儿童关爱协会，由协会中的女性会员担任“童伴妈妈”，帮助看护留守儿童，为留守儿童提供亲情陪伴；七星关区还充分发挥党员的先锋模范作用，推动党员和留守儿童结成帮扶对子，时刻留意留守儿童存在的安全隐患，随时看管和帮助留守儿童。另外，针对部分留守儿童监护人责任心不强、遗弃未成年子女等问题，七星关区坚持依法打击，从严查办监护人不履行监护职责、遗弃未成年子女等违法犯罪行为，形成了有力震慑。2017年，七星关区共查办了遗弃未成年子女违法犯罪案件4起，刑事起诉2人，行政处罚2人。特别是阴底乡陈某和燕子口镇曹某遗弃子女被逮捕两案，经媒体报道后，引起了社会强烈反响，很多留守儿童家长纷纷回乡履行监护职责。截至目前，全区留守儿童数量由2015年年底的66513人降低到43786人，降幅为34.17%，有力扭转了全区留守儿童工作被动局面。

【依法治理缠访闹访】 建立了县级领导干部包靠乡镇街道和包案化解制度，明确区四大班子成员带头深入到包靠乡镇街道包案调处矛盾纠纷和化解信访积案，按照“谁包案、谁跟踪、谁负责”和“一包到底、一案一清”的原则，扎实做好信访积案和重点信访问题化解工作，维护群众合理诉求。对时间跨度长、涉及范围广、人员结构复杂、社会影响大、化解难度大的特殊疑难信访问题，由包案人员提交信访联席会议研究，最大限度地推动“事要解决”，并抽调了20名善做群众工作的骨干，组成信访积案专案化解组，带案深入群众，集中力量攻坚信访积案，2017年以来，全区已成功化解“骨头案”“钉子案”180余件。同时，继续深化“四级联动视频接访”工作制度，在坚持县级领导每个工作日接访，乡镇街道每周三排班接访制度的基础上，额外要求乡镇街道实行每月“逢5”排班接访。在中共十九大期间，全区范围内信访干部全员停休、每天接访。通过以上措施，既有效化解了一大批信访积案，又保证了中共十九大期间的安全稳定。另外，为更加有效地化解信访疑难积案，减少信访增量，七星关区引入第三方参与信访事项的处理，探索出了“信访事项公道评说”机制，由党员代表、群众代表、退休干部、知名律师担任评说员、评议员，对疑难信访事项进行评说、评议，切实推动群众合理诉求得到尽快解决，让提出过高要求和无理诉求者心服口服，息诉息访，有效化解了疑难信访积案，有效扭转了群众“信访不信法”的局面。全区已评说109件信访疑难积案，推动解决了41个信访事项，其他68件通过评说后，部分当事人主动放弃了过高或无理诉求，这一做法得到了省委副书记、代省长谌贻琴同志的高度肯定。与此同时，针对一些长期缠访、闹访、非访的行为，七星关区加大依法打击力度，引导群众合理合法表达诉求。全区依法打击缠访、闹访、非访违法犯罪人员93名，逮捕6人，行政拘留87人，有效遏制了非访问题突出现象。

【解决特殊群体管理难题】 轻微违法犯罪和有严重不良行为的青少年、重性精神病患者、艾滋病人、吸毒人员等存量多，管理困难。这部分群体是零包贩毒、“两抢一盗”等违法犯罪活动的主体，成为违法犯罪的源头人群，严重影响了社会治安。为有效破解这一难题，七星关区投资近3亿元，建立了阳光工程、回归体验中心、关爱医院、育新学校（毕节十六中）和青少年预防教育基地“五位一体”的特殊群体服务管理园区，由园区对轻微违法犯罪和有严重不良行为的青少年、重性精神病患者、艾滋病人、吸毒人员实行社会面监管，着力破解脱管漏管难题。目前，阳光工程已经累计安置了284名社区戒毒社区康复人员就业，关爱医院已累计收纳336位特殊病人进行救治，戒毒回归体验中心累计培训学员624人，育新学校（毕节十六中）累计招收有不良行为青少年413人，有效解决特殊群体服务管理难题。

【创建生态“补植复绿”基地】 探索将恢复性司法理念运用到生态环境保护案件中，制定了《毕节市七星关区破坏森林资源违法犯罪案件生态损失补偿工作机制》，突出以人为本和依法治理相结合的理念，规定受理破坏森林资源刑事案件时，可以引导犯罪嫌疑人、被告人签订生态损失补偿协议，通过自行补植补造或缴纳生态损失补偿金的方式对受损森林资源进行补偿，并将履行情况视为悔改、悔罪的表现，作为依法从宽处理的依据。七星关区在拱拢坪国家森林公园和白马山林场规划了1755亩生态“补植复绿”基地，引导当事人自愿缴纳生态损失补偿金14.59万元，完成生态补植复绿858.8亩，及时有效修复了受损的生态环境。

【完善家事审判机制】 家事案件情、理、法相互交织，错综复杂，往往总是“案结事不了”。2017年，区法院积极探索审判组织联动化、立案程序便捷化、调处机制多元化、审判方式人性化的有效模式，推动司法能动服务社会和家庭。家事审判队伍为当事人提供政策咨询等服务178人次，受理家事案件2438件。庭前调处结案1270件，远程视频审结5件，巡回调解134件，合议庭审结家事案件1029件。该模式取得了良好的法律效果和社会效应，有效破解了“清官难断家务事”难题，促进了社会大局和谐稳定。2017年12月13日，省高级人民法院院长孙潮在省委政法委《法治毕节创建工作专刊》（第24期，总第82期）——《七星关区采取“四化”措施，推进全国家事审判改革试点收到实效》上批示：“家事审判事关审判的现代化，七星关法院和毕节中院的探索有推广意义。”明确要求推广七星关区的好经验、好做法。

【民主法治示范村（社区）创建】 2017年，要求各乡镇街道按照“四有五无两知晓”的示范标准，打造三个民主法治示范村。“四有”指：有村规民约或城市公约，让群众实现村（居）民自治；有调解组织，让矛盾纠纷不出村（社区）；有法律明白人，让群众熟悉政策法规；有“一室一队”（警务室、义务巡逻队），让群众安居乐业。“五无”指：无重大刑事案件，无重大安全事件，无群访非访事件，无失学辍学儿童，无严重违反法律法规行为。“两知晓”指：群众知晓法律法规，熟悉法律服务渠道；群众知晓村（社区）事务，积极参政议政。通过以点带面、示范引领，带动基层法治建设水平整体提升。截至目前，全区共创建“民治法治示范村（社区）”125个，其中长春堡镇清塘村获“全国民主法治示范村”称号，普宜镇宜兴社区、朱昌镇双堰村等5个村（社区）被授予“省级民主法治示范村”称号，麻园街道望城社区、杨家湾镇大埂子村、撒拉溪镇龙凤村等11个村（社区）被授予“市级民主法治示范村”称号。

【信访维稳工作机制】 2017年以来，认真落实中央、省、市各项维护社会稳定工作文件精神，积极完成上级交办的各项督办案件，认真落实维护稳定工作责任制，建立重大活动、重要敏感节点期间维护稳定工作责任清单制度，对重大突出矛盾和问题按照“百日攻坚战”要求实施化解。“元旦春节”“两会”、国庆中秋期间和中共十九大等敏感节点，认真制定相关维稳工作方案，认真落实各项措施，坚决防止发生“大、丑、恶”事件，并按时完成上级布置的各项工作任务。在元旦春节、全国全省“两会”期间制定维稳处突工作方案以及预防和处置群体性事件工作预案，开展了矛盾纠纷隐患拉网式大排查、大调处工作。中共十九大期间，通过各工作小组的共同努力，每日巡查，盯紧看牵，不留死角，不漏一人，一切工作正常。

【社会治安防控体系】 建立三层封控圈，加强城区热点、WiFi、电子围栏、电警卡口建设，建成第一层封控圈；建立各乡镇为核心的防控体系，建成第二层封控圈；建设与周边县区联网的热点、WiFi、电子围栏、电警卡口，建成第三层封控圈。投入 6000 余万元启动“天网三期”，建成星光级摄像头 987 个，治安卡点 102 个，实现全区 42 个镇乡街道全覆盖。建成以小区为单元、由物业公司建立的小区楼栋门禁系统，提升智能化防范水平；建成车站、机场、码头实名购票系统；落实寄递物流实名制、开箱验视和 X 光机安检三个 100% 制度；推行校园和村（居）留守儿童、城市公交、长途客运、个体摩托车等智能化安全服务管理机制。建成警民联防的人网系统。在城区深化特警、协警和武警“三警一队”治安巡逻模式，形成 24 小时不间断巡逻防范，建立健全城关地区巡逻防控机制。全面实行以“村级警务助理”为主的义务巡逻队、护村护寨队“一警两队”模式，组织和发动人民群众开展群防群治，强化城市居民散住区域和农村地区的治安巡逻防范。组建了一支由 120 名特战队员组成的特战突击中队，实行 24 小时值班备勤制度，专门用于警卫、安保、处突、维稳工作。

【严打违法犯罪】 2017 年，区公安分局、区检察院、区法院充分发挥职能作用，依法打击各类违法犯罪。区公安分局破案 2169 起，其中，破“两抢一盗”1419 起，破八类案件 246 起；刑拘 1140 人，逮捕 977 人；抓获逃犯 288 人，破命案积案 7 起，抓命案逃犯 7 人。特别是成功破获公安部挂牌督办的何官屯“8·25”灭门杀人案，在全区引起强烈反响。区检察院批捕影响人民群众安全感的各类犯罪案件 568 件 689 人，起诉 586 件 715 人。区法院受理各类刑事案件 865 件，审结 861 件，判处罪犯 1117 人。审结影响人民群众安全感的各类犯罪案件 260 件 348 人，恶性案件高发势头得到遏制。刑事发案连续三年下降的好势头。特别是 2017 年的下降幅度创历史新高。全年立刑事案件 3095 起，和 2016 年同期的 4338 起相比下降 28.7%。其中，“两抢一盗”立案 2234 起，和 2016 年同期的 2929 起相比下降 23.7%；八类案件立案 203 起，和 2016 年同期的 290 起相比下降 30.0%，群众安全指数明显提升。

【风险评估工作】 将社会稳定风险评估工作作为维稳工作的重要内容纳入区目标考核体系，完善修定了《重大事项社会稳定风险评估制度》，对重大项目、重大工程、重大活动实施社会稳定风险评估。区发改局、区社会稳定风险评估中心、各乡（镇、街道）、区直相关部门建立了投资项目社会稳定风险评估在线审批平台，实施运转正常。已组织对 4 项重大事项进行社会稳定风险评估。针对存在的不稳定因素和涉及到的群体性纠纷，督查评估单位进行方案调整，积极化解矛盾纠纷，制定切实可行的防范和处置的工作预案，确保工程项目顺利实施。五月，经过与工商部门协调，积极探索建立第三方评估机制，现七星关区已成立一家第三方评估机构——七星关区荣诚社会稳定风险评估公司。该公司已受区征拆局委托，正对七星关区棚户区改造项目进行第三方评估。各乡镇办事处也对辖区内低风险重大事项进行社会稳定风险评估，七星关区所辖乡镇办事处共对 174 项重大事项进行评估，并按评估决定有序开展相关工作。

【禁毒工作】 2017 年，区委、区政府进一步调整和加强了禁毒委员会，区委书记任禁毒委第一主任，区长任禁毒委主任。共召开区委常委办公会议、区人民政府专题会议 9 次，研究部署禁毒工作。区禁毒办定期不定期对各乡镇街道、成员单位进行督导检查，严格实行月报告、季考核、年评估制度，确保了禁毒各项措施落地生根，形成长效机制。出台《毕节市七星关区禁毒专干管理暂行办法》等三个规章制度，完善《七星关区禁毒工作考核及责任查究办法》，对各乡镇街道、区直各部门主要领导、分管领导和派出所长考察、提拔、重用和交流时，组织部门要征求禁毒委意见。对照《毕节市2017年度禁毒工作责任状》，区委、区政府对目标任务进行细化、分解，印发《毕节市七星关区2017年禁毒工作责任分解表》，确保各项目标任务抓实，按期完成任务。按照“区管乡用”原则，以15：1的比例（即每15名社区戒毒社区康复人员配备一名禁毒专干，省市规定是20：1），给各乡镇街道配备禁毒专干124人，充实禁毒力量。在各乡镇街道设立禁毒办，保证1至3名工作人员专抓禁毒工作，形成专人抓、专人管、专人干的工作格局。

【禁毒宣传工作】 全面营造浓厚宣传氛围。始终将禁毒宣传和公民道德教育、普法教育、健康教育、科普教育、预防艾滋病教育等宣传活动有机结合起来，按照“八进”（进社区、进单位、进学校、进家庭、进场所、进农村、进网络、进行业）要求，形成有关部门齐抓共管、社会各界广泛参与的全民毒品预防教育工作体系。充分利用“6·1”“6·3”“6·26”以及春节等有利时机，广泛开展“健康人生·拒绝毒品”的主题宣传教育活动，做到手机有信息、广播有声音、车辆有标语、电视有画面、报纸有文章、公路沿线、公共场所、人口密集村寨有横幅、有宣传专栏，扩大了预防宣传教育覆盖面，筑牢人民群众识毒、防毒、拒毒的“思想长城”。始终以青少年学生、社会闲散人员、外出务工人员和娱乐场所从业人员等“易染毒人群”禁毒宣传教育为重点，认真组织实施《青少年毒品预防宣传教育规划（2016－2018）》，在小学五年级至高中二年级开设禁毒预防教育课程，做到教学计划、大纲、师资、课时、教材“五落实”；对社会闲散人员、外出务工人员和娱乐场所从业人员等重点人群开展有针对性的宣传教育。

【严打毒品犯罪】 2017年，全区共侦破涉毒案件192起，打击处理毒品犯罪嫌疑人共222人，缴获各类毒品共10502.46克；侦破新型毒品案件共63起，侦破零包贩毒案件47起；开展公路公开查缉破获毒品案件共109起，缴获毒品7619.52克；报立省级毒品目标案件5起，破省目标案件3起；报立市级毒品目标案件1起，破获1起，2016年同期未报立、破获市级毒品目标案件。共查处吸毒人员1707人次，强制隔离戒毒人员1286人，与2016年同期1235人相比，上升4.1%。对辖区内易制毒化学品和精麻药品企业、单位进行定期和不定期检查50余次，区公安分局与各单位签订了管理责任书，40家企业单位无违法违规购买使用易制毒化学品和精麻药品现象发生，易制毒化学品和精麻药品从未流入非法渠道。投资1.2亿元，建成集教育矫治、技能培训、治疗、预防教育和就业安置“五位一体”特殊人群集中服务管理园区，其中，引进民营企业贵州众恒建设有限公司投资2300万元，按一级综合医院标准建设关爱医院，面积约6000平方米，可容纳150名特殊病人的医疗矫治，已于2016年11月底已投入使用，目前总收治涉毒特殊病群体440余人，2017年，共收治涉毒特殊病群体369人。实行区、乡镇街道、村（社区）三级挂钩责任制和“旬报告”制度，坚持“秋抓禁种、春抓铲除”的原则，将全区所有山岭、森林、田野、地块分片包干。五年来，全区没有发生大面积种植毒品原植物的现象，实现毒品原植物“零产量”目标。

【禁吸戒毒工作】 始终坚持“以人为本、科学戒毒”的原则，不断创新工作思路，始终坚持不放弃、不抛弃的理念，最大限度挽救站在悬崖边上的吸毒人员。2017年，七星关区不断调研，不断总结，强化服务，继续完善吸毒人员接回—帮扶—安置—回归“一条龙”的工作模式，坚持“无缝对接、帮扶救助、心理疏导、戒治康复、就业安置、依法管理”的理念，加强对吸毒人员的服务和管理工作，按照“出所必接、接回必管”的要求，实现戒毒出所人员出所、管控、帮教、安置等各个环节的“无缝衔接”，接回率达100%。

（撰稿人：办公室）

公共安全

【概述】 2017年，毕节市公安局七星关分局在各级党委政府和上级公安机关的坚强领导下，以中共十九大安保维稳工作为主线，深入开展严打整治斗争，积极推进“五项行动”和“法治毕节”创建，各项工作取得明显成效，连续三年在全市公安机关综合考评中排名第一，全区呈现刑事发案下降、破案力度上升、治安明显好转、社会大局保持稳定的良好态势。

【增强意识——确保政治大局稳定】 2017年，全区公安机关切实增强“四个意识”，全面完成各级重要会议和大型活动的安保任务，加强信访维稳工作，强化治安管理和重点整治，加强重点人员的管控，全力化解信访积案，稳控信访人员，确保政治大局稳定。特别是在下半年，全区广大公安民警及辅警，按照“三个不发生”创建活动要求，全员停休、全力以赴，发扬不怕疲劳、连续奋战的精神，圆满完成了中共十九大安保维稳工作任务，取得了全区历次安保维稳工作的最好成绩，得到省、市、区党委政府的高度肯定。

【扁平指挥——实现发案连续下降】 全面完成“天网三期”工程建设，实现全区42个镇乡办集镇范围全覆盖；逐步优化完善“扁平化”指挥体系建设，全面启动110社会联动机制建设，强化社会综合治理管控能力；逐步加大特巡警装备及人员的投入力度，加大巡逻防范的力度和密度，按片区、路段组织开展24小时网格化巡逻防控工作，实行“交巡合一”巡逻防控新模式，逐步建成全方位、立体化治安防控体系，在刑事发案控制方面发挥重要作用，实现连续三年下降的好势头，特别是2017年的下降幅度创历史新高，全年立刑事案件3095起，和2016年同期的4338起相比下降28.7%，其中，“两抢一盗”案件立案2234起，和2016年同期的2929起相比下降23.7%；八类案件立案203起，和2016年同期的290起相比下降30.0%。

【抓牢主业——严打能力稳步提升】 持续开展严打整治斗争，严打“黄赌毒、黑拐骗”等违法犯罪活动；公安网格、无线集群等各类系统平台得到更新和完善，相关警种力量进一步整合，公安“大数据”、情指一体化等工作在破案打击方面逐步发挥作用。全年破案2169起，其中，破“两抢一盗”案1419起，同比上升11.6%；破八类案件246起，同比上升3.8%；全年刑拘1140人，逮捕977人，同比上升1.2%；起诉1124人，同比上升17.8%；抓获逃犯288人，同比上升11.2%，破获命案积案7起，抓获命案逃犯7人，成功破获一批有影响的刑事案件，特别是成功破获发生在五年前的公安部挂牌督办的“8·25”灭门杀人案，该案的告破大快人心，群众拍手称赞。

【重拳出击——打黑除恶取得成效】 按照“黑恶必除，除恶务尽”的工作要求，以打黑大队为主力，各单位全力配合，严打黑恶势力违法犯罪，打黑除恶工作取得成效。全年共破获涉恶类案件50起，刑拘151人，逮捕139人，起诉137人。成功打掉涉及聚众斗殴、组织卖淫、开设赌场等犯罪行为的18个恶势力团伙，特别是成功打掉了“7·07”聚众斗殴案以及周某为首的“8·02”寻衅滋事案等多个有影响的恶势力团伙，抓获嫌疑人88名，扫黑除恶工作取得一定成效。

【全警动员——禁毒工作有所突破】 组织开展吸毒人员“大收戒”行动，从局党委成员到中层干部，到全体民警，全部分解任务到部门、到个人，确保禁毒工作取得实效。2017年破毒品案件190起；强戒1281人，和2016年同期的1228人相比上升4.3%；报立省级目标案件5起，破获3起；报立市级目标案件1起，破1起。特别是在全市吸毒人员“大收戒”专项行动中，真正做到全警动员、全警参与，完成数排名全市前列。另外，分局党委结合禁毒工作形势，认真分析，大胆管理，依法办案，强化社康社戒人员的管控收戒工作，四个月时间收戒175名拒绝接受社康社戒或严重违反社康社戒协议的吸毒人员。

【敢于担当——严打特殊违法犯罪】 按照“五项行动”工作要求，积极开展重点人群保护行动，严厉打击侵害留守儿童合法权益的违法犯罪行为。全年办理监护人不履行监护职责、涉嫌遗弃违法犯罪的案件4起，逮捕2人，行政处罚2人。此类案件的成功办理在全省属首例，对进一步加强留守儿童等特殊群体的服务管理工作起到重要作用。为了严打蓄意闹访、缠访、越级访等违法信访行为，维护良好信访秩序，在年初成立打击违法信访的工作专班，成功打击缠访、闹访、非访违法犯罪人员108名。其中：办理刑事案件3起，逮捕6人；办理行政案件73起，行政拘留102人，有效维护良好的信访和治安秩序。

【依法履职——切实维护群众利益】 加强涉众型经济案件的线索摸排和案件办理工作，依法依规办理案件；同时，也做好受损群体的稳控工作。2017年受理6起涉众型经济案件，涉及集资诈骗、非法吸收公众存款、传销等犯罪行为，受损群体1000余人，涉案金额约3亿元，抓获8名犯罪嫌疑人，刑拘8人，逮捕4人，为群众挽回经济损失1500余万元。

【充实力量——应急处突能力增强】 成立了20名特巡警队员组成的突击队，专门处置劫持人质、暴力恐怖等极端突发事件；组建120名特巡警队员组成的特战中队，承担维稳处突、安保救援等任务。结合七星关境内的进出口较多的特点，在毕节站、西站、北站3个主要进出口收费站设置武装卡点，开展盘查布控工作，建立“城市封控圈”，防范和处置影响较大的群体性事件。全年完成各类安全保卫任务70余次，处置群体性事件100余次。其中，派出100余名警力参与“8·28”纳雍山体滑坡救援行动，救援工作得到容江副市长等领导的高度认可；快速处置“9·20”南关桥非法堵路事件；成功处置涉及200余人的“10·1非法聚集事件”，省委孙志刚书记对该事件的快速成功处置作出重要批示，给予充分肯定。

【严查黄赌——全力整治治安乱点】 强化对出租屋、旅社、娱乐、网吧、足疗、麻将馆等行业场所的治安检查，整治治安乱点，严查涉赌涉黄违法犯罪，净化社会风气。全年破涉赌刑事案件15起，采取刑事强制措施22人，查处涉赌治安案件57起，治安处罚326人，成功打掉“对坡赌博案”“尚城国际赌博案”等10余个流动赌博窝点，收缴赌资100余万元；破涉黄刑事案件27起，采取刑事强制措施57人；查处涉黄治安案件84起，治安处罚263人，成功打掉“御宫洗浴”等20余个介绍容留卖淫窝点。

【居安思危——强化公共安全监管】 按照市委市政府“五项行动”部署要求，将“大安全”作为第一底线，牢固树立安全理念，加强道路交通、危爆物品、消防安全的监管力度。开展交通安全整治：切实加强道路交通安全源头管控，严打“三超一疲劳”、酒驾、醉驾、“响管车”等交通违法行为。全年查处各类交通违法行为34万余起，其中，酒驾858起，无证驾驶1090起，行政拘留566人；发生各类交通事故7104起，死亡127人，受伤2592人；加大危爆物品管控：加强对危爆物品、枪支弹药、管制刀具等危险物品的清查整治力度。全年共检查涉爆单位800余家次，侦破涉爆刑事案件4起、涉枪刑事案件7起，收缴枪支18支、子弹79发、铅弹2650发、烟花爆竹13111件、炸药17.8公斤、雷管1457枚；强化消防安全监管：积极开展各类消防安全整治行动，开展电气火灾综合治理、消防通道专项整治等专项检查，努力创造良好的消防安全环境。全区发生火灾事故245起，死亡2人；出动消防人员5827人952车次；检查单位28000余家次，整改火灾隐患21000余处，罚款150万余元。

【大胆创新——信息化建设步伐加快】 投入0.65亿元启动天网三期工程建设，建设星光级摄像头987个，在城区和乡镇建设103个治安卡点，实现了全区42个镇乡办集镇范围全覆盖；

顺利完成新业务技术用房搬迁工作，建设多功能指挥大厅和智能化办案中心，指挥调度和执法办案工作更加智能、更加高效、更加安全；大力推进智慧社区、人脸识别等“公安大数据”建设工作，多个试点项目已初见成效，系统应用及实战效果方面正在逐步得到完善和强化，公安机关驾驭社会治安的能力得到逐步提高。

【强化落实——夯实基层基础工作】 以派出所等级达标为抓手，全力推进派出所规范化建设，2017 年成功创建 2 个二级派出所和 15 个三级派出所，全部经过省厅、市局验收合格；全面完成派出所三年攻坚战收官工作，取得了全省第 17 名、全市第 1 名的好成绩，其中，三板桥和大新桥派出所分别取得了全省第 1 名和第 2 名的优异成绩；按照省市户改办下达的 35.15% 的城镇化率目标要求，认真落实农业转移人口落户城镇工作，目前，全区户籍人口城镇化率已达 40.62%；主动与民政、教育等部门开展无户口人员清理落户工作，切实推行居民身份证异地受理、挂失申报和丢失招领“三项制度”，全年为无户口人员登记落户 42321 人，受理异地身份证 2085 张，未出现办证失误被群众投诉的情况。

【改进作风——队伍管理更加规范】 努力推进“两学一做”学习教育常态化，切实转变工作作风，狠抓党风廉政建设，促进公安队伍正规化。强化思想分析：创新实行“七个一”民警思想动态分析制度，全年收集 8000 余份民警思想动态登记表，及时掌握民警思想动态，切实解决民警实际问题，有效改进纪律作风；完善管理制度：修订完善《队伍管理规定》和《辅警管理暂行办法》，将全局辅警统一登记造册，审核在职离职辅警档案 2780 卷，录入数据 1140 条，辅警管理更加规范；落实从优待警：积极争取党委政府的大力支持，按照相关政策最大限度地全面完成民警值勤岗位津贴和加班费的补发工作，1000 多万元补发金全部落实到位；建立困难民警救助基金，帮助解决民警实际困难，共救助民警（辅警）5 人，发放救助金 5 万元；加大奖惩力度：全年共有 174 名民警立功受奖：一等功 1 人，二等功 4 人，三等功 58 人，个人嘉奖 111 人；有 73 名辅警获得表彰；有 39 个单位立功受奖：集体二等功 1 个，三等功 7 个，集体嘉奖 31 个。全年全局通报违规违纪单位 59 个、民警 83 人；有 21 名民警受到党纪政纪处分；38 名辅警被辞退，公安队伍管理更加精细化、制度化，凝聚力和战斗力得到进一步提升。

（撰稿人：办公室）

检　察

【概述】 2017 年，区检察院在区委和市检察院的领导下，在区人大及其常委会的法律监督和区政协的民主监督下，在区政府和社会各界的关心支持下，认真学习贯彻中共十九大及十八大以来历次会议精神，深刻领会习近平在参加贵州代表团讨论时的重要讲话精神，紧紧围绕区委“1136”工作规划和“决胜贫困、同步小康”的奋斗目标，忠实履行宪法和法律赋予的职责，各项检察工作取得新成效、呈现新面貌。

【主动融入党委政府工作大局　全力保障经济发展】 一是依法维护经济秩序，保障经济发展。围绕建设健康有序的市场经济秩序，严厉打击合同诈骗、非法经营、生产销售不符合安全标准食品、有毒有害食品等严重影响经济发展的刑事犯罪，依法批准逮捕 13 件 13 人，起诉 14 件 24 人。制定保障和促进非公有制经济健康发展实施意见、加强产权司法保护实施办法，开展以产权司法保护和服务大生态为主题的“两长”座谈会，营造新型“亲·清”政商关系。二是坚持查办民生领域职务犯罪，确保共享发展。依法查办社会公共事业建设领域贪污、受贿职务犯罪案件 15 件 19 人，扶贫开发领域 2 件 2 人，征地拆迁领域 1 件 1 人；严肃查办卫生领域药品采购环节的职务犯罪案件 6 件 6 人，彻底铲除“潜规则”，努力营造药品购销环节良好生态。三是深化生态环境保护，保障绿色发展。坚持绿色发展理念，努力拓展和延伸生态环境保护检察职能。共立案查处生态环境领域职务犯罪案件17件21人；批准逮捕滥伐林木等破坏生态环境刑事案件1件2人，起诉17件21人；积极开展“补植复绿”工作，督促有关单位和个人补植树木10400株，督促毁坏林地的3家单位缴纳生态损失赔偿金68463.5元。建立两法衔接长效机制，与区林业局、市场监管局和公安机关、环保部门共同开展严厉打击破坏野生动物资源违法犯罪、涉危险废物环境违法犯罪专项行动，检查危险废物生产企业33家、危险废物经营企业3家，下达执法通知书4份，立案查处排污单位1家，罚款10000元，查封涉案单位1家。

【极参与平安七星关建设 切实维护社会稳定】 一是严厉打击各类严重刑事犯罪。密切关注社会舆情、热点敏感问题，治安动态和发案规律，积极参与打黑除恶、扫黄打非专项整治和严打整治斗争。一是严厉打击故意杀人、故意伤害、强奸等严重侵犯人身权利的暴力犯罪，共批准逮捕182件217人，起诉167件195人；二是严厉打击严重影响人民群众安全感的“两抢一盗”犯罪，批准逮捕246件314人，起诉256件340人；三是严厉打击毒品犯罪，批准逮捕140件158人，起诉163件180人。二是切实贯彻宽严相济刑事政策。在严惩严重刑事犯罪的同时，坚持宽严相济的刑事政策，着力化解社会矛盾，增进社会和谐。一是对符合法定从宽处理条件的轻微刑事案件、过失犯罪案件，犯罪嫌疑人真诚悔过并获得被害人谅解的，依法从宽处理。因刑事和解不批准逮捕178人，不起诉155人。办理的“胡国华等14人侮辱尸体案”被评为全省检察机关十佳精品案件。二是坚持“理性、平和、文明、规范”的司法理念，切实维护刑事诉讼当事人的权利，对批准逮捕后双方当事人达成刑事和解或没有羁押必要的犯罪嫌疑人，依法变更强制措施39件40人。三是切实强化特殊群体司法保护。加强未成年人双向保护，落实社会调查、合适成年人到场等特殊制度。坚持少捕、慎捕，对犯罪情节不是特别严重、人身危险性小且有监护条件的涉罪未成年人尽量不适用逮捕强制措施。2017年，共受理提请批捕未成年人犯罪案件132件186人，批捕79件106人，不批捕54件83人，不捕率为44.63%。坚持“教育、感化、挽救”的方针，依法作出不起诉22件27人。派员介入引导侦查“9·14”轮奸案，确保快捕快诉，有效平息社会舆论。与公安机关联合开展打击监护人不履行监护职责专项行动，依法对2名涉嫌遗弃罪的犯罪嫌疑人批准逮捕并提起公诉。对猥亵犯罪的1名教师提出从业禁止的量刑建议获法院采纳，这也是毕节市检察机关提出的首例从业禁止令。

四是积极参与社会治安防控体系建设。强化基础设施和信息化建设，畅通“信、访、网、电”等群众诉求表达渠道，依法处理群众来信来访153件次。严格执行检察长接待制度，检察长接待24次。认真做好“百日基层遍访”及喜迎十九大系列维稳活动，实行带案下访、联合接访等措施，连续多年保持涉检赴省进京“零上访”。深化律师参与化解社会矛盾工作，律师参与化解涉法涉诉信访案件15件。办结不服法院生效刑事裁判申诉案件6件，开展司法救助17件，救助刑事被害人及其近亲属52人，发放救助金108.4万元。同时，充分发挥检察建议的司法功能，建议长春堡镇、阴底乡等10个镇乡为刑事案件的受害群众办理低保救助，进一步彰显了司法关怀。

【依法惩治和预防职务犯罪 着力维护良好政治生态】 一是坚持反腐败高压态势，始终保持力度不减、节奏不变。全年共查办职务犯罪案件29件35人，其中贪污贿赂案件25件29人，渎职侵权案件4件6人，为国家挽回直接经济损失1600余万元。保持遏制扶贫领域职务犯罪滋生蔓延势头，查办扶贫开发领域职务犯罪案件10件12人，涉案金额达400余万元；认真研究工程领域犯罪规律，依法查办工程建设领域贪污贿赂犯罪案件6件6人，涉案金额达300余万元；依法查处5名县处级、11名科级领导干部，反腐败斗争压倒性态势基本形成。二是坚持标本兼治，推进职务犯罪预防。深入推进预防精细化、精品化建设，在有关行业和国企开展预防工作，帮助完善内控机制、堵塞管理漏洞。介入区人民医院“微天使”肿瘤微创治疗示范中心建设工程、南山公园二期工程等10个重点民生工程项目，建立了联席会议制度、制定了工作方案、挂牌设立预防工作室，开展警示教育和预防宣传，对3个重点工程项目负责人进行约谈。开展预防调查7次，分别向有关单位发出检察建议，督促相关单位堵漏建制、完善工作机制。开展警示教育48次，预防宣传112次，受教育人数达10000余人。拍摄《念头》《高墙内的红黑转身》两部警示教育片，用身边事教育身边人。录入行贿犯罪档案信息12条，查询行贿犯罪档案3158次。认真撰写惩防职务犯罪年度报告，剖析发案特点，提出对策建议，为推进反腐倡廉提供参考。

【狠抓对内对外两个监督深入推进法治毕节创建】 一是全面开展诉讼监督工作。坚持全面客观收集证据与非法证据排除，健全冤错案件防范、纠错机制，对不构成犯罪或证据不足的，依法决定不批捕145人、不起诉1人。坚决纠正有案不立、有罪不究等情形，监督立案41件、监督撤案8件，纠正漏捕92人、追诉漏犯128人、追诉漏罪37起。加强以抗诉为重点的刑事审判监督，提出（提请）抗诉6件6人，抗诉意见均得到上级检察机关、中级人民法院支持和采纳。全面开展刑罚执行和监管活动监督，依法查办监管环节司法人员职务犯罪案件3件5人，又犯罪案件1件1人，发出检察建议17份，对违法情形予以监督。开展羁押必要性审查41人，提出释放或变更强制措施建议被采纳40人。集中清理判处实刑罪犯未执行刑罚专项活动，监督公安机关对29名被撤销假释、缓刑、暂予监外执行的罪犯进行抓捕，已抓获10人。办理民事行政申诉案件4件，民事执行监督案件10件，向法院发出执行监督检察建议书8件。二是自觉接受外部监督。积极向区人大及其常委会报告工作，积极配合开展专题视察、执法检查等活动。就诉讼监督和诉讼权利保障工作向区人大常委会作专题报告，认真落实审议意见。以本院《七星检察》内刊为载体，定期采访人大代表，虚心听取其意见建议。重视发挥人民监督员、特约检察员、专家咨询委员作用，邀请“三员”参与执法活动监督3次、“检察开放日”活动3次。主动接受社会监督，发布案件程序性信息3758条、重大案件信息126条、公开法律文书787份。充分保障律师职业权利，接待律师224次，在互联网上办理律师辩护与代理预约业务32件次，制作电子卷宗1055件2489册，接待辩护律师和其他辩护人查阅、摘抄、复制案卷196次，实现检律关系的良性互动。

【完善检察管理体制机制不断提升检察监督能力】 一是司法体制改革成效初显。细化检察官权力清单，组建办案团队，切实落实“谁办案谁负责，谁决定谁负责”的司法责任制，检察官办案责任明显增强，办案质量和效率进一步提升，公诉案件办案时限已由原来的35天缩短至17.275天。检察长、副检察长带头办理疑难复杂案件、亲自出庭指控犯罪已成常态。稳步推进检察人员分类管理、职业保障和人财物统一管理改革，建立与办案数量、质量相挂钩的绩效考核和执法档案制度。完成首批27名员额制检察官等级晋升工作，遴选第二批员额制检察官2名。在国家监察体制改革中，切实加强队伍教育管理，确保思想不乱、队伍不散、工作不断，对人、财、物做到应转尽转。二是刑事诉讼制度改革扎实推进。重视发挥检察机关的审前主导和过滤作用，健全命案、职务犯罪、重特大毒品案件提前介入、引导侦查取证机制。规范退回补充侦查，完善智能辅助办案系统的类案推送、结果比对、数据分析和办案瑕疵等功能，强化起诉前对案件事实、证据、程序的审查把关，有效杜绝了无罪案件的发生。完善随机分案、案件流程监控、案件质量评查制度，监督制约机制得到进一步落实。着眼于节约司法资源、提高办案效率，推动轻微刑事案件快速办理，建议一审法院适用简易程序578件。通过召开庭前会议和提出量刑建议的方式对审判活动进行监督，召开庭前会议7次，提出量刑建议1059人次，采纳率达99%。三是稳步推进公益诉讼制度改革。按照“紧盯试点授权，力争有所突破”的原则，顺利完成为期两年的检察机关提起公益诉讼试点改革任务，共发现公益诉讼案件线索13条，向有关部门发出检察建议13件，督促恢复治理被破坏林地300余亩，整治未依法办理环评手续污染企业1家，提起行政公益诉讼案件2件。2017年8月，七星关区检察院荣获“全省检察机关提起公益诉讼试点工作先进集体”荣誉称号。

【落实全面从严治党要求努力打造过硬检察队伍】 一是坚持把思想政治建设摆在首要位置。全面落实意识形态工作责任制，健全意识形态管理和约束机制，深入推进“两学一做”学习教育常态化制度化。以学习贯彻中共十九大精神为抓手，严格党组中心组、检委会、全院干警学习制度，切实增强“四个意识”“四个自信”，铸就干警绝对忠诚的政治品格。组织中共十九大知识竞赛、专题讲座、“祭扫烈士陵园、重温入党誓词”等活动，不断丰富检察文化，践行社会主义核心价值观。二是坚持把素质能力提升作为重要任务。主动适应检察人员分类管理要求，制定《干部教育培训工作计划》，分批组织员额制检察官、检察辅助人员、司法行政人员到国家检察官学院、西南政法大学等院校开展岗位技能培训，全年共培训25期55人次。按要求组织相关人员参加高检院、省院、市院组织的视频会议培训。针对“能力不足”和“本领落后”，坚持全员学习，为干部队伍梯次配备、检察事业长远发展奠定良好基础。三是坚持把从严治检作为政治任务常抓不懈。严格落实党风廉政建设“两个责任”，突出解决作风建设短板。聚焦最高检巡视“回头看”和省院巡视反馈意见，围绕“党的领导弱化、党的建设缺失、全面从严治党不力”三大问题，认真梳理问题12项，提出整改措施13条，明确责任领导、责任部门和责任人，限期进行整改。突出整治“四风”和不良作风，开展集中清理办公用房、公车使用、财务管理、执行“三重一大”等专项检查。充分运用“四种形态”，对违规违纪的23名检察人员进行了约谈和批评教育，持续释放“越往后执纪越严”的强烈信号。四是坚持把信息化建设作为基础工程。以全省检察机关大数据应用推进年和科技强检示范院创建为契机，建成多功能检务大厅、专业分支网络等大数据执法办案平台，大力推进大数据与检察工作的深度融合，实现全员、全面、全程网上办案、网上管理、网上监督和网上考评。利用检察微信公众号、微博、今日头条和检察网站，以及《检察日报》《贵州日报》《毕节日报》等新闻媒体，发布检察信息，宣传检察工作。

（撰稿人：曹宣祥）

法　院

【概述】 2017年，在区委的正确领导下，在区人大、政协的法律和民主监督下，在区政府的大力支持与上级法院的指导下，七星关区人民法院认真学习贯彻中共十八大、十九大精神，以习近平新时代中国特色社会主义思想为指导，坚持“司法为民、公正司法”工作主线，忠实履行宪法法律赋予的职责，狠抓执法办案第一要务，强化审判管理、队伍建设，深化司法体制改革，为实现全区社会和谐稳定和“决胜贫困、同步小康”的奋斗目标提供了有力的司法保障。,

【落实员额制改革】 一、严格落实员额配比，科学确定法官岗位。该院共有中央政法专项编制167名，经过考试、考核、面试该院2016年10月遴选出员额法官45名，2017年年底，遴选员额法官1名，共有员额法官46名，占中央政法专项编制27.5%。2017年，该院共受理各类案件11621件，居全市法院第一位，全省基层法院第五位，同比增长27.29%，结案10515件，同比增长23.69%，结案率90.48%，员额法官人均受案258件，结案234件。该院以各审判团队案件量为基础，综合各审判团队的实际情况设定员额法官配置比例，院机关民事审判团队法官19名，占比41.3%；院机关刑事审判团队法官7名，占比15.2%；院机关行政审判团队法官1名，占比2.2%；审判管理监督团队法官3名，占比6.5%，立案诉讼服务团队法官1名，占比2.2%；人民法庭审判团队法官11名，占比23.9%；执行团队法官4名，占比8.7%。同时充分考虑法官审判特长，科学合理设定法官岗位，员额后本院的审判执行工作有序推进。二、院庭长带头办案，积极落实入额办案责任制。该院严格按照中共中央办公厅、中央政法委及最高人民法院的相关规定，所有入额院庭长带头办理案件。2017年。该院院庭长共办结各类案件5164件，占结案总数的49.1%。为适应员额制办案的需要，及时修改制定了《七星关区人民法院审判委员会议事规则》《七星关区人民法院审判责任制改革实施办法》，明确了三类人员的权责清单，增强了法官办案的亲历性，保障了员额法官的自由裁量权。进一步完善合议庭合议规则、改进裁判文书的签发制度，有效发挥审判委员会把关重大、疑难、复杂案件和统一裁判标准的职能，审判权力向审判组织和案件承办人员下放，改变“审者不判、判者不审”“审与判分离”情况，让办案法官对案件裁判结果负责。员额法官独立办案，法官助理和书记员辅助员额法官办案，未入额法官根据情况转为法官助理或转为司法行政人员，履行法官助理职责或行政人员职责，从2017年3月1日起未入额法官不再收受案件。

【新型办案机制有效运行】

一、组建新型审判团队，明确各类人员职责权限。按照上级法院有关要求，该院制定下发了《毕节市七星关区人民法院关于组建员额法官专业团队的通知》，员额法官团队组建工作已全部完成。该院组建了七个审判团队，为刑事审判团队、院机关民事审判团队、行政审判团队、立案诉讼服务团队、执行团队、人民法庭审判团队、审判监督管理团队，在团队中，员额法官、法官助理、书记员，原则上按1：1：1配备，入额院领导未配备专门的法官助理和书记员，科学配置民事、刑事、行政审判和人民法庭办案团队力量。并根据自身工作实际，明确各类人员职责权限，大力规范团队工作机制，实现了职责权限清晰、工作衔接良好、机制运转有序的团队工作模式。明确法官、法官助理、书记员三类人员职责权限，工作上各司其职，进一步提升审判质效。二、规范审委会运行机制，积极推进审判机制改革。1. 规范审委会运行机制。该院结合自身实际完善审委会工作机制，制定印发了《毕节市七星关区人民法院审判委员会工作规则》。2017年度，七星关区人民法院审判委员会讨论案件120件，相比2016年的177件，同比减少32.20%，讨论法律适用、审判工作制度等宏观指导类议题3件，与2016年度持平。

审委会讨论案件情况			审委会讨论其他议题数		
2016年度	2017年度	增（降）幅	2016年度	2017年度	增（降）幅
177	120	-32.30%	3	3	0

2. 推进审判机制改革。一是大力推进“轻刑快审”工作。七星关区法院作为“轻刑快审”试点法院之一，工作成绩突出，2016年12月获贵州省高级人民法院通报表扬。2017年，运用轻刑快审审结案件321件，平均办案周期为12天，最短4天。

二是大力推进家事审判改革。从2016年8月1日全面启动家事审判方式和工作机制改革试点工作以来，我院组建家事案件审判团队，负责家事案件的审理，摸索家事案件裁判领域改革路径，探索人民法院司法能动服务社会和家庭的新方式、新方法。通过认真调查研究，制定了《毕节市七星关区人民法院家事审判方式和工作机制试点工作方案》及《毕节市七星关区人民法院关于审理家事案件的实施细则

（试行）》，并经审判委员会讨论通过后施行，使我院家事案件的审理有章可循。树立“家事纠纷无小事”的理念，依法有序审理家事纠纷案件，取得了较好的法律效果和社会效果。2016年6月以来，我院共受理家事（民事）案件共计收案2096件，结案1862件，结案率为88.83%，结案家事（民事）案件中调解结案832件，撤诉520件，调撤率72.6%，调解撤诉率、一审服判率有所提高；受理涉家事刑事案件72件，审结72件，结案率100%；受理涉家事行政案件6件，审结6件，结案率100%。该院家事审判探索总结的“圆桌式法庭设计，拉家常式审判”“设置冷静期，有效缓解夫妻矛盾”“家事纠纷贯彻调解为主、判决为辅的原则，突出感情修复，弥合亲情，最大限度保护未成年人的合法权益”“专业的心理辅导解开当事人心结，促进夫妻关系和谐”等经验做法被《贵州改革情况交流》采用，并获得时任省法院院长孙潮同志作出“家事审判事关审判的现代化，七星关法院和毕节中院的探索有推广意义”的批示，并获得毕节市七星关区2017年度“改革创新奖”二等奖。

【强化审判管理　落实审判监督责任】　七星关区法院通过建立健全五项保障机制，不断加强案件监督管理。第一是健全审判委员会把关复杂、疑难案件职能，强化类案同判保障。通过审判委员会统一裁判标准，决定审判执行重大工作事项，保障同案同判，促进司法公正，提升司法公信。第二是健全绩效考核工作机制保障。七星关区法院不断完善案件目标质效考核办法，加强了对案件审限内结案率、调解率、简易程序适用率的考核力度，加重上诉改判、发回重审案件的审判责任追究力度，使审判权力下放的同时，审判责任得到提升。第三是健全案件质量评查保障。审判监督部门对案件事实认定、证据分析采信、裁判文书说理、法律适用及办案程序、办案时限、法律文书及卷宗要件等方面的跟踪评查，确保审判全程受到有效的跟踪监督管理。同时，我院对评查部门的工作进行交叉考核，对评查归档的卷宗进行不定期抽查，保障评查工作接受监督。第四是强化办案过程管理，落实审判监督保障。通过在审判管理信息系统上加强案件节点管控，发送案件催办、督办指令，及时督促案件承办人按照流程时限办理案件、公开办案信息。随着办案信息化的推进，办案过程、审判结果和执行信息在网上全面公开，广泛接受当事人、人民群众和社会各界的监督，使司法权力的运行更加公开透明。第五是落实错案认定和责任追究保障。七星关区法院《审判责任制实施办法》明确规定了错案范围、标准，健全完善了错案认定程序，监督审判执行权的正确行使。该院为强化法官办案责任意识，根据《人民法院监察工作条例》和《人民法院审判人员违法审判责任追究办法（试行）》等相关规定制定《七星关区人民法院审判责任追究办法》，完善审判责任追究机制。

（撰稿人：办公室）

司法行政

【抓好全区人民调解、社区矫正和安置帮教工作，大力维护辖区稳定】　一是矛盾纠纷排查调处工作再上台阶。继续以“人民调解促和谐”活动为载体，不断完善“调访一体化”机制，不断整合辖区调解信访力量，力争实现“大调访、大调解、大稳控、大安全”。七星关区以农村土地承包、城市建设拆迁、拖欠农民工工资等当前突出影响稳定问题为重点，坚持边排查、边调处，共排查调处各类纠纷1088起，成功1022起，成功率达93%，其中邻里纠纷纠纷264件，调解成功253件；房屋宅基地纠纷114起，调解成功104起；其他纠纷562起调解成功524起。防止矛盾纠纷激化128件涉及当事人2665人；防止民转刑案件28件涉及当事人534人；防止群体械斗2件，涉及人数510人，有力维护了辖区稳定。二是落实好社区矫正人员监管工作。2017年七星关区社区矫正工作以规范执法为主线，以社会管理创新为引领，紧紧围绕省、市政法和司法行政工作会议精神，着力加强社区矫正监督管理、教育矫正、社会帮扶机制体制建设，不断提高社区矫正工作水平，努力预防和减少社区服刑人员重新违法犯罪，进一步推进七星关区社区矫正工作依法规范深入开展。全区累计接收社区矫正对象2269人，解除矫正1703人。在矫566人，其中管制1人，暂予监外执行23人，缓刑437人，假释105人。

【以法律服务为重点，加强法律服务宣传力度】 一是法律援助案件大幅攀升。为有效维护弱势群体的合法权益，加快和谐社会进程，区法律援助中心对法律援助案件受理进行认真审查，并根据实际合理分流，使七星关区法律援助案件大幅攀升。一年来，区法律援助中心共办理法律援助案件345件。其中，刑事案件113起，民事案件230件，行政案件2件，免费代写法律文书20份，解答法律咨询300余人次。二是律师事务所法律服务职能强化。各律师事务所不断强化法律顾问职能，当好政府参谋助手，并主动参与社会公益活动。全年区辖9个律师事务所律师共担任法律顾问14家，办理各类诉讼及代理145件，咨询和代写法律文书570件次。同时，积极为各类公益事业和社会活动提供服务753次，先后办理法律援助案件15件，出义务咨询台30次，法律咨询3000余人次，于2017年10月组织律师事务所律师到毕节六中开展捐资助学活动1次，捐款25000元，为25名品学兼优的在校学习每人资助1000元。

【以“法律六进”为载体，加快“七五”普法进程】 一是拟定全区“七五”普法工作规划并提请区委区政府印发，召开全区“七五”普法工作启动暨“六五”普法先进单位及个人表彰大会，表彰了18个先进集体和189名先进个人。

二是大力举办“法律文化广场”活动。3月8日在毕节市人民政府“三馆一院”与市、区妇儿工委、团委等相关单位开展“三．八维权周”活动；4月6日到长春堡镇开展“法治、科技、文化三下乡”活动；4月27日与毕节市司法局到杨家湾镇开展“遵法、守法、用法”主题宣传活动。共散发各类宣传资料30000余份，解答法律咨询130余人次。

三是深入开展法律进社区活动。上半年，以社区为重点，七星关区确立“两节”期间稳定、“3·15”消费者权益日维权、“十九大”期间等重要节日活动主题，组织街道、村镇通过举办图片展览、展出宣传板报、律师法律服务进社区、举办社区妇女法制培训班等形式，开展法律进社区活动。先后举办社区法制宣传活动15次，展出宣传板报301块，悬挂宣传条幅200条；举办社区义务法律咨询9期，法律咨询300余人次。四是继续深化法律进农村活动。为加大农村普法力度，七星关区以农村干部和党员骨干为重点，深入推进送法进农村。上半年，通过与区林业局、国土局等单位配合，以开展林权纠纷、土地纠纷调解工作为平台，对农村“两委”干部和农民党员进行相关法律法规宣传培训，参加人数达300余人次。同时，各基层司法所依托农村赶集天人流量大的特点，大力开展农村法律宣传活动。

【以提档升级为目标，不断加强自身建设】 一是不断加强自身行风建设。2017年以来，该局先后就整顿干部作风问题召开了全区律师工作大会2次，基层法律服务工作者业务培训1次，全区司法行政干部作风大整顿工作会议1次，全区社区矫正安置帮教工作业务培训会1次，拟定并印发了《七星关区司法局干部纪律作风大整顿行动方案》和《七星关区司法局目标绩效考核管理办法》，加强对全区司法行政干部的考核管理工作，以“三严三实”为目标，以服务群众为宗旨，以开展法治宣传教育和精准扶贫工作为平台，着力提高全区司法行政干部的业务能力和服务水平，打造一支作风过硬、纪律严明、业务精湛的司法行政队伍。二是加快法治示范单位创建步伐。2017年，作为全区法治创建工作明确创建的法治示范单位，为加快区司法局机关法治建设进程，一年来我局充分借鉴区内外法治单位有益经验，进一步加大我局法治单位的创建力度，力争按照《毕节市七星关区“法治毕节“创建工作督查考核方案》和七星关区法治示范单位创建标准抓好各项相关工作。三是加强司法所规范化建设。为加快七星关区司法所规范建设，组织基层司法所不断向先进单位学习，强化规范服务。区司法局对全区拟打造的7个规范化建设司法所和经省司法厅验收的10个规范化司法所进行人员、微机、传真、办公桌椅等硬件设施配备，按照规范化建设要求对相关人员进行业务培训和指导，同时对镇村调解室规范化建设加大督导检查工作力度。

（撰稿人：简训甫）

经济管理与监督

发展和改革

【概述】 2017年，在区委正确领导下，在区人大和区政协监督、支持和帮助下，坚持稳中求进工作总基调，千方百计稳增长，坚定不移促改革，凝心聚力调结构，一心一意惠民生。全区经济整体呈现出“难中有为、缓中趋稳、稳中向好、稳中有进”的运行态势。预计实现地区生产总值380亿元，同比增长12.5%，其中第一产增长6.3%，第二产增长12.5%，第三产增长14.8%，三次产业结构比为18.4∶32.9∶48.7；规模以上工业增加值完成68亿元，同比增长7%；固定资产投资完成275亿元，同比增长21.7%；一般公共预算收入完成25.5亿元，同比增长5.26%；社会消费品零售总额完成117.3亿元，同比增长12.5%；农村常住居民人均可支配收入达8572元，同比增长9.6%；城镇常住居民人均可支配收入达28976元，同比增长8.6%。面对宏观经济持续下行压力，特别是在经济增速稳中缓降的情况下，实现了结构优化，效应增强，主要指标处于合理区间，经济运行总体平稳。

【措施准　脱贫攻坚力度进一步加大】 一是持续开展精准识别“回头看”和贫困退出“大筛查”，开展脱贫人口和建档立卡贫困人口数据“大核查”。全力推进脱贫攻坚“春季攻势”“夏季大比武”和“秋季攻势”工作，深入落实“四个切实”“五个一批”和“六个精准”，大扶贫战略取得积极成效，实现5个贫困乡镇减贫摘帽、69个贫困村出列、3.43万人脱贫，贫困发生率从8.48%降至5.75%。二是帮扶措施更精准。按照“五通四有”的脱贫攻坚目标，硬化通村路740公里、通组路782公里，实现100%建制村通水泥路。启动实施112个农村饮水安全巩固提升工程，覆盖贫困人口2.82万人。完成5个贫困村通动力电、75个贫困村增容低电压变压器和13个贫困村电力改造项目建设任务。实现每个乡镇通宽带，建制村宽带覆盖率达80%。盯紧“户户有增收项目、人人有脱贫门路”目标，争取扶贫产业子基金12.24亿元，16个项目获银行审批。投入财政专项扶贫资金5.07亿元，实施1400个产业扶贫项目，受益贫困群众3.6万户14.79万人。稳步推进易地扶贫搬迁工程，完成2016年度829户3370人的易地扶贫搬迁工程，实现搬迁群众每户至少有1人就业。全面启动2017—2018年易地扶贫搬迁安置点建设工作，完成主体工程建设4900套，同步推进安置点周边配套设施建设。

【调结构　产业发展进一步加快】 一是特色农业提质增效。加快推进农业产业结构调整，着力打造蔬菜、茶叶、食用菌等山地特色高效农业。种植优质蔬菜10.2万亩、早熟马铃薯1.1万亩、中药材3.25万亩、经果林21.3万亩、茶叶2.45万亩，肉牛存栏15.3万头、生态家禽存栏125万羽，收购烟叶8.83万担。深入推进“乡乡镇镇建农业园区”，新建45个农业园区，推动农业产业集群集聚集约发展。二是工业经济巩固发展。煤电烟酒四大传统产业实现产值105.92亿元，光电技术、服装纺织、装备制造、建筑建材等产业实现产值6.53亿元。不断完善经济开发区功能和产业布局，增强其产业集聚能力。经济开发区累计完成投资30亿元，实现产值35亿元，拥有规模以上企业26家，解决就业8000余人。引进以华耀服装为龙头的12家劳动密集型企业落户经开区，标准厂房入住率达97%。联尚科技、炬晟照明等光电项目逐步发展壮大。长春堡镇清丰建材产业园和朱昌、青场等10个乡镇园区实现产值1.7亿元，解决就业1000余人。三是服务业快速发展。全面推进“鸡鸣三省”红色文化旅游景区、七星古城等重点旅游景区建设，稳步推进万丰、浙商城、湖南商贸城二期等项目建设，石桥边物流园有序推进；村级电商服务站达183个，网络交易额达8.62亿元。

【强基础　城镇化水平进一步提升】　一是基础设施建设持续加强。毕镇高速七星关段开通运营，东清高速顺利推进。启动大箐至二龙关、花牌坊至赤水河、小吉场至海子街等4条180.5公里国省道提级改造，按计划推进清水至生机、林口至红卫桥等4条县乡道提级改造；完成大银至仁和、杨家湾至放珠等4条县乡道提级改造；成贵铁路、毕叙铁路建设步伐加快。完成发窝、水潦铺渡口“渡改桥”建设，群众出行更加便捷。夹岩水利枢纽及黔西北供水工程成功截流；完成银厂沟、发启2座小（二）型水库除险加固工作；基本建成双河口水库，有序推进龙官桥水库和野角水库建设，启动林口水库、普宜水库、狗跳岩水库建设。“小康水”行动计划取得积极成效，11个集镇饮水工程建设进展顺利，农村饮水安全工程建设深入推进。全力推进农网升级改造、配电网升级改造，建成35千伏变电工程4个，完成157个10千伏及以下配电网项目，架设供电线路1100千米，增容改造低电压变压器项目80个。全区大部分区域实现宽带覆盖，新建4G通讯基站687个，传输线路迁改500千米。二是城区布局不断优化。全面启动“19456”工程，重点打造倒天河两岸和碧阳二道重点区域，有序推进南山公园、月亮湖公园建设，城区美化亮化和综合治理水平明显提升，旧城改造提质升级加快推进。完成2.76万户棚户区改造；建成百里杜鹃大道东段、德溪新区四号路北段等10条城市道路；基本建成青龙山二号隧道，有序推进白虎山隧道、阳山隧道建设。城市建成区面积达到52平方公里，常住人口城镇化率提高到48.1%。三是城乡面貌有新的改观。全面推进30个小城镇建设，实施农村人居环境改造工程，扎实开展美丽乡村建设，成功创建396个美丽乡村示范点；完成7724栋贵州民居建设。四是城市精细化管理水平有新的提升。以“五城同创”为统领，持续推进城市科学管理，城市环境容貌明显改善。

【优生态　节能环保进一步加强】　一是生态工程顺利实施。全力推进“绿色七星关行动”，完成人工造林33.95万亩，森林覆盖率达55%；二是环境保护扎实推进。全面对倒天河和利民水库一级保护区住户实行搬迁，实现一二级保护区农业面源污染和生活面源污染整改问题销号。突出抓好城乡垃圾、污水处理和面源污染治理“三个全覆盖”，完成32个乡镇垃圾中转站和3个乡镇垃圾焚烧站建设，实现城乡生活垃圾日产日清和无害化集中处理，城乡垃圾无害化处理率达85%。完成生机、普宜、龙场营等8个乡镇污水处理厂建设，铺设污水管道49.3公里，完成污水管网改造23公里。三是加大节能减排工作力度。严格节能目标考核，实行动态跟踪管理；积极配合省、市开展辖区内“万家企业”、用能单位能源利用状况监察工作。

【惠民生　群众福祉进一步改善】　一是民生保障全面加强。超2.8%完成城乡居民社会养老保险参保任务，超4.12%完成城乡职工医保参保任务。新增就业1.14万人，转移农村劳动力2.3万人，1.35万名返乡农民工实现就业创业，城镇登记失业率控制在3.45%以内。建成保障性住房5032套，分配入住4811套，发放租赁补贴158.12万元。社会救助水平明显提高，实现城乡低保"应保尽保"，低保标准较2016年提高10.09%。全区发放低保资金2.8亿元。二是办学条件持续改善。启动实施教育攻坚三年行动计划，完成区第二实验学校、第四实验学校、第五实验学校等79所学校改扩建。新建学生宿舍197栋、教师公租房7496套、幼儿园7所；完成290所山村幼儿园提质改造和168所农村中小学校舍维修改造。全区九年义务教育巩固率达90.03%，高中阶段毛入学率为87.32%，人均受教育年限提高到8.8年。三是健康七星关工程深入实施。区妇幼保健院建成基本建成，区肿瘤微创工程、区二医主体工程基本完工；完成35家乡镇卫生院"五室"建设，建成中医馆12个，实现乡镇卫生院标准化建设全覆盖。全面落实计划生育"二孩政策"，人口自然增长率控制在5.98‰以内，符合政策生育率提高到91.92%。四是文体广电事业蓬勃发展。新建和改造全民健身活动中心和512个村社区综合文化服务中心、42个乡镇综合文化站。新建24个乡镇级和291个村级农体工程，实现乡、村两级农民体育健身工程全覆盖。

【添活力　改革开放进一步推进】　一是全力推进经济体制改革。以推进供给侧结构性改革为重点，狠抓"三去一降一补"，重点抓好去库存、降成本、补短板。精准施策去库存，引导房地产商优惠促销，鼓励农村基层消费群体进城购房。累计销售商品房5200套、面积160万平方米。二是积极推进社会信用体系建设。建成七星关区诚信网并挂网试运行。在金融、司法、市场监管等领域初步实施联合惩戒。其中市场监管领域已有4771户企业被列入经营异常名录、322户企业申请移除了经营异常名录，司法领域向社会公示了282人次的信用信息。三是持续推进"放管服"改革。27家行政执法部门录入权责清单5991项，抽查事项清单1343项。四是深入推进农业农村改革。对37个乡镇街道、477个村开展土地确权工作，实际确权面积179.14万亩。加大农业经营制度改革力度，积极培育专业合作社新型经营主体。培育市级以上龙头企业39家，新增农民专业合作组织306个、国家级示范性专业合作社1个、省级示范性专业合作社3个。五是积极开展社会体制改革。推进教育集团化办学，按照"跨区域、跨办学性质"的模式，成立中小学教育集团14个，涉及学校93所，覆盖率达20.25%。深化医药卫生体制改革。建立公立医院运行新机制，积极推行"单病种总额限价、定额补偿"的付费方式改革，有104个病种实行单病种付费。

（撰稿人：陈定德）

国土资源管理

【概述】　2017年，在区委、区政府的领导下，在上级国土资源部门悉心指导和各乡（镇）、街道、区直各部门帮助下，全区国土资源系统积极作为，相继经历了中央环保督查整改、国家土地督察武汉局例行督察和全市自然资源资产责任审计，各项工作平稳过渡，取得了一定成效。

【主动保障发展用地需求】　在国家严控新增建设用地指标的情况下，2017年，获省政府批准的用地10个批次，面积4942.35亩，正在申报的用地11个批次，面积6409.50亩。全年供地57宗，面积7854.756亩，其中：挂牌出让土地35宗，出让面积1943.97亩，成交价21.0067亿元；划拨供应土地22宗，供应土地5910.786亩。基本保障了项目发展用地需要。

【持续加大耕地保护力度】　完成永久基本农田划定和数据库汇交，成果通过省级验收并报部备案，实际划定永久基本农田面积141.8972万亩，设立基本农田保护标志牌21块，埋设界桩855个，签订责任书1692份。推进高标准农田建设。实施高标准基本农田建设项目16个，"村民自建"土地整治项目20个，总建设规模5594.39公顷，总投资13871.18万元，预计建成高标准基本农田4755.24公顷。2016年度300亩城乡建设用地增减挂钩项目实施规划编制即将完成。450亩工矿废弃地复垦项目即将实施。完成2016年度耕地质量更新评价和监测工作，启动2017年度耕地质量等别更新评价、监测和质量定级工作，支撑现代山地特色高效农业发展。

【不断提升矿政管理水平】 完成砂石土矿山整合，数量从111宗整合至59宗，年产能从1330万吨提升至2120万吨。收缴矿山地质环境恢复治理保证金647.04万元，退还使用200.50万元。开展页岩矿开采加工集中整治专项行动，对42个页岩砖厂进行整顿，对18个页岩砖厂、6个页岩矿山恢复供电整改，24个页岩砖厂因环保手续未办理未恢复供电。旅游资源普查及旅游资源数据库完成县级初审。《毕节鸡鸣三省·贵州地质公园总体规划（2017—2035年）》获省国土资源厅批复。开展矿山环境现状调查，摸清404个矿山基本情况（需治理的276个），为推进矿山复绿工作夯实基础。联合区检察院印发《建立公益诉讼协作机制的实施意见（试行）》，进一步加强生态环境及资源保护领域的公共利益安全。

【切实增强测绘地理信息保障能力】 严格保护测量标志。对全区87个测量标志进行复核并建立巡查台帐和复核登记。完成10个镇（乡）、街道约26平方千米的1∶500地形图基础测绘。编制全区交通地图，现正在全面审核待印。全面检查全区地图市场，共检查地图4316张，地图册805本，未发现错漏、错绘、缺损地图及地图册。加强测绘产品生产、使用的保密监督。对全区31家测绘资质单位进行保密检查，签订保密协议57份。

【持续加快推进不动产登记】 使用省级不动产统一登记平台，并接入国家信息平台。截至2018年1月24日，全区共颁发不动产权证书1745本、证明9100本；上传数量9200条，房屋面积87.90万平方米，土地面积227.59万平方米。立卷归档8075件，其中产权登记归档1470件、预告登记归档3400件、抵押登记3185件、查封登记17件。配合开展56个问题楼盘的清理和处置。完成农村集体建设用地和宅基地使用权确权颁证。推进“房地一体”登记，完成野角乡、亮岩镇等部分村671宗宅基地“房地一体”调查及测绘，完成12个乡镇集中安置点共计1516户易地扶贫搬迁的“房地一体”测绘及落宗落幢工作。

【不断夯实地质灾害防治基础】 全面编制完成区、乡（镇）级地质灾害年度防治方案和应急预案。建立市、县、乡、村四级群测群防网络体系。开展隐患点巡查排查，对隐患点实施“全覆盖、不漏点”应急演练。建立健全监测预报预警平台，完成国家突发性自然灾害系统数据录入，精准发布21条信息，开展应急调查31次，及时科学处置险情。推进地质灾害宣传，发放宣传画册1.6万份，播放全国首部反映一线监测员微电影《守望者》23场。开展学校和矿山地质灾害隐患调查督导以及在建工程地质灾害隐患排查，在开展地质灾害“60天”攻坚保卫战中，发现5所学校5个煤矿不同程度存在安全隐患，均纳入监测监控范围。建立1000万元的专项资金。实施项目14个，预算资金3472.57万元，可消除5448人面临的威胁。争取将52个项目纳入市级（2018—2020）三年行动计划项目库，实施后预计可消除3774人面临的威胁。

【不断提高依法行政水平】 全面推进行政执法“三项制度”试点。全面清理国土资源行政审批服务事项，各类行政审批服务事项更加合法、规范、透明、高效。开展煤矿超层越界开采整治行动，私挖盗采矿产资源等违法行为得到持续遏制。开展国土资源动态巡查3437次，督查抽查498次，打击非法采煤采矿工作进入常态化管理，填封废弃井61口。完成土地矿产卫片执法监督检查工作，并通过市、省、部验收。没有出现异常情况或被相关部门约谈、问责等情况。推进2017土地例行督察。七星关区涉及的86个问题整改完成85个。深入开展矛盾纠纷的排查、调处工作，调查处理信访案件34宗。2017年，区国土局执法大队获国土资源部“全国先进执法集体”称号。

【不断加强党风廉政建设和干部队伍建设】 主动适应全面从严治党新常态，切实履行党组主要负责人第一责任人职责，做到重要工作亲自部署、重大问题亲自过问、重点环节亲自协调、重要问题亲自督办。党组其他班子成员对分管范围内党风廉政建设负主要责任，将职责范围内的党风廉政建设与业务工作同部署、同检查、同考核。认真学习宣传贯彻中共十九大精神和习近平在贵州省代表团重要讲话精神。开展廉政警示教育活动2次。对3名干部诫勉谈话，对2名干部职工提醒谈话，对42名所长进行集体约谈，对2名新任副科级干部进行任前廉政谈话。开展党纪党规知识测试。权力清单运行备案86件。开展干部纪律作风大整顿。配合区委第一巡察组开展巡察。推动“两学一做”学习教育常态化制度化。夯实党建工作基础。加强干部队伍教育培训，强化干部业务素质和综合素质培养，坚持选用忠诚、干净、担当的干部，为国土资源事业发展提供人才保障。

（撰稿人：办公室）

市场监督管理

【概述】 2017年，在区委、区政府的坚强领导下，在上级业务主管部门的悉心指导下，全区市场监管工作紧紧围绕市委“113”攻坚战和区委“1136”战略部署及区政府中心工作，以“党建”为统领，突出“大数据、大发展、大安全”三项重点，圆满完成各项目标任务，并卓有成效开展各项自选动作，为全区经济社会发展做出积极贡献。

【大党建】 一是持续加强党风廉政建设。立足部门党建工作实际，引导全体党员树立“大党建”意识，通过积极运用“党建+”模式，将党建工作与中心工作、民生实事和日常工作有机融合，使党建工作方向更明确、重点更突出、任务更聚焦，增强党建工作实效。同时，在全系统深入学习《关于新形势下党内政治生活的若干准则》及《中国共产党党内监督条例》等相关内容，认真开展“两学一做”学习教育专题组织生活会和民主评议党员工作。二是持续深入推进干部队伍建设。按照需要什么样的队伍就着重培养什么样的队伍的基本原则，着力加强干部队伍建设。严格管理干部，对于苗头性、倾向性问题及时发现解决。继续坚持干部每周政治业务学习。建立健全干部管理制度，严格执行考勤、请休假等制度。三是卓有成效动开展脱贫攻坚讲习活动。区市场监管局在认真学习领会中共十九大精神的基础上，采取“集中讲习”“分散讲习”“上门讲习”等形式带头深入脱贫攻坚阵地讲习。将乡镇短板和发展需要与部门职能结合起来，使讲习内容更丰富、政策宣传更到位、百姓受益更全面，进一步激励干部群众打赢脱贫攻坚战的信心和决心。

【大数据】 一是运用科技手段，将“大数据”建设与行政执法专业化、市场监管精细化及“网格化”监管有机融合，切实提高监管和服务效率。目前，智慧监管平台进一步研究论证中。二是完善企业信用监管。进一步落实“双随机、一公开”抽查制度。按照省、市工商局对“双随机、一公开”的工作原则、工作程序、技术流程制定了配套文件，规范工作流程。全面完成“一单、两库、一细则”录入和维护工作。全面完成2017年年报工作，企业年报率82%；个体年报率83%；农专年报率82.5%。

【大发展】 一是扎实深化行政审批制度改革。做好“先照后证”改革，放宽市场主体住所（经营场所）登记，实施“多证合一、一照一码”登记改革，全面推进企业简易注销登记改革。全年新发展市场主体17638户，注册资本278.2亿元，全区市场主体增速为34.57%，在全省市（州）第一方阵18个区市中排名第5，与2016年相比进4位。二是着力拓展本土农特产品销路。按照区委、区政府的安排部署，在星城农贸市场设立七星关区农特产品平价直销区。全年交易七星关区农特产品200余吨，交易额达330余万元。直销市场的建立进一步解决七星关区农特产品“卖难”的问题，促进广大农产品种植养殖户增收。此项工作得到了市委常委、区委书记崔英魁，区委副书记、区长胡敬斌的高度肯定和赞赏。三是圆满完成桂花市场、洪南市场搬迁工作。桂花市场搬迁工作中采取“迂回战术”“穿插战术”，各个击破各种困难和矛盾，经过33个日夜的连续鏖战，于6月6日圆满完成桂花市场所有业态搬迁入驻并启动运营，顺利迎接全市城镇建设项目观摩。同时，配合洪山街道、城管、规划、公安等部门，通过3　24小时市场巡查机制，有效防止经营户回流，于9月25日顺利完成市场搬迁工作。三是续强化民生服务能力。按照市质监局的安排部署，围绕民生领域，以“一气三表”为重点，积极强化监管手段。开展规范瓶装液化石油气市场诚信承诺公示活动，完成气瓶喷绘15000余只；持续开展老旧小区“民用三表”到期轮换工作，打造“‘一气三表’规范管理小区”2个。此项工作被毕节市人大常委会列为2017年度监督评议工作内容，市人大常委会副主任王炳荣到七星关区视察“一气三表”专项整治时给予高度肯定。四是卓有成效开展全区“百企帮千户”助力脱贫攻坚行动。在区委、区政府“动员社会力量参与脱贫攻坚”的号召下，我们围绕“动员思想增激情，捐资帮扶防返贫，促进增收促脱贫，发展项目奔小康”四位一体工作思路，扎实开展“百企帮千户”行动。截至目前，全区共有263家企业参与“百企帮千户”活动，为贫困户提供就业岗位500余个；提供贫困户部分疾病就医费用全免医院2家；捐赠米、油、棉被、药品、化肥等物资价值109.4万元，捐赠26万元在野角乡修建“心晴家园”“春苗乐园”48所，捐赠助学资金130.6万元，为135名大学生实现求学梦想；投入资金1200万元在燕子口镇小河沟村发展扶贫生态养殖项目，深入推进农业产业改革。通过一系列帮扶措施，最终形成了就医、就学、就业、发展等全方位的帮扶格局。五是扎实开展“五城同创”工作。成立了市场监管系统“五城同创”工作领导小组并制定配套方案，落实责任，明确专人负责创建具体工作。各项创建任务有效、有序开展。超前完成2016年和2017年要淘汰7台燃煤锅炉的目标任务，验收燃煤炉灶淘汰105户；持续巩固推广可生物降解塑料制品防止白色物资工作，共没收不合格塑料袋80000余个，塑料制品400余公斤，签订推降防污承诺书108份，为创建“全国环境保护城市”贡献力量；积极引导毕节远航汽摩城、万丰国际商贸城、浙商城申报诚信示范市场，创建活动取得阶段性成果，为“创建全国文明城市”提供助力。六是扎实做好扶持微型企业发展工作。区市场监管局根据2016年省工商局扶持微企发展政策的调整，创新制定政府主导、市场监管部门牵头工作机制，全面落实扶持微型企业“3个15万元”政策，使政策在阳光下运行。超额2户完成2017年微型企业238户扶持发展目标任务。有力推进“两园一街一村”示范基地打造，已完成5个示范基地挂牌创建工作，评审通过入住微型企业76户。七是着力实施商标品牌战略。我们始终把打造本土知名品牌作为提升农产品竞争力的重要抓手，依托“乌蒙山宝·毕节珍好”公共品牌走品牌化发展之路，不断提升产品市场竞争力。全年指导申请商标703件，指导企业申请贵州省著名商标8家；查处商标侵权案件23件；培育、帮扶符合申报条件的11家企业的13个产品申报“贵州名牌产品”“贵州服务品牌”以及“有机产品认证”等，“毕节白萝卜”地理标志产品保护申报材料全部收集完善，毕节樾柑和毕节刺梨地理标志证明商标申报材料已报送国家工商总局。八是不断规范合同广告行为。完成复核申报“守合同重信用”单位56户（复核省级44户，复核市级12户），完成合同格式条款备案71份，办理动产抵押17件（帮助企业融资7105万元），立案查处7起广告违法行为，罚款金额13.41万元。九是关注民生热点，扎实开展消费维权。全年共受理各类消费投诉142件，调解达成协议128件，（调解成功率90.14%）为消费者挽回经济损失62.5万元。继续推进全区“一会两站”规范化建设。认真开展“放心消费”示范街和示范单位创建活动，居然之家已挂牌。

【大安全】 一是全力确保特种设备安全运行。以创建省级电梯安全管理示范区为抓手，持续加大电梯安全管理力度，深入推进电梯安全社会治理，支持电梯行业协会开展行业自治，指导和支持七星关区电梯行业协会开展各项工作。全面落实电梯安全管理主体责任，着力加强重要节日、重要会议期间特种设备安全监管。强化重点景区，重点区域、重点环节特种设备安全整治。全年，共出动执法人员455人次，检查特种设备使用单位212家，检查特种设备1780余台，下达监察指令52份，发现隐患65条，均已整改完毕。二是全力坚守质量安全底线。完成以农资产品、重要消费品、危险品、节能产品为重点的产品质量抽检工作170批次。加强危险化学品、成品油质量、强制性产品认证、工业产品许可、计量器具、农资打假等专项整治。综合运用执法打假、集中整治等手段，结合“文明在行动·满意七星关”活动，以景区周边商场、超市宾馆及酒店附近商店为重点区域，加强旅游商品、本土农特产品等商品监管，依法查处假冒伪劣商品和“傍名牌”等违法行为。对农资、建材质量问题多发区域开展集中整治，树立服务品牌建设执法理念，加强“三品一标”执法检查，严厉打击假冒伪劣违法行为。全年共办理质量技术类案件65件，罚款金额87万元。三是全力坚守食品安全底线。我局始终把保障食品安全作为重大的民生工程、民心工程，不断强化属地管理责任，坚决落实监管制度，督促企业落实主体责任，加强互联网交易监管，严格责任追究，强化食品安全社会共治，全区食品安全形势平稳向好。四是全力保障人民用药、用械安全。以保障人民群众用药、用械为目标，持续深化药品安全日常监管，开展GSP认证跟踪检查，加强医疗器械监管。全年，登记新申办医疗器械经营许可证10户，二类医疗器械备案43户；完成三类医疗器械日常监管13户次，二类医疗器械日常监管160户次，开展医疗器械使用单位检查91户次。组织开展药品经营企业GSP认证8家，跟踪检查210户；抽检药品60个批次，上报不良反应病例报告1576例，上报医疗器械不良事件病例报告374份，化妆品不良反应报告71份，药物滥用报表1058份。五是不断强化食品药品安全执法。严格落实行政执法“三项制度”相关要求，采取日常稽查与专项整治相结合的方式，严厉打击食品药品违法行为，进一步规范食品药品市场行为，确保人民用药、饮食安全。全年，共对各类市场主体开展监督检查310户次，下发责令改正通知书39份，立案查处案件26件，罚款金额53.56万元。将黄远平违法熏制竹笋案移送司法机关处理。配合公安等部门查处制售假食品、保健药品窝点2个，涉案金额180余万元。

【三化同步】 一是全力实现行政许可规范化。严格按照各项注册登记法律、法规、条例把控市场主体登记工作，严格落实“先照后证”“多证合一”“两证整合”“简易注销”等商事制度改革政策，管好抓严药品经营事项登记，严格落实食品生产许可证办理，按照要求做好特种设备登记。创新工作方法，简化工作流程，统一服务标准，向群众提供优质的办证服务。二是全力实现行政监管精细化。持续深入推进网格化监管，全面深入实施“划分网格、责任到人、监管留痕、规范管理”的网格化监管责任制，以“规范、易行、高效”“完整、准确、统一”为标准，健全监管巡查机制、报告机制、处置机制、沟通机制、督查机制等机制。13个分局进一步规范了网格化监管，切实提升了监管效率。林口分局四个乡镇网格化监管基本走向成熟。三是全力实现行政执法专业化。紧紧围绕依法行政这一主线，以“法治毕节建设”为抓手，按照行政执法“三项制度”改革要求，扎实开展行政执法工作。12月6日全区行政执法“三项制度”试点工作座谈会议于在我局召开。人民日报记者对市场监管局行政执法“三项制度”创新改革工作进行采访报道。全年，共办理一般程序案件

312件，罚没款300万元，入库208万元（含追缴2016年罚款）；开展一般行政指导4120次，项目+案例行政指导13件。

【亮点纷呈】 2017年，该局超预期完成了市场主体增比进位，圆满完成了桂花市场搬迁、洪南市场业态调整，直销平台搭建等工作。是在大扶贫格局中，区市场监管局主动作为，开展“百企帮千户”助力脱贫攻坚行动，取得良好的效果和社会反响，在2017年大扶贫工作中，区市场监管局被评为先进集体。

（撰稿人：马其龙）

安全生产监督管理

【概述】 2017年，七星关区安监局在区委、区政府的正确领导下，以习近平、李克强关于安全生产的重要指示批示精神为指导，以贯彻落实中央关于推进安全生产领域改革发展工作部署为动力，以防范遏制较大以上事故为重点，以“大安全”为统领，以“二〇一七”为抓手，紧扣市委“113攻坚战”，围绕区委“1136”工作规划，扎实深入开展安全生产隐患排查治理等工作，很好地完成了各项工作目标任务。“二”：严格执行遏制重特大安全生产责任事故的“安全风险分级管控和隐患排查治理”双重预防工作机制，全面落实安全生产工作责任。“〇”：直接监管的煤矿、非煤矿山、危险化学品、烟花爆竹、冶金等工贸行业领域继续实现“零事故、零死亡”。“一”：坚决守住“发展决不能以牺牲安全为代价”这一条红线。“七”：着力“七个强化”，使好“七个招式”。

【强化队伍建设 在素质提升上用快招】 全面落实中央、省市区全面从严治党各项要求，严肃党内政治生活，严守政治纪律，从严教育、管理干部，共开展干部集中教育11次；加强重点岗位、重点领域、重点环节廉政风险防控管理；主动为企业提供咨询、技术指导等服务，帮助企业解决安全生产工作中的实际问题；继续巩固和拓展“两学一做”学习教育活动成果；按照公开、公平、公正、竞争、择优的原则，公开竞聘提拔干部股级干部15名，让想干事的人有机会、能干事的人有舞台、有作为的人有地位。

【强化主体责任，在安全准入上用严招】 建立倒逼机制，落实企业安全生产主体责任，自身监管的煤矿、非煤矿山、危险化学品、烟花爆竹、冶金等工贸行业企业全部实现安全生产主体责任“五落实、五到位”。建立准入机制，从源头上把住安全条件准入关。对自身监管的煤矿、非煤矿山、危险化学品、烟花爆竹、冶金等工贸行业领域进行全面排查，逐一评估生产经营单位安全风险，建立动态管理台账，逐一落实源头管控措施。依法关停退出达不到安全标准要求和违法违规企业6家。

【强化源头治理 在隐患闭合上用硬招】 隐患排查闭合管理抓整治，全年开展监管执法检查757家，实现隐患闭合管理3728条，查处非法违法企业23家，实施行政处罚64.52万元。隐患排查体系建设抓落实，实现了隐患排查“清单化”管理，落实事故隐患治理费用约9500万元。隐患排查报告抓过程，严格按照省市区的要求，认真执行安全生产四级联动“日排查日报告双签字”制度。隐患整治重点抓攻坚。坚持问题导向，重点整治突出问题，深化重点行业领域安全生产攻坚，全面推进精准监管各项措施落实到位。煤矿：积极推进煤矿节后复工复产各项工作，全区9对煤矿通过验收恢复生产建设，合计设计产能144万吨/年。共开展监管检查418矿，查出隐患2390条，已整改2390条，整改率100%，督促企业投入隐患整改资金约7000万元，对非法违法企业实施行政处罚10万元。出台了推行煤矿安全生产自证合法企业切实履行主体责任的实施细则，组织监管人员、煤矿管理人员自证合法宣贯及考试共计600余人次。高标准抓好质量标准化建设，先明煤矿、大梨树煤矿、宝黔煤矿、瑞兴煤矿、金桥煤矿五家煤矿企业先后通过三级质量标准化验收；瑞兴煤矿通过二级质量标准化验收。非煤矿山：认真做好非煤矿山企业节后复工复产工作，共有家非煤矿山企业通过验收恢复生产建设。全面实施非煤矿山安全标准化建设，共有31家非煤矿山企业达到三级标准化等级，1家达到二级标准化等级。严格非煤矿山建设项目“三同时”审查。全面加强隐患排查治理，深化隐患整改力度，共出动执法人员600余人次，检查巡查非煤矿山企业154家次，查出隐患463条，整改落实463条，整改率为100%，督促企业投入隐患整改资金约2500万元，立案查处非法违法违规企业8家，实施行政处罚48万元。危险化学品：按照监管计划对全区危险化学品生产经营企业进行重点检查和专项检查。共开展安全监管检查74家次，查出隐患247条，整改247条，整改率达100%，督促企业落实隐患整改资金13万元，对非法违法企业实施行政处罚3家次，收缴变卖罚款9200元，收缴非法产品汽油200公斤、柴油3.5吨。烟花爆竹：狠抓烟花爆竹生产经营企业“三超一改”和“三违”等监管工作。督促烟花爆竹批发企业提高安全管理水平，严格产品流向登记、严格产品配送制度、严禁销售非法烟花爆竹产品。全面推进烟花爆竹零售点规范化和标准化建设。共对烟花爆竹生产经营企业检查46家次，查出隐患177条，整改177条，整改率达100%，督促企业落实隐患整改资金16万元，对非法违法企业实施行政处罚11家次，累计罚款15.6万元。采取监督检查、明查暗访、群众举报相结合的方式，扎实开展打击非法违法生产、经营、运输、储存烟花爆竹产品行为，共查处零售经营户非法经营、储存烟花爆竹、无证经营、储存、运输烟花爆竹行为400余家次，收缴烟花爆竹非法产品2300余件，价值20余万元，立案查处8起，行政拘留2人，进一步规范了烟花爆竹经营市场。冶金等工贸行业：认真开展春节节后复工复产工作。共有规模以上7家企业通过验收恢复生产建设。认真开展页岩砖厂环保突出问题专项整治工作。深入辖区34家页岩（煤矸石）砖生产企业进行全面检查，对不符合相关要求的，一律停产整改。整改验收达到标准企业1家，已恢复生产作业，其余33家仍处于停产整改过程中。认真履行好综合监管职责，共检查重点工程项目（铁路、高速公路、水库等）13次，组织开展道路交通、建筑施工督查4次，参与区政府组织紧急避险工作10次，组织开展非生产性安全事故调查2起。强化隐患排查治理，共开展安全生产事故隐患排查治理34家，查出隐患230条，整改230条，整改率100%，督促企业落实隐患治理资金21.9万元，对非法违法企业实施行政处罚企业21家。职业卫生：开展职业健康专项检查14次，一体化监管检查17次，共下达执法文书31份，查出隐患221条，督促整改221条，整改率达100%；督促企业落实职业病危害检测24家、职业病危害现状评价3家、职业病危害项目申报24家、职业卫生“三同时”21家；督促企业主要负责人和管理人员165人参加职业卫生安全培训。

【强化执法检查　在监管措施上用新招】　根据省、市、区的部署要求，做到联合执法、专项执法、委托执法、集中执法常态化。改进监管执法方式，建立监管执法计划与“双随机”抽查互为补充，以计划执法为主的执法工作机制。主动接受人大的法律监督，政协的民主监督，充分发挥安全生产政风监督员监督作用，做到严格、规范、公正、廉洁执法，共办理人大、政协交办案件3件。切实履行事故调查牵头单位职责，积极协调相关部门，按照科学有序、快查快结、公开公正的原则，查处各类生产安全责任事故26件。严格落实事故查处挂牌督办、警示通报、诫勉谈话、举报奖励等制度，严厉查处隐瞒不报、谎报或者迟报事故行为，共查处瞒报事故1起，处理6人，开展警示约谈18次。研究购置安全生产执法设备电脑12台、便携式打印机8台，执法记录仪26台；按照《执法手册》规范安全生产执法文书48类；安全生产执法人员全部持证上岗，全局全体执法人员名通过贵州省人民政府法制办公室行政执法培训考试取得执法资格。积极争取资金30万元购买安全生产技术服务，更深层次推进安全监管工作的深入开展。

【强化安全氛围　在宣传教育上用实招】　采取宣讲、培训等方式，组织各股室（局、队）和生产经营单位认真学习《中共中央国务院关于推进安全生产领域改革发展意见》和《省委、省政府关于全面推进安全生产领域改革发展的实施意见》（黔党发〔2017〕26号），助推改革举措落地生根。以全国第十六个安全生产月活动为契机，相继开展了一系列宣传教育活动；制作并向社会群众发放了安全宣传纸杯10万个、宣传扑克1万盒、宣传围裙1000个、宣传帽1000个、宣传抽纸7000盒、宣传茶杯900个、宣传毛巾1500条。根据年初培训工作计划，共组织煤矿、非煤矿山、危险化学品和烟花爆竹、职业卫生、冶金等工贸行业企业主要负责人、安全生产管理人员、从业人员进行安全教育培训（复训）9期共计740人；安全生产监管执法证培训1期92人；42个乡镇街道分管安全生产领导、安监站站长业务培训1期84人。

【强化工作动力　在督查考核上用狠招】　将上级重大决策部署及省、市、区重点工作纳入年度目标考核内容，加大安全生产在全区年度目标考核权重。每半年对各乡镇街道、区安委会重要成员单位安全生产目标任务完成情况进行考核，其考核结果作为年终评先选优的依据，并与安全生产工作经费核发挂钩。修订完善并严格执行《毕节市七星关区安全生产监督管理局干部职工管理考核办法》，及时、公正、公平、公开地对干部职工的工作绩效进行考核评估，肯定成绩，发现问题，保障局机关高效运转，不断推动全区安全生产工作有序开展并取得新成效。

【强化工作创新　在亮点示范上用高招】　机制上建立完善强化风险分级与管控机制；建设完善“双随机一公开”监管检查机制并投入使用，通过双随机系统开展煤矿、非煤矿山、危险化学品和烟花爆竹、冶金等工贸行业监管执法96次。扎实开展脱贫攻坚工作，落实帮扶资金24万元。工作上：及时按要求上报各类信息、简报、报表、小结、总结；认真查找自身不足，采取切实可行的措施加以弥补；按时按要求汇报各项工作；在微信平台上赛（晒）图片、成绩，全年在微信公众平台发布工作信息简报298条，微信公众平台关注人数上升至412人，其中，省内341人，省外71人，微信信息简报年度阅读人数达2978人、7149次。基础上：科技强安。在煤矿、非煤矿山、危化、烟花爆竹企业深入开展“机械化换人、自动化减人”科技强安专项行动，推动智能装备在危险工序和环节广泛应用。推进矿山机械化、自动化、信息化和智能化“四化”建设，矿山机械化程度已达到全省平均水平。应急备安。依托公安消防、大型企业、毕节市永安救护队等应急救援力量，加强矿山等应急救援基地和队伍建设，提升区域化应急救援和事故处置能力，落实应急救援建设费用300余万元。服务助安。认真贯彻落实国务院安委会《关于加快推进安全生产社会化服务体系建设的指导意见》，引导企业广泛参与，推进政府购买安全生产服务不断取得实效，健全完善“专家会诊”工作机制，提升技术指导服务水平。

（撰稿人：办公室）

审　计

【单位概况】　七星关区审计局是财政全额拨款正科级行政单位，设有办公室、法制股、行政事业审计股、财政农业审计股、固定资产投资审计股、经济责任审计股、企业审计股、毕节市七星关区固定资产投资审计中心（参照公务员法管理单位）。2017年，共有在职职工27人，其中本科学历20人，大专学历6人、高中学历1人。中级职称1人，初级职称5人。领导班子成员：党组书记、局长桂亚男，党组成员、副局长夏文，党组成员、副局长孙忠学，党组成员、副局长欧阳慕兰，党组成员冯兵；中层干部：办公室主任梁永，经济责任审计股股长麋永芳，企业审计股股长白峰。

【主要工作职责】　（一）组织和领导全区审计工作，贯彻执行审计法律、法规、规章和审计工作方针、政策，制订并实施全区审计工作计划；（二）对本级预算执行情况、本级各部门（含直属单位）预算执行情况和决算，以及预算外资金的管理和使用情况，进行审计监督；（三）对下级政府预算执行情况和决算以及预算外资金的管理和使用情况，进行审计监督；（四）按《中华人民共和国审计法》规定和审计署、省审计厅、市审计局、区政府授权，对国有金融机构和地方金融组织的资产、负债、损益进行审计监督；（五）对区属国有事业单位的财务收支进行审计监督；（六）对区属国有企业、国有资产占控股地位或者主导地位的企业和市审计局授权审计的企业的资产、负债、损益进行审计监督；（七）对区级重点建设项目和有国家投资的其他固定资产投资项目预算的执行情况和决算进行审计监督；（八）组织、指导、协调全区经济责任审计工作，实施对党政机关、群众团体和企事业单位的区管领导干部的经济责任进行审计监督（审判、检察机关领导干部的经济责任审计，由上级组织部门、纪检监察机关委托组织实施）；（九）按市审计局的授权和区政府交办对区内国际金融组织和外国政府援助、贷款项目的财务收支进行审计监督；（十）对其他法律、法规规定应当由审计机关进行审计的事项，依法进行审计监督；（十一）对与国家财政收支有关的特定事项，向有关部门、单位进行专项审计调查；（十二）对全区内部审计工作依法进行业务培训、指导和监督；（十三）依照法律和有关规定，履行对社会审计组织监督的职责；（十四）承办区委、区政府和上级审计机关交办的其他事项和任务。

【审计成果】　共完成审计项目249项，其中，委托审计226个，计划项目19个，区政府临时安排项目4项；查出违规金额72961万元，管理不规范资1015125万元；审计核减金额17348万元，提出审计建议20条，提交审计报告247篇。（一）深化财政预算执行审计，规范预算管理。对2016年度区本级财政预算执行情况、税收征管情况、地方金库进行了审计，查出主要问题金额1088126万元；并向区政府和区人大常委会提交审计结果报告及审计工作报告。（二）强化领导干部经责审计，促进领导干部清正廉洁。一是审计2016年遗留的经济责任审计项目完成情况：黄玉龙2013年11月至2016年3月任三板桥街道办事处党工委书记期间经济责任审计，查出违规虚报冒领财政资金190485.79元、挤占挪用专项资金108762.80元、滞留民政资金90148元、购置固定资产未纳入账务管理42644元、虚增结余55524元、财务单据未经分管财务的领导审核2062190.12元，移送七星关区纪委进一步调查处理的案件事项4项。二是2017年项目计划3个，被审计领导干部4人，其中1个单位1名领导干部审计已结束，2个单位3名领导干部经济责任审计在现场审计阶段。（三）大力推进政府性投资项目审计。共完成项目有232个，其中：委托审计226个，送审金额为152215.37万元，审定金额为134867.16万元，审减金额为17348.21万元，审减率为11.40%。（四）参加并完成省审计厅临时安排的专项资金审计监督。1. 完成了毕节市审计局组织我局对织金县2016年保障性安居工程的计划、投资、建设、分配、运营等情况及配套基础设施建设情况进行审计；2. 完成贵州省审计厅安排的对七星关区财政资金信息化管理进行专项调查；3. 完成贵州省财政厅、审计厅安排的对兴义市政府性财务进行的检查工作。（五）完成“三公”经费审计。将公务支出、公款消费审计与相关的专项调查结合起来，在开展部门预算执行审计和经济责任审计时，将公务支出、公款消费作为重点审计内容，认真组织实施并在审计报告中如实披露存在问题。全区因公出国费12万元；公务用车购置及运行维护费3506.47万元；公务接待费390.89万元。比2015年4787.23万元减少877.87万元，下降了18.34%。（六）政府临时安排的各项审计工作。对政府临时安排对北大附属实验学校建设项目的审计情况进行复核，5个审计人员历时2个多月，现全部结束；对毕节市盛丰农业发展有限公司、毕节市时空旅游文化发展有限公司、毕节七星关工业发展有限公司3个公司自成立以来的财务收支进行了审计。

【中心工作】 （一）党风廉政建设工作。年初，对党风廉政建设工作进行了安排部署，并带头认真落实党风廉政责任制和从严治党“两个责任”工作，坚持抓责任落实、抓宣传教育、抓作风整顿、坚定不移地推进党风廉政建设。1. 认真贯彻习近平重要讲话精神，统一思想，严明纪律，抓好从严治党“两个责任”工作。一是始终把思想政治建设置于首要位置来抓，组织广大党员学习贯彻落实党的各项方针政策，特别是要把学习贯彻习近平在中央纪委五次全会上的重要讲话精神作为重要政治任务抓紧抓好，进一步严明党的政治、组织纪律，确保广大党员养成守纪律、讲规矩的习惯，始终在思想、政治和行动上自觉与党中央保持高度一致；二是落实主体责任。局党组书记为党建工作第一责任人，领导班子成员各负其责，坚持“一岗双责”，把党建工作和业务工作同谋划、同部署、同推动、同考核。制定了《区审计局党组党风廉政建设主体责任清单》、制定了《党风廉政建设安排意见》、制定了《党风廉政建设目标责任书》；学习贯彻《关于新形势党内政治生活的若干准则》等。三是落实监督责任。先后对 1 名党组成员和 1 名中层干部进行约谈；对 7 名股室负责人进行预警约谈；对 17 名一般干部进行预警约谈；四是做好七星关区党风廉政建设两个责任纪实台账管理工作。落实党风廉政建设“两个责任”纪实管理制度，主要领导在统筹谋划方面、加强纪律建设方面、推进作风建设方面、强化权力监督方面、加强宣传教育、开展巡视巡查等方面切实履行了主体责任，并带头执行“两个责任”纪实管理制度，班子成员及时填写了责任清单，让班子成员做到见本知责，全程留痕，检查有据。2. 坚持不懈地抓好审计队伍的廉政纪律教育。紧密结合“两学一做”学习教育常态化制度化建设，组织广大党员特别是领导干部深入学习贯彻中央“八项规定”、《中国共产党廉洁自律准则》《中国共产党纪律处分条例》“审计八不准纪律”、等纪律规定，进一步增强审计干部在复杂环境中抵御各种诱惑、拒腐防变的能力。3. 继续抓好廉政文化建设工作。在机关走廊悬挂名言警句和廉政用语、在办公桌上摆放廉政用语，组织观看警示教育片、参观警示教育基地，在办公电脑上设置廉政画桌面、安装廉政屏保，多种形式地向干部职工进行宣传教育，让廉政理念时时“入眼”“入脑”“入心”。4. 大力开展机关作风纪律整顿活动。一是于召开动员会，对全体干部职工作了要求；二是成立领导小组，制定了《七星关区审计局加强作风纪律整顿工作实施方案》，对干部纪律作风整顿工作作了详细的部署和安排，要求全局干部职工共 27 名按照纪律要求、对照问题台账，查出存在的主要问题 7 条，并针对问题清单，制定整改台账，实行了销账管理，对需要长期整改的问题形成相应制度落实下来，营造风清正气的办公环境。（二）“两学一做”学习教育常态化制度化建设取得一定成效。1. 认真安排，周密部署。成立领导小组，制定了实施方案。2. 明确重点，真学真做。一是坚持以党组中心组学习为龙头、以党支部学习为基础、以党员学习为主体开展了多种形式的学习，切实增强领导干部和党员的四个意识；二是深入开展党员佩戴党徽亮身份活动，形成了广大党员只要参加集体活动就佩戴党徽的良好态势，促使党员意识、先锋意识明显增强；三是制定了“主题党日”活动实施方案，研究制定了“主题党日”活动制度，组织开展了二次主题党日活动，推动广大党员加深对党章党规、系列讲话的理解，引导党员带头推动发展、带头服务群众、带头凝聚人心，在脱贫攻坚的关键时期带好头，起到模范作用。3. 严格落实“三会一课”制度，以党组理论中心组学习为基本依托，采取集中学习与个人自学相结合、专题辅导与研讨交流相结合等方式，引导党员干部联系实际学、带着问题学、不断跟进学。4. 制定了“三个清单”工作方案，让广大党员干部先锋模范作用明显增强。（三）做好扶贫攻坚各项工作。1. 安排做好“干部驻村”工作。为做好扶贫攻坚工作，在人员少、任务紧的情况，克服困难安排2名党员到村任第一支部书记，并做好驻村干部的食宿安排，切实解决驻村干部后顾之忧，同时为驻村干部安排了2万元工作经费解决所驻村的部分困难。驻村干部走访群众1500人次，宣讲党的方针政策，摸清村情民意，认真分析贫困户存在的实际困难，根据家庭劳动力状况、发展意愿等制定帮扶措施，尽力帮扶解决生产生活难题，发展产业增收脱贫。2. 做好"帮扶"工作。到田坝镇开展帮扶工作，配合相关部门有针对性地研究解决帮扶单位的实际问题，在政策宣传、精准扶贫等方面进行帮助和指导。春节和"七一"期间及时开展遍访和慰问工作，春节期间对田坝镇5个贫困村25户贫困户共送去5000元慰问金；"七一"期间走访了8个贫困村24户贫困党员，为贫困党员送去慰问金7200元，与田坝镇干部一道调查和了解贫困户的需求，为下一步的扶贫工作打下一定基础。单位履职尽责，主要领导和班子成员深入帮扶点进行了6次调查研究，帮助解决问题，形成"一人驻村、全单位帮扶"的合力。（四）配合区委、区政府和各部门做好相关工作。为进一步树立文明意识，养成文明习惯，为"五城同创"工作打下坚实的基础，审计局制定了"多彩贵州文明行动"活动方案，为全面营造文明和谐的社会环境，开展了"喜迎十九大""迎国庆.庆中秋""五城同创"活动；为进一步提升干部职工的文明素质和单位文明程度，加强了党风、政风建设、树立了为民服务的新风尚。（五）大力加强审计队伍建设。树立科学审计理念、强化制度建设、转变机关作风，提高审计质量。1. 从科学发展的大局着手，充分发挥审计"免疫系统"功能，提高依法审计的能力，为此在内强化制度建设、狠抓机关作风，制定了《审计局干部考核管理管理制度》；《审计局目标考核体系》；完善了《审计局工作人员考勤制度》；《政务公开制度》《学习制度》；《公务车辆管理制度》等，用制度管人管事，对违反作风建设规定的工作人员一年内被告诫一次的，年度考核不能评为优秀；年内被告诫二次的当年年度考核不能评为称职，并扣发目标奖金；年内被告诫三次的予以调整工作岗位，并提交任免机关给予处理，取消该股室当年评优、评先资格。

（撰稿人：梁永）

统　计

【概述】 全区实现生产总值372.1亿元，同比增长12.2%。第一产业增加值65.9亿元，同比增长6.6%；第二产业增加值118.3亿元，同比增长10.8%，其中工业增加值95亿元，同比增加9.8%；第三产业增加值187.9亿元，同比增长15.4%。绝对数排全市第一位，增速排全市第六位。2017年GDP增速高于国家5.3个百分点，高于省2.1个百分点，高于市0.5个百分点。城镇居民人均可支配收入29029元，同比增长8.8%，比2016年同期提高了0.4个百分点，绝对数排全市第2位，增速排全市第4位；农民人均可支配收入8611元，同比增长10.1%，增速比2016年同期的9.9%提高了0.2个百分点。全区金融机构存款余额为745.4亿元，同比增长21.8%，增速比2016年同期下降了7.7个百分点，比上半年的19.9%提高了1.9个百分点。金融机构贷款余额为411.3亿元，同比增长6.5%，增速比2016年同期下降了23.4个百分点，比半年的14.7%下降8.2个百分点，比上个月下降了3.7个百分点。

【农业农村统计工作】 2017年，全年粮食作物播种面积111707公顷，同比减少0.60%，粮食总产量为39.68万吨，同比减少1.15%，其中，小麦产量1.25万吨，同比增长0.39%，洋芋产量11.42万吨，同比增长0.16%，水稻产量4.35万吨，同比减少4.18%，玉米产量16.89万吨，同比增长0.39%。畜牧业：2017年全年生猪存栏60.94万头，同比增长4.74%；出栏59.62万头，同比增长3.31%。牛存栏10.92万头，同比减少2.07%；出栏30563头，同比增长9.70%。羊存栏48972只，同比增长7.01%；出栏23314只，同比增长5.43%。家禽存栏255.48万羽，同比增长7.43%；出栏233.36万羽，同比增长8.87%。禽蛋产量6627吨，同比增长3.59%。

【工业、能源统计工作】全面完成了1－12月工业产品产量和销售季报、规上工业企业财务月报、能源季报、万吨标准煤企业季报等工作。按2000万元以上口径统计，全区48家规模以上工业企业实现总产值134.69亿元，同比增长11.62%。1－12月全区工业增加值实现68.29亿元，同比增长6.8%。全年新增7家企业入统，7家企业全年实现产值3.99亿元，增加值1.15亿元。

【房地产业、建筑业统计】房地产业：1－12月，全区有已入统国家统计局联网直报一套表平台房地产月报企业77家，项目101个。其中，有投资进度项目73个。本年完成投资564502万元，同比增长3.28%。商品房屋销售面积1598047平方米，同比下降6.98%，商品房屋销售额744295万元，同比增长12.28%。建筑业：全年七星关区具有资质以上的总承包与专业承包建筑业联网直报企业36家，有工作量企业36家，共计完成总产值541698万元，同比增长29.39%。

【固定资产投资统计工作】1－12月，全区固定资产投资项目计划总投资656.5亿元，累计完成投资350.7亿元，剩余投资305.8亿元。1－12月反馈完成投资253.5亿元（含房开），反馈数同比增长21.3%。七星关区固定资产投资同比仍保持平稳的增长速度。12月分新增固定资产投资项目12个，增加计划投资112.5亿元。其中新增5000万元以上项目11个（含双入库项目3个），增加计划投资112.3亿元；新增500万元~5000万元项目1个，增加计划投资0.2亿元。

【社会消费品零售总额】1－12月，完成批发业营业额217.9亿元，同比增长20.1%；其中，中石化完成42.5亿元，同比增速12.1%，中石油完成18.8亿元，增速为13%。完成零售业营业额131.1亿元，同比增长16.7%；完成住宿业营业额2.9亿元，同比增长15.1%；完成餐饮业营业额11.7亿元，同比增长24.7%。全年社会消费品零售总额累计实现116.3亿元，同比增长12.3%，增速比2016年同期的12.9%下降0.6个百分点。绝对数全市排名第一位，增速全市排名第三位。

【城乡居民收入】初步测算，全年城镇居民人均可支配收入29029元，同比增长8.8%，增速比2016年同期的8.4%提高了0.4个百分点，比上半年提高了0.2个百分点，绝对数排全市第二位，增速排全市第4位；农民人均可支配收入8611元，同比增长10.1%，增速比2016年同期的9.9%提高0.2个百分点，比上半年的11.5%下降1.4个百分点，绝对数排全市第二位，增速排全市第六位。

【基本单位名录库建设工作】七星关区基本单位名录库共有14438家单位，与2016年年末相比，增加了1752家。其中，法人单位10950家，产业活动单位3488家。其中，法人单位包括企业单位8411家，事业单位481家，机关行政单位221家，社会团体118家，民办非企业单位135家，村委会305家，居委会209家，其他组织机构1076家。

【农业普查工作】全面完成七星关区第三次全国农业普查工作。

（撰稿人：办公室）

财政　税务

财　政

【概述】　2017年，财政工作在区委、区政府的领导下，在上级财政部门的指导下，切实贯彻执行积极的财政政策不动摇，适应建立公共财政的需要，紧紧围绕区委、区政府的目标，结合该局实际和七星关区区情，坚持有保有压的原则，在确保职工工资正常发放和机构正常运转的前提下，保证了重点项目的支出需要，有力地推动了七星关区经济社会向前发展。

【坚持做大财政“蛋糕”，确保财政收入快速增长】　一是紧紧抓住中央实施积极财政政策和省市关于加快实验区建设的历史机遇，从政策和资金上大力支持招商引资工作，壮大财源基础。特别在服务好本区重大项目建设的同时，留住和壮大了财源。二是继续强化依法征管，认真落实收入目标考核责任制，千方百计挖掘增收潜力，促进税收收入快速增长，加强税源监控，大税小税一起抓，确保应收尽收。三是进一步加强和规范非税收入管理，加大非税收入征管力度，严格实行“收支两条线”，确保各项非税收入及时足额征收入库。截至12月31日，按新财政体制全区财政总收入累计完成960224万元（按市财政局口径财政总收入即公共财政收入加中央级收入，加省级收入），同口径（新财政体制）相比增长7.98%，增收70981万元。其中：公共财政收入完成255007万元，同比增长5.26%，增收12745万元，政府性基金收入完成221350万元，同比增长12.78%，增收25090万元。上划中央级收入完成431686万元，同比增长8.13%，增收32472万元。省级收入完成52181万元，同比增长1.31%，增收674万元。地方税收收入完成203901万元，占公共财政收入79.96%；非税收入完成51106万元，占公共财政收入的20.04%。分部门完成情况：1. 国税部门：收入完成532990万元，同比增长14.12%，增收65956万元。其中，完成公共财政收入76694万元，同比增长50.79%，增收25833万元。2. 地税部门：收入完成169941万元，同比减少13.38%，减收26245万元。其中，完成公共财政收入142369万元，同比减少10.87%，减收17369万元。3. 财政部门：收入完成257293万元，同比增长13.83%，增收31270万元。其中，完成公共财政收入35943万元，同比增加13.52%，增收4280万元。

【优化支出结构，支持经济社会协调发展】　一是财政支出始终坚持有保有压的原则，牢固树立过“紧日子”的思想，从严控制“三公经费”等一般性支出，优先保证重点支出，确保人员工资和机构运转所需资金，确保事关民生、财源建设、重大项目、维护稳定等重点支出。二是加大对科、教、文、卫等社会事业的支持力度，并注重向农村倾斜，促进公共服务均等化。三是完善有利于结构调整的税收政策。四是加强地方债务管理，要修明渠、堵暗道，有效防范和化解财政风险。至12月31日，财政支出完成921523万元，同比增加15.03%，增支120419万元

【加大“三农”投入力度，推动城乡协调发展】 一是加大农业综合开发投入力度，支持农业生产结构调整，促进农业增效。七星关区申报并获得上级评审立项的2017年度项目为一个，总计投资592.5万元。二是抓好一事一议财政奖补项目建设，服务广大人民群众。完成2017年一事一议财政奖补普惠制共申报项目366个。其中，小康路（村以下部分）项目102个155.75千米，便民设施（公厕）30个，文体活动场所（广场）44个，太阳能路灯项目82个1890盏，垃圾池（垃圾箱）项目42个，花池项目25个，其他项目41个，投资总计5766.66万元。

【继续关注民生，促进社会和谐】 一是坚持教育发展优先，继续加大对教育的投入力度，完善义务教育经费保障机制，深化义务教育绩效工资改革，全面推进中小学校舍安全工程建设。二是加强社会保障和就业服务体系建设，扩大社会保障基金规模，确保城乡居民最低生活保障、生活困难救助、医疗救助等民生性支出。三是支持医疗保障体系建设，巩固和完善城镇居民基本医疗保险制度和新型农村合作医疗制度，加快构建覆盖城乡的公共卫生服务体系，完善重大疾病防治财政补助政策，扩大计划免疫范围。四是加大对保障性住房建设的支持力度，落实地方配套资金，确保了建设进度，较好地缓解了城市低收入家庭住房困难。

【深化财政改革，加强财政管理】 一是认真落实省政府出台的分税制财政管理体制改革办法，税收实行属地征管入库，规范了征管程序，促进了征管工作健康有序发展。二是进一步提升财政预算编制的科学化、精细化水平，确保预算的严肃性。三是继续完善部门预算制度，规范部门预算编制程序，细化预算编制内容，提高预算分配的科学性、准确性。四是严格国库集中支付，切实提高财政支出管理水平。五是不断完善“乡财县管乡用”和“村财乡代管村用”管理办法，推动乡村两级财务管理走向法制化、规范化轨道。

（撰稿人：办公室）

国家税务

【概述】 2017年，七星关区国税局在区委、区政府的正确领导下，全面落实党中央一系列方针政策，牢记“为国聚财、为民收税”的工作宗旨，进一步加强各项工作的科学统筹管理，狠抓工作执行力，全面推进依法治税和党风廉政建设工作，圆满完成了各项工作任务。七星关区局人员编制共140人，现在编在职人员134人，缺编6人，离退休人员104人。40岁（含）以上71人，占52.98%；中共党员78人，占58.21%；大专以上学历132人，占98.51%，研究生5人，占3.73%。截至2017年底，获得会计从业资格证45人，审计师资格4人，注册税务师资格2人，律师资格4人；1人入选总局“115”工程—专业骨干项目，3人入围省局业务骨干，3名入选市局“岗位能手”；13人进入市局人才库，2人进入省局人才库。机关内设11个机构，包括5个行政科室、1个办税服务厅，2个业务部门，3个税源管理部门，另下辖4个基层税务分局，1个事业编信息中心。截至2017年12月31日，辖区纳税人共31504户，其中企业11382户，占管户的36.13%；个体工商户20122户，占管户的63.87%，达到起征点的407户；增值税一般纳税人2249户，占管户的7.14%。

【全力抓好组织收入】 2017年，全局共组织各项收入55.86亿元，同比增长15.34%，增收7.43亿元，其中税收收入完成53.90亿元，同比增长15.67%，增收7.30亿元；一般公共预算收入完成7.67亿元，同比增长50.79%，增收2.58亿元，得到毕节市委常委、区委书记崔英魁肯定性批示。同时，用足用好税收优惠政策，助推全区供给侧结构性改革，2017年共计减免增值税11459.92万元，减免企业所得税4863.84万元，办

理出口退税 2226.35 万元。

【高效落实税收优惠政策】 区国税局以国务院第四次大督查为契机，结合实际，强化工作举措，确保提高科技型中小企业研发费用税前加计扣除、增值税税率四档变三档等税收优惠政策落地生效。一是强化培训辅导。对内做到培训全覆盖，使每一个国税人对相关政策理解到位；对外培训 14 次，培训人数 8300 人次，多角度、多维度使纳税人对减税政策应知尽知。二是加大宣传力度。整合宣传力量，通过门户网站、广播媒体、微信等平台，大力开展减税政策的广泛宣传。我局已制定 5000 余册各类税收优惠政策资料小册发放给纳税人。三是做好优化服务。科学整合办税服务资源，严格落实首问责任制、预约办税、提醒服务等办税服务制度，加强导税咨询服务，积极拓展网上办税，实现服务提速，为落实减税政策提供快捷办税平台。四是注重夯实基础。准确掌握享受减税政策纳税人的有关信息，做到底子清楚、心中有数；积极开展政策效应分析工作，做好减税效应的预测、分析和统计工作，做到数据清楚，口径统一。2017 年，共计减免增值税 11459.92 万元，减免企业所得税 4863.84 万元，办理出口退税 2226.35 万元。

【深化国税、地税征管体制改革】 一是信息共享合作。联合采集第三方涉税信息，积极共享双方内部涉税信息，并对涉税信息的应用经验进行探讨与交流。截至 2017 年 12 月 31 日，追缴欠税信息共享 271 条。同时，联合定期交换传递定额核定信息、共享涉税信息，相互参考核定结果，通过此方式进行依申请或依职权定期定额核定、调整。截至 2017 年 12 月 31 日，区国税局从区地税局共获取 7154 条定额核定信息，并向区地税局提供 18258 条定额核定信息，双方联合开展评定个体定额 7856 条，联合开展数据清理 8576 条。二是服务深度融合。简化办证程序和手续，在办税大厅设立国地税联合办证窗口，开展联合办税工作，实现了纳税人办理税务登记“一个地点受理、一套资料登记、一个税号管理、一份证件通用”的目标。截至 2017 年 12 月 31 日，共联合办理设立登记纳税人 4668 户，其中“三证合一”纳税人 1571 户，“五证合一”纳税人 677 户，“两证整合”纳税人 143 户。三是执法适度整合。一是委托地税局代开发票 1383 笔，代征增值税 128.98 万元。二是联合地税局成立纳税信用管理委员会，共同制定评价标准，规范评价程序，联合开展评价。在全区推广“税易贷”服务项目，共成功为 6 家企业提供“税易贷”金融信贷服务，贷款金额 185 万元。三是按季联合召开税收分析会，对七星关区经济税收收入进行分析，特别是对重点税源、支柱产业等经济税收的变换情况进行研究，为领导和相关部门进行决策提供依据。四是联合开展对汽车经销行业、培训机构（重点是驾校）和医药及医疗器材批发行业和商品混凝土的专项纳税评估及清理，其中商品混凝土清补税收 1457 万元。2017 年以来共开展专业化纳税评估 29 户，其中经评估后移交稽查 1 户，评估后自查申报 15 户，自行风险排除 7 户，未评估完结 6 户，共查补税款 706.39 万元。

【纵深推进“放管服”改革】 一是不断深化税务行政审批制度改革。及时在办税厅公开县（区）级行政审批目录，制作涉及办理的 8 项行政许可事项目录和办理事项在大厅显眼位置进行摆放宣传，主动接受纳税人监督。二是不断推进商事制度改革。截至 2017 年 12 月 31 日，共联合办理设立登记纳税人 4668 户，其中“三证合一”纳税人 1571 户，“五证合一”纳税人 677 户，“两证整合”纳税人 143 户，大大降低制度性交易成本。三是加强涉税中介监管。对违规插手涉税中介经营活动进行清理，对现有干部职工 118 人（含市局纪检派驻人员 1 人）和具有注册税务师资格的 1 人进行登记备案。

【全面优化纳税服务】 在办税服务厅推行“十分钟”例会制，设立“纳税服务专家门诊”，制作税企联心卡，拓展电话预约办税方式，方便纳税人预约或特事特办相关涉税业务；持续推进纳税服务志愿者活动，进一步扩大志愿者招募范围，定期召开纳税服务志愿者涉税服务单位纳税人例会；积极与邮政公司开展合作，与其下设 18 个乡镇营业网点签订委托代征协议，截至目前共计办理“双代”业务 630 笔，代开发票金额共计 1640 万元，征收税款 85.4 万元；大力推行“一人一机双系统单 POS”办税模式，提升办税质效；设置 1 个离厅式自助办税服务厅，3 台自助办税服务终端。截至 2017 年 12 月 31 日，纳税人通过终端自主开具 7307 份增值税普通发票，有效节省纳税人办税时间。

【全面推行“三项制度”试点】 一是强化组织领导，健全工作机制。成立试点工作领导小组，印发具体工作制度，绘制路线图、任务表，并将试点工作纳入绩效管理考核内容，加大考核力度，强化责任落实。二是强化事前公开，完善公示平台。采取多种形式对全局 98 名执法人员基本信息进行公开，让纳税人了解执法人员相关信息；同时，在办税服务厅公开“全国县级税务机关纳税服务规范”及税收征管工作规范，让权力在阳光下运行。三是强化痕迹管理，规范执法过程。采购服务器 1 台，执法记录仪 15 台，举办行政执法“三项制度”推进会暨集成应用平台操作培训会，通过规范文字记录、推行音像记录、强化记录运用，让权力以“看得见”的方式规范运行，全面实现痕迹化管理。四是强化团队建设，推动依法治税。由法律专业人才及税收业务骨干共 16 名成员组成法律顾问专业团队，对局内重大税收执法政策、重大税务案件审理、税务行政复议和应诉及日常争议解决等工作提供专业指导和支持。自法律顾问专业团队成立以来，已解决存在法律及政策适用争议的税收案例 60 余次，大幅提升了执法水平。

（撰稿人：韩淑鋆）

地方税务

【概述】 七星关区地方税务局成立于 1994 年，下设办公室、政策法规股、计划财务股、征管和科技发展股、人事股、监察室和机关党办共 7 个股室，设立纳税服务、纳税评估、税源管理三类共 7 个分局。2017 年，七星关区地税局人员编制 98 人，现在编在职 92 人。主要负责征收和管理的税种有：营业税及附加、企业所得税、个人所得税、土地增值税、耕地占用税、契税、城市维护建设税、车船税、房产税、资源税、城镇土地使用税、印花税、烟叶税、环境保护税及滞补罚收入。2017 年，七星关区地税局以习近平新时代中国特色社会主义思想为指导，掀起学习贯彻中共十九大精神热潮，深入贯彻省局、市局和区委区政府安排部署，牢记“聚财为国、执法为民”的工作原则，税收收入稳定增长、依法治税水平显著提高、征管提质增效、全面从严治党深入推进、各项工作取得新的成绩。

【牢记使命，深入学习贯彻中共十九大精神】 中共十九大是在全面建设小康社会决胜阶段、中国特色社会主义进入新时代的关键时期召开的一次十分重要的大会。这次大会旗帜鲜明、高瞻远瞩、举旗定向、引领时代、催人奋进。为进一步学习贯彻中共十九大精神，区地税局一是积极进行宣传，营造良好宣传氛围。通过 LED 屏、广告栏、查询机、电脑屏保和宣传展板、微信平台等媒介宣传中共十九大精神及相关知识，积极将学习贯彻情况向上级进行报送，发出地税部门好声音。二是精心组织“大学习”，保证学习的质效。以“大学习”为主题和出发点，组织干部职工多次观看中共十九大精神视频，听取市局领导巡回宣讲中共十九大报告精神，由区局党组班子成员对本单位进行宣讲。通过全方位、全覆盖、多形式、多层次、常态化、长效化的方式开展学习活动，确保全体干部职工深入了解中共十九大精神，在学懂、弄通、做实上下功夫，用中共十九大精神指导地税工作，推动地税工作迈向新台阶。

【着力“稳增长”，积极组织税收收入】 区地税局严格落实“依法征税、应收尽收、坚决不收过头税、坚决防止和制止越权减免税、坚决落实各项税收优惠政策”的组织收入原则，严守省局“五条禁令”，努力克服后“营改增”时代的各种困难，通过各种措施全力谋划组织收入工作。2017年，共组织入库两项收入197033万元（其中，区级地方财政收入完成139852万元），比2016年同口径增加6.52%，增收11904万元。其中，税收收入完成195163万元，占年初任务的107.53%，同比增加6.94%，增收12491万元；教育费附加完成1870万元。

【着力“践法制”，持续规范税收执法】 认真贯彻落实国务院“放管服”改革决策部署，以巩固规范税收执法为主线，切实提高依法治税水平。一是规范税收执法行为。以“三项制度”试点建设为契机，深入规范税收执法工作，规避执法风险。严格税务行政审批，按规定程序、权限和时限办理相关涉税事项。认真开展执法案件评查工作，确保执法文书使用完备，执法依据准确，处罚结果公平、公正、公开，及时将文书资料上报备案，定期对税收管理员的执法案件进行案卷评查。二是定期开展好执法检查和执法督察。随机对个体工商户及企业的情况进行检查，通过检查及时发现存在问题，下达整改通知书，责令自行整改。三是坚决贯彻落实税收优惠政策。深入落实小微企业、高薪技术产业、高校毕业生创业、退役士兵、退伍军人、残疾人就业及西部大开发等税收优惠政策，切实为纳税人减负，激发市场活力，助推地方经济发展，让改革的红利惠及纳税人，2017年，共减免各项税收9786.93万元。四是强化风险管理，持续抓好纳税评估工作。结合重点税源、重点行业、重要风险点，依托金三系统数据及第三方数据，积极开展风险应对工作，全年完成市级推送各类风险应对任务共计297户（次），共计评估入库税款10615.35万元。全年对458户企业开展企业所得税评估，评估入库各项税收23304.58万元。

【着力“促改革”，深入推进征管体制改革】 一是夯实征管基础，强化数据清理。积极开展错误数据清理工作，细化分工、明确职责，积极组织各部门加班加点对推送的数据进行清理，全年清理修正系统数据188123条。二是环保税开征工作稳步推进。紧跟总局、省局和市局的脚步，通过集中培训、专人辅导、多渠道、多形式宣传方式，确保环保税工作的顺利开征和平稳渡过。三是“三项制度”试点工作稳步推进。成立了“三项制度”工作领导小组，制定了推进“三项制度”建设的各项制度，搭建了“三项制度”信息平台，完成基础设施配备的前期准备工作，并将行政执法过程在平台中进行了录入和公示。“三项制度”改革平台上线以来，区地税局作为试点单位，积极配合，担当作为，成功将执法过程全记录导入“金三系统”。四是加快转变征管方式。认真组织落实市局《转变税收征管方式提升税收征管效能实施方案》，通过细化和完善指标考核机制，强化指导监督与指标考核，实施分类分级管理，推进“管户”与“管事”相结合的征管模式，进一步规范征管各环节工作。

【着力“优服务”，切实优化纳税服务质量】 一是深化国地税合作，提升地税管理服务水平。持续开展便民办税春风行动，不断深化国地税合作。在服务深度融合方面：联合开展登记类服务，2017年国地税共计新登记纳税人5728户，协同办理变更登记101169户、注销登记2024户。建立联合办税服务大厅，积极推行“一人一机一窗双系统单POS机”办税模式，实现“进一家门，到一个窗，办两家事”。联合开展委托代征，打造网格化办税格局，让纳税人实现就近便民办税。在执法适度整合方面：协同开展定期定额户的定额核定，全年共计联合调整定额7759户，其中地税调整4217户，调整新增达起征点纳税人176户，联合实施欠税管理，加强申报信息交换。在信息高度聚合方面。共享纳税人申报、定额核定信息，查找税收流失风险。按照实名办税的要求，联合开展纳税人信息采集。联合开展税收分析，按季召开税收分析联席会议，对七星关税源情况、税收入库情况进行分析比对，查找困难和问题，共同向区政府汇报，争取政府对税收工作的支持。二是优化硬件设备，进一步完善办税服务厅基础设施建设。根据国家税务总局标准化服务厅要求，不断完善办税服务厅 VI 标识，合理设置功能区，增设多台查询机，设置和完善“导税台”制度，进一步简化办税流程和提高办税质量。三是实行多元化办税，线上线下齐助力。在做好办税服务厅前台申报及自助区申报的同时，积极鼓励纳税人多走“网路”、少走“马路”，大力宣传“智慧税务 APP”软件，大力培训“网上办税厅”系统，通过多元化办税方式提升服务质效，得到纳税人普遍好评。四是加强业务培训，提升办税人员素质。通过晨会日常学习，临时开设专题学习，开设午间小课堂，周二、周四系统学习，户外拓展培训强化团队建设等方式大力提升前台工作人员思想素质、服务意识和业务水平。五是强化考核，营造积极主动工作氛围。结合区局工作实际，进一步修正考核管理办法，切实做到奖勤罚懒，奖优罚劣，逐步形成积极向上的工作氛围。强化考核结果应用，将窗口人员的绩效奖和考核结果挂钩，体现多劳多得、优者多得，把遵守纪律、服从安排、学习培训等事项纳入考核，有效促进工作开展。六是强化合作，税收宣传卓有成效。围绕“深化税收改革、助力企业发展”的税收宣传月主题积极开展了多项活动：深入开展千名地税干部服务实体经济发展活动；开展“民营企业共话税收”活动；开展“深化‘放管服’为企业添活力”专题活动；与区国税局联合制作了以“国地税联合办税，深化合作”为内容的广播类和电视类公益广告；在人民公园开展税收宣传活动，共向市民发放各类宣传资料 3000 余份，赠阅刊物 100 余册，辅导纳税人关注微信平台 130 人（次），解答纳税人咨询 190 余次。

【着力“带队伍”，狠抓干部队伍建设】 2017 年，区地税局不断完善干部管理制度，推动作风建设向前发展，实现了干部职工“零违纪”、干部选拔任用“零举报”、作风建设“零投诉”、当地纪委“零通报”、司法机关“零追究”。一是强化责任意识，大力加强领导班子建设。队伍建设，领导班子是关键，区局结合税收收入实际，严格落实领导班子主体责任和监督责任，党组负责人和党组成员切实履行“一岗双责”，以上率下，一级抓一级，管好自己，带好队伍，做好表率。二是注重教育培训，提高干部队伍整体素质。加大政治素质、综合管理和业务知识的学习和培训，重点学习税收知识和法律法规，熟练掌握岗位技能，全年共组织职工培训 30 余次。三是建立科学绩效考核机制，调动工作积极性。为使绩效考核工作更加规范化、科学化和制度化，做到客观公平公正公开，尽可能调动全体干部职工的主观能动性和工作积极性，制定和完善绩效管理制度，充分发挥绩效考核“指挥棒”作用。四是大力推进地税文化建设，精神文明建设硕果累累。以“璀璨七星、地税荣光”为主题，坚持“内强素质、外树形象”的要求，发挥精神文化的引领、熏陶、感召作用，开展内容多样的地税文化建设，丰富文化宣传阵地。建立图书室、丰富文化长廊、大力创建普法教育示范基地和廉政教育示范基地。印制地税文化宣传册，编印了《地税职工文选》《税海浪花》廉政画册和职工《廉政读本》等书籍，展示地税人生机勃勃的精神状态。以“我们的节日”为契机，广泛开展了妇女节登山、清明节祭祀、青年节座谈等活动，与国税联合开展了摄影采风、诗歌朗诵、体育运动等活动。通过各项活动的开展，区地税局精神文明创建氛围更加深厚，2017 年，区地税局分别获得“省级文明单位”及“省级青年文明号”荣誉称号，文明创建硕果累累。

【着力“严纪律”，管党治党成效显著】 一是深入推进“两学一做”，助力党建工作扎实开展。扎实做好党建常规工作：成立党建工作领导小组，拟定并下发了全年党建工作计划，明确区局党组落实党建工作责任清单，按照时间表路线图逐项落实党建各项工作。压实党建责任，规范党的组织建设。建立健全了《基层党支部工作规则》《党建工作“三会一课”制度》等制度。严肃党内政治生活，把党组成员分散到各支部，定位为普通党员，督促好各支部按时开展好支部组织生活，增强党员政治素质。大力抓好党建扶贫工作：深入开展驻村帮扶工作。积极协调有关部门解决通村公路的建设资金1250万元，修建通组公路26.5公里。区局全年共投入资金18.1万元，帮助驻村扶贫点居民修建饮水池、便民桥、文化广场和发展养殖业。班子成员率领干部职工50余人到党建集团扶贫点进行走访遍访，全面了解驻村集团帮扶工作情况，并向扶贫点建言献策，对普宜镇三个贫困村的45户贫困户进行了3次遍访和回访，投入资金22500元用于帮助贫困户发展养殖业；积极配合区委、区政府开展精准扶贫大走访、大排查活动。二是坚定不移推进党风廉政建设。拓宽监督载体、延伸监督触角，确保机关作风建设持续好转。年初召开党风廉政工作会，组织全局干部职工签订责任书，压实党风廉政建设责任；继续加大“马上就办”工作的落实；充分发挥兼职监察员作用；在作风监督方面，强化对全局干部职工日常工作纪律、服务纪律等方面进行巡查，勤打招呼和提醒；积极开展值班巡查，全年不定期开展了48次巡查工作。以学促廉，推动反腐态势持续高压威慑。围绕物态文化、精神文化、制度文化、行为文化等四个方面的建设内容，依托“一廊、一厅、一书屋”三个文化载体建设，开设内网廉政学习园地，形成了“三册”（地税文化手册、廉政读本、廉政画册）、“三档”（个人廉洁档案、“两个责任”落实档案、常态化约谈工作档案）、“三片”（廉政文化宣传片、地税文化宣传片、文明单位宣传片）等廉政载体。积极召开专题学习、主题教育会，组织开展党性体验，组织职工参观区检察院职务犯罪警示教育基地，开展勤政廉政警句征集活动，开展“家风助廉”文艺作品征集活动。通过各项活动的开展，职工思想认识水平有了较大提高，廉政意识明显增强。落实运用好“四种形态”，确保执纪问责工作见成效。认真抓好党风廉政日活动，明确学习重点和内容，认真组织学习“四种形态”要求，时刻紧绷廉洁红线。

（撰稿人：周鸿）

金融　保险

毕节银监分局

【概述】　2017年，在贵州银监局党委的坚强领导下，毕节银监分局以习近平新时代中国特色社会主义思想为指导，坚决贯彻党中央、国务院方针政策，认真落实市委市政府、贵州银监局各项决策部署，以加强党的领导和党的建设为统领，将整治银行业市场乱象作为主要抓手，着力推动银行业提升服务实体经济质效、防控金融风险、深化改革发展，各项工作取得新的进展，实现了银行业平稳健康发展。

【着力推动银行业提升服务实体经济质效】　一是经营运行稳步向好。2017年年末，全市银行业资产、负债均突破“两千亿”关口，资产总计2219.4亿元，较2016年增长20.92%；负债总计2150.43亿元，较2016年增长20.98%；各项贷款余额1321.29亿元，较2016年增长15.06%，各项存款余额1960.76亿元，较2016年增长21.91%；实现净利润29.86亿元，同比增长18.35%。资产、负债增速均排名全省第二，各项存款增速排名全省第一，各项经营指标处于较好水平。二是重点领域金融服务力度不断加大。2017年年末，重点工程贷款余额390.36亿元，同比增长15.55%，其中基础设施贷款余额220.77亿元，同比增长13.88%；涉农贷款余额851.61亿元，较2016年增长19.64%；保障性安居工程贷款余额103.50亿元，较2016年增长360.61%；支持加快建设生态文明先行示范区，打造“生态毕节、绿色发展”高地，2017年已有51个绿色环保项目获得约45.12亿元信贷支持。三是扎实推进脱贫攻坚金融服务。大力支持易地扶贫搬迁，全辖银行业累计发放易地扶贫搬迁贷款17.72亿元，2017年年末，余额13.96亿元；引导银行业制定专门管理办法促进扶贫小额信贷，全辖银行业扶贫小额信贷余额47.54亿元，惠及12.67万户建档立卡贫困户；加大扶贫金融方式和产品的创新，辖内银行业推出“党员创业带富”“金牛贷”等多个信贷产品；支持金沙县推进农民住房财产权抵押贷款试点，累计发放农民住房财产权抵押贷款1484笔、余额1.25亿元，分别较2016年增加1135笔、1.02亿元。四是小微企业金融服务取得新突破。2017年年末，小微企业贷款余额304.23亿元，同比增速34.16%，高于各项贷款增速18.9个百分点，贷款户数3.04万户，较2016年同期增加0.79万户，申贷获得率99.06%，高于2016年同期1.02个百分点。

【着力整治银行业市场乱象】　2017年，毕节银监分局按照银监会和贵州银监局统一部署，立足毕节银行业实际，明确整治重点，细化目标任务，落实责任分工，扎实开展“三三四十”系列专项治理行动，提升专项治理成效。同时加大处罚力度，充分发挥监管处罚震慑作用，2017年对辖内8家银行业机构、2名高管予以行政处罚；责令被查机构建立整改问责台账，严肃整改问责。通过系列专项治理和监管问责，银行业合规意识有所增强、内控水平有所提升、风险管控能力有所提高；资金脱实向虚势头得到初步遏制，总资产、表外业务增速较2016年下降。

【着力防范化解金融风险】

一是积极化解信用风险。开展信用风险专项排查，摸清风险底数，按季跟踪监测重点行业融资情况，督促银行业机构加强风险预警、制定风险处置预案，建立风险和问题台账并加强整改落实，督促农村中小金融机构建立大额贷款监测台账，大力推动农村中小金融机构隐性不良贷款于2017年年底前全部入账。加大不良处置力度，2017年通过现金清收、核销、批量转让等方式处置不良贷款同比增长176.24%。二是前瞻管控流动性风险。督促地方法人银行业机构将流动性风险管理纳入整体发展战略，建立考核问责机制，完善流动性风险管理信息系统的监测、计量和报告功能，进一步完善流动性风险应急预案；明确两家法人为重点机构进行监测。指导农商行认真开展压力测试，不断提高流动性管理的前瞻性、主动性和科学性；督促村镇银行同主发起行进一步议定流动性支持方案，签订流动性救助协议。三是加强信息科技风险防范。组织召开辖内农村商业银行信息科技监管评级通报会，及时对辖内农村中小金融机构科技风险予以提示，持续对省联社核心系统上线后重要时间节点各农合机构业务连续性保持监测，做好迎接中共十九大网络安全排查走访工作，有效应对纳雍县山体滑坡灾害事故对纳雍县域银行业机构的影响。四是认真做好维稳安全工作。加大中秋、国庆、中共十九大期间安全防控力度，组织辖内银行业机构开展消防安全检查以及第五轮银行业安全评估、城商行专项安全检查工作，为中共十九大胜利召开创造安全稳定的社会环境。五是切实维护金融债权。指导市银行业协会推进债权人委员会组建工作，持续推进市场化、法制化债转股，农行贵州省分行六枝工矿集团债转股方案已落地完成账务处理。六是保持案件防控高压态势。召开案防工作会议，分析形势，传达案防要求、扎实开展银行业“合规管理年”活动，完善员工违规处罚信息库，督促加强员工行为排查、岗位制衡和岗外监测。七是持续推进消费者权益保护。印发毕节银行业消费者投诉处理实施细则，持续做好消费纠纷投诉工作；持续做好金融知识普及工作，开展“金融知识进万家”“防范打击非法集资宣传月”“打击电信网络新型违法犯罪”等宣传月活动；推进银行业销售产品专区“双录”建设，督促严格落实“双录”工作要求；严格规范金融服务收费，开展不当收费治理，清退抵押登记费、抵押评估费及账户管理费等。八是密切防范社会金融风险传导。开展防范非法集资专项排查，配合开展P2P专项治理，积极向市政府领导专题报告非持牌机构相关情况，防范社会金融风险向银行传导。

【着力深化银行业改革开放】

一是加强党对银行业的领导。积极推动村镇银行加强党建工作，联合市委党建办印发《关于进一步加强全市村镇银行党建工作的通知》，2017年辖内8家村镇银行已全部成立党支部，村镇银行党组织管理关系得到理顺；联合市银行业协会举办毕节银行业纪念建党96周年党建知识竞赛。二是稳步推进法人机构健康发展。推动辖内农村中小金融机构完善公司治理，督促农商行将加强党的领导写入公司章程，督促完善全面风险管理，开展省联社毕节审计中心履职监管评价，推进去行政化和履职规范化。三是进一步完善银行业机构体系。鼓励有意向银行业机构来毕设立分支机构，重庆银行毕节分行已于2017年4月开业，光大银行毕节分行已获批筹。稳步推进农信社改制农商行，赫章农商行获批筹建，并完成开业申报及初审上报；威宁县联社启动改制，完成筹建材料初审上报。

【着力加强监管能力建设】

一是强化风险监测能力。印发防范化解金融风险严守风险底线工作方案，把防范风险放在更加突出的位置；综合发挥窗口指导、风险提示、诫勉谈话、审慎会谈等各类监管措施作用，加强风险监测预警和处置。二是推动

EAST系统应用纵深发展。成立EAST系统兴趣小组，定期召开例会，交流分享应用心得，提升现场检查效率；推广到非现场监管、市场准入和监管调研中，在市场准入工作中引入EAST前期分析和个人行为排查等模型。分局《运用EAST开展银行信贷资金精准扶贫项目监测》获银监会系统“金点子”方案优秀奖。三是提高市场准入质效。严格遵守行政许可各项制度，实行双人审核复核制度，确保依法合规。2017年，完成高管人员任职资格审核35人（次）、初审上报贵州银监局4人（次），完成各类机构市场准入47项、初审上报贵州银监局1项，受理各类报告事项31个。四是提升非现场监管水平。充分发挥非现场监管联席会议作用，定期召开非现场监管分析例会，规范非现场监管流程和要求，加强风险监测预警和处置，做实“月监测、季分析、年报告”。五是提升统计报表数据质量。修订完善《毕节市银行业金融机构监管统计工作考核评比办法》，启动“监管统计数据质量月”活动，指导市银行业协会开展“毕节市银行业监管统计劳动竞赛”，数据质量治理工作成效初显。六是提升现场检查效能。推进“现场检查+科技”工作模式，进一步完善监审联动方式，设立廉政监督员，严守保密规定。

【着力加强内部管理】 一是着力提升内部运转效率。进一步完善差旅费、执法办案项目经费、公务接待费等管理制度；认真贯彻厉行节约反对浪费精神，合理安排“三公”经费预算；积极推动公务用车制度改革，按照要求处置拍卖、报废公务用车；按照“先急后缓、勤俭节约”的原则，组织对分局办公楼外墙水管、墙砖、破损窗户、大厅及楼道顶板进行修缮，同时对分局机房进行改造，及时处理安全隐患。二是着力加强干部队伍建设。坚持正确选人用人导向和党管干部原则，严格执行党政领导干部选拔任用工作制度，严把“候选人资格、民主推荐、组织考察、党委讨论、履职回避”等选拔过程关，强化纪检监察部门职能监督，自觉接受群众监督，进一步夯实分局中坚力量。强化干部管理，严格落实个人事项报告制度，按时完成领导干部报告个人有关事项工作；建立完善分局党委成员谈心制度，及时了解和掌握干部职工思想动态、工作情况和生活状况。三是着力打造和谐团队精神。积极倡导“快乐工作、快乐生活”理念，加强人文关怀，解除干部职工思想包袱；同时，成立评先创优活动领导小组暨精神文明建设委员会，严格评选先进典型并向贵州银监局推荐，有效发挥示范和激励作用。2017年，分局获毕节市政府通报表扬，分局、科室、个人荣获银监会、贵州银监局多项荣誉表彰。

【着力推进全面从严治党】 一是认真学习宣传贯彻中共十九大精神。把学习宣传贯彻中共十九大精神作为当前和今后一个时期的首要政治任务，召开动员部署大会，成立新时代讲习所，印发学习宣传贯彻中共十九大精神工作方案，开展主题演讲、知识竞赛、策划宣传板报、撰写学习心得、微信“每日推送”等活动，持续掀起学习热潮。二是大力推进党建工作制度化规范化。制定印发党建工作要点、修订党委理论学习中心组制度、制定中心组学习计划；建立完善党委“三重一大”事项规定、党费财务管理办法等，层层签订党建工作目标责任书；加强基层党组织建设，调整骨干力量充实党委工作部门，扎实有序开展党建工作。三是扎实推进“两学一做”学习教育常态化制度化。制定印发实施方案，组织召开动员部署会议，成立督导组持续推进；扎实展开“四个专题”研讨，认真落实“三会一课”制度，党委成员带头讲授党课；按时召开组织生活会，找问题、建台账、促整改；成立支部建设达标活动考核验收小组，推进党支部全面完成达标；创新方式认真开展“主题党日+”活动。四是从严从实抓牢党风廉政建设。召开分局系统党风廉政建设暨纪检监察工作会议，部署工作任务；开展违反中央八项规定精神问题集中通报和专项整治工作，扎实做好“四风”突出问题专项自查自纠工作；以专题学习、警示教育、自查自纠等多种方式，深入开展“做守严”专题教育。

（撰稿人：办公室）

中国人民银行毕节市中心支行

【概述】 2017年，毕节分行在总行党委的正确领导下，积极践行“担当社会责任，做最好的银行”的发展战略，扎实推进“创新、转型、化解、管控”重点工作，各项经营指标稳步提升。结合省分行整体经营目标和毕节市经济发展形势，我行仅仅围绕省分行三条主线（拓客户、促转型、加快发展，控风险、化不良、严守底线，建机制、带队伍、打牢根基，做细、做实、做强）及十四点要求，争做毕节最好银行。

【加强开门红任务调度】 年初，中国人民银行毕节市中心支召开专题会议，认真传达贯彻省分行2017年工作会议精神及公司业务、个金业务板块工作会议精神，切实制定2017年公司、个金业务板块绩效考核办法及一季度“开门红”竞赛活动方案和奖励办法，鼓励业务部门和一线网点大力发展资产负债业务。按季组织召开经营形势分析会，不定期组织公司、个金条线专题会，进一步统一思想，提高认识，明确目标任务和努力方向，做到一心一意谋发展，专心致志抓业务，实现了2017年开门红，为全年业务发展奠定了坚实的基础。

【做大资产业务规模】 资产业务是银行发展的核心业务之一，是利润增长的主要来源，在风险可控的前提下，做大做强资产业务，在积极助推地方经济发展的同时紧抓业务机遇，实现自身的不断发展壮大。1. 积极推进公司重点项目发展。结合我行实际，紧盯毕节铁路、能源矿产投资、棚户区改造、重大水利工程等行业的重大项目，把握政府发债和PPP等业务机会。结合毕节大旅游、大健康、大扶贫等政策，充分利用毕节旅游资源丰富的优势，加大营销拓展力度，确保储备项目尽快落地。其次，充分利用扶贫、教育优惠政策等有利因素，寻找新的业务发展机遇。2. 大力发展个人贷款。在个人贷款原则上不受规模限制，风险可控的前提下，尽可能做大做强。踏准市场节奏，抢抓市场机遇，继续做大住房和大型楼盘配套商业用房的业务拓展。持续推进和深化与重点开发商的业务合作，在保证个人商业住房贷款稳定发展的同时，投入力量加大公积金贷款、公积金贴息贷款的推广力度。其次，要抢抓居民消费升级机遇，加快爱家分期、车贷、现金分期的推广力度。

【着力提升网点竞争力】 以推进智能化建设为抓手，着力优化渠道、优化人员、优化产品、优化设备、优化服务，提升网点服务覆盖面和延伸服务能力，进一步提升网点综合竞争力。1. 优化网点布局，加快自助渠道建设。网点建设以效能提升为目标，以智能化升级建设为手段，持续优化布局。通过改造、扩建、新建等方式提升网点形象和提升服务能力，进一步完善业务功能，优化服务营销流程，通过打造网点软实力来提升网点服务口碑和市场攻击力。大力发展离行式自助渠道、智能终端，延伸我行服务渠道的有力抓手，进一步宣传我行品牌形象，释放生产力。2017年，完成黔西莲城自助银行、麻园自助银行的装修及对外营业；完成了所辖网点智能柜台的安装、启用；新增、更换网点废旧ATM机6台；清南支行改造的房屋租赁、装修省分行已批复，目前正待省分行招投标即可进行入场装修；分行营业部及大楼的装修已经启动，正上报省分行。2. 加强网点业绩排序机制运用，提升网点竞争力。“网点综合业绩排序”机制是创新网点管理的有效方式，在全行网点建立“赛马”机制和营造“争先进位”的竞赛氛围，树立先进，督促后进，实现了我行网点业绩排序的大幅增长。

【加强五支队伍建设】 在省分行的统一安排下，立足分行实际，强化五支队伍建设。一是发布岗位任职资格。通过理顺五支队伍的岗位任职条件并发布全行，让员工知悉各个岗位的任职要求及晋升条件，鼓励全行员工考取银行类职业资格证书，岗位持证率大幅攀升。二是制定培训计划。制定全行年度培训计划，加强员工的培训、辅导和选拔工作；以提升专业能力及职业素养为目标，加强核心员工培养、提升员工职业发展能力为重点，综合运用面授、轮岗交流、跟岗实践等多种培养方式完成分层分类的员工培训体系，抓落实。三是优化专业队伍配置。按照省分行条线要求，结合信贷业务发展步伐，通过集中有限的人力资源，打造专业的信贷队伍。加大对公司、个金条线信贷人员的配置，逐步建立起分行的个贷中心和公司贷款队伍体系，提升了信贷业务的办理效率。

【提升技能服务水平】 加强文明优质服务管理，围绕业务发展，做好服务工作。通过在分行综合管理部安装全辖视频监控软件，每天，工会负责人实时调阅各机构不规范的服务照片或视频，及时反馈相应支行及员工、及时提醒纠正。每个月，通过现场或非现场方式，组织文明优质服务联合检查组到各机构进行检查，加强检查力度及成果运用，网点规范服务水平得到极大改善。广泛开展业务技能练兵活动，加大技能练习的奖励及兑现，督促员工修炼岗位本领，提高业务办理速度。继续推进星级柜员培育工作，建设高素质、高星级服务队伍，全面提升我行文明优质服务水平和服务质量，为业务发展提供软实力。其中，一位新入行员工因技能优秀，实现了提前转正；实现参测率100%，合格率100%，能手率100%；在全省2017年度员工技能比武大赛中勇夺团体第三名。

【切实关心职工生活】 一是组织、参加各类员工活动。组织开展妇女节、中行开放日活动，参加市银协举办的健步行、职工运动会及参加省分行举办的运动会，我行均取得了较好的成绩。二是彻底解决食堂管理模式。2017年继续采取餐馆就近送餐的方式，解决网点员工中午就餐问题的同时，收回食堂自行管理，进一步提升员工就餐的质量标准。三是彻底清理和改造我行职工宿舍，全部解决了新入行异地单身员工的住宿问题。四是高度重视员工满意度测评，从提升自身业务及管理能力着手，营造和谐、积极、向上的文化氛围，加强关爱员工的意识，促进员工能力提升。

【深化党建工作开展】 2017年是中共中央十九大的胜利召开及“两学一做”的深化学习的关键之年，按照总行、省行党委的要求，分行不断推进各项党建工作，紧紧围绕中心，服务大局，深入推进党的思想、组织、作风学习、建设，积极营造健康向上、和谐共建的工作氛围，基本达到了“党员教育到位、工作创新有效、信息传导及时、党团管理规范”的目标要求。

【风险内控得到有效管控】

加大清收化解力度。采取多种手段清收不良资产，对长期恶意拖欠客户，充分借力法律手段，借助公安、司法部门的力量，开展信用卡、公司贷款清收专项活动，多年的陈年旧账得到清偿，取得较好的效果和社会影响。2017年，对一笔长达10余年的29万元的公司逾期贷款利息实现了清收；在我行贷款大幅上升的同时，不良率较2016年末下降0.07个百分点，公司贷款无不良。

全面加强贷款管理。行业准入方面：坚持业务发展与风险控制并重，对重点客户和项目提前介入，对行业客户实行名单式管理，严把授信客户准入关；加大统一营销力度，防范源头风险，保障各类资产业务平稳过渡、健康发展，推进经济下行期潜在不良贷款的“软着陆”。

加强内控案防管理。按照“守土有责、失土问责”的原则落实内控案防责任制，明确责任和底线，强化全员责任意识和规矩意识，保障合规经营。完善案件防控专项治理工作机制，针对案件多发环节、风险上升业务及监管关注问题，加强排查和集中治理。加强业务条线对高风险、重要业务、重点领域以及监管机构重点关注领域的内控检查和风险排查。对两名部门负责人进行扣减绩效处理，对多名因赌博、信用卡套现的员工进行经济处罚。

（撰稿人：办公室）

建行毕节市分行

【概述】 2017年，建行毕节市分行党委团结带领全行员工，以中共十九大精神为统领，认真执行总、分行决策部署和监管新规，回归金融本源，着力创新服务实体经济，一以贯之坚持“巩固一流银行地位、早日成为当地最佳银行”的目标导向，团结奋进，拼搏创新，苦干实干，后发赶超，各项经营业绩继续保持快速发展势头，内控管理基础得到全面强化，合规文化建设成效明显，牢牢守住了不发生系统性金融风险底线，朝着最佳银行目标迈出了坚实的步伐。

【业务工作】 一是存款规模继续保持领先优势。截至年末，一般性存款规模实现240.87亿元，四行占比32.98%，保持同业第一；较年初新增19.13亿元，同业第二，其中个人存款新增占比达42.70%，同业排第一。二是经营效益稳步提升。中间业务净收入1.28亿元，四行排位第二，实现了同业晋位升级的预期目标，圆满完成了省分行下达的目标任务。实现账面利润5.30亿元，较2016年同期增长8219万元。三是客户、账户拓展取得新成效。实现了“大中小客户均衡，存款类客户、结算类客户和贷款类客户并重”的客户转型目标。单位人民币结算账户总量跃居四行第一。其中基本账户新增占比达78.86%；有效客户加权前新增315户，市州分行排名第二；加权后新增1397户，市州分行排名第一，持续缩小与领先者的差距。ETC客户新增13847户，网均新增第一；龙支付客户72114户，网均新增第一。手机银行活跃客户总量116985户，市州分行排名第二；短信客户签约139341户，市州分行排名第二；微信客户签约54500户，市州分行排名第二，在全省第一家提前超额完成全年目标计划。四是渠道基础进一步夯实。网点渠道布局优化，全部网点完成智慧转型，智慧柜员机在线运行73台，智慧银行功能不断释放。新一代核心系统运用取得初步成效，充分利用新一代系统的数据挖掘功能，为全行拓展市场、拓展客户进行精准营销提供了强力支撑。五是资产质量保持稳定。不良贷款6953.94万元，较年初减少365.57万元，不良贷款率0.72%，较年初上升0.04百分点，控制在省分行下达的年度计划内。六是等级行考核取得优异成绩。在2017年度建行贵州省分行各级领导班子综合考核中，毕节分行获得市州分行第一的殊荣；在2017年等级行评定和KPI考核中，毕节分行与遵义分行并列市州分行A类行，KPI考核在市州分行排名第一，成为唯一一个连续四年被省分行评为A类行的二级行。七是内控案防成效显著。内控评价全省排名第二，合规KPI二级行第三，“两防”考核二级行第一，稽核差错二级行第一，外汇业务综合评价当地第一，全年实现零案件、无重大违规事件、无监管处罚发生的目标。

【转型创新业务快速推进】

一是大力推广普惠金融，延伸金融服务范围。有效运用科技成果，充分利用“新一代”核心系统数据挖掘和商机捕捉功能，围绕“一户、一圈、一链、一平台”着力服务中小优质客群，取得突出成绩。全年授信客户数量达394户，授信余额1.8亿元。业务范围涵盖毕节所有区县，涉及行业包括农业、制造业、建筑业、养殖业等多个行业。同时，在所有行政县和毕节市七星关区全部实现了“裕农通”的布放，并以拓展卷烟零售户为切入点，将我行金融服务逐步延伸至乡镇地区，服务广大农民客户。截至12月31日，已布设“裕农通”36户，完成省分行下达计划的163.64%。“裕农通”的布设，为下一步有效承接上游各类结算资金，吸引低成本资金沉淀奠定了良好的基础。二是全力推进个人金融生态圈建设。通过条线间的联动，合力推进POS商户、慧兜圈、聚合扫码支付、龙商户、ETC龙卡等的金融创新产品的应用，商户结构持续优化，商户净增完成省分行下达全年计划；“慧兜圈”完成379户，计划完成率达130%。通过对龙卡应用场景的搭建和推广，为客户衣食住行医娱提供方便，以此提升客户黏性，取得了良好的经济效应和社会效应。三是资产业务全面创新发力。首先是积极向上级行汇报沟通，争取到上级行一系列支持毕节试验区经济发展的政策、授权、措施陆续落地，在全省率先推行了区域内整合财政涉农资金贷款4亿元，大力支持毕节市脱贫攻坚战略实施；其次是积极走进客户走进政府走进项目，在教育卫生、基础设施、交通、旅游等领域大力提供金融支持，实现金沙、威宁两地理财产品投放10亿元，支持金沙市政道路建设和威宁草海综合治理；支持成贵高铁梨树客运枢纽站建设授信5亿元；发行资产收益权理财产品2亿元，支持区域内国省干道及通村油路建设。第三是依靠全行力量，通过拼市场，推转型，强普惠，推动消费贷款提速，同业先发优势日益凸显。消费信贷实现新突破，实现了信用卡业务的跨越式发展，全口径分期达5.44亿元；个人类贷款破50亿元大关，稳居四行第一；快贷余额5.11亿元，新增3.70亿元，增幅达263.09%，全省排名第一。四是深化银政、银医、银校战略合作新内涵。通过与毕节市政府签订全面战略合作协议和住房租赁合作协议，与医院、学校搭建合作平台等，全面拓展了与政府、医院、学校合作领域，丰富了合作内容，全力助推毕节试验区经济社会发展提速。

【内控基础管理稳步夯实】 一是建立起违规责任共担机制。制定下发了《毕节市分行构建合规责任共同体实施方案》，根据问题发生的点、线、面按层级进行责任追究，倒逼责任落实，形成自上而下的责任落实和自下而上的责任追究机制。2017年，因违规操作问责市分行行领导3人次，主动积分11分；问责市分行部门负责人6人次，积分15分；问责支行负责人10人次，积分20分。二是强化积分管理工具运用。从“事前、事中、事后”，做好合规过程管控。全年全辖共计积分678分，涉及337人次，其中，主动积分559分，占比高达85.21%，较2016年提升22.73个百分点；违规积分655分，奖励积分23分。被积分人员涉及市分行行长、副行长，部门、支行负责人及各级经办人员。通过积分管理工具的运用，对违规行为及时警戒、纠偏和教育，对合规操作及时肯定和表彰，达到了处罚一次，警醒一片；奖励一人，看齐一片的效果。三是合规文化建设成效明显。通过丰富合规理念和合规知识传播形式、组织开展合规文化展演、加强员工行为管理教育、持续推进信贷文化建设等，大力弘扬合规文化，“要我合规”转变为“我要合规”取得明显进展，合规理念逐步深入人心，“合规建行，知行合一”“合规毕节，你我共建”的合规文化理念得以逐步确立。四是做好过程管控，强化重点领域风险防控。做实关键内部控制点管控。组织开展关键内部控制点检查，经过督促指导，全年全行17个营业机构和11个内设部门开展了关键内部控制点检查工作，覆盖率为100%。共抽检业务样本数量13312个，较2016增加10051个。识别缺陷问题数量27个，较2016年下降了29个，发现问题率为0.02%，较2016年下降了0.15个百分点。

（撰稿人：办公室）

农发行毕节市分行

【概述】 2017年，农发行毕节市分行在省分行党委的正确领导下，用新思想引领新实践，认真学习宣传贯彻中共十九大精神，落实总行、省分行党委各项决策部署，以党建工作为引领，狠抓业务发展，强化内部管理，筑牢风险防控，全力助推毕节试验区决战脱贫攻坚、决胜全面小康，各项工作成效显著。2017年年末，各项贷款余额192.62亿元，比2016年增加41.2亿元，增幅27.2%，贷款余额名列全省系统第三、全市银行业金融机构第二；各项存款余额98亿元，比年初增加13.9亿元，增幅16.5%；日均存款余额93.1亿元，比2016年增加15.11亿元，增幅19.37%，存款余额名列全省系统第二。

【全力聚焦脱贫攻坚，加大金融扶贫力度】 2017年，农发行毕节市分行与毕节市相关部门协同发力，加大金融扶贫力度，取得扶贫成效显著。全年累计项目申报数、贷款投放数创历史新高。全年营销项目41个，金额

181.1亿元，开展调查评估项目32个，金额162.6亿元。获批项目27个，金额135.9亿元。全年投放贷款86.4亿元，同比多放32.2亿元，涉及棚户区改造、农村路网、改善农村人居环境、旅游扶贫、农村水利建设、教育健康扶贫、应急救灾等领域。扶贫贷款余额182.5亿元，占比94.7%，带动或服务贫困人口327万人（次）。

【积极探索发展路径，创新工作迈出新步伐】 创新贷款模式方面：自财政部87号文件出台以后，农发行毕节市分行积极探索新业务发展模式，与市财政部门一道研究涉农资金整合问题，形成《毕节市整合使用涉农资金试点意见》，并利用涉农资金统筹模式获批黔西县“改善农村人居环境”项目贷款1.52亿元，按省下划补助资金获批扶贫过桥贷款0.4亿元，有效弥补贷款模式单一短板，为下一步拓宽融资渠道作出了示范，打下了基础。创新贷款产品方面：获批旅游扶贫贷款两笔，分别是百里杜鹃彝山花谷旅游项目，金额1.95亿元，阿西里西大草原景区建设项目，金额1.82亿元。该贷款产品——“黔·旅游扶贫贷”，荣获贵州省金融团工委产品创新类二等奖。

【加强合规管理，扎实推进依法从严治行】 首先为使内部管理更加规范，农发行毕节市分行切实加强对各项内控制度和业务制度执行情况的检查力度，加大问责力度，从严考核通报，提高风险防控水平。全年共问责22人次，经济处罚2.03万元，全面提升全行管理工作水平。其次强化信贷管理，全面收回贷款本息。全年累计收回到期贷款本金45.14亿元，比2016年多收19.33亿元，增幅74.89%，累计收息8.13亿元，综合收息率100%，做到应收尽收，累计收贷量列全省系统第一。第三规范合同填写。对如何准确理解贷款宽限期、如何合理制定还款计划等进行了明确，并详细列举案例进行深入浅出的说明，该说明得到省分行的肯定并以黔农发银办〔2017〕131号文件向全省推广实行。第四是结合市情行情，提出“三管一服务”的管理思路和模式，密切关注工程进度，着力把好项目进度关；加强客户账户管理，着力下游企业营销关；严格资金支付管理，着力把好资金审查关；强化主动服务意识，着力把好优质服务关，信贷管理得到明显提升。第五深入开展信贷队伍建设年活动，成立活动领导小组，建立活动例会制度，制定活动工作规则，充实信贷队伍力量、尽力落实岗位职责、切实加强尽职管理、狠抓信贷队伍建设、提升信贷队伍素质，层层传导压力，压实管户信贷员责任。第六制定《毕节市分行CM2006系统信贷操作流程》，深入推进信贷全流程标准化管理。第七制订《毕节市分行“合规管理年”活动实施方案》，着力强化合规管理，重点配合银监部门开展“三违反”“四不当”“三套利”等专项检查工作。2017年，农发行毕节市分行在接受总行监事会和毕节银监分局的检查中，均无大的问题。

【严格党员教育管理，队伍建设有效提升】 2017年，农发行毕节市分行结合“两学一做”学习教育常态化制度化，开展“重温入党誓词”等系列主题实践活动，进一步加强基层组织建设和党员干部队伍建设，夯实党的执政基础。注重加强领导班子建设，坚持中心组学习制度，坚定理想信念。大力培养提拔年轻干部，狠抓队伍建设。全年考察提拔干部11名，其中，40岁以下的9名，占新提拔干部的82%，副科以上干部平均年龄下降到41岁，干部队伍结构得到了优化。

【加强企业文化建设，开展丰富多彩活动】 为弘扬农发行精神内涵，推动该行企业文化建设持续健康发展，农发行毕节市分行年初抽调专门人员具体负责机关办公楼装修，在短短三个月内，完成了装修和大院绿化工作，改变了办公环境脏、乱、差的现象，塑造了农发行良好的外部形象。同时组织开展了丰富多彩的活动，增强了员工的凝聚力、向心力和战斗力。4月，组织老干部开展“畅谈十八大以来变化、展望十九大胜利召开”和“建言十九大”活动。5月，召开青年员工座谈会暨青年工员演讲比赛。6月，组队参加毕节市银行业协会组织的“建党90周年党建知识抢答赛”，获三等奖。7月，开展重温入党誓词和集中交纳党费活动。8月，全体党员到中华苏维埃人民共和国川滇黔省革命委员会旧址重温红色历史，增强红色记忆。10月，送《党章》《十九大报告》到支行。12月，党委班子成员分别深入支行宣讲中共十九大精神。

【加大宣传力度，树立扶贫银行品牌形象】 在创建政策性金融扶贫实验示范区的进程中，农发行毕节市分行重视宣传工作，以正确的舆论引导干部群众，全力聚焦脱贫攻坚，树立扶贫银行品牌形象。2017年全年在媒体刊稿170余篇（幅），3月28日，中央电视台新闻直播间以《金融精准支持百里杜鹃项目》为题报道了农发行毕节市分行行助力旅游扶贫让山区群众走上致富路的做法，提高了农发行毕节市分行的知名度和美誉度。2017年度农发行毕节市分行共12人次获省级分行以上奖项，胡池在总行“扶贫路上的农发行人”故事征集活动中，获三等奖；袁晓浪被总行授予“贷后管理年活动先进个人”称号。黔西县支行被评为全国系统思想政治先进单位。2017年，农发行毕节市分行为全市经济建设、脱贫攻坚作出的重大贡献受到毕节市政府书面通报表扬。

（撰稿人：陈艳）

贵州省农村信用社联合社毕节审计中心

【概述】 2017年，毕节市农信社8家法人机构（4家县联社、4家农商银行，以下简称毕节农信社）紧紧围绕毕节经济社会发展规划和脱贫攻坚大局开展工作，各项业务稳健发展，金融服务水平持续提升。至2017年末，各项存款余额553.87亿元，各项贷款余额385.44亿元，存、贷款市场份额分别为28.23%和29.17%，在全市金融机构中继续保持首位。全年缴纳各类税金2.56亿元，在全市纳税企业中排名第4位。

【持续加强“三农”金融服务】 大力开展信用村组、信用乡镇创建活动，持续改善农村金融生态环境。至12月末共建立农户经济档案149.39万户，建档面98.25%，评定信用农户146.78万户，授信总额760.19亿元。共创建信用乡镇20个（总数达148个），创建信用村577个（总数达2708个）。累计发放小额农贷186.57亿元，余额247.29亿元，较年初增加42.27亿元。深入开展“助农脱贫·春天行动”“脱贫攻坚春季攻势行动”等，不断加大涉农信贷资金投入，至12月末涉农贷款余额334.28元，较年初上升42.99亿元，涉农贷款增速14.76%，高于各项贷款增速0.7个百分点。

【持续改进小微企业金融服务】 引导信贷资金向实体经济倾斜，通过社区、商会、协会等多种渠道，开展小微企业建档评级；大力推广“黔微贷”“贵工贷”“贵园信贷通”等产品，通过抓机制建设、服务优化和产品创新，努力提升小微企业融资服务水平。至12月末小微企业建档面76.2%，评定信用等级面96.8%，小微企业贷款余额70.56亿元，较年初新增7.9亿元。与此同时持续加大区域内重大项目融资支持，签约全省服务业转型升级项目23个金额5.97亿元，落实放贷项目18个金额4.93亿元；签约全省脱贫攻坚农业产业化项目32个金额2.53亿元，落实放贷项目31个金额2.73亿元；签约全省工业及大数据产业项目36个金额6.86亿元，落实放贷项目29个金额6.42亿元。

【持续改善农村支付结算环境】 坚持硬件、软件两手抓，重建基层营业场所53个，完善网点服务功能；实施优质文明服务提升项目，以星级网点为标准打造示范网点，提升规范化服务水平，毕节农商银行营业部荣获“2017年度贵州省银行业文明规范服务百佳示范单位”称号。以金融夜校为平台普及金融知识，共举办金融夜校94010次，参训260.8万余人次，覆盖行政村（社区）3606个。加快网络科技渠道建设，截至12月末共布设“信合村村通”3675台，办理业务952.93万笔，金额145.97亿元；设立助农脱贫流动服务站196个，办理业务77336笔，金额3.36亿元。新发放信合卡108.05万张，累计538.04万张，活卡率27.71%；新增手机银行25.77万户，总数76.35万户，交易405.44万笔222.71亿元。“黔农e贷”上线运行，签约93246户，发放贷款69681笔34.87亿元，投放笔数及金额居全省农信系统第二，毕节农商银行、威宁联社、大方农商银行投放笔数分别位居全省第二、第三和第六位。电子渠道业务替代率79.08%，较年初增加6.13个百分点，高于全省平均水平4.17个百分点，赫章联社、毕节农商银行、大方农商银行分别位居全省农信系统第一、第三和第六位。

【聚焦脱贫攻坚推进金融扶贫】 大力推广“特惠贷”，截至12月末，共建立34.46万户贫困户资信档案，授信总额140.45亿元，累计向15.09万户建档立卡贫困户发放“特惠贷”61.71亿元，本年度发放6.4万户、24.84亿元，余额43.93亿元，比年初增加12.22亿元。发放“特惠贷”和扶贫产业子基金收入1.86亿元，经核算“特惠贷”和扶贫产业子基金业务资金成本、运营成本、风险成本及其他成本达3.76亿元，让利1.9亿元。扎实推进重点区域精准扶贫，按照“采取超常规手段”集中火力攻坚的要求，与全市20个脱贫攻坚任务较重的乡镇共商脱贫攻坚金融服务方案，倾斜人、财、物支持，助推脱贫摘帽。持续推动“231精准扶贫工程”、派驻金融书记（主任助理）、设立驻村服务站等既定金融扶贫措施落实，共向180个乡镇967个贫困村派驻金融书记（主任助理）340名，设立驻村服务站127个。积极配合央行推进威宁、大方金融扶贫示范县建设，围绕“一县一业”，以支持龙头企业、专业合作社等经营主体为重点，助推山地高效生态农业产业发展和“黔货出山”。大力服务产业扶贫，坚持产业脱贫的核心路径，采取“1+N”“合作社+基地+农户”等模式，大力支持大扶贫、大旅游、大健康、大生态等产业发展，取得积极成效。做好脱贫产业子基金投放，全省脱贫产业子基金启动以来，各行社及时对接相关部门，优化工作流程，对符合条件的入库项目及时开展调查评审，至12月末投放项目16个、金额8.67亿元，评审通过未投放项目14个、金额8.17亿元，正在对接项目20个、申报金额7.87亿元。

【围绕发展转型推进改革创新】 加快推动金融产品和服务创新，围绕“五个一批”脱贫路径，研发“产业贷”“新居贷”“康复通”等业务产品，为不同群体提供个性化金融服务。以干部职工消费贷款为核心，大力拓展个人、家庭金融业务，至12月末单位职工建档面59.86%，评定信用等级面92.94%，贷款余额27.38亿元，较年初新增8.37亿元。主动负责能力不断增强，毕节农商行申请发行次级债，丰富资本补充渠道；毕节、大方、黔西3家农商银行加入上海银行间同业拆借市场，毕节、大方、黔西、金沙4家行社加入上海票交所平台；8家行社全面启动代理销售贵金属业务，进一步丰富了服务手段。围绕农村“两权”改革试点，在金沙联社稳妥开展农民住房财产权抵押贷款业务，为农民提供新的融资选择，共发放农民住房财产权抵押贷款1055户、余额9230.1万元。坚持成熟一家改制一家原则，稳步推进4家县联社改制农商银行工作，赫章联社已获贵州银监局批复筹建，拟于2018年3月挂牌开业。威宁联社筹建资料已上报贵州银监局，纳雍联社改制关键指标达标，金沙联社不良贷款压降取得明显成效，各项改制基础工作稳步推进。

【多种渠道帮扶困难群体】

一是公益基金资助。由全市8家县联社、农商银行发起设立的贵州毕节圆梦儿童关爱公益基金会2017年度向1000名困境儿童提供100万元基金资助，向70名极贫孤儿提供基金16.77万元基金援助；“六·一”儿童节期间，向19所贫困村小学2439名困境儿童发放价值66.52万元的慰问物品。二是单位结对帮扶。省联社毕节审计中心，各联社、农商银行与贫困村结成帮扶对子，在农村基础设施建设、产业发展、贫困户生产生活等方面给予帮扶，帮扶资金达106.92万元。三是员工爱心帮扶。广泛发动员工与贫困户结为帮扶对子，采取帮生活、帮学习、帮思想、帮发展等方式“一对一”帮扶贫困家庭子女，共结成帮扶对子1046对，开展帮扶3164次，帮扶金额211.72万元。

（撰稿人：办公室）

中国邮政储蓄银行毕节市分行

【概述】 2017年，邮储银行毕节市分行紧紧围绕“提水平、强管理、促转型、控风险、抓党建”的总体要求，树立“发展为了员工、发展就是政治、发展就是文化、转型才能发展”的理念，以提高发展质量和效益为中心，以强化管理为抓手，以全面风险管理为重点，以优化结构、促进转型为主线，以可持续发展为目的，扎实推进各项工作的开展，为毕节试验区的经济社会发展和脱贫攻坚工作做出了积极的贡献。截至12月31日，全市邮政金融各项存款1243625.64万元，较年初增长155548.15万元，增幅14.3%。全部贷款增长124506万元，余额453110万元。其中个人贷款增长38496万元，余额177203万元；小企业贷款增长4124万元，余额36007万元；对公贷款增长81886万元，余额239900万元。

【精准扶贫助力脱贫攻坚】 2017年6月23日，毕节市人民政府二届十四次常务会审议通过了毕节市人民政府和中国邮政储蓄银行贵州省分行战略合作协议，为中国邮政储蓄银行毕节市分行“十三五”期间规则在“三农”、扶贫、基础设施建设方面进一步拓展了合作领域。2017年8月23日，三农金融事业部毕节市分部成立，标志着邮储银行毕节市分行在发展普惠金融，特别是支持毕节实验区“三农”经济发展方面将更加专业化、系统化。2017年，全部贷款增长124506万元，余额453110万元。一是与市扶贫办合作积极发放与贫困户联系紧密的新型农业经营主体贷款114笔金额9982万元。二是积极推进就业创业贷款带动就业创业，与市就业局、泰信担保公司签订了全市就业创业贷款合作协议，实现创业贷款全市覆盖。全年发放就业创业贷款440笔金额4240万元，获得市政府通报表扬，并将就业创业贷款作为2018年脱贫攻坚的主打产品。三是全年发放烟农贷款4323笔8194万元，较2016年增加5084万元，增幅163.5%，烟农贷款实现全市覆盖。四是创新金融产品，提升金融服务能力。成功在赫章县发放首批“带资入股”模式下扶贫小额信贷（惠农易贷）55笔275万元。五是通过引入泰信担保公司增加增信措施开办“农保贷”业务，实现贷款发放2491万元。

【风险案防工作成效显著】 一是强化风险基础管理，深化风险改革。按照“适度风险、支撑发展、稳健经营”的总体风险偏好，认真贯彻落实“全面风险管理”和“资产质量管控、基层行风险管控、支撑发展与前台共同创造价值”各项工作。二是案防工作稳步推进，提升内控管理水平。进一步规范和完善全市邮政金融业务的内控管理，有效提高邮政金融抵御风险能力，实现了全市邮政金融资金“零案件”目标。三是安全保卫工作能力逐步增强。不断规范安全保卫工作开展，有序开展防抢防盗防爆防恐演练，加大检查力度。认真开展好营业网点标准化建设工作，深入推进“平安邮储”创建工作，严格落实安全生产责任体系，切实增强安全防范治理能力。

【和谐银行持续深入推进】 认真组织开展季度、年度劳动竞赛，奖励先进，鞭策后进，充分调动员工为企业奉献的工作积极性和创造性。积极组织迎春晚会、“三八妇女节”文娱活动，积极参与银行业协会“快乐工作·健康生活”健步走、第二届职工运动会等文体活动，丰富员工业余生活。2017年，毕节市分行“石门贷”产品获得全省“金点子”三等奖，谢洪同志获得了全省五一劳模和全省十大金融青年岗位能手称号，刁晓虎同志获得了2017年全国及全省金融系统优秀共青团干部称号，赫章县支行获得了2017省直级青年文明号称号。市分行参加市银行业协会主办的纪念建党96周年知识竞赛，荣获三等奖。

【切实履行企业社会责任】 组织全行员工加入公益志愿者协会，开展“邮爱公益日”宣传活动并搭建爱心公益捐赠平台，全体员工及发动社会各界爱心人士的捐赠金额达到1.44万元，排名全国邮爱公益一起捐100强团队第95名。向大方县八堡乡捐赠脱贫攻坚项目资金4万元，向大方八堡乡八一小学开展爱心助学活动，捐赠价值1.8万元的校服、文具及运动器材。组织全行员工向“8·28”纳雍山体崩塌受灾群众捐赠1.77万元。

（撰稿人：办公室）

中国太平洋财产保险股份有限公司毕节中心支公司

【概述】 2017年，太平洋财产保险毕节中心支公司，在毕节市委、市政府各级职能部门的支持和帮助下，按照上级公司的总体经营思路，紧紧围绕全年的预算目标，把业务发展、提高客户满意度、支持地方经济发展作为全年重点工作。全辖干部员工团结一心，辛勤努力、积极配合、克服困难、努力拼搏，认真贯彻落实总、省公司“聚焦、持续、执行、导向”的八字要求，围绕以客户需求为导向的战略转型，采取积极进取的市场策略，努力开拓市场，不断提升市场份额，与行业发展速度保持一致，较好地完成了省公司年初下达的年度经营目标。

公司辖内涵盖黔西、金沙、大方、威宁、织金、纳雍等6家支公司，赫章机构正在申报中，成功设立机构后，届时将在毕节实现保险服务网络全覆盖，更好地发挥保险的经济补偿职能，为毕节试验区应对灾害事故风险、保障人民生命财产安全、促进经济社会发展做出了积极努力。

【业务指标完成情况】 该司2017年实现保费收入24347.95万元，再创历史新高，同比增幅9.24%，市场份额15.69%，上缴各项税收1762.98万元，代收车船税1824.66万元。

其中：机动车辆保险承保数量127899件，保费收入21417.53万元，同比增加1709.9万元，增幅8.68%，保险金额4887397.32万元，车险份额17.01%。其中：交强险承保数量77778件，保费收入5809.4万元，市场份额15.09%。其中：电销承保数量6969件，保费收入1164.42万元，市场份额7.12%；网销承保数量610件，保费收入92.25万元，市场份额6.83%。

非车险2237.94万元、农险692.5万元。其中，企业财产保险承保数量29件，保费52.59万元，市场份额22.31%；货物运输保险4.1万元，家财险0.67万元，工程险126.39万元，责任险1022.7万元，意外险700.2万元，健康险327.04万元，其他财产保险4.25万元。

【全年赔款情况】 2017年全年案件数为21258件，赔款支出14436.86万元，机动车辆保险赔款20177件，赔款金额13228.06万元，其中交强险8219件，赔款金额4049.13万元，电销1141件，赔款金额600.15万元，网销62件，赔款金额21.09万元，企业财产保险18件，赔款金额70.82万元，家庭财产保险6件，赔款金额0.13万元，工程险2件，赔款金额21万元，责任险492件，赔款金额540.48万元，意外险12件，赔款金额328.67万元，健康险33件，赔款金额31.84万元，农业险518件，赔款金额215.85万元。截至12月31日，未决赔款：1641件，估损金额4972.84万元。其中机动车辆保险1480件，估损金额4296.54万元，交强险645件，估损金额1677.94万元，电销60件，估损金额112.74万元，网销4件，估损金额5.02万元，企业财产险2件，估损金额9.8万元，家财险1件，估损金额1.5万元，工程险1件，估损金额8万元，责任险87件，估损金额342万元，意外险38件，估损金额230.57万元，健康险21件，估损金额22.15万元，农业保险11件，估损金额62.67万元。

【积极配合政府促进地方农业发展、做好三农服务工作】 中国太平洋财产保险股份有限公司毕节中心支公司立足“三农”实际，围绕“政府关系、社会关注、农户需要”“懂农时、知农事、察民情、体民心”，以关系国计民生和国家粮食安全的种植业保险、主要畜牧业保险和林木保险为产品开发重点，除具备森林保险、水稻保险等9个常规险种，并不断构建和完善具有公司特色的农业保险专业产品体系。2017年，毕节市林业局在交易中心公开招标，中国太平洋财产保险股份有限公司毕节中心支公司成功独立承保金沙县农业保险，中国太平洋财产保险股份有限公司毕节中心支公司农业保险业务新领域的突破，既体现了中国太平洋财产保险股份有限公司毕节中心支公司的品牌效应，更是中国太平洋财产保险股份有限公司毕节中心支公司对农业保险承保的综合能力、信心和决心的体现。2017年中国太平洋财产保险股份有限公司毕节中心支公司在金沙县承接了政策性森林保险，政策性水稻、玉米、油菜、小麦、马铃薯种植保险，能繁母猪、育肥猪养殖保险，政策性蔬菜保险，政策性家禽保险；承保101.72万亩公益林（中央政策性），承保2.07万亩商品林（中央政策性），承保4.6万亩水稻（中央政策性），承保6.95万亩玉米（中央政策性），承保1.35万亩油菜（中央政策性），承保0.87万亩马铃薯（中央政策性），承保0.07万亩小麦（中央政策性），承保1.1万头能繁母猪（中央政策性），承保0.07万头育肥猪（中央政策性），承保0.85万蛋鸡（政策性家禽保险），承保0.1万亩蔬菜（政策性蔬菜保险）。对因灾受损农户赔付共计170.59万元。金沙县404风雹灾害中国太平洋财产保险股份有限公司毕节中心支公司积极响应快速处理，油菜受灾2.3万亩涉及15乡镇，香葱种植保险受灾335亩，茶叶受灾5300亩，中国太平洋财产保险股份有限公司毕节中心支公司已完成8个乡镇，8150户220多万元的赔款支付。

【创新发展，围绕“三新”助推业务发展】 按照省公司要求，逐渐形成创新意识和平台思维的展业方式，“墨守成规、生搬硬套”只会被竞争和市场淘汰，要用创新引领各项工作，2017年中国太平洋财产保险股份有限公司毕节中心支公司在“移动互联”“微创新”组织架构下开展工作，围绕“三新”（新市场、新方法、新工具）聚焦扎实开展各项工作，对中国太平洋财产保险股份有限公司毕节中心支公司优势传统业务领域的改造升级；资源配置方式多元化、各种保障机制、各种主题营销活动等；运用CRM、车E保等新工具促进业务的发展。

【拒赔60余万元——识破一起非车险“倒签单”】 2017年2月23日，报案人陈某向中国太平洋财产保险股份有限公司毕节中心支公司报案，称其在中国太平洋财产保险股份有限公司毕节中心支公司投保保险金额190万元的卡特牌大型挖掘机在毕节市七星关区国荣建材公司砂石厂内作业时发生倾覆，事故造成挖掘机受损严重、操作员受伤的事故。中国太平洋财产保险股份有限公司毕节中心支公司初估事故损失在60万元左右。由于事故损失较大，中国太平洋财产保险股份有限公司毕节中心支公司成立专案组对现场进行查勘，发现疑点：挖掘机受损严重，但操作员仅受轻伤，挖掘机有受损修复过痕迹。带着疑问，中国太平洋财产保险股份有限公司毕节中心支公司立即展开对该起事故的调查，调查发现“该挖掘机报案时间与实际出险时间不符”。该标的2016年度保险终止为2016年9月4日24时，而在中国太平洋财产保险股份有限公司毕节中心支公司本年度投保时间为2017年1月23日零时，分析得出与上一年度保险时间中间存在一段时间的脱保状态，本次保险起保仅30天就发生事故。最后，经与投保人核实保险确属脱保状态，因挖掘机受损维修金额过高，于是抱着侥幸心理到中国太平洋财产保险股份有限公司毕节中心支公司投保，然后用蓬布保护事故现场，出险一个后月到中国太平洋财产保险股份有限公司毕节中心支公司进行报案。该事故通过多方调查，成功为公司拒赔60万元，在证据面前，也让投保人心服口服，表示今后会严格按照保险期限投保，以规避事故或灾害造成的经济损失。

【洪灾无情、太保有爱，新技术、新工具改善传统理赔流程，提升处理自然灾害的能力】 2017年6月15日，威宁县发生特大暴雨，县城低洼地带内涝严重。威宁某驾校在中国太平洋财产保险股份有限公司毕节中心支公司投保的多辆教练车均被水淹。接到客户报险后，中国太平洋财产保险股份有限公司毕节中心支公司快速响应，先后调派2个工作小组、调配查勘车辆4台次、施救车辆2台、查勘人员9人立即赶赴现场进行排查、施救，并同步展开查勘定损。经核查，此次暴雨共计造成该驾校18辆教练车被淹，损失金额均在4000元左右。中国太平洋财产保险股份有限公司毕节中心支公司立即启动快捷按键处理流程，简化索赔资料，开通“快速绿色通道”，利用微信理赔新技术前后台联动，快速将案件处理，即时赔付。截至16日中午，18台教练车已全部赔付完毕，最快结案时效仅用时2分29秒，中国太平洋财产保险股份有限公司毕节中心支公司实现了威宁水灾事故行业各主体第一单赔付。水灾事故的主要特性即范围广、损失大、处理难度大、时效性差，中国太平洋财产保险股份有限公司毕节中心支公司凭借快速的反应机制、先进的理赔工具，实现了水淹车的快速定损、快捷赔付。这体现了新技术、新工具的使用对改善传统理赔流程、提升服务时效有着至关重要的作用。

【持续深化“聚合力、出重拳、治顽疾”专项治理工作】 2017年4月成立了以总经理室为主要领导的“聚合力、出重拳、治顽疾”专项治理工作小组，小组成员为各部门及各支公司负责人，并指定综合管理部专人负责本次自查督人工作。此次专项治理工作对承保管理、单证管理、印章管理、理赔管理、中介管理等方面的合规性进行检查和督导，针对存在的问题及时整改，同时对员工进行“聚合力、出重拳、治顽疾”专项工作的重要性宣导，并要求各部门必须严把进出口关，在承保方面不得有虚假承保，理赔方面不得存在假赔案，严禁在理赔中存在“吃、拿、卡、要”现象。将本次检查存在的问题、风险隐患的违规行为向全体干部、员工传达告知，重视和树立规范管理、内控有效、防范风险的经营管理指导思想，要正确理解加强风险管控是公司长远发展的要求，更是坚持合规稳健经营，提升经营管理水平的重要保证。

【积极配合保险行业协会开展各类宣传活动】 组织开展“3·15”宣传活动。中国太平洋财产保险股份有限公司毕节中心支公司总经理在3月15—18日，进行了为期三天的领导接待日，对上门客户进行了接待并解答相关问题，并对中国太平洋财产保险股份有限公司毕节中心支公司承保的大客户进行了走访，深入了解客户对中国太平洋财产保险股份有限公司毕节中心支公司公司在各个环节的服务态度和客户对保险公司的建议。协会组织“7·8”全国保险公众宣传日活动。中国太平洋财产保险股份有限公司毕节中心支公司按照《毕节保险行业2017年全国保险公众宣传日活动实施方案》，明确中国太平洋财产保险股份有限公司毕节中心支公司的组织保障、年度主题、活动内容、组织分工、工作要求等。中国太平洋财产保险股份有限公司毕节中心支公司今后要在服务经济社会大局，服务人民群众方面再上新的台阶，要优化保险供给，提升社会大众的保险“获得感”，提升全社会保险认知力。

【认真开展“改革立新功，喜迎十九大”主题活动】 1. 观看红色影片《建党伟业》。2. 梳理党建工作职责上墙工作。梳理内容包括：入党誓词；党支部组织机构；党支部工作职责；党支部书记工作职责；党支部组织生活制度；发展党员工作制度；党建工作目标责任制度；党建工作报告制度；民主评议党员制度；党员示范岗制度。3. 9月，组织征文活动迎接十九大，并将评选的《改革创新，攻坚克难，助推公司稳健发展》文章报送至省公司，征文主要围绕“数字太保”战略实施的背景和今后的发展目标，作者结合公司的战略及今后的发展方向做出了非常深刻的认识。4. 10月，为积极支持反腐败工作，中国太平洋财产保险股份有限公司毕节中心支公司组织全司部门级以上干部、党员干部，观看了纪录片《永远在路上》，提醒并教育员工：时刻提醒自己持续拒腐防腐的心态，在思想上高度重视，在行动上严守党纪国法的红线，坚持不忘初心，严守政治纪律。

【积极参加中共十九大系列活动】 10月，中国太平洋财产保险股份有限公司毕节中心支公司组织全司员工集中观看中共十九大开幕式实况直播，作为基层党组织，这相当于对全司员工开展了一次党员党风教育活动，使党员及干部始终牢记党员的初心使命，积极发挥好领导干部的表率作用。11月，中国太平洋财产保险股份有限公司毕节中心支公司组织党员干部认真学习中共十九大相关知识，对党章的修改做出认真的研讨，并向省公司提交修改党章的感言，中国太平洋财产保险股份有限公司毕节中心支公司党组织全体党员干部坚决拥护中共十九大提出对党章的修改决定。11月，中国太平洋财产保险股份有限公司毕节中心支公司配合省公司参加了集团公司举办的“党建知识大比武，风采献礼十九大”党建知识竞赛活动，赛前对《十九大报告全文》《中国共产党章程》以及党建知识梳理题目进行认真的研读和学习，为省公司最终总成绩做出来积极的贡献。11月：11月底，完成了中国太平洋财产保险股份有限公司毕节中心支公司8名在职党员的在线学习活动，在规定时间完成学分25分，学习内容包括中国共产党章程、党建知识108问、干部教育培训等工作。12月，中国太平洋财产保险股份有限公司毕节中心支公司党委班子成员组织党员干部、本部中层以上干部开展了一堂十九大专题党课。紧紧围绕“太保人的初心和使命”“转型2.0”，与开展“不忘初心、牢记使命”主题教育相结合，与做好当前改革发展稳定各项工作和2017年工作收好官、2018年工作开好局相结合，自觉用中共十九大精神武装头脑、指导实践、推动工作。

【做好社会公益及帮扶工作，充分体现社会责任】 2017年，中国太平洋财产保险股份有限公司毕节中心支公司党委、总经理室成员继续保持对结对帮扶对象赫章县河镇乡舍虎村的关注和帮扶，对提出的问题积极解决。2017年6月，中国太平洋财产保险股份有限公司毕节中心支公司黔西支公司开展“六一”慰问留守儿童活动，向留守儿童捐赠了学习用具，充分发挥企业的爱心和责任。

【积极开展组织活动，丰富公司员工业余生活，调动工作积极性】 1、5月，为增强中国太平洋财产保险股份有限公司毕节中心支公司年轻员工的团队凝聚力，促进各部门员工在工作和学习过程中的交流和讨论，中国太平洋财产保险股份有限公司毕节中心支公司团委拟组织全司员工开展了以《熔炼团队，凝心聚力》为主题的团委活动，该活动使年轻员工之间加强了交流与沟通，通过参加活动考验了员工的动脑能力和组织能力。2、9月：为丰富职工业余文体生活、增强员工体质健康，增进公司之间、员工之间的了解和沟通，把“我运动、我健康、我快乐”“人人参与、人人受益”的健康生活理念融入到企业文化中，融入到员工的生活中，进一步提升公司品牌形象，增强凝聚力、战斗力，提升公司核心竞争力。中国太平洋财产保险股份有限公司毕节中心支公司积极参加了省公司组织的运动会，中国太平洋财产保险股份有限公司毕节中心支公司选派29名运动员参加13个项目角逐，通过参加此次运动会，提升公司凝聚力、战斗力和核心竞争力。

【荣获并参加毕节市保险业第三届“保险之星”活动】 12月，中国太平洋财产保险股份有限公司毕节中心支公司作为会长单位、“保险之星”获得单位，参加了毕节市保险行业协会组织的第三届保险之星活动。中国太平洋财产保险股份有限公司毕节中心支公司尹刚作为行业协会的会长，在会上进行了发言，中国太平洋财产保险股份有限公司毕节中心支公司薛梅、黄枝恒获得了毕节市第三届“保险之星”称号。“保险之星”评比表彰活动，旨在加强保险队伍建设，激励广大保险从业人员献身保险事业，提高在职人员爱岗敬业、诚实守信、服务客户、奉献社会的职业道德水准和业务素质，促进全市保险业又好又快地健康发展。

（撰稿人：王霞）

农　业

全面小康建设

【概述】 毕节市七星关区全面小康建设办公室，加挂农村危房改造领导小组办公室牌子，为区委办公室所属正科级财政全额拨款事业单位，编制人员共27名，编制结构为：管理人员5名，专业技术人员20名，工勤2名。领导职数：主任1名，副主任3名，股级领导职数7名。内设机构4个，分别为：综合科、小康工作科、农村危房改造管理科、督查考评科。现有工作人员15名，其中主任1名，副主任3名，股级干部3名，工作人员8名。

【全面小康建设】 1. 抓沟通协调，强化队伍建设。2017年，七星关区下发了由市委常委、区委书记崔英魁同志任第一组长、区委副书记、区长胡敬斌同志任组长，区直各部门和各镇乡（街道）党政主要负责人为成员的通知（七星康发〔2017〕1号）。同时，我们还建立了一个以区直各部门和各镇乡街道的分管领导和业务人员为主体的QQ群。通过这些，既加强化了全面小康队伍建设，也确保信息畅通，更保障有人干事、能干好事。2. 抓示范创建，强化示范引领。为了达到示范一个成功一个、成功一个带动一片的目的。2017年，根据市小康办任务分解，结合区委分管领导意见，七星关区确定了各方面基础条件相对较好的鸭池、海子街、普宜三个镇作为第四批示范创建乡镇，完成5000小康之家示范户的挂牌工作。3. 抓数据监测，强化短板攻坚。为了使七星关区全面小康66项监测指标全面达标，2017年，七星关区以两办名义于下发了《毕节市七星关区全面小康创建短板指标攻坚方案》，将监测指标落实到单位、压实到个人，并划定时间表、纳入动态考核。4. 抓活动开展，强化小康认同。为了提升广大人民群众对全面小康的认同感，2017年，七星关区各乡镇街道、区直各部门，都有意识利用特殊的时间节点，开展相关活动宣传全面小康创建。10月，从单位的工作经费中拿出10万元，与教育局联合举办七星关区2017年“共创美丽乡村 · 圆梦同步小康”演讲比赛。同时，还打算将进入决赛的演讲稿编辑出书，作为全面小康的宣传资料向全区各单位、学校、企业发放。5. 抓信息采编，强化用稿质量。按照省、市报送信息简报的要求，共向省市小康办报送小康简报208期（其中省小康办采用2期、市小康办采用14期）。同时，我们还在毕节晚报、区广播电视台上开设专栏，提升全面小康用稿量。也通过区外宣办沟通，加强与区外媒体对接加强宣传该项工作。截至2017年，七星关区单是在贵州日报就上稿100多篇，涉及全面小康有20余条。

【农村危房工作】 2017年，七星关区市级下达危房改造任务3415户，其中建档立卡贫困户2990户（一级2490户、二级340户，三级160户），困难户425户（一级390户、二级35

户）。七星关区结合地方实际，按危房改造精准服务脱贫攻坚的要求，印发了《毕节市七星关区2017年建档立卡贫困户等重点对象农村危房改造工程实施方案》，2017年计划实施农村危房改造4882户，其中建档立卡贫因户4457户，其他户425户。截至到2017年12月，竣工4182户，按市级任务3415户，竣工率122.46%；按区级任务，竣工率85.66%。根据省市安排，2017危改农户需配套实施“三改”（改厨、改厕、改圈）工作，自9月底启动“三改”工作以来，共竣工3464户，按市级任务3415户，竣工率101.43%。2017年小康房建设任务280户，全部实施集中示范建设，小康房集中建设示范点5个，分别为野角乡大水村100户，小吉场镇新伦村50户，八寨镇茅栗坪村50户，撒拉溪镇沙乐村、杨柳村共80户。截至12月，七星关区2017年小康房建设已全面竣工

【“四在农家·美丽乡村”创建工作】 2017年，七星关区“四在农家·美丽乡村”创建村共396个。其中，示范型创建村199个，小康型创建村113个，普及型创建村84个。“贵州民居”建设共完成7724户。基础设施建设方面，完成自来水通水34355户，实现正常供电41461户，完成通组路硬化354.6千米，完成两硬化491户，安装宽带4812户，通闭路电视14571户，安装路灯1576盏，建成图书室34个，文化室32个，卫生室36个，文化小广场40个，改厨1414户，改厕1477户，改灶2677户，改杂3784户。农村环境综合整治方面，加大农村环境综合整治，建立健全城乡环卫一体化管理机制，从根本上改变农村环境卫生落后面貌；加大农村面源污染治理，推动生态农业循环经济发展，提升乡村生态文明建设水平；加强对群众环境保护、生态文明宣传教育，组织文明家庭评选，培养群众良好卫生习惯。三年来，七星关区总共划拨6亿元用于“四在农家·美丽乡村”创建工作。

（撰稿人：办公室）

扶贫开发

【概述】 2017年，毕节市七星关区扶贫开发办公室在各级党委政府的坚强领导下和上级业务部门的指导支持下，以精准扶贫精准脱贫为基本方略，以“两率一度”为核心指标，围绕实现5个乡镇摘帽、69个贫困村出列、3.43万人脱贫的年度减贫任务，协同区直各行业部门、各乡镇街道深入实施脱贫攻坚“五个一批”“六项行动”，扎实开展春季攻势、脱贫攻坚“大比武”、秋季攻势等专项行动，助力脱贫攻坚工作向纵深推进。

【全区贫困现状】 全区有建档立卡贫困人口5.0061万户20.5088万人，其中，已脱贫2.7572万户12.7084万人，未脱贫（含返贫）2.2489万户7.8004万人（含民政兜底人口0.8151万户1.5801万人），贫困发生率6.22%。全区有承担扶贫开发任务的乡（镇、街道）38个，类别乡镇19个，2012—2016年省行文认定摘帽贫困乡镇14个，2017年摘帽5个乡镇；有类别贫困村258个，2016年出列75个，2017年出列69个，未出列114个。

【及时查缺补漏确保对象精准】 为确保建档立卡贫困对象再精准，根据省、市工作安排部署，一是抓动态管理，做好系统数据清洗工作。七星关区于2017年5月起开展建档立卡系统信息修改工作，在全区13.45万人建档立卡贫困人口中，修改错误身份证号码、错误姓名，核准录入已脱贫人口“两不愁、三保障”系统信息和各类指标逻辑错误；统计上报漏识、漏录、自然增加人员10164人。二是抓查缺补漏，做好对象精准识别。根据省扶贫办统一安排，2017年7月到2018年1月中旬，七星关区共开展两次贫困人口精准识别查漏补缺和动态调整工作，并于2017年12月19—24日组织各乡镇（街道）集中进行系统录入。

【落实各项政策确保帮扶实效】 一是坚持科学规划，培育产业拔穷根。用好中央财政专项扶贫资金抓产业发展。2017年度获中央和省财政扶贫资金共14796万元，落实扶贫项目327

个，含第一批中央财政专项扶贫资金10472万元（受益贫困户3.5678户14.7865万人）、省级财政专项扶贫资金640万元（受益贫困户2009户8525人）、第二批中央财政专项扶贫资金3684万元。2017年年底项目全部完成录入，备案、竣工及报账比例均为100%。用活金融扶贫政策助推产业发展。七星关区继续推进小额扶贫“特惠贷”金融扶贫工作助推产业扶贫，截至2017年12月30日，全区累计落实“特惠贷”金融扶贫贷款2.2576万户77093.5万元，累计贴息4895.304491万元。产业脱贫精准有效。建成蔬菜大棚132.2万平方米，覆盖贫困人口2万人。投入财政奖补资金1.1亿元，建设蔬菜基地4300亩、经果林苗圃基地1.32万亩、农产品加工厂房及冷库等设施3.5万平方米、机耕道42公里、人行便道13公里。争取扶贫产业子基金12.24亿元，16个项目获银行审批。2.25万户贫困户申请特惠贷7.71亿元，政府贴息4895.3万元。农业产业多元发展。大力发展蔬菜、食用菌、茶叶、生态畜禽、经果林、中药材、烟叶“七大主导产业”，种植蔬菜10.2万亩、茶叶2.45万亩、经果林21.3万亩、中药材3.25万亩，生态家禽存栏125万羽、肉牛存栏15.3万头、生猪存栏76.2万头，收购烟叶8.83万担。4个省级农业示范园区实现产值8.55亿元。新建农业园区45个，完成投资11.07亿元，入驻经营主体173家，实现乡乡镇镇有农业园区。扶贫产业子基金投放有效。2017年已审核并进入七星关区的扶贫产业子基金项目涉及106个136.9亿元，基金贷款意向共108.28亿元，获银行审批的项目涉及16个12.24亿元，占本年任务的102%，并投放8.74亿元（投放额度位居全省前十）。二是推进扶贫搬迁，保障民生挪穷窝。坚持把易地扶贫搬迁作为脱贫攻坚的重中之重。搬迁入住工作有序推进。2016年易地扶贫搬迁对象旧房拆除率为85.7%，2017年6月底完成2016年易地扶贫搬迁829户3370人的搬迁入住工作，2017年新建易地扶贫搬迁工程安置点1个，共搬迁4500户20521人，其中，建档立卡贫困人口4279户19513人，同步搬迁非贫困人口221户1008人，项目于2017年8月开工建设，预计2018年6月竣工，目前已进入房屋主体工程建设阶段，已完成5131套房屋主体工程建设，相关配套基础设施已开始启动。搬迁后期扶持有效开展。为确保搬迁群众真正“拔穷根、挪穷窝、换穷业”，实现“搬得出、稳得住、能致富”的目标，在易地扶贫搬迁安置点附近配套建设有占地521亩的产业园区，其中智能温室大棚108亩、蔬菜博览园64亩、中药材组织培育中心和育苗中心共43亩、农产品交易中心138亩、饲料加工厂168亩，目前各项配套产业正在有序推进建设。三是统筹调配资源，落实民生保障。继续推进教育精准扶贫工作，2016－2017学年共资助建档立卡学生6751人，发放资助款1618.187万元，完成2017—2018学年度7754人申请教育精准扶贫资助，涉及资金1949.725万元；发放2017年“雨露计划·圆梦行动”1091人545.5万元。加大医疗扶贫工作力度。2017年全区参保群众113.37万人，参保率为101.87%（其中建档立卡贫困人口10.2万人，参保率达100%），自大病保险“一站式”结报实施以来，建档立卡贫困人口和11类精准扶贫特殊人群中共有7167人次发生现场赔付，累计金额174.02万元。为提高建档立卡贫困户抗风险能力，缓解因病、因灾返贫压力，七星关区开展建档立卡贫困户小额保险扶贫工作，截至2017年12月5日全区结案30人，理赔126000元。持续推进危房改造项目，切实抓好危房改造工作。2017年实施农村危房改造4882户，其中建档立卡贫因户4457户，其他危房户425户，已全部完工，并同步实施改厕、改厨、改圈。大力开展就业培训，发展劳动密集型产业吸纳就业人数突破1万人，依托电商产业园和大数据应用基地，确保农村建档立卡贫困户家庭至少有1人实现就业。为缓解贫困户就业压力，七星关区于2017年10月全面完成508个建档立卡贫困户子女到基层脱贫攻坚工作岗位的就业安置工作。为切实增强贫困户就业技能，七星关区与恒大集团联合组织就业培训10期3000

余人，以乡镇为单位培训4期800余人，并在17个乡镇开展就业培训宣讲活动，吸纳和引导就业达2300余人。稳步推进民政兜底工作，切实开展低保提标核查工作，2017年低保标准较2016年均增加15.3%，纳入保障范围农村低保对象3.6663万户7.5068万人，发放农村低保资金21215.777万元，实现低保与扶贫工作的有效衔接。四是配强基础设施，助力脱贫攻坚高位推进。为切实加大贫困村、贫困户的水电路讯等基础设施建设力度，七星关区按照贫困村出列“五通四有”、贫困户脱贫“四有五覆盖”标准，推进全区所有乡、村、组、户基础设施建设，由区委、区政府调度交通、移民、水务、小康、扶贫等部门完善更新基础设施项目台帐，安排项目建设。为保障项目建设资金需求，区委、区政府安排1.84亿元启动资金投入基础设施项目建设，在一定程度上保障项目资金需求，推进项目建设进程。五是实施电商旅游扶贫，助推脱贫攻坚。推进电商扶贫，建立农村电商销售网点，整合涉农资金3.82亿元投入建设农村电商服务站363个。实施旅游扶贫工程，统筹乡村旅游专项资金、旅游厕所建设奖补资金和少数民族特色村寨、“5个100”工程、“四在农家·美丽乡村”六项行动计划等相关项目资金，支持带动就业作用明显的旅游景区和旅游产业项目建设，2017年带动500名贫困人口脱贫，针对性开展乡村旅游从业人员职业培训2期158人次，在重点景区景点设立旅游商品销售专区，带动当地服务业发展。六是争取对外帮扶，强化社会合力。2017年七星关区实施的对口帮扶项目主要是2016年度的60个在建项目，涉及4类扶贫资金2567万元，覆盖24个乡镇49个行政村，项目资金同比增加54.83%。深圳对口帮扶资金340万元、罗湖区对口帮扶资金200万元、2015年度烟草扶贫新村项目资金1200万元、国有企业捐赠扶贫资金100万元及市直部门驻村工作队帮扶资金230万元涉及项目已完工；2015年度省级、市级发展壮大村级经济实体资金497万元，涉及13个乡镇15个项目。

【开展遍访督导压实工作责任】 2017年，七星关区成立由区四大班子主要负责人及区委专职副书记任指挥长的5个脱贫攻坚指挥部，明确各县级领导、区直各部门的帮扶责任。为再度摸清贫困户信息，提高精准帮扶度，年初由县级领导带队回访建档立卡贫困户26897户；为压实乡镇脱贫攻坚工作责任，七星关区围绕夏季“大比武”、秋季攻势等工作进行专项督导；为确保“三率一度”更靠标准，七星关区相继开展扶贫对象动态管理专项督导及脱贫退出工作区级抽查验收工作。12月中旬，七星关区召开全区脱贫攻坚大排查大调研动员大会，组建由区领导带队、区直各部门参与的24个督导组开展大排查大走访，按照贫困户与非贫困户1：1比例，紧盯“三率一度”、脱贫项目落实等情况实现排查全覆盖。

【加大宣传力度营造攻坚氛围】 区级投入专项宣传资金制作城区主要路段“春季攻势”高杆宣传牌、路名牌灯箱广告等宣传标语千余幅；制作路名牌600幅、高杆15幅；印制教育、“特惠贷”等各类宣传手册发给所有贫困户。建立由区四大班子领导成员、乡镇（街道）党政领导班子成员、农业技术专家、驻村干部、第一书记等人员组成讲习员队伍，成立633个“新时代农民（市民）习所”，累计开展讲习7800余场次，培训贫困群众20万余人次。

（撰稿人：李明鑫）

农 牧

【概述】 2017年，七星关区农牧局以“决战贫困，提速赶超、同步小康”为统领，紧紧围绕农业稳定发展、农民持续增收的目标，以农业供给侧结构性改革为重点，以特色农业产业化发展和提质增效为突破口，以市场需求为导向、科技创新为手段、质量效益为目标，通过特色产业奖励扶持、现代农业示范引领、品牌化战略推动，加快培育农业农村发展新动能，促进全区农牧业又好又快、更好更快发展。

【各项综合指标按进度完成】 一是粮食产量稳中有升。通过抓好种植业生产，实施马铃薯绿色增产增效项目10000亩、玉米绿色增产增效项目10000亩、荞麦绿色增产增效项目10000亩；种植玉米65.2万亩、水稻9.1万亩、马铃薯70.9万亩，粮食产量达45.17万吨。二是畜牧业保持良好势头。生猪存栏73万头，养牛13.2万头，养羊5.7万只，禽存栏285万羽，其中养蛋鸡150万羽。三是农业产业化水平不断提高。申报市级农业产业化龙头企业3家、市级示范社12个，新增农民专业合作社484个、家庭农场25个。

【生态畜牧业持续健康发展】 一是深化动物防疫社会化服务改革。2017年春、秋季动物防疫共注射种类疫苗1009.73万针次，占应免数的100%，全区无重大动物疫病发生。二是抓好牲畜调运监督管理。累计完成产地检疫各种牲畜共35万头（只、羽），运载工具消毒770车次。屠宰检疫各种牲畜共14.5万头，检出病害动物180头（只、羽），销毁处理180头（只、羽）；对生猪定点屠宰场屠宰生猪"瘦肉精"抽检2416份尿液，检测结果全部为阴性。三是加强规模养殖场监管。共审核办理动物防疫条件合格证20张，完成溯源数据信息采集上传5.2万余条。四是加强动物及动物产品流通环节监管。开展养殖场、流通环节、屠宰场监管128次，查处违法案件20件，其中一般程序案件立案12件，结案12件，简易程序立案8件，结案8件。五是水产养殖业发展迅猛。全区完成水产品产量605吨，养殖面积达81公顷，苗种生产完成350万尾，苗种投放量7吨。六是畜禽品种改良取得成效。全区共设46个牛冻配改良点，输配发情母牛22500头，产杂交犊牛15250头；设猪配种改良点168个，输配发情母猪43000头，推广杂交猪34.3万头；推广良种家禽63.8万羽。七是注重饲料饲草生产。已完成人工种草1.8万亩，完成粮改饲4.5万吨；新增秸秆养畜加工处理示范点21个，修建窖池6500立方米，草料棚4850平方米，处理各类农作物秸秆15.27万吨；推广各类浓缩、混合、配合优质工业饲料2.4万吨。

【产业结构不断优化】 制定出台《中共毕节市七星关区委 毕节市七星关区人民政府关于农业产业发展奖补的意见》（七星党发〔2017〕1号），采取先建后补、以奖代补相结合的扶持模式，在农业产业、基础设施、农产品加工、品牌创建、农业机械化、金融支持六大领域对符合条件的产业或项目进行奖补，支持七星关区特色农业产业发展、扶持新型农业经营主体迅速壮大，为区内有产业基础的镇乡（街道）打造产业集群创造条件。截至目前，全区共申报种植项目63个，现已通过第一季验收的蔬菜基地有22个，面积4300亩，主要种植辣椒、大白菜、白萝卜、豆类等；普通生产大棚建设项目41个，建设面积32.22万平方米，主要种植食用菌、蔬菜、茶叶、水果等农作物；审批合格的养殖项目有51个，涉及蛋鸡、生猪、肉牛、羊、散养家禽、水产养殖6个类别，开始建设的有15个，共计新增肉鸡存栏9万羽、能繁母猪存栏1680头；冷库建设项目19个，总容积2800立方米；农产品加工项目12个，拟投资8134万元。

【园区建设成效显著】 本年度建设49个农业园区，以蔬菜为主导产业的园区6个，茶叶园区6个，中药材园区2个，油用牡丹园区4个，花卉园区2个，经果林16个，养殖（含渔业）园区5个，种养结合园区4个，休闲观光园区4个。园区产业布局中种植较大规模的有何官屯镇、田坝桥等乡镇种植油用牡丹8265亩，青场、亮岩等乡镇种植茶叶9200亩，撒拉溪等乡镇种植玫瑰10000亩，大屯、龙场营等乡镇种植李子9000亩，小吉场、朱昌等乡镇种植蔬菜13000亩，阿市、普宜等乡镇种植中药材35000亩，林口种植方竹10000亩；全区农业园区蛋鸡存栏150万羽，生猪存栏2.4万头，肉牛650头，鱼苗40万尾。2017年，七星关区农业园区已完成投资8.48亿元，实现产值8.55亿元，扶持带动贫困人数16826人。

【农产品质量安全不断加强】 一是加大兽药、农药监管力度。全年出动执法人员1370人次，检查农资市场561场次，检查经营户1620户，检查企业42个，检查种植基地72个，检查养殖场70个；参与审查种子备案登记200余户；全年查处案件60件；指导并完成了26家兽药经营企业顺利实施了兽药GSP，并成功通过兽药GSP检查验收组的检查验收。二是抓好植物检疫。检查种子市场5批次，检查种子1.8万公斤；检疫检验调出的杂交玉米种、水稻种等农产品35批次，共计15.599万公斤；市场检疫完成3批次，检疫蔬菜、水果0.4万公斤；签发植物检疫证书49份。三是加强农产品监测。完成农产品抽送样5263个、农产品检测5080个；完成畜禽水产品抽送样268个、畜禽水产品及饲料检测220个；完成产地环境监督测抽取水样10个、土样10个，重金属检测水样10个、土样10个、马铃薯30个。四是重抓农产品质量安全监管。申报无公害农产品认证15个，种植业无公害农产品产地认定面积达23.062万亩，完成3个无公害农产品产地复查换证工作；申报绿色食品认证2个、有机农产品认证1个；毕节椪柑获农业部地理标志登记。五是积极推进国家农产品质量安全县创建。向各乡镇（街道）宣传彩页31.2万册；宣传品（围裙、袖头、提袋）1.2万套；宣传手册、实用技术100问、监管手册、农产品监管知识各1.2万册。

【农业面源污染防治取得突破性进展】 利用生猪调出大县奖励补助资金，实施了5个规模养殖场的沼汽工作建设，建设沼汽工程900立方米。拟定七星关区生猪养殖污染治理方案和倒天河、利民水库畜禽养殖控制方案，目前正在抓紧实施。在七星关区马铃薯、水稻、玉米、茶叶、经果林、蔬菜基地上开展了农作物病虫害绿色防控示范工作，在倒天河水库和利民水库周边安装太阳能杀虫灯200台。建立绿色防控核心示范区4800亩。通过畜禽粪污治理、化肥农药减控等措施，防治全区农业面源污染。

【承包地确权登记颁证迅速推进】 截至共完成承包地确权面积168.16万亩，确权农户22.5744万户。审核公示并经农户签字确认161.77万亩，占96.2%；签订承包合同21.576万户，占95.58%；总体完成数据库建设37个镇乡街道，占100%；完成“一户一档”归档21.459万户，占95.06%；数据汇交工作已于12月6日通过省级第三方质检；权证打印及证书颁发正在扎实有序的推进中，基本完成全区农村土地承包经营权确权登记各项任务。

【科技和培训力度不断加大】 一是加强技术培训。充分利用基层农技推广体系、新型职业农民培训等载体，采取举办培训班、召开现场会等方式，培养新型农民和农村实用人才，提高农民素质，2017年完成新型职业农民培育576人，开展各类农业实用技术培训83次，共培训5800余人，发放资料3500余份。二是加强技术指导。组织专业技术人员划片包干、深入田间地块，为群众提供技术指导和服务，做到“技术人员到村、技术指导到户、技术服务到田、落实责任到人”。三是大力推广先进实用技术。示范推广测土配方施肥、间套种技术、病虫害绿色综合防控等农业实用技术，提升科技含量；引进8个白糯玉米品种、6个花糯玉米品种、3个彩糯玉米品种、9个杂交玉米良种进行品种比较试验，通过试验选出七星关区的宜栽品种。

【统筹开展计划生育、信访维稳等各项工作】 抓好党建促业务，统筹兼顾，切实抓好社会治安综合治理、禁毒、宣传思想暨精神文明建设、统战、安全生产、计划生育、信访维稳等各项工作，同时，抓好干部职工纪律作风大整顿活动，结合双考双评双挂钩考核办法，按照阶段性工作要求，强化督查，发现和解决工作中的具体问题，保证各项工作顺利开展。

【主要做法】 （一）强化责任落实。严格落实工作责任制，把任务落实到相关单位和人员的身上，细化目标，硬化任务，强化责任，切实把各项政策措施落到实处。（二）强化协作服务。强化局直各单位对各项工作任务目标和措施的落实，力求办实事，求实效。实行农业科技人员包片蹲点责任制，使每项工作和每个重点工程项目都做到任务、目标、职责、技术服务“四到位”。（三）强化作风转变。坚持工作落实以转变作风特别是领导干部作风为突破口，全力以赴抓好区委、区政府决策和部署的落实工作。坚持深入基层调查研究，扑下身子解决问题，盯住不放抓好落实，发扬抓实抓细抓具体和“一竿子插到底”的实干精神，努力提高工作能力和工作水平，充分发挥主观能动性，主动出击，打破常规，开拓创新，扎实工作。（四）强化督促考核。紧盯任务目标抓督导，紧盯重点项目抓督导，领导干部亲自抓督导，确保各项工作件件落实，件件见效。建立健全实绩考核工作机制，通过强化检查督导，强化责任感，在全区农业系统形成真抓实干的气氛，真抓实干的局面，真抓实干的劲头，确保完成各项工作任务。

（撰稿人：办公室）

农业机械

【概述】 2017 年，在区委、区政府的正确领导和市农委的业务指导下，毕节市七星关区农业机械事业局以中共十八届四中、五中、六中、七中全会精神及十九大精神为指导，认真贯彻农村工作会议精神及省、市、区有关会议文件精神，以调整农产业结构，增加农民收入，发展农村经济，促进农村和谐为根本目标，贯彻落实农业机械购置补贴政策，加大新机具新技术的推广应用，推动农机化发展进程，提高农机化水平，加强农机安全监督管理，预防减少农机事故的发生，确保人民生命财产安全，促进农机化事业的健康发展。通过努力，毕节市七星关区农业产业结构得到优化调整，为毕节市七星关区农业增效、农民增收、农村经济发展作出应有贡献，有效推进毕节市七星关区农机化发展进程。

【狠抓农机安全监督管理，确保农机安全生产稳定发展】 一是落实工作责任。建立健全农机安全监督管理工作制度，层层签订农机安全目标责任书，制定《2017 年全区农机安全生产工作方案》，成立农机安全工作领导小组，明确部门工作职责，落实安全责任，形成一级抓一级，层层抓落实的工作格局。二是加强农机安全督查。按季度开展农机安全常规督查，在春节、清明、五一、端午等重要节假日期间，开展农机安全专项督查，全面排查农机安全隐患，落实整改措施，及时将督查情况反馈当地党委政府。截至目前，七星关区未发生农机安全伤亡事故。三是开展“年检下乡”活动。从 4 月 5 日起，区农机局组织农机监理人员深入到各乡镇、村，为农机手提供拖拉机安全技术检验、年审等服务，减少机手经济负担，保障农机安全生产。注册登记拖拉机 165 台，换发拖拉机驾驶证 592 本，补发拖拉机驾驶证 65 本、行驶证 28 本，共检验拖拉机 1851 台（其中：小拖 1347 台，变拖 504 台），年检率达 85.5%。四是建立拖拉机拥有量、报废、脱检、“黑车”台账，督促镇乡街道农业服务中心建立拖拉机拥有量、报废、脱检、“黑车”台账，做到监理站与各镇乡街道农业服务中心数据一致。目前，全区未进行登记的拖拉机共 150 余台。五是开展联合执法行动。积极配合市农机监理所、镇乡办、区交警大队、区安监局等部门开展联合执法，大力打击拖拉机非法载人、无牌无证行驶、超速超载、疲劳驾驶、酒后驾驶、脱检车辆上路行驶等违章违法行为。截至目前，共联合执法达 24 次。六是加强源头管理。严把“考试关”，督促毕节市阳光驾校严格按照教学计划、教学大纲进行培训，共培训拖拉机驾驶员 500 余人。严把“发证关”，严格按照程序注册登记拖拉机，实行牌证管理。严把“检验关”，拖拉机年检中，检验人员严格按照要求及标准进行技术检验，对违反要求改装、达到报废年限、脱检两年以上等规定的，禁止上路行驶，有效遏制农机事故发生。七是加强农机安全宣传。我局利用乡镇赶集、安全生产宣传月活动等，通过制作宣传标语、设立咨询台、宣传专栏、发放宣传资料、开展安全警示教育等方式，开展《道路交通法》《农机安全监督管理条例》《农机安全操作指南》等宣传教育，增强群众农机法律意识、安全意识。八是开展农机行政执法“三项制度”改革试点工作，目前所有硬件设施已全部采购到位，监理站正按法制办要求有条不紊开展各项工作。

【切实做好农机购置补贴工作，提高农机化作业水平】 2017年，区农机局严格按照《毕节市七星关区2015－2017年农机购置补贴工作方案》要求，共实施农机购置补贴资金203.756万元，其中，中央资金130.49万元，区级配套73.266万元，惠及七星关区42个乡镇、街道办事处及梨树镇、岔河镇；受益农户847户，共补贴机具1239台套。其中：动力机械2台、耕整地机械1020台、农产品初加工机械16台、收获后处理机械30台，畜牧水产养殖机械171台。一是做好补贴工作业务培训指导。根据《工作方案》要求，继续做好农机购置受理审批权限下放工作，由乡镇负责受理审批补贴对象申请。3月24日，区农机局组织乡镇农机员开展全区农机购置补贴暨农机安全生产工作业务培训，宣传培训农机购置补贴政策及操作农机购置补贴操作系统。根据工作需要，平时做好对权限下放镇乡的业务指导，对乡镇录入的数据严格把关，并单独对水箐、亮岩等乡镇的农机人员进行购机补贴的工作培训，确保所有乡镇农机人员都能购娴熟使用贵州省农机购置补贴辅助系统。二是做好补贴对象的公示。区农机局对乡镇受理审批上报的申请对象进行复核，及时将申请对象补贴信息在区政府门户网“农机购置补贴信息公开专栏”、局农机购置补贴专栏进行公示，接受社会监督。三是做好农机具的核实。对农户购置的大中型农机具，均逐户开展实地核查，确保补贴资金的安全使用。每批次结算补贴资金前均进行了电话或入户核查，核查比例达到30%。定时定期组织专项机具核查活动，例如：对杨家湾镇、生机镇购买的果蔬烘干机、种子处理设备、饲料粉碎机等补贴额度高或补贴数量大的机具进行了入户的核查；对辖区内所有合作社购买的机具均进行了逐一的核查。通过核查，均没发现机具不属实、违规套取补贴资金的情况。四是做好补贴资金的核发。经公示无异议后，我局严格按照操作程序，及时报送补贴资料，到财政部门办理补贴手续，通过农户提供的银行账户兑现补贴资金。共报送8批资料，装订资料共16册。

【积极做好农机化项目建设，推进农机合作组织发展】 一是做好2016年项目验收。2016年实施的项目，其中：实施省级项目2个，分别是七星关区丁家寨种植暨农机专业合作社建设项目和七星关区层台镇农机专业合作社建设项目，项目资金为每个农机专业合作社10万元，于2016年底通过市农委验收。实施区级农机专业合作社建设项目3个，分别是七星关区何官屯镇大坝村霜红喜冬桃农机专业合作社、七星关区层台镇农机专业合作社和七星关区丁家寨种植暨农机专业合作社，项目资金为每个农机专业合作社5万元，已于2016年11月通过验收。2017年拟扶持建立区级农机化项目3个，分别是七星关区生机镇光明农机专业合作社，七星关区杨家湾镇裕民农机专业合作社，七星关区朱昌镇青杠村农机专业合作社，目前正在进行机具购买阶段。

【加快农机推广工作力度，逐步实现农业机械化】 一是做好农机技术培训。农机技术培训作为推广农机的重要方式，是农机安全生产的重要保证。截至目前共培训农机操作人员5000人次。二是做好农机化作业数据统计。全区机耕面积达50万亩，机播面积达1.2万亩，机械化收获面积达8.4万亩，新增农机总动力8.3万千瓦。

【着力做好党建（帮扶）工作】 一是持续开展“两学一做”学习教育常态化制度化工作。按照有关要求，做好“两学一做”学习教育常态化制度化宣传活动，开展领导干部上党课，领导干部遍访回访贫困村贫困户等工作。二是抓好理论学习，通过中心组学习、干部职工集中学习及个人自学等方式，学习党内有关规章制度。三是发展入党积极分子，按照区直机关工委要求及程序发展入党积极分子3名，参与区直机关工委举办的入党积极分子培训考试1名，各项工作正在有条不紊开展。四是开展同步小康驻村工作。抽派2人分别到八寨镇大兴村、田坝桥镇臭水井村开展同步小康驻村工作，真蹲实驻，深入基层，切实解决人民群众实际困难，为全区同步小康发作出贡献。2017年对田坝桥镇臭水井村帮扶1万元，对八寨镇大兴村帮扶微耕机4台，电动喷雾器3台，给予3.5万元帮扶资金进行村级活动阵地建设、合作社建设等工作。另外，帮扶七星关区观音桥街道办事处红堰绿源农民合作社微耕机4台；帮扶七星关区生机镇镰刀湾村红星果蔬种植专业合作社微耕机4台；帮扶海子街镇坪山社区的七星关区兴坪种植专业合作社、七星关区富松利民种养殖专业合作社及七星关区春树利民种养殖专业合作社共3个合作社，共帮扶微耕机8台；对联系点撒拉溪镇进行帮扶，共帮扶微耕机22台。

【转变了农业发展方式，更好服务农业板块经济】 七星关区大力推进农业产业结构调整，对农业机械化程度的要求高，随着农机购置补贴权限下放，农民购机积极性增强，传统农业“人种牛耕”的局面将被“机收机种”逐步取代，购机补贴受理审批权下放，对推动七星关区板块经济发展具有积极推动作用。

（撰稿人：熊仕祥）

水 利

【概述】 毕节市七星关区水务局为毕节市七星关区人民政府工作部门（2015年12月16日从原来的毕节市七星关区水利局更名为毕节市七星关区水务局，单位职责作了部分调整），内设职能股室4个，分别为办公室（财务股、人事股）、规划计划股、农村水利股（工程建设管理股、安全监督股）、水资源管理股（城乡供排水股），设下属事业法人单位14个（其中：副科级全额拨款事业单位1个，正股级全额拨款事业单位12个，正股级自收自支事业单位1个，（副科级差额拨款事业单位倒天河水库管理所79人于2017年3月上划至毕节市水务局），单位位于七星关区天河路108号，现有干部职工101人，其中副科级以上领导7人，副高职称7人，工程师26人，助理工程师25人。

【民生重点水利项目建设】 1. 骨干水源工程项目。2017年实施在建骨干水源工程三个，龙官桥水库、双河口水库、野角水库。总投资5.4715亿元，工程形象进度分别完成：37%、65%、29%。2. 中小河流治理工程。2017年批复洒鱼河龙洞段综合治理河长2.7公里，总投资975万元，中央资金、省级资金全部到位，已完成施工招标工作，准备进场施工。3. 水土保持项目。2017年国家水土保持重点建设工程计划总投资1353万元，已完成治理面积25.6平方公里，占任务数的94.81%，完成投资1240万元。4. 水利工程维修项目。2017年中央财政农田水利设施建设农田水利设施建设项目1个，项目总投资50万元，受益区涉及海子街热水田村、十三亩村、五十亩村，已完成建设任务。

5. 安全饮水巩固提升项目。2017年农村饮水安全巩固提升工程实施113个项目，估算投资22600万元，该项目在2017年4月陆续由各乡镇组织实施，完成工程总进度的68%。6. 病险水库除险加固工程。2017年完成朱昌发启水库、生机银厂沟水库除险加固工作，发启水库投资240万元，银厂沟水库投资267万元。7. 水资源管理项目。2017年完成七星关区节水型社会建设重点县工程投资300万元，目前已完成工程量的99.9%。8. 抗旱应急备用井建设工程。2016批复实施抗旱应急备用机井地面配套设施建设任务为19口，工程总投资636万元。2017年末16口机井地面配套工程开工建设，新打的三口机井已完成一口，剩余两口正在施工。

【推进河长制工作】 “河长制”工作自2017年3月启动，印发了《贵州省全面推行“河长制”工作总体实施方案》《全面推行“河长制”总体工作实施方案》。制定《七星关区全面推行河长制工作督办督查制度》《七星关区全面推行河长制工作验收制度》《七星关区全面推行河长制工作会议制度》《七星关区全面推行河长制工作信息报送及通报制度》等4个制度以及《七星关区全面推行河长制工作考核暂行办法》。区管河流公示牌，镇、村河长公示牌正逐步安装中。“一河一策”方案正在开展前期工作。

【防汛工作】 按照国家防总、省、市关于防汛工作的总体安排部署，七星关区及时成立防汛指挥机构，落实责任主体，及时安排部署防汛工作，加大隐患排查整改力度，消除潜在危险，及时修订完善应急预案，严格值班值守，强化部门联动，运用预警平台，做好监测预报等多措并举，确保全区安全度汛。

【水利改革进展情况】 1. 水利投融资体制改革。七星关区水投公司负责水利工程项目的融资工作，目前已融资到位资金3.45亿万元用于骨干水源工程建设，同时积极开展“十三五”规划的骨干水源工程融资的前期工作。2. 小型水利工程产权制度改革。2017年完善基层水利服务体系建设，增强基层水利站的服务能力；全面开展小型水利工程产权制度改革工作，年内确保全面完成改革任务，通过明晰产权，探索小型水利工程建管养用体制机制，最终解决小型水利工程“重建轻管”的大问题，颁发水利工程产权证书7203个，2017年12月5日通过验收。

【水资源管理及水行政执法】 实行最严格的水资源管理制度，制定并组织实施水资源管理“三条红线”制度，加大水土保持及水事违法案件查处力度，为全区经济社会全面健康发展奠定坚实基础。依法征收各项水利规费，确保经济建设健康有序发展。

【党务工作及其他工作】 （一）精准扶贫。1. 服务基层（深入联系点）。明确了分管领导和具体抓此项工作的人员，为驻村帮扶村解决6万元工作经费。2. 脱贫攻坚（救灾救济、集团帮扶）。召开专题会议研究集团帮扶工作3次，主要领导每月到乡镇指导集团帮扶工作1次以上，驻村工作人员驻村时间每月20个工作日以上，真蹲实驻，宣传党和国家政策，转变农业产业结构，大力发展经果林，畜牧业。（二）机关党建。认真按要求落实党建工作责任制，推进思想建设、组织建设、作风建设、廉政建设及制度建设等工作，及时抓好日常工作。（三）宣传工作。党组中心组已集中学习12次，组织全体干部职工学习25次。（四）统一战线工作。全部按要求完成报刊杂志的征订工作，按要求建立党外干部信息库、党外知识分子数据库及台胞台属信息库，上报需请统一战线帮助的项目。（五）党风廉政建设。认真按要求落实农村饮水安全工程建设专项监察工作，大力开展推进深化机关廉政文化建设、增强抵御腐败风险能力工作，按要求推进民生监督专项行动工作，严肃开展干部约谈等工作，提高干部职工廉洁自律、依法行政、拒腐防变能力。

（撰稿人：办公室）

林　业

【概述】 2017年以来，在区委、区政府的坚强领导下，在区人大、区政协的支持帮助以及市林业局的关心指导下，紧紧围绕市委“113”战略、区委“1136”工作规划和试验区“扶贫开发、生态建设”主题，紧盯“决战贫困、同步小康”目标，进一步解放思想，真抓实干，全力推进“绿色七星关行动”，加快林业产业发展，强化森林经营管理，充分发挥林业在改善生态、改善民生和同步小康建设中的重要作用，助推全区生态文明建设和脱贫攻坚步伐，迎接完成省、市多次专项检查，通过全年的努力，各项指标任务如期完成。

【森林覆盖率】 七星关区2017年年底森林覆盖率为53.95%，比2016年增加2.22个百分点。

【生态建设】 1.2017年完

成绿色七星关区行动各类营造林33.95万亩，其中，（1）完成2016年新一轮退耕还林还草24.03万亩；（2）完成石漠化综合治理工程2.45万亩（治理石漠化面积16.33平方公里）；（3）省级财政造林5.93万亩；（4）县级植被恢复费项目1.4万亩；（5）倒天河水库绿化0.14万亩；2. 完成厦蓉、杭瑞、毕威高速公路通道绿化建设1.4万亩。3. 完成义务植树5万株。4. 完成育苗面积0.25万亩，预计产苗4000万株，可供造林40万亩。

【扶贫攻坚与林业产业发展】 1. 完成《毕节市七星关区2017年度天然林资源保护实施方案》的编制，从建档立卡有能力的贫困户中选聘生态护林员320人，对全区232万亩森林进行管护和管理，助推全区脱贫攻坚步伐。2. 全局干部职工多次到联系点清水铺镇开展访贫问苦工作。3. 指导新建林业专业合作社10家，使全区林业专业合作社（涉林经济组织）达108家；组织申报国家农业综合开发项目4个、省级林业产业化发展专项资金项目16个；完成全区林业专业合作社项目库数据采集、整理和建档53个；完成政策性森林保险投保面积227.01万亩，完成率为100%，其中，公益林完成177.01万亩，商品林40万亩；完成油用牡丹产业发展试点示范1万亩、车厘子产业发展1万亩、玫瑰产业1亩万、竹笋1万亩；充分利用闲置的森林资源，大力发展林下种植和林下养殖。

【五城同创】 根据《中共毕节市七星关区委 毕节市七星关区人民政府关于开展“五城同创”活动的实施意见》（七星党发〔2017〕3号）精神，同步开展“五城同创”相关工作和古大珍稀树木调查管理工作。

【资源管理和保护】 1. 林业窗口办理：全年总计事项1495件，木材运输证435份，木材经营加工许可新办证55份，植物检疫要求书75份，林木种苗生产经营许可证6份，林木采伐许可证23份，年审391份，木材调运检疫证书381份，种苗调运检疫证书129份。2. 林政资源管理：完善七星关区第四次森林资源普查数据库，完成了2016年林地年度更新工作，并通过省厅检查、验收；配合业主办理使用林地申报项目18个，其中：已获审核审批10个，8个正在审批中。3. 森林资源保护“六个严禁”专项执法行动：根据《省林业厅关于对2016年度疑似占用林地（采伐）图斑开展现地核实工作的通知》（黔林资通〔2017〕135号）和《毕节市七星关区人民政府办公室关于印发毕节市七星关区2017年森林保护“六个严禁”执法专项行动工作方案的通知》（七星府办通〔2017〕167号）规定，开展2017年森林资源保护“六个严禁”执法专项行动，完成全区753个疑似图斑的核对，核实并办理涉林案件323起（其中，行政案件158起、刑事案件165起），完成森林保护“六个严禁”四个100%目标（往年度行政案件处罚执行率100%，往年度刑事案件查结为100%，2017年行政案件查结100%，2017年刑事案件移送率100%）。

【森林防火】 始终坚持“预防为主、科学扑救、积极消灭”的方针，通过加强宣传教育、责任落实、制度建设、巡查督查、野外火源管控、值班备勤和重点时段安排等措施，同时严格执行《毕节市七星关区森林防火工作经费奖励办法》《毕节市七星关区森林防火层级管理责任追究规定》，及时兑现2016—2017年度森林防火工作奖励经费300.9万元，提高了基层森林防火工作的积极性，全区共接到森林火警火情65起，未引发森林火灾，为六年来同期最好成绩。

【拱拢坪国家森林公园建设】 拱拢坪国家森林公园AAAA基础设施建设完成，并成功获批AAAA级风景名胜区荣誉称号，其中：接待设施建设5100平方米，生态阶梯广场建设4000平方米、停车场建设4100平方米、接待大厅建设800平方米、旅游步道改造及其它景观设施完善升级；吞天井边坡治理、安全引水工程、景区公路两侧清理及绿化美化工程、登山观光步道、内围标识和景区空气质量监测等工程完成。

（撰稿人：办公室）

烤烟生产

【概述】 毕节市七星关区烟草办公室位于毕节市七星关区麻园大道中段，内设三个股室：综合股、烟叶股、烟叶基础设施管护股。现有主任1名、副主任1名，股长2名，工作人员3名。主要负责宣传贯彻国家、省、市、区关于发展烤烟生产的方针、政策、法律、法规、规章和制度；牵头组织制定全区烤烟产业发展规划和近期烤烟生产计划；协调烟草等有关部门抓好烟草发展基础设施建设工作，协调、督促镇乡人民政府和烟草企业抓好现代烟草农业建设工作，推动全区烟草产业的持续、稳定发展。

【烤烟生产收购】 （1）烤烟生产：根据省、市、区三级人民政府关于2017年烟叶工作的安排意见，区烟草办对全区烤烟计划面积4.3万亩和烟叶收购10.75万担的任务进行分解安排。全区23个镇乡，155个村，382个组，2715户种植烤烟。

该办协调区烟草部门、种烟镇乡对2017年烟叶生产收购政策进行广泛宣传，稳定原“铁杆烟农”的基础上，扩大大村、大户、合作社种规模连片种植，全面完成了七星关区烤烟计划面积4.3万亩。在烟田规划、育苗、移栽期间，区烟草办由主要领导牵头对23个涉烟镇乡进行5次以上的抽点督查，及时掌握烟田规划、烤烟育苗、移栽进度等工作情况，给区委区政府烟叶工作提供正确的决策依据。（2）烤烟收购：2017年8月20日开仓以来，区烟草办及时对各种烟镇乡的收购进度做好统计汇总并报送区委区政府分管领导和市烟草办公室，2017年，全区收购烟叶共计88342担，完成收购计划的82.18%，其中上等烟47949担，占收购量的54.28%，中等烟25107担，占收购量的28.42%，下等烟15286担，占收购量的17.30%，担烟均价1184元。支付烟叶款10457万元，完成烟叶税收2300.66万元。收购期间，成立烟叶收购领导小组到各收购点进行督查，确保烟叶政策落实到位，及时协调处理好收购过程中的矛盾纠纷，杜绝恶性事件的发生，协调公、检、法等相关部门对烤烟“二贩子”的不法活动进行严厉的打击，维护正常的烤烟收购秩序，确保烟农、企业和国家的利益。

【烟叶生产基础设施管护使用落实情况】 （1）成立毕节市七星关区烟叶生产基础设施建设管护使用办公室（简称管护办），管护办主任由区烟办主任兼任，副主任由区烟草局（分公司）副局长兼任，由区烟办选任一名专职副主任，负责全区烟叶生产基础设施后续工作和管护办日常工作。管护办成员由区烟办和区烟草局抽调人员组成，与区烟办合署办公。

（2）修改（原县级毕节市）毕节市人民政府关于印发《毕节市烟水配套工程运行管护暂行规定》的通知（毕府通〔2009〕13号），将后续管护工作范围外延到全区烟叶生产基础设施，做好烟叶基础设施维修建设项目的排查、统计、汇总、报送报批工作。（3）积极争取市级管护资金。根据《毕节市烟叶生产基础设施运行管护办法（试行）》（毕府办通〔2016〕8号）精神，区烟草办积极主动向上级主管部门争取烟叶生产基础设施后续管护资金153.82万元，主要用于管护人员劳务补贴；提水灌溉电费补贴；零星工程维修补贴（金额在5万元以下并通过一次性维修能够完全恢复独立系统工程效益的项目），实行专账核算、专款专用、滚动使用。（4）加强督查，细化管护，力争做到一个项目一套办法，每个项目都有人抓、有人管。一年来，区烟草办组织烟草、水利等部门督查烟水配套工程后续管护工作4次以上，进一步监督管护主体完善管护机构，落实专职管护人员，规范管护制度等。目前为止，七星关区35个烟水配套工程基本正常使用27个，占77%；部分使用5个，占14%；闲置3个，占9%。七星关区烟水配套工程管护工作在全市全省名列前茅，迎接了兄弟烟办及铜仁市烟办等参观学习。（5）实行烟水配套工程产权改革。结合贵州省农村小型水利工程产权制度改革工作，七星关区逐步落实，现在已有大银镇高峰烟水工程、田坝桥镇螃蟹井烟水工程等 11 个烟水配套工程进行产权改革。

【干部队伍建设】 （一）根据上级部门相关要求，积极开展扶贫攻坚各项工作，严格要求我办驻村干部真蹲实住，落实驻村干部工作经费，并列支 12 万元修建新田至新桥运烟道路，解决了烟农运烟难，运烟远的问题，用实际行动解民忧、谋民利、化民怨。（二）进一步开展好机关作风建设，加强队伍管理，不断深入学习中央“八项规定”和习近平新时代中国特色社会主义思想，中共十九大精神和习近平在参加贵州代表团讨论时的指示精神，建立健全本部门各项规章制度，加强单位干部职工考核管理，做到有理有据，着力解决好工作中存在的问题，将干部的发展观念和发展积极性引导到科学发展上，促进烟办的工作高效、有序开展。

（撰稿人：李春华）

工　业

贵州七星关经济开发区

【概述】 2017年是毕节市不忘初心，牢记嘱托，感恩奋进，全力决战脱贫攻坚、决胜全面小康，加快建设“四个高地”、打造改革发展升级版，奋力谱写新时代毕节发展新篇章之年。贵州七星关经济开发区认真贯彻习近平新时代中国特色社会主义思想，坚持“加速发展、加快转型、推动新跨越”的主基调，以打赢“113”攻坚战为目标，适应新常态，确定新目标，落实新举措。

【经济运行持续向好】 截至2017年年底，经开区完成固定资产投资32.51亿元，其中，基础设施投资6.85亿元，产业项目投资25.66亿元，实现产值34.36亿元，工业增加值10.47亿元，新增规上企业4家。全年完成出口创汇800万美元，创利税1.71亿元。完成招商引资项目20个，签约项目16个，招商引资实际到位资金31.1亿元。解决就业15100余人，其中贫困人中就业1500人，拥有发明专利35项，知名品牌5个。争取了省经信委工业和信息化发展专项资金200万元用于园区基础设施建设。

【加快基础设施建设突破发展瓶颈】 2017年开展经开区总规、产业规划、环评编制工作，科学定位功能和布局产业，推进开发区健康发展。2013年扶贫生态移民工程、金银山安置房工程、金银山公租房工程已竣工验收；加快建设葛家咀项目主体工程、秀岭湾公租房建设项目、兴园公租房项目、公租房二期项目、标准厂房三期项目。小微创业园项目已全面竣工，企业已经开始入住。按照七星关区委、区政府提出的“一区多园”战略部署，朱昌、长春堡两个创业园设计新建标准厂房已完成投资。总投资5亿元的贵州华耀服装项目已完成投资4亿元，一期华耀服装、二期华屹服装已建成投产，三期华瑞服装已建成试投产，水洗厂项目正在建设。

【创优服务突出优势培育产业】 优化企业服务工作队措施，深入走进企业，掌握企业存在的困难和问题，制定一企一策方案，推动企业健康发展。新型建材产业的明钧玻璃项目已启动三期项目市场调研、项目规划工作；LED产业发展势头良好，致福光谷LED光电产业园正逐步建成西南地区最大的灯丝、灯泡生产基地。贵州省光技术联合创新与服务中心，能够为园区及周边LED企业提供研发、产品资质认证、标准立项、专利申报以及技术产业化提供全方位服务，现中心实验室正在进行贵州省重点实验室、国家重点实验室的资质申报工作。服装纺织产业已有12家服装纺织企业，其中，全国服装出口企业十强和中国服务业企业500强之一“绮丽集团有限责任公司”在开发区投资建设贵州华耀项目，能解决就业岗位1800余人。产品远销美国的可雅内衣项目已建成投产，公司品牌“coobie”远销美国，完成出口

1200万美元。经开区充分利用“贵园信贷通”政策红利，帮助毕节市惠友食品有限公司、贵州省名宇内衣有限公司、贵州航盛时代科技有限公司等企业融资960万元。

【破解招工培训难题 助推脱贫攻坚】 为解决开发区服装纺织企业员工招聘问题，开发区积极为企业招聘员工，同时发挥就业脱贫的优势，解决建档立卡贫困户就业问题。经开区联合区委宣传部新闻中心，利用微七星关微信公众平台、毕节晚报、毕节新闻等媒体平台发布招聘广告，营造了家门口就业的浓厚氛围；组建招聘小分队深入深度贫困乡镇开展招聘。会同企业，利用乡镇赶集等特定时期深入乡镇，通过海报、现场讲解等方式向当地群众宣传企业招聘政策；利用中秋等节假日，到车站、广场等人员密集场所，通过举办小型招聘会、现场宣讲等方式，向回乡务工人员开展宣传。引进的海西人力资源开发有限公司，帮助开发区企业培训产业工人，提升工人劳动素质。目前，海西职校已入驻开发区26号标准厂房，已为贵州华耀服装项目制定《海西人力资源开发有限公司关于与华耀服装有限公司及湖北仙桃职业学院合作实施“企业蓝领精英”项目服装产业人才培养方案》，已开展员工培训工作。

【强化环境保护 提升园区承载能力】 经开区严格控制环境准入，并严格按照国家相关行业标准，杜绝引进污染企业入驻开发区。已建成的黔西北产业园区污水处理厂可日处理污水2500吨，建设的生活垃圾站处理设施，已启动工程建设，经开区最大空气污染企业已通过增设环保设施达到国家允许排放标准后排放。

【以功能转型实现产城融合转变】 围绕服务产业发展，加快推进公租房二期、兴园公租房、龙潭安置房等居住小区建设进度，加快棚户区改造步伐，提升园区物业管理水平。加强园区环境综合治理，有效提升环卫一体化水平，重点在硬化、绿化、亮化、卫生保洁上多下功夫。在完善园区路网框架和基础设施配套建设的同时，更加注重改善民生，配合做好恒大易地扶贫生态搬迁点建设，以及海子街中学、实验三中等改扩建项目。通过发展劳动密集型产业，解决贫困人口就地就近就业，实现产业扶贫与就业脱贫的有机融合。

【以“大党建”统领保障经济社会发展】 经开区建立完善了党工委中心组学习制度，加强对非公企业党建的领导，把对党员干部的教育管理牢牢抓在手上，把党员干部凝聚起来，形成工作合力。将干部队伍拉到招商引资、拆迁清障、棚户区改造等急难险重工作一线，毫不放松的抓好发展环境秩序的治理整顿，重拳治理破坏发展环境的歪风邪气，着力营造亲商、安商、扶商的一流营商环境。根据工作重点，成立工作推进班子，挂图作战，倒排工期，有效落实服务企业公示制度、项目建设包保责任制度，切实抓好非公组织及园区党建，实现党组织和党的工作“两个全覆盖”。严格遵守中央八项规定，始终保持反腐高压态势，营造风清气正的经开区政治生态环境。

（撰稿人：黄媛）

工业经济与能源

【概述】 2017年，七星关区工业经济和能源局（商务局）在区委、区政府的正确领导，区人大、区政协的监督及上级业务部门的指导下，以习近平新时代中国特色社会主义为指导，认真贯彻中共十八大、十九大精神，紧紧围绕全区各项工作目标，积极创新发展思路，推动工业经济实现健康发展、跨越式发展。一年来，该局紧盯全年工作目标，明确工作责任，创新工作机制，深入开展“开足马力投身新实践、优化服务促进大发展”等活动，积极落实“五城同创”“文明在行动·满意七星关暨整脏治乱专项行动”等市、区重要工作部署，积极开展资源综合利用和节能工作，有序开展粮食工作，做好国有资产监管，着力推进主导产业、新兴产业，扶持中小企业发展，较好的完成了各项经济指标和全年工作任务，梳理2017年工作，一是强化组织建设，保持政治定力。引导干部牢固树立“廉政风险”理念和执行制度“零容忍”意识，强化领导班子“一岗双责”工作意识，切实提高廉洁自律意识；二是大兴调查研究之风，集聚工作思路。累计报送简报、信息、调研文章、信息约稿135篇，上半年向国务院办公厅、省、市、区上报政务信息分别为25、20、30、20篇，报送政务信息分别被国办、省办和市办采用1、1、2篇，区直部门排名从第5名跃到第3名；三是落实依法行政，化解矛盾纠纷，确保行业系统稳定。严格规范信访事项办理程序，对纠纷、矛盾及时排查、化解，积极推进博宇煤气有限公司、面粉厂、集体企业等职工集体上访工作，进行分类逐个解决，办理周银光、王朝忠等10件信访事项，案件办结率100%，维护本系统稳定，没有出现越级上访、缠访、闹访，区工能局被评为十九大信访维稳先进单位；四是破解资金难题，增添发展动力。指导毕节飞润服饰等26余户企业申报2017年度省中小企业（民营经济）发展专项扶持资金2074万元，指导毕节诚信中小企业服务有限公司等6户企业申报并获得“中小企业星光培训工程”资金160万元，推荐25户中小微企业参加“银政担”中小微企业贷款业务融资平台，有2户煤矿企业通过开源公司转贷获得贷款2000万元，1户获得产业扶贫基金贷款100万元，14户获得“银政担”中小微企业贷款业务融资平台贷款840万元。

【工业经济主要指标基本完成】 规模工业经济方面：2017年新升规入统企业7家，实现净增加值1.1516亿元，区内规模工业企业累计实现产值133.4亿元，同比增长10.58%，实现规模工业增加值68.29亿元，增速6.8%，全面完成市下达七星关区68亿元的目标任务；工业投资及项目建设方面：积极督促挂牌督办项目，重点推进华耀服装、可雅内衣、新联大高分子科技项目等11个项目建设，项目总投资14.85亿元。引进正航照明、建业钢化玻璃门窗深加工项目、华耀服饰项目等项目，总投资15亿元。完成七星关区远芳藤艺加工厂、毕节市金万陶瓷工艺加工厂、贵州炬晟半导体有限公司、毕节森木林木业有限公司、毕节市茂森民间工艺品发展有限公司、毕节市现代宜县有限公司等项目的备案。全年完成固定资产投资21.07亿元；“千企改造”方面：2017年七星关区贵州毕节水务有限责任公司、贵州华耀服装有限责任公司、贵州航盛时代科技有限公司、永峰煤焦集团有限公司、贵州炬晟半导体有限公司、贵州毕节海丰机械有限公司6户企业，共7个项目已通过验收，纳入省管“千企改造”工程企业，总投资7.12亿元。

【商务工作重点突出、成效显著】 一是抓冷链物流工作。推进七星关区建成乌蒙同心、黔西北农产品电商物流园、众力佳诚商贸股份有限公司、天元科技开发有限责任公司、文发屠宰场等物流冷库项目，年底冷库库容达20400吨，冷藏运输车辆达21台；二是抓“黔货出山”工作。积极组织“乌蒙山宝．毕节珍好”和龙凤蛋鸡养殖场等20余家农特产品生产企业参加广州—七星关区企业对接座谈会暨农特产品推介会、第六届广州食品食材国际博览会、毕节市826绿色农产品“风行天下”惠民展销会等一系列农产品对外展销活动，全年参加展销活动达20余次，参展企业收获颇丰。以“乌蒙山宝．毕节珍好”品牌为依托，通过珍好农特产品平台进行销售，在广州、深圳分别开设“广州多美贵州”和“深圳海吉星乌蒙山宝毕节珍好”农产品销售专铺，珍好农特产品与广州胜佳超市签约6000万元，深圳海吉星农贸市场每个季度销售额达100万元，扩大产能、带动就业，促进企业加快发展，为七星关区被省商务厅列为“2017年省级农商联动示范县（区）”作出重要贡献。

2017年七星关区全年社会消费品零售总额完成116.34亿元左右，增速约为12.3%左右，完成进出口1661万美元，增速达1130.37%（2016年完成135万美元）。七星关区社消“开门红”及半年工作完成好，我局受到市级商务主管部门通报表扬两次，并被省商务厅评为“全省市场运行监测和商贸行业统计工作先进单位”。

【煤炭行业有序推进】 2017年七星关区煤矿完成原煤生产29.4万吨，完成瓦斯抽放1502万立方米。煤矿兼并重组方面：在七星关区参与煤矿企业兼并重组的15个集团公司，涉及区内煤矿的8个集团公司的兼并重组实施方案已获得批复。2017年第一批省级公告关闭的煤矿6个（含2016年续关2个），已通过省、市、区关闭验收，退出煤炭产能60万吨。电煤保供方面：区内恢复生产的8个煤矿均在2017年7月13日前与毕节热电厂签订了17个月（到2018年12月30日）的电煤供应中长期协议，协议电煤总量44.54万吨，2017年七星关区累计供应电煤14.15万吨，毕节热电库存煤量9.62万吨，电厂累计发电量18.16亿千瓦时，煤矿企业库存煤量约0.5万吨。

【民营经济运行平稳向好】 以工业“百千万”工程和“双服务”活动为抓手，一是重新梳理企业名单，新增发展潜力好的企业12户，做到规上、高成长企业（项目）全覆盖，确保每个企业和项目有一个定点县领导、一个县直部门、一个联络服务员，深入企业进行“点对点”服务，2017年共开展“双服务”活动183人次，企业反映问题62，解决问题47个，累计报送各种工作信息35篇；二是在全市首次组织天河食品、正文食品等13户企业到贵阳老干妈和黔五福考察学习，提升七星关区农产品加工企业的管理经营水平。组织工作人员、企业管理人员参加高级工商管理研修班、全省融资、食品安全诚信建设等培训，组织茂森民间工艺品、恒泰旅游文化传媒参加省工艺美术大师，其作品进入贵州航空港经济开发区展示销售，组织多家企业及产品参加各种展销会、竞赛，增强本地企业知名度和竞争力；三是制作通讯录和宣传手册，下发给工业、能源、商务行业重点企业，开启保姆式服务。

全年实现民营经济增加值143.13亿元，占年度目标任务117元的122.33%，同比增长16.38%；实现民间投资149.57亿元，占年度目标任务149亿元的100.38%，同比增长18.7%；增加注册资本151.39亿元，占年度目标任务77亿元的196.61%，同比增长118.49%；增加市场主体14495户（民营经济市场主体累计达到84796户），占年度目标任务13400户的108.17%，同比增长9%；就业人数增加13032人，占年度目标11000人的118.47%，同比增长8.65%。2018年预实现民营经济增加值166亿元。

【“一区多园”已见雏形】 依托住建部门的易地扶贫搬迁农民就业园项目，在全区启动普宜镇、小吉场镇、燕子口镇、林口镇、杨家湾镇等5个乡镇的创业园建设。创新运作方式，政府主导，国有公司投资建设的七星关区小微企业创业园和七星关区朱昌小微企业创业园预计年内完工，企业抱团建设的七星关区塘房特色食品创业园建设有序推进。目前，全区共建成10个创业园，总投资29300万元，建成标准厂房35000平方米，入驻企业49家，解决就业933人，全年实现产值17000万元。

【信息通信工作稳步推进】 组织实施“无限网络·满格七星关——移动网络全覆盖”活动，乡镇以上城镇建成区实现网络全覆盖，基本消除移动通信盲点、盲区和弱覆盖区域，对辖区内高速公路、高速铁路、重要航段沿线同步覆盖3G/LTE信号。全区七家电子信息企业2017完成产值3.59亿元，占全年目标任务的143.6%。小康讯建设第二批电信普遍服务建设为156个，七星关区完成139个行政村通光纤（金海湖17个）占全年目标任务的全部。第三批的158个行政村通光纤，由移动公司承担建设，正在组织实施，共建成40个。

【安全生产持续稳定】 全年对工业和能源（商务）行业企业进行“四不两直”的日常检查，共组织了273个检查组，开展执法检查1092人·次，检查了工业能源和商务行业企业273家·次，查出隐患1533条，督促企业整改隐患1518条，整改率99%，参与打非治违联合执法4人·次，取缔野角乡白龙乡非法加油点1家，没收燃油用柴油

1.2吨。全年未发生造成重大社会影响的生产安全事故，安全生产形势持续稳定。

【机关党建及党风廉政建设工作常抓不懈】 严格落实中央八项规定、省市区十项规定，严肃工作纪律，规范日常工作；提高工作效能，转变工作作风；厉行勤俭节约，严控经费支出。全力推进行政执法“三项制度”试点和“双随机一公开”工作，将权责清单、权力运行流程图、执法人员基本信息等暴露在阳光下，接受广大群众监督。开展干部纪律作风大整顿行动，狠抓党风廉政建设和反腐败工作，全面落实党风廉政建设责任制，注重教育，切实提高廉洁自律意识。主要负责人认真履行“第一责任人”责任，带头研究党风廉政建设有关工作，落实“五个不直接分管”，严格按照相关规定和程序负责把好、管好行政审批有关工作，做到不直接参与、不干涉、不插手具体事项办理。引导干部牢固树立“廉政风险”理念和执行制度“零容忍”意识，强化领导班子“一岗双责”工作意识。

【积极开展扶贫工作】 落实区委、区政府对全区脱贫攻坚春季攻势作出的安排部署，由局领导班子带队在七星关区田坎乡、龙场营、普宜、小吉场、层台等乡镇的贫困村和贫困户进行遍访和回访工作，深入基层、进村入户遍访贫困村、贫困户，了解贫困情况、分析贫困原因、寻找脱贫路子。

元旦春节期间走访慰问离退休干部及生病困难职工，每人送去500元的慰问金。落实驻村干部、第一书记落实驻村工作经费75000元，为龙场营镇南坡村、元岩村、川山村、团结乡安山村共解决集团帮扶和法制建设帮扶资金共85000元。

（撰稿人：办公室）

市郊供电

【概述】 2017年是实施“十三五”规划的重要一年，是供给侧结构性改革的深化之年，是公司实现“两精两优、国内一流”发展战略、毕节试验区改革发展升级版决胜全面小康的关键之年。全局上下团结奋进，履职担当，紧紧围绕网、省公司、市局总体工作部署，坚持稳中求进总基调，不断夯实安全管理基础，提升营销信息化水平，全面完成各项工作任务。全年安全形势总体平稳，未发生四级及以上电力人身、设备、安全事故事件。完成固定资产投资1.8亿元，完成年度计划的100%。完成售电量12.12亿千瓦时，同比增长12.91%。综合线损率6.98%，同比下降0.97%，10千伏及以下有损线损率7.88%，同比降低1.97%，比年初目标值低0.02%；当年期电费回收率100%，无陈欠电费。平均售电单价569.90元/千千瓦时（不含基金及附加）、比计划降低14.77元/千千瓦时，综合电压合格率98.65%，第三方客户满意度73分。

【齐抓共管安全生产平稳有序】 层层落实安全生产责任制。按照“党政同责、一岗双责、齐抓共管”的原则，层层签订安全生产目标责任书430份。结合各级安全管理人员岗位情况，组织修编《毕节市郊供电局安全生产管理人员到位规定》《毕节市郊供电局安全管理评价考评实施方案》，进一步规范安全检查与考核。持续推进安全风险体系建设。修编《毕节市郊供电局2017年安全生产风险管理体系建设方案》，发布《毕节市郊供电局安全生产风险管理体系要素提升计划》，圆满完成体系建设“三钻”复审。扎实开展各类安全检查，强化风险管控纠察。对391个施工现场进行管控纠察，查出一般违章118项、严重违章3项，平均违章率3.8%，对违章行为纳入绩效考核；查处基建承包商违章4项，累计扣分0.7分。班组帮扶28场次，发现问题43项，现场指导整改43项；应急管理和保供电工作成效显著。修编15个应急预案及相应的现场处置方案。开展专项应急演练2项、现场处置方案演练8项，参演人员累计243人次。发布红色预警1次、橙色预警1次、蓝色预警4次。圆满完成各类应急保供电33次。其中特级保供电1次、一级保电2次、二级保供电10次、三级保供电20

次。深入开展事故事件反思讨论学习。全年分层次、分阶段开展各类安全培训3期，累计培训280余人次；开展班所反思讨论20场次，参加讨论人员400余人次，撰写心得体会380份。超前谋划迎峰度冬工作。编制《毕节市郊供电局2017年配电网迎峰度冬工作方案》及供电所“一所一策”迎峰度冬实施方案，发现整改问题55项。累计完成高过载、重过载、高损耗台区改造轮换共计736台。共巡视发现树障7862处，已处理6860处，更换熔丝1836棵，更换落式熔断器63组。加强设备管理。组织开展设备巡视、维护、消缺等工作，实时追踪线路故障原因分析。完成输变配线路防雷预试工作。共计发现处理缺陷43处，消缺率100%。完成12493条电子化移全面移交。投运35千伏生机变、11条线路、加装真空断路器12台转移负荷，缓解重过载问题。完成10千伏头流、头鸭、头梨、头岔线共杆隐患、10千伏东田线过载等大修技改。加大低电压台区治理。紧紧围绕12398投诉、95598反映、部分群众反映强烈的供电质量问题，梳理出低电压台区144个。其中通过自筹技改解决51台，93台列入市局紧急项目，完成投运4台，剩余89台力争2018年3月底前完成投运。

【攻坚克难营销管理出效益】 开展降损攻坚“利剑行动”，线损管理达到预期目标。一是制定降损攻坚“利剑行动”工作方案，规范线损基础管理，全员参与降损攻坚，建立领导、职能部门对口帮扶机制，层层传递压力。二是完成10千伏馈线基础档案核查及线变关系清理。完成98条公线、3295个台区100%贴标签，并对指标完成情况进行过程管控，通过标签管理，解决异常线路3条、异常台区122台。三是开展营业大普查、用电检查及零电量抽查，追回电量566万千瓦时，电费338.55万元。四是开展示范台区整治，成效明显，如双山邵家变、朱昌金鱼变线损从原来20%以上降到10%以下。供电所有损线损率指标大幅下降，低于10%的供电所11个（其中海子街供电所低于5%以下），占比57.89%；有损线损率同比下降的供电所17个，占比89.47%；全年16个供电所得到毕节供电局季度线损专项奖励（共计20.4万元）。客户关系持续改善。以客户投诉为导向，对1316件客户抱怨单进行回复，对极少敏感客户采取一对一沟通协调。组织开展四类客户电话回访，共回访电话36359个。实行客户网格化服务，配备客户经理121名，制作片区客户经理服务牌3285张、客户经理服务卡12100张，建立客户服务微信群36个，人数5436人，覆盖村寨（社区）514个，让客户的诉求在最短时间内得以解决。筑牢营销基础管理。一是开展5次系统应用培训，累计培训人数120人，营销系统、计量自动化系统应用水平得以提升，营销系统抄核收、线损模块已进入实用化，营销、财务每月电费实现100%线上对账。二是发扬电费回收“三千精神”，电费回收实现100%。非现金缴费率71.73%，同比提升12个百分点。三是优化业扩流程，客户业扩报装效率得到提升，业扩远程报装率达88%，全年完成高压新装、增容归档用户273户，新增容量6.05万千伏安。四是完成10千伏职教城专线、小官线、小海线等共计24回线路客户资产接收，总资产4105.46万元。五是完成低压低抄安装3.17万户，开展计量终端运维消缺785台。

【加大电网投入助推脱贫攻坚】 开展电网建设前期可研。提前完成110千伏梨树输变电变、110千伏小坝2号主变扩建工程、35千伏燕子口2号主变、35千伏野角2号主变可研工作，纳入2017年固定资产投资调整计划。完成10千伏及以下配网项目97个，并取得可研批复，纳入2018年预安排计划。有序推进电网建设：省公司、市局下达我局电网建设投资计划总投资1.59亿元，涉及35千伏项目1个，10千伏及以下项目148个，完成率100%。加强项目管理，注重项目建设前期管理与协调工作，成立相应组织机构，充实项目建设管理人员，分片对项目安全、质量、进度有效管控，确保工程建设进度；政企联动协作机制。依靠区政府组织协调有关部门、乡、镇积极解决电网建设工作中遇到的问题和困难。群策群力助力脱贫攻坚。加快第一、二批中心村、低电压、贫困村通动力电、移民搬迁项目建设速度，及时完成供电辖区内384个低电压台区的治理，更换18042只淘汰型电能表；提前完成10千伏海经Ⅱ回线投运，解决七星关区易地扶贫搬迁7800余户老百姓用电问题；提前完成35千伏毕节七星关区生机输变电项目投运，彻底解决生机片区“卡脖子”问题，获得当地政府的好评。着力改善供电所办公环境。开展双山、小坝、岔河等7个供电所建设，预计4月建成投入使用。规范物资管理。以实际情况为基础的应急保障措施提升工作，采取与相关业务单位积极协调沟通等方式，有效且可行的大幅提升了市郊供电局的应急物资及时配送到位的能力，全年共计完成各类应急配送153次，基本实现主设备24小时配送及2小时到达现场。发挥主动作为，敢于担当的工作作风，在全年物资供应存在一定困难的情况下，配合相关部门顺利完成国庆、中秋及“十九大”等重大保供电工作；完成清水铺三个台区、双山高平2变等58个低电压投诉的按期“销号”工作。

【管理精益体制改革稳步推进】 有序推进子改分工作。按照省公司关于县级供电企业子改分的工作安排，制定《毕节市郊供电局资产、业务和人员无偿划转贵州电网有限责任公司改制工作总体方案》，明确推进时间节点、落实部门及责任人员，编制我局资产评估报告，制定人力资源分流可行性方案，量化、限时、定则，如期圆满完成小水电站划转和子改分工作。推进精益化管理。按照公司、市局精益化管理推进方案，修编市郊局精益化管理实施细则，规范管理、降本增效，绩效在市局县级供电企业中排名首位。推进信息系统全面实用化。组织开展站、线、变、户清理，落实TTU运行维护，实时监控和采集数据，完成CSGII系统“业务指标实用化率”达100%、“数据准确率”达98%、“协同数据一致率”同比提升6个百分点的年度目标。

【搭建平台畅通人才成长通道】 提高干部员工能力素养。以理想信念教育为主，组织1期36名干部到遵义开展体验式教育。举办培训班66期，培训3573人次。夯实干部队伍建设。严格选人用人程序，提拔干部正职6人，副职10人，调整交流干部11人。选拔培养局后备干部49名。提供人才成长通道。2017年，注重青年人才成长成才，通过自愿报名、自我展示、综合评价，选拔优秀青年挂供电所副所长实职锻炼7人。推行积分管理，提高“双提升”工作。制定2017年员工业绩考核管理工作方案，推进技能班组作业积分制考核，考核覆盖率100%。完成227名技能岗位员工胜任力评价，技能岗位持证上岗率99.68%，安全生产领域关键技能岗位持证率100%。

【落实责任党建及党风廉政建设成效明显】 发挥政治引领，推进“两学一做”。深入学习“十九大”报告及习近平系列重要讲话精神、《中国共产党章程》和《南网总纲》。实施“三个计划、三个平台”，开展理想信念教育，有序推进“两学一做”学习教育制度化常态化。贯彻落实网公司党组1号文精神，报送动态信息、书记笔谈和基层声音共计52篇。夯实党建基础，推进品牌建设。党委书记带头上党课，开展专题讲座、组织中心组学习14次，主题党日活动56场次，层层签订党建目标考核责任书和党支部书记岗位责任书各8份，深化“双培三好”工程，把好党员发展入口关，优化党员队伍结构。扎实开展“我是党员”品牌建设，通过党员亮诺、承诺、践诺，切实推进“电亮先锋．六项行动”，降损“利剑行动”等取得明显成效。加强媒体合作，弘扬正能量。全年新闻上稿总量489篇，其中地县级以上媒体上稿287篇。充分运用媒体宣传，发挥正能量作用。深入推进党风廉政建设。一是召开专题会，部署党风廉政建设和反腐败工作，制定6类57项重点工作任务。签订党建责任书和支部书记岗位责任书各8份。下发廉洁风险预警通知书274份，签订廉洁承诺书478份。二是强化党管干部，严格选人用人监督。实事求是评价 2017 年新提拔的 16 名中层干部廉洁情况，严格落实“党风廉政意见回复”。三是践行“四种形态”。常态化开展“四种谈话”，主责约谈 17 人，谈话函询 1 人，提醒谈话 3 人，集体约谈 39 人，节前廉洁提醒谈话 98 人，干部纪律作风专题约谈 46 人。强化廉洁警示教育。用“身边事”教育“身边人”。班子成员及关键岗位员工 113 人次参加预防职务犯罪专题讲座、参观七星关区看守所警示教育基地。构建“不能腐”体制机制，成立领导小组和工作小组，从 6 个方面制定 35 项工作任务内容，扎实推进各项工作。强化关键领域监督。认真落实中央八项规定。对市放供电局 32 项“三重一大”集体决策事项进行监督，各项决策程序规范，决策内容合规、执行到位。精简文件简报、提高会议效率、有效管控“四项费用”。开展“四风”整治“回头看”。

（撰稿人：办公室）

城乡建设　环保

住房和城乡建设

【概述】　2017年以来，在区委、区政府的正确领导下，在上级业务部门的关心指导下，七星关区住房和城乡建设局紧紧围绕全面建成小康社会的总体目标和市委“113”攻坚战和区委“1136”工作规划，坚定信心，真抓实干，抢抓机遇，创新发展，继续加大统筹城乡建设力度，服务全区经济建设，较好地完成了区委、区政府及上级业务主管部门下达的各项工作目标任务，城镇化水平进一步提高。

【大力推进城市基础设施建设，城市功能逐步完善，城市形象不断提升，承载能力和综合影响力进一步提高】　依托中央棚户区改造和市委提出“19456”工程建设，七星关区城市建设已由“量”向“质”发生转变，从大力发展新城区向新老兼顾，城市聚集功能已初步向绿色环保宜居上转变。2017年城市建设项目共计98个，新开工49个，继建项目31个，正在推进前期工作项目18个，共计总投资约182.74亿元。截至2017年底已完工项目21个，完成投资约32.23亿元。1. 加强城市路网建设，优化新老城区路网布局。扎实推进城市路网建设，逐步拓展城市空间布局，2017年七星关区城市路网建设稳步推进，其中续建道路31条，共计37.9公里，总投资32.71亿元。新建道路项目10条，共计27.78公里，计划总投资25.34亿元。截至目前，2017年完成了百里杜鹃大道东段、德溪新区四号路北段等路网工程共计16.53公里，总投资10.96亿元。其余石桥边物流园区路网建设、德溪新区四号路南段等市政道路工程建设正在有序推进。2. 城市综合管廊建设。积极推进城市管廊建设，启动了石桥边物流园区、德溪新区地下综合管廊建设项目，共计36.4公里，总投资18.8亿，完成投资1.2亿元。3. “19456”工程+“倒天河补水”工程。倒天河（南关桥至碧阳湖段）补水工程现已完成，并已通水，累计完成投资0.4亿元；19456”工程正在稳步推进建设，累计完成投资3.5亿元。4. 公共服务设施建设。城区农贸市场：完成桂花市场迁建，新建星城农贸市场，每个农贸市场配备了不低于1000平方米的农民直销点，完成投资8000万元；其余通津、百花山、洪南、文峰路农贸市场等农贸市场正在进行前期工作。黔西北农贸综合批发市场、毕节市商品综合批发大市场已完工，已累计完成投资3200万元。城区公厕及垃圾中转站：城区新建及升级改造11个公厕及4个垃圾中转站，计划总投资1780万元。其中完成毕节市公务员小区公厕建设，垃圾中转站正在安装垃圾处理设备。阳山森林公园广场停车场边公厕正在进行外墙施工。茶亭村团山组廉租房旁公厕及垃圾中转站、福音堂北门社区斜对面公厕等4个项目正在进行主体施工，累计完成投资1895万元。停车场部分：新建城区13个停车场建设，已建成开行路、龙蟠山、汽车北站等5个公共停车场，共解决停车位2086个。目前朱家湾停车场、天河广场（停车场项目）正进行施工，完成投资523万元。同心城市公园建设项目—同心林、毕节市七星关区南山公园建设项目一、二期工程停车场项目正在推进建设。虎踞山停车场、通津停车场、百花山停车场正在开展前期工作。5. 城市绿化。公园建设部分：阳山公园景观绿化灯更换、道路修补工程已全部完成，完成投资65.32万元。同心公园已进入验收阶段，累计完成投资5000万元。月亮湖工程目前正在进行地勘工作，完成投资1亿元。龙蟠山公园正在开展前期工作，南山公园正在进行地下车库、游客中心、廊桥施工，完成投资为7758万元。

【加大引导和支持力度，全力推进整区推进小城镇建设工作，示范小城镇聚集能力进一步提升】 1. 狠抓规划引领，小城镇规划建设工作科学推进。按照年初制定的“全面推进、重点打造、突出特色、注重功能”的原则，加快城区周边7个镇乡联动发展，形成了“七星捧月、众星引领”的良好格局。2. 基础设施明显改善，小城镇城镇化水平进一步提高。2017年启动小城镇建设项目295个，完工112个，共完成投资约20.94亿元。其中：青场镇和清水铺镇（省定100个示范小城镇）等2个省定示范小城镇建设步伐不断加大，计划实施项目87个，启动项目82个，完工14个，共完成项目投资约3.55亿元；龙场营镇、撒拉溪镇、朱昌镇、普宜镇、小吉场镇、杨家湾镇等6个市定示范小城镇计划实施项目56个，启动小城镇建设项目51个，完工35个，共完成投资约4.67亿元；燕子口镇、对坡镇、林口镇、层台镇、亮岩镇、生机镇、阿市乡等7个市定特色小城镇计划实施项目74个，启动项目68个，完工38个，共完成项目投资约4.8亿元；其他15个特色小城镇计划实施项目112个，动工项目94个，完工25个，共完成投资约7.93亿元；小城镇新增8+X达标项目66个，其中青场镇、清水铺镇新增8+X项目8个。实现示范小城镇和特色小城镇新增城镇人口约4427人，其中省定示范小城镇991人，市定示范小城镇1723人，特色小城镇1744人；示范小城镇新增城镇就业人口2292人，其中省定示范小城镇675人，市定示范小城镇829人，特色小城镇788人；示范小城镇培育小微企业379户，其中省定示范小城镇79户，市定示范小城镇141户，特色小城镇159户。小城镇聚功能显著提高，基础设施明显改善，镇域经济实力明显增强，绿色发展意识显著提升。3. “1+N”镇村联动建设步伐不断加快，突显带动效益。2017年，基本建成了青场镇、清水铺镇共计11个镇村联动项目的同时，新启动了八寨镇、普宜镇2个乡镇镇村联动项目。围绕小康路、小广场、供水、垃圾收运、路灯安装、环境整治及“10+N项目”建设工程，全面推进项目建设，完成投资约8600万元。同时以八寨镇小城镇建设为典型的一批小城镇建设项目成效明显，八寨镇新大街建设项目基本完成，建成道路2.5公里；新街社区便民利民服务中心建设完成，建设规模800平方米；完成山体公园、集中建房示范点一期主体工程；茅栗坪村镇村联动项目全面完成；金银山匝道至八寨镇老街沿线风貌整治基本完成，使八寨镇小城镇面貌发生明显变化，示范效益进一步凸显。启动鸭池下坝、哈啷，朱昌双堰、小屯四个村人居环境项目建设，各项工作正在有序推进，力争2018年完成示范项目建设。

【多措并举，加强农村垃圾污水收集治理，农村人居环境显著改善】 一是为加快城镇污水和垃圾处理项目建设，推进全区农村生活污水和垃圾收集治理，成功获得贵州省整县推进农村生活污水和垃圾收集治理试点县称号和1000万奖励引导资金；二是成功了申请省级城乡建设发展专项资金1000万元，三是积极对接省农发行获得了改善农村人居环境（一期）项目专项贷款7亿元：其中10880万元用于农村垃圾污水治理，四是通过PPP模式与贵州博润环境工程有限公司达成合作协议，融资10亿元用于农村垃圾污水整治项目；五是2016年省住建厅补助省级城乡建设发展专项资金480万元，也用于垃圾、污水治理。目前完成全区30个镇乡垃圾中转站建设，初步建成吉普龙片区3个日处理30T生活垃圾焚烧设施。启动三个水源点、两条流域、景区景点、美丽乡村等约300个村庄的垃圾污水治理。

【强化建筑工程质量安全监管，建筑工程质量安全生产文明施工水平大幅提升】 1. 全面加强建筑行业安全生产工作。年初与各区属项目工地签订了文明施工、安全生产责任书。加大建筑施工现场检查力度，制定重要时段、过程监管制度，切实搞好重点环节整治，减少了安全事故发生，有效防范一般事故发生，坚决遏制较大及以上事故发生，确保了全区安全事故发生数及死亡人数，并有效控制在了区政府下达的控制指标范围内。2017年以来，我局开展重点节日、重点时段期间安全生产专项检查12次，严格国务院安委办安全大检查文件要求，检查资料齐全，再检查中严格落实检查，质量安全受控。同时，还不定期对辖区内建筑工地进行拉网式的安全生产隐患排查治理检查，并对检查情况及时进行处理。对现场查找出的隐患，能够当场整改的立即整改；对于不能当场整改的，下发整改通知书共173份，提出整改意见866条，已整改862条，整改率达99%。2. 转变工作作风，优化项目审批程序。2017年共受理监督工程139个，面积426万平方米；其中，城区工程48项，面积328万平方米，工程总造价26亿元；乡镇工程67项，总建筑面积98万平方米，总造价13.4元；市政工程20项，道路工程总长度15234米。土石方工程1个，共30万方。127个项目经竣工验收合格并备案。127个项目建立了信息档案，建立永久性标识牌。进一步加大建筑起重机械设备管理力度，截至目前，建筑起重机械使用登记备案44台。3. 加大对城区建筑工程施工现场扬尘防治工作，2017年共组织对城区建筑工地进行扬尘防治专项检查222组次，安排职工深入检查督促施工工地696人次，发出限期整改检查记录127份，收到整改回复127份。截至目前基本达到要求复工项目工地30个，其中9个项目为整改不达标继续整改，1个项目为因自身原因停工，2个项目已竣工。经过持续发力，七星关区建筑工地扬尘污染治理工作取得一定成效。截至目前，有39个项目工地按规定设置了围挡，并对围挡进行美化；35家项目工地施工现场主要道路已硬化，30家项目设置空气在线监测仪；有5个项目生活区和生产区完成道路硬化，1个项目在硬化中，办理手续的40个施工现场的裸露场地和堆放的土方基本已覆盖。

【加强建筑行业监管力度，服务功能进一步增强】 1. 建筑行业健康有序发展。截至目前七星关区共有商混企业15家，施工企业72家，其中施工总承包企业27家，专业承包企业6家，劳务分包企业39家，2017年审批办理新办施工企业32家，增项申请4家，变更申请6家，备案2家。2017年我局在网上审批办理施工许可证30个，其中房建工程29个，总规模1354843.31平方米，总投资303713.1486万元，市政工程1个，建设规模560米，总投资1170.02万元；网上审批安全生产许可证23家，其中新办17家，延期申请5家，变更申请1家；收取基础设施配套费17192961元，建安劳保费396961。2017年以来，我局共办理工程项目公开招标19项，（其中施工招标15项，监理招标3项，EPC招标1项），总招标控制价24527.97万元，中标价24231万元，节约资金296.97万元。2. 建筑节能工作持续稳步推进。一是全面执行国家、省新型墙体材料政策的相关规定，大力推广应用新型墙体材料，进一步巩固了“禁实”工作成果，会同土管、规划等相关部门针对农村生产的违反“禁实”要求的鸿发等42家砖厂强制关闭，要求整改；二是严格竣工验收备案，全面执行国家建筑节能标准，新建居住建筑与公共建筑都进行了节能设计与施工，完成值100%，加强建筑节能监督管理工作，对工程节能工程50余次抽查检查，对10个项目要求整改，完成建筑节能工程认定备案项目163个，其中市区51个，乡镇112

个，总建筑面积1524859.63平米；三是做好新型墙体材料专项基金管理工作，全年返退新型墙体材料专项基金1614569元，形成基金112122元。四是进一步推动绿色建筑的发展，七星关区由毕节市地泰房地产开发有限责任公司实施绿色建设项目德溪府36.19万平米，总投资131077.88万元已开始起动。五是推进新型建筑业和新型建材企业融合发展，支持新型建筑业和新型建材企合并、兼并、重组发展，向上下游产业延伸，鼓励和引导在示范乡镇、旅游开发和市政工程、公共基础设施等建设时优先使用新型建材产品，形成新型建筑业和新型建材业融合发展新格局。

【全力推进问题楼盘处理，维护社会和谐稳定】 按照省、市、区的安排部署，保稳定，保平安，促进社会和谐。加快解决房地产开发遗留问题，按照“一盘一策、管办分离、违法违规主体与维权主体分置、集中处理”的原则，妥善解决群众诉求，消除信访隐患，维护稳定。及时整理已入住问题楼盘56个，现已对2个大型问题楼盘启动办理不动产权证。对省、市、区转办交办信访案件37件，化解31件，6件正在化解中。处理省、市交办信访积案5件，办积4件，1件正在办结中。

【强化执法监管、促进企业依法经营】 根据年初工作安排，该局执法大队2017年开展了“打非治违”“扬尘治理”等专项行动，共组织检查组40个，检查人员243人次，检查企业80余家，查处隐患40余项，督促整改40余项，整改率达100%。根据年初制定的“打非治违”专项行动方案，执法大队2017年以来共开展执法检查30次，下达责令停止违法行为通知书19份（停工项目均涉及基本建设程序手续不完善擅自施工的违法行为），实际停工项目19个，约谈项目8个，停工项目正在积极办理、完善建设程序手续，待手续完善后方可恢复施工。2017年以来，执法大队共处理违法案件23起，已办结23起，处罚到位资金388338元。其中招标串标案件2起，共处罚金26838元；施工现场扬尘治理不符合国家有关法规要求案涉及15个项目，处罚15家责任主体单位，处罚到位资金225000元；未取得施工许可证擅自施工案涉及6个项目工地，6家责任主体单位，处罚到位资金136500元。

【以大党建为统领，全面加强党建工作，强化作风建设，保障各项工作落到实处】 1.深入推进学习型机关党组织建设。加强思想政治建设，深入推进学习型党组织建设，进一步提升学习型党组织、学习型机关建设。我局已制定了《七星关区住房和城乡建设局2017年党组中心组学习计划》和《七星关区住房和城乡建设局2017年干部集中学习计划》，并组织开展党组中心组专题学习5次；组织开展机关干部职工集中学习15次。2.认真开展“学党章党规、学系列讲话、做合格党员”学习教育。按照中央、省委市委和区委要求，推进“两学一做”学习教育常态化。一是持续深入学习贯彻中共十八届六中全会精神和习近平在中央政治局民主生活会上的重要讲话精神，深入学习《关于新形势下党内政治生活的若干准则》《中国共产党党内监督条例》和贵州省第十二次代表大会，加强十九大精神的学习，以十九大精神作为指导做好今后的党建工作。二是认真做好2016年度领导班子民主生活会后续工作。2月18日住房和城乡建设局召开了领导班子民主生活会的单位，要按照市委和区委要求，认真制定班子和个人整改方案和清单，抓好整改落实。同时，抓紧在适当范围内通报民主生活会召开情况，向上级党组织报告有关情况。四是推进“两学一做”学习教育常态化制度化。要求局属各支部继续按照“两学一做”的要求，开展好相关工作，发挥各级党组织和广大党员在助力脱贫攻坚中的作用，为打好“113”攻坚战奠定坚实基础。3.认真开展基层党组织换届选举工作。局属各党支部班子健全，按时按规定进行换届改选，委员出现缺额及时进行增补，住房和城乡建设局局属各党支部已严格按照要求于2016年年底全面完成了换届选举，局机关党委于2017年7月完成了换届选举。4.党员信息管理、党内统计工作情况。一是及时更新党员花名册，及时做好党员党组织关系转接工作。全系统现有党员178名，2017年因工作调动，转出党员2名，转入党员7名，已及时做好党组织关系转接；二是认真做好系统维护工作，按时完成党内统计工作任务。6月完成上半年统计工作，8月按照区直机关工委要求完成系统维护1次。5. 开展纪念党建96周年主题党日活动和“四个合格”大讨论。一是以主题党日活动为契机，深入学习贯彻中共十八大六中全会和习近平在六中全会上的重要讲话精神，学习贯彻省委十一届八次全会精神、贵州省第十二次党代会、毕节市第二次党代会和七星关区第二次党代会精神；二是学习吴贤耀先进典型。7月1日，在七楼会议室召开了学习会议，会议由党组书记、陈亮欢主持，住建系统全体干部职工参加，共同学习了“全区优秀共产党员”吴贤耀同志志存高远、信念坚定，对党忠诚的政治品格；三是深入学习《准则》《条例》，以支部为单位，组织党员开展了集中学习讨论；四是重温“入党誓词”和开展革命传统教育。“七一”期间，各党支部前后组织党员干部和入党积极分子到林口镇“鸡鸣三省”纪念碑前，到烈士林园烈士碑前重温“入党誓词”，参观学习历史革命文化，缅怀革命先烈；五是表彰优秀党员。为表彰先进，在党员干部中树立典型，进一步激发和调动广大党员干部的积极性和创造性，“七一”期间，我局对住建系统2015年度优秀党员24名，2016年度优秀党员27名进行了表彰；六是开展“四个合格”大讨论。各党支部结合单位实际制定了“四个合格”大讨论计划，通过有组织的讨论，让“四个合格”成为党员的不懈追求，使党员在思想、组织、作风上再次得到提升，理想信念更加坚定。其实各支部积极开展“党性体检”，经过检验，所有党员干部都是合格的；认真开展党员积分制活动，制定工作方案，按照要求完成各项工作。6. 认真做好组织建设工作。本年度，局属各党支部发展对象转预备党员共计4人，纳入入党积极分子培养2人，严格按照培养发展程序有关规定开展，并及时上报。认真开展机关党员进社区报到服务工作。根据区直机关工委要求，组织机关在职党员进社区报到已达到80%以上；住房和城乡建设局严格执行党费收缴管理制度，2017年前三季度该局机关党委收缴党费共计31083元。7. 认真开展党建帮扶工作。为进一步做好“113”脱贫攻坚工作，住房和城乡建设局针对帮扶联系点实际情况，认真制定了2017年精准扶贫帮扶工作计划，一是驻村帮扶何官屯镇阿哪寨，该局已安排1名干部职工与原单位业务工作完全脱钩在何官屯镇阿哪寨开展驻村工作，驻村干部充分发挥专业特长为帮扶村做好事办实事，驻村干部经费采取月报销，驻村经费得到了有力保障。一是从紧张的办公经费中抽出5万元帮扶阿哪寨，用于改善阿哪寨办公环境，支持阿哪寨脱贫攻坚工作的工作经费；二是联系企业帮扶阿哪寨沟边组进行道路改造，改善该组村民生活居住环境，解决村民过河难问题。该局先是联系七星关区设计院对现场进行勘察，通过初步设计和预算，局领导和局技术业务骨干商定后，决定采取修桥的方式对道路进行改造，通过全面协调，该局联系了毕节市德顺建筑工程有点公司承接该项目，已于7月28日工程开工，8月底竣工，共投入资金30万余元。二是帮扶联系对坡镇，助推脱贫攻坚工作有力开展，2017年领导干部亲自带队，在对坡镇开展进村入户走访6次，特色小城镇调研4次，对该镇的贫困村、贫困户的贫困情况和特色小城镇建设的基本情况和进行了摸底和了解，通过党组会议研究决定，一方面我局将对大堡村2017年需脱贫的20户贫困户和7个困境儿童（留守儿童）进行干部职工结对帮扶，干部职工通过一对一的帮扶联系并走访慰问，实实在在的为贫困户想问题，办实事，出点子，帮扶贫困户在本年度顺利脱贫；一方面我局协调资金10万元帮扶大堡村沔鱼河修桥，解决当地村民过河难问题，目前该桥已修建完毕；另一方面以特色小城镇建设，改善农村人居环境为契机，为对坡镇做好技术指导服务，协调相关政策倾斜，助推对坡镇建设快步发展。本年度，通过协调指导，帮助对坡镇成功申报鸿远大街（二期）2.036公里、老街改造0.9公里、集镇山体景观提升工程10亩、集镇广场3000平方米、路灯安装1000盏、沿线村庄美化和垃圾收集转运系统个1项，共7个项目，累计投资4050万元，将加快脚步，完善资料，力争年底前完成融资。

【积极配合完成市区交办的其他各项工作】 以“五城同创”为载体，构筑精神新高地。一是进一步加强社会主义核心价值观宣传教育。围绕“五城同创”的创建目标，对照创建指标，继续抓好“明礼知耻·崇德向善”主题实践活动，努力培育良好社会风尚。我局通广泛宣传，按照“五城同创”宣传精神，要求城区建筑工地在围挡在醒目位置悬挂宣传图片，一方面美化了工地围挡，同时对社会主义核心价值观进行了有效宣传。二是深入开展“文明在行动·满意七星关”活动暨整脏治乱专项行动。我局以中央环保组的环保督查为契机，大力整顿建筑工地生产秩序，通过全面排查和约谈，40家合法工地进行了施工扬尘专项治理，22家非法工地停工完善建设基本程序手续。中心城区建筑工地通过裸土覆盖，喷淋作业，对进出车辆冲洗等扬尘治理措施，大大降低了扬尘污染，大气污染得到了有效治理。

（撰稿人：办公室）

房产事业

【住房保障】 2017年七星关区房产局多措并举，全面完成了保障房的建设和分配入住的目标任务。一是区政府专题召开会议，形成会议纪要，倒排工期进度。分成三个督查组，对全区保障性住房建设项目进行跟踪督导，发现问题明确限时整改，有效推进了全区保障房项目的建设和分配入住；二是严把好城区保障房审批关。保障房申请从社区、街道办、民政局到房产局进行四轮审核，四次公示录入系统、按先后顺序轮候分配，真正做到公平、公正、公开，使城区符合条件的住房困难户、新就业住房困难职工充分享受保障房带来的福利；三是加强已入住公租房小区的后续管理。不定期对公租房小区开展监督检查，打造文化氛围，切实解决已入住公租房小区存在的安全、排污、屋顶漏水等问题，使小区居民住有所乐、住有所安。四是对不符合保障房条件的一经举报查实坚决责令退出。2007—2015年建成保障性住房21170套（户），分配21154套（户）；2013年政府投资建设的公租房完成分配98.3%，2014年政府投资建设的公租房完成分配95.47%；基本建成公租房5032套（主体完工，实施室内外装修装饰）。2017年1—12月累计新增城镇住房保障家庭租赁补贴816户，超额完成了全年新增租赁补贴300户的目标任务。

【固定资产投资完成情况】 2017年度完成房地产固定资产投资54.08亿元，占计划数（50亿）的108.16%，占任务数（61亿）的88.65%；全区累计销售商品房面积159.8万平方米，其中住宅销售面积134.47万平方米；配合市住建局对2017年1月1日后办理预售许可证的项目商品房预售资金进行监管，对发现认筹认购苗头的4个项目和返租销售的2个项目下发问题整改告知书，及时制止问题的产生。2017度清理和处置问题楼盘97个，化解87个。根据政府安排，对入住未办证的56个房开进行清理整改，已对第一批15个项目拟出整改方案报市处置领导小组办公室推进办证工作，其他工作有序推进。房地产去库存情况：自2016年出台商品房销售“六个严禁”政策并严格执行以来项目，基本杜绝了房地产新的问题产生，从根本上治理房地产造成的社会问题，防控房地产风险，规范房地产秩序。随着棚改的推进，房源筹集的有效进行，去库存得到有效化解，截至2017年12月，七星关区房地产项目库存38.24万平方米。

【精准帮扶】 2017年根据组织部门的规定，派出1名工作人员长驻撒拉溪镇水营村开展工作。一是筹措资金5万元帮助长春堡镇进行环境治理；二是拨付本局派驻撒纳溪镇驻村干部办公经费1万元；三是筹措资金5万元为燕子口镇小堡子村进行基础设施建设；四是协调完成了撒拉溪镇水银村总投资100万元的村内主干道建设；五是全局干部职工分期分批到联系的长春堡镇和和撒拉溪镇水银村贫困村进行贫困党员和贫困户慰问45人次，参加遍访回访干部职工98人次；六是局领导班子成员坚持每季度到水营村调研走访2次，认真了解群众提出的困难和问题，梳理群众提出的意见和建议，帮助群众理清发展思路，实事求是地为群众做好事、办实事。

（撰稿人：办公室）

城乡规划

【规划编制合理推进】 一是推进“七星捧月”7个卫星城镇总体规划和控制性详细规划修订和编制。截至目前，杨家湾镇、撒拉溪镇总规控规已编制完成并批复实施；八寨坪镇、长春堡镇编制完成审查通过并批复；田坝桥镇、何官屯镇编制完成审查通过，正在按程序进行批复；朱昌镇总规已编制完成，正按程序进行公示。二是全面启动七星关区“多规合一”、区域乡村建设规划和村庄规划的工作。为解决各家规划相互打架相互制衡的问题，七星关区积极推进“多规合一”改革，探索经济社会发展规划、城乡规划、土地利用规划、生态环境保护规划等各类规划整合，形成全域空间管控“一张蓝图”。目前，广东省城乡规划设计院已为七星关区编制出“多规合一”初步文本，将在近期上会审查。按照“产业兴旺、生态宜居、乡风文明、治理有效、生活富裕”的总要求，力求编制出好编、好懂、好用的乡村振兴村庄规划，七星关区区域乡村建设规划方案已编制完成，省市下达编制村庄规划任务的342个村2923个居民点规划文本已全部经专家委员会评审原则通过。三是积极协助市局完成《毕节—大方城市总体规划划（2010—2030年）》的修改、《毕节市中心城区停车场专项规划》《毕节市中心城区教育设施专项规划》等方案的编制工作。

【规划行政许可审批和办理有序进行】 2017年，共核发建设项目选址意见书60份，选址用地面积528984.36平方米；建设用地规划许可证52份，许可用地面积240×1189平方米；建设工程规划许可证82份，许可建筑面积162×6689.56平方米；核发建设工程竣工规划认可证58份，竣工认可面积246×7792.25平方米。

【建设项目跟踪管理与规划执法成效明显】 2017年，该局在中心城区及重大项目区内19个镇乡街道共查处违法建设1023起，总面积约69880.8平方米（其中：新占地修建569起、约45215.07平方米，加扩建454起、约24665.73平方米），共拆除979起，约62157.2平方米；区查违办共记录群众举报122次，下发督办通知书23份，发布日常督查的情况通报3期；执法队共参加区级组织的联合执法50次、拆除79起，震慑了违法建设行为，促进了七星关区城镇建设依法、规范有序推进，营造了良好的城市发展环境。

【房地产遗留问题清理得到群众认可】 在市区两级政府统一领导部署下，按照查找问题、提出问题、解决问题的思路，通过政府牵头、部门协作等方式，积极开展房地产问题楼盘矛盾化解工作。2017年，现场检查核实胜鼎华庭、福贵新天地城市花园、瑞丰新城、碧阳国际城、碧桂园等19个房地产项目，按照要求积极配合区住建局完成翠竹苑、瑞丰新城、碧阳国际城、大众国际城、圆梦国际、云景华庭等项目的预验收工作。

【联系城市综合体建设工作稳步推进】 按照省、市要求，七星关区政府明确远航七星万象城城市综合体建设由我局联系。2017年，共完成建筑面积117565.19平方米；完成投资2.58亿元，完成建筑主导功能项目4个，其中家居购物广场已建成运营，A栋酒店已完成规划验收，B栋公寓已交房入住，C栋高级公寓已交房；完成运营主导功能3个，即家居购物广场、高级公寓和金融中心。

【其他常规工作正常开展】 按照年初目标考核体系，切实开展机关党建、政务公开、宣传、统一战线、政协、“19456工程”、五城同创、恒大帮扶、多彩贵州文明行动、科普、老干等工作。

【取得的经验和好的做法】 （一）建设项目档案管理“4244”法得到全省推广。该局城建档案“资料齐全、整理规范、查找方便、实用高效”，并探索和总结出档案留痕“4244”工作法（四个围绕，两个整理，四个查找，四个注意）引起省厅的高度重视，2017年11月9日在全省城乡规划实施监管大会上得到交流，省住建厅于2018年1月29日发文在全省推广学习。（二）村庄规划“12358”工作实践得到全市推广。在村庄规划工作中，七星关区探索和总结出的“12358”工作实践——即用活一个平台（脱贫攻坚讲习所），坚持两个导向（问题导向、发展导向），开好三个会议（专题会议、常务会议、常委会议），贯穿五个始终（把业务指导工作贯穿始终、把尊重群众意愿贯穿始终、把创新方式方法贯穿始终、把解剖调度贯穿始终、把考核奖惩贯穿始终），把控八个环节（大会发动环节、资料收集环节、现场调研环节、意见交流环节、村民讨论环节、乡镇审查环节、专家评审环节、政府审批环节）；该做法毕节日报于2017年12月27日以《用活新时代农民讲习所 描绘村庄规划新蓝图——七星关区加快区域乡村建设和村庄规划编制步伐》为题予以登载；毕节市城乡规划局于2017年12月29日发文在全市推广。

（撰稿人：办公室）

房屋征收

【指导思想】 棚户区改造是重大民生工程和重大发展工程，对改善住房困难家庭居住条件、化解房地产库存、促进房地产市场平稳运行、实现经济稳定增长，都具有重要作用。2017年，在区委、区政府的正确领导下，区房征局深入贯彻学习中共十九大精神，继续开展“两学一做”教育活动，以积极负责的工作态度和敢于担当的工作作风，全面落实党建工作责任制，紧扣区委、区政府中心工作，按照促创新、增活力的理念，把服务中心、建设队伍贯穿党的思想、组织、作风、制度和反腐倡廉建设始终，有力推进房征局各项工作正常开展，为全区经济社会发展做出了积极的贡献。

【统一政策、依法实施】 棚户区改造要充分保障居民的知情权、参与权和选择权，坚持以人为本，统一政策标准，做到公开、公平、公正。市委、市政府牵头负责，组织召开城棚改工作千人大会，采取多种形式加大宣传力度，广泛宣传有关棚户区改造法规政策，使棚户区改造深入人心、家喻户晓，为棚户区改造营造良好的舆论氛围。涉及需市级层面研究解决的房屋征收重大事项，积极报请市政府召开专题会议研究解决，努力形成市、区两级共抓房屋征收工作机制，成功处理肉联厂和羊毛衫厂、东关坡区域软木厂、南关桥食品公司等遗留项目的征收工作，确保项目顺利实施。

【工作措施】 加强领导、严密部署。区委分片区成立十大指挥部，县级领导班子担任指挥长，靠前指挥，帮助、支持重大工程重点项目征收补偿谈判工作。并先后从各部门抽调100余人，参与城棚改工作，任务分解落实，责任到指挥部，责任到工作组，实行“年任务，月分解，周调度，日报告”制度，整合优势资源，攻坚克难，完成重要环节和结点对象的补偿谈判工作。指挥部下设城棚改办公室在房征局，具体负责全区棚户区改造的组织、实施和协调工作，并积极做好棚户区改造工作的调查摸底、项目申报、前期测算、征收安置等相关工作。特别关注低收入群体。对低收入被征收人执行最小产权调换面积和最低补偿金额两个最低保障制度，住宅房屋建筑面积低于45平方米的低收入被征收人，按45平方米实施货币化补偿，选择产权调换面积60平方米以内不补差价，真正改善住房困难家庭的住房条件。科学规划引领，超前谋划棚户区改造项目。城棚改工作在市、区规划的指导下，严格按照区域规划要求，以重大基础设施建设、重大公益性民生项目、土地释放、安置房建设等项目为基础谋划棚户区改造项目，实行集中连片改造，提升城市品质。多渠道筹措资金。一是积极争取国家对棚户区改造的资金支持，协调商业银行贷款资金用于短期周转，财政足额匹配土地出让金等资金投入棚改工作；二是鼓励和吸引社会资金，积极引导和支持有实力、信誉好的房地产开发企业参与棚户区改造，实行部分项目商品化运作。三是积极筹措资金，努力争取国家政策性银行贷款资金。

【工作成效】 2017 年，七星关区城镇棚户区改造目标任务为 27600 户（年初审定的目标任务为 28899 户，后根据市政府 9 月 15 日专题会议（毕府专议〔2017〕171 号）精神，从七星关区任务中调整 1299 户到百里杜鹃风景名胜区实施），需改造房屋 276 万平方米，改造区域涉及城区及城郊“三镇十办”，全部推行货币化安置，需实物安置的部分区域，利用保障房源解决，总投资约 143.78 亿元。在 2016 年成功经验的基础上，进一步完善了七星关区 2017 年城镇棚户区改造工作指挥体系。2017 年，七星关区成立了 11 个棚改指挥部，由县级领导担任指挥长，靠前指挥。在 11 个棚改指挥部设立 15 个一线房屋征收工作组。七星关区 2017 年房屋征收工作实行书记、主任（镇长）领导下的征收工作组负责制，街道和镇抽调人员全部并入征收工作组，统一考核管理，全面推进房屋征收补偿及项目建设工作，房屋征收工作已全面启动。截至 11 月 30 日，共签订房屋征收补偿合同 27817 户，完成目标任务 27600 户的 100.79%，超额完成了 2017 年的目标任务。

（撰稿人：穆元华）

环境保护

【全力推进创模工作】 创模指标共计 26 个大项，截至 12 月 31 日，已达标 24 项，基本达标 2 项。其中基本达标的指标分别是：指标 10（全区域内水质达到相应水体环境功能要求，全区域跨界断面出境水质达到要求）、指标 15（重点工业企业污染物排放稳定达标）。存在的问题正在整改中。七星关区尚未完成的在建重点项目有 4 个：第一污水处理厂升级改造工程、第二污水处理厂中水回用工程、第一垃圾填埋场环境治理工程、第二垃圾填埋场渗滤液处理工程。

【强力开展环境整治】 一是制定实施方案，明确目标要求。下发实施方案，成立领导小组，明确全区环境质量改善攻坚行动的整治重点、整治目标。二是强化攻坚行动，具体抓落实。督促餐饮单位安装油烟净化设施 56 家，整治沿河两岸餐饮业洗涤水倾倒入河 18 家；对关门山隧道周边打碑散户断电 2 家；对机动车维修行业危险废物专项治理的通知 82 家；三是在三板桥办事处、大新桥办事处、鸭池镇划定了腊肉集中熏制点。通过环境质量改善攻坚行动的努力，全区餐饮油烟污染投诉明显下降，矿山扬尘治理有所改善，危废管理逐步规范，全区环境质量总体向好。

【严格把关项目审批】 一是建设项目源头防范，严把建设项目审批关，全年共审批建设项目 305 个，其中编制报告书，项目 15 个，编制报告表项目 105 个，备案登记表 185 个，建设项目“三同时”验收共计 7 个。实地踏勘、现场选址项目 80 余个，否定其中不符合环保相关条件项目 7 个。二是主动服务，继续为园区、恒大集团扶贫工程等项目提供有力服务，促进了项目落地建设和企业发展。督促园区开展规划环评后评价，园区项目环评执行率达到 100%，验收率过半。参与恒大扶贫工程项目选址 30 余次，为扶贫项目提供支持。2017 年以来，实现建设项目网上审批备案，悉心指导业主完成建设项目登记备案、试生产备案以及验收网上备案 200 余项。建设项目环境管理工作得到加强。三是坚决执行“四个一律不批”，对不符合国家产业政策、达不到总量控制指标要求、布局不合理和无成熟可靠治污技术的项目坚决予以否决，坚决制止低水平重复建设，切实管控高污染项目入住。

【积极开展大气污染防治】 严格按照《中华人民共和国大气污染防治法》等法律法规和目标任务要求，认真督促企业落实污染减排项目，推进减排工程顺利实施。与工能局联合下发《关于开展矿山扬尘污染治理工作的通知》（七星环发〔2017〕3号），对城区及周边乡镇的17家砂石采矿企业进行宣传动员，要求各企业务必完善矿区扬尘污染治理设施，确保烟粉尘排放浓度达标，逐步改善七星关区环境空气质量。与街道办组成联合执法小组，对文峰浴室、毕节市人民医院和腾龙凯悦酒店等进行联合执法，采用以奖代补的方式补助资金72余万元，拆除燃煤锅炉35台。截至12月底，中心城区环境空气自动站运行有效天数365天，优良天数351天，优良率达96.2%，AQI指数为3.3。

【大力推进水污染防治】 制定并印发了水污染防治行动计划，将市政府下达的水环境质量目标任务分解到各相关单位，落实责任人，明确年度工作目标与任务。加强水环境质量管理、加快城镇污水处理厂建设、推进污泥资源化和无害化处理处置和淘汰落后产能等方面进行水污染防治工作4月底，完成倒天河水质自动站建设并投入试运行；5月初，协调完成黔西北产业园区污水处理厂建设并投入试运行；协调完成鸭池镇污水处理厂建设。

【强力开展风暴执法】 2017年以来，一是“风暴”行动共出动环境执法人员2221人次，检查企业716家次，下达执法文书193份，责令停产整治21家，停产7家，责令拆除小、散、乱、差企业2家，立案查处57家，罚款金额194.21万元，查封扣押2家，为七星关区生态文明建设提供有力司法保障。二是规范环境信访投诉的接待和处理工作，做到有诉必受、有受必查、有查必果、有果必复。共受理环境信访投诉531件，其中中央环保督察转办96件，查处率为100%，结案率均为100%，有效维护了人民群众的环境权益。

【全力开展环保督察】 一是按照《中共毕节市委办公室 毕节市人民政府办公室关于环境保护工作专项督查情况的通报》（毕办发电〔2017〕11号）、《毕节市七星关区人民政府办公室关于印发毕节市七星关区关于环境保护工作专项督查存在问题的整改方案的通知》（七星府办发〔2017〕42号）要求，建立18个重点环境问题整改台账，实行销号处理，切实抓好整改落实。二是要按照省委环境保护督察组第一批调阅资料清单，收集整理归档相关资料，做好迎接督察的准备工作。三是及时处理96件中央督察组专办案件，做到件件有调查，件件有回复。目前，中央交办96件案件已办完94件，办完率97.91%；18个重点环境问题已完成16个，完成率88.89%；22个中央环保督察反馈问题完成20个，完成率90.91%。

（撰稿人：办公室）

天河风景名胜区管理

【概述】 天河风景名胜区位于七星关城区西北部，与城区相连，为西南—东北走向的带状地域，西起魏家屯，东至沙帽山，南起灵峰山，北至弯腰树村，总面积38.9平方千米。区域内包括纱帽山公园、小河景区、北镇关公园（红军山）、天河古城、虎踞山公园等主题公园（景区）。天河风景名胜区管理处为副县级全额拨款的事业单位，下设党政办公室、景区管理科、规划建设科、风景资源监察大队及沙帽山公园管理所等机构。2017年景区规划和景区建设取得了新进展，景区维护和景区管理进入了新阶段，党建工作和精神文明建设实现了新突破，扎实开展了学习十九大精神和深入学习习近平新时代中国特色社会主义思想教育。

【全力推进景区建设】 一是完成了天河古城仿古风貌改造二期、三期工程建设，十中两座文化廊、景观亭、北镇关牌坊已全面完工。累计完成投资约7500万元；二是完成天河古城东环线安置房AB栋主体工程和内外装饰工程建设，并通过验收。完成投资3521.08万元；三是完成天河古城东环线K0＋040—K1＋

400段道路及桥梁工程，已达到通车条件，二期工程已完成路基工程，累计完成投资8300万元；四是完成北镇关公园一二区和虎踞山公园建设，并对市民开放，完成投资8700万元；五是完成六洞桥至天河公园河道排污沟维修，完成投资110万元；六是完成倒天河周边城市棚户区改造项目前期工作，并进入施工阶段，完成高边坡和深基坑支护工程施工，完成F1－F10号楼主体工程，进入室内外装修，完成2号地下室开挖及基础施工，累计完成投资约14000万元；七是完成黔大东清高速大新桥街道黄家院和大水沟两个安置点前期工作；八是完成北镇关广场景观碑提升工程，即《毕节市饮用水水源地保护条例》纪念工程，完成投资480万。

【加强景区维护和管理】 以沙帽山管理为经验，全面提升景区管理水平。一是加强法律法规和景区管理常识的学习，不断提高服务意识和管理水平；二是加强对景区自然资源管理，禁止在景区内开山采石，砍伐林木，有效保护景区内自然资源；三是制定景区森林防火工作方案与应急预案，实行24小时值班制度，杜绝森林火灾的发生；四是以"五城同创"为抓手，以景区景点环境为专项整治重点，促进景区环境、办公环境的进一步优化。

【不断加强党的建设】 扎实开展"两学一做"学习教育，深入学习中共十九大精神和习近平新时代中国特色社会主义思想，使党建工作落到实处、充满活力、富有成效。一是加强支部建设，严格党的组织生活，丰富"三会一课"内容。2017年来召开了4次党员大会，11次支部委员会，党员集中学习20余次，上党课2次。按时上缴党费；二是落实党风廉政建设责任制，把党风廉政建设作为硬措施、硬任务，常抓不懈，形成反腐倡廉的整体合力；三是认真做好党务政务公开工作，及时更新党务政务公开栏，定期在民生监管平台上传需要进行公开的工程进度报告及通知公告，加强党内监督，自觉接受人民群众监督；四是主要领导亲自前往联系点30余次，督导软弱涣散基层党组织的整改，对大新桥街道办事处大坡村党支部建设提出了建设性的意见和建议；五是选派思想素质高、工作能力强的两位同志前往大新桥街道办事处大坡村以和燕子口镇海子村任第一支书开展干部驻村工作。

【扎实推进其他工作】 一是抓好政法综治工作。以平安建设为主题，结合区委严打活动，积极开展平安创建活动；二是抓好信访维稳工作。落实岗位职责，实行全天开门接访，全年实现0上访目标，维护社会稳定；三是积极为基层群众办好事、办实事。到千溪乡开展调研精准扶贫等相关工作6次，走访慰问群众12次，走访困难群众8次；四是为大新桥街道办事处大坡村解决办公经费7万余元，为燕子口镇海子村解决办公经费6万余元，为千溪乡兴荣村解决办公经费3万余元。

（撰稿：办公室）

城区河道管理

【概述】 在毕节市七星关区区委、区政府的正确领导下，认真学习贯彻中共十八大精神，坚持"以人为本、服务七星关"的理念，提升城市品位，改善投资环境，扎实推进各项工作。倒天河是七星关区的贯城河、母亲河，总长23公里，起点为倒天河水库，终点为化肥厂。其中，天河公园前大门至六洞桥段3.29公里，六洞桥至五龙桥3.1公里，五龙桥至碧阳湖大坝4.35公里，碧阳湖大坝以下12.26公里。建有拦河坝7座、翻板坝3座、道路50余公里、桥梁20座、截污干管14.2公里，景观绿化面积100万余平方米；建成一个蓄水约80万立方米、水面300亩的碧阳湖；建有公厕15座，亭廊12座，休闲广场15个，景观照明设施600余处。倒天河一、二、三期工程是集农业灌溉、城市防洪、污染治理、交通组织、园林绿化、旧城改造和新区开发于一体的利民工程，为打造毕节山水园林宜居城市奠定坚实的基础。

【基础设施建设】 一是天

河公园前大门至六洞桥清淤工程。2017年5月启动天河公园前大门至六洞桥清淤工程，5月31日全部完工，清除淤泥清运淤泥30484立方米，工程资金投入估算300万元。二是维修倒天河二期景观；对腾龙桥至五龙桥7个桥墩桥洞进行改造，改造面积1784.4平方米；在碧阳湖新建一条2.4米宽，长约10米的麻面白石板路；对公园桥至八中段河堤进行维修；更换果皮箱内胆200个；对五龙桥至碧阳湖西岸新建设防腐木坐凳10个；对望城路口亭子旁（烟厂门口）及碧阳湖扇形广场踩踏带进行改造；对五龙桥至碧阳湖市政设施进行全面修缮；碧阳湖扇形广场旁新建梯步和挡墙；安装果皮箱72个、花箱10个。2017年，市政设施维护投入资金23.45万元。

【开展“五城同创”工作】 根据市委、市政府“五城同创”工作要求，结合区委、区政府关于“五城同创”的总体安排部署，加强各项工作的提升，努力完成“五创同创”工作目标。一是狠抓环境卫生保洁和河道打捞工作。加强对五龙桥至碧阳湖沿河两岸的日常清扫保洁、垃圾清收和果皮箱、亭，廊护栏等的抹洗及垃圾清运，2017年，共清扫垃圾及淤泥650吨，保证了河道、沿河两岸的公共设施卫生整洁及河面的长期清洁。加强对所辖区域15所公厕卫生的监督管理，确保辖区公厕每天随时进行冲洗，厕内地面、墙面干净、整洁，无臭味，并安排专职人员作好公厕的维修工作。成立市政设施维护小组，组员9人，主要对沿河设施进行巡视检查，打击破坏市政设施和偷盗照明电缆线的行为，2017年制止破坏行为10次，抓住偷盗电缆者1人，抓住偷（破坏）竹笋者6人次，有效地抑制不法行为的滋生，减少了国家的经济损失。全面检查照明设施，查废补缺。市政设施维护小组不仅要巡查，还要进行维修。2017年，维修损坏庭院灯150余盏，更换节能灯1800余颗，更换灯罩600余个，更换电缆600米。提高亮化水平、提升城市品位。投入资金5.68万元。加强对沿河两岸绿化的日常管护，为沿河两岸约15万平方米的绿化植物松土、除草、浇水、修枝剪叶等日常管护。2017年，由于雨水丰富，植物生长快，修剪枝条4次，剪草4次，9个绿化养护工人加班加点进行修枝、剪草。确保绿化地带的植被整洁美观。及时对园林进行病虫害防治，特别是针对红叶石楠、栾树、含笑、紫薇、合欢、柳树、芽虫、蚧壳虫、天牛等病虫害进行多次、反复防治。园林树木病虫害防治数量累计超过18000株。移栽绿化植物5000余株，新栽金分女贞、金叶女贞、红叶石楠、红继木等30000余株，累计使用6000元的农药，确保绿化地带的植被生机勃勃。投入资金92.35万元。

【开展驻村及精准扶贫工作】 2017年，该单位继续派工作积极的干部负责驻村工作。为有效解决村党建工作存在的实际困难和问题，单位领导干部每季度到村开展党建工作1次，重点慰问特殊困难群体，力所能及地帮助解决实际困难和问题。

2017年，该处的党员干部深入联系的点进行调研，针对群众关心的热点和难点问题进行帮扶，对三板桥办事处灵峰社区6名留守儿童进行物资帮扶，共计1000元，帮助三板桥灵峰社区解决办公经费5000元，投资13万元帮助三板桥灵峰社区联合组、堰塘组修建通组公路，投资10万元帮助大新桥街道办事处魏家屯社区更换自来水水管。2017年帮扶资金合计23.6万元。

【党风廉政建设】 （一）始终坚持民主集中制原则。以党性原则为目标，对党、对事业、对同志高度负责，注重把握原则性和灵活性的关系，原则性的问题不动摇、不破坏。始终按照“集体领导、民主集中、个别酝酿、会议决定”的原则讨论决定重大事项，提高党风廉政建设水平。（二）坚持严格自律，勤政廉政。该单位严格执行领导干部廉洁从政的各项规定，深入贯彻落实《中国共产党纪律处分条例》《中国共产党廉洁自律准则》《中国共产党问责条例》，切实加强反腐倡廉教育。2017年以来，为切实加强反腐倡廉建设，全面推进党风廉政建设责任制的进一步落实，处长与副处长，副处长与各股室责任人，各股室责任人与工作人员层层签订了2017年度党风廉政建设目标责任书，并对党风廉政建设责任进行了分解，形成了齐抓共管、层层抓党风廉政建设的工作局面，按照《中国共产党纪律处分条例》《中国共产党廉洁自律准则》规定及其他法律法规要求，组织全体干部职工签定关于领导干部廉洁过节承诺书，召开党风廉政建设会议5次，组织党员干部进行自查自纠3次，召开警示教育专题会4次，参观警示教育基地2次，使全体干部职工从自身思想灵魂深处进行剖析和反省，2017年以来，领导班子成员和干部职工无违反廉洁自律的事件发生。(三）定期开展民主生活会。支部组织每季度召开一次民主生活会，该处六名党员进行自评，根据自己自评的情况，采取自上而下，自下而上的互评，互评结束后，进行民主测评，汇总测评情况，没有不合格党员。在评议中党支部严格按照《民主评议党员制度》规定的程序，在个人自评的基础上，党员着重以加强作风建设为重点，围绕改进工作作风，提高工作效率，增强为基层服务的意识开展评议。通过民主生活会，全处党员增强了党性锻炼，切实从思想上、组织上、作风上加强建设，增强了党支部的战斗力和凝聚力。（四）整治滥办酒席。为认真贯彻落实中央八项规定、省委十项规定和市委关于改进作风相关规定，该处积极成立了以党支部书记为组长的领导小组，制定了《七星关区城区河道管理处关于治理城乡滥办酒席实施意见》（七星河管发〔2017〕7号），并要求单位全体干部职工签定《严禁滥办大办酒席承诺书》。通过专项治理，坚定遏制各类巧立名目滥办酒席借机敛财的不良风气，切实维护群众利益，着力培育崇尚文明、厉行节约的社会新风，有力推进我处党风、政风、民风建设，大力营造风清气正的良好社会环境，推进全处经济社会科学发展。

【加强同心城市公园保安巡查管护市场化运营工作】 2017年9月12日，贵州振宇保安服务有限公司入驻同心城市公园，对同心城市公园管护进行市场化管理，自移交以来，同心城市公园（五龙桥—碧阳湖段）景观绿化区域内照明、环卫、园林绿化、建筑等公共设施日常巡查管理有序、高效开展，在管护工作效率、水平得到很大提高的同时，优化了管理结构，提升了管理档次，为政府节约了大量的人力、物力。使同心城市公园所辖区域景观质量得到提升、公共秩序良好、公共环境自然和谐。

（撰稿人：吴丽娥）

交通　通信　贸易

交通运输

【概述】　七星关区管辖农村公路3456公里，其中新增国道28.9公里，新增省道192.2公里，县道659.3公里，乡道955.3公里，村道1620.3公里；农村公路桥梁108座，其中大桥2座，中桥58座，小桥48座。全区42个乡镇街道560个建制村，100%乡镇街道通油路，100%建制村通油路（水泥路），建制村通客运车辆率达100%。

【公路建设】　一是国省道提级改造。246国道草堤路口至总溪河段，完成投资1.5亿元，占总投资额28%；246国道大箐至二龙关段，完成拌和站、加工棚及桥梁和道路施工便道等；106省道花牌坊至燕子口段，完成投资1.04亿元，占总投资20%，燕子口至赤水河段，完成投资0.84亿元，占总投资17%；306省道吉场至海子街段，完成投资0.8亿元，占总投资25%；完成306省道普宜至吉场段、卧牛河至普宜段及215省道林口至红卫桥段初步设计。二是县乡道改造。完成杨家湾至放珠、大银至仁和、椅子房至团结、猫场至阴底35.4公里县乡道改造，完成大银至月亮山5.4公里旅游公路建设，启动对坡至林口25.2公里县乡道改造前期工作。三是县乡干线公路。与中交广航局签订青场至大河、草堤至千溪、放牛场至层台、大新桥至何官屯、大屯至田坎、大新桥至小河、播扎至中寨、燕子口至核桃8条101.7公里二级公路建设投资框架协议，拟按PPP模式组织实施，有序推进前期工作；完成赤水河环线公路建设可研、环评、初步设计批复及EPC招标工作。四是县乡干线公路连接线。启动放珠至大河、清丰至阴底、杨家湾至阴底、千溪至路朗、关口至水箐、水箐至野角、对坡至层台、亮岩至层台、清水至普宜9条180公里三级公路前期准备工作。五是区自筹资金实施通村通组路和省计划“组组通”公路。完成省计划“组组通”公路建设147.797公里；按照“应修尽修”的原则，有效弥补通村油路（水泥路）和“组组通”公路建设“短板”，区自筹资金实施通村路1262.53公里、通组路905.38公里，其中通村路路基完成1205.6公里，路面完成703.89公里，完成形象进度70%；通组路路基完成764.01公里，路面完成577.78公里，完成形象进度70.28%。

【公路管养】　2017年投入农村公路养护资金765万元，完成省下达桥梁建设投入资金264万元，完成市区下达危桥改造投入资金297.96万元，安保工程投入资金1126万元，灾害恢复重建工程投入资金1300万元。完成翁家桥（赖子岩洞桥）、新桥、楠木林桥、昌营桥危桥改造工程；完成花厂至田坝、林口至杨柳湾（青场至何官屯）、大屯至鱼塘河、生机至层台安保工程；完成215省道清水铺至安龙毕节至对坡段、对坡至林口段灾毁恢复重建项目。加强农村公路路政管理力度，2017年累计上路巡查210天1050余人次，纠正各类路政管理违法违章行为336件，制止公路两侧建筑控制区内新建建筑17处，拆除3处，查处非法道口或不规范达接公路156处，侵占路权、损坏路产违法、违规案件查处办结率达100%，查处超限运输车辆1025台，切实巩固公路无“三乱”治理成果，恶性超限运输控制在2%以内，有效加大了农村公路养护与路政管理工作。

【道路运输】 坚持行政执法和行业管理相结合、同步加强、同步提高的原则，通过实行规范化、精细化管理，加大农村客运市场管理及投入力度，加大联合执法力度等措施，严厉打击“非法营运”和交通运输市场欺行霸市行为，大力整治交通运输市场秩序，道路运输市场逐步规范；2017年实施乡镇客运站18个，新增农村客运班线165条，客运车辆374辆6902座，共检查车辆7.15万辆，查处各类道路运输违法经营行为57起，查处道路运输非法营运581起，积极维护了全区正常的道路运输秩序。

【城市客运】 新增开通公交线路3条，全区（含金海湖新区）公交线路19条，公交线路全面覆盖新建城区，新增出租汽车24辆，全区出租汽车数增加到881辆，通过新增城市公共交通运力，进一步满足市民乘车需求，逐步改善城市公共交通运输服务。强化城市公共客运交通专项整治工作，进一步规范市场经营行为，2017年共计出动执法人员480余人次，160余车次，检查车辆4000余辆，治理不打表、无从业人员资格人员170起，处理出租汽车营运投诉180余起；配合区联合执法大队积极开展打击城区非法营运工作，共计出动执法人员800余人次，查扣非法营运车辆378辆，切实维护了合法经营者的权益和城市公共客运交通运营秩序。

【水上交通】 2017年开展水上交通安全现场检查21次，检查渡口79道次，出动海事人员43人次，检查中发现渡口船舶船体锈蚀渗漏、渡工管理不善造成救生衣不齐等安全隐患，积极争取资金更新船舶3艘，为各道渡口配备救生衣20余件，发放宣传手册、乘船安全防范知识等80余份，建设完成人行渡改桥1座，和四川叙永县共建渡改桥2座（其中1座已完成，1座完成80%），切实消除水上交通安全隐患。

（撰稿人：赵晓军）

邮　政

【概述】 2017年，中国电信毕节分公司紧紧围绕全市经济工作部署和省电信公司的工作安排，以党建统领生产经营，以服务试验区决战贫困提速赶超同步小康的战略部署为重要目标，认真履行电信基础服务职能，助力扶贫攻坚，全面实施“提速降费”，开展天翼惠民活动，持续提升用户服务满意度；大力建设4G网络、全面提升光宽带覆盖率，奠基本地“大数据”“互联网+”服务；实施政府普遍服务，着力解决农村上网问题。

【强化党建统领作用，指引企业健康经营】 中国电信毕节分公司认真落实全面从严治党的主体责任和监督责任。党委书记与部门负责人、县（区）公司一把手签订党风廉政建设责任书，层层落实“两个责任”；完善年度党建工作考核，将党建工作纳入党委会议议程，安排部署党风廉政建设工作；深入推进“两学一做”，让“两学一做”在支部形成常态；全面接受中国电信集团公司延伸巡视和中国电信贵州公司巡察，逐条梳理制定整改措施并落实，建立健全管理体系。

中国电信毕节分公司认真学习贯彻中共十八届六中全会及中共十九大会议精神。通过党委中心组的专题研讨会，把从严治党的精神融入到生产经营中；强化中共十九大精神“大学习”“大宣传”“大落实”，深入推进反腐倡廉宣传教育，深入学习《中国共产党廉洁自律准则》《中国共产党纪律处分条例》《中国共产党党内监督条例》，增强领导干部廉洁从业和风险防范意识。

【加大网络建设投入，提升网络服务能力】 中国电信毕节分公司实施“小康讯”成果巩固计划，进一步优化升级农村网络，实现4G网络、光纤网络基本覆盖所有行政村。推进“宽带乡村”建设，加快村村通光纤、村村通4G网建设。截至2017年12月，城市光宽覆盖率达98%以上，行政村通光纤比例达到75%。启动政府普遍服务项目，完成未通宽带网络的723个行政村光纤建设。农村宽带接入能力普遍达到20Mbps以上，半数以上农村家庭带宽实现100Mbps以上，同时为农村地区提供优质高效的ITV业务。启动800兆频段的4G网建设，以广覆盖、接入性能好的4G网络，实现高速公路、高速铁路、城市快速道沿线，农村区域的移动网络信号全覆盖。截至2017年12月，完成111个行政村800兆4G基站的建设，共建成1087个800兆4G基站。

【实施精准扶贫，积极参与脱贫攻坚】 承接市委、市政府工作部署，组织结对帮扶和攻坚扶贫工作，主动承担社会责任。向定点结对帮扶村大方县果瓦乡五星村拨付3万元款项作为通组公路启动资金，开展员工捐赠衣物320件，向36户贫困户赠送65部天翼手机，为40名贫困村民向农村合作医疗机构缴纳每人120元的新农合费用，合计扶贫金额8.73万元。同时派驻村干部张青山到村开展扶贫工作，驻村期间被大方县评为优秀驻村干部。从织金电信公司抽调人员下沉到织金县黑土镇联合村任该村第一书记，开展扶贫攻坚工作，在该村新建3公里光缆线路，开通了4G移动网络，解决该村通信难题。从纳雍电信公司抽调人员到乐治镇蚕箐村驻村开展扶贫工作。2017年，分别向赫章县安乐溪乡碗厂村、乐治镇蚕箐村拨付1万元活动经费，向金沙县沙土镇新光村支付1万元活动经费，用于村里组织扶贫工作。投入资金59130元，为赫章县安乐溪乡碗厂村653名贫困群众购买90元/人的人身意外伤害保险，解决贫困人员因受到意外伤害时能及时得到救助。在七星关杨家湾帮扶中，新建3.75KM光缆进七星关杨家湾大埂子村，解决该村上网需求；投资14万余元，在大埂子村小学旁，新建抱杆等基础设施三套，新建光缆3.7KM，开通了一个C+F基站，解决该村及周边村落3G和4G信号覆盖，满足村民通话和移动上网需求。在松山村，布放4.1KM光缆，安装EPON设备，解决该村有线上网需要，共计投资9.6万元。在威宁石门乡启动移动网络覆盖工程，新建设11个CDMA室外基站，新建光缆杆路7.58公里，共敷设12芯光缆85公里。共投资458万元。新建设15个4G基站，共敷设12芯光缆65公里。共投资373万元。

【强化网络安全运行，完成重要通信保障任务】 2017年，中国电信毕节分公司实施各类通信保障20次，参加保障单位17个（包括省电信公司应急通信局、无线通信传输分局），出动保障车辆231辆，承接并完成3月28日杜鹃花节、6月7日至8日全国高考、8月28日纳雍张家湾普洒村重大地质灾害、9月18日至20日织金世界地质大会和“十九大”期间的重要通信保障。同时加强网络信息安全监控、管理和及时处置，配合政府严打通信诈骗，为网络信息营造安全、健康环境履行责任。

【助力大数据精准关爱留守儿童】 积极配合民政部门做实关爱留守儿童工作。通过对全市各乡镇行政村网络信号情况、GPS定位情况以及儿童腕表使用需求等多方面进行调研，提出“儿童腕表定位平台”整套解决方案。在政府部门健全关爱帮扶机制的支撑下，通过乡镇干部和教师对留守儿童的结对帮扶，督促引导留守儿童（困境儿童）父母、帮扶责任人和受委托监护人加强与儿童日常通话联系，增进感情交流，及时发现和消除儿童心理行为风险隐患，发挥关爱保护作用。

【坚决执行国家政策，提速降费惠民】 一是持续推进企业转型，坚决执行国家提速降费政策，9月1日起取消全国漫游费。截至2017年12月，服务用户到达80余万户，其中4G用户占比到达83%，手机户均流量从2016年754兆提升至1900兆；光纤到户用户占比82%，有线宽带用户户均费用由2016年50元降低至

40元，平均带宽从2016年26兆提升至43兆。

【多举措开展服务工作，持续提升服务能力和客户感知】 一是强化互联网化服务能力，组织开展微信公众号绑定劳动竞赛，开展TOP厅、装维触点引流推广。微信公众号绑定用户数从年初的1.6万户上升到9.8万户。二是通过行风纠风工作、热点问题专题沟通会等开展，分析服务短板，制定提升举措，解决客户问题和提升客户感知。三是开展总经理接待日、星级客户观影活动和政企客户健步行活动活动，促进客户维系和业务发展，树立电信形象。四是强化服务检查、通报和考核力度，提升县区公司的服务意识。下发问题导向督办整改工作单和考核通报，严格落实考核。五是积极参与省电信公司组织的“精细服务、我最优”服务技能大赛，提升团队服务能力。中国电信毕节分公司最终获得团体三等奖，一个团队二等奖，一个团队三等奖，三个个人奖项的优异成绩。

【持续推进划小承包，搭建倒三角支撑体系】 2017年，中国电信毕节分公司按毕节市委市政府、上级公司深化改革的相关要求，全面实施经营单元划小承包。城市以街道和区域划小为多个城市支局，农村以乡镇区域为标准划定多个农村支局，营业厅以厅的级别划定多个营业厅，开展员工脱产承包经营，充分发挥其主人翁精神，释放企业活力，促进企业效益提升和客户服务提质。在公司内部，建立小CEO反应问题的响应与督办机制，开展倒三角支撑逆向考核正向激励及倒三角支撑竞赛活动，形成“一线围绕客户转、部门围绕一线转”的意识、氛围和机制，实现支撑有效、基层满意、业绩提升。

（撰稿人：办公室）

移 动

【概述】 在全面落实“十三五”规划的关键一年，中国移动毕节分公司以实施“大连接”战略为主线，围绕“网络要抓实、市场要求变、服务要做精”的工作思路，从全面从严治党着手，狠抓作风建设，提升运营基础管理，夯实网络基础，深化市场发展，拓展行业连接，全面推进公司转型升级和持续健康发展，倾力打造企业核心竞争力，积极助力毕节市经济发展。

【完善基础网络建设，助力地方经济发展】 2017年，毕节移动共计投入4.3亿元用于通信基础建设，建设基站2900余个，新增4G站点1984个，4G基站达8777个，较2016年增长29%。对已建高速公路、重点工程项目、旅游景点重点实施移动信号覆盖工作。毕节境内已经建设的9条高速公路（厦蓉、杭瑞、黔大、贵黔、白黔、息黔、黔织、毕威、毕镇）实现了2G和4G信号全程覆盖。为助力农村信息脱贫，毕节移动投入9300余万元用于电信普通服务项目，启动1338个行政村的有线宽带建设工作，项目完工后，可实现毕节市全部行政村100%完成有线宽带覆盖，且宽带速率高于12兆，覆盖用户数95381户，将信息化脱困帮贫落到实处。根据市委、市政府的安排，毕节移动公司定点扶贫工作共涉及纳雍、威宁、赫章3个县共18个乡镇。截至2017年年底，共在上述18个乡镇建成2G基站220个、4G基站265个，共覆盖行政村287个，其中贫困村237个、覆盖贫困人口12.3万人，较好的解决了贫困乡镇基础通信及一村一品电商发展等问题，为地方的扶贫攻坚增加了助燃剂。

【推进提速降费政策，惠及广大民众】 为落实国家“提速降费”的总体要求，在集团公司和贵州省移动公司统一指导与部署下，结合本地情况，以市场需求为导向，切实执行不打折，塑造口碑促发展，为客户提供实际优惠，履行社会责任。于2017年10月1日起取消移动手机国内长途和国内漫游收费。2017年5月1日起，对业务量大、社会关注度高的部分方向IDD国际长途资费进行大幅下调。自2017年3月1日起，全面下调“一带一路”方向国际漫游资费。并推出“速率倍增行动”大幅下调互联网专线资费、服务小微企业的特惠项目、系列流量优惠资费及优惠活动。

【专注客户感知提升，全面提升服务水平】 始终秉承“客户为根，服务为本”服务理念，围绕“为民服务创先争优”服务主题，坚持把客户是否满意放在服务与经营工作的首位。在服务工作中，将重点放在用户关注的资费问题上，倾力打造“透明消费”模式，让客户明明白白消费，清清楚楚花钱，站在客户角度第一时间主动为客户解决费用疑惑问题。重拳出击治理电信网络诈骗，2017年配合公安破获一起伪基站信息诈骗，配合完成“2017年全国两会”“315晚会”“贵州省第十二次党代会”“一带一路高峰会”“大数据产业博览会”、及“十九大”期间信息安全保障工作，会议期间未出现重大信息安全事件，为客户营造安全通信环境。从2011年至2017年，客户满意度连续七年保持贵州省第一，持续保持行业领先地位。

【聚焦重点行业应用，推进地方信息化建设】 为助力毕节市党政信息化建设工作，提升政务电子化办公应用水平，2017年毕节移动新投入系统运行维护专项资金158万，增加了系统并发数量及手机客户端授权数量，为保证系统安全、稳定运行打下了坚实基础；毕节市政府协同办公平台累计接入县处级单位170家，全员接入单位59家，接入人数14913人，移动客户端使用人数3705人。积极响应国家教育信息化“三通两平台”建设，全面加强校园宽带专线建设；截至12月，“宽带网络校校通”共计覆盖1319余所学校及教管中心，和校园业务进入478所学校，覆盖20万家长学生，搭建教育管理公共服务平台及教育资源公共服务平台，积极推进毕节市教育信息化的接入工作，目前全市签订教育资源管理平台合作协议的学校有606家，覆盖教师11276名。

【增强应急保障能力，及时响应突发事件的通信保障】 建立完善“红、橙、黄、蓝四级应急指挥预案”，成立应急通信保障队伍，备齐应急通信车、应急电源车，满足各类大型的公益活动及突发性事件的应急通信保障，为政府管理公共事务、指挥调度突发事件提供了有力的保障。2017年共计出动应急车60余次，各种保障车辆超200车次，保障人员950余次。圆满完成百里杜娟花节、纳雍樱桃节、织金洞世界地质大会、长春堡区政府应急演练、纳雍县张家湾山体滑坡、毕节支援黔南平塘旅发大会、毕节支援黔南三都成立60周年庆等60余次大型活动及突发性事件的应急通信保障工作。

【履行企业社会责任，服务地方经济社会发展】 牢固树立大局意识、责任意识，在推动自身发展的同时，主动履行社会责任，为地方经济发展、民生改善作出积极贡献。从2006年至2017年，毕节移动社会渠道合作商户从不足300家发展至1900余家，创造和提供就业岗位从300多个提升至5000多个，2017年为地方财政贡献税费3.79亿元；积极响应政府号召，关爱留守儿童，利用信息化手段及大数据应用分析，积极协助政府和公安部门开展阳光儿童安全监管扶贫项目，健全留守儿童“家庭、政府、学校、监护人、帮扶人”的全面防控网络。为全市小学阶段的6.5万名农村留守儿童学生免费配发安全电话手表，实现亲情通话、紧急求救、安全围栏、定位查询、轨迹回放、上课隐身等功能，方便家长及帮扶责任人随时与留守儿童的情感沟通交流，解决留守儿童安全问题；组织青年志愿者开展了学雷锋义务植树劳动、尊老敬老、帮困助贫、关爱农民工子女等形式多样的志愿者活动62次，参与人次达807人。

【深化党建和党风廉政建设，筑建和谐发展氛围】 全面加强党的建设。一是坚持以“四个意识”为统领，严格执行民主集中制，保证党的路线方针政策和重大决策决议得到贯彻执行；二是坚持党委中心组学习制度，全年召开7次中心组学习（扩大）会议；三是扎实推进“两学一做”学习教育常态化制度化工作，制定了党委、党员领导干部、党支部、党员的任务清单，坚持问题导向，深入查找和解决突出问题；四是严肃党内政治生活，成功召开“两学一做”专题民主生活会、组织生活会；五是党委班子领导深入基层，到党建联系点开展调研21次、上党课4次；六是贯彻执行谈心谈话、民主评议党员、领导干部讲党课等党的组织制度；七是继续加强精神文明建设工作，2017年毕节分公司“全国文明单位”和各县公司省级“文明单位”称号经社会主议精神文明办公室复核，荣誉得到保持；八是认真学习宣贯中共十九大精神，通过宣传栏和海报的方式、组织党委中心组学习、党课、支部党员大会、主题党日、手抄党章100天、网上答题等活动，更好地学习领悟中共十九大精神为生产经营指明了方向，增加了团队凝聚力；九是群团工作得到肯定，公司团委获2016年度“毕节市直优秀团组织”称号、省人社厅和团省委共同颁发的2016年度“五四红旗团委”称号（移动系统内唯一一家）。

全面强化党风廉政建设。一是强化责任担当、严格责任追究。推动“两个责任”有效落实，召开了3次党委会议、3次纪委会议专题研究党风廉政建设和反腐败工作，紧紧牵住“牛鼻子”。逐级签订全面从严治党主体责任书22份、党风廉政建设主体责任书22份、监督责任书14份；二是围绕尊崇党章党规党纪持续正风肃纪。坚持紧盯关键节日点经常抓、抓经常；坚持“四个一律”，对查实问题一律从重处理，违规费用一律如数退赔，典型问题一律点名通报，失职失责一律从严问责；坚持源头管控，充分利用员工大会、公开栏、数字党建等平台推进公开工作，切实发挥民主监督作用。三是做深做实做细嵌入式廉洁风险防控机制建设。为构建教育、防控、惩治、问责一体化反腐倡廉工作体系的关键环节和全面风险管理体系奠定了坚实基础。四是扎实开展反腐倡廉教育工作。发放辅导书籍85册，开展各类教育学习20余次，经理人员和员工覆盖率达100%。五是认真践行“四种形态”，公司党委、纪委开展约谈156人次，各单位开展集体提醒谈话376人次。

（撰稿人：苟艾华）

联　通

【概述】　2017年，毕节联通紧扣试验区“三大主题”以及“闯出新路子、探索新经验”的“两新”使命，围绕打赢“113攻坚战”，面对电信业创新转型和深入推进信息化与工业化融合、地方经济社会发展带来的新机遇和新挑战，落实“抓党建、促发展、控成本、转机制”总体工作要求，围绕“有质量的收入快速增长、可持续的效益有所改善、一线绩优员工待遇继续增长”三大目标，强化客户、效益、行动观念，落实抢抓新机遇、做大新优势、开创新速度的工作思路，经营发展实现较快增长，转型发展初见成效。全年超额完成经营目标，同比增幅全省第一位，收入规模全省第三位，实现进位升级。

【抓党建，重树企业文化】　坚持党委领导，逐级抓实主体责任；全面落实巡视整改“回头看”工作，完成国企党建30项任务；严格执行“三重一大”决策制度，集体研究党建及党风廉政建设、选人用人等重大事项。坚持党建统领，促进公司改革发展；推进“两学一做”学习教育常态化；开展“万名干部大讲习，十九大精神进基层”学习宣讲、全员全覆盖；开展党员“两优一先”评选和“聚力深耕、团队共进”“践文化、提口碑”党建主题活动；开展新企业文化宣讲，围绕“三个一切”服务理念和“倒三角”支撑，开展集中学习、演讲比赛、歌咏比赛系列活动，不断推进新企业文化建设，凝聚推进企业发展的强大正能量。加强党风廉政建设。强化廉洁从业警示教育，强化规矩和纪律意识；深入开展廉洁风险防控，围绕59个风险点制定防控措施178项。

【强网络，提升支撑能力】　2017年，毕节联通完成固定资产投资2亿元，坚持工匠精神打造4G匠心网络，新建4G基站786个，4G网络覆盖范围和网速都得到大大提升。目前，毕节联通4G+网络下行峰值速率已全部达到300Mbps，局部热点提升至525Mbps。新增宽带端口1.6万个、出口带宽达300G，宽带实现全网支持100兆、城区200兆接入。随着网络能力不断增强，为地方经济和信息化建设、各类重大活动、应急通信提供了强有力的支撑保障。

【抓服务，改善用户感知】 2017年，毕节联通狠抓行风纠风，推进服务攻坚，加强服务监督切实维护客户合法权益，提升服务质量和客户口碑。全年投诉处理满意率、客户口碑（NPS）均得到提升。

【夯基础，提升管理水平】 2017年，毕节联通推进规章制度、权力清单管理平台建设。贯彻落实《中国联通关于认真贯彻落实中央八项规定精神坚决纠正“四风”问题的若干规定》精神，建立廉洁风险防控机制，落实计划建设内部控制、信息化内部控制、综合内部控制、经营风险防控、物资采购风险防控、财务风险防控，有效规避经营风险；扎实做好安全生产、维稳和保密工作；强化实名制管控，开展实名制专项治理；强化应急通信保障，顺利完成“十九大”等20余次重保任务。

【转机制，激发内生动力】 2017年，毕节联通稳步推进混改工作。扎实做好瘦身健体，精简市级管理机构2个，精简管理人员34.2%；推进全生产场景划小改革，落实效益分享，让员工共享公司改革发展红利，有效激发队伍活力。

【降资费，践行改善民生】 2017年，毕节联通积极响应国家“稳增长、促改革、调结构、惠民生”政策，通过提速降费举措，让广大消费者在通信消费方面具有获得感。全面取消所有新老用户手机国内长途、漫游费，惠及用户近百万人；同时强化创新与合作力度，推出“建设双千兆网络、助推中小企业双创发展、降低国际长途直拨资费、降低国际漫游数据流量费、推出固移融合全无限产品、推出畅视计划”六项具体举措，提升用户感知。

【履责任，参与驻村帮扶】 2017年，毕节联通在发展的同时，履行企业责任，积极参与地方共建帮扶活动。响应精准扶贫、驻村帮扶要求，派驻1名干部到“金海湖梨树镇新树村”驻村帮扶，圆满完成各项驻村帮扶任务。

（撰稿人：办公室）

供销合作

【概述】 2017年，区供销社系统干部职工在区委、区政府的领导下，在市供销社的业务指导下，认真贯彻落实市、区农村经济工作会议精神，深入学习贯彻中发〔2015〕11号、黔党发〔2016〕5号、市党发〔2016〕12号文件精神，始终秉承为“三农”服务的思想，努力抓好以化肥为主的春耕生产农业生产资料供应工作；商品购、销总值、总营业额以及化肥购、销情况较为理想，各项工作正按照年初制定的目标任务有序推进，成效明显。

【主要经济指标】 截至12月底止，全系统商品购进完成总额167136万元，完成销售总额168740万元，完成销售各类化肥73000吨，全系统利润汇总盈利6000万元。

【充分发挥供销社农资供应主渠道作用】 为确保春耕农业生产用肥需要，供销系统农资公司在化肥销售淡季积极筹措资金，落实购销合同，组织调运优质化肥入库，已完成2016年度6000吨的化肥淡季储备任务；一是充分发挥524个村级综合服务站、25个庄稼医院、6个农资店销售网络优势，积极开展农资配送，截至目前，已配送优质化肥2600余吨，使农民足不出村就能买到由区农资公司统一配送的化肥；二是积极开展惠民利民活动，在3月27日和4月19日这两天，在区社党组的安排指导下，分别在海子街、碧海街道办和撒拉溪等乡镇，利用赶集天开展送化肥下乡活动，在化肥储备中拿出100吨尿素，其中6吨无偿提供给精准扶贫户每户一包尿素，由当地扶贫办提供精准扶贫户名单（海子街镇60包、碧海街道办40包、撒拉溪镇50包），其余的按每包低于市场价格15元让利给农户，一方面平抑了化肥市场价格，另一方面保障了春耕生产。

【加强系统内农资市场监管】 2017年3月20日至31日期间，区供销社按照《全国2017年农资打假专项治理工作会议》的精神，组织相关人员和区农资公司对系统内销售化肥、农药、种子的网点进行了排查，经过认真仔细地排查和检查，我社系统内建设的庄稼医院、村级综合服务站和农资经营网点未发现销售假冒伪劣农资的现象。我社对18个农村商品零售超市，两个城镇大中型超市和三个农贸市场和524个村级综合服务站进行抽查的情况来看，目前，我社系统网点未发现有乱涨价和行业不正当竞争的现象，全区粮油、食品、蔬菜的物价稳定得到了保障。

【扎实抓好“三位一体”新型基层社建设】 2017年区供销社新组建“三位一体”新型供销合作社6个，在区联社的业务指导下，以直属公司、基层社实际控股的社员股金服务部（社）为主体，各领办或创办一个农民专业合作社，恢复新建一个基层供销合作社，建立健全相关合作《章程》，严格执行“三会”制度，使供销合作社、农民专业合作社、社员股金服务社融合发展，建设打造供销合作+生产合作+信用合作“三位一体”新型供销合作经济组织，共同推动农民社员脱贫致富的良好局面。有任务的6家基层单位对如期完成该项工作在业务上和区联社进行了对接，在6月中旬完成农民专业合作社和基层供销社的创建工作，现该项工作正有序推进，争取在10月底全面打造完成“三位一体”新型供销合作社的建设任务。

【推进基层供销社改革发展 加大为农服务力度】 一是新建3个庄稼医院的任务已基本完成，根据定人、定岗、定责的有关要求，严格按照省社下达的标准组织实施，并完善庄稼医院的药（商）品分类，明码标价。二是引领和创办的7个农民专业合作社项目已经确定，年内将实施完成。

【稳步发展社员股金服务业务 积极参与农村合作金融服务】 根据《中共中央·国务院关于深化供销合作社改革的决定》（中发〔2015〕11号文件）、《中共贵州省委贵州省人民政府关于深化供销合作社综合改革的实施意见》（黔党发〔2016〕5号文件）、《中共毕节市委毕节市人民政府关于切实做好供销合作社综合改革的实施意见》毕党发〔2016〕12号以及《贵州省促进供销合作社发展条例》的有关文件精神和政策，一是坚持按照“社员制、封闭性、不对外吸储放贷、不支付固定回报、运行规范和风险可控的原则，积极稳妥发展社员股金服务社。二是通过吸纳社员股金、调剂资金，帮助社员解决因发展生产与资金短缺的矛盾。三是以社员股金服务社为支撑，着力构建三位一体新型供销合作社。

【认真开展机关干部纪律作风大整顿行动】 按照区两办《关于开展干部纪律作风大整顿行动方案》的要求，结合供销社实际，拟订了《区供销社关于开展干部纪律作风大整顿行动方案》，按照行动方案的有关要求、有步骤地开展工作。一是认真按照重点整治“四个方面”的内容组织机关干部职工查摆问题，形成问题清单台账，制定整改措施，完善相关制度，对2名不遵守考勤纪律的干部职工，进行了常态化约谈。二是紧跟区两办行动方案的时间步凑，有计划地开展干部纪律作风大整顿工作。

【积极开展“机关干部下基层”活动】 组织机关干部职工和部分基层单位党员，深入联系点撒拉溪镇冲锋村、双龙村和水侵沟村走访看望了30户贫困户，为他们送去了大米、油、化肥等生活物资，同时向当地村组干部和党员群众宣讲十九大精神，提供政策法律咨询服务和业务技能指导，通过结对帮扶深入群众，了解群众疾苦，进一步密切干群关系，让群众切实感受到党员干部的爱心。

【认真落实党风廉政建设责任制】 在强化“四个意识”和落实“两个责任”方面，结合工作实际，一是制定了《2017年党风廉政建设和反腐败工作要点》，分解了目标责任，层层签订了2017年党风廉政建设责任书，始终把党风廉政建设列入工作重要议事日程，把党风廉政建设和反腐败工作任务分解到班子每位成员，做到责任主体明确、责任范围明确、责任内容明确，形成“一把手”负总责的主体责任，领导班子其他成员对职责范围内的党风廉政建设负直接领导责任的责任体系。二是坚持加强思想道德与制度建设相结合、廉政建设与勤政建设相结合、加强对党员干部的监督与发挥干部主观能动性相结合，把反腐倡廉建设放在更加突出的位置，更加坚决地惩治腐败，更加有效地预防腐败。三是是狠抓干部作风纪律建设，建立健全相关制度。我社始终严格贯彻落实中央“八项规定”和省委、市委、区委“十项规定”，党组按照“踏石留印、抓铁有痕”的要求，加大“四风”突出问题专项整治和监督检查力度；坚决纠正形式主义、官僚主义、自由主义等不良风气，严格执行勤俭节约、反对铺张浪费的有关规定；严厉整治公款大吃大喝、公款旅游等行为；不断完善上下班考勤管理，公务用车管理，财经纪律管理、项目资金使用管理等制度，逐步形成制度管人的良好工作氛围。

（撰稿人：办公室）

烟草专卖

【烤烟生产收购取得新突破】 2017年，七星关区种植烤烟4.3万亩，占计划面积的100%，涉及23个镇（乡）149个村406个组2507户烟农；收购购烟叶8.83万担，完成计划82.18%，担烟均价1175元，排全市第四；上等烟比例55.05%，排全市第4。收购过程中，一是坚持以市场需求为导向，抓好烟叶质量管理；坚持收购标准不变、收购眼光平稳。二是坚持公平公正收购，保障烟农合法利益。三是做到应收尽收，坚持高纯度，低眼光，确保烟农满意，没有发生因收购不满意上访等不稳定事件。四是加强“十个一”服务，让一顿简餐、一杯热水、一块毛巾得以真正落实，切实服务好烟农。

在2017年烤烟生产中，七星关区取得了四个突破：一是烟区布局突破。将生态优越、集中连片、品质优良、设施配套的区域划为重点烟区，打造千亩村5个、万担乡2个，全区50亩以上的连片地占90%以上，100亩以上的连片地占总面积的80%以上，烟地连片规模较往年明显提升。二是品种纯化突破。全区统一种植云烟87品种，不讲条件、不打折扣，全面实行一刀切。三是绿色种植突破。全面推广控氮增密技术，采用测土配方施肥技术、水肥一体化技术和土壤保育技术，减少化肥投入。四是标准落地突破。严格按照控氮增密要求，全区种植达1246株/亩，专业化烘烤落实91%，上部适宜烟叶一次性砍烤100%。

【专卖管理与卷烟销售实现新成效】 2017年，借助专销融合契机，区烟草局充分发挥了稽查“推土机”作用。全区共查获各类案件101起，其中5万元以上大要案件16起、双30案件1起，查获价值292.29万元的卷烟174.23万支（其中假烟96.69万支）、78.35万元的烟叶23.1吨，“12·02”案件获批为国标网络案件1个，“12·27”案件有望成为国标案件，案件办理中刑事拘留1人、逮捕3人，打假打私工作目标完成较好，年度工作名列全市第一；辖区累计销售卷烟46574.31箱，同比增加364.3868箱，增幅0.79%，完成年度计46550箱的100.037%，实现销售金额159978.66万元，同比增加548.70元，单箱收入34349.12元，同比增加915.83元/箱；累计实现毛利47712.317万元，同比增加1565.24万元。

【助农增收工作获得新业绩】 助农增收工作中，区烟草局坚持“以烟为主、综合服务”的发展方向，紧紧依托烤烟产业，大力开展烟叶生产基础设施综合利用，切实促进农民有效增收。2017年，利用33个大棚、400间烤房、8个闲置站点种植双孢菇1.7万平方米；利用19个大棚种植特色蔬菜2.128万平方米；利用烟地套作地标品牌大蒜600亩、红薯600亩，利用空闲烟地种植有机水果萝卜600亩。已实现农民增收近800万余元，加上烤烟专业化服务劳动用工300余万元和后期蔬菜收益，全年实现增收1300万元。

【全面从严治党落地生根】 2017年，区烟草局一是将“两学一做”学习教育常态化制度化推进。党组专题研究党建工作4次，各级党组织集中学习9次，专题讨论8次，党组书记上党课1次，参加上级组织党务工作者培训30人次。改选配强专职党支部书记6名。林口烟叶站党支部与中国烟叶公司党支部开展6个1党建联系活动。二是全面加强廉洁教育。开展机关警示教育活动，62人次参加，组织观看烟草内部《梁英贪污案》《杨光灿贪污案》警示教育视频2部。微信群发送节日廉政信息6条，转发廉洁新闻报道16篇，开展党纪党规知识学习和闭卷测试376人次，平均分87.05分。三是强化专项督查和效能监察。与区政府督办督查局、实绩考核办共同开展烟叶生产工作专项督查1次，对23个乡镇落实种烟土地情况、烟叶种植品种规范情况和政策宣传情况进行实地督查。开展烟叶生产各环节专项督查3次，经理办公会落实情况和烟叶品种效能监察2次。通过专项督查和效能监察，让不落实的事得以及时落实。

（撰稿人：李连宇）

教育　文化　科技

教　育

【基本概况】 截至2017年底，全区共有各级各类学校838所，其中幼儿园436所，完全小学276所，教学点25个，初级中学47所，九年一贯制学校32所，特教学校2所，高级中学5所，完全中学12所，中等职业学校1所，十二年一贯制学校2所。在校生346851人，其中幼儿园62014人，小学150338人，初中82916人，特教410人，普通高中48745人，中职2428人。专任教师19502人，其中幼教3639人，小学8153人，初中4955人，特教93人，高中2518人，中职144人。

【幼儿教育】 新增特岗教师40人，招募幼教志愿者300人。新增普惠性民办园6所，创建区级示范园9所、市级示范园7所。学前三年毛入园率在达86.1%，“两教一保”比例达90.11%。发放幼教补助资金213.85万元，惠及幼儿7697人次。

【义务教育】 落实义务教育经费保障机制，小学生均公用经费每生每年600元、初中生均公用经费每生每年800元。落实“两免一补”资助政策，兑现资助资金7164.625万元，惠及学生323960人次。落实“免试就近入学”招生政策，小学入学率达99.90%；初中入学率达91.10%；外来务工人员随迁子女就读公办学校的比例达60.70%；九年义务教育巩固率达90.03%；小学、初中年辍学率分别为0.18%和1.02%。

【高中阶段】 招收普通高一新生18336人，其中省级示范性高中2100人，省级示范性高中配额生1050人，配额生比例达50%；完成中职招生13506人，完成比例为100.04%，其中区职中完成1582人，完成比例为105.47%；高中阶段毛入学率达91.63%。普通高中在校生42087人，中职在校生28977人，普职比为6.88：3.12。普通高考，提前本科录取93人，录取率0.61%，比2016年减少0.38个百分点；第一批本科录取2494人，录取率16.43%，比2016年增加0.89个百分点；第二批本科录取5112人，录取率33.69%，比2016年减少0.21个百分点。

【特殊教育】 落实特教有关优惠政策，残疾学生生均公用经费每生每年6000元，特教教师专项补贴达基础工资的15%。全区共有适龄“三残”儿童839人，其中失能57人，实际就读720，三残”儿童少年入学率92.07%。

【校舍改造】 投入资金1800万元，新建、改建幼儿园6个。投入资金13267万元，实施薄改工程项目26个。投入资金25000万元，新建、迁建、扩建城区中小学7所。投入资金1.7亿元，配置班班通2000余套、图书350万册、电脑7000台、实验仪器290套。

【队伍建设】 招聘中小学（幼儿园）特岗教师200名；招募幼教志愿者300名。完成中小学（幼儿园）教师专业能力考试2841人。发放乡村教师生活补贴3284万元。投入资金4.5万元，培训教师75462人次，人均103.62学时。充分利用“名校长工作室”和“名师工作室”，引领、示范、带动教师，促进教师专业成长，提高教师专业能力。表彰优秀教师385名，先进教育工作者138名。

【教育改革】 新增考核办、五城同创办和留守儿童办公室3个内设机构，强化各部门工作职责。2017年3月教育工作推行一次性告知制，并实行月调度、季检查和年终考核，考核结果与校长绩效工资、学校教师附加性绩效工资挂钩。推行集团化办学，按“跨区域、跨学段、跨办学性质”的模式组建14个教育集团，各教育集团通过开展教研教改、同课异构等活动及教师挂职学习，引领成员学校向“优质化、均衡化、特色化”方向发展。

【教研教改】 结题省级立项课题3个，制作完成区级小课题研究手册电子档。教育科研论文获省一、二、三等奖934篇。开展青年教师征文大赛、“五城同创”“创园”征文大赛、“中华圣陶杯”征文大赛等活动。开展中小学数学、英语等10余门学科优质课竞赛活动。开展“一师一优课，一课一名师”晒课活动，晒课1494节，27节获市级优课，26节获省级优课，4节获国家级优课。13个教育集团开展教科研活动12次，10个省级乡村名师工作室、2个区级名师工作室定期或不定期开展观摩、讨论、交流、培训等工作。开展送教下乡活动2次。组织高中学生2538人参加全国化学、生物、数学、物理、信息技术等学科竞赛，1人获全国一等奖、27人省一等奖、50人省二等奖、78人省三等奖。创建语言文字示范校省级5所、市级7所、区级10所。与宜宾市联合开展提升教育软实力共建活动10余次。

【创新成果】 20余个项目参加第32届贵州省青少年科技创新大赛，6个获一等奖、4个获二等奖、11个获三等奖。七名学生获第五届七星关青少年科技创新大赛区长奖，十名教师区获优秀科技辅导员教师奖。

【普法教育】 开展各级各类学校学科教学渗透法制教育；表彰“六五”普法先进个人250名，启动“七五”普法教育，推进“法治毕节”创建工作，以“五个一”活动和“九个一”工程为抓手，开展禁毒预防宣传教育，普及禁毒知识，增强中小学生识毒、防毒、拒毒能力，教育引导学生远离毒品，预防和减少青少年违法。

【安全教育】 教育局、教管中心、学校、幼儿园分别成立以主要领导为组长的领导小组，层层签订目标责任书。通过召开全年、学期、月工作会议及重点工作专题会，下发文件等形式，全面落实安全工作。以“全国中小学生安全教育日”和“安全教育月”等为宣传契机，发放宣传资料30余万份，签订各类责任书80余万份，发放光碟1000张，悬挂条幅370余，制作展板300余块。狠抓“六个做好”和“四统”工作，确保食品质量和食品安全。抓好在建项目施工现场、校舍及附属设施安全。强化汛期安全和防溺水工作。开展防踩踏、防地震、防汛防洪、防地质灾害、防火等方面的应急演练共600多场次。创建“安全文明校园”57所。整治校园周边200米范围内娱乐场所和各种非法经营行为。检查网吧123家，清理取缔4家，查封扣押显示器57台、主机4台。依法查处出版物经营单位1家，查封收缴非法出版物13800册。完善警务室“五个制度”、工作报告等制度。严格按照学生规模500人以下（不含500人）1至2人、500人至1000人（不含1000人）2至3人、1000人以上不低于学生总数3‰的比例聘用专职保安人员。全区584所中小学幼儿园共配备保安人员1281名。各校（园）均按要求配备安全保卫干部和宿管人员，校园实现24小时值班守护。

【廉政建设】 深入学习贯彻中共十八大、十九大和习近平系列讲话精神以及省十二次党代会、市区党代会精神。推进三个建设年活动和岗位大练兵活动，进一步加强机关作风建设。开展“两学一做”学习教育活动，表彰区直党支部5个、党支部书记5名、党务工作者8名及优秀党员50名。纳新党员8名，转正预备党员11名。组织召开教育系统干部纪律作风大整顿安排部署会、廉洁文化进校园工作推进会、党风廉政警示教育会。学校悬挂廉洁语句、书画作品754幅，摆放办公桌廉洁警示牌1108块。开展学习党风廉洁内容82场次，开展教师廉洁研讨63场次。强化学校资金管理，从源头上切断违法违纪的可能性，加大对财务、基建、招生、采购、后勤服务等重点领域和薄弱环节的监管力度。做好政务、校务公开工作。查处在职教师有偿补课（家教）、诱导学生购买教辅用书、乱定教辅资料等行为，约谈有关人员4人次。查处教育乱收费涉及金额33900元。调查处理信访案48件，立案12件，给予政纪处分10人。接上级转办、电话举报案51件，查办49件，在办2件，给予政纪处分10人。

【精准扶贫】 发放贫困幼儿资助资金307.9万元，资助贫困幼儿7697人次。发放城乡寄宿制贫困生生活补助资金4151.625万元，资助贫困生74051人次。发放普通高中贫困生补助资金1430.2万元，资助高中贫困生7151人次。发放国家助学金139.02万元，资助中职学生765人次。中职免学费156.02万元，惠及学生1121人。减免贫困普通高中生学费478.314万元，惠及学生10970名。发放扶贫资助款3567.912万元，惠及建档立卡贫困生14505名。办理生源地助学贷款1.148亿元，惠及学生17979人。建成阳光少年之家370个、监护中心20个、乡村学校少年宫34个、谈心室46个，配备心理咨询师11名，建立心理健康专家团队1个。创建区级农村寄宿制管理示范校32所，农村学生寄宿率小学达30.23%、初中达70.86%。

【五城同创】 开展“祖国好·家乡美”主题系列、“三生四爱五心五好”主题教育、“明礼知耻·崇德向善”等活动；开设健康教育课程，学生健康知识知晓率达100%；开展阳光体育活动，保证学生每天一小时校园体育活动时间；完成国家学生体质健康测试及上报工作，完成率达100%；按照每学年不少于12课时的要求，将环境教育课程纳入地方课程和综合实践课程管理，认真上好环境教育课；充分利用植树节、世界环境日等，开展“践行绿色生活·争当环保卫士”、生态法律知识进校园等系列活动。

【教育督导】 成立教育督导团，聘任督导团成员31名、责任督学137名；完成对新长宁小学、撒拉溪二中等18所中小学校“教育综合”督导评估；完成对毕节四中、对坡小学等28所中小学校“办学水平”督导评估。

（撰稿人：李德柱）

文化体育广电旅游

【概述】 近几年来，在区委、区政府的正确领导下，在各有关镇、乡、办事处的大力支持下，在乡村旅游经营户的共同努力下，七星关区乡村旅游取得了明显成就。截至2017年10月，全区共有乡村旅游经营户600余户，直接从业人员达10000余人，乡村旅游带动建档立卡的脱贫人数达4863人。乡村旅游的发展，为市民提供丰富多彩的休闲生活，为七星关区旅游业发展奠定了坚实的基础。

【主要做法】 1. 政府主导，规划先行。围绕服务市民、致富农民的目标，实行党委总揽、政府主导的战略。贯彻落实《中共贵州省委、贵州省人民政府关于大力发展乡村旅游的意见》《中共毕节市七星关区委、毕节市七星关区人民政府关于开展“五个一”创建工作的实施方案》，明确发展乡村旅游的思路、目标任务、具体措施。一是加大对发展乡村旅游的投入；二是拓展乡村旅游项目融资渠道；三是实行土地使用优惠政策；四是实行税费优惠政策；五是深化乡村旅游管理体制改革。借鉴成、渝等地先进经验，结合本地实际情况，高起点、高标准编制《七星关区全域旅游发展规划》。大屯乡三官村、八寨镇茅栗坪村、海子街镇热水田村、碧海街道办事处砂锅寨村、林口镇鸡鸣三省村、杨家湾镇七星村、千溪乡沙垮村、大新桥办事处小河村、朱昌镇双堰村、燕子口镇一心村、长春堡镇干堰村等一批列为先期发展的重点村，也分别编制出乡村旅游发展规划，使乡村旅游走上依据规划建设与发展的轨道。目前，《毕节市七星关区八寨—茅栗坪—热水田旅游概念规划》《鸡鸣三省旅游景区建设规划》《燕子口镇大南山旅游景点规划》《七星关区大屯彝族乡三官村旅游扶贫规划》《七星关古城建设性发展规划》已编制完成。2. 部门联动，重点扶持。乡村旅游是新兴的旅游系列产品，离不开政府和有关部门的支持。我们实行政府统一行动，部门各司其职，镇、乡具体抓落实，各方联合行动的工作机制。党委、政府和各部门把工作职能与支持乡村旅游有机结合，积极支持和参与发展乡村旅游经济。有钱出钱，有力出力，结对帮扶。从交通状况、安全管理、活动安排、接待设施、环境保护、卫生管理、接待服务、综合管理、社会效益等方面给予指导和扶持。帮助解决“农家乐”经营户存在的诸如缺少发展资金、规模小、档次低、分布散、卫生条件差、服务项目单一、缺乏特色文化、游客人均消费少等问题。通过建立示范户、示范村、示范区，不断发挥其示范和辐射功能，引导世世代代脸朝黄土背朝天的农民成为新时代奔小康的乡村旅游主力军。在满足人民群众物质消费和精神消费需求的同时，让农民的钱包鼓起来。3. 制定标准，规范管理。乡村旅游业的发展必须走内涵式可持续发展之路，使乡村旅游产品、产业开发从粗放型向精致型转变。为此，七星关区旅游行政管理部门不断总结经验，制定出切实可行的标准，规范管理模式，对参与乡村旅游开发的农户进行评定考核；实行“上岗证制度”，对接待人员进行培训考核，并定期检查；实行“星级评审制度”，目前原毕节地区旅游局出台《毕节地区星级农家乐示范户评定标准（试行）》，推行评优活动，对条件较好、服务质量优秀的农户或单位进行星级评审，并挂星级牌，2017 年评定了 1 家四星级农家乐，2 家三星级农家乐，1 家乙级旅游村寨，本月正在评定 1 家甲级旅游村寨，2 家五星级农家乐。通过采取这些切实有效的举措，来规范管理、打造精品、塑造品牌，走可持续发展的道路，乡村旅游才不会是昙花一现。4. 推动农村“三变”改革，全力激发乡村旅游发展潜力。深化农村产权制度改革，聚焦“富民强村”目标，按照“看得见山、望得见水、记得住乡愁”的思路，找准乡村生态休闲旅游的发展定位，整区推进乡乡建设一个旅游示范项目，在城郊和特色区域逐步开发建设以民族文化、农耕体验、特色饮食、生态休闲为主要内容的旅游景点，让乡村生态休闲旅游成为建设新农村的新举措、农民致富的新目标。如：曾是省级一类贫困村的碧海街道砂锅寨村，通过发展乡村旅游，打造集生态观光、农事体验、富氧运动、农家休闲等为一体的休闲观光生态旅游胜地，2017 年 10 月止，砂锅寨累计接待游客 20 余万人次，收入近 700 万元。

【成效】 1. 开创七星关区乡村旅游发展新纪元。一直以来，七星关区结合毕节实验区“三大主题”发展内涵，以“乡”为基，以“农”为本，充分依托区内风景区、民族风情、特色种养殖业、城镇周边秀丽的山水田园风光，结合七星关区新农村建设、生态文明家园、美丽乡村建设，七星关区乡村旅游发展开启了七星关区旅游业发展的新纪元。在景区开发投入不足，景区建设进展缓慢的情况下，乡村旅游农家乐撑起了七星关区旅游的一片天。2. 形成一套发展乡村旅游的管理模式。经过几年的不断探索和实践，我们对乡村旅游管理逐步形成一套成熟的管理模式。区旅游行政管理部门成立乡村旅游农家乐等级评定委员会，对农家乐的申报、建设等作出有效的管理。同时借鉴发展成熟地区的经验，逐步摸索出一套适合七星关区乡村旅游发展的管理模式。乡村旅游农家乐管理步入正轨。而原毕节地区旅游局印发了《毕节地区星级农家示范户评定标准（试行）》，更进一步规范了乡村旅游的管理。3. 促进农村经济的协调发展。旅游业作为朝阳产业，无污染、环保、绿色，对增加农民收入、吸纳农村剩余劳动力、调整产业结构等方面作出了不小的贡献。在发展过程中，按照“一村一品一个特色”，统一规划、统一风格、统一改造、统一授牌的“四统一”发展轨道，采取一、三产业错位发展的战略，积极探索农民不离乡进城就能进致富的途径，改变农村“土地不多人人种，丰产不丰收”的境况。大力发展优势农业、特色农业、观光农业为主的第一产业，以此来促进乡村旅游业为主的第三产业的发展；反过来，又以充满生机活力的乡村旅游业为主的第三产业，带动高新农业更快地发展。因地制宜打造特色梨园村、桔园村、苗族文化村、彝族文化村等乡村旅游村寨，培育一朵朵错位竞争、竞相开放、各具魅力的乡村旅游“金花”。

【当前乡村旅游产业的形势分析】 （一）乡村旅游蓬勃发展。在七星关区旅游发展中，乡村旅游占有极其重要的位置，更是七星关区一日游的主要收入来源。在七星关区的旅游景点中，除鸡鸣三省旅游景区、毕节国家森林公园拱拢坪景区、朱昌现代高效农业观光园等景区外，其余的均为农家乐大军。而市民休闲一日游目的地就是分布于各镇乡办事处的农家乐接待点。以周末休闲度假为例，全区乡村旅游接待点经常宾客满座，生意火爆，乡村旅游呈现百花齐放，百家争鸣的局面。（二）形成了一系列的农字号特色点。1. 以户为单位，以当地特色餐饮为主要特色餐饮店、特色休闲农庄、特色乡村旅舍。这类乡村旅游接待点多以户为单位，从业人员以家庭成员为主，作坊式的经营，主要为游客提供农家菜、简单的娱乐项目，此类接待点虽然规模小，经营分散，但投资小，所需成本低，适合广大农民自主经营。

2. 依托山水，建设大型休闲山庄。此类乡村旅游点多靠山而建，隔水而居。依托当地秀美的山水，结合当地实际，修建具有地方特色的旅游接待用房，并注入一定的民族文化，地方特色餐饮文化等。此类乡村旅游点规模大，旅游娱乐项目多，接待档次高，有一定的文化内涵，旅游接待收入稳定。如：七星关区碧海街道办事沙锅寨村，山川秀丽、气候宜人，特别适宜玫瑰花、相思草（又名马鞭草）等花卉的生长。3. 依托当地资源，以果园、垂钓等为主要的吸引物的旅游农家乐。如：七星关区清水铺橙满园村结合自身实际，科学编制和实施乡村旅游发展规划，全面开展社会主义新农村建设，取得了显著成效。共治理水土流失面积9960亩，发展生态林3817亩、经果林8100多亩，森林覆盖率从原来的19.5%上升到现在的97%，曾经的荒山披上了绿装，满坡山石变成了满山“绿色银行”，逐步实现了生态效益、经济效益和社会效益多赢的局面，过去橙满园叫“南关村”，是远近闻名的困难村。改革开放特别是毕节试验区设立以来，橙满园村成功实现了由温饱不足向总体小康的历史性跨越。

（撰稿人：金鑫）

科 技

【概述】 一年来，在区委、区政府的正确领导下，在省、市级科技部门的关心支持下，深入学习中共十八大会议、十八届历次会议精神和习近平系列讲话精神，以科学发展观为统领，坚持“合作创新、加强转化、重点突破、引领跨越”的科技方针，围绕全区“两年明显变化，五年大见成效，十年实现跨越”的总体发展思路，以实施科技项目、发展中药材种植、开发特色产品、培育优势产业、保护地方特色产品的知识产权为重点，以加速科技成果转化为动力，切实加大科技培训、宣传力度，不断拓宽科技服务领域，努力提高科技管理水平。

【科技宣传】 开展法律及知识产权、防震减灾等知识宣传。组织协调参加“三下乡”和“科技活动周”等系列宣传活动。开展了防震减灾应急演练。全年共发放宣传资料（防震减灾，知识产权、农村种植养殖实用技术、国防教育）3万余份，受益群众3万余人次。

【科技培训】 加强科技培训普及力度。组织专门队伍，深入中小型企业、进行科技项目申报培训。引导企业积极申报各类科技项目和保护自主知识产权。各乡镇、村、进行实用新技术的培训，进行新品种试验、示范和推广。加快科技向现实生产力的转化。鼓励和引导企业多方筹资，积极引进新工艺、新设备，立足本区资源优势，发展特色产业，精心打造一批具有自主知识产权的名牌产品，增强企业的市场竞争实力，带动区域经济快速发展。围绕七星关区产业结构调整、产业化发展抓好科技培训工作，力求实效。培训种植、养殖、科技信息等各类人员 3000 余人次，发放各类科技宣传资料 2 万余份。

【科技项目】 加强对在册科技项目的管理和指导，建立项目库。一年来，认真组织项目的申报、实施工作，组织申报科技计划项目共 23 项，已获得立项批复 12 项，其中省级科技项目 3 项，市级科技项目 9 项，获得项目资金 340 万元。加强已实施的科技项目的指导、管理、检查、督促工作，积极帮助协调和解决项目执行中的困难与问题。依托科技项目和科技成果两大载体，切实提高科技工作服务经济的能力，以科技与经济紧密结合为出发点，以增强区域经济竞争力为突破口，以培育自主知识产权、形成核心竞争力为目标，大力实施一批重大科技项目，加快科技成果转化，从而带动产业的整体发展。

【中药材工作】 2017 年，全区主要有 32 个镇乡街道种植中药材，中药材种植面积累计达到 5（除刺梨外）万亩。已建立中药材种植专业合作社 60 余家，发展社员 1000 多人。全区种植中药材主要有天麻、苦参、皂角、玫瑰、白芨、黄柏、重楼、何首乌、前胡等 20 余种，建设中药材基地 10 余个，阿市乡、田坎乡、撒拉溪镇、野角乡、青场镇、燕子口镇等镇乡中药材种植面积在 2000 亩以上。

【地道特色产品】 1、七星关刺梨。梨是落叶灌木，喜欢潮湿的生长环境，不耐干燥高温。分布在年降雨量为 800～1500 毫升的地区，特别是 1000～3000 毫升的地区，已经有纪录 300 多年的历史。刺梨是云贵高原及攀西高原特有的野生资源，以贵州为主产，云南次之。中国的贵州是刺梨的主要产地，虽然其他地区也有的刺梨栽培但是维生素 C 的含量只有几百个单位，所以特殊的植物只适合在它的原产地培育。产量以贵州最多，而贵州的毕节、六盘水最好。据《黔滇纪游》云：“刺梨野生，夏花秋实，于与果多芒刺，味甘酸，食之消闷，煎汁为膏，色同楂梨，四封皆产，移之他境则不生。”上世纪 40 年代，我国著名营养学家罗登义首先发现了刺梨的营养价值。其果肉中维生素 C 的含量居各类水果之冠，比苹果、梨高 500 倍，柑橘高 100 倍，猕猴桃高 9 倍。刺梨含有非常丰富的营养素，刺梨是目前全球已知蔬果中这三种营养素含量最高的水果。刺梨果实引人注目的是它具有高的抗坏血酸（VC）含量，此外，刺梨果实包括：可评估其植物化学物的量，例如：没食子酸、SOD、维它命 P 和有关化合物。这些植物化学物也是极好的抗氧化物，也是癌抑制剂。没食子酸具有抗菌药、抗滤过性病原体和抗真菌活动大范围抗发炎效果，抗瘤、抗 MUSTIGENIC 和抗支气管肺炎发作，SOD 具有广泛的抗人体组织内的致癌物（抗致癌物）因此增强了抗坏血酸水平，刺梨果实提供了许多对人体有益的植物化合物，并具有健胃、消食、滋补、止咳、消炎、抗癌和抗衰老的药用保健功效。七星关区位于川、滇、黔三省交汇处，地处乌蒙山腹地，川滇黔锁钥，贵州高原屋脊，长江珠江屏障。是黔西北的大门。是毕节市政治、经济、科技文化和信息中心。境内地形西高东低，平均海拔 1511 米，属北亚热带湿润季风气候，境内气候温和，年均降雨量为 954 毫米，日照率约 31%，无霜期 250 天左右。境内属喀斯特地貌，峰峦叠嶂，溪流纵横。夏无酷暑，冬无严寒，为多种生物聚居及相互制约创造了良好环境。根据罗登义的研究成果，毕节市的土壤和气候条件最适宜刺梨的生长，在此生长的刺梨营养成分含量最高。为了发展贵州的刺梨产业，罗登义教授专门从毕节（现七星关区）和六盘水取了野生刺梨的植株进行培养，培养出了贵农2号和贵农5号两个优良品种，现在这两个品种已经在省内大范围种植，长势良好，亩产在1.5吨到1.8吨之间，按目前的市场价，每亩年均收入可以达到5000元以上。

【发展现状】 七星关区是我省刺梨主产区，现有野生刺梨鲜果年产量500吨以上，野生品种多。因其海拔、经纬度、年平均气温等地理气候优势，区内所产刺梨Vc、Vp、SOD等含量高于省内其它产区，品质上乘，是高端刺梨产品生产的优质原料。七星关区2015年种植刺梨基地10万亩，2015年前种植并产果的基地5000亩，2015年由区政府委托德溪公司育有刺梨苗1450万株。同时，七星关区计划2015－2019年种植刺梨50万亩，其中2015年种植10万亩，2016年种植10万亩，2017年种植10万亩，2018年种植10万亩，2019年种植10万亩。刺梨种植第四年进入盛果期，以盛果期每亩产刺梨鲜果1.5吨计，50万亩基地共计产刺梨鲜果75万吨，预计2018年产鲜果18万吨，2019年产鲜果33万吨，2020年产鲜果48万吨，2021年产鲜果63吨，2022年后每年产鲜果75万吨。目前正筹备建设刺梨综合开发试验平台，以适应当前七星关区刺梨产业发展的需要。2017年拟将刺梨申报为国家地理标志证明商标。

【县域经济知识产权试点工作】 2017年帮助企业申请专利311件，授权86件，依托专利转化，带动高新技术产业发展。把新产品计划立项与产品鉴定、专利申报、经费补助结合起来，提高新产品的鉴定率和投产率，高新技术产品的集聚、研究、开发和产业化步伐进一步加快。按照省、市知识产权局的安排部署进一步加强知识产权宣传教育。策划组织“4·26”世界知识产权宣传日活动，丰富、创新活动内容。充分利用宣传媒介扩大知识产权基本概念与基本知识的宣传，提高全民的知识产权意识。进一步加强知识产权培训教育工作。提高自身业务能力。积极推进企事业单位建立和完善知识产权制度。认真配合市知识产权局开展专利行政执法4次，严厉打击专利违法行为。

【防震减灾工作】 2017年继续加强地震科普示范学校的建设，在城区中小学播放地震科教片5场。利用“4·26”世界知识产权日、“三下乡”、五月科技活动周等广泛开展防震减灾宣传活动，着力提升市民防震减灾意识，全年共发放宣传手册2万余份，展出展板100余块。在省地震局的年度考核中，被评为“防震减灾宣传工作先进单位”。

【扶贫工作】 按照区委、区政府的安排部署，认真落实精准扶贫干部驻村工作，选派郭刚同志到三板桥办事处坡坪村驻村。针对当地党组织涣散的情况，积极组织开展“两学一做”，加强政治学习和理论指导。根据村情，编制坡坪村产业发展规划，确定坡坪村毕节市“后花园”、毕节市“菜篮子”发展方向。领办药用花卉观光园和林下仿野生天麻种植基地两个项目，已获投资300余万，我办还给林下仿野生天麻种植基地项目拨付了8万元的产业发展资金。建设党员带头致富圣女果基地一个。争取到3.1公里通组路建设项目，项目资金60万元。认真开展“三关爱”和贫困户识别工作。

（撰稿人：李翔龙）

科 协

【概述】 2017年，七星关区科协全面贯彻落实中共十九大会议精神，深入贯彻落实习近平系列重要讲话精神，特别是在全国科技三会上提出的科技创新与科学普及同等重要的要求，以《全民科学素质行动计划纲要》实施为主线，以科普信息化为核心，着力加强优质科普内容资源、科普阵地条件、科普社会动员机制建设，推动科普人才和科普产业发展，强化科普供给侧改革，创新科普公共服务机制，坚决贯彻“自主创新、重点跨越、支撑发展、引领未来”的科技工作方针和“政府推动、全民参与、提升素质、促进和谐”的全民科学素质行动工作方针，认真履行科协“三服务一加强”职责，服务决战贫困，奋力提速赶超，努力为全面实现同步小康服务，重点做了以下工作：

【深入贯彻和推进《全民科学素质行动计划纲要》】 坚持“政府推动、全民参与、提升素质、促进和谐”的工作方针，认真履行纲要办职责。2017年6月1日组织召开区全民科学素质工作领导小组会议，认真学习全国、贵州省《“十三五”〈全民科学素质行动计划纲要〉实施方案》，回顾总结“十二五”区全民科学素质工作，组织安排“十三五”全民科学素质工作的总体规划和具体措施，签订相关目标责任制书。培训全民科学素质工作联络员。并于8月底对各乡镇、街道办事处全民科学素质工作进行督查。

【突出重点，抓青少年科技教育活动有特色】 一是继续举办一年一度的青少年科技创新大赛。9月23—24日，以“创新．体验．成长”为主题的第12届七星关区青少年科技创新大赛在毕节梁才学校举办。在开幕式上颁发了第12届七星关区青少年科技创新区长奖6个项目7名学生，表彰了2017年七星关区科技创新优秀辅导教师10名。本届大赛作品由各乡镇街道教管中心、中学、区直各学校和部分民办学校推荐上报，共收到各类项目作品375件，经评审组初评，遴选出216件作品入围参与展示、交流。经大赛评审，评选出第12届七星关区青少年科技创新大赛青少年科技创新项目一等奖6件、二等奖19件、三等奖37件，辅导员科教创新项目一等奖4件、二等奖9件、三等奖20件，科技创意项目一等奖7件、二等奖15件、三等奖33件，优秀少年儿童科学幻想绘画项目一等奖8件、二等奖18件、三等奖40件。大赛还表彰了12名优秀辅导老师、8名优秀组织奖。通过本次大赛共组织推选科技创新项目50件、儿童科幻画20幅参加毕节市第五届青少年科技创新大赛。2017年推荐40余件作品参加省第32届大赛，获一等奖6名、二等奖8名、三等奖22名；推荐6件作品参加第32届全国大赛，获二等奖1名。二是加强农村中学科技馆建设。继续加强朱昌中学等6所“中国科技馆发展基金会中西部地区农村中学科技馆公益试点项目”学校科技馆的管理，充分发挥农村中学科技馆在青少年科普教育工作中的作用，让周边更多的学校学生能够参观体验农村中学科技馆，增加农村中学科技馆辐射作用；全面开放区青少年校外活动中心，组织学生参加各种科技活动，激发农村广大青少年学科学、爱科学、用科学的热情，提高学生科学素质。指导区第一实验学校科技馆以及2017年新建的八寨中学科技馆开展工作。三是加强特色示范学校创建工作。争取省科协资助，为毕节一小、区第一实验学校、区第四实验学校、区实验中学、毕节实验小学等5所学校配备科普中国．贵州校园E站科普宣传设备。在开展“全国科普日”“全国科技活动周”“世界环境日”活动期间，积极组织相关单位到校园开展科普宣传活动，重点向广大学生宣传节约能源资源、保护生态环境、改善环境、安全生产、应急避险、健康生活、合理消费、循环经济等观念和知识，努力提高中小学生科学素质。四是加强青少年科技辅导员队伍建设。6月19日组织面向全区中小学青少年辅导员开展培训，共培训各镇乡、街道教管中心、中小学校、区直各学校科技辅导员240余名；6月20日分别在鸭朱阴、燕林清片区开展培训青少年科技辅导员110余名。

【创新宣传载体，抓社区科普工作有力度】 2017年七星关区创新社区科普宣传载体，加强宣传阵地的建设，着力创建贵州省科普示范社区、全国科普示范社区。为了做好示范引领，我们重点打造了市西街道办事处天河社区、洪山街道办事处兰苑社区、市东街道办龙山社区、朱昌镇双堰社区、杨家湾镇周驿茶场社区等。2017年市东街道办龙山社区被中国科协命名为全国科普示范社区，获资助资金我20万元，并获得贵州省科协资助科普中国．贵州社区E站设备1台。以上社区建筑总建筑面积200余平方米以上，大部分都建成了内容包括社区科普大学、社区科普体验室、百万公众网络学习室、科普图书室、青少年工作（活动）室、科普宣传栏主要内容的社区科普活动阵地。继续加强麻园街道办事处双城社区、洪山街道办事处兰苑社区、桂花社区固定式电子科普橱窗建设维护工作。

【强化考核措施，抓“百万公众网络学习工程”促提升】 按照省、市全民科学素质工作领导小组的安排部署，把实施“百万公众纲络学习工程”作为提高全民科学素质的有效途径，不断扩大活动范围、增强影响力。进一步加大阅读站点建设，2017年协调省科协为放珠镇播沟村配备“百万公众纲络学习工程”站点设备电脑5台。加强与区委考核办等单位的联系与沟通，继续将此项工作纳入全区各镇乡（街道办）及区直各部门全年目标考核内容，组织全区机关、企事业单位干部职工、各乡镇（街道办）干部职工、各中小学生及广大公众参加学习活动。2017年七星关区超额完成了市科协考核的目标任务，总共完成89489人参加成效测试，133039人次参加网上学习。通过“百万公众网络学习工程”活动的开展，将对七星关区公民科学素质提升起到极其重要的作用。

【找准切入点，大张旗鼓开展科普“赶百场、进百校”活动营造氛围】 整合科普大篷车资源、科普示范村（社区）资源、各类科普基地资源、基层农技协资源等，与科技活动周、防灾减灾日、环保日、科普日等节日活动紧密结合，与“五大人群”科学素质提升需要和城乡发展需要紧密结合。为提升活动效果，根据实际需要，举办一定的科普讲座和科技培训。让“五大人群”学习掌握更多科学知识，树立正确的世界观、人生观和价值观，形成科学、健康、文明、向上的生活方式，推广应用新技术，促进全市经济社会的发展。4月26日，七星关区科协科普“赶百场、进百校”活动在撒拉溪中学拉开序幕，活动以现场体验、展览展示、资料发放、科普咨询等通俗易懂、直观立体的形式开展科普宣传。现场发放种植、养殖技术、饮食健康、疾病防治、科学素质知识选编等各类科普宣传资料2000余份（册），接受学生咨询300人次，直接受益学生达1300余人，取得了良好的效果。激发了学生学科学、爱科学、用科学的热情。随后七星关区科协科普“赶百场、进百校”活动深入普宜镇、鸭池镇、燕子口中学、小吉场镇、毕节梁才学校、等开科普宣传活动。同时，在开展“文化、科技、卫生三下乡”“全国科普日”“全国科技活动周”“世界环境日”活动期间，七星关区坚持利用科普大篷车进行科普宣传。通过科普大篷车宣传活动，为七星关区贵州省公民科学素质先进区的创建营造浓厚的科普文化氛围。

【围绕全区“精准扶贫、决战贫困，服务基层出好招】 重点做好对基层科协和学会工作的指导，围绕全区“精准扶贫、决战贫困”与支柱产业发展开展深入调研，广泛开展村会协作、企会协作、会社协作结对帮扶等活动，建立健全“科技专家服务团”“科普志愿者队伍”等科普服务组织。实施“百千万”科普示范工程，组织科技专家服务团、科普志愿者队伍与实施对象建立联系，推动科技人才、科技资源要素向农村和生产一线合理流动和聚集，及时指导和帮助农户解决生产和生活中遇到的科学技术难题，助推农村经济社会发展。抓好科普项目的申报实施管理工作。重点做好七星关区2017年“基层科普行动计划”“社区科普益民计划”、科技致富“二传手”工程等项目的申报和实施。并对实施项目和基地建设工作进行跟踪指导，同时做好项目储备库建设工作。开展“科普中国．贵州农村e站”工作，助推脱贫攻坚。在2016年已建的14个科普e站正常开展工作基础上，区科协班子2017年4月开始，着手开展调研、确定站点，积极争取上级及区委政府资金支持，申报2017年建设25个，实现全区所有乡镇科普e站全覆盖，目前2017年建设的25台设备已有10到位。开展扶贫联系点工作，科协班子到联系点开展调研、指导帮扶工作12次，并根据科协实际拟定了帮扶计划，并严格落实帮扶措施。落实驻村帮扶资金1万元。开展城市社区帮扶工作，领导班子成员共联系观音桥街道办塘房社区贫困户5户。

【加强区科协自身建设】以“两学一做”学习教育为契机，强化学习贯彻，加强领导班子、干部职工学习，努力提升领导班子和干部职工政治理论和业务知识水平。加强作风建设，一是坚持把纪律和规矩挺在前面，认真落实“两个责任”清单管理制度，认真贯彻《中国共产党廉洁自律准则》和《中国共产党纪律处分条例》，积极推动从严管党治党的政治责任。二是不断转变和改进作风，增强干部职工服务水平，提高工作效率。

（撰稿人：办公室）

卫生食药监督　人口计生

卫生计生

【综述】 2017年，七星关区全面贯彻落实全国、全省、全市卫生与健康大会和国家、省、市卫生计生会议精神，坚持把人民健康放在优先发展的战略地位，深入落实以基层为重点、以改革创新为动力、预防为主、中西医并重、将健康融入所有政策、群众共建共享的新形势下卫生与健康工作方针，着力深化医药卫生体制改革，不断巩固“五个全覆盖”工作成果，大力实施“五个全面建成”，继续推动精准健康扶贫，切实提高基层医疗卫生服务能力，不断完善公共卫生服务体系，做好医疗卫生对口帮扶，加快构建紧急医学救援体系，推动中医药民族医药产业共荣发展，进一步提高计生服务管理水平，全力推进“健康七星关”建设，全力推动全区卫生计生工作取得新成效、实现新突破、开创新局面。

【计生主体指标】 2017年度，全区人口出生率9.52‰、低目标值4.89个千分点，人口自然增长率5.98‰、低目标值1.52个千分点，政策外多孩率4.56%、低目标值4.44个百分点，常住人口符合政策生育率91.92%、高目标值3.92个百分点，出生人口性别比106.96，共计落实长效避孕节育手术5050例，计划生育主要指标全面完成。

【计划生育优质服务】 全区共发放计生政策法规宣传资料15万余份，避孕节育、生殖健康知识宣传品5万余份，发放避孕药具近2万余盒。妇科病普查普治应普查69073人，已普查67966人，普查率98.39%；患病34850人，患病率51.27%；治疗及转诊33078人，治疗及转诊率94.91%；男性参与14284人，男性参与率21.02%。

【医药卫生体制改革】 印发了《七星关区加快推进公立医院综合改革实施方案》《基层医疗机构实施基本药物制度补助资金核拨办法（试行）》。对涉及七星关区人民医院的424项医疗服务价格调整项目进行总体分析评估，完成七星关区公立医院价格调整风险评估，7月1日0时区人民医院正式全面取消药品加成。家庭医生重点人群签约率达到53.4%，贫困人口签约率达100%。积极推进七星关区人民医院与16家乡镇卫生院（社区卫生服务中心）共建医疗联合体，毕节市中医院与市西、市东、观音桥等3家社区卫生服务中心，清水铺镇、团结乡、生机乡等3个乡镇卫生院签订医疗联合体共建协议。

【健康扶贫】 省委、省政府发出脱贫攻坚“春季攻势”行动令后，2017年3月，对因病致贫，返贫和贫困退出的群众进行回访活动，了解他们的生活和健康情况。经回访排查，全区106406个贫困人口中，因病致贫16437人。在专访回访的基础上，核实完善贫困人口电子健康档案并认真开展家庭医师签约服务。

拟定《毕节市七星关区2017年脱贫攻坚秋季攻势医疗扶助作战方案》，将燕子口镇、阿市乡等5个未出列贫困乡镇和下辖有深度贫困村的16乡镇24个村作为主攻战场，从落实医疗覆盖、落实医疗倾斜政策、落实大病保险倾斜政策、落实医疗救助、落实医疗扶助制度、实行建档立卡贫困户县域内先诊疗后付费等6个方面进行医疗扶贫。同时，印发了《毕节市七星关区医疗扶助实施方案》，提高七星关区农村建档立卡贫困人口医疗救助保障和人民群众健康水平，助推小康目标的实现。

【人才队伍建设】 为使新建的七星关区第二人民医院、七星关区中医院建成后能正常开展医疗服务，共招考135人。区人民医院引进相关专家12人，其中从北京大学航天中心医院引进的一名脑科专家。乡镇卫生技术人员学历提升81人，乡村医生中专学历教育项目109人，村医岗位培训521人。

【基层医疗机构设施建设】 共投资7388万元，对32个乡镇卫生院进行标准化建设，新增业务用房36439平方米，实现了乡镇卫生院标准化建设全履盖；投入875万元，在35家乡镇卫生院（社区卫生服务中心）建设数字化预防接种门诊；投入175万元，对乡镇卫生院远程医疗会诊室、影像室、心电图室、检验室等四室进行改扩建；投入250万元，建设12个中医馆；投入2930万元，在27个乡镇建设了644套共22540平方米的公租房，改善了医务人员的居住环境。

【基层医疗卫生人才培养】 七星关区始终以医疗卫生寻求为导向，积极争取定向免费医学生培养规模，做好基层医疗卫生机构人员的学历提升工作，畅通基层医疗骨干人员培训渠道。七星关区签订的89个订单定向医学生中完成学业的28名已安置到各乡镇卫生院，转岗聘用6名取得执业医师资格证的村医到乡镇卫生院工作，安排42名全科医师到毕节市第一人民医院进行培训，28名本科医学生参加住院医师规范化培训，通过学历提升全区取得中专学历村医已达96%，继续医学教育覆盖率达100%。

【公共卫生服务】 2017年，全区继续保持无脊灰状态，严格控制麻疹发病率，各苗接种达到相关要求，保持在95%以上。手足口病疫情在可控防范内，无死亡病例的发生。发放健康教育印刷资料12种，共计发放302670份，播放健康教育音像资料6种，共计32560小时，健康教育宣传栏711个，共计更新健康教育宣传栏2041次，举办健康教育讲座2112次，参加人数44447人次，完成健康教育咨询263次，参加咨询人数35850人。5岁以下儿童死亡245人，死亡率11.6‰，筛查出高危孕产妇人数373人，管理人数373人，管理率100%，高危孕产妇占产妇总数的1.8%；高危产妇高危孕产妇住院分娩人数373人，住院分娩率100%。孕产妇死亡8人，孕产妇死亡率37.99/10万。完成计划生育及相关手术3096例，无一例计划生育手术并发症。完成国家免费孕前优生健康检查项目目标任务39200例，目标人群覆盖率达100%。妇幼重大公共卫生项目培训150多人次，托幼机构管理培训17301多人次。2017年入托总数15627人，入托查验《儿童健康管理手册》14792人，查验率90.32%。

【卫生应急】 2017年以来，共接报医疗事故纠纷和紧急医学救援并协调相关部门处置51起，共举办卫生应急知识培训3场次，培训人员200余人次，共开展宣传活动3场次，发放宣传资料1万余份。11月14日，在三板桥奥林匹克体育中心采取情景模拟与现场相结合的方式开展模拟人感染H7N9禽流感疫情综合防控应急演练。

【爱国卫生运动和“五城同创”】 根据毕节市爱卫办《关于印发〈毕节市2015－2020年创建国家卫生乡镇实施计划〉的通知》要求，2017年七星关区成功申报国家卫生乡镇3个，省级卫生乡镇4个，省级卫生村7个，市级卫生乡镇6个，市级卫生村6个。获得授牌国家卫生乡镇3个。根据《中共毕节市七星关区委毕节市七星关区人民政府关于开展“五城同创”活动的实施意见》，制定了七星关区卫计局“五城同创”实施方案及责任分解表，并同涉及的区直医疗卫生计生单位、局属各股室签定了目标责任书。完成创建贵州省文明城市进行复核考评整改工作，确保省复评顺利通过。6月13日在人民公园参加了以“节能有我，绿色共享”和“工业低碳发展”为主题的大型宣传活动。9月起，区卫计局各股室设立了禁烟标示牌，要求办公区域内禁止吸烟，积极创建健康单位和无烟单位。

【医政医管】　制定出台《七星关区医疗卫生机构设置规划（2015－2020）》，现场校验并督促整改41家民营医院，与区市场监管局联合召开毕节市七星关区“两品一械”安全性监测工作会议，完成811名执业（助理）医师的现场报名，完成区人民医院26个重点学科建设的资料评审及现场检查，完成1025家医疗机构电子化注册，审核办理830名享受待遇的村医的续聘换证工作，对区属所在地的6家精神病院进行2次督导检查，督导检查有母婴保健资质的医疗机构14家。

【卫生计生执法】　年度以来，开展重点督工作5次，共督查了105个村人口计生工作，举报核查5次，其他督查6次，共查办计生案件20余起。查处医疗机构152家，处罚金额83000元，公共场所违规处罚4万余元。

【信访维稳】　一年来，接待来访群众74批105人次，办理相关部门交转办信访案件45件，调解医疗纠纷44件，受理医疗事故技术鉴定3起。十九大期间，成立了维稳安保工作领导小组，下设信访维稳、安全生产、应急救援等14个工作组，接待来访群众50余人次，均作了有效的解决和疏导，确保民情、民意及时上传下达，疏通群众信访渠道，有效将矛盾纠纷化解在部门，坚持做到矛盾不上交、不下移。未发生群体性时间及重大恶性案件，信访案件及医疗纠纷坚持做到件件有落实，事事有回音。

【安全生产】　层层签订“目标责任书”和“一岗双责”责任书，并纳入年终目标考核内容。同时，与区属民营医疗机构签订目标责任书。开展针对性的卫生监督执法，重点加强对医院、诊所、商场、摊点人群集中场所等卫生安全执法监督检查和生活饮用水的卫生监督检查。重点开展了违规使用彩钢板搭建房屋、医疗机构消防安全标准化管理建设、压力容器等工作的专项检查。开展春季用火用电安全火灾隐患排查，元旦、春节前共派出6个检查组，共计30人次分赴各镇乡（街道）卫生院检查安全生产工作，共排查出一般隐患6条，累计整改6条，整改率达到100%，要求各单位安排专人24小时值班。积极配合相关单位的安全应急演练，开展“安全生产月”活动，5月26日下发了《关于开展2017年“安全生产月”和“安全生产毕节行”活动的通知》，要求各单位严格按照文件要求利用各种媒介悬挂宣传标语，开设宣传专栏，开展安全生产月相关工作。

【党风廉政建设】　制定了《七星关区卫生和计划生育局党组2017年党建和党风廉政建设工作安排意见》《七星关区卫生和计划生育局落实党风廉政建设“两个责任”清单》《七星关区卫生和计划生育局深入落实“两个责任”推进干部约谈常态化工作实施方案》《中共毕节市七星关区卫生和计划生育局党组关于明确局党组成员党建暨党风廉政建设、驻村工作联系点的通知》《七星关区卫生和计划生育局党组关于加强廉政风险点排查的通知》党风廉政建设责任制一岗双责分工，关于三重一大事项监督管理实施办法，制定了各项规章制度，成立了工作领导小组，明确各级相关责任。

（撰稿人：办公室）

红十字会

【开展2017年“博爱助力脱贫攻坚”大型爱心募捐活动】
“5·8”博爱周，在人民公园小

广场成功举办了全区“博爱助力脱贫攻坚”爱心募捐启动仪式，参加的乡镇、街道办事处、区直部门、公司和志愿者队伍共96个单位400多人次，累计捐款50余万元。资助的大、中专精准贫困户学生77人，分别发给每个学生每年3000元。为进一步减轻七星关区精准贫困户家庭经济负担、助推全区脱贫攻坚工作，充分发挥了红十字会的职能作用。

【开展《中华人民共和国红十字会法》暨全国红十字应急救护知识万人竞赛活动】 在七星关区第三实验中学、长春中学、思源中学、海子街镇小学等学校和区直有关单位相应开展《中华人民共和国红十字会法》暨全国红十字应急救护知识万人竞赛活动，共计发出试卷10000份，收回9961份，通过开展此项活动对于更加深入持久地宣传贯彻《中华人民共和国红十字会法》和在全区传播红十字会知识起到了积极的推进作用，并受到国家红十字总会的表彰，获得最佳组织一等奖。

（撰稿人：曾贵章）

社会生活

政务服务

【概况】 毕节市七星关区人民政府政务服务中心成立于2002年12月，是全省第一个县级政务服务中心。中心内设办公室、业务科、督察科、采购科、审批服务科、网络管理科，承担着全区行政服务事项审批、政务公开、政府采购三大职能。2015年7月20日新政务大厅正式建成启用，总面积3600平方米。大厅设置有便民服务区、企业设立登记区、行政审批综合服务区，按照“前厅后室”的原则，在设置95个服务窗口的同时，建设了20间进驻部门审批室，实现部分部门成建制进驻。按照区政府要求，具有行政审批职能的部门按“三集中三到位”要求，全部纳入中心集中审批，规范办件。毕节市七星关区人民政府政务服务中心的运作模式是“一站式”办公、“一条龙”服务。以“中心服务于窗口、窗口服务于百姓”为理念，以“便民、高效、廉洁、正规”为宗旨，创新思路，完善和加强中心制度化建设和规范化管理，简化办事程序，对大厅实行人性化管理服务，强化窗口单位责任意识和服务意识，努力提高政务中心的服务水平和工作效率，争创环境一流、服务一流、形象一流，努力打造七星关区政务服务中心星级服务水平。

【编制权力清单和责任清单】 行政许可法颁布施行以来，七星关区进行了权责清单的清理改革工作，严格按照法律、法规和规章规定，对违法设定的行政审批事项进行了取消或调整，切实做到职权法定、杜绝违法设定行政审批及审批环节的现象，不断规范行政审批服务事项的办理工作。2017年1月13日，全区26个职权部门权责清单清理完毕并在政府网站公布。清理事项共5407项，其中行政许可222项，行政征收27项，行政给付35项，行政确认60项，其他权力183项，行政处罚4446项，行政检查188项，行政奖励43项，行政强制200项，行政裁决3项。

【政务服务平台建设】 实现一个窗口办理、一站式服务，着力推进实体大厅标准化建设，夯实实体政务服务能力。一是区实体政务大厅扩容升级。按照县级以上实体政务大厅使用面积不低于5000平米的要求，我中心已争取到博泰仕府领地三楼，进入装修阶段，届时，七星关区实体政务大厅面积将从原来3600平米扩展到5500平米。二是加强建设“一号服务”系统、服务评价系统、大厅管理系统、建设微信平台系统“四个系统”建设，提升中心智能化管理服务水平。三是推进部门事项进驻和充分授权。四是开展预约、延时、上门和陪同等实体服务。

【贵州省网上办事大厅建设】 七星关区政务中心敞开大门迎接“大数据”时代，抢抓贵州省实施“互联网+政务服务”的历史机遇，认真建设涵盖政务、商务、事务“三位一体”的网上办事大厅建设，实现“一网受理、联网审批、统一监管”的网络全覆盖，推行网上审批，强化审批事项动态管理和审批流程跟踪，实现省、市、区三级行政审批数据交换，逐步提高网上办事可申报率，积极探索构建实体办事大厅与网上办事大厅“线上线下、虚实一体”暨面对面和网对网的政务服务新模式。促进办事群众由“群众跑”向“数据跑”转变。

【乡镇便民服务建设】 一是推进基层便民服务规范化建设。在事项进驻及授权方面，各乡镇按照“3 + X”模式分别设置社会事务、社保窗口、合作医疗、综合服务四个窗口，其中社事、社保、合医为主要窗口，综合窗口进驻部门由各乡镇根据实际设立，规范了乡镇街道办事处便民服务中心和村（社区）便民服务站（中心）的管理，形成覆盖全区的三级便民服务体系。二是清理出全区42个乡镇街道和514个村（社区）办事目录，指导乡镇录入权责清单3762项，指导村级录入办事及代办事项14277项，全面推进“互联网 + 政务服务”向乡村全覆盖。三是配备设备。现在已为通光纤的242个村采购电脑、彩色打印机、高拍仪等设备，已安装完毕，已安装设备的村按计划开展业务办理，大大节约村民的办事成本。

【政务信息公开】 七星关区政务服务中心紧紧围绕“办事公开透明”这一主题，深入推进办事公开，努力规范进驻部门审批行为，不断提升审批办事透明度。一是突出重点，完善办事公开机制。制定办事公开制度，对行政审批及服务事项的事项名称、设立依据、申报资料、办理流程、办理时限、收费标准、办理结果在区政府和中心门户网站进行公开，推进电子政务建设和网上办事公开，把门户网站作为办事信息公开的重要途径，开设办事公开、便民服务信息等专栏，为公众提供免费下载服务，为服务对象提供全方位信息服务，努力完善办事公开机制。二是创新形式，丰富办事公开内容。创新办事公开新载体、新形式，使办事公开的形式呈现灵活多样和内容丰富充实。按照进驻部门窗口的业务内容分门别类印发便民服务卡，编印办事指南投放办事大厅，方便办事群众索取。三是利用载体，强化办事过程监督。设立触摸屏载体和征求意见箱，公开监督举报电话，充分利用LED电子显示屏，将事项办理信息情况进行公开，加强办事过程的监督，让各进驻部门窗口的行政审批运作置于“阳光”下，防止了“暗箱”操作等问题，为群众提供高效、便捷、规范、廉洁的服务环境。

【政府采购工作】 为了切实加强政府采购招标工作的规范化建设，按照公开、公正和公平和平等竞争的原则，对政府采购招投标项目严格执行招标公告、资格审查、开标评标、中标公示等规定程序，全程接受有关监督单位的监督。对进入毕节市七星关区项目交易咨询服务中心的所有政府采购项目，其招标公告及中标公告均在中国采购网、贵州省采购网、七星关区人民政府网、七星关区阳光党务政务网和七星关区政务服务中心进行公告。2017年，完成11个采购项目，完成采购预算资金17535630.00元，实际采购资金15877030.4元，共节约采购预算资金1658599.6元，整个采购活动实现了零投诉的工作目标要求。

【政务服务形象】 政务服务窗口是党和政府联系群众的桥梁和纽带，窗口服务质量的好坏事关区委、区政府的形象，事关七星关的经济和社会发展。为此，先后印发了《工作人员基本行为规范》《工作人员考勤制度》《窗口工作考核方案》《优秀工作人员考评办法》等，形成了包括大厅管理、考勤考核、计算机使用、投诉举报等一系列行之有效的工作制度，使政务服务工作管理机制更趋科学合理，并着力抓好窗口人员职业道德培训，聘请专家对窗口人员进行爱岗敬业、礼仪举止、仪表仪容和文明用语培训，在全区率先推行窗口人员统一着装，进一步规范了窗口形象。

【管理考核模式】 为了进一步提高政务服务工作绩效，我们把加强窗口和工作人员的考核作为规范窗口管理的重要措施，将政务服务审批工作纳入了七星关区“双考双评双挂钩”考核内容，分别制定出台了窗口和工作人员两个考核办法，细化考核目标，明确考核方式，将窗口行为规范、办件数量、纪律作风、工作效能和服务质量有机结合起来实施综合考核。坚持把窗口考核与部门考核成绩相挂钩，实行“一月一考、一季一评、年终总评”，每季度开展“流动红旗窗口”和“先进服务个人”评比，把季度考核是否获得“流动红旗”和“先进服务个人”作为年终评先选优的入选条件，实行“一票否决制”，全面推行过程式管理，积极营造良好的服务氛围，努力强化窗口人员的文明服务意识。

【规范化运行】 为了切实推进政务服务工作的规范化管理，我们以高效、便民、利民为工作目标，多措并举，扎实工作，努力强化管理工作的规范性。一是建立了首问责任窗口，全面推行首问责任制。首问人员必须对群众咨询的问题做到一次性全部告知，让办事群众清清楚楚、明明白白，做到服务对象办事在大厅，满意在大厅；二是办事绩效实行监察监控。对行政审批服务事项办理进度情况推行电子监察，对可能出现超期办件的现象实行红黄牌预警机制，努力提高办事效率，确保不出现超时办理；三是实行首席代表负责制。服务窗口明确首席代表，负责加强窗口管理、协调和处理好每天行政审批服务中的相关事宜职责；四是严格兑现承诺时限。服务窗口必须严格按照对社会承诺的时限完成事项办件，即办件必须随办随结，承诺件必须在规定的时限完成，能够做到提前办结的要提前办结，不允许超越时限办理，对发现受理而不办理情况的，将严格追究有关人员的责任；五是组织开展民意调查，通过召开服务对象与服务单位“交心谈心”座谈会、设立征求意见箱和现场向群众发放调查表等形式对满意度进行测评，有效收集服务评价情况，制定完善相应的管理制度和措施，最大限度地为服务对象提供方便和便捷人性化服务。

（撰稿人：朱娥）

城市综合管理

【实行网格管理提升市容管理标准】 按照“城市管理是走出来的”指示要求，实施了城市管理网格化工作，加大巡查管理频率，形成工作合力，将每个单元网格内的乱堆乱放、乱搭乱建、乱倒乱抛、乱画乱贴等市容秩序“脏乱差”现象、环卫清扫保洁、清收清运、垃圾设施摆放抹洗不到位、市政设施损坏、绿化管养缺失等问题解决在初始阶段和萌芽状态。一年来，在“门前三包”方面，与城区沿街责任单位及商铺签订“门前三包”责任书20000余份，整治沿街超越门面外墙占道经营商铺9000余户，拆除占道摊蓬6000余个。在“还路于民”方面，清理取缔占用城区人行道、车行道及其他公共场地占道经营的各类流动摊点20000余个，清除占道设置的水泥路障、梯步坎、地锁，各类岗亭、报刊亭以及变电箱、交换器等障碍设施8000余平方米。在“城市洗脸”方面，清除各类“野广告”“牛皮癣”20万余处，收缴打击乱散发宣传小广告18起14万余张，清理拆除残标布副1800余条，拆除存有安全隐患、破旧、残缺的大型户外广告14块、门头牌匾广告356块、喷绘广告699副、不雅医疗广告260副。

【实行无缝对接 提升环卫保洁水平】 环卫市场化运营以来，按照“定人员、定任务、定标准、定时间、定奖罚”的精细化管理要求，推行路面冲洗、机械清扫、人工巡扫相结合，基本实现零星垃圾从看得见到看不见转变的目标。通过加大垃圾清收清运的密度和频度，逐步取缔占道设置的垃圾桶（斗），减少了因乱丢乱倒垃圾造成的垃圾积存和二次污染。通过实施文明公厕创建，加快对所辖74座公厕的升级改造和免费开放，确保了开放时间、保洁质量以及内部设施等达到“四无四净”要求。一年来，共清收清运生活垃圾16万吨，平均每月清收清运13500吨垃圾。城市道路机械化冲洗作业率达到80%以上，出动洗扫车

6700余次。维修更换果皮箱480个、垃圾斗84个，并投入资金约300万元购买4辆多功能防尘车，喷雾、洒水降尘400多次，对环境卫生工作薄弱的区域开展垃圾突击清运整治活动，突击清理死角死面、暴雨冲积产生的垃圾4000多吨，确保城区道路干净、整洁。

【实行改造升级　提升市政承载能力】　及时维修维护城市破损道路和其它市政设施，同时从主城区、重要路段、重要区域有序向外围扩展启动城区人行道地砖、沥青路面维修升级改造工程。严格城市道路临时占用、开挖审批，督促通讯、供电、供水、供气等部门及时维修维护所属设施。增设花箱护栏，逐步取缔影响城市观瞻的护栏广告。对城区排污、排水管网进行摸排，及时清理维护排污沟、雨箅、检查井，夯实城市防洪防涝基础。一年来，完成了清毕路、桂花路人行道的改造工程，改造人行道地砖15000平方米，改造道沿3200米；完成了城区破损沥青路面修复工程，修复沥青路面13000平方米；完成了城区盲道修复改造工程，修复改造盲道3500平方米；并组织开展皮夹山山体滑坡治理、观水路环卫冲洗作业蓄水池修建和加水系统改装等建设工作。为及时对排污排水管网清淤和修复损坏的路面，降低维修成本，成立了3个管网清淤组和4个零星修复施工队，共清理雨箅及检查井3500个次，零星修复地砖8000余平米，道沿3600余米，更换井盖400余套，雨箅386套，维修路灯9000余盏次，更换路灯电缆线4000余米。

【实行常态管护　提升园林美化效应】　围绕到2020年中心城区绿化率达40%以上，城镇人均公共绿地面积达12平方米以上的目标，对碧阳美食城、区政府后花园等地段实施绿化建设，共铺设草坪1200余平方米，种植景观灌木800余株。按照季节特性，开展对城区18万余平方米绿化植物的修剪除草、枯枝清除、病虫害防治、冲洗洒水等日常管养工作。改造安装城区行道树树箅400余套，维修维护城区坏损树池、绿化带道牙石600余起，3400平方米；因地制宜拆除改造影响道路通行的绿化带2200平方米，并妥善移植移种附属绿化植物。为营造节日氛围，提高城市品位，在南箐基地探索培育鲜花38万袋，用于补植补种城区分流岛、花箱护栏内坏死鲜花，累计补植补种鲜花215400余盆。为满足市民日常休闲娱乐需要，加强对人民公园、阳山公园、同心公园秩序管控，积极创建健康主题公园。规范管理游摊经营、宣传促销、歌舞晨练等各类破坏院内设施和秩序行为1800余次，4000余人次，维修维护绿化设施、健康设施180次、补植补种绿化植物6万余株。

【整合信息平台　探索构建智慧城管】　为积极推进城市管理数字化、精细化、智慧化，集中对城区下水井盖、人行道树、路灯灯杆等上万件市政设施进行编号管理，面向社会公布了举报电话、信箱、门户网站和公众微信平台，全面提高了问题的发现、受理、处置速度，初步建立七星关数字城管管理雏型。到2018年年底，我们将有机整合公安天网，交警智能监控系统等载体，建立城市管理监督指挥中心及相关电话服务平台，建立完善城区范围内的市容市貌、卫生保洁、市政公用、路灯照明、园林绿化、城市秩序等公共服务领域，较为完善的城市管理信息发现、问题处置、情况反馈、综合评价等高效运转的城市管理机制，认人民生活得更美好，让城市更和谐。

【完善城市功能　加快基础设施建设】　一是启动城乡垃圾收运系统建设，初步建立线路优化、成本合理、高效环保的“户三包、村收集、乡镇（公司）转运、区处理”的垃圾收运模式。由区政府出资1.7亿元，已完成30个乡镇垃圾中转站建设和3个乡镇垃圾焚烧站建设。在建设和投入运行前，按照“日通报、周排名、月考核”的方式对乡镇的垃圾无害化处置进行跟踪考核，实施差别化奖补，共发放奖补资金1140万，大幅提升了七星关区垃圾无害化处理率。在2017年年底七星关区垃圾无害化处理率已达到90%以上（91.1%），超出区政府年初80%的目标11.1个百分点。二是完成公厕、农贸市场、停车场建设任务。如期完成七星关区新建公厕6座、垃圾中转站2座、停车位4000个的民生实事目标。为逐步缓解城区公厕不足和分布不均的现状。区政府出资1292.59万元，在市公务员小区、茶亭村廉租房、福音堂北门社区、阳山森林公园广场旁、碧海街道店子村、区经济开发区新建公厕6座，其中有4座带中转站。同心公园地下停车场建设完成后及时进行移交管理，并面向社会开放使用。为解决城市的“面子”和群众的“肚子”问题，将长期占道经营的弱势困难群众和城区清理拆除的夜市摊点集中引导到丽泽农贸市场和新建完成的“碧阳美食城”统一规范管理。按照划行归市要求，完成了洪南水果批发市场业态调整升级改造，通过对原有水果、建材批发经营商铺的疏导和规范，有效缓解了洪南路周边流动摊点对城市主干道的压力。三是按照绿色循环低碳的理念，积极推进城区道路和公园照明亮化提升改造，提升城区照明亮化效果，实现路灯智能化管控，降低使用成本的同时，解决群众出行难的问题。

聚焦“五城同创”，开展综合环境治理。开展校园、医院周边环境专项治理，清理取缔城区学校、医院周边流动摊点、占道搭建烧烤摊篷、无证无照经营食品摊点共计2700余个，切实保障食品安全，净化学校、医院周边的市容环境秩序。开展夜间露天烧烤及经营性燃煤专项整治，清理取缔流动烤摊摊点2000余个，整治超越门面外墙经营露天烧烤的商户1000余户，拆除占道搭建的摊篷600余个，取缔使用燃煤经营商户100余户，有效缓解油烟烧烤摊点和燃煤经营对环境的污染，改善城区空气质量。开展道路扬尘综合治理，整改处罚不文明施工工地156个、287起，办理运输渣土准运通行证553个，查处运输渣土车辆带泥上路污染城市道路246起，超高、未覆盖运输沿途遗撒污染城市道路313起，从源头上减少工地施工造成的环境污染。开展倒天河沿河污染专项治理，拆除沿河两岸临时搭建商铺、摊篷、特巡警岗亭、邮政报刊亭等36处，大力打击和查处向河道乱倒垃圾、乱排污水等污染环境的不文明行为400余起，切实改善倒天河及周边环境卫生状况。开展商业宣传促销噪音专项整治，整治沿街商户音响促销2000余户，收缴音响设备2000余个，流动摊点促销高音喇叭3000余个；劝阻制止利用车辆宣传促销噪音扰民行为30余次，建筑、加工噪音扰民80余次，尽力营造安静祥和的城区环境。同时还对占道修车、洗车、花鸟市场、街头赌博等进行专项集中治理，通过集中整治，高压管控，有效缓解“城市病”，积极推动了七星关区“五城同创”工作进程。

（撰稿人：彭宏智）

气　象

【概述】 七星关区气象局于2012年7月获中国气象局批复正式成立，下设“三网一办”即：防雷减灾办公室、人工影响天气办公室、农村综合经济信息网络办公室和气象综合服务办公室。2017年，气象局有干部职工7人，其中正科级1人，副科级1人（挂职），工作人员5人，聘用人员5人。在区委、区政府的领导和上级部门的指导下，以“三个代表”重要思想为指导，认真贯彻落实科学发展观及党的“十九大”精神，认真学习和执行“国发2号”文件精神，结合上级文件精神和单位实际，2017年3月修订印发了《七星关区气象局三人小组民主决策制度》、6月印发了《七星关区气象局支出审批管理办法》（暂行），从加强办公用房管理、公务接待、车改后公车使用管理等三方面，重新修订印发了《七星关区气象局关于印发办公用房管理规定》《七星关区气象局关于印发公务接待制度》《七星关区气象局机关公务用车使用管理暂行规定》等制度，不断完善充实单位规范管理体系，单位管理得到进一步提升。紧紧围绕“防灾减灾，气象先行”的服务理念，认真开展和完成了2017年的气象服务工作。

【人工影响天气】 2017年七星关区气象局在全区范围内下

设11门人影防雹高炮，分别位于毕节市七星关区岔河、朱昌、野角、八寨、海子街、田坝、大银（保旺村）、大银（黄塘村）、对坡、大河、撒拉溪，一辆移动火箭发射车，人影民兵60人。按照“早计划、早部署、早准备、早行动”的原则做好2017年汛期防雹消灾工作。从3月12日-9月25日申请作业90余次，成功组织实施人工增雨防雹作业50余次，发射增雨防雹炮弹724发，参加作业160人次。有效保障了炮站保护方位内的庄稼和农作物生长，取得了明显的社会效益和经济效益。成功组织实施人工增雨作业20余次，发射增雨炮弹600余发，为缓解七星关区局部旱情做出了贡献。

【气象服务工作】 （一）七星关区气象局在全区各个乡镇安装有区域自动站，用于收集乡镇温度和降水情况。截至2017年全区共有区域自动气象站59个，个别乡镇安装有土壤墒情站，用于测量土壤墒情况，更好的做好气象为农服务工作。加强区域站的维护维修，气象局职工下乡维护维修区域站200余次，保证了数据传输的有效性、准确性和实用性，保障了气象决策服务数据材料的真实可用性。同时气象局在七星关区部分乡镇安装有农经工作的LED显示屏用于显示农业气象信息，指导农事生产，并在部分乡镇组织人员进行相关知识培训。（二）2017年七星关区强降水天气过程发生了6次。（1）6月21日至22日天气过程。此次过程全区出现大范围降水，出现暴雨9站，大雨7站，城区降水38.6mm。值班人员和王安林局长及时开展“三个叫应”服务，叫应区委、区政府主要领导、区直相关部门和部分乡镇共计32次。（2）7月14日至15日天气过程。7月14日14时30分至7月14日20时50分七星关区出现2站暴雨（团结71.7生机51.2毫米）；2站大雨（龙场39.1大屯33.7毫米）；3站中雨（撒拉溪14.7青场14.5亮岩12.5毫米）；值班人员和王安林局长及时开展“三个叫应”服务，叫应区委、区政府主要领导、区直相关部门和部分乡镇共计33次。（3）7月19日天气过程。7月19日11时至7月19日15时七星关区出现3站暴雨（团结64海子街62.8层台57.8毫米）；14站大雨；8站中雨。值班人员和王安林局长及时开展“三个叫应”服务，叫应区委、区政府主要领导、区直相关部门和部分乡镇共计48次。（4）9月1日至9月2日天气过程。9月1日15时至9月2日15时七星关区出现4站大暴雨（田坝124朱昌115.7阴底108.8千溪100毫米）；3站暴雨（海子街81鸭池61.6河庄61.1毫米）；11站大雨（撒拉溪45.5大河40毕节39.3小吉场37.5野角35.1层台34.2林口32.7大银炮站31.2梨树29.8杨家湾29.6大银29.3毫米）；8站中雨。根据全区乡镇雨情实况，值班人员和王安林局长及时开展“三个叫应”服务，叫应区委、区政府主要领导、区直相关部门和部分乡镇共计37次。（5）9月4日至5日降水过程。9月4日17时至9月5日7时51分七星关区出现4站暴雨（梨树82.7野角69.2大河65.7杨家湾57.7毫米）；18站大雨；4站中雨。值班人员和王安林局长及时开展“三个叫应”服务，叫应区委、区政府主要领导、区直相关部门和部分乡镇共计37次。（6）9月9日至10日降水过程。9月9日08时至9月10日08时七星关区出现4站暴雨（亮岩90燕子口86.6阿市64.7普宜55.6毫米）；12站大雨；11站中雨。值班员和值班领导及时开展“三个叫应”服务，叫应区委、区政府主要领导、区直相关部门和部分乡镇共计30次。（三）从2017年4月1日截至到9月20日，共发布（解除）各类预警信号43次，其中暴雨红色预警2次，暴雨蓝色预警9次；雷电黄色预警34次。

【其他工作】 （一）在做好气象服务工作、人工影响天气工作的同时，严格按照区委政府的部署要求，结合各项工作的目标管理责任书，思想上高度重视，精心安排、狠抓落实。在人口计生、信访维稳、社会治安综合治理、应急管理等方面严格按照相关部门和文件精神要求抓好落实，按要求及时完成并上报存档。（二）制度、纪律执行情况。1、办公用房：对办公用房进行了清查，七星关区局涉及办公用房13间，分为局长办公室、副局长办公室、办公室、财务室、人影办及气象业务平台、档案室、机房、值班休息室及库房等。所有办公用房使用均按照国家相关规定执行，无办公用房使用面积超标情况。2、公车使用：制定印发了《七星关区气象局机关公务用车使用管理暂行规定》，进一步完善了公车使用管理流程，参公人员在市区内公务，未出现乘坐单位公车现象，事业人员坐车有派车登记表，公车使用登记记录。

【党建工作】 认真开展党风廉政案例警示教育学习。学习了《贵州省纪委关于违规兼职取酬通报》《中共毕节市纪委关于9起落实党风廉政建设主体责任不力典型案例的通报》《气象部门反腐倡廉警示录》等等10余次案例教育，观看专题警示教育片《作风建设永远在路上》。以此为鉴，扎实做好党风廉政和反腐败工作，保持共产党员的先进性和纯洁性。1、加强廉政文化建设。深入推进气象廉政文化建设，认真开展第16个以“严肃党内政治生活，强化党内监督”为主题的宣传教育月活动和廉政文化上墙，引导党员干部继承和发扬党的优良传统和作风，培养高尚道德情操，坚决抑制各种不良风气，永葆共产党人的政治本色。2、加强党建工作，尤其是在当前党员少的情况下发展党员，我局主要领导加强与区直机关工委的工作汇报6次，区直机关工委已明确对我局周姣、帅龙两名积极分子进行培养，2017年5月22日转为预备党员，并在6月30日参加由区直机关工委组织的宣誓活动。3、坚定执行“三人会议”制度和落实集体决策。凡涉及“三重一大”事务，都是由“三人会议”进行决策，决没有一言堂的情况。纪检员认真履行监督职责，作为“三人会议”的重要成员，并具体分管纪检监察和局务公开工作。4、严格执行公开。有关“三重一大”的事情都必须按照相关部门的要求进行公开、公示，确保阳光透明，我们公开的内容有重大事务、财务包括“三公经费”、重大财务开支、以及出差费、职工收入等等都进行公开，上万元支出都要报经纪工委批复，目前报送区社会发展部门纪工委权利清单审批共6次。5、严格按照省局“三个规范化文件”的要求，班子成员有明确分工，“一把手”不分管财务。制定完善值班值守、物资采购、财务管理、事务公开、出差审批、财务报账、车辆管理等等各项规章制度，并严格执行。

（撰稿人：尚雷、王凯、李阳东）

水库和生态移民

【概述】 水库和生态移民局是区人民政府直属正科级全额拨款事业单位，内设8个职能股室，核定事业编制32名。在区委、区政府的正确领导下，以习近平新时代中国特色社会主义思想为指导，深入贯彻中共十八届五中六中全会和十九大精神，以改革创新为动力，坚持“守底线、走新路、奔小康”的要求，不断完善工作机制，整合各方资源，进一步加大工作力度，集中力量解决水库和易地扶贫搬迁群众生存环境恶劣、居住不安全、生活贫困等突出问题。提高搬迁群众收入水平和生活质量，实现“搬的出、稳得住、能致富”，确保与全国、全省、全市同步小康。

【扶贫生态移民】 一是完成2012年水箐镇东风大街安置点实施搬迁55户250人的搬迁入住工作，完成2012年生机镇镰刀湾安置点实施搬迁55户250人的搬迁入住工作；二是完成2013年碧海街道店子村安置点实施搬迁496户2086人的搬迁入住工作；三是完成2014和2015年生机镇幸福大街安置点共实施搬迁541户2385人的搬迁入住工作；四是完成2015年清水铺镇独山湖安置点实施搬迁243户1149人的搬迁入住工作。

【易地扶贫搬迁】 一是完成2016年第一批项目共4个安置点213户878人的搬迁入住工作。二是完成2016年第二批项目共9个安置点616户2492人的搬迁入住完毕；完成第一、二批搬迁移民户的旧房拆除工作，并落实劳动力家庭一户至少一人就业，推进“三块地”盘活工作。

三是抓好2017－2018年度易地扶贫搬迁工作。2017－2018年度易地扶贫搬迁共计划实施搬迁6149户27907人，其中贫困人口5511户24949人。具体为：2017年计划实施搬迁4500户20521人，其中贫困人口4279户19513人；2018年计划提前实施搬迁1170户5218人，其中贫困人口1162户5175人；2018年新增搬迁479户2168人，其中贫困人口70户261人。共设1个中心城区集中安置点在碧海街道柏秧林社区暨碧海阳光城安置点，由恒大帮扶建设，完成征地958亩、迁坟830冢、264户房屋拆迁；建成八寨镇农村公益性公墓5亩；完成安置点房屋主体工程建设2610套；在安置点周边配套设计建设产业园区共占地478亩；共组织了6期集中培训，培训贫困群众1900余人；以乡镇为单位送教下乡举办培训班4期共培训贫困群众800余人；开展就业宣讲吸纳和引导就业2300余人。

【水库移民搬迁】 一是做好夹岩水利枢纽及黔西北供水工程移民工作。实际共搬迁1904户9294人，累计完成签订搬迁协议1620户7889人。完成1265米水位线下需搬迁606户2939人的搬迁安置协议签定工作及搬迁安置工作。完成田坝镇田坝安置点79户271人宅基地的场平工程及基础初验、宅基地分配工作；完成阴底乡金家老包安置点30户192人和马场安置点143户637人的宅基地建设工作；完成1265米水位线下库底清理工作。二是推进龙官桥水库移民工作。完成坝区、渣场及施工区土地基本丈量，完成征收补偿96.98%；完成197户1045人的移民人口认定和安置意愿选择工作；完成电力迁改工程涉及的5段线路、联通移动线路迁改工程、龙汉庙改复建工程。三是完成双河口水库淹没征地范围土地及地面附属物的征收，完成输电线路、联通通讯线路、移动通讯线路的迁改，启动道路和学校建设工程，启动库区移民搬迁工作，全面完成57户288人的搬迁任务。四是推进野角水库、狗跳岩水库、普宜水库及林口水库的相关建设工作。五是完成后期扶持人口1554人的核定，其中直补864人，项目扶持690人；推进大新桥天生村路灯安装项目和大新桥殷官村路灯安装项目邀标实施；完成海子街镇十三亩村人饮工程的验收和大屯乡雅木村猕猴桃项目的验收；完成移民后扶信息系统录入涉及的倒天河水库移民直补人口864人的信息和2006年以来后扶项目库的录入。

【移民资金管理和使用安全】 移民资金做到专款专用、专项专用、专户储存、专帐核算、专人管理，严格按照国家有关移民政策管理使用移民资金，移民资金严格执行县级报帐制，严格执行财经纪律，加强对移民资金使用各个环节监管，未发生截留、挪用、挤占、贪污移民资金现象，做好有关检查和审计配合工作，开展移民资金管理使用情况内审自查并上报书面报告，对自查、审计和稽查中发现的问题及时整改落实到位，规范会计基础核算，健全财务档案，按规定和时限要求编制上报移民安置年度资金使用计划和有关财务报表，及时兑现移民资金，实施相关项目。

【信访、维稳】 一是强化信访制度的落实，有效的开展重信重访专项治理工作，强化稳定意识，做好重要时间的信访工作。二是建立健全信访接访台账，共接访95批138人次，现场给予答复81件，深入调查后给予9件，转乡镇调查处理5件；到市、区信访局参与接访26次。三是及时办理上级交办信访案件，接办区、市转办信访案件32起。四是全力做好行政起诉案件，收到双河口水库诉讼案件1起，当庭调解成功；代表区政府参与夹岩水库行政诉讼案件3件。

【党风廉政及反腐败工作】 一是开展系统行风政风建设。认真组织学习中共十九大精神，结合实际，制订学习计划，把《党章》《党内监督条例》《党纪处分条例》《廉政准则》等作为必学科目，加强对干部职工教育培训，树立依法行政、廉洁高效的服务意识，进一步强化系统干部职工政治观念，培育价值观，端正人生观、世界观和权力观，提高抵御各种诱惑的能力。二是始终坚持廉洁从政，建立完善依法行政、廉洁从政等方面的工作制度和行为规范，建立有效的监督工作机制。领导班子成员带头树立艰苦奋斗、勤俭节约的思想，带头抵制拜金主义、享乐主义和奢靡之风，牢固树立正确的人生观和价值观，坚决抵制腐朽没落的思想观念和生活方式的侵蚀，始终保持共产党员的政治本色。

【其他工作】 一是配合省市审计部门对易地扶贫搬迁资金和水库移民资金的审计，抓好稽查发现问题的整改落实。二是做好信息宣传工作，分别在市级和区级媒体、报刊等进行宣传，按时保质保量报送信息工作。三是做好干部驻村工作。抽出2名干部由区委组织部下派到镇乡开展驻村工作。四是按要求做好各级各部门交办的其它工作。六是做好干部职工管理工作，通过每周晒成绩单、考勤周统计、月通报等形式督促干部职工严格要求自己，扎实工作。七是扎实抓好机关党建工作。

（撰稿人：王科文）

镇乡办事处概况

市西街道办事处

【概述】 市西街道位于七星关区老城区，总面积5.91平方公里，常住人口19213户，共77183人。辖翠西、翠屏、安家井、北门、百花、和平、金钟、天河和松山9个社区。有干部职工54人，社区“两委”成员45人。2017年，街道深入学习践行中共十八届三中、四中、五中、六中全会精神及习近平重要系列讲话精神，按照市委“113攻坚战”目标、区委“1136”规划，攻坚克难、创新发展，努力破解发展中存在的突出问题，着力解决居民群众关心的难点和热点问题，为打赢“113攻坚战”奠定了坚实基础。紧紧围绕“棚户区改造强基础，产业发展带产业，项目实施争项目，稳定工作保稳定，作风建设促作风”五大主线，助力五城同创，深入转变干部思想作风，强化工作落实力度，实现了在棚户区改造、居民增收、项目建设上的新突破，大力发展了各项社会事业，提高了执政能力，建设了服务型法治政府，进一步加强了党的建设，积极构建和谐社会，有力促进了全办物质文明、政治文明、精神文明、生态文明全面协调发展。

【投资增长】 在项目建设中，明确班子成员具体负责项目建设、棚户区改造、招商引资工作，协助解决辖区内项目建设工作中征地、拆迁等问题。确保所有项目工程正常施工，并全力跟踪服务过程，扎实推进项目建设工作。一年来，全办共完成招商引资2.1亿元；企业缴纳税额达0.55亿元；完成民营经济投资21.74亿元，比同期增长8.3%，超额完成全年工作任务。

【城市管理】 该办积极创新工作机制，深入开展“五城同创”工作。一是推行包片责任制。工作中实行副科级领导包社区，社区干部和保洁员以网格为单元的包片责任制，形成了横到边纵到底的工作格局。二是推行创卫工作“六个一”措施。即撰写一份倡议书，倡导文明新生活；发放一张便民服务连心卡，畅通便民利民新渠道；发送一条短信息，推进“五城同创”；建立一支劝导队，形成文明软约束；设立一部监督专线，实现有监督举报即整改；完善一套制度，严格实行兑现奖惩责任制。三是建立《社区居民自治管理公约》。积极开展楼院长选举大会，在各社区实行楼群院落分类管理。四是绿化环境，美化家园。为推动“文明在行动·满意在毕节”工作，社区着力美化了环境卫生。在松山社区，进入忆城坊，沿着干净整洁的巷道缓缓下行，居民楼房错落有致，这里原来是百货公司和石油公司宿舍楼‘两不管’的地方，煤渣、垃圾堆积如山，馊水浸流，臭味熏人。原来泥泞的斜坡小路变成了带有栅栏的别具风格阶梯，原来垃圾堆被桂树、玉兰等绿树及古井和石凳石桌所代替，煤棚墙头植上了盆景、爬山虎，各种树木“苍翠挺拔”，像一个个战士守卫着这里的美丽。五是成立环境卫生“大妈义务巡逻队”。大妈巡逻队员每天穿梭于社区楼群院落、背街小巷，对居民乱扔乱丢、随地吐痰等不文明行为进行劝导，促使大家养成良好的文明习惯。六是成立车友会。车友会由辖区内车主组成，让他们对社区车辆进出自行管理，参与社区停车位合理划设，规范社区车辆停放行为，杜绝乱停乱放，建立车友微信群，便于车主及时沟通交流，互通信息，掌握车辆停放情况，解决社区车辆“出行难”问题。七是严格控制新增违法建筑。在工作中，采用疏堵结合、分类管理、分类打击的办法，有效遏制了违法建筑的势头。一年来，共下达违法建筑整改执法文书（告知书等）28 起共拆除违章建筑 28 户共计 1166 平方米，有效控制了新增违法建设。八是全力做好城市棚户区改造工作。全办城棚改总任务数为 4928 户，已完成4485 户，还有443 户未完成。其中，双井寺片区任务数为 1367 户，已完成 1356 户，未完成11 户；倒天河片区任务数为 991 户，已完成 827 户，未完成 164 户；西客站片区任务数为 2021 户，已完成 1820 户，未完成201 户；茶亭片区任务数为 67 户，未完成 67 户；东清高速周边任务数为 482 户，已完成 482 户。现各棚改征收工作组正加大工作力度，确保在年底前完成全年目标任务数。

【人口与计划生育】 始终以“三按月”“四为主”为计生工作主线，强化过程服务管理、责任落实和目标考核，有效促进“双诚信、双承诺”工作和流动人口计划生育服务管理。截至目前常住人口出生 486 人，符合政策生育率达 96.63%；出生人口性别比为 111。完成免费孕前优生健康检查 78 余对，“双诚信、双承诺”签约率达 99%，群众对政策知晓率达 99% 以上。在工作中，加大对居民群众的宣传教育，一年来共开展集中宣传 12 次，发放计划生育政策法规宣传资料 5000 余份，避孕药具 2000 余盒，接受政策法规咨询 4000 余人。配合“两非”联合执法队执法两次。与此同时，注重利益导向，提倡优质服务，强化综合治理。

【社会治安综合治理】 结合“五项行动”“百日攻坚战”和“五个专项治理”工作，部署开展摸底排查，严格按照“三到位 一处理”要求，逐一研判，及时化解，落实包保稳控。健全完善了矛盾纠纷排查调处机制、三级联动视频接访机制，实行领导干部包案督访、下访、回访制度，变群众上访为干部下访，积极推进信访积案和突出矛盾纠纷化解。成立群众诉求评议会，有效解决信访问题和畅通信访渠道。一年来，区委、区政府集中交办信访积案 16 件，信访案件 39 件，个访 51 件，集体访 4 件。目前，已办结 38 件，其中息诉息访案件 15 件。在逐步缓解了我办的信访工作压力的同时，确保了重大节假日和会议期间无重大事件发生。建设“群防群治”队伍，打造天河、和平、松山等法治示范社区。积极落实人防、物防、单元防、技防、户防等五防措施和制度，最大限度的发挥网络触角作用，为广大群众安居乐业提供平安防线。加强刑释解教人员无缝对接帮教工作和社区矫正工作。结合“两学一做”工作，组织辖区内党员对吸毒人员和社区矫正人员进行帮教，正确引导他们重新做人，远离犯罪道路，积极走向健康的人生，鼓励其重归社会进行创业，有效维护了社会的稳定。开展“1 + N”禁毒预防宣传教育，充分利用天河社区禁毒预防宣传教育基地。组织辖区内 1000 余名中小学生、300 余名居民群众及吸毒人员参观禁毒预防宣传教育基地。让居民群众在家门口，就能接受“1 + N”式的禁毒预防宣传教育。实现了禁毒教育的现代化、系统化、经常化，使社区禁毒工作形象、生动、直观。获得了广大居民朋友及吸毒人员的一致好评。

【教育工作】 组织工作组对辖区内 26 所学校（公办小学 5 所、公办中学 2 所、公办幼儿园 2 所、民办小学 7 所和民办幼儿园 10 所）等进行安全教育和安全检查，及时消除安全隐患。二是扎实做好控辍保学工作。共完成中职招生 95 人（目标任务为 122 人），特殊教育招生 1 人。小学适龄儿童入学率达 100%，小学辍学率控制在 0.6% 以内（目前我办无辍学现象）。三是扎实抓好“三关爱”工作。办事处从“严”字当头、“实”处着手，以高度负责的精神、求真务实的作风，推行“三式三心”工作法，即地毯式排查，细心摸清底数，着力解决“关爱谁”问题。结对式包保，尽心落实责任，着力解决“谁关爱”问题。亲情式关爱，精心实施帮扶，着力解决“怎么关爱”问题。把辖区留守儿童，45名困境儿童，空巢老人和残疾人的关爱和救助工作落到实处，对他们进行专业心理辅导，发放慰问品和生活必需品，进行亲情聊天等，着力解决了“关爱谁、谁关爱和怎么关爱”的问题，切实维护了社会和谐稳定。每月由办事处关爱工作领导小组排出任务清单，由联系社区领导进行交叉检查，实行月调度、季考核、季通报、年终考评制度。四是引入项目制管理，让关爱更具专业化。为使留守儿童关爱活动更具专业化、规范化，办事处与贵州工程应用技术学院团委合作，引入项目制管理模式，建立“专业化关爱扶助团队”，由学院专业社团为社区留守儿童提供专业化服务。在社区DIY小屋，每周二、周四下午对留守儿童开展“四点半”课堂已达60余次，对他们进行学习辅导；每周六下午开展舞蹈和绘画特色课程已达30余次，丰富留守儿童精神生活，让他们拥有一个快乐的童年；利用“法律小屋”对留守儿童进行未成年人保护法等法律法规的宣传教育20余次，切实增强了未成年人运用法律维护自身权益的能力；利用心灵驿站，不定期对留守儿童进行一对一心理辅导达80人次，引导他们身心健康发展。开展“两节”期间“关爱留守儿童，温暖在冬季”主题活动，每周一、二、四、五由各社区把所辖留守儿童送到天河社区DIY手工创意小屋或道德讲堂，由学院专业团队根据寒假活动方案所制定课程安排对其开展素质拓展、心理咨询、童话故事、辅导功课等丰富多彩的活动。学院心理协会对社区特殊困境儿童开展每周一次谈心、交流等心理安抚走访活动，联合辖区内医院，对留守儿童进行身体健康体检，确保留守儿童身心健康。自“颂善”社区建立以来，在松山社区每周六、周日为留守儿童讲授国学经典，让留守儿童学习国学、国画和古典乐器（古筝、葫芦丝、二胡、竹笛等）已达50次1000余人次，培养孩子的兴趣爱好，寓教于乐，让国学经典对孩子们产生潜移默化影响，从小就受到国学文化熏陶，启迪心智，陶冶品行，提高修养。同时联合团区委为辖区一年级500余名新生开展“不学礼·无以立”开笔礼活动，激励他们“立大志、树品格、尊道义，学传统、明伦理、促和谐”。

【安全生产】 始终坚持安全第一、预防为主、集中整治的方针，稳步推进安全生产工作。一是严格落实安全生产责任制。年初将安全生产工作同其他中心工作同安排同部署，层层签订目标管理责任书，层层形成安全防护网。二是强化宣传教育，着力提高市民群众的安全意识。采取咨询、发放宣传资料、出动宣传车、培训讲解等方式，多层次、多渠道宣传安全生产方针政策，着力抓好《安全生产法》《道路交通法》《消防法》《贵州省安全生产管理条例》的贯彻落实，大力提高辖区内各生产经营单位、企业主、群众的安全生产意识。形成了横到边、纵到底的安全生产宣传格局，起到了很好的宣传效果。三是加强安全生产监督管理，及时排除安全隐患。组织工商、消防等部门对辖区网吧、加油站、建筑工地、烟花爆竹销售点、危化物品存储点、医院、宾馆、娱乐场所、超市、学校等各种行业不定期进行安全排查整治，并跟踪督促落实，安全生产摸底排查共计62项（其中烟花爆竹28项；道路交通和水上交通4项；建筑施工6项；消防24项），已整改62项，整改率100%。与此同时，积极对道路交通、森林防火、食药品等专项领域进行集中整治，深入开展食品、药品安全整治，道路交通安全整治，切实保障人民群众身体健康和财产安全。

【社会保障工作】 结合“三关爱”工作目标，始终坚持“以人为本，为民解困”的工作主线，积极推进社会救助体系建设。一是按时发放低保金。本年度共发放城低保2527户5768人，

23857843元，农低保196户498人，1017972元。截至目前，该办经区民政局审批认定并享受待遇的特困供养人有44人，共发供养金92439元。孤儿5人，均纳入最低生活保障范围。共发放孤保供养资金15000元。困境儿童有46人，共发27600元。二是有序开展城乡医疗救助、临时救助。按照“扶贫帮困，分类施救”的原则，我办将城乡低保户、五保孤儿、重点优抚对象等作为救助的重点。年度上报审批城乡医疗大病救助122人，发放大病救助资金751510元，临时救助70人，发放救助资金162500元，现已全部足额发放到救助对象手中。三是社会保障工作。我办新型农村合作医疗共43005人参合，完成参保率103.89%，共筹集参合金5160600元。其中自筹人数33496人，低保户8582户，五保户及三无人员44人，重度残疾人625人，重点优抚对象246人，60年度精简老职工20人，农村计生两户81人。已完成参合成员系统信息录入工作及新参合家庭医疗证发放工作。共完成170人次外伤调查工作，共计104人次市外就医转诊登记。工作期间认真履行职责，没有拖拉，推诿现象发生，参合群众在合医证使用过程中遇到的问题能及时得到解决，受益者能及时的领到资金补助。

【党风廉政建设工作】 结合实际，坚持标本兼治，综合治理方针，扎实推进党风廉政建设责任制。一是强化“窗口”服务，提高服务效能。在办事处、翠西、北门、天河、百花、松山5个社区建立了便民服务大厅，按照“公开透明、服务便民”原则，简化办事流程，不让群众跑冤枉路。办事处便民服务中心共提供党政服务85次、社会事务服务8000次、合作医疗服务5420次、综合事务1.5万次。二是实行居务公开，接受群众监督。除翠屏和安家井两个社区暂无服务阵地外，其余7个社区均建立了规范的居务公开栏，按规定定期公开工作内容，自觉接受群众监督，增强了居务公开的透明度。三是积极开展民生领域“三述一评”工作。通过开展民生领域联系社区领导述监督、检查、指导社区“两委”班子贯彻执行民生政策情况；社区干部述正确执行民生政策情况；包社区干部述督促、指导、协助社区“两委”班子贯彻落实民生政策情况，在陈述报告之后由评议代表进行质询提问和民主评议的“三述一评”工作，进一步改进了我办基层干部作风，维护了群众根本利益。四是扎实开展治理滥办酒席工作。办事处多次召开大会进行宣传教育，适当修改居规民约，签订相关承诺书，使居民群众形成了勤俭举办婚丧喜庆的社会文明新风尚。五是加大涉农资金监管。纪委办派专人负责监督涉农资金的造册、发放、上报等。及时在涉农资金监管系统中按要求报送相关资料，坚决杜绝违规违纪事件的发生。六是积极开展反腐倡廉活动。工作中查处了1件违法违纪案件，对其给予党纪（警告）处分。通过违纪案件的查办，有效促进了全办党风廉政建设。

【基层党建工作】 在第“十届”村居两委换届中，高标准，高质量地配备了各社区“两委”成员。街道共建立党总支10个，党支部28个，党员776名。街道充分运用党建“1+N”工作模式，大力倡导城市社区服务理念，着力打造社区服务阵地，夯实基层组织建设。一是全面贯彻学习十九大报告精神。10月28日，街道组织干部职工、社区“两委”召开学习贯彻中共十九大报告会议，明确了学习的时间表和路线图，学习效果不断彰显。充分利用LED显示屏、宣传专栏、宣传标语等进行广泛宣传，营造了良好的学习氛围。严格按照“五有”标准，结合新时代要求，全面规范建设了10个新时代居民讲习所，成立讲习工作领导小组，建立街道、社区讲习员队伍。结合城市社区居民需求，精设讲习课程，认真制定讲习计划、讲习内容，建立讲习台帐、讲习档案，着力做到“讲”“习”并重，确保讲习取得实效。二是采取差别化“体检”方式，对776名党员党性健康状况进行全方位、多角度“体检”。三是开展“红色1+N，不忘党初心”活动。组织党员、干部职工、社区“两委”人员、学校师生等

200余人参观了辖区内中华苏维埃川滇黔省革命委员会旧址、红六军团政治部旧址等红色文化教育基地。对照先辈找差距，立足岗位作贡献，激发大家干事创业热情。四是开展警示教育活动，着力提高党员干部遵纪守法和廉洁从政意识。组织81人到“毕节市反腐倡廉预防职务犯罪警示教育基地”参观学习；开展“民生监督警示教育进乡镇”活动；组织全体干部职工观看了警示教育片《灭蚁》《危房改造中的黑手》。

【其它工作】 一是抓好电商发展工作。我办结合实际，利用微市西新型媒体，通过流动宣传车、制作墙体宣传广告，广泛发动宣传，在各社区醒目地段制作了淘宝合伙人招募公告，目前已有68名电商合伙人前来报名注册，已打造成型淘宝店1处，使电子商务在我办有序发展起来。二是抓好应急管理工作。我办成立了以办事处主任为组长的突发事件应急处理领导小组，组建专门的应急管理队伍，辖区内社区、学校、企业单位均根据要求成立应急预案，并配备相应的工具设施，保证应急事件发生时及时处置。每天由分管领导带领2名干部实行24小时值班，有突发事件发生时，组织相关人员采取有效措施处置。充分利用安全生产宣传月、全国防灾日等时间，开展应急管理知识培训，提高了群众处理应急事件能力。三是抓好武装工作。2017年，我办高标准完成武装部三室一库规范化建设，按要求圆满完成后备民兵参训，创造性完成17－22周岁男性公民的兵役登记任务，有力推动征兵工作。四是统筹抓好食品药品安全、工会、团委、妇联、林业环保、残疾人、老干、科普、文广、旅游、人大、政协、民族宗教等工作。在妇联工作中，加强“妇女之家”建设，实现了社区“妇女之家”全覆盖，创建率达100%。在“三八”妇女节和“六一”儿童节开展慰问和临时性救助等活动。高度重视森林防火工作，严格落实巡查、防控等措施，严格治理野外违规用火行为。强化工作质量，推进残疾人基础信息调查工作，2017年共完成4364名残疾人（其中持证残疾人1919名）信息的调查、录入工作。在老干、科普、人大、政协、文广、旅游工作中，严格工作要求，强力推进各个阶段工作，确保各项工作统筹协调发展。

【亮点工作】 （一）精准发力，初步实现全办各社区主题打造。一是以“颂善之区”为主题，着力打造松山社区。打造5个特色功能室、忆城坊、“龙门巷道”、古色古香的文化长廊，实行国学文化“项目式管理服务”，为居民开展国学文化及“琴棋书画”等系列修身活动80场次，参与学习交流人员达4000余人，精准助力社区居民“精神脱贫”，让居民既“富口袋”又“富脑袋”。二是以“以民为天河美家园”为理念，在天河社区推行“菜单式”服务。构建了“2个服务中心”“6大基地”“6个功能小屋”，开展让群众对社区各项服务“点菜”，在职党员精心“配餐”，社区干部“送餐”的“菜单式”服务，真正为居民群众提供一站式的贴心服务。三是以“和在社区　平安创建”为主题，以班子“和气”、阵地“和美”、服务“和蔼”、家庭“和睦”、邻里“和善”、社区“和谐”为目标，积极打造“六和”社区。四是以“孝”文化为主题，积极打造北门社区。五是以廉政文化建设为主题，积极打造翠西社区。六是以法治文化为主题，积极打造金钟社区。七是以“百花齐放　幸福家园”为主题，积极将百花社区打造成创建全国文明城市典范社区。初步实现了各社区的主题打造。（二）“四化同步”，丰富新时代居民讲习所新内涵。为进一步激发居民内生动力，不断引领居民精神脱贫，让他们既富口袋，也富脑袋，市西街道坚持以“大党建”为统领，以服务居民需求为抓手，积极推进基层党组织设置改革和“新时代居民讲习所”建设，创新开启“四化同步”新模式，不断丰富讲习所新内涵，确保“讲”出新动力、“习”出新成绩。一是讲习场所规范化，优化服务新平台。为强化以服务促扶贫的主线意识，街道严格按照“五有”标准，规范讲习阵地，创新讲习模式，着力构建理念科学、功能齐全、服务一体的居民讲习新平台，通过创新讲习平台，不仅让辖区居民及时了解党的各项惠民政策，增强脱贫的积极性和主动性，还通过资源整合，引进DIY创作、动漫绘画、“四点半”课堂、法律咨询等项目，增强儿童动手能力，满足家庭实际需求；探索建立“老年汇”“青年汇”，积极开展电脑、舞蹈、书画、普通话培训和车友会、摄影协会、驴友协会活动，让老年朋友陶冶生活情操，让青年朋友展现青春活力，不断提高服务群众的能力和水平。目前，已开展各类学习培训80余次，提供阅读服务1000余人次。二是讲习内容菜单化，满足居民新需求。市西街道始终以强化党性教育为基础，充分考虑居民需求，制作讲习计划前先征求居民意见，围绕居民有什么需求，社区就开展什么服务，形成由居民“点菜”，在职党员“配餐”，讲习所送餐的“菜单式”服务新模式。通过菜单式服务，市西街道确定了廉政教育、禁毒教育、关爱留守儿童、传统文化教育、红色文化教育、“塘约道路”、法律法规知识、十九大精神宣讲等讲习课题60余个，组织开展各类警示教育活动和学习14次，组织参观各类教育基地280余人，组织一年级新生参加“开笔礼”活动300人。三是讲习方式多样化，适应居民新生活。为强化讲习实效，增强辖区居民对脱贫攻坚知识的了解，市西街道在开展讲习上注重“请进来”和“走出去”相结合。对大部分党员群众，通过“请进来”的方式集中开展农村思想政治教育、道德讲堂、法治教育、政策宣讲、技能培训等讲习，对上班族、个体户、老年人或行动不便的居民，则通过院坝会、板凳会、网格党校等“走出去”的方式，开展农产品安全质量检测、建筑工地安全常识及“党的声音进万家”等分散讲习，同时，充分借助微信群、QQ群、播放专题视频等新媒体手段，建立“微讲习所”，拓宽群众交流平台，确保讲习教育全覆盖。目前，该街道已开展各类讲习活动110余次，参与“微讲习所”交流人员已达5000余人次。四是讲习机制常态化，培育发展新动能。为确保社区新时代居民讲习所常态化开展，该街道制定了讲习所工作方案及制度，成立了讲习所工作领导小组，建立了由党总支书记任所长，下设党支部书记任副所长，网格员、楼栋长、致富能手等为成员的80余人讲习员团队，配强配齐讲习师资力量。同时，明确讲习职责和要求，精准制定讲习计划，进一步明确讲习时间、讲习地点、讲习人员、讲习内容、受众范围，每期讲习前三天，各支部及时发布讲习预告并上墙公开，讲习人围绕讲习内容提前制作课件和讲稿，讲习结束后采取现场评价与跟踪评价相结合的方式，由参训人员对　讲习人讲习效果进行测评，并对讲习效果提出意见建议，进一步增强讲习针对性、实效性。

（撰稿人：杨文涛）

市东街道办事处

【概述】 市东办街道事处位于东经105°17′、北纬27°18′之间。地处七星关城区，办公地点位于水西大道旁，距七星关区政府1.2千米。东与麻园街道办事处接壤，南与市西街道办事处相邻，西与大新桥街道办事处接壤，北与观音桥街道办事处接壤，面积4.3平方千米。辖水西田、双井、清毕、文峰、龙山五个社区，常住人口3.88万人，流动人口0.11万人。党委1个，党总支1个，党支部14个（其中非公党支部1个），党员463人。

【小康创建】 严格按照小康检测指标体系要求，共评审、申报650户小康之家示范户。及时上报小康建设信息，群众对小康建设认可度、知晓率、行政服务满意度均达到98%以上，背街小巷道路硬化达100%，自来水、广播、电视、通讯、邮递、互联网等基础设施覆盖率均达到100%。

【招商引资】 多措并举全力营造招商引资的浓厚氛围，细化招商引资目标任务，将其纳入部门和个人年度目标考核。已完成招商引资项目7个，其中新建项目3个，续建项目4个，完成协议资金3.3亿元，实际引资2.35亿元，占全年招商引资目标任务的117.5%；完成固定资产投资1.03亿元，占全年任务的103%。

【城市管理】 利用财政拨款1400余万元，完善辖区背街小巷道路硬化及雨污收集系统工程的改造。投入资金30余万元，对辖区野广告、垃圾等进行清理清运；取缔临时摊点50余家，清理流动摊点200余个，整治马路市场。引进物业公司对58个老旧小区楼群院落实行运营管理。

【民生工作】 发放各类民生资金1732.87万元。完成城乡居民社会养老保险缴费57.67万元，缴费完成率超过107.19%。完成新增城镇就业1180人，占年度任务的100%。参合人数25943人，总筹资311.316万元，参合率达110.21%。医保住院受益人数4563人，补偿金额1474.99万元，门诊受益15144人次，受益金额为41.6万元。“两节”期间组织慰问。对城市居民最低生活保障对象进行认真核查。每年“八一”建军节期间走访慰问优抚对象并组织参战老兵从走长征路。及时发放复员军人、残疾军人、烈属、带病回乡退伍军人生活补贴和优抚金。

【人口与计划生育】 全年常住人口出生519人，符合政策生育率96.91%；落实二孩及以上避孕节育手术151例，占计划142.75%；共清理全员人口725户2176人，持证现孕对象192人；新清理签订“双诚信、双诚信”承诺书725份，评定诚信计生家庭710户；完成妇科病普查普治1297人次；免费孕前优生健康检查97对；上报享受计生奖励扶持政策43人次。

【政法信访维稳】 以“一统三分”新模式抓好社会治理，推行“大数据+社区服务管理”模式，切实抓好社会治安综合治理工作。重视对突出矛盾和不稳定因素的排查，采取措施及时化解。积极办理群众来电来访。加大平安建设工作力度，着力营造良好的社会治安环境。在人群较集中的场所进行法制教育、反邪、防毒反毒等宣传活动20多次，制作、张贴、发放各类宣传标语、画、手册共1200余（条、幅、本）。完成“六零六好”社会治理创新工作，特殊人群服务管理率达100%，共排查矛盾纠纷31起，已化解27起，其余4起正在化解中；信访个案56件，群访30件已化解积案2件，网上信访32件，已办理24件，其余8件正在办理中。接回并安置帮教刑释解教人员17人，在矫社区服刑人员27人，登记在册吸毒人员712人，社区康复104人，社区戒毒53人。问题青少年3人，艾滋病人2人，精神病人98人。十九大期间，我办无一人到省赴京非访。刑事案件立案586起，受理552起，破案346起，销案36起。行政案件受理1095起，办结619起。发生抢劫5起，破案4起；抢夺3起，破案2起；盗窃404起，破案239起。民调安全感满意度明显提高。

【安全生产】 召开20次安全生产工作例会，组织检查组67组次，组织检查人员280人次，检查企业211家次，共排查隐患261条，整改隐患261条，一般隐患整改率已达到100%。悬挂横幅30余条，宣传展板12张，设立警示标志18处，设立宣传专栏2个，发放宣传资料1000余份，在“六月安全生产月”组织30人队伍参加省、市、区组织的安全宣传月活动，并制作2版宣传展板。在“元旦”“春节”“清明”“五一”“十一”等重要时间节点开展安全大检查，实现安全事故零发生。

【科教文卫】 2017年卫生服务中心开展了“公共卫生走进社区，做居民健康贴心人”“关爱空巢老人、留守儿童，市东卫生计生服务中心在行动”等义诊活动，开展了为期7天的“关爱特殊群体，助力五城同创”活动为约1000人开展免费物理体检、生化检查、胸透、B超、心电图及基本公共卫生服务项目服务，发放宣传单、折页1200份，免费发放计生药具和药厂无偿提供价值约1.50万元的药品。新建健康档案371人份，电子档案336份，老年人健康管理3254人，中医药管理2254人；儿童保健4212人，儿童中医药服务

1245人次；孕产妇保健942人；重性精神病患者管理6人；结核病管理14人。全力改善办学条件，稳步推进素质教育，着力提高教学质量，扩建学校2个（五小、六小、毕节二中），新建学校2个（八小、十小和二十一小），继续落实教育“9+3”工程，辖区学校教育教学质量稳步提高。

【宣传舆论】 加强党委中心组学习，每月集中学习1次以上。共编辑上报《市东信息》71余期，其中被《毕节日报》采用10篇，《毕节晚报》采用21篇，市人民政府网站15篇，区人民政府网站16篇，市文明网9篇，省文明网1篇，中央文明网1篇，开展新时代市民讲习活动80余场，开展群众文化活动7场次。

【基层党建、创新管理】 抓好“两学一做”常态化制度化学习教育，全面完成新时期基层党组织设置工作，落实“三会一课”制度。开展建党96周年系列纪念活动，落实党员“党性体检”活动。设立“新时代市民讲习所”7个，讲习点（基地）16个，共200余人的讲习员队伍。自新时代市民讲习所成立以来，社区把党小组建在小区里，将党员服务岗公示到楼道（单元），利用讲习基地、电子显示屏幕、宣传图文、宣传折页等，将讲习活动与“三会一课”“两学一做”学习教育等充分整合，通过“请进来”与“走出去”的方式，积极开展“集中讲习”“分散讲习”“上门讲习”“楼院讲习”等活动。请群众来，在讲习所以课堂的形式开展“集中讲习”；到群众中去，在院落、讲习广场以及315分类讲习平台等开展“分散讲习”；针对特殊困难群体如空巢老人、残疾人等主动登门造访，应群众的需求，开展“楼院讲习”“上门讲习”。社区还采取了顺口溜、快板、山歌民谣、文艺汇演等群众喜闻乐见的方式，切实开展形式多样的讲习活动80余场，惠及居民2万余人。龙山社区以党建为引领，以支部为核心，着力打造社区党建“315”无缝服务模式。龙山社区将针对不同群体实施好分类服务，让居民享受一站式、全方位的服务，体现党和政府的关怀，凝聚社会正能量，并通过系列服务和爱心传递，营造居民互助互帮、感恩友爱的良好氛围，着力提升小区居民幸福指数。2017年5月18日，中共七星关区委深改领导小组第三十一次会议暨城市社区建设专项现场会在龙山社区举行。2017年5月27日，办事处在双井社区天河东苑1号召开“小区（楼院）治理工作”坝坝会，要求各社区学习和借鉴龙山社区党建服务模式。清毕社区以党建为中心，红色基调为主，打造“1+4+N”服务体系。1：即社区党组织；4：即党群服务工作站、社区居民委员会、民生监督委员会、集体经济发展办公室；N：即N个社会协会+社会组织。以“1+4+N”服务体系最终反应社区工作者对党忠诚、服务人民、纪律严明的实质。水西田社区抓住党建工作这个龙头，发挥社区党组织统揽全局、协调各方的核心作用，扩大党员服务宣传工作，提高辖区各类党员的参与意识。按照“自愿参加、无偿服务、志在奉献”的原则，根据各人专长，把在职党员、流动党员、社区党员组成多种类型的志愿者服务队，逐步唱响“人人为我，我为人人”的新型社区主旋律。

【名胜旅游】 市东办辖区内旅游风景区有响水滩、沙帽山公园。名胜古迹辖区内有红六军团政治部旧址。修建于明末时期的惠泉寺和修建于乾隆年间的陕西庙会，属县级文物单位。

（撰稿人：李　冀）

麻园街道办事处

【党政工作】 1、组织工作。组织开展好全体党员干部及群众党员对“两学一做”学习教育的贯彻，成立了由支部书记任组长的领导小组，明确建设内容，靠实学习实效，健全学习制度，努力把单位党组织建设成为“五个好”的党组织。一年以来发展入党积极分子9名，发展党员2名，拟发展党员2名；将转入党员纳入常规管理，按规定办理转出党员手续；按时完成2017年上半年党费收缴工作。2、宣传工作。截至到9月已组织干部职工学习18次，内容包括观看理论宣传片，邀请相关负责同志现场讲座等。针对群众产业发展需要，适时邀请有关专家在插花、计算机培训等方面进行专业技术培训。及时做好新闻报道工作，加强与《毕节日报》《毕节晚报》的合作，及时递送我办新闻材料，上半年全办在《毕节日报》上稿3篇。在《毕节晚报》上稿件15篇。每月上报信息在8条以上，共转发中央、省、市、区的重大方针和政策法规50次，评论30条；共回复网上对话617条，回复率100%。跟踪报道了校车管理、菜场搬迁等热点问题，取得了较好效果。大力开展文明新社区创建活动。“七个起来”“宣传部长上讲堂”“七星大讲堂”活动各开展9次。共举办元旦、春节、端午、六一等各类群众文化活动8场。高标准完善了5个社区的文化读书室，新增居民娱乐活动场所1个。3、纪工委工作。对班子成员和站所股室负责人进行了廉洁过年承诺的签订。为市民提供廉政春联300余幅。对办事处及社区干部的纪律作风进行了18次明查暗访，给予6名干部全办通报批评，2名干部纠错诫勉约谈。按照“百名纪检干部访百村”的要求完成走访任务，走访五个社区、66人次，开展群众会5次，收集群众意见建议2条，帮助群众解决困难1件。发放区纪委印发的致人民群众的一封信12358份，滚动播出“民生政策宣传年”宣传标语12条，围裙100个，扇子500把，袋子500个，组织全办领导班子、干部职工、社区“两委”干部进行党纪党规知识考试。组织全办干部职工、社区“两委干部”学习贯彻落实《十一届省纪委向省第十二次党代会的工作报告》的精神。协助党工委组织干部职工学习贯彻《贵州省公务活动全面禁酒的规定》。开展当好党内政治生态“护林员”以新面貌新气象迎接十九大主题宣传活动。开展了纪律作风大整顿的相关工作。协助党工委书记对全办干部职工和社区“两委”人员进行了纪律作风大整顿的集体约谈。改进干部作风微信二维码扫码评价麻园办事处所有股室都张贴到醒目位置方便办事群众评价。对民生监督示范点麻园街道办事处和杨家塘社区进行了打造，等待区纪委验收。对低保、城乡居民养老保险、生均公用经费进行了专项督查，对低保领域立案一件，结案一件。目前办事处立案二件，结案一件。对上级转办的信访件进行了调查核实，对6人进行了个别约谈。组织干部职工共100余人参观毕节市人民检察院反腐倡廉预防职务犯罪警示教育基地。权力清单运行备案75件，备案过程中未发现问题。开展常态化约谈，约谈干部86人次。按时对阳光党务政务网进行了更新。4、团工委工作。利用各类纪念日积极组织团的各类活动，加强团组织的凝聚力、战斗力。制定各项规章制度，贯彻落实《关于新形势下推进从严治团的规定》，按时足额上缴团费。认真开展团干部联系青年“1＋100”、青年之家、青年之声工作，春节期间慰问辖区留守儿童、清明节组织志愿者开展“文明祭扫”活动、5月底组织辖区学校开展系列活动庆“六一”、6月开展“最美院落”评选、常态化组织志愿者参与社区野广告、杂物清理活动等。通过选树典型，树立榜样，推进青少年思想道德建设。开展好先心病儿童筛查、上报，按照团区委要求通知辖区两名贫困家庭先天性心脏病患者到广州军区广州总医院接收手术治疗，并享受减免费用优惠。及时上报各类活动信息及资料。组织开展2017年贫困大学生助学系列活动，包括“精准扶贫　圆梦大学”暨“国酒茅台　国之栋梁－2017希望工程圆梦行动大型公益助学活动”，及七星关区临时救助助学活动，全办共计上报符合条件的贫困大学生9名。

【民生工作】 1、民政工作。共组织5个工作组对5个社区进行了低保年度核查和新增扩面调查工作，农低保原保障331户721人，现保障220户469人，其中新增6户17人，取消117户269人；城低保原保障1007户2297人，现保障653户1321人，其中新增20户43人，取消和转出374户1019人。2016—2017冬春救助金7万元，涉及救助对象133户。对于困难户符合大病救助条件的热情为他们提供优质服务，上报相关材料，上半年共实施重大疾病救助65人，救助资金573180元。实施了临时救助15人，救助资金48500元，实行资金直接从信用社拨付的发放方式。按时发放15名困境儿童生活补助，及时帮扶15名困境儿童和18名留守儿童，按时完成相关的建档立卡工作。建设5个“春苗乐园”和10个“心晴家园”，并投入使用。发放2017年上半年优抚资金101人共计336654元。2、计生工作。按“三按月”完成各项任务，认真完成孕前优生工作，对各社区业务工作进行督查。打造望城社区和杨家塘社区计生协会示范点，接受上级督查并获得好评。规范创建“爱心小屋”，并投入使用。认真完成上级安排的各项工作。3、合医、社保工作。共有人口28961人，其中扣除在校生、在职职工以及个人在社保局参加养老保险人员，参保任务人数为6826人，目前参保人数已达到4877人，参保率71.45%，续保率66.84%，综合参保率82.80%。对我办辖区内12家门诊定点医疗机构进行监管，完成105余例外伤证明的调查，对2018年新农合筹资工作进行培训安排，目前各社区筹资工作有序开展。

【综合管理工作】 1、城管工作。清理清运大量成堆积存垃圾100余吨，污泥、淤泥、泥沙等60余吨，对学校周边环境进行集中整治，清理垃圾杂物80余车，指导小区成立业主委员会和自治组织8个，协调处理我办辖区内小区物业管理事宜30余起。在十次月考核中，共获得6次通报表扬。2、安全生产工作。继续抓好安全生产主体责任工作，切实落实安全管理责任。安全生产工作检查企业466家次，共查出隐患1200余条，下达限期整改13家，隐患清除请示报告5次，对我办福明房开公司双树望城项目高边坡塌方；双树湾5.6.7.号地块安置房项目靠近区医院围墙高边坡局部塌方；吴家湾三排堡坎治理；中邦富鑫房开七星国际城项目高边坡塌方；杨家塘社区花鸟市场B栋人行道塌方等进行治理；存在的隐患现已全部整改结束。签订目标责任书“党政同责、一岗双责”8份，办直各部门责任书签订11份，消防安全责任书5份，社区安全生产责任书签订5份，企业安全生产责任书签订36家。3、规划工作。综合部规划工作实行日巡查、日上报的工作制度，重点对杨家塘片区、二中背后涉及城棚改区域内进行重点监控。严格加强对社区、规划工作队员的管理全面保证规划工作的开展。拆除违章建筑1080余平方米。4、国土工作。发放大麦塘征地拆迁遗留树木补偿款。对辖区内土地证书进行测量。5、林业、环保、水务工作。一是林业工作；悬挂森林防火宣传标语10幅，在3个社区利用电子显示屏滚动宣传森林防火，在林区附近和小区张贴栏张贴森林禁火令300份，在重点森林防火时段（除夕、春节、元宵、清明期间）安排全办干部和社区干部在林区设置森林防火检查点，杜绝火源进山。对林木生长情况和病虫害进行踏查共40余次，未发生森林病虫害，林木生长良好。按时发放2016年度退耕还林款。完成七星关区实验学校内的古树名木的调查和管护协议的签订。按时向区林业局上报各类报表。二是环境保护工作；在辖区内和各社区利用标语、电子屏等宣传创建全国环境保护模范城市，按时上报工作信息。对中央环境保护督查组进驻贵州期间，群众反映的5起信访件进行调查处理，并结案。完成燃煤大灶整改9户，对验收符合区市场监督管理局以奖代补标准的5户进行了补贴。辖区共有燃煤锅炉9台，自行拆除1台燃煤锅炉，停用1台燃煤锅炉，改用生物质颗粒燃料锅炉2台，对符合区环保局以奖代补标准整改要求的5台锅炉进行了补贴。全办共完成餐饮企业油烟治理40户，经验收符合区环保局补贴标准的共33户。对4户餐饮企业下达油烟污染噪音下达限期整改通知书。配合区环保局对群众反映的10户噪音、油烟污染环境问题信访件进行调查处理。三是防汛抗旱工作；在汛期积极实时发布汛情，安排专人对严密监测2处地质隐患点，全年未发生汛期灾害。四是河长制工作；成立办事处河长制办公室，制定相关制度和工作方案，定期召开河长联席会议。按时安装河长公示牌，定期进行河道巡查，及时向区河长制办公室上报各类工作报表。

【政法工作】 成立了由一把手黄远森书记任组长，分管领导罗杰任副组长的信访稳定工作领导小组，同时成立办事处信访稳定工作应急分队。街道党工委、行政先后3次召开会议研究政法综治工作，针对政法组织建设、大调解机制、大防控体系、大接访体制等方面进行专题部署，研究制定信访维稳工作“433”工作法，明确了全办2017年信访维稳工作的具体思路和要求。与5个社区及辖区相关单位签订了综治、平安创建工作目标责任书。建立了80人组成的调处中心、社区调委会、组信息员队伍。共召开党政联席扩大会议10次，共查出全办不稳定因素37件。共排查各类矛盾纠纷113起，调处113起，调处成功110起，调处率达100%，调处成功率达97%，未发生一起民转刑案件。共接上级部门交办信访案件49件，办结45件，其余四件正在办理中。刑释解教人员22名，全部接回。在册吸毒人员429人，其中社康52人，社戒85人，社会面有吸毒史的19人，戒断3年为复吸112人。

【便民服务工作】 办事处便民服务大厅1至10月共接待群众8000余人次，办理业务7200余件。中心共有工作人员11名，制定服务承诺制度、首问责任制、一次性告知制度、AB岗工作制度等一系列行之有效的管理制度，每个窗口建立办事台帐，对于需由上级部门审批的项目，加强衔接，做到提前介入，全程跟踪服务，及时为群众解决办事审批过程中的疑点难点问题。每月开展“服务之星”评选活动，以提高工作人员的积极性。1至10月共组织培训10场次。全街道5个社区已建成村标准化便民服务站的有4个社区，并都已投入使用，4个社区的便民服务大厅共接待群众31000余人次，办理和代办业务9500余件。

（撰稿人：杜卜会）

碧海街道办事处

【概述】 碧海街道位于东经105°39′~105°45′，北纬27°30′~27°35′，地处毕节市七星关区东北部，距区中心7.5公里，与小坝、梨树、海子街、观音桥等乡镇（街道）交界，现辖19个社区139个居民组，共8386户39875人，其中贫困户489户1753人。街道党工委下辖3个党总支、35个党支部，党员752名。国土面积51.41平方公里，耕地面积2.12万亩，林地面积2.68万亩。地貌类型多样，具有山、丘、谷、洼，属于典型的喀斯特地质，境内大多土地属于半粘酸性土质。气候属亚热带季风气候，四季分明，冬无严寒，夏无酷暑，属雨热同季。境内有两条河流穿镜而过，其中一条马过河，经碧海街道流入小坝镇境内，另一条烧杠河，由八寨镇流入碧海街道，最终流入梨树小河，现已探明地下矿藏有煤、页岩、锌矿、铁矿等。

【组织党建】 坚定不移以“大党建”为统领，以“抓班子、带队伍、强基础”为抓手，不断提高基层党组织服务群众的能力和水平。一是优化基层党组织建设。在胡家院、邵关和丁家寨3个社区建党总支、党总支下辖10个党支部。在产业链上建立3个党支部，在自然村寨采取单独或联建方式成立69个党小组，形成党总支连党支部、党支部连69个党小组、党员连农户的组织机制，不断提升服务群众的能力和水平。二是办好新时代农民讲习所。通过宣讲阵地、内容、载体、队伍“四个强化”措施，全力推进新时代农民讲习所在提高群众法治意识、就业技能、更新思想观念等方面取得实效，真正使“讲习所”成为脱贫攻坚的大舞台。截至目前，230名讲习员共计开展讲习280余次近1.5万余人次。同时邀请了区农牧局、林业局的5名农业技术专家进行宣讲。通过讲习，使干部群众思想更解放、脱贫攻坚方法更精准、脱贫致富信心更足、法治观念更强、邻里更加和谐、基层党组织战斗堡垒作用发挥更明显。三是强化干部队伍建设和党员管理。坚持正确用人导向，坚持德才兼备、以德为先，锻造忠诚干净担当、为民务实清廉的干部队伍。以第十届社区“两委”换届为契机，选派10名优秀干部任社区支书，将8名致富能人、6名返乡创业人才吸纳进“两委”班子，着力打造一支作风过硬、凝聚力、战斗力强的社区干部队伍。选拔9名思想政治素质高、综合能力强的中层干部，分别担任相关站所股室负责人。全力推进“两学一做”学习教育常态化制度化，深化党员百分制考核管理办法，认真开展党员亮身份活动，将学习教育融入党员干部群众工作生活中。同时，在19个社区党支部设置便民利民工具箱，为群众办事提供便捷，缩小服务半径。四是强化精神文明教育。结合实际，以“九（7+2）个起来”为载体，以“星级文明户”创建为抓手，大力开展群众喜闻乐见的思想政治教育活动，抓好抓实农村思想政治教育工作，着力提升乡风文明水平。五是强化改革创新引领。充分学习借鉴塘约经验，以砂锅寨为试点，以“村社一体、合股联营”为突破口，成立“村社一体”合作社19个、公司2个，实现抱团发展。以“四众四破”为抓手，大力促进“三变”改革，激发群众脱贫致富的内生动力。六是持续推进党风廉政建设。认真落实从严治党“两个责任”，从严落实中央八项规定，强化党内监督，加大监督执纪、廉政教育、督导考核和案件查处力度，加强“三务”公开公示和“三资”监管，加强反腐倡廉教育和廉政文化建设，筑牢领导干部思想防线，着力营造风清气正的政治生态环境。

【精准扶贫】 围绕“四个切实、五个一批、六个精准”工作要求，全力以赴打好精准脱贫攻坚战。一是突出抓好基础设施建设。按照“四有五覆盖”“五通四有”标准，完成通村路22公里、通组路21.8公里、硬化院坝2.72万平方米、连户路5.75公里、2017年组组通公路1.5公里。二是突出抓好就业扶贫。依托地处经济开发区腹地优势，通过积极与辖区企业对接，引导了116户128名有劳动力的贫困户在华耀服装、明钧玻璃等企业就业。三是突出抓好产业扶贫。坚持“产业选项精准、产业扶贫精准”原则，采取“支部+合作社（公司）+板块经济+农户”“支部+园区+农户”等发展模式，以刺梨、杨梅和李子等精品水果、生态蔬菜种植为主抓手，不断加快农业产业结构调整，目前，建成刺梨示范基地5500亩、精品水果7500亩、蔬菜2000亩、特色花卉300亩，受益农户4653户2.5万余人。四是突出抓好旅游扶贫。依托砂锅寨、丁家寨、西冲、彭家寨等社区丰富的自然资源优势，大力发展乡村旅游。目前砂锅寨已取得一定成效，2017年接待旅游人数160余万人次，实现井喷突破，旅游收入大幅提高；丁家寨、西冲等社区旅游发展正在迎头赶上，着力通过发展乡村旅游，有效带动群众脱贫致富。五是突出抓好教育和医疗扶贫。通过组织辖区成功人士和企业负责人召开捐资助学座谈会，成立了“教育圆梦．助力脱贫”教育基金会，共筹集助学专项基金25万元。2017年8月，对辖区2017年考取一本的39名优秀大学生给予人均1500元奖励资助、对精准扶贫户家庭考取二本以上的41名贫困大学生给予人均1000元奖励资助，共计发放奖励资助金22.75万元。为972户4006名建档立卡贫困对象缴纳一半参合金，参合率达100%，确保不发生因病致贫、因病返贫现象。六是突出抓好“特惠贷”“一市五金多套餐”帮扶政策。2015年以来共落实贫困户“特惠贷”小额贴息贷款328户，贷款金额1186万元，直接受益贫困对象1500余人。针对部分无发展思路、无劳动力的贫困户，按照街道主导、群众自愿原则，鼓励120户贫困户将户均5万元特惠贷资金入股辖区效益较好的明钧玻璃厂参与年终分红。七是突出抓好易地扶贫搬迁帮扶政策。解决112户492人住房困难问题，确保贫困户搬得出、稳得住、能致富。

【安全生产】 按照“党政同责、一岗双责、齐抓共管、失职追责”和“管行业必须管安全、管业务必须管安全、管生产经营必须管安全”的要求，坚持“安全第一、预防为主、综合治理”方针，严格落实安全生产责任制，做到安全事故“零”发生。坚持守土有责守土负责守土尽责，以高度的政治责任感打造安全稳定的环境。一是加强安全队伍建设，招聘6名协警、5名交通协管员和19名社区警务助理。二是全力抓好汛期防灾救灾工作，强化工作纪律和值班值守，购置2.3万元汛期应急救援物资，认真排查、及时处置灾情，帮助群众短期内恢复正常生产生活。三是落实安全生产责任制，强化宣传教育，扎实抓好校园、道路交通、建筑工地、生产企业、烟花爆竹经营等场所的隐患排查治理工作。

【项目建设】 一是举全办之力做好七星关区易地扶贫搬迁柏杨林集中安置点征地、迁坟、房屋拆迁工作，以“五强化五到位”为抓手，采取“5+2”“白+黑”“晴+雨”工作方法，完成1120.58亩征地、1140冢迁坟和354户4.22万平方米房屋拆迁工作任务，使项目建设快速有序推进。二是全面推进乐尚家园主题公园的征地、迁坟等工作有序的开展。目前已完成“乐尚家园”征地474亩，迁坟235冢。三是全面启动2017年7个社区2403户棚户区改造工程。四是着力打造胡家院、砂锅寨四季采摘园项目建设工作。目前完成东清高速646亩、前所河道治理92.49亩、海隆路28亩的征地工作，为建设全面同步小康社会夯实基础。

【社会治理】 深入推进法治毕节创建和信访维稳工作。2016年成功创建了砂锅寨、邵关和店子3个区级民主法治示范村。2017年申报1个市级和7个区级法治示范社区。共化解矛盾纠纷22起、信访案件95起、积案20件、息访息诉38起，不断提升社会治理能力和水平。

【社事民生】 一是全力做好城乡低保等困难群众救助工作，加强城乡社会救助体系建设。抓好637户1342名农村最低生活保障对象、4户4人城市最低生活保障对象和67户69人特困供养对象关爱工作，切实保障困难群众的基本生活。二是全力做好特殊群体关爱保护救助工作。加大关爱未成年人的宣传力度，提高监护人保护未成年人意识，劝返了245名留守儿童父母返乡就业。同时，建成“心晴家园”8个、“春苗乐园”17个，加强对留守儿童的关心关爱。落实好538名未成年留守儿童、81名困境儿童、2名孤儿、3名未成年孤残儿童关爱救助工作，每月发放困境儿童基本生活费8100元、孤儿生活补助1000元，并由各社区党员和居民组长实行一对一包保关爱。三是全力做好特殊群体的救助工作。对56人城乡困难群众实行大病医疗救助，发放救助金40余万元，救助流浪乞讨人员21人，抓好2780余名残疾人关爱救助工作，不断提升救助管理水平。

【文化事业】 依托辖区历史悠久、文化底蕴丰厚、民风淳朴、经济发展快速的优势资源，以文化建设与经济社会发展一体化为目标，以“四强化四提升”为抓手，全力推进国家公共文化服务体系示范区创建工作，不断提升公共文化管理服务水平，着力构建现代公共文化服务体系，切实满足群众日益增长的精神文化生活需求，实现文化美、产业兴、百姓富的发展目标。一是规范街道文化服务阵地。以服务群众为宗旨，整合40余万元对文化站提升打造，规范设置各功能室，配备一体机、LED屏等设施，购置图书3000余册，新增电脑14台，以中国传统和现代文化相融合，打造文化墙200余平方米；同时，强化特殊人群服务，增设特殊人群咨询窗口、爱心箱等，不断优化服务资源，强化服务功能，扩大服务领域。二是加大社区文化服务阵地建设。结合“四在农家 美丽乡村”和“廉政文化”建设，投资30余万元，建成砂锅寨2400平方米、邵关2000平方米文化活动广场；整合社区服务阵地规范化建设资金600余万元，新建石榴口、西冲等7个社区文化广场，同时为19个社区统一制作制度牌114张、科室牌76块，增设电脑30余套、图书、象棋、围棋等文体设施设备200余件，全面提升街道和社区的公共文化服务能力。三是以点带面整体推进文化阵地建设。结合砂锅寨及邵关社区阵地资源优势，开展了“示范社区综合文化服务中心”创建活动，形成以点带面、整体推进的工作格局，进一步搭建和丰富社区级公共文化服务群众工作平台，抓实创文工作的支撑力。

（撰稿人：郭　婷）

碧阳街道办事处

【概况】　贵州省毕节市七星关区碧阳街道办事处位于毕节市七星关区东部，总面积5.984平方千米，平均海拔1442米，东抵鸭池镇庙脚村，南至鸭池镇草堤村，西临三板桥六合村和洪山街道办事处环南社区，北达麻园街道办事处望城社区及德溪街道办事处。辖区内现有林地4337.2亩，其中退耕还林近1000亩，森林覆盖率达48.32%。

【经济指标】　2017年全办人均可支配收入为31781元。辖区内有企业1075户，机关事业单位82家，各类社会团体25家，社会商品零售总额近11亿元。

【资源状况】　1. 产业情况：主要以第三产业为主。辖区内以沃尔玛、七众奥特莱斯百货为代表的百货零售业187家、以招商地产为代表的房地产60余家，工业建筑业183家，餐饮服务业700余家；畜牧养殖生猪379头（主要分布在大兰社区九组潘家大山顶和流仓社区木桥组，两地均已纳入2018年棚户区改造范围）。2. 基础设施情况：碧阳大道贯穿境内，各类交通基础设施齐全，有以招商地产、碧阳国际城、兰乔圣菲、盛世华都等为代表的60余家房地产，有南山公园、冷水洞体育公园（在建）为代表的文化广场4个；小学1所（2017年完成学前教育招生1028人，九年义务教育覆盖率达100%）。

【贫困状况】　该办辖大兰、流仓、滨湖、同心、南山5个城市社区，居民人口42598人，其中农业人口8763人，居住着汉族、彝族、苗族等民族，是贵州省新阶段扶贫开发工作非类别贫困街道办，现精准扶贫系统有贫困人口共79户247人，其中52户199人属2015年度已脱贫，通过进一步精准识别后，还有农村贫困人口27户48人（均属社会兜底保障对象），贫困发生率0.67%。我办农村贫困人口27户48人，其中五保18户22人，因残致贫6户15人（其中陈群奎户在兜底保障基础上辅以教育扶贫），因病3户11人（其中陈群银户在兜底保障基础上辅以教育扶贫，罗庆户在兜底保障基础上辅以教育扶贫和帮助就业）。无劳动力是造成我办27户48人贫困人口长期社会兜底保障的原因。

【党建工作】　（一）多种形式学习贯彻落实中共十九大精神和省第十二次党代会精神及市、区全面深化改革工作等会议精神。将学习贯彻作为一项重要的政治任务抓紧抓好。结合全面深化改革、加快转型发展实际，组织各级党组织和广大党员、干部深入学习、深刻领会，把思想和行动统一到会议精神，进一步统一思想、凝聚力量，学以致用，用以致学，切实把大会精神转化为推动全办工作的具体措施。（二）以制度建设为根本点，从严管理干部。把“从严管理干部、从严落实制度”作为一项衡量服务群众效能的警戒线，实行铁规铁纪从严管理干部。全办制定纪律考勤、内务管理、村务管理、廉洁自律等规章制度，规范干部职工和社区干部行为，达到用制度管人、管事的目的，切实提高办事效率。（三）以队伍建设为着力点，圆满完成社区“两委”换届工作。通过干部上下齐努力，突出责任落实，严把“组织关”，突出摸底调研，严把“选情关”，突出资格审查，严把“人选关”，突出关键环节，严把“程序关”，突出选风选纪，严把“纪律关”，保证了换届选举工作平稳有序推进，圆满完成社区“两委”换届选举工作。善于谋事创业的干部成功获得连选连任，社区“两委”班子成员实现合理交叉，“两委”班子的结构和战斗力进一步优化和增强。（四）以服务型党组织建设为保障点，推进“大部门制”改革工作。全面推行党建常态化建设，完善党建责任落实、党员管理、服务党员等工作机制。以转变政府职能为核心，在编制人员不变的前提下，探索推进“大部门制”改革，有效整合各办站所股室人力资源，提升工作效能，为群众提供高效、便捷的服务。一是责任落实目标化。全面落实、全员落实“一岗双责”制度，着力健全纵向到底、横向到边、定向到人的“三个责任体系”，构建一级抓一级、一级带一级、一级促一级、层层抓落实的党建工作格局，让人人肩上有任务，个个心中有目标。二是服务群众标准化。结合我办实际，探索建立“三办一中心”（即党政综合办公室、社会发展办公室、经济发展办公室，便民服务中心）全面整合现有管理资源和服务要素，提升公共服务能力。（五）以塘约经验为启示，大力发展社区集体经济。学习借鉴塘约经验，充分发挥基层党组织“一核多元”作用，围绕“七新行动”，以“范本村”创建为依托，加强村级组织自我“造血”和“输血”的能力，发展壮大集体经济。大兰社区创办了全区第一家村级股份制农业企业——鸿达农牧业发展有限责任公司，鸿达公司全年产值可达7000至8000万元，纯利润达1000多万元，社区集体经济社会得以保持可持续发展，并成为支柱产业，社区集体资产积累达1.35亿元。2017年大兰社区顺应城市建设的发展，组建物业管理公司及队伍，承接辖区内住宅小区、商业大厦、办公大楼等的管理、修缮、服务，创造一个安全、舒适、文明、和谐的生活和工作环境，提高城市管理的社会化和专业化水平。流仓社区一是带头创办了“毕节市博然家政服务有限责任公司”，将积极带领辖区失地农民尽快转型，通过就业培训，将失地农民变为保安、保洁人员推向家政服务市场。二是抓好“贵州省毕节市祥龙工程机械租赁有限公司”的筹建工作，吸纳社区原村民手中的资金，变居民为股民，带领社区群众实现“社区集体经济有积累、社区居民有红利”的发展共赢。（六）以增设社区为契机，加强基层组织建设。为实现对辖区居民“服务和管理”全覆盖的目标，保证辖区居民尤其是各小区新入住业主的户籍、上学、就医、治安管理等问题和各项社会事务工作的开展，进一步提高对入住群众服务水平和服务质量，确保社会和谐稳定。在原有的大兰社区和流仓社区的基础上增设同心社区、南山社区、滨湖社区，现正在调查摸底党员数、群众情况等，实现真正意义“村民变市民”，加强和创新社会管理，强化城乡社区自治和服务功能。

【扶贫工作】 （一）高度重视精准扶贫。尤其是2016年上级出台进一步精准识别贫困户政策后，我办彻底解决了以前“分指标”的困惑，精准识别出贫困户27户48人（全部为社会保障兜底对象），同时把精准建档、日常走访、慰问帮扶等作为日常工作，解决好贫困户生活困难问题。（二）扎实抓好社会服务。城乡居民医疗保险参合率完成任务数的106%，城乡低保做到应保尽保，社会救助资金及时发放。全办留守儿童、留守老人、留守妇女工作全部落实责任包保，运用“六看法”精准走访，精准帮扶。强化基层人口计生工作常态化、制度化、精细化管理，不断提高人口计生工作管理服务水平，全面完成人口与计划生育工作任务。认真按要求抓好文化旅游、食药品安全监管、一会两站、就业和社会保障服务中心建设等其他工作。城镇居民人均可支配达31781元（其中大兰社区人口可支配收入为34237元，流仓社区为28341元）；截至目前，完成招商引资实际到位资金共15.7亿元，其中，主要领导带头招商引资到位资金3.16亿元。（三）教育事业全面推进。加大教育投入，提高教育教学质量，在完善集团办学模式的基础上，2017年完成学前教育招生1028人，学前三年毛入园率为87%，小学适龄儿童入学率达100%，义务教育巩固率达100%，小升初人数达100%，无小学辍学，完成三残儿童招生8人，入学率达100%，超额完成任务。（四）重拳出击环境保护工作。高度重视环境保护工作，严格按照市区要求，加强组织领导，强化工作措施，重拳出击改善环境保护工作。对辖区内所有企业定期开展检查，对发生违法行为的企业及时查处。2017年接到中央环境督查交办的案件15起（其中配合办结3起），通过严查、严处、严管，全面排查环境污染死角，完成邓家养殖场搬迁、众合洗车场取缔、碧阳国际城电梯噪音扰民、招商花园城餐馆油烟污染等12起环保督查案件处理工作。

【安全生产】 进一步落实办事处安全监管责任和企业主体责任，抓好隐患排查，搞好专项整治工作和重点行业领域隐患排查治理，2017年上半年森林火灾事故零发生，其他安全生产事故零发生。加强应急体系建设，落实值班制度，成功处置红星润发广场、碧阳国际城等多起应急事件。抓好社会治安综合治理，落实维护稳定第一责任，化解中央、省、市、区交办信访积案20余件，处理了一大批疑难矛盾纠纷，做好全国“两会”“一路一带”国际合作高峰论坛、省第十二次党代会、省数博会、中共十九大等重要会议期间社会维稳工作，社会治安趋于平稳好转。以隆昌苑“文明法治示范小区”创建为载体，通过“筑四网、换四心”举措，积极探索小区服务管理新模式，实现小区居民自我管理、自我服务。2017年在滨湖小区、隆鑫苑小区等开展法治文明小区创建，以一个个法治文明小区的创建，推进全办法治文明创建工作。同时积极推进碧阳国际城、滨湖小区等业主委员会的成立，加强与物业管理公司的沟通，为居民提供安全舒适的生产生活环境。

【项目保障】 （一）突出项目服务保障。切实提高思想认识，增强责任担当意识，依法依规高效服务，采取有效措施，全力攻坚克难，切实做好项目建设的各项服务保障。一强化精准服务，全力做好用地保障。坚持问题导向，实行“一线工作法”，用实际行动为项目建设提供高效服务。二要强化协调配合，形成工作合力。相关职能部门要各司其职、各负其责，在依法依规的前提下全力加快速度，千方百计为项目建设创造良好条件。2017年顺利完成冷水洞体育公园征地、南山公园步道征地、学院迁坟工作，有效保障了环南供电站、第二实验学校、昌大二期安置房项目顺利建设。在努力推进项目建设的同时加大对违章建筑、突击装修的查处力度，截至目前查处并拆除违法建筑50起3955平方米，违法建筑得到有效控制。（二）抓好“五城同创”，提升居民素质。一是创新宣传载体，确保宣传成效。利用社区文艺宣传队，将“五城同创”内容编成快板、舞蹈等群众喜闻乐见的方式，让更多的群众知晓、支持、参与创建工作；二是强化志愿服务，提升居民素质。在社区居民、辖区机关事业单位、企业等群体中常态化开展志愿者招募及志愿服务活动。开展志愿者文明劝导、矛盾纠纷调解、法治文化宣传等活动，在辖区营造“人人参与创建工作，创建成果人人共享”的良好创建氛围；三是强化院落管理，由大兰社区成立物业管理公司，以南、北安置区为试点，采取办事处主导、社区居民自治的方式，由办事处由资一部份、社区居民出资一部份，完善院落基础设施建设，引导居民逐步参与到院落管理中来，实行院落规范管理。同时大力整治辖区环境卫生，共依法治理不规范或破损横幅广告和标语近3000余幅，清除和粉涮“野广告”10000余条，组织突击整治大兰社区南北安置小区、流仓社区马鞍山安置房等处环境卫生10余次，制作各组公共宣传牌16块宣传标语26块（含永久性标语12块），为群众提供集中广告宣传服务，改善了辖区部分路段脏、乱、臭、污水横流的状况。（三）大力推进棚户区改造。组建了以党工委书记任组长，人大工委主任具体驻点，相关人员为成员的常驻项目征收队伍，配合区房征局开展房屋征收工作。

（撰稿人：孙溢文）

大新桥街道办事处

【概述】 大新桥街道地处毕节城郊结合部，位于毕节市中心西北部，距市中心1.5公里，辖大桥、小河、天生桥、魏家屯、殷官屯、大坡6个社区，共计35个村民组，总人口18326人，总面积27.5平方公里，耕地面积8527亩。辖区旅游资源丰富，有天河公园、倒天河水库、小河彝族风情、小河溶洞等旅游资源。办事处驻大桥社区，现有干部职工65人，其中党员51人。

【党建工作】 党风廉政建设强力推进。一是落实主体责任。党政“一把手”认真履行“第一责任人”的职责，牢固树立责任意识、风险意识、落实意识，各班子成员认真履行“一岗双责”，按照“谁主管，谁负责”的原则，具体抓好分管所站办的党风廉政建设工作，形成一级抓一级、层层抓落实的责任机制，共签订党风廉政建设责任书58份。二是加强廉政教育。以廉政文化建设为切入点，以勤政廉政和弘扬中华民族的传统美德为主题，集中开展党章党规专题学习教育5次，组织观看反腐警示教育片4次，开展廉政党课4期。三是严肃作风整顿。定期或不定期对各站股室及各社区开展督查，下发督查通报2次；面向辖区全体党员开展党风廉政建设知识测试，共提交试卷200余份。四是强化制度建设。完善财务管理、职工考勤、工作作风等各项规章制度，坚持以制度管人、管事、管钱。按照“谁受理，谁处置，谁反馈”的原则，落实开门办公和首问责任制，提高工作效率。五是严格监督责任。规范“三资”管理，对社区“三资”再次进行清理，加强对村级财务的监管，全面实行“村账办代管”，并做好基层党建、项目招投标、惠民政策、惠民资金“三务”公开工作，发挥好民生监督委员作用。组织工作扎实开展。一是加强社区服务阵地建设。2017年投入72.6万元新建天生桥社区服务阵地500平方米，投入74.8万元新建魏家屯社区服务阵地500平方米。协调安置房公产新建大桥社区服务阵地880平方米，投入112万完成党建示范社区打造，圆满完成全区文化及党建观摩会8次。二是发展壮大集体经济。引导社区以入股分红的方式与企业或合作社合作，发展壮大集体经济。各社区分别与七星关区开源集团及蓬勃砂芯厂、社区碧秀佳蔬菜种植专业合作社、北镇关山泉水厂及一碗水建康农民专业合作社、众康生态旅游专业合作社、实行共商共建，彻底摘掉了“空壳社区”的帽子。三是推进“两学一做”常态化。积极动员部署，研究制定《“两学一做”学习教育实施方案》和《干部职工集中学习计划》，重点制定了习近平系列讲话精神和中共十九大报告以及习近平新时代中国特色社会主义思想的学习计划，结合党委中心组学习、“三会一课”、党员组织生活会，以专题讨论、讲党课等具体学习方式，努力使广大党员学有方向、学有方式、学有所获。四是高效抓好人才资源统计。全面完成2017年度人才资源统计及系统录入，人才总量同比增幅20%，人才素质占比达40%，实现人才总量和质量双提升。扎实开展农村实用人才技术培训，举办培训15场次，培训农民群众2000人次。全办2017年新培养发展入党积极分子6人，预备党员4人，正式党员6人。思想宣传成效明显。一是推进学习型党组织建设。全年开展党委中心组学习24次，干部职工集中学习15次。二是做好新闻通讯报送。积极做好新闻宣传报道工作，省级媒体多彩贵州文明网刊载报道4篇，区级媒体毕节晚报刊载报道20篇。三是扎实开展文明共建。开展文明城市、文明单位、文明社区、文明校园及文明家庭攻坚活动，申报了省级文明单位评比项目。四是推进思想政治教育活动。深入社区开展社会主义核心价值观、道德讲堂等主题活动100余次，常态化开展好“我们的节日”“七个起来”及志愿者服务等主题活动。五是强化舆情引导。充分利用广播、电视、报纸等传统媒体以及微信公众号等新兴媒体，加大正能量的宣传辐射力度，引导经济社会各项事业发展的正面报道，减少负面舆情的发生。六是夯实基层党组织。成立9个“脱贫攻坚讲习所”，组建脱贫攻坚讲习队伍120余人，开展讲习109次，惠及群众3000余人次，发放党和政府的政策宣传册2000余份。

【扶贫工作】 围绕农业产业发展，抓好产业扶贫。一是抓好产业整合。坚持培育特色种植产业，结合本地实际，利用中央第一批财政专项扶贫资金发展蔬菜种植200亩，马铃薯种植120亩。二是抓好产业结构调整。通过专业打造，种植柿子200亩，板栗200亩，李子1200、反季节草莓30亩，形成本地特色农业产业，助推贫困户通过发展优势农业产业实现脱贫。三是统筹技术整合。邀请农业专家，组织农技人员深入社区开展技术扶贫行动，通过“农民技能大培训”主题活动，培育出一批农业科技明白人和致富能手，切实增强贫困户脱贫攻坚的“造血”能力，培训农民2000人次，培训农村骨干技术人员50人。围绕教育扶持和医疗救助，打牢脱贫致富根基。一是建立贫困家庭子女教育帮扶台账。对高中以上建档立卡贫困学子实行教育帮扶，2017年通过教育帮扶贫困学子121人，其中，2人获“雨露计划”帮扶资金，并为贫困毕业大学生提供就业岗位，招募扶贫工作驻村志愿者7名。二是大力实施医疗养老救助扶贫。针对无力缴交合作医疗保险费用和社会养老保险费用的部分贫困户，经核查准确后，垫交合作医疗保险费用8640元，共72人，垫交社会养老保险17600元，共176人。围绕美丽乡村建设，着力改善农村人居环境。对照“一达标两不愁三保障”和“四有五覆盖”要求，全办通村（组）路建设全长9.8公里，完成25户贫困户院坝硬化1716.75平方米，串户路硬化730.45米，改善了农村人居环境，基础设施建设得到改善。

【安全工作】 安全生产稳步向好。一是落实责任。坚持“党政同责，一岗双责”制度。落实办事处安全监管责任和企业主体责任，签订《安全生产工作目标管理责任书》18家，签订率达100%。二是加强宣传。开展安全知识进校园、进社区、进企业、进机关活动，全年开展宣传活动20次，惠及群众2000人次。三是重点防范。扎实抓好元旦、春节、全国“两会”、清明等重点时段安全监管，全面排查治理事故隐患，组织检查350人次，排查隐患60条，整改60条，整改率达100%。食品药品安全监管扎实开展。一是强化组织领导。成立产品质量安全和食品药品安全工作领导小组，坚持股室联动、单位联动，确保食品药品安全工作横到边竖到位。二是建立完善联系会议制度。每季度定期召开各有专题会议，通报工作进展情况，研究部署下步工作，确保生产、流动、餐饮消费等环节的各项任务有序推进，对食品药品的安全问题做到早发现、早预防、早整治、早解决。三是抓好市场监管。加强对辖区诊所、卫生室药品监管检查，组织开展食药品安全检查20余次，检查各类食品生产经营业主200人次，合格率达到98%以上，全年无农产品安全事件和食品药品安全事件发生。生态保护全民参与。一是强化好责任。落实了党政主要领导亲自抓，分管领导具体抓，其他领导协助抓的工作机制。分工明确，责任到人，街道与各社区、各单位签订责任书，层层落实生态保护责任制。二是宣传好政策。防火高峰期，坚持全员不放假，制作了大横幅标语20条，动用100余次森林防火宣传车在重要地点进行来回宣传《毕节市七星关区人民政府森林防火令》，发放防火宣传单5000份，制作防火警示牌35块，在坟头墓碑和林边大树上张贴防火温馨提示1300张。三是管控好火源。在春节、元宵节及清明节假日期间，统一指挥调度全体办、村干部，在天河古城门、天生桥、徐花屯、北镇关路口及各社区路口等多处布防设卡。四是落实好值守。从办村干部中抽调扑火经验丰富、体力充沛者30余人组成专业扑火队伍；实行24小时值班值守，确保发生火灾时能迅速出击，控制火势。五是推进好创模。制定创模工作方案，组织开展环保知识宣传活动4次，发放宣传资料2000余份。六是配合好整治。抽调人员成立4个房屋征收工作组，完成倒天河水库一级饮用水源保护区房屋征收1550户，土地征收1427亩。配合区林业局开展退耕还林工程，实施水竹、香樟绿化1500余亩，配合水管所开展水库环境综合执法120余次。七是创新好方法。实施以购买服务的方式推行环境卫生整治市场化运作，保洁面积增加了百分之三十，资金投入上比原来减少了百分之十，卫生整治管理干部由原来的5人减少到1人，环境整治成效显著，群众满意度大幅提升，脏乱差现象得到有效遏制，环境卫生评比工作在全区同类单位考核评比中名列前茅。政法综治工作稳步向前。一是层层落实责任。与辖区各社区、各单位签订了《2017年度社会治安工作目标责任书》，督促辖区各单位（部门）主要领导与分管领导、干部职工层层签订责任书。二是狠抓综合治理。成立提升群众安全感工作领导小组，落实责任。以居民组网格化服务为载体，干部职工深入到家家户户，为群众排忧解难，切实为群众办实事、办好事。2017年共发放“致辖区居民的一封信”3000封，切实加强村民的群众安全感。三是强化警务动作。每个社区配备1名村级警务助理，负责各社区社会治安巡逻防控，会同派出所等有关部门开展法制法规宣传，六月开展了综治宣传月和禁毒宣传月主题活动2次，受众学生和居民群众3000余人次，有效维护辖区社会治安稳定。四是扎实禁毒工作。在辖区内开展禁毒宣传活动，提高群众自我保护意识，做好吸毒人员中回归社会人员的思想工作，帮助消除心理阴影，引导建立积极健康向上的生态态度。五是突出信访稳定。夯实动态管理，坚持三级视频接访制度，重要敏感时期、重大节日活动严格执行日排查、化解零报告制度，2017年，办理信访案件共35件，办结率达95%以上。六是抓实法治建设。以法治创建“六大工程”为抓手，从影响民生福祉及社会稳定的突出问题入手，在依法行政、公正司法、矛盾化解、民生保障、普法宣教等方面积极投入，推动依法行政步入法制化轨道。深化法治社会秩序构建，以法制手段推动绿色发展的有效模式，推进科学有效的权力运行机制和监督体系建设。应急管理突出应急。一是强化组织领导，成立应急管理工作领导小组，加强应急值守，领导带班做好应急值守工作，实行24小时值班值守，确保能及时处理突发情况。二是制定完善《大新桥街道办事处突发事件应急预案》，建立了安全生产、突发重大疫情、防汛抗旱等预案，形成较完善的应急处置机制。三是配备应急管理物资，在各社区建立防汛预警系统，预防和处置突发事件的能力进一步提升。四是做好应急演练。结合辖区实际生产特点，开展森林防火、防汛抗旱演练，提升应急队伍应急能力，达到招之即来，来之能战的应急效果。

违法违章建筑打击有力。一是广泛宣传。将控制违建有关政策法规在全办各社区巡回宣传，致力把政策宣传透彻，利害关系说个明白，让有违建念头的农户打消念头，自觉遵守相关规定。二是严格排查。街道规划中队人员分组每天进行逐社、逐组、逐户排查，对辖区范围内的乱搭乱建的农户，以《告知书》的形式通知到户，做到早发现、早制止、早拆除。三是信息互通。制定街道、社区、居民组三级巡查监管机制和违章建筑防控，对驻村干部、社区干部进行分片、分组包干，责任到人，实行日巡查、日记录、日汇报制度。从源头监管，建立健全发现、制止、查处、拆除责任体系。

【经济发展】 经济指标实现稳步增长。一是招商引资稳步推进。坚持需求带动，积极做好招商引资服务。2017年引进大新桥街道泛诚门窗加工厂项目和魏家屯社区农业园建设项目，招商引资资金2个亿。二是民营经济发展迈上新台价。围绕“以改促发展、以招促发展、以扶持促发展”的指导思想，强化举措，狠抓落实。2017全办民营经济实现总产值13.6亿元，民营经济实体87户，完成民间投资3.5亿元。

重点项目建设有序推进。一是全面完成成贵高铁建设项目征地工作，完成土地征用240亩，涉及征地补偿款700万元。二是完成东环路征地、迁坟工作，完成征地60亩，配合房征局完成房屋征用45户。三是倒天河水库环境治理项目（棚户区改造）有序推进，完成房屋征收2100户，征收房屋面积231137平方米。四是项目建设征地共计1009亩，分别为黔大东清高速建设征地600亩、倒天河污水处理厂11亩、黄家院安置房项目262亩、十五小项目建设征地30亩、叙毕铁路建设征地106亩。社会保障能力不断提高。全年共发放城乡低保资金406.9万元、发放五保供养金43.65万元，90－99岁高龄生活补贴2.94万元，88－89岁高龄生活补贴11.78万元，冬春救助款10万元，发放临时救助款4万元，城乡医疗救助款42.25万元。发放各类优抚对象资金54.97万元。养老保险参保人数达5700余人，全年累计征收养老保险费46万元。科教文体事业统筹推进。一是加强科技培训。2017年开展专业技术培训会4期，受训人数300余人次，进社入户宣传科学种养殖技术40余次，受训人数1200人次。二是巩固义务教育。小学入学率达99.89%，初中入学率达97.30%，新建“春苗乐园”和“心晴家园”14个，儿童福利院1个，2017年春季学期义务教育巩固率达85%以上。三是加强文化服务。完善各社区文化站及文化广场建设，招聘6名社区文化志愿者，将文化建设工作落实到基层。通过区文广局的大力支持，投资150万元建成办事处综合文化服务站，总占地2500平方米，并代表全区召开了一次全区观摩会。

人口计生实现新突破。一是做到底数清情况明，截至目前为止，我办常住人口户数变更为5013户，18326人。年常住人口符合政策出生人口202人，符合政策出生人口率90.17%。新婚22对，死亡人口75人，人口增减速度符合标准。二是完成四术任务90例，常驻人口妇检率100%，比2016年增长1个百分点，流动人口办证10人，办证率100%。三是做好计生双诚信双承诺。签订承诺书403份，实现诚信计生100%。

政务水平不断提升。一是完善阵地服务机制。实施事前服务，事中公开，事后监督的体制机制，加强宣传力度，让群众知晓政务服务的办理事项和程序，坚持审批事项、审批内容和审批程序审批时限、承诺事项公开，增强行政审批的公开性和透明度。二是完善阵地服务功能。完成政务中心建设220平方米，规范化设置党政服务、计生服务、社会保障、合作医疗等8个办事服务窗口及配套设施设备，满足不断提高的政务服务需要。三是强化政务服务平台功能。按照“分类设立、职责明确、功能有效、上下衔接”的原则，不断加强对社区便民服务工作的指导和协调，制定并完善了对中心工作人员的业务培训、日常管理、监督考核等制度。

（撰稿人：党政办）

德溪街道办事处

【概述】 德溪街道办事处位于毕节市七星关区城区东部，于2013年9月七星关区机构改革从原流仓桥办事处撤建而来。现办事处办公点距七星关区行政办公中心1000米，距毕节市行政办公中心2公里。全办总面积16.8平方公里，东临鸭池镇甘海子村和八十亩村，南抵碧阳街道办事处流仓村，西与麻园街道办事处杨家塘社区接壤，北达观音桥办事处塘房村和海子街镇红堰村。平均海拔1442米。辖5个社区（碧玉社区、德沟社区、甲秀社区、后河社区、烂泥社区），46个居民组，居住着汉、苗、彝等民族12921人；现有耕地3564亩，其中水田1020亩；天然林3003亩，其中退耕还林91亩。城市建设的提质扩容使德溪办成为城市建设的主战场；毗邻的毕节学院以及坐落的毕节市职业技术学院使德溪办成为全区的文化中心；种植优质大白萝卜、玉米、水稻、小麦、洋芋、蔬菜等多种农作物使德溪办成为毕节市菜篮子工程的重点示范基地；倒天河三期工程的治理以及成贵快铁的建设，使德溪街道办成为了从毕节通往全国，走向世界重要的交通枢纽。

【党建工作】 一是落实“两个责任”，全力推进党风廉政建设。1. 强化组织领导。成立党风廉政建设领导小组，党工委先后组织召开党风廉政建设专题会议6次，切实按照“三转”要求清理了2名纪检干部兼管的业务工作，通过明确纪检干部的主责主业，确保党风廉政建设各项工作得到顺利推进。2. 强化责任落实。坚持将党风廉政建设与基层党建、城市建设项目保障服务、棚户区改造、脱贫攻坚等中心工作同部署、同落实、同督查、同考核，制定了《2017年廉政建设责任书》《2017年党风廉政建设工作计划》《德溪街道办事处领导班子党风廉政建设责任清单》《七星关区德溪街道办事处严明脱贫攻坚纪律深入开展“三查三问”专项行动实施方案》等文件，与重要部门、重要岗位负责人分别签订个人廉政风险防控承诺书21个，党政主要领导与班子成员及社区支书、主任签订责任书16个，层层明确工作职责，层层传递压力，层层抓好落实，形成了横向到边、纵向到底、一级抓一级、层层抓落实的工作格局。3. 强化宣传教育。为建强廉政文化阵地，营造廉洁从政氛围，我街道划拨5万元建设机关廉政文化阵地经费，投入4.5万元打造碧玉社区廉政文化建设示范点，在楼道廉政格言、廉政书画作品50余幅，设置电脑廉政壁纸70余幅；党工委中心组和干部职工大会专题学习《中国共产党廉洁自律准则》《中国共产党纪律处分条例》《中国共产党党内监督条例》《中国共产党问责条例》和关于严肃换届纪律相关文件等300余人次，组织干部职工观看《灭蚊》《镜鉴》等警示教育片2次，不定期开展纪律作风明察暗访累计8次，通报4起，约谈128人次。4. 强化执规执纪。一年来，取消不符合低保政策的国家公职人员近亲属6户12人、农村低保户151户252人，目前该办无社区干部本人及其亲属享受非普惠民政策；加大案件查办力度，给予党纪处分4人；召开“民生监督反馈日”会议5次，搜集存在问题25个，已解决18个，予以解释7个，涉嫌违纪正在审查社区干部1名；按要求完成5个社区“三述一述”工作。通过强化执规执纪，切实维护好群众利益，进一步营造了风清气正的政治生态环境。2017年，全办权力清单备案82件，确保了权力规范运行；考察选拔干部和“三重一大”事项均按要求进行公示，未收到任何不良反映和举报；全办未出现滥办酒席现象，无任何领导干部因逢年过节收受礼品、出入私人会所、值班值守不到位等情况受到举报和查处，作风建设得到了进一步的改进和加强。二是加强教育监管，基层组织建设成效显著。1. 加强党员干部队伍建设。一年来推荐正科级后备干部4名，副科级后备干部5名；协助考察科级干部2名，考察中层干部1名；发展党员5名，转正预备党员9名，培养入党积极分子4名，干部考察任用程序规范。2. 建强基层组织战斗堡垒。我街道结合城市建设规划实际，积极争取各方支持，分别为碧玉社区协调1500平方米、为后河社区协调2600平方米办公用房作为社区服务阵地，整合民政、宣传、文化等项目资金集中打造功能完善、各具特色的城市精品社区，现碧玉社区、后河社区服务阵地已投入使用。为德沟社区争取到8亩划拨土地建设社区服务阵地，目前已经完成规划选址和平场工作，正在设计建设方案；烂泥社区新建活动阵地486.64平方米，已投入使用。甲秀社区利用已拆并的甲秀小学进行改扩建，正在进行立项报批工作。拓宽社区集体经济增收渠道。充分利用固定资产增加集体经济收入，碧玉社区服务阵地划分出700平方米，以入股的方式参与四禾汽贸售后服务中心的经营，每年社区集体经济增收17万元；后河、甲秀社区利用服务阵地创办超市，每年为社区集体经济增收约10万元；烂泥社区成立的灵秀专业合作社，发展黄桃种植100余亩，预计每年为社区增加12万元集体积累。3. 深入开展“两学一做”学习教育。准确把握全区“党员给力、群众给分”的主线要求，着力解决党员队伍存在的七个方面突出问题，紧扣深入开展专题讨论、创新方式讲党课等四个关键环节，以争做“四讲四有”合格党员为目标，深入扎实地开展两学一做”学习教育工作。一年来，党工委中心组集中学习9次，全体干部职工集中学习25次；10个党支部开展“党员队伍存在问题”“如何做合格党员”“如何立足本职岗位发挥作用”专题讨论各3次；班子成员在联系支部上党课36次，各支部召开专题组织生活会和社区党支部书记抓党建述职工作各1次；党工委查找突出问题4个，班子成员边查边改存在问题28个，现已全部整改完毕。三是坚持统抓统管，全面完成其它党建任务。1. 加强宣传工作，进一步了扩大正面影响。加大法制教育宣传力度，组织全办干部职工、教师参加学法用法考试，增强了干部职工的法律意识，提高了依法行政能力。积极联系市区主流媒体对我街道城市建设进行宣传报道，扩大正面影响助推了城市建设进程。2. 加强统战工作，进一步形成了发展合力。按要求建好7个统战工作信息库；实施“千凤还巢”工程联引12个外出务工成功人士回乡创业，其中4人投资990万创办经济实体4个，带动就业54人，就业人员年增收3万元。通过加强统战工作，进一步凝聚了发展共识，形成了发展合力，有力地推动了全办各项工作的开展。3. 加强政务服务，进一步促进了社会和谐。精心布置400余平方米的便民利民服务大厅，贯彻执行“六公开”制度，张贴权力运行和民生事项办理流程，落实七星关区“马上就办”工作办法，社事、社保、合医、国土、计生、水利、农牧、安监、财政等部门全部进驻街道便民服务中心，社区便民利民服务站明确专人轮流值班，做到充分授权、集中服务，全年街道、社区共办结合作医疗、养老保险缴纳、生育服务证办理等事项1005件，实现了居民小事不出社区、大事不出街道的服务效果，解决了服务群众“最后一公里”的问题，提升了居民的满意度。

【项目建设】 2017年完成项目建设用地征收800余亩，迁坟1000余所，为辖区在建或拟建的叙毕铁路、百里杜鹃大道东段、德溪新区三号路、四号路、经七、八、九路、五馆一中心、毕节二中、第四实验学校、第五实验学校、明钧玻璃商业用地等重大项目建设的顺利推进提供了保障。

【民生事业】 一是精准扶贫工作扎实有效。依托“新时代市民讲习所”，宣传好党的方针政策，加快脱贫攻坚步伐。成立8个“新时代市民讲习所”，组建脱贫攻坚讲习队伍150余人，开展讲习500余次，惠及群众15000余人次，发放党和政府的政策宣传册10000余份。提高居民群众脱贫本领和技能，促进领会社区集体经济发展，助推社区产业结构调整；在甲秀、烂泥两个社区实施种养殖产业，投入第一批中央财政资金18.42万元，帮助甲秀、烂泥16户贫困户发展养殖，每户获得财政补助资金0.53万元；帮助烂泥24户发展经果林种植，每户获得财政补助资金0.42万元。特惠贷82户共403万元，贴息金额42.3087万元，发放贫困户子女就学资助金106人37.377万元。一年来，通过开展三轮遍访回访工作，实现五保户、低保户、一般贫困户和已脱贫贫困户全覆盖，采取了结对帮扶、落实政策、资助就学等多种方式，加快全办脱贫攻坚步伐，完成了2017年计划脱贫70户240人的工作任务。二是卫食药监工作取得新进展。全年参合人数12123人，收缴参合金1454760元，参合率102%，核查出具外伤证明33例，转诊转院办理30人，。协助市场监管局对辖区食品经营户、药品经营店、社区诊所等进行食品药品安全检查，2017年全办无重大食药品安全事故发生，居民看病就医条件得到大幅改善。三是社会保障体系渐趋完善。严格按照程序进行低保对象的评审，实现动态管理下的应保尽保、应退进退、进退及时，并确保资金及时发放到位。2017年农村低保对象172户，共发放农村低保资金约101万元；城市最低生活保障对象14户，共发放城市低保资金约11.7万元。其它各类民政资金严格按照有关要求进行公示和发放，全年发放特困供养金16人10万元；发放60岁社区籍退役士兵、参战退役士兵、在乡复员军人、残疾军人、带病回乡、三属人员60人30万元；发放困境儿童生活补助金68人4万元；发放大病救助、临时救助、急难救助资金46人26.5万元。四是抓好现代高效农业工作。全办农户养牛262头，其中建档立卡精准扶贫户养牛10头，拓宽了增收脱贫的出路。完成玉米示范样板200亩，完成蔬菜示范样板100亩，农业科技技术得到了应用推广。一年来共检疫生猪256头，未检出病猪；共检疫鸡苗10508只，检出病鸡5只；为载禽车辆消毒22辆次，确保了输出禽畜产品的质量安全；举办农业技术培训班18期次，培训2600人，发放资料1600余份。五是基础设施建设不断完善。完成1.59公里通村公路建设和0.7公里通组路建设任务的形象进度100%，长期有效养护辖区公路里程10余公里。各社区分别建立管水组织各1个，以单个水利工程项目为单位组建管水组织5个，彻底解决了居民饮水困难的问题。随着全办基础设施建设的改善，为居民发展大棚蔬菜种植、兴办城郊休闲旅游产业等创造了良好的条件，为实现全办“决战贫困、提速赶超、同步小康”打下了坚实的基础。六是抓好棚户区改造工作。全力推进棚户区改造工作。

安排燕文、张定富、王爱军等同志配合房屋征收工作，党政主要领导每周到项目点指导征收工作1次，帮助工作组完成11户“钉子户”的房屋征收工作。2017年完成“城棚改”任务签约4201户。

【生态环境保护】 一是严格采伐审批关，强化林地管理。继续推行采伐许可证制度，公示采伐内容，责任到人，杜绝了乱砍滥伐现象发生；坚决制止乱占、滥占林地现象发生，加强了林地征占用管理监督，确保了林地有效保护。

二是抓好环保创模工作。接收中央环保督察组转办案件1件，按照“立查、立办、立结”的处理要求，在15日内办理结案，收到区长信箱转办信件1件，在5日内答复处理结案，结案率100%；发放环境保护知识《致广大市民的一封信》、创建环保模范城市《致全体商户的一封信》2000份，发放《毕节市创建国家环境保护模范城市宣传册》200份、《毕节市创建国家环境保护模范城市宣传画图》100张，群众参与环境保护意识大大提升，辖区环境明显改善。三是抓好“三创一建”工作。依法治理不规范或破损横幅广告和标语20幅，清除和粉涮“野广告”1200多条，整治占道经营80余处，规范占道堆放建筑材料36处，取缔占道修车9处，占道洗车12处，整治餐馆达到前厅后厨16家，取消马路市场2个。办事处共清除辖区淤泥、垃圾、边沟杂草300余吨，清理边沟1800米，全办辖区张贴标语8条，彻底改变了辖区部分路段脏、乱、臭、污水横流路面的状况。

【社会治理】 一是严格值班值守，抓好应急管理工作。严格执行领导带班制度，按规定做好值班记录，2017年我街道无迟报、漏报、瞒报现象，未发生重大紧急事件及被相关部门通报无工作人员不在岗在位情况。二是控制违法建设，净化投资环境。采取源头治理、堵疏结合的方法，全天候、无死角实施巡查管控，严格执行违法建设管控奖惩规定，形成了办村联动、全民参与的打击合力，对违法建筑做到打早、打小、打了。一年来，制止并拆除违法建筑71宗总面积约5980平方米，全年无新增违法建设和区查违办督办案件，净化了德溪新区城市建设的投资环境。三是抓好群众（信访）工作，切实维护一方安定。一年来，全办共排查矛盾纠纷52起，成功化解49起，化解率为94%；妥善处理非正常死亡事件2起，有效促进了德沟社区中坝、小桥公房纠纷、德沟社区墙院组集体山林林权群体访事项的化解，妥善处理甲秀社区大凹子组村民与村民张大全集体山林纠纷、碧玉社区田坝组村民集体土地纠纷等事项。通过加强矛盾纠纷的排查调处，切实依法依规维护群众的合理诉求，化解了历史遗留矛盾纠纷库存，维护了一方安定。四是人口和计划生育工作稳步推进。截至2017年12月20日，年度常住人口新出生88人；完成手术任务45例，全面完成人口和计划生育工作目标任务。五是加强安全监管，实现安全生产零事故。全年落实投入经费8万元，在人、财、物方面保证安全生产监管工作的顺利开展。加强专项整治、隐患排查，收集辖区企事业单位驾驶员和车辆信息，全部录入交通云平台；共开展执法行动66次，开展宣传教育活动13次，参加人员45人次。共检查生产经营单位176户（次），查处各类隐患和问题406条，作现场检查记录124份，下发隐患整改通知书124份，完成事故隐患整改389条，查出的隐患和问题整改面达到了95.8%以上。加大执法工作力度，全年开展执法行动74次，处理道路交通非法违法行为35起，清理烟花爆竹非法违法行为43起，其它行业12起。通过扎实有效的工作，一年来，我街道无任何安全生产事故发生。六是抓好“六大工程”，着力推进政法工作。法制毕节创建工作方面，全年共投入经费8万元，用于烂泥社区民主法治示范村建设；碧玉、甲秀、烂泥社区“民主法治示范社区”建设已经区法治创建办验收合格予以授牌；抓好“法制政府建设工程”“公平司法天平工程”等六大工程，法治毕节创建工作有序开展。政法工作方面，辖区内政府机关、金融单位、学校、医院全部招聘安保人员，建设5个社区警务室，共配备社区警务助理5名、社区专职巡逻队员5名；对本辖区的山林、地块、房前屋后、楼顶进行全面踏查，坚决杜绝种植毒品原植物现象发生；全办登记在册的101名吸毒人员纳入管控视线，确保不漏管失控。通过加强对“两抢一盗”和电信诈骗等多发性侵财犯罪行为给予严厉打击和加强治安巡逻等措施，提高了群众的安全感和满意度。七是落实公车改革制度，加强公务用车管理。对现有的公务用车实行严格管理，制定《德溪街道办事处公务用车管理制度》及《德溪街道办事处公务用车实施办法》，一年来我街道未发生公车私用及私车公养案例。

（撰稿人：办公室）

观音桥街道办事处

【概述】 观音桥街道办事处位于毕节市七星关区城郊东北隅，距城中心约3公里，总面积约23.23平方公里，东西长约10公里，南北宽约2.3公里，为典型的带状地块，703县道、工业大道贯穿全境。辖6个社区，59个居民组，4690户22735人，居住着汉、苗、彝、白等民族。这里交通便利，风景优美，山清水秀，空气清新，气候温和，青龙山雄伟多姿，观音河蜿蜒而过。街道办事处行政办公中心设在五里坪社区。

【坚持党建统领　推进党的建设各项事业】 1. 狠抓宣传，保持定力，坚持贯彻落实好各级党的方针政策。深入学习贯彻习近平系列重要讲话精神，把深入学习贯彻总书记重要讲话精神作为首要政治任务抓紧抓好，以讲话精神指导工作，巩固“两学一做”学习教育成果。深刻领会总书记系列重要讲话的精神内涵，广泛凝聚共识，超前部署舆论引导，学习好、宣传好、贯彻好中共十九大和省第十二次党代会精神，组织专题研讨和培训，抓好办、社区干部培训，抓好理论宣讲，第一时间掀起了学习贯彻热潮。切实把思想和行动统一到中央最新要求和省委、市委、区政府的决策部署上来。2. 围绕主题，推进党建新发展。切实推进以“党旗红·人心暖”为主题，党员自愿服务为抓手的党建服务队伍，充分发挥党支部的组织和凝聚作用，充分发挥党员的示范带头引领作用。在红堰社区示范组织的带头致富、政策宣传、治安巡逻、纠纷调解、环境整治自愿服务队的基础上，各社区结合实际组织自愿队伍开展自愿服务，同时动员群众积极组织自愿服务加入“五城同创”队伍，助力小康建设。3. 建强支部、壮大队伍。充分利用好换届机会配齐配强支部，特别是选出一名好的党组织书记。2017年发展党员10名，充分把创业带富的能手吸收进党的队伍。进一步指导各社区开展居民自治责任，鼓励和支持各社区成立了行业协会、自治组织、社会团体参与社会治理。8月底完成了长征、桥头社区阵地建设，其余各社区适当进行了升级改造，全面提升基层自我教育、自我管理、自我完善、自我约束能力。4. 加强党风廉政建设，坚持从严治党。严守党的政治纪律和政治规矩，坚定不移地执行中央八项规定和省市十项规定，筑牢干部道德防线。以开展“三个建设年”工作为载体，密切关注“四风”新动向，严格执行“十严禁”“十不准”，着力解决懒政怠政、为官不为等问题。切实推进廉政文化“六进”为推手，充分利用四种形态，加大干部作风的整治整顿，加大案件的查处的力度，特别是民生资金、项目的监管，纠正损害群众利益的不正之风，切实解决群众反映强烈的突出问题确保政策落实到位，大力开展干部警示教育，实现了干部清廉、作风扎实。认真落实党工委主体责任和纪委监督责任，强化领导干部“一岗双责”和案件查办“一案双查”制度落实，推进了全面从严治党向基层延伸。坚持有腐必反、有贪必肃，坚持无禁区、全覆盖、零容忍。引导各级党员干部保持奋发有为的精神状态，带动各条战线、各个层面脚踏实地、苦干实干。

【集中力量攻克大扶贫】 1. 扎实开展脱贫攻坚春季攻势。围绕实现国定标准脱贫摘帽目标，按照省委、省政府2017年脱贫攻坚春季攻势行动令的部署要求，及时发起了脱贫攻坚春季攻势，以社区为主战场，做到到户到人，坚持问题导向和项目实施导向，深入基层、靠前指挥、狠抓落实，抓实精准管理，完善脱贫攻坚指挥调度、考核评价体系，加快“五通四有”和贫困户“四有五覆盖”建设，建立激发贫困户发展内生动力扶贫机制，推进贫困户光荣脱贫机制；明确了时间表，挂图作战，集中力量攻克脱贫难点，切实做到扶贫对象、扶贫措施、扶贫成效、脱贫退出精准化，有效帮助前期脱贫的贫困户不返贫。2017 年，共脱贫 77 户 322 人。2. 坚持精准施策。落实“六个精准”，深入实施“五个一批”工程，全面贯彻落实省委“1 + 10”配套政策。统筹推进教育脱贫，落实“两助三免”政策，完善最低生活保障与特困人员供养、临时救助等社会救助制度，将无业可扶、无力脱贫人员全部纳入兜底保障，统筹解决好就业、就学、就医、低保、医保、养老保险、产业扶持等问题。2017 年，全办居民缴纳医疗保险 18969 人，缴纳金额 2276280 元。2017 年，社保缴费到账 4603 人，缴费共计 482900 元，新增参保 469 人。2017 年，共救助困难群众 40 人次，发放救助金额 207580 元。组织辖区企业，推进“百企帮千户”行动，凝聚脱贫攻坚合力。加强农村思想政治教育，引导贫困群众增强自身造血功能，通过艰苦创业摆脱了贫困。3. 补齐发展短板。认真开展群众脱贫项目意见征询，做到每个项目精准，每个扶贫对象意愿落实到位，做好扶贫项目申报工作。完成了五里社区献山组串户路、桥头边社区通组路建设，进一步完善了各社区自来水管护机制，努力补齐电压不稳的短板。认真落实教育、文化、科技、医疗卫生等政策措施，提升了公共服务供给和保障水平。4. 抓好产业脱贫。进一步完善了“一市五金多套餐”精准扶贫工作机制，认真落实了“特惠贷”金融扶贫政策，2017 年，共落实“特惠贷”330 户。立足资源优势，按照“资金跟着穷人走、穷人跟着能人走、能人跟着产业走、产业跟着市场走”的思路，各社区组织农民专业合作社，通过“三权”促“三变”试点，积极动员贫困户入股发展，参与创业就业，塘房社区凯阳生态农业观光园建设项目的申报，进入了实质性建设，推进特色种植养殖、乡村旅游发展，吸纳就业推进脱贫。

【全力以赴抓牢大安全】

1. 扎实抓好安全生产。健全安全生产责任体系，落实安全生产党政同责、一岗双责责任，加强道路交通、建筑施工、消防、食品药品、烟花爆竹和危化物品等重点领域安全生产，坚决防止重特大安全事故发生。探索推行安全生产领域监管执法“双随机、一公开”规范化建设，突出抓好重点部位、重点环节、重点领域和重点人员的安全监管。强化调度落实、安全检查、安全整改、督查问责“四个到位”，深入开展安全隐患大排查大整治活动和安全生产宣传月活动，切实做好动态安全监管，切实堵住“安全漏洞”。2017 年，全办无安全事故发生。2. 深化“法治毕节”创建。深入开展“法治观音”建设活动，进一步巩固了 2016 年创建的塘房、五里坪、红堰社区示范创建的成果，2017 全力打造了迎宾、桥头社区法治创建，提升依法治理的能力和水平，健全“党工委领导、行政负责、社会协同、公众参与、法律保障”社会治理体系，完善利益诉求表达、矛盾纠纷排查化解、公共安全管理、应急处置和舆情引导等机制，不断提升社会治理能力。扎实推进法治型政府建设，严格执行重大行政决策法定程序，深化行政执法体制改革，探索综合执法和联动执法，规范行政执法程序和操作流程，严格规范行政执法行为，提升依法行政水平，建设法治型、服务型、效能型、廉洁型政府。持续开展打黑除恶专项斗争，加大特殊人群服务管理力度，深入推进“天网工程”建设，完善立体化、数字化的社会治安防控体系；严厉打击性侵、伤害妇女儿童和未成年人犯罪，加强校园安全管理，构建政府、学校、家庭、社会“四位一体”校园安全格局，建设“平安观音桥”。加强民族宗教工作，扎实开展民族团结及和谐宗教创建工作。加大法治宣传力度，加快普法教育进程，增强全民法治意识。3. 筑牢民生保障底线。提高公共服务共建能力和共享水平，加快普及“十五”年教育步伐，实施“薄改计划”，和“教育攻坚三年行动”计划，加快义务教育阶段学校标准化建设，全力做广学前教育、做优义务教育、做特民族教育，扶持民办教育发展。积极实施全民创业行动计划，做好重点人群就业、农村劳动力转移就业等工作。全面提高公共就业服务能力，扎实做好城镇“零就业”家庭和农村低保家庭劳动力就业援助工作。进一步加强社区医疗中心的服务水平，提升医疗医技水平，同时加大对六个社区医务室的管理，最大限度发挥作用，真正实现就近就医。进一步完善社区广场建设，推进居民健身计划，开展丰富多彩的农民文艺活动。建立完善“全面放开二孩”政策配套服务机制，积极开展应对人口老龄化行动，全面提升计生服务水平。大力实施“全民参保计划”，重点关注低收入人群、失业人员、残障人士等群体的基本生活，织牢保障基本民生的安全网。全面加强农村留守儿童、困境儿童、留守老人、“五保”（三无）老人等重点人群的关爱服务。建立特殊人群关爱包保联动责任机制。4. 加强民主政治建设。充分发挥社事办作用，进一步建立群众认可社区规民约，充分发扬社区民主，实现自我管控。健全社区群团机构，适当解决社区民兵连、共青团、妇联等群团工作。加强社区民生监督委员的领导，发挥监督作用。

【全力以赴抓好大发展】

1. 强化基础设施建设。积极做好区二医、北虎山隧道、北大附校、区民中、毕节四中、区公租房及成贵快铁、叙毕铁路、东青高速观音桥段、江盛百丰、联华地产的征地拆迁工作，做好建设中的矛盾化解，保证工程顺利施工。做好长征、桥头边社区服务阵地建设，确保了 8 月底建设完成。2017 年，项目建设累计征地 930 亩。配合推进辖区农村电网升级改造，提高用电质量。争取资金开展辖区亮丽建设，安装路灯，环境亮化。2. 发展现代山地特色高效农业。积极争取立项建设塘房社区农业园区。引导和鼓励红堰、迎宾社区加大无公害、绿色蔬菜种植，推进“三权”促“三变”改革。努力做好红堰食用菌有机农产品认定和品牌申报，积极培育新型农业经营主体，抓好农民专业合作组织的培育，加强新型职业农民技能培训，提高农业经营组织化、专业化水平，加快现代农业改革发展步伐。充分发挥区农产品直接销售市场专门窗口或平台作用，解决农产品产销问题。3. 大力发展现代服务业。建立以五里坪社区物业管理为试点，切实推进辖区各社区逐步建立物业管理为主的家政保安保洁等的服务业工作，解决社区集体经济困境，扩大辖区就业，提升扶贫平台效应。4. 推进村庄环境整治，提高生态文明建设水平。进一步做好青龙白虎两大动脉山系的绿化行动，做好防火护林工作，扎实开展森林保护“六个严禁”执法专项行动，坚决打击破坏森林资源的各类违法犯罪活动，守住林业生态红线，建立生态屏障，保住青山绿水。加大村庄环境整治，不断完善基础设施和公共服务设施。逐步建立村庄排污沟渠建设，积极争取推进“厕所革命”项目支持，加强健康环境治理，打造城市田园风光。实行最严格的环境保护制度，深化饮用水源保护行政首长负责制和流域“河长制”管理制度，落实观音河流域环境治理目标责任制。

【齐头并进推进社会事业工作】　认真做好一年一次的低保核查工作，及时做好资金的发放工作，做好留守儿童建档立卡的滚动核查更新，切实解决困境儿童的生活困难，实现特殊人群关爱帮助到位。加大对辖区的教育设施建设，做好“普十五”的宣传落实，做好中心幼儿园的扩建工作。认真落实二孩政策，加大计生卫生服务工作，做好人口工作。做好统战、武装、工会、妇联及残疾的工作，确保各项社会事业统筹推进。

【加强党工委、行政班子自身建设】　把纪律和规矩挺在前面，严明党的纪律，带头严格落实中央“八项规定”、省委和市委“十项规定”，要求他人做到的自己率先做到，要求他人不做的自己坚决不做。始终坚持民主集中制，从严规范落实“三会一课”、民主生活会、组织生活会、谈心谈话等制度，严格执行常委会议事规则，坚持开展批评和自我批评，推进党内生活常态化、规范化、制度化。带头坚决反对“四风”，时刻保持为民务实清廉的党员干部形象。严格遵守廉洁从政各项规定，管好自己，管好配偶、子女和身边工作人员，自觉接受监督，带头履行”一岗双责”。带头深入践行“两学一做”学习教育。带头深入基层开展调查研究、问策于民，切实提高科学决策、民主决策、依法决策水平和抓落实的能力，打造廉洁政府。

（撰稿人：冯莉莉）

洪山街道办事处

【概述】 洪山街道办事处位于毕节市中部，地处东经105度17分，北纬27度17分之间，东与市东街道办事处、麻园街道办事处隔河相望，西与三板桥街道办事处交界、北与市西街道办事处接壤，南与德溪街道办事处、碧阳街道办事处毗邻。下辖六个社区（洪山、金桂、环南、兰苑、桂花、拥军）。总面积4.8平方公里，31个网格，46个居民组，户籍人口3.66万人，流动人口3.04万人。办事处驻杜鹃大道中段（郭家湾高架桥旁）。

【经济发展】 2017年，全面完成了的小康之家创建任务150户，将洪山社区打造为全区小康示范社区。实现全年城镇居民人居可支配收入达35014元，工业产值完成14.89亿元，工业增加值0.58亿元，落实招商项目4个，完成招商任务2亿元，解决就业人口1492人。通过强化各种工作措施，全力推进小康社会建设。

【党建工作】 （一）坚持党组织延伸设置，强化党建工作基础。按照“三三制”组织框架，洪山社区积极探索了三名党员以上建党小组，三个党小组以上建党支部工作机制，将党组织设置向片区、院落（楼宇）、社团（协会、商会）、市场（企业、个体工商户）延伸，切实构建社区党总支—网格党支部—楼宇党小组的三级组织体系，形成社区党总支联系网格党支部、网格党支部联系党小组、党小组长联系党员中心户、党员中心户联系党员，党员联系群众的五级工作法，使党组织的触角扎根到基层治理服务的边缘地带，有效激活了社区末梢组织细胞，凝聚了社区群众。2017年全街道新增党总支5个，党支部27个，楼宇党小组202个，实现了基层党组织向片区、院落（楼宇）、市场（企业、工商户）、社团（协会、商会）的覆盖（二）坚持党组织融合共建，强化多元自治体系。建立区域性联合党组织，变社区党建“社区抓”为“大家抓”。一是强化党组织联结。通过互派党员骨干兼任党组织相应职务，将辖区不同隶属的党组织联结起来，发挥了共驻共建的区域性联合党组织优势。二是做好在职党员进社区服务。结合在职党员行业特点、兴趣爱好及特长，组建了政策宣讲队、矛盾纠纷调解队、扶贫帮困队、法律援助队等九支服务队伍深入服务群众，为在职党员党性锻炼提供了平台，为驻区单位找到了共驻共建的载体，为社区党建找到了新的路径。三是探索“三委”同建共融。引导、启用或派遣党员到党支部、居委会和业主委员会交叉任职，强化党员在社会治理服务中的引领作用，切实解决社区物业管理等问题。（三）坚持阳光机制，强化党员在党意识。通过多种形式的亲情关爱机制，让党员干部感悟在心、感动在情，进而增强在党意识。一是开展主题活动增长党员党性意识。以“承诺践诺当先锋·立足岗位奋作为”主题，要求社区两委党员签订承诺单，向党支部及群众做出承诺，明确每名党员同志向社会公开两项承诺践诺内容，联系一户特殊家庭（五保户、困难户及三关爱群体），负责一个社区网格工作，真正发挥先锋带头示范作用。二是在职党员进社区有更多获得感。结合社区实际，设立在职党员联络站、制作党员心语墙、使用在职党员微信平台和QQ群等，为在职党员提供菜单式服务平台。通过开展社区文艺演出、困难帮扶、纠纷调处等活动，让在职党员发挥自身特长和作用同时，感受助人为乐和奉献社会的获得感。三是互通情况增强共驻共建合力。定期不定期向驻地单位汇报工作情况，征求驻地单位对社区治理服务方面的意见、建议，积极主动为驻地单位提供工作便利，争取驻地单位在社区建设管理方面的支持和帮助。四是探索服务回馈机制增进工作感情。通过最美在职党员评选、星级志愿服务回馈、感恩老党员、互帮互助等共建互惠方式，调动参与服务社区的积极性，增进党员与党员、党员与群众和党员与社区之间的感情，让大家感受到了社区大家庭的温暖。（四）加强服务保障，助力作用发挥。——阵地改造，服务有场所。利用市、区公产房屋解决了拥军、洪山、桂花等三个社区服务阵地，设置了便民服务站、居家养老中心、新时代市民讲习所（道德讲堂）、青少年活动室（春苗乐园、慈母书画室）、谈心室（心理疏导室）、文化活动站等，基本完善了社区治理服务的功能，实现了由临时租借向规范标准的转变，为范本社区创建奠定了坚实基础。——多元联动，服务有队伍。在职党员立体服务。社区根据在职党员的岗位性质和特点设立服务岗位，建成政策宣讲队、文体服务队、矛盾纠纷调解队、扶贫帮困队、医疗服务队、法律援助队6支服务队伍定期不定期开展环境整治、政策宣传、纠纷调解、结对帮困、治安管理、义务诊疗等工作深入服务群众。无职党员自发服务。利用互联网、微信、QQ等新媒体，成立“微洪山”微信公众平台，既解决党员觉得枯燥的学习方式，又增强了党员学习的积极性，同时党员主动上讲堂讲党课，分享学习心得。社会力量志愿服务。自拥军书香书屋成立后，洪山街道整合辖区学校力量，开设“四点半学校”，每周二至周五下午放学后，由1老师指导留守儿童和外来务工子女学习。此外，贵州工程应用技术学院在职党员王天娥主动请缨，创办“歆歆妈妈故事会”，每周六下午3：30准时为社区孩子讲故事。——整合资源，服务有经费。在上级下拨经费基础上，相关单位及街道办事处按照“事随费转”的原则，通过承接有关工作和创建示范平台，有效地缓解了经费不足问题。同时，依托电商平台、家政物业公司、物流快递等区位优势，采取合作投资入股分成的方式，发展壮大社区集体经济。目前，6个社区中，金桂社区以房屋出租的方式发展集体经济，年收入约100余万元；环南社区以市场管理收费、房屋出租方式发展集体经济，年收入约28万元；拥军社区与家政公司、非公企业合作，年收入约5万元；洪山社区发展电商，年收入约3万元；桂花社区以邮政代办、电商方式增加集体积累，年收入约5万元；兰苑社区与新进物业合作，年收入约2万元。——完善制度，服务有保障。一是建立责权清单，全面推行“菜单式”服务，严格按照职能有序开展工作。二是结合社区实际，明确服务规程，进一步完善《居民会议制度》《居务公开制度》《居民公约》《居民自治章程》等制度体系。三是健全服务办事流程，全面推行服务承诺制、首办（问）责任制，限时办结制、办结告知等便民利民服务制度。——合理分工，保障社区事业发展。一是抓分工细化服务职责。街道主要领导联系2个社区，分管领导带领一名股级干部每两人联系一个社区，为社区发展理清思路。社区整合干部力量负责党建、民政、卫生计生、安全生产、信访维稳、法制建设、财务等工作，确保专人专岗责任到人。二是配备社区第一书记，指导社区工作。目前，街道六个社区已配备了“第一书记”，并发挥作用。三是抓奖惩提高工作效率。街道实行“开单式”工作机制，把握时间节点，细化工作措施，严格监督考核，将工作任务“开单”给业务人员及社区“两委”，统筹推进中心工作，月底总结，并实行绩效考核，兑现奖惩。（五）定期开展节日党建活动，凝聚党心民心。在传统节日开展主题实践活动，如开展“晒党员家风·做党员先锋”七一建党节活动、“树敬老之风·促社会和谐”重阳节敬老等活动，发挥党员和党组织的带头作用，让居民群众潜移默化形成爱党、爱国爱家的意识，为建设“和谐洪山·幸福家园”提供坚强保证。

【民生救助】 始终坚持“以民为本，为民解困，为民服务”的工作理念，努力开创社会事务工作的新局面。一是完成社会救助工作的入户、走访、调查等，并完成城乡低保、五保等社会服务系统数据录入工作，完成城乡低保年度核查工作和年中城乡低保集中整治工作，并完成贵州省最低生活保障信息系统数据录入工作；二是为45名城市低保对象办理存折登记、挂失等；三是完成了城乡低保1－12月的核对造册工作；四是完成2017年民政代缴参合金工作。2017年，洪山街道发放城乡居民临时救助款共77000元，急难救助70000元，区级直拨30000元，城乡医疗救助115340元；发放各类优抚资金294753元，并为优抚对象办理免费IC乘车卡40余张，发放2016年退伍士兵一次性经济补贴43200元；为年满80周岁以上的老人申请高龄补贴等；发放80岁高龄补贴资金179450元；发放1－10月困境儿童困难救助11300元，发放90－99度高龄补助12600元。100岁老人高龄生活补贴1800元，第一季度五保供养资金550元；发放2016－2017年冬春救助资金7万，棉被80床，防寒服60件、4吨米，春节慰问25袋米、25桶油、20件防寒服、20床棉被、4500元现金；发放2017年农村救助粮4320斤。

【新农合医疗工作】 一是加大宣传力度，让群众真正了解新农合政策和报销比例，不断提高群众知晓率和参合自觉性。共23412人购买合作医疗，共收取参合金2668380元，参合率达110.94%，其中全额缴费21282人，民政部分代缴1909人，民政计生全额代缴221人。二是做好辖区内门诊统筹、医院督查工作，规范服务行为，提升服务质量，抓好门诊统筹工作。共完成门诊督查6次，共26份督查记录；三是进一步做好医疗住院报销、加强服务参合人员工作。完成75人次外伤调查核实工作，其中4人次存在他方责任，未纳入报销：在门诊督查及申报过程中对不合理费用予以扣减，合计扣减138075.60元，有效维护新农合基金安全。在配合合管中心门诊督查中取消农合补偿业务门诊定点医疗机构一家。

【社保工作】 加大区内外企业招工信息宣传力度，年内新增就业人员共计1482人，达全年总目标数的100%。共计3680人参加城乡居民养老保险，综合参保率55.97%，2017年缴费人数1907人，合计缴费27.74万元，续保率80.57%，缴费目标完成率54.11%。

【五城同创工作】 以构建“和谐洪山·幸福家园”为目标，整合辖区资源，创新服务载体，深入推进“五城同创”工作的开展，街道办成立了党工委一把手为第一责任人，统筹调度创建工作，相关分管领导主抓落实“五城同创”工作；严格按照创建目标任务要求，细化工作措施，明确各分管领导、办公室、社区相应的责任；成立了以党工委分管联系纪委工作的同志为组长的监督考核小组，制定了《洪山街道“五城同创”活动考核办法》。一是按照以“大党建”助推“五城同创”思路，组织辖区党员、居民开展“凝心聚力，助力五城同创·承诺践诺，争当党员先锋”主题活动，采取“一对一”“多帮一”等形式，帮助居民实现愿望。截至目前，共收集到居民心愿104个，党员认领99个，帮助实现居民心愿98个；充分挖掘传统节日文化内涵，强化宣传引领，清明节期间，在环南社区开展了“推进移风易俗·助力五城同创”主题活动，引导居民文明祭祀、安全祭祀。洪山社区举办“浓情粽飘香·党群一家亲”主题活动，培育居民爱国情怀，弘扬中国传统文化，社区党员、居民300余人欢聚一堂，共话端午；拥军社区举办了“喜迎十九大·欢度重阳节”主题活动，倡导孝老、爱老、敬老新风尚，截至目前，街道办共举办“节日党建”活动12场，丰富了辖区居民精神文化生活，提升了辖区居民文明素养，深化“在职党员进社区”活动。二是按照“一社区一品牌，一院落一主题”思路，将拥军社区定位为“书香社区”、兰苑社区为“智慧社区”、洪山社区为“幸福社区”、环南社区为“民族团结示范社区”、桂花社区为“心香社区”、金桂社区为“共享社区”。目前，“智慧社区”“书香社区”建设已初具规模，洪山社区“慈孝院落”“睦谐院落”，拥军社区“国学院落”

“书香院落”等主题院落已打造完毕。三是按照区委、区政府关于楼群院落专项整治相关会议、文件精神，制定了《洪山街道楼群院落专项整治实施方案及考核细则》，对辖区171个“三无”院落具体情况进行“拉网式”摸排，建立台账，各社区根据“三无”院落数的30%进行重点打造，制作《文明倡议书》张贴到各院落，与干部职工、社区“两委”签订《文明承诺书》122份，与辖区商铺签订《门前三包责任书》3000余份，辖区171个“三无”院落楼道杂物乱堆、乱搭乱建、残标野广告等乱象基本整治完毕。共对辖区120余个楼群院落楼道、楼顶杂物乱堆乱放、卫生死角进行清理；突出部门联动机制，携手七星关区综合执法中队，对辖区内瑞丰新城路口等地方占道经营、乱搭乱建等不文明现象进行集中治理，拆除乱搭乱建2565平方、清理乱堆乱放30余处、清运各类垃圾130余吨；对水井坡、曾家才商住楼、佳业公司宿舍、公园商住楼等30余处水外溢现象进行了成功治理。四是有效整合辖区LED屏，电子显示屏等资源，定期滚动播放“五城同创”宣传标语；利用“微洪山”、在职党员微信群、QQ群等新兴媒体，大力宣传“五城同创”。广泛在辖区内招募志愿者，倡导奉献、有爱、互助、进步志愿服务精神，引导居民从身边小事做起，以实际行动助力“五城同创”。目前已招募志愿者2000余人，招募“文明劝导员”30名，毕节四小招募“文明小交警”30人。积极开展双拥工作，建军节期间，街道办对辖区武警消防官兵、退伍军人进行了走访慰问，辖区居民与武警官兵一起交心谈心，共庆建军节。消防官兵对不定期对辖区居民进行消防知识大讲，居民对防火防电等意识有了进一步提高，建立了军民鱼水情。

【综治工作】 一是深化“群防群治”队伍建设，延伸居民组网络渠道，进一步落实了人防（巡查队伍）、物防（小区安保）、单元防（电控门）、技防（主干道和巷道设有天网、院落和重要部门、窗口设有监控摄像）、户防（平安E家等）等措施和制度，最大限度地发挥了网络触角的作用，为广大群众安居乐业提供了一道平安防线。可防性案件得到有效遏制，治安、刑事案件发案率大幅度下降，全年未发生命案。二是强化刑释解教人员安置帮教工作，定人定责加强监护、教育和管理，做到不漏管、不失控，预防和减少重新犯罪。三是积极做好“610”反邪教警示工作，实现了“三零”目标。在全办发放各种资料1000余份，张贴宣传标语200多条，在社区、学校制作了“一墙一窗”反邪教宣传栏，加大了宣传力度，使反邪观念深入民心，我办尚未发现“法轮功”邪教组织及练习者。四是认真开展禁毒工作，将禁毒工作纳入网格化服务管理。全面及时掌握社区戒毒（康复）人员的基本情况，逐人逐档登记备案。洪山社区禁毒工作站示范点工作得到国家和省、市、区禁毒部门领导肯定。五是加强刑释解教人员无缝对接和社区矫正工作，正确引导他们重新做人，远离犯罪道路，减少重新犯罪，有效维护了社会的稳定。六是认清形势，统一思想，充分认识反恐维稳工作的重要性和紧迫性。全办从讲政治、讲大局的高度出发，强化了“四种意识”。即强化反恐维稳工作是政治责任的意识；强化反恐维稳工作要经常化的意识；强化发展是硬道理、反恐维稳是硬任务的意识；强化反恐维稳就是维护人民群众根本利益的意识。认真落实各项工作措施，积极化解各类社会矛盾，真正把工作做到前面，防患于未然，确保了全街道社会治安的稳定。

【计生工作】 以育龄妇女网格化管理创新服务工作为主线，以完善计生工作效能为保障，在依法行政、宣传教育、利益导向、诚信计生、优质服务、综合治理等方面强化工作，确保实现人口均衡发展。年初以来，共出生505人（政策内出生498人，政策外出生7人，政策内一孩209人，政策内二孩295人，政策内多孩1人）；共完成避孕节育手术282例，其中上环278例，结扎4例；2017年以来共发放计生宣传品3500余份，大大提高了干部群众知晓率。加强流动人口服务管理工作，为流入我办的已婚育龄妇女提供优质服务。严格依法行政，依法办事，年初以来未出现一例计生群体事件的发生。强化部门职能和各社区作用发挥，引导广大群众积极参与，加强民主监督力度，深化人口计生基层群众自治，讨论制定切合实际的工作方案。

【安监工作】 一是加强组织领导，完善工作制度。及时召开安全生产工作会议，传达学习省、市、区安全生产会议精神，全面分析我办安全生产形势，对全年安全生产工作进行总体安排部署。办事处成立了安全生产委员会，各社区成立了安全领导小组。二是明确安全职责、层层签订安全责任。按照“党政同责、一岗双责、齐抓共管”的原则明确党政领导、班子成员、社区、办直各部门、辖区企业安全生产职责并与之签订了安全生产目标责任书。2017 年共签订党政领导、班子成员目标责任书 12 份，办直部门社区 16 份，辖区企业 22 份，签订率 100%。三是加大执法力度，督促企业认真落实主体责任。按照年初制定的监督检查计划对辖区危险化学品、烟花爆竹、建筑工地、医院、学校、等工贸企业进行检查。2017 年以来，共检查上述企业 200 余次，发现隐患233 条，已整改228 条。四是突出重点时段和重大节日期间安全生产检查。组织开展元旦、春节、“两会”、清明、国庆及汛期等重点时段安全生产大检查。五是抓好“安全生产法”及有关法律法规的宣传。紧紧围绕重点时段、重大节庆及安全生产月活动，向辖区居民宣传防火、防盗等安全知识。2017 年，向辖区居民发放安全宣传资料 1000 余份，悬挂宣传标语 10 条。

【信访维稳】 一是建立健全信访举报制度，落实领导接访、下访制度，建立信访接待中心，完善网络视频接访，健全维护群众权益和化解社会矛盾机制，进一步加大矛盾纠纷排查化解工作力度。二是强化矛盾纠纷隐患排查作。平时开展一周一排查，遇重大事项随时报告。在重大活动和节日期间，实行“一天一排查”制度，做到发现得早，处置得好。2017 年来接待群众来信来访 64 人次；排查不稳定因素及矛盾纠纷隐患 318 件，排查各类矛盾纠纷 50 起，成功调处 48 起，确保重大节假日和会议期间无重大事件发生。

【违章建筑】 在工作中，采用“堵疏结合”“分类管理”“分类打击”的办法，有效遏制了违法建筑的势头。一是落实责任包保制度，实行领导包片，做到社区不漏组、组不漏户，确保控制违法建设各项工作有序开展。二是坚持每日巡查，对违法建设做到早发现、早制止、早拆除。2017 年来，组织制止违法建设行为 30 余起，拆除违法建筑 40 余户次，拆除总面积 2000 余平方米，有效遏制违法建筑的增长。

【武装工作】 一是按时完成民兵整组工作。组建一个基干民兵连，六个普通民兵连，一支应急分队，一支联合防空分队。二是按要求圆满完成后备民兵参训。三是加大征兵宣传工作。发放征兵宣传资料 300 余份，悬挂大型标语 6 幅，在辖区学校开展 3 场宣传活动。目前，完成应征报名 42 人，2017 年新登 358 人，通过初审初检应征青年 35 名，最后经武装部研究决定，政审青年 24 名，按武装部下达的征兵任务 11 名，完成 13 名，其中大专毕业生 1 名、在校生 2 名、高校新生 2 名、高中生 1 名、中职 7 名，共计入伍新兵 13 名。

【教育工作】 坚持将教育工作列入重要议事日程，定期研究部署学校教育工作，促进教育工作全方位发展。组织社区和学校全面开展失学儿童的摸底排查工作，落实工作责任制；狠抓保学控辍，不断巩固“两基”成果，确保义务教育阶段的学生都有书读。强化校园安全和卫生工作，组织人员对辖区内小学、幼儿园进行校舍安全和食堂卫生检查，及时消除不安全隐患。2017 年来，全办 4－6 周岁幼儿 1010 人，在园在校幼儿 990 人，小学毛入学率为 98.57%，高中毛入学率为 89.45%，净入学率小学初中都在 99.9%以上，九年义务教育巩固率为 91.52%，小学辍学率为 0，初中辍学率为 0。

【宣传工作】 充分用好

“微洪山”公共信息平台，及时发布街道工作动态，及时传播各类政策法规，及时回应居民诉求，及时办理民生事项，以群众满意不满意、高兴不高兴、支持不支持作为检验街道和社区两级干部的工作成效的重要手段。2017年该专栏累计发布办事处信息动态200余期，编发“信仰加油站”党章、党规、系列讲话等学习内容150余期。每天点击学习人数都在200人以上。

（撰稿人：办公室）

三板桥街道办事处

【概述】 三板桥街道办事处位于七星关区西郊2公里、326国道旁、地处东经105度12分至17分，北纬27度14分至18分之间，东与市西街道办事处和鸭池镇相接，南与鸭池镇和长春堡镇接壤，西与长春堡镇和何官屯镇毗邻，北与大新桥街道办事处相连，街道辖茶亭、官大、灵峰、六合、大坡坪五个社区，60个村民组、17个党支部，有党员398名，总人口1.9万余人，住有汉、苗、白、彝、土家、蒙古、布依七个族别，少数民族约占总人口的8%，总面积30.25平方公里，总耕地面积7714亩，平均海拔1768米。

【大党建工作】 狠抓党风廉洁建设。狠抓党风廉政建设责任制落实，将“两准则四条例”作为中心组和干部职工常态学习的重要内容，全面深化“三会一课”、民主生活会等党内政治生活，扎实落实“两个责任”，强化党内监督，将党风廉政建设贯穿工作和学习的全过程。2017年来，已组织中心组学习24次，干部职工学习37次；组织作风暗查6次，处理7人次；预防提醒约谈23人次，问责处分约谈15人次，集体大约谈4次，并组织干部职工、社区干部、学校负责人到市警示教育基地学习1次，邀请区纪委、检察院同志开展警示教育各1次。全面推进社区建设。加强社区服务阵地建设，新建灵峰社区，扩建官大、大坡坪社区，协调公产改建茶亭社区、六合社区，使每个社区阵地都满足服务需要。其中，茶亭社区面积达到1400平方米，灵峰、大坡坪还配套了文化广场。突出社区服务功能建设，提升社区干部服务意识和服务水平，使社区成为凝聚党心民心的堡垒阵地。全面开展“规范·示范·典范”社区创建活动，结合实际拟定社区党建主题和集体经济发展思路，实现每个社区都有集体经济收入来源、每个社区都有特定文化内涵。比如，以“仙境揽胜，文化之旅”为主题的灵峰社区，依托社区组建施工队实施通村公路和退耕还林工程，集体经济由零增加到25万余元；以“共享茶亭，同康社区”为主题的茶亭社区，通过开办汽修店，每年创收集体经济10万余元。深入开展“两学一做”。充分利用中心组学习、干部职工学习会议、各级宣讲团宣讲等契机，深入开展党章党规和习近平重要讲话精神学习教育活动，2017年来，办事处已组织开展专题学习教育活动11次，其中，学习十九大精神4次。每年“七一”期间开展优秀党员表彰和党史党章知识竞赛，引导党员干部在工作和生活中树标杆、当模范。不断优化党员队伍结构，注重发展文化程度高、带富能力强的年轻群众进入党员队伍。2017年来，共发展党员10名，其中35岁以下的4名，大专以上文化程度的9名，致富能手2名。细致抓好“五城同创”。加大农村思想政治教育和多彩贵州文明行动力度，充分挖掘辖区历史文化内涵，助推文明城市和卫生城市创建进程。提倡绿色发展、和谐发展，全面取缔辖区燃煤炉灶，强化企业矿场的监督管理，有序扩大退耕还林工程实施面积，大力发展经果林种植，辖区森林覆盖率达到57%，辖区南山公园、阳山公园、灵峰“仙境”等成为市民休闲放松的好去处。细致摸排辖区退伍军人和军属烈属，建立联系机制，深入了解他们的思想动态和生活状况，积极解决面临的问题和困难。主动配合园林绿化等部门，落实园林建设项目，督促建成小区提高绿化率，推动园林城市创建稳步推进。不断优化党组织设置。强化组织领导，由党工委书记挂帅、副书记主抓、组织委员具体负责，强力推进基层党组织优化设置工作。细致开展党员党组织关系排查，做到底数清，情况明。结合实际设置党组织，把党员人数在50人以上的茶亭、官大、六合、大坡坪等社区设置为党总支，50人以下的灵峰社区设置为党支部，共设置了19个党支部（其中，茶亭设置团结、红星、同康、朝阳、新毕驾校5个支部；官大设置阳山、红卫、向阳、上游、公交公司5个支部；六合设置高峰、东方、营脚3个支部；大坡坪设置联盟、营兴、云峰、中心、农业园区5个支部；灵峰社区1个支部）。通过总支推荐和党员群众推荐、党建办考察了解、党工委会议集体研究确定的方式，对各支部负责人候选人优中选优，选优配强了党组织负责人。结合居民小组长考核制度，规范“三会一课”、联系服务群众等支部工作，提高了党组织凝聚民心、服务发展的能力水平，深耕厚植了党的执政根基。

【大扶贫工作】 全面铺开基础设施建设。全面铺开“四有五覆盖”基础设施建设，2017年来，完成通村公路建设8.7公里、通组公路建设9.3公里，硬化连户路、院坝14000余平方米，建设机耕道1.4公里、生产便道4公里，全面解决了群众出行难问题。建设60立方和100立方水池各一座，解决了1100余名群众吃水难问题。细化措施覆盖增收项目。用好用活财政专项扶贫资金，全面完成机耕道、仿野生天麻种植、灵峰水池、林下养鸡等项目；加快推进2017年财政专项扶贫资金项目，第一批中央财政专项扶贫资金55万元全部量化到户到人后，结合“三变”工作，打捆入股到大坡坪循环农业园区，实现了拟脱贫贫困户产业全覆盖。同时，街道组建的“扶贫小分队”加强与辖区企业对接，协调了86户104人次到企业务工，增加了贫困户收入，实现了贫困户增收项目全覆盖。示范带动发展高效产业。科学引导群众从产量型向效益型转变，2017年，我们充分发挥大坡坪农业园区示范带动效应，发展了脱毒马铃薯种植300余亩，蔬菜种植1500余亩，板栗、布朗李、软籽石榴、日本甜脆柿等经果林1200亩。今冬明春，我们还将调减玉米种植1200亩（区任务850亩），种植辣椒800亩、花椒400亩，在辖区大力发展高产高效的蔬菜种植和经果林种植，促进农民增收、农业增效。扎实深入开展脱贫攻坚讲习。我街道严格按照市委要求，建立了7个新时代农民脱贫攻坚讲习所，并整合人力物力资源，探索创新讲习组织方式，保障脱贫攻坚讲习所讲习工作有序推进，取得实效。一是精心组建讲习队伍。组建了由市、区种养殖专家，区联系挂帮领导，街道班子成员、农服中心专家、社区第一书记、农业园区技术员、致富带头人等组成的讲习师队伍71人，讲习方向涵盖政策宣传、种养技术、市场营销、园区管理等，为群众备足了听觉大餐。二是规范建设讲习场所。整合街道和社区两级道德讲堂、园区培训室等场所，添置讲习设备，拟定了讲习所指导委员会工作制度和讲习所工作制度，保障了讲习工作正常开展。三是细致策划讲习专题。党政领导、扶贫站工作员主要对上级扶贫文件精神，产业扶助政策、教育医疗扶贫政策、思想政治教育等进行宣讲，技术人员主要针对种养殖技术等生产生活实用技术进行宣讲。目前，已开展讲习43次（其中政策类24次，技术类19次），参与干部群众1200余人次。通过开展讲习，居民更加了解脱贫攻坚各项政策，参与脱贫攻坚、主动勤劳致富理念深入人心，取得了较好效果。大坡坪社区云峰组，群众观念守旧，街道和社区干部多次进组入户讲解“特惠贷”政策，都打不开局面，“不照顾他们（园区或合作社）找钱”守旧思想顽固不化。街道党工委书记和负责扶贫工作同志、社区第一书记分别开展讲习，对政策进行深入解读后，10多户贫困户纷纷表示已经愿意办理贷款，入股到园区或企业，为脱贫攻坚工作打开了局面，奠定了基础。

【大安全工作】 抓实安全监管工作。严格落实“党政同责、一岗双责”，制定系列工作制度，加大对矿山、烟花爆竹、卫生药品、道路交通、危险化学品、建筑工程点、地灾隐患点等重点行业、重点区域、重点时段的安全监管，扎实抓好“打非治违”和隐患排查治理工作。2017年来，已签订各类安全生产目标责任书190份，驾驶员安全承诺书500份；组织企业从业人员培训260人次，开展安全巡查183次，排查整改安全隐患260余条，辖区实现了安全生产零事故。筑牢信访维稳基石。坚持“打防结合，预防为主”，深入排查矛盾纠纷，党工委及时研究安排专人化解，有效防止矛盾升级引发群众越级访和非访。2017年来，共排查化解矛盾纠纷130余起，信访积案2起。健全社会治安防控体系，加强社会治安综合治理，依法打击各类违法犯罪活动，打击缠访闹访人员1名，实现初访矛盾纠纷调解成功率达98%以上，筑牢了信访维稳工作基石。强力打击违法建设。实行社区信息报送制度，将责任压实到社区违法建设源头。加强巡查管控，强化打击拆除，2017年来，共拆除新占地违法建设51户2100余平方米、加层违法建设46户1600平方米，对违法建筑修建者形成了极大震慑。纵深推进“法治毕节”创建工作。严格按照上级有关精神，开展法治政府建设，全面推进全民守法宣教、法治监督检查、法治惠民服务、生态文明法治工程等工作，打造了茶亭民主法治示范社区，同时，法治毕节工作全面铺开，学法、知法、依法、守法、用法观念深入人心，为街道社会和谐稳定打下了坚实基础。全面加强留守儿童关爱工作。严格落实社区与学校移交制度和帮扶监护制度，实现留守儿童关爱无缝对接。注重整合资源加强关爱工作，动员干部职工、爱心企业捐赠书籍2000余册，儿童玩具800余件，投放到5个“春苗乐园”和10个“心晴家园”。同时组建了15人的“爱心妈妈”队伍，保障了“两园”的正常运转和关爱工作的衍生拓展。

【大发展工作】 社会经济持续增长。极力营造亲商重商氛围，半年来，已完成招商引资实际到位资金5000万元，固定资产投资完成4000万元。党政主要领导牵线的闽湘公司投资30个亿的灵峰山体公园建设项目，已和区政府签订框架协议，年底有望落地开工实质性建设，民间投资已完成4亿元。城镇新增就业已完成469人，完成年任务95.7%（年度任务490人）。城乡居民养老保险筹资综合参保率已达86%，辖区内新建项目参加工伤保险率达100%，所有在建项目工伤保险达83%，辖区企业按时发放农民工工资，半年来，无反映拖欠农民工工资情况发生。2017年医疗保险筹资完成15022人，参保率105%（任务14264人）。教育事业发展持续向好。学前三年毛入园率达91.73%，小学适龄儿童入学率99.5%，辍学率0.19%。初中阶段毛入学率97.4%，辍学率1.19%。九年义务教育巩固率91.47%以上，高中阶段毛入学率88.44%。完善了新长宁小学、灵峰小学幼儿园设备设施。十一中改造工程征地、拆迁、规划设计、地勘、招投标等工作已经完成，即将正式进场施工。十三小迁建计划设计基本完成，征地拆迁工作已经完成50%。人口计生达标提质。街道人口出生率8.29‰，符合政策生育率达到92%，人口自然增长率5.2‰，政策外多孩率4.42%。长效避孕节育措施任务58例，已完成73例，完成任务数的125.86%。政务服务中心健全完善。整合资金租用商铺作为政务服务中心，面积约120平方米，规范开设合作医疗、养老保险、综合服务等窗口，严格服务程序，提升服务质量，未发生违纪违规被通报曝光和群众投诉现象。征地拆迁工作有序推进。强化组织领导，下沉工作队伍，保障辖区项目工作有序推进。2017年来，完成东清高速安置房项目征地43.349亩，迁坟28冢；房源房项目征地9.421亩，迁坟146冢；深圳路延伸段项目征地27.05亩，迁坟27冢，新十三小项目征地50亩；新毕驾校项目迁坟20冢，完成棚户区改造拆迁615户49300余平方米。同时，消化了一批遗留难题，确保了辖区内东清高速、房源房、深圳路延伸段、新十三小、新毕驾校等项目的顺利实施。特色工作取得实效。自筹资金300万元，在大坡坪社区建设高效生态农业循环经济园区。园区总规划850亩，围绕山地康养理念，以建设生态农业、发展循环经济为目标，打造以农业种植养殖为主，集道家文化和养生文化体验，旅游、接待、住宿、观光休闲为一体的生态农业旅游示范园区。园区规划分三期建设，现已投资200万元，完成100亩精品水果、300亩特色蔬菜、1800平方米育苗大棚、1.4公里机耕道及绿化等建设。园区以“三权”促“三变”方式，明确了耕地、荒山所属权，通过“居委会+合作社+园区+农户（贫困户）”模式，吸纳“特惠贷”入股15户、闲散资金入股的3户、土地入股55户，共带动贫困户123户512人发展产业，入股群众同时在园区务工，享受股金分红和务工薪金，预计人均年增收8000余元，同时每年增加集体经济10万元，将为社区2017年脱贫出列提供坚强保障，大幅推进街道决胜贫困、同步小康进程。

（撰稿人：办公室）

海子街镇

【概述】 海子街镇位于七星关区东北部，距城区13公里，国土面积72.9平方公里，辖10个行政村，8个居委会，56个自然村寨，159个村（居）民小组，9134户37998人，全镇共有党员638名，2017年纳新党员12名，转正10名。海子街镇东接七星关区经济开发区，西抵毕节主城区，南托白马山森林公园，北邻碧海温泉度假村，山水秀美、风光旖旎、人杰地灵，自然景观和人文旅游资源独具特色。海子街镇气候温和湿润，夏无酷暑，冬无严寒，常年平均温12.9℃，年降雨量980毫米，无霜期237天，海拔高度在1470—1742.2米之间，尤为适宜农作物生长。全镇粮食作物主要以玉米、小麦、洋芋、大豆为主，经济作物已形成油菜籽生产和苗圃、药材、果蔬开发等多种发展势头。

【党建工作】 从政治和全局的高度，切实把学习贯彻十九大精神和“两学一做”学习教育抓紧抓好、抓出实效。按照基础在学、关键在做的要求，坚持把思想建设放在首位，把学习教育常态化、制度化强化日常教育、坚持问题导向、做到以上率下，确保学习实效。1. 三个结合学透“十九大”精神。十九大报告旗帜鲜明、高屋建瓴，深邃精辟、气势磅礴，极具震撼力、穿透力、感召力，是当代马克思主义的最新成果之作、中国特色社会主义进入新时代的开篇之作、实现中华民族伟大复兴的奠基之作。十九大以来，全镇上下始终坚持“三个结合”，学深学透十九大精神。一是结合理论创新，领导带头学。党委中心组率先开展对党的“十九大”精神进行专题学习7次，班子成员带头到所包保的村（社区）宣讲学习党的“十九大”精神30余次，覆盖群众10000余人。二是结合新媒体，拓宽渠道学。通过海子街镇党政办公群、镇村干部交流群、党建微信群、海子街镇人民政府公众号等平台宣传报道党的“十九大”精神30余次。三是结合工作实际，群众参与学。以院坝会、板凳会、田间地头等“讲习”的方式，采取群众喜闻乐见的形式，用老百姓听得懂的语言，县级领导集中宣讲2次，班子到村（社区）开展宣讲学习30余次，支部书记、驻村干部等宣讲学习40余次。2. 三大工程突出“大党建”引领。紧紧围绕“大党建”统领这一核心，通过实施“三大工程”，为全镇持续稳定发展注入了强大组织动力。一是实施精品党建示范工程。以党建引领，以“村+合作社+贫困户”模式，借鉴学习“塘约模式”，推动农村“三权三变”改革。成立毕节市财茂专业合作社，流转350户1750人（其中贫困户90户368人）土地3800亩，投入资金300余万元建成五十亩村“千亩皂角产业园区”；投入10万余元，硬化二道河村文化广场500平米，修建宣传栏14个，栽种绿化树10余株，建成二道河村“廉政建设”党建示范工程。二是实施活动阵地新建工程。大力改善基层村（社区）活动阵地条件，促进基层服务水平有效提升，在区委、区政府的统一安排部署下，我镇强力推进村级活动阵地新建工程。新建热水田社区、二道河村、七里沟村、黑泥井社区、果乐村、海子街社区等6个建筑面积均为500平方米左右的服务阵地，严格按照“五有”（有广场、有花池、有设备、有牌子、有制度）标准进行打造，现已全面完工搬迁入住。投资120余万的文化站基础完工、进入主体工程实施阶段，招募文化志愿者18人，投资25万元的公共文化服务体系建设项目顺利推进。三是实施基层组织优化工程。加强基层党组织规范设置改革工作，实现“四连”目标（即党总支连党支部，党支部连党小组，党小组连党员，党员连群众），促进基层组织体系更加健全完善，组织设置更加优化合理。按照应建尽建的原则，设立5个党总支，19个党支部，8个联合党支部，11个党小组，41个联合党小组。其中在企业建立1个党支部，在合作社建立4个党支部，在产业链上建立1个党支部，共发展党员12名，消除党员发展空白村，党组织的战斗堡垒作用得到充分发挥。

【民生工程】 1. 六个推进解好解透“民生题”。一是推进新型农村合作医疗。我镇通过广泛的宣传发动和深入细致的工作，新农合工作进展顺利，截至目前，参合人数为25428人，参合率达95%。二是推进养老保险工作。通过大力宣传，城乡居民社会养老保险覆盖率和续保率不断提升。三是推进就业培训渠道。完成新增就业人数120人、农村劳动力技能培训500余人，“雨露计划”培训500余人，协调各类就业岗位50个。四是推进教育事业发展。小学适龄儿童入学率达99.89%，初中适龄少年入学率达95.8%以上，义务教育巩固率达100%，小学辍学率控制在0.03%以内，三残儿童入学率达81.82%。五是推进社会事务工作健康运行。切实以“七长、双线、九平台”为载体，着力提升留守儿童、困境儿童关爱措施到位、救助措施到位，不折不扣抓落实，确保留守儿童关爱救助保护工作迈上新台阶。帮助全镇留守儿童168人入户，留守儿童中获得低保的59人，每季度共发放低保保障金15120元，获得冬春救助粮的25人，共发放粮食1260斤；建立流浪未成年人救助站1个，接送流浪未成年人回家30人次；发放孤儿保障金每人每月600元，发放残疾人救助金12000元。2. 五字真经建好建强讲习所。一是建。整合镇、村办公场地，产业园区，种养殖基地建立镇、村两级新时代农民脱贫攻坚讲习所20个。二是讲。集中讲、流动讲、田间地头讲、院坝会、板凳会和拉家常等形式，共开展讲习300余次。三是引。通过镇、村两级讲习员按需式、菜单式的讲，为群众致富奔小康提供思路和方法30余条。引导群众转变生产观念和生产方式，优化结构调整，推动产业集聚型发展。四是习。通过组织群众到皂角园区、刺梨基地、青脆李基地和蔬菜种植基地等现场学习和讲解，让群众学有所思、学有所用、学有所获，增强自主创业信心和勇气，积累创业发展经验和思路。五是扶。成立新时代农民脱贫攻坚讲习所“1+18+4”个，组建了19支讲习员队伍，建档合理讲习员72人，目前40余名讲习员参与授课，开展讲习120余次，参与群众6000余人次。为提升讲习质量，促进讲习员相互学习交流，组织以“贯彻十九大，我们来讲习”为主题的新时代农民脱贫攻坚讲习所讲习员演讲比赛，20名讲习员参加了演讲。

【平安工程建设】 牢记发展是第一要务，稳定是第一责任，要求全力营造和谐稳定发展环境。一是构建和谐稳定发展环境。通过创建“法制一条街”，深入开展法制创建工作，“六五普法”“七五普法”全方位带动我镇的社会稳定和谐建设。全镇配齐村级警务助理18人、组织成立义务巡逻队18支，定时不定时对各村进行巡逻。加强社会治安的预防及研判，在集镇安装了40个监控，在公路沿线6个村安装了12个监控，保障法治“云平台”有序运转，加大对违法犯罪活动的打击力度。有效维护海子街镇社会和谐稳定，保障人民安居乐业，为经济建设健康发展营造了良好的社会环境。办结信访案件70余件，矛盾纠纷调解成功率达92%。二是构建齐抓共管大格局。牢牢把握安全生产“以人为本，关爱生命，珍视健康”的理念，始终把人民生命财产安全放在发展之上。建立“党政同责”“一岗双责”制，有效推进安全责任体系“五级五覆盖”建设，加大对企业安全生产责任“五落实”“五到位”推进力度，严格按照《七星关区海子街镇人民政府安全生产工作考核奖惩办法》文件精神，将安全生产工作纳入镇村干部年终实绩考核考评中，为领导干部评先选优提供依据。排查一般隐患212起，已整治完成212起，配合区运管所现场扣押非法营运车4辆，批评教育40人次。

【扶贫工作】 把握五个工作法，认真组织实施脱贫攻坚工程。一是盘好帐。进一步规范贫困村和建档立卡贫困户档案管理工作，为深入实施精准扶贫找准“靶心”提供依据、夯实基础，全镇共有建档立卡贫困户773户2804人。已出列贫困村6个，计划出列4个贫困村。二是找短板。认清形势，找准项目落实难、识别有误差、宣传不到位、走访不深入、资料不规范等问题，进一步强化责任意识和跟踪督促考核力度。三是抓投入。完成19户贫困户104人易地扶贫搬迁任务，落实179户813人搬迁任务。完成“特惠贷”贷款516户1734万元，雨露计划·圆梦行动资助39人。四是引好路。抢抓热水田碧海蓝天温泉项目、双河口水库项目、五十亩千亩皂角园区建设等有利契机，鼓励带动贫困户参与合作社、开设农家乐、开发旅游周边产品等方式，增加致富渠道。五是谋发展。鼓励贫困户参与清脆李种植创业合作社、刺梨专业合作社、田螺养殖专业合作社等18个村社一体合作社，不断为贫困户增收致富拓展渠道。同时引导鼓励更多贫困户以中央财政专项扶贫资金、土地、劳动力、贴息贷款等入股到明钧玻璃、养鱼基地、生态种植场、远大建材等，定期按照收益比例分红，同时带动贫困户入股参与发展，发展壮大村集体收入，带动贫困户增收致富。六是全力推动恒大帮扶项目。完成恒大集团帮扶项目“幸福小镇”606户、474.163亩土地征收，完成坟墓迁移638冢，完成房屋征收丈量127户；完成恒大集团帮扶坪山社区大棚蔬菜项目土地流转工作，共计流转244户、196.8亩土地，目前正在进行“三通一平”工作。

【民主法制和党风廉政建设】 1. 坚持团结协作和谐共事，推动民主政治实现新发展。始终坚持党的领导，支持镇人大依法履职，指导政府加强法治建设，广泛听取民主党派、无党派人士的意见建议。注重发挥工会、共青团、妇联、残联等群团组织的桥梁和纽带作用。2. 严格落实党风廉政建设责任，推动廉洁自律常态化。严格落实党风廉政建设责任制，积极构建上下贯通、层层负责、逐级落实的责任链条，加大监督执纪问责力度。一是采取“四要五严谨”的方式开展工作。举办廉政党课4期，教育干部200多人次；二是深入开展民生监督进万家活动。悬挂民生宣传标语19幅，发放民生宣传尺子2000把、民生宣传杯子2000个、民生宣传扇子2000把、至全区广大人民群众的公开信15000余份，民生政策家喻户晓，群众积极参与民生项目监督的良好局面逐步形成；三是从源头把控。坚持把查处党员干部违纪违规案件作为从严治党、惩治腐败的重要环节来抓，切实做到有案必查、违纪必究。定期排查群众反映的突出问题，高度重视集体访、联名访、越级访等信访问题，做到件件有着落、事事有回音，把矛盾化解在基层，共立案10件，其中民生案件9件，结案7件，追缴违纪资金7.77万元。

（撰稿人：办公室）

田坝桥镇

【概述】 田坝桥镇位于贵州省毕节市西北面，距市中心9.7公里，东与海子街镇、八寨镇接壤，南与观音桥办事处毗邻，西与大新桥办事处相接，北与何官屯镇、对坡镇相通。全镇辖8个村，92个村民组，4572户18427人，总面积63.4平方公里，有耕地18634亩，居住着汉族、彝族、苗族等民族，属典型农业镇乡。镇境内群山环抱，岩溶、山脉、河流、纵横交错，地势从北向南逐渐倾斜，地跨东经105° 17′—105° 20′，北纬27° 20′—47°23′之间，沿“观音桥”叉道往左随河而上，平均海拔1500米，气候温和，雨量充沛，属北亚热带高原性湿润季风气候，年平均降雨量950mm，日照率约30%，无霜期250天左右，具有夏无酷暑，冬无严寒的特点。土壤有黄棕壤、黄壤、石灰土、黑壤等，地下矿产主要有硫、铁、大理石、锌硅、砂等矿藏，是有工业开发价值的黄金地段。

【精准扶贫】 一是精准识别建档立卡贫困户805户3145人，2017年减少贫困人口147户661人，计划出列贫困村1个；二是易地扶贫搬迁2017年第一批易地扶贫搬迁人口已识别确定上报13户71人；三是截至2017年10月，累计“特惠贷”小额贴息贷款361户，发放贷款912.7万元；四是充分利用牡丹产业园、太子参基地等企业资源，为贫困户解决就业岗位389个；五是将有劳动力的90名贫困户转岗为护林员，每人每月工资150元；六是完成164万元的中央第一批财政扶贫资金项目申报工作，并已完成294亩脱毒马铃薯种植项目；七是充分发挥党员示范带头作用，以我镇创“三红支部”为契机，利用爱心人士及党员干部捐款，为2户贫困户修建安全住房。

【基础设施建设】 一是建设完成小寨至小寨湾通村公路3.6公里，臭水井村王家寨至八寨坪高洞通村公路1.8公里，交通条件有效改善。二是“五在农家·美丽乡村”建设民居改造已竣工298户；三是安装太阳能路灯220盏；四是700米的兴田大道建设基本完工；五是完成田坝桥村农村饮水安全巩固提升工程项目，高桥村农村饮水安全巩固提升工程项目已完成70%；六是完成辖区内东清高速公路及叙毕铁路征地拆迁工作。

【农业产业】 在抓好“六大农业板块经济”建设的基础上，大力实施农业板块经济，完成杂交玉米种植2400亩，脱毒马铃薯种植300亩，辣椒种植500亩，大白萝卜种植示范点1000亩，萝卜压青3000亩，冷凉蔬菜种植400亩，生态养羊300只，完成烤烟种植2600亩，新增生猪养殖场8个，新建蔬菜基地2个，组建专业合作社13个。完成200亩牧草种植，100亩左右花菜种植，8余亩山药种植，约50亩CR福特大白菜种植，120余亩风光一代大白萝卜种植，20余亩草莓种植，300亩玫瑰花种植，20余亩羊肚菌、鸡枞菌、双孢菇等种植。2017年秋冬种工作完成重点区域3000亩土地整治，完成主要领导各500亩示范点建设规划，正在进行种植。大力延伸种养业等产业链条，发展第三产业效果明显。

【招商引资】 立足镇情，整合资源。积极调整招商引资政策，按照“招大商、招好商”工作思路，在已种植油用牡丹3000亩的基础上，新增规划油用牡丹种植500亩，打造成商业与旅游观光为一体的农业产业园。引进碧海公司对我镇兴田大道、汇泉阁山体公园等项目投资建设，2017年已完成招商引资实际到位资金0.317亿元。

【社会事业】 1、教育事业长足发展。一是全面落实教育精准资助，对就读高中以上学校（不含研究生阶段）的农村贫困学生落实高中阶段“两助三免（补）”、中职学校“两助三免（补）”、普通高校“两助一免（补）”，实现应助尽助、应免（补）尽免（补）全覆盖；二是着力实施控辍保学工程。实现适龄儿童义务教育入学率达100%、学前教育三年毛入园率达85%以上、九年义务教育巩固率达96%以上；三是农村义务教育学生营养改善工作有序有效开展；四是加大教育经费投入，巩固我镇“两基”教育成果，积极实施了“9+3”教育工程，认真落实“两免一补”政策；五是继续加大教育经费投入，2017年政府累计划拨教育工作经费及建设费用8.5万元；六是顺利完成螃蟹幼儿园改造工程。2、卫生计生事业稳步推进。一是2017年参合任务数为16777人，实际参合户数4336户，人数为16812人，收缴参合金2017440元，参合率达100.2%，全面完成上级下达的目标任务。二是加强食品卫生宣传和监管，累计宣传监管71次，未发生食品安全事故，实现防疫接种全覆盖，未发生医疗事故；三是计生工作有序推进，截至2017年9月底，全镇常住人口共出生184人，政策内出生169人，符合政策生育率为91.85%。全镇流动人口共出生15人，政策内出生9人，符合政策生育率为81.82%，落实手术92例（结扎1例，上环91例）。3、民生保障覆盖面进一步扩大。社会救助体系、基层公共服务体系、社会福利服务体系等也得到进一步完善。一是全镇已纳入农村低保对象795户1536人，城乡低保实现“应保尽保”发放冬春救助物资防寒服100件、棉被150床、冬春救助粮12吨，救助金16万元；二是就业工作持续稳定，截至10月底，全镇新增就业70人，失业人员实现再就业14人，就业困难人员实现就业2人，转移农业劳动力就业363人；三是城乡居民社会养老保险参保7911人，2017年缴费人员4021人，收缴参保基金450600元，其中60周岁及以上领取待遇人员2095人；四是建立“一帮一”工作机制，“三关爱”工作有序推进，全镇现有留守儿童594人。截至目前，累计实施临时救助157人次，发放临时救助金5万余元，同时将符合条件的留守儿童及时纳入低保，对留守儿童的关爱力度进一步加大。

【社会治理】 牢记“维护一方发展，守护一方平安”的历史使命，认真落实维护稳定、安全生产领导责任制，严格落实各项措施，加强社会管理，有力地促进了社会和谐稳定。一是安全生产工作取得新进展。全镇安全生产工作始终坚持“安全第一、预防为主、防治结合”的方针，牢固树立“以人为本，安全发展”的理念，加大道路交通、非煤矿山、烟花爆竹、特殊行业等巡查，进一步完善安全生产管理体系，建立健全道路交通安全云平台系统，实现市、区、镇三级信息资源共享。截至2017年10月共采集驾驶员信息、车辆信息等共计1121条。组织开展安全大整治、大排查123次，组织检查人员538人次，检查企业126家，排查出安全隐患242项，并已全部实施整改，使安全生产各项工作落到实处。二是信访维稳工作取得实效。建设完成毕节市综治信息管理平台，完善镇、村两级明、暗“双线”信访信息网络和情报制度，实行重点人员责任包保，准确把握重点人员和特殊群体信访动态。截至10月底，排查突出矛盾纠纷46件，主动处置可能引发不良影响或极端事件、群体性事件的情况6件。健全社会治安评估研判机制，严厉打击各类违法犯罪活动，妥善处置各类群体性事件，大力推进“平安田坝桥”建设，在测评中，我镇安全感为95分以上，比2016年同期有所提升。深入开展矛盾纠纷排查化解工作。截至目前，排查各类矛盾纠纷42起，调处成功40起，调处成功率95.24%；共接待来访群众106批693人次，现场处理和解释答复106批次，立案交办全部办结，办结率100%。

【党建工作】 1、同步小康驻村工作。按照省委、市委、区委下发的关于同步小康相关文件精神要求，我镇切实加强同步小康驻村工作，及时调整驻村干部，现已全面更新各村（社区）驻村公示牌，加强驻村工作管理，按照区委下发的相关文件要求，及时报送同步小康信息资料及相关表册。2、完善活动阵地建设。田坝桥镇高桥村村级服务阵地2017年属于新建，新建项目从三月开始筹备，4月底开始动工，现在地基已建好，马上进行框架结构建造。预计6月底完成施工，进行简装入驻。3、发展党员年轻化。2017年我镇发展党员3人，其中，少数民族1人，35岁以下2人。4、“两学一做”学习教育和“党员教育”进一步巩固。以“两学一做”学习教育为契机切实加强政府自身建设。自“两学一做”学习教育开展以来，镇党政班子中心组成员积极开展集中学习，对照党章党规深查，总书记系列讲话细照、笃行，抓住“做”这个关键，发挥以上率下作用，积极带动全体党员参与到学习教育中来，营造“两学一做”浓厚的氛围。一是强化干部职工的理论学习，着力解决党员干部思想、组织、作风、纪律方面存在的问题。二是要按照“四讲四有”要求进一步解放思想、更新观念，创新工作举措，敢于责任担当，并以强烈的事业心和开拓进取的精神状态，积极主动地开展各项工作；三是推进“六权治本”严格依法行政，自觉接受人大代表和广大人民的监督，定期向人大代表报告工作。四是我镇高度重视，精心组织，按照市委和区委的部署要求，在全镇党员中开展党员教育，并制定了《田坝桥镇党员学习教育的监督实施方案》，不定期对各村（社区）定期抽查学习情况。

5、努力壮大村级集体经济。我镇8个行政村（社区），其中有村级集体经济积累的2个村（社区），2个村集体经济薄弱，4个“空壳村”，2017年12月底，全镇将全面消除“空壳村”，镇党委研究决定，已制定了田党发〔2017〕10号文件关于《田坝桥镇消除集体经济“空壳村”的实施方案》。并要求各村（社区）按照文件要求认真抓好落实，并制定村（社区）壮大村级集体经济实施方案。6、开展后进村党组织整顿工作有所进步。按照区委组织部下发的相关文件要求，从3月开始，我镇对后进村党组织进行集中整顿，通过精准识别和对照“七项指标”任务，我镇硝灰洞村得分58分，为我镇后进村党组织，螃蟹社区得分93分，为我镇先进村党组织。针对后进村党组织的实际情况，镇党委下发了田党通〔2017〕24号文件《关于对后进村党组织进行集中整顿实施方案》。现整顿工作正在如火如荼的进行，将在9月下旬完成后进村党组织的全面整顿。7、党员档案更加规范。我镇党建办工作人员通过区人社局、武装部的那个多个部门的人事档案排查，已完成我镇大部分干部职工党员档案的排查，并建立了相关排查台账。8、创新工作，“三红支部”创建活动取得成效。我镇通过“三红支部”的创建，通过社会人士和干部职工的募捐，现已筹得善款18余万元。这些钱将用于贫困户房屋的建造和生活救助。真正让农民享红利，得到真正的实惠。

（撰稿人：党政办）

八寨镇

【概述】 八寨镇位于毕节市东北部，距离市区17公里，703县道穿境而过，是黔西北进入四川的重要通道。东接层台镇，南连海子街镇，西邻田坝桥、对坡镇，北毗燕子口镇。境内地势东高西低，喀斯特地貌特征明显，峰峦叠嶂，溪流纵横。平均海拔1620米，属亚热带季风湿润气候，平均降雨量954毫米，无霜期250天左右。全镇总面积79.8平方公里，辖15个行政村，118个村民组，33762人，居住着汉、苗、彝、白、蒙古等5个民族，其中少数民族人口4850余人。境内有河流4条，小型水库1个，地貌主要由山地、丘陵、坝子构成。山地面积约65%，拥有6.7万亩草山、草坡和天然林地，森林32%，林场5个，主要树种有柳杉、华山松等，土壤主要由黄壤、沙土壤构成。发展生态畜牧业具有得天独厚的优势；全镇耕地面积24600亩，其中水田2300亩，25度以上坡耕地10543亩，人均耕地0.68亩，主要农作物除玉米、洋芋、小麦、稻谷外，还盛产烤烟、油菜等经济作物，适宜种植核桃、板栗、漆树、杜仲等。矿产资源丰富，煤、铁、粘土、草碳储量较大，已探明煤炭储量6000万吨，粘土储量300余万吨，适宜发展资源型乡镇企业。

【主要经济指标】 全镇生产总值完成3.96亿元，增长16.5%；乡镇企业总产值达7426万元，增长12%；完成粮食总产量23650吨；农民人均纯收入达5100元，同比增长13.2%；完成1.5亿元的固定资产投资，实现了8000万元的工业增加值，实现肉类增长率比2016年增长13%，畜牧业产值比2016年增长12%。

【农业产业结构调整】 农业产业多元发展，大力发展蔬菜、草莓、茶叶、经果林、中药材等产业，种植蔬菜3000亩，种植刺梨、板栗、核桃等特色经果林8000亩，中药材种植300亩，茶叶种植400亩，草莓种植30亩。积极发展生态畜牧业，全镇大牲畜存栏9399头，生态家禽存栏32685羽。建立农业园区，农业产业化和机械化水平稳步提升。加大招商引资力度，发展微型企业7家，注册资本共计70余万元，创办民营企业66户。电商产业有序发展，建立农村淘宝服务站3个，累计销售额突破100万元。同时积极优化投资软环境建设，确保实现“引得进、住得下、能发展”的目标。

【基础设施】 一年来，建成厦蓉高速金银山互通。花牌坊至赤水河省干道提级改造八寨段已启动，征地204亩。上级立项硬化修建通村公路6条15公里，投入资金339万元，实现了村村通水泥路。硬化通组路6条5公里，投入资金65万元。以上项目的实施，极大地改善了群众的生产生活环境，为社会各项事业发展奠定了坚实的基础。

【城镇建设】 对照”8+X”建设项目，大力推进小城镇和美丽乡村建设。卫生院、养老院、中学体育场等项目已基本具备验收条件。新大街及钟山公园已初步建成。“美丽乡村”建设全力推进，成功创建3个美丽乡村示范点，完成347栋民居立面改造，投入改造资金1661万元。

【教育事业】 全面贯彻党的教育方针，坚持立德树人，培育和践行社会主义核心价值观。进一步加强学校的科学布局和调整，不断整合教育资源。加强师资队伍建设，全面推进全镇教育“减负提质”。积极争取教育经费265万元，大力改善办学条件。通过精细化管理，狠抓落实，教育教学质量得到了进一步提升。2017年，全镇学前三年毛入园率达86.28%，小学适龄儿童入学率达99.92%，初中阶段毛入学率达99.12%，九年义务教育巩固率达98.02%，三残儿童入学率达88.8%，小学及初中辍学率分别控制在0.01%和0.47%以内。

【文体卫生事业】 安装七星关区广播电视台（调频91.2）无线广播音柱38个，实现了全镇无线广播基本全覆盖目标。全镇有线数字电视普及率达到95%以上，实现了“村村通”，并逐步向“户户通”迈进。建成农家书屋15个，珍藏图书2000余册。建成800平方米综合文化大楼并投入使用。通过举办老年秧歌队、舞龙、“苗族采花节”等活动，极大地丰富了人民群众的精神文化生活。

一年来，全面贯彻落实科学发展观，积极推进医药卫生体制改革，狠抓服务态度，规范医疗行为、提高医疗质量。推进医改、保障就医、服务民生，初步实现了管理科学化、决策民主化、信息公开化、服务多元化的目标。严抓公共卫生服务工作，通过开展对流动儿童调查摸底、麻疹的强化免疫、健康教育的下队宣传、慢病随访的登门入户等工作，力争提高辖区居民的健康水平，实现人人享有公共卫生均等化服务的目标。

2017年，建成八寨卫生院投入使用，临床就医23991人次，总收入2771765.58元。进一步抓住统筹解决人口问题这一主轴，全镇常住人口符合政策生育率控制在94.6%以上，流动人口符合政策生育率控制在83%以上。一年来，发放卫生计生宣传画册180余次，张贴卫生计生宣传标语、横幅120条，永久性卫生计生标语15条，发放避孕药具500余人次，召开板凳会议60余次，涉及农户2500余人次。基本公共卫生服务项目健康档案建档率达到99%以上，常住人口新型城乡居民医疗保险参保率达到84.2%以上。

【社会保障】 2017年，坚持“以民为本、为民解困、为民服务”的宗旨，牢固树立“民政为民、民政爱民”的理念，以更加务实的工作作风，全面提高民政服务管理社会化、科学化水平，充分发挥民政工作在构建社会主义和谐社会中的兜底作用，建立了农村社会保障救助体系，确保农村人均年纯收入低于3612元以及城镇人均月收入低于780元的特困群众能公平公正公开享受国家最低生活保障，全年累计发放资金620余万元，覆盖特困对象1040户2019人，集中供养30人。发放医疗救助、临时救助、复退军人优待金、高龄补贴、残疾人两项补贴、困境儿童救助、因灾建房补助等资金共计427万余元。发放冬春救助粮666袋，救助衣物80件，救助棉被130床。救助急难对象7户28人，发放资金13万元。大力开展留守儿童关爱工作，建成春苗乐园15个，心晴家园60个，每个春苗乐园和心晴家园都配备桌椅、书籍和儿童玩具，为我镇更好地开展留守儿童关爱全覆盖工作提供了坚实的保障。

一年来，全镇城乡居民养老保险参保人数9959人，缴费人员6276，收缴基金885700元。城镇新增就业70人次。深入开展社会治安综合整治活动，创新社会管理，完善矛盾纠纷排查化解机制。“法治毕节”创建六大工程深入实施，“七五”普法宣传教育全面启动，人民调解、社区矫正、安置帮教工作扎实开展。2017年，接管社区矫正对象55人，解决42起土地矛盾纠纷及信访积案，接收刑满释放人员16名，帮教16名，帮教率达100%，就业率达100%。深入开展安全隐患大排查、大整治，实现安全生产“零事故”。关心下一代、工青妇、残疾人、档案管理等各项工作全面发展。

【环保生态】 以美好乡村重点示范村、文明集镇创建为重点，全面推动各行政村、自然村的清洁工程。重点打造106省道、双河口水库、镇区周边等路线和“五在农家”示范村，全镇基本实现环境治理全覆盖。完善垃圾清运系统，新修日处理垃圾50吨垃圾中转站1个，已进入试运行阶段。分别在金银山社区、茅粟坪社区、八寨社区选址兴建污水处理厂，建成后的金银山社区日处理污水量100立方米，建成后的茅粟坪社区日处理污水量100立方米，建成后的八寨社区日处理污水量650立方米，主体工程已基本结束，即将进入试运行阶段。大力开展整脏治乱工作，乡村环境得到有效改善，形象实现一定提升。大力清理河道垃圾，河道周边农业面源和生活面源污染得到有效控制。着力抓好天然林保护、退耕还林、石漠化综合治理、荒山绿化“四大工程”建设。森林防火工作不断强化。2017年全镇完成退耕还林任务7929亩，全镇森林覆盖率达到51%。科学划定禁限养殖区域，推进畜禽养殖污染防控常态化。

【扶贫攻坚】 坚持精准扶贫，精准脱贫，全力推进脱贫攻坚“春季攻势”“夏季大比武”和“秋季攻势”，坚决打赢脱贫攻坚“四场硬仗”。通过对贫困户进行进一步精准识别，共识别建档立卡贫困户843户3129人，贫困发生率9.62%。2017年，新建通村通组路12条，建成钟寨蔬菜大棚125.6亩，覆盖贫困人口590人。运筹实施食用菌、茶叶、辣椒连片种植。在茅粟坪社区、中厂社区建成刺梨基地灌溉工程，在瓦窑坪村建成抗旱应急工程。515户贫困户申请特惠贷1685.53万元。完成易地扶贫搬迁55户251人，解决就业120人。幼儿园、学校等配套设施建设同步推进，进一步改善我镇学生就读环境，落实教育扶贫政策，资助精准扶贫户学生42人，资助资金18.231万元。建档立卡贫困人口参合率达100%。完成四类重点对象危房改造147户，同步实施厨房、厕所、圈舍改造，群众住房安全和卫生条件明显改善。

【创新管理】 坚持“公开、公正、公平”的原则，实行政务公开。将审批、审核事项集中办理，公开所有办事过程，使行政活动过程和行政权力的运用公开化、透明化，提高权力运行的透明度，大力开展作风建设年、环境建设年、项目建设年活动，法治型、廉洁型和服务性政府建设务实推进。2017年，新建11个村公所投入使用，投资300余万元新建的600余平方米便民服务大厅投入使用。

（撰稿人：党政办）

层台镇

【经济指标】 以招商引资为抓手，成功引资项目3个，完成固定资产投资达8000万元以上。民营经济增加值达1.6亿元。

【农业工作】 通过考察调研，根据本镇实际气候、水土、海拔等自然条件，成功发展菊花种植650余亩，油用牡丹种植1200余亩，刺梨种植约500亩，中药材种植约200亩，建成菊花深加工基地1个。引进现代养殖技术，成功发展蛋鸡养殖6000多羽，出栏生猪约3000头。成功开启了以光辉村、红岩村为创建点，创建以油用牡丹、菊花种植为主，涵盖旅游观光项目建设的农业产业示范园区建设。

【村镇建设】 以“五城同创”为契机，以“整脏治乱”为抓手，坚决遏制乱倒垃圾、占道经营等不文明行为及乱搭乱建违法违规行为，形成人人参与，社会支持的良好氛围。同时选取创造条件好，群众意愿强的玉龙村、红岩村为创建点，开展“五在农家·美丽乡村”创建活动。并完成166户创建任务；基础设施建设稳步推进，完成农村饮水安全巩固提升工程5个，建成集镇垃圾中转站1个，推进青春、向阳污水处理项目建设，危房改造170户。

【民生事业】 本着以人为本，为人民服务的初心，充分整合资源，解群众之急。共发放冬春救助16万元和各类慰问4.43万元、救灾款12元和季节性缺粮1900包；建立春苗乐园13个，心情家园25个，为留守儿童提供学习和玩乐场所。

【脱贫攻坚】 通过全面摸底排查，2016年全镇贫困人口1427户6098人；通过开展建档立卡“回头看”，整户清退29户60人，整户新识别73户330人，删除家庭成员129人，返贫的64户299人，补录家庭成员的308人，现有贫困户1471户6547人；通过开展结对帮扶，完成2016年第一批中央财政专项扶贫资金种养殖项目种植脱毒马铃薯340亩、茶叶103.5亩，养殖商品猪600头。拟定2017年脱贫人口850人，出列4个贫困村；通过制定产业脱贫措施，完成2017年第一批中央财政专项扶贫资金项目的申报和实施，涉及资金217万元，种植脱毒马铃薯1387亩，涉及资金58.566万元，贫困户入股扶贫资金158.434万元到公司分红，覆盖贫困户405户1833人。根据中央、省、市、区关于脱贫攻坚战略部署，通过开展“春季攻势”“夏大比武”和“秋季攻势”活动，提高了脱贫攻坚战斗力，夺取“四场硬仗”阶段性战斗成果。一是完成通村公路11.2公里、通组路约3.7公里的基础设施建设；二是完成6500亩沃柑农业产业结构调整工作；三是完成教育资助、医疗救助全覆盖，落实建档立卡精准扶贫户危房改造163户；四是完成2016年异地扶贫搬迁106户481人，其中集中安置80户392人。

【基层党建】 该镇党建工作紧紧围绕“大党建”的主基调，扎实开展党建工作。扎实推进新时代农民脱贫攻坚讲习所工作。根据要求，镇级成立了以党委书记为组长的讲习工作组，村级成立以包村领导为组长，村（社区）第一书记、驻村干部、包村干部、农民讲师、合作社负责人、农村致富带头人等为成员的讲习工作组。目前，镇村两级讲习所共有讲习员100余名，开展讲习284次，参与人员13500余人次，有效的把党的政策传播到农村，增强了干群关系。全面完成农村基层党组织优化设置工作。根据区委组织部要求，对党员超过40人的村级党组织进行升级，通过排查，层台社区、东沟村、五里桥村、向阳村、玉龙村符合设置党总支条件，分别设置党总支，5个党总支共下设13个党支部，目前已全部授牌，工作有序开展。大力发展村级集体经济。切实加强合作社创立工作，大力发展村级经济实体。通过整合上级匹配资金和自身发展，有8个村（社区）集体经济超过5万元，其余5个村（社区）通过发掘自身资源及区位条件优势，集体经济正在发展中。

加大村级服务阵地建设力度。通过与上级部门沟通，结合我镇实际，最终确定12个村（社区）进行村级服务阵地建设选址新建。目前12个村（社区）已全部搬迁入住，配套设施在进一步完善中。继续开展“两学一做”常态化工作。巩固“两学一做”学习教育，对全镇5个党总支、27个党支部600名党员实施全覆盖。

（撰稿人：办公室）

小吉场镇

【概述】 小吉场镇位于七星关区东北部，距城区43千米，地处东经105026′22″至105035′11″之间，北纬27024′7″至27035′15″之间，东与本市阿市乡和大方县新隆乡接壤，南与本市海子街镇、小坝镇和大方县八堡乡相接，西与本市层台镇毗邻，北与本市清水铺镇相连。全镇地势呈西南高、东北底，境内最高海拔是南面新建村箐脚组，其海拔为1765m，最低海拔是东北角高兴村猴子桥组，其海拔为1000m，地势起伏平缓。全镇总土地面积121.3平方公里，有耕地2.25万亩，水田1.1万亩，土壤以地带性的铁铝、硅铝、硅质黄壤、黄色石灰土、紫砂土、水稻土为主，少量为紫色土。全镇气候温凉湿润，属亚热带季风气候，年均温13.2℃至13.9℃，无霜期249～255天，年降雨量950～965mm，雨量较为充沛。农作物为两熟连作间套作制，素来盛产稻谷，有“毕节谷米之乡”之称。境内磺、铁、煤、铅、锌等矿产资源有不同程度分布。全镇辖26个行政村（社区），188个村民组，14055户，总人口70498人，其中农业人口65243人，少数民族人口5812人，属典型的农业大镇。所辖村（社区）：吉坪社区，德胜社区，大吉社区，吉兴社区，南山社区，吉丰村，新伦村，梨子村，四伦村，永兴村，余庆村，南丰村，总基村，新建村，中心村，红旗村，永丰村，永桥村，永坪村，联丰村，双林村，高兴村，河尾村，岩湾村，龙兴村，龙岭村。

【政治建设】 （一）从严治党。镇党委政府始终以贯彻落实中共十九大精神为契机，严格执行中央八项规定和省、市、区十项规定，坚决整治“四风”突出问题，深入推进惩治和预防腐败体系建设，加强党员干部廉政教育，坚持对各种腐败行为零容忍，严打击，推进作风建设常态化、制度化。着力抓好在危改、扶贫、低保等领域的线索清理和监督管理，坚决查处贪污挪用、截留私分、优亲厚友、虚报冒领等行为。深入推进农村党风廉政建设，严肃查处农村基层干部违纪违法行为，严厉查处党员违纪违法行为20起，全镇组织处理12人，约谈9人，处分3人，确保纪律红线不逾越。使小吉场镇党员干部步调一致沿着正确的政治方向前进。（二）基层党建。一是深入开展“两学一做”制度化常态化，“三会一课”等内容。切实抓好党员干部的理论学习培训，通过讲习所、道德讲堂、大力宣传十九大精神，通过“四看四比四促”，培育和弘扬新时代干事精神；二是加强村级服务阵地场所的建设；筹资3000余万元的村级阵地建设基本完工，全镇改建25个、扩建1个村级服务阵地场所，进一步擦亮窗口，筑牢堡垒，严格实行服务群众承诺制，积极探索高速高效的服务模式；三是积极发展壮大年轻化、高素质的党员干部队伍，加大联丰、双林两个贫困村的党组织基层建设力度，提高下挂支书的比例，争取达到10个村以上。四是继续推进农村基层组织设置，把党建工作作为推进全镇各项工作的核心保障，全面完成镇村“两委”换届，成立基层党委1个，设置7个党总支，43个党支部，充分发挥党支部建在生产线上的作用；全年发展积极分子26人、发展党员25人，党员结构得到优化，各党支部也注入新鲜血液。对已设置的基层党委、党总支规范运行，加强党组织对学校、企业、村组的覆盖，将党支部建设到基层深处，推进党组织向纵深发展。

【经济建设】 （一）多措并举促进增长，经济实力明显增强。

立足美丽吉场建设，着力壮大镇域经济实力。始终坚持以促进全镇居民收入为目标，把经济建设摆在全镇工作的首要位置，作为“补齐短板”工程来抓。一年来，我镇以农村三变改革为契机，按照区委、区政府“1+5”经济运行新机制安排和部署，面对实际工作环境和资源环境，一年来新引进项目融资4260万元。其中易地扶贫投资3000余万元，饮水工程460万，美丽乡村800余万元。同时，1.1亿元的人居环境改造正在实施中，加之德胜大棚、高兴千头生猪，水产养殖、南山万头肉兔养殖、蚕桑基地，农业结构调整、村社一体合理有序的开展。调整经济发展结构，促进吉场的经济发展，提高了全镇人民的收入，推进全镇经济突飞猛进的增长稳重有进。（二）产业结构调整大力实施。围绕“一圈两带三板块产业发展”农业产业发展规划，以“决战贫困、提速赶超、同步小康”为指导，紧紧围绕打造农业板块经济和推进农业供给侧结构性改革，创新发展方式，合理利用土地资源，着力调整产业结构，培育新型经营主体为目标，整合退耕还林、产业发展等涉农资金投入，农业产业结构调整迈出关键步伐，在2016年完成8000多亩退耕还林的基础上，2017年再实施退耕还林3000亩；大力打造蔬菜主导产业，德胜3000亩大棚基地建设有力推进。家兔、肉（蛋）鸡、生猪养殖规模逐步壮大，高兴千头生猪、水产养殖，南山万头肉兔养殖等规模养殖合作社建成投产，农业专业合作社增加到36个，劳务经济调整升级，农村商行银行、邮政储蓄银行、农村消费合作社等金融机构不断增多，物流快递等新兴产业发展迅速，农民增收势头强劲，农民人均纯收入逐步提高。

【社会发展】 （一）大扶贫脱贫攻坚工作持续开展。该镇按照全面打赢“113攻坚战”，围绕409户1932人脱贫、1个贫困村出列，聚焦“五通四有”“四有四覆盖”制定发展规划，落实年度实施计划，多次召开党政联席办公会、镇村干部大会，落实包村领导责任制，按规定、按步骤认真摸底排查，召开村民组群众大会，按三榜公示的要求完成建档立卡工作，实现扶贫资源精细化配置。至精准扶贫工作开展以来，通过实施异地扶贫搬迁工作，以搬迁272户1209人的目标，其中吉坪安置点共搬迁109户441人。党政联席办公会召开专题会议，要求包村领导组织好各村脱贫工作的宣传力度，确保脱贫对象知晓率达100%；负责各村监督落实，确保对象符合政策率达100%；确保脱贫攻坚的“两率一度”。一是根据贫困户实际情况，抓好产业扶贫、教育扶贫、医疗扶贫、易地扶贫搬迁等工作，同时结合2018年农业产业机构调整的实施，根据贫困户实际，在发展种养殖、贫困户特惠贷等工作中，按照一户一责、一户一帮的原则，制定一户一策脱贫产业发展计划，帮助贫困户发展产业实现脱贫。二是要继续办好脱贫攻坚讲习所，按照党委政府2017年提出的阵地“1+N”平台多样化，队伍“1+N”师资多元化，内容“1+N”工作常态化，目标“1+N”干训一体化的“四个1+N”脱贫攻坚讲习所实施办法，通过讲政策、讲方法、讲技术，领着群众学、做给群众看、带着群众干，真正打破政策落实中梗阻，打造脱贫攻坚主力军，凝聚同步小康正能量。三是要发挥好合作社主体作用。全镇26个村社一体的专业合作社要充分发挥辐射带动作用，组织带动贫困群众发展产业，结合全镇农业产业结构调整“一圈两带三板块”产业规划，积极探索带动贫困群众发展生猪、家兔、中蜂、冷水鱼、经果林种植等产业，从而实现群众脱贫、合作社发展壮大的目标。（二）基础设施建设扎实推进。一是认真围绕五通四有、四有五覆盖要求，实施贫困户危改230户，启动实施“组组通”8.958公里，新建、红旗等贫困村安全饮水工程逐步推进，六级公路大会战海龙路征地工作结束已经进入施工。2017年以来启动实施龙兴至吉兴、龙岭至大方、高兴至永坪、新伦、岩湾至联丰等共计61.85公里同村公路建设，力争2018年全面竣工；省级专项资金组组通公路涉及红旗村、新建村、双林村、高兴村共7.73公里，德胜周家寨至永桥等重要连接线建设预计12月建成通车，互通互联的交通路网基本形成。二是全镇群众水网工程基本实现全覆盖，完成大吉村、龙兴村饮水安全工程，投资460万元覆盖2万余人的集镇抗旱应急水源工程已投入使用，饮水安全得到大幅度提升。三是镇村环境综合整治成效突出，集中力量加大对河流、新老街等重点区域的垃圾处理，采取群众收集、村集中堆放、镇转运的方式逐步改善农村居住环境；污水处理厂已正式运行、永兴村垃圾中转站基本完工，南山村高标准无害化处理中心正在实施中，预计明年下半年投入使用。四是全镇电网升级改造强力推进，2017年新增变压器25台、涉及16个村，预计年底全部竣工，确保群众正常的生产生活。2017年投入的1.1亿余元人居环境改造一期工程正在实施中，主要实施的项目有农产品交易中心、湿地公园、易地扶贫搬迁就业园、生态停车场、小城镇绿化工程、农电改造、山体公园、新场组至田坝组市政道路等重大项目工程，待2018年6月建成后，城镇品位进一步得到提升，有力助推全镇持续健康经济发展。五是“四在农家·美丽乡村”建设初见成效，该镇打造的市级示范点“四在农家·美丽乡村”新伦村创建点，民居房改造基本完成，实际投入资金800余万元，正在实施的庭院美化、绿化工程预计投入300余万元，“四在农家·美丽乡村”的创建有力助推全镇同步小康实现。通讯网络能力更强，宽带、4G网络基本实现全覆盖，群众生产生活更便捷。（三）教育医疗事业保障。一是围绕全面建成小康社会目标，聚力抓好各项民生事业，坚持优先发展教育不动摇，加快普及“十五”年教育步伐，扎实推进大吉幼儿园、南山幼儿园、逸夫小学运动场和食堂、中学、二中食堂，中学教学楼、永丰学校迁建等一批教育薄改项目工程建设。大力实施特殊教育提升计划及营养改善计划，加快义务教育阶段学校标准化建设，确保九年义务教育巩固率和高中阶段毛入学率均保持在85%以上，小学适龄儿童入学率保持在99%以上，初中入学率保持在95%以上，小学、初中辍学率分别控制在0.3%和1.5%以内。二是大力抓好促进就业工作，持续按照市政府出台《“雁兴归毕”促进农民工返乡创业就业实施方案》，倡导外出务工人员返镇创业就业。进一步健全和完善城乡居民养老、失业、医疗、工伤、生育“五项社会保险制度”，完善社会福利、社会救助、优抚安置等制度，建成覆盖城乡居民的社会保障体系，逐步提高农村“五保”对象、城市“三无”人员供养水平。三是认真落实“四重医疗保障”制度，完善特殊困难群体的救助机制，确保城乡居民医保参保率保持在95%以上。特殊困难群体关爱救助工作成效显著，建成“青苗乐园”“心晴家园”86个，加快推进医疗卫生基础设施建设，加强镇中心卫生院和村卫生室标准化建设，力争年底镇中心卫生院新门诊大楼建成投入使用。全面推进人口计生“双诚信双承诺”和“三按月”工作机制，全面落实“全面放开二孩”政策，不断推进人口计生工作提质创优。（四）大安全生产维稳工作。

一是严格按照行政执法“三项制度”，全力推进依法治镇，努力建设法治型政府，加强法治宣传，通过法治村建设带动群众遵法、守法、用法。畅通群众利益表达渠道，积极通过领导接访、干部下访、群众说事等方式化解矛盾纠纷，解决群众诉求，化解信访积案。加大毒情整治，大力打击种、吸、贩毒等涉毒行为，加大社会治安治理力度，进一步完善天网工程，整治治安突出问题，提升群众安全感和满意度。二是完善安全生产工作机制，强化党政同责和两个责任主体落实，不断完善综合执法动态监管机制，严防各种责任事故发生，守牢安全生产的红线。认真落实矛盾排查化解以及领导接访制度、领导责任制和责任追究制等制度，解决好群众的合理诉求，提高初信初访结案率，确保把各类不稳定因素化解在基层，消除在萌芽状态。加强对涉军、涉法等特殊群体的防范，认真落实敏感时段的稳控措施，为全镇经济平稳较快发展创造良好的社会环境。较好地落实了安全维稳方案，建立了领导班子包保责任制，截至年底累计排查调处化解各类矛盾纠纷85起，全镇共出警70余次，处理治安案件22起，未发生一起因排查不力监控不力形成的突出的治安和民转刑案件。以干部驻村工作为依托，深入开展走访活动，将上访变为下访，切实发现和解决基层的一些矛盾和问题。妥善实施“五项行动”、严防死守“八大主要案件”，有效维护了社会稳定。（五）推行“1+1+N”社会治理模式。一是按照十九大提出的实施乡村振兴战略的目标，全面探索和加强村（社区）自治模式，充分发挥基层党员干部、离退休教师、有威望的群众的作用，在留守儿童关爱、民生政策监督、老年人关爱服务、村环境卫生整治、项目建设等工作中实现群众政府主导，群众自主管理、自主服务，实现乡村产业兴、环境美、民风纯的目标。二是认真按照“百千万人才引进计划”“高技能人才振兴计划”要求，积极推进各类技能人才的培训和实施。该镇结合实际，年初制定印发了相关的实施方案和制度，专题研究社会管理创新的目标和措施，加强以村为单位的社会管理模式，推行“1+1+N”管理模式，采用党建+模式+合作社充分发挥基层民主，合理运用模式充分发挥村的优势管理村集体。

【生态环境建设】 按照五

城同创的要求，镇村环境综合整治成效突出，以“文明在行动 满意七星关区”和每周一小时活动为抓手，以“十星级文明户”评比为载，以督查考核为保障，集中力量加大对河流、新老街等重点区域的垃圾处理，采取群众收集、村集中堆放、镇转运的方式逐步改善农村居住环境；污水处理厂已正式运行、永兴村垃圾中转站基本完工，南山村高标准无害化处理中心正在实施中，预计明年下半年投入使用。

（撰搞人：张荀）

阿市苗族彝族乡

【概述】 阿市苗族彝族乡是七星关区的6个少数民族乡之一，位于七星关区东北部，地跨东经105°35′－105°40′，北纬27°34′－27°36′之间。乡政府所在地距七星关城区69公里。东北与普宜镇接壤，东南与大方县长石、兴隆等镇乡相邻，西南与小吉场镇相连，西北与清水铺镇隔河相望。全乡总面积101.7平方公里，辖13个村，162个村民组，共7516户27719人。全乡现有小学8所、中学1所，共设有编制站（所、股、室、中心）17个，有乡、村两级干部xxx人，现有党总支6个、党支部52个、党员484人。辖区内居住着汉、苗、彝、白、布依等民族，少数民族占总人口的30.3%。740县道经过7个村纵贯全乡，乡政府距西南出海辅助通道大（方）纳（溪）高等级公路10.5公里，乡界最近距大纳公路1.5公里，最远距大纳公路20公里。

【基础建设】 一是产业调整取得实效。始终坚持农业基础地位不动摇，产业结构调整不放松，多措并举推进农业产业化，加大扶持、保障投入，农业产业结构调整取得成效。全乡2018年完成早熟马铃薯种植1000亩、恒大集团帮扶建设蔬菜大棚建成260个，中药材特色产业规划种植6000亩、已完成种植1570余亩；740县道沿线万亩软籽石榴产业园初步建成、贵州省大地公益基金会帮扶养殖的藏香猪和土香鸡品牌正在打响。二是基础建设更加夯实。道路短板不断补齐，全面实行建制村村村通水泥路，阿市村至雄垮村等断头路建设加快推进，完成草坪村至安然村通村公路硬化。安全饮水不断巩固，尖山村、湾子村、草坪村、柳湾村、木拉村、中寨村等农村安全饮水巩固提升项目进入招投标阶段。用电安全不断得到保障，实施各村线路改造，全面开展农村电压治理和用电隐患排查，群众用电环境和质量得到全面提升。

【脱贫攻坚】 坚持脱贫攻坚统揽全乡工作，围绕“三率一度”“四场硬仗”出实招，先后多次组织全体乡村干部聚焦精准识别、精准退出开展遍访、走访，脱贫攻坚取得阶段成效。累计为749户贫困户落实特惠贷2196万元发展养牛产业，争取贵州省大地公益基金会帮扶资金1100余万元，帮扶741户建档立卡贫困户发展藏香猪和土香鸡养殖，实现“户户有增收产业”；教育资助实现应助尽助；全面完成2016年度61户236人（含分散安置9户36人）易地扶贫搬迁和工程验收；全乡建档立卡贫困群众参合率达100%；自身无能力脱贫对象全部纳入政策保障兜底；1.3公里“组组通”公路全面完成；全面完成142户“四类重点对象”危房改造和配套“三改”工程。创办14个新时代农民讲习所，常态化对贫困户进行技能培训和政策宣传。

【乡村振兴】 始终全力以赴争资金、上项目，按照“产业兴旺、生态宜居、乡风文明、治理有效、生活富裕”的总要求，不断推动美丽乡村建设取得新进展。小城镇建设方面，全面完成民心花园大街街道硬化、绿化及管网安装建设，完成供水和供电管网铺设，建成农贸市场、百货市场并投入使用。有序推进小城镇建设“8＋X”项目，阿市乡垃圾转运站、交通客运站、节能路灯安装工程等项目建成投入使用，特色小城镇已具雏形，城镇化水平不断提升。完成团胜村美丽乡村建设，加强农村建房管控力度，依法打击农村违法建筑，以中寨村、雄垮村等村寨为试点，积极组织开展编制乡村规划，美丽乡村建设有序开展。村村组建义务清扫队，定期不定期对环境卫生进行整治，人居环境不断提升。

【社会事业】 始终做到以人民为中心，全力发展社会各项事业。坚持教育优先发展，积极争取国家、省、市、区财政资金，加大对教育的投入，教学条件不断改善，乡中心幼儿园设施不断完善、完成阿市中学围墙建设、头庄村小学初中班级成功合并到阿市中学、将木拉小学生源分流到阁老小学和阿市小学，有效推进教育资源的优质配置。大力推进医疗卫生改革，整合计生服务站和卫生院成立卫计服务中心，13个村全部设立卫生室，公共医疗卫生服务水平不断提高，合作医疗实现全覆盖。全力推进公共服务机构建设，阿市乡便民服务中心、阿市乡山体公园建设有序推进。建立、健全、完善人口和计划生育工作机制，人口自然增长率低于5‰，计生工作稳步提升。全力推进矛盾纠纷排查、信访积案化解，深化信访事项公道评说机制，落实领导干部包案化解、定期接访制度；依法打击缠访、闹访、非访等违法犯罪行为，减少了信访存量、遏制了信访增量，中央、省、市、区近年来召开的各类大会期间，全乡未发生一起重大赴省进京访事件。全面落实安全生产工作责任制，不留视角、不留盲区开展严打整治工作，全面未发生一起安全生产事故。全力保障和改善民生，提升改造乡中心学和中学，不断改善教育环境；全面落实“四重医疗”保障体系；做细做实特殊群体关爱工作，为81名困境儿童每人每月发放100元的基本生活费；持续推进全民参保，全乡社会养老保险参保人数达1.1万。对大安全工作的高度重视和创新推动，为全乡经济社会发展营造了和谐稳定的社会环境。

【党的建设】 深入学习贯彻落实习近平新时代中国特色社会主义思想和中共十九大精神、习近平在贵州代表团重要讲话精神，自觉用思想和精神实质来指导实践、推动工作。以“为民、务实、清廉”为总要求，将“两学一做”作为施政的根本标尺并认真践行好，党员干部素质不断提高。按照每个村级活动场所不低于500平方米的标准，新建头庄村、丫口田村、中寨村、团胜村、木拉村等村级服务阵地11个，解决了村级组织“无阵地办事”问题。开展基层党组织设置改革，把党的组织建到生产小组、自然村寨、产业链上，推动党的组织和党的工作全覆盖，把党支部建在村民小组上，缩短了党组织的服务半径。党的建设全面加强，为七星关区决胜贫困、同步小康事业提供了坚强的政治保证和组织保障。

（撰稿人：办公室）

普宜镇

【概述】 普宜镇位于东经105°38′～105°41′，北纬27°35′～27°37′之间。地处七星关区东北部，东与大屯乡接壤，南与大方县长石镇毗邻，西与阿市乡、清水铺镇相连，北与四川省叙永、古蔺两县隔河相望，处于两省三县结合部。人民政府驻宜兴社区，距离七星关区人民政府80千米，全镇总面积84.5平方千米。辖宜兴社区、老街社区、新街社区3个居民委员会，箐脚、摆盖、乐都、龙家、冷水、道角、木窝、双河8个村民委员会，下设158个村（居）民小组。总人口31867人，其中有苗、彝、仡佬、白等少数民族7094人。城镇常住人口9850人，城镇化率31%。地势南高北低，属典型的卡斯特地形地貌，最高点新街村半坡组申家坪子，海拔为1736.6米，最低点双河村六一组凉窝托，海拔为540米。属亚热带湿润季风气候，生长期年平均235天，无霜期年平均255天，年平均降水量892毫米。境内矿产资源煤炭储量丰富，有野猪、野山羊、猴子等多种野生动物，森林覆盖率达46%以上。

【加强基层基层党组织建设狠抓管理】 一是加强“一核多元”基层组织服务体系建设，夯实深度贫困村基层堡垒。为深度贫困村基层党组织理清思路，明确发展目标，借力“大党建”统领，以“支部+”模式把脱贫攻坚与深度贫困村基层党组织建设“捆绑”起来。二是把深度贫困村村干部队伍建设作为重中之重来抓，配强配齐党组织“领路人”，着力提升干部的战斗力和凝聚力，使深度贫困村成为脱贫攻坚工作的主战场，基层干部成为脱贫攻坚工作的“主力军”，建设一支政治坚定、能力突出、作风过硬的村级干部队伍。三是充分发挥村第一书记和同步小康驻村干部作用，推动脱贫攻坚。进一步加强深度贫困村第一书记、驻村干部的管理，端正工作态度，明确、细化干部的工作职责。在精准脱贫工作中，做到每户每人的贫困状况了然于心、心中有数；充分发挥村第一书记和同步小康驻村干部在推动脱贫攻坚工作中的“先遣队”作用，啃下“硬骨头”，打赢扶贫攻坚战。

【主要经济指标】 实现生产总值12.63亿元、同比增长11.5%，固定资产投资9.2亿元，增长18.7%，社会消费品零售总额2.3亿元，同比增长10.5%，一般公共预算收入1.5亿元，同比增长3.1%，农民人均可支配收入7352元，同比增长8.7%。

【基础设施加快完善】 始终坚持以交通、水利等重大基础设施建设为重点，不断夯实发展基础。一年来，全镇共建成通村（通组）公路91.5公里，实现村村通公路目标，“组组通公路”全镇已覆盖85%以上；完成8处农村饮水安全巩固提升工程启动建设，拟解决2.3万人的饮水安全问题；完成电网改造项目15个；新建4G通讯基站3个，4G信号覆盖面不断扩大，实现11个村（社区）通宽带。

【产业脱贫精准有效】 利用中央扶贫资金442万元，省级扶贫资金20万元，结合群众需求，精准实施能繁母牛332头，能繁母猪242头，商品猪1778头，鸡9940羽，马铃薯553亩，板栗68.5亩，樱桃55.5亩，百花桃94.5亩，李子133亩等种养殖项目，覆盖贫困人口531户2230人。878户贫困户通过“特惠贷”发展种养殖自主创业，共发放贷款资金3317.1万元。帮助各村发展村级集体经济，如道角村养鸡，冷水村种植食用菌，箐脚村发展经果林，木窝村发展中蜂养殖，双河村发展早熟蔬菜等特色产业。各村分别成立了村社合一的合作社，为产业发展注入了强大的组织保障。接收恒大集团帮扶在我镇摆盖和乐都两个村建设了285个蔬菜大棚，发展高效设施农业。

【易地扶贫搬迁快速推进】 完成2016年易地扶贫搬迁普宜镇集中搬迁安置点建设，并组织98户415名贫困群众搬迁入住小区，指导17户82名群众进行自建搬迁房屋建设并如期搬迁入住。为让群众能搬得出，稳得住，能致富，组织开展“五个三”工程。一是将安置房一层门面出租收入作为搬迁户基本生活保障；二是提供公益性岗位和企业岗位，帮助群众就业；三是多渠道解决群众就医、就学问题；四是提供场地方便群众自治管理。

【教育医疗住房保障有力】 一年来，“雨露计划．圆梦行动”“泛海助学行动”等资助在读建档立卡贫困学生本科65人、大专82人、中职39人、高中76人。大力宣传大病医疗兜底基金政策，解决贫困群众看病难等问题。完成四类重点对象危房改造69户，同步实施厨房、厕所、圈舍改造，群众住房安全和卫生条件明显改善。

【现代服务业加速发展】 全镇范围内成功引进申通、中通、圆通、彝家人物流等物流公司，引进普宜汽贸中心、民贸酒店。共发放小微企业帮扶资金400万元，帮助26个企业得到发展壮大，为全镇解决新增就业1235人次。全镇企业总产值达到6.5亿元。

【农业产业多元发展】 紧紧围绕农业产业结构调整这一主线，以各类农业工程项目建设为载体，不断加大科技兴农工作力度，不断夯实农业发展基础。一年来，粮食总产量稳定在年均10万吨左右，大力发展特色经果林10000亩，种植早熟蔬菜3000亩，种植茶叶1500亩，积极发展生态畜牧业，实现林下养鸡20000余羽，饲养能繁母牛1524头；发展农业产业板块经济样板点完成4000亩（其中书记样板点蜂糖李1000亩、镇长样板点脆红李 1000 亩、副书记样板点脆红 1000 亩、分管领导样板点琵琶 1000 亩)；退耕还林 8600 亩，种植其他经果林 11000 亩；引导和培育发展农民专业合作社 11 个，引进和扶持农产品加工企业 2 家。农业产业结构得到有效调整，农民增收实现多渠道大幅度增长。

【提升村级办公场所标准化】

村级党组织活动场所是农村基层政权建设的重要组成部分，是村级各个组织和党员干部开展学习及其他活动的主要阵地，也是为村民提供文化、教育、娱乐等公益服务的重要场所。为了使全镇各行政村村级组织办公场所的设施完善、功能健全、活动有序，成为党组织开展党的活动、为民服务的重要阵地，村委会实施村务民主管理的重要场所，党员群众接受教育、参与村务和文娱活动的重要窗口。普宜镇投入 530 万元，改造 7 个村级服务场所。

【美丽乡村建设有序推进】

全镇各村环境整治工程启动实施。全面清理集镇占道经营行为，完成改造宜兴农贸市场。全镇生活垃圾无害化处理率达 95% 以上，普宜镇被评为“国家卫生乡镇”。完成美丽乡村建设点 2 个。

【环境保护能力提升】 结合国家环境监察部门的检查，强制关闭了五个坟石加工点和一家污染严重的砖厂，要求限期整改 3 家轻度污染的养猪场。组织对农村历年的垃圾进行清运，采取措施对原垃圾堆放场进行复耕。建成 1 个垃圾中转站和 1 个垃圾焚烧站，生活垃圾无害化处理率提高到 95%。建成集镇 1 个污水处理厂，铺设污水管道 3.3 公里、改造污水管网 0.8 公里。启动冷水村、龙家村、乐都村污水处理系统建设。

【生态环境持续优化】 退耕还林还草、植被恢复、集镇绿化等生态工程全力推进。森林防火工作不断强化，新招入 15 名护林员，有力维护林业安全，全年未发生一起森林火灾。

【民生保障扎实有力】 城乡居民社会养老保险参保任务完成率达 96%。新增就业 1620 人、转移农村劳动力 3631 人，返乡农民工实现就业创业 124 人。发放低保资金 572 万元，1909 名困难群众生活得到有效保障。大力开展留守儿童关爱工作，建成春苗乐园 165 个、心晴家园 13 个。

【教育事业提质发展】

“百年大计，教育为本”，普宜中学在 2017 年的高考中，取得了历史性突破。考取本科学生占 32.3%，中考升学率 97.3%。在 2017 年的综合考评中，普宜中学获得了同类学校第二名的优秀成绩。普宜教管中心管理范围的薄改工程全部完工并投入使用，让教师工作更加安心，孩子们学习更加舒适。普宜中心幼儿园建成并投入使用，为集镇适龄儿童创造了更好的学习条件。同时，新街幼儿园也启动建设，建成后将有效缓解幼儿园大班额问题。

【卫生计生事业加快发展】

医疗卫生工作闯出新路子。普宜镇卫生院重新组建领导班子，进一步整合资源，起用了职工公租房。全院职工精气神焕然一新，效率和效益大幅提高，群众满意度显著提升。普宜计生服站结合历史发展变化要求，与镇卫生院实现整合，有效提高了人才和各种资源的利用效率。计生工作稳扎稳打，广泛实施孕前优生检查和各种避孕措施。同时广泛实施宣传，落实二孩政策。

【文体广电等事业协调发展】

普宜镇文化服务中心建成在即，将为全镇群众的文化生活提供重要的阵地。依托农村“五个起来”让群众深入了解各级方针、政策。莫轰艺术得到新的发展，艺术团规模不断壮大，表演形式多样化，多次受各级部门邀请参加文艺演出得到广泛好评。全年累计修建小型村级文化广场 7 个，为群众解决想娱乐无场地的难题，全镇老年活动中心在老街广场挂牌，为老龄群众提供更好更方便更规范的娱乐场所。成功对中共十九大召开营造了浓厚氛围，发挥农村新时代农民讲习所作用，将党的声音传播到田间地头。

【群众工作成效显著】 全年受理信访案件31起，同比下降36%，成功化解30起，化解率96%。开展基层矛盾化解行动，有效将各类信访事件解决在萌芽状态。特别是多年来一直未解决，涉及群众多，影响群众发展的蚕桑贷款和生态文明家园建设补偿款等遗留问题，年内得到了彻底解决，攻克了困扰群众发展的资金难课题。

【社会治安持续稳定】 全年发生25起刑事案件，同比下降64%，侦破案件17起，破案率同比上升58%，收容吸毒人员26人次，组织夜间巡逻192天，有效打击了违法犯罪行为，维护了社会平安稳定，群众安全感显著提升。普宜派出所排名全市规划化派出所第一名，派出所所长同时荣获全市“十佳派出所所长”荣誉称号。普宜镇司法所规范化建设通过验收。

【安全生产态势良好】 深入开展安全隐患大排查、大整治，重特大安全生产事故得到有效遏制，非煤矿山、烟花爆竹等行业领域实现“零事故、零死亡”。食品药品安全监管能力不断提升。各行业应急预案体系不断完善，防灾减灾救灾能力明显增强。

（撰稿人：王　刚）

大屯彝族乡

【概述】 七星关区大屯彝族乡位于毕节市七星关东北面，东与本区田坎乡和龙场营镇毗邻，南抵大方县，西与普宜镇一水之隔，北与四川省马蹄乡隔赤水河相望。这里有丰富的少数民族文化旅游资源，境内有国家级重点文物保护单位大屯土司庄园，有全省二十个少数民族保护与建设村寨、省级十六个历史文化名村之一的三官彝寨，有远近闻名的大河口椪柑及大河口旅游风光，有山峦叠翠、幽谷含青的溜儿河峡谷风光，有松涛阵阵，碧草如茵的木杉林场。

2017年是决战贫困决胜全面建成小康社会的关键一年。在中共十九大重要精神的指导下，在七星关区委、区政府的强力领导和上级有关部门的关心支持下，大屯乡领导干部认真贯彻落实党中央及省、市、区重要精神，团结和带领全乡各族人民，抢抓机遇，开拓创新，奋力拼搏，以脱贫攻坚同步小康为主要目标，以“农业稳乡、文化活乡、旅游兴乡、基础强乡、产业富乡、生态美乡、法治明乡”为根本出发点，以大党建为引领，强力推进大扶贫、大安全、大发展各项工作，带领全乡干部职工真抓实干，攻坚克难，取得了明显的成绩，全乡呈现出经济发展、政治安定、社会稳定的良好局面，为全面建成小康社会打下了坚实的基础。

【三农工作】 2017年，乡党委、政府始终把农业增效、农村增产、农民增收作为三农工作的出发点和落脚点，积极调整产业结构，大力发展特色产业，大力抓好种养殖，努力实现农业稳乡、产业富乡。2017年全乡杂交玉米种植300余亩、马铃薯种植6000余亩、杂粮种植2500余亩，为全乡的粮食增产打下坚实的基础；乡内有商品牛、羊养殖基地5个、商品猪养殖基地5个。生猪存栏10500头，大牲畜存栏1780头，羊存栏1880只，家禽存栏34900羽，一年来实现农牧业生产总值5289万元。秋冬种工作中，规划落实脆红李产业示范样板种植面积4320余亩，落实油菜产业种植示范样板一个，种植油菜500余亩，强力推进全乡产业结构优化调整。培训新型农民1200人，种植蔬菜0.65万亩，着力打造乡级农业园区1个，规划种植脆红李2300余亩，开挖修建机耕道14公里。

【基础设施建设】 紧紧围绕决战贫困“五通四有”“四有五覆盖”脱贫的目标，认真抓好基础设施建设，力争实现基础强乡战略。小康路，完成青山村楠木组至下寨组、烙烘小箐至高坡金星、长中村光明组至高坡村官寨组、小箐组至高坡村下寨组通村公路建设共计17.95公里，完成组组通公路建设3.604公里，启动长中村三族组3.1公里、雅木木杉至马厂组7.3公里通村、通组路建设。小康水，全面加强水利工程管理，特别是水资源管理、水利工程设施管理，做好农村小型水利产权改革工作，强化汛期安全监管，启动三官村农村安全饮水巩固提升工程，对接水务部门寻找水源点重新引水，着力解决集镇安全饮水困难。小康房，146户贫困户实施危房改造，同时实施改厨、改厕、改圈，大大改善了居住环境。小康电，联合供电部门启动实施农村电网升级改造，提高群众用电质量。小康讯，对接通讯部门，规划建设信号基站，提高群众信息通讯质量，实现网络全覆盖。

【脱贫攻坚】 2017年出列2个村（三官村、大河村），贫困人口退出271户1068人，剩余未贫困户397户1274人，年末贫困发生率为5.64%。主要致贫原因是因学、因病、缺资金，主要难题是贫困群众内生动力不足、基础设施短板明显。乡党委、政府全力统筹脱贫攻坚工作，主要围绕春季攻势、夏季大比武、秋季攻势等核心工作，着力落实各项扶贫政策，聚力结对帮扶贫困户，主力发展脱贫产业。春季攻势中，按照省政府下发的《春季攻势行动令》，以精准为基本攻略，以问题和项目为导向，全乡帮扶干部大回访、大排查、大清理，切实做到扶贫对象再精准、扶贫产业再精准、扶贫方式再精准、扶贫成效再精准、脱贫退出再精准，进一步提高扶贫脱贫精准度、增强群众获得感。夏季大比武中，召开动员会鼓舞士气，同时强化考核，激发全体乡村干部比责任担当、比路径方法、比干部作风、比精神状态、比群众获得感的工作力量，干部群众凝心聚力，不断提高脱贫攻坚的能力和水平，构筑好脱贫攻坚的“精神高地”，确保现行标准下农村贫困人口全部脱贫。秋季攻势中，主要落实四场硬仗，基础设施硬仗，启动三官村农村饮水巩固提升工程330万元，解决735户2986人（其中贫困户177户657人）；建设通村路17.95公里，通组路3.1公里，雅木木杉至马厂组7.3公里通组路建设；产业扶贫硬仗，沿天生桥至龙场营镇海龙公路一线4.5千米，以公路为中轴至两边200米的范围内，规划为乡级油菜产业种植样板示范点，实行水稻、豆类、花生和蔬菜等矮杆作物分茬种植，辐射周边区域达到1300亩种植规模。以雅木水库为中心，规划周边1373.5亩范围内为乡级脆红李产业样板种植示范点，实行套种脱毒马铃薯、豆类、花生和蔬菜及矮杆作物，充分利用好有限的土地资源，覆盖到高坡、烙烘、大屯、长中四个村，达4280亩以上的种植面积，同时配套种植脱毒马铃薯4000亩；易地扶贫搬迁硬仗，系统标识易地扶贫搬迁建档立卡对象尚有207户905人，成功动员101户436人实施异地扶贫搬迁到城区集中安置，整组搬迁27户114人，其中建档立卡贫困户3户12人；教育医疗住房等保障硬仗，教育方面加强工作管理，学校周边治安秩序良好；完善教育基础设施，着力解决了大屯中学、烙烘小学学校师生饮水难题，大屯中学塑胶运动场建设项目顺利完工投入使用，大屯小学、烙烘小学、雅木小学、许丽昆希望小学附属工程建设进一步完善学校硬件基础设施；贫困家庭普通高中生89人获得169100.00元资助；贫困家庭本科生7人获得资助33810.00元；雨露计划资助贫困家庭学生48人，共计21万元；泛海计划资助贫困家庭学生9人，共计4.5万元；金秋助学资助贫困家庭学生15人，共计4.7万元；团委资助贫困家庭学生1人，共计1万元。健全完善全乡社会管理组织体系，通过“春苗乐园”“心晴家园”等方式强化社会保障力度，维护社会秩序，努力营造社会和谐稳定的环境。一年来投资11.2万元建成“心晴家园”56个，“春苗乐园”8个，关爱服务未成年人2100余人。医疗方面，保障大病救助，提高参合率，为贫困户452人代缴医疗参保金54240.00元，医疗救助9人97560.00元。住房方面，摸底排查出全乡尚有建档立卡贫困户对象危改户178户，2017年改造建档立卡贫困户危房115户。

【科教文卫】 继续加强教育工作管理，学校周边治安秩序良好；完善教育基础设施，着力解决了大屯中学、烙烘小学学校师生饮水难题，大屯中学塑胶运动场建设项目顺利完工投入使用，大屯小学、烙烘小学、雅木小学、许丽昆希望小学附属工程建设进一步完善学校硬件基础设施；引导成立大屯乡社工服务中心，募集社会各界爱心捐款404520.00元，建立奖教奖学激励制度和助学帮扶制度，本学年奖励优秀教师20人48000.00元，奖励优秀学生68人35200.00元，充分激发教育发展活力。推进公共文化服务体系示范区创建，着手建设文化宣传阵地，启动烙烘、雅木、大屯、高坡、长中5个村文化休闲小广场建设项目，建设完成大河村村级文化活动室，建设完成乡综合文化服务站。提升卫食药监服务工作，改善卫生院管理，提高服务能力，做好参合金收缴工作，群众参合率达到100%；加强食品安全监管，联合工商分局开展定期不定期的食品安全排查，推进“一会两站”规范化建设，切实做好消费者权益保护工作。

【美丽乡村建设】 通过农村思想政治教育、滥办酒席整治及多彩贵州文明行动、农民讲习所等工作从意识形态领域深入推进农村移风易俗，引导广大人民群众提高思想认识，树立良好三观，积极向上生活，为美丽乡村建设提供精神文明保障。通过聘用公路养护员和卫生保洁员落实辖区公路养护和卫生环境保洁，为美丽乡村建设提供人力资源保障。通过人居环境改善工程，获得路灯安装1000盏，将覆盖辖区内大部分公路段，为美丽乡村建设提供亮化保障。

【人口计生】 2017年人口计生工作以强化基层基础管理和提升优质服务为重点，狠抓流动人口服务管理、计生优惠政策落实兑现、新型人口文化建设、计划生育依法行政、全面两孩政策落实六个环节，各项工作有序推进。现全乡有6622户25199人，育龄妇女6207人，已婚育龄妇女3814人，常住人口13868人，常住育龄妇女3078人，常住已婚育龄妇女1497人，流出人口9530人，流出育龄妇女3129人，流出已婚育龄妇女2317人。

【综治和信访维稳】 综治工作以和谐大屯建设为核心，强化社会管理工作，一是加强矛盾纠纷集中排查及信访积案化解工作，一年来排查出各类矛盾33件，成功调处化解了31件。二是认真抓好禁毒工作，加大对毒品原植物的排查力度，同时争取经费创新建设大屯乡“阳光基地”．三是认真抓好反邪教工作，一年来乡内未发现邪教情况。四是依法打击各种犯罪活动，对遗弃儿童的村民陈某进行行政拘留5天，依法惩治故意损毁公路的行为人徐某行政拘留5日，树典型扭歪风，加强群防群治工作力度。五是村级警务助理发挥作用，有效提高见警率，用法治手段为群众的生命、财产安全保驾护航，有效助力和谐大屯的建设，群众安全满意感明显提升。

【法治建设】 乡党委、政府认真落实“法治毕节”“法制政府”创建工作，将法治建设工作列为全乡的重点工作之一，以实施“五项行动”为统领，以解决影响社会和谐稳定、影响民生福祉的突出问题为切入点，以建设“法治大屯”为目标，大力弘扬法治精神，创建“法治大屯”工作亮点。加强法治大屯建设宣传，充分利用宣传栏、大喇叭等载体更直接的向群众宣传法治建设；推进法治建设工程，完善法制政府相关制度，聘请贵州本芳律师事务所作为政府法律顾问，为困难群众免费提供法律援助，让法治进一步深入农村深入人心。

【安全生产】 严格按照“党政同责、一岗双责”的要求，以“大安全”为目标扎实开展五项行动，扎实抓好各项安全生产工作。一是扎实抓好地灾防治工作，对全乡各地灾隐患点立牌管理，聘请专门人员进行监测，更新完善各隐患点防灾预案；二是大力开展道路交通安全整治工作，及时调整充实交通协管中队，由派出所、交通协管中队在乡主要道路上严查，严禁农用车载人和打击非法营运，对辖区内的车辆建立台帐进行管理等；三是抓好抓牢各项大安全工作，确保各重点行业领域、重点节气时段的安全稳定，一年来全乡未发生过重大安全事故，切实维护和保障了人民群众的安全。

【社会保障】 一是社会性保障工作得到加强，扎实推进群众参保工作，及时发放60岁以上养老金，发布各类招工信息帮助辖区群众就业，2017年来实现新增就业人员登记71人；二是婚姻登记、灾情上报、医疗救助、村务公开、敬老院管理等各项民政工作正常开展，全面准确掌握城乡低保对象中“分类施保”，建立健全农村低保和城市低保台帐。各项惠农资金按时全部发放到群众手中，民生工作得到着力改善。三是健全关爱服务留守儿童、空巢老人、残疾人等特殊群体工作制度，对全乡四类重点人员进行摸底排查、统计建档立卡和实行“一对一”结对帮扶，督促相关赡养人、抚养人落实监护责任，对无监护人的落实干部包保代理监护，让特殊人群切实感受到社会主义大家庭的温暖。

【民族文化传承】 大屯乡党委、政府以民族特色文化和自然资源为核心，结合当前情况及未来发展的要求，争取到项目资金4000万元，打造三官村彝族文化旅游项目，成立村社一体的“三官村旅游扶贫开发合作社”，组织群众参与建设发展。7月28日，首届扯勒文化艺术节暨毕节市七星关区2017年彝族火把节在大屯乡成功举办，进一步加强大屯乡民族文化、自然风光旅游的宣传推介，促进大屯乡以彝族文化为代表的特色文化产业发展，谱写了大屯乡文化大发展大繁荣的壮丽篇章。接下来大屯乡将着力规划民族文化旅游项目，打造七星关区北部民族文化、休闲度假、乡村旅游等于一体的乡村实践典范，以旅游产业为主导，带动群众走上脱贫致富的小康路。

【基层组织建设】 一是加强阵地建设，启动建成村级服务阵地8个，完善村级服务职能，健全基层组织功能，大大改善了基层政务服务环境。二是创新组织建设，以“大党建”为统领，以深化开展“两学一做”学习教育为契机，探索“塘约式”确权、赋权、易权“三权”促“三变”的改革经验，推行“支部+合作社+农户+精准扶贫户”模式，全力打造千亩脆红李种植农业园区，拓展农村致富渠道，鼓励引导贫困户通过“特惠贷”入股等方式获取红利，同时充分发挥专业合作社及支部作用，组织农户延伸产业链，有效破解空壳村发展的难题，达到合作社增效、支部受益、农民增收的目的。三是推进廉政建设，年度内乡党政班子成员及干部职工严格执行中央八项规定和省、市十项规定，坚决整治“四风”突出问题，对村“两委”干部加强廉政教育和加大违纪案件查办力度，强化涉农资金使用和管理的监督检查，认真落实党风廉政建设责任制，强化主体和监督责任。四是深化作风建设，深入开展“两学一做”教育实践，倡导全乡党员干部学习重要讲话和党章党规，确保高标准、高质量地建设好学习型、发展型、服务型党组织，为全乡决战贫困同步小康提供了强有力的组织和思想保障。

（撰稿人：尹健秋）

龙场营镇

【基础设施建设】 2017年是龙场营基础设施建设突飞猛进的一年，为全镇决胜贫困、同步小康打下坚实基础。群众出行更加方便。2017年，投入25万元，硬化人行步道1090米、串户路7870米、院坝硬化4020平方米，我镇实现了所有贫困户入户路和院坝全部硬化；利用国土扶贫土地整治项目资金155万元，在黄金村实施机耕道项目建设9个，已经全部完工；投入21.5万元，实施元岩村铁匠沟至马厂箐和安顶村钟家寨至安乐组机耕道建设4公里；投入30万元，实施元岩村枷担湾至田上通组路建设5公里。投入400余万元，硬化通组公路17公里，覆盖者把、卧牛、元岩、川山、上黄几个村；投入1300余万元，硬化通村公路25.7公里，覆盖元岩、安顶、上黄、黄金几个村。城镇布局逐渐合理。2017年，在集镇投资100万元，建设群众文化活动广场2000平方米，已能投入使用。投入1200万元，新建集镇污水处理厂一个，已投入使用；投入240万元，新建垃圾中转站一个，正在施工中；投入1500万元，新建垃圾焚烧场一个，正在施工中。这些项目建设，不断完善城镇功能布局。居住环境大幅改善。全镇共实施易地扶贫搬迁

307户1325人，其中2016年实施分散安置68户290人，现已全部完工，群众已经入住，旧房拆除及复垦完成90%。2017年计划实施集中安置183户805人，2018年计划实施集中安置56户230人。2017年，共实施危房改造90户，其中贫困户76户，非贫困户14户，现主体工程全部完工，争取12月底完成入住。二是产业调整加速前进。2017年，龙场营镇注重农业产业结构调整，传统农业生产模式逐渐转变，农民增收致富路子更宽更广。养殖业扭转局面。2017年，利用中央专项扶贫资金194万元，支持群众生猪养殖1250头，养鸡40000羽，每头猪补助1200元，每只鸡补助10元，覆盖贫困户383户1638人；利用省级财政专项扶贫发展资金50万元，支持群众生猪养殖400头，每头猪补助1250元，覆盖贫困户156户700人。种植业蓬勃发展。在南坡、龙场完成早熟马铃薯种植2000亩；全镇完成脆红李种植2000亩，完成桃子种植800亩。不断完成农业产业结构调整，增加经果林种植面积，产值逐渐增大，群众长期增收门路更宽更广。

【文化医疗卫生】 2017年，文化硬软实力与医疗、卫生齐抓共管，全面发展。彰显文化自信。村村组建文艺宣传队，在全镇范围开展文化宣传活动30余场，宣传党的好政策、传递党的好声音，通过宣传社会主义核心价值观等内容，提高群众素质，丰富文化生活。轰轰烈烈开展“十星级文明户”评选活动，营造群众学先进、赶典型的氛围。投入10万元，完成公共文化服务提升打造；实施户户通电视安装365户，每户投资204元，其中为114户贫困户免费安装，其余非贫困户补助96元，群众自筹108元，现有60%群众已安装投入使用；投入15万元在龙场营社区、南坡村、者把村、元岩村、安顶村实施农民体育健身工程，工程正有序实施。突出教育公平。全镇有幼儿学生510人，幼儿教师10人，志愿者16人；有小学生1979人，小学教师129人；有中学生1473人，中学教师91人。2017年参加高考学生118人，二本以上上线人数20人，二本上线率17%。2017年，有贫困户初三以上就读学生511人，每户贫困户都及时享受教育资助政策。2017年，我镇共获得“雨露计划 圆梦行动”教育资助18人，每人资助5000元；获得泛海计划教育资助2人，每人资助5000元；获得国酒茅台教育资助4人，每人资助5000元；获得香港善启慈善基金会教育资助2人，每人资助9000元；获得梦圆金秋助学行动5人，每人资助1500元。全民共享教育资源，教育实现公平发展。强化医疗卫生服务。加大群众参加农村合作医疗工作力度，解决群众看病难这一重大问题。2017年参加合作医疗达98%以上。村村有卫生室，校校有医务员，不断把医疗卫生服务向纵深发展。成立食品药品监督工作小组，强化对全镇食品卫生、药品使用的监管，确保食品卫生安全和药品使用安全，未发生任何中毒事件和医疗事故。

【城镇建设】 2017年，镇党委加大人力物力投入，美丽龙场建设取得重大突破。环境卫生整治力度加大。为改变龙场营脏、乱、差现象，成立环境卫生整治领导小组和工作小组，加大整治力度。2017年投入近20万元招聘9名保洁员，每天对集镇各个角落进行保洁，确保集镇环境卫生干净整洁；投入近10万元聘请18名保洁员对通村公路进行保洁；投入近20万元，修建路边垃圾池；和购买垃圾箱，使环境卫生得到极大改善。生态工程建设稳步推进。加大退耕还林工作力度，以改善传统农业生产模式为导向，积极实施退耕还林工程。2017年，完成退耕还林近2000多亩，全镇森林覆盖率达到50%。群众种植中药材、精品水果等，既保护了生态环境，又增加了自身收入。森林防火工作扎实有效。镇党委高度重视森林防火工作，在森林防火重要时间节点，全镇上下齐心协力，镇村干部联动，成立森林防火巡查小组，配备专门巡逻车，每天到重点林区开展巡查，切断森林着火点，确保林木安全。全年无重大森林火灾发生。五是社会保障稳步推进。2017年共保障城市低保45户86人，农村低保1031户

2075人。全镇有80周岁以上老人373人，其中80—89周岁老人338人，每人每月发放高龄补贴50元；90—99周岁老人34人，每人每月发放高龄补贴100元；100周岁以上1人，每月发放高龄补贴300元。现有复员军人7名，参战军人24名，残疾军人9名，带病回乡军人8名，60周岁以上农村籍退役士兵75名，2017年共发放优抚补助金32.15万元。2017年该镇现有留守儿童570户1034人，为了加大对留守儿童管理力度，投入10万余元，建设春苗乐园9个，心情家园33个，招聘42名同伴妈妈，强化对留守儿童的关心关爱。

【社会治理】 安全生产稳中向好。大力开展“安全生产月”活动，每月组织1次安全生产大宣传活动；招聘6名交通协管员，对道路交通进行管理，并联合普宜交警中队联合执法行动，红白喜事打招呼等。每月对废弃煤矿、非煤矿山、砂厂、危化品及烟花爆竹等督查1次以上。汛期加大对地质灾害巡查力度，对全镇地灾巡查100多次，监测员每天到地灾点巡查一次，并做好详细记录和报告工作。全年无重大安全事故发生。信访维稳扎实有效。全镇排查出矛盾纠纷和信访问题60余件。建立“公道评说”工作机制，每村推选3名公道正派人员组成，每人每月发放100元误工补贴，积极参与村级矛盾纠纷化解，做到小事不出村。村级无法解决的信访问题，党委召开党政联席会议研究确定化解工作专班，形成一事一案，加大工作力度，努力化解矛盾纠纷和信访积案，全年化解信访问题30余件，做到群众合理诉求的问题解决到位，不合理诉求的问题解释到位，有实际困难的帮扶到位，无理缠访的依法处理到位。社会治安和谐稳定。社会治安重点加强对特殊群体管理和重点人群服务，强化公共安全维护和案件防控侦破。全镇没有出现重大群体性事件、没有出现因政府部门不作为乱作为慢作为引发的群体性聚集或上访事件、没有出现冤假错案、没有出现涉及特殊人群的重大敏感事件、没有出现重大刑事治安案件和公共安全事故、没有出现重大赴省进京非正常上访事件。

（撰稿人：曹璞）

田坎彝族乡

【概述】 田坎彝族乡地处毕节市东北角、两省（川、黔）三县（区）（古蔺、金沙、七星关）结合部，距市区123公里，全乡国土面积57.9平方公里（其中，耕地12446亩、林地38929.87亩、荒山荒坡2562.5亩），辖7个行政村、92个村民组，全乡站数共18个（其中2个所、4个办、5个中心、7个学校）。党支部51个，党员359人，乡级干部65人，其中包含领导班子成员9人，一般干部56人，村级干部32人，招聘干部3人。全乡总人口4749户18707人。其中，少数民族人口4322人，占总人口的23.1%，有劳动能力的11210人，占总人口的59.9%，外出务工的9680人，占总人口的51.7%。全乡建档立卡贫困户1126户4309人，2014年脱贫71户348人，2015年脱贫81户367人，2016年脱贫245户1138人，2017年脱贫191户824人。目前未脱贫538户1632人（含返贫20户78人）。全乡贫困发生率约为18.3%，除白沙河村外，其余6个村均属贫困村，其中茨竹村贫困发生率高达34%，属于我乡深度贫困村。2017年通过开展查漏补缺，全乡新识别纳入的贫困户118户472人，达不到脱贫条件的贫困户32户134人，清退出贫困系统的农户65户199人。

【基层组织建设】 一是以乡党委、政府换届为契机，配齐配强党政领导班子。做到组织建设先行，选好人才，配强软、懒、散、慢班子，为打赢脱贫攻坚战提供坚强的组织保障，厚植党的执政基础。现全乡班子成员中，大专学历的3人，本科以上学历的8人，班子成员平均年龄为36.6岁；二是以第十届村“两委”换届为契机，选优配强村“两委”班子。14名村支书（主任）中大专以上学历的就有5人，同时，选派7名优秀乡干部任村“第一支书”，有效提升村级组织的凝聚力和战斗力；三是认真抓好“两学一做”学习教育。成立“两学一做”学习教育工作领导小组，细化责任，层层抓落实，领导小组在全乡开展讲党课17次，其中书记讲党课7次，其他班子成员讲党课10次，培训党员干部50人次，开展《党章》知识竞赛活动1次，开展“重温入党誓词”文艺演出活动1次，开展廉政书法大赛1次，书记集体约谈干部3次。利用各村安装的广播，使“两学一做”上高杆，加大了“两学一做”的宣传力度。各支部开展宣讲活动12次，参加党员312人次。在全乡7个村92个村民组安装“书记信箱”，广泛收集群众意见和建议。目前已收集到意见和建议125条，已处理120条；四是加强农村党员队伍建设。我乡现有党员324名，全乡设置2个党总支，34个党支部，23个党小组。把基层党组织阵地前移到脱贫攻坚一线战场，形成“党支部联系村，党小组联系寨，党员联系贫困户”的“三联”模式，大力发挥党员在脱贫攻坚中的先锋模范作用，并吸纳优秀人士加入党组织，进一步优化了农村党员队伍；五是加强村级集体经济培育。目前，全乡成立了25个村社一体合作社，7个村7个生态养鸡场已建设完工，7个村每个村500亩的“党支部精果林”已启动；六是加强村级阵地建设，夯实村级集体经济发展堡垒。抢抓国家加强村级阵地建设的历史机遇，将全乡7个村村级服务阵地均进行另行选址新建，总面积500平方米，并将多媒体电教室纳入建设内容，作为村级政策传播、实用农业技术等宣传的主阵地，为发展壮大村级集体经济夯实基础。七是推进“六卡”进农户，打通了“联系服务群众最后一公里”。为加强基层党组织建设、切实提高基层党组织在推进科学发展中的执行力和落实力、增强人民群众法律意识和树立法制观念、培养群众发展产业致富的基本技能和加强农业科技推广、促进政府服务群众的能力不断提升。乡党委、政府在智能手机普及的今天，经过精心策划、周密部署，大力推行党的建设、党风廉政、法治建设、惠民政策、农业科技、政务指南等“六卡”进农户，真正打通了“联系服务群众最后一公里”。

【基础设施建设】 以进一步改善群众居住环境、卫生状况和生活质量，提高乡村建设水平为目标，切实加大基础设施建设。一是道路建设：该乡2016年小康路建设项目共计38个：其中通村水泥路建设项目9个，计划里程共计48.1公里，投资总额2405万元；“一事一议”通组路项目28个，计划里程共计22.18公里，投资总额473.2万元；窄路面加宽建设项目1个，计划里程为5.768公里，投资总额为74.984万元；2017年组组通项目1个，计划里程0.36公里，投资总额为14.4万元；“一事一议”通组公路硬化项目1个，计划里程0.1公里，计划投资金额3.3万元。二是安全饮水：全乡因受地理条件的限制，饮用水源比较分散，水源点较少，人畜饮水和灌溉用水都存在较大困难。2017年通过实施涉及青杠村、田坎村和茨竹村农村安全饮水巩固提升工程，已覆盖农户3000余人，但现全乡农村安全饮水工程覆盖率仅为80%，乡党委政府已对辖区内的所有水利工程进行排查、分类梳理汇总上报，在解决遗留的问题的同时加大力度实施大元、元山、田坝3个村18个村民组饮水工程，确保每个自然村寨都有小水池，每户都有小水窖并接通自流水，实现农村安全饮水全覆盖。三是安全通电：通过农村电网改造工程，该乡生活用电现已全覆盖。计划增设7个变压器解决贫困户106户338人用电不稳问题，实现安全用电全覆盖。四是农村广电：2017年已完成586户贫困户农村广电工程，2018年将全部完成农村广电全覆盖。五是通讯：全乡现有移动基站11个，覆盖60个村民组，目前存在通讯困难的有32个村民组。2018年，我们将加强与通讯企业的沟通协作，加快完善全乡32个村民组通讯困难问题。增设5个移动基站全面消除通讯盲区，受益贫困户148户539人。

【改善人居环境】 一是“三改”和危改：全乡2017年已完成70户（其中贫困户67户、非贫困户3户）农村危改和同步实施“三改”工程，2018年全乡计划实施321户1105人（贫困户77户242人）危改和配套实施“三改”工程。二是易地扶贫搬迁：全乡“十三五”期间共计划实施易地扶贫搬迁452户1963人（建档立卡贫困户412户1769人），其中2016年已搬迁入住搬迁78户327人（建档立卡贫困户70户286人）；2017年计划搬迁323户1407人（建档立卡贫困户320户1391人）；2018年计划搬迁建档立卡贫困户33户137人；按照“不通即搬”原则，我乡因不通公路已上报的搬迁对象共计31户149人（建档立卡贫困户2户12人）。三是入户路及院坝硬化：全乡2018年计划完成涉及225户共20.56公里未硬化的入户路及11685平方米院坝，受益贫困户129户451人。四是农村环境卫生：2017年新招聘保洁员18名每天负责通村主干道路环境卫生打扫，每月进行1次垃圾无害化处理。规划建成1个集镇所在地污水处理厂，现已完成建设前期征地工作。

【农业产业结构调整】 按照" 近抓菜，远抓树，不远不近抓畜牧"，的总体思路，紧紧围绕产业结构调整，把效益调高，围绕品种结构把质量调优，不断提高产业升级能力，逐步提高主要农产品的种养殖集中度，全力确保贫困户增产增收。一是蔬菜种植：在全乡25°以下的坡耕地发展蔬菜（胡豆、马铃薯、大蒜、葱等）种植，现已连片种植胡豆800亩；已规划种植特色辣椒3000余亩，其中贫困户户均种植不低于1亩；已种植马铃薯4000余亩，其中贫困户户均种植不低于1亩。二是特色经果林种植：在海拔低于800米的赤水河流域沿线规划优质柑橘种植4000亩，主要通过引进公司，由公司采取土地流转的方式，吸纳全乡1126户贫困户用“特惠贷”等优惠政策入股分红的模式运作；采取以“党支部＋合作社＋农户＋贫困户”的模式，在全乡25°以上坡耕地种植3456亩脆红李。三是生态养殖：以散户养殖和集中养殖两种方式，主要以发展能繁母猪、商品猪、本地土鸡、乌骨鸡等特色养殖为主。发展养鸡：2017年第一批中央匹配资金发展产业，其中50.4万元发展养殖生态土鸡2.94万羽，覆盖贫困户84户，347人。发展养猪和养牛：全乡2017已通过特惠贷落实养牛56头；利用2016年第二批中央匹配资金32万元发展能繁母猪养殖100头，覆盖贫困户100户；利用111.21万元资金发展养殖370头能繁母猪，覆盖229户贫困户；2017年第二批中央匹配资金82万元，根据贫困户的意愿，利用40.48万元发展养殖生猪368头，覆盖贫困户131户506人；2017年市级匹配资金100万元，利用80.6万元发展养殖生猪806头，覆盖154户，664人，利用19.4万元入股大元村种养殖专业合作社种植柑橘，覆盖贫困户37户，160人；利用2018年第一批匹配资金166万元，其中104.7万元发展养殖生猪870头，能繁母猪一头，覆盖贫困户538户，1632人；无抗养殖：通过引进台湾无抗养殖技术，以田坝村为试点，积极动员全乡1126户贫困户户户参与无抗养殖，采取“党支部＋企业＋合作社＋示范户＋农户”的合作模式，确保产业覆盖所有贫困户，户户都有增收项目。现已完成前期征地和圈舍规划修建等工作。

（撰稿人：办公室）

何官屯镇

【概述】 何官屯镇位于毕节市七星关区西北部，全镇辖10个社区，9个村，166个村民组，12046户，49290人，其中农业人口47826人，占总人口的97%。全镇面积115.7平方公里，耕地面积4.5万亩，现镇政府驻地在龙滩社区，距城区9.2公里。何官屯镇海拔在1580米（官屯河出境处）至2158米（坝口村落魂台峰）之间，相对高度578米。全镇由四大岩石结构组成，其中石灰岩与白云岩约占20%，紫色岩与泥质岩约占80%。境内海拔差异大、地形地貌复杂，为发展立体农业、开展多种经营提供了有利条件。全镇115.7平方公里的土地面积，合173550亩，除去耕地、水域、道路、村镇建筑用地和难利用的石质山外，尚有56000多亩林地、荒山、荒坡，为农畜牧业的发展提供了有利的条件。丰富的煤、硫、石灰石等矿产资源不仅促进乡镇企业的发展，而且为农民增收、就地解决剩余劳动力、招商引资提供了得天独厚的物质条件。

【党的建设】 （一）深入贯彻“十九大”精神。十九大以来，全镇上下始终坚持学深学透十九大精神。一是结合理论创新，领导带头学。党委中心组率先开展对党的“十九大”精神进行专题学习5次，班子成员带头到所包保的村（社区）宣讲学习党的“十九大”精神19余次，覆盖群众10000余人。二是结合新事务，拓宽渠道学。通过何官屯镇办公群、微党建群宣传报道党的“十九大”精神30余次。三是结合工作实际，群众参与学。以院坝会、板凳会、田间地头等“讲习”的方式，采取群众喜闻乐见的形式，用老百姓听得懂的语言，县级领导集中宣讲2次，班子到村（社区）开展宣讲学习30余次，支部书记、驻村干部等宣讲学习40余次。（二）是突出抓好“两学一做”经常性学习教育。抓好全体党员党性教育和领导班子建设，进一步深化全体党员和党政班子成员对“四个服从”和“四个意识”的认识，自学维护以习近平为核心的党中央权威，到目前为止：全镇共开展“两学一做”集中学习9次，党委书记上党课9次，中心组集中学习10次，主题党日活动4次，“四个合格”大讨论1次。（三）是突出抓好机制创新。探索创新“一制三式三严格”的“133”工作机制，全力提振全体镇村干部精气神，凝心聚力，努力打造一支“实干作风、奋斗精神高地”的干部队伍。到目前为止共约谈5人，处理2人。（四）是突出抓好基层党建工作。全镇17个村（居）服务阵地实现“新建全覆盖”面积都达到500平方米。另外两个村（社区）因环保问题被叫停。不断深化“一核多元”基层服务体系建设。在大党建的引领下，以“三建三联”基层社会管理模式在符合条件的村（社区）成立党总支7个、党支部26个、党小组75个、“春苗乐园”19个、“心晴家园”75个、“讲习所”22个，把党组织建在产业上，村寨中。（五）是突出抓好党建扶贫工作。一是充分发挥好因村派人，在龙汉村推荐副科级领导下挂支部书记，在利民村、大坪子村、红丰村、阿哪寨村推荐了4名责任心强，工作能力强的镇干部下挂村支书，并由区直单位下派9名第一支书分赴各村，下派19名扶贫志愿者进村入户，从而强化基层组织建设。二是示范引领，以油用牡丹基地为引领，采取油用牡丹+支部（合作社）+贫困户的模式。在大坝村建立油用牡丹产业示范园区，种植油用牡丹3173亩，不仅带动了贫困户184户810人的就近就业，柳家社区用省级集体经济试点的100万元专项资金入股开源公司，每年可获得7万元的入股分红，为全镇壮大村集体经济打下坚实基础。三是能人带动，在利民村成立的五丰膳食农业发展有限公司，就是在外成功人士石学军返乡创业的结晶。以养猪为主导产业，占地面积约54亩，带动农户80户305人，其中带动贫困户30户101人。四是突出抓好党风廉政建设。实行一把手负总责，分管领导各负其责。领导干部廉洁自律工作、纠风工作、从源头上预防和治理腐败工作、谁主抓，谁负责，一级抓一级，层层抓落实，职责清楚，任务明确。层层落实党风廉政建设责任制，深入落实正风肃纪“四种形态”，全面落实好党委主体责任和纪委监督责任，全面落实好从严治党职责。

【扶贫工作】 一是对象精准识别到位。采取“双实”措施，即干部必须实际深入贫困户家中走访调查，真实掌握第一手资料；村民代表大会、村民小组会进行民主评议必须实际组织召开，充分让群众掌握话语权。切实做到访真贫、评真贫、识真贫，确保对象识别精准。全镇共有建档立卡贫困户1327户5260人，2017年拟脱贫119户515人；2018年拟脱贫238户988人，政策兜底188户304人。实施“雨露计划”农业技术培训建档立卡贫困户813人。全镇贫困户子女享受教育帮扶高中（中职）99人、大专16人、本科67人，享受医疗扶贫25户43人。到目前为止认真落实“一市五金多套餐”和“特惠贷”申请小额贴息贷款共319户，放贷资金

947.5万元。二是政策精准宣传到位。一是加强干部的学习教育培训，及时掌握了扶贫攻坚系列政策。二是多措并举，加强宣传引导，让群众对扶贫攻坚系列政策知晓率达100%。全镇共制作永久性标语10余条，张贴横幅50余条，发放各类宣传手册3000余份。三是措施精准落实到位。认真按照"五个一批"的帮扶措施，切实做好易地扶贫搬迁、教育帮扶、产业扶持、生态扶贫、低保兜底等措施落细落实，打好脱贫攻坚"四场硬仗"，做好"四重医疗保障"，确保措施落实精准。四是项目精准实施到位。认真做好"五通四有""四有五覆盖"和其他扶贫项目的具体实施，确保项目实施精准，真正实现"两不愁、三保障"，确保脱贫成效精准，确保2017年4个贫困村按时出列。五是思想精准教育到位。针对脱贫攻坚"干部在干、群众在看"和"养懒汉"等一些负面现象，甚至有些贫困户存在"不想脱贫、不愿脱贫"的实际问题，必须加强对贫困户的思想教育，努力提高贫困户思想政治素质，努力提高其参与脱贫攻坚的主动性、积极性，引导其树立起"脱贫光荣"的自豪感和荣誉感。

【经济发展】 一是着重抓好重大项目建设。着重抓好何官屯镇辖区内11.5公里成贵铁路、11.5公里叙毕铁路、6.5公里毕龙高速公路、318户利民水库周边房屋征收拆迁安置、龙官桥水库建设等五个重大项目建设，与此同时，着重抓好"组组通大会战"等其他方面的水电路讯基础设施建设。二是着重抓好特色小城镇建设。何官屯镇七星捧月特色小城镇建设，截至到现在，红线范围内的土地已经全部征收完毕。预计2017年年底完成投资近1亿元的路网和河道景观建设项目。三是着重抓好小微企业产业园建设。确保2017年建成并入住小微企业20家左右。四是着重抓好"三权促三变"工作。该镇以三个"先行"把农民组织起来、三个"带动"把产业发展起来、三个"创建"把乡村美丽起来，真正让"资源变资产、资金变股金、农民变股东"的"三变"农村改革惠及于民，实现走"村社一体、村社联营"的塘约道路。大坝村采取"龙头企业+村党支部（合作社）+农户（贫困户）"的模式，以龙企业为主，村党支部和合作社为辅的模式在10个村民组发展了油用牡丹种植3173亩。大坝油用牡丹基地自2016年10月开工建设以来，共带动大坝村贫困户65人、其他村贫困户53人共118人就近务工，实现贫困户劳务收入59万元，单就收入来说，以2016年人均纯收入3146元为脱贫标准计算，带动了187个贫困人口脱贫。五是着重抓好农业产业结构调整。通过开展脱贫攻坚讲习所，助推农业产业结构调整，我镇主要公路沿线、重要水源地周边、高速公路可视范围等玉米秸秆收割达95%，土地翻犁约2000亩，已落实主要领导示范点，其中党委主要领导示范点在啊啦寨村，主导产业是油用牡丹，规模500亩；行政主要领导示范点在洋塘村，主导产业是板栗，规模500亩。目前已备齐油用牡丹苗1000万株，板栗苗正在采购中。19个村（居）通过脱贫攻坚讲习所宣讲今冬明春产业结构调整等相关政策60余次，把讲习产业结构调整工作开到田间地头，全镇共张贴产业结构调整宣传横幅45条，固定宣传标语5条，镇党委、政府召开产业结构调整专题会议3次，在全镇掀起产业结构调整新高潮。

【安全工作】 一是注重矛盾纠纷排查调处和信访积案化解。做到矛盾纠纷及时排查全方位，上下联动调处全覆，坚持领导周三接访制度，深入基层，变上访为下访，做到小事不出组、大事不出村（居）、难事不出镇，将矛盾化解在基层；目前为止全镇共排查矛盾纠纷85起，镇村两级化解61起，请求上级部门帮助化解的24起。二是注重农村思想政治教育。以"七个起来""十星级文明户"评选活动为抓手，认真开展好各项农村思想政治教育实践活动，大力提升广大群众的思想政治素质和学法懂法、用法守法意识。三是注重特殊群体的关心关爱和帮助救助。对留守儿童、困境儿童、空巢老人、重度残疾人等重点人群众和特殊群体，切实用好用足各方面的政策，关心关爱和帮助救助到位。全镇共排查出留守妇女123人，留守儿童共1161人，其中困境儿童88人。留守老人131人。认真建好动态跟踪管理台账，及时做好重点人群的风险等级评估和安全隐患排查工作，全力做好重点对象的精准救助帮扶等各项工作。四是注重安全生产管理。坚持以保障人民群众的生命财产安全为根本出发点，严格按照安全生产“党政同责、一岗双责、齐抓共管”和“三个必须”的要求抓好安全生产工作，采取“五个强化、五个一”措施突出抓好道路交通安全工作，突出抓好以非煤矿山、危险化品、烟花爆竹等为重点的其他安全生产工作。五是注重抓好社会治安综合治理。进一步推进完善“公道评说”“司法评议”工作机制，推动疑难积案化解。持续推进信访“三大改革”，运行好网上平台，做好网上受理信访，及时就地解决群众反映的问题。加大信访问题和矛盾纠纷排查化解力度，依法处理缠访、闹访、非访等违法行为。建立健全反邪防邪工作机制和维稳责任追究制度。继续深入推进普法宣传、法律服务、帮教安置、社区矫正、人民调解和禁毒整治等工作，加强戒毒所扩容建设，切实巩固“禁毒”摘帽成果。进一步强化公共安全管理，依法严厉打击“两抢一盗一骗”等违法犯罪行为，切实提升人民群众安全感、满意度。

（撰稿人：党政办）

对坡镇

【党建工作】 全面加强“大党建”统领，就是始终坚持党要管党、从严治党的方针。一是抓好党建工作责任制的落实。2017年年初，镇党委与各支部签订了党建工作责任书，明确相关领导、部门和各支部的党建目标任务，实行年度奖惩考核；在班子内部进一步明确党建工作分工，党委书记负总责，分管领导直接抓，班子其他成员结合分工集中抓好。镇党委中心组开展8次集中学习，党员干部讲专题党课50余场次，18个基层党组织全部按时召开专题组织生活会。建立党委委员党建工作联系点制度，每个党委委员每月到村检查指导工作不少于2次，党委每月至少召开1次专题会议，听取党建工作情况汇报，研究解决重要问题，形成党委统一领导、有关职能部门各司其职、一级抓一级、层层抓落实的党建工作格局。二是以“两学一做”学习教育制度化常态化为契机，扎实开展“岗位实践大练兵”“农民技能大培训”等活动，积极组织全镇干部职工集中开展脱贫攻坚春季攻势、夏季大比武和秋季攻势。通过全面推广“1+1+N”社会治理模式，在村党支部引领下，成立13个村民理事会，整脏治乱等65个村级协会，积极开展村民自治，将相关政策法规宣传到户，让群众适时了解国家相关惠农政策，真正做到贴心为民服务。三是全面落实党风廉政建设责任制，加强党的建设和干部队伍建设，打好攻坚战和持久战，把作风建设引向深入，从思想深处、工作实处整治作风问题，引导广大干部坚持做到“从严从实”，解决“庸、懒、散、腐”等问题，进一步健全镇村财务管理、民主监督、村务政务公开、诫勉谈话、廉政谈话等制度。同时加大案件查处力度，2017年全镇共立案查处10件违纪案件，涉及低保领域、扶贫领域等民生领域，结案3件，给予3人党纪处分，进一步增强广大党员干部廉洁意识，约束党员干部作风行为。四是突出问题导向，大力实施“七大工程”。9个村级组织服务阵地建设有序推进；村干部人均月报酬达2000元以上；深入践行“塘约经验”，扎实推进“三权促三变”，成立13个“村社一体”种养殖专业合作社，力争明年全面消除“空壳村”；力争打造“示范村”“规范村”各1个。成立1个非公企业党组织，1个社会组织；党政选派2人进行业务指导和发展交流。五是以干部人才队伍建设为核心，不断加强对干部人才队伍的教育管理，着力提高干部队伍综合素质。自觉深入基层群众，体察民情、反映民意，集中民智，珍惜民力，切实为群众办实事办好事，镇干部领办创办1个农业发展项目，实现贫困村人才帮扶全覆盖。六是认真贯彻落实《党政领导干部选拔任用工作条例》，拓宽选拔渠道，提高选人用人公信度，建立“民主、公开、竞争、择优”的选人用人机制，着力选拔重用政治上靠得住、工作上有本事、作风上过得硬、人民群众信得过的干部。严把党员发展入口关，严格按标准发展党员，全镇共有641名党员，2017年计划发展21名党员，已发展19名。七是切实优化村级党组织建设，将原有13个党组织优化分离为21个村（社区）党组织，其中对坡、杉寨、中心、法泥4个村（社区）党组织升格为党总支，每个党总支下设第一党支部、第二党支部，共以自然村寨为单位新设置8个党支部。同时，按党员分布就近原则，结合地域分布状况共设置69个党小组（含27个联合党小组，42个党小组），并配置到位支委委员、党小组长，各基层党支部依托村级组织服务阵地、留守儿童心晴家园为活动场所，切实把支部建到了小组上，强化党员素质，提升党员能力，让党员亮身份、践承诺、树形象，积极投身到脱贫攻坚的主战场，为决战贫困、提速赶超、同步小康凝聚力量。八是依托政府会议室，各村村级服务阵地、道德讲堂、农业产业基地等场所，建立16个镇村两级“新时代农民讲习所”，并配备52名讲习员。自2017年5月以来，各村严格按照每月2次（村支书1次，包村干部1次）的培训任务，邀请各讲习员到场培训197场次，1400余人参与学习，培训内容涵盖农村危房改造、教育扶贫、医疗扶贫等10余个方面，培训记录详实，相关培训照片、签到册收集细致，参与学习的农户热情度高，脱贫攻坚效果明显。

【镇域经济发展】 1、经济稳步提升，综合实力明显增强。2017年，该镇立足本镇资源优势，大力发展与人民生活密切相关的商业、文化、卫生等事业，使全镇经济呈现良好的发展势头。全镇财政收入预计达到183.58万元，农民人均可支配收入可增至9000元以上，固定资产投资可继续突破1亿大关，招商引资已完成8700余万元，各项指标稳步提高。2、农业基础稳固，农民收入大幅提高。2017年，我们紧紧围绕农业增效、农民增收、农村发展的目标全面推进农业农村工作，预计实现粮食总产量1.435万吨。一是以“乡镇高效农业产业园区”建设为抓手，规划约2000余亩园区面积，拟建设600亩香葱基地及附属喷灌设施；30亩集约化流水生态渔业区；200亩（含现有30亩）池塘及生产生活附属设施；200亩生态农业观光园区，园区内包括稻鱼、河蟹生态区，生态园艺蔬果观光旅游区，生态渔业观光休闲农家乐和特色餐饮服务区等；600亩生态畜牧区；200亩冷凉蔬菜大棚基地等，目前已有10余户本地村民进驻开办鱼类养殖及大棚蔬菜基地，有龙银果蔬专业合作社、泗鱼河生态养殖专业合作社以及恒大集团等多家企业机构入驻，土地流转工作正在有序推进。二是结合我镇地域环境，发展鱼类、肉鸡、能繁母猪等7个种养殖产业基地和29个农业专业合作社，投入资金1000余万元大力推进农业产业结构调整，促进农村富余劳动力有序转移。三是不断增强群众科技兴农意识，2017年共完成2万亩杂交玉米，2.1万亩马铃薯，2000亩烤烟种植，预计可实现征收烟叶特产税120万元以上。四是逐步推进林权改革工作，生态环境建设得到新改善。全年完成8260亩退耕还林，7600亩石漠化工程，16100余亩荒山造林，巩固824亩退耕还林工程；以最铁纪律、最强力度、最实措施抓好中央环保督察反馈问题整改，关停法泥村潜龙蛋鸡养殖场等一批违规企业。五是继续巩固森林防火。进一步加大森林火灾高发季节宣传、巡查和监管力度，全面落实森林防火包保责任制，全年全镇无重大森林火灾发生。3、投资环境放宽，招商引资成效显著。结合全区“项目建设年”“环境建设年”等活动的开展，2017年该镇加大优势资源的发掘和整合力度，进一步优化投资软环境，营造良好的投资氛围、良好的人文经济环境和宽松的政策环境，加强对外宣传和推介，累计完成总投资近8000万元，为加快我镇工业化、城镇化进程奠定了良好基础。4、利民工程增多，切实保障和改善民生。一是农村低保更加公正有序。我们始终坚持“公平、公正、公开”的原则，严格低保评议工作程序，切实做好“低保提标”工作，努力做到困难群众应保尽保。2017年，全镇被纳入低保1277户2468人，低保资金全面实行社会化发放，按月发放64.94万余元。二是不断加大危房改造和“四在农家、美丽乡村”小康房建设力度，全年完成农村危房改造258户，法泥村贵州民居建设工程获省市区多次领导调研表扬。三是强化敬老院服务管理工作，目前敬老院入住老人38名，文体娱乐设施配备齐全，饮水用电安全便捷。四是扎实抓好脱贫攻坚工作，全镇现有精准扶贫系统农户1672户6762人，2017年拟脱贫139户660人，根据省、市、区有关会议精神及相关文件要求，争取财政专项扶贫资金158.04万元，实现贫困户养猪全覆盖；争取财政专项扶贫资金20万元，帮扶贫困户40户192人养殖肉牛；实现广州恒大集团帮扶600余万元建设大堡社区600余亩蔬菜大棚基地；争取上级资金8.96万元帮扶贫困户种植230亩早熟马铃薯；争取财政专项扶贫资金100万元，群众自筹资金1.17万元，实施法泥村壮大村集体经济鱼塘及配套设施项目，惠及贫困户229户622人，鱼塘现已投入运营，月收入可达5000元以上。初步建成村社一体集体经济示范点2个，带动当地贫困户10余人参与就业；争取投入专项扶贫资金200万余元，规划建设中心社区高效农业产业园香葱种植基地和冷凉蔬菜大棚，逐步壮大村集体经济，使下步精准脱贫、有效脱贫更加有的放矢。五是切实做好易地扶贫搬迁工作。全镇符合易地扶贫搬迁条件对象为91户429人，2017年拟实施搬迁51户253人，现已完成搬迁对象一户一档，涉及农户地基已全部落实，搬迁农户正在实施房屋建设。5、狠抓基础建设，逐步完善外部发展环境。2017年，对坡镇扎实推进以交通、环境改善为重点的基础设施建设，大力改善群众生产生活及文化娱乐生活条件。一是完成毕节至对坡704县道对坡镇大堡社区段油路维修工程，交通更加顺畅，广大人民群众出行更加便利。二是投资3240余万元完成杉寨至嘎木、杉寨至沟脚、沟脚至大银镇黄塘、新林至建华、中心至燕子口小堡子等10余条80.8公里通村、通组公路建设，切实解决了群众多年来出行难、生产生活不便的问题。三是投资10余万元完成敬老院维修工程，让入住老人安全有所保障。四是投入资金500余万元，竣工9个学生宿舍项目，8个教师公租房项目，1个幼儿园建设项目；全面完成2个改薄项目和4个山村幼儿园提质改造项目。五是规划投入资金284万余元实施农村饮水巩固提升工程，涉及大堡、新林、嘎木、杉寨、对坡集镇，目前正在积极实施。六是投入98.5万元完成修建法泥村人工污水处理厂，目前正在施工过程中。七是投入100余万元进行对坡镇集镇老街改造工程。八是投入364万元对嘎木、田边2个村（社区）进行高标准农田建设。九是新建村级组织服务阵地8个，改扩建1个，累计投入资金800余万元，现已全部完工，乐海村、新林社区已达到入住条件。6、加快推进小城镇建设，努力提升城镇化水平。“鸿远大街”第二期工程正开展前期准备工作，涵盖安全饮水、电力通讯、绿化美化等基础设施建设，下阶段，对坡镇将结合区位优势和地方特色，以“鸡鸣三省”红色文化旅游景区的打造及红卫桥至对坡28.9公里二级公路的实施为契机，将规划整条大街贯通连接704县道，以缓解集镇交通压力，增强小城镇辐射作用，切实将小城镇“鸿远大街”项目打造成商贸流通型和旅游观光型的交通枢纽。7、协调推进其他各项社会事业蓬勃发展。一是人口计生工作水平不断提高。人口登记和管控情况持续改善，不断提升优生优育服务，认真落实国家“二孩”政策。二是“法治毕节”创建成效显著。我们始终坚持“打防结合，预防为主”工作方针，以维护社会稳定，服务经济建设为己任，着力推进“六大工程”，扎实开展“法治对坡”创建工作，层层签订创安工作目标管理责任书，使信访案件及矛盾纠纷化解率达95%以上，实现中共十九大、“一带一路”高峰论坛等重大活动期间进京“零非访”。加大村级警务室建设力度，配齐配强13个村级警务助理，聘请7名道路交通协管员壮大治安巡逻队伍，大力实施“五项行动”，全年全镇无重大刑事、治安案件发生，人民群众安全感明显增强。扎实开展禁毒斗争，强化禁毒宣传教育和落实帮教措施，全镇罂粟种植发现一起铲除一起、教育一起、处理一起，确保实现零种植目标。三是安全生产取得明显成效。牢固树立安全第一思想，狠抓安全生产“一岗双责”责任制的落实，采取出动宣传车、办宣传栏、张贴标语、创建安全生产指挥平台及安装远程监控探头适时监控等形式对安全生产有关法律法规进行宣传及监控。定期和不定期地开展打击黑车非驾、农用车载人等违法行为的专项整治行动200余人次，全镇无重特大安全事故发生。四是实施“科教兴镇”战略，教育教学水平逐年提升。始终把握正确的舆论导向，充分利用现代远程教育及农村思想政治教育等工作的开展，深入开展社会主义、爱国主义、集体主义及社会公德、职业道德、家庭美德教育，强化未成年人思想道德建设，不断提高广大群众的思想道德素质；强化教育教学管理，加强校园周边环境整治。全镇小学适龄儿童入学率、初中适龄少年入学率、小学六年巩固率、在校生辍学率、小学毕业生升入初中比例等指标每年均达到相关要求。五是切实认真做好留守儿童的关爱救助工作。在全镇各村级基层党支部遴选491名政治素质高、责任心强、乐于奉献的党员联系全镇1487名留守儿童，全面推行党员区域化层级管理，对全镇少年儿童做到无缝对接全覆盖。六是高度重视科技科普工作，推动科技创新和技术进步，劳动者素质不断提高。广泛开展积极健康的文体活动，2017年举办各类文化演出10余场，不断丰富人民群众的文化娱乐内容。七是积极改善农村卫生医疗条件，全面完成群众健康档案建档工作。认真做好新型农村合作医疗宣传动员工作，全镇参合率逐年提高，2017年参与农村医疗保险人员达24820人，除去民政、计生代缴部分人员外，实际收缴24197人217万余元，切实解决了群众报销难问题，有效改善人民群众就医难、看病难的问题。八是扎实抓好“文明整治”工作。强力推进“多彩贵州文明行动”和“五城同创”等相关环境卫生综合整治活动的开展，进一步规范了集镇市场管理，使集镇、公路沿线及村庄院落卫生保洁工作得到了提升，人居环境得到了切实改善。九是人大、政协、工会、共青团、妇联等组织切实履行职责，民族、宗教、科协、工商联、残联、史志、统战、关工委、老龄等工作有序推进，党管武装工作和国防后备力量建设取得新成就，2017年共有5名应征青年奔赴西藏、四川、山东等地报国参军，军民融合发展不断深入。

（撰稿人：党政办）

水箐镇

【概述】 水箐镇位于七星关区西北部，距市区23公里，地处东经104°01′—104°07′。北纬27°17′—27°20′。东与何官屯镇相接，西与青场镇毗邻，南与野角乡接壤，北与青场镇和云南省相连，全镇辖中营、大湾、星火、流水、东风、马鞍、黄连、水箐、干沟、梨树、燎原和新地12个村，106个村民组，总人口31955人，气候温凉湿润，阴雨云雾多，日照少，年均温11至13.8℃，无霜期211天至252天，年降雨量990至1010毫米，山大坡陡，常现阴雨云雾，雨量较充沛，暴雨较多，地表径流量大，对农业生产影响极大。土地总面积为93.2平方公里。其中少数民族主要为苗族、彝族，分布在马鞍村、水箐村、中营村和黄连村。水箐镇属石灰岩高中山丘陵洼地，境内南高北低，最高海拔2257.5米，最低海拔1587.5米，平均海拔1830米。地势高而平缓，多为丘陵洼地，是有名的高山冷凉地区，土壤以地带性的铁铝质黄壤黄棕壤和灰色土为主，海拔1600米以下低洼处有马锡泥土及岩泥土分布。主要粮食作物有玉米、马铃薯、大豆、荞子。经济作物有烤烟、天麻、核桃、大蒜、茶叶等。境内有丰富的煤矿资源，但还没有形成规模开采。

【农业农村工作】　农业经济持续健康发展，镇域综合实力提升较快。——综合实力显著提升。2017年底，农业总产值达17724万元，年均增长12%；农民人均纯收入达7830元；实现非公经济总产值26709万元；完成农村专业合作社注册13个，3户小微企业的申报工作，新增民营经济68户，累计完成民间投资6419万元；创业培训3期2907人；完成招商引资任务1.2亿万元，占年任务数1.1亿元的110%左右；完成烟叶收购7380担，占任务数8039担的91.8%，实现烤烟税收110.9万元，占年任务数128万元的86%。——农业产业提质增效。加大现代农业扶持力度，推进农业产业结构调整，优先发展优质、高效、安全、生态、有机农业。按照全镇农业产业发展思路，重点培育经果林、烤烟、生猪养殖产业，积极推进土地流转，种植烤烟2952亩，生猪出栏达到14363头，在继续巩固水箐村众森野猪养殖场、流水村嘉祥生态养殖场建设的基础上，在燎原村新增生猪养殖场1个、流水村新增生猪养殖场2个，新增干沟村养鸡场1个；新增农业专业合作社13个；着力抓好种植杂交玉米3.2万亩，脱毒马铃薯2.7万亩，蔬菜1.32万亩。根据全区农业板块经济的要求，结合我镇实际，合理规划了除茶叶外的五个板块经济，近年重点实施了冰糖李、马铃薯、冷凉蔬菜三大板块。其中：冰糖李1000亩（示范样板1000亩）；马铃薯450亩（示范样板200亩）；冷凉蔬菜100亩的高效豌豆尖种植。

【基础设施建设】　基础设施不断加快，发展后劲不断增强。

——镇容村貌持续改善。一是严格控制违法建筑，通过召开群众会、院坝会、板凳会、张贴宣传标语、进村入户走访等形式加大对全镇控制违法建筑及村镇建设规划的宣传力度，以村为单位实行干部包保，举全镇之力加大违法建筑控制打击力度，全年来，全镇无一起新增违法建筑，同时确保了规划知晓率达100%。二是积极巩固特色小城镇建设，我镇特色小城镇建设主体工程及水、电、讯等附属设施工程已全部竣工，集镇农贸市场工程已全面完工。三是强力推进“四在农家、美丽乡村”建设，将我镇梨树村、马鞍村拟建为“四在农家、美丽乡村”提升型建设，将马鞍村拟建为“四在农家、美丽乡村”普及型建设，相关工作还在进行中。——道路交通焕然一新。以道路为主的基础设施明显改善，到2017年底共实施了20.5公里的通村水泥路路面硬化。累计实施了34.5公里通组路硬化。已实现村村通水泥路。

【环境治理工作】　环境治理深入推进，人居环境发生新变化。——环境治理成效明显。把改善环境质量作为重点，加强对辖区的1个采石厂的废物堆放及噪声污染进行环保检查力度，进一步加强对我镇境内7个生猪养殖场的环保检查，未发生环境污染纠纷。扎实开展对集镇、重点村庄等重点区域的环境综合整治工作。实施人工造林9000亩，义务植树16000棵；强化辖区卫生整治工作，推行了环卫市场华运行机制，聘用了一批社会人员加强环卫日常工作，洁净生活和环境卫生综合整治效果逐年上升，人民生活和工作环境得到进一步改善；镇容镇貌综合整治行动扎实开展，脏乱差现象得到初步遏制，对外形象明显提升。——美丽乡村建设呈现亮点。整合各类资金500余万元，完成梨树村美丽乡村试点建设，改厨改灶81户，改圈74户，立面改造房屋70栋，新健农民文化广场1240平方。

【民生工作】　民生保障有力，人民生活改善较快，群众幸福感明显提升。——群众生活保障有力。发放优抚、救灾、低保、医疗救助、社会救助以及高龄老人补助等29299人次、资金达1081.2890万元；新增城镇就业300人、转移农村劳动力2890人；城乡居民养老保险实现参保人数达到7346人；为20916名老百姓办理了农村合作医疗保险。——群众幸福感明显提升。投入资金414万元，大力推进农村危房改造工程，改造农村危房81户。——民生工作长足进步。投入资金994万元，完成了水箐第二小学主体工程修建，建筑总面积4836.08平方米；改善校舍面积1255.71平方米，学生食堂792.32平方米；4551名中小学生得到“两免一补”，教育教学质量稳中有进；食品药品监管体系和突发公共卫生事件应急机制不断完善，相关传染疾病得到有效预防和救治，全镇12个村实现了村村有卫生室，基本上解决了农村老百姓看病难的问题；人口和计划生育水平逐年上升，人口和计划生育服务水平不断提高，优生优育局面开始形成。村民自治制定和社区建设得到加强，对村居干部进行了培训，村（居）干部队伍不断优化。按照“1234”（即一封书信凝聚关爱合力、两个精准夯实关爱基础、三项活动确保关爱到位、四大保障畅通关爱渠道、）的工作思路认让留守儿童工作取得阶段性的成效，现全镇共有留守儿童318户395人（其中在校留守儿童298名，享受农村低保51人）。监护较好留守儿童384人，监护一般12人，监护差留守儿童1人。困境儿童91名，孤儿17名（分散供养）。

【信访维稳工作】 ——社会大局和谐稳定。认真开展矛盾纠纷大排查，按照矛盾纠纷“日排查、事化解、零报告”要求把矛盾消化在萌芽状态，认真抓好重大不安全隐患的排查化解工作，积极预防突发性群体性事件的发生，完善信访案件人民调解代理对接处置机制，着力化解社会矛盾纠纷，全年调处各类民事纠纷301起，调成率100%；群众安全感满意度测评从2013年的84%提升到现在的94.2%，名列全区前列。牢固树立安全生产意识，建立党政同责、一岗双责齐抓共管安全生产责任体系，明确工作职责，强化责任落实，加强日常监管，对重点领域、重点区域和重要环节，深入开展专项治理行动，消除安全隐患，安全生产态势总体平稳受控。深入开展“法治毕节”创建，大湾社区和东风社区被成功命名为“法治示范村”称号。

【精准扶贫工作】 精准扶贫扎实推进，措施得力，成效明显，为全面建成小康奠定坚实基础。——精准识别对象。把对贫困村、贫困户建档立卡作为实施精准扶贫的重要基础工作来抓，严格按照四看法和收支核算表和贫困户识别程序，综合考量，做好贫困户的识别和新纳入工作，抓住识别贫困户、规范建档立卡、实施动态管理、推行挂图作战四个关键环节，规范操作流程，确保信息精准、项目安排精准、贫困户纳入和退出精准。——精确定位目标。针对建档立卡工作识别确认贫困村、贫困人口的分布情况和扶贫工作实际，对照2018年实现基本脱贫、2020年全面建成小康目标，根据“缺啥补啥”的原则，按照脱贫标准，倒排时限任务，编制了贫困村“扶贫规划和年度扶贫攻坚方案”，以“特惠贷”“产业支撑”为主导，整合资源，综合施策，抓住突破基础设施短板，在精准扶贫中巩固优势指标，攻坚弱项指标，大力改善贫困村基础设施、培育富民产业、实施易地扶贫搬迁、完善公共服务保障、提升发展能力素质、落实民生政策等，合力推进贫困村扶贫攻坚，为实现基本脱贫目标聚集发力。——精选扶贫项目。多次深入贫困村，进村入户开展贫困村调研精准识别、精准分类、精准帮扶、精准规划等扶贫工作，从摸清底数、资金投入、产业培育、人畜饮水、危房改造、易地搬迁、技能培训、学前教育、农村医疗、文化服务、村容整洁、基层组织等方面入手分析致贫原因，科学编制贫困村扶贫项目规划，着重解决贫困村基础设施、人畜饮水、危房改造、产业发展、公共服务等瓶颈难题。——精准制定措施。紧紧围绕“十个一”，即一村一个帮扶班子，谋思；一村一个工作队，落实；一村一个特色，增收；一村一个经济组织，提效；一村一个脱贫规划，引领；一村一个帮扶典型，示范；一户一个脱贫计划，帮准；一户一个责任人，包抓；一户一个项目，做实；一户一个培训，强智。明确要求扶贫对象不脱贫、联系干部不脱钩，实现了全镇贫困村驻村工作队、贫困户帮扶责任人全覆盖。全镇12个行政村贫困人口甄别和信息补录工作全部结束，并对全镇建档立卡贫困户（1193户，5022人）逐户进行建档管理，采取召开群众会，分村制定切实可行的扶贫计划，发放精准扶贫贷款280万元，涉及项目4个、323户，分别为养牛785户，养鸡2户，养猪1户，种植马铃薯1户。通过苗木超市落实冰糖李、板栗、核桃、杉树种植2275亩，涉及423户、1579人。同时，对2017年脱贫的219户、1034人（含出列村黄连村57户、237人），按照“五通四有”和“四有五覆盖”的要求认真落实了相关的项目，目前相关项目正在有序的开展。

【政府工作】 政府自身建设不断加强，行政服务水平进一步提升。——政府建设稳步推进。在持续推动全镇经济社会发展的同时，高度重视政府自身建设，全面优化政务环境，提升政府工作效能。在镇党委的统一领导下，积极开展党的“两学一做”，组织召开专题民主生活会1次，开展批评与自我批评，相互提出批评意见24条，深入基层与群众面对面交流征求意见，扎实推进整改落实；开展“诚信民生”建设活动，倾听基层群众诉求，积极回应社会关切，解决了一批热点、难点问题，服务型政府建设取得新成效。一年来，政府主动向镇人大报告重大事项，认真接受人大和社会各方面监督，共办理答复代表建议16件。坚持民主决策，将重大决策的公众参与、合法性审查和集体决策等有机结合，确保政府重大决策和重大行政行为的科学性和合法性。政府采购、工程建设阳光透明。严控“三公”经费支出，强化政府廉政建设，坚持抓早抓小、防微杜渐，积极营造风清气正的从政风气。——行政效能有效提升。大力精简行政审批和公共服务事项，按要求完善了水箐镇行政权力事项清单45项。高标准新建了镇社保服务中心，完善了镇便民服务中心建设。加强了镇级预算执行和政府重大投资项目审计，强化了社保基金、扶贫救灾资金等专项审计和领导干部离任审计。加大了重大项目推进督查和监察问责力度。完善了政府法律顾问制度，建立了人民调解、行政调解、司法调解“三调联动”工作平台。全面规范了重大事项行政决策程序，自觉接受镇人大监督。扎实开展了党的群众路线教育实践和“三严三实”等各项活动，严格落实中央八项规定，坚决反对“四风”，提升了行政效能。与此同时，统计、档案、人防、地方志、国防动员、消防、民族宗教、防震减灾、文化体育、政务服务、应急管理、法制建设、依法行政、社保等工作不断加强；妇女儿童、老龄、残疾人等各项社会事业取得了新的成绩。

（撰稿人：章涛）

大银镇

【概述】 大银镇距离毕节城区42公里，位于七星关区西北部，分别与毕节市的对坡、燕子口、林口三镇及云南省镇雄市的黑树、母享、坡头等乡镇接壤，鸡鸣三省旅游区15公里。政府所在地海拔1600米，地形地貌奇特，地上多奇峰、怪石、峭壁；地下多暗河、溶洞。地形东南高西北低，最低处尖山村李家寨海拔高度为1168米，最高处黄塘村海拔高度1998米。气候属亚热带湿润性季风气候，年平均气温15℃左右。全镇总面积为104.5平方公里，其中耕地28350亩、有林地20000亩，其它土地面积2100亩．全镇辖9个村138个村民小组，总户数4900多户，28618人，居住有汉、彝、苗、等民族。

2017年认真贯彻落实党十九大精神、习近平系列重要讲话、特别是视察贵州时的重要讲话精神，全面决战决胜贫困的关键之年。大银镇牢牢把握全面从严治党的总要求，在区委、区政府的正确领导下，大银镇按照年初工作计划，全镇干部职工团结一致，聚力攻坚，紧紧抓住农业产业结构调整，推进农业经济发展，集中精力抓好易地扶贫搬迁和道路交通基础设施建设，采取有力措施落实好各项惠民工程，经济建设和各项社会事业取得显著成效，全镇干部锐意进取，呈现良好的精神面貌。

【扶贫攻坚工作】 全镇辖9个村138个村民小组，共有4900余户29875人，2017年脱贫234户1061人。全镇有4个贫困村（其中黄塘和高峰属一类贫困村，新丰和石营为三类贫困村，石营村已经出列）。认真开展建档立卡“回头看”工作，进一步确保扶贫对象更加精准，提高群众的知晓率和认同感，按照区委、政府统一安排部署，全镇多次组织开展“回头看”工作，包村领导、包村镇干部带领村干部到各村民组召开群众会再次进行民主评议，对不符合条件的一律剔除，符合条件的全部纳入。2017年第一批中央和省财政专项扶贫发展资金大银镇养殖项目》，投资扶贫资金155.3436万元用于火鸭养殖（其中131.835万元用于购买火鸭苗77550只，23.2650用于购买铁丝网2585件，0.2436万元用于购买技术资料517份），覆盖贫困户517户1865人；投资扶贫资金63.3万用于633头生猪养殖项目，覆盖贫困户211户733人。投资扶贫资金26.3564万元发放脱毒马铃薯种薯94.13吨，种植753亩，共覆盖农户377户1885人；2017年“雨露计划·圆梦行动”教育资助40名2017年考取二本以上的大学生共计20万元。

共识别出1019户3636人，现已全部录入系统。扎实抓好扶贫项目建设，保旺村烟草扶贫新村项目服务中心建设主体已完工进入内外装饰阶段，整个工程已竣工；建设村村公所建设全部完成，高峰村800亩苦参种植项目已完成待验收；2016年申报的大银镇60万元养鱼项目、20万元养鸭项目和25万元养鸭专业合作社基础设施配套项目已动工建设。十三五期间易地扶贫搬迁对象106户460人，其中贫困户85户360人，非贫困户21户100人，整组搬迁共3个组（即黄塘村毛稗洞组和大火地组、半林村上向家寨组），2016年实施的24户109人，24户均已完工，有的已入住。2017年计划实施82户351人正在按照区委政府要求开展工作。

【民政工作】 敬老院工作。敬老院2017年共有工作人员2名，入住院21人，其中男18人、女3人，2017年上半年新增1人，入住率达52.5%。为确保入住院人员生命财产安全，敬老院2016年上半年共进行大型维修两次，8月安装消防设施，共投入57000元，其中镇政府出资10000元，民政局出资47000元。为保障养老院食品安全，敬老院2016年重新购买一台消毒柜、购买一台食品留样柜。1、幸福院工作。幸福院共有两个，其中一个位于大银镇羊桥村街上组，院院合一。另一个位于大银镇保旺村街上组，会院合一。2017年按照区民政局要求，将幸福院专项资金全部用于幸福院建设，保旺村幸福院全部按照‘福彩金资助”要求购齐所需物品。2、救灾救济工作。大银镇本着以民为本，民生为重的原则开展救灾救济工作，2017年大银镇发生成灾自然灾害一起，半林村河边组贾成林家，共计损失万余元，社事办积极组织人员进村入户核查灾情，采集照片，及时将灾情向区民政局救灾股汇报，现已做好材料正努力向民政局申请3000元的救灾资金。3、医疗救助、临时救助工作。医疗救助、临时救助工作本着实事求是、及时上报的原则，尽量为困难群众减少因灾、因病造成的损失，预防因灾、因病致贫返贫。2017年上半年已申报大病救助20人共计金额131900元。现上报9人资料等待区民政局批复，其中临时救助5人共计金额13500元，4人临时救助资料等待区民政局批复，按照中央、省、市、区城乡居民基本医保制度，继续执行财政补助每人每年420元标准。4、农民工职业技能提升培训；2017年以来，我镇组织农民工职业技能提升培训200余人；鼓励农民工返乡创业6人，就近务工110余人，动员70余人愿意在山东绮丽集团就业。

【水利建设】 为解决群众饮水困难问题，我镇2017年修建800平方米水厂一座，一级泵站40平方米，机组四套，专用变压器2台，消毒处理器1套，提水管约10km，供水管网约70km，三处高位水池分别位于羊桥村黄家寨组（330立方米）、新丰村长岩洞组（100立方米）、半林村陈家寨组（100立方米）。其余供水池15座（500立方米），涉及我镇6个村46个村民组，分别为新丰村6个组、半林村10个组、石营村4个组、黄塘村12个组、羊桥村9个组、木瓦村7个组。修建自流工程蓄水池580立方米，供水管网80km，涉及我镇尖山村、保旺村、黄塘村9个组、羊桥村4个组、木瓦村11

个组、石营村11个组。

【农村基础设施建设】 加大农村基础设施建设力度，新建通村公路30.761公里，启动通村路15条60.21公里，通组路60条84公里建设，目前部分通村和通组路已开始进场施工；2017年全面完成大银至仁和县乡公路改造路基工程，牛标尿至大银通村路建设。

【招商引资工作】 2017年来该镇招商引资到位资金1亿元；其中大银镇黄塘村红中火鸭养殖基地，投资3900万元；七星关区大银镇四节农家乐，投资4000万元；七星关区大银镇花椒园区，投资4800万元；大银镇牛马交易市场，投资2300万元。

【农业产业】 发展板块经济，调整农业产业结构是大银镇经济发展的主攻方向。2017年全镇种植红豆杉6094亩，已种植完成；种植板栗1372亩，已种植完成；多儿菜300余亩，已种植完成，已出售；马铃薯种子订购283.6吨，全部到位，散种及集中种植共6000余亩，其中高峰村月亮山1000亩马铃薯连片种植完成；烤烟地块7200亩，已翻犁6500余亩；辣椒地块3824.4亩已规划落实，育苗、土地翻犁、起隆盖膜等工作正在推进之中，苗已育3824.4亩；目前化肥到位50吨、农膜到位20吨。

示范样板点创建情况：书记示范样板点1000亩辣椒+多儿菜在尖山村尹家寨、小坪子等组组织实施，其中600余亩辣椒地块流转已经全部落实，土地已全部翻犁完毕，育苗已全部完成，300余亩多儿菜已种植完成；镇长示范样板点1000亩绿化苗木+辣椒种植在石营村河头、歇气等组组织实施，其中500亩的绿化苗木已种植完成，500亩的辣椒地块已落实，土地翻犁正在进行中，育苗正在进行中；副书记示范样板点1000亩花椒在尖山村小坪子、尹家寨，木瓦村幺岩等组实施，已全部种植完成；分管副镇长示范样板点1000亩青脆李套种续断在羊桥村上、下白泥，木瓦村幺岩等组实施，土地流转已完成，后续工作正在有序推进

【保障性安居工程、农村危房改造】 到目前为止全镇共有公租房48套，2012年修建24套，现已全部分配入住；2014年修建24套，预计2017年10月可分配入住；2016年农村危房改造97户，2017年农村危房改造197户。

【烤烟工作】 紧紧围绕“严格节令、精准育苗、精细机耕、高效移载、强化管理”的工作要求，以生产“优质、特色、生态、安全”的烟叶为目标，2017年共发展烤6200烟亩。为推进烤烟大户连片种植，镇政府牵头组建农机专业合作社，调请大型耕地机6台，出动旋耕机40余台，帮助烟民翻犁土地。

【人口计生工作】 2017年度，全镇共出生212人，其中常住人口出生211人，一孩76（男34人、女42人、政策内64人，政策外12人），二孩120人（男66人，女54人、政策内116人、政策外4，多孩14人（男7人，女7人，政策外14人）常住人口符合政策生育率为85.37%，死亡62人。全镇共完成避孕节育措施130例，占区指导任务133例的97.74%，其中结扎12例，上环118例。补救措施4例。手术及时率、落实率比2016年同期下降较大，均达到上级要求的目标值，全镇共完成孕前优生98对，占区指导任务98例的100%。1、镇村干部对“三按月”绩效管理机制的认识及知晓率。“三按月”落实工作紧紧围绕控制政策外生育为目标，以人口底数清理为基础，以“双诚信、双承诺”为载体，消化手术库存，杜绝政策外怀孕为手段，按月下达目标任务，按月督查。经入户核查及部门资源共享等方式查出本年度出生漏报50人，其中政策内14人，政策外36人。2、PIS数据统计质量情况。年初以来修改PIS缺项漏项错项6542条，流动人口平台反馈2463条信息，确保了PIS系统的信息不存在逻辑错误。

【教育工作】 狠抓教育，发展更高质量更加公平的教育。2017年完成升学任务490人，升

学率100%，升学率超过区下达的升学率；完成报考50人，报考率100%，报考率超过区下达的报考率。

（撰稿人：党政办）

燕子口镇

【概述】 燕子口镇位于七星关区东北部，距城区约50千米，平均海拔1280米，与林口镇、亮岩镇、层台镇、八寨镇、对坡镇、大银镇毗邻，703、704、705县道横贯20个村，夏蓉高速燕子口收费站距集镇11公里，是七星关区东北部经济、文化重镇。燕子口镇辖24个村，237个村民组，13986户，55622人，居住着汉、苗、彝等民族，地域面积121.4平方公里。燕子口镇社会秩序良好，人民安居乐业。广播、电视覆盖全镇，水、电、路、讯村村通。主要矿产资源以煤、硫铁矿为主。现有年产15万吨煤矿1个，现正常生产的9万吨/年的砂厂一个、3万吨/年的页岩砖厂一个、5万吨/年的耐火粘土砖厂一个；拥有景色优美的沔鱼河山、水、溶洞风光和中外闻名的大南山苗族传统文化等丰富的旅游文化资源。

燕子口镇辖区内共有小学18所，完全中学1所，幼儿园14所，其中山村幼儿园12所，民办幼儿园2所，燕子口镇政府所在地有一集贸市场位于703县道，全长2公里，路两旁有计生办、计生服务站、派出所、卫生院、粮管所、邮政支局、电信支局、供电所、学校、土管所、兽医站、农业服务中心、供销社等多家单位。水、电、通讯、光缆等公共设施齐全，卫生环境良好，是我镇政治、经济、文化中心。

【精准扶贫、精准脱贫工作】 （1）精准脱贫对象：2017年新识别纳入国办建档立卡105户422人；漏人新增512人；返贫6户25人；识别清退57户115人。国办系统建档立卡贫困人口总户数2026户7647人，其中已脱贫1037户4516人；未脱贫（含民政兜底）989户3131人。秋季攻势开展以来，严格按照区扶贫办要求，经各村贫困户大宣传、大走访、大筛查，计划脱贫1605人。（2）精准扶贫“特惠贷”：我镇2017年申请精准扶贫小额贷款农户549户，贷款落实235户535.8万元，贴息资金112.478万元，套餐项目落实212户（其中饲养能繁母牛193户，饲养乌骨鸡或本地土鸡8户，饲养绿壳蛋鸡1户，饲养黑山羊5户，其他产业4户），让贫困户真正有发展致富的新路子。（3）村集体经济：2017年，成立村社一体专业合作社共24个，更加用好用活2016年中央下拨到我镇第一批、第二批中央财政专项扶贫资金。围绕贫困村出列“五通四有”指标，对2017年5个出列村（官河村、新光村、沔鱼河村、海子村、庆祝村）以整村推进为载体，围绕消灭“空壳村”，发展壮大贫困村集体经济为核心，主要扶持以村支两委引领或村支两委可控的农民合作社（村集体经济），大力发展到村到户和“一村一品”特色产业，改善贫困村生产生活条件，提高抗风险能力，提高贫困群众增加收入的能力，促进贫困村退出。（4）“易地扶贫搬迁”：我镇对“十三五”规划国办标识人口351户1525人实施易地扶贫搬迁工程。2016年以来全镇实施易地扶贫搬迁分散安置70户315人，计划2017年、2018年两个年度实施281户1210人，易地扶贫搬迁工作持续推进；五是“教育帮扶”工作。2017年实施“雨露计划”工程，对35户贫困大学生进行资助；在“泛海助学”行动中，对2名贫困大学生进行资助，切实解决贫困家庭实际问题。完成农业产业化培训120人次，有效提高专业合作社技术人员种植技能。（5）“教育帮扶”：2017年实施“雨露计划”工程，对35户贫困大学生进行资助；在“泛海助学”行动中，对2名贫困大学生进行资助，切实解决贫困家庭实际问题。完成农业产业化培训120人次，有效提高专业合作社技术人员种植技能。

【项目建设】 （1）优势产业：进一步完善基础设施，改善农业投资种植环境，培育新型农业种植园基地，吸引恒大集团入住阿罗米坝子，投资600万余元在阿罗米坝子建300余亩大棚蔬菜种植基地，直接提供1200

个就业岗位，有效助推脱贫攻坚步伐和壮大村集体经济，消除空壳村。(2) 扶持工业：持续扶持煤矿、采石场、石材加工等优势产业。走科技创新、快速发展之路，引进贵州省毕节市七星关区永利综合建材厂等一批具有市场优势的项目入驻。

【优化产业结构】 (1) 农业示范样板建设：春耕生产完成杂交玉米种植2.25万亩，杂交水稻种植0.65万亩，脱毒马铃薯种植1.5万亩。在2016年秋冬种植工作中，投资32.7万元在小河沟村、龙洞村、小哨村、罗福村建立早熟马铃薯示范样板点900亩，收获成熟马铃薯1350余吨。以沔鱼河村红豆杉300亩，大田村葡萄80亩、吊瓜100亩，新村村甘露蜜桃400亩、车厘子300亩为依托，在沔鱼河片区打造一个千亩农业园区。在阿罗米坝子流转土地300余亩，引进恒大集团，投资600万元种植大棚蔬菜。(2) 壮大畜牧业规模：我们不断发展壮大农户养殖场，同步加大动物防疫工作力度，2017年猪存栏11935头，完成免疫注射32722针次；牛存栏1711头，完成疫苗注射2044针次；羊存栏1539只，完成免疫注射1322针次，禽存栏29455羽，完成免疫注射28458针次，确保农户养殖场高质高效，有效助推全镇脱贫攻坚步伐。

【民生事业】 (1) 教育事业：积极实施农村中、小学布局调整、校舍安全和取暖改造工程，完成中学教师周转房及学生宿舍建设并投入使用，全镇教育教学条件得到明显改善。教管中心新建教学楼4840平米、阳光少年之家5000平米；小考学生一中上线率达12.6%，小学辍学率为0.6%，初中辍学率为1.4%，均同比下降0.1%。中学4栋教师周转房、3栋学生宿舍已全部完工并投入使用，2500平方米塑胶体育运动场已经动工修建；专任教师160人，其中高级教师14人、一级教师50人，学历合格率达100%；在校学生规模突破3000人，图书近10万册；70万元供暖设备，有效解决1600余人使用热水问题；2017年中考500以上学生20人，上一中线3人、二中线6人；参加高考考生580人，录取一本7人，二本119人，同比上升1%；专科以上录取人数达458人，教育事业再创佳绩。(2) 卫计工作：人口自然增长率有效控制在5‰以内，人口出生率有效控制在12.97‰以内，常住人口符合政策生育率为90%；流动人口符合政策生育率为89.2%。进一步规范完善城乡医疗救助制度，按照七星关区城乡医疗救助对象认定方法，认真审核参保参合对象，建立健全医疗救助台账，加强符合对救助对象条件的调查核实，到目前为止，共发放医疗救助资金50人次33.73万元。2017年城乡居民医疗保险燕子口筹资任务数38666人，实际参合人数为38666人，参合率为100%，截至8月31日，审核办理外伤证明182例，全镇门诊统筹累计补偿38759人次，总金额为1916451.99元，实际补偿金额为1507599.5元，基本消除农民家庭"因病致贫""因病返贫"现象。(3) 文化工作：持续加强科技队伍和科普网络建设，大力推进科技创新和技术进步，加强文化基础设施建设，促进文化事业健康有序发展。切实抓好"有线数字电视转换"工程，完成广播电视"村村通"工作，2017年全镇实施广电云"村村通"工程23个村，完成主体线路布控和基房建设，镇综合文化站多功能厅、图书室、电子阅览室、培训室等设备齐全。组建了4支文艺演出队，丰富农村文化生活。(4) 健全保障体系：城乡低保核查提标工作全面完成，城市低保达到600元/人/月，农村低保达到3612元/人/年，低保标准增幅达10%以上。现全镇享受农村低保1433户3142人，月发放低保资金71.59万元；享受城市低保52户95人，月发放低保资金3.07万元；敬老院集中供养22户22人，月发放低保资金1.716万元。加强特困人员救助和农村敬老院规范化管理。不断提高敬老院床位利用率。现分散供养77户78人，月发放分散供养特困人员救助金3.0498万元。实施危房改造42户全部为D级危房，其中建档立卡贫困户35户，涉及资金203.96万元；其他危房户7户，涉及资金3.5万元，现已全部动工，建档立卡贫困户竣工18户，竣工率为51%，其他危房户竣工4户，竣工率为57%。全镇参加城乡居民社会养老保险14636人，完成年终参保任务的65.07%。累计征收养老保险费75.93万元，完成年终续保率76.56%，其中，缴费率完成79.45%，基金征收完成率50.88%，60岁以上待遇审批人员5427人。我镇共有1402名持证残疾人，其中一级持证残疾人87人，二级持证残疾人247人，三级持证残疾人304人，四级持证残疾人402人，残疾人全部参加了农村新型合作医疗；2017年以来，为275名重度残疾人申报了护理补贴（其中一级重度残疾人护理补贴73人，二级重度残疾人护理补贴202人）；为4名残疾人机动车驾驶员办理了燃油补贴。为推动残疾人就业，2017年以来，我镇积极协调各企业，共扶持1户残疾人家庭进行了自主创业；在本乡镇从事个体就业的残疾人有4名。2017年以来我镇残疾人法律咨询10余人次，为19名残疾人低保进行了提标，2户残疾大学新生得到阳光助学项目，给残疾家庭增加了收入，减轻了社会负担，社会保障体系逐步健全完善。

【基础设施建设】 积极加快推动基础设施向乡村延伸，改善乡村生产生活条件，有效促进城乡一体化进程，2016年以来，总计实施通村公路23个项目76.8公里，投资4300.8万元；通组路50个项目59.87公里，投资1377.01万元；实施"组组通"公路8个项目12.65公里，投资506万元。目前通村公路形象进度已达42.88%，完工里程13.5公里；通组路完成形象进度已达64.06%，完工里程40.5公里，"组组通"公路即将启动，全镇小康路建设工作有序推进。

【其他工作】 （1）"平安燕子口"建设：以"稳定为第一责任，发展为第一要务"的工作思路，将综治及平安建设作为一项常态化工作，健全综治工作领导机制。整合派出所、综治办、安监站、司法所、交通协管中队工作人员加强治安防控；组织企事业单位开展创安活动；配齐村级警务助理，组织义务巡逻队加强治安巡逻；组织护村护寨队加强巡逻，进一步夯实巩固治安防控体系。2017年以来来，共发生治安案件55起，办结查处55起，发生刑事案件3起，立案3起，破案2起，1起还在努力侦查中。2017年全镇无重大刑事案件发生，有效维护了社会的和谐稳定；对"八类"特殊人群2517人已全部建立了工作台账进行规范管理，对有暴力倾向和苗头性问题的已按相关规定落实了包保责任。进一步夯实了基层基础，全面提升了我镇社会治理法制化、科学化、系统化水平，有效推进了"法治毕节"创建。（2）安全生产工作：重点突出以地质灾害、煤矿、非煤矿山、道路交通、建筑施工、危险化学品、烟花爆竹安全生产检查工作，深入开展隐患排查治理，督促各村、各生产经营单位彻底治理存在安全隐患。截至8月底，我镇共组织开展安全检查24组次，检查企业7家，查出安全隐患78条，完成整改75条，还有3条在整改中。其中非煤矿山查出隐患48条，完成整改45条；道路交通查出隐患10条，完成整改10条；危险化学品查出隐患1条，完成整改1条；烟花爆竹查出隐患8条，完成整改8条，有效防范了事故发生，维护了当地居民生产生活安全。（3）生态环境建设工作：根据省、市、区的安排部署，我们成立了以主要领导为组长的全面推行河长制工作领导小组，出台了全面推行河长制实施方案，设置了镇村两级河长，制定了河长巡查制度，有效保证辖区内洒鱼河等河流不受污染。完成治理水土流失面积16.27平方公里，其中经果林111.61公顷，保土耕作1055.34公顷，封禁治理500公顷；完成机耕道600米，其中土石方开挖1200立方米，完成投资240万元。（4）"五城同创"工作：垃圾中转站主体建修已完成，并在公路沿线每村配1至2名保洁员，切实抓好公路沿线保洁工作，集镇街道实行"门前三包""摊前三包"责任制，乱堆乱倒乱排等不良行为得到有效遏治。同时以"美丽乡村"建设为契机，强化各村治理交通主干线两侧农户粪土乱堆，柴草乱垛，垃圾乱倒，污水乱泼，圈舍脏乱现象。在各村组建应急分队，组织各村应急分队参与到抗旱救灾等工作中来，部分村组自发组织义务治安巡逻队维护本村社会治安工作，加入家乡各项建设工作，2017年共完成征兵任务数21人，超额完成任务。

【自身建设】 （1）法治型政府建设：深入开展“法治燕子口”创建活动，把依法行政作为加强政府自身建设的核心内容，进一步完善并严格执行依法决策、科学决策、民主决策机制，充分运用法治思维、法治方式和法治手段推动政府工作。认真办理人大代表议案、建议和政协委员提案，加大重要民生事项、投资项目、公共资源交易等信息公开，自觉接受人大监督，主动接受新闻媒体、社会公众的监督。（2）服务型政府建设：加快推进新政务服务大厅和各村（社区）综合服务中心设施建设，完善服务功能，推动更多职能部门和公共服务性企业进驻开展集中服务。以“作风强化年”为抓手，巩固扩大“三严三实”教育成果，实现“两学一做”常态化，加快转变政府职能，切实转变服务方式，坚持做到：学在深处、谋在新处、改在真处、走在前处、干在实处。完善行政问责制，提高政府执行力和公信力。（3）廉洁型政府建设。认真贯彻落实党风廉政建设主体责任，健全惩治和预防腐败体系，全面推进从严治党。进一步落实好中央“八项规定”和省、市、区“十项规定”精神，持续纠正“四风”，强化监督、正风肃纪。严格控制“三公”经费支出，坚决制止铺张浪费。推动各项惠民政策的落实。坚决纠正损害群众利益的不正之风，切实做到干部清正、政府清廉、政治清明，确保始终用人民赋予的权力为人民谋福祉。（4）基层组织服务工作：村级活动场所建设工作有效开展，2017年村级活动场所新建17个、扩建3个。全面推进党务、政务、村务公开工作。认真执行《村干部管理规范》和《村级事务管理规范》，完善相关制度，规范村干部和村级事务管理，搞好村级组织配套建设，支持群众组织和自治组织按照各自的章程和职责开展工作，建立健全村党支部领导下的村民自治机制，依照宪法和法律开展村民自治活动，建立村级重大事项决策制度，完善议事规则，充分发挥党员代表议事会、村民代表议事会和村级民生监督委员会作用。

（撰稿人：宋锡兵）

亮岩镇

【概述】 亮岩镇位于毕节市七星关区东北部，土地面积78.2平方公里，现居住有汉、苗、白等民族，共12个村，159个村民组，6271户，27409人（其中农业人口26595人，非农业人口814人），耕地总面积20062亩（其中稻田2074亩，地17988亩），农业人均占有耕地0.843亩。亮岩镇地跨东经106°，北纬27.5°，平均海拔1100米，平均气温13℃－14℃，年平均降雨量680－690毫米。

亮岩镇属典型的喀斯特岩溶山区，地质构造复杂，地势北高南低，褶皱较大，山峰连绵，重峦叠障，距毕节城区60公里，与燕子口、清水铺、林口、层台等镇接壤、703县道途经核桃、亮岩、合光三个村。气候温和湿润。境内有仙人洞、古杉等自然、人文景观，亮岩村的花厂坡是燕林青苗族同胞进行民俗活动的主要场所，距今已有上百年历史，是典型的待开发的少数民族文化旅游资源。粮食作物主产玉米、小麦、洋芋；经济作物主要以烤烟为主；油料作物有油菜、花生等；煤是亮岩镇的主要矿产资源。太极茶叶是本镇特色产品。全镇现有初级中学一所。亮岩镇小城镇建设目前已基本完工，基础设施建设在不断的完善。

【经济指标】 2017年，完成财政收入2000万元；农民人均可支配收入达到7210元；完成固定资产投资2.1亿元。完成招商引资8700万元，好乐购购物广场正常营业，方便群众日常购物需求，飞轮葡萄产业园前期工作有序推进。经济实力快速提升、人民生活水平显著提高，同步小康步伐加速推进。

【基础设施建设】 全面完成2017年区政府下达小康路建设任务，其中，通村路项目共13个58.62公里，通组路项目16个

22.41公里。完成裕民村青松组、锅厂组、坡上组和太极村田坝至大岭、许家坡至高田咀、高架组共计9.97公里“组组通”公路建设，助推脱贫攻坚。新建文化娱乐广场3个，大力打造核桃村花厂坡苗族“采花节”娱乐场所1个。建成垃圾中转站一个，彻底解决辖区各村垃圾处理难问题。完成村级服务阵地建设7个，同步建成文化小广场。建成小城镇龙盛大街，按照统一规划、统一风格的要求，已建成独具特色意大利风格民居房屋150余栋。完善集镇功能，打造集镇物流集散地，商品集散地，文化交流地。同时，全面启动老街改造工作，切实改变集镇街道面貌，提升人居环境，使小城镇成为宜居、宜农、宜游、宜商的特色小城镇。

【生态文明建设】 利用标语、宣传栏、发放宣传资料等形式，抓住重大节日活动等契机，深入全镇各村组、各厂矿企业进行法律法规和环境保护法宣传，发放固体污染防治、退耕还林、水污染防治等相关宣传资料1000余份。对企业主加强环保意识教育，杜绝企业乱排乱放，促进企业环保生产。森林防火配备了专门的森林防火宣传车走村串户进行宣传并在各村安装了大喇叭滚动播放对森林防火进行宣传。在交通要道及醒目的地方粘贴标语。清明前还在个林区及坟墓区路口张贴防火通告及禁燃烧纸钱和放鞭炮，并与各村、护林员签订了防火责任书。

【“三农”工作】 年初以来，亮岩镇坚持做好“一个中心”和“五大文章”，即：做好农业产业结构调整这个中心，统筹做好中草药种植、茶叶种植、猕猴桃种植、生猪养殖、水产养殖“五大文章”，结合正在开展的精准扶贫和农业板块经济等重点工作，结合各村的资源禀赋，按照“一村一品”的产业格局，大力发展山地特色高效农业。目前卓有成效太极生态农业示范园区已完成投资2000余万元，已建成鱼塘48个，投放鱼苗35种100万尾，水产养殖已初具规模，下一步，以乡村旅游为主的山水太极农耕文化体验园项目将陆续上马，农业产业正在不断延伸其服务功能。做大做强太极贡茶产业，新成立的七星关太极古茶开发有限公司，建立太极古茶苗圃基地1个100余亩，亩育苗能力50万余株，结合退耕还林工作，实施3370亩茶叶种植，按照发展壮大村级集体经济的要求，太极茶叶专业合作社在正式投产盈利以来，为村集体增加每年至少3万元的村级集体经济积累，同时，茶叶种植将覆盖临近飞轮、裕民、桥头3个村和周边乡镇产茶村。扶持生猪养殖产业，桥头村年产5000头生猪养殖场已初具规模。充分发展好林业经济，念好山字经，亮岩村、桥头村分别新建1万羽林下养鸡场，和光村发展辣椒种植300亩，核桃村发展茶叶种植500亩，辣椒种植500亩，初步形成“一村一品”的农业产业格局，新发展农业专业合作社15家，稳步提升产业化经营水平，进一步促进农业增效、农民增收；飞轮村猕猴桃连片种植猕猴桃300余亩，现已完成种植，且成活率超过95%。

【卫生计生】 建立健全突发性公共卫生事件应急处理机制，加强疾病预防控制体系建设，切实履行党委政府和有关职能部门的职责，严密监控，加强食品卫生监督管理，切实提高医疗保障能力和服务质量。以人口计生“三个按月落实”为抓手，突出抓好优质服务、宣传孕前优生健康检查、综合治理出生人口性别比偏高、流动人口计划生育管理等各项工作。

【民生工程】 一是以精准扶贫工作为主要内容，按照“四看法”，做好精准扶贫对象的识别和建档立卡工作，全镇共识别精准扶贫对象1179户4723人，已脱贫脱贫脱贫565户2643人，其中2017年142户722人。按照深入推进“六个到村到户”和“五个一批”的扶贫攻工作坚思路，利用好“一市五金多套餐”“特惠贷”等政策契机，基本落实好精准扶贫户特惠贷政策，结合实际开展能繁母牛养殖、山羊养殖、脱毒马铃薯种植等扶贫产业，促进贫困农户有效脱贫；二是以“四关爱”为主要内容，创新社会保障和救助体制，解决好重点、难点和热点问题，目前全镇0－15岁留守儿童1297人（其中困境儿童83人）。采取通过劝返一批、带走一批、集中管理一批、落实重点监护一批的方式，实现了留守儿童帮扶“全结对”，建立“辛晴家园”42个、“青苗乐园”11个，配齐了电话、电脑、图书、音体美器材等设施设备，为留守儿童及外出务工父母通过视频、电话联系见面提供了帮助，切实保障留守儿童、空巢老人、残疾人等社会弱势群体的生存权利。确保“四关爱”工作真正落到实处。三是以低保核查为主要工作内容，对照“四有”标准，重新实施低保对象的界定和评定工作，按照应保尽保的原则，依法按章确保农村低保资金的评定和发放体现社会公平。全年农村低保数1092户2052人，月低保金437141元；城市低保15户23人，月低保金6160元；四是做好医疗救助工作，本年来，2017进行医疗救助83人次，临时救助61人次，发放救助资金53300元；急难救助21人次，发放救助资金115000元，民政代缴困难群众参合资助2373人，认真落实城乡特殊疾病困难群众门诊救助政策，严格按照文件精神落实救助工作，切实解决特困群众就医难的问题。五是深化医疗卫生体制改革，完善公共卫生和医疗服务体系，积极落实农村新型合作医疗制度，切实解决农民看病难、看病贵的问题，农村合作医疗参保率达到95%。做好新农保收缴工作，综合参保率达98%以上，续保率97%以上，缴费完成率达100%，及时兑现到龄群众的社会养老保险待遇，为老有所养提供良好的基础。

【文教卫工作】 大力加强学校基础设施建设，扎实抓好义务教育阶段“两免一补”政策的落实，学校营养餐工作有序开展，2017年镇6至11周岁适龄儿童4202人，入学4140人，入学率98.52%；中学在校学生1262人，入学率99%。九年义务教育巩固率达到85%以上，全面完成教育“9＋3”中职招生131人的目标任务，完成普通高中招生294人。不断改善办学条件和育人环境，各学校教师周转房建成并全面投入使用，2017年亮岩中学中考成绩位居七星关区农村中学第一名。新大街建设文化娱乐广场1个，完善文化站硬件设施。核桃村建立完善文化娱乐广场2个，大力打造核桃村花厂坡苗族“采花节”娱乐场所1个，让苗族同胞尽情展示民俗风情，丰富其文化娱乐生活。

【社会管理】 加强对煤矿、道路交通、非煤矿山、校园等安全隐患点的专项整治，坚决取缔各类非法采煤窝点、非法矿山等各类事故隐患，对地灾隐患点排查38次，应急避险演练2次，组织对道路交通安全检查100余次，从源头上遏制重特大事故的发生，全年未出现安全事故。强化信访维稳工作，严格按照四级排查五步调处工作机制，加大矛盾纠纷、信访案件、信访积案的排查调处工作力度，扎实开展好矛盾纠纷大排查专项行动，一年来共排查出矛盾纠纷229件，化解228件，化解率99.5%。严厉打击“两抢一盗”“黑恶势力”等各类违法犯罪行为，全年刑事案件发案7起，破案5起，撤销1起，破案率75%，行政案件17起，办结12起，治安案件发案51起，调解51起，破案率为100%。加强社区戒毒社区康复工作，截至2017年12月31日，我镇共有涉毒人员100人，其中社区戒毒12人，社区康复5人，在场所28人，戒断巩固三年未复吸14人，管控地区不属于七星关区的48人，信息有误的1人，享受低保的2人，贩毒人员14人，大力开展禁毒预防宣传教育工作，覆盖面达95%以上。

【党建工作】 1. 发展型服务型党组织建设。强化三支队伍建设，加强领导班子党委中心组政策理论学习，充分发扬民主集中制，重大事项召开党政联席会议集体研究决定；对镇、村干部实行积分量化考核，打破吃“大锅饭”局面；问责违纪干部和村干部，调整不胜任村干部，及时兑现离任村干部生活补贴；注重党员教育管理和发展工作，落实“三会一课”制度，完善流动党员联系管理制度，重要节日慰问贫困党员，发展党员36人，预备党员转正7人；加强“一核多元”服务体系建设，提高基层组织服务能力。完善服务阵地功能。维修太极村活动场所500平方米，新修合欢村等7个村活动场所500平方米；严格落实村干部值班服务制度，并规范做好值班记录、公章使用管理记录、为群众办事记录；12个村设立驻村食堂。健全服务组织。组建村民理事会，村民组长定期不定期组织村民说事议事、商讨重大事务、宣传政策法规、落实民生政策、提供公共服务、办理公益事业、化解矛盾纠纷，履行监督职能。建强服务队伍。开展同步小康驻村工作，7个同步小康村派驻“第一书记”，配齐配强村民组长，兑现村民组长补贴，发挥村民组长的“六大员”作用。强化服务保障。按时落实村干部报酬经费和村级组织办公运转经费；全面推行“四议两公开”工作法、文朝荣群众工作“六法”，落实各项民生政策。加强村级场所规范化建设。设置便民利民服务室、党员活动室、道德讲堂等，配置办公用品，悬挂值班公示牌，明确当日值班村干部或驻村干部的姓名、职务、联系电话等，方便群众办事，强化党务、村务、财务公开和临时性公开等。加强“五有”建设，规范村级服务管理。12个村级党组织认真贯彻执行“三会一课”、民主评议党员、“四议两公开”制度，深入学习中共十九大精神和习近平系列重要讲话精神，让党员群众心中有党；各村把整胀治乱、道路管护、森林防火等纳入村规民约，规范约束村民日常行为，让村级组织管理有序；认真执行村干部代办制度、预约服务制度、巡回服务制度，做好服务记录。组织村党支部书记、村主任参加区委组织部举办的培训班，提高村干部服务群众的能力，转变村干部工作作风，解决群众办事难问题，让村级组织有效服务群众。2. 思想政治和精神文明建设。举办“小学生文明礼仪知识竞赛”“五进五促”“积德榜”“我推荐，我评议身边好人”“明礼知耻崇德向善”“讲文明、树新风”“赶场天赛起来”活动，弘扬社会正能量。3. 统战工作。对台胞台属进行摸底排查登记，建立党外副科（副高级职称）干部信息库，对信教群众和宗教活动场所进行排查和登记，12个村聘请非公有制经济人士担任“名誉村主任”，大部分“名誉村主任”发挥积极作用，及时上报统战工作信息。4. 团的工作。亮岩中学组织学生参与植树造林300亩，利用重要时间节点加强青少年思想道德教育；发展团员66名，及时上缴团费450元。5. 妇联工作。在各村创建妇女之家并挂牌，在核桃村打造一个示范妇女之家，关注留守妇女。开展寻找“十佳新女性”推荐评选活动。开展村改联换届选举。抓实妇女乳腺癌筛选检查工作，并登记造册，发放母亲邮包500个。6. 老干工作。开展法制宣传教育活动，对青少年进行科技培训，组织关工委“五老”人员进行培训，并到学校与青少年交流。7. 科协工作。认真开展科普宣传8场次，开展科普培训2165人次。

【其他工作】 制定出台镇、村干部量化积分考核方案，镇干部分驻村干部、办公室业务人员、特殊工作人员进行考核，设置奖惩加减分，年终得分作为评先选优和提拔使用的依据。村干部从岗位职责、岗位目标进行考核，岗位目标中有三农工作、基层组织建设、计划生育、信访维稳、安全生产、违章建筑、治理滥办酒席、文教卫生、社会保障、多彩贵州文明行动、危房改造、党风廉政、临时性工作等13项构成，还有加分和一票否决。严格按照3个方案对镇、村干部进行了量化考核。加强档案安全管理，明确专人对档案认真收集整理，共扫描文件45盒1520件，完善档案目录，科学化电子管理。对各种在网络上公开的信息严格把关，涉密计算机严禁连接外网，做到涉密不上网，上网不涉密。明确人员定期向区委办、区政府报送信息和调研文章。

（撰稿人：张恒）

林口镇

【概述】 林口镇位于贵州省毕节市七星关北部，坐落在黔北川南滇东结合部，是赤水河上游三省六镇镇中心镇镇。林口镇“鸡鸣三省”红色革命遗址，红色文化中璀璨的明星之一，同样折射着红色革命的信念与光芒。地跨东径105°36′—105°37′，北纬27°66′—27°85′之间，东与七星关亮岩镇相连，西与云南坡头镇毗邻，南与七星关大银镇交界，北与四川水潦镇接壤。林口镇集镇所在地距七星关城区33千米，省会贵阳城区262千米，距成都城区（重点城市）464千米。厦蓉高速贯穿南北，距飞雄机场52千米，成贵铁路毕节站53千米。

全镇总面积86.7平方千米，辖16村（社区、居）委会，89个村民小组，总人口3.8万人。居民以汉族为主，占总人口的76%。林口镇气候条件优越，年平均气温12.8℃，年均降雨量是1370毫米，全年无霜期为230—260天，雨量充沛，气候怡人，适合人文居住和农作物生长。林口镇有天然林8000余亩，人工造林面积9000余亩，森林覆盖率达38%，主要树种有松、柏、杉、白杨、桃、李、杂木以及其他野生植物等。林口镇矿产资源丰富，特别是硫、铁、煤、石灰岩等，其中，初步探明硫铁矿的蕴藏量近亿吨。

【产业结构调整】 农业产业结构逐步优化。为改变产业结构单一的现状，积极引导群众走专业化、规模化道路。引进林口镇林园精品水果示范基地，流转土地8000亩，种植车厘子900亩、葡萄300亩、软籽石榴900亩、套种蔬菜390亩；蔬菜基地900余亩，在青山、新庄种植方竹5000亩。培育肉牛养殖专业户1户，养猪专业户2户，完成能繁母猪统计965头。集镇配套功能不断完善。投入100余万元完成集镇停车场建设工程，解决了集镇停车难问题，有效缓解集镇拥、堵、乱现象。投资80余万元，开工建设集镇居民健身广场一个，工程即将完工投入使用。扎实推进集镇新区项目规划、资金争取等前期工作，目前完成总体规划，新规划设计居民建设广场2个，目前已完成选址工作。服务业发展后劲增强。鸡鸣三省旅游景区建设工程有序推进，完成入口服务区、会议会址、锦绣江山、旭日东升等景点建设，启动二期工程征地拆迁工作。物流、交通运输、邮政快递等服务业快速发展。

【围绕“四在农家·美丽乡村”六项行动计划，不断夯实农村基础设施项目】 农村基础设施明显改善。申报并实施完成了“一事一议”通组路硬化4公里，完成农村环境综合整治“两个硬化”400余户，硬化院坝300平方米、硬化连户路1.2公里。完成通村水泥路建设17公里；建制村水泥路通达率100%以上。完成厦蓉高速公路林口段建设工程，完成林生路到计生办段道路改造。生态文明建设有序推进。大力实施林业生态工程，完成灯塔村土地整治项目，完成生产便道4公里；贵州民居改造184户、危房改造164户、易地扶贫搬迁174户780人；加强饮用水水源地环境保护，饮用水水质达标率100%。

【围绕“以人为本、民生优先”理念，统筹推进各项事业协调发展】 精准扶贫稳步推进。以“六个到村到户”为载体，以“问需式”扶贫为抓手，扎实推进精准扶贫工作，实现对贫困村、贫困农户的精准化识别、精细化管理，识别出贫困户918户3411人，脱贫234户1050人。严格按照程序核查农村低保，2017年组织对全镇1047户2236人进行低保核查，确定低保户1043户2226人，在原来的基础上增加享受低保的37户。教育事业不断发展。全镇适龄儿童毛入学率100%，巩固率达到了96.2%。共有小学14所，学生3454人。中学2所，学生1597人。其中，留守儿童1453人，占小学人数的35.4%。全镇共有教师312人，师生比1：19.53。学前教育教学班17个，学前教育学生603人。完成坪坝二中校改建工程，完成林口小学校舍建设工程，完成大地小学操场和梯步的硬化，完成新桥小学、川山小学等附属设施工程。卫生计生、科技文化等事业协调发展。卫生院、计生服务站、村卫生室改造不断加强。深入推行“双诚信双承诺”和“诚信计生卡”制度，人口和计划生育服务水平明显提升，人口出生率控制在8.1‰，常住人口符合政策生育率达97.2%，流动人口符合政策生育率达82.7%，出生人口性别比为106，长效避孕措施落实率达95.8%，常住人口妇检率达100%。全面推行“三按月”绩效考核工作模式，设立流动人口“亲情视频”聊天室。全面完成各年度征兵工作任务。同时，精神文明建设、双拥、国防教育、民族宗教、档案、气象、史志、体育、老龄、残联、侨务等工作取得了新的进步。就业和社会保障得到加强。城镇新增就业年均完成97人。城乡居民医疗保险参保人数达29897人，参合率达98.65%。参加新型农村社会养老保险9120人，60周岁以上享受养老保险4072人。高度关注弱势群体，2017年共计发放五保户供养金338000元、优抚对象优抚金72400元、伤残军人伤残保健金147920元、农村低保金7355577元、城市低保金215722元、90岁以上老年人生活补贴320000元、冬春救助资金200000元、救助粮42.3吨。社会管理不断加强。深入开展“六·五”普法活动和综治宣传月活动，采取有效措施，严厉打击吸毒、贩毒和毒品种植，引导群众学法、懂法、用法，提升公民法治意识，切实维护社会公平正义。大力推广“六零六好”社会治理经验，积极探索城市社区治理体系新思路、新措施、新办法。加强矛盾纠纷排查和疑难信访积案化解，建立台账，全力化解；创新群众工作方法，建立“公道评说”机制。扎实开展“平安林口”创建活动，进一步完善公安、司法、政法、治保调解等一系列防控体系。深入开展安全生产“六打六治”专项行动和除大隐患、防大事故大检查活动。

【整顿作风，注重管理，党的建设不断加强】 镇党委始终坚持“围绕经济抓党建，抓好党建促发展”的工作思路，不断加强党的基层组织建设和执政能力建设，各党组织的战斗力和凝聚力不断增强。深入学习贯彻习近平系列重要讲话精神。以党的群众路线教育实践活动和“两学一做”为契机，认真开展了中共十八届三中、四中、五中全会和十九大、省委第十二次代表大会、市委第二次代表大会、区委第二次代表大会、习近平系列重要讲话精神学习活动，坚持从党委班子成员自身做起，把思想建设放在首位，以解放思想大讨论、民主生活会、专题学习会和党委班子集体学习等方式为载体，组织包村领导深入联系村宣讲党的上级有关精神和学习党章。切实做到领导干部带头学习、带头宣讲、带头深入基层。通过学习，全镇党员干部自觉把习近平重要讲话精神作为推动发展的理论指导、精神动力和行动纲领，坚定了中国特色社会主义的道路自信、理论自信和制度自信。切实开展好党的群众路线教育实践活动。开展林口镇党的群众路线教育实践活动以来，全镇党员干部紧扣“为民务实清廉”的主题，按照“照镜子、正衣冠、洗洗澡、治治病”的总体要求，以“三严三实”为主线，坚持以问题为导向，通过加强学习教育、广泛听取意见建议、查摆“四风”突出问题、严肃开展批评与自我批评，边学边查边改边建，立行立改，着力解决关系群众切身利益和联系服务群众“最后一公里”的问题，切实转变党员干部在“四风”方面存在的主要问题。通过教育活动的开展，四风”问题明显遏制，党员干部作风明显转变，服务群众的意识和能力明显增强，干群关系得到明显改善，一大批群众反映强烈的突出问题得到有效解决。加强基层组织建设，夯实党的执政基础。始终把提高基层党组织的执政能力贯穿于党建工作始终，以学习实践科学发展观活动和“创先争优”活动为契机，加强党的基层组织建设。2017年，完成村级服务建设13个，改扩建1个，辖区内15个村级办公场所面积达300平方米以上。按照区委的安排，圆满完成了全镇村“两委”班子换届选举工作，真正把想干事、能干事的优秀同志选入村“两委”班子，优化了村“两委”班子结构，为各项工作的开展提供了强有力的组织保证。狠抓党风廉政建设，进一步转变干部作风。坚持“标本兼治”的原则，认真抓好党员干部的党性、党风、党纪教育，建立健全党员干部学习教育制度，强化民主监督机制，促进党风廉政建设。一是组织广大党员干部认真学习了“一章一法两条例一准则”，学习贯彻中央、省、地、市有关文件精神。播放党风廉政建设电教片，用典型案例对党员干部进行廉政教育。通过多渠道的宣传教育，增强党员干部遵纪守法的自觉性。二是定期召开领导班子民主生活会。党委班子以及各支部每年召开一次以上民主生活会，按照上级有关规定切实提高民主生活会质量。三是进一步建立健全党风廉政建设制度，进一步规范和完善了《党务政务公开制度》《村务公开制度》《首问责任制》《限时办结制》《责任追究制》等，从源头上预防和惩治腐败。

（撰稿人：丁阁勇）

清水铺镇

【经济指标】 2017年全镇国内生产总值达到7.23亿元，财政收入实现4100万元，固定资产投资达6.8亿元，农民人均收入达到5820元。全镇企业产值和主要产品产量累计总产值18620万元。

【扶贫攻坚】 坚持精准扶贫、精准脱贫，全力推进脱贫攻坚“春季攻势”“夏季大比武”和“秋季攻势”，实现1个贫困村出列，184户801人脱贫，贫困发生率从9.5%降到7.4%。成立合作社16个，覆盖贫困人口774户2682人。结合地理优势，在海拔800米以下以柑橘类为主，在海拔800米以上以精品李子为主，注重长短结合、注重产销对接，确保产业调整到位。已完成柑橘种植2488亩，凤凰李种植1761亩，马铃薯种植3000亩，完成魔芋种植300亩，猕猴桃150亩。250户贫困户申请特惠贷843.6万元，政府贴息41万元。

【基础设施建设】 完成省级组组通公路2个项目4.314公里、通村路13个项目64.7公里、区级通组路53个项目31.2公里建设。认真开展S106省道改造征拆工作，完成征地95%以上。着力解决民族村、东山社区、大地村、兰田村、红岩沟村、大坪村安全饮水困难问题，覆盖贫困人口145户644人。完成水库设施维修养护一处。增加600千伏安变压器3台，新增10千伏线路3.6千米，增加低电压改造变压器18台，低压线路8千米，完成低压线下伏线改造4千米。

【易地扶贫搬迁】 2015年扶贫生态移民独山湖安置点建设完成，已搬迁入住160户750人。通过进一步复核认定2017年易地扶贫搬迁项目搬迁对象304户1454人。

【教育医疗住房保障有力】 落实各项教育补助资金114.437万元，资助学生373人，19.5万名学生的营养改善得到有效保障。“四重医疗保障”全面落实，建档立卡贫困人口参合率达100%，门诊报销比例提高到95%，基本医保、大病门诊、住院起付线全面取消。完成危房改造117户，其中建档立卡贫困户83户，其他危改户34户，同步实施厨房、厕所、圈舍改造，群众住房安全和卫生条件明显改善。

【农业产业】 大力发展蔬菜、生态畜禽、经果林、中药材，种植蔬菜2000亩、经果林300亩、中药材200亩，生态家禽存栏6.2万羽、能繁母牛1812头、生猪存栏2.4万头。新建农业园区3个，完成投资500万元。

【城镇带动】 继续推进小城镇和美丽乡村建设，4个镇村联动项目基本建成。“美丽乡村”建设全力推进，成功创建6个美丽乡村示范点，完成花池建设1.2千米。新建广场一个2500平方米，文化长廊25米，休闲凉亭2个。安装太阳能路灯300余盏，新建公厕2个。完成16个村（社区）村庄规划设计。客运站主体建设完成，待验收后可投入使用。

【生态文明建设】 坚持把生态建设放在突出位置，深入推进“绿色清水”建设，生态环境优势更加彰显。环保督政扎实推进。中央环保督察组交办的4个信访件全部办结，整改完成4个。拆除污染源7家违章建筑，强化臭泥沟水源地保护，大力整治崔家沟水库、独山湖周边环境，完成造林绿化900亩。启动橙满园社区、大地村、晓沟村、东山社区、太平村、清水社区污水处理厂建设。橙满园社区垃圾收运系统建设有序推进。依法严厉打击各类环境违法行为，出动环保联合执法人员62人次，检查非煤矿山、养殖场、加工厂30家次，责令停产整改2家。生态环境持续优化。退耕还林还草、植被恢复等生态工程全力推进，完成人工造林900亩。森林保护“六个严禁”执法专项行动深入开展。森林防火工作不断强化，共下达《森林火灾隐患排查意见》14人，对野外用火者进行警告，各村用《村规民约》处罚12人。2017年清水铺镇无森林火灾发生。全镇森林覆盖率提高到67.8%。饮用水水源地水质达标率100%，环境空气质量优良天数比达98.1%。

【民生工作】 坚持把改善民生作为根本追求，社会公共服务水平不断提升，群众获得感、幸福感不断增强。民生保障扎实有力。城乡居民社会养老保险参保任务完成率88.4%。2017年缴费目标完成率为78.8%；应续保完成率为89.4%。新增就业240人、转移农村劳动力660人。完成政策性农房统计6997户，发放临时救助款12.15万余元、医疗救助资金42.672万余元，冬春救助粮24吨，棉被813床，棉衣769件，保暖衣669套。发放低保资金873.2784万元，使困难群众生活得到有效保障。大力开展留守儿童关爱工作，建成春苗乐园16个、心晴家园75个、农村幸福院1个。投资800余万元新建村级服务阵地11个，已基本搬迁入住。教育事业提质发展。开工建设宁家小学、民族小学、南沟小学的围墙、保安室、体育场硬化、大门；高山小学、和平小学的厕所改建；小沟小学大门、保安室修建；完成清水铺小学少年宫各活动室改建及设施设备购置，九年义务教育巩固率90.03%，“三残”儿童入学率90.95%。将各山村幼儿园、民办春晨幼儿园、高山幼儿园、兴星幼儿园在园幼儿纳入营养餐工程。完成了清水铺小学、清水铺第二小学、高山小学、小沟小学、和平小学全部班级“班班通”安装工作并接入网络，实现现代化教学模式。卫生计生事业加快发展。在全镇卫生计生战线广大干部职工的努力下，我镇卫生计生工作取得了可喜的成绩，卫生事业蓬勃发展，人民群众健康水平显著提高。建成中医馆1个，乡镇卫生院“五室”建设全部完工，基层医疗卫生机构执业医师、标准化建设、远程医疗和城乡居民大病保险、农村中小学校医配备实现全覆盖。全年实现门诊救治5.5803万人次，完成住院救治4572人次，住院二次减免1.06万元，基药补助金额47.72万元，降消补助3.32万元。开展孕前优生筛查235人次，孕产妇建档423人，系统管理率100%；完成0－7岁儿童体检1053人，体弱儿童100%管理，儿童基本免疫接种率达到98%，卡证符合率100%；为65岁以上老年人、慢性病及精神病人等重点人群，建立电子健康档案，规范管理率达100%。文体广电等事业协调发展。国家公共文化服务体系示范区创建工作全面推进，2017年成功获得“全省文明乡镇”荣誉称号，提升打造镇级综合文化站。建成镇级电商综合服务站1个、村（社区）电商综合服务点5个，新增多彩贵州“广电云”用户713户。精神文明建设、国防教育、人民武装、民兵预备役、民族宗教、气象、邮政、工商联、档案、史志、残疾人、工会、共青团、妇女儿童等事业健康发展。

【社会治安综合治理】 牢固树立“大安全”理念，加强和创新社会治理，社会发展大局安全稳定。群众工作成效显著。排查矛盾纠纷和信访问题57件，全部录入“三个四级个案台账”。接待和处理群众来访50批次182人次，有效化解16件信访疑难案件，圆满完成中共十九大、全国“两会”省“两会”等重要活动期间信访维稳任务。社会治安持续稳定。“法治毕节”创建六大工程深入实施，“七五”普法宣传教育全面启动，人民调解、社区矫正、安置帮教工作扎实开展，社会治安防控体系更加完善。严厉打击各类违法犯罪活动，严打整治斗争战绩显著，刑事案件下降44%，社会治安形势稳定。“五位一体”特殊人群教育服务基地作用发挥明显，吸毒收戒人员得到有效管控。

安全生产态势良好。深入开展安全隐患大排查、大整治，重特大安全生产事故得到有效遏制，非煤矿山、危险化学品、烟花爆竹等行业领域实现“零事故、零死亡”。非煤矿山存在问题和隐患15项，督促整改15

项，查处非法营运面包车 1 辆，配合区农机局开展农机车辆的年检工作，全年年检车辆 56 辆，年检率为60%，取缔非法无证经营点 2 户，收缴非法经营各种烟花爆竹 13 件，组织执法检查组 225 次，共出动检查人员 107 人次，检查企业和经营户 158 家次（含 8 户烟花爆竹零售经营户），制作整改指令 24 份，现场处理决定 28 份，整改复查意见书 57 份，查处矿山无证开采 2 起（次）。

【政府自身建设】 大力开展作风建设年、环境建设年、项目建设年活动，法治型、廉洁型和服务型政府建设务实推进。一是坚持创新管理，强化服务，着力提高政府效能。积极推进决策科学化民主化，全面实行政务公开，自觉接受镇党委、人大的工作监督、法律监督。支持纪委依法独立履行监督职责，积极支持工、青、妇等人民团体发挥作用，深化政务村务公开，积极推进便民利民服务中心设施建设，围绕“办事更快捷、服务更优质、作风更踏实、行为更规范、群众更满意”的工作目标，优化政务环境，完善服务功能，转变服务方式，简化办事程序，提高服务效率。强化政府危机管理，切实提高应对危机和处置突发公共事件的能力，妥善处置各种灾害和突发公共事件。二是坚持依法用权，倡俭治奢，深入推进党风廉政建设和反腐败工作。认真落实党中央八项规定精神，坚持不懈纠正“四风”，继续严格执行国务院“约法三章”。认真落实“一岗双责”责任制，严格执行廉政准则和领导干部报告个人有关事项制度，大力推行经济责任审计制度，深入开展廉政建设和反腐败斗争，预防和严惩各种违法违纪行为。

三是坚持主动作为，狠抓落实，切实做到勤政为民。经济发展进入新常态，精神面貌要有新状态。广大镇村干部要始终把为人民谋发展增福祉作为最大责任，始终把现代化建设使命扛在肩上，始终把群众冷暖忧乐放在心头，切实履行职责，狠抓贯彻落实，创造性地开展工作。

（撰稿人：党政办）

生机镇

【概述】 生机镇位于七星关区东北部的赤水河畔，地处北纬27°05′~27°56′、东经105°05′~105°55′之间，东与清水铺镇相连、南与亮岩镇相临、西与团结乡接壤，北与四川省叙永县的赤水镇、石坝乡隔河相望，厦蓉高速过境镰刀湾、高流、庆坪三个行政村，镇行政办公中心所在地经林生线上厦蓉高速到七星关区城区 55 分钟车程，经 704 县道离七星关区城区 88 千米；生机镇辖区境内地貌多样，地势东南高西北低，最低海拔 570 米，最高海拔 1930 米，海拔相对高差 1360 米，年平均气温 14°C 左右，年平均降雨量 900 毫米左右，无霜期 230 天左右。辖区总面积 119.8 平方千米，现有耕地面积 30455 亩，其中水田 7750 亩，旱地 24070 亩，森林覆盖率 48%；全镇辖 4 个行政社区、8 个行政村 165 个村民组，2016 年年底，共有 9046 户 40089 人，有苗族、彝族、白族、蒙古族等少数民族居住；辖区内主产玉米、水稻、小麦、洋芋、红苕等粮食作物和烤烟、油菜、西瓜、茶叶、木耳、金针菇、花生、柑橘、桃、李、梨、核桃、板栗等经济作物；矿产资源主要有煤、硫、铁、大理石等。

【持之以恒，提高农业生产水平】 2017 年，我镇加大强农惠农富农政策支持力度，推进农业产业结构调整，促进农业生产效益进一步提升，拓宽农民增收渠道。1. 农业产业结构调整有力推进。2017 年，我镇结合各村优势，充分尊重自然规律和群众意愿，因地制宜，推进农业产业结构调整建设力度，初步形成“一村一品”、具有特色化、观光型的农业产业链，切实为群众创收发力。完成在赤水河沿线的镰刀湾村、高流村、庆坪村、镇江、耿官社区种植柑橘 2000 亩，完成联合社区种植茵红李 1400 亩；完成生机社区种植脆红李 1400 亩；完成庆坪村种植凤凰李 600 亩、蜂糖李 600 亩；完成耿官社区凤凰李种植 1000 亩。成立贵州生机源生态旅游开发公司，着力提升经营管理水平，对全镇农特产品进行统管、统销，实现抱团发展。2. 实施土地确权促进农村农业改革。2017 年 1 月，我镇全面启动“农村土地承包经营权确权登记颁证”工作，历时 12 个月，已完成全镇 8474 户，7.59 万亩土地资料收集、信息录入、入户摸底调查、工作底图制作及现场指界、公示纠错，数据库建立等环节，现已进入复核确认阶段。3. 畜牧业发展服务质量得到加强。扎实抓好辖区内牲畜及家禽检疫注射及监测工作，成立合作社 3 个。扎实做好春、秋疫情防治工作，牲畜及家禽检疫注射 10 万余头（只），各类疫苗注射密度均达 95% 以上，全镇未发生重大疫情，群众餐桌安全得以切实保障。4. “大数据”电子商务发展雏形初现以推动“大数据”建设为载体，大力推进电子商务与实体流通相结合的物流体系，促进线上线下融合发展，目前生机社区镇级农村淘宝服务站 1 个，耿官、峨峰村（居）等农村淘宝服务站 3 个运营良好，为群众搭建了更为便捷的农产品外销和农资购买平台。

【兴利除弊，完善基础设施建设】 2017 年，生机镇全面推进新农村建设，加大交通、小城镇建设、扶贫生态移民、水利等基础设施建设力度，人居环境不断改善，集镇形象大幅提升，投资环境不断优化。1. 公路建设取得突破性进展。(1) 在全镇已全覆盖通村水泥路的基础上再巩固提升，强力推进镇江、庆坪、谢家、大寨、镰刀湾、联合、耿官、峨峰、葛铺、高流、生机等村（社区）通村水泥路共计 66.55 千米；按照“一事一议”方式，共完成“小康路”通组（寨）路硬化 38.1 千米。全面形成“一村多路”的模式，打通全镇大交通格局。

(2) 为大寨村垭口组、田沟组、沟头组，镰刀湾村岩口组，联合社区下堡组，耿官社区张坪组、大坡山组、王家沟组，峨峰小学、峨峰村庙岭组、庆坪瓦房组等争取省交通厅补助 26.9 万元/公里的“组组通”项目 18.03 公里，减少了群众投工投劳的成本，减轻了群众经济负担。(3) 厦蓉高速毕生段如期建成通车，林生互通完成，704 县道生机至杨柳湾公路大修完成，川黔渡改桥镰刀湾渡口改桥工程完成，通镇油路、通村通组水泥路网状交通初步形成。2. 农村危房改造和住房保障。2017 年生机镇农村危房改造 159 户（其中一般农户 23 户，贫困户 136 户），已通过验收 159 户，发放补助资金 424.4 万元，并同步实施改厨、改厕、改圈，保障基本卫生条件，确保实现贫困群众住房有安全保障。同时，2017 年 12 月全面启动“五改”工作前期摸底（即改房、改厕、改厨、改圈、改卫），力争通过新建一批、改造一批、拆除一批、美化一批实现贫困农户住房安全基本保障，农村居住环境整洁有序，切实增强人民群众的获得感和幸福感。3. 小城镇建设持续推进。安装节能照明路灯 450 盏，沿 704 县道（林生互通）、通村公路沿线修建垃圾池 50 个，明确专人负责，落实垃圾车、宣传车等，实施改造政府大院绿化工程，为全镇“五城同创”“四在农家 · 美丽乡村”建设和树立“英雄生机”品牌形象夯实基础。4. 水利基础设施建设得以巩固。(1) 完成小峨峰、罗圈岩、小和平水库除险加固工程并交付使用。(2) 抗旱救灾期间，实施烟水配套维修、镰刀湾村提灌站、镰刀湾卫星大沟末端支渠防渗加固维修、山塘维修等工程。(3) 完成镰刀湾应急引水工程、镇江社区曹家沟组蓄水池建设工程、峨峰村溜沙组饮水安全工程。(4) 完成半坡、葛铺、峨峰、青松、高流、谢家、镇江、天桥等村级小学学校饮水安全工程并投入使用，解决了 1000 余名师生的校园饮水安全。(5) 完成生机镇抗旱应急水源工程，同步推进集镇安全饮水管网安装。5. 扎实夯实基层组织活动阵地建设。按照“七个一”要求，完成镇便民服务中心、政府办公场所、政府机关食堂、生机社区村级活动场所维修，新建生机社区、峨峰村等 8 个村（社区）村级活动阵地 4000 平方米。扎实推进“一核多元”建设，在镇、村两级的服务阵地建设上下功夫。全面升级改造镇便民服务中心和村级便民服务站，添置了电脑、办公桌、接待椅、饮水机、接待桌等一系列的便民设施，为群众提供提供一站式便捷服务、满意服务、温馨服务。整合远程教育建设农家书屋 12 个，共计藏书2.6万册、科技光盘100余盒，发放农村“户户用”文化设施建设工程小型地面卫星接收设备共计2500套，集镇街道所在地实现了数字电视全覆盖，在集镇街道及12个村（居）安装“9.12”音柱46处，做好工会“职工之家”建设，多渠道多方式丰富了群众精神文化生活和了解国家大政方针政策的载体。整合资源，建设完成镇级农民体育健身广场2000平方米；建设完成联合社区村级农民体育健身广场780平方米，安装篮球架、乒乓球台等体育运动设施。

【脚踏实地，推进民生事业全面进步】 1. 精准扶贫工作扎实推进。按照“四个切实”“六个精准”“五个一批”的要求，深入推进大扶贫战略行动，精准识别，精准施策，认真抓好各项扶贫项目、工程实施，全面创新扶贫开发机制，坚持扶贫开发常态化、规范化、制度化，严防返贫。切实抓好贫困户精准识别工作。充分运用“四看法”和收入核算法，组织全镇镇、村干部深入农户开展贫困户精准识别工作，确保应进则进，应退则退，决不落下一户贫困户和一个贫困人口。在识别工作中严格遵守纪律，确保识别工作公平、公正、公开，真正做到工作到位、纪律严明、公开透明、对象精准，为脱贫攻坚筑牢根基。5个贫困村按照发展教育脱贫一批、发展生产脱贫一批、社会保障兜底一批、生态补偿脱贫一批、易地搬迁脱贫一批消贫精神，2017年庆坪、大寨二个贫困村出列，全镇200户990名贫困人口脱贫。全面推进“特惠贷”政策实施，申请“特惠贷”政策扶持贫困户564户，落实放贷900余户，发放贷款约3093.7万元。实施易地扶贫搬迁112户532人；配合做好区级贫困户劳动力培训工作，累计组织495人参加恒大帮扶七星关的吸纳就业培训；抓好镇级培训，累计组织760余人参加镇级培训，其中组织5期农业产业化培训，培训规模为510人，开展4期种养殖培训规模为420人。通过以上几轮培训，我镇已基本实现在家贫困户劳动力全员培训。2. 卫生计生事业稳步推进。卫生计生整合基本完成，农村医疗保健服务体系进一步完善。2017年，全镇城乡居民基本医疗保险实际参保率达95%以上；完成高流、联合、峨峰、耿官、半坡、大寨、段坪、核桃、民丰、坡上、青松、西山、相合、谢家卫生室改扩建维修工程，生机中心卫生院“一甲卫生院”“产科示范卫生院”升级评估达标。牢固树立“以人为本、优质服务”的理念，认真落实“三按月”考核制度，全面提高人口素质，促进人口与经济、社会的协调发展，以实现年度人口目标计划为核心，控制人口无序增长，杜绝政策外出生，实现人口出生率和人口出生自然增长率“双降”目标。建立和完善“依法管理、村民自治、优质服务、政策推动、综合治理”的工作机制，全面推行“双承诺、双诚信”村民管理模式。“双承诺、双诚信”签约率达95%以上，履约率达90%以上。认真抓好全面二孩政策的落实工作，按照新人新办法，老人老办法解决好计划生育家庭奖励与社会保障服务。3. 社会保障体系得到进一步完善。2017年，全镇城乡居民社会养老保险参保率、缴费目标完成率均达100%以上，省抽查正确率达100%，连续排全区第一。全面促进就业服务，开展农村实用技术技能培训达3000余人次，每年均超额完成城镇新增就业任务。低保基本实现“应保尽保、应退尽退”，2017年我镇有1305户2875人纳入农村最低生活保障范围，发放农村低保金648万余元，符合增发补助金特殊困难对象1814人，发放增发补助金共192万余元。纳入城市最低生活保障的共有7户10人，发放城市低保金4万余元，符合增发补助金特殊困难对象3人，发放城低增发补助金0.43万元。2017年，农村低保季节性缺粮户粮食救助审核审批共1204户2460人，发放粮食3.5万公斤。整合利用敬老院资源，“老少共融”工作有效开展。2017年镇政府共投入5万余元。组织开展“敬老月”活动，通过横幅、传单、大喇叭等形式广泛宣传，弘扬“尊敬老人，孝敬父母，共创和谐”的社会主义价值观，为构建和谐生机营造了良好氛围。举办了棋牌比赛，丰富了敬老院老人的业余文化生活。2017年，发放分散五保供养金共64万元，集中五保供养金29万元。结合医疗救助制度，2017年我镇共协助患者上报医疗救助申请39人次，成功申请到医疗救助资金39人，申请到医疗救助资金共22.1万元。成功申请临时救助对象45人，发放临时救助资金共计11.35万元。认真开展急难救助工作，对艾滋病儿童、白血病儿童、家庭遭逢突变的困境儿童和孤儿以及家庭遭逢突变的其他贫困户等急难对象进行了急难救助，共帮助解决急难救助资金8.1万元。新建心晴家园32个，春苗乐园12个，共计约800平方米。开展关爱留守儿童专项行动，全面落实建档立卡，并按要求及时更新数据库，采用“一对一”“一对多”等方式进行结对帮扶，切实抓好“三关爱”对象特别是无人监护、监护情况差的留守儿童、困境儿童及“鳏寡孤独”人员走访慰问帮扶工作。2017年全镇共有留守儿童2704人，其中：享受低保42户63人，纳入重点管理对象6人。认真推进留守儿童风险评估，扎实开展三方监护协议签订工作，所有留守儿童均签订监护协议，开展心理辅导1700余人次。4. 教育事业长足发展。以“办好人民满意的教育”为宗旨，进一步创新管理机制，完善《生机镇教育事业发展规划》。2017年，九年义务教育实现初步均衡，全镇学前教育三年毛入园（班）率达到85%以上，小学入学率达99%以上，初中毛入学率达98%以上，九年义务教育巩固率达103.04%，超额完成“9+3”中职招生任务；农村义务教育阶段学校营养餐计划全覆盖；“普十五”教育工程验收完毕。扎实推进生机镇爱心奖学助学工程建设，2017年申报教育扶贫“雨露计划”26人，获得资助资金13万元；申报“茅台计划”3人，获得资助资金3万元。

【众志成城，推进“和谐生机”建设】 1. 扎实落实安全生产责任制，安全生产稳定向好。认真落实“双线”目标管理和“一岗双责”责任制，深入贯彻落实新《安全生产法》，扎实开展常规与节假日相结合的巡查检查、宣传教育活动，严厉打击违法行为，实现了安全生产零事故的目标。深入开展安全隐患大排查56次224人次、排查隐患792条（其中道路交通隐患308，非煤矿山264条，建筑施工12条，危险化学品48条，消防98条，其他62条），整改792条，整改率达100%。重特大安全生产事故得到有效遏制。非煤矿山、加油站、烟花爆竹等行业领域实现“零事故、零死亡”。启动治理地灾隐患点峨峰村姚家沟组、坡上村长岩组、大寨村插耳岩等3处，防治成效明显。各行业应急预案体系不断完善，防灾减灾救灾能力明显增强。2. 稳步发展保稳定，强化治安促和谐。认真落实“一岗双责”，以群众工作“六强六创”和“法治生机”创建为抓手，深化“六大工程”建设，镇、村、组、机关单位、广大群众等形成合力，实现“社会矛盾化解、社会治理创新、公正廉洁执法”。加大矛盾纠纷排查调处力度，确保“两节”“两会”等重大节假日活动期间社会稳定。全年排查矛盾纠纷和信访问题156件，接待和处理群众来访125批次680人次，办理市、区交办案件33件。有效化解14件信访疑难案件。圆满完成中共十九大、全国“两会”等重要活动期间信访维稳任务，1人被评为全省中共十九大维稳安保工作先进个人，2人被评为全区中共十九大维稳安保工作先进个人。3. 强化民族宗教工作理念，扎实抓好民族宗教和武装群团等工作。充分挖掘民族文化，借此推动乡村旅游发展，举办了毕节千红万紫民族工艺开发有限公司组织的苗族刺绣、蜡染手工艺培训，连续三年于农历正月初三至初五开展了苗族“花山节”活动，多次组织辖区内的少数民族才艺青少年到四川石海、百里杜鹃管理区等地参加民族文化交流演出活动。做好武装、应急处突、保密、档案管理、团委、妇联等工作。通过深入走访调查，摸清全镇宗教活动场所、信教人员基本情况，并及时按要求落实相关工作。4. 加强精神文明建设，推进农村思想政治建设。以“十星级文明户”创建和“和在农家”为载体，以理想信念、民主法治、思想道德、科学文化、家训家风、政策感恩、和美家庭、和睦邻里、和谐农村等9个方面为主要内容，以增强农村群众主体意识、发展意识、法治意识、道德意识为目的，配套实施“七个起来”活动，“十星级文明户”累计挂牌158户，和美家庭评选120户，和睦邻里评选120户，开展“弘扬英雄生机精神”各类活动28场/次。强化开展中心组学习活动，同时充分利用远程教育等资源，加强有关政策理论宣传，扎实开展“百万公众网络学习”活动，累计参加人数6000余人。

【防微杜渐，“廉洁生机”建设】 1. 贯彻落实党风廉政建设责任制，政府自身建设不断加强。不断深化开展党的群众路线教育实践活动，2017年全镇党员干部共参加学习教育和实践活动1.5万余人次。以抓好落实“两个责任”为解决民生问题的出发点和落脚点，以治庸提能、治懒增效、治散正气、治贪正纪为抓手，以严肃的态度、严格的标准、严明的纪律狠抓落实，强力推进“四风”突出问题专项整治，深化党风廉政建设责任制落实。制定、完善了《生机镇党风廉政建设责任制追究制度》《生机镇关于推行“一岗双责”强化领导干部责任意识的实施方案》《生机镇关于进一步改进村干部作风、提高服务效率的工作方案》《生机镇镇村干部便民服务中心值班制度》等，并要求从党政班子成员到各站所室、到各村，逐级层层签订党风廉政建设责任书、“签字背书”责任书，进一步促进执纪问责，营造风清气正的发展氛围。2. 强化推进政府效能提升，扎实服务群众“最后一公里”。加强镇级便民服务中心、村级便民服务站建设，不断完善服务功能，切实转变服务方式，简化办事程序，提高服务效率。坚持科级领导、中层干部、驻村干部、村干部承诺服务和村民组长记件代办服务等相结合的方式，进一步转变职能、改进作风，切实落实“马上就办”的工作要求，强化服务理念，增强服务意识，真正实现服务群众“最后一公里”，夯实群众工作基础，用干部的辛苦指数换取群众的幸福指数。每年共接待、服务群众达1万余人次，代办和办理各类事项达万余件，及时调解各类矛盾纠纷，累计开展干部群众警示教育活动1.2万余人次。3. 多举措抓监督，让权力在阳光下运行。一是创新基层廉政服务建设，拓展民生“末梢”监督，以警示教育为基础，以融合监督与服务为抓手，从加强警示教育和服务群众两个方面下功夫，形成监督服务并举、警示惩戒共存的工作模式。通过创建“廉政教育服务中心”，开展“八个一”建设为载体，进一步强化廉政建设，用心打造廉政生机，为预防农村党员干部职务犯罪发挥了很好的警示教育作用。二是切实履行“一岗双责”，强化政府系统党风廉政工作。全力推进依法行政，加快完善依法决策、科学决策、民主决策机制，自觉接受人大监督、民主监督和社会各界的广泛监督。狠抓民生项目、民生工程、民生物资、民生资金监督管理，狠抓“四风”整治，强化执行监督问责，坚决制止铺张浪费和奢靡之风，“三公”经费支出逐步下降。依托“民生铸廉行动”，大力推进政务公开，编制政府权力运行清单和责任清单，并向社会公布，接受社会监督，使大道至简，有权不可任性真正在阳光下运行。对全镇林业、危房改造、沼气池建设、民政救济救助、低保评定及农村电网改造、农村安全饮水等群众关心的民生领域进行监督检查。2017年生机镇共收到的信访及线索举报16起，完成立案12起，结案8起，移送审理4起。其中民生领域案件10起，完成年初的目标任务。2017年因违反中央八项规定立案查处2起，党纪处分2人；2017年违规滥办酒席立案2起，党纪处分2人。2017年对生机镇干部职工开展个人约谈15人次，其中预防提醒谈话10人，诫勉1人，问责谈话4人。集体约谈2次245余人。三是强化舆论宣传引导，营造风清气正氛围。畅通信访举报途径，适时进行监督。设立了民生信访举报服务站，同时在12个行政村分别挂牌设立村级民生监督服务室，张贴民生工作监督牌，随时接待群众来电来访，并及时进行核查处理。在各村聘用村级民生监督员，参与村“两委”会议，研究民生问题，负责对村级开展的民生工程进行适时监督。同时，还聘请36名中学生参加义务宣传队，充分发挥群团组织宣传阵地作用，先后开展民生政策宣传20余场次，让群众适时了解民生工程情况。制作、张贴治理违规操办酒席宣传标语30幅，镇村干部、学校教师等共签订承诺书400余份，村民签订承诺书8000余份，滥办酒席之风得到有效遏制。

（撰稿人：段聪 苏寒 罗兴龙）

团结彝族苗族乡

【产业经济】 为推动农业产业结构调整工作取得实效，全乡共订购地膜6000斤，发放早熟马铃薯种子105吨，板栗苗12万珠，李子苗15万株，威芋5号马铃薯种子202吨，辣椒种子60公斤。多方筹措资金，从苗木、地膜、种子等方面，对群众给予适当补助，充分调动广大群众参与农业产业结构调整的积极性，并积极协调上级部门拨付恒大帮扶蔬菜产业项目扶贫产业子基金200万元。在新田村打造1000亩辣椒产业书记示范样板点，采用“村社一体”的运作模式，总投资500万余元，集中连片种植辣椒1000亩、套种儿菜500亩，由区农牧局果蔬站站长丁洁担任技术指导；并结合“三变”的资产收益扶贫模式不断引导农户以土地和劳动力入股，签订入股协议，现与合作社关联的受益农户有113户538人（其中贫困户32户181人），2017年辣椒收成期间直接带动65人就业；而且2018年套种的蔬菜儿菜移栽已完成，正准备育辣椒秧苗。在营坪村打造1000亩脆红李乡长示范样板点，实际完成1100亩种植，采用公司+合作社+农户的运作模式，与合作社关联的受益农户有120户490人（其中贫困户34户198人），由区林业局石漠化中心主任张庆担任技术指导，该项目计划开挖毛路3公里，现完成建设1公里，挂牌管理和图斑绘制均已完成，由合作社联系公司保底收购。在青龙村打造1000亩脆红李副书记示范样板点，目前已全部完成种植，采用公司+合作社+农户的运作模式，现与合作社关联的受益农户有240户950人（其中贫困户57户210人），由区林业局石漠化中心主任张庆担任技术指导，挂牌管理和图斑绘制均已完成，由合作社联系公司保底收够。在青林村打造600亩早熟马铃薯、柱中村打造1000亩板栗为分管领导示范样板点，采用公司+合作社+农户的运作模式，与柱中村合作社关联的受益农户有234户400人（其中贫困户27户142人），与青林村合作社关联的贫困户有68户274人，600亩早熟马铃薯种植由区农牧局果蔬站站长丁洁担任技术指导、区林业局石漠化中心主任张庆担任柱中村板栗栽培技术指导；现柱中村1000亩板栗全面种植结束，青林村600亩早熟马铃薯即将上市销售，早熟马铃薯收成后将种植辣椒500亩，甜瓜500亩，挂牌管理和图斑绘制均已完成。

【新时代农民讲习所】 乡党委、政府高度重视讲习场地规范化建设，依托便民服务中心和各村活动场所挂牌成立了团结乡“新时代农民讲习所”和13个村级讲习所，并在易地扶贫搬迁集中安置点草坝村高石桩特别设立“新时代农民讲习所”1个，做到统一挂牌，配齐办公设施；抽调15名政治素质好、工作能力强的乡、村干部组建工作机构，认真收集整理讲习计划、讲习内容、讲习评议、活动图片等有关资料，加强业务指导，强化档案管理，提升讲习标准。2017年依托新时代农民讲习所开展农业产业结构调整及各类农耕知识讲习13次，组织辣椒、板栗栽培技术现场培训5次，召开群众会30次，参加群众达2000余人。为落实农业产业结构调整，截至目前全乡完成土地整理12000亩。

【贯彻落实中央、省委的大政方针以及市委、区委的工作部署】 2017年多次组织学习贯彻中共十九大会议精神，以习近平系列重要讲话武装自己，始终保持专注发展转型发展战略定力，结合本地实际，进一步把各方面工作抓细抓实抓具体，做到稳增长、稳预期、稳就业、稳环境，做到经济发展要进、创新驱动要进、区域发展要进、改革开放要进、脱贫攻坚要进，努力开创各项工作新局面。

【廉政党风建设】 乡党委先后4次召开研究落实党风廉政

建设会议，制定下发有关党风廉政建设文件4份，对党风廉政建设重大问题批示6件，深入各党支部调研党风廉政建设工作15次，有效解决党风廉政建设中的重点、难点问题，深入推进全乡反腐倡廉工作。本年度，乡纪委通过督查、上级转办或直接承办群众反映问题共12件。通过核查，6件立案调查，结案5件，5人受到党纪处分。2017年以来开展集体约谈2次。

【规范村级服务阵地建设】 2017年新建7个村村级阵地现已全部完工，目前有办公设备的有青杠村和营坪村，无办公设备有5个团结村、银山村、海戛村、安山村、新田村，现正协调各级各部门捐助办公用品准备投入使用。该乡党委始终把村党支部建设作为一项基础工作来抓，切实发挥基层党组织的战斗堡垒作用。2017年8月以来，充分利用乡党员和13个基层党组织；成立党总支2个（团结村党总支、草坝村党总支），党支部15个，党小组48个。

【脱贫攻坚工作】 2017年来，团结乡始终坚持以中共十八届五中全会、十九大、中央扶贫开发工作会议、习近平系列重要讲话和对毕节试验区的重要指示、省委十一届六次全会、全省扶贫开发大会、落实大扶贫战略行动推进大会、市委一届七次和八次全会、区委二届二次会议、区委扶贫攻坚工作会议精神为指导，紧紧围绕“四个全面”战略布局，牢固树立“创新、协调、绿色、开放、共享”的发展理念，以“决战贫困、提速赶超、同步小康”为统领，按照《毕节市扶贫攻坚行动计划（2015－2018）》《毕节市2017年脱贫攻坚工作方案》《七星关区2017年脱贫攻坚工作方案》有关要求，深入实施“大扶贫”战略行动，始终把脱贫攻坚作为统揽经济社会发展全局的头等大事和第一民生工程，取得一定成效。2017年新增1个贫困村（团结村）出列，930人农村贫困人口脱贫。1. 贫困户脱贫。实现“一达标两不愁三保障”的基础上，满足贫困户“四有五覆盖”标准。在以贫困户年人均可支配收入稳定超过当年国家贫困标准的基础上，运用“四看法”进行比照，按照“缺什么补什么”的原则，达到“四有五覆盖”标准。现已达到有安全饮水、安全用电、安全住房和就业技能，实现入户路和院坝硬化全覆盖、农村社会养老保险全覆盖、农村合作医疗及医疗救助全覆盖、教育资助政策全覆盖、拥有1项以上增收产业全覆盖（或有固定资产等投资收益、龙头企业或专业合作社联结带动）。2. 贯彻落实贫困村出列“五通四有”标准。贫困发生率原则上下降到3%以内，达到“五通四有”标准。现已有村村通水泥路（沥青路）、通客运、通宽带及电话，组组通公路及连户硬化便道，自然村通生产用电；有美丽乡村创建点覆盖，有达标合格的村卫生室和医生或执业（助理）医生，有村文化活动室和文化信息员，有不低于3万元的集体经济积累收入。

（撰稿人：聂建市）

鸭池镇

【概述】 鸭池镇地处毕节市城郊，距市中心7公里，镇域面积91.1平方公里，东临梨树镇，南接岔河镇、朱昌镇，西北连千溪乡、碧阳办事处，北抵海子街镇。全镇共26个行政社区224个社区民组，居住着汉、彝、白、苗等民族14432户63881人。境内远航七星万象城、万丰国际商贸城、创美农副产品批发市场，黔西北电子农副产品销售物流园，贵州烟叶复考有限责任公司、三联学校、弘文学校、育才学校等多家企业、学校星罗棋布。十八河、倒天河横贯全镇，是发展农业的好地方。

【党的建设】 一是认真开展基层党组织优化设置，新成立片区党委1个，社区党委2个，社区党总支6个，在村组上建立的党支部18个；收缴上交党费83313.5元，发展党员14名，转正10人；完成后进社区党组织整顿1个，新建村级服务阵地9个，改扩建1个。二是建成“新时代农民讲习所”28个，讲习基地2个，讲习队伍120余人，集中讲习110余次，3000余人次参加。三是在南箐片区通过广电网络试点运行新时代云上讲习所平台，菜单式点播讲习节目，发放6期讲习光盘900余张，实现在家就能听讲习。

【脱贫工作】 一是脱贫精准。2017年脱贫74户303人，贫困发生率下降到1.76%。二是识别精准。新识别贫困户34户135人，返贫12户54人，清理228户849人。三是教育帮扶精准。通过雨露计划帮扶94人，发放资金42.4万元。四是项目实施精准。通过以奖代补、入股分红等落实中央财政专项扶贫资金135万元。实施“特惠贷”520户，发放贷款1749.11万元。新建人畜安全饮水水池75立方米，铺设管道4800米。新建总投资1000万元的饮水巩固提升工程。解决316户1486人的安全用电问题及8个社区三相动力电问题，全镇三相动力电覆盖率达95%以上。

【安全工作】 一是大力开展生态环境保护专项整治行动。加大生态环境保护力度，整改完成中央环保督查组转办的环保案件9件；自查整改完成生态环境污染案件39件，其中纳入长期治理16件。二是扎实开展整脏治乱工作。全年投入60万元，作为整脏治乱专项工作经费，确保经费保障到位；聘请了32名卫生保洁人员、4名交通协管，确保人员保障到位；投入16.2万元购置垃圾箱，目前垃圾箱有70余个，垃圾池有50余个，垃圾清运车辆3辆，确保设施保障到位；全年清理摊位占道经营856起、乱堆乱放653起、乱搭乱建362起，残标325起，整治车辆乱停乱放1258起，确保联合整治到位；明确职责，落实责任追究和处罚办法，确保责任追究落实到位。三是大力开展矛盾纠纷大排查大整治活动。共排查各类矛盾纠纷起140起，调解成功136起，调解成功率97.1%；排查化解倾向性上访苗头12起；排查不稳定因素12起，对64名重点上访人员实行包保稳控；接待群众来信来访340批1567人；信访积案89件，成功化解74件，化解率86.15%。四是深入抓好“两园”建设。共建成投入使用25个“春苗乐园（其中依托幼儿园建设“春苗乐园”1个），96个“心晴家园”，投入15万元购置书柜、桌椅、玩具，配备图书2800册，招募“童伴妈妈”121人，签订入园安全协议500余份。向未成年人监护人发放“未成年人保护倡议书”“宣传手册”等宣传资料1693份。张贴“关爱儿童成长”贴画1600多张，营造浓厚的关爱氛围。五是加大安全生产工作力度。认真落实“一岗双责”“两个主体责任”的规定。排查出非煤矿山企业（赛德水泥厂）安全隐患5条，闭合隐患5条。对全镇5家加油站和19家烟花爆竹经营店及其他企事业单位进行联合检查组40余次，查处整改安全隐患123条。对辖区内2个地灾点进行监测，落实地灾监测员责任，开展了地灾应急演练，共计开展地灾巡查88次，确保了地灾点21户59人安全。加强校园安全监管，排查整改校园消防隐患21条、食品安全隐患3条。六是服务好项目建设。认真抓好毕节站、毕节西站、毕纳路改扩建、碧阳二道改扩建等16家落地项目的征地拆迁和保障服务工作，大力推进棚户区改造，2017年共完成项目征地0.38万亩，拆迁1200余户2.5万平方米。加大对违章建筑的巡查打击力度，有效稳控违法建筑蔓延势头，2017年共成功拆除违法建筑1.43万平方米，为国家挽回经济损失4000余万元。

【社会发展】 一是抓好人口管理的经常性工作。常住人口符合政策生育率为88.63%；长效避孕节育措施任务272例，落实率达100%；免费孕前优生健康检查目标人群190对，覆盖率达100%；妇科病普查任务数1960人，完成1822人，普查率为92.95%。二是卫生工作健康发展。一年来，基本公共卫生服务项目健康档案建档率均达100%以上，“五苗”综合接种率均达88.72%，孕产妇住院分娩率均达100%。2017年全镇参合53150人，常住人口的参合率为100.1%，截至目前为止，共有7322人次获得住院补偿报销2072.07万元，35986人次获得门诊补助131.38万元。人均住院补偿报销达2829.29元。三是教育工作稳中有进。投资7.6万元完成头步小学教室及门卫室美化；投资20万元对南箐小学教学楼立面进行改造；投资25万元对中心幼儿园室内外改造美化；投资90万元建设石桥小学配套基础设施等。义务教育均衡发展，三年毛入园率为86.42%，九年义务教育巩固率为121.63%，“三残”儿童少年入学率为91.67%，高中阶段毛入学率为89.35%，全镇学年内小学、初中年辍学率分别为0.04%和0.29%。四是民政工作有效实施。全镇享受城乡低保共计1167户2407人，共计发放低保资金702.3万元。全年发放农村低保缺粮户救助粮2.5万公斤、冬春救助粮1.2万公斤和冬春救助资金20万元。五保供养93名人，发放五保供养资金30万元。为全镇1124位老人发放高龄补贴59.2万元。全镇共有83名困境儿童享受每人每月100元的生活补助。大病救助126人，发放救助资金79万余元；临时救助30人，发放资金12万余元。为残疾军人、复退军人和“三属”人员等296名优抚对象发放生活补助资金共170万余元。

（撰稿人：办公室）

朱昌镇

【概述】 朱昌镇位于毕节市区西南，距市区13公里。东与金海湖新区接壤，南与纳雍县相邻。境内地形地貌类型多样，大部分地区属高原丘陵、高原高山地带，西南部与全区最高山脉——乌箐大山相连，南部紧靠梅花箐梁子，西北部与沙垮梁子相依，境内溪沟、槽谷、坝地纵横交错，最高海拔打磨冲梁子2177.3米，最低海拔哈啷村罗家寨1490米，相对高差687.3米，一般海拔为1600—1800米，地势由西南向东北方向倾斜，耕地主要分布在槽子、坝地和斜坡地带。全镇坡耕地面积3.74万亩，梯坪地2.1万亩，气候条件优越，森林覆盖率33.7%，朱昌镇属亚热带气候，年均温12.5℃，最热月（7月）平均气温22.0℃，最冷月（1月）平均气温2.3℃。极端最高温32.8℃，极端最低温－9.5℃，≥10℃，年积温3689℃，年降水量987.4毫米，无霜期246天，年辐射量90.42千卡/平方厘米，年日照时数1340.3小时，主要灾害性天气有旱灾、暴雨、冰雹、倒春寒、秋风秋雨、低温等，其中冰雹、干旱、低温对农作物危害最大。土地资源丰富，宜种作物广泛，农业基础条件好，人文资源丰厚，对发展生态农业和生态旅游观光极其有利。全镇现有14个村，146个村民组，12731户，53955人，农业人口30981人，居住有汉、彝、苗、白、布依等民族。全镇基础设施教为完善，水、电、路、讯设施完备，水资源丰富，草炭资源储量大、主要分布在朱昌盆地的双堰村和宋伍村。全镇人饮工程基本完成，已启动全面提升打造；10千伏高压输电和220伏低压输电网络覆盖全镇146个村民组；毕纳路横贯全境，G246国道建设稳步推进，杭瑞高速公路在朱昌下匝，全镇通村路长102.3公里，全镇绝大部分通组路实现水泥路硬化，镇域交通体系四通八达，通讯设施完善。

2017年是全面落实“十三五”规划的关键一年，是认真贯彻落实党十八大、十八届历次全会和十九大精神、特别是习近平参加贵州省代表团讨论时的重要讲话精神，全面决战决胜贫困的关键之年。朱昌镇牢牢把握全面从严治党的总要求，按照区委、区政府的决策和部署，围绕“生态立镇，农旅兴镇，和谐安镇，教育强镇”的发展思路，立足“一园多区多点”的发展布局，着力建设“园在景中、景在园中”的新朱昌。2017年镇域经济发展成效明显，人民收入稳步增长。2017年我镇人均纯收入达到9910元，同比增长10.9%；全镇金融机构存款达到4.2亿元，贷款2.7 亿元。完成固定资产投资2亿元，建成了村级服务阵地10个、有机肥加工厂和七星关区特色食品产业园区等多个项目建设。招商引资签约资金2.8亿元，到位资金2.2亿元。在全区2017年度工作目标考核中荣获一等奖，成功创建“国家卫生乡镇”。

【党建】 党组织建设得到强化，稳步推进大党建促进大扶贫。充分发挥大党建的统领作用，厚植党的执政基础，强化党建示范引领作用。一、新时代农民讲习所战斗堡垒得到巩固。扎实开展农村基层党组织设置改革，设置村级党委1个、村级党总支7个、村级党支部6个，自然村寨（村民组）党支部74个，产业合作社支部5个，园区企业联合党支部1个，党小组23个。形成了党委（党总支）联党支部、党支部连党小组、党员连农户的组织机制，有效发挥了村级党组织的积极作用，有力推动了农村改革发展。全镇建立了“新时代农民讲习所”18个，其中镇级1个、村（社区）级14个、产业链上3个，同时还建成了“朱昌现代高效农业示范园区新时代农民脱贫攻坚讲习实训基地”。二、党组织凝聚力和战斗力全面提高。强化党员干部学习制度建设，确保党员干部思想行动始终与党中央保持高度一致，强化教育培训，先后组织推荐村支书、村主任到平坝区塘约村和大方恒大考察学习，着力消灭“空壳村”，结合自身实际，掀起向塘约学习的热潮，宋伍村、八亩、螺蛳村等先后组织成立了“村社一体”的专业合作社14个，在发展壮大村集体经济的同时带领贫困户走实脱贫道路；同时切实加强阵地建设，新建村级服务阵地9个，改扩建1个，已全面建成入住10个面积500平方米的村级服务阵地。三、凝聚决战决胜贫困正能量。全镇共深入群众开展脱贫攻坚讲习210场次，覆盖10000余人次。将低保核查、扶贫政策宣传的会议开到群众家门口，冉霞副市长到小屯村黄家院子组织召开两会精神宣讲会；深化文明建设，以“五城同创”为契机，充分利用高炮、刷墙等媒介和赶场天塞起来的方式，提升了群众的知晓率和参与度，营造了弘扬社会主义核心价值观的浓厚氛围，通过讲习，全镇干部群众聚力脱贫攻坚的精气神得到很大提升，贫困群众的思想观念得到明显转变，脱贫致富能力得到有效增强。

四、村支两委自身建设不断加强。在选齐配强村支两委班子的同时，扎实推进“两学一做”学习教育规范化制度化开展，“1+N工作模式”得到巩固，号召各村积极参与“规范·示范·典范”村（社区）的创建申报工作，其中，双堰村通过示范村验收，推动文明村镇创建工作。五、干部职工作风大整顿持续推进。在“五一”劳动节、国庆等节后上班第一天分别对朱昌政府、法庭、市场监管局朱昌分局、卫生院、朱昌中学、朱昌小学、教育管理中心、小屯小学等单位及部门开展纪律作风明察暗访工作，并将不正常上班的单位及干部职工情况上报区纪委；开年来完成信访案件查办11件（区纪委转办的2件），其中6件作信访结案，4件已立案查处；2017年以来共约谈4人，使用教育谈话室4次；2017年以来纪律审查共立案4件，其中民生领域3件。六、党风廉政建设“两个责任”得到落实。党委统筹安排，班子成员率先垂范，落实党风廉政建设党委主体责任，纪委监督责任，开展廉政春联进万家活动，认真贯彻学习省纪委夏红民书记在朱昌调研时的指示精神，民生监督工作要着重突出“护民生、促脱贫”这个主题，通过强化“监督再监督”“检查再检查”，严肃查处损害群众利益的不正之风和腐败问题，有效督促惠民政策落实，切实维护人民群众切身利益，不断提高人民群众满意度和获得感。

【扶贫】 将脱贫攻坚作为全镇中心工作，按照“扶持谁、谁来扶、怎么扶、如何退”的工作思路，密切联系“春季攻势”“夏季大比武”和“秋季攻势”脱贫攻坚活动主题，扎实开展精准扶贫工作。2017年脱贫147户、672人，五个贫困村出列，全镇贫困发生率从年初的5.6%下降到2.8%。

一、强化扶贫队伍建设，确保扶贫精准。强化干部职工、村级党组织书记（含第一书记）、农村致富带头人“三支队伍”建设，同时借助“两学一做”等活动充分发挥党员的先进模范作用，加强联合“工青妇”以及社会各界，不断强化脱贫第一线的核心力量，形成合力扶贫的氛围。自2月6日全区“113攻坚战”会议之后，党委政府结合朱昌实际，拟定了“五个一”扶贫工作法。目前发动全镇810名党员、75名干部职工、23家入驻企业以及镇级扶贫先锋队，实现了建档立卡贫困人口帮扶责任人全覆盖。二、化整为零，精准施策。紧紧围绕“五个一”工作法，针对建档立卡贫困户致贫原因及实际生活情况精准施策，以“八个一批”为抓手，以达到精准脱贫的目的。引导就业一批。通过辖区企业、招募扶贫志愿者和恒大就业培训共解决103人就业。发展产业带动一批。通过动员贫困户参与其中的方式，启动了10000亩蔬菜种植。企业（合作社）带动一批。59户贫困户利用特惠贷贷款2万元入股到鸿达农牧业，年底按照15%的保底分红；兴泰达合作社带动贫困户10户养殖能繁母猪；青杠村、螺蛳村、伍坪村、宋伍村、山脚村通过产业结构调整带动112户贫困户。教育资助一批。2017年全镇教育资助514人次。医疗扶助一批。2017年全镇获得医疗救助贫困户共41人，救助资金总额为20.99万元。为43户贫困户申请医疗扶助，扶助资金总额为82.4万元。易地扶贫搬迁安置一批。2017年全镇计划搬迁的4户16人及2018年计划搬迁的5户25人，待白杨林集中安置点建成后，我镇将会组织搬迁贫困户及时入住。生态补偿一批。生态护林员、道路养护等方式解决42名贫困人口就业。社会保障兜底一批。对建档立卡贫困户中的鳏寡孤独、无劳动力等无法脱贫的232户453人纳入社会保障兜底。三、夯实基础设施建设，补齐脱贫短板。极力推进危房改造及“三改”工作。2017年朱昌镇共实施贫困户危房改造133户，实施三改134户。2017年完成一期电网升级改造后，偏远村寨用电困难情况得到极大改善。通村通组路实现全覆盖。四、强化政策宣传解读，千方百计提高群众满意度。明确在安排部署精准扶贫工作时，对全镇干部提出新的要求：所有帮扶干部必须做到遍访村民组、走访贫困户，带着群众最关切的问题走访，以干部的辛苦指数换取群众的幸福指数。我镇将精准扶贫政策和涉农政策汇编成册，并多次组织干部集中学习，以确保干部在走访过程中能及时给群众讲解政策，给群众答疑，从而达到提高群众政策知晓率、降低错评率、漏评率和错退率的目的，杜绝该进不进、该退不退情况的发生，在让贫困户对帮扶工作满意的同时，也提高非贫困户的满意度。

【社会治理】 居安思危，坚持“打防结合、预防为主”，确保人民群众生命财产安全；坚决打击各类邪教活动，加大对违法犯罪的打击力度，做好刑满释放人员帮教、管理和就业安置。进一步强化道路交通、烟花爆竹、森林防火、非煤矿山等领域的专项整治。以安全稳定为保障，推动经济社会健康发展。加强社会管理创新，有效防控风险，维护社会稳定，为经济社会发展营造良好环境，激活发展动力，打造和谐稳定平安新朱昌。一、牢固树立了“安全第一”的思想。突出重点，积极抓好安全专项整治，不留死角，落实到企业，落实到个人，确保安全生产目标的实现。在国家节假日及重要活动期间，安监站、派出所组织有关部门人员对辖区内重点部位、重点企业进行多次安全大检查，对整治热点问题，事故隐患大的问题，通过开展专项整治，落实整改措施，杜绝安全事故的发生。实行24小时值班制度，保证有一名领导在岗带班，值班人员坚守岗位，尽职尽责，重大问题及时报告并及时妥善处理。二、确保了工作推进高标准。2017年接收社区矫正人员5名，解除14人，社区矫正人员中正常死亡1人，居住地变更1人，现司法所共管有社区矫正人员12人。三、社会保障不断增强。2017年全镇城乡居民养老保险参保率达95.6%、城镇新增就业达412人；2017年合医参保率达105%，已完成2018年合医收缴100%的目标任务；高龄补助和特困供养金如期发放；农村低保实现应保尽保，2017年低保户1395户2865人；特困供养96户102人，其中分散供养户73户79人，集中供养23户23人；解决临时救助39户39人，发放救助资金23000元；留守儿童关爱实现全覆盖。四、民生福祉不断改善。启动实施通村路硬化3.2公里，通组路硬化17.5公里，联户路硬化13.44公里；启动134户危房改造工作，确保贫困户有安全保障住房，配套完成“三改”工作。五、信访问题处理及时有效。重点人员全部按照“一人一专班”落实稳控责任，特别是“两会”、国庆、“十九大”期间没有出现因问题处理不及时不到位引发群众越级到市、赴省、进京上访、非访。

【经济社会】 合拍共鸣，“大发展”不断巩固，按照“一园多区多点”的布局，着力补齐园区短板，提升园区形象，建设“园在景中、景在园中”的新朱昌，园区景观化、农旅一体化进程有序推进，毕节城区“后花园”正逐步形成。一、农业农村工作有序推进。实施高速公路通道绿化1600亩，完成粮食种植2.6万亩；培训新型农民工1500多人；玉米育苗移栽达1.12万亩，实施粮食增产工程1.3万亩；完成退耕还林2500亩的经果林种植；各种蔬菜种植共1.65万亩，优质辣椒种植900余亩；马铃薯栽培计划种植14300亩，其中星丰公司实施早熟马铃薯种植168亩已全部出售；猪存栏21157头，牛存栏6280头，羊存栏2810只，家禽存栏52万羽。根据上级安排，组织公安、交警在高速收费站进行H7N9防控，共检查车辆1533辆，查扣或劝返车辆145辆，各类家禽近10000羽。启动白泥村、王家冲村、宋伍村农村环境综合整治项目建设，项目新建污水处理设施3套（人工湿地系统3套），处理能力共129m/d，铺设污水收集管网6818m，购置移动式垃圾箱11个，垃圾清运车1辆，垃圾收集车一辆，受益人口约6969人。二、重大项目建设持续快速推进。完成毕节市特色食品产业园建设工程和垃圾中转站建设工程；完成300亩盆景园建设；完成朱昌老街道路硬化；完成王家冲、白泥人居环境综合治理工程，启动双堰、小屯人居环境改善工程；实现通村、通组路全覆盖；加快G246国道改扩建房屋征拆等工作全面协调推进；10万吨有机肥加工厂建成投入使用；青杠村群众以土地入股打造区级2000亩中草药种植样板，伍坪村连片种植辣椒1000亩，山脚村连片种植花椒500亩、白茶500亩、冬荪和天麻1000亩，螺蛳村种植南瓜1500亩，王家冲社区种植冬桃500亩等项目建设有序推进。三、固定资产投资稳步推进，营商环境不断优化。全年固定资产投资入库七个，分别是：朱昌镇高标准基本农田建设项目、朱昌镇300亩花卉基地建设项目、朱昌镇村级服务阵地建设项目，朱昌镇特色食品产业园建设项目，累计投入2.1亿元。全年实现招商引资落地项目4个，累计资金达2.68亿元。

【教育】 教育事业快速发展，入学率85.44%，义务教育巩固率达到86.36%，小学辍学率为0.28%、初中辍学率1.33%；朱昌二中在2017年中考成绩名列全区乡镇中学第一名。朱昌中学与毕节民中合作办学项目已达成一致合作。完工建成花厂幼儿园项目，2018年春季开园招生。

【文化】 文化事业不断加强，推动综合文化中心建设，投资170万元启动实施朱昌镇综合文化服务中心建设项目，主体施工结束，建筑面积500平方米。

【卫计】 认真贯彻落实全面二孩政策，改革完善计划生育服务管理，全面提升管理服务水平，扎实开展“三按月”绩效管理工作，强力夯实人口计生工作基础。

【现代农业】 充分发挥省“5个100”工程项目之一现代高效农业园区优势，着力补齐园区短板，提升了园区形象，不断创新探索农业+旅游的合作模式，重点加强园区外围的发展。随着“园区景观化、农旅一体化”进程的持续推进，全年园区共接待省内外党政考察50多批次，毕节城市“后花园正”逐步成型。2017年存栏蛋鸡达77万羽、存栏生猪共10000余头。

【产业结构调整】 朱昌镇以“大产业”助推“大扶贫”“大发展”，围绕乡村振兴、产业兴旺，着力调减玉米种植。学习借鉴塘约经验，以全市2017年“秋冬种”农业产业结构调整为契机，抢抓机遇，积极谋划，坚持以蔬菜为核心产业优先发展的原则，协调推进中药材、茶叶种植，力争朱昌镇在全区脱贫攻坚战中走前列、做表率、树标杆。构建“朱昌蔬菜”特色产业化发展格局，实现毕节人吃毕节菜，为坚决打赢“产业扶贫”这场输不起的硬仗奠定了坚实基础。

一、突出主导，优化产业布局规划，切实推动产业规模化、产业化、标准化建设，因地制宜做大、做优、做强优势蔬菜这一核心主导产业，大力发展蔬菜种植，结合实际配套发展中药材、白茶、南瓜、辣椒等产业。1. 10000亩有机蔬菜种植。与贵州天保生态农业科技发展有限公司和贵州乌蒙电子商务科技有限公司两家公司分别签订了5000亩蔬菜种植协议。在杭瑞高速公路、G246国道、211省道沿线，集镇周边平整地块、水源丰富的地块种植大白菜、萝卜、芹菜、豌豆等春夏秋有机蔬菜10000亩。2. 1500亩南瓜种植。由螺蛳村村社一体的合作社负责与南瓜经销商签订合作协议，在G246国道沿线（螺蛳村）种植南瓜1500亩。3. 1000亩辣椒种植。由伍坪村村合作社与四川古蔺东懋农业发展有限公司签订合作协议，在伍坪村、王家冲村种植辣椒1000亩。4. 2000亩中药材种植。由青杠村村社一体的合作社与毕节市新春天大药房有限公司签订合作协议。在青岗村种植中药材2000亩。5. 4500亩经济作物种植。在花厂村和山脚村种植白茶2000亩；在山脚村种植花椒500亩、冬荪和天麻1000亩；在王家冲社区种植冬桃1000亩。二、探索创新，细化利益联结机制，在充分学习借鉴塘约经验的基础上，一改产业发展中“垒大户”的做法，切实推动农户利益最大化，实现多轮分行的同时，村集体经济得到发展。1. 10000亩有机蔬菜种植。项目采取“公司＋村社一体合作社＋农户”的模式，由公司将项目涉及的土地按照当地土地流转市场标准统一流转到公司，公司根据种植计划将土地反包给农户，由村合作社统筹协调农户按照要求种植，公司统一销售。一是土地入股保底分红。即土地流转金入股实现分红。根据所流转地块的等级和区域，由甲方组织村合作社和乙方现场议定价格（土地流转金额）。若流转金需要及时领取结算的，按照议定价格结算给农户；若流转金在年底结算的，可享受土地入股保底分红（土地入股保底分红＝土地流转金额×5%），农户实际领取金额＝土地流转金额＋土地入股保底分红。二是劳动力入股分红。即务工工资入股实现分红。由乙方及有关技术人员根据不同品种需要的用工量核定用工数量，按照当地普通劳动力用工标准核定用工单价。若需要及时结算用工工资（用工工资＝用工数量×用工单价）的，乙方按照结算标准据实结算给农户；若农户在每一季蔬菜上市后结算用工工资的，可享受劳动力入股分红（劳动力入股分红＝用工工资×5%），农户实际领取金额＝用工工资＋劳动力入股分红。三是反包定产分红。即反包经营销售分红。本着倡导多劳多得、鼓励有劳动力的农户（特别是贫困户及种植大户）向乙方反包土地经营，同时，乙方按照平均亩产制定产量标准。若农户达到定产标准，且参与劳动力入股（未参与劳动力入股的农户不享受反包定产分红）可享受反包定产分红（反包定产分红＝农户所反包土地种植蔬菜批发销售总额×5%）；若农户达不到定产标准，不论是否参与劳动力入股均不享受反包定产分红。四是创新社会管理工作基金。为切实推进社会管理，促进社会和谐稳定，乙方须将按照销售总额（按照种植季核算）的1‰的标准提供创新社会管理工作基金，直接划拨各村，可用于为“两园”童伴妈妈和无职党员提供适当物质补助，接受乙方和社会监督。五是壮大村集体收益。为切实发展壮大各村村集体经济，乙方须将各村实施项目销售总额（按照种植季核算）的5‰（其中）作为各村村集体经济，各村村社一体的合作社负责按照甲方要求完成指定任务。2. 1500亩南瓜种植。由螺蛳村村社一体的合作社负责种植管理有关事项，合作社占股70%；南瓜经销商负责种子、化肥、农药、技术等投入，占股25%；村集体占股5%。同时，村合作社再与农户签订种植合作协议，分三种合作模式：一是抱团发展模式。农户以土地和劳动力捆绑入股合作社，合作社占比70%，农户占比30%。二是土地入股模式。农户以土地核算流转资金入股合作社，扣除成本后，农户与合作社总股按占股比例分成。三是土地流转模式。农户直接将土地流转给合作社，享受土地流转费。3. 1000亩辣椒种植。农户以土地入股村合作社，农户占利益的20%、合作社占利益的80%。

4.2000亩中药材种植。由青杠村村合作社负责组织农户生产占利润的30%；新春天大药房负责种子、化肥、土地流转、翻犁等投入占利润的70%。5.4500亩经济作物种植。采取土地流转的方式实施。

（撰稿人：辛云祥）

田坝镇

【概述】　田坝镇位于毕节市西南部，距市区38公里，是一个汉、彝、苗、白、仡佬、穿青、布依等多民族杂居的农业乡镇，其中少数民族人口占全镇人口的11.53%；总耕地面积12835.34亩，其中水田2000亩，人均占有耕地0.57亩；行政区域面积77.32平方公里，全镇辖8个村89个村民组，共7977户27747人；全镇有13个党支部427名党员。田坝镇地形北高南低，东面高中间凹，形成“撮箕”形，大部分地区海拔高度在1700米左右。整个境内属亚热带季风气候，具有夏无酷暑、冬无严寒的特点，年平均降雨量为977.5毫米，平均日照时数为1377.2小时，无霜期250天左右。境内溪流纵横，水源丰富洁净，森林覆盖率达39%。河流沟渠最终汇集于盘挪河流域总溪河，属六冲河水系。地下资源有铁、硅砂、煤矿等；地面气候温和，雨量充沛，主产玉米、小麦、水稻、马铃薯、大豆、芸豆等粮食作物，盛产烤烟、油菜、大蒜、柑桔、核桃、樱桃、李、板栗、杨梅等各类经济作物和水果，适宜种植天麻、杜仲、半夏、党参等名贵中药材。境内森林植物有乔木、灌木、蕨类、菌类等。野生动物有两栖类、爬行类、鸟类、兽类等，其中属珍稀动物的老鹳有几十只，栖息于兴旺村十组。丰富的水资源和上万亩荒山草坡有待开发利用。境内交通便利。镇政府所在地距市中心约38公里，宋猴油路穿境而过，50分钟便可从毕节到达。

【党务政务工作】　（一）发展型服务型党组织建设工作。1、基层组织建设。以“发展型服务型党组织建设”为载体，不断提高党的执政能力和经济发展能力，进一步深化“五好”基层党组织的创建申报活动。一是加强镇、村两级领导班子建设，认真贯彻落实中共十八届三中、四中全会和省市区有关会议文件精神；二是按照“为民、务实、清廉”的要求，紧紧围绕改革、发展、稳定、和谐大局，努力构建“学习型、发展型、创新型、服务型”领导班子；三是全面完成农村基层服务体系建设工作，村级组织活动场所小阵地作用得到了充分发挥。2、镇村干部队伍建设。一是充分利用区委党校和镇流动党校的阵地作用，抓好镇、村两级干部的政治理论和农村实用技术的培训；二是创新培训方式，大胆探索菜单式、研讨式、案例式教学，提高了培训的针对性和实效性，2017年，我镇共举办各类培训班8次，共培训镇、村两级党员干部530余人次，提高了干部的素质和带领群众致富的能力；三是优化干部队伍结构，坚持实行中层干部竞争上岗方案，同时按照区委的要求圆满完成村两委班子换届后的培训工作。3、党员队伍建设。一是按照党员发展“十六”字方针加大党员发展力度，2017年全镇发展新党员5名，培养入党积极分子11名；二是加强对广大党员的教育培训和流动党员的管理力度，切实抓好党员权利保障工作；三是进一步深化党员先锋工程和贫困党员帮扶工作。4、基层党内民主建设。一是完善了干部激励机制，健全了干部岗位目标责任制，实行了中层干部竞争上岗制和驻村干部双向选择制，推行干部绩效工资制。二是健全了镇、村各种会议制度、议事规则和民主决策制度，全面实行了党务、政务、村务公开。5、新《干部任用条例》贯彻执行情况。2017年，镇党委认真按照区委组织部的要求，加强对《干部任用条例》的学习贯彻，干部任用坚持“德、能、勤、绩、廉”的要求并严格贯彻执行，对政治思想素质不高、工作能力不强、工作主动性、创造性不力、工作实绩不好、廉政状况差的镇中层干部和村级干部，坚决不予任用和向区委推荐。7、党管人才工作情况。一是建立人才工作责任制领导小组，采取形式多样的宣传手段加大人才工作宣传力度；二是加强对人才工作的统筹规划和宏观指导，建立了农村实用人才工作信息库，并适时请专家对他们进行了分类培训，充分发挥他们在同步小康建设中的作用。全年举办实用培训班 3 期共 2000 余人次。

（二）党风廉政建设工作。1、执行党风廉政建设责任制情况。一是党政领导重视，把党风廉政建设工作纳入党政工作重要议程；二是根据工作实际对党风廉政建设工作进行了分工，形成党委统一领导，党政齐抓共管，纪委组织协调，部门各负其责，依靠群众支持和参与的工作格局；三是签订了目标责任书，使党风廉政建设责任制工作切实做到年初有计划、半年有小结、年终有总结、有检查；四是充分利用广播、电视、会议、墙报等宣传手段加强对党风廉政建设的宣传学习；五是加强对党员干部党风廉政建设知识的教育培训，切实增强全镇党员干部反腐倡廉的自觉性。2、领导干部作风建设情况。按照“照镜子、正衣冠、洗洗澡、治治病”的总要求，紧密围绕为民务实清廉的主要内容，深入贯彻落实“六学六查”和“三严三实”要求，紧密聚焦“四风”突出问题，紧密联系工作实际，创新工作措施，先后以“包组到户、问需于民、上下联动、定期回访”和新“三会一课”工作方法为载体，扎扎实实完成了学习教育、听取意见，查摆问题、开展批评，整改落实、建章立制三个环节的工作任务，达到了预期的目标，取得了明显的成效，全镇作风建设取得阶段性成果，干部作风明显转变，工作效率、服务意识明显增强，切实解决了联系服务群众“最后一公里”问题。

【宣传思想及多彩贵州文明行动工作】 1、党委中心组学习情况。一是党委班子按照年初计划认真进行专题学习并撰写读书笔记；二是组织机关干部、村干部进行理论学习。2、多彩贵州文明行动工作情况。一是健全组织机构，强化责任落实，做到划片到人；二是加大宣传力度，积极营造创建氛围，引导全民参与，共同推进多彩贵州文明行动工作；三是加大资金投入，实行绩效考核，提升环卫工人工作积极性。2017 年，累计投入资金 10 余万元，主要用于购置垃圾桶、修建垃圾池等，发放环卫工人工资 12 余万元。3、党报党刊工作完成情况。2017 年，我镇党报党刊工作按照区委宣传部统一部署，全面按时按量完成了党报党刊的发行工作。

【构建和谐社会工作】 1、社会管理工作情况。一是加强和改进社会管理，促进社会安定有序，进一步完善整体联动防控体系，增强防控实效，不断加强防邪工作的宣传力度；二是深化平安创建活动，大力推进和谐田坝建设；三是深入开展严打整治斗争，为构建和谐田坝创造良好的治安环境。2017 年，全镇共刷写固定标语 27 条，发放宣传资料 4000 余份；全年共发生刑事案件 3 件，治安案件 45 件，其中立案查处 8 件，一般调处 19 件，当场调处 2 件，调解率 100%。全年共发生矛盾纠纷 48 起，调处 48 起，信访案件 24 起，已办结 24 起，全镇实现了“发案少，秩序好，社会稳定，群众满意”。同时，进一步积极推行网格化管理试点工作。2、普法和依法行政工作情况。一是加强组织领导，强化责任落实，狠抓基础工作，在全镇 8 个村开展普法宣传 2 次；二是加大宣传教育力度，扎实推进普法工作的开展，全镇普法工作成效明显；三是严格按照行政许可法依法行政，简化行政审批和办事程序，为群众提供方便。

【统战、群团等工作】 在镇党委的领导下，全镇统战、群团等工作蓬勃发展。一是加强统战工作宣传力度，形成了党委重视、全社会支持统战工作的社会氛围；二是认真做好宗教工作，切实加强宗教场所的安全管理，维护社会稳定；三是积极发展团员，全年共发展团员 187 名，按时缴纳团费，做好“推优入党工作，实施“阳光家园”工程 2 个，创建青年突击队 3 支；四是镇妇联进一步加强妇女儿童的维权工作，在全镇范围内认真开展好“双学双比”和“巾帼建功、创业成才、文明行动”等工作。

【党管武装工作】 2017 年，我镇党管武装工作主要是加强对武装工作领导，深入开展全民国防教育和民兵预备役工作，努力抓好民兵整组、军事训练和战备勤务工作，积极开展以劳养武，全面完成征兵任务。

【经济目标】 1、主要经济指标。2017年我镇农民人均纯收入7280元，人均增加378元。完成固定资产投资7120万元，招商引资工作实际完成9000万元。完成烤烟生产900亩，完成烟叶税收55万元。2、农业产业化发展。2017年我镇农业产业化根据本镇实际，以板块经济建设为契机，加大产业结构调整力度。在田坝村建立了300亩杨梅、300亩红脆李、800余亩的早熟马铃薯种植示范基地；苏嘎村和兴旺村实施了545.5亩的脱毒马铃薯种植；田坝村和茨朗村发展800亩刺梨种植；推广杂交玉米良种8000余亩，推广杂交玉米“营养坨”育苗移栽1200亩。通过科技下乡等方式联合农牧、科技等相关业务部门，共举办科技培训班8期，培训1180人次，劳动者素质得到了提高。3、畜牧业发展。2017年我镇生猪出栏完成29857头，肉牛出栏完成8942头，小家禽养殖完成333040只，在沙炭沟村启动100头规模的能繁母牛养殖项目。4、其它经济目标。劳动力转移完成470人，农民工培训完成725人，扶贫攻坚任务859人，实际完成859人；新增农村专业大户18户，新增城镇就业完成70人。

【基础设施建设】 全镇共完成通组路硬化9.4公里，通村路4公里；修建田坝村至先进村通村油路2.8公里，田坝村八组至妈荒顶同组公路3.5公里，完成田坝镇移民安置点的“三通一评”工程。

【人口计生工作】 全镇人口与计划生育工作，继续以稳定低生育水平，提高人口素质为核心开展工作。全镇全年完成手术95例，其中一孩上环5例，二孩上环57例，多孩上29例，二孩结扎3例，多孩结扎1例，人流1例，皮埋0例。一孩上环及时率为100%，二孩及以上手术及时率100%。全年共发放计生宣传品3800余册，张贴宣传标语70条，宣传画13幅，全镇共出生人口152人，其中常住人口出生147人，流出人口出生5人，符合政策生育率为88.8%。全镇享受奖扶政策37户98人，农村独生子女户22户45人，二女结扎户14户51任，手术并发症1户2人，按规定已全部享受了相关奖励扶助政策。

【安全工作】 2017年全镇安全生产工作做到人员、经费、责任三落实，健全完善了各项规章制度，按照“横向到边，纵向到底”的工作原则，全面完善安全生产监管网络，认真开展了道路交通、化学危品、食品卫生安全等专项整治活动，加大了节假日和日常安全生产的检查、监督力度，实现了安全生产“零”事故的目标。

【各项民生社会事业全面发展】 1、小康房（危房）建设。2017年我镇共实施小康房5户，目前已全部竣工；实施危房改造98户，涉及7个村70个村民组，目前房屋建设已全部竣工并投入使用。2、是重大项目建设顺利推进。夹岩水利枢纽工程启动以来，我镇积极配合做好实物指标调查、库区矛盾纠纷调解、淹没区土地房屋等赔偿的核定以及库区移民搬迁工作。已完成先进村潘家岩脚组79户群众的搬迁任务；完成盘挪河村和茨朗村508户农户的协议签订，累计成投资1亿8千万元。完成田坝村集中安置点征地工作，目前正按规划进行施工建设。3、科教文卫工作。一是进一步巩固“两基”成果，提高适龄儿童入学率，减少适龄儿童辍学率，适龄儿童入学率达99.57%，初中毛入学率达100%。全面落实中职教育“9+3”计划，并完成各学校的教师周转房和学生宿舍建设5000余平米。二是完成苏嘎、先进、沙炭沟、盘挪河等4个村的卫生室改造工程，全镇新型农村合作医疗参合人数达到20112任，完成率达到100%以上，有效解决人民群众看病难、看病贵的问题。三是整合资源，组建壮大民间花灯剧队伍，以老百姓喜闻乐见的方式宣传党的方针政策，弘扬“花灯戏”传统文化魅力；各村已全面覆盖“广电云”工程，且安装“912”广播32户。3、民政工作。民政工作常规推进，认真搞好困难群众和农村低保困难补助的发放、复员军人定补、农村危房改造等惠民工作，切实解决贫困人口温饱及住房问题。一年来，通过实际调查，积极深入到8个村89个村民组进行核实受灾对象，做到底数清、基数明，共核实五保对象81户117人，发放五保资金19万元，全年来累积发放低保金3717912.7万元，解决了低保对象892户1923人；临时救助资金89200元，共42人，发放资金89200元，医疗救助金320910元，共47人已发完毕。发放因灾倒损房屋补助资金1户3000元，救济粮12吨、防寒服100件、棉被150床解决受灾贫困群众559户778人，救助款100000元，受助对象379户，已发放完毕。加大了救灾救济工作的投入力度，基本解决了灾民和困难群众的生活需求。春节期间慰问各类对象31户31人，发放衣、被、米、油各21件，9500元。发放困境儿童生活补助32人29000元，已发放完毕。2017以来，按照横到边、纵到底要求，对全镇留守儿童、空巢老人、残疾人进行了全面排查。对1197名留守儿童进行精准建档，共签订三方协议877份。募集1.3万元，纳入镇“四关爱”基金，提供适时救助。采取“多对一”“一对一”“一对多”等模式落实留守儿童关爱救助，确保留守儿童身心健康成长。4、科技、办公室和应急管理工作。一是加强科技工作的宣传教育培训力度，大力推广科技种田技术培训，充分发挥协会的作用，在全镇范围全面开展科技兴农活动，为我镇科技发展提供了科技保障；二是充分发挥办公室的窗口和桥梁纽带作用，切实做到上为领导分忧，下为百姓解愁，扎实做好办公室办文、办会、办事工作，综合协调好部门工作，为全镇经济和社会事业健康发展提供后勤保障；三是成立民兵应急分队并加强培训，结合实际，制定了防洪、安全稳定抗旱救灾应急预，准备充足的应急资金，为应急管理工作提供切实可靠的组织保障和经费保障。

（撰稿人：党政办）

阴底彝族苗族白族乡

【概述】 阴底彝族苗族白族乡位于毕节市七星关区西南面，距县城50公里。地跨东经105°0′—105°7′，纬度在27°4′_27°20′之间。海拔1450—2000米，政府所在地海拔1684米，属亚热带季风气候，雨资源丰富，年均降水量为850—1000毫米，日照量1200小时左右，无霜期250天左右，冬无严寒，夏无酷暑。东抵田坝镇，南抵纳雍县姑开镇界，西南抵赫章县古达乡界，北抵千溪乡界。总面积117.4平方公里，有耕地26634亩（其中农田1900亩）。居住着汉、彝、苗、白、布依、仡佬等民族。总户数9792户，现有人口43977人（农业人口42870人），其中少数民族13156人，占总人口的29.94%。阴底彝族苗族白族乡人民政府驻阴底街上，辖阴底、箐口、高潮、马场、大丰、治中、红星、罗雄、对河、先锋、踏石朗、路朗12个行政村，154个村民组。主产玉米、水稻、小麦、豆类、杂粮等农作物。次产烤烟、油菜、大蒜、花生等经济作物。宜种漆树、核桃、板栗、桃、李、杏、花椒、杜仲、板兰根等经果药材，荒山草坡多，比较适宜发展养殖业。乡内矿产资源有煤、硫、铁、锌、高岭土等，植被覆盖率达50%以上。

【大党建】 2017年，面对极具复杂的形势和艰巨的任务，坚持以中共十八大及十八届历次全会、省第十二次党代会、省委十二届二次及市委二届二次全会和区委相关会议精神为指引，坚持常态化学习习近平系列重要讲话精神和对毕节试验区的指示精神，引领全乡各级党组织和广大党员干部牢固树立“四个意识”，坚定“四个自信”，自觉在思想上政治上行动上与以习近平为核心的党中央保持高度一致，切实以党的建设为中心，以全新的作为、全新的状态、全新的形象在阴底的发展中努力工作。一是不断加强党委自身建设。在班子建设中一直致力于“增进团结、提高水平、做好表率”为中心，充分强化基层党委的核心作用，定期召开民主生活会，认真开展批评和自我批评，及时缓解矛盾，建立健全党委议事制度，坚持重大事项民主决策和集体决议。定期召开党政班子联席会，较好地协调党委与政府的工作关系，增进党政班子成员之间的团结、理解和支持，党政班子成员事事以身作则，做好表率，形成一心一意搞建设，聚精会神谋发展的浓厚风气。二是不断加强基层组织建设。在抓好自身建设的同时，按照“建一流队伍、创一流业绩、树一流形象“的目标，着力强化干部队伍素质，积极探索新形势下乡干部队伍建设的新路子，取得了明显的成效，全乡现有党支部40个，党员589名，新进党员8名。乡党委不断强化干部的政治理论学习、努力提高干部的政治思想素质，通过培训教育，使党员干部丰富了知识，开拓了视野，洗涤了思想，更新了观念，为提高农村工作服务质量奠定了扎实的政治思想基础。积极发展集体经济，消除“空壳村”，围绕市场需求和区域特色经济的发展，鼓励村级“两委”发挥领头羊的作用创建各类专业合作社、农产品加工公司等，采取“村 + 专业合作社 + 农户”“村 + 公司 + 农户”等形式，提供技术指导、信息传递、物资供应、市场营销等服务，以有偿、微利的方式增加集体经济收入。三是不断加强脱贫攻坚讲习所建设。把脱贫攻坚讲习所作为助推脱贫攻坚的有效载体和有力推手，全乡脱贫攻坚讲习所共16个，分别设置在乡级1个，村级12个，园区1个，企业1个，基地1个，实现了全乡范围内全覆盖，讲习所由乡领导、第一书记、驻村干部、农民讲师、技术专家深入农村脱贫攻坚一线，通过“讲”“习”等方式，宣讲中共十九大精神、扶贫攻坚政策思路、农村发展举措等，有针对性地开展贫困户劳动力素质培训、创业和就业服务。四是不断加强反腐倡廉建设。坚持“标本兼治”原则，认真抓好党员干部的党性、党风、党纪教育，建立健全党员干部学习教育制度，强化民主监督机制，促进党风廉政建设。组织广大党员干部认真学习有关文件精神，播放党风廉政建设警示片，用典型案例对党员干部进行廉政教育，通过多渠道的宣传教育，增强了党员干部遵纪守法的自觉性。一年来，乡纪委共立案查处10件，结案7件，查处党员干部共11人，党内严重警告1人，党内警告10人，进一步提升了廉政、履职意识，让权力在阳光下运行。

【大扶贫】 紧紧围绕脱贫攻坚大比武，精准识别大回访，贫困退出大筛查，扶贫政策大宣讲，按照市委“113攻坚战”和区委“1136”工作规划战略部署，从全乡实际出发，积极推动脱贫攻坚工作，为取得脱贫攻坚最后胜利筑牢基石。一是政策扶贫有序推进。阴底乡地处夹岩水库重点淹没区域，涉及水淹区域有红星、大丰、马场、先锋、对河、高潮等6个村，涉及水淹群众共1136户5542人，其中分散安置239户1143人，后靠安置173户831人，双山集中安置654户3462人，征收土地超过1.08万亩，各项工作按照上级要求有序开展，淹没区贫困人口通过移民政策扶持能顺利脱贫。2017年计划实施易地扶贫搬迁城镇集中安置221户1157人，2018年计划实施易地扶贫搬迁城镇集中安置31户219人。二是生态扶贫初见成效。围绕“生态补偿脱贫一批”要求，聘用贫困户12户63人担任护林员，实施退耕还林8900亩，将辖区内贫困户全部纳入生态补偿范围。三是产业扶贫实现突破。圆满完成贫困户建档立卡1974户9632人，2017年计划实施贫困户脱贫397户2012人；充分用好用活“特惠贷”政策，发挥金融扶贫资金作用，全乡已落实“特惠贷”858户，发放贴息贷款2463万元；2017年中央扶贫项目资金450万元，重点扶持贫困户发展养牛、养猪、养羊、以及种植经果林、蔬菜、天麻、金银花等产业，依托恒大集团帮扶支撑，在高潮村建设肉牛养殖场，在阴底村建设大棚蔬菜种植基地。深化农村“三权”促“三变”改革工作，大力调整产业结构，做到贫困户产业增收全覆盖。四是人才扶贫效果明显。积极协调区人社局、农牧局、林业局等相关部门，争取资金和技术力量支持，对全乡贫困户开展创业就业技能培训，已培训贫困户305户1712人，提高贫困人口就业技能，增加就业收入。

【大发展】 围绕农业增效、农民增收目标，深入实施产业结构调整，高度定位，整体联动，把握关键，加快推进阴底乡的农村农业发展转型升级。一是在农业产业结构调整方面。深入开展春耕生产、秋冬种宣传工作，同时组织乡技术人员深入各村组实地检查、指导2017年备耕工作，向群众详细讲解相关政策及田间管理技术，加大对病虫害的防治，粮食丰产增收。在传统农业的基础上，发展适宜该乡经济作物，重点抓好脱毒马铃薯、特色经果林、中药材、山地生态畜牧业等板块经济。实施脱毒马铃薯种植10000亩，实现全乡优质种薯全覆盖目标；完成经果林种植13000亩；完成烤烟种植1000亩目标；利用当下土地确权有利时机，借鉴唐约经验，全乡“三权”促“三变”工作有序开展。二是在农业园区规划方面。依托高潮现代农业园区的规模、品牌、科技、人才叠加优势，不断提升现代农业规模化、产业化、品牌化水平，彰显现代农业特色，目前已完成核心区域基础设施圈舍修建，水果配套种植任务，共完成投资140万元，种植面积达1200亩，搭建合作社2个，预计产值150万元，扶持带动贫困人数156人。

三是在城镇建设布局方面。争取完成投入300余万元集镇老街改造工程的验收工作，完成全长1.2公里的新大街第一期、第二期路面油化、排水沟、排污管、供水主管、绿化、亮化等建设工程。启动实施第三期小城镇、集贸市场、停车场、客运站、文化广场、垃圾中转站、污水处理厂建设。四是在新农村文化素养提升方面。乡级和各村文化服务中心建设不断完善，配备完善相应的文化器材、图书等设备，加大文化建设宣传力度，让群众组建自身的业余队伍，丰富群众的业余生活。为全面提升群众生活质量和幸福指数，乡党委、政府成立“五城同创”指挥部，明确责任分工，各村“脏、乱、差“的现象得到有效的遏制，大大改善了群众的生产生活环境，各村面貌焕然一新。始终坚持发展为了人民，发展依靠人民，发展成果由人民群众共享的理念，各项民生事业齐头并进。一是交通网基本形成，出行更加便利。全乡通村水泥路建设完成61公里，实现全乡12个村均通水泥路。全年组织实施通组路建设40公里，通村路断头路建设87公里，田坝镇至阴底乡通乡公路改造已启动实施，这些道路工程完工后将极大改善全乡通行条件，为脱贫攻坚奠定基础。二是环境显著改善，居住更加舒心。按照贫困户脱贫“四有五覆盖”的标准，全乡整合各类扶贫资金，全年实施院坝和连户路硬化687户20500平方米。实施危房改造和改厕改圈专项扶贫工作，全乡完成改厕改圈709户15000平方米，全年实施危房改造175户，全力解决贫困户住房安全问题。在阴底、大丰、先锋、对河、治中等村实施安全饮水项目5个，投入资金530万元。同时采取一事一议方式，由农户投工投劳，政府补助材料款，解决贫困户饮水问题，共计投入专项扶贫资金96万元。三是政策落实到位，保障更加放心。第一，在就学方面。围绕“教育资助脱贫一批”，完成“雨露计划·圆梦行动”45人贫困学生资助和其他各类社会助学工作，发放贫困学生贫困登记卡741张。落实好《毕节市七星关区教育精准脱贫规划方案》（2016—2020年），全面施行“两助三免”政策，将普通高中助学金、中职助学金、中职免学费资金全部下发到学校。倡导成立幸福阴底人教育基金，筹资额度已突破10万元，目前已有7名大学生获得资助。第二，在就医方面。加强“三重保险”医疗救助政策落实，实现贫困人口新农合全覆盖，强化贫困人口医疗保障，巩固和发展农村新型合作医保，群众参保率达到100%，医疗救助72人次，救助金额45.6万元。第三，在社保方面。落实城乡居民养老保险政策，居民养老保险参保率达到71%，养老金发放4154人，足额发放优抚金、救助金、高龄补贴。

【大安全】 始终牢固树立安全优先、群众第一、社会和谐的工作理念，切实保障群众的生命财产安全，不断提高全乡人民的安全感满意度。一是安全生产形势向好。全乡认真落实“党政同责、一岗双责、齐抓共管”的安全生产责任，认真做好重点行业领域整治、打非治违、应急救援体系建设、安全宣传教育和示范创建等工作，着力抓好煤矿、非煤矿山、道路交通、烟花爆竹、建筑施工、地灾防控、学校及人员密集场所等领域安全监管，全力做好防汛抗旱工作，抓好社会公共安全管理，保障了人民群众的生命财产安全，一年来全乡均未发生安全事故，营造了安全和谐的社会发展环境。二是社会治理持续稳定。着力抓好法治创建工作，村级民主法制建设不断推进，依法行政、依法治乡的能力和水平得到提高，深入开展“三个建设年”活动，切实解决阻碍经济社会发展环境中存在的问题。着力加强矛盾纠纷排查调处工作，力求小事不出村、大事不出乡，定期排查信访矛盾纠纷，及时处理突发事件，全年排查矛盾纠纷106起，调处106起，信访案件办结率达100%。圆满完成“六五”普法工作并积极开展“法治七星关”创建。依法严厉打击黄赌毒等各类违法犯罪，全乡呈现出政治稳定、社会安定的良好局面，群众安全感和满意度不断提高。三是社会救助有序推进。对辖区内的1790名留守儿童建立风险等级评估管理台账，2017年，劝返399名留守儿童父母，92名留守儿童被父母带出共同生活，落实留守儿童父母返乡创业5户，依法追究治中村未履行对未成年子女监护义务的陈某夫妇刑事责任；帮扶88名困境儿童每人每月100元；11名孤儿每人每月600元；农村低保户1837户3727人每月发放75.24万元；临时救助32人次，救助金额8.95万元；急难救助7人次，救助金额12.5万元。

（撰稿人：吴　勇）

千溪彝族苗族白族乡

【概述】 千溪乡位于毕节市西南部，距市区21公里。全乡辖5村92个村民组，居住汉、彝、苗、白等民族，总人口6421户24680人；全乡国土面积54.68平方公里，其中耕地面积3.04万亩（水田4092亩、旱地2.6308万亩），林地面积3.6207万亩，园地面积1248.8亩，未利用土地1.0765万亩；全乡地处亚热带季风湿润气候区，气候温凉湿润，全年平均气温10至12.8℃，年降雨量990至1010毫米；境内地形起伏较大，平均海拔1790米；全境属喀斯特岩溶地貌，土壤多为紫色砂页土和粘性土，物产资源种类繁多，矿产资源有煤、铁、硫矿、硅矿、铝矿和镐等，以煤、铁为主。

【结构调整步伐加快　综合实力显著增强】 一年来，该乡始终坚持“农产富乡、生态立乡、脱贫兴乡”的发展战略。加大产业结构调整力度，经济总量不断增大。全乡国民生产总值2.2亿元；农民人均纯收入达7321元；减少农村脱贫人口586人；政府基金财政拨款收入261.6689元，公共预算财政收入拨款收入1235.5011万元，粮食总产量9244吨。引进项目5个，完成2.209亿元的固定资产投资。推广种植杂交玉米7500亩，粮食总产量达46220吨；出栏猪2385头、牛115头、羊1026只，畜牧业产值年增长10%以上；完成板栗种植500亩，累计达16173亩；发展养羊大户19户，养羊1032只；新增种植草莓、葡萄各60亩；种植脱毒马铃薯6850亩；完成烤烟种植950亩，完成收购烟叶8.9万公斤，烟叶税收6.74万元；完成农技种植技术培训298人次。基本完成了各项经济战略目标任务，乡域综合实力迈上新台阶。

【基础设施全面加强　农村发展基础不断夯实】 强基础设施建设是在决战贫困中加快经济社会发展的基础和前提，也是牵动性最强，覆盖面最广的民生工程。这一年，该镇始终坚持基础先行，全力以赴突破瓶颈制约。1. 在中屯村新建村公所1个498平方米、千朗沟村改扩建村公所一个312平方米。2. 在中屯村修建贫困地区综合文化服务中心一个（其中包括1200平方米的广场一个，戏台1个80个平方米，活动室1个110平方米）。3. 在千溪中学打造提升教学质量，改善学生学习环境项目三个。4. 在千溪乡辖区小学启动薄改工程7个。5. 完成千朗沟村至田坝新民村和中屯村四角山至沙垮通公路建设共12.6公里。6. 在全乡共实施通组路7.6公里。7. 在全乡提升打造乡文化服务中心1个和文化站5个。一年来，基础设施建设迈出了历史性的新步伐，跨越发展的基础不断夯实。

【坚持和保障民生　社会事业全面进步】　该镇始终坚持以民生为本，全力以赴加快社会事业发展，集中力量办成了一大批民生实事。一是人口和计划生育工作：一年共出生230人，符合政策生育率为86%；出生人口性别比为102：100；共完成避孕节育手术125例；共签订“双诚信、双承诺”责任书5400份。二是教育工作：一是完成学前教育和义务教育阶段招生任务；二是大力加强学校安全工作；三是新建千溪中学实验楼1000平方米；四是完成503万元的千溪中学、千溪小学、千朗沟小学等6所小学的附属工程建设。三是卫生工作：全乡参合率达100%；“五苗”接种率达95%；麻疹等8个重点传染病发病率逐年下降；住院分娩率达95%，孕产妇系统管理率75%；扎实抓好食药卫生监督工作。四是文化体育广播电视及旅游工作：按照上级要求完成创文工作，超额完成农村广电“村村通”工作。五是民政工作：全乡共有低保人口358户781人，五保户47人，孤儿10人。按规定将民政资金实行专户管理、社会化发放。认真做好低保核查工作；及时发放农村低保缺粮户季节性救助粮；建立健全倒毁房屋台帐；做好敬老院管理、优抚、婚姻登记、灾情上报、孤儿、留守儿童等调查统计等工作。六是留守儿童工作：有留守儿童303户594人信息进行深入核实摸排，共劝返留守儿童父母回家创业83人，劝带走留守儿童6人；实行三月一排查，一月一走访，督促303户594名留守儿童父母签订三方监护协议303份；将符合条件的42名留守儿童纳入保障范围。在全乡完成了22个“心晴家园”和5个“春苗乐园”建设，让留守儿童找到学习玩乐的家园。七是全乡新增就业任务数70人，完成新增就业任务100%，养老保险综合完成率72%，在2016年基础上升了10个百分点。

【扎实推进扶贫开发　乡村面貌明显改观】　该镇始终坚决打赢市委“113”攻坚战，奋力实现区委“1136”工作规划，坚持扶贫开发主题，按照“五个一批”的脱贫战略，以精准扶贫“六个到村到户”为契机，采取有力措施向全乡贫困人口发起总攻，全乡人民生活水平显著提高。对全乡在精准扶贫云平台系统中的贫困户626户2430人进行建档立卡，一年共减少贫困人口147户586人。落实“特惠贷”惠民政策341户1481.2万元。引进公司带动产业发展对贫困户进行扶贫。一是在引进贵州博林康来畜牧开发有限公司，以公司+村集体+农户模式，在全乡拟种植脆红李10000亩。二是在中屯村以村集体名义投入10万元入股合作社饲养野山鸡，每年村集体固定分红2万元。三是在兴荣村六组流转土地14.07亩，建立冷水鱼养殖基地1个，采取村集体建立合作社+贫困户的模式，带动全乡4个村179户723人贫困人口脱贫致富。四是引进返乡农工罗昌伟在中屯村四角山建立七星关区千溪乡农业生态示范园区，联合65户贫困户，用资金或土地入股的方式，流转土地600亩，建立种养殖基地1个，其中用于养殖50余亩，黄肉桃400亩，青脆李100亩，红心猕猴桃90亩，带动全村贫困户65户156人共同发展。利用扶贫项目加大产业扶持力度，一年共落实投资422.2万元的扶贫项目8个。编制好2016—2018年脱贫规划，对识别出的贫困人口实施一对多的帮扶。完成2016年沙垮村海子组29户100人的易地扶贫搬迁集中安置点建设，目前已全部入住，完成2016年分散安置14户64人的住房建设，目前已全面入住。这一年，千溪乡人民政府全力加快“富、学、乐、美、和”五在农家·美丽乡村建设，建成了一批与千溪蓝天碧林交相辉映别具风格的贵州民居，乡村面貌在扶贫开发的进程中焕然一新。

【坚持推动绿色发展　生态立乡初绽异彩】　千溪乡人民政府始终坚持围绕“产业生态化、生态产业化”的理念，正确处理好绿水青山与金山银山的关系，坚决守住山秀、天蓝、水清、地洁四条生态底线，着力打造毕节西城郊重要生态安全屏障。组建林业专业合作。完成各项工程造林和补植补造3137亩的任务。认真、扎实做好森林防火工作，无重大森林火灾发生。认真开展对企业环境的监管工作，没有发生环境污染纠纷和事故。通过一年的努力，加大森林保护“六个严禁”执法专项行动，尽全力维护和保住千溪“天然氧吧”，筑牢生态屏障，生态修复张力不断凸显，生态立乡初放异彩。

【坚持抓好社会管理创新在建设和谐千溪上取得成效】 围绕全面依法治乡目标，深入开展法治教育活动。牢固树立法治意识，切实维护法律权威。乡政府进一步加强对本乡法治建设的领导，突出增强全民法治意识，大力化解矛盾隐患，从严打击违法犯罪行为，深入推进信访依法治理、矛盾纠纷化解和平安千溪建设，不断巩固安定和谐的社会局面。政务服务工作：进一步完善制度建设，严格挂牌上岗制度。信访维稳工作：认真完成市、区交办件；正常开展三级联动视频接访工作，认真排查调处矛盾纠纷，做好积案化解和初信初访调解。安全生产：坚持以“保安全，促发展”作为全乡工作重心，一是加大对非法小煤窑和非煤矿山私挖滥采的打击力度；二是开展安全生产宣传活动，共出动宣传车辆300余驾次；三是切实做好地质灾害隐患点群众的防范工作；四是全面抓好民爆物品、消防、建筑等方面的安全生产工作。一年来，全乡未发生安全生产事故，安全生产形势趋于稳定。统筹抓好社会治安综合治理、禁毒、普法、统计、档案、机要保密、养老保险筹资、应急管理等工作。通过对道路交通、矿山、建筑施工、危险品等各行各业的管理和创新，最大限度保障了人民群众生命及财产安全。每年安全感满意度在95%以上，努力在和谐千溪建设上取得新成效。

【坚持抓好党风廉政建设营造良好政治环境】 乡人民政府始终把纪律规矩置于法律前面，把监督用在纪律前面，自觉在思想上、政治上、行动上同以习近平为总书记的党中央保持高度一致，坚决守住底线，不触红线，绝不越雷池半步。以提高执政能力建设为重点，进一步加强领导班子和干部队伍建设。以农村思想政治教育为重点，以“七个起来”“十星文明户”为切入点，切实加强农村基层组织和广大人民群众的思想政治教育，转变群众严重的等靠要思想。一年来，狠抓党风廉政建设，共查处违法违纪案件13件，约谈13人。

（撰稿人：邱在举）

长春堡镇

【概述】 长春堡镇位于七星关区西部，距七星关区市中心13公里，326国道、毕镇和毕威高速贯穿全境，交通区位优势明显。全镇总面积134平方公里，辖20个行政村153个村民组，总人口16053户60849人，其中贫困人口1416户4956人，2017年已脱贫375户1768人，2018年计划脱贫1416户4956人，贫困发生率8.1%。现有贫困村10个，其中省级深度贫困村1个（松营村），市级贫困村6个（干堰村、合桩村、滑石村、水营村、王丰村、沈家屯村），2016年出列村3个（三道水村、垭关村、张官村）。全镇有耕地面积6.9万亩，其中水田0.34万亩，退耕还林4.6万亩，经果林3.2万亩，全镇国民生产总值达到72130.5万元，固定资产投资达9.3亿元；民间投资累计达2.7亿元；农民人均纯收入达7930元，全镇经济社会持续、健康、稳定发展。

【党的建设】 一是基层组织改革不断加强。初步建立以行政村党组织为主体，自然村寨、产业基地等党组织为补充的农村基层党组织构架。目前，全镇建立基层党委1个、党总支11个、党支部106个、产业（合作社）支部7个和党小组153个；实现党组织自然村寨、产业基地、合作社和非公企业全覆盖，进一步改进和巩固了党的核心地位。二是新时代农民讲习所成效显著。全镇建立新时代农民讲习所141个，实现讲习所产业基地、田间地头、校园、妇女之家"、非公企业和心晴家园全覆盖。讲习队伍定期向广大群众集中开展产业扶贫、中共十九大精神等政策宣讲，将十九大精神在基层落地生根。目前，共计开展宣讲280余场，受益群众7800余人。通过讲习落实项目25个，群众脱贫致富意愿高涨。三是阵地建设更加规范化。按照“新建一批、改扩建一批、规范提高一批”的思路，全面完成11个新建和1个改扩建村级服务阵地建设并投入使用，规范图书阅览室、矛盾纠纷多元调处室、新时代农民讲习所、党员活动室等功能室设置，确保群众办事有场所，提升服务效能。四是党员干部管理更加精细。按“双考双评双挂钩”及百分制管理的规定，对镇村干部实行按月“开单式”考核管理；制定《长春堡镇干部纪律作风大整顿行动方案》、重新修订《镇村干部考核方案》，实行党员层级管理和积分管理，理清党员“权、责、利”三者的关系，充分发挥党员模范带头作用。五是党员发展更加规范。严格按照“控制总量、优化结构、提高质量、发挥作用”的总要求，认真贯彻落实区委组织部发展党员工作规划和年度发展党员计划，在强化工作责任的同时，严格党员发展程序。11名预备党员如期转正，2017年发展党员20名，发展入党积极分子50人。六是党风廉政建设深入推进。成立党风廉政建设领导小组，明确分工对党员干部反腐倡廉理论学习工作做到早计划、早安排、早落实。完成区级廉政民生监督示范点打造，实现廉政文化进机关、进校园、进企业和进村寨。累计使用教育谈话室29次，集体约谈4次581人次，个人约谈31人次，通报批评84人次。

【脱贫攻坚】 一是基础设施建设更加完善。全镇20个行政村除人畜安全饮水需进一步巩固提升外，供电、通信和广播电视网络实现全覆盖；全镇累计完成通村路8条39.43公里，通组路53条54.38公里（其中：2017年完成7条2.085公里，其中滑石村1.144公里，松营村0.941公里），完成院坝硬化30.0413万平米，完成串户路硬化152.3公里；累计完成危房改造3251户（其中：2017年完成配套完成“三改”428户）。二是产业扶贫效果明显。依托清丰建材产业园、清塘创业园和垭关农业园区，创新“十企联一村”结对帮扶模式。联系1个企业帮扶一个非贫困村，10个企业结对帮扶1个出列村，协调建材产业园和创业园企业落实150个脱贫就业岗位，发动垭关、滑石、阳鹊、犀牛一线群众种植杂交狼尾草，着力打造一个生态美、百姓富农业园区示范点。着力实施“六个一工程”，全面推进产业七大板块建设。即一万亩狼尾草，一千万磅食用菌，一千亩中药材，一千亩茶叶，一万亩经果林、一千亩蔬菜基地。目前，已经种植蜂糖李、板栗、青脆李等经果林5800余亩，中药材1000余亩，茶叶1000余亩。

【社会治理】 不断强化清塘社区“全国民主法治示范村”和“无邪教示范村”引领和示范带动作用，全面推行“1+1+N”社会管理模式，通过组建义务治安巡逻队，建立村级多元矛盾纠纷调处室，充分发挥群众工作组和老党员、老干部、寨老等在调解矛盾纠纷中的积极作用，实现村民自我管理。率先在全区实施“春苗关爱行动”，激励社会力量积极投身到关爱留守儿童工作中来。全镇累计建立20个“春苗乐园”、93个自然村寨“心晴家园”和19个校级“阳光少年之家”，充分发挥离退休干部、离任村干部、党员、村支“两委”成员、村民小组长、村校教师等在关爱少年儿童中的积极作用；强化志愿者服务体系建设，发挥志愿者作用，实现少年儿童关爱保护工作全覆盖。

（撰稿人：张令）

撒拉溪镇

【概述】 2017年以来，在区委区政府和镇党委的坚强领导下，在镇人大的监督支持下，全镇上下以习近平新时代中国特色社会主义思想为指导，深入贯彻落实中共十八大、十九大精神，以“大党建”为统领，大力实施“大扶贫、大安全、大发展”三大战略行动，全面推进“113攻坚战”，精准落实区委“1136”工作规划，保持经济和社会事业健康快速发展，较好地完成了上级下达的各项目标任务。

【脱贫攻坚扎实推进】 为打赢脱贫攻坚战，结合"贫困发生率下降到3%以内，村集体经济收入达3万元以上"及"五通四有"全覆盖出列标准，实现贫困户"一达标两不愁三保障"，按照退出程序进行验收评估，2017年共完成了1585人的贫困人口脱贫退出，1个贫困村达到出列标准，顺利完成了年度目标任务。投入资金5171.42万元，新建通村路80.5公里、通组路57.321公里，中营至锅圈岩等道路相继建成通行；投资76.96万元，在戈座、杨柳和龙凤安装太阳能路灯296盏，基本解决了群众出行难的问题。2017年6月底，碧溪大道安置点建设完工，该项目累计补助资金1826.6万元，安置共93户342人，其中永兴村穆家大山组72户274人、烂皮柴组12户38人、钟山村9户30人。申报2017年第一批中央财政专项扶贫资金共计297万余元，471户贫困户采取直接参与、自管自养、入股分红等方式发展种植、养殖业以及经商。申报2017年第二批中央财政专项资金129万元，用于发展生猪及肉牛养殖业，实现产业带动脱贫一批。自2017年10月20日以来，围绕G326国道、S20毕威高速为产业结构调整主线，2017年今冬明春种植经果林、蔬菜、中药材、经济作物、人工种草等38350亩。其中，密植马铃薯、辣椒、白菜、大蒜、大白萝卜等高山冷凉蔬菜14100亩，打造集中种植200亩以上的基地5个以上；青脆李、红脆李、五月脆、甜柿、猕猴桃、葡萄、蚕桑等经果林13050亩，打造兴隆—西方、沙乐—永丰集中连片3000亩以上经果林区级示范样板点2个，打造集中连片500亩示范样板点4个；天麻、丹参、太子参、玫瑰花等中药草种植8000亩，打造集中连片500亩基地4个；经济作物类3100亩，打造集中连片300亩基地7个；人工种草100亩。2018年，全面退出G326国道、毕威高速沿线、重要水源点、25度以上坡耕地等重点区域的玉米种植，以点带面，千方百计调减其他区域的玉米种植。

【发展质量不断提升】 西方汇兴牧业养殖场存栏母猪达1200头，年出栏育肥成品生猪1.5万头。兴隆、龙凤蛋鸡养殖场配套设施进一步完善，全年新增蛋鸡养殖10万羽。龙场万亩玫瑰产业基地建设规模进一步扩大，全年新增种植面积2000亩。龙凤、水浸沟等村发展林下养蜂3000余箱。贵州亿环锁业有限公司等6家企业入驻返乡农民工创业园区并投产，产品远销海外，年产值突破5000万元。全年累计完成招商引资1.2亿元。全镇发展电子商务7家，9个新建村公所全部配套电子商务用房。积极探索利用民用空房开展乡村旅游餐饮、住宿，新增4家家庭休闲旅馆。

【人居环境不断改善】 以全面建成小康社会为目标，以"一建四改治八乱，十有四化三提高"为标准，紧紧围绕"富、学、乐、美"创建内涵，按照"依山傍水、显山露水、亮出田园风光"和"干净、漂亮、安全"的理念，坚持规划引领，强化农村基础设施建设，着力产业培育发展，整治农村环境，全力推进"四在农家·美丽乡村"创建，努力将我镇建设成为宜居、宜业、宜游的美丽家园。年内完成沙乐村、杨柳村和龙凤村共计800余户竣工验收，累计投入资金3000余万元。投入50余万元新建垃圾中转处理站。

【幸福指数不断提高】 2017年以来，累计发放扶贫教育资金107.068万元，共资助396名学生。完成城乡居民医疗保险参保人数53233人，收缴参合金638.796万元。社保工作做到应保尽保，全年累计参保人数18737人，收缴社保费106.91万元。投入3.9万余元完善三级视频接访设备更换，深入开展开门接访、带案下访和网上信访活动，依法处置违法信访，积极化解信访积案，信访维稳形势明显好转。突出打非治违和安全监管，强化安全隐患排查治理，安全生产形势平稳向好。食品药品安全监管取得实效。社会治安综合治理持续加强。"法制毕节"建设工作有序推进，"七五"普法、法律援助、人民调解工作扎实开展。文化事业迅速发展，全镇19个村（社区）招募19名文化志愿者，对村级文化活动中心和图书室进行日常管理，方便群众精神生活。成立2支文艺演出队伍，在撒拉中学、撒拉小学、龙凤小学等学校成功举办“祖国好·家乡美”“送文艺下乡百场演艺活动”，丰富群众业余文化生活。成功申报2017年全省文明乡镇和文明村。开展最美家庭、十佳贤妻、十佳慈母、十佳孝女争先创优评选活动，乡风文明进一步提升。人口计生服务管理不断优化，全面两孩政策稳步实施。开展残疾人登记工作，保障残疾人权利。工会、共青团、关工委、妇联作用有效发挥。

【自身建设不断加强】 扎实推进“两学一做”学习教育、不断提高政治站位。切实把纪律和规矩挺在前面，强化监督执纪问责，驰而不息纠正“四风”，党风廉政建设和反腐败工作取得新成效。遵守议事规则，行政决策制度科学、程序规范、民主高效。自觉接受镇人大监督，主动接受社会公众监督，严格落实依法行政责任制，规范行政程序和行政行为，严格按照政府权力清单依法行政。政务公开、政府信息公开全面深化。严格执行行政机关公车、公务接待制度，“三公”经费持续下降。

（撰稿人：办公室）

杨家湾镇

【概述】 杨家湾镇位于毕节市七星关区西南角，全镇总面积94.5平方公里，辖17个村（居）委会，现有人口14924户57763人。全镇属北亚热带湿润季风气候，境内气候独特，具有冬无严寒，夏无酷暑的特点。年平均降水量983毫米，日照率约33%，无霜期长达280天以上，耕地面积62400亩，森林覆盖率达42.3%。地面气候温和、雨量充沛，适于玉米、水稻、小麦、薯类、豆类等粮食作物及半夏、天麻、金银花等中草药生长，且盛产烤烟、茶叶、大白蒜等农特经济作物，其中大白蒜闻名遐迩，远销至东南亚、西欧等国家和地区，素有“大白蒜之乡”的美称。境内属喀斯特地貌，矿产资源丰集，辖区内蕴藏大量原煤、大理石、铁矿、粘土等资源，原煤理论储量8亿吨，大理石储量0.8亿立方，粘土储量居全区之首。境内自然风光神奇秀丽，人文景观历史悠久，具备发展文化生态旅游得天独厚的条件，有“中国森林氧吧”称号的拱拢坪国家森林公园，高峡平湖的夹岩水库七星河库区，更有诸葛亮祭七星的神秘传说，古驿道、摩崖石刻等文物古迹，有革命烈士夏曦纪念碑为中心的红色教育基地，昭示革命先烈的光辉，更有穿越百年的桥梁群落，在七星河上记录着时代的变迁。

【党的建设】 坚持党要管党、从严治党，严格落实“三严三实”工作要求，以深入推进“一核多元”基层组织服务体系建设为抓手，投资700余万元对14个村居村级服务阵地进行标准化打造。我镇全面完成22个支部党组织规范设置改革工作。根据各行政村党员人数及各自然村寨、各村民小组党员人数、结合各行政村实际情况，建立了杨家湾社区党总支，下设街上和太平桥两个党支部；站坡社区党总支，下设站坡社区第一和第二两个党支部；营盘村党总支，下设管东和白凤两个党支部；戛木营村党总支，下设戛木营村第一和第二两个党支部；杨箐社区党总支，下设箐脚和王家坪两个党支部、杨家湾中学党总支，下设文科和理科两个党支部；杨家湾教育管理中心党总支，下设语文教研组和数学教研组两个党支部。农村深化改革现场会在我镇大埂子村顺利召开，我镇创新的“压实党建责任，开展亮单行动”工作得到全市借鉴和学习。以示范引领发展，切实解决“空壳村”；创新考核机制，培养和选拔了一批群众认可、实绩突出、作风过硬的干部，点燃了干部干事创业的激情。

【产业发展】 一是扎实推进板块经济建设。2017年，在环七星河生态农业经济带种植杨梅、车厘子、枇杷、脆李等特色经果林2500亩，在塘边—营盘特色农业经济带种植2000余亩，黄柏等中药材种植1200亩，开林村茶叶种植示范基地紧邻国家AAAA级景区拱拢坪森林公园，规划高标准规范化连片种植万亩茶园，基地四周森林环绕，生态优美，水源丰富，水域面积110亩、库容量400万立方的鸭子塘水库居于基地核心位置。畜牧业方面，结合建成1个20万羽标准化蛋鸡养殖场，1个骗鸡养殖场，1个养牛场，牛存栏量3158头，羊2165只，猪8982头，鸡81361羽，鹌鹑15000羽，着力推进农业六大板块经济建设，农业产业化稳步推进；二是城镇化步伐加快。对城镇规划进行编修，城镇新区建设通过与国道改扩等项目有效整合，启动投资10亿元的七星古城建设，城镇配套设施逐步完善，工程建设有序推进；结合镇实际情况，以分段实施，滚动发展的原则，完成新型小城镇建设周驿段1.2公里路面建设；完成七星、发达段天然气管道铺设工作。三是生态旅游不断提升。依托拱拢坪国家森林公园、周驿茶场生态农业观光园和夹岩水利工程七星关库区建设，充分利用电视、网络等形式提升“古驿桥乡·七星故里”品牌影响力，生态旅游初具规模。

【基础设施建设】 完成鸭子塘小二型水库改造、松山大塘除险加固工程，解决三合、站坡等11个村级小学师生的安全饮水问题，完成开林村安全饮水巩固提升工程，新建通寨路37.8公里、连户路17.2公里，“四在农家·美丽乡村”建设稳步推进，通村公路实现全覆盖；投资753.62万元实施危房改造173户，群众生产生活水平得到大幅提高；突出生态理念，完成退耕还林4800亩，大力改善人居环境。

【政法综治】 围绕“法制毕节创建”工作目标，新时代农民讲习所、农民讲师巡讲等平台，开展“政策法规大宣传、矛盾纠纷大排查、社会治安大整治、安全生产大整治”专项行动，探索公道评说等创新工作方法，排查各类民间矛盾纠纷154起，调处145起，化解历史疑难信访件1件，深入推进“法治杨家湾”建设，加大治安管理、刑事案件等的打击力度。

【安全生产】 坚持“安全第一、预防为主、综合治理”的方针，牢固树立“发展是第一要务，安全是第一责任”的意识，严格贯彻落实领导干部安全生产“一岗双责、党政同责、齐抓共管”责任，制签订各类责任书120余份，100%全覆盖，建立健全了安全生产协调、监管、会议等制度。加强对辖区内学校、企业、水库、道路交通、易燃易爆物品等各行业、各领域的安全监管，严厉打击“三非”及私挖乱采行为，消除安全隐患，半年来共组织检查500余人次，检查出安全隐患300余条，整改率99%以上，对学校、农村开展消防安全大检查，广泛宣传消防安全有关知识，进一步增强了广大干部群众的消防安全意识，切实保障了人民群众的生命财产安全。

【社会事业】 始终把民生改善作为经济社会发展的基本出发点和着力点，加快民生事业发展，全力提高群众生活水平。突出教育发展。优化配置义务教育办学资源，推进新一轮薄弱学校改造工程，完成站坡小学、七星小学新建工程，为广大师生提供优良的教学环境。提高医疗卫生水平。防疫保健工作逐步加强，农村合作医疗工作顺利开展，全年全镇新型农村合作医疗参合人数40837人，完成率为：100%，切实提高基本医疗服务保障能力。计生工作巩固发展。健全完善人口计生工作新机制，认真落实“二孩”政策，做好生育保健和服务工作。和谐进程稳步推进。围绕“保增长、保民生、保稳定”的要求，牢记“发展是硬道理，稳定是硬任务”的使命，强化各项措施的落实，全镇上半年无群体性越级上访和群体性事件发生，切实维护了社会稳定。社会矛盾纠纷大调解工作成效明显。按照社会矛盾纠纷大调解“应调尽调”的工作原则，及时化解各种矛盾纠纷。上半年全镇调解成功率达95%。同时，加强对刑满释放和解除劳教人员的过渡性安置和帮教，各种矛盾纠纷得到及时化解，解决在萌芽状态，有力地维护了一方的稳定。综治维稳工作格局初步形成。全力依法打击处理各种邪教组织和违法宗教活动，有力地开展“崇尚科学，反对邪教”的宣传教育活动。社会保障体系进一步完善。大力抓好城乡居民医疗保险及新型农村社会养老保险工作。

新型农村社会养老保险参合人数40837人，城乡居民医疗保险综合参保人数14486人，综合参保率66.84%，续保率83.2%。有序推进精准扶贫工作。一是成立脱贫攻坚指挥部，进一步明确包村领导作为帮扶工作的第一责任人，精准安排帮扶干部、精细实施产业扶贫项目、亲自把关户档村档，各村支部书记为直接责任人，且抓住第十届村两委换届的契机，配优配齐村支两委班子建设，增强了村支两委班子的战斗力、号召力、公信力，2017年8月，镇党委、政府再次对帮扶责任人进行明确，将全体镇干部和村干部共同作为贫困户的帮扶责任人，用于弥补相互之间情况不清、业务能力弱的短板，再次有效提高了帮扶工作的精准度和满意度，为贫困村脱贫致富、全面发展提供了坚强的组织保证。二是因村施策、按需排人，突出精准帮扶。根据贫困村地域、经济发展条件等特定因素，在适合养殖的戛木营村、香炉村选派农牧局驻村工作组，在适合种植的营盘村选派环保局驻村工作组，在村级党组织软弱涣散的开林村选派能力突出的班子成员及国土局下派的驻村工作组，在矛盾纠纷较为突出塘边村选派政法委驻村工作组，做到因村施策；各村再认真走访的基础上，各包村领导进行整体调配，根据贫困户致贫原因、干部专业等因素调配帮扶责任人，做到有人帮扶，用心帮扶，取得实效，全面完成各年度脱贫任务。（撰稿人：吴金刚）

放珠镇

【概述】 放珠镇距离城区62公里，位于七星关区西北部，政府所在地海拔1601.05米，经度104°52′01″~104°59′49″、北纬27°09′49″~27°18′24″，东西最大距离12.5千米，南北最大距离15.9千米，全镇总面积为82.6平方公里，其中耕地21795亩、水田2500亩、沙地5106亩，弃地、住房和水沟等33579.5亩，旱地19295亩、荒地10450亩，有林地31156.5亩，森林覆盖率为55.37%。全镇辖11个村4个居委会，128个村民小组，9805户，37977人。2017年年初以来，放珠镇在区委、区政府的正确领导和安排部署下，全镇完成民间投资0.253亿元，工业投资0.057亿元，完成农业投资0.162亿元；完成招商引资1.3亿元。农村居民人均可支配收入8060元，同比增长13%，城镇居民人均可支配收入14200元，同比增长11%。烤烟种植完成750亩，完成计划面积的115.4%。

【党的建设】 坚持以邓小平理论、“三个代表”重要思想和科学发展观为指导，深入贯彻落实中共十九大精神和习近平新时代中国特色社会主义精神。进一步将中共十九大精神的宣传教育引向深入，全面推进中国特色社会主义新时代宣传教育。2017年10月下旬起，放珠镇在辖区内进行了55次“宣讲中共十九大精神”宣讲、5000余人参与了活动。以“中共十九大精神”为主题，举办1次新时代讲习大赛。（一）履行全面从严治党，加强党的政治建设。严格执行中央、省市区委关于实行党风廉政建设责任制的规定，认真履行“第一责任人”的职责，牢固树立抓党风廉政建设责任制的政治责任意识。做到“重要工作亲自部署”“重大问题亲自过问”“重点环节亲自协调”“重要案件亲自督办”。牵头研究制定本镇党风廉政建设和作风建设工作计划、目标要求和具体措施，并亲自抓部署、抓协调、抓督促、抓落实。2017年办结信访件3件，立案11件（民生领域立案10件），结案5件，党政纪处分8人。组织党员干部学习贯彻中共十九大精神、《准则》和《习近平系列重要讲话读本》、“两条例四准则”。开展纪检监察系统“两准则四条例一规则”知识测试1次、党员干部“党纪党规”知识测试1次；签订了廉政承诺书67份。（二）严明党的纪律，坚决维护党章的权威性和严肃性。加强党员干部教育培训，2017年全镇成立新时代讲习所16个，召开新时代讲习场次55次、参学党员干部群众5000余人。推动党员群众及干部充分发挥先锋模范作用。全镇党员干部严守政治纪律。积极转化党建扶贫成果，严格执行精准扶贫识别标准，2017年在查漏补缺工作中，新增72户299人，补录漏人426人，返贫3户13人，清退133户396人。目前建档立卡人口1361户5784人，其中2014年脱贫242户1123人，2015年脱贫153户617人，2016年脱贫242户1196人，未脱贫724户2848人，贫困发生率为8.3%。并对识别出来的贫困户，建立贫困户明白卡、台账、制定帮扶措施。（三）强化监督制约，规范权力运行。一是开展党委权力运行规范化建设。严格按规范权力运行。二是加强民生项目资金备案126件。三是实行党务、政务公开制度。在政府建立党务、政务公开栏，实行了党务、政务公开。四是加强村务公开制度。进一步推动办事公开、透明，强化农村的民主与管理。同时，各村采取形式多样的方法，坚持村务定期公开与不定期公开，自觉接受人民群众的质询与监督。（四）开展党风党纪和廉洁从政教育。该镇围绕增强党员领导干部廉洁从政意识这一主题，开展了党风廉政教育活动。一是认真开展理论教育。认真学习中央关于改进作风、密切联系群众的八项规定，并在实际工作中切实加以履行。二是组织党员干部学习贯彻中共十九大精神、《准则》和《习近平系列重要讲话读本》、“两条例四准则”。开展纪检监察系统“两准则四条例一规则”知识测试1次、党员干部“党纪党规”知识测试1次；签订了廉政承诺书67份。

【产业发展】 一是积极引资培育新经济增长点，引资0.5亿万元在永安村四组续建毕节七星锁业有限公司；引资0.3亿元新建毕节红星锁业有限公司，该两个项目主要以生产锁、五金加工为主，该项目已建设完成，已投产；引资0.5亿元在毛家屯村新建七星关区放珠镇毛家屯村蛋鸡养殖场。二是加快调整农业产业结构，板块经济打造，区人大副主任张骅主任联系我镇长沟村天麻种植600亩，区级示范点建设毛家屯村和长沟村茶叶种植2500亩，放珠镇党委书记示范样板点长沟村板栗种植500亩，放珠镇党委副书记，镇长示范样板点永安村蜂糖李子种植500亩。其余各村累计计划蔬菜种植3000亩，食用菌1000亩，经果林1000亩，中药材1000亩。。

【脱贫攻坚工作】 （一）基本情况：全国扶贫开发系统贫困户1378户5909人。其中2014年脱贫237户1108人，2015年脱贫150户616人，2016年脱贫241户1206人，2017年脱贫242户1086人，未脱贫508户1893人，返贫3户13人，贫困发生率为5%。全镇有天桥村、永安村、邵家村、毛家屯村、白泥村和哩东村6个一类贫困村，曹家村和长沟村两个二类贫困村，其中2016年已出列曹家村和长沟村，2017年已出列天桥村、邵家村、毛家屯村和白泥村，计划2018年出列哩东村和永安村。（二）产业扶持情况：按照贫困农户“户户有增收项目、人人有脱贫门路”基本要求，坚持强龙头、创品牌、带农户，用好秋收备耕下种有利时机，推进农业产业结构大调整。一是通过2017年第一批中央财政专项扶贫资金246万元，全镇养商品猪1683头，养牛105头，养鸡10800羽，养蜂53桶；全镇种植蔬菜280亩，种植天麻10.56亩，种植烤烟80亩，劳动力转移就业181人。二是通过2017年省级减贫摘帽奖励资金100万元，计划在今冬明春，全镇400户贫困户种植脱毒马铃薯，每户种植5亩，每亩补助500元，每户补助2500元，400户共补助100万元。三是通过2015年财政结转资金1263844.93元中的46万元，帮扶92户贫困户养猪460头，补助1000元/头，每户养猪5头，460头共补助扶贫资金46万元。通过以上产业扶持，确保2017年计划脱贫的242户每户都有3种以上帮扶措施和增收项目。（三）“三权促三变”改革工作开展情况：全镇15个村（社区）分别成立了村社一体种植、养殖、劳务专业合作社，放珠镇“三变”改革试点村为长沟村。一是成立七星关区放珠镇益兴板栗专业合作社（村社一体），积极落实特惠金融政策，将精准扶贫到户的“特惠贷”资金入股到本村经济合作社，以村经济合作社为单位投入到效益较好的企业或合作社参与分红。参与农户306户1561人，其中精准扶贫户23户60人。按照合作社+村集体+农户的运行模式，鼓励农户以土地、资金等形式与合作社联营，年终按照合作社占70%，村集体占10%，农户占20%的收益分配模式进行利润分成，现种植面积1100亩。二是以扶持壮大村集体经济和贫困户收入为基础，整合财政扶贫资金分配到各村入股农业经营主体和各企业经营主体，各村根据所分得资金比例享有入股资金5%以上的年保底分红。白泥村10户贫困户通过2016年第一批中央财政专项扶贫资金养殖类项目，入股绿叶生态养殖专业合作社20万元，按照村委会加合作社加贫困户的模式，每年固定分红1万元，其中村集体经济占40%（即4000元），贫困户占60%（即6000元）；毛家屯村96户贫困户通过市级领导帮扶项目，入股毕节七星锁业有限公司50万元，按照村委会加企业加贫困户的模式，2017年资金回报率为20%，以后每年在回报资金的基础上递增5个百分点。回报资金中，毛家屯村集体占30%，96户贫困户占70%。另外，通过2015年财政结转资金，拟实施以下项目：1、长沟村14户贫困户及村集体入股毕节红星锁业有限公司203844.93元；2、播乐沟村28户贫困户及村集体入股七星关区放珠镇播乐沟村众望养殖专业合作社40万元；3、邵家村14户贫困户及村集体入股七星关区放珠众鑫养殖专业合作社20万元。

【城镇化建设】 一是投资50万余元建设放珠镇垃圾中转站一个，目前主体工程已竣工，预计12月中旬投入使用。二是深入推进“三创一建”和“文明在行动 满意在放珠”专项行动，门前三包签订率100%，通过购买服务的方式把集镇卫生承包市场化运作，城镇大环境卫生得到明显改善。

【基础设施建设】 一是大力推进交通基础设施建设，投资3000余万元重建杨放公路。二是新建7个村（居）服务阵地（长沟村、碗厂社区、法桥社区、播乐沟村、放珠社区、永安村、海螺村），建设面积500平方米，已经全面竣工，投入使用，总投资520.33万元；改扩建4个村（居）服务阵地建设（木通沟村、白泥村、瓷厂社区、毛家屯村），面积达500平方米，目前正在实施阶段。三是农村公路“组组通”项目建设2017年涉及8个村（居），共11.286公路，已经基本事实完成。

【社会事业】 一是大力发展教育事业，协调解决教育工程遇到的困难，各项保学控辍指标均达到要求。二是切实强化社会保障，全镇社保2017年目标参保人数16538人，现参保人数10716人，参保率64.8%，目标续保任务6881人，现续保人数2374人，续保率34.5%，缴费目标任务115.3万元，现缴费25.71万元，缴费目标完成率22.3%。三是加大合作医疗保障范围，完成合作医疗任务25749人，完成率100%，共收缴参合金308.988万元；四是加大民政救助保障力度，2017年把1067户2418人纳入农村低保，发放低保金339.6万余元，把172户609人纳入城市低保，发放低保金103.3万余元；五保老人分散供养43人，集中供养18人；发放临时救助8户20000元，医疗救助38户4.85万元，冬春救助粮13吨，春节慰问金1.25万元，2016－2017年冬春救助款21万元；完成辖区内1111户1541名留守儿童（重点对象一级1人，二级51人）、残疾人口1013人，困境儿童29户39人调查统计、建档立卡工作，截至目前已完成“春苗乐园”“心晴家园”的建设，15各村（居）共建立“心晴家园”57个，“春苗乐园”14个，设立党小组48个，有童伴妈妈71名。五是继续稳步推进人口与计划生育。2017年，全镇共出生236人，其中常住出生222人，流出出生14人。其中男孩120人，女孩116人，性别比为103。全镇共完成长效避孕节育手术150例，占全年手术任务的103%。其中结扎完成0例，上环完成150例。六是扎实做好民族宗教工作，有序推进群团工作、应急管理、档案管理及信息报送等其他工作。

【农业农村工作】 1、辖区内现有养殖场3家，分别是：

（1）众望养殖专业合作社，新修猪舍2136.7平方米，饲养能繁母猪100头，2017年投入运营，投入资金160万元。（2）众鑫养殖专业合作社，新修猪舍1090平方米，饲养能繁母猪62头，2017年投入运营，投入资金150万元。（3）大鑫源养殖专业合作社，新修猪舍1658平方米，饲养能繁母猪73头，2017年投入运营，投入100万元。2、现有2家种植专业合作社，分别是：（1）放珠镇喜丰收种植专业合作社，种植香葱、香菜110亩，投入50万元。（2）放珠镇益兴种植专业合作社，板栗种植，投入资金60万元。3、农业工作：（1）全镇种植玉米种植全镇13000亩；马铃薯种植11672亩；商品薯种植10372亩；水稻种植2300亩；（2）农机数据：全镇有微耕机157台，农用车147台，年检35台，报废57台，超期未检验55台。4、林业工作：（2017年无任务）（1）全镇共有国家级公益林3137.4亩，地方级公益林46202亩。现有公益林基金管护人员18名（12个村每村一名，长沟村3名，碗厂社区3名）。生态护林员14名（14个村各一名，其中曹家村、哩东村、木通沟村、天桥村、长沟村还未得到省林业厅批复）。（2）现有森林面积46203.5亩（不含2014年、2015年、2016年退耕还林、荒山育林工程的面积），森林覆盖率达55.37%。（3）现有林地4373.94公顷。（4）2014年实施退耕还林3225亩，荒山绿化3990.8亩；2015年退耕还林5572.6亩，人促封育1504.3亩，荒山绿化，荒山绿化；2016年7942.6亩，人促封育1219.8亩，石漠化任务670.2亩。

【社会和谐稳定】　一是绝不放松安全生产工作，2017年以来雨量大大增加，各类自然灾害和事故隐患突出，防汛度汛工作为全镇安全工作的重心。加强巡查监控力度，强化防范应对措施。截至目前，全镇共开展安全生产执法检查112起（处），排查各类安全生产一般隐患158条，整改151条，一般隐患整改率96%，全年无重大安全生产事故发生。二是信访维稳工作，强化领导、落实责任，坚持排查、消除隐患，立足本职、宣教结合，按“将矛盾排查工作做在前期，消化在萌芽状态”的要求。采取抓早、抓小、抓苗头，做到防患于未然。向群众宣传依法信访、文明信访知识。到目前为止，放珠镇辖区未发现有集体上访苗头，较为稳定。三是扎实推进“法治毕节”建设，开展依法行政大讨论，实施法治政府建设工程；加强对殊人群服务管理“六项工程”建设，重点加强对流浪未成年人、农村留守儿童、闲散青少年等重点青少年群体救助服务管理。建立和完善刑释解教人员安置帮教和社区矫正工作机制，切实抓好对易肇事肇祸精神病人、吸毒人员、艾滋病人等特殊群体的服务管理工作；全面深化禁毒宣传和预防教育，严厉打击吸贩毒违法犯罪活动。

（撰稿：张　剑）

野角乡

【概述】　野角乡位于北纬27°14′00″－27°20′30″、东经104°58′45″－105°11′15″，地形东西低，南高北低，中部高，呈倒“U”型，平均海拔1650米，东连长春堡镇、何官屯镇，南邻撒拉溪镇、杨家湾镇，西接放珠镇，北依青场镇、水箐镇。乡人民政府驻西桥村学校组，电话号码0857，邮政编码551718，距七星关区城中心37千米。2016年辖沙拉槽、大麻塘、郎家塘、邓家湾、西桥、大水、元华、天星、白龙、北山、茅坪11个行政村118个村民组。总面积125.5平方千米，总人口26847人。

【经济指标】　2017年招商引资实际到位资金1.2亿元，党政主要领导分别完成实际到位资金3000万元。民间投资2017年完成0.39亿元，民营经济总产值0.64亿元，完成率为100%。圆满完成烟叶种植任务。

【人口指标】　人口出生率：目标是13‰以内，现在是7.5‰；自然增长率：目标是6‰以内，现在是4.7‰；符合政策生育率：目标是88%以上，现在是88.6%；孕前优生健康检查：目标是60对，现完成60对。完成目标任务的100%；妇科病普查普治：目标是5个村，现在完成4个村。完成目标任务的80%；政策外多孩占出生人口的比例：目标不能超过9%，现在是3.9%；落实长效避孕节育措施：目标任务114例，完成72例，完成任务的63%。

【党的建设】 大力落实党委主体责任，狠抓党风廉政建设，一是精心组织，认真落实，始终把党风廉政建设工作和反腐倡廉工作纳入重要工作议事日程，与各项工作同部署、同落实，将党风廉政建设责任层层分解，落实到责任领导和相关办公室，形成上下贯通，一级抓一级，一级对一级负责的工作格局。二是传达学习了相关会议精神，认真签订了党风廉政目标责任书50余份。三是每月抽调办公室相关人员，组成检查组，采取明查暗访，不打招呼、突击检查等方式对机关作风定期或不定期进行跟踪检查，对违反工作纪律，工作效率低下，工作质量差的进行了约谈批评，对主要责任人给予了经济处罚、大会作检讨等处理。四是认真落实中央八项规定及省、市、区规定精神，坚决纠正四风。紧盯春节、五一、端午节易发节点，加大明察暗访力度，提醒提示中层以上干部，节假日要过一个干净文明祥和的节日，在公款吃喝、公车私用、婚丧嫁娶上一定要绷紧弦，切不可侥幸行事，一定要时刻牢记纪律红线，不触碰、不违纪，努力形成作风建设新常态。五是积极开展了守纪律、讲规矩、转作风、提效能纪律作风整顿活动，撰写心得体会20篇，上报信息12篇。六是开展民生监督警示教育进乡镇活动、干部作风大整顿活动，通过为期一月的纪律作风教育整顿，干部职工中存在的不良倾向和作风问题，在较短时间内予以改正，机关作风有了明显好转。七是全力配合上级开展各类大检查，由专人负责，积极配合，提供资料，在财务管理、三公经费使用上，未发生任何违纪现象。八是推行党务公开、政务公开和办事公开。对2017年党员承诺事项进行了公示，对乡重大事项、项目建设定期进行了公开，做到公开、透明、方便群众监督。九是按时上报文件、报表。全面解决“空壳村”问题。一是巧借“政策扶持资金”捆绑企业助村集体脱壳。村集体将上级部门扶持项目经营主体的资金在不改变资金性质的前提下，通过协议方式，量化为股金入股到经营主体，助力村集体经济脱壳。2017年年初，村支部将区扶贫办的项目扶持资金26万元作为股金注入努比亚种羊繁育基地，使村支部占据该公司10%的股份。同时通过向其申报生产便道、饮用水池等基础设施建设项目等进行量化，以此为股本要求企业向周边贫困户免费发放种养，并在提供技术指导的同时对成品羊进行保底收购，带动群众脱贫致富。二是自筹强基固本贴息贷款，捆绑联营户使村级实体崛地。针对村支部发展集体经济无启动资金，能人（大户）创业无后续资金的实际，该乡自筹资金成立“强基固本基金”，为各村支部分别提供10万元的贴息贷款（贴息时间一年，贴息金额8400元）用于注入村域范围内发展计划好、经营风险小、管理能力强的能人（大户或合作社）项目，并以此为媒盘活2016年第一、二批中央财政专项扶贫发展基金，通过股份制的形式建立利益联结机制，将合作社、支部、贫困户三者进行捆绑，帮助村级集体经济发展起步，为空壳村的消除提供“第一桶金”；助力产业发展壮大，为合作社走出困境雪中送炭。截至目前已通过这样的方式在农商行贷款80万元（政府贴息67200元）。分别在沙拉槽、白龙两个村种植蔬菜400亩；在邓家湾村培育野生天麻1000余亩；在元华村种植红心猕猴桃100亩，并以短养长套种大豆；在北山村发展养殖肉猪120头；在郎家塘村发展林下养鸡，已出栏鸡5000余羽；在大水村新建食用菌生产大棚22个，连片种植脆红李4000亩。目前邓家湾村、郎家塘村、北山村、大水村村集体经济达到3万元。扎实推进范本村打造工作。野角乡扎实推进大水村范本村打造，一是成立“水陆之珍种养合作社”和组建“大有可为建筑施工队”。在土地确权的基础上，将全村的剩余土地全部收归村集体所有，按照“支部+合作社”的模式组建“水陆之珍种养合作社”。新建蔬菜大棚200个，建生猪养殖场，石蛙养殖场等，并配套建设农产品交易中心等基础设施，目前在大水村新建食用菌生产大棚22个，连片种植脆红李1000亩。大水村党支部将在家的劳动力根据其掌握的技术和专长进行归行划队，并牵头组建“大有可为建筑施工队”。目前承接了本村通村路、通组路、村级服务阵地、贵州民居等各类基础设施建设，所得的利润作为村集体经济收益与群众分红，壮大村集体经济的同时拓宽群众增收渠道。二是加快推进“生态人居”“生态环境”“生态经济”“生态文化”四大工程建设。重点围绕大水村道班（大二路与从通村路交界处）经新坡、塘边、团结（分路经大火地、旧屋基至天星半边街）、凉水、李家坪子至水箐镇边界和农业园区产业带进行打造，覆盖大水5个村民组256户。做到以点带面、稳步推进，建成生态农业与乡村旅游的示范点，形成宜居宜业宜游的美丽乡村新格局，使美丽乡村成为大美野角的靓丽名片。扎实开展“两学一做”学习教育常态化制度化建设。自“两学一做”学习教育启动以来，我乡紧扣“学、改、做”要求，注重学与做的辩证统一，推动“两学一做”学习教育常态化制度化建设，使其在脱贫攻坚中焕发光彩。学习过程中，在牢固学好党章党规、习近平系列重要讲话精神同时，更加注重典型学、交流学、活动学，学习黄大发“信念为先、团结为要”的精神，学习塘约农村改革经验，并开展了4次知识抢答竞赛巩固学习成果，真正做到入脑入心。在依托“脱贫攻坚讲习所”平台，认真领会区委主要领导历次到我乡蹲点调研时的指导讲话精神，乡党委组织班子成员深入田间地头给群众讲解脱贫攻坚有关知识，使群众知晓率达100%，与时俱进学习借鉴“塘约经验”，盘活农村资源资产资金，深化农村改革，不断发展壮大集体经济，促进农业增效、农民增收和农村发展，形成脱贫攻坚强大动力。一是着力强化班子建设，激发内生动力。抓好乡村两级班子建设，建立健全村干部激励薪酬体系和考核机制，逐步提高村干部待遇；严管善用第一书记和驻村干部。二是着力抓好能人带动，做好示范引领。鼓励和引导有能力、有条件、管理能力强的能人，通过“能人+贫困户、合作社+贫困户的模式在全乡7个贫困村中培育能人示范带动基地3个，示范带动60户贫困户加快脱贫步伐。三是组织党员讲师团，开展政策宣传。党员讲师团深入农村，给群众宣传国家扶贫政策，及时把党和政府的脱贫计划传达给大家，引导大家的自觉行动、转变观念，投身于建设家乡的队伍中来，带动群众脱贫致富。四是以提升党员素质为根本，加强党员队伍建设。我乡扎实开展党员培训和民主评议工作，对党员进行理想信念、宗旨意识、纪律作风等方面的培训教育，提高党员的综合素质。按照“优化结构、提升质量”的要求，2017年发展优秀党员15名，其中农民4名，35岁以下8名。发展积极分子6名，其中农民2名，35岁以下3名。五是强化人才资源统计，圆满完成区人才办安排的人才统计任务。六是强化理论武装，凝聚思想共识。办年以来，党委中心组结合中共十八届历次全会精神，“三严三实”“四个全面”战略布局等组织开展了专题学习6次。积极组织开展系列活动，丰富宣传内涵。一是开展普法宣传，建设法治野角。深入开展法治宣传活动。该乡充分利用法治宣传栏、黑板报、法治文化长廊等多种形式，在乡、村人员密集的地方进行法治建设、禁毒、普法等宣传，逐步使尚法、守法、用法的观念深入人心。加强法治文化教育活动。我乡以预防青少年违法犯罪为重点，积极开展法治教育进校园活动，邀请派出所对乡域内中学和所有小学的师生进行法治文化宣讲，努力创建法治校园、和谐校园。二是开展联谊活动，扩大交流合作。该乡举办了“六一”“我们的节日·端午”等活动，大力宣传农村思想政治教育；在集镇处开展“赶场天赛起来”活动等。三是开展志愿活动，传递社会正能量。我乡以志愿服务活动为载体，组织机关、乡直单位、卫生院、学校团支部的广大党员干部，积极参加义务植树、免费义诊、义务洁乡等志愿服务活动。深化文明创建，丰富群众生活。一是广泛开展群众性文化娱乐活动。一是广场舞深入大街小巷，全乡11个村共发展广场舞民间团体11个，吸纳广场舞爱好者160余人，每当夜幕降临，随歌而舞的人们在享受文化的同时也在传播着文化。二是以农家书屋为载体，组织开展全民阅读活动，不断提升群众文化素质；以乡村文化广场为阵地，设立文化宣传长廊、配套文化体育设施，引导群众农闲时节广泛开展文化娱乐、广场健身等文体活动；以乡村学校少年宫为平台，不断拓展活动内容，开发特色项目，为未成年人的健康成长和全面发展创造条件。二是培育和践行社会主义核心价值观。一是加大社会主义核心价值观的宣传力度。利用我乡“七个起来”，大力传播社会主义核心价值观，弘扬主旋律，传播正能量。在全乡各村都制作了社会主义核心价值观宣传画和宣传提示语等内容，引导群众以实际行动践行社会主义核心价值观。二是把社会主义核心价值观融入校园。我乡各中小学，坚持育人为本、德育为先，把社会主义核心价值观融入校园，形成课堂教学、社会实践、校园文化多位一体的育人平台，社会主义核心价值观建设硕果累累。三是新建墙体标语，助推脱贫攻坚。为加大脱贫攻坚宣传力度，我乡新建脱贫攻坚宣传标语2000余平方米，喷绘20余幅，为全乡脱贫攻坚工作奠定宣传基层。加强媒体宣传，提升群众知晓率。1、在毕节日报刊播本单位新闻稿件3篇，在毕节晚报、区电视台、微七星关、云上七星刊播本单位新闻稿件10篇以上。2、对全乡舆情管控全面，没有出现因管控不力而产生负面影响。

【产业发展】 围绕“一线三圈”为重点打造区域，通过以点连线，以线带片的方式渐进向全乡范围内辐射铺开。一线：元华村马路—街上—帽砂—上下华—西桥—邓家湾—青场：种植猕猴桃、日本柿子、脆红李等经果林1000亩；邓家湾种植天麻2000亩。“三圈”：天星大火地—旧屋基—猫依—白龙官寨—河头—小河—北山小河—烂泥—乌沙寨—天星村半边街—旧屋基：在天星建成年出栏两万头生猪养殖场1个；连片蔬菜种植300亩；在白龙小河、北山小河种植茶叶600亩；围绕乡村旅游在白龙小河打造400亩精品水果采摘园、农业观光体验园；在北山发展连片蔬菜种植400亩。大水村团结——塘边——新坡——元华村马路、街上——上大水——下大水一带：种植经果林1500亩，其中脆红李1200亩（套种苦荞1000亩），杨梅300亩；蔬菜种植320亩；早熟马铃薯180亩；水产养殖300亩，形成春赏花、夏摘果、秋收荞、冬垂钓的四季农业园。拱拢坪景区——大麻塘——沙拉槽村盐行——乐居块——拱拢坪景区：种植经果林2000亩，连片大棚蔬菜100亩，中药材100亩，连片蔬菜200亩，烤烟3000亩。示范点打造，书记示范点在大水村，种植脆红李1200亩（套种苦荞1000亩）。乡长示范点在白龙村和北山村，种植茶叶600亩，经果林400亩。副书记示范点在元华村，种植经果林1000亩。分管领导示范点在邓家湾村，种植野生天麻1000亩。各村按照“一村一策”的要求，本着因地制宜、科学规划、合力推进的原则，通过“村社一体合作社＋公司＋基地＋农户”的模式，重点围绕经果林、蔬菜、脱毒马铃薯、烤烟等进行打造。包村领导示范点不低于100亩，支书、主任不低于50亩，要求插牌管理。工作进度，全乡已完成玉米秸秆清理8600亩；重点区域土地翻犁工作已完成，其中重点区域3000亩，其他区域5600亩；已调化肥20吨、地膜5吨、脆红李32万株、白茶苗16万株，其他2万株，脱毒马铃薯24000公斤；培育经营主体34个，村社一体合作社11个、20个公司、3个大户；农业技术培训4期，参加培训达420人次；11个村开展群众会11次，参加群众达1200人次；预计悬挂38幅横幅，重点区域4幅、其他一个村2幅。4个1000亩乡级示范点已挂牌，书记示范点1200亩脆红李已经种植完毕；乡长示范点已栽种750亩（其中经果林400亩，茶叶350亩），因茶叶未调到位，还差250亩未完成；副书记示范点已经栽种经果林555亩，苗已经到位，由于凝冻影响，还差445亩未完成；分管领导示范点种植天麻1000亩，已经栽种完毕。已完成种植早熟马铃薯180亩、蔬菜2800亩、中药材2000亩、经果林5935亩。

【基础设施建设】 一是水电路等基础设施建设有序推进。本着差什么补什么的原则，我乡积极与上级有关职能部门对接，争取相关基础设施项目，仅2017年，全乡实施的通村路近90公里，通组路40余公里，各产业园区机耕道60余公里，目前，各路段施工正有序推进中；乡客运站已建成并投入使用；全乡河道治理工程等项目正在申报当中。二是教育基础设施稳步推进。争取爱心人士捐赠40万新建的半边街幼儿园已启动施工；涉及野角中学、快乐小学等4个学校的薄改工程已完成征地拆迁；涉及野角中学、中心校、幼儿园等三所学校的示范校建设已初具雏形。三是乡村两级办公阵地明显改善。筹资100万元，实施政府服务功能提升工程；新建的4个村村级服务阵地已完成二楼的封顶。四是美丽乡村建设取得重大进展。在天星、沙拉槽、白龙、邓家湾、大水、西桥、郎家塘等村实施以贵州民居房屋改扩建为主要载体的美丽乡村建设，同时因村制宜配套完善相关基础设施。目前正推进大水、天星一线涉及7个村民组328户农户的“美丽乡村”市级示范点的建设。五是农村环境卫生、特色集镇建设等取得新进展。

【政法综治】 一是治安案件和刑事案件排查情况：我乡2017年治安发案72起，查结72起，刑事案件3起，查结1起；2017年以来，通过集中整治，治安案件查处率超过98.5%，刑事案件破案率达到100%，同比明显提高，治安案件和刑事案件同比明显下降。二是2017年以来，全乡共排查出54起矛盾纠纷，其中农村农业5起，国土资源3起，城乡建设2起，劳动和社会保障3起，教育文化1起，民政5起，政法2起，交通运输1起，纪检监察1起，其他3起。在26起矛盾纠纷中，截至目前，已经化解了51起。三是社会治安防控体系“六网”建设情况：全乡单位宿舍楼院数4个，楼栋数8栋，安装视频监控8栋，成立业主委员会楼栋数8栋。通过楼群院落防控网建设，单位宿舍楼的治安形势明显好转，没有发生偷盗等案件；全乡在单位和重要行业场所设立了警务室，并有专职人员值班守护，建立了出入登记制度，有效维护了单位和重要行业场所的安全；全乡11个村设立村级警务助理11人，组建义务巡逻队33支，共108人，2017年共巡逻3314人次，118个村民组组建义务守寨队118支，共243人，2017年共巡逻21111人次，提高了群防群治意识，有效维护了社会稳定和谐，各种治安刑事案件、矛盾纠纷明显下降。四是平安建设治安整治“七项行动”建设情况：全乡学校9所，设立警务室9个，配备安保人员10个，设立护校队人数50人，安装视频监控10个，加强校园隐患排查27次，排查出隐患3处，整治隐患3处；医院1个，设置警务室1个，安保人员1人，群众对医疗服务满意度高达96%；通过排查，全乡无突出治安问题。五是特殊人群“六项工程”情况：全乡有严重不良行为未成年人7人，均送去育新学校就读，有3人毕业；流浪未成年人13人；农村留守儿童数1437人；闲散青少年数7人；服刑在教人员未成年人子女数53人；在册吸毒人员数107人，乡镇阳光工程安置点数1个，安置人员6人；排查发现的艾滋病患者5人；2017年以来刑事解教人员数5人；疑是精神病患者数55人，易肇事肇祸精神病人数21人。乡党委政府采取各种切实有效措施，明确特殊人群包保责任，加强对特殊人群的管理。截至现在，移送精神病院住院治疗的2人，帮助刑事解教人员5人，帮助物质和资金折资共计3万余元。六是禁毒踏查工作：全乡自2017年以来共开展禁毒踏查14次，铲除毒品原植物900余株，教育群众5000余人次。七是公共安全隐患排查整治情况：全乡在重点场所、院落、道路交通、学校等共排查安全隐患17处，已整改落实15处，2处正在整治中。八是群防群治基层基础建设建设：在全乡下辖11个村均建设村级警务室，并配备1名村级警务助理，完善了村级警务室的相关制度，对村级警务助理进行系统的培训，对完善农村群防群治基层基础奠定了基础。

【安全生产】 认真履行安全生产职责，全面落实安全生产责任制度，强化安全生产目标管理，乡政府与各行政村签定目标管理责任书11份、与乡直各单位签订目标管理责任书17份、企业向政府签定承诺书11份，各行政村与辖区村民组签定责任书118份、机动车驾驶员或车主向村委会签定承诺书176份，2017年，加强对企业安全生产监管，共出动车辆107台次，人员562人次，对我乡非煤矿山、建筑施工、烟花爆竹、医院、学校、道路交通、非法采煤采矿等行业和领域开展检查275次，严格落实隐患排查治理制度，实行隐患闭合管理。

【教育文卫事业】 一是实现小学适龄儿童入学率达100%，初中适龄少年入学率达99%，义务教育巩固率达98%，初中毕业生升学率达99%，小学辍学率控制在0.2%以内，初中辍学率控制在1.32%以内，全面完成了各项指标任务和控制要求。二是全面落实学生宿舍工程项目建设，小学开展寄宿制工作3所，入住率达31%，初中寄宿制入住率达70.2%。重点抓好教育“9+3”和“控辍保学”工作，确保辖区内无辍学生，为进一步开展好普十五的相关工作打下坚实基础。文化旅游工作：完成安装农民健身工程2个，农家书屋11个，免费开放图书室、电子阅览室各1个，建成多媒体活动室1个，休闲文化广场2个，完成村村通工程11个行政村全覆盖，开展群众喜闻乐见的文化活动14场次，极大地丰富了群众精神文化生活。卫食药监工作：实现城乡居民医保参合率达100%（举家外出务工人员除外），村卫生室使用率达100%，认真做好食品药品安全监管，认真做好辖区内农村群众宴席及食品生产加工小作坊、食品摊贩的登记备案工作，各学校食堂餐饮服务许可证持有率达100%。做好辖区内诊所、药房等的监管，无任何医药事故发生。完成了“一会两站”挂牌和人员配置，做好宣传和维权工作，食品质量卫生安全投诉事件投诉处理率达100%，未发生食品安全事故。我乡本着“扶贫先扶智、教育拔穷根”的理念，通过多方筹措资金，于2016年4月10日在野角中学举行“野角乡奖学、助学基金募集暨筹集大会”募集资金40余万元，该基金在乡财政设立助学基金专项账户进行专项资金管理，保证专款专用，并制定了一套完善的考评和申领程序，保证资金用在最优秀的教师、最优秀的贫困学生身上。在全乡再次掀起尊师重教和教育扶贫新高潮，为全乡全面脱贫、决胜小康再立新功！通过广泛的宣传走访和摸底调查，将全乡符合条件的贫困学生全部建立台账，并主动对接，上下协调完善各类手续和申报资料，使全乡符合条件的贫困学生实现了应助尽助。截至2017年2月19日，全乡第一批受助学生达124人，受助金额24.13万元。

【社会事务工作】 一是继续推进“四在农家·美丽乡村”建设，着力打造大水村“四在农家·美丽乡村”示范点，现已对大水村、天星村共7个村民小组320余户村民民居进行了改造，其余各项指标稳步推进，逐步改善农村人口居住环境。二是切实解决了五保老人的供养问题。为生活困难人群1180户，2235人办理了最低生活保障，全年共发放低保金593.0065万元，切实关注弱势群体生活；全面实施城乡居民养老保险工作，为2530位60周岁以上老人办理基础养老金领取手续，激发16周岁－59周岁人员投保积极性，实现全乡参保人数能达到上级指标；

【脱贫攻坚工作】 全乡现精准扶贫系统共有1465户，5672人，其中已脱贫716户、3175人；现有贫困户749户、2497人，其中民政兜底222户349人。目前，全乡上下正克难攻坚、真抓实干，因贫施策、因策发力，同心同向同力精准施策，抓紧抓准抓实脱贫攻坚。我乡的做法主要是：创新思路整合资源推进产业扶贫，一是用活“一市五金多套餐”普惠发展助弱变强。为用好用活“一市五金多套餐”惠民政策，在既充分利用本乡资源优势发展壮大养殖业的同时为贫困户找准精准脱贫的路子，我乡总结提炼出“四到户四把关九措施”实施办法（即精准识别到户，把好对象审核关——实行“四不贷两具有”审核制度；精准发动到户，把好政策宣传关——实行干部上门宣传发动责任制度；精准放贷到户，把好资金使用关——实行“约时定人”放贷、保证金管理、干部“联户保购”等制度；精准管理到户，把好帮扶成效关——实行小额贴息贷款养牛“一户一档”管理、按季度走访帮扶和召开例会动态管理制度、始量保本审核销售管理、技术干部专职服务和合作社运行等多项制度），大力推进“一市五金多套餐”小额贴息贷款项目落到实处。截至目前，全乡已发放养牛项目贴息贷款865户、2483.6万元。全乡牛存栏数9000余头。同时，大力发展“多套餐”中的其他套餐，使全乡传统产业风生水起。二是集聚“特惠贷”抱团发展弱弱联合。将有发展意愿、却无发展能力的贫困户进行捆绑，动员贫困户将自身享受的5万元“特惠贷”以股金的形式注入支部领办的种养基地，同时又以产业工人的身份在基地务工增收。目前，已通过这样的方式在大水村建成食用菌生产大棚22个，在北山村建成能繁母猪养殖基地1个，在郎家塘村建成生猪养殖场两个。涉及贫困户30余户，累计可为贫困户年创收近百万元。三是招商引资分红保底以强带弱。充分发挥政府引导作用，通过多方招商引资，引进嘉富农牧落户乡农业园区，在现有1000亩脆红李的基础上，继续连片种植脆红李、蜂糖李3000亩，同时，新建年出栏10万头的生猪养殖场，拟引进沼气发电等项目，努力将我乡农业园打造成种养结合、农旅结合的现代高效观光农业园。面对企业3000余亩的用地需求和产业发展需要，迅速抽调专人成立“农业产业发展办公室”，由乡长直接分管，除了为企业产业发展提供“保姆式”服务外，划定“分红保底线”保障股民利润稳定增长。农民将土地入股给企业生产经营，企业按30%的利益与入股群众分红，并设定“分红保底线”前三年企业建设没有利润收入期间，每年每亩地至少给以群。众300元的生活保障，待第四年企业大量投产后，每年给以群众30%的利润分成，并设定每亩600元为“分红保底线”，即当每亩地30%的利润低于600元时，企业支付给群众的红利每亩不得低于600元，且“分红保底线”按每年5%的涨幅递增，以确保入股农民利益得到有效保障。搭建平台凝聚合力开展教育扶贫，一是认真用好用活教育资助各项政策。通过广泛的宣传走访和摸底调查，将全乡符合条件的贫困学生全部建立台账，并主动对接，上下协调完善各类手续和申报资料，使全乡符合条件的贫困学生实现了应助尽助。截至目前，全乡受助学生达124人，受助金额24.13万元。二是成立基金会拓展教育扶贫模式。我乡本着“扶贫先扶智、教育拔穷根”的理念，通过多方筹措资金，于2016年4月15日在野角中学举行“野角乡奖学、助学基金募集暨筹集大会”募集资金40余万元，该基金在乡财政设立助学基金专项账户进行专项资金管理，保证专款专用，并制定了一套完善的考评和申领程序，保证资金用在最优秀的教师、最优秀的贫困学生身上。在全乡再次掀起尊师重教和教育扶贫新高潮，为全乡全面脱贫、决胜小康再立新功！情真意切真抓实干实行易地搬迁，一是为2016年分散安置的对象提供产业支撑。2016年易地扶贫搬迁79户310人，主要涉及5个村10个村民组，乡政府通过筑巢引凤的方式，用真情吸引外出务工能人带着信息、技术、项目和资金返乡在搬迁户集中安置点创业，同时为他们制定一系列服务措施和优惠政策，让返乡人员“回得来，留得住，发展好”，同时带领搬迁户致富。目前，已在涉及安置搬迁户的元华村创建猕猴桃采摘园500亩，在白龙村创建蜂糖李基地1500亩，在沙拉槽村创建大棚蔬菜基地100亩，在大麻塘新建藏香猪养殖场1个，为搬迁贫困户提供产业支撑，使他们搬得出、稳得住、能致富。二是积极动员“一方水土养不起一方人”的贫困群众进行搬迁。面对符合搬迁条件的群众的不愿意、不理解、不接受，我乡通过“双向承诺”的方式压实责任，最大限度激发干部走访动员群众的干劲和潜力，使全体乡村干部始终带着耐心、关心、细心和责任心与贫困户交流沟通，用感恩的心，善待群众；用真诚之心，贴近群众；用宽容之心，感动群众；用炽热之心，关爱群众；用无私之心，服务群众。同时积极与碧海对接，组织贫困群众到碧海实地考察了解居住环境，打消贫困群众的搬迁顾虑。经过全乡上下的努力，除2016年自主安置的79户310人外，共动员2017年搬迁对象116户529人，2018年搬迁对象70户282人。均超额完成区政府追加的搬迁任务数。积极争取主动作为完善基础设施，一是水电路等基础设施建设有序推进。本着差什么补什么的原则，我乡积极与上级有关职能部门对接，争取相关基础设施项目，仅2017年，全乡实施的通村路近90公里，通组路40余公里，各产业园区机耕道60余公里，目前，各路段施工正有序推进中；乡客运站已建成并投入使用；全乡河道治理工程等项目正在申报当中。二是教育基础设施稳步推进。争取爱心人士捐赠40万新建的半边街幼儿园已完成主体施工；涉及野角中学、快乐小学等4个学校的薄改工程已完成征地拆迁；涉及野角中学、中心校、幼儿园等三所学校的示范校建设已初具雏形。三是乡村两级办公阵地明显改善。筹资100万元，实施政府服务功能提升工程；新建的4个村村级服务阵地已建成投入使用。四是美丽乡村建设取得重大进展。在天星、沙拉槽、白龙、邓家湾、大水、西桥、郎家塘等村实施以贵州民居房屋改扩建为主要载体的美丽乡村建设，同时因村制宜配套完善相关基础设施。目前正推进大水、天星一线涉及7个村民组328户农户的“美丽乡村”市级示范点的建设。五是农村环境卫生、特色集镇建设等取得新进展。层层把关精耕细作狠抓精准识别，一是通过“巡回培训—交叉检查—领导把关—定户包保—跟踪完善—督查考核”等六步曲对建档立卡贫困户的“一户一档”进行反复多次的核实完善，使“一户一档”资料与贫困户真实情况、明白卡填写的情况一一吻合，实现“三统一”。二是通过“日”食宿服务，免除后顾之忧有保障；“周”开单提示，明确工作责任有目标；“旬”督查巡访，切实改进作风有举措；“月”技能培训，提升综合实力有平台；“季”实绩亮晒，激发干事动力有实招；“年”测评考核，确保真蹲实驻有检验等“六步”管理法，真正使帮扶干部真帮实驻，达到真扶贫、扶真贫，降低“两率”，提高“一度”。

（撰稿人：办公室）

青场镇

【概述】 七星关区青场镇位于毕节市七星关区西部，地处云贵交界，毕节—镇雄公路横穿其境。青场镇距毕节市七星关区47千米，最高海拔2167.6米，最低海拔1358米，平均海拔1762.8米，政府所在地海拔1433.6米，总面积104.61平方千米，总耕地面积22898亩。全镇辖13个村148个村民组，总户数10756户，总人口40507人，男21094人，女19413人；乡村乡村户籍总人口24861人，城镇人口15646人；2017年我镇农民人均纯收入8201元，较2016年人均增加270.6元，增幅达3.4%。

【夯实基层基础，推进党的建设】 一是抓实村级党委、党总支建设。将支部建在生产组上，把81党员的青坝社区升格为社区党委，把30名以上党员的9个村（社区）升格为党总支，下设党支部75个。支部党员带领群众发展酿酒、豆制品加工、面条加工、创办免烧砖厂等，并促进了种养殖业发展，实现将支部建在产业链上。制定了村支书、主任、驻村工作队队长管理考核办法，切实抓好“两委一队三个人”。二是扎实开展“两学一做”学习教育。以“党员活动日”“党的声音进万家”“领导干部上讲堂”等活动为载体，充分利用新时代农民讲习所等平台，丰富“两学一做”学习教育。三是抓好村级服务阵地建设。实施基层组织建设“标准化工程”，建设9个村级服务阵地，筹资200余万元完成新建村公所的院坝硬化、文化墙修建，配备了办公桌椅、电脑、打印机等办公设施设备。四是发展壮大村级集体经济。2017年统一在集镇新区新建门面16个，分配给无集体经济的8个村，每个村每年出租收取租金1.5万元，以此增加了集体经济收入，全面消除了“空壳村”。五是积极发展年轻党员。2017年发展党员18名，其中35岁以下党员13名、入党积极分子15名。

【落实惠民政策 助推精准扶贫】 牢固树立“以项目带产业、以产业带就业、以就业带增收”扶贫理念，加大生产性帮扶力度，变“输血”为“造血”，增强扶贫对象自我发展能力。发放森林生态效益补偿34万余元，生态护林员补助9万元；发放424贫困户特惠贷款1184.5万元，发放贴息贷款355户881.7万元，落实产业贷款扶持资金。2017年投资扶贫专项资金279万元发展覆盖全镇的养殖项目和种植项目，涉及1568户，7614人。其中种植马铃薯、大蒜、烤烟、辣椒、魔芋、荞麦、蔬菜、小葱等共计1500余亩，受益贫困户1197户5394人。整合退耕还林项目、巩固退耕还林项目、贴息贷款、免费修建机耕道等项目，倾力打造初都村1200亩的标准化茶园，辐射青松、火冲、木山、海寨四个村发展种植白茶2500余亩，实现贫困户家门口就业创业。开展“走访日”着力促进扶贫开发工作和其他各项工作的良性互动，实现精准扶贫工作精准推进。目前，已输转群众剩余劳动力800余人，人均可增收700元。教育资助258人，75万余元。

【打造特色农业，深化农村改革】 坚持以市场为导向，整合各类富民产业专项资金，重点扶持种植、疏菜、畜牧、劳务等特色优势产业，初步构建富民产业体系。通过大力引进社会资金、开展合作经营等方式，鼓励土地流转，实行规模经营，建立了青坝玛瑙红殷桃种植基地，初都茶产业基地；海寨、新沟蔬菜种植基地；火冲猕猴桃种植基地；以青场、青松、上寨为中心的三江源为主的特色林果基地；在大山、新沟、火冲、木山、海寨、初都等区域，紧紧围绕白茶种植，不断培育壮大玉米、马铃薯、早熟蔬菜等产业。同时重在培“大”带“小”，科技导向，资金支持，加快基地建设，已建成以白茶、大蒜、天麻、李子等特色种植基地20余个为主的养殖专业村，生猪养殖、生态养牛基地20余个。

【开展林业工作，生态持续改善】 以保护生态环境为重点，实施了天保及荒山绿化、退耕还林等林业项目。镇将板栗、核桃、白茶等绿色产业有效融入到退耕还林工程中来，在退耕土地上，连片规划、规模发展产业基地。目前，共栽植核桃、板栗经济林果13000余亩，白茶3000余亩，红心猕猴桃600余亩，蜂糖李2000余亩，车厘子1500余亩，玛瑙红殷桃400亩。完成绿化建设工程，该镇在关键部位、关键节点建设景观。目前全镇完成造林绿化4万余亩，实施荒山绿化1.5万亩，巩固退耕还林成果特色经果林项目建设1.12万亩，完成退耕还林抚育管护工作，天然林保护工程森林管护面积4万余亩，通村公路绿化20余公里。引进贵州群意莱农业科技发展有限公司、毕节海毕景观生态工程有限公司，投入资金500余万元，在火冲村、大山村、青坝村、海寨村、木山村、鲍家村建立种植示范基地12个，扶持荒山受让户和农户发展种植特色经果林。同时在充分尊重群众意愿的基础上，注重经济效益和生态效益双提升。

【项目建设稳步推进，基础设施不断改善】 一年来，我镇紧扣发展富民这一主题，始终坚持项目带动发展战略，不断增强争项目、跑项目的意识，不失时机地申报项目、争取资金，全面加强基础设施建设。一是交通基础设施建设。拓宽高速公路连接线，在高速公路原设计8.5米宽的基础上扩建为19.5米，建设迎宾大道。同时配合高速公路征地拆迁安置房建设，创建海寨村团结安置点。全面完成毕龙高速段拆迁改造和过境段通村通组路建设。二是扶贫项目。投入财政资金400余万元，实施扶贫整村推进基础设施建设项目、一事一议财政奖补项目等。投入财政扶贫资金200余万元，实施了烟草扶贫新村建设示范工程；投入财政扶贫资金138余万元，实施了火冲村通组路扶贫项目、青场村大寨组半沟桥建设项目、建设青坝村梭子组安全饮水供水设施、新沟村、大山村文化广场建设等项目。三是学校建设。加强对10

个学校提质改造；完善10个村村幼儿园设备设施；改造薄弱学校2所；新建幼儿园1所。四是小城镇建设。投资5026万元建设青场城镇综合体主体。截至目前，景观池塘、示范小城镇省级高标准基本农田建设土地整治项目、污水处理、高速公路青场匝道、镇区风貌建设工程、半沟桥等项目建设有序推进。城镇建成征地拆迁安置点和异地扶贫搬迁安置点2个，将青坝、青场、海寨三个社区纳入城镇规划区，集镇新区面积新增2万平方米，城镇规模有序扩大，常住人口新增1000人，城镇化率有所提高。

【社会事业取得新进步】 在加快经济发展的同时，切实加强社会建设和管理。教育基础设施进一步加强，人口计生工作不断夯实，利益导向、经常性工作机制进一步完善，社会保障制度不断健全，城乡基本医疗保障覆盖面不断扩大，实现了城乡低保基本实现动态条件下的应保尽保。一年来，学前三年毛入园率达85.64%；小学适龄儿童入学率达99.67%，小学辍学率0.3%；初中阶段毛入学率达95.25%，初中辍学率1.29%，九年义务教育巩固率达95.95%。加强对10个学校提质改造；完善10个村村幼儿园设备设施；改造薄弱学校2所；新建幼儿园1所。加大科技培训力度。通过集中举办培训、组织学习等方式，对广大群众进行农业科技、实用技术、法律知识、就业能力等方面的培训和讲解，截至目前，全镇共举办各类技术培训班16期，培训人员2千余人。组织农技人员到田间地头进行技术指导15次。设立宣传阵地和人口文化书屋，结合卫生计生政策宣传展板和宣传墙开展计划生育新政策及婚育新风进万家等宣传活动。完成免费优生健康检查150对。

（撰稿人：张秀娟）

大河乡

【概述】 大河乡位于七星关区西部，地处两省（云南省、贵州省）三县区（镇雄县、赫章县、七星关区）的结合部，周边与本区的青场镇、放珠镇、赫章县的哲庄乡、镇雄县的中屯乡、泼机镇毗邻，距七星关城区74公里。人民政府驻地在双桥村岔河组，下辖下沟村、鸡姑村、青杠村、柯乐村、双桥村、官房村、官代河村、拉乐村8个行政村65个村民组，全乡有住户4865户、24182人，境内分布着汉、彝、白、水、苗等民族。全乡平均海拔1560米，总面积76.8平方公里。全乡有耕地15995亩，其中有水田90亩，旱地15905亩，土地肥沃，日照充足，适合于多种农作物的生长，形成了独特的地理小气候。这理有丰富的物产资源——有驰名中外的贵州大白蒜、樱桃、核桃、优质烤烟等。

【党的建设】 坚持以党建工作引领经济社会发展，不断强化党组织对经济社会建设的领导、监督、推动和参与，切实提升创新能力和服务能力。严格党员教育管理，开展“两学一做”专题教育，实行党员民主评议制度和定期召开民主生活会。规范村党组织“三会一课”制度，通过定期召开支部党员大会、支部委员会，组织党员干部开展学习，规范党内生活。规范党员发展，加强对积极分子的培养。全乡2017年入党积极分子到26人。全年按照年初工作计划，发展预备党员16名，9名预备党员如期转正。新建了7个村级服务阵地，每个新建的村级服务阵地面积均在480平方米左右，总投资600万元。

【党风廉政建设】 组织学习贯彻中央、省、市、区有关文件精神。播放党风廉政建设电教片，用典型案例对党员干部进行廉政教育。通过多渠道的宣传教育，增强了党员干部遵纪守法的自觉性。进一步建立健全党风廉政建设制度和工作制度，进一步规范和完善了《党务政务公开制度》《村务公开制度》等。

【因地制宜，助经济磅礴发展】 为进一步促进我乡经济的快速健康发展，促进产业结构调整，引导农民增收致富，大河乡党委、政府秉承实事求是、科学严谨的态度，积极探索，认真调研，缜密部署，不断探索全乡产业发展的合理模式，发挥大河乡地域特点，使乡域经济继续呈现健康良好的发展态势。

【农业产业结构调整】　生态农业产业发展规模不断扩大。成立了专业合作社，通过政策和实效宣传招揽更多农户加入合作社，全面扩大生态农业规模。鸡姑村种植生态茶叶（白茶）1000亩，带动贫困户50余户；在鸡姑村征地230亩新建大棚280个，用于蔬菜种植，带动贫困户30余户；下沟村猕猴桃种植250亩，带动贫困户23户；发展刺梨种植1000亩，带动贫困户65户；青杠村蔬菜种植农民专业合作社，分别种植了大白萝卜、胡萝卜、脱毒马铃薯共计1000亩，带动52人致富，解决就业人数60人；全乡烤烟种植5000余亩；辣椒种植1000亩；大棚食用菌种植10000棒，脆红李等经果林种植3000余亩。一年来，大河乡生态农业示范点取得进一步发展。

【基础设施建设】　完成农村组组通公路建设9.1公里，投资360万元，新增变压器20台，新建10KV线路10公里，投资300余万元；“一事一议”财政奖补项目：硬化通组路2条，共9.77公里，投资244.49万元；分别在青杠村、拉乐村安装太阳能路灯40盏，投资12万元；全乡完成7个村文化广场硬化10565平方米，总投资62.96万余元，新修建花池800米，投资8.3万余元；完成了全乡2个村的远程教育站点设备更新工作；新建乡综合文化站服务站一个，更新8个村活动室及农家书屋的功能体系。

【脱贫攻坚】　大河乡建档立卡贫困户共计1098户4238人，2017年度脱贫396户1404人，2017年围绕区委、区政府下达我乡1404贫困人口脱贫、3个贫困村出列和乡镇“减贫摘帽”的脱贫攻坚目标任务，印发了《大河乡扶贫开发领导小组关于下达2017年全乡减贫计划任务的通知》，分解落实年度脱贫攻坚任务。发展生产脱贫1128人、发展教育脱贫265人、生态补偿脱贫18人、易地搬迁脱贫508人。自2016年10月实施“特惠贷”精准扶贫机制以来，累计申请小额贷款贴息资金560户，现已落实贷款1599.8万元，发展养牛户449户新增养牛998头；发展养猪户111户，养猪400余头。目前，新增套餐11个，最大限度满足贫困户的发展需求。对年度拟脱贫人口按“五个一批”帮扶分类建立台账。全乡实现3个贫困村出列，“五通四有”需投入项目资金1585万元，实现1404万贫困人口出列，“四有五覆盖”需建设通组路34.4公里，目前已完成20公里。我乡严格按照按“一达标、两不愁、三保障，五个一批，六个到村到户，精准扶贫十项工程”等，对每户制订帮扶措施。严格按照进出标准和程序，实现建档立卡贫困户应进则进，应退册退。

【社会治理】　以建设平安和谐大河为目标，开展干部百日大走访活动，乡综治办联合派出所、安监站、各村组建了一支20人的“村级治安义务巡逻队”，在全乡8个村进行义务巡防，深入开展矛盾纠纷排查化解，加强对重点人口排查监控。

【文化教育】　完成幼儿园招生430人，小学适龄儿童入学率达100%，初中适龄少年入学率达98.6%，义务教育巩固率达98.8%，小学辍学率0%，初中错学率1.36%，按要求完成普通高中、中职及特殊教育招生工作，全乡教师公租房除拉乐小学、柯乐小学未入住外，其余教师公租房及学生宿舍均已入住。成功组织8个村参加举办了一次拔河比赛、篮球赛，加强志愿者队伍建设，落实一村一个文化志愿者的配置。

【社会保障】　完善剩余劳动力和失业人员信息库，及时整理、登记、公布就业信息，为用工企业和农户搭建平台。组织开展农村实用技术培训10期，培训农民1200人次，输出农村劳动力500余人次。完成城乡居民养老保险收缴456800元，参保3903人，全年发放待遇217万元。发放大病医疗救助资金225170万元，共救助34人，临时困难救助资金78500万元，共救助18人。

【卫生工作】　本年度全乡

城乡居民医保参保人员16578人，参合率100%。大河乡卫生院及村卫生室使用率为100%，本年度开展了4次食品药品安全检查，一年来全乡未发生过食品安全事故和医药安全事故。

【民生事业】 社会保障进一步提高，惠及全乡765户低保家庭1501人，共计保障金390元。全年完成农村危房75户，总金额380余万元。继续深入推进“关爱计划生育特殊困难家庭”项目，逐步完善基本公共卫生服务。

【村容村貌明显改善】 以“四在农家·美丽乡村”建设活动为契机，通过扶贫、危改、生态家园建设、环境整治和文化传承等方式全面改善村容村貌，一年来，我乡努力推进青杠村、下沟村美丽乡村建设。完成村房屋建设、主干道水泥路面硬化、绿化、亮化，同时全村每户分发宣传手册，增强村民卫生意识，大大改善了村内环境。同时对村主干道两侧乱堆、乱放、及卫生死角进行清理，进行拓宽、亮化、绿化。完善“户集、村收、乡运”垃圾收集网格体系，制订村规民约与农户签订门前三包责任制，使全乡的村容村貌大幅度提升。

【政法工作】 做好信访工作。我乡高度重视信访工作，落实领导包案制，切实做好特殊时期的信访稳控工作。同时，深入开展民情接待活动，重视解决群众的初信初访，有效遏制各类重复访、越级访、集体访事件的发生。重点突出宣传教育转化，禁毒、反邪教等工作。扎实做好提升“群众安全感”工作。

【安全生产工作】 坚持定期与不定期，在全乡进行了一次安全生产大检查活动，发现安全隐患，当场责令其整改和纠正，及时消除了事故隐患。开展了5次烟花爆竹专项隐患排查，取缔了3家无证烟花爆竹销售点。

【群团工作】 组织发展团员57名，上缴团费350元，在重要节日均组织开展相关活动，完成两癌宣传工作，加强妇女儿童维权工作，正常开展“三八”妇女节等相关活动，按照“五好目标”建立台账，充分发挥“五老”作用，

【人大工作】 通过精心组织，在2017年1月，召开了大河乡第二届人大代表第一次会议；在2017年6月召开了大河乡第二届人大代表第二次会议，按程序完成各项议程，组织召开了两次主席团会、两次代表视察、两次代表小组活动。

（撰稿人：陆进）

七星关区村（社区）干部名录

市西街道

翠西社区

支　　书　高鹏程（2017.01－2017.04）
　　　　　刘　渊（2017.04－2017.09）
　　　　　李　梅（2017.09－2017.12，女）
副 支 书　刘金华（2017.01－2017.09）
　　　　　王　涛（2017.01－2017.09）
　　　　　杨文涛（2017.09－2017.12）
支委委员　李　梅（2017.04－2017.09，女）
　　　　　罗昌美（2017.11－2017.12，女）
　　　　　罗德军（2017.09－2017.12）
主　　任　吴学贵（2017.01－2017.12）
副 主 任　陈明萍（2017.01－2017.12，女）
　　　　　季　超（2017.01－2017.12）
居委委员　邵关顺（2017.01－2017.05）
　　　　　漆　红（2017.01－2017.12，女）

百花社区

支　　书　何　敏（2017.01－2017.12，女）
副 支 书　段元丽（2017.01－2017.12，女）
支委委员　宋　群（2017.01－2017.12，女）
主　　任　王　丽（2017.01－2017.12，女）
副 主 任　谢仲先（2017.01－2017.12，女）
　　　　　钟树琴（2017.01－2017.12，女）
居委委员　宋　群（2017.01－2017.12，女）
　　　　　孔祥先（2017.01－2017.12，女）

天河社区

支　　书　周海燕（2017.01－2017.12，女）
副 支 书　潘定珍（2017.01－2017.12，女）
支委委员　周　萍（2017.01－2017.12，女）
　　　　　王　祥（2017.01－2017.12）
主　　任　贺凤英（2017.01－2017.12，女）
副 主 任　罗南芬（2017.01－2017.12，女）
　　　　　刘银华（2017.01－2017.12，女）
居委委员　潘定珍（2017.01－2017.12，女）
　　　　　周　萍（2017.01－2017.12，女）

北门社区

支　　书　吴学柄（2017.01－2017.12）
副 支 书　古开凤（2017.08－2017.12，女）
　　　　　吴橡林（2017.01－2017.12）
支委委员　邱永辉（2017.01－2017.12，女）
　　　　　叶盛芳（2017.01－2017.12，女）
主　　任　邱永辉（2017.01－2017.12，女）
副 主 任　叶盛芳（2017.01－2017.12，女）

主　敏（2017.01－2017.12，女）

居委委员　吴橡林（2017.01－2017.12）

聂　琼（2017.01－2017.12，女）

和平社区

支　　书　宋迎红（2017.01－2017.12，女）

副 支 书　吴翠霞（2017.01－2017.12，女）

支委委员　崔雪敏（2017.01－2017.12，女）

主　　任　吴翠霞（2017.01－2017.12，女）

副 主 任　陈卫红（2017.01－2017.12，女）

崔雪敏（2017.01－2017.12，女）

居委委员　赵祖芸（2017.01－2017.12，女）

张建平（2017.01－2017.12）

宋迎红（2017.01－2017.12，女）

松山社区

支　　书　谢月秀（2017.01－2017.12，女）

副 支 书　高玉琴（2017.01－2017.12，女）

支委委员　王　琦（2017.01－2017.12，女）

彭　仙（2017.04－2017.12，女）

主　　任　赵祖芸（2017.01－2017.12，女）

副 主 任　高玉琴（2017.01－2017.12，女）

刘　英（2017.01－2017.12，女）

居委委员　徐　艳（2017.01－2017.12，女）

王　琦（2017.01－2017.12，女）

金钟社区

支　　书　魏理智（2017.01－2017.12）

副 支 书　刘　燕（2017.01－2017.12，女）

支委委员　聂宗龙（2017.01－2017.12）

胡大燕（2017.11－2017.12，女）

主　　任　聂宗龙（2017.01－2017.12）

副 主 任　胡大燕（2017.11－2017.12，女）

田茂玲（2017.11－2017.12，女）

居委委员　胡大燕（2017.01－2017.11，女）

魏理智（2017.01－2017.12）

翠屏社区

支　　书　王　涛（2017.09－2017.12）

副 支 书　罗昌美（2017.09－2017.12，女）

支委委员　刘应权（2017.09－2017.12）

安家井社区

支　　书　刘金华（2017.09－2017.12）

副 支 书　王　胜（2017.09－2017.12）

支委委员　王学玉（2017.09－2017.12）

市东街道

水西田社区

支　　书　何登义（2017.12－2017.12）

支委委员　何登义（2017.12－2017.12）

陈明先（2017.01－2017.12，女）

郑前顺（2017.01－2017.12）

郑宗先（2017.01－2017.12，女）

杨　洪（2017.01－2017.12）

罗　艳（2017.01－2017.12，女）

主　　任　杨　坤（2017.01－2017.12）

副 主 任　张春霞（2017.01－2017.05，女）

居委委员　杨　坤（2017.01－2017.12）

糜春华（2017.01－2017.12）

彭廷英（2017.01－2017.12，女）

龙山社区

支　　书　糜祖秀（2017.01－2017.12，女）

支委委员　糜祖秀（2017.01－2017.12，女）
何　翼（2017.01－2017.12）
李　虹（2017.01－2017.12）
主　　任　何　翼（2017.01－2017.12）
副 主 任　王俊杰（2017.01－2017.12）
居委委员　何　翼（2017.01－2017.12）
吴　迪（2017.01－2017.12）
杨　梅（2017.01－2017.12，女）
陈玲华（2017.01－2017.12，女）

双井社区

支　　书　李沁梅（2017.01－2017.12，女）
支委委员　刘珍敏（2017.01－2017.12，女）
邵文林（2017.01－2017.12，女）
祁异文（2017.01－2017.12，女）
胡齐先（2017.01－2017.12，女）
主　　任　胡亚辉（2017.01－2017.12）
副 主 任　曹　希（2017.01－2017.12，女）
居委委员　冯　利（2017.01－2017.12，女）
孙艳梅（2017.01－2017.12，女）
邵文林（2017.01－2017.12，女）

文峰社区

支　　书　梁　晖（2017.01－2017.12）
副 支 书　王娅丽（2017.08－2017.12，女）
支委委员　张　丹（2017.01－2017.12，女）
陈雪桃（2017.01－2017.12，女）
主　　任　张　丹（2017.01－2017.12，女）
副 主 任　杨　倩（2017.01－2017.12，女）
居委委员　蒋　松（2017.01－2017.12，女）
胡　梅（2017.01－2017.12，女）
张忠琼（2017.01－2017.12，女）

清毕社区

支　　书　朱　然（2017.01－2017.08）
副 支 书　刘贵军（2017.08－2017.12）
支委委员　金毕友（2017.01－2017.12，女）
胡　珊（2017.01－2017.12，女）
主　　任　刘益萍（2017.01－2017.12，女）
副 主 任　沈锦红（2017.01－2017.12，女）
居委委员　袁　芸（2017.01－2017.12，女）
路亚梅（2017.01－2017.12，女）

麻园街道

双城社区

党支部书记　罗泽菊（2017.01－2017.12，女）
党支部副书记、居委主任
罗振永（2017.01－2017.12）
党支部副书记　吴学益（2017.01－2017.12）
党支部副书记居委委员
谢玉华（2017.01－2017.12）
党支部委员、居委副主任
刘国富（2017.01－2017.12）
居委副主任　林科平（2017.01－2017.12）

麻园社区

党支部书记　欧家祥（2017.01－2017.12）
党支部副书记、居委主任
黄启云（2017.01－2017.12）
党支部副书记、居委副主任
王友平（2017.01－2017.12）
党支部委员、居委副主任
杨贵芬（2017.01－2017.12，女）
居委副主任　周训麟（2017.01－2017.12，女）
居委会委员　罗昌恒（2017.01－2017.12）
李　艳（2017.01－2017.12，女）

望城社区

党支部书记 张万伦（2017.01－2017.12）
党支部副书记、居委主任
周训平（2017.01－2017.12，白）
党支部委员、居委副主任
李　荣（2017.01－2017.12）
王　栋（2017.01－2017.12，苗）
党支部委员、居委委员
向　凤（2017.01－2017.12，女）
居委副主任 刘　莎（2017.01－2017.12，女）

双树社区

党支部书记 封玉琴（2017.01－2017.12，女）
居委会主任 杨志毕（2017.01－2017.12，女）
党支部副书记、居委会副主任
吕全贵（2017.01－2017.12）
居委会副主任 史　恒（2017.01－2017.12）
居委会委员 张　萍（2017.01－2017.12，女、彝）
熊国英（2017.01－2017.12，女）

杨家塘社区

党支部书记、居委会主任
胡　勇（2017.01－2017.12）
党支部副书记、居委会副主任
杨淑毅（2017.01－2017.12，女）
居委会副主任 常　磊（2017.01－2017.12）
党支部委员 杨　倩（2017.01－2017.12，女）
杨友钱（2017.01－2017.12）
居委会委员 黄　爱（2017.01－2017.12，女）
杨友立（2017.01－2017.12）

碧海街道

尚家寨社区

支　　书 金　迈（2017.01－2017.12）
主　　任 尚国禄（2017.01－2017.12）
副 主 任 朱明书（2017.01－2017.12，女）
主任助理 刘修平（2017.03－2017.12）

彭家寨社区

支　　书 吕绍乾（2017.01－2017.12）
主　　任 王天云（2017.01－2017.12）
副 主 任 彭启富（2017.01－2017.12）
主任助理 刘　绪（2017.03－2017.12）

柏杨林社区

支　　书 刘　冰（2017.01－2017.02）
陈　普（2017.02－2017.6）
吴　亚（2017.06－2017.12）
主　　任 吴瑞华（2017.01－2017.12）
副 主 任 吴维才（2017.01－2017.12）
主任助理 王慧云（2017.09－2017.12. 女）
吴学昭（2017.09－2017.12）

前所社区

支　　书 吴仲伦（2017.01－2017.12）
副 支 书 路登云（2017.01－2017.12）
主　　任 吴道勇（2017.01－2017.12）
副 主 任 李春菊（2017.01－2017.12. 女）
主任助理 吴　莉（2017.08－2017.12. 女）

石榴口社区

支　　书 李　宏（2017.1－2017.12）

副支书 孔祥波（2017.06－2017.12）
主　任 吴亚红（2017.01－2017.12）
副主任 朱德平（2017.01－2017.12.女）

砂锅寨社区

支　书 陈　武（2017.01－2017.12）
主　任 付业胜（2017.01－2017.12）
副主任 王　华（2017.01－2017.12）
主任助理 王　静（2017.03－2017.12.女）

邵关社区

支　书 孙　全（2017.01－2017.03）
副支书 王怀方（2017.03－2017.12）
主　任 章亚东（2017.01－2017.12）
副主任 林登中（2017.01－2017.12）
刘　芳（2017.06－2017.12.女）
主任助理 王怀方（2017.01－2017.03）

沙地社区

支　书 李俊梅（2017.01－2017.07）
副支书 李红权（2017.03－2017.12）
主　任 李红权（2017.01－2017.03）
吕　志（2017.01－2017.12）
副主任 李敬华（2017.01－2017.12）

蚂蝗社区

支　书 黎兴祥（2017.01－2017.12）
主　任 王丘龙（2017.01－2017.12）
副主任 朱红云（2017.01－2017.12.女）
主任助理 陈麒麟（2017.09－2017.12）

龙滩社区

支　书 朱　鸿（2017.01－2017.07）
孙　全（2017.07－2017.12）
主任助理 王　萍（2017.06－2017.12.女）

店子社区

支　书 李晓丽（2017.01－2017.02.女）
副支书 陈庆红（2017.02－2017.12）
主　任 沈　宇（2017.02－2017.12）
副主任 沈　宇（2017.01－2017.02）
黄　杰（2017.04－2017.12）
主任助理 杨秀兰（2017.01－2017.12.女）

马过河社区

支　书 陈　普（2017.01－2017.02）
李晓丽（2017.02－2017.12.女）
主　任 顾荣春（2017.01－2017.12）
副主任 叶　香（2017.01－2017.12.女）

陈家院社区

支　书 陈万广（2017.01－2017.12）
副支书 孙全义（2017.06－2017.12）
主　任 陈万贤（2017.01－2017.09）
副主任 吴学锋（2017.01－2017.12）
靳莉萍（2017.01－2017.12.女）

胡家院社区

支　书 吴　旭（2017.01－2017.12）
主　任 王　芳（2017.01－2017.12.女）
副主任 吴昭敏（2017.01－2017.12）
吴洪伟（2017.01－2017.12）
主任助理 吴　毅（2017.06－2017.12）

丁家寨社区

支　书 丁希科（2017.01－2017.12）

主　　任　丁　华（2017.01－2017.12）
副 主 任　尚政琴（2017.01－2017.12，女）
　　　　　卢世龙（2017.01－2017.12）
主任助理　卢德昌（2017.01－2017.12）

张家寨社区

支　　书　余进福（2017.01－2017.07）
　　　　　丁学明（2017.07－2017.12）
主　　任　吴秀青（2017.01－2017－12）
副 主 任　丁成武（2017.01－2017.12）
主任助理　潘　娟（2017.04－2017.12，女）

平桥社区

支　　书　胡绪良（2017.01－2017.12）
主　　任　吴　亚（2017.01－2017.06）
副 主 任　吴玉梅（2017.01－2017.12. 女）
　　　　　吴忠卫（2017.01－2017.12）
主任助理　张露露（2017.07－2017.12. 女）

西冲社区

支　　书　李远禄（2017.01－2017.12）
副 支 书　吴长钰（2017.01－2017.12）
主　　任　甘益军（2017.01－2017.12）
副 主 任　陈明菊（2017.01－2017.12. 女）

梅子沟社区

支　　书　陈廷雄（2017.01－2017.12）
副 支 书　王天专（2017.03－2017.12）
主　　任　陈廷福（2017.01－2017.03）
　　　　　陈文松（2017.03－2017.12）
副 主 任　王天专（2017.01－2017.03）
　　　　　陈廷福（2017.03－2017.12）

碧阳街道

大兰社区

党委书记　张　忠（2017.1－2017.12）
党委副书记、主任　游正发（2017.1－2017.12）
党委副书记　刘正凤（2017.1－2017.12，女）
党委委员、副主任　张秋菊（2017.1－2017.12，女）
居委委员　张以禄（2017.1－2017.12）
　　　　　王丽娜（2017.1－2017.12，女）
　　　　　游家荣（2017.1－2017.12）
　　　　　章　侦（2017.1－2017.12）
　　　　　张　宏（2017.1－2017.12）
　　　　　朱启祥（2017.1－2017.12）
人口主任　张　琴（2017.1－2017.12，女）
主任助理　陈　卫（2017.1－2017.12）

流仓社区

居委会主任　潘　群（2017.1－2017.12，女）
副 支 书　李　华（2017.1－2017.12）
居委会副主任　石朝明（2017.1－2017.12）
居委会副主任　陈　波（2017.1－2017.12）
主任助理　罗　龙（2017.9－2017.12）
居委会委员　杨　敏（2017.1－2017.12，女）
　　　　　　石　柱（2017.1－2017.12）
支委委员　周训祥（2017.1－2017.12）

大新桥街道

大桥社区

支部书记　张永春（2017.01－2017.12）

支委委员、主任　张永祥（2017.01－2017.12）

支委委员、副主任　黄金华（2017.01－2017.12）

支委委员　张万华（2017.01－2017.12）

张海龙（2017.01－2017.12）

副 主 任　孙维清（2017.03－2017.12，女）

居民委员会委员　张万政（2017.01－2017.12）

张　军（2017.03－2017.12）

樊　丽（2017.03－2017.12，女）

警务助理、主任助理

王　涛（2017.03－2017.12）

小河社区

支部书记　张　荣（2017.01－2017.12）

支委委员　常绍穆（2017.01－2017.12）

张建群（2017.01－2017.12）

主　　任　常绍胜（2017.03－2017.12）

副 主 任　张仕江（2017.03－2017.12）

龙跃根（2017.03－2017.12，彝族）

居民委员　龙跃国（2017.03－2017.12，彝族）

席正举（2017.03－2017.12）

王明珍（2017.03－2017.12，女）

警务助理、主任助理

龙贵军（2017.03－2017.12，彝族）

天生桥社区

支部书记　曹　兵（2017.01－2017.12）

支委委员、人口主任　聂宗先（2017.01－2017.12，女）

支委委员、副主任　舒銮荣（2017.01－2017.12）

主　　任　聂贵祥（2017.01－2017.12）

副 主 任　徐延举（2017.03－2017.12）

警务助理、主任助理

张　鑫（2017.03－2017.12，苗族）

居委委员　简　琴（2017.03－2017.12，女）

聂春林（2017.03－2017.12，女）

殷官屯社区

支部书记　聂　魁（2017.01－2017.12）

支委委员、警务助理　吴长华（2017.01－2017.12）

支委委员、副主任　吴常辉（2017.01－2017.12）

主　　任　张　军（2017.03－2017.12）

副 主 任　张蔚兰（2017.03－2017.12，女）

居委委员　吴　猛（2017.03－2017.12）

吴佳龙（2017.03－2017.12）

葛永富（2017.03－2017.12）

大坡社区

支部书记　徐　刚（2017.01－2017.12）

支委委员、副主任　谢忠荣（2017.01－2017.12）

副 主 任　主宏举（2017.01－2017.12）

居委委员、警务助理

谢忠兰（2017.03－2017.12，女）

居委委员　谢忠友（2017.03－2017.12，佤族）

林科勇（2017.03－2017.12）

谢德捌（2017.03－2017.12）

魏家屯社区

支部书记　聂开贵（2017.01－2017.12）

支委委员、副主任　常吕祥（2017.01－2017.12）

支委委员、人口主任　李柱常（2017.01－2017.12）

主　　任　李荣江（2017.03－2017.12）

居委委员　常　龙（2017.03－2017.12）

黎　芳（2017.03－2017.12，女）

警务助理、主任助理

李　红（2017.03－2017.12）

德溪街道

后河社区

支　　书　李启远（2017.01－2017.12）

德沟社区

支　　书　赵科义（2017.01－2017.12）
主　　任　沈承君（2017.01－2017.12）

碧玉社区

支　　书　周　艇（2017.01－2017.12）

甲秀社区

支　　书　石　磊（2017.01－2017.12）
主　　任　石明辉（2017.01－2017.12）

烂泥社区

支　　书　肖　宁（2017.01－2017.12）
主　　任　魏　刚（2017.01－2017.12）

观音桥街道

迎宾社区

党支部书记　周　鑫（2017.01－2017.11）
党总支部书记　周　鑫（2017.11－2017.12）
党支部副书记　吉卫群（2017.01－2017.11，女）
党总支部副书记　吉卫群（2017.11－2017.12，女）
居委会主任　陈　建（2017.11－2017.12）

长征社区

党支部书记　徐正先（2017.01－2017.11，女）
党总支部书记　徐正先（2017.11－2017.12，女）
党支部副书记　罗志会（2017.01－2017.11，女）
党总支部副书记　罗志会（2017.11－2017.12，女）
居委会主任　陈　波（2017.10－2017.12）

桥头边社区

党支部书记　刘　芳（2017.05－2017.06，女）
党总支部书记　刘　芳（2017.06－2017.12，女）
党支部副书记　王　华（2017.01－2017.06）
　　　　　　　糜从会（2017.01－2017.06，女）
党总支部副书记　王　华（2017.06－2017.12）
　　　　　　　　糜从会（2017.06－2017.12，女）
居委会主任　聂绍林（2017.01－2017.12）
居委会副主任　金碧辉（2017.01－2017.12）

塘房社区

党总支部书记　董武刚（2017.01－2017.07）
党委书记　董武刚（2017.07－2017.12）
党总支部副书记　彭燕萍（2017.01－2017.07）
党委副书记　彭燕萍（2017.07－2017.12，女）
居委会主任　孙继贤（2017.01－2017.12）
党委委员、副主任　刘章华（2017.01－2017.12）
居委会副主任　张　红（2017.01－2017.12）

红堰社区

党支部书记　邓　诚（2017.05－2017.11）
党总支书记　邓　诚（2017.07－2017.12）
党支部副书记　邵显平（2017.01－2017.11）
党总支副书记　邵显平（2017.07－2017.12）
居委会主任　陈光华（2017.01－2017.12）

居委会副主任　陈　军（2017.01－2017.12）
陈大斌（2017.01－2017.12）

五里坪社区

党总支书记　卯　巧（2017.01－2017.07，女）
党委书记　卯　巧（2017.07－2017.12，女）
党总支部副书记　黄训珍（2017.06－2017.07）
党委副书记　黄训珍（2017.077－2017.12）
居委会主任　段锡忠（2017.01－2017.12）
居委会副主任　董　智（2017.01－2017.12）
糜祖轩（2017.01－2017.12）

洪山街道

兰苑社区

党支部书记　刘俐利（2017.1－2017.12）
主　　任　吴秋艳（2017.1－2017.12）
副 主 任　李　琴（2017.1－2017.12）
居委委员　陈盛莲（2017.1－2017.12）
章乃琴（2017.1－2017.12）
向　娟（2017.1－2017.12）

洪山社区

党总支书记　许友珍（2017.1－2017.12）
主　　任　莫仕芳（2017.1－2017.12）
副 主 任　苏　芳（2017.1－2017.12）
居委委员　周淑萍（2017.1－2017.12）
王春艳（2017.1－2017.12）
谭　静（2017.1－2017.12）

桂花社区

党总支书记　邵继红（2017.1－2017.12）
主　　任　邓　燕（2017.1－2017.12）
副 主 任　高镤玲（2017.1－2017.12）
居委委员　常履荣（2017.1－2017.12）
聂德秀（2017.1－2017.12）
韩昭群（2017.1－2017.12）

金桂社区

党总支书记　卯昌琴（2017.1－2017.12）
副书记、主任　王成军（2017.1－2017.12）
副书记　康亚琼（2017.1－2017.12）
卯昌华（2017.1－2017.12）
吴丽梅（2017.1－2017.12）
居委委员　聂志勇（2017.1－2017.12）
王东梅（2017.1－2017.12）

环南社区

党总支书记　穆康仁（2017.1－2017.12）
副书记、主任　赵　文（2017.1－2017.12）
副书记、副主任　朱永松（2017.1－2017.12）
副 主 任　黄远华（2017.1－2017.12）
居委委员　彭晓丽（2017.1－2017.12）
黄珊珊（2017.1－2017.12）
张　松（2017.1－2017.12）
胡洪兴（2017.1－2017.12）

拥军社区

党总支书记　刘吉荣（2017.1－2017.12）
主　　任　聂祥琴（2017.1－2017.12）
副 主 任　程　洁（2017.1－2017.12）
居委委员　刘　芳（2017.1－2017.12）
卯　华（2017.1－2017.12）
邱　月（2017.1－2017.12）

三板桥街

茶亭社区

支　　书　吴学林（2017.01－2017.12）
副 支 书　邓书全（2017.01－2017.12）
主　　任　张定红（2017.01－2017.12）
副 主 任　张　林（2017.01－2017.12）
人口主任　朱梅琳（2017.01－2017.12）

官大社区

支　　书　张光伟（2017.01－2017.12）
副 支 书　刘阳满（2017.01－2017.12）
主　　任　彭　国（2017.01－2017.12）
副 主 任　彭先海（2017.01－2017.12）
人口主任　刘明奎（2017.01－2017.12）

六合社区

支　　书　杨忠义（2017.01－2017.12）
副 支 书　李明飞（2017.01－2017.12）
主　　任　幸德武（2017.01－2017.12）
副 主 任　孙继华（2017.01－2017.12）
人口主任　孙良胜（2017.01－2017.12）

大坡坪社区

支　　书　王琪鸿（2017.01－2017.12）
副 支 书　孙良权（2017.01－2017.12）
主　　任　孙　云（2017.01－2017.12）
副 主 任　谢言贵（2017.01－2017.12）
人口主任　徐　莲（2017.01－2017.12）

灵峰社区

支　　书　吴正发（2017.01－2017.12）
副 支 书　张孝立（2017.01－2017.12）
主　　任　李先超（2017.01－2017.12）
副 主 任　杨兴发（2017.01－2017.12）
人口主任　夏永军（2017.01－2017.12）

海子街镇

海子街社区

支　　书　张卫兵（2017.01－2017.12）
主　　任　周　坤（2017.01－2017.12）
副 主 任　周　波（2017.01－2017.12）
警务助理　吴丽琴（2017.01－2017.12）
人口主任　朱玲琼（2017.01－2017.12）
主任助理　赵银会（2017.01－2017.12）

钻天坡社区

支　　书　丁桂林（2017.01－2017.12）
主　　任　朱明勇（2017.01－2017.12）
副 主 任　王祥顺（2017.01－2017.12）
警务助理　张劲松（2017.01－2017.12）
人口主任　吴　俊（2017.01－2017.12）

黑泥井社区

支　　书　罗忠克（2017.01－2017.12）
主　　任　罗庆银（2017.01－2017.12）
副 主 任（人口主任）
　罗　军（2017.01－2017.12）
警务助理　罗衍琴（2017.01－2017.12）

小箐沟社区

支　　书　朱光富（2017.01－2017.12）

主　　任　朱明亲（2017.01－2017.12）
主任助理　朱云周（2017.01－2017.12）
人口主任　燕　敏（2017.01－2017.12）

大湾社区

支　　书　顾怀海（2017.01－2017.12）
主　　任　顾　伟（2017.01－2017.12）
副 主 任　朱　恒（2017.01－2017.12）
警务助理　顾　陶（2017.01－2017.12）
人口主任　李荣琴（2017.01－2017.12）
主任助理　陈从云（2017.01－2017.12）

周家桥社区

支　　书　周训喜（2017.01－2017.12）
主　　任　周　奇（2017.01－2017.12）
副 主 任　许世琴（2017.01－2017.12）
警务助理　周遵恪（2017.01－2017.12）
人口主任　冯选琴（2017.01－2017.12）

热水田社区

支　　书　张　恒（2017.01－2017.12）
主　　任　林　景（2017.01－2017.12）
副 主 任　戚　鹅（2017.01－2017.12）
警务助理　邵文胜（2017.01－2017.12）
人口主任　陈加云（2017.01－2017.12）

坪山社区

支　　书　李作友（2017.01－2017.12）
主　　任　张中海（2017.01－2017.12）
人口主任　向文英（2017.01－2017.12）
警务助理　张景迟（2017.01－2017.12）
主任助理　张同青（2017.01－2017.12）
副 主 任　张中林（2017.01－2017.12）

安山村

支　　书　唐净平（2017.01－2017.12）
主　　任　成连明（2017.01－2017.12）
警务助理　戚念华（2017.01－2017.12）
副 主 任（人口主任）
成以龙（2017.01－2017.12）

龙塘村

支　　书　付　祥（2017.01－2017.12）
主　　任　张道富（2017.01－2017.12）
副 主 任　张　欣（2017.01－2017.12）
人口主任　阮祥春（2017.01－2017.12）
警务助理　张道臣（2017.01－2017.12）

果乐村

支　　书　张全文（2017.01－2017.12）
副 支 书　申庆枢（2017.01－2017.12）
主　　任　刘　洪（2017.01－2017.12）
副 主 任　申时雨（2017.01－2017.12）
警务助理　陈　放（2017.01－2017.12）

二道河村

支　　书　邵文忠（2017.01－2017.12）
主　　任　陈阳国（2017.01－2017.12）
警务助理　邵　钦（2017.01－2017.12）
副 主 任（人口主任）
邵文全（2017.01－2017.12）

七里沟村

支　　书　李官仁（2017.01－2017.12）
主　　任　李作平（2017.01－2017.12）
副 主 任（人口主任）

李东海（2017.01－2017.12）
警务助理　莫凌志（2017.01－2017.12）

大丫口村

支　　书　刘　璇（2017.01－2017.12）
主　　任　刘有军（2017.01－2017.12）
副 主 任（人口主任）
陶兴忠（2017.01－2017.12）
警务助理　李　涛（2017.01－2017.12）

树垮村

支　　书　孙善红（2017.01－2017.12）
主　　任　黎仕文（2017.01－2017.12）
警务助理　李春红（2017.01－2017.12）
副 主 任（人口主任）
吴运平（2017.01－2017.12）

五十亩村

支　　书　史　君（2017.01－2017.12）
副 支 书　史耀华（2017.10－2017.12）
主　　任　史建国（2017.01－2017.12）
副 主 任　吴长青（2017.01－2017.12）
主任助理　史学正（2017.01－2017.12）
警务助理　史志刚（2017.01－2017.12）
主任助理　吴　奎（2017.01－2017.12）
人口主任　汤德富（2017.01－2017.12）

擦枪岩村

支　　书　文正文（2017.01－2017.05）
罗昌欢（2017.06－2017.12）
主　　任　吴法文（2017.01－2017.12）
副 主 任　汤明发（2017.01－2017.12）
人口主任　张泰祥（2017.01－2017.12）
警务助理　熊祥六（2017.01－2017.12）

十三亩村

支　　书　吕少勇（2017.01－2017.12）
主　　任　吕绍荣（2017.01－2017.12）
副 主 任　吕敬金（2017.01－2017.12）
人口主任　吕敬勋（2017.01－2017.12）
警务助理　李世贵（2017.01－2017.12）

田坝桥镇

田坝桥村

支部书记　邓　洁（2017.01—2017.07）
席　春（2017.07—2017.12）
主　　任　林　勇（2017.01－2017.12）
主任助理　胡庆友（2017.03—2017.10）
林文付（2017.03—2017.12）
罗　涛（2017.05—2017.12）

螃蟹村

支部书记　阮开华（2017.01－2017.12）
主　　任　邱　胜（2017.12—2017.12）
副 主 任　唐　勇（2017.01－2017.12）

十二湾村

支部书记　王晓青（2017.01－2017.12）
主　　任　张周高（2017.01－2017.12）
副 主 任　张国君（2017.01－2017.12）

高桥村

支部书记　朱正阳（2017.01－2017.12）

主　　任　罗柱方（2017.01－2017.12）
副 主 任　黄　虎（2017.01－2017.12）
　　　　　詹绍怀（2017.01－2017.12）
　　　　　任贤菊（2017.08—2017.12）

臭水井村

支部书记　粟明芬（2017.01—2017.12，女）
主　　任　张守怀（2017.01－2017.12）
副 主 任　王万祥（2017.01－2017.12）
主任助理　陈　海（2017.03—2017.12）
　　　　　林科柔（2017.08—2017.12）

硝灰洞村

支部书记　王　琼（2017.01－2017.12）
主　　任　朱　平（2017.01－2017.12，女）
主任助理　聂祥彦（2017.07—2017.12）

弯腰树村

支部书记　彭　艳（2017.01—2017.08，女）
　　　　　成真诗（2017.09—2017.12）
主　　任　王言刚（2017.01－2017.12）
主任助理　赵杰萍（2017.03—2017.12）
　　　　　聂宗友（2017.03—2017.12）

店子上村

支部书记　黎建祥（2017.01－2017.12）
主　　任　黄曜远（2017.01－2017.12）
副 主 任　黄明军（2017.01－2017.12）
　　　　　熊　斌（2017.01－2017.12）
主任助理　余佩章（2017.03—2017.12）

八寨镇

八寨村

支　　书　陈文友（2017.01－2017.12）
主　　任　吴道远（2017.01－2017.12）
副 支 书　王维周（2017.01－2017.12）
副 主 任　陈洪宪（2017.01－2017.12）

大兴村

支　　书　聂伊妮（2017.01－2017.12，女）
主　　任　申时文（2017.01－2017.12）
副 主 任　朱　奎（2017.01－2017.12）

钟寨村

支　　书　朱克义（2017.01－2017.12）
主　　任　张光才（2017.01－2017.12）
副 主 任　孙　勇（2017.01－2017.12）

新艾村

支　　书　赖明春（2017.01－2017.12）
主　　任　赵琼明（2017.01－2017.12，白）
副 主 任　赵卫明（2017.01－2017.12）

劳动村

支　　书　杨继国（2017.01－2017.12，苗）
主　　任　肖　华（2017.01－2017.12）
副 主 任　王万才（2017.01－2017.12）

茅栗坪村

支　　书　顾　妮（2017.01－2017.12）

主　　任　陈永亮（2017.01－2017.12）
副 主 任　刘应忠（2017.01－2017.12）

华山村

支　　书　王　勇（2017.01－2017.12）
主　　任　燕　斌（2017.01－2017.12）

木樨村

支　　书　黎秀尧（2017.01－2017.12）
主　　任　黎希远（2017.01－2017.12）
副 主 任　黎代彦（2017.01－2017.12）

瓦窑坪村

支　　书　申时禹（2017.01－2017.12）
主　　任　申　磊（2017.01－2017.12）
副 支 书　章观林（2017.01－2017.12）

中厂村

支　　书　吕泽华（2017.01－2017.12）
主　　任　曾在明（2017.01－2017.12）
副 主 任　周　应（2017.01－2017.12）

金山村

支　　书　杨洪清（2017.01－2017.12）
主　　任　李应福（2017.01－2017.12）
副 主 任　李　丽（2017.01－2017.12，女）

岩口村

支　　书　高　俊（2017.01－2017.12）
主　　任　尹训初（2017.01－2017.12）
副 主 任　尹洪宪（2017.01－2017.12）
　　　　　洪文香（2017.01－2017.12）

板厂村

支　　书　高跃东（2017.01－2017.12）
主　　任　何中礼（2017.01－2017.12）

罗汉山村

支　　书　赵祥军（2017.01－2017.12）
主　　任　李观禹（2017.01－2017.12）
副 主 任　余洪俊（2017.01－2017.12，蒙古）
　　　　　李观德（2017.01－2017.12）

冷水村

支　　书　申　春（2017.01－2017.12）
主　　任　谢兴权（2017.01－2017.12，白）
副 主 任　杨永俊（2016.1—2016.12，苗）

层台镇

东沟村

支　　书　朱明星（2017.01—2017.12）
主任助理　黄　海（2017.01—2017.12）

红岩村

支　　书　张　挺（2017.01—2017.12）

玉龙村

支　　书　古典忠（2017.01—2017.12）
主　　任　刘玉春（2017.01—2017.12）

层台村

支　　书　张　烈（2017.01—2017.09）
　　　　　刘仕群（2017.09—2017.12）
主　　任　刘方全（2017.01—2017.03）
　　　　　吴光德（2017.03—2017.12）

光辉村

支　　书　康圣鸿（2017.09—2017.12）
主　　任　陈古达（2017.01—2017.03）
　　　　　李　飔（2017.03—2017.12）

幸福村

支　　书　陈良举（2017.01—2017.12）
主　　任　彭正道（2017.01—2017.12）

向阳村

支　　书　雷宣礼（2017.01—2017.12）
主　　任　陈泽举（2017.01—2017.12）

牛场村

支　　书　王　锐（2017.01—2017.12）
主　　任　王　磊（2017.01—2017.12）

斯栗村

支　　书　胡祥栋（2017.01—2017.12）
主　　任　杨春才（2017.01—2017.12）

官厢村

支　　书　孙建碧（2017.01—2017.12）
主　　任　黄右道（2017.01—2017.12）

青春村

支　　书　钱亚群（2017.01—2017.11）
　　　　　阮红艳（2017.11—2017.12）
主　　任　阮红艳（2017.01—2017.12）

付家沟村

支　　书　王　锦（2017.01—2017.11）
　　　　　胡正伟（2017.11—2017.12）
主　　任　吕绍杰（2017.01—2017.12）

五里桥村

支　　书　熊和平（2017.01—2017.09）
　　　　　杨人豪（2017.11—2017.12）
主　　任　刘　杰（2017.01—2017.12）

小吉场镇

吉兴社区

支　　书　黄胜利（2017.01—2017.12）
主　　任　燕鹏超（2017.01—2017.12）
副 支 书　陈　艳（2017.01—2017.12，女）
副 主 任　罗　东（2017.01—2017.12）
　　　　　熊朝俊（2017.01—2017.12）

吉坪社区

支　　书　宋仕昌（2017.01—2017.12）
主　　任　付绍田（2017.01—2017.12）
副支书、副主任　唐友谊（2017.01—2017.12）
副 主 任　李发成（2017.01—2017.11）
主任助理　唐克卫（2017.01—2017.12）

王德林（2017.01—2017.12）
周礼春（2017.01—2017.12）

吉丰村

支　　书　高林荣（2017.01—2017.12）
主　　任　谭树忠（2017.01—2017.12）
副主任　陈平善（2017.01—2017.12）
主任助理　张登鹏（2017.01—2017.12）

德胜社区

支　　书　胡家弟（2017.01—2017.06）
吴传国（2017.06—2017.12）
主　　任　吴传国（2017.01—2017.06）
副支书　季　林（2017.06—2017.12）
副主任　徐仕俊（2017.01—2017.12）
王方元（2017.01—2017.12）
主任助理　周剑锋（2017.01—2017.12）

梨子村

主　　任　李　华（2017.01—2017.12）
副主任　杨家举（2017.01—2017.12）
主任助理　邓书八（2017.01—2017.10）
许汉文（2017.01—2017.12）

新伦村

支　　书　陈绍绪（2017.01—2017.12）
主　　任　廖仕祥（2017.01—2017.12）
副主任　罗　春（2017.01—2017.12）
主任助理　陈原欢（2017.01—2017.12）

四伦村

支　　书　方绪刚（2017.01—2017.12）
主　　任　罗　荣（2017.01—2017.12）
副主任　常吕昌（2017.01—2017.12）

余庆村

支　　书　韩　国（2017.01—2017.04）
王瑞平（2017.04—2017.12）
主　　任　王国念（2017.01—2017.12）

永桥村

主　　任　吕敬桥（2017.01—2017.12）
副主任　吕开权（2017.01—2017.12）
主任助理　詹　信（2017.01—2017.12）

永兴村

支　　书　季良刚（2017.01—2017.12）
主　　任　季　鹏（2017.01—2017.02）
副主任　张　伟（2017.01—2017.12）
主任助理　李良群（2017.01—2017.12，女）

联丰村

支　　书　张万方（2017.01—2017.12）
主　　任　王永超（2017.01—2017.12）
副主任　陈兴华（2017.01—2017.12）
主任助理　郑　枫（2017.01—2017.12）

永丰村

支　　书　高克良（2017.01—2017.12）
副支书　宋汉熙（2017.03—2017.12）
主　　任　詹绍光（2017.01—2017.11）
宋良辅（2017.12—2017.12）
副主任　宋汉熙（2017.01—2017.03）
主任助理　宋良辅（2017.01—2017.12）

永坪村

支　　书　胡元勤（2017.01—2017.02）

翁继宗（2017.02—2017.12）
主　　任　洪仕仁（2017.01—2017.12）
副 主 任　陆　飞（2017.01—2017.12）
主任助理　吴学林（2017.01—2017.12）

河尾村

支　　书　李洪卫（2017.01—2017.12）
主　　任　李洪普（2017.01—2017.12）
副 主 任　陈章贵（2017.01—2017.12）

龙兴村

支　　书　付　祥（2017.01—2017.06）
李中贵（2017.06—2017.12）
主　　任　李中贵（2017.01—2017.06）
副 主 任　李启武（2017.01—2017.12）
主任助理　付汉周（2017.01—2017.12）

龙岭村

支　　书　李连胜（2017.01—2017.06）
李洪福（2017.06—2017.12）
主　　任　胡景益（2017.01—2017.12）
副 主 任　胡景青（2017.01—2017.12）
主任助理　李洪福（2017.01—2017.06）

高兴村

支　　书　余　万（2017.01—2017.12）
主　　任　郭有平（2017.01—2017.12）
副 主 任　张　军（2017.01—2017.12）
陈　跃（2017.01—2017.12）
主任助理　刘仕富（2017.01—2017.12）

岩湾村

支　　书　向永志（2017.01—2017.10）
曾兴碧（2017.10—2017.12）
主　　任　余本武（2017.01—2017.12）
副 主 任　曾衍信（2017.01—2017.12）
主任助理　李廷冲（2017.01—2017.10）

大吉社区

支　　书　金　磊（2017.01—2017.12）
主　　任　王　琪（2017.01—2017.12）
副 主 任　胡齐祥（2017.01—2017.12）
宋邦亮（2017.01—2017.12）
主任助理　赵双训（2017.01—2017.12）

双林村

支　　书　李卫国（2017.01—2017.11）
史　旺（2017.11—2017.12）
副 支 书　李卫国（2017.11—2017.12）
主　　任　李卫明（2017.01—2017.11）
副 主 任　李永泽（2017.01—2017.12，女）

红旗村

支　　书　丁　伟（2017.01—2017.04）
罗富荣（2017.04—2017.12）
主　　任　罗富银（2017.01—2017.12）
主任助理　辛金友（2017.01—2017.12）

中心村

支　　书　武孔绪（2017.01—2017.12）
主　　任　李德龙（2017.01—2017.12）
副 主 任　张以善（2017.01—2017.12）

新建村

支　　书　周光伦（2017.01—2017.12）
主　　任　刘兴桥（2017.01—2017.12）
副 主 任　刘天超（2017.01—2017.12）

总基村

支　　书　申时光（2017.01—2017.12）
主　　任　李昌学（2017.01—2017.08）
副 主 任　吕绍云（2017.01—2017.12）

南山社区

主　　任　吕　成（2017.01—2017.12）
主任助理　陈祥义（2017.01—2017.02）
　　　　　付　敏（2017.01—2017.02）

南丰村

支　　书　李远平（2017.01—2017.12）
主　　任　王瑞昆（2017.01—2017.12）
副 主 任　李祚富（2017.01—2017.12）
　　　　　王瑞坤（2016.01—2016.12）

阿市苗族彝族乡

头庄村

支　　书　王大华（2017.01—2017.12）
副 主 任　沙汝方（2017.01—2017.12）
　　　　　张　建（2017.01—2017.12）
主任助理　刘　欧（2017.01—2017.12）

丫口田村

支　　书　蒲作应（2017.01—2017.12）
主　　任　孔维美（2017.01—2017.03）
副 主 任　杨应康（2017.01—2017.12）
　　　　　王绪艳（2017.01—2017.12，女）
主任助理　李正芬（2017.01—2017.12，女）
　　　　　孔维举（2017.05—2017.12）

中寨村

支　　书　周光材（2017.01—2017.12）
副 支 书　吴永祥（2017.01—2017.12）
主　　任　熊天举（2017.01—2017.12）
副 主 任　王安军（2017.01—2017.12）
　　　　　熊天禄（2017.01—2017.12）

团胜村

支　　书　刘宝珠（2017.01—2017.12）
主　　任　王方云（2017.01—2017.12）
副 主 任　王彩俊（2017.01—2017.12）
主任助理　吴学明（2017.01—2017.12）

麻窝村

支　　书　马昭祥（2017.01—2017.12）
副 主 任　申　跃（2017.01—2017.12）
　　　　　马昭华（2017.01—2017.12）
主任助理　申时昌（2017.02—2017.12）

木拉村

支　　书　雷　寰（2017.01—2017.12）
主　　任　安仁祥（2017.01—2017.12）
副 主 任　陈清元（2017.01—2017.12）
主任助理　吴光会（2017.01—2017.12）

阿市村

支　　书　蒲先国（2017.01—2017.12）
主　　任　谢平民（2017.01—2017.12）
副 主 任　周训林（2017.01—2017.12）
　　　　　谢卫贤（2017.01—2017.12）
主任助理　蒲长军（2017.01—2017.12）

安然村

支　　书　张清华（2017.01—2017.12，彝）
主　　任　陶发扬（2017.01—2017.12，苗）
副 主 任　杨勋才（2017.01—2017.12，苗）
主任助理　李会义（2017.01—2017.12，彝）

雄垮村

支　　书　陶发先（2017.01—2017.12，苗）
主　　任　李兴周（2017.01—2017.12，苗）
副 主 任　张德兴（2017.01—2017.06）
主任助理　李正仕（2017.01—2017.06）
　　　　　欧仕贵（2017.06—2017.12）
　　　　　李仕亮（2017.06—2017.12）

湾子村

支　　书　郑　佳（2017.01—2017.07）
　　　　　杨洪常（2017.08—2017.12）
主　　任　鲍天福（2017.01—2017.12）
副 主 任　曾开俊（2017.01—2017.12，女）
主任助理　宋德江（2017.01—2017.12）

柳湾村

支　　书　王永洪（2017.01—2017.12）
副 支 书　万荣华（2017.01—2017.12）
主　　任　代修珍（2017.01—2017.12，女）
副 主 任　陈大贤（2017.01—2017.12）
　　　　　郑　荣（2017.01—2017.12）

尖山村

支　　书　李正昌（2017.01—2017.12）
主　　任　彭廷庆（2017.01—2017.12）
副 主 任　余照毕（2017.01—2017.12）
主任助理　王维琴（2017.06—2017.12）

草坪村

支　　书　徐毅凯（2017.01—2017.08）
　　　　　周碧贵（2017.09—2017.12）
副 支 书　周碧贵（2017.01—2017.09）
主　　任　谢永琪（2017.01—2017.12）
副 主 任　张应志（2017.01—2017.12）
　　　　　张应福（2017.01—2017.12）
主任助理　沙　翠（2017.01—2017.12）

普宜镇

宜兴社区

支　　书　赵祥文（2017.01—2017.12）
副 支 书　曹　兵（2017.01—2017.12）
主任助理　吕　勇（2017.01—2017.12）
　　　　　叶世叶（2017.05—2017.12）

老街村

支　　书　刘昭龙（2017.01—2017.12）
主　　任　张元龙（2017.01—2017.12）
副 主 任　张金伟（2017.01—2017.12）
　　　　　彭廷香（2017.01—2017.12）

新街村

支　　书　潘发刚（2017.01—2017.12）
主　　任　高吉平（2017.01—2017.12）
副 支 书　梅婷俊（2017.01—2017.12）
副 主 任　廖成敏（2017.01—2017.12）

摆盖村

支　　书　腾召军（2017.01—2017.12）

主　　任　周方义（2017.01—2017.12）
副 支 书　杨泽英（2017.01—2017.12，女，苗）
副 主 任　宗　义（2017.01—2017.12）
主任助理　佟江怀（2017.01—2017.12）

道角村

支　　书　吕　爱（2017.01—2017.12）
副 主 任　胡祥辉（2017.01—2017.12，彝）
主任助理　陈　淼（2017.01—2017.12）
　　　　　罗才贵（2017.01—2017.12）

乐都村

支　　书　周　围（2017.01—2017.12）
副 支 书　王端贵（2017.01—2017.12）
主　　任　赵温普（2017.01—2017.12）
副 主 任　余清贤（2017.01—2017.12）
主任助理　张泽艳（2017.01—2017.12）

箐脚村

支　　书　周庆礼（2017.01—2017.12）
主　　任　冯国恩（2017.01—2017.12）
副 主 任　杨文平（2017.01—2017.12）
主任助理　周遵福（2017.01—2017.12）

冷水村

支　　书　龙大福（2017.01—2017.12，彝）
主　　任　陈光发（2017.01—2017.12，彝）
主任助理　王体兴（2017.07—2017.12）

木窝村

支　　书　高　林（2017.01—2017.12）
主　　任　胡登友（2017.01—2017.12）
副 主 任　余文祥（2017.01—2017.12）

双河村

支　　书　赵朝平（2017.01—2017.12）
主　　任　王滕海（2017.01—2017.12）
副 主 任　罗　勇（2017.01—2017.12）
主任助理　林　刚（2017.06—2017.12）

龙家村

支　　书　陈明友（2017.01—2017.12）
主任助理　王兴明（2017.01—2017.12）
副 主 任　陈亮坤（2017.01—2017.12）
主任助理　龙靖涛（2017.06—2017.12）

大屯彝族乡

烙烘村

支　　书　赵举忠（2017.01—2017.12）
主　　任　陈章龙（2017.01—2017.12）
副 主 任　敖正洪（2017.01—2017.12）

大屯村

支　　书　王清荣（2017.01—2017.12）
主　　任　赵举鹏（2017.01—2017.12）
副 主 任　赵德凤（2017.01—2017.12，女）
　　　　　李豪富（2017.01—2017.12）

长中村

支　　书　胡鲁国（2017.01—2017.12）
主　　任　胡万海（2017.01—2017.12）
副 主 任　许远鹏（2017.01—2017.12）
　　　　　向元品（2017.01—2017.12）

青山村

支　　书　邓忠余（2017.01—2017.12）
主　　任　陈华建（2017.01—2017.12，彝）
副 主 任　张明贵（2017.01—2017.12）
　　　　　李顺喜（2017.01—2017.12）

大河村

支　　书　范　云（2017.01—2017.12，彝）
副 主 任　戴世雄（2017.01—2017.12）
　　　　　刘良祥（2017.01—2017.12）

高坡村

支　　书　单正方（2017.01—2017.12）
主　　任　袁依具（2017.01—2017.12）
副 主 任　黄昌华（2017.01—2017.12）
　　　　　陈年栋（2017.01—2017.12）
主任助理　蒲　方（2017.01—2017.12）

三官村

支　　书　尹健秋（2017.01—2017.12，女）
主　　任　陈大琰（2017.01—2017.12，彝）
副 主 任　李定才（2017.01—2017.12）
　　　　　陈大楷（2017.01—2017.12，彝）

雅木村

支　　书　兰亮鑫（2017.01—2017.12）
主　　任　潘启忠（2017.01—2017.12）
副 主 任　余兴杰（2017.01—2017.12）
　　　　　梁榜芬（2017.01—2017.12，女）

龙场营镇

龙场社区

支　　书　李华阶（2017.01—2017.12）
主　　任　周光泽（2017.01—2017.12）
副 支 书　李永才（2017.01—2017.12）
副 主 任　叶培忠（2017.01—2017.12）
　　　　　张　凯（2017.01—2017.12）
计生主任　张维举（2017.01—2017.12）

者把村

支　　书　蔡长旭（2017.01—2017.10）
　　　　　石　华（2017.10—2017.12）
主　　任　曾锦全（2017.01—2017.12）
副 支 书　王永祥（2017.01—2017.12）
计生主任　王　勇（2017.01—2017.12）
副 主 任　熊灿华（2017.01—2017.12）
主任助理　蒋家艳（2017.01—2017.12）

卧牛村

支　　书　彭永华（2017.01—2017.12）
主　　任　彭荣利（2017.01—2017.12）
计生主任　胡　刚（2017.01—2017.12）
副 主 任　谢德先（2017.01—2017.12）

南坡村

支　　书　杨光映（2017.01—2017.12）
主　　任　陈文富（2017.01—2017.12）
副 主 任　赵　康（2017.01—2017.12）
计生主任　周训文（2017.01—2017.12）
主任助理　陈　齐（2017.01—2017.12）

上黄村

支　　书　赵　刚（2017.01—2017.12）
主　　任　何忠发（2017.01—2017.12）
副 主 任　蔡成云（2017.01—2017.12）
计生主任　赵举刚（2017.01—2017.12）

黄金村

支　　书　钟　响（2017.01—2017.12）
主　　任　陈国宏（2017.01—2017.12）
副 支 书　李　波（2017.01—2017.04）
副 主 任　赵　琴（2017.01—2017.05，女）
计生主任　林少珍（2017.01—2017.12，女）
主任助理　蔡昌甫（2017.01—2017.12）

川山村

支　　书　余　洋（2017.01—2017.12）
主　　任　辜汝香（2017.01—2017.12）
副 主 任　陈和举（2017.01—2017.08）
　　　　　辜永魁（2017.08—2017.12）
计生主任　马　莉（2017.08—2017.12，女）

元岩村

支　　书　熊英福（2017.01—2017.12）
主　　任　王志甫（2017.01—2017.12）
副 主 任　王仕益（2017.01—2017.12）
计生主任　杨　锦（2017.01—2017.12）
主任助理　韩维均（2017.01—2017.12）
　　　　　陈　涛（2017.01—2017.12）
　　　　　谢　群（2017.01—2017.12）

安顶村

支　　书　宋时清（2017.01—2017.09）
　　　　　陈　健（2017.09—2017.12）
主　　任　陈　健（2017.01—2017.09）
　　　　　钟世林（2017.09—2017.12）
主任助理　钟世林（2017.01—2017.09）
计生主任　高正银（2017.09—2017.12）
副 主 任　安昌富（2017.04—2017.12）

田坎彝族乡

田坎村

支　　书　罗永琴（2017.01—2017.12，女，彝）
主　　任　龙　获（2017.01—2017.12，彝）
副 主 任　嬴胜江（2017.01—2017.12）
　　　　　高　庆（2017.04—2017.08）
主任助理　陈　平（2017.01—2017.12，女，彝）

白沙河村

支　　书　张　芳（2017.01—2017.10，女，彝）
　　　　　熊宗亮（2017.11—2017.12，彝）
主　　任　熊宗辉（2017.03—2017.12，彝）
副 主 任　代顺芳（2017.01—2017.02）
　　　　　潘科江（2017.01—2017.02）
　　　　　潘应其（2017.03—2017.12，彝）
　　　　　刘学伦（2017.03—2017.12）
主任助理　潘　震（2017.03—2017.12）

田坝村

支　　书　高华成（2017.03—2017.12，彝）
主　　任　王超富（2017.01—2017.12）
副 主 任　曾守贵（2017.01—2017.12）
　　　　　王寿才（2017.01—2017.12，彝）

青杠村

支　　书　嬴胜端（2017.01—2017.12）

主　　任　嬴胜端（2017.01—2017.12）
　　　　　　钱信祥（2017.03—2017.12）
副 主 任　嬴世甫（2017.01—2017.12）
　　　　　　刘明英（2017.01—2017.12）
　　　　　　陈玉昌（2017.01—2017.03，彝）
主任助理　陈玉昌（2017.04—2017.12，彝）

大元村

支　　书　汪升隆（2017.01—2017.12）
主　　任　杨　奎（2017.01—2017.12）
副 主 任　任云昌（2017.01—2017.12）
　　　　　　罗良宽（2017.01—2017.12）

茨竹村

支　　书　王　章（2017.01—2017.12，彝）
副 支 书　余　勇（2017.10—2017.12）
主　　任　王寿春（2017.04—2017.12，彝）
副 主 任　杨时书（2017.01—2017.12）
　　　　　　陈大贵（2017.03—2017.09）
主任助理　张启付（2017.01—2017.12）

元山村

支　　书　陈付能（2017.01—2017.03，彝）
　　　　　　张世均（2017.04—2017.12）
主　　任　张世均（2017.04—2017.12）
　　　　　　任大兵（2017.04—2017.12）
副 主 任　尹妍全（2017.01—2017.12，女）
　　　　　　任大兵（2017.01—2017.03）

何官屯镇

阿哪寨村

支　　书　李明昭（2017.01—2017.12）
主　　任　徐延广（2017.01—2017.12）
副 主 任　陈继开（2017.01—2017.12）
主任助理　张德义（2017.05—2017.12）

大坝村

支　　书　周光选（2017.01—2017.12）
主　　任　聂祥顺（2017.01—2017.12）
副 主 任　肖世祥（2017.01—2017.12）
主任助理　宋元丽（2017.10—2017.12）

坝口社区

支　　书　彭启禄（2017.01—2017.12）
主　　任　徐继志（2017.01—2017.12）
副 主 任　聂祥华（2017.01—2017.08）
主任助理　聂开阔（2017.03—2017.12）

新华村

支　　书　赵建平（2017.01—2017.12）
主　　任　刘　君（2017.01—2017.12）
副 主 任　郎学虎（2017.01—2017.12）
主任助理　郎学清（2017.10—2017.12）

渔洞社区

支　　书　司德军（2017.01—2017.12）
主　　任　陈　兴（2017.01—2017.12）
副 主 任　宋邦禹（2017.01—2017.12）
主任助理　张廷慧（2017.02—2017.12）

龙汉村

支　　书　阮　伦（2017.01—2017.08）
　　　　　　杨　旭（2017.08—2017.12）
副 支 书　吴道方（2017.03—2017.12）
副 主 任　何祥成（2017.01—2017.12）
主任助理　刘德兵（2017.03—2016.12）

柳家社区

支　　书　朱德忠（2017.01—2017.12）
主　　任　朱启天（2017.01—2017.12）
副 主 任　刘天胜（2017.01—2017.12）
主任助理　刘休普（2017.02—2017.12）

利民村

支　　书　刘　闪（2017.01—2017.12）
主　　任　刘　俊（2017.01—2017.12）
副 主 任　龙天平（2017.01—2017.12）
主任助理　徐建中（2017.02—2017.12）

龙滩社区

支　　书　王国军（2017.01—2017.12）
主　　任　张守学（2017.01—2017.12）
副 主 任　王　翔（2017.01—2017.12）
主任助理　王洪举（2017.02—2017.12）

猫猫洞社区

支　　书　熊建辉（2017.01—2017.12，彝）
主　　任　熊　华（2017.01—2017.12，彝）
副 主 任　聂　伟（2017.01—2017.12）
计生主任　林　云（2017.02—2017.12，女）

洋塘村

支　　书　金　鑫（2017.01—2017.10）
　　　　　蒙光跃（2017.10—2017.12）
主　　任　朱正坤（2017.01—2017.12）
副 主 任　王　健（2017.01—2017.12）

大坪子村

支　　书　张欣怡（2017.01—2017.12，女，彝）
主　　任　邱永顺（2017.01—2017.12）
副 主 任　刘应梅（2017.01—2017.12，女）
主任助理　聂祥华（2017.05—2017.12）

关口社区

支　　书　彭斯洪（2017.01—2017.12）
主　　任　徐家华（2017.01—2017.12）
副 主 任　米士品（2017.01—2017.12）
主任助理　陈祖祥（2017.02—2017.12）

后箐社区

支　　书　刘天平（2017.01—2017.08）
　　　　　朱德忠（2017.09—2017.12）
主　　任　陆贵发（2017.01—2017.12）
副 主 任　陆永兵（2017.01—2017.12）
主任助理　刘天平（2017.02—2016.12）

红丰村

支　　书　汪　彪（2017.01—2017.12）
主　　任　聂祥正（2017.01—2017.12）
副 主 任　尹贵洪（2017.01—2017.12）
主任助理　蔡尚凤（2017.02—2016.12）

白果社区

支　　书　陈思海（2017.01—2017.12）
主　　任　陈文渊（2017.01—2017.12）
副 主 任　阮培勇（2017.01—2017.12）
主任助理　糜祖文（2017.02—2017.12）

唐官社区

支　　书　王永喜（2017.01—2017.12）
主　　任　邹永发（2017.01—2017.12）
副 主 任　邹占友（2017.01—2017.12）
主任助理　聂　军（2017.02—2017.12）

官屯社区

支　　书 赵名庆（2017.01—2017.12）
主　　任 王继东（2017.01—2017.12）
副 主 任 洪　伟（2017.01—2017.12）
主任助理 赵　涛（2017.04—2017.12）

龙官村

支　　书 成中国（2017.01—2017.8）
　　　　 刘天平（2017.09—2017.12）
主　　任 成　磊（2017.01—2017.12）
副 主 任 刘　建（2017.01—2017.12）
主任助理 周训礼（2017.02—2017.12）

水箐镇

大湾村

支　　书 刘天翠（2017.01—2017.12，女）
主　　任 刘天荣（2017.01—2017.12）
副 支 书 刘庆均（2017.01—2017.12）
副 主 任 王孝洪（2017.01—2017.12）

流水村

支　　书 胡　敏（2017.01—2017.12，女）
主　　任 张万房（2017.01—2017.12）
主任助理 付业忠（2017.01—2017.12）

干沟村

支　　书 胡潘贤（2017.01—2017.12）
主任助理 吴道才（2017.01—2017.12）
副 主 任 胡高祥（2017.01—2017.12）
副 支 书 朱启顺（2017.01—2017.12）

星火村

支　　书 葛　政（2017.01—2017.12）
副 主 任 朱启领（2017.01—2017.12）

黄连村

副 支 书 朱启甫（2017.01—2017.12）
主任助理 刘德江（2017.01—2017.12）
　　　　 朱启红（2017.01—2017.12）

马鞍村

副 支 书 吴道贤（2017.01—2017.12）
主　　任 胡　军（2017.01—2017.12）
副 主 任 杨忠清（2017.01—2017.12，苗）
人口主任 王发贵（2017.01—2017.12，苗）

东风村

副 支 书 聂宗友（2017.01—2017.12）
主　　任 徐世刚（2017.01—2017.12）

梨树村

主任助理 吴　凤（2017.01—2017.12，女）
　　　　 朱家洪（2017.01—2017.12）
人口主任 吴长谢（2017.01—2017.12）

水箐村

支　　书 段习刚（2017.01—2017.12）

新地村

支　　书 吴长银（2017.01—2017.12）
副 支 书 杨忠林（2017.01—2017.12）

主　　任　吴长进（2017.01—2017.12）
主任助理　吴道本（2017.01—2017.12）
人口主任　吴海君（2017.01—2017.12）

燎原村

支　　书　李连毅（2017.01—2017.12）
主　　任　张贵明（2017.01—2017.12）
人口主任　王华福（2017.01—2017.12，彝）

对坡镇

法泥村

支　　书　张义龙（2017.01－2017.12）
主　　任　张荣树（2017.01－2017.12）
副 支 书　周真顺（2017.01－2017.12）
主任助理　张明举（2017.01－2017.12）
　　　　　肖友军（2017.01－2017.12）

新林社区

支　　书　范厚吉（2017.01－2017.12）
主　　任　樊炳文（2017.01－2017.12）
副 主 任　范泽友（2017.01－2017.12）
计生主任　付汉均（2017.01－2017.12）

沟脚村

支　　书　申时良（2017.01－2017.12）
主　　任　肖友陆（2017.01－2017.12）
副 主 任　申时育（2017.01－2017.12）
计生主任　陈卫洪（2017.01－2017.12）

嘎木社区

支　　书　梁　建（2017.01－2017.12）
主　　任　李传前（2017.01－2017.12）
副 主 任　雷洪元（2017.01－2017.12）

杉寨社区

支　　书　李光付（2017.01－2017.12）
主　　任　聂宗扬（2017.01－2017.12）
副 主 任　聂宗志（2017.01－2017.12）
主任助理　赵祖林（2017.01－2017.12）

石板村

支　　书　范厚科（2017.01－2017.12）
副 主 任　肖　礼（2017.01－2017.12）
计生主任　谢中福（2017.01－2017.12）

新门社区

支　　书　周　云（2017.01－2017.12）
主　　任　付业发（2017.01－2017.12）
副 主 任　尹大江（2017.01－2017.12）
主任助理　聂凤英（2017.01－2017.12）

大堡社区

支　　书　谢德敏（2017.01－2017.12，女）
主　　任　余显书（2017.01－2017.12）
副 主 任　王献态（2017.01－2017.12）
主任助理　宋登矩（2017.01－2017.12）

田边村

支　　书　陈　昌（2017.01－2017.12）
主　　任　彭斯俊（2017.01－2017.12）
副 主 任　何大位（2017.01－2017.12）

乐海村

支　　书　孙姝轶（2017.01－2017.12）

主　　任　吴道元（2017.01－2017.12）
副 主 任　付显松（2017.01－2017.12）

建华村

支　　书　朱启六（2017.01－2017.12）
主　　任　龙跃银（2017.01－2017.12）
副 主 任　陈安文（2017.01－2017.12）
　　　　　张永祥（2017.01－2017.12）
主任助理　陈远学（2017.01－2017.12）

对坡社区

支　　书　尹春平（2017.01－2017.12）
主　　任　吴道林（2017.01－2017.12）
副 主 任　吴明伟（2017.01－2017.12）
主任助理　吴万军（2017.01－2017.12）
计生主任　尹才贤（2017.01－2017.12）

中心社区

支　　书　肖大荣（2017.01－2017.12）
副 主 任　余杨会（2017.01－2017.12）
　　　　　清成祥（2017.01－2017.12）
主任助理　清成栋（2017.01－2017.12）

大银镇

尖山村

支　　书　张中举（2017.01－2017.12）
主　　任　尹孝友（2017.01－2017.12）
副 主 任　李　莽（2017.01－2017.12）
　　　　　郭太荣（2017.01－2017.12）

羊桥村

支　　书　赵　彪（2017.01－2017.12）
主　　任　汪建华（2017.01－2017.12）
副 主 任　黄福基（2017.01－2017.12）
　　　　　赵　军（2017.01－2017.12）
主任助理　严开平（2017.01－2017.12）

新丰村

支　　书　宋怀轩（2017.01－2017.12）
主　　任　唐志国（2017.01－2017.12）
副 主 任　宋怀碧（2017.01－2017.12）
　　　　　范孝志（2017.01－2017.12）

黄糖村

支　　书　余显泽（2017.01－2017.12）
主　　任　李如贵（2017.01－2017.12）
副 主 任　胡贵遗（2017.01－2017.12）
　　　　　陈　兵（2017.01－2017.12）

石营村

支　　书　吕绍周（2017.01－2017.12）
主　　任　范贤文（2017.01－2017.12）
副 主 任　刘从全（2017.01－2017.12）
　　　　　刘应能（2017.01－2017.12）

保旺村

支　　书　李　洪（2017.01－2017.12）
主　　任　张和龙（2017.01－2017.12）
副 主 任　梁永贵（2017.01－2017.12）
　　　　　支国陆（2017.01－2016.12）

半林村

支　　书　刘祥书（2017.01－2017.12）
主　　任　张继玖（2017.01－2017.12）
副 主 任　陈吉祥（2017.01－2017.12）
　　　　　吉永彪（2017.01－2017.12）

木瓦村

支　　书　范贤江（2017.01－2017.12）
主　　任　陈昌华（2017.01－2017.12）
副 主 任　樊祥华（2017.01－2017.12）
　　　　　杨虎钧（2017.01－2017.12）

高峰村

支　　书　宋德军（2017.01－2017.12）
主　　任　薛应旭（2017.01－2017.12）
副 主 任　宋德军（2017.01－2017.12）
　　　　　汪廷会（2017.01－2017.12）

燕子口镇

燕子口社区

支　　书　李文芳（2017.01－2017.12）
主　　任　叶　军（2017.01－2017.12）
副 支 书　王　林（2017.01－2017.12）
副 主 任　吴光炯（2017.01－2017.12，女）

沓苏村

支　　书　曹　杰（2017.01－2017.12）
主　　任　粟安康（2017.01－2017.12）
副 主 任　曹永开（2017.01－2017.12）
人口主任　张启茂（2017.05－2017.12）

大田村

支　　书　曹天勇（2017.01－2017.12）
主　　任　周　虎（2017.01－2017.12）
副 主 任　谢中军（2017.01－2017.12）
人口主任　曹　林（2017.05－2017.12）

甘沟河村

支　　书　薛占合（2017.01－2017.12）
主　　任　宋尚学（2017.01－2017.12）
副 主 任　宋时波（2017.01－2017.12）
人口主任　宋尚俊（2017.01－2017.02）

官河村

支　　书　王　俊（2017.01－2017.12）
主　　任　吴仕军（2017.01－2017.12）
副 主 任　郑孝益（2017.01－2017.12）
人口主任　叶君林（2017.09－2017.12）
主任助理　胡关鹏（2017.01－2017.06）

海子社区

支　　书　何升鳌（2017.01－2017.12）
主　　任　吴传宇（2017.01－2017.12）
副 主 任　吴长甫（2017.01－2017.12）
人口主任　唐　春（2017.01－2017.01）

黄泥村

支　　书　叶世根（2017.01－2017.12）
主　　任　向光富（2017.01－2017.12）
副 主 任　向云斌（2017.01－2017.12）
人口主任　王显益（2017.01－2017.12）

金竹村

支　　书　曹　敏（2017.01－2017.12）
主　　任　邵家举（2017.01－2017.12）
副主任　邵国高（2017.01－2017.12）
人口主任　邵国顺（2017.03－2017.12）

龙洞社区

支　　书　余瑞麟（2017.01－2017.12）
副支书　王　成（2017.06－2017.12）
主　　任　向米云（2017.01－2017.12）
副主任　邵　鸿（2017.01－2017.12）

罗福村

支　　书　陈方瑶（2017.12－2017.12）
主　　任　陈　露（2017.01－2017.12）
副主任　段习伦（2017.01－2017.12）
人口主任　孙忠美（2017.05－2017.12）

洒鱼河村

支　　书　张　辉（2017.01－2017.12）
主　　任　吴　勇（2017.01－2017.12）
副主任　宋德高（2017.01－2017.12）
人口主任　王秉法（2017.03－2017.12）

庆祝村

支　　书　张桂成（2017.01－2017.12）
主　　任　张祥利（2017.01－2017.12）
副主任　张呈刚（2017.01－2017.11）

石街社区

支　　书　孟祥顺（2017.01－2017.12）
主　　任　黄光兴（2017.01－2017.12）
副主任　吴仕高（2017.01－2017.12）

小堡子村

支　　书　张永全（2017.01－2017.12）
主　　任　严洪文（2017.01.2017.12）
副主任　虞　芳（2017.01－2017.12）
主任助理　陈廷亮（2017.04－2017.12）

小河沟村

支　　书　邵定学（2017.01－2017.12）
副支书　项定才（2017.08－2017.12）
主　　任　谢德喜（2017.01－2017.12）
副主任　陈思华（2017.01－2017.12）

小哨社区

支　　书　吴世银（2017.01－2017.12）
主　　任　杨德学（2017.04－2017.12，苗）
副主任　陈其湘（2017.01－2017.12）
人口主任　张永宪（2017.01－2017.12）

新村村

支　　书　宋　伟（2017.01－2017.12）
主　　任　冯发强（2017.01－2017.12）
副主任　余显如（2017.01－2017.12）
人口主任　冯祥柱（2017.05－2017.12）

新光村

支　　书　孔维乾（2017.01－2017.10）
主　　任　孔维忠（2017.01－2017.10）
人口主任　谢安喜（2017.05－2017.12）

雄峰村

支　　书　穆康俊（2017.01－2017.12）
主　　任　何方科（2017.01－2017.12）
副 主 任　吴长军（2017.01－2017.12）
主任助理　穆元发（2017.01－2017.12）

雄狮村

支　　书　赵高福（2017.01－2017.12）
主　　任　梁树才（2017.01－2017.12）
副 主 任　罗勋林（2017.01－2017.12）

阳光村

支　　书　吴敬松（2017.01－2017.12）
副 支 书　向云刚（2017.04－2017.12）
主　　任　刘国汉（2017.01－2017.04）
副 主 任　吴学军（2017.01－2017.04）

一心村

支　　书　邓　江（2017.01－2017.05）
副 支 书　刘　云（2017.03－2017.09）
主　　任　宋登远（2017.01－2017.12）
副 主 任　李在辉（2017.01－2017.12，苗）

云台社区

支　　书　张光辉（2017.01－2017.12）
副 支 书　宋尚华（2017.08－2017.12）
主　　任　何升华（2017.01－2017.12）
副 主 任　彭绍锋（2017.01－2017.12）

中沟社区

支　　书　简训亮（2017.01－2017.12）
副 支 书　简先福（2017.03－2017.12）
主　　任　黄绍光（2017.01－2017.12）
副 主 任　简训书（2017.01－2017.12）
人口主任　简先福（2017.01－2017.02）

亮岩镇

飞轮村

支　　书　王德睿（2017.01－2017.12）
主　　任　张万明（2017.01－2017.12）
副 主 任　张万祥（2017.01－2017.12）
　　　　　李政鹏（2017.01－2017.12）

关沟村

支　　书　薛朝勋（2017.01－2017.12）
主　　任　马友忠（2017.01－2017.12）
副 主 任　张和平（2017.01－2017.12）
　　　　　赵丽琼（2017.01－2017.12，女）

和光社区

支　　书　向成贵（2017.01－2017.12）
主　　任　李国明（2017.01－2017.12）
副 主 任　曾　锦（2017.01－2017.12）
　　　　　吴波旭（2017.01－2017.12）

合欢村

支　　书　龙　腾（2017.01－2017.12）
主　　任　李　伟（2017.01－2017.12）
副 主 任　张　勇（2017.01－2017.12）
　　　　　张志安（2017.01－2017.12）

核桃社区

支　　书　汪廷寿（2017.01－2017.12）
副支书　薛朝举（2017.01－2017.12）
主　　任　叶　虎（2017.01－2017.12）
副主任　向　凯（2017.01－2017.12）
　　　　　薛朝华（2017.01－2017.12）

金华村

支　　书　向　波（2017.01－2017.12）
主　　任　杨洪亮（2017.01－2017.12）
副主任　孟天武（2017.01－2017.07）
　　　　　向光前（2017.01－2017.12）

亮岩社区

支　　书　张正全（2017.01－2017.12）
主　　任　汪毓全（2017.01－2017.12）
副主任　蒋明友（2017.01－2017.12，苗）
　　　　　叶学兵（2017.01－2017.12）

三里田村

支　　书　邵正友（2017.01－2017.12）
主　　任　余良久（2017.01－2017.12）
副主任　周世友（2017.01－2017.12）
　　　　　刘洪梅（2017.01－2017.12）

桥头村

支　　书　汪　勇（2017.01－2017.12）
主　　任　叶世双（2017.01－2017.12）
副主任　章国平（2017.01－2017.12）
　　　　　谢延妮（2017.01－2017.12，女）

太极村

支　　书　赵朝文（2017.01－2017.12）
主　　任　康坤银（2017.01－2017.12）
副主任　张　磊（2017.01－2017.12）
　　　　　田　立（2017.01－2017.12）

裕民村

支　　书　陆　俊（2017.12－2017.12）
副支书　薛占勇（2017.01－2017.12）
主　　任　薛朝兴（2017.01－2017.12）
副主任　付善继（2017.01－2017.12）

裕群社区

支　　书　张飞虎（2017.01－2017.09）
副支书　张翼翔（2017.01－2017.12）
主　　任　许绍敏（2017.01－2017.06）
副主任　王永奎（2017.01－2017.06，苗）
　　　　　叶逢春（2017.01－2017.06）

林口镇

林光村

支　　书　丁忠祥（2017.01－2017.12）
主　　任　谢曰举（2017.01－2017.12）
副主任　陈顺龙（2017.01－2017.12）
　　　　　宋成顺（2017.01－2017.12）

年丰村

支　　书　张再勇（2017.01－2017.12）

主　　任　张道文（2017.01－2017.12）
副主任　梅长银（2017.01－2017.12）

新庄村

支　　书　史爱华（2017.01－2017.12）
主　　任　周尚兵（2017.01－2017.12）
副主任　龙　义（2017.01－2017.12）
　　　　　徐　萍（2017.01－2017.12，女）

中坝村

支　　书　王成德（2017.01－2017.12）
主　　任　刘恩才（2017.01－2017.12）
副主任　陈兆举（2017.01－2017.12）

青山村

支　　书　丁昌茂（2017.01－2017.12）
主　　任　宋德虎（2017.01－2017.12）
主任助理　孙贵勇（2017.01－2017.12）
　　　　　王科英（2017.01－2017.12，女）

大地村

支　　书　王成泽（2017.01－2017.12）
主　　任　陈清喜（2017.01－2017.12）
副主任　李　平（2017.01－2017.12）

鸡鸣三村

支　　书　路　翔（2017.01－2017.12）
主　　任　严光举（2017.01－2017.12）
副主任　刘朝仲（2017.01－2017.12）

林前村

支　　书　康仁彬（2017.01－2017.12）
副支书　苏再发（2017.01－2017.12）
副主任　余光忠（2017.01－2017.12）
　　　　　严宏劝（2017.01－2017.12）
　　　　　王正芬（2017.01－2017.12）

白光村

支　　书　曹兴才（2017.01－2017.12）
副主任　蒋安辉（2017.01－2017.12）
　　　　　杨传香（2017.01－2017.12）

高峰村

支　　书　林茂权（2017.01－2017.12）
主　　任　杨孝平（2017.01－2017.12）
副主任　马德友（2017.01－2017.12）

渭河村

支　　书　严晋宏（2017.01－2017.12）
主　　任　陈家文（2017.01－2017.12）
副支书　陈　朝（2017.01－2017.12）
副主任　许在聪（2017.01－2017.12）
　　　　　周宗全（2017.01－2017.12）

大塘村

支　　书　杨　简（2017.01－2017.12）
主　　任　黄德松（2017.01－2017.12）
副主任　彭　孟（2017.01－2017.12）
主任助理　陶成光（2017.01－2017.12）

川山村

支　　书　张胜碧（2017.01－2017.12，女）
主　　任　周尚超（2017.01－2017.12）
副主任　王　凤（2017.01－2017.12）

灯塔村

支　　书　周奉远（2017.01－2017.12）
主　　任　宋宝芝（2017.01－2017.12）
副 主 任　张定江（2017.01－2017.12）
主任助理　左兴强（2017.01－2017.12）

坪坝村

支　　书　粟安贵（2017.01－2017.12）
主　　任　田福翠（2017.01－2017.12，女）
副 主 任　吴道伦（2017.01－2017.12）
　　　　　胡仁举（2017.01－2017.12）

大寨村

支　　书　严伟宏（2017.01－2017.12）
主　　任　杨大平（2017.01－2017.12）
副 主 任　张建华（2017.01－2017.12，女）
　　　　　严　峰（2017.01－2017.12）
主任助理　黄福举（2017.01－2017.12）

清水铺镇

橙满园社区

支　　书　张安福（2017.01－2017.12）
主　　任　胡潘祥（2017.01－2017.12）
副 支 书　胡思玉（2017.01－2017.12）
副 主 任　张太文（2017.01－2017.12）
　　　　　周仕务（2017.01－2017.12）

东山社区

支　　书　薛朝军（2017.01－2017.12）
主　　任　宋自刚（2017.01－2017.12）
副 支 书　宋善友（2017.01－2017.12）
副 主 任　张正朝（2017.01－2017.12）

清水社区

支　　书　唐　毅（2017.01－2017.12）
主　　任　杨德银（2017.01－2017.12）
副 支 书　孟毕英（2017.01－2017.12，女）
副 主 任　郭义祥（2017.01－2017.12）
　　　　　胡大忠（2017.01－2017.12）
　　　　　王　玉（2017.01－2017.12，女）
　　　　　胡关伍（2017.01－2017.12）
主任助理　王永明（2017.01－2017.12）

后山社区

支　　书　孟性寿（2017.01－2017.12）
主　　任　谢虎邦（2017.01－2017.12）
副 主 任　王毕杨（2017.01－2017.12）

大地村

支　　书　段习勇（2017.01－2017.12）
主　　任　张坤荣（2017.01－2017.12）
副 支 书　易开元（2017.01－2017.12）
副 主 任　任朝国（2017.01－2017.12）
　　　　　王顺祥（2017.05－2017.12）
主任助理　薛　吉（2017.01－2017.12）

大坪村

支　　书　赵朝美（2017.01－2017.12）
主　　任　彭　毅（2017.01－2017.12）
副 主 任　孟从喜（2017.01－2017.12）

晓沟村

支　　书　葛　松（2017.01－2017.05）

　　　　李青中（2017.05－2017.12）
主　　任　李青中（2017.01－2017.12）
副 主 任　薛永安（2017.01－2017.12）
主任助理　薛朝明（2017.10－2017.12）

兰田村

支　　书　王德级（2017.01－2017.12）
主　　任　叶逢军（2017.01－2017.12）
副 主 任　周仕武（2017.01－2017.12）

小垭村

支　　书　许惇译（2017.01－2017.05）
　　　　王　林（2017.05－2017.12）
主　　任　傅天贵（2017.01－2017.12）
副 主 任　刘光远（2017.01－2017.12）
主任助理　龙　彬（2017.01－2017.12）

红岩沟村

支　　书　谢曰春（2017.01－2017.07）
　　　　薛朝品（2017.07－2017.12）
主　　任　薛朝品（2017.01－2017.12）
副 主 任　张　凯（2017.01－2017.12）
主任助理　许修元（2017.06－2017.12）

法沙村

支　　书　张继兵（2017.01－2017.11）
　　　　孟　伟（2017.11－2017.12）
副 主 任　周运高（2017.01－2017.12）
主任助理　王　勤（2017.01－2017.12）

民族村

支　　书　彭廷相（2017.01－2017.12）
主　　任　单中文（2017.01－2017.12）
副 主 任　单中超（2017.01－2017.12）
主任助理　薛庭永（2017.08－2017.12）

南沟村

支　　书　许少邦（2017.01－2017.11）
主　　任　许学义（2017.01－2017.12）
副 主 任　彭　虎（2017.01－2017.12）
主任助理　许　静（2017.01－2017.12）

李家坪村

支　　书　薛廷义（2017.01－2017.05）
　　　　薛永川（2017.05－2017.12）
主　　任　孟天淑（2017.01－2017.12）
副 支 书　薛廷义（2017.05－2017.12）
副 主 任　张雨梅（2017.01－2017.12，女）

太平村

支　　书　刘美兴（2017.06－2017.12）
主　　任　杨　闯（2017.01－2017.12）
副 主 任　曾开阳（2017.01－2017.12）

宁家村

支　　书　黄远华（2017.01－2017.12）
主　　任　李长恩（2017.01－2017.12）
副 主 任　孟钰蓉（2017.05－2017.12，女）

生机镇

谢家村

支　　书　刘恩江（2017.01－2017.12）

主　　任　赵朝荣（2017.01－2017.01）
　　　　　李明亮（2017.02－2017.12）
副 支 书　刘仕美（2017.01－2017.01）
副 主 任　曾开学（2017.01－2017.12）

耿官社区

支　　书　刘　义（2017.01－2017.12）
主　　任　徐建伟（2017.02－2017.12）
副 支 书　徐思元（2017.01－2017.12）
副 主 任　孟祥珍（2017.01－2017.12）
　　　　　刘　学（2017.02－2017.12）
主任助理　徐建伟（2017.01－2017.01）

镇江社区

支　　书　张　义（2017.01－2017.12）
主　　任　张成顶（2017.01－2017.12）
副 主 任　单正情（2017.01－2017.01）
主任助理　单正情（2017.02－2017.05）
　　　　　张文举（2017.01－2017.12）
　　　　　张竞升（2017.01－2017.01）
　　　　　张文高（2017.07－2017.12）

镰刀湾村

支　　书　龙中辉（2017.01－2017.12）
主任助理　张　剑（2017.01－2017.12）
　　　　　艾　邮（2017.01－2017.12）

峨峰村

支　　书　姚　平（2017.01－2017.12）
主　　任　胡正培（2017.01－2017.12）
副 支 书　丁仁昌（2017.01－2017.12）
副 主 任　胡洪伟（2016.01－2016.12）
　　　　　曹清孔（2017.02－2017.12）

联合社区

支　　书　胡文开（2017.01－2017.12）
主　　任　许定春（2017.02－2017.12）
副 主 任　许定春（2017.01－2017.01）
　　　　　丁龙阳（2017.02－2017.12）
主任助理　薛廷飞（2016.01－2016.05）

庆坪村

支　　书　张占鑫（2017.01－2017.12）
主　　任　王文声（2017.02－2017.12）
副 主 任　陆先义（2017.01－2017.01）
主任助理　陆先义（2017.02－2017.11）
　　　　　刘　波（2017.02－2017.12）
　　　　　吴文友（2017.01－2017.12）
　　　　　王文声（2017.01－2017.01）

大寨村

支　　书　刘成发（2017.01－2017.12）
主　　任　王正威（2017.02－2017.12）
副 主 任　刘洪猛（2017.01－2017.12）
主任助理　刘　波（2017.01－2017.01）

生机社区

支　　书　刘昭成（2017.01－2017.12）
主　　任　李　刚（2017.01－2017.04）
副 支 书　龙　宁（2017.01－2017.12）
副 主 任　吴道友（2017.01－2017.01）
　　　　　胡朝凯（2017.02－2017.12）
主任助理　吴道荣（2017.01－2017.12）
　　　　　吴道友（2017.02－2017.12）
　　　　　胡　志（2017.01－2017.12）
　　　　　胡朝凯（2017.01－2017.01）

高流村

支　　书　许　登（2017.01－2017.12）
主　　任　刘洪杰（2017.01－2017.12）
副 支 书　刘洪杰（2017.01－2017.01）
副 主 任　刘照波（2017.02－2017.12）
主任助理　刘照波（2017.01－2017.01）
　　　　　姚　敏（2017.02－2017.09）

葛铺村

支　　书　高学勇（2017.01－2017.12）
主　　任　张应才（2017.01－2017.01）
主任助理　张应才（2017.02－2017.12）
　　　　　胡家伍（2017.01－2017.12）

坡上村

支　　书　肖启刚（2017.01－2017.11）

团结彝族苗族乡

青林村

支　　书　孟　连（2017.01－2017.12）
主　　任　陈文品（2017.01－2017.12）
副 主 任　孟天俊（2017.01－2017.12）

柱中村

支　　书　吴　鑫（2017.01－2017.08）
　　　　　支国胜（2017.08－2017.12）
主　　任　梅长寿（2017.01－2017.12）
副 主 任　葛传举（2017.01－2017.12）

团结村

支　　书　余安桥（2017.01－2017.08）
　　　　　郑明林（2017.08－2017.12）
主　　任　熊　军（2017.01－2017.12）
副 主 任　余敖学（2017.01－2017.12）

海嘎村

支　　书　罗恩平（2017.01－2017.12，彝）
主　　任　孙远伦（2017.01－2017.12）
副 支 书　张和凯（2017.01－2017.12）
副 主 任　张和彬（2017.01－2017.12）

营坪村

支　　书　宋　睿（2017.01－2017.12）
主　　任　周　广（2017.01－2017.12，苗）
副 主 任　杨思伦（2017.01－2017.12，苗）
　　　　　康玉廷（2017.01－2017.12，苗）

草坝村

支　　书　文兴乾（2017.01－2017.12）
主　　任　文志明（2017.01－2017.12）
副 主 任　刘　健（2017.01－2017.12）

发都村

支　　书　郭开奇（2017.01－2017.12）
主　　任　刘元喜（2017.01－2017.12）
副 主 任　潘云贵（2017.01－2017.12）
　　　　　刘洪奇（2017.03－2017.12）

青龙村

支　　书　葛道相（2017.01－2017.08）

主　　任　颜永智（2017.01－2017.12）
副 主 任　范泽敏（2017.01－2017.12）

青杠村

支　　书　王　勇（2017.01－2017.12）
主　　任　肖庆虎（2017.01－2017.12）
副 支 书　李仲才（2017.01－2017.12）
副 主 任　喻国凡（2017.01－2017.12，彝）

安山村

支　　书　陈　晓（2017.01－2017.12，彝）
主　　任　谢国柒（2017.01－2017.12，彝）
副 主 任　曹国武（2017.01－2017.12）

新田村

支　　书　郑祖江（2017.01－2017.12）
主　　任　潘　剑（2017.01－2017.12，彝）
副 主 任　潘永泽（2017.01－2017.12，彝）
　　　　　何申高（2017.01－2017.12）

新中村

支　　书　孙家平（2017.01－2017.12）
主　　任　艾宗朝（2017.01－2017.08）
副 主 任　杨林奎（2017.01－2017.12）
　　　　　孙庆涌（2017.01－2017.12）

银山村

支　　书　李发波（2017.01－2017.12，穿青人）
主　　任　颜家彦（2017.01－2017.12）
副 主 任　苏　勇（2017.01－2017.12）

鸭池镇

营中岩社区

支　　书　胡思仲（2017.01－2017.12）
主　　任　孔　文（2017.01－2017.12）
副 主 任　刘正本（2017.01－2017.12）
　　　　　刘永清（2017.01－2017.12）

头步社区

支　　书　罗　峰（2017.01－2017.12）
主　　任　付立华（2017.01－2017.12）
副 支 书　汪　俊（2017.01－2017.12，女）
副 主 任　罗顺杰（2017.01－2017.12）
　　　　　付　燕（2017.01－2017.12，女）

核桃社区

支　　书　张志军（2017.01－2016.12）
主　　任　孙　磊（2017.01－2017.12）
副 主 任　孙爱明（2017.01－2017.12）

庙山脚社区

支　　书　范　刚（2017.01－2017.12）
主　　任　陈声远（2017.01－2017.12）
副 主 任　陈建荣（2017.01－2017.12）
　　　　　陈胜军（2017.01－2017.12）

赶场坝社区

支　　书　王友恒（2017.01－2017.12）
主　　任　夏永平（2017.01－2017.12）
副 主 任　杨　兴（2017.01－2017.12）
　　　　　周光高（2017.01－2017.12）

蚂蝗社区

支　　书　钱　鑫（2017.01－2017.12，白族）
主　　任　谢世全（2017.01－2017.12，白族）
副 主 任　龙晓霞（2017.01－2017.12，女）
主任助理　武声才（2017.03－2017.12）

甘海子村

支　　书　查　艳（2017.01－2017.12，女）
主　　任　范贤卫（2017.01－2017.12）
副 主 任　陈　静（2017.01－2016.12，女）
　　　　　梁晓庆（2017.01－2017.12，女）

河坝社区

支　　书　季春虎（2017.01－2017.09）
　　　　　万杰寿（2017.09－2017.12）
主　　任　王良仁（2017.01－2017.12）
副 主 任　王玉兰（2017.01－2017.12，女）

岩头社区

支　　书　刘发荣（2017.01－2017.12）
主　　任　傅鄗铖（2017.01－2017.12）
副 主 任　吉庆武（2017.01－2017.12）

下坝社区

支　　书　刘　钊（2017.01－2017.05，穿青人）
　　　　　阮　磊（2017.09－2017.12）
主　　任　邱建平（2017.01－2017.12）
副 主 任　徐智厚（2017.01－2017.12）
　　　　　徐勇涛（2017.01－2017.12）
副 支 书　尹　倩（2017.01－2017.12，女）

哈啷社区

支　　书　阮　磊（2017.01－2017.09）
　　　　　王万贵（2017.09－2017.12）
主　　任　邱传林（2017.01－2017.12）
副 主 任　田培俊（2017.01－2017.12，彝族）
副 支 书　杨志凤（2017.01－2017.12，女）
主任助理　邱　刚（2017.04－2017.12）

青湾社区

支　　书　张亚周（2017.01－2017.12）
主　　任　张　雷（2017.01－2017.12）
副 主 任　张金兴（2017.12－2017.12）

八十社区

支　　书　孙　姣（2017.01－2017.12，女）
主　　任　孙良云（2017.01－2017.12）
副 主 任　魏守龙（2017.01－2017.12）

草堤社区

支　　书　谢正文（2017.01－2017.12）
主　　任　邓　权（2017.01－2017.12）
副 支 书　成祯赟（2017.01－2017.04，女）
副 主 任　陈光红（2017.01－2017.12）
　　　　　成贞注（2017.01－2017.12）
主任助理　汤志荣（2017.04－2017.12）

干龙滩社区

支　　书　陈　芳（2017.01－2017.12，女）
主　　任　汪昌旭（2017.01－2017.12）
副 主 任　张忠静（2017.01－2017.12）
主任助理　邱　永（2017.04－2017.12）

煤冲社区

支　　书 周　兴（2017.01－2017.09）
副 主 任 钱　忠（2017.01－2017.12，白族）
　　　　　 张发军（2017.01－2017.12）
主任助理 陈清荣（2017.06－2017.12）
　　　　　 聂　军（2017.06－2017.12）

银河社区

支　　书 王　勇（2017.01－2017.12）
主　　任 林文吉（2017.01－2017.12）
主任助理 糜功礼（2017.04－2017.12）
　　　　　 王　立（2017.01－2017.12）

鸭池社区

支　　书 武　东（2017.01－2017.12）
主　　任 邱　奎（2017.01－2017.12）

新坝社区

支　　书 罗会刚（2017.01－2017.12）
主　　任 罗才广（2017.01－2017.12）
副 主 任 赵高菊（2017.01－2017.12）

石桥社区

支　　书 吴玥谷（2017.01－2017.12，彝族）
副 支 书 吕　刚（2017.01－2017.12）
主　　任 葛　华（2017.01－2017.12）
副 主 任 王万里（2017.01－2017.12）

石格社区

支　　书 苏　燕（2017.01－2017.12）
主　　任 胡　成（2017.01－2017.12）
副 主 任 吴学洪（2017.01－2017.12）

小寨社区

支　　书 李　刚（2017.01－2017.12）
主　　任 朱光雄（2017.01－2017.12）
副 主 任 谢万英（2017.01－2017.12）

上坝社区

支　　书 梁　达（2017.01－2017.12）
副 主 任 徐长宽（2017.01－2017.12）
主任助理 胡国琼（2017.04－2017.12，女，彝族）

干堰塘社区

支　　书 王道洪（2017.01－2017.12）
主　　任 阮国全（2017.01－2017.12）
副 主 任 李　卫（2017.01－2017.12）
主任助理 陈　超（2017.01－2017.12）
　　　　　 彭定银（2017.04－2017.12）

营脚社区

支　　书 张如志（2017.01－2017.12）
主　　任 杨　瀚（2017.01－2017.12）
副 主 任 邓光汝（2017.01－2017.12）

王家湾社区

支书、主任 邓　勇（2017.01－2017.12）
副 主 任 罗　英（2017.01－2017.12，女）
　　　　　 邓时建（2017.01－2017.12）

朱昌镇

朱昌村

支　　书　刘敬华（2017.01－2017.10）
　　　　　翟德军（2017.10－2017.12）
主　　任　郑燕梅（2017.01－2017.12，女）
副 主 任　陈　敏（2017.01－2017.12，女）
主任助理　李　祥（2017.01－2017.12）
　　　　　翟德军（2017.01－2017.10）

哈嘟村

支　　书　陈　炯（2017.01－2017.12）
主　　任　陈　炯（2017.01－2017.12）
主任助理　陈　贵（2017.01－2017.12）

小屯村

支　　书　黄　华（2017.01－2017.12）
副 支 书　熊国祥（2017.01－2017.12）
主　　任　陈鹏翔（2017.01－2017.12）
副 主 任　陈生军（2017.01－2017.12）
　　　　　陈政海（2017.01－2017.12）

青杠村

支　　书　罗忠伦（2017.01－2017.12）
主　　任　刘贵军（2017.01－2017.12）
副 主 任　刘龙云（2017.01－2017.12）

双堰村

支　　书　邓　华（2017.01－2017.12）
副 支 书　邓生芳（2017.01－2017.12）
主　　任　李　华（2017.01－2017.12）
副 主 任　郑　云（2017.01－2017.12）
　　　　　查继恒（2017.01－2017.12）

宋伍村

支　　书　邓　军（2017.01－2017.12，彝族）
副 支 书　廖淑琴（2017.01－2017.12，女）
主　　任　石明座（2017.01－2017.12）
副 主 任　谢　红（2017.01－2017.12，女）
　　　　　翟培远（2017.01－2017.12）

八亩村

支　　书　聂　衡（2017.01－2017.12）
主　　任　陈清浪（2017.01－2017.12）
副 主 任　葛传琴（2017.01－2017.12，女）

螺蛳村

支　　书　陈中才（2017.01－2017.12）
主　　任　聂宗敖（2017.01－2017.12）
副 主 任　聂　兵（2017.01－2017.12）

白泥村

支　　书　陈祖卫（2017.01－2017.12）
副 支 书　康　明（2017.12－2017.12）
主　　任　陈祖卫（2017.01－2017.12）
副 主 任　康圣成（2017.01－2017.12）
主任助理　康　明（2017.01－2017.12）

王家冲村

支　　书　黎　勇（2017.01－2017.12）
主　　任　丁　才（2017.01－2017.12）
副 主 任　聂绍顶（2017.01－2017.12）

伍坪村

支　　书　聂祥进（2017.01－2017.12）
副 支 书　聂开磊（2017.01－2017.12）
主　　任　唐　鸿（2017.01－2017.12）
副 主 任　聂开华（2017.01－2017.12）

花厂村

支　　书　陈孝勇（2017.01－2017.12）
主　　任　熊院明（2017.01－2017.12）
副 主 任　聂开华（2017.01－2017.12）
　　　　　陈思文（2017.01－2017.12）
主任助理　汪忠轩（2017.01－2017.12）

发启村

支　　书　成珍勇（2017.01－2017.04）
　　　　　潘　驰（2017.04－2017.12）
副 支 书　王有斌（2017.01－2017.12）
主　　任　王有斌（2017.01－2017.12）
副 主 任　黄友乾（2017.01－2017.12）
主任助理　唐岗云（2017.07－2017.12）
　　　　　罗　尧（2017.07－2017.12）
　　　　　盖仁刚（2017.07－2017.12）

山脚村

支　　书　王　轶（2017.01－2017.12）
主　　任　罗永庆（2017.01－2017.12）
副 主 任　陈孝宇（2017.01－2017.12）
主任助理　宋家永（2017.01－2017.12）
　　　　　杨晋忠（2017.08－2017.12）
　　　　　陈　印（2017.08－2017.12）

田坝镇

田坝村

支　　书　罗　敏（2017.01－2017.12）
主　　任　王德贤（2017.01－2017.08）
副 主 任　赵继贵（2017.01－2017.08）
　　　　　王　智（2017.01－2017.12）
　　　　　王　储（2017.01－2017.12）
主任助理　王　洪（2017.08－2017.12）

先进村

主任、副支书　周训前（2017.01－2017.12）
副 主 任　王　伦（2017.01－2017.12）
主任助理　周荣军（2017.01－2017.12）
　　　　　邓建平（2017.01－2017.12）

苏噶村

支　　书　罗昌礼（2017.01－2017.12）
副 主 任　罗　勇（2017.01－2017.12）
主任助理　罗昌飞（2017.01－2017.12）

兴旺村

支　　书　李　敏（2017.01－2017.12）
主　　任　钟以恒（2017.01－2017.12）
副 主 任　钟以政（2017.01－2017.12）
主任助理　刘　训（2017.01－2017.12）

盘榔河村

支　　书　朱　勇（2017.01－2017.12）
主　　任　张忠华（2017.01－2017.12）
副 主 任　杨进海（2017.01－2017.12）

刘秀荣（2017.01－2017.12）

新民村

支　　书　邵卫华（2017.01－2017.12）
主　　任　周遵勇（2017.01－2017.12）
副 主 任　吕　琼（2017.01－2017.12）
　　　　　曹鲜武（2016.01－2016.12）

沙炭沟村

支　　书　罗文勇（2017.01－2017.12）
主　　任　刘　荣（2017.01－2017.12）
副 主 任　李国院（2017.01－2017.12）
主任助理　闵　云（2017.01－2017.12）

茨朗村

支　　书　刘国旺（2017.01－2017.12）
主　　任　韦绍潘（2017.01－2017.12）
副 主 任　陈　艳（2017.01－2017.12）
　　　　　文绍学（2017.01－2017.12）
　　　　　彭春境（2017.01－2017.12）

阴底乡

阴底村

支　　书　李大明（2017.01－2017.12）
副 支 书　曾　艳（2017.01－2017.12）
主　　任　邵　卫（2017.01－2017.12）
副 主 任　李　杰（2017.01－2017.12）
　　　　　陈峙健（2017.01－2017.12）
人口主任　马超云（2017.01－2017.12）

高潮村

支　　书　王荣平（2017.01－2017.10）
　　　　　钱生学（2017.10－2017.12）
主　　任　熊家言（2017.01－2017.12）
主任助理　王　凯（2017.01－2017.12）
人口主任　罗忠伟（2017.01－2017.12）

箐口村

支　　书　罗　忠（2017.01－2017.12）
主　　任　傅印修（2017.01－2017.12）
副 主 任　周　蝉（2017.01－2017.12）
　　　　　周遵领（2017.01－2017.12）
人口主任　付立平（2017.01－2017.12）

对河村

支　　书　石　巡（2017.01－2017.12）
主　　任　韩永祥（2017.01－2017.12）
副 主 任　李厚品（2017.01－2017.07）
　　　　　曾当伦（2017.01－2017.04）
人口主任　李厚虎（2017.01－2017.12）

先锋村

支　　书　陈　旭（2017.01－2017.12）
主　　任　文　旭（2017.01－2017.12）
主任助理　钱声海（2017.01－2017.12）
人口主任　何英海（2017.01－2017.12）

踏石朗村

支　　书　陈　荣（2017.01－2017.12）
副 主 任　李克中（2017.01－2017.12）
主任助理　钱声举（2017.01－2017.12）

马场村

支　　书　施维荣（2017.01－2017.12）
主　　任　孙先平（2017.01－2017.12）
副 主 任　刘　玲（2017.01－2017.12）
　　　　　周　耀（2017.01－2017.12）
主任助理　杨易学（2017.01－2017.11）
　　　　　王大松（2017.11－2017.12）

大丰村

支　　书　杨汝俊（2017.01－2017.12）
主　　任　季　春（2017.01－2017.12）
副 主 任　韩　仰（2017.01－2017.12）
人口主任　季官奎（2017.01－2017.12）

红星村

支　　书　孙　银（2017.01－2017.12）
副 主 任　王进学（2017.01－2017.12）
主任助理　顾尚志（2017.01－2017.12）
　　　　　朱祥军（2017.01－2017.12）
人口主任　刘廷毕（2017.01－2017.12）

治中村

支　　书　陈圣香（2017.01－2017.8）
　　　　　陈忠敬（2017.8－2017.12）
主　　任　张　俊（2017.01－2017.12）
副 主 任　李兴国（2017.01－2017.12）
主任助理　张永泽（2017.9－2017.12）

罗雄村

支　　书　马开书（2017.01－2017.11）
　　　　　李　云（2017.11－2017.12）
主　　任　陈黎明（2017.01－2017.12）
副 主 任　罗忠贵（2017.01－2017.12）
主任助理　文　武（2017.11－2017.12）
　　　　　马开书（2017.11－2017.12）

路朗村

支　　书　莫云贵（2017.01－2017.12）
主　　任　林中国（2017.01－2017.12）
副 主 任　陈文周（2017.01－2017.12）
主任助理　陈晓燕（2017.10－2017.12）

千溪乡

中屯村

支　　书　李晓成（2017.01－2017.12，彝）
主　　任　秦　阳（2017.01－2017.12）
副 支 书　罗中仁（2017.01－2017.12）
副 主 任　谢国华（2017.01－2017.12）
　　　　　钟国华（2017.01－2017.12）

兴荣村

支　　书　罗　霄（2017.01－2017.04，彝）
　　　　　刘以攀（2017.04－2017.12）
主　　任　陈明仁（2017.01－2017.12，彝）
副 支 书　葛永学（2017.01－2017.12）
副 主 任　罗荣超（2017.01－2017.12，彝）
　　　　　王　琼（2017.01－2017.12，彝）

法朗村

支　　书　曾　艳（2017.01－2017.08）
　　　　　赵　野（2017.08－2017.12）
主　　任　樊　春（2017.01－2017.12，彝）

副 支 书　魏中国（2017.01－2017.12，彝）
副 主 任　李仕远（2017.01－2017.12）

千朗沟村

支　　书　邱在举（2017.01－2017.03）
　　　　　陈中友（2017.03－2017.12，彝）
副支书、主任　付武龙（2017.01－2017.12，白）
副 主 任　付武伦（2017.01－2017.12，白）

沙垮村

支　　书　葛发清（2017.01－2017.12）
主　　任　葛　勇（2017.01－2017.12）
副 支 书　葛艳翔（2017.01－2017.12）
副 主 任　葛枝荣（2017.01－2017.12）

长春堡镇

沈家屯村

支　　书　魏宗品（2017.01－2017.12）
主　　任　杨友吉（2017.01－2017.12）
副 主 任　魏宗德（2017.01－2017.12）
主任助理　周遵举（2017.01－2017.12）

张官村

支　　书　周德贵（2017.01－2017.12）
主　　任　周　志（2017.01－2017.07）
副 支 书　周吉龙（2017.01－2017.12）
副 主 任　周礼华（2017.01－2017.12）
主任助理　周礼群（2017.01－2017.12）

三道水村

支　　书　钱　峨（2017.01－2017.12）
主　　任　樊　旭（2017.01－2017.12）
主任助理　徐后军（2017.01－2017.12）
　　　　　赵　文（2017.01－2017.12）

松营村

支　　书　张永龙（2017.01－2017.12）
主　　任　张祥训（2017.01－2017.12）
主任助理　罗荣碧（2017.01－2017.12）
　　　　　张永玖（2017.01－2017.12）

水营村

支　　书　张志海（2017.01－2017.12）
副 支 书　付　祥（2017.01－2017.12）
副 主 任　张贵华（2017.01－2017.12）
主任助理　杨　琴（2017.01－2017.12）

王丰村

支　　书　付　勇（2017.01－2017.08）
　　　　　张以军（2017.09－2017.12）
主　　任　张以军（2017.10－2017.12）
副 主 任　付立建（2017.01－2017.12）
主任助理　周金娥（2017.01－2017.12）

蔡官村

支　　书　李其唐（2017.01－2017.12）
副 支 书　阮孝英（2017.01－2017.12）
主　　任　钱　刚（2017.01－2017.07）
副 主 任　付　俊（2017.01－2017.12）

下伍村

支　　书　何　洪（2017.01－2017.07）
　　　　　吴　同（2017.08－2017.12）
主　　任　李国银（2017.01－2017.12）
副 主 任　李国常（2017.01－2017.12）
主任助理　付善勇（2017.01－2017.12）

宋官村

支　　书　钟以尧（2017.01－2017.12）
副 支 书　周光领（2017.01－2017.12）
副 主 任　钟建友（2017.01－2017.12）

清丰村

支　　书　吴　同（2017.01－2017.07）
　　　　　何　洪（2017.08－2017.12）
副 支 书　卯望春（2017.01－2017.12）
主　　任　卯亚军（2017.01－2017.12）
副 主 任　卯生龙（2017.01－2017.12）
主任助理　魏龙权（2017.01－2017.02）

清塘村

支　　书　杨　贵（2017.01－2017.12）
主　　任　聂开峰（2017.01－2017.12）
副 支 书　杨志雄（2017.01－2017.12）
副 主 任　杨德泽（2017.01－2017.12）

干堰村

支　　书　陆毅霖（2017.01－2017.12）
副 支 书　燕如银（2017.01－2017.12）
主　　任　马先玉（2017.01－2017.12）
副 主 任　吉　松（2017.01－2017.12）

犀牛村

支　　书　尹文陶（2017.01－2017.12）
主　　任　罗昌文（2017.01－2017.07）
副 主 任　鲍支友（2017.01－2017.12）

长春村

支　　书　张志永（2017.01－2017.12）
主　　任　张锦亮（2017.01－2017.12）
副 支 书　张忠跃（2017.01－2017.12）
副 主 任　张　建（2017.01－2017.12）
主任助理　张锦瑜（2017.01－2017.12）

王官村

支　　书　宋家银（2017.01－2017.12）
主　　任　宋乃佑（2017.01－2017.12）
副 支 书　葛传会（2017.01－2017.12）
副 主 任　张道平（2017.01－2017.12）

合桩村

支　　书　顾敦远（2017.01－2017.12）
主　　任　夏体文（2017.01－2017.12）
主任助理　顾根国（2017.01－2017.12）
　　　　　李本友（2017.01－2017.12）

裸依村

支　　书　张以贵（2017.01－2017.07）
　　　　　余　军（2017.08－2017.09）
副 支 书　余元辉（2017.01－2017.12）
主　　任　付怡龙（2017.01－2017.12）
副 主 任　杨俊华（2017.01－2017.12）
主任助理　张玉学（2017.01－2017.12）

阳鹊村

支　　书　韦　虎（2017.01－2017.12）
主　　任　张永平（2017.01－2017.12）
副 主 任　顾根林（2017.01－2017.12）

垭关村

支　　书　孙先福（2017.01－2017.12）
主　　任　魏中会（2017.01－2017.12）
副 主 任　张　义（2017.01－2017.12）

滑石村

支　　书　张家庆（2017.01－2017.07）
　　　　　吴　龑（2017.07－2017.12）
副 支 书　何康令（2017.10－2017.12）
主　　任　马家信（2017.01－2017.12）
副 主 任　彭　恒（2017.01－2017.12）
主任助理　陆　丹（2017.01－2017.12）

撒拉溪镇

撒拉社区

支　　书　朱珍国（2017.01－2017.02）
　　　　　徐永杰（2017.02－2017.12）
副 支 书　路　旭（2017.02－2017.12）
主　　任　顾　军（2017.02－2017.12）
　　　　　徐永杰（2017.01－2017.02）
副 主 任　顾礼国（2017.02－2017.12）
　　　　　朱　萍（2017.02－2017.12）
　　　　　顾　旭（2017.01－2017.02）
　　　　　顾　军（2017.01－2017.02）

主任助理　顾怀云（2017.01－2017.11）

水营社区

支　　书　顾荣华（2017.01－2017.02）
主　　任　朱成全（2017.01－2017.02）
　　　　　顾荣华（2017.02－2017.12）
副 主 任　王菊会（2017.01－2017.02）
　　　　　路绍扬（2017.01－2017.12）
　　　　　刘卫国（2017.01－2017.12）
　　　　　顾光荣（2017.02－2017.12）
主任助理　周龙云（2017.01－2017.02）

龙凤村

支书、主任　路世谦（2017.01－2017.02）
支　　书　路世谦（2017.02－2017.12）
主　　任　徐　谦（2017.02－2017.12）
副 主 任　罗孝安（2017.01－2017.12）
　　　　　刘国明（2017.01－2017.12）
　　　　　张孝彭（2017.01－2017.12）
副主任助理　孙善达（2017.01－2017.02）

兴隆社区

支　　书　刘廷荣（2017.01－2017.12）
副 支 书　张永兴（2017.02－2017.12）
主　　任　徐爱林（2017.01－2017.12）
副 主 任　张永兴（2017.01－2017.02）
　　　　　朱珍锋（2017.02－2017.12）
　　　　　徐　华（2017.02－2017.12）
　　　　　杜　平（2017.02－2017.12）
主任助理　徐　华（2017.01－2017.02）
　　　　　朱珍锋（2017.01－2017.02）

西方村

支　　书　徐永金（2017.01－2017.02）

徐　朋（2017.02－2017.12）
副支书　徐永千（2017.01－2017.12）
主　任　徐　朋（2017.01－2017.02）
徐德贵（2017.02－2017.12）
副主任　韩艳云（2017.01－2017.12）
徐德贵（2017.01－2017.02）
吴政委（2017.01－2017.12）

永兴村

支　书　郑德学（2017.01－2017.02）
杜刚雄（2017.02－2017.12）
副支书　郑德学（2017.02－2017.12）
主　任　张永平（2017.01－2017.12）
副主任　刘世国（2017.01－2017.02）
杜刚雄（2017.01－2017.02）
翟常义（2017.01－2017.12）
郑　愿（2017.02－2017.12）
路言敏（2017.02－2017.12）
主任助理　郑　愿（2017.01－2017.02）

双龙村

支　书　郑　扩（2017.01－2017.02）
副支书　郑　扩（2017.02－2017.12）
主　任　顾怀祥（2017.01－2017.12）
副主任　顾怀成（2017.01－2017.02）
翟培德（2017.01－2017.12）
徐光敏（2017.01－2017.12）

水浸沟村

副主任　郑应平（2017.01－2017.12）
主任助理　贺光菊（2017.01－2017.12）

雄嘎村

主　任　顾怀松（2017.01－2017.02）
顾　迅（2017.02－2017.12）
副支书　顾　旭（2017.01－2017.02）
副主任　顾光林（2017.01－2017.02）
顾崇光（2017.02－2017.12）

戈座村

支　书　路言胜（2017.02－2017.12）
主　任　路言胜（2017.01－2017.02）
路绍全（2017.02－2017.12）
副支书　周训毕（2017.01－2017.02）
副主任　路绍兵（2017.02－2017.12）
主任助理　罗忠飞（2017.01－2017.02）

昌营村

支　书　周洪江（2017.01－2017.12）
主　任　李如举（2017.01－2017.12）
副主任　陈建周（2017.01－2017.02）
冯志龙（2017.02－2017.12）
李秋云（2017.02－2017.12）

杨柳村

支　书　刘洪虎（2017.01－2017.02）
主　任　吴长章（2017.02－2017.12）
副主任　黄训书（2017.01－2017.12）
韩德勇（2017.01－2017.12）
文　虎（2017.01－2017.12）
韩　鹏（2017.02－2017.11）
主任助理　吴长章（2017.01－2017.02）

龙场村

支　书　顾　坎（2017.02－2017.12）
主　任　顾　坎（2017.01－2017.02）
葛　健（2017.02－2017.12）
副主任　葛　健（2017.01－2017.02）

吴道坤（2017.02－2017.12）
主任助理 黄　贵（2017.01－2017.02）

小龙村

主　　任 周遵启（2017.01－2017.02）
周遵华（2017.02－2017.12）
副 主 任 周　斌（2017.07－2017.12）
主任助理 周　斌（2017.01－2017.07）
张　坤（2017.07－2017.12）

沙乐村

支　　书 顾尚勤（2017.01－2017.02）
支书、主任 吴道军（2017.02－2017.12）
副 主 任 顾光文（2017.01－2017.12）
吴道军（2017.01－2017.02）
李本军（2017.02－2017.12）
主任助理 李本军（2017.01－2017.02）
阮孝琴（2017.11－2017.12）

永丰村

支　　书 罗永洪（2017.01－2017.12）
主　　任 张以太（2017.01－2017.02）
顾尚贤（2017.02－2017.12）
副 支 书 顾尚贤（2017.01－2017.02）
副 主 任 邓荣辉（2017.01－2017.12）
张以太（2017.02－2017.12）
陈永洪（2017.01－2017.12）
主任助理 汪　奇（2017.01－2017.12）

冲锋村

主　　任 韩德举（2017.01－2017.02）
吴道现（2017.02－2017.12）
副 主 任 韩德均（2017.01－2017.02）
杨开兰（2017.02－2017.12）

朝营村

主　　任 胡　江（2017.01－2017.02）
石明军（2017.02－2017.12）
副 主 任 吴道勇（2017.01－2017.12）

钟山村

主　　任 朱少华（2017.01－2017.02）
吴学金（2017.02－2017.12）
副 主 任 吴学金（2017.01－2017.02）
杨斯文（2017.05－2017.12）

放珠镇

放珠村

支　　书 刘　跃（2017.01－2017.12）
副 主 任 李绍林（2017.01－2017.12）
主任助理 陈首国（2017.01－2017.12）

邵家村

支　　书 王成元（2017.01－2017.12）
主　　任 杜天勤（2017.01－2017.12）
副 主 任 王永福（2017.01－2017.12）

毛家屯村

支　　书 邹思田（2017.01－2017.12）
主　　任 吉永艾（2017.01－2017.12）
副 主 任 罗　涛（2017.01－2017.12）

永安村

支　　书 宋　刚（2017.01－2017.12）

副 主 任　翟培伦（2017.01－2017.12）
主任助理　金先应（2017.01－2017.12）

海螺村

支　　书　周训朴（2017.01－2017.12）
主　　任　周训才（2017.01－2017.12）
副 主 任　艾顺清（2017.01－2017.12）

法桥村

支　　书　吴常信（2017.01－2017.12）
主　　任　杜天平（2017.01－2017.12）
副 主 任　吴志林（2017.01－2017.12）

木桶沟村

支　　书　王跃中（2017.01－2017.12）
主　　任　金开福（2017.01－2017.12）
副 主 任　赵　跃（2017.01－2017.12）

播乐沟村

支　　书　罗中华（2017.01－2017.12）
主　　任　顾怀应（2017.01－2017.12）
副 主 任　王登富（2017.01－2017.12）

白泥村

支　　书　罗彦安（2017.01－2017.12）
主　　任　普继明（2017.01－2017.12）
副 主 任　金光辉（2017.01－2017.12）

哩东村

支　　书　李　勇（2017.01－2017.12）
主　　任　闵思俊（2017.01－2017.12）
副 主 任　胡永成（2017.01－2017.12）

曹家村

支　　书　路　旭（2017.01－2017.12）
主　　任　孙大尧（2017.01－2017.12）
副 主 任　高东平（2017.01－2017.12）

碗厂村

支　　书　周　鸿（2017.01－2017.12）
主　　任　朱彬杰（2017.01－2017.12）
副 主 任　朱启友（2017.01－2017.12）

天桥村

支　　书　胡成富（2017.01－2017.12）
副 支 书　雷寿洪（2017.01－2017.12）
副 主 任　翟常平（2017.01－2017.12）

长沟村

支　　书　翟卜常（2017.01－2017.12）
主　　任　李文友（2017.01－2017.12）
副 主 任　周礼翠（2017.01－2017.12）

瓷厂社区

主　　任　吴传友（2017.01－2017.12）
主　　任　周　艳（2017.01－2017.12）

杨家湾镇

杨家湾社区

支　　书　胡　彬（2017.01－2017.12）

主　　任　龙开福（2017.01－2017.12）
副 主 任　周礼中（2017.01－2017.12）
主任助理　金云龙（2017.01－2017.12）
人口主任　周志才（2017.01－2017.12）

站坡社区

支　　书　周云阳（2017.01－2017.12）
主　　任　李勤雪（2017.01－2017.12）
副 主 任　周礼成（2017.01－2017.12）
人口主任　闵书学（2017.01－2017.12）

周驿社区

支　　书　李厚查（2017.01－2017.12）
主　　任　李白清（2017.01－2017.12）
副 主 任　韩贵菊（2017.01－2017.12，女）
人口主任　周礼书（2017.01－2017.12）

杨箐社区

副 支 书　周训礼（2017.01－2017.12）
主　　任　周礼江（2017.01－2017.12）
人口主任　周礼桃（2016.01－2016.12）
主任助理　周遵凯（2017.01－2017.12）
主任助理　刘　胤（2017.01－2017.12）

七星村

支　　书　朱祖林（2017.01－2017.12）
主　　任　谭　孝（2017.01－2017.12）
副 主 任　雷衍军（2017.01－2017.12）
人口主任　金　丽（2017.01－2017.12）

三合社区

支　　书　周遵旅（2017.01－2017.12）
主　　任　杨守海（2017.01－2017.12）
副 主 任　杨洪云（2017.01－2017.12）
人口主任　张　卫（2017.01－2017.12）

大埂子村

支　　书　金富贵（2017.01－2017.12）
主　　任　金　晟（2017.01－2017.12）
副 主 任　韩德全（2017.01－2017.12）

开林村

支　　书　金　东（2017.01－2017.12）
主　　任　周尊勇（2017.01－2017.12）
副 主 任　罗朝荣（2017.01－2017.12）
主任助理　闵诗富（2017.01－2017.12）

出烟洞村

支　　书　周礼毓（2017.01－2017.12）
主　　任　谭太国（2017.01－2017.12）
副 主 任　周先发（2017.01－2017.12）

松山村

支　　书　翟顺德（2017.01－2017.12）
副 主 任　周遵卫（2017.01－2017.12）
人口主任　翟　奎（2017.01－2017.12）

照壁村

支　　书　张　顺（2017.01－2017.12）
副 支 书　黄仁华（2017.01－2017.12）
副 主 任　刘克军（2017.01－2017.12）
人口主任　王二朋（2017.01－2017.12）

戛木营村

支　　书　李文忠（2017.01－2017.12）

副 支 书　穆华祥（2017.01－2017.12）
主　　任　周训军（2017.01－2017.12）
副 主 任　周遵德（2017.01－2017.12）
人口主任　宴　旭（2017.01－2017.12）

发达村

支　　书　黄幼顺（2016.01－2016.12）
主　　任　黄　毅（2016.01－2016.12）
副 主 任　黄仁礼（2017.01－2017.12）

塘边村

支　　书　张明友（2017.01－2017.12）
主　　任　张同明（2017.01－2017.12）
副 主 任　周遵群（2017.01－2017.12）
人口主任　周遵禄（2017.01－2017.12）

营盘村

支　　书　吴二东（2017.01－2017.12）
主　　任　周伦书（2017.01－2017.12）
副 主 任　周国平（2017.01－2017.12）
人口主任　周遵银（2017.01－2017.12）

香炉村

支　　书　周礼军（2017.01－2017.12）
主　　任　周　祥（2017.01－2017.12）
副 主 任　顾怀群（2017.01－2017.12）
人口主任　刘群菊（2017.01－2017.12，女）

茶场社区

支　　书　罗　燕（2017.01－2017.12）
主　　任　周连友（2017.01－2017.12）

青场镇

青场村

支　　书　吴　恒（2017.01—2017.12）
副 支 书　申开武（2017.07—2017.12）
主　　任　赵　俊（2017.01—2017.12，白）
副 主 任　赵　沙（2017.01—2017.12，白）
计生主任　吴付刚（2017.01—2017.12）

海寨村

支　　书　李　艳（2017.01—2017.12，白，女）
主　　任　王红兵（2017.01—2017.12）
副 主 任　吴长银（2017.01—2017.09）
主任助理　吴孝智（2017.01—2017.12）
副支书兼计生主任　吴道钧（2017.01—2017.12）

木山村

支　　书　张兴卫（2017.01—2017.12）
主　　任　胡家泽（2017.01—2017.12）
副 主 任　金仙扩（2017.01—2017.04）
主任助理　吴学兵（2017.07—2017.12）
计生主任　邓　群（2017.01—2017.12，女）

粮都村

支　　书　晋方伦（2017.01—2017.12，下挂）
主　　任　郎学明（2017.01—2017.12）
副 支 书　胡志军（2017.01—2017.12）
副 主 任　余明香（2017.01—2017.12）
计生主任　吴道菊（2017.01—2017.12，女）

新沟村

支　　书　张祥松（2017.01—2017.12）

主　　任　李　好（2017.01—2017.12）
主任助理　吴长兵（2017.01—2017.12）
计生主任　邓沙沙（2017.01—2017.12，女）

上寨村

支　　书　吴江涛（2017.01—2017.12，下挂）
副 支 书　吴学元（2017.01—2017.12）
主　　任　吴学政（2017.01—2017.12）
副 主 任　文　杰（2017.01—2017.12，彝）
计生主任　安　义（2017.01—2017.12）

渔洞村

支　　书　吴长军（2017.01—2017.12，下挂）
主　　任　吴长发（2017.01—2017.12）
副 主 任　吴发群（2017.01—2017.12）
主任助理　吴道文（2017.01—2017.12）
计生主任　吴　劢（2017.01—2017.12）

鲍家村

支　　书　吴长付（2017.01—2017.12）
主　　任　朱启国（2017.01—2017.07）
副 主 任　樊廷甫（2017.01—2017.12）
计生主任　王定美（2017.01—2017.12，女）

青松村

支　　书　钟　键（2017.01—2017.12，下挂）
主　　任　高德成（2017.01—2017.12，彝）
副 主 任　翟培金（2017.01—2017.12）
计生主任　王　祝（2017.01—2017.12，彝）
主任助理　张行克（2017.01—2017.12，女）

大山村

支　　书　郭立兵（2017.01—2017.12，下挂，布依族）
主　　任　汪吉华（2017.01—2017.12）
副 主 任　张　跃（2017.01—2017.12）
计生主任　马光毕（2017.01—2017.12）
主任助理　吴发宽（2017.01—2017.12）

青坝村

支　　书　吴康云（2017.01—2017.12）
副 支 书　吴长江（2017.01—2017.12）
主　　任　吴传军（2017.01—2017.12）
副 主 任　杨　克（2017.01—2017.12）
副 主 任　陈绍林（2017.01—2017.12）
计生主任　胡　燕（2017.01—2017.12，女）

初都村

支　　书　李荣成（2017.01—2017.12，彝）
主　　任　段习斌（2017.01—2017.12）
副 主 任　张明亮（2017.01—2017.12）
主任助理　王礼贵（2017.01—2017.12）

火冲村

支　　书　吴学平（2017.01—2017.12）
主　　任　吴学殿（2017.01—2017.12）
副 主 任　胡永甫（2017.01—2017.12）
计生主任　吴学银（2017.01—2017.12）

大河乡

双桥村

支　　书　吴学翰（2017.01－201.12）
主　　任　朱正会（2017.01－201.12，女）
副 主 任　吉学忠（2017.01－2017.12）
主任助理　吉正旭（2017.01－2017.12）

官房村

支　　书　康　洪（2017.01－2017.12）
主　　任　常开平（2017.01－2017.12）
副 主 任　常吕朋（2017.01－2017.12）
副 支 书　韩仕方（2017.01－2017.12）
主任助理　彭洪喜（2017.01－2017.12）

官代河村

支　　书　武孔卫（2017.01－2017.12）
主　　任　武绍忠（2017.01－2017.12）
副 主 任　龙海燕（2017.01－2017.12，彝）
副 支 书　龙怀绪（2017.01－2017.12，彝）

拉乐村

支　　书　吴道忠（2017.01－2017.12）
主　　任　吴　建（2017.01－2017.12）
副 主 任　许兴周（2017.01－2017.12）
副 支 书　罗志关（2017.01－2017.12）

青杠村

支　　书　王　伦（2017.01－2017.12，彝）
主　　任　张树贤（2017.01－2017.12）
副 主 任　张义才（2017.01－2017.12）
副 支 书　张孟平（2017.01－2017.12）

下沟村

支　　书　许绍朋（2017.01－2017.12）
主　　任　成忠前（2017.01－2017.12）
主任助理　刘　雄（2017.01－2017.12）
主任助理　许绍聪（2017.01－2017.12）

鸡姑村

支　　书　吴义斌（2017.01－2017.12）
主　　任　成绍卫（2017.01－2017.12）
副 支 书　吴　喆（2017.01－2017.12）
副 主 任　胡明礼（2017.01－2017.12）
主任助理　胡　坤（2017.01－2017.12）

柯乐村

支　　书　高明刚（2017.01－2017.12，彝）
主　　任　朱绍举（2017.01－2017.12）
副 主 任　张义勇（2017.01－2017.12）
主任助理　张聪聆（2017.01－2017.12，彝）

野角乡

沙拉槽村

支部书记　翟长海（2017.01－2017.12）
主　　任　邓书林（2017.01－2017.12）
副 主 任　杨仕仁（2017.01－2017.12）
主任助理　邓成举（2017.01－2017.12）

大麻塘村

支部书记　翟长军（2017.01－2017.12）
主　　任　吴长贵（2017.01－2017.12）
副 主 任　李景祥（2017.01－2017.12）

郎家塘村

支部书记　许少富（2017.01－2017.12）
主　　任　徐世友（2017.01－2017.12）

副 主 任　路喜军（2017. 01－2017. 12）
副 主 任　张　春（2017. 01－2017. 12）

西桥村

支　　书　吴维学（2017. 01－2017. 12）
副 主 任　朱启全（2017. 01－2017. 12）
副 主 任　张祥军（2017. 01－2017. 12）
副 主 任　杜天文（2017. 01－2017. 12）

邓家湾村

支部书记　吴开才（2017. 01－2017. 12）
主　　任　吴长万（2017. 01－2017. 12）
副 主 任　吴发现（2017. 01－2017. 12）

大水村

支部书记　邓忠南（2017. 01－2017. 12）
主　　任　李启卫（2017. 01－2017. 12）
副 主 任　吴长品（2017. 01－2017. 12）
副 主 任　张志书（2017. 01－2017. 12）

元华村

支部书记　吴学文（2017. 01－2017. 12）
主　　任　龚生发（2017. 01－2017. 12）
副 主 任　张荣书（2017. 01－2017. 12）
副 主 任　吴建忠（2017. 01－2017. 12）

天星村

支部书记　张志国（2017. 01－2017. 12）
主　　任　李　义（2017. 01－2017. 12）
副 主 任　徐良举（2017. 01－2017. 12）
副 主 任　张学健（2017. 01－2017. 12）

茅坪村

支部书记　余世学（2017. 01－2017. 12）
副 主 任　郑德方（2017. 01－2017. 12）
副 主 任　翟长林（2017. 01－2017. 12）
主任助理　吴长贵（2017. 01－2017. 12）

北山村

支部书记　付　业（2017. 01－2017. 12）
主　　任　刘天发（2017. 01－2017. 12）
副 主 任　付立军（2017. 01－2017. 12）
副 主 任　成　超（2017. 01－2017. 12）

白龙村

支部书记　宋家乡（2017. 01－2017. 12）
副 主 任　申时文（2017. 01－2017. 12）
副 主 任　肖化科（2017. 01－2017. 12）
副 主 任　王昌国（2017. 01－2017. 12）